李下蹊华
——庆祝李伯谦先生八十华诞论文集

（上册）

何驽 主编

科学出版社
北京

图书在版编目（CIP）数据

李下蹊华：庆祝李伯谦先生八十华诞论文集：全2册/何驽主编.—北京：科学出版社，2017.2
ISBN 978-7-03-051745-6

Ⅰ.①李… Ⅱ.①何… Ⅲ.①商周考古–文集 Ⅳ.① K871.34-53

中国版本图书馆CIP数据核字（2017）第025598号

责任编辑：李　茜　范雯静 / 责任校对：邹慧卿　彭　涛
责任印制：肖　兴 / 封面设计：北京美光制版有限公司

科学出版社 出版
北京东黄城根北街16号
邮政编码：100717
http://www.sciencep.com
中国科学院印刷厂 印刷
科学出版社发行　各地新华书店经销

*

2017年2月第　一　版　　开本：787×1092　1/16
2017年2月第一次印刷　　印张：58　插页：1
字数：1 375 000
定价：520.00元（上、下册）
（如有印装质量问题，我社负责调换）

前　言

2017年阴历二月初十，是我们的恩师李伯谦先生的八秩吉日。本该诸位同门弟子济济一堂，为恩师贺寿，同颂先生恩德。无奈恩师毅然决然不准我们搞活动为他祝寿，仅要我们将自己多年来在各自岗位上扎实工作和研究的心得，写成论文，集结出版，权作纪念。李老师特别强调，论文集只要研究论文，不要歌功颂德的回忆录。自2015年起，由何驽作为李伯谦先生八十华诞祝寿纪念论文集的组稿人，向李老师诸位弟子和部分与老师学术关系密切的学人，发出邀请函。至2016年6月底，在诸位师兄弟姐妹和相关学人的鼎力襄赞下，共收到论文稿件48篇，文图总计130余万字，成果颇丰，论文质量很高，篇篇真知灼见。随后何驽承担起主编责任，将文稿按照七个栏目进行归类编排。

第一个栏目题为"道器之论"，收录了7篇论文，主要探索考古学理论与方法。形而上者谓之道，这是指考古学理论；形而下者谓之器，这是指具体的考古方法论。李伯谦先生不论是在教学还是自己的研究中，特别注重考古学理论与方法论建设的探索、教育和引导，常年在研究生课程中开设"考古学理论与方法讨论课"，训练出一批又一批注重考古学理论的弟子，也影响了中国考古学界的许多学人。"道器之论"是弟子与学人继承和弘扬李伯谦先生注重中国考古学理论建设思想、展示最新理论思考的一个重要版块。当年，李伯谦先生提出和倡导的"考古学文化因素分析法"[1]，对我们产生了重大影响，而今弟子与学人们对考古学理论的思考则更上层楼。孙庆伟、徐良高、赵春青、徐坚诸先生的文章主要涉及考古学本体论问题。刘绪、李海荣、雷兴山等先生的文章则涉及方法论。

第二个栏目题为"文明蕴化"，共收录了9篇论文，主要探索中国文明起源的相关问题。李伯谦先生虽然主要研究领域是青铜时代考古或称夏商周三代考古，但是也一直关注中国文明起源的探索。最初李先生提出各文明起源中心都在发展各自的文明因素，但只有夏代才形成最早的中国文明[2]。近年来，先生发展了自己的中国文明起源

---

[1] 李伯谦：《文化因素分析与晋文化研究——1985年在晋文化研究座谈会上的发言》，《中国青铜文化结构体系研究》，科学出版社，1998年，294～296页。李伯谦：《论文化因素分析方法》，《中国青铜文化结构体系研究》，科学出版社，1998年，297～299页。

[2] 李伯谦：《中国文明的起源与形成》，《中国青铜文化结构体系研究》，科学出版社，1998年，38～50页。

理论，提出中国文明起源"古国—王国—帝国"三段论①，"神权—军权—王权相结合以神权为主模式"和"军权—王权结合以王权为主模式"②，并就文明形成的判断提出了一系列理论标准③，这些都在学界产生了很大影响。本论文集中，王幼平、何驽、王力之、宋建、武家璧、雷雨、林梅村、吴春明、王树明等9位学者，继续聚焦这一重大课题，论文探讨的对象在时间上从晚更新世到公元前2000年前后；空间上从黄河流域到长江流域，从中原到欧亚草原大通道，从陆地到海洋；内容上从考古学文化到精神文化，从经济基础到环境气候，多角度、宽视野地探索中华文明多元一体的一些具体问题，新见迭出。

　　第三个栏目为"三代遗珠"，共收录19篇论文，主要探讨青铜时代即夏商周考古相关问题。李伯谦先生教学和研究的主要领域为三代考古，涉及黄河流域、长江流域夏商周时期考古学文化谱系与格局④、夏文化探索、晋侯墓地、青铜器研究等⑤。先生作为首席科学家之一主持的"夏商周断代工程"，首创了社会科学领域多学科、多单位、多学者团结合作、协同攻关解决重大课题的科研模式，在学界和海内外产生重大影响，在夏商周年代学和年表的建立方面贡献巨大。尽管夏商周断代工程始终有不同的声音在质疑，但是断代工程的课题模式和研究成果，成为后续的国家科技支撑项目"中华文明探源工程"开展的基础。李先生以博大胸襟，学术民主的情怀，对待不同的观点和学术争鸣。他也一贯支持我们这些弟子独立思考，不求与先生观点一致，甚至鼓励我们思想上天马行空，求证上小心谨慎。本论文集"三代遗珠"栏目的19篇文章，秉承李伯谦先生充分学术民主与自由的思想，用发散性思维，从各自的视角对夏商周三代文明进行深入探微，如同19颗珍珠，闪烁着斑斓的色彩。

　　第四个栏目为"历史钩沉"，收录了5篇论文。李伯谦先生的学生和弟子中，也有一部分转到历史时期考古领域中去了，而且同样也取得了不俗的成就。刘庆柱与李毓芳先生、董新林、郑彤和宋玲平的这4篇论文，虽然时代从西汉跨到明清，却分别从汉代工官管理制度、辽至明代墓葬制度、明清历代帝王庙祭统、紫禁城石雕艺术的角度，展示了统一多民族中国发展的点滴方面。

　　第五个栏目为"文字新探"，收录了5篇论文。夏商周考古研究中，古文字方法

---

① 李伯谦：《中国古代文明进程的三个阶段》，《文明探源与三代考古论集》，文物出版社，2011年，76～90页。
② 李伯谦：《中国古代文明演进的两种模式》，《文明探源与三代考古论集》，文物出版社，2011年，43～54页。
③ 李伯谦：《关于文明形成的判断标准问题》，《文明探源与三代考古论集》，文物出版社，2011年，71～75页。
④ 李伯谦：《中国青铜文化结构体系研究》，科学出版社，1998年，1～279页。
⑤ 李伯谦：《文明探源与三代考古论集》，文物出版社，2011年，91～372页。

的运用是不可或缺的。李伯谦先生的三代考古研究中，非常重视古文字分析佐证的运用[①]，以晋文化研究最为突出[②]。因此，李先生的学生和学术友人中也不乏工于古文字者。本论文集"文字新探"栏目中，除江林昌先生的文章是从文字、宗教与王权的角度考察国家与文明之外，顾万发、王长丰、彭浩、张春龙先生的论文均是对甲骨文、金文、简文探索的最新心得。

第六个栏目为"文博文保"，收录了3篇论文，却涉及博物馆、文化遗产保护、钱币文物研究三个不同领域。段勇先生是李伯谦先生的硕士和博士研究生，博士毕业后从事了故宫博物院的业务管理和国家文物局博物馆司的行政管理工作，因此他的论文是对中国博物馆理事会制度的理论思考。王纪洁女士也是李老师的研究生，毕业后分配到中国钱币博物馆工作，她的论文是她研究工作的心得。杜金鹏先生是李老师的学术益友，近年来实现了从考古学家到文化遗产保护理论家的华丽转身，在文化遗产保护的理论和实践方面多有创建，他为本栏目提供的关于"国家遗址公园的问题"的论文，值得玩味。

第七个栏目是"足迹实绩"，是孙庆伟先生满怀情感从学术史的视角，总结我们的恩师李伯谦先生朴实无华的成长经历，起伏跌宕的学术与教学生涯，实实在在的重大学术贡献。庆伟平实的行文毫无溢美之词，却饱含着对先生的敬仰与深厚的爱戴，代表我们同门弟子充分表达了对先生由衷的敬爱和祝愿。值得隆重推介。

另外还有一些同门弟子和学术友人也有意赐稿，襄赞李伯谦先生祝寿纪念论文集，却因种种原因，未能及时提供文稿赶上开始编辑，致使未能收入本论文集，我们在此谨致歉意！

总之，本论文集48篇论文，是李伯谦先生遍布天下的桃李弟子与学术友人最新学术成果的浓缩代表。"桃李不言，下自成蹊。"李伯谦先生就是那株繁荣却不惊艳的参天李树，我们就是那大李树下生长的小花，簇拥着先生指引的学术和做人的正路，趋向书山之巅、学海之涯。故而本论文集名曰"李下蹊华"，借学术成果以报答恩师多年来的培育之恩，借以庆贺恩师耄耋华诞！我们相信，本论文集才是李伯谦先生最乐意接收的生日贺礼！

让我们共祝：李伯谦先生寿比南山，永远健康快乐！

接下来，请诸位读者尽情分享后面正文的视觉与思想的盛宴吧！

执笔：何驽

---

① 李伯谦：《从殷墟青铜器族徽所代表的氏族的地理分布看商王朝的统辖范围与统辖措施》，《文明探源与三代考古论集》，文物出版社，2011年，136～171页。

② 参见李伯谦：《文明探源与三代考古论集》，文物出版社，2011年，303～372页。

目　录

前言 ·· 何　驽（i）

上　册

一、道器之论

考古学与古史重建 ··· 孙庆伟（3）
考古学研究中的解读与建构——关于考古学本体理论的一些思考 ············· 徐良高（39）
论考古学文化及其命名原则 ··· 赵春青（48）
金村镜像：考古学史和物质文化的建构 ·· 徐　坚（60）
谈珠江三角洲地区沙丘遗址的"固沙发掘法" ·· 李海荣（89）
漫谈田野考古图的表示法 ·· 刘　绪（113）
周原遗址商周时期聚落分区方法刍论 ·· 雷兴山（130）

二、文明蕴化

嵩山东麓晚更新世古人类文化的发展 ·· 王幼平（145）
黄河流域史前商品经济及其考古指标和相关问题试析 ································· 何　驽（157）
从聚落分布看先秦时期晋南之气候变化——以涑水河流域聚落为代表 ········· 王力之（178）
良渚文化主神新证 ··· 宋　建（192）
安徽含山凌家滩脩蛇山神祭山遗迹寻绎 ·· 王树明（204）
陶寺观象台与文明起源探讨 ··· 武家璧（236）
关于三星堆一期文化的几点认识 ··· 雷　雨（259）
阿尔泰山和南西伯利亚青铜文化的新认识
　　——2015年俄罗斯远东地区考察散记 ·· 林梅村（281）
中华文明形成期的陆海秩序 ··· 吴春明（296）

三、三代遗珠

郑州出土商代青铜容器分期 …………………………………………………秦文波（313）
试论商洛东龙山遗址所发现的商代遗存 ……………………………………杨亚长（333）
由金文"🅂"论及商代都邑布局 ……………………………………唐际根　汤毓赟（344）
六安淠河青铜大口折肩尊的风格与工艺研究
　　——兼及同类器物的时代与产地等问题 ………………苏荣誉　宫希成（359）
先秦城邑的城郭问题 …………………………………………………………段宏振（422）
商周之际的文化植入与置换——以晚商王畿地区为中心 …………………张渭莲（444）

下　册

陈梦家先生青铜器研究成果考述 ……………………………………………王　睿（455）
殷墟文化的多样性——以陶质类容器为视角 ………………………………牛世山（464）
殷墟车马埋葬补议 ……………………………………………………………常怀颖（489）
三星堆凸目尖耳铜面像考 ……………………………………………………孙　华（514）
西周南宫氏家族谱系试析 ……………………………………………………张天恩（535）
陈庄西周城址性质分析 ………………………………………………………张国硕（546）
西周时期的"丰" ……………………………………………………………曹　玮（552）
春秋秦车的武备与工具 ………………………………………………………梁　云（559）
辽宁东大杖子墓地出土的刻纹铜器及相关问题 ……………………………白云翔（573）
莒文化解读——一种文化发展模式的思考 …………………………………刘延常（585）
吴越贵族墓葬的等级研究 ……………………………………………………张　敏（603）
沂水纪王崮与纪侯大去其国 …………………………………………………任相宏（676）
晋都新田新认识 ………………………………………………………………田建文（704）

四、历史钩沉

略论秦统一中国的物质文化基础——以长江流域为视角 ………张昌平　孙　卓（719）
汉代工官研究——以汉长安城遗址出土骨签为例 ………………刘庆柱　李毓芳（736）
辽宋金元明墓葬制度初步研究 ………………………………………………董新林（765）

从历代帝王庙看统一多民族祭祀体系的形成……………………郑　彤（772）
明清皇宫石雕艺术及其文化象征…………………………………宋玲平（787）

五、文字新探

汉字与巫术、王权………………………………………………………江林昌（803）
"商"字内涵新论………………………………………………………顾万发（814）
殷周金文族徽类型与内涵研究…………………………………………王长丰（820）
《孙子算经》"今有孕妇"题的解说…………………………………彭　浩（851）
益阳兔子山遗址三号井"爰书"简牍一组……………………………张春龙（859）

六、文博文保

中国博物馆理事会制度探析……………………………………………段　勇（871）
关于国家考古遗址公园建设的几个问题………………………………杜金鹏（878）
布币考证及相关问题研究………………………………………………王纪洁（884）

七、足迹实绩

李伯谦传记材料…………………………………………………………孙庆伟（901）

后记………………………………………………………………………何　驽（912）

一、道器之论

考古学与古史重建

孙庆伟

(北京大学考古文博学院　北京大学中国考古学研究中心)

古史重建是20世纪中国史学的重要话题，它直接催生了近代科学考古学在中国的诞生。一个世纪以来，中国考古学背负着重建古史的重任踽踽独行，缔造辉煌。审视考古学重建古史的世纪历程，既是展现学科贡献的有效方式，更是展望学科未来的必要举措。

一、古史重建呼唤考古学

晚清以来，尽管康有为等人的"上古茫昧无稽"说曾经发聋振聩，甚嚣尘上[①]，但史界主流并不主张把中国上古史彻底抛弃，而是见仁见智地加以撰述，并致力于探究和建设真实的上古史[②]。典型者如有为弟子梁启超，一方面认为"三皇之事若存若亡，五帝之事若觉若梦者，其确实否，万难信据"，"故中国史起笔于夏禹，最为征信"；但同时又强调"黄帝为我四万万同胞之初祖，唐虞夏商周秦之君统，皆其裔派，颇有信据"，"黄帝以后为有史时代"。梁任公这种看似矛盾的表述，其实正折射出民国史家普遍的心态——既不满足于全盘接受史籍记载而落入"泥古"的泥淖，但又因为长期浸润于传统史学，对古史体系难以割舍。在风起云涌的时代大潮下，以新方法重建古史势在必行，进化论、唯物史观相继登上历史舞台，而刚刚传入中国的近代考古学则被普遍地寄予了厚望。如梁启超在注意到"欧洲考古学会专派人发掘地中遗物，于是有史以前之古物学遂成一学派"的同时，也在憧憬"以此学说为比例，

---

① 康有为《孔子改制考》卷一开首即是"上古茫昧无稽考"，指出"吾中国号称古名国，文明最先矣，然'六经'以前无复书记。夏、殷无征，周籍已去，共和以前不可年识，秦、汉以后乃得详记"，故断言"夫三代文教之盛，实由孔子推托之故"。《康有为全集》(第三集)，上海古籍出版社，1992年，2页。

② 拙文《疑古还是信古：民国史家对待古史的基本态度》，待刊稿。

以考中国有史以前古史，决不为过"的美好蓝图①。

无独有偶，"新史学的开山"王国维1925年在清华国学研究院讲授"古史新证"课程，针对传说与史实的纠纷，信古或疑古太过之倾向，提出了著名的"二重证据法"：

> 研究中国古史最为纠纷之问题，上古之事传说与史实混而不分。史实中固不免有所缘饰与传说无异，而传说之中亦往往有史实为之素地，二者不易区别，此世界各国之所同也。……皇甫谧作《帝王世纪》，亦为五帝三王尽加年数，后人乃复取以补太史公书，此信古之过也。至于近世，乃知孔安国本《尚书》之伪，《纪年》之不可信。而疑古之过，乃并尧、舜、禹之人物而亦疑之，其于怀疑之态度及批评之精神，不无可取，然惜于古史材料未尝为充分之处理也。吾辈生于今日，幸于纸上之材料，亦得地下之新材料。由此种材料，我辈固得据以补正纸上之材料，亦得证明古书之某部分全为实录。即百家不雅训之言，亦不无表示一面之事实。此二重证据法，惟在今日始得为之②。

在20世纪初叶，不惟梁启超呼吁发掘地中之物来考中国古史，也不仅是王国维通过"二重证据法"对古史进行新证，越来越多的民国史家都盼望以考古材料来弥补上古史研究中的文献不足征，廓清何为史实、何为传说，进而建设真实的中国古史。如以"冷静、客观、勤力、谨慎"著称的吕思勉在这一时期也对考古学情有独钟③，他说：

> 茫昧的古史，虽然可以追溯至数千年以上，然较诸民族的缘起，则是远后的。所以追求民族的起源，实当求之于考古学，而不当求之于历史。考古学在中国，是到最近才略见曙光的。……考古家安特生，J. G. Andersson，因谓中国民族，实自中亚经新疆、甘肃而来。但彩陶起自巴比伦，事在西元前三千五百年，传至小亚细亚，约在西元前二千五百至二千年，传至希腊，则在二千年至一千年，俄属土耳其斯单早有铜器，河南、甘肃、青海之初期则无之，其时必在西元二千五百年之前，何以传播能如是之速？制铜之术，又何以不与制陶并传？斯坦因Sir Aurel Stein，在新疆考古，所得汉、唐遗物极

---

① 梁启超：《中国史叙论》，《饮冰室合集·文集之六》，1~12页。有关康梁师徒在学问上的分歧，梁启超本人即有详细描述，他说："其师好引纬书，以神秘性说孔子，启超亦不谓然。……启超自三十以后，已绝口不谈'伪经'，亦不甚谈'改制'。而其师康有为大倡设孔教会定国教祀天配孔诸义，国中附和不乏。启超不谓然，屡起而驳之，……然持论既屡与其师不合，康、梁学派遂分。"参看梁启超《清代学术概论》，东方出版社，1996年，78~81页。

② 王国维：《古史新证——王国维最后的讲义》总论，清华大学出版社，1994年，1~3页。

③ "冷静、客观、勤力、谨慎"是严耕望对吕思勉的评价，参看《通贯的断代史家——吕思勉》，《治史三书》，176~181页。

多，而先秦之物，则绝无所得，可见中国文化在先秦世实尚未行于西北，安特生之说，似不足信。……然则中国文化，在有史以前，似分东、西两系。东系以黑陶为代表，西系以彩陶为代表，而河南为其交会之地。彩陶为西方文化东渐的，代表中国固有的文化的，实为黑陶①。

而治史充满了"浪漫的性格"的郭沫若不仅对"罗王之学"表示了充分的肯定②：

在中国的文化史上实际做了一番整理工夫的要算是以清代遗臣自任的罗振玉，特别是在前两年跳水死了的王国维：……罗振玉的功劳即在为我们提供了无数的真实的史料。他的殷代甲骨的蒐集、保藏、流传、考释，实是中国近三十年来文化史上所应该大书特书的一项事件。……大抵在目前欲论中国的古学，欲清算中国的古代社会，我们是不能不以罗、王二家之业绩为其出发点了③。

并且身体力行，花费了大量精力对出土资料进行了整理与研习：

在撰写这两篇论文的过程中（引者按，指《〈周易〉时代的社会生活》和《〈诗〉〈书〉时代的社会变革与其思想上的反映》），郭沫若深深感到，研究中国古代社会仅仅依靠文献材料尚有缺憾，于是他便把研究的重点临时"转移到了资料选择上来"。他说："我想要找寻第一手的资料，例如考古发掘所得的，没有经过后世的影响，而确确实实足以代表古代的那种东西。"为此，他决定中止写作，集中时间和精力钻研殷代的甲骨文和殷、周两代的青铜器铭文。1929年夏，在几个月的时间里，他研读了当时出版的几乎所有的甲骨文和青铜器图录的铭文和考释，并创造性地将古代史研究与古文字研究结合起来，写出17篇新意迭出的考释文章，后结集《甲骨文字研究》出版④。

古史重建的愿景直接催生了中国第一个考古学专门机构——北京大学国学门考古学研究室。1921年，北大国文系教授沈兼士受蔡元培校长的委托负责筹建北大国学门，草创伊始，沈兼士等人就对考古学给予了极大的重视。他后来回忆说：

民初，蔡元培长北大，初设史学系，大家都不大重视。凡学生考不上国文学系的才入史学系，但这不能不算打定了史学独立的基础。至于材料和方法方面倘若不革新，仍同先前一样呆板板地从纸堆中钻研，那是不能满足

---

① 吕思勉：《中国通史》，301、302页。
② 郭沫若在《中国古代社会研究》后记中称，"我自己的兴趣是在追求，只想把没有知道的东西弄得使自己知道。知道了，一旦写出过，我便不想再写了。这是我的一个毛病，也许就是浪漫的性格。"《郭沫若全集·历史编》卷1，人民出版社，1982年，312页。
③ 郭沫若：《中国古代社会研究》自序，《郭沫若全集·历史编》卷1，6~10页。
④ 林甘泉、黄烈：《郭沫若与中国史学》，中国社会科学出版社，1992年，13、14页。

新时代求真的希望的。所以北京大学于民国十一年（1922年）设研究所国学门，首先创考古学研究室，其旨趣是把自来所谓供文人赏玩的古董，用考古学的方法去发掘搜集，作综合比较的研究。史学方面凭空添了一支强有力机械化生力军，古代史上许多问题，或者得了解决，或者起了疑问，这都是研究古代遗迹遗物之收获，予史学界以极大的冲动。……近代史学之新发展，多借助于考古学及民俗学，纵横经纬，合起来便成一种新的史学①。

由此可见，自20世纪初叶以来，借助考古学来重建古史已成为学界共识，在此大背景下，史学家对中国上古史的认识开始了从"文"到"物"的转变②。然而，无论是梁启超、王国维，还是郭沫若或沈兼士，这些学者大抵为文献史家，对于考古学是心有余而力不足。真正付诸实践，并以科学的、成系统的考古工作来重建中国古史者则当推中央研究院的傅斯年、李济和北平研究院的徐旭生、苏秉琦，前二人共同缔造了中国考古学的"史语所"传统，而在徐旭生的引领下，苏秉琦在日后开创了考古学的"中国学派"，古史重建由理想变为现实。

二、傅斯年与李济的古史重建

史语所本是"无中生有"的志业，傅斯年创建史语所之目的，不仅是要"把历史学语言学建设得和生物学地质学同样"，更是要"科学的东方学之正统在中国"③。

如果追溯起来，傅斯年的这一理想当缘于他对中国传统学问的极度不满。他在北大求学阶段，就曾著文列举中国学术的七大弊端，以及由此弊端而形成的"教皇政治、方士宗教、阴阳学术、偈咒文学"④。因此，年轻的傅斯年对"国故""国学"甚为不屑，迫切希望能有专门机构来建设科学的新学术：

> 向者吾校性质虽取法于外国大学，实与历史上所谓"国学"者一贯，未足列于世界大学之林；……期之以十年，则今日之大学固来日中国一切新学术之策源地⑤。

---

① 沈兼士：《近三十年来中国史学之趋势》，原载北平《经世日报》1946年8月14日"读书周刊"第一期，此据《沈兼士学术论文集》，中华书局，1984年，371~374页。
② 参看查晓英：《中国现代考古学的思想谱系》第一章"从'文'到'物'"，四川大学出版社，2014年。
③ 傅斯年：《历史语言研究所工作之旨趣》，收入欧阳哲生主编《傅斯年全集》卷三，湖南教育出版社，2000年，3~12页。
④ 傅斯年：《中国学术思想界之基本谬误》，原载1918年4月15日《新青年》第四卷第四期，《傅斯年全集》第一卷，21~28页。
⑤ 《〈新潮〉发刊旨趣书》，原载1919年1月1日《新潮》第一卷第一号，《傅斯年全集》第一卷，79~82页。

自然地，傅斯年很早就萌生了用科学方法来研究中国学问的念头，他说：

> 把我中国已往的学术、政治、社会等等做材料，研究出些有系统的事物来，不特有益于中国学问界，或者有补于"世界的"科学。中国是个很长的历史文化的民族，所以中华国故在"世界的"人类学、考古学、社会学、言语学等等的材料上，占个重要的部分。……研究国故必须用科学的主义和方法，绝不是"抱残守缺"的人所能办到的①。

可以说，年轻时代的傅斯年对"科学"的崇拜近乎于迷信，以至于一度对北京大学"哲学门隶属于文科之制度，颇存怀疑之念"，认为研究哲学者必须具备自然科学知识，并上书蔡元培校长力请"使哲学门独立为一科"，全校设置由"文、理两科"，"变作哲、理、文三科"②。

1919年12月26日，傅斯年由北京出发去上海，前往英国伦敦大学大学院留学。③他自述留学动机和计划是：

> 我将来要专那门科学，现在还不会定。但以心理学为心理的、社会的科学之根源，我至少以三年的功夫去研究它。在研究它以先，去研究动物学、生理学、数学。如此迂远，成功上实在讲不定。但我宁可弄成一个大没结果，也不苟且就于一个假结果④。

王汎森据此分析，傅斯年在英国求学的"主要目标是一方面摒弃代表着中国思维方式的模棱两可、过于笼统和形而上学的思维方式，同时运用一些实验的、观察的和数理分析的方法探求人类思想的深层"⑤。

傅斯年这种无畏的、不功利的探求，当然是难能可贵的。这不仅仅在于他对科学的信奉，更在于早早就抱定了这样的宗旨，即"无中生有的去替中国造有组织的社会，是青年的第一事业"⑥。他后来曾经有过这样的自我评价：

> 病中想来，我之性格，虽有长有短，而实在是一个爱国之人，虽也不免好名，然总比别人好名少多矣。心地十分淡泊，欢喜田园舒服。在太平之

---

① 傅斯年：《〈毛子水国故和科学的精神〉识语》，原载1919年5月1日《新潮》第一卷第五号，《傅斯年全集》第一卷，262、263页。
② 傅斯年：《傅斯年致校长函》，原载1918年10月8日《北京大学日刊》，《傅斯年全集》第一卷，37～40页。
③ 参看《傅斯年先生年谱简编》，《傅斯年全集》第七卷，404页。
④ 傅斯年：《留英纪行》，原载1920年8月6、7日《晨报》，《傅斯年全集》第一卷，399～402页。
⑤ 王汎森：《傅斯年：中国近代历史与政治中的个体生命》，生活·读书·新知三联书店，2012年，61页。
⑥ 傅斯年：《青年的两件事业》，原载1920年7月3日～5日《晨报》，《傅斯年全集》第一卷，384～388页。

世，必可以学问见长，若为政府persecuted，也还如是，惜乎其不然也。……我本心不满于政治社会，又看不出好路线之故，而思进入学问，偏又不能忘此生民，于是在此门里门外跑去跑来，至于咆哮，出也出不远，进也住不久，此其所以一事无成也。今遭此病，事实上不能容我再这样，只好从此以著书为业，所可惜者，病中能著书几何，大是问题耳①。

那么，在寻找到"科学"的史学研究方法之前，傅斯年又是如何看待中国古史呢？在北大求学期间，傅斯年曾著文认为：

周平王东迁以前，世所谓唐虞三代，此时期中，虽政治不无变化，而其详不可得闻，既无编年之史（《竹书纪年》不足信），又多传疑之说（夏殷无论，即如两周之文王受命，周公居东，厉王失国诸事，异说纷歧，所难折中）。惟有比而同之，以为"传疑时代"。盖平王以降，始有信史可言也②。

以周平王以降为中国信史的开端，这种观点不可谓不激进，但也恰好突显"五四"时代的社会风尚。对于信史之前的神话传说，傅斯年的判断是：

就中国论，古来一切称帝之神王皆是宗神（tribal gods），每一部落有其特殊之宗神，因部落之混合，成为宗神之混合，后来复以大一统思想之发达，成为普遍的混合。《尧典》所载尧廷中诸人，……其来源皆是宗神，即部落之崇拜。后来或置之于一堂，或列之于多系，其混合方式要不出于战伐的，文化的，思想的。两民族或两部落攻战之后，一败一胜，征服人者之宗神固易为被征服者所采用，有时被征服者之宗神，亦可为征服人者所采用。文化高者之宗神固可为文化低者因文化接触而采用，有时亦可相反，本非一系一族之部落，各有其宗神，后来奉大一统思想者，亦可强为安置，使成亲属。此等实例累百累千，世界各地之古史皆有之，不以中国为限矣③。

在欧洲七年间，傅斯年的学习和生活状态给人以"杂乱、颓放"之印象，但这种散漫的治学方式却令他最终成长为一个中国现代学术的设计师④。在他的留学后期，傅斯年对于中国古史已有了新的认识。在他给顾颉刚的论古史书中，我们可以读到他的以下看法：

三百（年）中所谓汉学之一路，实在含括两种学问：一是语文学；二是史学、文籍考订学。这两之外，也更没有什么更大的东西，偶然冒充有之，

---

① 1942年2月6日傅斯年致胡适信，《傅斯年全集》第七卷，234、235页。
② 傅斯年：《中国历史分期之研究》，原载1918年4月17～23日《北京大学日刊》，《傅斯年全集》第一卷，29～36页。
③ 《性命古训辩证》，《傅斯年全集》第二卷，570页。
④ 王汎森：《傅斯年：中国近代历史与政治中的个体生命》，72页。

也每是些荒谬物事，如今文家经世之论等①。

这等于是昭示了数年之后傅斯年创办历史语言所实在是一种必然。他同时又对古史中的具体问题发表了看法：

> 禹、舜、尧、伏羲、黄帝等名词的真正来源，我想还是出于民间。除黄帝是秦俗之神外，如尧，我拟是唐国（晋）民间的一个传说。舜，我拟是中国之虞或陈或荆蛮之吴民间的一个传说。尧、舜或即此等地方之君（在一时）。颛顼为秦之传说，誉为楚之传说，或即其图腾。帝是仿例以加之词（始只有上帝但言帝），尧、舜都是绰号。其始以民族不同方域隔膜而各称其神与传说；其后以互相流通而传说出于本境，迁土则变，变则各种之装饰出焉。

1927年，傅斯年结束了七年的欧洲留学生活返国。甫一回国即就任中山大学文科主任，创办中山大学语言历史研究所。在《语言历史研究所周刊》发刊词中，傅斯年第一次吐露了他对未来的设想：

> 现在国立第一中山大学设立语言历史学研究所，给予我们以研究工作，我们对于这个机关抱有很大的希望。我们要打破以前学术界上的一切偶像，屏除以前学术界上的一切成见！我们要实地搜罗材料，到民众中寻方言，到古文化的遗址去发掘，到各种的人间社会去采风问俗，建设许多的新学问！②

在这里，傅斯年揭示了重建中国语言历史之学的三个重要途径——到民众中寻方言，到古文化的遗址去发掘，到民间去采风，统而言之，就是"要实地搜罗材料"。这就难怪一年之后，他创办中研院史语所，大声疾呼"近代的历史学只是史料学"了：

> 历史学和语言学在欧洲都是最近才发达的。历史学不是著史：著史每多多少少带点古世中世的意味，且每取伦理家的手段，作文章家的本事。近代的历史学只是史料学，利用自然科学供给我们的一切工具，整理一切可逢着的史料，所以近代史学所达到的范域，自地质学以至目下新闻纸，而史学外的达尔文论正是历史方法之大成③。

这一时期，傅斯年在不同场合反复阐述这一观点，如他向中央研究院报告本所工作时就说：

> 此项旨趣，约而言之，即扩充材料，扩充工具，以工具之施用，成材料之整理，乃得问题之解决，并因问题之解决引出新问题，更要求材料与工具

---

① 傅斯年：《与顾颉刚论古史书》，《傅斯年全集》第一卷，445～473页。据该文所附顾颉刚的按语，傅斯年此文从1924年1月写起，直到1926年10月乘船从欧洲返国，仍未完稿。
② 傅斯年：《〈语言历史学研究所周刊〉发刊词》，《傅斯年全集》卷三，12、13页。
③ 傅斯年：《历史语言研究所工作之旨趣》，《傅斯年全集》卷三，3～12页。

之扩充。如是伸张，乃向科学成就之路①。

在给友人的信中他也作如是说：

> 研究所的宗旨，一、到处找新材料。二、用新方法（可行付给之工具）整理材料。其事业：一、助有志此项研究之学者；二、继续已动手之工作之进行（有他处已动手，而力不足遂止者）；三、自己创始几件合众力方可成功的工作；四、训练若干有新观点、用新方法之少年工作者（我们都算在老年列里）；五、为全国同趣味之人创一个刊印研究结果，并奖励机关。此必我兄所赞同也②。

或曰：

> 敝所设置之意，并非求继续汉学之正统，乃欲以"扩充材料，扩充工具"为方术，而致中国历史语言之学于自然科学之境界中③。

这一阶段，傅斯年不仅以"史学即是史料学"的观点来要求史语所同仁，他本人在研究中也身体力行，注意践行这一宗旨。同在1928年，傅斯年在他的《中国古代文学史讲义》中就单列有"史料论略"一节，专门讨论史料的性质与整理，比较清晰地反映了史语所创办初期他的史学观点：

> 整理史料是件很不容易的事，历史学家本领之高低全在这一处上决定。后人想在前人工作上增高：第一，要能得到并且能利用的人不曾见或不曾用的材料；第二，要比前人有更细密更确切的分辨力。近年能利用新材料兼能通用细密的综合与分析者，有王国维先生的著作，其中甚多可为从事研究者之模范；至于专利用已有的间接材料，而亦可以推陈出新找到许多很有关系的事实者，则为顾颉刚先生之《古史辨》诸文（多半尚未刊印）④。

随着时间的推移，傅斯年对于史料和史学的认识更趋成熟。1933年，傅斯年在执掌史语所的同时也在北大历史系讲授"史学方法导论"课程，并为此编写了同名讲义，系统阐述了他的史学观念和史学研究方法⑤。该讲义凡七讲，分别是：

  第一讲 论史学非求结论之学问
      论史学在"叙述科学"中之位置
      论历史的知识与艺术的手段
  第二讲 中国及欧洲历代史学观念演变之纲领

---

① 傅斯年：《"国立"中央研究院历史语言研究所十七年度报告》，《傅斯年全集》第六卷，9页。
② 1929年10月6日傅斯年致冯友兰、罗家伦、杨振声信，《傅斯年全集》第七卷，81、82页。
③ 1930年9月13日傅斯年致王献唐信，《傅斯年全集》第七卷，92页。
④ 傅斯年：《中国古代文学史讲义》之"史料论略"，《傅斯年全集》第二卷，43页。
⑤ 傅斯年：《史学方法导论》，《傅斯年全集》第二卷，307~351页。

第三讲　统计方法与史学
第四讲　史料论略
第五讲　古代史与近代史
第六讲　史学的逻辑
第七讲　所谓"史观"

可惜讲义已无完稿，仅存第四讲"史料论略"，但恰好可以体现傅斯年的史学态度。在该讲的开首，傅斯年即阐述了以下三点：

一、史的观念之进步，在于由主观的哲学及伦理价值论变做客观的史料学。

二、著史的事业之进步，在于由人文的手段，变做如生物学地质学等一般的事业。

三、史学的对象是史料，不是文词，不是伦理，不是神学，并且不是社会学。史学的工作是整理史料，不是作艺术的建设，不是做疏通的事业，不是去扶持或推倒这个运动，或那个主义。

所以傅斯年在课堂上告诫学生，"史学就是史料学，这话是我们讲这一课的中央题目"。在这样的观念支配下，"扩充材料，扩充工具"就成为了史语所的立所之纲，而在傅斯年眼里，考古学恰好就是符合这两项标准的新学问。他说：

考古学是史学的一部分，这个部分与其他部分不同，因其与自然界有关；与地质学是不能分开的，如离开了地质学，考古学就失其效用，考古学就根本不能成立的。所以考古学在史学当中是一个独异的部分。

古代史的材料，完全是属于文化方面，不比现代材料，多可注意于人事方面，因为文化史，特别是古代史的着意点，不是单靠零碎的物件，一件一件的去研究，必定有全部的概念方可。用一件一件的东西去研究，固然有相当的结果，所得究竟有限，况其物的本身，间有可怀疑之处，所以应当注重整个的观念①。

待史语所殷墟发掘开始之后，傅斯年更是对考古学充满了自信：

吾等所敢自信者，为近代科学的考古方法。故以殷墟为一整个问题，并不专注意甲骨等。满意工作经若干年，为中国古史解决若干重要问题，为中国史学争国际的地位，故李济、董作宾先生等在场工作，方法求其至细，工具求其至精，记录求其详尽。近代考古学之殊于传统的古器物学处，即在问题之零整，记录之虚实，目证之有无②。

傅斯年坚信殷墟发掘对于重建殷商古史乃至理解整个中国上古史具有决定性意义。在殷墟发掘后不数年，傅斯年就把可信的古史上推到殷商时代认为：

---

① 傅斯年：《考古学的新方法》，《傅斯年全集》第三卷，88～95页。
② 傅斯年：《致〈史学杂志〉编辑先生函》，《傅斯年全集》第三卷，64～66页。

> 中国史之起点：据传说在五千年以前，然舍神话及传说而但论可征之信史，实始于殷商之代，唐虞夏后，文献不足征也①。

他后来更指出：

> 古史者，劫灰中之烬余也。据此烬余，若干轮廓有时可以推知，然其不可知者亦多矣。以不知为不有，以或然为必然，既违逻辑之戒律，又蔽事实之概观，诚不可以为术也。今日固当据可知者尽力推至逻辑所容许之极度，然若以或然为必然，则自陷矣。即以殷商史料言之，加入洹上之迹深埋地下，文字器物不出土中，则十年前流行之说，如"殷文化甚低""尚在游牧时代""或不脱石器时代""《殷本纪》世系为虚造"等见解，在今日容犹在畅行中，持论者虽无以自明，反对者亦无术在正面指示其非是。差幸今日可略知"周因于殷礼"者如何，则"殷因于夏礼"者，不特不能断其必无，且更当以殷之可借考古学自"神话"中入于历史为例，设定其必有矣。夏代之政治社会已演进至如何阶段，非本文所能试论，然夏后氏一代之必然存在，其文化必颇高，而为殷人所承之诸系文化最要一脉，则可就殷商文化之高度而推知之②。

从学生时代坚持"平王以降，始有信史可言"，到主张"可征之信史，实始于殷商之代"，再到相信"夏后氏一代之必然存在，其文化必颇高"，其间的变化不可谓不大，而这一切显然都拜考古学之赐。

但最可玩味的是，傅斯年固然希望史语所诸同仁能够"动手动脚"找来新史料，但他在重视出土材料和明清内阁档案等"直接史料"的同时，其实并不轻忽传世文献这类"间接史料"，而且强调两者颇可相互发明。

首先，傅斯年认为"间接材料"是研究者理解"直接材料"必不可少的知识背景。他说：

> 若是我们不先对于间接材料有一番细工夫，这些直接材料之意义和位置，是不知道的；不知道则无从使用。所以玩古董的那么多，发明古史的何以那么少呢？写钟鼎的那么多，能借殷周文字以补证经传的何以只有许瀚、吴大澂、孙诒让、王国维几个人呢？……所以持区区的金文，而不熟读经传的人，只能去做刻图章的匠人；明知《说文》有无穷的毛病，无限的错误，然而丢了他，金文更讲不通。……以上说直接材料的了解，靠间接材料做个预备，做个轮廓，做个界落。

反过来，傅斯年也主张直接史料对间接史料的"校正"作用：

---

① 傅斯年：《东北史纲》，《傅斯年全集》第二卷，383页。
② 傅斯年：《性命古训辩证》，《傅斯年全集》第二卷，594页。

> 一旦得到一个可信的材料，自然应该拿他去校正间接史料。间接史料的错误，靠他更正；间接史料的不足，靠他弥补；间接史料的错乱，靠他整齐；间接史料因经中间人手而成之灰沉沉样，靠他改给一个活泼泼的生气象①。

傅斯年对"直接材料"和"间接材料"的区分，可以说是颇具"二重证据"的意味，而这也是傅斯年一直以来秉持的态度。如早在1926年，他读到顾颉刚的《古史辨》时，即与胡适谈到：

> 颉刚的《古史辨》，我真佩服得"五体投地"。……同类的思想，我也零零碎碎地以前想到几条，只是绝不会有他这样一体的解决（系文题）。这一个中央思想，实是亭林、百诗以来章句批评学之大结论，三百年中文史学之最上乘。由此可得无数具体的问题，一条一条解决后，可收汉学之局，可为后来求材料的考古学立下一个入门的御路，可以成中国……之结晶轴②。

所以，傅斯年并不是要简单地抛弃间接史料，而是希望能够找到处理这类史料的科学方法——比如顾颉刚的《古史辨》方法。而在1932年出版的《东北史纲》第一卷中，我们可以窥见他对两类史料的运用方法：

> 一、近年来考古学者人类学者在中国北部及东北之努力已证明史前时代中国北部与中国东北在人种上及文化上是一事。
>
> 二、以神话之比较为工具，已足证明历代之东北部族与开中国历史之朝代有密切之关系。
>
> 三、以殷商朝鲜肃慎等地名之核比，知在中国史之初期中，渤海两岸是一体。
>
> 四、更以诸史所记东北部族之习俗生活等，知其与所谓"汉人"有一共同的基本成分，转与漠北之牧族，西域之胡人，截然不同。
>
> 人种的，历史的，地理的，皆足说明东北在远古即是中国之一体。此系近代科学寻求所供给吾等之知识，有物质之证明，非揣测之论断③。

傅斯年重视史料，自然是为了写出新的科学的古史。1934年，傅斯年在北京大学历史系讲授"中国上古史单题研究"一课，从他拟定的课程纲要里我们大致可以看出傅斯年对中国上古史的整体理解及著史方式：

> 此科所讲，大致以近年考古学在中国古代史范围中所贡献者为限；并以新获知识与经典遗文比核，以办理下列各问题：①地理与历史。②古代部落与种姓。③封建。④东夷。⑤考古学上之夏。⑥周与西土。⑦春秋战国间

---

① 傅斯年：《史学方法导论》，《傅斯年全集》第二卷，307~351页。
② 1926年8月17、18日傅斯年致胡适信，《傅斯年全集》第七卷，42、43页。
③ 傅斯年：《东北史纲》，《傅斯年全集》第二卷，396页。

社会之变更。⑧战国之大统一思想。⑨由部落至帝国。⑩秦汉大统一之因素①。

以"新获知识"和"经典遗文"来整理古史,其实是傅斯年一以贯之的态度。然而,傅斯年虽于史语所有创立之功,但无奈他"非官非学","无半月以上"可以连续为其自由支配的时间,所以很难将他的理念真正付诸于自身的研究实践中来②。所幸的是,傅斯年选定了李济担任史语所考古组主任,这位远离政治、心无旁骛的学者在实际上组织实施了该所古史重建的重任③。

1928年冬,李济在毫无思想准备的情况下接受了傅斯年的邀请,答应出任该所考古组主任,并立即赶赴安阳,与已经主持了殷墟第一次发掘的董作宾会面④。1929年秋,也就是殷墟第三次发掘结束之后,考古组不仅收获了刻字甲骨、刻花骨片和白陶等精美器物,而且采集了"那极多极平常的陶片、兽骨等",李济由此展望"在这种材料上我们希望能渐渐地建筑一部可靠的殷商末年小小的新史"⑤。

但是,通过锄头考古学发掘出的新史料来构建"殷商末年小小的新史"还不是李济的终极目标,因为他深切地知道:

> 现代中国新史学最大的公案就是中国文化的原始问题。要研究这个问题,我们当然择一个若明若昧的时期作一个起发点;这个时期,大部分的学者都承认在秦汉以前的夏商周三个朝代。因为我们中国文化的基础是在这"三代"打定的。要能把这将近两千年长的文化找出一个原委,中国文化的原始问题,大部就可解决。……要是我们能够如此一步一步地追寻出来,中国早期文化的递嬗的痕迹,当然也就可以看出来了⑥。

寻找中国文化的源头才是李济的根本目标,而殷墟则是实现这个目标的起点。以

---

① 傅斯年:《中国上古史单题研究课程纲要》,《傅斯年全集》第五卷,42页。
② 傅斯年:《性命古训辩证》序,《傅斯年全集》第二卷,502页。
③ 如李济的高足许倬云就回忆到:"济之师只喜欢学术工作,除了学术工作以外,不慕荣华,多次中央研究院院长出缺,他代理院务,却拒绝出任院长。他以自由主义者的立场,始终不支持蒋介石的专制及国民党的威权,只因为他无所求,他才能在蒋氏面前,不卑不亢,泰然自若。这是从智慧延伸而得的自尊,智者与勇者,本是一体。"参看《长忆济之师:一位学术巨人》,《家事、国事、天下事——许倬云先生一生回顾》附录一,南京大学出版社,2012年,349~353页。
④ 有关1928年冬傅、李二人的初次会面以及李济受邀加入史语所的经过可参看李济所撰的《傅所长创办史语所与支持安阳考古工作的贡献》一文,原载《传记文学》第28卷第1期(1975年),《李济文集》卷五,上海人民出版社,2006年,234~237页。
⑤ 李济:《民国十八年秋季发掘殷墟之经过及其重要发现》,原载《安阳发掘报告》第二期(1930年),《李济文集》卷二,225~248页。
⑥ 李济:《中国古器物学的新基础》,原载《台湾大学文史哲学报》第1期(1950年),《李济文集》卷一,334~344页。

殷墟为起点去追溯更早时期的中国文化，实际上就是重建中国上古史的另一种表述。从构建"殷商末年小小的新史"出发，进而建筑"新中国上古史"，这就是李济为史语所同志所描绘的宏伟蓝图。李济曾经说：

> 自从研究院开始发掘殷墟以来，我们就感觉到有发掘附近遗址的必要。所选择的第一个是殷墟东南靠平汉路的一个鼓出的地方，土名叫后岗。发掘是梁思永君一人经手的。作了两次，他就得到了我们天天梦想而实在意想不到的发现。……无疑的，这是一个极重要的发现。第二次后岗发掘以后，我们又在后岗西北的侯家庄与河南浚县大赉店发现堆积情形与后岗相同的遗址。这更可证明这三组文化相互的关系了。当然这里边没解决的问题还多得很。这只算替中国建筑"新中国上古史"的同志辟开了一个比较可靠的出发点，由此往前就可以渐渐地到那平坦大路①。

但人算不如天算。殷墟发掘为古史重建开了一个好头，也为史语所赢得了崇高的学术声誉，但先后踵接的八年抗战和三年国内战争极大地束缚了史语所的工作。1949年，史语所迁台，李济从此失去了在中国大陆从事考古发掘的机会，但他却开始全盘思考中国上古史的重建问题，并把殷墟作为古史重建的关键"支点"。李济相信，"安阳的发现，一方面把地上与地下的材料联系起来，一方面把历史和史前史联系了起来。"②

但古史重建是个系统工程，究竟该从何着手？李济看到了这层纷扰，并提出了自己的见解：

> 就中国上古史说，亟待解决的问题，虽说是多方面的，但是，据我个人看来，有两个基本课题，比其他题目更为重要。这两个课题的一个，是构成中国民族的人种问题。……我们基本课题的第二个——中国文化的开始③。

追寻中国民族和中国文化之原始，实际上早已蛰伏在李济心中。早在学生时代，李济就曾经在一份《自撰简历》中表述了如下的志向：

> 他的志向是想把中国人的脑袋量清楚，来与世界人类的脑袋比较一下，寻出他所属的人种在天演路上的阶级出来。要是有机（会），他还想去新疆、青海、西藏、印度、波斯去刨坟掘墓、断碑寻古迹，找些人家不要的古董来寻绎中国人的原始出来④。

---

① 李济：《中国考古学之过去与将来》，原载《东方杂志》第31卷第7号（1934年），《李济文集》卷一，325～331页。

② 李济：《中国上古史之重建工作及其问题》，原载《民主评论》第5卷第4期（1954年），《李济文集》卷一，353～360页。

③ 李济：《再谈中国上古史的重建问题》，原载《"中央"研究院历史语言研究所集刊》第33本（1962年），《李济文集》卷一，406～416页。

④ 李济手稿，据李光谟估计，当写于1920年李济离开克拉克大学去哈佛研究院前后，《李济文集》卷五，412页。

李济在史语所所做的努力实际上是践行了他年轻时代的理想，但此时的李济赋予古史重建这项工作以重大的社会意义，希望通过历史和考古学者的工作来树立民族自信心和自豪感①。他说：

  我们相信，健全的民族意识，必须建立在真实可靠的历史上。要建设一部信史，发展考古学是一种必要的初步工作②。

在李济的晚年，他更是竭尽全力地推动《中国上古史》的编撰工作，并始终强调民族的发展和文化的演进两大主题：

  五十余年来，地下发掘出来的考古资料已经累积到一个颇为可观的数量，发表的报告不断地透露了在远古的时代，中国民族与文化形成的消息。……如何把这批史前的史料与中国文明的黎明期衔接起来，实为治中国上古史的同志们当前面临的一个紧要课题。……如何整理？我们想尝试这一件工作。我们的目的是想编辑一部比较可信的中国上古史。我们无意再写一部偏重政治方面的专史，褒贬过去的帝王卿相，评论每一朝代的兴替。我们想把它的重心放置在民族的发展与文化的演进两组主题上③。

从1928年傅斯年创办史语所，到1972～1985年四卷本《中国上古史》（待定稿）在史语所陆续出版，历经半个世纪，虽然结果差强人意，但傅斯年和李济古史重建的理想得以部分地实现，呼应了傅斯年当年发出的让"科学的东方学之正统在中国"的呐喊④。

---

① 在一些西方学者看来，中国考古学具有强烈的"民族主义"色彩，如普林斯顿大学贝格利教授在《剑桥先秦史》"商代考古"中就指出，"考古学压倒一切的任务是满足强烈的民族主义需要。由于这一因素，当时（中国考古初期）没有什么比找出安阳文明的本土源头更受到重视。……通过显示其证史能力，安阳发掘为考古学这样一个国共两党均不重视的学科（两党均将外国学者排斥在田野工作之外）在中国赢得了立足点，但其代价是它成了证史的工具。"参看唐际根：《考古学·民族主义·证史倾向——〈剑桥中国史·商代考古〉提出的问题》，《考古与文化遗产论集》，科学出版社，2009年，9～16页。类似地，美国学者罗泰也认为，"考古学被接纳是因为在她的处女航中（如果可以这样说的话），为反驳'疑古派'提供了武器，并能被用来维护传统。"参看洛沙·冯·福尔肯霍森（罗泰）著、陈淳译：《论中国考古学的编史倾向》，《文物季刊》1995年第2期。

② 李济：《〈田野考古报告〉编辑大旨》，原载《田野考古报告》第1册（1936年），《李济文集》卷一，332、333页。

③ 李济：《〈中国上古史〉编辑计划的缘起及其进行的过程》，原载《中国上古史（待定稿）·第一本》（1972年），《李济文集》卷五，151～153页。

④ 《中国上古史》拟定一百个题目，分属史前部分、殷商篇、两周篇，1972年第一本出版后，因为数位学者继继谢世，撰写计划陷于停顿。直到1985年才推出第二本殷商篇和第三本两周篇之一"史实与演变"与第四本两周篇之二"思想与文化"，四本总共66篇论文，实际上相当于4部论文集。故有学者认为"称为《中国上古史》，有点名不副实"。参看宋镇豪主编：《商代史》卷一《商代史论纲》总序"重建商代史的学术使命与契机"，中国社会科学出版社，2011年。

三、徐旭生与苏秉琦的古史重建

1919年夏，在法国巴黎大学学习了六年哲学的徐旭生回到中国，开始在河南开封第一师范学校及河南留学欧美预备学校教课。两年后，他受聘于北京大学哲学系，讲授西洋哲学史①。但令徐旭生本人也没有想到的是，此次北京之行会让原本专攻西洋哲学的他从此走上研究中国古史的道路。他自己后来追记到：

> 回忆我自1921年后在北京大学任教，当日我国的史学界受欧西科学的影响，对古史材料重新估价的口号高唱入云，我个人也未能自外于时代思想的潮流。不过因为我在法国留学时学的是哲学，所以在北大教的总不出哲学史的范围，对于历史自身没有时间向前深造。

但这一时期异军突起的"古史辨"运动深深刺激了徐旭生，他说：

> 1923年前后顾颉刚、刘掞藜二先生，对于禹是否天神，是否有实在的人格的讨论轰动一时，我对此问题虽也深感兴趣，但是因为没有工夫搜集资料，所以未能参加讨论。当时史学界的普通意见似有利于顾氏，可是我个人虽对他的工作有较高的评价，却绝以为他走得太远，又复失真，所以颇不以他的结论为是②。

虽然徐旭生没有参加到与"古史辨"派的论争中去，但他对史学的浓厚兴趣很快就有了实践的机会。1927年，中瑞西北科学考察团成立，时任北京大学教务长的徐旭生出任中方团长，开始真正进入古史研究领域③。特别是1932年，徐旭生辞去北平师范大学校长的职务后，出任北平研究院史学研究院研究员、考古组组长，从此成为专职的史学研究人员。

与同时代大多数历史学者不同的是，徐旭生从一开始就主张历史研究不能"专在斗室故纸堆中绕弯子"④，所以他到任北平研究院后即着手组建陕西考古会⑤，亲自前往关中开展考古调查，探寻周秦两民族文化，并最终选定宝鸡斗鸡台遗址作为发掘地点的首站⑥。

---

① 有关徐旭生先生的生平可参看黄石林：《徐旭生先生传略》，《中国古史的传说时代》，广西师范大学出版社，2003年，356~364页。
② 徐旭生：《中国古史的传说时代》序言，广西师范大学出版社，2003年。
③ 有关中瑞西北科学考察团的有关情况可参看王可云：《中瑞西北科学考察团研究》，华东师范大学历史系硕士学位论文，2005年。
④ 徐旭生：《西游日记》第一卷，《近代中国史料丛刊续辑》（第十一辑），文海出版社，4页。
⑤ 罗宏才：《民国时期陕西考古会成立之缘起与大致经过》，《考古与文物》1998年第3期。
⑥ 关于斗鸡台遗址的发掘经过及意义可参看拙文：《有心栽花与无心插柳——先周文化探索的早期阶段》，《追迹三代》，上海古籍出版社，2015年，469~500页。

中研院史语所专注于商，而北平研究院史学所则直奔周秦而去，这种选择当然不会是偶然的。作为这一过程的见证人，苏秉琦后来这样概括了两家机构的目标与使命：

> 随着考古学的兴起，中国开始正式设置考古研究机构。南京的中央研究院，其中的历史语言研究所于1928年设考古组，一成立就直奔安阳，因为那里发现了甲骨文，目的是去研究商史。北平的北平研究院，其中的史学研究会（后改为所）于1929年设考古组，先去了燕下都，后去了陕西宝鸡，因为那里出了青铜器，目的是研究先周先秦史。由此可见，从考古学专门机构设置之日起，目标就很明确：为了修国史①。

陕西考古调查和斗鸡台遗址的发掘让徐旭生彻底完成了从哲学研究者到史学研究者的转变。但是，虽然徐旭生是北平研究院在陕西考古工作的策划者和领导者，但他本人这一时期的研究重点却不是斗鸡台遗址的发掘品。他自述这一阶段的研究经历是：

> 等到1932年我接受了前北平研究院史学研究会（至1937年春改所）的聘约以后，才专心研究历史。不过接续五六年间总是在陕西的黄土原上面奔走，从事调查及发掘的考古工作，还没有工夫对有文字的古史作进一步的研究。……1938年冬到昆明，次年春在昆明附近的黑龙潭定居。……遂立意拿我国古史上的传说材料予以通盘的整理。……传说时代的范围，上限未能定，下限暂定于商朝的盘庚迁殷以前，因为到盘庚迁殷以后就已经有明确的史料，进入了狭义的历史范围，不属于传说时代了②。

徐旭生对古史传说材料通盘整理的结果就是完成了名著《中国古史的传说时代》，他概括自己的研究方法是：

> 工作的程序，是先把先秦古书中属于普通历史的材料仔细检查一遍，并且把这些段落勾画出来，请人把它完全抄录在一个本子上以便检查（专书如《尚书》前五篇、《史记》前三篇等不抄）。……这样比较的结果，才看出我国古代的部族的分野，大致可分为华夏、东夷、苗蛮三集团——仔细分析也未尝不可以分为六部分，因为西北方的华夏集团本来就分为黄帝、炎帝两大支，黄帝支居北，炎帝支居南。

徐旭生的这部著作，与其说是为了重建古史，倒不如说是为了消除"疑古"思潮对于学界的影响。因为当时"极端的疑古派学者对于夏启以前的历史一笔勾销，更进一步对于夏朝不多几件的历史，也想出来可以把它们说作东汉人伪造的说法，而殷墟以前漫长的时代几乎变成白地"。因此，徐旭生写作《中国古史的传说时代》这本书的目的有二：一是巩固国人对于古史的信心，二是寻找正确的古史研究方法。尤其是

---

① 苏秉琦：《圆梦之路·上》，《东南文化》1995年第4期；《圆梦之路·下》，《东南文化》1996年第1期。

② 徐旭生：《中国古史的传说时代》序言，广西师范大学出版社，2003年。

在后一点上，徐旭生着墨尤多，体现了良好的学术素养。

在该书首章"我们怎样来治传说时代的历史"中，徐旭生首先罗列了"古史辨"派学者在研究方法上的四点重大缺陷：第一，太无限度地使用默证；第二，武断地对待反证；第三，过度强调古籍中的不同记载而忽视其共同点；第四，混淆神话与传说。进而强调了古史研究中应该注意的三个基本问题：第一，我民族初入历史的时候，也同其他古代民族初入历史的时候一样，为复杂的，非单纯的；第二，综合材料比未经系统化的材料价值低；第三，需注意此期史料原始性的等级性。

可以说，这一时期徐旭生对于如何重建古史进行了深入思考，他对于传说时代的古史研究方法以及相关认识除了集中见于《中国古史的传说时代》一书外，还集中体现在他与苏秉琦合写的《试论传说材料的整理与传说时代的研究》一文中①。在该文的引言中，徐旭生明确指出：

> 一部理想的中国上古史必须是根据全部可用的文献，传说和遗物，三种材料综合运用，适当配合，写成的。迄今为止，我们还没有看到这样的一部书的主要原因，恐怕多半还是由于基本的准备工作不够。

他进而对三种史料各自的优劣进行了详细分析：

> 文献，主要是流传下来的古代典籍。其次是各种古器物上的文字。……大体说来，以现有的基础而论，在古史研究中，这一类材料算是最严整的了。

> 传说，即是先由口耳相传，经过千百年后，始被写下来的历史故事。这自然不是一等的史料。但其对于古史的研究自有其重要地位，不可随便抹杀。……所以，这一部分材料亦是研究古史的一种基本材料。……关于这些传说材料的利用和处理，恐怕是最麻烦，最头痛的问题了。

> 遗物是考古学和民族学的研究对象。近代的考古学，在我国的历史还很短。发掘的工作还少，已发表的材料尤少。……将来必有一天，我们可能根据丰富可靠的地下遗物遗迹，和考古学的成就，来描述中华民族的史前文化。即使有文字以后，如商周的历史，亦定可借地下发现的新材料，新事实，大量地充实其内容，改正其史籍记载的错误。

---

① 徐旭生、苏秉琦：《试论传说材料的整理与传说时代的研究》，原载北平研究院史学研究所《史学集刊》（第五期），1947年。收入《苏秉琦文集》（二），文物出版社，2009年，54~69页。在徐旭生执笔的"引言"中，他对此文的撰作背景有详细的说明，"如果我们肯仔细地想一想，就不难看出不能得到共同承认的结果的真正原因，是由于没有预先找出来一个共同承认的方法。……曾写出一篇《整理我国古代文献方法之商榷》。……文成之后，友人苏秉琦先生就本诸我的意思另外写成一篇，其条理尚有愈于余文之处。我们的文章写成已经二三年，也还没有发表。因为在昆明时，耗子太多，我的原稿的后一二页被它们拉去垫窝，遂不完全。……而重写现在也尚无兴趣，因此就劝苏君将他草成的稿子发表，我又为之校改一遍，所以这篇文字可以说是我们两个共同拏出来的同大家商讨的。"

虽然徐旭生和苏秉琦都是刚刚接触到考古学，并对考古学寄予了厚望，但他们对考古学和考古材料的局限性已经有了清醒的认识：

> 但存在于我们传说材料中的世次还多，各部族的远代故事还多。要想把它一一用地下材料来证实或否定，是不可能的。将来我们由地下发现的材料，尽管比现有的再加上十倍百倍千倍。我们由此所能知道的，永不外是些"打制石器""磨制石器""彩陶""黑陶""甲文化""乙文化"。我们永远不会发现哪些是黄帝炎帝；哪个是尧墟舜墟。

这就是说，在徐、苏师徒二人看来，要建设真正的古史，仅靠考古材料是远远不够的，必须倚重文字和传说材料，它们三者之间的关系是：

> 如果我们把我们的上古史当做一出三幕剧来看……第一幕，即"史前史"。……第二幕，"传说时代"。第三幕，即"历史时期"。有了文字记载，亦即犹如一部真实但残缺的"本事"。再配合上考古材料，传说材料，我们对于这最后的一幕戏剧，纵不可能完全复原重演。但剧中人的音容笑貌，剧情始末，至少已有了部分真实的记录。它的内容形式亦有了一定的标准。我们如果把传说材料删掉，我们的古史将不成为一个整体。我们的传说材料，如不加整理，则其史料价值亦将永远是一个无法计算的"未知数"。

他们甚至认为：

> "传说时代"的史料，如前所说，有两大部分：一，是包括于先史考古学中的"地下遗物"；一，是包含于各期典籍中的"传说"。我们由先史考古学的研究所得的譬如是真正的历史开场以前的舞台布景。至于这出历史大戏开场以前的"楔子"或者"冒戏"乃是以传说（包括歌谣古迹）的形态保存下来的。唯有靠了这些"传说"，我们才可能把这一段有文字以前的历史模拟想象出它的十分或百分之一二的真相，才可能把完全茫昧（不是完全没有文化）的先史文化时期，与有真实记载的历史时期，互相联系起来。

这实际上就是说，单凭考古材料，只能"见物"，只有结合文献和传说材料，才能"见人"，建设起真正鲜活的历史。而在当时，不仅是徐旭生和苏秉琦有这种想法，其他很多学者也作如是想，后来张光直对此有个很好的概括：

> "疑古"的气氛极浓的时候，大家颇有把伪古史一笔勾销，寄真古史之希望于考古学上的趋势。考古学在华北开始了几年，史前的文化遗物开始出现之后，史学家逐渐对考古资料感觉失望起来，因为在这些材料里，固然有石斧、有瓦罐，但可以把黄帝、尧舜等古史人物可以证实的证据之发现，似乎逐渐成为一个渺茫的希望。30年代以后，有的史学家似乎逐渐采取了"各行其是"的态度——考古者考其古史，而神话资料上亦可以"重建"先殷古史。换言之，传统的先殷古史是神话，但其材料可以拿来拆掉重新摆弄一番，建立一套新的先殷古史。……新的先殷古史，固然仍使用老材料，但都

是经过一番科学方法整理以后的结果，其可靠性，比之传统的神话，自然是大得多了①。

正是在此背景下，徐旭生出版了《中国古史的传说时代》，而苏秉琦则完成了《斗鸡台沟东区墓葬》。前者是典型的使用新方法整理老材料，而后者则属于使用新工具整理的新材料，徐、苏师徒二人实际上代表了这一时期古史重建两条最主要的路径。

但世界终究是属于年轻人的，学术研究亦然。新中国建立之后，徐旭生作为考古界的元老，供职于新成立的中国科学院考古研究所，并以1959年的夏墟调查而开启了夏文化探索的先声②，但是重建古史的重任还是交到了年富力强的苏秉琦手里。

对于当年在徐旭生的指导下参加斗鸡台遗址的发掘并整理出土材料，苏秉琦曾经再三表示这是他一生学问事业的关键点，由衷地感慨自己遇到了"好的课题，好的导师，好的切入点"③。虽然日后苏秉琦走上了与徐旭生颇为不同的研究道路，成长为一位非常纯粹的考古学家，并被尊为考古学"中国学派"的奠基人，但他的毕生研究其实有深深的徐旭生烙印④。

---

① 张光直：《商周神话之分类》，原载《"中央"研究院民族研究所集刊》（1962）14，此据《中国青铜时代》，读书·生活·新知三联书店，1999年，358~396页。

② 徐旭生：《1959年夏豫西调查"夏墟"的初步报告》，《考古》1959年第11期。

③ 陕西省考古研究院：《追寻八十年前巨人的足迹——"纪念宝鸡斗鸡台考古80周年座谈会"纪要》，《中国文物报》2014年5月23日第6版。据苏秉琦哲嗣苏恺之先生回忆，苏秉琦先生分别在1960年代和1994年两次向他表述了这一层含义。

④ 据俞伟超、张忠培的描述，考古学的"中国学派"是由指导思想、方法论和目的性三方面结合在一起的考古学研究。"第一是以马克思列宁主义、毛泽东思想为指导，从考古材料出发，运用考古学的方法，仔细观察与分析考古现象所呈现出的矛盾，具体地研究中国境内各考古学文化所反映的包括生产力和生产关系、经济基础和上层建筑这些内容的社会面貌及其发展阶段性"；"第二是在科学发掘的基础上，运用由我国学者所发展了的考古类型学方法，分区、分系、分类型地研究各考古学文化的发展过程，通过考察我国考古学文化的谱系来研究中国这一以汉族为主体的多民族国家的形成过程，研究这一总过程中各考古学文化的相互关系及其发展的不平衡性"；"第三是这种研究，以揭示历史本来面貌作为目的，对促进人民群众形成唯物主义历史观，激发他们的爱国主义、国际主义和民族团结思想情感，有着重要的作用"。参看他们执笔的《苏秉琦考古学论述选集》编后记，文物出版社，1984年。但有意思的是，当时中国考古学的领导者夏鼐并不认同有所谓的"中国学派"，他在日记中质疑到："（苏秉琦说）我国的考古工作及考古学发展已进入一个新时代，它的主要标志是：一、已有相当数量的一批比较系统而不是零星的，扎扎实实的而不是草率的田野考古工作、工地和原始资料（鼐按：这只是相对而言，'新时代'是质变而不是量变。从量变到质变，什么数量才算是'新时代'呢）。二、已经初步形成具有中国特色的学科体系（鼐按：曾问过这与所谓'中国学派的考古学'是否一回事？所谓'特色'是体系的特色，或仅以内容是中国材料，犹是中国特色的历史，即中国史。他说这是后者）。三、已有一批在建国后新培养成长起来的专家学者（鼐按：要有新人，是必要的，但有新人并不便是新时代，还要新人的学术思想及拿出的成果，是否足以代表）。"参看《夏鼐日记》（第9卷），华东师范大学出版社，2011年，334页。

1952年8月，苏秉琦先是被委派来北大办考古人员训练班；9月，又受邀在北大办考古专业，担任专业主任。先后四届训练班学员以及北大考古专业培养出来的历届学生几乎是新中国考古的全部力量，作为专业主任，苏秉琦的学术思想自然深深地影响了整个考古学界。但与此同时，学生们在特定社会背景下的所提出的诉求也几乎改变了苏秉琦的研究理路，一场关于考古学研究"见物不见人"的批斗令苏秉琦终生难忘。苏秉琦在他的长篇回忆录《圆梦之路》中对此事有详细的回顾：

> 1956年春，应届毕业班同学因为对各门课程教学不满意，一而再，再而三地向领导反映情况，得不到实质的改善，于是直接给校长写了一封长信，反映专业教学中的问题。同学们感到考古界那种见物不见人的研究和教学，那种封闭状态，与社会上轰轰烈烈的社会主义热情很不协调，他们不甘心于那份寂寞，要求改变现状，这种心情是可以理解的。这引起校领导的重视，并由副教务长张道纯亲自出马和系主任翦伯赞主持，召开了一次考古专业全体师生大会，让学生面对面地向教研室开炮。作为考古教研室的主任，我和同事们耐心听取同学们的意见。那次会给我的震动很大，我这才意识到，我和青年同学之间有这么大的距离，意见一大堆，言辞尖锐，而且火气很大，乍听起来很不舒服，细想起来又感到发人深省。难道我们不是生活在同一个社会里的人吗？为什么看问题的角度如此不同。为什么说我们讲的考古学"见物不见人"，难道我们教师讲的内容不是在探讨古代社会历史吗？同学们讲的"见物不见人"的这个"人"字究竟是什么意思？五十年代时考古专业师生之间在理论上不应有大的分歧，而在实践上却好像确有一条"代沟"。原因是什么呢？怎样解决呢？我反复思考着这个问题。

上文已经提到，苏秉琦在年轻时代也清除地意识到考古材料都是哑巴材料，从瓦甂陶罐中找不出三皇五帝来，换句话说，仅凭考古材料难以重建古史。学生的困惑其实也是苏秉琦自己的困惑，所以他束手无策，只能寻找援兵：

> 当我实在感到为难、没辙的时候，1958年春天，我就请尹达来给同学做报告。尹达是我三十年代的朋友，抗日战争爆发后，他"投笔从戎"跑到延安去了。他去延安前想的是到前方杀敌，不料当他去到延安之后，党组织却让他回去取来考古资料，在延安写《中国原始社会史》，这说明考古学对现实是何等的重要，到了五十年代，我们又成为合作共事的同志。我请他作报告时，他提出了"建立马克思主义的中国考古学体系"的口号，考古专业的同学们听过后受到鼓舞，我也觉得有道理。但是，如何在工作中把它变为现实呢？

那是一个说干就干的年代，苏秉琦和一众学生马上行动起来，为"建立马克思主义的中国考古学体系"而奋斗①。他回忆道：

> 1958年8、9月间，在校党委的统一布置下，我们考古教研室教员与53、54级同学共同写书，为考古学寻找新的出路，口号就是"建立马克思主义考古学体系"，向庆祝建国十周年献礼。当时，"向苏联学习"的口号仍很响亮，对苏联的成就，包括考古学的成果仍深信不疑并视为楷模。师生们共同写书时，是以《家庭、私有制和国家的起源》《古代社会》为红线，以苏联《考古学通论》《原始文化史纲》为样本来写中国考古学的。当时，师生合作分成旧石器时代、新石器时代、商周时期、战国秦汉时期、南北朝至宋元时期等编书小组，经过40天的奋战，写出了《中国考古学》各段初稿。经过反复修改，也向国庆十周年作了献礼。但是，写来写去，始终未能写出大家满意的结果。

虽然这次尝试并不十分成功，但苏秉琦并未停止探索的脚步。这一时期，他最主要的考古实践是主持洛阳中州路的发掘并指导发掘报告的编写②。1954年秋至1955年春，考古所与河南文物工作二队在中州路进行了大规模发掘，主要遗迹是260座东周墓葬。在洛阳中州路，苏秉琦遇到的问题与他当年在斗鸡台的困境类似，都是要用类型学的手段把一堆无序的陶器整理出内在的演变逻辑来。有了斗鸡台的经验，苏秉琦不仅做到了，而且所做的远不止于此，他的学生俞伟超对这项工作的意义有如下的评价：

> 他在《洛阳中州路》一书中，又把260座东周墓分为大、中、小三型和七个期别，即将每一座墓当做一个整体来分型、分式，不仅找到了演化顺序，还看出了墓主身份的差别。如果说，类型学本是为了寻找考古学遗存形态变化过程而出现的，现在则上升到了可以探索人们社会关系的高度。这是类型学的一大进步③。

俞伟超所谓"探索人们社会关系"，具体来说就是：

> 在《中州路·结语》中，又把东周墓分为大、中、小三型；并进而分析出春秋前期只有大型铜器墓才有的鼎，春秋中期又出现于中型墓葬，至春秋晚期则小型陶器墓也用；而春秋中期只有中型陶器墓才出的陶鼎，到春秋战国之际则大型铜器墓也出。这种分析，开始揭示出东周时期鼎类礼器使用情

---

① 在这次师生合作编写《中国考古学》讲义过程中，苏秉琦主要负责编写"战国秦汉考古"。参与编写工作的除苏秉琦外，还有北大考古专业53和54级学生祝广祺、高广仁、王鸿玲、高建民、杨式挺、俞伟超、徐光冀、马耀炘等人。参看苏秉琦：《战国秦汉考古》"整理说明"，上海古籍出版社，2014年。

② 中国科学院考古研究所：《洛阳中州路（西工段）》，科学出版社，1959年。

③ 参看俞伟超为苏秉琦《中国文明起源新探》一书所写的卷首语《本世纪中国考古学的一个里程碑》，读书·生活·新知三联书店，1999年。

况的变化,及其所反映的社会等级状况的某些变化。把整个墓葬加以分型,并注意到各型墓葬在不同期别发生的不同现象和某些现象的转移情况,是对墓葬进行分类研究的发端。在阶级社会时期,人们是被划分为等级的。对这时期的墓葬作分类研究,就可达到探索社会关系及其变化的深度①。

客观来说,虽然苏秉琦对斗鸡台和中州路出土材料的整理方式都具有开创性意义,迄今仍被中国考古学界奉为典范,并在长时期内深远地影响了数代考古学人,但如以古史重建的标准来衡量,这两项研究仍不能令人满意——因为这两处遗址出土的都是瓦鬲陶罐一类的"哑"材料,要从这部"天书"中寻找出它们的内在逻辑尚且不易,又何谈把它们用作重建古史的史料?斗鸡台发掘报告完全没有涉及特定的古史,而《洛阳中州路》虽然就随葬品组合的变化来尝试探索社会关系的变化,但距离古史重建还相当遥远。所以,张光直就曾经这样评价考古学在古史研究中的局限性:

> 从一个考古学者的立场来说,这些史学家对考古研究所能达到的"境界"的怀疑是有根据的,因为先殷的考古学恐怕永远是不能全部说明中国上古神话史的。考古学的材料是哑巴材料,其中有成群的人的文化与社会,却没有英雄豪杰个人的传记。假如夏代有文字,假如考古学家能挖到个夏墟,也许将来考古学上能把三代都凑齐全也说不定。但绝大部分的神话先殷史,恐怕永远也不可能在考古学上找到根据的。这是由于考古这门学问的方法和材料的性质使然,是没有办法的事②。

进入1960年代,苏秉琦的研究工作又一次发生了变化。在当时,随着仰韶文化出土资料的日益丰富,如何正确认识这种分布范围广,延续时间长的考古学文化就成了急迫的问题。1965年,苏秉琦发表了著名的《关于仰韶文化的若干问题》一文③,学术界评价这篇文章的重要意义"在于寻找到了一条考察各种考古学文化的正确途径:划分区域类型,按类型寻找来龙去脉,依期别分析社会面貌的变化"④。苏秉琦自己也十分看重这项研究成果,他甚至认为正是对仰韶文化的研究才让他获得了考古生涯中的"顿悟":

> 从60年代前期把仰韶文化认识提高到分子水平及对类型的重新界定,使我们顿悟:不论是"修国史"还是"写续篇""建体系",都必须走这条路,必须首先从对文化遗存作分子分析和对考古学文化做比较研究入手,确定哪些遗存属于同一文化社会实体,各个文化群体各自经历了一种怎样的发展过程,它的原始公社氏族制度受何种动力的驱使发展到繁荣而又走向衰落,

---

① 俞伟超、张忠培:《苏秉琦考古学论述选集》编后记,文物出版社,1984年。
② 张光直:《商周神话之分类》,《中国青铜时代》,358~396页。
③ 苏秉琦:《关于仰韶文化的若干问题》,《考古学报》1965年第1期。
④ 俞伟超、张忠培:《苏秉琦考古学论述选集》编后记,文物出版社,1984年。

如何从氏族变为国家的，也就是在一个具体的考古学文化系统中文明因素如何出现，国家又是如何一步一步形成的。只有这样，所写的历史才能符合史实，才能有血有肉，才能体现它的独具特征和它独具的发展途径，我们不能笼而统之，大而化之，把一般社会发展规律当成教条，添加些考古材料交差了事①。

因此，苏秉琦对于斗鸡台、中州路和仰韶文化的研究实际上树立了考古学研究中三个典范，即：

于40年代基本建立了单种器物的分型分式法，50年代发展为包括成组物品的遗迹单位的分型分式法，在60年代就又推进到考古学文化的分型分式法②。

苏秉琦对斗鸡台、中州路和仰韶文化研究的重要意义并不在于构建了与此相关的某一段古史，而是摸索出了分析处理考古材料的科学方法，找到了将考古材料升华为史料的有效途径，这种方法论上的探索可能比复原某段古史本身意义更加重大。在此后的学术生涯中，苏秉琦反复强调了把考古材料转化为史料的关键意义：

史前史的史源主要来自史前考古学，但史前史不等于史前考古学。考古学研究的对象是具体的遗址、具体的遗迹、遗物，这些古代物质遗存无疑具有珍贵的史料价值，但素材不等于历史，依考古文化序列编排出的年表也不等于历史。史前史不是田野发掘报告的堆砌，也不是田野考古资料的总合。从史前考古学到中国史前史要有个升华过程，即概括和抽象的过程，科学思维的过程。……这就是说，从研究史前考古学到研究史前史，考古学家在思想观念上、工作上要有个转变。……只有依靠正确的观点、方法，才能驾驭浩如烟海、纷繁复杂的史料，对中国史前史做出科学的总结③。

在这一时期，苏秉琦对于古史重建有了更为自觉的追求，特别是注重考古学研究要"见物见人"的诉求。在《关于仰韶文化的若干问题》的结语部分，苏秉琦指出"在关于仰韶文化的一系列问题之中，共中心问题是社会发展阶段（或性质）和民族文化关系"，试图把仰韶文化与特定的历史阶段和特定的族群联系起来，并就此两个核心问题给出了自己的回答：

仰韶文化大约同传说神农氏时代相当，河南龙山文化的早期则大约同传说黄帝尧舜时代相当。传说神农氏时代，是和平发展的时代，而传说黄帝尧舜时代则是在战争中诞生的，是在新与旧、人们集团与人们集团之间尖锐的

---

① 苏秉琦：《中国文明起源新探》，辽宁人民出版社，2009年，30、31页。
② 俞伟超、张忠培：《苏秉琦考古学论述选集》编纪记，文物出版社，1984年。
③ 苏秉琦：《关于重建中国史前史的思考》，《考古》1991年第12期。收入《苏秉琦文集》（三），175~180页。

矛盾斗争中启幕的。由此可见，仰韶文化向河南龙山文化早期及共相当诸文化类型的过渡之所以具有如此显著的飞跃形式，是同这一历史背景分不开的。

仰韶文化的两期是华族或华夏族（汉族）及其文化发生和最初形成的两阶段，也是华族同其他兄弟民族文化关系发展的两阶段。

但实际上，该文这一部分原稿的内容更为充实，但当时未能发表，直到1991年才在《辽海文物学刊》上刊出，并以原貌收入了后来出版的《苏秉琦文集》①。从原标题"仰韶文化同历史传说的关系"就可以看出，苏秉琦始终在尝试把考古学文化与具体的历史联系起来。原稿"主要谈两个问题：（一）仰韶文化相当我国古代历史传说的哪一个发展阶段？（二）仰韶文化相当我国汉族共同体形成的哪一个发展阶段？"对于前一个问题，苏秉琦的答案是"仰韶文化只能是相当早于黄帝尧舜的神农氏时代，而仰韶文化的两期即神农氏时代的两阶段"。对于后者，苏秉琦认为"仰韶文化应当相当华族或夏族的最初形成阶段。……华族的核心是仰韶文化庙底沟类型的人们。华族之名即源于他们使用的花卉图案，而华山之名则由于它是华族最初所居之地。"②

从内容上不难看出，这一节原稿的核心内容实际上在《关于仰韶文化的若干问题》一文的结语中已经得到完全的体现。我们推测原稿之所以未能以全貌发表，可能还是在于当时学术界对于这种把考古学文化与特定古史挂钩的做法存在不同意见，但从苏秉琦的这次尝试中可以清晰地看到徐旭生的影子③。

在该文完成后，苏秉琦原本打算对大汶口和龙山文化进行系统研究，这自然是受了徐旭生"三集团"说的影响，但可惜这一计划被"文化大革命"所中断。20世纪70年代以后，黄河中游以外地区的考古新材料不断涌现，对不同区域的原始文化进行谱系研究就成了极为紧迫的事情。这一时期，苏秉琦"奔走于半个中国，对长城内外、长江中游、对从山东半岛到长江三角洲，从洞庭、鄱阳两湖周围到岭南海边等这样一个极为广阔的空间范围的新石器至青铜时代的文化遗存，和许多直接参加发掘的同志在一起，做了大量具体材料的分析与比较工作"④。

---

① 有关该文刊出的背景及曲折可参看苏恺之：《我的父亲苏秉琦——一个考古学家和他的时代》中"《关于仰身文化的若干问题》的发表"一节，生活·读书·新知三联书店，2015年，190~196页。

② 苏秉琦：《仰韶文化同历史传说的关系》，《苏秉琦文集》（二），203~206页。

③ 如唐际根就指出，"20世纪50~80年代，只有极少数的考古学家尝试过运用考古资料对中国古代社会进行解释（如张忠培先生的《元君庙仰韶墓地》），绝大多数的中国考古学家都在埋头于发掘、整理田野资料。那时中国的考古工作主要由夏鼐先生主持和安排，夏鼐先生严格要求中国的考古学者只发表材料，而不允许作随意性解释。翻开当时的《考古》或《考古学报》，发掘简报或报告占了绝大多数。简报或报告的作者即使在报告的结语中写上了自己对材料的解释，但发表时大都被删除。我相信夏鼐先生是有意识这样做的。"参看《考古学·民族主义·证史倾向——〈剑桥中国史·商代考古〉提出的问题》，《考古与文化遗产论集》，科学出版社，2009年，9~16页。

④ 俞伟超、张忠培：《苏秉琦考古学论述选集》编后记，文物出版社，1984年。

更为重要的是，1950年代北大考古专业学生对考古学研究中"见物不见人"的批判深深刺激了他。苏秉琦后来曾向学生解释道：

> 大批判以后，你们觉得没有事了，我却长期平静不下来。总是在想，过去的一套有哪些不足呢？如何才能达到大家的要求呢？怎样才能建立起正确的中国考古学系统呢①？

1975年8月，他应邀给吉林大学考古专业的师生以"学科改造与建设"作了一次演讲，这是他首次在公开场合就学科发展方向等重大问题系统地阐述自己的见解②。在演讲提纲中，苏秉琦明确提出中国考古学未来发展方向应该是"建立马克思主义的、具有民族风格、民族气派的中国考古学"。他并列举了本学科中长期的、带有普遍性的五个课题，即：

（1）人类起源、原始社会及文化的最初阶段

（2）中国文化起源问题

（3）关于从原始社会解体到阶级国家产生问题

（4）关于奴隶制、封建制社会的发展问题

（5）关于以汉族为主的统一多民族国家的形成

如果说上述五个问题只是远景规划，不可能一蹴而就的话，那么他在演讲中明确提出的未来第一项重点工作——对"条条和块块（核心和'五湖四海'）"的研究，就具有重大现实意义了。主持这次演讲的张忠培在事隔多年之后依然抑制不住激动的心情，充满感情地回忆到：

> 1975年夏天，当中国大地把"批判资产阶级法权""评法批儒""评水浒"正搞得热火朝天的时候，他应我的邀请，在中国科学院考古研究所发表了后来成文的以《关于考古学文化的区系类型问题》为主要内容，也就是我们现今读到这本书中的"条块"说的基本内涵的演讲。听这个演讲时，我即认为他讲得太重要了，全是新的，抓到了解析考古学文化的要领，感到他似乎已从自己的座位上飞到天空，自由地翱翔在白云点缀着的蓝天的学术里……当他结束这一演讲时，我本能地感到必须迅速地带头鼓起掌来，以此顶住似乎挤压着这间小屋愈益变小的压力。历史依着自身逻辑向前发展，以后的进程说明：这是个非常重要的时刻，历史在这里出现了转折，苏秉琦先生的考古学文化区系类型论，愈益获得了广大考古界同仁的支持，在他的这一理论的指引下，中国考古学踏上了新的征途，创造了苏秉琦时代③。

---

① 俞伟超、张忠培：《苏秉琦考古学论述选集》编后记，文物出版社，1984年。

② 苏秉琦：《学科改造与建设——1975年8月间为吉林大学考古专业同学讲课提纲》，《苏秉琦文集》（二），210～217页。

③ 张忠培：《中国古代文明研究的新阶段——〈中国文明起源新探〉读后》，《中国考古学：走近历史真实之道》，科学出版社，1999年，47～53页。

这是苏秉琦考古学文化区系类型理论的最早表达，它已经在苏秉琦头脑中萌芽并基本成形了，但还没有完全成熟，更没有成长为指导全国考古界同仁的重要理论方法。

在随后的几年时间里，苏秉琦一直在思考这个重大理论方法问题。1979年4月，"全国考古学规划会议""中国考古学会成立大会"在陕西西安召开。苏秉琦参会并做了发言，对未来的考古工作提出了"两点意见"和"一点希望"：

  两点意见：一是全国古文化的区、系、类型问题；二是原始社会的解体与阶级、国家的产生，以及统一多民族国家的形成和发展问题。

  一点希望是：全国分区开展学术活动问题①。

苏秉琦的两点意见和一点希望其实可以概括为：通过考古学文化区系类型的研究来达到古史重建之目的。

1981年5月，被张忠培誉为创造了考古学"苏秉琦时代"的《关于考古学文化的区系类型问题》一文正式发表②。在这篇文章中，苏秉琦提出考古学文化的区系类型研究就是"着力于把该地区的文化面貌及相互间的关系搞清楚"，具体做法是：

  要选择若干处典型遗址进行科学的发掘，以获取可资分析的典型材料。然后，在准确划分文化类型的基础上，在较大的区域内以其文化内涵的异同归纳为若干文化系统。这里，区是块块，系是条条，类型则是分支。

在文章中，苏秉琦对六个区域的考古学文化谱系进行了概述，这六个区域是：①陕豫晋邻近地区；②山东及邻省一部分地区；③湖北和邻近地区；④长江下游地区；⑤以鄱阳湖—珠江三角洲为中轴的南方地区；⑥以长城地带为重心的北方地区。

区系类型理论的提出，实际上是因为苏秉琦注意到以下现象：

  过去有一种看法，认为黄河流域是中华民族的摇篮，我国的民族文化先从这里发展起来，然后向四处扩展；其他地区的文化比较落后，只是在它的影响下才得以发展。这种看法是不全面的。在历史上，黄河流域确曾起到重要的作用，特别是在文明时期，它常常居于主导的地位。但是，在同一时期内，其他地区的古代文化也以各自的特点和途径在发展着。各地发现的考古材料越来越多地证明了这一点。同时，影响总是相互的，中原给各地以影响；各地也给中原以影响。在经历了几千年的发展之后，目前全国还有五十六个民族，在史前时期，部落和部族的数目一定更多。它们在各自活动的地域内为开发祖国，在同大自然的斗争中创造出丰富多彩的物质文化是可以理解的。

---

① 苏秉琦：《在"全国考古学规划会议""中国考古学会成立大会"上的发言》（摘要），原载《华人·龙的传人·中国人——考古寻根记》，收入《苏秉琦文集》（二），246、247页。

② 苏秉琦、殷玮璋：《关于考古学文化的区系类型问题》，原载《文物》1981年第5期，《苏秉琦文集》（二），288～296页。

所以后来苏秉琦把"根深蒂固的中华大一统观念"视为历史教育中的两大怪圈之一，强调考古学要独立研究历史，考古学在探索中华文化和文明的起源时，一定要建立本学科的方法论①。相比他20世纪60年代的仰韶文化研究，此时的苏秉琦更加强调了对考古材料本身的分析，而不建议急切地与古史发生联系：

> 目前还有这样一种倾向：即把某种考古学文化与文献上的某个族人为地联系起来，把它说成是××族的文化。从长远来说，进行这样一项工作可能是研究工作的一个方面；但在现在，在对各地的考古学文化的内涵、特征、与其他文化的关系以及上下的源流等的认识还很不充分，还不具备做这种探索或考订的时候，似应先做些基础性的研究，积累起必要的原始素材，以备为进一步的研究工作打下牢固的基础②。

整个20世纪80年代，苏秉琦一直在思考通过考古学文化的区系类型研究来达到古史重建的目标，并对此充满了信心。1989年，在辽宁兴城的一次座谈会上，他指出"我们学科的目标"是：

> 从现在起到本世纪末下世纪初，我们这个学科奋斗的目标，可以概括为，第一是复原中华五千年文明古国历史的本来面貌，第二是复原中华民族历史在世界史上的地位，改变传统编写世界史的内容，为振兴中华、为世界的进步作出贡献③。

苏秉琦认为，考古学能够独立完成这一目标，但它的研究结果应当与传统史学殊途同归：

> 当我们提出，从华山脚下延伸到大凌河流域和河套地区，再南下到晋南，这一古文化活动交流的路线时，我们并没有引《五帝本纪》，但却与《史记》记载相同，我们是从考古学角度提出自己的观点，再去对照历史传说，就可以相互印证，这不是生搬硬套的比附，而是有机的结合，多少年来梦寐以求的历史与考古的结合终于找到了一条理想的通路。

同样，在1989年他80岁生日那天，众学生为他祝寿，苏秉琦则专门写了题为"学科建设构思"的讲稿，其中列举"当代中国考古学"的首要任务：

> 是寻找考古与历史史书的连接点，是长期、念念不忘的，却不是可以一次解决的课题，重要的是有赖于以下任务的协调配合，以把考古与传统史学

---

① 苏秉琦：《中国文明起源新探》，辽宁人民出版社，2009年，4~7页。
② 苏秉琦、殷玮璋：《关于考古学文化的区系类型问题》，原载《文物》1981年第5期，《苏秉琦文集》（二），288~296页。
③ 苏秉琦：《文化与文明——在辽宁"兴城座谈会"上的讲话》，原载《辽海文物学刊》1990年第1期，《苏秉琦文集》（三），74~79页。

连成一体①。

进入到20世纪90年代，苏秉琦迎来了古史重建的重大契机——应老同学白寿彝教授的邀请主持编撰多卷本《中国通史》的第二卷"远古时代"。在接受任务后，苏秉琦"即召集吕遵谔、俞伟超、张忠培、严文明和郭大顺"等人，"对该卷的设想进行了多次讨论"，然后由他自己写出提纲，再责成张忠培、严文明分工撰写②。

在他自己执笔撰写的序言中，苏秉琦开宗明义地指出，"重建中国古史的远古时代是当代考古学者的重大使命"。苏秉琦认为，中国远古时代历史涉及两个重大问题：一是从猿到人，二是从氏族到国家。因此该书的章节设置为：

第一章　我们的远古祖先（约180万年前至1万多年前）
第二章　新石器时代（约公元前1万年至公元前3500年）
第三章　铜石并用时代（约公元前3500年至公元前2000年）
第四章　周边地区的远古文化（包括东北、甘青、东南与华南、西南地区）

在同时期的另一篇文章中，苏秉琦对于重建中国史前史的若干关键问题有更清楚的表述③。首先，他对史前史的界定是：

中国史前史是中国通史的史前部分。与有文献记载的历史相对，史前史是指有文字记载前的人类历史。具体来说，中国史前史是指商代以前的历史；同时，不限于中原、不限于黄河中、下游和长江中、下游，凡960万平方千米以内的古人类遗址和原始文化遗存，都属于中国史前史的范畴。

同时，他把史前史研究的主要内容确定为两个方面的三个问题：

人类起源是史前史的头一个大课题。……旧石器时代之后的历史时期是新石器时代。对这一时期的研究我想大致可分为两部分主要内容。一根主线是技术、经济的发展，特别是社会本身的发展。广义的新石器时代的历史是一部从氏族社会向早期国家发展的历史，也就是要研究社会发展的规律在中国史前史中的具体体现的过程；另一部分内容则要具体研究中华民族的形成，中国文化的形成及其特征，中国文化传统的组合与重组的史实。

因此，苏秉琦理解的史前史其实是一部人类社会的进化史——从猿到人的进化，社会形态的进化，以及中华民族和中国文化的进化。这也正是苏秉琦一直以来所强调的学科目标，"即真正从理论上对中华文化、中华民族、中华国家这三个课题做出自

---

①　苏恺之：《我的父亲苏秉琦——一个考古学者和他的时代》，生活·读书·新知三联书店，2015年，346页。
②　苏秉琦主编，张忠培、严文明撰：《中国远古时代》后记，上海人民出版社，1994年年初版，此据2010年版。
③　苏秉琦：《关于重建中国史前史的思考》，《考古》1991年第12期。

己的贡献"①。

基于上述思考，《中国远古时代》每一章节关注的重点主要是文化谱系、手工业、农业、建筑形态、居住方式、埋葬习俗以及意识形态等，内容的编排显然是紧密围绕上述主题的。《中国通史》总主编白寿彝对该卷的评价是：

> 本卷的完成，在极大程度上概括了远古时代考古学研究尤其是他们本人的研究成果，他们实事求是，认真地从考古学文化入手，理清了中国史前民族、文化及社会的发展脉络。这在以往的通史撰述中是没有前例的。这在考古学工作上，也是一项创举②。

白寿彝的评价无疑是公允的，但纵观全书，似乎很难说它已经"理清了中国史前民族"，因为这既不是苏秉琦所理解的史前史的主要关注点，也不是现阶段所能解决的问题。因此，有学者评价该书"由探讨从猿到人、从氏族到国家这两个与远古历史密切相关的重大理论问题出发，总结了中国史前考古重要发现，勾勒出了中国远古历史的大体轮廓"，更为恰当③。不过，由于苏秉琦著史始终注意"见物见人"，而且强调中国史前史要解决由氏族到国家的演变问题，因此就不可避免地要涉及传说时代的上古帝王和族群。在该书《序言》中，苏秉琦单列了一节专门谈了三皇五帝的问题，他说：

> 在我国古籍中有许多关于远古时代的传说，过去有不少学者进行过研究，徐旭生和童书业先生等还曾进行过系统整理。不过那时史前考古学尚未充分发展起来，无法同考古资料进行比照。有一些作者想用考古资料印证传说，又往往牵强附会。现在史前考古已有了长足的发展，本身就可以大体复原远古时代的漫长历史，传说资料反而只起参照的作用。若从整理传说史料本身来说，史前考古资料则已成为不可忽视的最可靠的参照系。

那么，史前考古材料究竟如何与传说史料相对应呢？或者说，是否能够把某些史前遗存与特定的族群联系起来呢？苏秉琦在这一点上显得非常谨慎，他说：

> 三皇或类似三皇的说法应属后人对荒远古代的一种推想，并非真实历史的传说。而五帝则可能实有其人其事，所以司马迁著《史记》时径直从《五帝本纪》开始，而于五帝以前的历史则只字不提。……五帝的时代究竟相当于考古学上的哪个时代，现在虽然还无法论定，但也不是毫无边际。……从夏人活动区域的考订与考古学文化分布范围的比照来看，从夏的典章制度与

---

① 苏秉琦：《辽西古文化古城古国——试论当前考古工作重点和大课题》，《辽海文物学刊》1986年创刊号。
② 参看《中国远古时代》白寿彝"题记"。
③ 王仁湘：《溯渊源于尘壤 化传说为信史——读苏秉琦主编的〈中国通史〉第二卷》，《史学史研究》1996年第3期。

考古学文化内涵的比照来看，从夷夏关系、夏商关系与考古学文化关系的比照来看，二里头文化更像是夏文化。假如这个判断没有大错，那么五帝的时代的下限就应是龙山时代。……五帝的时代的上限应不早于仰韶时代后期。

相比他20世纪60年代对仰韶文化所处历史阶段的判断，此时的苏秉琦无疑更为谨严。由于苏秉琦深知三皇五帝与仰韶、龙山文化"难以简单比附"的道理，所以他现在更加关注的问题是如何"把我国的远古历史同夏商周三代的历史更好地衔接起来"，以及"把在中国这块土地上如何产生私有制和阶级，最后出现国家的具体进程及其特点阐释得更加清楚"。在晚年苏秉琦的眼中，重建中国史前史并非是将考古学文化与古代族群的简单对应，而是要阐述中国史前社会的演变过程。从这层意义上讲，苏秉琦所著的史前史，确确实实是要为恩格斯《家庭、私有制和国家的起源》完成中国续篇。

在苏秉琦晚年，他实际上已经为这个续篇勾勒出了大致的轮廓，高屋建瓴地提出"中国国家起源问题可以概括为发展阶段的三部曲和发展模式的三类型"。这一重大结论的获得又是与他的考古学文化区系类型理论密切相关的，苏秉琦自己解释道：

> 从"古文化、古城、古国"的观点，到"古国—方国—帝国"的理论，是中国各区系由氏族到国家具有普遍意义的发展道路，但由于史前六大区系不同的文化特征、历史过程和不同的个性，具体道路又各不相同。

> 中国国家起源中发展类型的"三模式"，就是对这各不相同的具体道路的一种概括。阶级产生分工，社会分工导致社会分化，这是由氏族到国家产生的一般道路，燕山南北地区走的就是这条道路，所以是中国古代国家发展模式中的"原生型"。……从陶寺到夏商周，中原地区国家的最终形成，主要是在从洪水到治水的推动下促成的，这是超越社会大分工产生政治实体的推动力。所以中原地区是中国古代国家发展模式中的"次生型"。……秦汉统一中华之后的近两千年间，正是北方草原民族几次大迁徙、大融合的动乱时代。几次大迁徙、大融合的主要民族是鲜卑人建立的北朝（北魏等）、契丹人建立的辽朝、蒙古人建立的元朝、满族人建立的清朝。它们立体交叉，各自的开国史都经历过古国、方国、帝国这"三部曲"。它们所建立的国家是中国国家形成的又一类型，可称为中国国家发展三模式中的"续生型"①。

苏秉琦关于中国国家起源的"三部曲"和"三模式"的提出真正打破了历史研究中的另一个怪圈——"把马克思提出的社会发展规律看成是历史本身"。他对中国文明和国家起源发展道路的揭示，是中国考古学界对于人类文明研究的重大理论贡献。但令人惊讶的是，苏秉琦并没有停止思考，而是将眼光放得更为深远，开始考虑中国

---

① 参看苏秉琦《中国文明起源新探》之六"三部曲与三模式"。

考古学与世界考古学、古与今的"双接轨"问题了。在生命的最后阶段，苏秉琦是"把寻找中华古文明的民族灵魂和精神支柱，作为思考的重心"，表明他已经"触及到了考古学最根本的价值，深入到了考古学生命之树的根系"①。苏秉琦以六十年的努力来圆古史重建之梦，将20世纪的中国考古学引上了一条具有中国特色的成长道路上，并把它推进到了一个崭新的高度。苏秉琦在留下巨大学术财富的同时，也让人清晰地看到了他"身后那段长长的空白"和未竟的事业，令人"深感震惊"②。

四、关于古史重建的忧思

1950年，意气风发的郭沫若在《蜥蜴的残梦》中用文学家的笔法对旧时代的考古工作者发出了无情的讥讽：

> 以前搞田野考古的人大抵缺乏社会发展史的知识，有的人更根本不相信社会发展史的阶段划分，故他们对于这些史料不加重视，或则兢兢于古器物尺度轻重的校量，或则根据后来的历法推谱所谓"殷历"，真可以说是捧着金饭碗讨饭了③。

郭沫若的揶揄，固然是政治立场上的尖锐对立，但更是史学思想上截然不同的取向。郭沫若曾经自述他与胡适等人在史学上的巨大差异：

> 胡适的《中国哲学史大纲》，在中国的新学界上也支配了几年，但那对于中国古代的实际情形，几曾摸着了一些儿边际？社会的来源既未认清，思想的发生自无从说起。所以我们对于他所"整理"过的一些过程，全部都有从新"批判"的必要。
>
> 我们的"批判"有异于他们的"整理"。
>
> "整理"的究极目标是在"实事求是"，我们的"批判"精神是要在"实事之中求其所以是"。
>
> "整理"方法所能做到的是"知其然"，我们的"批判"精神是要"知其所以然"。
>
> "整理"自是"批判"过程所必经的一步，然而它不能成为我们所应该

---

① 参看俞伟超：《本世纪中国考古学的一个里程碑》，《中国文明起源新探》卷首语，辽宁人民出版社，2009年。
② 张忠培：《中国考古学的重要奠基人与中国考古学新时代的开拓者》，《北方文物》1998年第4期。
③ 郭沫若：《蜥蜴的残梦——〈十批评书〉改版书后》，收入《奴隶制时代》，《郭沫若全集·历史编》（3），人民出版社，1984年，71~78页。

局限的一步①。

应该说，郭沫若的以上评价并不是基于政治立场上的盲目自大，而是源于对唯物史观的充分自信。王学典对此有过精辟的分析：

> 史料考订派的实证性研究走到尽头之处，恰好是史观派的阐释性研究起步之时。郭沫若的追问胡适所说的"黑暗的"社会到底是个什么样、何种形态的社会之前，其实早已胸有成竹。他的"成竹"就是马克思恩格斯的经济学理论以及根源于这一理论的所谓"经济史观"（这是五四运动以后对唯物史观的流行称呼）和为马克思所称引的摩尔根等人类学家对人类社会演变序列、演变类型的见解，即"氏族型"或"部落型""奴隶社会型""封建社会型"和"资本主义社会型"等，另外还有"亚细亚型"，这些类型的社会依次递进，环环相扣。然后，郭沫若回答胡适说：你所说的那个"黑暗的"社会，是个"奴隶社会形态"，你和顾颉刚所说的《诗经》之前的"存疑的时代""传说的时代"实际上是"氏族型社会"或"原始共产型社会"。战国秦汉后的社会则是"封建型社会"。……由这种认识所决定，与史料考订派不同，史观派从一开始就把经济学、社会学、人类学的基本理论引入历史研究中来，而且着眼于对大规模社会变动的探讨，倾力于对历史作通贯性解释与梳理，一扫民初以来笼罩学界的那种繁琐与枝蔓。……史观派学人利用经济学、人类学、社会学等学理来阐释中国历史的做法，开启了历史研究的新方向，顺应了世界史学的新潮流②。

不难看出，郭沫若并非是对田野考古本身有非议，而是不满足于田野资料的单纯累积或基于田野资料所作的考订，他希望在"整理"的基础上而能有"批判"，反对以史料代替历史本身。为此，他曾经明确指出：

> 研究历史当然要有史料。马克思主张尽可能地占有大量资料，也说明资料对科学研究的重要。占有了史料，就必须辨别它的真假，查考它的年代，去其糟粕，取其精华，这一番检查的功夫，也就是所谓考据。这些工作是不可少的，是应该肯定的。……占有和整理了史料，如何运用它们，这是历史研究中更重要的问题。有了史料，如果没有根据辩证唯物主义和历史唯物主义的方法加以处理研究，好像炊事员手中有了鱼、肉、青菜、豆腐而没有烹调出来一样，不能算作已经做出了可口的菜。研究历史的目的，是要用大量的史料来具体阐明社会发展的规律。……固然，史料不能代替历史学，

---

① 郭沫若：《中国古代社会研究》自序，《郭沫若全集·历史编》（1），人民出版社，1982年，6~10页。

② 王学典：《实证追求与阐释取向之间的百年史学——兼论历史学的性质问题》，《新汉学与新史学：二十世纪中国史学评论续编》，上海古籍出版社，2013年，116~129页。

但在历史研究中，只有历史唯物主义的一般原理而没有史料，那是空洞无物的。……由此看出，没有史料是不能研究历史的。因而，对搜集、考察史料的工作，不能一概加以否定。我们反对的是为考据而考据，以史料代替史学。但如有少数人一定要那样作，我认为也可以由他去，因为这总比"饱食终日，无所用心"的要好一些①。

所以，郭沫若嘲讽李济、董作宾等人"捧着金饭碗讨饭"固然尖刻，但内中确实包含有"恨铁不成钢"的意味。倘若郭沫若换一种说法，不那么刺耳，便一定会吸引到更多的听众。李济、董作宾等人培养出来的高足张光直就是这么做的。

1980年，张光直在耶鲁大学出版社出版了他的重要著作《商文明》。张光直本人对该书的定位是"基于所有可以利用的材料而撰写的一部简明而又整合的中国商代（公元前18～12世纪）文明史"②，所以我们不妨把它视为一部简明的商代史。著史首重体例，而该书的"绪论：探索商代历史的五条途径"实际上代表了张光直重建商代历史的思路，他列出的五条途径分别是：传统历史文献、青铜器、卜甲和卜骨、考古学以及理论模式。

在上述五项中，前四者都属于"二重证据"，或者说"史料"，并没有超出王国维、李济等人的范式，而他所强调的"理论模式"才是真正意义上的突破。在谈到"理论模式"时，张光直指出：

> 在商代史学中，有两种成为详细理论的基本倾向占主导地位：史料学和马克思主义。可以这样说，把史料学等同于史学，是中央研究院历史语言研究所在1928年在广东成立至今的基本观点。由于历史语言研究所的安阳发掘中的重要地位，无论是所内产生的还是所外实践但深受历史语言研究所影响的商史理论，都在很大程度上注重新史料的取得和对它们的逐一研究。
>
> 参与安阳发掘工作的学者们只是与资料本身打交道。……从正面讲，我们关于商代历史的认识确被安阳发掘所得的史料大大丰富和扩展了。问题是，事实真的能自己说话吗？资料的分类代表着对古代文明的分类法。这种方法真的能最好地揭示我们正在研究的这一文明的内在秩序吗？换句话说，史料学是一种理论。这是古代史研究的最好理论吗？
>
> 不，马克思主义者说。他们是惟一在明确理论指导下研究商史的学者群体。对于郭沫若这个最有影响并且最早倡导用马克思主义诠释中国历史的学者来说，像李济、董作宾这些史料学者们是"捧着金饭碗讨饭"的乞丐③。

---

① 郭沫若：《关于目前历史研究中的几个问题——答〈新建设〉编辑部问》，《郭沫若全集·历史编》（3），477～488页。
② 张光直著、张良仁等译：《商文明》前言，辽宁教育出版社，2002年。
③ 张光直：《商文明》，辽宁教育出版社，2002年，51～56页。

张光直很技巧地借郭沫若的口说出了他自己的想法，以免显得对师尊们不恭——"史料学是一种理论"，但它是"古代史研究的最好理论吗？"，答案显然是否定的。不仅马克思主义史学家说不，张光直心里其实也是这样想的。因此，他在对商史重建时就格外地强调了在史料与理论间取得平衡：

> 不论是史料还是概括性的发展理论，对于了解商文明——以及其他一切文明——都是必要的；我们也需要一个中介理论模式来帮助我们把史料和理论结合在一起。正如上文所述，史料学并不缺乏理论；只是它的理论是无序的、不明确的并且不能检验。另一方面，在我们说我们可以用一种普遍适用的理论解释我们的史料之前，我们最好确认这些迄今建立在世界其他地区材料基础上的理论确实是普遍使用的。为此，我们必须根据其本身的迹象把史料组织在一起，排除理论的干扰。

表面上看，张光直既不满意史料学派，也不完全赞同唯物史观派。但实际上，就重建古史这个层面上讲，张光直显然是倾向于唯物史观派的，即主张著史必须在某种理论的指导下展开——只是这个理论未必就是马克思主义①。

商代历史是古史重建的关键部分。2011年，由宋镇豪主编的十一卷本《商代史》出版，这是迄今为止最为系统的一部先秦断代史。从规模上讲，这部《商代史》十余倍于张光直的《商文明》，宋镇豪概括该书的研究方法和途径有以下四点：

（1）对传世商史文献资料进行全面搜集、整理、研究和考订，给出其真正的商代信史价值。

（2）尽量利用甲骨文、金文、陶文、玉器契刻文字等近现代地下出土的商代文字材料（包括晚后的简帛文献材料），结合传世商代器物上的文字记录材料，作为商代史研究的重要依据。

（3）充分利用当代考古学新材料，进行典型和一般遗址、遗迹、墓葬、文化遗物的分析，从历史学视点详细考察其社会背景和文化背景，综合阐释，深入探究。

（4）强调跨学科性，整合甲骨金文学、古文字学、文献学、考古学、民族学、民俗学、人口学、文化人类学、历史地理学、经济学、天文学、古代科学技术史诸多学科的有效研究手段，集结众家学术研究成果，以获得商代史重建工作的新起点和新认识②。

---

① 张光直曾经坦承他自己"过去是马克思主义分期的信徒"，而原因"是因为郭沫若在他的商代青铜器的伟大著作中应用了马克思的体系"。他同时还指出，"解放以前，理论问题不是十分重要，甚至李济也对理论不感兴趣，理论从来不是真正明晰的。"参看《与张光直交谈》，《考古人类学随笔》，读书·生活·新知三联书店，1999年，205~244页。

② 宋镇豪主编《商代史》卷一《商代史论纲》总序"重建商代史的学术使命与契机"。

从内容上看，《商代史》各卷作者确实是围绕上述四个方面来构建殷商新史的，但同时也应该看到，构建这部《商代史》的核心基础依然是甲骨学研究成果，所以作者之一的王宇信评价该书"既是百多年来甲骨学商史研究的总结，也是今后甲骨学商史研究继续深入和不断创新的起点和基石"①。由于甲骨之外的考古材料在《商代史》中处于配角的地位，主要发挥"证经补史"的作用，因此该书没有讨论考古材料向史料转化的理论问题，更未涉及宏观的著史理论问题，这不能不说是一个遗憾。

1950年代后期，苏秉琦等北大师生曾经试图建立"马克思主义的中国考古学体系"，但连苏秉琦本人也觉得这次尝试并不成功。进入20世纪90年代，唯物史观派史学遭遇到了前所未有的"合法性"危机，它存在的学术必要性遭到严重的质疑②。但中国考古学并未停止古史重建的努力，如有学者指出：

> 90年代以来，随着大量新的科技手段被广泛应用到考古学的实践中，以科技考古命名的交叉学科大量出现，考古学研究的领域大为拓宽，关注的兴趣也开始出现了多元化的发展趋势，比如对人地关系的环境考古研究、对资源生计的动植物考古研究、对生产技术的手工业考古研究等。在这种情况下，以考古学为基础，以上述文明起源理论为指导，以各种现代科技手段为支撑的国家级考古项目，如"中华文明探源工程"开始出现，并引起了世界范围的关注。而在一个更高的学术起点上，探索中华文明的起源，重述中国的上古史再度点燃了中国考古人的热情③。

但在中国考古学界，不仅是对唯物史观的疏远乃至抛弃，对于理论的忽视更是普遍存在的现象，所以有学者忧心忡忡地表示：

> 虽然中国考古学的出土材料激增，但是具体研究仍没有给古史重建带来一片灿烂的阳光。究其原因，很大程度上应归咎于我国学界只把考古看做是掘地技术，是历史学的附庸，而不是一门独立提炼信息的学科。中国考古学的这种缺陷显然是在它被引入中国时的定位和期待所决定的。一些学者信奉王国维的二重证据法，认为考古发掘为文献研究提供材料才应该是中国考古学的特色。殊不知，像甲骨和金文简帛这样的地下之材料毕竟有限，大量无言的物质遗存如果无法转化为有意义的社会历史信息，中国的上古史仍将是一片迷茫。长期以来，中国考古学将原始材料的积累视为第一要务，而对材料的信息解读则不重视，使得这门学科的成就主要体现在材料积累，而不是对材料的信息解读上。……而这正是中国古史重建目前存在的最大问题：

---

① 王宇信：《新中国甲骨学六十年（1949~2009）》，中国社会科学出版社，2013年，498页。
② 王学典：《唯物史观派史学的学术重塑》，《新汉学与新史学：二十世纪中国史学评论续编》，上海古籍出版社，209~218页。
③ 张海：《中国考古学的历史主义特征与传统》，《华夏考古》2011年第4期。

一大堆出土材料如果要成为一门科学，并转化为历史学家所能利用的具体知识，那么考古学除了类型学和地层学之外，还需要其他理论方法的开拓与帮助[①]。

上述评论所提到的现象并不是孤例。近二三十年间，李学勤是提倡古史重建最力的历史学家，在不同的场合反复呼吁"走出疑古"，重新估价中国古代文明。但有学者针对李学勤的呼吁给予了严厉的批评：

> 有一点已经可以看得非常清楚：在援引的诸位现代学者中，李先生真正奉为宗师的其实只有王国维。就对古书、古史可信性的态度而言，惟有王氏的"古史新证"与李先生的"释古"意向最为接近。王氏对古书古史谨慎的保守立场，使他成为"备受推重"的"走出疑古"的开山。而其他人，冯友兰是因为"不很清楚"而误引，郭沫若因为基本认同"疑古"立场而与李先生意旨相悖，李济因为偏向田野发掘而离开现代考古学"正统"，他们都不是重建古史的正路，只有王国维的"二重证据法"和"古史新证"才是古史重建的唯一正路[②]。

论者认为，这样做的结果就是"李先生虽然重视考古学，但却反对考古学离开'证经补史'的文献学范畴自立门户，更反对将整个古史研究的根本落到考古学上"，并因此强调"必须改变鄙薄理论的风习，必须有一些人肯在科学的基础上，进一步深入到非'证据'所能穷尽的理论领域"。

就中国考古学的现状而言，这样的忧思并非危言耸听。一来考古材料自身有着难以克服的局限性，二来中国考古学者对于理论方法的探讨天然地缺乏热情[③]，在这两方面因素的共同作用下，中国考古学的古史重建之路任重而道远。

［本文是教育部人文社科重点研究基地重大项目（14JJD78004）阶段性成果］

[①] 陈淳：《疑古、考古与古史重建》，《文史哲》2006年第6期。
[②] 杨春梅：《去向堪忧的中国古典学——"走出疑古时代"述评》，《文史哲》2006年第2期。
[③] 如中国考古学界最近的一次重量级理论论争还要追溯到1990年代初期俞伟超和张忠培两位先生关于"新考古学"的不同意见，而且在张光直先生的化解下，这场争论也很快平息。参看张光直《从俞伟超、张忠培二先生论文谈考古学理论》，原载《中国文物报》1994年5月8日，收入《考古人类学随笔》，读书·生活·新知三联书店，1999年，143～150页。

考古学研究中的解读与建构

——关于考古学本体理论的一些思考

徐良高

（中国社会科学院考古研究所）

前言：大家有这样一种印象，考古班同学之间的关系往往总是显得更为密切。究其原因，我想除了"一起同过窗"的同学之谊外，应该还有彼此之间的那段"一起扛过枪"式的田野实习经历吧，实习期间的种种逸闻趣事是聚会时永盛不衰的话题。同学关系如此，一起在田野考古实习中摸爬滚打的师生关系同样如此。随着我们自己年龄与阅历的增加，对老师在指导学生田野实习中的无私奉献、宽容耐心、殚精竭虑越来越有深切的感受。李伯谦先生曾指导我们82班的两次田野实习，他既是我们天马—曲村基础实习的带队老师，又是我们荆州荆南寺专业实习的带队老师，与我们建立了深厚的师生情谊。记得那个时候，我们年轻气盛，少不更事，闹情绪时会为了点点小事，向先生使性子，也曾为了工地多日没有休息而闹过小小的"罢工"，但先生总是不顾劳累，耐心做工作，就像对待自己的孩子。现在回想起这些细节，仿佛就在昨天，愧疚中心里也泛起片片温馨的涟漪。先生的关怀与教诲，我们终生难忘。

时光如梭，但先生一直都那么精神矍铄，在考古现场还是那样身手矫健，在学术会议上还是那样思维敏捷，对于每一个学生的成长也始终如一地给予引导、鼓励。值先生八十华诞之际，学生谨以此小文表达对老师的感谢与敬意，祝老师健康长寿！

一、本体理论与对象理论

考古学理论包括本体理论与对象理论。

本体理论：即所谓"元理论"，或者说"历史哲学"。本体理论关注：历史学本质是什么？历史是如何被记录和表述的？材料是如何形成与发现的？有什么特性？谁在说（写、研究或记录）？怎么说（写、研究或记录）？即历史学家是如何进行研究和陈述的？为什么这样说（写、研究或记录）而不那样说（写、研究或记录），即如何选择、解释和建构？如何看待这些研究和陈述？为什么史学中充斥着争议？历史学的意义何在？问题何在？等等。

对象理论：是对我们的研究对象，即古代历史现象的解释和历史过程的陈述，包括历史学家用于解读现象与建构历史陈述的那些历史观、各种理论与模式，以及利用这些理论与模式对历史现象进行研究而形成的观点与认识。对象理论要解决历史学的两个基本问题：（曾经）是什么？即关于事件、人物等叙事学的问题；为什么？即关于因果解释的问题，其中包括实证主义者所追求的历史规律问题。

我们现在通常所说的考古学理论往往是关于对象理论的讨论，而对本体论的讨论和关注严重不足。实际上，两者是相辅相成的。如果说，对象理论使我们知其然，回答历史面貌如何的问题，本体理论则是让我们知其所以然，即历史面貌为何如此，历史为何被记录与叙述。本体理论的思考使我们从一个自然的历史工作者成为一个自觉的历史工作者。正如我们所经过的历史学研究的训练，首先，我们接受导师的指导，学会怎样做历史学研究，进一步，我们可能会思考，为什么要这样研究？只有经过这样的反思，才能更深刻地看待现有的各种史学研究成果，发现现有研究范式的优缺点，进而在继承的基础上有所创新。

二、历史与历史学

从本体论的视角来看，所谓历史包括两种历史——自在的历史与表述的历史：

《大英百科全书》定义"历史"：历史一词在使用中有两种完全不同的含义：第一，指构成人类往事的事件和行动；第二，指对此种往事的记录及其研究模式。前者是实际发生的事情，后者是对发生事件进行的研究和描述。

早在20世纪二三十年代，中国马克思主义史学的先驱李大钊已注意到两种历史的存在：①所谓"过去"，原有"实在的过去"和"历史的过去"之分，前者指过去本身，是一去不复返的死了的过去，后者指常存人间的活着的过去。②所谓史实，原有"实在的事实"和"历史的事实"之别，前者相当于实在发生过的事实，后者意为史籍所著录所解喻人群所记忆的事实。……③解喻是不断变动的，故去年的历史真实未必是今年的真实，昨日的真实未必是今日的真实[①]。

自在的历史与表述的历史是否能够达成一致，即所谓再现真实的历史，发现历史的真相？如果能，如何实现表述的历史与自在的历史的一致？如果不能，如何看待各种各样的历史记录与叙述，即表述的历史？这两个问题是所有历史学者一直关心的问题，也是历史学本体理论的核心问题。

一种观点认为"史料自己会说话"（兰克语），"史学就是史料学"（傅斯年语）：史料就是自在历史的真实记录，只要有足够的科学的史料，真实的历史就会自

---

① 李大钊：《史学要论》，《李大钊史学论集》，河北人民出版社，1984年。

动呈现，历史学家的影响可以忽略或被排除。近代实证主义史学基本以此为立说的前提。

另一种观点认为"史料自己不会说话，而是历史学家通过史料来说话""所有史料都是文本"，任何历史叙述都是历史学家基于史料的个人陈述，任何历史都是思想史、当代史。克罗齐、柯林伍德以及后现代史学均以此为立说的基础，并以此反对实证主义史学观。

具体到作为史学之一部分的考古学，涉及如何看待作为史料的考古发现的古代遗存。

考古发现的古代遗存是古代自在历史发展过程遗留下的物质形态的线索和残迹。

过去，重物不重人，后来随着考古学的发展，学术界意识到考古学研究要想超越古物学的定位，成为一门历史学科，就必须由物见人，从物质形态的古代遗存中研究古人的行为、观念、古代的社会制度，进而重建古代历史叙述。

这些考古资料自己会否说话，告诉我们古人的世界，如他们的行为、观念、社会结构，等等？我们如何才能做到"由物及人"？

考古学与"中程理论"：开始，历史学家、考古学家对考古学都寄予厚望，并认为这些古代遗存是真实可见的古代文化现象，不像文献记载的形成那么复杂。所以才有傅斯年的"上穷碧落下黄泉，动手动脚找东西"，胡适的待到考古发达了再将东周信史前拉的乐观。而考古学家也确实是通过自己潜意识中的各种常识、理论、认知、文献记载等对发现的各种遗存进行研究，推测其性质、社会意义，通过遗存之间的关系推测当时人的行为方式、生产生活状态。在中国，由于传统史学的影响，考古发现与文献记载密切互动，由此史学界出现一种乐观的思潮——我们现在可以走出疑古时代，进入信古时代了。

但路易斯·宾福德早就敏锐地看出了其中的问题，即这些对古代遗存性质的研究和相关历史的解释未必是科学的，其理论前提是未经推敲的，结论是不可检验的，因而往往是想当然的。由此，他提出了"中程理论"概念。

但我们对宾福德的"中程理论"统统有误解，实际上，中程理论不是居于底层理论与高层理论，如社会发展规律之间的中间过渡理论。中程理论的本质是沟通古代遗存现象与考古学解释，即自在历史的古代物质遗存与表述历史的桥梁，为考古学现象的解读与建构提供一种可以检验与验证的模式。

宾福德认为人类学实地考察与总结的当代一些欠发展的族群的人类行为模式及其在物质遗存上的表现是经过检验的、科学的，如爱斯基摩人、非洲狩猎采集部族的居住、行为模式及其在物质遗存上的表现形式。这些模式可以用于我们解释旧石器时代的考古遗存，再现其背后的人类行为。路易斯·宾福德所代表的新考古学派属于实证主义历史学派。

但他的中程理论是建立在单线进化论和文化单一论基础上的，忽视了人的复杂性，与当代的文化适应论、文化变化观、文化多元平等观是不符的，也忽视了考古学家的影响因素。

与之相似的假设前提是"均变论"，"均变论"在自然历史研究中可能适应，因为我们可以假设自然现象是遵循一定规律简单重复的，今天的科学认识可以作为我们解释过去相关现象的模式和理论依据。但在具有文化属性的人类历史研究中这种假设就未必适用。

因此，我们认为，中程理论并没有解决自在历史与表述历史的真正沟通、对应一致的问题，它只不过是提供了我们解读古代遗存现象的一种模式和思路。

三、考古学的解读与建构

我们认为，任何考古学的研究本质上都是当代人对各种古代遗存现象的解释与阐释，这种解释与阐释沟通了古代物质文化遗存现象与当代的历史研究与陈述。解释包括解读与建构两个方面：

解读：研究者对考古遗存现象进行的分析，推测其年代、性质和社会意义，给出某种观点或说法。

建构：建立现象之间的关联，对一个行为、事件过程和历史片断等进行整体陈述。建构是一种研究者对某一历史事件的过程和历史片段中相关因素的关联性的复原。建构包括多个层次：从最基本的事件之间、遗存现象之间的关系，如遗物之间、遗迹之间、遗物与遗迹之间、不同遗存早晚之间的关系，到遗址之间，再到历史片断重建、区域史、国家史、世界史、人类史研究，等等。典型例证如聚落布局研究到聚落群研究，再到区域文化研究。历史建构的表现形式就是历史叙述，不同的历史建构形成不同的历史叙述。每一种关于历史的叙述都是一种对历史过程的建构。

没有古代遗存现象的考古发现就没有解读和建构，而没有解读和建构，这些遗存现象就没有获得意义和价值。解读与建构相辅相成，建构建立在一个个现象的解读基础之上，建构又会影响到我们对个别现象的解读。

解读与建构强调了人（包括历史叙述者、研究者和历史创造者的人）的核心作用和主观能动性！解读和建构受到时代认知和研究者个人兴趣、动机、目的、知识结构、立场、所处环境（如权力与利益关系）等因素的影响。

四、解读与建构的模式

过去我们认为这些解读与建构是从考古发现中自然得出或归纳出来的，因此考古学资料是实证资料，考古学是一门实证学科。现在，我们如果认真反思和仔细推敲，就会意识到这些考古发现的古代遗存只是一些物质形态的遗存，它们的性质、意义、彼此关联性的建立是考古学家通过研究所赋予的，而这种研究是借助于各种模式的。这些模式就是对象理论的主要内容。

解读与建构的模式来源包括：

（1）当代的经验与常识等，这也是我们认知体系的重要部分，如墓葬随葬品多少与社会等级、财富占有的认定，等等。

（2）古代文献记载，如龙山文化与"九州"论，夏商周都城的文献记载与二里头、二里岗等遗址性质的研究等。

（3）来自各种学科的理论、概念，如人类学、经济学、物理学、建筑学等。氏族、胞族、部落、部落联盟、图腾、酋邦等概念，周原凤雏建筑基址的复原研究，等等，都是借自各种不同学科的概念、理论。

从这里，我们可以看出，路易斯·宾福德所提出的"人类学模式"仅仅是众多模式来源之一。

（4）各种史观和哲学理论，如进化论、循环史观、王朝史观、马克思主义史观（如五阶段论、生产力决定生产关系，经济基础决定上层建筑，阶级斗争理论，国家起源理论等）、传统的王朝体系、当代的方国——王国——帝国理论，等等。

不同的史观带来不同的历史解释、历史过程的建构与叙述。

典型案例一：河南临汝阎村出土夹砂红陶缸上的《鹳鱼石斧图》（图一）的含义，不同学者有不同的解读：

一种观点认为画有鹳鱼石斧图的陶缸是一个部落酋长——多半是建立联盟有功的第一任酋长的瓮棺，并认为：这两种动物应该都是氏族的图腾，白鹳是死者本人所属氏族的图腾，鲢鱼则是敌对联盟中支配氏族的图腾。这位酋长生前必定是英武善战的，他曾高举那作为权力标志的大石斧，率领白鹳氏族和本联盟的人民，同鲢鱼氏族进行殊死的战斗，取得了决定性的胜利。为了强调这场战斗的组织者和领导者的作用，加强描绘了最能代表其身份和权威的大石斧，从而给我们留下了这样一幅具有历史意义的图画[①]。

图一 《鹳鱼石斧图》陶缸

生殖崇拜说则认为图画中鸟、鱼为男性、女性象征，《鹳鱼石斧图》中，鹳衔鱼是象征男女性结合，石斧是男性的象征，石斧柄上画一个"X"，意思是"五"，是初民表达男女交媾能多多生男子的愿望。鸟鱼结合纹，或鸟啄鱼纹，实为男女性结

---

① 严文明：《〈鹳鱼石斧图〉跋》，《文物》1981年第12期。

合的象征，是先民祈求人口繁盛的表现①。鸟鱼纹结合的图案也被理解为"两图腾氏族外婚制的标记"。

典型案例二：对"马踏飞燕"（图二）的解读：

作为中国旅游标志的"马踏飞燕"雕塑出土于武威雷台古墓葬中②。

铜奔马到底是匹什么马？

铜奔马身高为34.5厘米，长约45厘米，宽为10.1厘米，重约7.15公斤。这只大铜马到底是匹什么马？目前主要有五种说法：

图二　"马踏飞燕"铜雕塑

（1）"天马"。传说"天马"足踩浮云，可腾空飞驰，奔马踏着飞燕，正是遨游空中的"天马"形象。

（2）"天驷"。"天驷"本指天上二十八星宿之东方苍龙七宿中的第四位星，名"房"，亦称"马祖神"。

（3）"飞燕骝"。有学者据马下踏着燕子，联想到南朝梁简文帝萧纲"有良马九匹，一名飞燕骝"一说，认为应该是"飞燕骝"。

（4）"䢔乌鸦"。这是一种千里马，名出马王堆帛书《相马经》中。

（5）"汗血马"。此马原产地在土库曼斯坦，西汉时张骞出西域归来后称"西域多善马，马汗血"，这种良马因此得名，通称宝马。墓主人是位将军，随葬马又是写实风格，所骑的马自然应该是当时最好的汗血宝马。

铜奔马脚下踏的那只"鸟"是什么鸟？说法多多：

第一种说法：郭沫若的"燕子"说。

第二种说法："龙雀"。认为从造型看不像是燕子，而似龙雀。因此，中国旅游的标志应易名为"马踏龙雀"，或"马超龙雀"。

第三种说法：隼。隼是一种飞翔能力极强猛禽，在甘肃、青海一带十分常见。

第四种说法：乌鸦。"隼说"有一致命的缺点，就是这种"鸟"与"马"之间并无内在的联系，从民俗方面均找不出逻辑上的理由，奔马怎么会踏在一种"野鸟"的背上？于是有学者提出了这个"乌鸦说"。持"乌鸦说"者从浙江龙游石窟中的"天马行空"图中找到了灵感："天马"前蹄正好在"鸟"背上方，好像在追赶着"乌鸦"。而武威雷台之铜奔马蹄正好踏在"鸟"背上，表示已经超越或逮住了"乌鸦"。

---

① 赵国华：《生殖崇拜文化论》，中国社会科学出版社，1990年，257页。
② 甘肃省博物馆：《武威雷台汉墓》，《考古学报》1974年第2期。

五、解读与建构所决定的历史学特性

（1）解读与建构的多元性、相对性也决定了历史学，即表述历史的多元性、相对性和历史学科的人文、艺术特性，因此历史学是一门人文学科，而不是一般意义上的实证科学。作为历史学一部分的考古学当然也不例外。

（2）解读与建构使我们看到考古学既不是人类学，也不是传统文献历史学，考古学就是考古学，是借用各种模式解读古代遗存，构建历史叙述的一门历史学科。

六、从解读与建构角度看所谓"二重证据法"或"三重证据法"

王国维的《殷卜辞中所见先公先王考》和《殷卜辞中所见先公先王续考》[①]发表后，轰动学术界，被认为是开启甲骨学研究的"脉络或途径"以及"研究商代历史最有贡献的著作"，"不仅为王国维一生学问中最大的成功，亦为近代学术史上的一大盛事"[②]。陈寅恪称他"取地下之实物与纸上之遗文互相释证，取异族之故书与吾国之旧籍互相补正，取外来之观念与固有之材料互相参证"，用的实是"三重证据法"[③]。

在此基础上，许多历史学者将更多的其他学科的成果引入到古史的研究中，衍生出三重证据说、四重证据说。王煦华提出顾颉刚先生用的是"三重论证"的观点，他在为顾颉刚《秦汉的方士与儒生》一书所作的导读中说："所以顾先生的疑古辨伪用的是三重论证：历来相传的古书上的记载，考古发掘的实物材料和民俗学的材料，比王国维又多了一重。因此他的疑古辨伪是既大胆又严谨的。"[④]又比如徐中舒说："我研究古文字和先秦史，常以考古资料与文献相结合，再参以边地后进民族的历史和现况进行互证。由于观察思考方面较广，易得其实。"[⑤]有学者据此说徐中舒提出了"古史三重证"[⑥]。

近年来，有学者对"二重证据法"提出了批评，认为：王国维提出的"二重证据法"主要依托于他利用甲骨文字对商代诸王世系的考订，在方法论上根本算不得"二

---

① 王国维：《观堂集林》，中华书局，1959年。
② 陈清泉等：《中国史学家评传》（下册），中州古籍出版社，1985年，1220页。
③ 陈寅恪：《王静安先生遗书序》，《金明馆丛稿二编》，上海古籍出版社，1980年，219页。
④ 王煦华：《秦汉的方士与儒生》导读，上海古籍出版社，1998年，5、6页。
⑤ 《徐中舒历史论文选辑·前言》，中华书局，1998年。
⑥ 周书灿：《谁是"古史三重证"的提出者》，《中国社会科学报》2010年2月11日4版。

重证据法"。因为他实际运用的乃是甲骨片上的文字记录,既是文字记载,就与古籍记载实际属于同一性质,不过更加可信而已。王国维之"二重证据",如果参照他的史学实践予以准确地解读,应当是"纸上之文字材料"与"地下之新文字材料",即都是文字史料。后来对"二重证据法"的推崇和发挥,普遍地将之引入考古学领域,将器物、遗迹等与古籍文献的记载对接,从而导致研究方法和结论上复杂而严重的混乱。用"二重证据法"令考古来印证古籍,不仅穿凿附会,而且挑挑拣拣、各取所需,还常常会想不周到,顾此失彼。这样搞出的古史新证,鲜不成为秽史。"二重证据法"的滥用,正是一种将考古学装入古籍记载框架的错误方法,应当及早摒弃。以考古发掘的实物、实迹,经科学的分析,摆脱种种纠缠,独立地重建中国远古文明发展的历史,是当今历史科学之要务①。

这种对"二重证据法"滥用的批评有其合理性,但我们认为还未触及问题的本质。

我们认为,二重证据法或三重证据法本质上是历史学家利用历史文献记载、人类学材料作为模式来解读某些考古发现,建构某种历史过程,是历史学家利用不同方面的资料来支持自己的某些解释与假说,并不是这些不同方面的资料证明了历史学家所提观点的正确性。当然,我们不能否定"二重证据法"或"三重证据法"是近代史学科学化的重大发明,在中国近代史学从传统历史学走向现代史学的过程中所发挥的重要作用,比如改变了传统的王朝政治史视角和思维方式,大大拓展了史料的内涵,彰显了出土文献史料的文本性,等等。如果一定要认为"二重证据法"或"三重证据法"是史学科学化的重要保证和不二法则,从此,中国历史学就走向了实证科学的道路,可能就有点简单化和一厢情愿,而忽视了历史学的本质特性。文献记载与考古发现之间确实存在密切关系,但这种关系主要是互相补充,有时解读模式与解读对象的关系,而不是互证或两重证据的关系,否则,我们就陷入了循环论证的陷阱之中,即文献记载说明考古发现遗存的性质与时代,而这些遗存的存在又证明文献记载的可信性。我们当代的二里头遗址与夏文化或商文化,偃师商城、郑州商城与商文化,先周文化等的讨论都有这种问题。这还是在不考虑相关文献记载文本性的前提下,如果考虑到这些文献记载及各种注释形成过程中人为因素的影响,问题就更复杂了。同样,对于人类学材料的使用,历史学家潜意识接受了单线进化的人类文化进化论假说前提,而没有考虑这些人类学材料是不同时空和不同文化背景下的人创造的,考虑到人类文化的多元性、复杂性,有些现象可能表面相似,但往往存在本质差异,并不能作为佐证观点的证据,而只能是一种供我们理解相关现象的参照模式。

---

① 乔治忠:《王国维"二重证据法"蕴义与影响的再审视》,《南开学报(哲学社会科学版)》2010年第4期。

七、对解读与建构合理性的判断与检验

从考古学的解读与建构特征看,古史研究不是一门能解决哪种学术观点为真,哪种学术观点为假的学科,解读与建构的标准不是历史真相、真理的是否再现,因为我们无法判断与验证,更遑论人类社会发展规律的发现与证实。在建立于不同解读与建构之上的多元历史叙述版本中,某种叙述成为某个时代的主流叙述,往往与真假对错无关,而与其背后的话语权密切相关。

对于解读与建构我们只能作是否具有合理性,或曰是否成立的判断。

判断标准:

(1) 符合我们的经验、常识等。

(2) 逻辑的自洽和情境的和谐,如情境分析法,即context方法,将我们的观点置于特定背景和关联解释体系中看是否自洽而不自相矛盾,能自圆其说。

(3) 符合时代的认知,与相关学科理论保持一致性,协调性。

(4) "证伪"的不可否定性。

梁启超说,史学理论成立与否,重要的是要经受得住"反证"的检验。波普尔认为科学研究本质上不是"证实",而是"证伪"的过程,通过一个个反证,不断推翻旧的假说,提出新的假说,从而不断有新的范式出现,科学不断发展。

论考古学文化及其命名原则

赵春青

（中国社会科学院考古研究所）

考古学文化是考古学常用的概念之一，从这一概念的出现之日起，学术界围绕着什么是考古学文化，如何研究考古学文化，怎样命名考古学文化等问题，展开了多次讨论。随着讨论的逐步深入，学者们逐渐认识到考古学文化绝非几种因素的简单拼合，而是相当复杂的文化综合体。

一、考古学文化研究历程的简要回顾

考古学文化作为近代考古学基本概念之一，最初是德国考古学家科西纳于1911年首次使用的[1]，后由英国考古学家柴尔德在《史前的多瑙河》一书明确提出[2]。他把考古学文化定义为"一批总是反复共生的遗存类型——陶器、工具、装饰品、葬俗和房屋式样"。在我国，曾经把河南渑池仰韶村遗址的文化遗存命名为"混合文化"，即仰韶遗存中包含着龙山文化遗存，好在所谓"混合文化"的称谓并未流行开来[3]。首先对考古学文化这一概念加以系统阐述的是夏鼐先生。他在《关于考古学文化的定名问题》一文当中，指出考古学文化是"表示在考古学遗迹中（尤其是原始社会的遗迹中），所观察到的共同体"[4]。强调命名一个考古学文化必须具备以下三个条件：第一点是：一种"文化"必须有一群的特征。第二点是：共同伴出的这一群类型，最好是发现不止一处。第三点是：我们必须对于这一文化的内容有相当充分的知识。应该说夏鼐先生的意见对20世纪五六十年代中国考古学研究有很大的指导作用。

1965年苏秉琦发表《关于仰韶文化的若干问题》[5]，把仰韶文化分为若干类型，并根据仰韶文化的分期，得出仰韶文化早期还处在原始氏族的上升阶段，后期已超越这

---

[1] 陈淳：《考古学理论》，复旦大学出版社，2004年，64~66页。
[2] V. G. Childe, The Danube in Prehistory, pp. v-vi, 1929.
[3] 夏鼐：《河南渑池的史前遗存》，《科学通报》第2卷第9期，1951年。
[4] 夏鼐：《关于考古学上文化的定名问题》，《考古》1959年第4期（总34期）。
[5] 苏秉琦：《关于仰韶文化的若干问题》，《考古学报》1965年第1期。

个阶段，从而把对考古学文化的研究上升到对社会制度探索的高度。他对仰韶文化的分析研究方法，在国内外产生了广泛影响。

20世纪70年代中期以后，苏秉琦考古学文化区系类型学说逐渐推向全国，各地掀起构建当地文化谱系的热潮，一时间涌现出许多新的考古学文化。苏秉琦先生于1981年发表的《关于考古学文化的区系类型问题》[①]一文，把全国的新石器文化划分为六大区，每个区各有若干区域类型。他的区系类型思想大大加深了对考古学文化的认识，按照区系类型的学说，考古学研究显然不能停留在对一个考古学文化的研究上，而是要对超出考古学文化之上的更高层次的考古学遗存做进一步的归纳。

自80年代初，考古学文化因素分析方法被一些学者自觉运用，如李伯谦先生对吴城文化和造律台类型的研究[②]，俞伟超对楚文化的研究[③]等，丰富了考古学文化研究方法。

到了80年代，安志敏先生对考古学文化作了更明确的定义，即考古学文化是"考古发现中可供人们观察到的属于同一时代、分布于共同地区、并且具有共同特征的一群遗存"[④]。

严文明先生对考古学文化的表述是考古学文化是"专指存在于一定时期、一定地域、具有一定特征的实物遗存的总和"，他还重点探讨了考古学文化的层次问题，主张考古学文化自身可以划分出若干层次，假如把文化作为第一层次，其下可以分期，每期又可以分为若干地方类型，这可以算作第二个层次。类型本身也可以分期，每个小期又可以分为小区，这可以算作第三个层次[⑤]。

1986年，张忠培先生同意夏鼐关于考古学文化的定义，强调考古学文化的关键是典型遗存，他所理解的典型遗存的条件是：①遗存在年代及地域上有一定的规模以及遗存的保存情况较好；②遗存在年代及地域上具有质的稳定性，而不是那些过渡性遗存；③考古工作有一定的质量及规模。明确主张不能将年代上或地域上的过渡性遗存作为考古学文化的典型遗存。他还指出："我国考古学界，基本上一致采用陶器这种类型品作为划分考古学文化的标志。""研究考古学文化的分期与类型，在某种意义上说，是探讨作为其标志的陶器在时间及空间上的变异问题。"确定某遗存是类型还是一考古学文化，要"看它们自身陶器的组合的变异程度。变异程度未超出一考古

---

① 苏秉琦：《关于考古学文化的区系类型问题》，《文物》1981年第5期。
② 李伯谦：《试论吴城文化》，《文物集刊》（第3集），文物出版社，1981年。《论造律台类型》，《文物》1983年第4期。《中国青铜文化结构体系研究》，科学出版社，1998年。
③ 俞伟超：《楚文化的研究与文化因素的分析》，《考古学是什么》，中国社会科学出版社，1996年。
④ 安志敏：《考古学文化》，《中国大百科全书·考古学》，中国大百科全书出版社，1986年，253、254页。
⑤ 严文明：《新石器时代考古研究的两个问题》，《文物》1985年第8期。

学文化陶器基本组合的范畴,则是这一文化的一种类型;超出了,当另划分一考古学文化"。以陶器为例,指出文化传播和文化迁徙是广泛存在的历史事实,在它的作用下,考古学文化之间大量出现了文化渗透、借用、融合、同化和考古学文化的分化,使任何一种考古学文化成了不同谱系的多元结构,即不同谱系的文化因素,结合成统一的考古学文化。"既然考古学文化是多元的谱系结构,那么,谱系分析就成了按考古学文化的本来面貌,来观察、研究考古学文化的一个重要方法"[1]。

从夏鼐、安志敏、严文明、张忠培等先生对考古学文化的描述看,都主张考古学文化是指一定的时间、一定的空间和一定的共同特征的考古遗存。这种考古学文化的三要素说被中国考古学界广泛接受。

可以说,截止到20世纪80年代中期,大家普遍接受了夏鼐为代表的关于考古学文化的定义,不过三要素说最大的问题在于它只是是一种弹性很大的原则。对所谓"一定时期、一定范围、一定特征"的理解,具体到研究者个人往往见仁见智。而且,关于什么情况下算作一支考古学文化,什么情况下是文化之下的类型,以及文化与分期、文化与类型的关系等问题,一直没有清晰的界定。由于在命名考古学文化时,实际上倚重陶器,而不太考虑居址、葬制、工具等因素,因此,出现了一见到几种研究者认为的"典型"陶器组合时就命名为一个新的考古学文化的现象。此外,出于同样的原因,也有学者把原来已有的考古学文化改动或分解成若干考古学文化。如后岗一期文化[2]、半坡文化[3]、庙底沟文化[4]、秦王寨文化[5]等原来只是仰韶文化下面的诸类型(后来又把庙底沟文化再次改称为西阴文化[6])均升格为文化。考古学文化命名得似乎越来越乱。据统计,截止到20世纪90年代中期,考古学文化的命名的方法多达十一种[7],三峡地区在短短的几年时间内就出现了许多新的考古学文化命名,如魏家梁子文化、老官庙文化、中坝文化、哨棚嘴文化等,不一而足,一下子成为考古学文化的"高产区"。

与此同时,学术界对考古学文化的理论探讨热情不减。赵辉认为考古学文化概念只是一个节于考古学遗存和人们的认识之间的中介,不可避免地带有研究者的主观因素。"考古学文化概念不同于历史上的民族、国家、朝代,也不同于考古遗物、遗

---

[1] 张忠培:《研究考古学文化需要探索的几个问题》,《中国北方考古文集》,文物出版社,1990年,254~262页。
[2] 张忠培、乔梁:《后岗一期文化研究》,《考古学报》1992年第3期。
[3] 赵宾福:《半坡文化研究》,《华夏考古》1992年第3期。
[4] 张忠培:《中国史前时期的彩陶艺术——庙底沟文化的彩陶》,《瞭望周刊(海外版)》1990年8月6日。
[5] 孙祖初:《秦王寨文化研究》,《华夏考古》1991年第3期。
[6] 张忠培:《仰韶时代——史前社会的繁荣与向文明时代的转变》,《文物季刊》1997年第1期。
[7] 张国硕:《论考古学文化的命名方法》,《中原文物》1995年第2期。

迹、集落等，而是考古学家为把握考古学文化客体历史意义所借助的一个中介"，强调对考古学文化进行研究时除了界定和梳理其发展过程外，还要研究探索其原因和目的，并开展行为过程研究①。

关于考古学文化的构成，严文明先生正式撰文指出至少包括聚落形态、墓葬形制、生产工具和武器、生活用具和装饰品、艺术品和宗教用品等五大部分②。

安志敏先生一直没有停止对考古学文化的思考，他于1999年再次发表专文探讨考古学文化及命名问题，主张考古学文化的实质"是用来表示在考古学遗迹中，特别是在史前遗迹中所观察到的共同体，即考古发现的某几种特定型式的器物，经常在一定类型的住址或墓葬中共同出土，这些具有特点的群或组合，被称为考古学文化。一般用最初发现的典型地点或富有特征的遗迹、遗物给予命名。"一个考古学文化包括诸多文化因素，例如某几种特定型式的住宅形式、墓制、陶器、工具和装饰品等。两个考古学文化，可能有许多相同的因素，但必定有一系列独有的"标准器物"。每一个文化的背后有一个共同的文化传统。文化的分布范围，因人的主观能动性，不一定与自然地理区划完全一致。一个文化在发展过程中，有不同阶段，每一阶段范围也常常不同。对于命名，只要含义明确，不要轻易改动，如果容易引起混乱，必须予以调整。"将一个仰韶文化弄成十分复杂的境地，未免是没什么必要的。"③

王仁湘对20世纪中国考古学回顾时，再次谈到考古学文化的命名问题④。后来写成专文予以发表⑤。他简略回顾了我国考古学界在考古学文化命名的讨论过程，重提尹达和夏鼐以往提过的意见，建议文化命名要通过一定程序，有权威机构予以确认，以制止考古学文化命名的泛滥状况。

进入21世纪后，又有学者在相关著作中，对考古学文化做较为系统地研讨⑥。国外有关考古学理论方面的译著当中，也涉及国外学者对考古学文化的思考⑦。

王巍最近指出，对考古学文化的研究，绝不仅限于对某一类器物的研究，还应包括对考古学文化所包含的各种遗存的研究，透过这些考古学文化遗存对当时人们的精

---

① 赵辉：《关于考古学文化和对考古学文化的研究》，《考古》1993年第7期。
② 严文明：《关于考古学文化的理论》，《走向21世纪的考古学》，三秦出版社，1997年。
③ 安志敏：《关于考古学文化及其命名问题》，《考古》1999年第1期。
④ 知原：《面向大地的求索国——20世纪的中国考古学》，文物出版社，1999年，230~240页。
⑤ 王仁湘：《考古学文化的命名原则与程序问题》，《文物季刊》1999年第4期。
⑥ 栾丰实等：《考古学理论·方法·技术》，文物出版社，2002年，94~115页。陈淳：《考古学的理论与研究》，学林出版社，2003年，156~161页。
⑦ 中国社会科学院考古研究所：《考古学的历史、理论、实践》，中州古籍出版社，1996年。科林·伦福儒、保罗·巴恩著，中国社会科学院考古研究所译：《考古学：理论、方法与实践》，文物出版社，2004年。肯·达柯著、刘文锁等译：《理论考古学》，岳麓出版社，2005年。

神世界和社会结构及与其他集团的关系的研究等[①]。

回顾考古学文化的研究历程,不难发现,学术界对考古学文化的研究越来越深入。目前看来考古学文化绝不是三条因素或四原则的简单组合,实际上它是一个相当复杂的文化丛体,它不仅有一定的时空范围和一定的特征,而且它自身是多层次、多因素构成的。它不宜与古代人类的共同体直接画等号,但是,二者之间的确有密切的联系。通过近一个世纪的探讨,已经有不少学者对考古学文化的内涵、层次、结构、起源、文化因素、形成原因与发展动力等问题作过或深或浅的研究,这些研究无疑大大丰富了考古学文化的内容,以至于使考古学文化成为考古学研究的重要理论方法之一。毫不夸张地说,现在已经到了对考古学文化进行系统思考的时候了。

二、什么是考古学文化

1. 考古学文化的特征及其构成

考古学文化的特征是在一定时间和一定空间范围内反复出现的一群富有特征的物质遗存。这些物质遗存往往是能够看得到、摸得着的,往往是人们活动留下的遗迹和遗物。当然,在实际研究过程中,与考古学文化密切相关的环境背景、自然遗物也成为考古学家研究的对象,蕴涵在考古学文化当中的精神层面的东西,如宗教信仰等,也是构成某一考古学文化的重要内容,不过着眼点仍然是各类物质遗存。考古学文化的基本组成部分仍然是遗迹和遗物两大类,遗迹主要包括房屋、墓葬、灰坑、陶窑等构成的聚落,遗迹包括陶器、骨器、石器、玉器、青铜器、丝织品等遗物。在林林总总的遗迹遗物当中,通常以陶器最具特色和最富变化,从而成为考古学文化的风向标。

与人类活动相关的自然物质,如土壤、森林、动物、植物等,常常不是考古学文化的组成部分。

2. 考古学文化的时间范畴

任何一支考古学文化,总是存在于一定的时空纬度内的文化组合体,那么如何体现考古学文化的时间范畴,过去曾经拿类型来指示考古学文化的时间范畴,如把仰韶文化分成半坡类型、庙底沟类型和西王村类型,实际上是指仰韶文化前后连续发展的三个阶段。既然这里是说明仰韶文化的发展阶段,不妨用期代替类型一词,指示其

---

① 王巍:《考古学文化及其相关问题探讨》,《考古》2014年第12期。

时间刻度。当然，因考古学文化是分层次的，我们把考古学文化分成几个大的阶段，这些阶段用"期"来表示，而每一期当中，还会有阶段性的变化，不妨用"段"来指示。每一段当中如果进一步细分，就会发现所谓的"段"也可以划分出更小的时间单位，不妨称之为"组"①。

3. 考古学文化的空间范畴

关于考古学文化的空间范畴，学术界也没有统一，目前出现的名词有"区""文化""类型""亚文化""亚型""小区"等。其中，关于什么是文化，什么是类型，最难划分。这是夏鼐先生留下来的难题之一。他在谈起命名新的考古学文化的条件时指出："这里另外还有一个问题，但是那些可以算是两个不同的文化，那些只是由于地区或时代关系而形成的一个文化的两个分支。这里各人可能有不同的看法；所以最好留待将来有机会时再加详细讨论。"②夏鼐先生这里说的分支实际就是后来广泛使用的"类型"。

关于类型一词的来源，安志敏先生指出："最初在处理仰韶文化不同性质的遗存时，所提出的半坡类型和庙底沟类型，是指它们在地理分布和年代上有所差别，当缺乏明确的分期证据以前，它们代表同一文化中不同的群，因以类型来命名。"③可见，一开始，"类型"一词并没有明确是用来指示时间刻度还是指示区间差别，在实际运用当中，有人用以指示年代早晚关系（如把仰韶文化分成半坡类型、庙底沟类型和西王村类型），有人指示同一期别当中不同地域的仰韶文化遗存（如把仰韶文化第一期划分为半坡类型、东庄类型），为避免混乱，建议应该将类型与期分别指示考古学文化分支的地域关系和空间关系。如在论及二里头文化的时间范畴时，我们划分为第一至第四期，论及地域差别时我们把二里头文化划分为二里头类型、东下冯类型；同样道理我们依据不同地域显示的文化面貌上的差异再把河南境内的龙山时代遗存划分为后岗二期类型、造律台类型、王湾类型、煤山类型等。其中，王湾类型本身又以嵩山为分水岭，嵩山以北为王湾亚型，以南为煤山亚型。

比考古学文化低一层次的地方分支就叫"类型"，比类型再低一级的不妨叫"亚型"，如有人把中原龙山文化的王湾类型再以嵩山为界划分为南北两个亚型，即北边的王湾亚型和南边的煤山亚型。

比亚型再低一级的为聚落群。聚落群是指距离较近的若干聚落组成的聚落群体，其范围通常小于"亚型"，聚落群之间表现在陶器群上，差别很小，主要从分布地域

---

① 邹衡：《试论夏文化》，《夏商周考古论文集》，文物出版社，1980年。
② 夏鼐：《关于考古学上文化的定名问题》，《考古》1959年第4期（总34期）。
③ 安志敏：《关于考古学文化及其命名问题》，《考古》1999年第1期。

上加以区别，内部依据聚落的规模可以分为若干级别，至于聚落群与哪一级别的人类共同体相联系，目前，可以推测它是由若干聚落组成的，如果单个聚落是氏族的话，聚落群应该是由若干氏族联合起来的胞族或部落。如果单个聚落是家族，那么聚落群有可能是由若干家族构成的氏族。总之，它是介于亚型与单个聚落之间的共同体，今后，应加强对聚落群的研究，它是研究某地区社会结构的关键，当然聚落群的概念尚有待完善。

高于考古学文化的概念，用来表述时间范畴时叫时代，如龙山时代①、仰韶时代②，也有人把仰韶文化之前的考古学文化叫前仰韶时代，把与二里头文化大致同时的叫二里头时代③，这些概念都是若干时段考古学文化群的概括。

与"时代"处于同一层面的用以表述空间范畴的术语，还没有出现。不过，类似于原始民族文化区概念的"区"或"区系"，用于表述某一大范围内不同时代考古学文化的群体，如中原文化区、海岱文化区等，这类术语既带有明显的区域特征，又含有文化上的承袭关系。目前，已经逐渐被学术界所接受。

最近两三年还有人提出"嵩山文化圈"④"泰山文化圈""华山文化圈""太行山文化圈"⑤的概念，企图把考古学文化与某一山系综合联系起来，这些提法有待进一步的论证。

在探讨考古学文化及考古学文化群体的空间分布时，至少从龙山文化开始，应注意考古学文化的中心区与边缘区的划分。中原龙山文化就是个典型的例证。中央为王湾类型，东北为后岗类型，东南为造律台类型，南部为郝家台类型，西南有下王岗类型，西有三里桥类型，西北有陶寺类型。忽视这一点就会形成错误的认识，如把造律台类型看成是东夷文化系统⑥，实际上只是中心区与外围区的差异造成的。

4. 考古学文化的基本因素

关于考古学文化因素，一般至少可以分为甲乙丙三大类。其中，甲类为传统因素

---

① 严文明：《龙山文化和龙山时代》，《文物》1981年第6期。
② 张居中：《仰韶时代文化刍议》，《论仰韶文化》，中原文物编辑部，1986年。
③ 许宏：《略论二里头时代》，《夏商周文明研究（六）——2004年安阳殷商文明国际学术研讨会论文集》，社会科学文献出版社，2004年。
④ 周昆叔：《中华民族的核心——嵩山文化圈》，《论嵩山文化圈》，中国社会科学院古代文明研究中心通讯第9期，2005年。张松林、韩国河、张莉：《嵩山文化圈在中国古代文明进程中的地位和作用》，中国社会科学院古代文明研究中心通讯第9期，2005年。
⑤ 张居中：《黄河中下游地区新石器时代文化谱系的动态思考》，《中原文物》2006年第6期。
⑥ 栾丰实：《王油坊类型初论》，《海岱地区考古研究》，山东大学出版社，1997年。

也称自身因素，是指那些自身常见，别的文化不见或少见的器物。如王湾三期文化的小口高领罐、斝、双腹盆、乳足鼎等，这些陶器构成了王湾三期陶器群的主体部分。

乙类为外来因素，也分为两小类：A，从外地直接传来的，如大河村仰韶文化遗址中出土的大汶口文化的背壶；B，在当地制作的具有外地风格的，如大汶口文化中出现的具有花瓣纹彩陶罐。

丙类为创新因素。如仰韶文化的小口尖底瓶，龙山文化的鬶、二里头文化的圆腹罐等。这些新的器型往往是在旧器型上改造的，如新砦期的双腹豆实际上是把龙山时代的双腹盆加上豆的圈足组合而成的。

一般而言，在同一个考古学文化当中，因受长期受传统因素的影响，表现在文化因素上常常是以自身因素为主，外来因素为辅的。那种理论上认为主体因素与外来因素各占一半的所谓混合文化往往是不存在的。如以前把仰韶村文化遗存定性为混合文化实际上就是没有把龙山单位内的仰韶文化因素剔除出去。

当然，在两个文化的交界地带或早晚两个文化过渡时期，或许会出现内外因素或早晚因素旗鼓相当的局面，不过，更有可能与统计方法有关。

5. 考古学文化的发展过程

考古学文化同世界万物一样有它自身的发生、发展和消亡的过程。除开极个别的情况，一个新的考古学文化不会是凭空蹦出来的，总是从先前的考古学文化群体当中逐渐脱胎而来的，势必带有先前文化的旧痕。其发生、出现的特点一般是先从旧文化的局部变异开始，逐渐扩大分布范围并日益褪去旧文化的外衣，增长、健全新文化的因素。如二里头文化一期只局限在嵩山周围，二里头二期范围有所扩大，三期达到全盛。同时，二里头一期还保留着龙山时代的乳状鼎足和篮纹作风，到了二里头二期乳足鼎彻底消失，纹饰变为以绳纹为主，无论纹饰还是器物组合才将新文化的风采彻底展现。从地域来看，新的考古学文化往往最初是在旧文化的某一小块地方率先出现，以后逐渐占据甚至超出旧文化的整个地盘。在这个过程中，新文化对旧文化的取代不会是一刀切，只能是渐变过程。从最近几年对新砦期的探讨中可以看出，新砦二期遗存是率先从嵩山东南部地区兴起的，那时周临地区大部分停留在龙山时代，只有到了二里头文化一期，环嵩山地区才从龙山时代步入二里头文化时期。

6. 考古学文化的转变模式

在同一个地区，自早至晚往往有多个考古学文化，从早期的考古学文化演变到晚期的另一个考古学文化，大凡有两种转变模式。一是和平过渡，即基本是在不受外部干涉的情况下，因文化内部的发展，从原来的某一文化过渡到下一阶段的新的考古学文化。如黄河下游的大汶口文化过渡到龙山文化再由龙山文化过渡到岳石文化，看不出有外族入侵导致新文化取代旧文化的证据。中国史前绝大部分地区都是以这种方式传承历史的，正是从这个意义上说中华民族是爱好和平的民族。

只有在文化边缘区，而且是在社会复杂化现象出现之后，才可能出现考古学文化转变的另一模式——异族入侵。一个典型的例证是江苏新沂花厅遗址[①]。关于花厅遗址的研究文章主要有两种意见，一是认为这里带有殉人的大墓是良渚文化的远征军的阵亡英雄[②]，另一种意见是认为这些大墓的主人也是大汶口人，这个墓地是大汶口人的墓地，大墓的死者是大汶口人的首领[③]。实际上，如果把分期与墓地的布局结合起来就会看到，这里的墓地是按照自南向北的顺序排列的，墓葬不论大小都能分出早晚两期，早期这里是大汶口人的墓地，吸收了少部分良渚文化的玉器因素；晚期演变成良渚文化的墓地，是典型的异族入侵，不仅陶器的组合由大汶口的罐、鼎、壶的组合改变为良渚文化的豆、鼎、壶，而且大墓主人佩戴的项饰也由大汶口式的牙璧改为良渚文化的玉琮[④]。

7. 考古学文化发展的动力与原因

关于考古学文化发展的动力与原因，严文明先生曾经有过精辟的论述[⑤]。笔者想要补充的是关于自然环境对考古学文化的影响，不能低估。近年来内蒙古中南部和西北地区考古学文化的兴衰演变与环境的变迁关系密切。不过，具体到中原地区，特别是裴李岗文化以来，人类认识自然、适应自然能力的提高，引起考古学文化变更和发展的因素主要不是自然，而是人类本身。因此，在讨论考古学文化与环境关系时必须具体问题具体分析，不能以偏概全。

8. 考古学文化之间的互动关系

关于考古学文化之间的互动关系，以前已经注意到有关文化交流、迁徙等情况，如在陶寺墓地见到良渚式玉器，在大溪文化、大汶口文化、红山文化可以看到仰韶文化庙底沟类型彩陶的影响，可以看出仰韶文化的强势。

---

① 南京博物院：《花厅——新石器时代墓地发掘报告》，文物出版社，2003年。
② 严文明：《碰撞与征服——花厅墓地埋葬情况的思考》，《文物天地》1990年第6期。
③ 栾丰实：《花厅墓地初论》，《东南文化》1992年第1期。王根富：《花厅墓初探》，《东南文化》1992年第2期。
④ 赵春青：《和平共处与异族入侵——来自花厅墓地的思考》，待刊。
⑤ 严文明：《新石器时代考古研究的两个问题》，《文物》1985年第8期。

到了仰韶文化的晚期，在豫东—郑州—洛阳一线发现有东方大汶口的背壶，甚至在偃师滑城还出现了大汶口的墓葬，在洛阳附近的卢氏县境内出现了大屈家岭的圈足器、扁足鼎和红陶杯，表明东方的溪进与南方的北上共同给中原以巨大的压力。与此伴出的现象是殉人和乱葬坑的出现，展现出与和平相对立的战争的场景。深入研究这些考古学现象，与相关的文献记载相联系，就看出考古学文化的互动关系。

三、怎样研究考古学文化

既然考古学文化是如此复杂的考古遗存，它的背后与古代人类的共同体有密切的联系，在一定程度上反映着共同体当时的活动状况，那么，在研究这个复杂的文化丛体时，就必须按照一定程序进行多角度、多侧面的综合研究。

从操作程序上讲，辨识考古学文化"典型"遗存是第一步。不言而喻，在考古学文化遗存当中，陶器固然是重要的标志物，但也不能忽视房址、葬制、工具、装饰品等一系列重要遗存的组合。据笔者在海南岛进行民族考古调查的经验，在相邻的村落中居住的黎族和苗族居民，他们使用的日常用具和工具包括锅、碗、瓢、勺、犁、砍刀、背篓等几乎完全一样，最主要的区别表现在精神领域，如语言、文身图案、葬俗等，如果仅用共存的日常用品——类似史前考古学遗存中的陶器，我们就会把黎族和苗族视为同一个考古学文化反映的共同体。

第二步把握时空范围，我们注意到，这个看起来较为简单的问题，其实并不简单。以裴李岗为例，早在20世纪50年代，已经发现了石磨盘等遗物，由于缺乏对这一新器物的认识，直到70年代发掘了裴李岗等遗址之后，才对裴李岗文化的时空范围有了比较明确的了解。再如，关于良渚文化的时间范围，迄今仍在讨论当中。

第三步进行文化本身的分期分区研究。一个考古学文化自从产生之后，不会一成不变，总要发展，步入产生—发展—鼎盛—衰亡的轨道。这个过程总有一定的时间，往往呈现出阶段性变化。此外，受自身发展和周临文化的影响，它的范围在每一个阶段往往并不一致。随着资料的增加和研究的深入，分期和分区就势必提到议事日程上来。需要说明的是考古地层学和考古类型学仍然是分期和分区研究的最基本的方法，目前，^{14}C测年技术仍处于不断完善的过程当中，不能要求太过精细的测年结果，更不能把测年结果径直作为分期的依据。

第四步，开展环境背景、生产技术、聚落形态、社会组织、文化交流等各方面的研究。在研究过程中，要使用大量的科技手段，最大限度地提取各种信息以复原考古学文化当时的状况。

第五步，揭示考古学文化发展的原因和动力，总结考古学文化发展变化的规律和特点，除了物质层面之外，对考古学文化包含的精神领域也应该开展研究。

四、如何命名考古学文化

目前，考古学文化的命名方法依然多种多样，就中以仰韶文化的命名最为混乱。有人主张废止"仰韶文化"的命名，有人把仰韶文化分解成半坡文化、庙底沟文化、秦王寨文化等，最近还有西阴文化、零口文化等新的命名。实际上，考古学文化有大有小，它自身又是分层次的，大的考古学文化里面自然可以分出更多的层次来。仰韶文化面积广阔，内涵丰富，内部各时段各小区之间，的确存在不少差异，正因为如此，才有必要对这样一支大文化进行分层次的研究。不过，不能因此就否认它是一支考古学文化，不能拿内部的差异来忽视其统一性。如果把仰韶文化与周临的大汶口文化、大溪文化、红山文化、马家窑文化相比，仍可以看出有它的一致性。因此，应该保留仰韶文化的命名，至于深化它内部各支系的研究，也不必升格为文化，而应分层次地进行，这样比分别各个文化更有利于全面把握仰韶文化的全貌。

命名考古学文化的方法尽管有好多种，目前被普遍接受的主要有小地名法和典型遗址命名法两种。应该强调的是，大多数情况下，应该恪守以首次发现的小地名来命名的原则，只有在对某一个考古学文化的诸多方面有了相当了解且找到了典型遗址之后，才能采用以典型遗址的名称代替原来小地名的名称作为考古学文化的名称。所谓典型遗址，不只是具有典型陶器的遗址，必须是同时能够代表该考古学文化的居址、葬制特征乃至宗教信仰等方面内容的遗址，如果仅仅因为出现了若干典型陶器就命名或改名，很可能会陷入一改再改的被动局面。因为，典型陶器可以在同一考古学文化中的许多遗址中发现，而典型遗址在一个考古学文化中毕竟是极少数甚至是唯一的。量是质的必要条件，所谓典型不典型往往是比较出来的。没有一定数量的遗址做比较的对象，典型遗址也就无从确认。那种见到一组所谓"典型陶器"就急于命名为一个新的考古学文化的做法实在是不可取的。

我们认为不宜轻易改换约定俗成的考古学文化名称，对一些新的发现，在未得到深入研究之前，不妨暂时以首次发现的小地名命名为"某某遗存"，待找到典型遗址之后，再以典型遗址的小地名，命名为"文化"。只有展开对考古学文化的分支研究时，才能确立类型，而不能倒过来，在没有十足把握确立为新的考古学文化时，先叫出"某某类型"以做缓兵之计。

关于设立命名考古学文化的机构和程序的建议，似乎不宜马上实施。特别是厘定哪个遗址才是某考古学文化典型遗址时往往需要一个过程。这一过程跟整个学科的发展水平有关，急不得。今天认为是典型的，或许明天就不认为是典型的。在某些学者眼里是典型的，在另外一些学者眼里未必就是典型，这恰好说明尚未找到典型遗址，如果在这个时候，靠走群众路线的办法表决或依赖权威机构的裁决，硬性指定某个遗址是典型遗址，肯定是不合适的。过些时候待真正的典型遗址被辨识出来之后岂不仍要更改？考古学的特色是它是因材料的不断翻新而不断前进的学科。回头看，那些与考古学文化命名原则不相符合的命名方法如文化特征命名法，像黑陶文化、硬纹陶文化等名称，已经基本上被考古学界所抛弃。相反那些找到了典型遗址之后更名的考古学文化名称一经采用，立即为学术界广泛接受。如二里头文化、良渚文化、大汶口文化等。这些考古学文化命名都没有经过权威部门的认证，也没有走所谓的群众路线，可是，哪一个没有得到学术界的广泛认可呢？如果某些考古学文化的命名一时定不下来，往往是因为争论各方均有自己的道理，究竟谁对谁错，远不是所谓走群众路线或权威机构所能裁定的。

（本课题名称为"中华文明起源过程中区域聚落与居民研究"，课题号：2013BAK08B05）

金村镜像：考古学史和物质文化的建构

徐 坚

（中山大学历史学系）

　　无论在东周考古学还是中国考古学史上，金村都占据了举足轻重的地位（图一）。1928年夏天雨后，洛阳东郊金村的村民在村外东北方向的邙山脚下发现了成组群的早期墓葬。次年，传言出自该群墓葬的器物浮现在北平、天津和开封的古董市场上。所出青铜器、玉石器和漆器不仅数量巨大，而且制作精美，尤以错金银铜器为著，因而迅速引起海内外古董商和收藏家的关注。自19世纪中晚期以来，洛阳地区古墓盗掘猖獗，尤其是北朝墓葬集中的邙山墓区成为古董市场关注的焦点，不过在金村器群发现之前，此地多见汉魏六朝时期古物[①]。洛阳一带偶有先秦时代器物出现，但是无论在出土规模，还是研究价值上，鲜有可以和金村器群相匹敌的[②]。长期的盗掘和古物交易使洛阳成为运作有效的古董流通系统的一个重要环节，因此，一旦金村墓葬被当地村民发现，出土器物就可以迅速地通过不同的渠道流入古董市场，散布于世界各地。除少数几件保留在国内博物馆外，大部分金村遗物分别皮藏于加拿大、美国、日本等地公私收藏之中。倘若金村故事至此告一段落，则金村器群可以不容置疑地纳入19世纪中期以来古器群的发现和流布的一个主要模式：古物的发现或者盗掘多在国家权力覆盖之外，兼之无任何职业考古学家的参与，发达的古董市场使出土器群迅速分析离散。及至见诸报导，所遗留的均是考古情境殆失，支离破碎的器物组群。事实上，与金村器群几乎同时期被发现的洛阳马坡器群的出土和流散就属于这个模式。然而，怀履光（William Charles White, 1873～1960年）和梅原末治（1893～1983年）改变了金村和金村器群在中国考古学史上的地位。怀履光和梅原末治的整理和刊布工作起步于传出自金村的各类器物进入海外收藏之后。1934年，上海别发印书馆（Kelly & Walsh, Ltd）印行了怀履光的《洛阳故城古墓考（*Tombs of Old Lo-yang*）》，1937年

[①] 20世纪初期，洛阳一带的两晋南北朝时期古墓的发掘以1916年八里台汉墓、1919年北魏元遥墓、1920年北魏元珍墓、1928年北魏元玮墓为代表。参见《洛阳市志》卷14《文物志》，中州古籍出版社，1995年，417页。

[②] 1929年，洛阳马坡出土了若干青铜器，其中包括臣辰器组和令方彝等多件西周时代重器。参见William Charles White, Tombs of Old Lo-yang (Shanghai: Kelly & Walsh, Ltd, 1934), p. 6。另见《洛阳市志》卷14《文物志》，413页。

金村镜像：考古学史和物质文化的建构

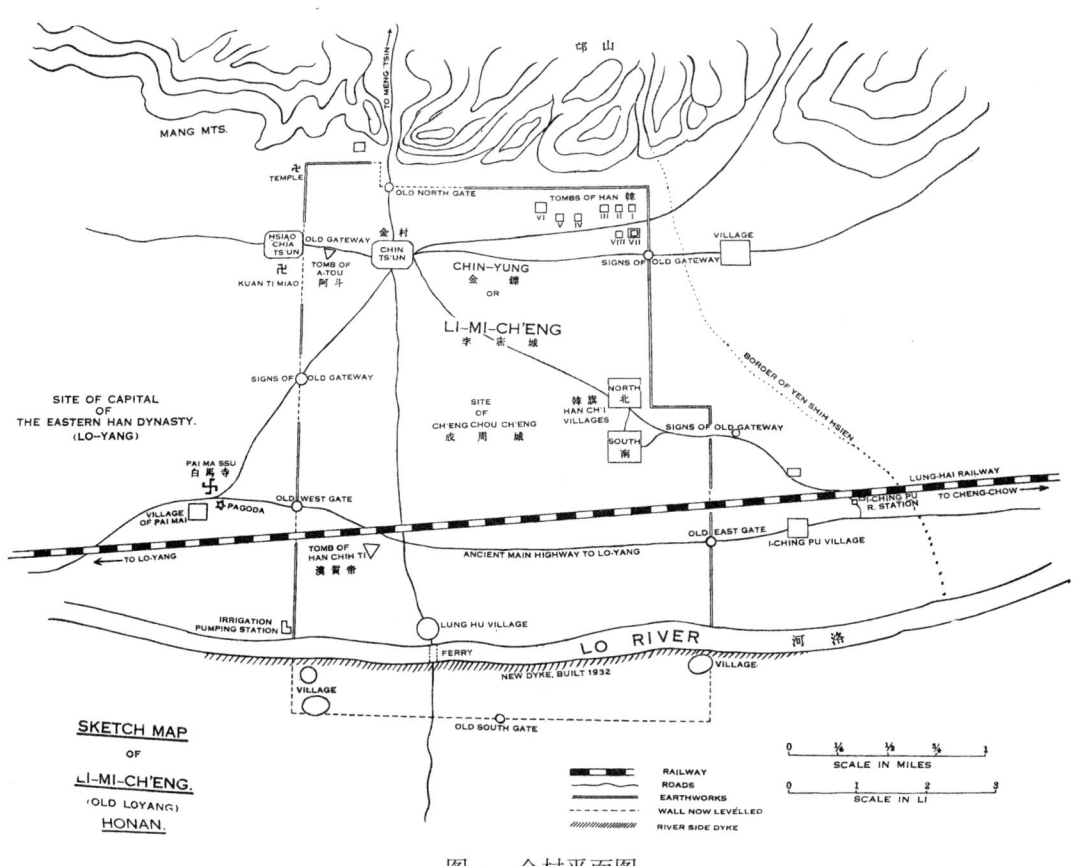

图一　金村平面图

京都小林出版部出版了梅原末治的《洛阳金村古墓聚英》，六年后，该书出版了增订版。嗣后对金村乃至东周考古学的研究概以这两种著述为必经门径。怀履光和梅原末治都是从作为古物流通的终点的收藏入手，逆向追溯，试图逾越传统金石学的局限，建构金村的考古学情境。他们清晰界定了具有明确的考古学内涵的词汇"金村"，部分恢复了金村在中国考古学研究上的可信度，使其俨然成为有别于安阳、新郑、乐浪等地点的发掘和刊布的另一种范式的典型个案①。金村是迄今为止洛阳地区最早确认的

---

① 在1949年前的中国考古学中，安阳、新郑、乐浪和金村分别代表了不同的发现和研究范式。安阳属于国家学术机构直接发掘和整理的类型，参见Li Chi, Anyang. Seattle: Washington University Press, 1977。梁思永、石璋如：《侯家庄（河南安阳侯家庄殷代墓地）》，"中央"研究院，1959～2001年。石璋如：《小屯（河南安阳殷虚遗迹之一）第一本》，"中央"研究院，1959～2001年。高去寻：《大司空村（河南安阳殷代东周墓地及遗址）》，"中央"研究院，2008年。新郑李家楼大墓属于以盗掘起始，但国家机构迅速而有效地介入的类型，参见河南博物院、台北历史博物馆：《新郑郑公大墓青铜器》，大象出版社，2001年。而乐浪则属于由他国机构直接干预的考古发掘类型，参见原田淑人、田泽金吾：《乐浪》，朝鲜总督府，1930年。小泉显夫：《乐浪彩箧冢》，朝鲜总督府，1934年。小场恒吉、榧本龟次郎：《乐浪王光墓》，朝鲜总督府，1934年。

具有确切的考古学内涵的两周考古学地点之一。传出自金村的青铜器、玉器、漆器、石刻等各类器物不仅侧证了作为东周时期王城的洛邑所在,也在相当长的时期内成为东周时代两周地区乃至中原考古学文化谱系的主要标尺。

然而,金村和金村器群的"建构性"长期以来却未得到准确的揭示。怀履光为加拿大皇家安大略考古博物馆(Royal Ontario Museum of Archaeology,皇家安大略博物馆前身之一)收集了存世的最大一笔金村遗物,而梅原末治是近代日本刊布和研究中国青铜器的最主要的学者之一,两人在收藏和研究上的不同的权威身份,导致他们的建构金村的工作自发表以来,几乎没有接受过严格意义的学术审核。后来言及金村者都将他们的"建构"视之为"实录",从未将他们的学术训练和职业背景、写作动因和契机、与金村发掘的关联等纳入考虑之中。金村的发现显然有别于由学术机构主导的科学发掘,长达六年的盗掘活动一直处于洛阳本地乡绅和古董商的严密控制之下,没有任何经过专门学术训练的考古学家的参加,相应的发掘记录也告阙如,所有事后发布的数据均是依据记忆,甚至传言所得。在发掘早期,金村遗物也如同安阳甲骨一样,连出土地点都讳莫如深。众多古董商和收藏家都未能亲临现场,而只能在临近的开封甚至更远的天津和北平听取村民、掮客和线人的转述。此外,金村器群公布之时,中国考古学尚处于前范式(pre-paradigm)阶段,缺乏具有学术可信度的个案的积累,也使金村的"建构性"不能及时揭示出来。虽然中央研究院历史语言研究所主持的安阳发掘早在1928年即已展开,侯家庄大墓也自1930年起开始发掘,但是安阳发掘报告一直未得正式公布[①]。1923年遭到盗掘的新郑李家楼大墓的青铜器劫后残余虽陆续公布,但是资料整理和器物编排完全落于古器物学窠臼[②]。怀履光和梅原末治发表金村遗迹和遗物之时,可资参考的仅有朝鲜总督府公布的乐浪汉墓资料。年代和性质更为接近的考古发现的阙如不仅无法实现对金村的考古学内涵的检验,反而使金村在未经审核的情况下成为更晚出土的其他发现的参照系。

建立在怀履光和梅原末治的著述基础之上的金村和金村器群存在着两个显著的"去情境化"(de-contextualization)特征。首先是学术史意义上的去情境化。无论是怀履光还是梅原末治,均未参与金村的发掘,因此写作都不是建立在第一手原始数据基础之上的。数据可得性和作者对数据的取舍判断直接影响了他们的写作。两书的写作动机也不尽相同,尤其是梅原末治的《洛阳金村古墓聚英》,写作初衷、甄别标准和编辑体例均有独特之处。不加甄别地将《洛阳故城古墓考》和《洛阳金村古墓聚英》当成金村发掘和遗物的详尽而全面的记载造成了考古学史意义上的去情境化。其

---

① 历次安阳发掘自1929年起公布,前七季见于《安阳发掘报告》(4卷)。
② 新郑彝器劫余的图录包括靳云鹗:《新郑出土古器图志》,大新印刷公司,1923年。关百益:《郑冢古器图考》,中华书局,1930年。关百益:《新郑古器图录》,商务印书馆,1929年。孙海波:《新郑彝器》铅字排印本,1937年。

次，在金村的物质文化分析上，由于先入为主地将金村视为标杆的观念，导致在很长时间内，金村遗物被用于对同出于两周和中原地区，缺乏明确年代标记的器物和器物组群的断年，而金村遗物的年代本身却成为不可置疑的预设。即使是金村遗物与日渐丰富的中原地区东周时期的考古学发现相互抵牾时，也常常以社会等级或者地域差异等特殊原因予以解释，这形成了物质文化研究上的去情境化。

反思金村和金村遗物就是情境复原过程。这一过程并未建立在数据的客观增长基础之上。或许未来还有新的器物纳入到金村器群之中，但是盗掘过程以及被盗掘过程破坏的种种遗迹现象都不可能由任何文字或者图像记录的意外出现得到复原。因此，本文建构的金村不是"新数据"的产物，而是"新观念"的结果。较之既往研究，我们更倾向于采纳后过程主义考古学（post-processual archaeology）立场，怀履光和梅原末治的著述不再是不容置疑的证据和立论基础，而是需要情境性、批判性"阅读"的"文本"，尤其是作者的经历背景、写作动机、社会网络等诸多影响"文本"的因素都需要纳入到阐释之中。同时，金村的发现不是一个孤立的事件，它既是全球性的中国古物发现和流通体系的一部分，也存在于20世纪30年代中国考古学研究的情境之中。大量的旁证材料可以帮助复原金村的发现中被隐匿或者误读的情节。"阅读"考古学史构成了"阅读"器群和考古学文化的前提和基础，对于历史上意外出现、与现代意义考古学共享基础甚为薄弱的发现而言，尤其如此[1]。而物质文化意义上的情境复原则需将金村器群与近五十年来具有准确的考古学情境的两周地区东周时代考古学文化和器群进行比较分析。我们必须考虑到物质文化的时代、地区和阶级差异。值得庆幸的是，洛阳中州路西工段、西郊等地点清理的东周时期贵族墓葬构成了与金村最为接近的参照系[2]。即使考虑到洛阳东周时期贵族墓葬多遭盗掘，邻近地区如辉县琉璃阁、临淄商王庄和新郑郑韩故城，乃至晚至西汉的贵族墓葬都提供了确凿的对比材料[3]。怀履光和梅原末治对金村遗物的认定采信了古董市场的说法，这一立场必须让位于器物的风格和形式分析和考古学文化阐释。

---

[1] 强调研究者的主观意图和学术史传统在考古学阐释中的作用是情境考古学（contextual archaeology）的特征之一。关于情境考古学，参看Ian Hodder and Scott Hudson, Reading the Past, 3rd ed. (Cambridge: Cambridge University Press, 2003)。中译本参见伊恩·霍德、司各特·哈德森著，徐坚译：《阅读过去》，岳麓书社，2005年。

[2] 中国科学院考古研究所：《洛阳中州路（西工段）》，科学出版社，1959年。中国社会科学研究院考古研究所洛阳发掘队：《洛阳西郊一号战国墓发掘记》，《考古》1959年第12期，653~657页。洛阳市文物工作队：《洛阳西郊四号墓发掘简报》，《文物资料丛刊》（9），文物出版社，1985年，140~150页。

[3] 郭宝钧：《山彪镇与琉璃阁》，科学出版社，1959年。河南博物院：《辉县琉璃阁甲乙二墓》，大象出版社，2003年。临淄市博物馆：《临淄商王村墓地》，齐鲁书社，1997年。河南省文物考古研究所：《郑韩故城兴弘花园与热电厂墓地》，文物出版社，2008年。

一、从《骉氏编钟图释》到《洛阳金村古墓聚英》：金村的三个写作范式

与20世纪上半叶中国考古学的其他重大发现和发掘相比较，金村处在一个极其独特的位置上。金村在职业学术力量缺位的情况下开始，却最终以学术力量的介入确定其在中国考古学上的地位。此外，金村是中国考古学中最早引起国际性关注的主题之一。传统的金石学学者发声在前，但是真正形成国际性影响，并奠定金村在中国考古学中的地位的是怀履光的《洛阳故城古墓考》和梅原末治的《洛阳金村古墓聚英》。学术传承和研究旨趣不同的学者从不同的视角出发，形成金村的写作和研究的多样化范式。不同的范式不一定构成时代上的更迭关系，有的甚至可能长期并行不悖地存在于不同的学术传统之中。

金村器群的公布和研究上最早出现的是传统金石学范式。铭刻是金石学研究兴趣的核心，长篇铭文的偶然出现常常导致金石学中特定主题研究的出现和研究文献激增。虽然早在1929年，金村器物就已经出现在古董市场上，但并没有引起学者的关注[①]。直到1930~1931年，带有长篇铭文的骉氏编钟中十二枚被纳入上海刘体智收藏后，才引发了最早的学术讨论。骉氏编钟由十四枚纽钟组成，出土不久即已离散，在进入刘体智收藏之前，怀履光已经先行挑选。因为迄今不知的原因，怀履光仅仅购买了骉氏编钟的两件"样品"，即大、小纽钟各一枚，至今仍在皇家安大略博物馆收藏之中[②]。骉氏编钟余下十二枚纽钟进入刘体智收藏。徐中舒应邀整理并释读文字，发表《骉氏编钟图释》，吴其昌、唐兰、刘节、郭沫若、温廷敬、容庚等多位学者随后发表相关论文，诸家均着眼于文字隶定和与先秦史籍的对应关系，解决骉氏编钟的年代和归属问题。仅在骉氏编钟年代上就形成显著不同的三种说法[③]。围绕骉氏编钟的金石学讨论也波及海外，高本汉也著文参与到讨论之中[④]。金石学范式的写作多基于对铭文的兴趣，对骉氏编钟的讨论几乎不涉及传为同出自金村的其他遗物。即使在骉氏编钟上，文字考释也远重于对纹饰和形制的讨论。金石学范式与小学关系密切，长于文字

---

① 梅原末治：《洛阳金村古墓聚英》，小林出版部，1937年，9页。William Charles White, Tombs of Old Lo-yang, p.1.

② William Charles White, Tombs of Old Lo-yang, p. 1-2.

③ 吴其昌：《骉羌钟补考》，《国立北平图书馆馆刊》5：6，1931年。唐兰：《骉羌钟考释》，《国立北平图书馆馆刊》6：1，1932年。刘节：《跋骉羌钟考释》，《国立北平图书馆馆刊》6：1，1932年。刘节：《答怀主教书——论骉氏钟出土处沿革》，《国立北平图书馆馆刊》7：1，1933年。

④ Bernard Karlgren, "On the Date of the Piao-Bells", BMFEA, 6 (1934), p. 137-149.

正义，却疏于历史重建。在以文字证史上采取直观映射的简单化处理思路，大多关于骉氏编钟的讨论都不言自明地将骉氏编钟的制作年代和归属与金村墓葬的年代和归属等同起来，仅有高本汉独具慧眼地提到编钟年代可能有异于墓葬年代。因此，对金村墓群的文化归属的推断都片面地以铭文为主要依据，马衡、唐兰等率先释读骉氏编钟铭文中包含"韩宗"，故将金村墓葬推定为韩墓，此说一度成为主流说法，怀履光亦从此说。梅原末治则根据银器针刻铭文中出现"三十七年"款，而错误地认定此系秦始皇帝三十七年无疑，则将金村墓葬推定为秦墓。郭宝钧认定此墓为东周君墓，唐兰后又推翻前论，认定金村墓群应该为东周墓而非韩墓①。

怀履光《洛阳故城古墓考》不仅在数据层面上首次尝试全面复原金村，在研究方法上也足确立一种新范式。怀履光为加拿大人，1897年自加拿大维多利亚学院毕业，受加拿大圣公会派遣，以传教士身份来到中国。在福建教区的建宁、福州等地担任牧师后，怀履光于1910年转向河南开封，开辟圣公会河南教区，并担任首任主教。1930年增设洛阳圣公会教堂。1936年，怀履光退休之后担任多伦多大学中国研究副教授兼皇家安大略考古博物馆东方部主任。怀履光与皇家安大略考古博物馆结缘于20年代中期，这也是他投身于中国考古资料的搜集和研究的起始。1924年，怀履光应皇家安大略考古博物馆馆长查尔斯·加莱利（Charles C. Currelly, 1876~1957年）之邀，为该馆收集古代中国艺术品。从此，他的绝大部分精力都投入到搜集和研究古代中国艺术品之中，以至于河南教区的神职人员对此颇有微词②。怀履光的收藏活动也引起了其他来自海外的收藏家和古董商的注意。1930年前后为瑞典王室和收藏家在中国采购藏品的瑞典工程师卡尔伯克（Orvar Karlbeck, 1879~1967年）曾经提到怀履光，"有个加拿大主教，和我一样也是个狂热的收藏者；他应该是替某家博物馆采购，看起来财力丰厚"③。除给他带来国际性学术声誉的《洛阳故城古墓考》之外，怀履光在1936~1944年间陆续出版了关于开封犹太人、中国墓葬中的墓砖图像、水墨竹图等多个专题的著述④。怀履光对皇家安大略博物馆的中国艺术收藏的形成贡献卓著，他经手的最重要的

---

① 郭宝钧：《山彪镇与琉璃阁》，科学出版社，1959年，46页。唐兰：《洛阳金村古墓为东周墓而非韩墓考》，《大公报》1946年10月23日。

② L. C. Walmsley, Bishop in Honan (Toronto: University of Toronto Press, 1974), p. 170.

③ Orvar Karlbeck, Treasure Seekers in China, Trans by Wolford Naomi (London: The Cresset Press, 1957), p. 99.

④ William C. White, An Album of Chinese Bamboos: A Study of a Set of Ink-Bamboo Drawings (Toronto: University of Toronto Press, 1939); Chinese Jews: a Compilation of Matters Relating to the Jews of K'aifeng Fu (Toronto: University of Toronto Press, 1942); Chinese Temple Frescoes: a Study of Three Wall-Paintings of the 13th Century (Toronto: University of Toronto Press, 1940); Tomb Tile Pictures of Ancient China: An Archaeological Study of Pottery Tiles from Tombs of Western Honan, Dating about the Third Century BC (Toronto: University of Toronto Press, 1939).

收藏之一是来自洛阳金村的青铜器、玉器和漆器等。更重要的是，怀履光根据亲身参与的收藏金村遗物的过程，以及当时他所能收集的见于其他博物馆，如美国弗利尔美术馆和纳尔逊美术馆的金村收藏，于1934年出版了《洛阳故城古墓考》一书，将金村墓葬和器物资料公之于学术界。长期以来，该书被视为管窥金村古墓的必由门径。

在编辑体例上，《洛阳故城古墓考》有别于时下严格意义上的考古调查和发掘报告，但不乏借鉴意义。《洛阳故城古墓考》分成正文、器物描述和图版三个部分。其中，正文部分又细分成为八个小节：《引论》《古代中国的墓葬》《韩墓的位置和年代》《韩墓结构》《随葬品》《车马坑》《铭文及其价值》和《讨论》。鉴于该书写作年代对中国考古学尚缺乏通盘理解，怀履光增加了第二节《古代中国的墓葬》。随后几节和后世的考古报告的基本内容一致，但是对器物的详尽描述和分析并不在正文部分的《随葬品》一节，而是在第二部分器物描述之中。正文部分的最后一节《讨论》涉及十个问题，均是由金村墓葬和器物衍生的值得关注的问题，虽然所论各题都有浅尝辄止之嫌，但是在广度上是现在的考古报告所不具备的，而且在这些论题的认识水平上，怀履光并不逊于同时期最优秀的汉学家。第二部分《器物描述》是对传出自金村的遗物的分类和描述，其分类思想和现在的考古学作业同出一辙，但是在具体的描述中，没有采用型式分析，而是逐件描述。怀履光没有接受过任何考古学或者艺术史训练，虽可能受到同时期考古大发现的西文报道的影响，但他的写作以何为蓝本，目前已经缺乏直接证据。如果考虑到中央研究院历史语言研究所在同一年刚刚出版了第一种田野考古报告《城子崖》的话，则《洛阳故城古墓考》在中国考古学上的开创性地位是不可否认的[①]。虽然怀履光从考古情境缺失的器物组群出发，但没有停留在器物甚至器物的局部特征，或者未经考辨的器物和考古学文化之间的关联上，而是努力重建发掘现场和考古情境，这是尤其难能可贵的。正文多个小节表现出历史学导向，有的从具体的金村遗物上升到早期中国的某类物质，如涡纹和动物形纹饰与西方艺术的关系，也有对金村墓葬的历史归属的讨论。因此，《洛阳故城古墓考》是具有历史学取向的考古学写作的典范。

由于地缘关系以及学术背景等诸多原因，梅原末治的《洛阳金村古墓聚英》对于中国学术界的影响更大。一般认为，《洛阳金村古墓聚英》是对《洛阳故城古墓考》的增补，然而，无论在写作理念上还是编辑体例上，该书都与其他相关著述截然不同，代表了金村写作的第三个范式。梅原末治于1893年出生于大阪，师从滨田耕作（1881~1938年），内藤虎次郎（1866~1934年）等，兼继西方考古学和日本汉学传统。同时，作为日本研究中国考古学的开创性学者之一，梅原末治也深受流亡日本的中国金石学和古器物学学人的影响。1913年起任京都帝国大学陈列馆助理员，1921年

---

① 中央研究院历史语言研究所的城子崖调查和发掘报告于1934年以《城子崖——山东历城县龙山镇之黑陶文化遗址》为题，作为中国考古报告集之一出版。

任朝鲜总督府古迹调查员，1929年起任东方文化研究院京都研究所研究员，1939年转任京都大学文学部教授，直至退休。梅原末治的研究兴趣广泛覆盖到铜镜、铜铎、青铜礼器、汉代漆器、陶土器等多个门类。虽然他自谦所做工作不过是整理中国考古学数据集，在结合新出土的考古学资料，重新整理散见于东西方收藏中的中国古代艺术品上，梅原末治的贡献是前无古人的。但是，梅原末治过度依赖古董市场提供的消息，在器物厘定上缺乏清晰、客观的标准，也留下了一定的负面影响。而且，中日学术界对此迄今都缺乏足够的意识。梅原末治编辑《洛阳金村古墓聚英》存在两个动因。一是日本收藏中传出自金村的器物已经累积到值得关注的数量。1929年，梅原末治于京都细川侯爵收藏中见到传出自金村的错金银狩猎纹铜镜以及银质小人像。数年后，原属上海刘体智收藏的十二枚骉氏编钟悉数转入大阪住友收藏之中[①]。日本学术界相信有相当数量的金村遗物已经进入到日本帝室和私人收藏之中，而这些都是怀履光《洛阳故城古墓考》的盲区。另一个动因涉及编辑原则。在编辑《洛阳金村古墓聚英》之前，梅原末治已经在中国青铜器、漆器等艺术品的图录集成上建立了自己的学术声誉。梅原末治编辑了《欧米搜储支那古铜精华》等一系列海外收藏中国青铜器图录，这种编辑经历对其划定金村器物的范围具有方法论意义上的影响。《洛阳金村古墓聚英》初版于1937年，和1940年出版的《河南安阳遗宝》并称姊妹篇，在体例和预设观念上有互通之处[②]。这也说明，梅原末治擅长以中国考古学的大发现时代的最新发现为参照，重新评估海外中国古物收藏。此外，致谢名单中的山中定次郎和卢芹斋尤其值得特别关注。两人均系二三十年代国际知名的中国艺术古董商，除了帮助梅原末治获取信息外，至少山中商会资助了他的多种图录的出版，梅原末治另一名作《欧米搜储支那古铜精华》就是应山中商会之邀编辑的[③]。古董市场的判断对梅原末治具有不可低估的影响。《洛阳金村古墓聚英》全书分成正文和图版两部，但两部之间的对应关系却不明显。正文部分以序记开始，继之以古墓的位置和构造，出土遗物的位置，以及各个类别器物，以对金村墓葬的年代推定结束。《洛阳金村古墓聚英》以怀履光的著述为基础，试图寻找欧洲、美国和日本收藏中形态特征、装饰风格近似的例子，甚至收纳了仅在器物来源上传为出自金村的器物。这构成了金村写作的第三个范式，即器物集录体写作。

梅原末治的金村图录出版之后不久，高本汉（Bernard Karlgren, 1889～1978年）在《远东古物馆馆刊》第10期上发表了一篇重要的书评[④]。高本汉本人曾经参与对骉氏编钟的讨论，兼之在其执掌瑞典远东古物馆期间，也购入了数件托称出自金村的青

---

① 梅原末治：《洛阳金村古墓聚英》，小林出版部，1937年，1、9页。
② 梅原末治：《河南安阳遗宝》，小林写真制版部，1940年。
③ 梅原末治：《欧米蒐储支那古铜精华》自序，山中商会，1933年，3页。
④ Bernhard Karlgren, "On Tsin-ts'un Album", BMFEA, 10(1938), p. 65-82.

铜器，因此，高本汉具备评价金村图录的学术资格。即使这篇书评主要针对《洛阳金村古墓聚英》，由于不可避免地比较了梅原末治与怀履光，因此它可能是迄今为止对金村学术的最详细和最具有见地的观察。但是，令人遗憾的是，长期以来，这篇书评没有引起足够的重视。高本汉的长篇书评分成"来源问题""器物的选择""描述"和"断代"四个部分，在如何建构金村上有大量的精辟阐发。高本汉在如何定义考古学意义上的金村上，准确地提出"在传言，二手甚至三手证据基础之上进行复原的危险是显而易见的，他（怀履光）的著述随后的分析中也显示若干他认为来自金村的器物不太可能出自这些墓葬"①，他认为怀履光图录的最主要的缺陷是搜罗范围存在重大局限，没有收入流往欧洲和日本收藏的器物。虽然高本汉意识到众多年代和风格均不符合的器物可能被附会在"金村"上，但他没有进而阐发"金村"原本只是在考古学情境尽失之后追认的结果，而是转而关注还有众多未被怀履光收入的"遗宝"。高本汉罕见严厉地批评了《洛阳金村古墓聚英》在选择"金村遗宝"上的标准混乱。他指出，梅原末治通篇都无法说明他依据什么将若干器物纳入到金村遗物的范畴之中，并进一步地揭露，《洛阳金村古墓聚英》中三分之一的图版来自梅原末治在此前数年发表的图录之中。因此，高本汉不无揶揄地指出，"这套（指《欧米搜储支那古铜精华》）七卷大对开本图录的成功出版并没有耗尽我们的日本同行的精力：过去几年我们目睹了至少三种重要的图录都出自他手"②。但是，令人遗憾的是，高本汉没有进而甄别梅原末治，乃至怀履光所收录的器物的可靠性，却突然转向一些细节性的缺陷。高本汉列举梅原末治语焉不详的几家西欧和北欧收藏，补充了由巴黎卢芹斋提供，写作之时有的已被远东古物馆收藏的三件铜器，指出梅原末治没有注意到安特生已经讨论过的几件铜器③。在"描述"部分指出梅原末治的著述应该如何准确而全面地描述器物，特别是错金银纹饰应该如何准确图示。"断代"部分则提出一个更精确的年代臆测和阐释。高本汉以大量篇幅讨论枝节问题的做法使其批评在方法论上的价值失色不少。这直接导致梅原末治在《洛阳金村古墓聚英》增订本上仅仅在数据层面采纳了高本汉的建议，对于更重要的方法论批评却避而不谈④。而对于金村学术而言，这也导致梅原末治的著述在这一方面的缺陷长期以来未被进一步揭示，众多器物以讹传讹，被视为东周时代中原地区考古学文化的标准器或者艺术史意义上的代表作品。

---

① Bernhard Karlgren, "On Tsin-ts'un Album", BMFEA, 10(1938), p. 65.
② Bernhard Karlgren, "On Tsin-ts'un Album", BMFEA, 10(1938), p. 65.
③ Johan Andersson, "The Goldsmith in Ancient China", BMFEA, 7(1935), p. 1-35.
④ 梅原末治：《增订洛阳金村古墓聚英》增订再刊例言，小林出版部，1943年，3、4页。

二、从发现到流散：市场网络中的金村

  金村的发现和金村器物的流散是一个无法完整复原的过程。这不仅仅因为主要当事人都没有留下直接的文字数据，更重要的是，中文文献中常见的金村叙述沿用了控诉帝国主义文化侵略罪恶的民族主义话语模式，表述成为怀履光和华尔纳（Langdon Warner, 1881～1955年）主持的盗掘和走私。华尔纳曾因1924年毁灭性揭取敦煌壁画而引起中国学术界和公众的一致谴责，怀履光的传教士身份在近现代中国也常常招致猜疑[①]。收藏金村器物最丰富的海外数家博物馆都理所当然地被质疑参与了非法活动。根据这些文献，怀履光等"胁迫当地农民挖掘"，"从1928年至1932年的五年间，他们荷枪守卫，搭棚立灶，共掘开八座大墓，出土文物数千件，大部分被运往国外卖掉"[②]。对于这一指责，主要当事人都三缄其口。华尔纳的学术生涯以日本艺术为重心，即使在与中国艺术密切相关的1923～1936年，也从来没有提及金村[③]。《洛阳故城古墓考》中丝毫没有提及金村古墓的具体发掘过程，甚至连发掘起讫时间也只是推断。发掘过程数据的缺失与对遗迹和遗物的详尽描述形成鲜明对比，这对旨在从考古学角度复原金村的著述而言是非比寻常的。怀履光有一种传记流行于世，但仅关注他的传教士生涯[④]。加莱利著有《历史回家之路（I Brought the Ages Home）》，详尽地记录了皇家安大略考古博物馆的筹备、建立和扩充过程，其中绝大部分篇幅介绍各类藏品的入藏过程。《东方》一章专门介绍克罗夫特（George Croft）和怀履光在中国的工作，但显然回避了金村[⑤]。不过，值得庆幸的是，金村并非完全没有在文字数据中留下任何蛛丝马迹，福开森（John Ferguson, 1866～1945年）《洛阳故城古墓考序》提供了一些关键信息。20世纪30年代来华的西方收藏家和古董商留下不少关于中国古董市场的旁证资料，率先收藏楚式青铜器的瑞典人卡尔伯克1928～1929年服务于瑞典中国委员会，1930～1935年组建卡尔伯克联合会（Karlbeck Syndicate），为瑞典王室和艺术

[①] James Marshall Plumer, "Langdon Warner (1881-1955)", Ars Orientalis, 2(1957), p. 633-637; Theodore Robert Bowie, eds., Langdon Warner Through His Letters (Bloomington: Indiana University Press, 1966). 华尔纳仅着一书与中国经历相关，见Langdon Warner, The Long Old Road in China (New York: Garden City, 1926). 中译本见姜洪源、魏宏举译：《在中国漫长的古道上》，新疆人民出版社，2001年。华尔纳在丝绸之路的活动，见Peter Hopkirk, Foreign Devils on the Silk Road (London: John Murray, 1980). 中译本见杨汉章译：《丝绸路上的外国魔鬼》，甘肃人民出版社，1983年。

[②] 宋家珩：《加拿大传教士在中国》，东方出版社，1995年，273～286页。孟津县志编纂委员会：《孟津县志》，河南人民出版社，1991年，627页。

[③] James Marshall Plumer, "Langdon Warner (1881-1955)", p. 633-637.

[④] L. C. Walmsley, A Bishop in Honan.

[⑤] Charles Currelly, I Brought the Ages Home (Toronto: Royal Ontario Museum, 1956), p. 241-250.

收藏家们搜罗中国古物。卡尔伯克所著《中国的寻宝者（Treasure Seekers in China）》提供了30年代中国古董市场的第一手资料①。卡尔伯克最后一次访问中国是1935年前后，与怀履光收集金村遗物的年代大体相当，而且，卡尔伯克曾经探访过洛阳和开封。从这些材料出发，我们试图瞽测金村发掘和器物流散的若干关键环节。

就考古学史意义上的金村而言，一个关键问题是金村墓群的盗掘是由怀履光指使甚至主持的吗？讨论这个问题的价值不限于明晰怀履光的学术生涯中一段语焉不详的经历，而是更精确地复原30年代中国古物流通市场的结构和运作机制。《洛阳故城古墓考》通篇不提金村器物的来历，导致读者常常质疑其中必定另有隐情。但是福开森在《洛阳故城古墓考序》中明确而简要地提出，"所幸的是，墓葬发掘之时，怀履光主教驻节于不远的开封府。通过值得信赖的掮客，他悉数知晓任何最新进展和发现"②。高本汉也证实，"作者（指怀履光）拥有令人钦佩的耐心和机智，身在开封府而与控制了洛阳盗掘所得器物的古董商保持了密切的联系，筛选各种管道传达而来的证据推究洛阳古墓及其遗物"③。这些都表明，金村发掘之时，怀履光并不在现场，而是在距离并不遥远的开封府。开封府是当时河南省府所在地，也是怀履光开辟的河南教区的中心，距离洛阳不过数百千米。无论是卡尔伯克行记，还是地方史志资料，都提到20世纪初期，河南的古董市场确实以开封为中心。怀履光极有可能最先是在开封古董市场上得知金村遗物的。在"发现"金村之前，怀履光已经与河南本地古董商建立了稳定的交易关系。加莱利也提到，怀履光在河南的收藏得益于开封的一位古董商，不过未具其名④。其他的文献则直接指出，开封古董商蔺石庵帮助怀履光收集了金村古物⑤。怀履光在《洛阳故城古墓考》中多次表述对墓葬和器物信息的甄别，暗示他很可能在发掘结束之前都未能进入金村。虽然《洛阳故城古墓考》中有一张尚未回填的大墓墓口照片，但是拍照之时距发掘已有一段时间间隔，而且照片来源不详。

虽然怀履光可能是距离洛阳最近的主要买家，但是这种地利之便在获取金村遗物上并不占优势。中国的古物流通网络到金村发掘之时已经完全成熟。开封不过是这个流通体系的一个次要环节。卡尔伯克访问开封时，发现当地的古董市场规模很小，生意萧条。他推测，河南距离平津不远，各地所出古物精品都会流向北平和天津的古董市场，以期获取更丰厚的利润⑥。此外，大规模古董商也会委托或者派人直接驻扎在古物出土地点。因此，20世纪二三十年代的中国古董市场是个自由竞争的市场，无

---

① Oscar Karlbeck, Treasure Seekers in China.
② John Ferguson, "Forward", Tombs of Old Lo-yang (Shanghai: Kelly & Walsh. Ltd, 1934), xii.
③ Bernhard Karlgren, "On Tsin-ts'un Album", p. 65.
④ Charles Currelly, I Brought the Ages Home, p. 249.
⑤ 《洛阳市志》卷14《文物志》，417页。
⑥ Oscar Karlbeck, Treasure Seekers in China, p. 89-110.

人能施加垄断性影响。怀履光可以通过蔺石庵利用地理之便收集金村遗物，但是也无法阻挡金村遗物在平津古董市场上的出现。这个时代的中国古物流通网络与此前的体系有所不同的是"洋庄"兴起，中国古物流通系统逐步国际化。海外买家介入中国古物流通的方式大体有两端，一方面是直接派员征购，华尔纳于1923～1925年参与的福格中国探险团，卡尔伯克于1928～1935年的瑞典中国委员会和卡尔伯克联合会即属此例。另一方面则是洋庄的形成，即出现以海外买家为主要客户群体的古董商。20世纪20年代以来，最著名的洋庄是卢芹斋创立的卢吴公司和日本人山中定次郎创立的山中商会。在金村器群的流散上，卢吴公司和山中商会均派员直接驻扎在洛阳，与本地的古董商形成直接竞争。传为金村玉器中最大一笔即通过卢吴公司进入纽约温索普收藏（Grenville L. Winthrop collection）[1]。最先见诸报道的海外金村遗物收藏——荣格·图伯纳（Jörg Trübner）收藏也应该是通过国际掮客形成的。但是，洋庄也没有形成垄断性优势，国内古董市场上也可见到金村遗物。30年代早期，华尔纳作为纳尔逊美术馆艾金斯东方部（Atkins collection at Nelson Gallery）的建馆顾问来华收购藏品，但仅在琉璃厂收购青铜器，并未涉足洛阳。骉氏编钟出现在琉璃厂尊古斋，旋被纳入刘体智收藏[2]，令狐君嗣子壶被清华大学收藏，周尺为福开森购得。

　　洛阳古墓的盗掘也不是始自金村。早在金村古墓群发掘半个世纪之前，洛阳一带已经成为晚清金石收藏关注的重点。但是，20世纪初期的两个事件加速了洛阳古墓的破坏。首先是陇海铁路的修建，东西走向的铁路经过邙山南麓，致使大量古墓暴露于地表。参与修建铁路的工程人员的流动特性进一步加速了洛阳古物的流散[3]。其次，国民政府时期对于盗掘古墓的政策并非是一以贯之的。就洛阳一带的古墓而言，1927～1930年冯玉祥占据洛阳时期的政策性破坏尤为剧烈。此一时期设立"古物特税局"，公开征收古墓税，变相鼓励了洛阳的盗掘，是民国时期罕见的盗掘古墓的高潮时代[4]。

　　综上所述，金村的盗掘和遗物的离散不应归咎于任何海外势力的支持和指使。从墓葬的发掘到遗物的出售，始终受到当地士绅和本地古董掮客的钳制。得益于已经国际化的中国古物流通系统，海外买家能迅速获悉金村的盗掘，但是，在长达数年的盗掘过程中，海外买家甚至来自平津市场的古董商都没有获许进入金村发掘现场。怀履光稍占地利之便，与开封古董市场的密切联系使他能获取更多的信息。但是，这种优

---

[1] An Exhibition of Chinese Archaic Jades for Norton Gallery of Art, West Palm Beach Florida, 1950/Jan 20-March 1 (New York: C. T. Loo & Co, 1950), p. 10-11.

[2] 黄濬：《尊古斋所见吉金图初集》，珂罗版印刷本，1936年。容庚：《善斋彝器图录》卷一，珂罗版印刷本，1936年。

[3] 罗振玉：《古明器图录》序，广陵书局，2003年，1916年。

[4] 《洛阳市志》卷14《文物志》，407页。

势并不显著。以卢吴公司和山中商会为代表的洋庄构成了怀履光的直接竞争对手,而且,洋庄也只是古董市场的一部分,古董市场上并不存在选择性流向,不少金村遗物也能进入到国内收藏之中。因此,金村墓葬的盗掘始终在洛阳本地士绅和村民的控制之下,而金村器物的流散是在一个缺乏垄断性控制,完全自由竞争的多元化、国际化体系中完成的。

三、情境复原:金村的墓葬形式

田野考古学意义上,金村的复原归功于怀履光《洛阳故城古墓考》。梅原末治《洛阳金村古墓聚英》基本原封不动地沿用前说。至今仍频繁被征引的金村墓区位置图、墓区平面图、墓葬俯视图和剖面图均源自怀履光的著述。怀履光提供的墓区布局、墓葬结构、随葬品位置等记录不仅是同类科学记录中年代较早的例子,而且在学科规范上表现出的严谨性也值得称道。金村没有如同同时期甚至更为晚近出土的大部分器群那样,仅具有古物学研究价值,最重要的原因是怀履光尝试复原了金村器群的考古学情境(context)。新考古学崛起之后屡被强调的基体(matrix)、出处(provenience)和关联(association)等观念在怀履光的著述中都已经得到相应的表达[1]。但是,怀履光记录的科学价值也明显地受到两个因素的制约。首先,至少在所有遗物发掘殆尽之前,怀履光并没有亲临发掘现场。他对墓葬的描述是甄别来源不同的信息的结果。其次,此时中国考古学处于初生阶段,可资参考的例子屈指可数,安阳西北冈殷王陵的发掘资料尚未公布,仅有1923年发现的河南新郑大墓和世纪初即已发现的朝鲜乐浪汉墓可资借鉴[2]。新郑器群的发表完全遵循古器物学取向,基本无涉考古学情境,因此,怀履光对金村器群的考古学情境的描述可能更多地受到日本学人对乐浪汉墓的处理方式的影响。

金村东北发现的大墓共计八座,构成了一个独立的墓区。墓区边界四至不可知,但是怀履光认为该片墓地在东周王城的城墙之内[3]。发掘之时,地面上已经见不到任何痕迹。怀履光提供了两帧在白马寺和旧李密城西门附近拍摄的照片,显示地面已经完全夷平。八座大墓均为带单墓道的甲字形大墓,头向北。大墓分成南北两排。北排

---

[1] Wendy Ashmore and Robert J. Sharer, Discovering Our Past: A Brief Introduction to Archaeology, 4th eds (New York: The McGraw-Hill, 2006), p. 71.

[2] 原田淑人、田泽金吾:《乐浪》;小泉显夫:《乐浪彩箧冢》;小场恒吉、榧本龟次郎,《乐浪王光墓》;靳云鹗:《新郑出土古器物志》;关百益:《郑冢古器图考》;关百益:《新郑古器图录》;孙海波:《新郑彝器》。

[3] 此说得到后世考古学研究证实,见梁云:《成周与王城考辨》,《考古与文物》2002年第5期,51~55页。

大墓共计6座，编号自东向西为第一号大墓到第六号大墓。南排大墓仅有两座，排列在东端，编号为第七和第八号大墓。但是，整组墓地是否仅有八座大墓是值得存疑的。怀履光仅用"南排墓葬目前仅有两座大墓被发掘"予以描述。大墓与大墓之间间距约60米，而南、北排之间的间距是105米。另外，在第一、五和七号大墓墓道两侧，各有一组车马坑。马坑距墓道约24米，其规格为3米宽，15米长，距地表为3～3.6米。墓区之中还有两座空墓。据称，怀履光所见的金村器物主要来自第七号大墓，这是金村墓葬中唯一自上而下，完整发掘到生土层的例子。第一排的第五号大墓除了墓道和马坑外，也被基本清理干净，但此组马坑中出土了错金银马具等器物。其他墓葬都是采用垂直竖井加水平巷道，直入墓室的方式盗取的。

每个墓葬的结构应该大体类似，但目前只能以第五号大墓为例说明（图二）。墓道位于墓坑南侧，经测量，墓道宽度为3米，长度为75米。墓圹近似方形，墓口边长12米，四壁略内收，底部边长10.5米。墓底距离地表约14米。距地表9米深度可见夹石夹炭层，厚度为1.8米。墓底有一层石板，石板的规格为1.2米长，0.6米宽，0.1米厚。石板平铺面积可能超出墓底面积。墓坑四角保留了生土台未动，因而到墓底时，墓坑已经收缩成八角形。墓坑之中为八角形外椁，四周为三层，顶上覆盖两层。门道设在椁室的南侧。

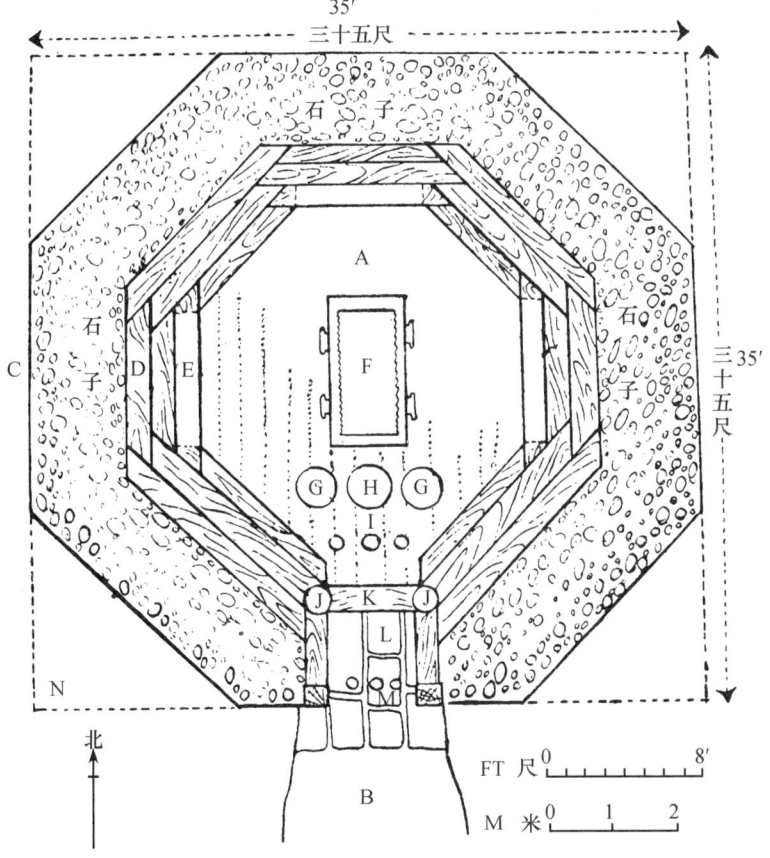

图二　金村七号大墓平面图

可资比较的个案在华北一带数量众多。就墓区的平面分布而言，成组的甲字形大墓的集中分布是两周时期公墓和邦墓的主要特征之一。50年代到90年代，洛阳曾经发掘了多处甲字形大墓墓区。洛阳西郊墓群由4座甲字形大墓组成，其中的第一号和第四号墓葬分别在1957年和1973～1974年发掘。一号墓墓口至墓底深12.5米，墓口长10米，宽9.1米，墓底长7.9米，宽7.2米。墓道的长度大约是40米。墓圹的下部出现积石积炭的做法，椁室上部出现了厚度至少为0.6米的炭层和砾石层，椁室四周也填充砾石，墓底在生土上堆积一层厚度为0.1米的炭层。在棺椁结构上，发掘者特别注意到，该椁室的壁板只有单层，而盖板却是双层。双层盖板均为厚度在10～13厘米的木板[①]。四号墓也是甲字形大墓，墓道长度为70余米，墓坑为长方形，墓口长10.8米，宽9.05米，墓底长9.05米，宽7.43米。该墓葬的椁室周围和底部出现积石现象，而且多以黄土为填料。墓底的砾石层中嵌有南北向红砂石板两条，分别由十余块长方形或者菱形石板拼成，应该是为了放置外椁东西两壁的枕木的实用设施[②]。该墓群的车马坑于1972年发掘。车马坑北距墓群组约300米，坑口呈长方形，长7.7米，宽6米，内中填埋四马一车一犬[③]。和科学考古发现的数据进行对比，怀履光记录在墓区布局、墓葬结构、墓坑形态和规格、填埋物组成等诸多方面大致不误。

但是，怀履光对金村墓葬的描述也有数处与科学发掘和记录的东周墓葬材料相冲突，或可反映认识上的偏差。首先是墓坑和外椁形态，怀履光特地说明，墓坑底部四角皆是"生土"，外椁和墓坑均为八角形。怀履光进而阐发，这种形态可能和中国的方位观念及八卦，或者洛阳"四塞八关"的地理特征有关。但是，迄今为止，洛阳或者邻近地区从未发现任何采用这种墓坑或者棺椁形式的例子。一个可能的解释是墓坑在埋藏过程中受到挤压发生变形。其次，器物出土位置的描述也有出入。怀履光正确地指出不同类型的器物出现在不同位置上，但是在墓葬平面图中标明众多器物出自壁龛之中。洛阳东周时期的竖穴土坑墓有壁龛的做法，如西工区C1M3943的头侧即有放置随葬品的壁龛，但是带墓道的墓葬没有掏龛放置随葬品的例子，即使是带掏龛的竖穴土坑墓，壁龛也多是头龛形式，因此，侧壁开龛说值得存疑。第三，外椁南侧开门道，并且在门道内放置青铜鼎和壶做法也不见于洛阳东周时期墓葬。这些矛盾之处并不是因为金村墓葬的特殊性造成的，而应该是误传或者错误假设的结果。虽然怀履光谨慎辨别，仍无法避免细节上的误导。尤其是器物位置的想象化描述，也恰能说明怀履光并不在发掘现场。

---

① 考古研究所洛阳发掘队：《洛阳西郊一号战国墓发掘记》，《考古》1959年第12期，653、654页。

② 洛阳市文物工作队：《洛阳西郊四号墓发掘简报》，《文物资料丛刊》（9），文物出版社，1985年，143页。

③ 洛阳市博物馆：《洛阳中州路战国车马坑》，《考古》1974年第3期，171页。

四、金村遗物的形态学分析

　　理论上，金村遗物也是不可能全面复原的。复原脱离了考古情境的器物存在多种危险，对于金村这样的社会顶级精英墓葬而言尤其如此。金村的不可复原性至少存在于三个方面的原因。首先是普通的、常见的器物的离散。此类器物最容易丧失考古情境感。仅仅具有一般意义的时代或者地域特征的器物，如果缺乏足够清晰的流传线索，一旦脱离金村后将无法再与特定的金村联系起来。其次，特殊性器物也不可被贸然接受为金村器物。以往研究者虽在具体归属上意见不一，但都认同金村墓葬是同时期社会等级最高的墓葬，因此，金村器群中势必包含数量众多的稀见器物，甚至可能是孤例。对于这些孤例的归属的讨论需要格外谨慎，不能如此前一样，贸然以孤例确认一个时代的艺术成就高峰。如果与同时期器物文化存在明显差距的话，应该调整孤例的年代推断，而不是以社会阶层等原因予以解释。而第三个原因存在于社会史层面。由于金村在30年代的中国古董市场名噪一时，很多并非出自金村墓群，甚至来自洛阳之外的其他时代器物可能被冠以"金村"名义，以求善价。这一部分器物需要在具备科学发掘记录的器物的对比下，从"金村"之中剔除出来。因此，现今所见的金村遗物不能简单地视为劫后残余，至少其中也混入了诸多非金村器物。

　　无论是怀履光、梅原末治和高本汉，还是以后言及金村诸家，都关注如何增补新见金村遗物，却无一例外地忽略了如何剔除金村遗物中的非金村成分。怀履光明确地知晓他所征集的金村遗物主要来自第七号大墓。诸家都意识到金村遗物可能远多于当时能被确认纳入这个类别的器物。但是，他们却毫不质疑基于各种原因已被划定在金村范畴之内的器物。仅有高本汉简略指出，即使在怀履光的收藏中，也有明显与金村的考古学内涵相冲突的器物[1]。在考古发掘记录不存的情况下，在推断特定器群的组成成分上常常需要运用内部证据和外部证据。内部证据是器物的类型学分析，只有类似年代、地区和考古学情境的发现记录越多时，内部证据才能起到越大的作用。而外部证据则是相关说辞和判断；对外部证据的考察只能是尽可能核实消息来源的可信度，表述的合理性，以及与其他旁证材料的相互印证。在厘定金村器群上，怀履光不得不从外部证据出发，构建金村器群。虽然他也有以内部证据甄别金村遗物的想法，但是当时由形式分析语言构成的内部证据网络太过疏阔，实际成效甚微。梅原末治继而兼用内部和外部证据扩充金村器群的内涵。他仅仅根据怀履光公布金村遗物的形态和纹饰特征，甚至根据古董市场和收藏家的传言就确定金村遗物，也造成了进一步的混乱。而当下的任务是利用日渐丰富的具有准确考古学情境的器物，以内部证据法分离

---

[1] Bernhard Karlgren, "On Tsin-ts'un Album", p. 65.

出其中的非金村成分，以求获取界定清晰的金村器群概念。善用"减法"是接近真实的金村器群的必要途径，而这恰恰是被既往学术所忽略的。

在物质文化层面上重新厘定金村仍然需要从公私收藏之中的金村器物着手。除令狐君嗣子壶、周尺等数件保留在中国外，大部分金村遗物分布在欧美和日本各地的收藏之中。长期以来的一个误解认为金村遗物主要藏于加拿大和日本，这应是对怀履光和梅原末治的国籍的误读。即使在他们的著述中也提到，欧洲和美国也是金村遗物的主要收藏地。鉴于对怀履光和梅原末治的学术史比较分析，皇家安大略考古博物馆的金村收藏是外部证据最为确凿的一笔，应该作为物质文化分析的最佳切入点。金村所处的国际性古物流通体系也提醒我们关注皇家安大略博物馆之外的金村收藏。怀履光也明确知晓他的竞争者，在《洛阳故城古墓考》中至少收录了弗利尔美术馆收藏的玉佩饰等藏于他处的器物。梅原末治极大地扩充了金村遗物的收藏者名单，尤其是怀履光未曾提及的日本收藏和欧洲收藏。在日本收藏方面，梅原末治添加了京都细川侯爵、京都帝国大学文学部、京都东方文化研究所、太田贞造、川合定治郎、黑川福三郎、守屋孝藏、大阪住友男爵、嘉纳治兵卫白鹤美术馆、东京帝室博物馆、东京长尾钦弥、大阪浅野楳吉等多家收藏。而在海外方面，梅原末治也拥有同时代大部分学者不能企及的广泛联系，得到华盛顿弗利尔美术馆的洛奇（J. E. Lodge）、芝加哥艺术学院的凯利（Charles Kelley），纽约的温索普和山中定次郎、波士顿的富田幸次郎、大英博物馆的赫伯森（R. L. Hobson）和巴黎的卢芹斋的帮助。《洛阳金村古墓聚英》还牵涉到堪萨斯美术馆、纳尔逊美术馆、斯德哥尔摩远东古物馆、纽约霍尔姆斯（Mrs. Christina Holmes）收藏、巴黎顾特曼（Gutmann）收藏、布鲁塞尔斯托克勒特（Adolphe & Susanne Stoclet）收藏等处器物。此外，高本汉补充了巴黎比海格伯爵夫人（Countess de Behágue）、奥伯夫人（Madame Homber）、拉美特夫人（Madame Ramet）、美国克利夫兰美术馆（Cleveland Art Museum）、瑞典王储、赫尔斯顿（A. Hellström）和隆德格兰（A. Lundgren）收藏中可能属于金村的器物[1]。

对上述收藏中的金村遗物的分析仍不得不倚重于对图录的比对工作。皇家安大略博物馆的金村器物除见于《洛阳故城古墓考》之外，也见于历年出版的该馆亚洲收藏图录之中[2]。《洛阳金村古墓聚英》所刊器物可以与梅原末治的其他图录、卢芹斋和山中商会的销售图录相对照，但是需要谨慎地回避古董市场的误导。梅原末治披露的温索普玉器收藏1943年捐赠给哈佛大学福格美术馆（Fogg Art Museum），罗樾（Max Loehr）和胡博（Louisa Fitzgerald Huber）对该笔收藏进行了细致的整理和研究，

---

[1] Bernhard Karlgren, "On Tsin-ts'un Album", p. 65-82.

[2] Theodore A. Heinrich, *Art Treasures in the Royal Ontario Museum* (Toronto: Royal Ontario Museum, 1963); Barbara Stephen, *Homage to Heaven, Homage to Earth: Chinese Treasures of the Royal Ontario Museum* (Toronto: Royal Ontario Museum, 1992).

于1975年出版在西方的中国古玉研究上具有里程碑意义的《古代中国玉器（Ancient Chinese Jades）》[①]。容庚《海外吉金图录》、陈梦家《美帝国主义劫掠的我国殷周铜器集录》和李学勤和艾兰（Sarah Allan）《欧洲所藏中国青铜器遗珠》等也提供了比对金村器物的重要材料[②]。

对金村器物的反思需要在洛阳地区东周考古学以及东周时期公墓发掘的情境下实现。虽然洛阳本地也有东周时期贵族墓葬的发掘，如西郊一号和四号战国墓，其年代、地域和等级均甚接近，但由于这些墓葬被盗严重，随葬器物所剩无几，无法为重新评估金村器群提供参照系统。因此，需要征引其他地点东周甚至晚至西汉时期的高等级贵族墓葬所出器物予以对比。

器群分类是优先于器物研究的问题。怀履光和梅原末治采用了截然不同的分类方案，这一差异显示出学术旨趣的差异。怀履光将器物分成六类，包括：车马器，墓葬葬具、用具和兵器，礼器，玉石器，装饰和钟磬等六类。这一分类背后是一个难能可贵的思想，即任何墓葬包含的器物都不是完全从属于一个统一的器物文化的，起码应该区分成为葬器、礼器、明器以及实用器具等类别。如金村出土的一件颜料盘，怀履光即认为这是在墓葬中绘制壁画的工匠的工具，与墓葬内的礼器物组合没有关系。金村出土的灯既有从属于礼器，也有从属于实用工具的。这一区分思想是现今绝大多数发掘报告都不具备的。在器物编号上，怀履光在30年代的实践有值得当今的中国考古学学习的地方。他以三个数字进行编号，每个新的类别都以新的百位数序列作为编号的起始，每类编号均未满，余下空额可以留待未来发现的新器物的加入。总计其器物数目，达389件之多。随后第七类仅列出铭文，共计14件。相比较而言，梅原末治的分类稍欠章法。他将金村遗物区分成为七个类别：古铜器，漆器和银器，雕像，镜鉴，饰金具类，带钩和玉器。各个类别之间屡有重复，器类之间的合并和分离关系从未予以说明。该书收录各类器物达238件。

我们无法逐一厘定怀履光、梅原末治、高本汉和罗樾提出的金村器物的归属和年代，只能关注在更完备的收藏研究和更多的考古学资料的辅助下，有望获取更清晰认识的器物。以下论及金村器物只能从青铜器、漆器、金银器和玉石器四个类别着手。

---

① Max Lohre and Louisa Fitzgerald Huber, *Ancient Chinese Jades from the Grenville L. Winthrop Collection in the Fogg Art Museum, Harvard University* (Cambridge: Fogg Art Museum, 1975).

② 容庚：《海外吉金图录》，燕京大学考古学社，1935年。陈梦家：《美帝国主义劫掠的我国殷周铜器集录》，科学出版社，1962年。李学勤、艾兰（Sarah Allan）：《欧洲所藏中国青铜器遗珠》，文物出版社，1995年。

（一）青铜器

青铜器是金村遗物中的最重要，也是最先引起古董市场关注的类别之一。金村是中国考古学史上最早被确认的频密出土错金银铜器的地点，制作精美的错金银铜器被视为金村器群的典型特征。金村器群中也包括了多件带铭刻的铜器，包括最为研究者关注的骉氏编钟组合。此外，金村也出土了数量众多、没有复杂工艺或者铭文，仅具有东周时期一般特征的铜器。金村青铜器可以细分成为礼器、乐器、用具和装饰部件等小类。

图三　金村大墓出土纽钟

在带有铭刻的铜器之中，骉氏编钟最早见诸报道，也得到最多关注和讨论（图三）。全堵编钟共计十四枚，其中五枚为大型纽钟，通高22～26厘米。九枚为小型纽钟，通高12～21厘米。所有纽钟均为覆瓦状，"U"形纽。鼓部饰凸出的枚部，钲间两侧各为三排，每排三枚。纽上饰三角卷云纹，鼓部和枚间饰细密蟠螭纹。但由于表面锈蚀甚剧，纹样无法判断。因为铭文缘故，骉氏编钟甚早就得到中国学者的关注。五枚大型纽钟两面钲间均有铭文，铭文为铸制，单面四行，每行最多八字。作器者"骉羌"。九枚小型纽钟单面钲间有铸制铭文，两行四字，作器者"骉氏"。多数学人将其合称为骉氏编钟，但也有细分成为骉羌编钟和骉氏编钟的。怀履光购得其中大、小纽钟各一枚，剩余的十二枚纽钟最先归于上海刘体智收藏，徐中舒应邀作《骉氏编钟考释》，引起国内学术界的关注。后此十二枚纽钟悉数转入日本住友收藏。徐中舒率先释读编钟铭文，并将编钟的铸制时间推定在周灵王二十二年（前550年），唐兰、吴其昌、刘节诸家均认同此说①。郭沫若提出周安王二十二年（前380年）说，而温廷敬根据《水经注》提出周威烈王二十二年（前404年）说。容庚先附于郭说，后改从温说②。高本汉

---

① 徐中舒：《骉氏编钟图释》，中央研究院历史语言研究所，1931年，另见注8。
② 郭沫若：《骉羌钟考释》，《金文丛考》，文求堂书店，1932年，24页。容庚：《善斋彝器图录》序，1936年。

反对郭说，觉得温说有吸引力，但是仍从徐说①。骉氏编钟和金村在年代和文化归属上的关联性一直是个混淆不清的概念。参与讨论的中国学人大多默认两者等同，而对这一关系的讨论始见于《洛阳故城古墓考》。越来越多的学人认为，骉氏编钟可能在传承了数代之后才最终埋藏到墓葬之中。如果说骉氏编钟有助于推定金村墓葬的年代的话，也仅限于卡定金村墓葬的上限。

值得注意的是，骉氏编钟不是金村所出编钟的全部。怀履光报道了多达13组编钟和数件铜铎，但除骉氏编钟外均无铭文，因而其他各组在既往的研究中未曾得到关注。编号506为一组九件纽钟，形态类似骉氏编钟，但是纹饰较简单，钲间略宽但没有铭文，枚间和鼓部均为素面无纹。编号504包括七件纽钟，纹饰较506组和骉氏编钟组更清晰而复杂，但无铭文。编号507组包括三件纽钟，纹饰较为特别，地纹为阴线刻饕餮纹，十八枚乳钉状枚直接排列在地纹上。编号505和编号513应为镈钟，编号511是否亦同为镈钟尚未可遽断。东周时期的乐钟组合常常是甬钟、纽钟和镈钟齐备。怀履光公布的金村乐钟包括至少两组镈钟和十组纽钟，但未见甬钟。九件成组制度在山东临沂凤凰岭、河南辉县琉璃阁甲墓、江苏邳州九女墩3号墓、安徽寿县蔡侯墓等春秋时期墓葬中表现明显，到山东临淄淄河2号墓、湖北随县曾侯乙墓等战国墓葬中反显得凌乱②。骉氏编钟和编号506组为完整的两组编钟，但是骉羌编钟及其他各组可能都有缺失。编号513组镈钟亦为完整九件成组。上述各组年代上存在差距，编号503组应该明显早于其他各组。东周乐钟常与编磬配套使用，金村发现至少六组编磬。但是，金村编磬在盗掘之时被盗墓者视为无用之物多遭弃置和破坏，因此编磬制度无法推测。梅原末治补充"蟠螭禽兽文铎"实为日本铜铎类型，与金村无关。

错金银铜器是金村铜器中一个重要而特别的类别。金村一度被认为是东周时期错金银铜器出土最集中、最具代表性的地点。除怀履光和梅原末治外，陈梦家也公布了海外公私收藏的金村错金银铜器，包括二壶、一敦、一皿、一簋和二鼎③。梅原末治仅择要公布其中两壶一鼎，未言及其他。与《洛阳故城古墓考》公布的错金银铜器相比，梅原末治和陈梦家公布的一系列铜器至少在镶嵌工艺上更显得成熟，纹饰类型包括涡纹、卷云纹、夔纹等，只是工艺成熟差异是否能准确反映到时代差异尚属未知。

---

① Bernhard Karlgren, "On Tsin-ts'un Album", p. 65-82.
② 山东省兖石铁路文物考古工作队：《临沂凤凰岭东周墓》，齐鲁书社，1987年，220页。河南博物院、台北历史博物馆：《辉县琉璃阁甲乙二墓》，大象出版社，2003年，118、119页。江苏省邳州市博物馆：《江苏邳州市九女墩三号墩的发掘》图8，《考古》2002年第5期，23、24页。中国科学院考古研究所：《寿县蔡侯墓出土遗物》图版42、43，科学出版社，1956年，10页。山东省考古研究所：《临淄齐墓》（第一集）图版96~98，文物出版社，2007年，322~329页。湖北省博物馆：《随县曾侯乙墓》彩版3、4，图版27、28，文物出版社，1989年，77~133页。
③ 陈梦家：《美帝国主义劫掠的我国殷周铜器集录》壶A733、734，科学出版社，1962年，136、137页；敦A289，61页；皿A797，147页；鼎A109、A111，23页。

目前公布的金村错金银铜器可区分出年代上有早晚之分的组群，方折纹嵌金属嵌绿松石铜壶以镶嵌金属直线和块状绿松石为主，而同出的车马饰件则以大面积填入金银丝为特征。绿松石等宝石和玻璃镶嵌也是金村铜器的一个重要特征。青铜舟是金村墓葬所出最具特色的青铜器之一，器身横截面呈椭圆形，附着对耳，下有四个呈鹰嘴神人形象的器足支撑。器盖顶部为巨大莲花状捉手，上面镶嵌绿色玻璃珠。捉手形态近似新郑李家楼所出蟠螭纹大壶[①]。玻璃珠在中原地区东周时期的墓葬中频繁出现，洛阳西工区C1M3943中即出土近10件玻璃珠和玉石珠[②]。零散出土的玻璃珠和玉石珠很多都有可能和镶嵌工艺相关。

在青铜容器中，两书均包括了多种来源、多种风格和多种年代的类别。在青铜壶钫之中，怀履光公布的编号253青铜圆壶壶盖上附莲瓣饰，壶体分成五个纹饰带，装饰细密蟠螭纹。莲瓣形态上近似于新郑李家楼所出莲鹤方壶，而纹饰风格则属于侯马风格，年代当在春秋晚期。编号251鎏金嵌红铜圆壶年代则晚到战国中期。同出错金银钫和素面钫的年代可能更晚。怀履光公布的铜鼎之中既包括流行于中原一带的蹄足、浅腹、立附耳的铜鼎，也包括流行于楚文化区域的深腹，盖身合成球状，俗称"西瓜鼎"的铜敦。

铜镜一类，怀履光公布11面，梅原末治补充20面，并且指出，源自金村的铜镜的数量确凿无疑地远在此数之上。但是比较两书发布的铜镜，即可发现，梅原末治不仅增补了怀履光发布的铜镜类别的更多个案，也添加了《洛阳故城古墓考》不见的新类别。怀履光发布的铜镜可以区分成为方形复合铜镜和圆形镜两个基本类型。方形复合铜镜仅有一面，背板为镂空凤鸟纹样，镶嵌绿松石。剩余十面均为圆形铜镜，圆形铜镜上多有夔纹，镜纽有的直接出现在地纹上，有的有方座。若干铜镜的边缘为连弧纹。《洛阳金村古墓聚英》沿用了部分怀履光提供的例子。其中"怪兽螭文镜"和"方格变形羽状兽文地镜"均见于怀履光图录，"九弧文彩画镜"虽非怀履光公布的原件，但是与其著述所列第130号一致。梅原末治在编号NB3017中添加了一面"饕餮纹镜"，虽也出自皇家安大略考古博物馆，但是此镜不见于怀履光著述。怀履光列出的"细地文螭龙纹镜"，梅原末治援引了细川侯爵家藏的两件，比较图像得知，前一件和皇家安大略考古博物馆收藏的铜镜非常接近，但后一件尺寸稍大。方形铜镜中，梅原同样笃定地增加了藏于堪萨斯美术馆的一件"四螭透文方镜"，认定出自金村无疑。梅原末治新增了多个重要的类别：一是"山字纹"铜镜。梅原在书中引用了两件山字纹铜镜，一件为三山纹铜镜，另一件为四山纹铜镜。山字纹铜镜虽也有可能传播

---

① 《故宫博物院藏文物珍品大系》之《青铜礼乐器》，上海科学技术出版社，2007年，177页。
② 洛阳市文物工作队：《洛阳市西工区C1M3943战国墓》图26～29，《文物》1999年第8期，6、8页。

到华北一带，如洛阳西工区C1M3943即出土了一件六山纹铜镜①，但集中出现在湖南长沙一带，是楚文化的代表性器形之一。此外，梅原末治列举了温索普收藏中的一件席纹地连弧缘四叶禽兽纹镜，此镜流行年代可能较金村要晚。梅原末治另外增加了错金银狩猎纹铜镜和赋彩三虺透纹镜各一面，前者见于细川收藏，而后者见于巴黎卢芹斋，两者均极罕见，甚至是孤例。错金银狩猎纹铜镜曾经收录于《欧美搜藏支那古铜精华》，年代原本推断在秦汉之后。自金村遗物出现后，梅原末治将其年代上提到东周时代，但从未说明理由。迄今为止，考古发掘中从未见到任何和此件铜镜类似的例子。

传出自金村大墓的带钩数量众多，形态各异，而且无论在材质，还是在制作工艺上都颇为异常。怀履光分别在"葬具"和"玉石器"两个类别中公布了20件金属质带钩和4件玉石质带钩。金属质带钩中除一件为铸铁带钩外，其余均为青铜带钩。所有金属带钩均以镶嵌工艺为特色，多采用错金银和镶嵌宝石的做法。这批带钩在形态上也具有多样性。钩体既有呈细长棒状，也有钩体呈琵琶状，或者长牌状。其中尤其奇特的是两件猴子形态钩体的带钩。其中编号为142a的带钩原本成对，但不知另一件是否属于同一收藏。这件带钩的钩体为持握谷纹玉璧的正视猴子。而另一件则是屈身侧体但正视的猴子的形象。洛阳中州路、曲阜鲁故城等地点出土了类似猿猴形状的带钩②。但是，总而言之，此类形象在带钩中甚为少见③。梅原末治补充了14件，其中大部分样本来自纽约温索普收藏。该批带钩包括黄金、青铜和玉质三种，多带有错金银或者镶嵌宝石工艺，器形上以细长棒状、琵琶形、变形兽形等为主。温索普收藏之中没有镶嵌工艺的玉质带钩也为数众多，罗樾公布了共计10件。梅原末治仅选择其中两件琵琶形带钩，亦未说明取舍理由。两件琵琶形带钩的主体纹饰分别为谷纹和兽面纹，均与东周时期所见玉器纹饰有异。而在温索普收藏的玉带钩中，编号467和468两件细棒形带钩在形态上可能更接近于怀履光公布的玉带钩。梅原末治公布的"嵌玉透虺龙文黄金带钩"是得到多家细致研究的一件艺术品④。仅就其年代而言，已有战国晚期或西汉早期的分歧。从带钩上看，多源地、多时代仍是金村器物的一个主要特征。

---

① 洛阳市文物工作队：《洛阳市西工区C1M3943战国墓》，《文物》1999年第8期，12页。
② 中国科学院考古研究所：《洛阳中州路（西工段）》，科学出版社，1959年，103、104页。山东省文物考古研究所：《曲阜鲁国故城》图106，图版93，齐鲁书社，1982年，159页。
③ 王仁湘：《带钩概论》，《考古学报》1985年第3期，267~312页。
④ Wendy Ashmore and Robert J. Sharer, *Discovering Our Past: A Brief Introduction to Archaeology*, 4th eds (New York: The McGraw-Hill, 2006), p. 71. Osvald Sirén, *Kinas Konst Under Tre Artusenden* (Stockholm: Natur och Kultur, 1942), p. 79; Michael Sullivan, *An Introduction to Chinese Art* (Berkeley: University of California Press, 1961), p. 22; Howard Hansford, *Chinese Carved Jades* (London: Faber, 1968), 33b.

（二）漆　　器

怀履光仅仅公布4件漆器，计圆壶3件和方壶1件，其中编号255为成对的两件圆壶，均系陶胎漆器，另一件圆壶和方壶为木胎漆器，方壶四角还有青铜固件。梅原末治增补9件，系白鹤美术馆1931年整批购入的漆器。该批漆器中除一件为陶胎漆器、余下均为木胎或者夹苎胎漆器，计有"小匣"4件，奁1件，壶2件和筒形奁1件，其中筒形奁系夹苎胎漆器。两家列举的陶胎漆器均为圆壶形，器身有水平纹饰带，目前所见的陶胎漆器多半出现在西汉早期，如山东临沂银雀山M4出土的"漆衣"陶器，湖北云梦大坟头汉墓M1所出"漆衣"陶壶①。年代可以追溯到东周晚期的陶胎漆器尚无可资比较的例子。白鹤美术馆收藏的漆器中，圆形金银扣漆奁器身为矮圆筒状，口、底和中部各有一周银扣，由银扣形成的两个水平条带上绘制了山水云气车马等纹饰，器盖微拱，盖顶中央镶嵌花叶纹饰。该器通高16厘米。在形态上最为接近的例子见于江苏邗江姚庄M101和朝鲜平壤彩箧冢②，无论在形态特征，尺寸规格，还是装饰风格上都如出一辙，因而其年代也应推断在西汉中期之后。梅原末治列举的"小匣"四件，在装饰风格非常近似，都以四叶纹为主体纹饰，但是具体形态却差距甚远，应该分属不同的器类。扣器出现年代甚晚，可以安全地排除在先秦漆器之外。

（三）银　　器

金村银器主要是由梅原末治发布的。怀履光仅公布了11件表面镀银的凸形圆盘青铜饰件，其直径分别为6.4厘米和7厘米，表面无纹饰或者有浅线涡纹，每个圆盘下各有四个系纽，应该是织物附件。梅原末治新增了两个银器类别，即人像和实用器具。人像包括细川侯爵和波士顿美术馆收藏的银质人物像。而银质器物包括细川收藏的银质鎏金耳杯、银质有柄杯和银质杯，温索普收藏的银质四叶座饰耳附小匣、银质盒，霍尔莫斯收藏的银质鎏金盒，京都大学文学部的银质圈足，温索普收藏的银质鎏金禽首嵌玉桃实形杯。大部分器形都甚罕见。梅原末治命名的"杯"应作匜，温索普收藏中的"禽首嵌玉桃实形杯"近似怀履光公布的禽首玉匜，不过其禽首形状为他处所不见。细川收藏有两件银匜，均为心形，一件无流有柄，尾部镶双环。另一件有流，内底有针刻云气纹饰。与细川收藏带流匜最为接近的例子见于山东临淄商王庄一号战国

---

① 湖北省博物馆：《云梦大坟头一号汉墓》，《文物资料丛刊》（4），文物出版社，1981年，4~6页，图14。

② 扬州博物馆：《江苏邗江姚庄101号西汉墓》图30，图版5-1，《文物》1988年第2期，33、34页。

墓和江苏涟水三里墩西汉墓①。但是，细川收藏中无流有柄双环匜尚无近似的例子，而带流匜的针刻纹样更接近西汉时期漆器上的针刻图像。梅原末治命名为"银质四叶座饰耳附小匣"应该定名为卮，而被称为"盒"的应为有盖碗，而且各件在尺寸和纹饰上有所不同。卮、匜、碗等可能构成系列，但是诸类器物的形态和同名漆器近似，而漆器年代均断在汉代。因此，梅原末治发布的银器的年代是否可能早到先秦时期尚值得质疑。

（四）玉　石　器

在《洛阳故城古墓考》中，怀履光分别在器物第四组"玉石器"和第六组"编钟和石磬"中公布了传出自金村的玉石器。其中，"编钟和石磬"组中的石器主要指石磬。"玉石器"组共计61个编号，但是器对数远在此数之上。因为若干器物编号实际包含多件器物，甚至在编号327下注明"同类器物不胜枚举"。从收藏来源上看，除了数件来自弗利尔美术馆和纳尔逊美术馆洛克希尔收藏（William Rockhill collection at Nelson Gallery）外，大部分玉石器均出自皇家安大略博物馆的收藏。梅原末治公布的金村玉器总数稍少，但在类型上有重要的补充，其中玉杯、玉盒、玉枘等都是怀履光未曾公布的类型。梅原末治引用样本也多不同于怀履光，他基本避用皇家安大略博物馆藏品，而是依赖弗利尔美术馆和纽约温索普玉器收藏。

在传出自金村的玉器之中，既包括较为常见的玉器类型，如礼制性玉器中的玉璧、玉璜、玉觿，装饰性玉器中的龙纹牌饰、玉剑柄等，也包括众多罕见的玉器类型，有的玉器是迄今为止同类玉器中唯一年代推定在战国时期的例子。金村玉器中多见谷纹玉璧以及作为明器的谷纹石璧。形态较小的玉璧通体装饰谷纹，但是形态较大的玉璧出现内外两区纹饰带，内圈多饰谷纹，外圈为阴刻交错龙纹。多区纹饰带的装饰风格虽然出现于战国中晚期，但是主要流行于西汉②。玉觿和玉韘及骨韘也是金村玉石器中的常见类型。在编号337中，怀履光公布了两件玉韘和一件骨韘，同时，他指出类似器物还有若干件，未能全部列出。玉韘和骨韘在中原地区的东周和西汉墓葬中均较为常见，洛阳中州路西工段出现了近似的例子③。无论是玉韘还是骨韘，都未退化成扁平佩饰，因而其年代可能应该在韘形佩出现之前。

金村玉石器中至少已经出现玉衣雏形。在编号327中，怀履光公布了四片玉石片。该四片玉石片都是长方形，四角有穿孔，一侧没有做任何处理，而另一侧则经打磨，

---

① 山东考古研究所：《山东临淄商王村1号战国墓发掘简报》，《文物》1997年第6期，22页。《江苏涟水三里墩西汉墓》图4-8，《考古》1973年第2期，86页。
② 山东省文物考古研究所：《曲阜鲁国故城》，齐鲁书社，1982年，161~165页。
③ 中国科学院考古研究所：《洛阳中州路（西工段）》，科学出版社，1959年，112~115页。

并有线刻纹饰。此类玉石片在金村尚有大量出土。在编号353、354和355中，怀履光另外公布了数件三角形、璜形、梯形等不规则形态的穿孔石片。即使与前编号不同组，这批石片的使用方式也应该是近似的。上述玉石片都应该是穿系附着在织物之上，与年代在西汉时期的玉衣组件类似。类似玉石片在战国墓葬中并不鲜见，洛阳中州路西工段也出现了类似遗物[1]。只是目前在战国墓葬之中，尚未发现完整形态的玉衣。

葬玉类别中，怀履光在编号360中列举了6件石猪。石猪俱为长条状，除头部稍雕刻出细节外，其余部分均保持原有石条形态，未事雕刻。怀履光确认这组器物为握，即在埋葬时墓主人持握在手中的葬玉，判断大体不错。虽然对石猪的来源存疑，但怀履光最终仍然将其收纳进来。同样传出自金村的还有玻璃猪2件。猪形玉握流行于中原地区西汉中期之后的墓葬中，较早的例子包括徐州奎山汉墓所出猪形玉握[2]。玉握流行于汉代，考古学材料显示晚至西汉中期，猪形握才成为最常见的玉握的形态。西汉中期之前，玉璜、玉觿等均有可能作为玉握使用。徐州后楼山汉墓以玉璜为玉握，而广州南越王墓则以龙形玉觿为玉握[3]。传出自金村的玉璜和玉觿也有可能是葬玉类型。功能完全一致的器类中，年代跨度悬殊的不同形态的器物出现在同一组器群之中是值得质疑的。

金村玉石器也包括若干稀见类型，其中最著名的是编号310号的弗利尔美术馆收藏的一套金链玉佩饰。目前，该组佩饰包括一件连体玉舞人饰、两段玉管、一件弓形玉璜和两件玉觿，各个部件由金链串成。怀履光特地说明，这组佩饰是复原的结果，因此，其构成部件和组合关系均无法确定。此外，梅原末治补充了同属于弗利尔美术馆收藏的一件单体玉舞人。玉舞人形象并不常见，目前的考古发掘揭示，仅在两汉时期的高等级诸侯王墓葬之中才发现玉舞人。已出玉舞人的墓葬包括广州南越王墓、江苏铜山小龟山汉墓、满城2号汉墓、徐州石桥2号汉墓、北京大葆台2号汉墓、扬州姜莫书汉墓、河北定县北陵头43号汉墓等，其中南越王墓和小龟山汉墓出土玉舞人最多[4]。汉墓中常见单体玉舞人，连体玉舞人形象也十分罕见，除弗利尔玉舞人外，仅能在广州

---

[1] 中国科学院考古研究所：《洛阳中州路（西工段）》，科学出版社，1959年，116~124页。
[2] 徐州博物馆：《江苏徐州奎山西汉墓》图2，《考古》1974年第2期，122页。
[3] 徐州博物馆：《徐州后楼山西汉墓发掘报告》图27-2、图30，《文物》1993年第4期，40页。广州市文物管理委员会：《西汉南越王墓》（上）图版116，文物出版社，1991年，204、206页。
[4] 广州市文物管理委员会：《西汉南越王墓》（上）彩版12，图版68-69、148、154，文物出版社，1991年，244页。徐州博物馆：《徐州石桥汉墓清理报告》图47-3、4，图版4-8，《文物》1984年第11期，32页。中国社会科学院考古研究所：《满城汉墓发掘报告》（下）图版214，文物出版社，1980年。大葆台汉墓发掘组：《北京大葆台汉墓》图版74，文物出版社，1989年，71页。扬州市博物馆：《扬州西汉"姜莫书"木椁墓》图8，《文物》1980年第12期，2页。定县博物馆：《河北定县43号汉墓发掘简报》图版4-2，《文物》1973年第11期，12页。

南越王墓、永城芒山汉墓中见到①。此外，无论是单体玉舞人还是连体玉舞人都缺乏考古材料证明其始见年代可以上溯到战国晚期。因此，弗利尔玉舞人的年代下移到西汉更为稳妥。此外，出自南越王墓的B组玉舞人玉佩饰显示，同组佩饰的其他组件包括透雕玉璧、玉璜和玉管等，和弗利尔玉舞人佩饰相比略有差异。在怀履光和梅原末治公布的金村玉器中不乏龙凤涡纹玉璧，有的可能从属于玉舞人佩饰组，但是是否和弗利尔玉佩饰构成同组关系则需要更多的数据的证明。编号323藏于纳尔逊美术馆的一件附带透雕的玉璧被认为是金村玉石器中工艺最精湛的代表。这件异形玉璧的纹饰可以被视为由三个装饰带构成，内外两个圈为透雕。其中，内圈透雕为龙凤纹样，外圈透雕为两组身体曲折的龙纹，外圈透雕采取了非对称形式。这类外缘有透雕饰的玉璧虽很罕见，但可以上溯到战国时期，在随县曾侯乙墓、曲阜鲁故城等地贵族墓葬中均有类似玉璧出土②。

在玉质容器类别中，怀履光仅列出一件现藏于弗利尔美术馆的俯视呈桃形的玉杯，并且指出，此件玉杯和玉舞人佩饰一样，都出自七号大墓。《洛阳故城古墓考》同时透露，七号大墓中还出土了两件玉杯，但既未附图片，也没有任何描述。梅原末治补充4件玉质耳杯，其中两件藏于温索普收藏，一件藏于弗利尔美术馆，另一件由卢芹斋提供。所有玉质耳杯均作椭圆形，器壁上装饰谷纹，除卢芹斋耳杯不可知外，温索普耳杯和弗利尔耳杯的圈足内顶和耳杯内底上均阴刻卷云纹。两耳上镂空云纹或者谷纹。两件温索普耳杯在底部装饰上略有差异，原本并非一对。对于这两件玉耳杯的来源，罗樾采信了来自金村的说法，但不得不将年代移至东周晚期，以符合对其风格的判断③。梅原末治提供的玉耳杯在形态上与流行于战国晚期到西汉的漆耳杯近似，装饰纹样更接近西汉时期漆器纹样。目前考古发掘的玉耳杯甚为罕见，仅在徐州狮子山西汉楚王墓南耳室内出土了由玉卮、玉耳杯和玉高足杯组成的四件一套玉酒具④。在《洛阳金村古墓聚英》中，梅原末治增加了一件同属于温索普收藏的"玉盒"，实为玉卮。这件玉卮包括完整的卮身和卮盖两个部分。卮身呈低矮的圆筒状，表面分成两个装饰条带，满饰浅浮雕勾连纹。器身上半部对称分布一个扳手和一个吊环。器底外缘附三个小足。卮盖略凸，盖顶中心为桥型纽，附一表面饰绹索纹的玉环。器盖表面饰两圈同心圆纹饰带。最具特色的是卮盖完全镶嵌到一个青铜圆框之中。该框表面装饰一圈具有高浮雕效果的龙纹，圆框上均匀分布了三个凿孔，附着三只立鸟。广州

---

① 广州市文物管理委员会：《西汉南越王墓》（上）图版68，文物出版社，1991年，120页。
② 湖北省博物馆：《随县曾侯乙墓》，文物出版社，1989年，上册，405页；下册，图版158.1。山东省文物考古研究所：《曲阜鲁国故城》，齐鲁书社，1982年，161~165页。
③ Max Lohre and Louisa Fitzgerald Huber, *Ancient Chinese Jades from the Grenville L. Winthrop Collection in the Fogg Art Museum, Harvard University*, no. 522, p. 356.
④ 狮子山楚王陵考古发掘队：《徐州狮子山西汉楚王陵发掘简报》彩色插页2，《文物》1998年第8期，17页。

南越王墓中出土的铜框镶玉卮形态和扳手等附件都类似于温索普玉卮,唯器形更加高大,而且通体采用铜框加固①。玉卮和玉耳杯应构成固定组合关系,但仅见于西汉时期最显贵的墓葬中,而且卷云纹装饰母题也常见于西汉时期,因此,温索普玉耳杯和玉卮可能是同组玉器,但年代都不应该早到战国晚期。

上述各类器物的形式风格分析显示,"金村器群"实际上是个混杂的概念。怀履光和梅原末治都表达了对"金村器群"的不完整性的忧虑,但也都忽视了不纯洁性问题。形式风格分析揭示,金村器群中明显包含了众多年代晚于东周的器物,或者年代在东周晚期,但却来自其他地区的器物。所幸考古学史情境为辨识金村器群的混杂性提供了重要的线索,两周及中原地区的东周和秦汉考古学资料的积累使金村能最终通过"减法"接近其历史本真。

五、余论:发现中国考古学史上的暗流传统

在1949年之前的中国考古学中,安阳的地位和贡献是毋庸置疑的。无论是在学科发展取向、基本方法的选定,还是职业研究力量的培养上,安阳对于中国考古学都具有无可替代的价值②。因此,安阳构成中国考古学的主流传统。但是,我们需要警惕的是,安阳不是1949年之前的中国考古学的全部,过度强调安阳的垄断性地位不免贬低甚至无视安阳之外的考古学发现和研究,中央研究院之外的其他研究机构,甚至外国势力对中国考古学特性形成的贡献。如果我们观察,20世纪50年代,中国大陆重新开始田野考古学工作时,除配合建设工程的调查和发掘外,有不少就是在1949年之前的考古发现基础之上的。1950~1952年辉县发掘、1951~1952年长沙发掘、1952年洛阳烧沟汉墓发掘、1955年寿县蔡侯墓发掘均属此例③。显然,在安阳之外存在着一个无论在智力投入,还是在发现规模,甚至在对未来的中国考古学的理论和方法价值上都十分重要的"暗流传统"。但是,既往的学术对于暗流传统关注不够,暗流传统常常因为不符合学术规范而被认为缺乏学术价值,甚至很多考古学发掘纷纷划清自身和作为暗流传统的前身之间的界限。无论是考虑到考古数据的不可复制性,还是暗流传统在理论和方法上的影响,我们都有必要系统地重新整理中国考古学中的暗流传统。

金村无疑是暗流传统的一支。如果不能及时地梳理金村的考古学现象的话,无论

---

① 广州市文物管理委员会:《西汉南越王墓》(上)彩版16,文物出版社,1991年,269页。
② 关于安阳,参见Li Chi, *Anyang*; Kwuang-chi Chang, *Shang Civilization*. New Heaven: Yale University Press, 1980. 中国社会科学院考古研究所:《殷墟的发掘和研究》,文物出版社,1994年。
③ 中国科学院考古研究所:《辉县发掘报告》,科学出版社,1956年。《长沙发掘报告》,科学出版社,1957年。《洛阳烧沟汉墓》,科学出版社,1959年。《寿县蔡侯墓出土遗物》,科学出版社,1956年。

在学术史上,还是物质文化研究上,都会留下不准确甚至是误导的信息。怀履光忠实地保留了金村大墓群发掘时盗掘者的目验,这有助于我们将金村墓群划归到可信的东周贵族墓葬群中。但是,具体言及考古学内涵时,金村在东周考古学上只是一个具有典型的时代学术特征的集合名词。从形态特征上看,金村墓葬应属东周时期顶级社会精英墓葬无疑,但是其具体年代和归属却缺乏足够显著的证据予以判断。从器物风格上看,金村是一个混合多种因素、多个时代的器群组合。"金村器群"固然遗漏了不少的确出自金村诸墓的遗物,但也混入了相当数量的时代、地域和文化归属相冲突的器物。因此,不加甄别地以怀履光和梅原末治的图录为基础确立"金村风格",以此判断其他器物的归属和年代,并进而论及早期中国的礼制和艺术表达是不明智的。而严肃地讨论传世金村器物组成,还需要在恰当的考古学史情境中实现。如考古学上任何发现一样,"金村"是无法完全复原的,我们的研究所能接近的仅仅是金村的"镜像"。金村镜像也不是一个单一而纯粹的文化现象,至少存在考古学史和物质文化两个独立运作,但又交互影响的层面。由于长期以来并不处在学术的聚光灯下,"暗流传统"尤其迫切需要从多重镜像的视角重新予以评估。

参考书目

[1] 中国科学院考古研究所:《洛阳中州路(西工段)》,科学出版社,1959年。
[2] 中国科学院考古研究所洛阳发掘队:《洛阳西郊一号战国墓发掘记》,《考古》1959年第12期,653~657页。
[3] 李学勤、艾兰(Sarah Allan):《欧洲所藏中国青铜器遗珠》,文物出版社,1995年。
[4] 吴其昌:《骉羌钟补考》,《国立北平图书馆馆刊》,5:6,1931年。
[5] 河南省文物考古研究所:《郑韩故城兴弘花园与热电厂墓地》,文物出版社,2008年。
[6] 河南博物院、台北历史博物馆:《新郑郑公大墓青铜器》,大象出版社,2001年。
[7] 河南博物院、台北历史博物馆:《辉县琉璃阁甲乙二墓》,大象出版社,2003年。
[8] 《洛阳市志》卷14《文物志》,中州古籍出版社,1995年。
[9] 洛阳市文物工作队:《洛阳西郊四号墓发掘简报》,《文物资料丛刊》(9),1985年,140~150页。
[10] 容庚:《海外吉金图录》,燕京大学考古学社,1935年。
[11] 容庚:《善斋彝器图录》,燕京大学考古学社,1936年。
[12] 徐中舒:《骉氏编钟图释》,中央研究院历史语言研究所,1931年。
[13] 孙海波:《新郑彝器》,1937年。
[14] 陈梦家:《美帝国主义劫掠的我国殷周铜器集录》,科学出版社,1962年。
[15] 郭宝钧:《山彪镇与琉璃阁》,科学出版社,1959年。
[16] 唐兰:《骉羌钟考释》,《国立北平图书馆馆刊》,6:1,1932年。
[17] 唐兰:《洛阳金村古墓为东周墓而非韩墓考》,《大公报》(上海)1946年10月23日。
[18] 广州市文物管理委员会:《西汉南越王墓》,文物出版社,1991年。

[19] 刘节:《跋兮羌钟考释》,《国立北平图书馆馆刊》,6:1,1932年。
[20] 刘节:《答怀主教书——论羌氏钟出土处沿革》,《国立北平图书馆馆刊》,7:1,1933年。
[21] 临淄市博物馆:《临淄商王村墓地》,齐鲁书社,1997年。
[22] 罗振玉:《古明器图录》,广陵书局,2003年,1916年。
[23] 小泉显夫:《乐浪彩箧冢》,朝鲜总督府,1934年。
[24] 原田淑人、田泽金吾:《乐浪》,朝鲜总督府,1930年。
[25] 梅原末治:《洛阳金村古墓聚英》,小林出版部,1934年。
[26] 梅原末治:《河南安阳遗宝》,小林写真制版部,1940年。
[27] Andersson, Johan. "The Goldsmith in Ancient China", *BMFEA*, 7 (1935), p. 1-35.
[28] Currelly, Charles. *I Brought the Ages Home*, Toronto: Royal Ontario Museum, 1956.
[29] Heinrich, Theodore A. *Art Treasures in the Royal Ontario Museum*, Toronto: Royal Ontario Museum, 1963.
[30] Ian Hodder and Scott Hudson, *Reading the Past*, 3rd ed., Cambridge: Cambridge University Press, 2003.
[31] Karlbeck, Orvar. *Treasure Seekers in China*, Trans by Wolford Naomi, London: The Cresset Press, 1957.
[32] Karlgren, Bernhard. "On Tsin-ts'un Album", *BMFEA*, 10 (1938), p. 65-82.
[33] Max Lohre and Louisa Fitzgerald Huber. *Ancient Chinese Jades from the Grenville L. Winthrop Collection in the Fogg Art Museum, Harvard University*, Cambridge: Fogg Art Museum, 1975.
[34] Stephen, Barbara. *Homage to Heaven, Homage to Earth: Chinese Treasures of the Royal Ontario Museum*, Toronto: Royal Ontario Museum, 1992.
[35] Walmsley, L. C. *Bishop in Honan*, Toronto: University of Toronto Press, 1974.
[36] White, William Charles. *Tombs of Old Lo-yang*, p. 6, Shanghai: Kelly & Walsh, Ltd, 1934.

谈珠江三角洲地区沙丘遗址的"固沙发掘法"

李海荣

（深圳市文物考古鉴定所）

一、珠江三角洲地区沙丘遗址的地层关系可以辨析

具有珠江三角洲地区考古发掘经验的人都知道，相对于土遗址和贝丘遗址来说，沙丘遗址的发掘难度比较大。有研究者说："沙堤沙质纯净，含泥量极少，不可能有规整的边线和稳固的活动面。……沙丘遗址不同地层单位的互相渗透情况特别严重。沙子结构松散，雨水容易渗透，使不同地层单位之间的土色互相沾染。地层线、坑位线、遗迹边线等概不清晰，给遗迹判断带来极大困难。"[①] 上述分析概括了沙丘遗址发掘过程中的诸多难点，而造成这些难点的主要原因是由于沙丘遗址的地层中含黏土量少、结构比较松散，致使发掘中一些露出的沙层不稳定，很容易造成探方的坍塌，导致不同层位遗存的混乱。这就极大地影响了发掘的科学性，也给之后的研究工作带来了重重困难。因此，如果解决不了沙丘遗址发掘过程中稳定沙层的难题，沙丘遗址发掘的水平则难以提高。

那么，在珠江三角洲地区沙丘遗址的发掘过程中，能否保持沙层的基本稳定呢？

珠江三角洲地区位于北回归线以南的常绿阔叶林地带，属于中国东部季风湿润区亚热带海洋性气候。由于季风的盛行，处于亚热带的华南珠江三角洲地区，正好首当其冲，所以降水丰沛，气候十分湿润。该地区的海岸沙丘（也有研究者称为"沙

---

① 叶杨：《深圳新石器时代考古》，《深圳博物馆开馆十周年纪念文集》，中华书局，1998年。

堤")形成的主因虽然一直有争议①,但是学术界多认为是在海风等的助力下,主要是在全新世海侵时,大陆架侵蚀堆积物被波浪和水流多次冲卷到岸边堆积而成的。也就是说,珠江三角洲地区的沙丘主要是在十分潮湿的气候下"海成"的②。

珠江三角洲地区典型的沙丘遗址的基本特点是什么呢?我们以该地区最具代表性的沙丘遗址——咸头岭遗址为例来说明。

咸头岭遗址依山傍海,是坐落在大鹏湾东北的迭福湾内二、三级沙丘上的沙丘遗址。其地势西北高、东南低,海拔高程在2.5～7米;北部和西北部有求水岭(高程548.9米);东北部与古潟湖相依(图一);东南部与观音山(高程203.7米)相望;西南面海,与现今的海岸线相距300米左右;东南侧有自东北向西南流入大海的迭福河(图二);迭福湾西北角和东南角有深入大海的岬角,使该湾形成一个向东北内凹的半月形。咸头岭遗址所处的地理环境是一个相对封闭的自然地理单元。

图一 咸头岭遗址沙丘后的潟湖和丘陵　　图二 咸头岭遗址旁的迭福河和丘陵

---

① Berry, L., 1959. Changing Sea Levels and Their Significance in Hong Kong. Hong kong University. Engineering Journal, vol.22. Schofield, W., 1975. An Archaeological Site at shek Pik, Excavation Report and Related Papers, Hong Kong Archaeological Society Journal MonographⅠ. 秦维廉:《南丫岛深湾——考古遗址调查报告》,香港考古学会专刊第三本,1978年。李平日等:《珠江三角洲一万年来环境演变》,海洋出版社,1991年。张乔民等:《华南海岸沙坝泻湖型潮汐叉道口门地貌演变》,《海洋学报》1995年第2期。商志䫺:《香港地区史前考古与生态环境的研究》,《香港考古论集》,文物出版社,2000年。肖一亭:《先秦时期的南海岛民——海湾沙丘遗址研究》,文物出版社,2004年。

② 第四纪期间不同时间尺度人类对沙化的影响是有差异的:1万年前的更新世期间,人类对生态环境的破坏作用甚微,沙化的出现和逆转主要受地球轨道要素制约的万年以上时间尺度的全球气候变化控制;1万年来的全新世特别是近2000年的历史时期,人类对生态环境的作用已越来越大,但沙化仍然主要受制于千年和百年尺度的气候波动;20世纪以来的现代时期,沙化过程既受数十年或数年的干湿气候波动作用,也受到人类不合理的经济活动的影响,但后者是主要的(参见董光荣等:《中国北方半干旱和半湿润地区沙漠化的成因》,《第四纪研究》1998年第2期)。

迭福湾的原始地形有三级与海岸线大致平行的沙丘，一级比一级高。其中第三级沙丘最高，为距今7000多年前全球大暖期高海面时主要由海浪潮汐不断堆积而成。当时的海平面比现今高2~3米（一说高3~7米），一直到距今6000年以后，海平面才基本稳定在现今海平面的上下而波动①。由于当时海平面较高，因而堆积了较高的沙丘。其后海平面逐渐降低，海岸线西移，故其堆积的第二、第一级沙丘高度较第三级沙丘逐次降低②。咸头岭遗址主要位于第三级沙丘和第二级沙丘的部分区域。

由于沙丘拦阻湾口及迭福河口，造成沙丘后方湾内的水积聚形成潟湖。高出河面和海面的沙丘，成为先民可以免遭洪水和海浪侵袭而比较安全的聚居地。沙丘后方迭福河的淡水则为先民提供了源源不断的生活、生产水源。咸头岭遗址的自然环境非常适宜人类的生存，其东北部的潟湖水位下降逐渐形成沼泽地带，其中大部分又形成了沉积小平原，这就提供了初步的种植条件；西南的大海可以进行便利的渔捞；而周围围绕的覆盖有茂密植被的丘陵山冈则为采集和狩猎提供了丰富的资源。

咸头岭遗址及其周围的植被非常茂密，除了一级沙丘海潮高潮线以下以及村民建房的区域基本没有植被外，二、三级沙丘（图三）、围绕的山冈丘陵均被植被覆盖，植被的覆盖度超过70%。而由于气候十分湿润多雨，即使植被被破坏，也很快可以恢复。在咸头岭遗址发掘区域探方回填后，仅仅数月就可以长出茂密的植被。

图三　咸头岭遗址二、三级沙丘上的植被

综上所述，内凹的半月形海湾、深入大海的岬角、水量充沛的淡水河流、潟湖、半环形围绕的山冈丘陵、茂密的植被与沙丘等一起构成了珠江三角洲地区最典型的沙丘遗址的自然环境。

学术界认为，沙丘有流动、固定、半固定之分。流动沙丘的表面无植被覆盖，或仅在沙丘坡脚有少许植物，覆盖度在15%以下，风沙活动强烈，流动性大；半固定沙丘的表面，植被呈斑块状分布，覆盖度在15%~40%，在植物生长较好的地方略有黏土或盐土结皮现象，有局部风沙活动，流动性较小；固定沙丘有密集的植被覆盖，覆盖度超过40%，或大部分沙丘表面有薄层黏土或盐土结皮，不易被风吹蚀，较为稳定。

---

① 中国科学院南海海洋研究所地质研究室：《华南沿海第四纪地质》，科学出版社，1978年。李平日等：《珠江三角洲一万年来环境演变》，海洋出版社，1991年。

② 黄镇国等：《深圳地貌》，广东科技出版社，1983年。广东地质矿产局：《广东省区域地质志》，地质出版社，1988年。李平日等：《珠江三角洲一万年来环境演变》，海洋出版社，1991年。施雅风：《中国全新世大暖期气候与环境》，海洋出版社，1992年。

而北方地区的沙丘，以流动和半固定的为主；南方地区的沙丘，以固定的为主。

咸头岭遗址除了一级沙丘海潮高潮线以下以及村民房屋的区域基本没有植被外，其余都被茂密的植被覆盖，属于固定沙丘；另外，内凹的海湾以及沙丘两侧深入海水的岬角和周围围绕的山冈丘陵都起到了很好的固沙作用。也就是说，咸头岭遗址的沙丘形成后，如果没有人为大量的取沙挖坑活动，沙层是基本稳定的；而有人类大量取沙挖坑的区域，在考古发掘中是不难辨识出来的。

另外，咸头岭遗址沙丘的稳定，也可以从在其上修建的民房加以说明。在咸头岭的沙丘上有一个世代靠海吃饭的村子——咸头岭村。除了海潮可以到达的一级沙丘上没有建造房屋外，在二、三级沙丘上都建有房屋（图四）。现在的咸头岭村有二十多户，房屋总共有四十多处，除了一层的平房外，还有两层的楼房，而现存最早的房子已有近百年。建造房子时，需要下挖1米左右的沟，再用石头垒起作为地基。人们世代可以在咸头岭的沙丘上建房居住，本身就证明了这里的沙丘是比较稳定的。

图四　咸头岭村建于二、三级沙丘上的民房

综上所述，珠江三角洲地区沙丘遗址中不同的堆积层位是客观存在的，本来也是比较稳定的，只是在后人发掘或人工取沙挖坑的过程中，才可能造成层位的混乱。所以，如何稳定发掘中露出来的沙层，是沙丘遗址发掘的关键；只要发掘中露出的沙层稳定住了，再运用一些层位划分的方法，沙丘遗址的文化层堆积是基本可以辨析清楚的。这点认识，是我们在珠江三角洲地区沙丘遗址发掘中划分层位的前提，否则一切层位的划分都是无意义的。

二、固沙发掘法

在2004年和2006年深圳咸头岭遗址的第四和第五次发掘中，我们逐渐形成了一套沙丘遗址的"固沙发掘法"[1]。

2004年9～10月，为了找到咸头岭遗址文化分期的可信地层学依据，以及测年和古环境研究的样品，深圳博物馆在咸头岭遗址的北部和中部进行第四次发掘[2]。在这次发掘中，发掘者开始有意识地探索沙丘遗址的固沙发掘方法。当时的认识是，如果不采取一套行之有效的发掘方法，不能阻止在发掘过程中探方的不断坍塌而引起的不同

---

[1] 深圳市文物考古鉴定所等：《广东深圳市咸头岭新石器时代遗址》，《考古》2007年第7期。

[2] 深圳博物馆正在对这批资料进行整理。

层位和遗迹单位遗存的混淆，那么发掘的目的就无法达到。在借鉴前人沙丘遗址发掘经验的基础上，此次发掘除沿用斗形探方下挖和喷水保持湿度来划分地层的方法外，还在探方四周铺设木板以减小人踩车压对地面的压强，并使用无色透明的建筑喷胶加固探方壁。经过近两个月的不断摸索和尝试，初步形成了一套铺板、留边、切边、喷水、画线、配胶、喷胶和补洞等的"固沙发掘法"。

2004年咸头岭遗址的发掘，是在"固沙发掘法"逐步摸索形成的过程中进行的，尤其是在发掘的前期，探方的坍塌现象仍然存在（图五），当然也有一些不同层位遗存的混淆。为了找到更多的考古学文化分段、分期的地层依据，找到更多的系列测年样品以及古环境研究的样品等，采用已经比较成熟的"固沙发掘法"再次对咸头岭遗址进行发掘就显得非常有必要。

图五　塌方

2006年2～4月，深圳市文物考古鉴定所在咸头岭遗址西北部又进行了第五次发掘。这次发掘严格按照总结出来的"固沙发掘法"来进行，在两个月的发掘中，共布探方18个，最小的面积5米×5米，最大的面积10米×10米，探方最深处有3米。一直到发掘结束，有17个探方没有坍塌现象；只有1个探方由于近年堆积的松软垃圾层太厚而在发掘过程中引起小范围的塌方，但是这对整个工地的发掘质量没有大的影响。由于比较好地解决了发掘过程中的固沙和层位划分难题，获得了较大的发掘成果。此次发掘于2007年1月入选"第六届中国社会科学院考古学论坛"[①]，2007年4月入选"2006年度全国十大考古新发现"，2007年9月获得"2006～2007年度国家文物局田野考古奖"二等奖。

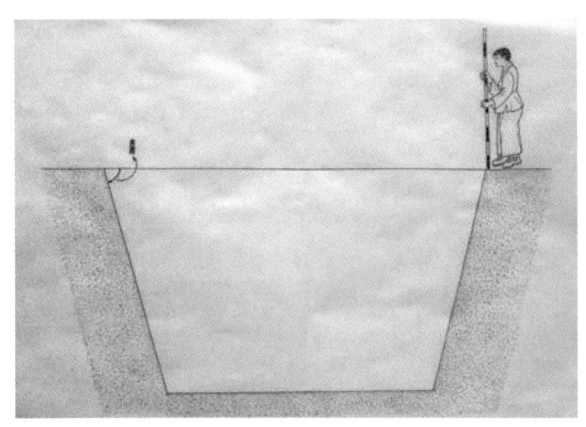

图六　斗形探方

沙丘遗址的发掘，一般采用的探方形式有两种，一种是斗形探方（图六），一种是阶梯状探方。斗形探方是探方四壁向内倾斜一定的角度，一直挖到生沙层，发掘完的探方形状呈斗形；阶梯状探方仍然是探方四壁向内倾斜一定的角度，但是每下挖1米左右就在探方四周向内留宽约0.5米的台面，然后再继续下挖，发掘完的探方四壁呈阶梯

---

① 本刊记者：《"第六届中国社会科学院考古学论坛"纪要》，《考古》2007年第7期。深圳市文物考古鉴定所等：《广东深圳市咸头岭新石器时代遗址》，《考古》2007年第7期。

状。这两种探方形式从根本上说，如果没有其他的一些固沙方法同时使用，都不能很有效地解决沙层的流动和探方塌方的问题。而阶梯状探方还有一个非常明显的不好之处，就是越往下挖所能挖的面积就很快变小，如果文化层比较多而且又比较深，往往还没有挖到生沙层就已经没有面积可挖了。所以，在发掘沙丘遗址时，发掘者除了要考虑发掘过程中固沙的问题，还要考虑在挖掘到比较深的层位时，还要有尽可能大的面积供继续发掘，以使探方彻底发掘完。因此，相对来讲采用斗形探方的发掘形式，并同时使用一些固沙方法，这是提高沙丘遗址发掘水平的一种比较好的途径。

沙丘遗址发掘中采用斗形探方的形式，地表和探方壁之间的角度就不能像发掘土遗址那样基本是90°，而是小于90°的夹角①。之所以是小于90°的夹角，目的也是为了减小沙层的流动和塌方的几率。至于夹角的度数，要针对不同遗址的具体情况来看。我们在发掘咸头岭遗址时，经过实践得出该遗址探方夹角的度数在70°～80°，则发掘的效果比较理想。

仅仅靠斗形探方的发掘形式并不能从根本上解决发掘过程中沙层不稳而造成探方塌方的问题，还必须同时运用一些其他的固沙方法。我们在实践中总结出的沙丘遗址固沙方法的程序依次为铺板、留边、切边、喷水、画线、配胶、喷胶以及补洞。

图七　铺板

铺板②，就是在探方的四周都要铺上木板。不管是5米×5米的探方，10米×10米的探方，还是其他规格的探方，都要先把探方的四周铲平，然后围绕探方铺上木板（图七）。铺板的目的是为了减小人和推车对探方四周沙面的压强，以尽量避免因人踩车压而造成的探方壁的倒塌。我们经过对比所采用的板子是俗称的"9厘复合板"，板子的厚度为0.9厘米，长约2米，宽约1米（正好是隔梁的宽度）。例如，一个成年男子的体重如果是65千克，其所穿鞋的鞋底面积大约是520平方厘米（26厘米×10厘米×2厘米），那么他双脚站立不动时对沙面的压强大约是125克/平方厘米；如果铺了长约2米、宽约1米的木板（面积为200厘米×100厘米），此人站立不动时对沙面的压强则是3.25克/平方厘米。铺板前的压强大约是铺板

---

①　笔者在发掘过程中，曾经向一些物理学和工程学方面的专家请教，想计算出一个最理想的夹角度数。专家的意见是，夹角的度数受含水量多少、沙子颗粒大小、沙层中包含黏土量等变量因素的影响，不同遗址以及同一遗址不同区域都是不一样的。所以只能根据发掘区域的具体情况，来确定夹角的理想度数。

②　在咸头岭2004年的发掘中，有一片区域的探方极少发生塌方。仔细观察并询问当地村民，得知这片区域原来是打谷场，地面曾经抹过薄薄的一层三合土。这启发我们可以铺设木板，用板子把探方四周的地面完全箍起来，以减小人踩车压对地面单位面积的压强。

后压强的38倍，可以看出铺板有很明显的减压效果。

留边，就是每挖一层，都要在探方四周留10~20厘米左右的边（图八）。在土遗址的发掘过程中也往往要留边，但是对于沙丘遗址来说留边更为重要。为了固沙要在已经挖完的层位的探方壁的表面喷胶水，如果还没有挖完的层位不留边，这时该层的表面还没有喷胶水，那么探方壁上该层的沙子很可能会在这一层挖完之前发生流动而使探方壁上形成大小不一的沙洞，严重的甚至会引起探方壁的坍塌。

图八　留边

切边，就是等每一层清理完毕后，再把探方四周所留的边切掉（图九）。沙丘遗址发掘中每一层的切边，当然不能象发掘土遗址那样使探方壁与地表基本呈90°的角度，而是要根据沙层的具体状况有一定的倾斜角度以起到一定的稳定沙层的作用。

喷水，就是每一层所留的边被切掉后，马上在探方壁上该层还未喷胶的地方喷洒适量的水（图一〇）。喷水的目的是为了让沙层保持一定的湿度，利用水分所具有的张力来连接沙粒以起到一定的稳定沙层的作用。喷洒的水量要根据沙层的干湿等具体情况来定，不足或者太多都不好。水量喷洒不足就起不到一定的稳定沙层的作用，水量喷洒过多则又会对沙层造成比较大的冲击而使沙子产生流动或者出现沙洞。在沙丘遗址的发掘过程中，喷水是贯穿始终的一项工作。喷水的工具可以使用花洒壶，喷水要雾状喷洒，这样既可以使所喷的水比较均匀，又不会使喷水对沙层造成大的冲击。

画线，就是在探方壁上对所挖完的那层喷水后，马上又在探方壁上按实际情况画出该层与上一层的分界线（图一一）。之所以要在喷水之后来画层位线，就是要利用水分所具有的张力来连接沙粒，以使在画线时不易造成沙子的流动。

配胶，就是配比用来稳固沙层的胶水（图一二）。至于使用什么样的胶，可以因地制宜，只要方便得到，又能够达到良好的效果就行。经过多次的尝试和比较，我

图九　切边

图一〇　喷水

图一一　画线

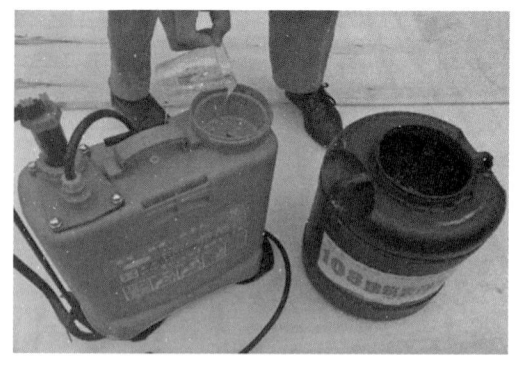
图一二　配胶

们在发掘咸头岭遗址时采用了"108建筑装饰胶"，并取得了比较好的效果。"108建筑装饰胶"无色透明、环保，具有很好的黏结性、保水性、和易性、分散性和防龟裂性，是一种浓缩的黏稠胶液。由于这种胶无色透明，所以喷洒在探方壁上以后并不影响发掘者对沙质、沙色的观察，也不影响探方的整体外观；由于具有很好的分散性、保水性、黏结性、防龟裂性，喷洒在探方壁上以后就可以在探方壁的表面形成一定厚度的黏结沙层硬面，这层黏结沙层硬面可以很有效地阻止沙层硬面内沙子的流动。"108建筑装饰胶"是一种浓缩的黏稠胶液，由于浓度太高，所以不能直接喷洒使用。但是这种胶具有很好的和易性，可以和清水比较充分地混合以后来使用。至于胶和水的配比比例，要根据沙层的具体情况，主要是根据沙子颗粒的大小来看。如果胶水的浓度配比的太稀，就起不到黏结沙子的作用；胶水浓度配比的太浓，则容易在探方壁表面形成胶块，胶水喷洒不均匀，也达不到理想的效果。使用"108建筑装饰胶"，根据我们的尝试和比较，一般沙子颗粒比较小的，胶和水的比例大致在1∶2比较合适；沙子颗粒比较大的，胶和水的比例大致在1∶1比较合适。

喷胶，就是把配比好的胶水均匀地喷洒在探方壁上，待胶水干后便可以在探方壁的表面形成一定厚度的黏结沙层硬面（图一三）。因为探方壁上要喷胶水的面积往往比较大，喷胶水的工具可以采用容量较大的后背式桶状喷雾器，把配比好的胶水到入喷雾器中摇匀就可以使用了；也可以使用棍式喷雾器，先在一个大容器（比如大桶）中把胶水配比好，然后用棍式喷雾器汲取胶水后再喷洒。无论使用哪种工具，都得是雾状喷洒，这样既可以使所喷的胶水比较均匀，又不至于在喷洒胶水时因冲力太大而使沙层形成一些沙洞。

图一三　喷胶

上面介绍了每发掘一层时从留边开始，经过切边、喷水、画线、配胶，最后到喷胶的整个发掘过程。挖完一层后，再依次按照上述程序发掘下一层，一层层发掘直到挖到生沙层。如果在发掘过程中能够比较严格地按照上述程序操作，那么探方最后发掘的结果就是地层清晰，遗物和遗迹层位清楚，基本可以达到一般土遗址发掘的效果（图一四）。

图一四　挖掘完的探方

另外，在沙丘遗址的发掘过程中，还要特别注意的是由于种种原因而在探方壁上形成的一些大小不等的沙洞，最常见的就是雨水冲刷出的沙洞（图一五）。这些沙洞的危害性很大，如果不及时处理就可能引起探方壁的坍塌。所以，在沙丘遗址的发掘过程中，一有沙洞就应该马上修补，以免"千里之堤溃于蚁穴"。

补洞的程序基本依次为和沙、修补、画线和喷胶这几项。

和沙，就是把在沙洞中流出的沙子用配比好的胶水和均匀，使沙子黏结在一起（图一六）。和沙的胶水配比浓度，可以根据所使用的胶的浓度和沙子的粗细程度来变化。

图一五　沙洞

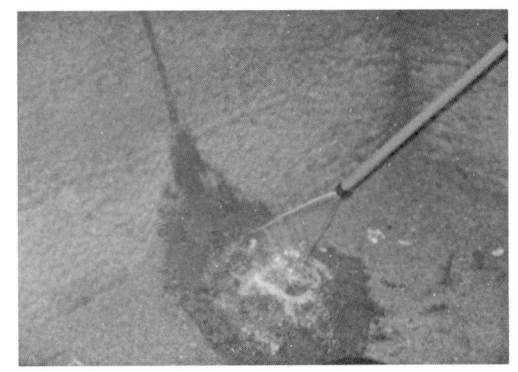

图一六　和沙

修补，就是把用胶水和好的沙子填入沙洞中并把填入的沙子轻轻拍实（图一七）。在往沙洞中填沙之前，可以先在沙洞洞壁上喷洒一些已经配比好的胶水，这样效果更好。如果沙洞太大，填入的沙子不能很好地与沙洞洞壁黏结，可以先在沙洞内横插或者略向上斜插入一些小木棍，再填入用胶水和好的沙子。

画线，就是在沙洞修补完成后，根据沙洞两边层位线的走向把层位线连接起来（图一八）。

图一七　修补

图一八　画线

喷胶，在探方壁上修补了的沙洞表面及其周围的一定范围内，均匀地喷洒配比好的胶水，使修补了的沙洞表面与探方壁的其他部分有效地黏结在一起（图一九）。

按照我们所介绍的程序来补洞，可以比较好地修补在探方壁上出现的一些大小不等的沙洞（图二〇），也能够比较有效地防止由于探方壁上出现沙洞而引起的探方壁的倒塌。

以上介绍了我们在咸头岭遗址发掘中总结出来的固沙发掘的方法及程序。由于沙丘遗址的特殊性，还要特别说明的是任何方法都是有其局限性的，这套方法虽然可以在发掘过程中得到比较好的效果，但并不能一劳永逸。也就是说，使用这套方法只能使探方在一段时间内（主要是在发掘过程中）基本不会产生塌方，但是并不能保证探方长时期（特别是发掘完毕后）仍然不会塌方。

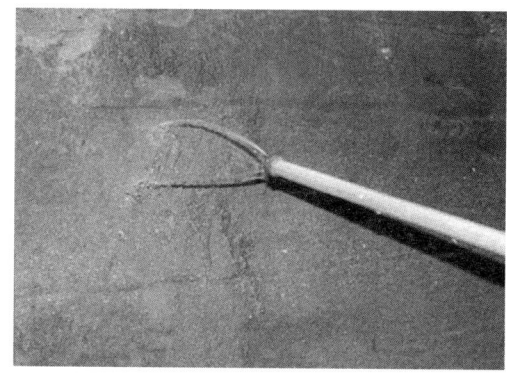
图一九　喷胶

图二〇　修补后的探方壁

三、沙丘遗址划分层位的依据

运用"固沙发掘法",可以保证沙丘遗址发掘过程中沙层的基本稳定,这就为地层的辨析和划分奠定了基础。那么,沙丘遗址地层划分的主要依据是什么?

根据在咸头岭遗址发掘的经验,首先,在田野考古中一般运用"土(沙)质、土(沙)色及包含物"来划分层位的原则是必须要遵守的;其次,各种遗迹形成的人类活动面是划分层位的确凿证据;再者,间歇层的辨识,也是划分文化层早晚的重要依据。

1. 沙质沙色及包含物

我们以咸头岭遗址2006年发掘的06XTLT3来说明(图二一)。

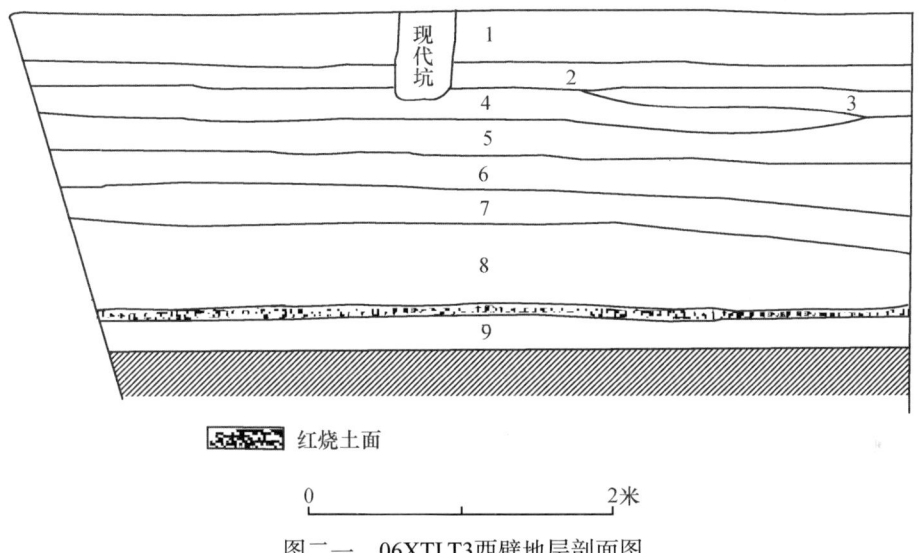

图二一　06XTLT3西壁地层剖面图

06XTLT3位于遗址西北部的三级沙丘,根据沙质、沙色和包含物可以把地层堆积自上而下分为9层。

第1层:灰色沙土层,厚25～40厘米。此层夹杂有现代土路路基的黄色硬土块和碎砾石块,出土有近、现代的陶瓷片等,为现代堆积的表土层。

第2层:黑褐色细沙层,厚0～35厘米。出土有近代的陶瓷片等,为近代堆积层。

第3层:灰褐色粗沙层,厚0～15厘米。出土有夹砂粗绳纹盘口或折沿陶釜残片,泥质菱格纹(图二二,1)、重圈纹(图二二,2)、曲折纹(图二二,3)和方格纹陶罐残片。

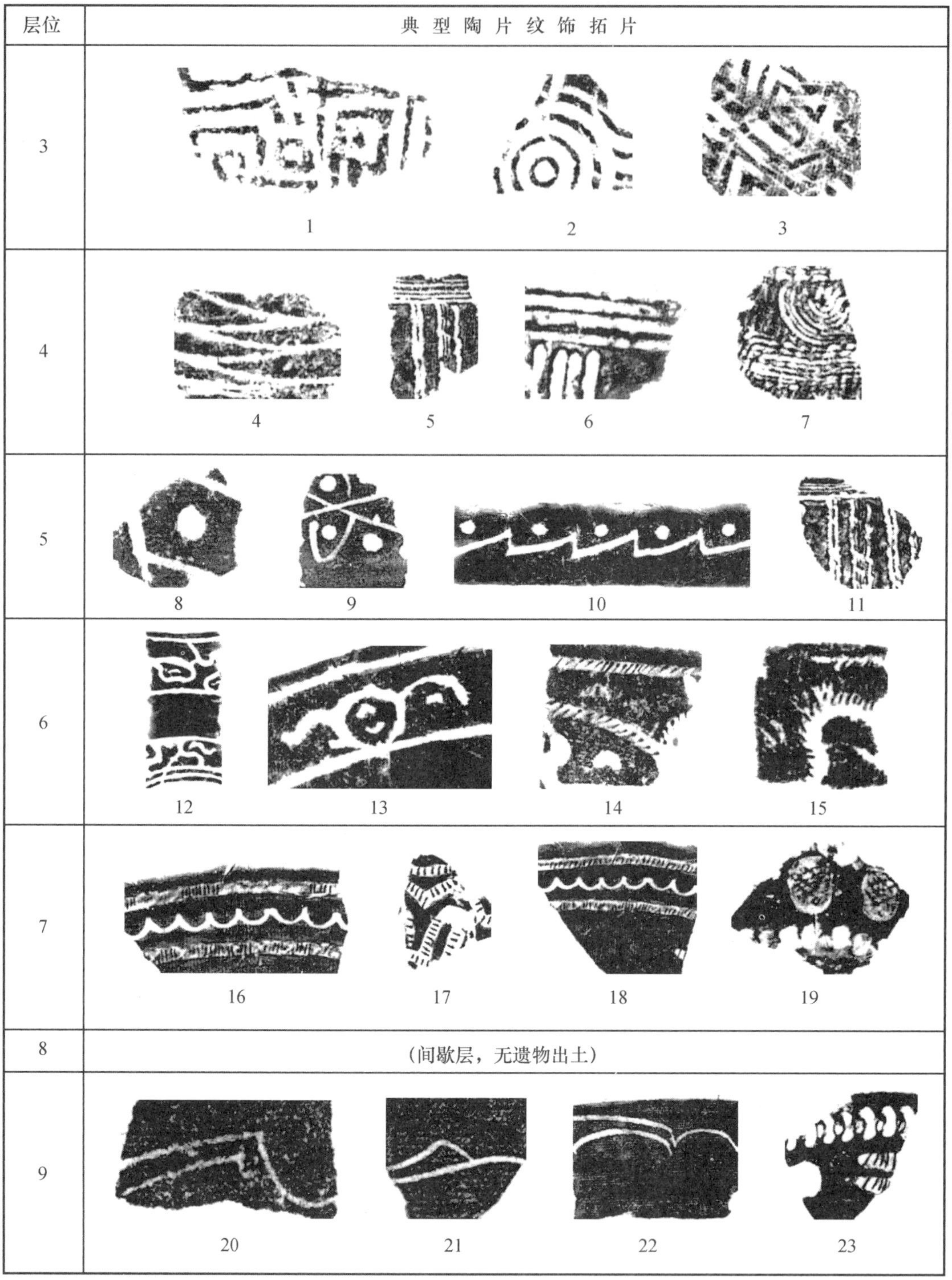

层位	典型陶片纹饰拓片			
3	1	2	3	
4	4	5	6	7
5	8	9	10	11
6	12	13	14	15
7	16	17	18	19
8	(间歇层，无遗物出土)			
9	20	21	22	23

图二二　06XTLT3各层出土典型陶片纹饰

1.菱格纹　2.重圈纹　3.曲折纹　4.之字纹　5~7.贝划纹　8~10.刻划纹　11.贝划纹　12~19.戳印纹　20~22.刻划纹　23.戳印纹

第4层：黄褐色粗沙层，厚0~30厘米。出土有夹砂粗绳纹折沿陶釜残片，夹砂素面陶碗、支脚残片，夹砂贝划纹（图二二，5~7）、之字纹（图二二，4）陶釜残片，还有少量泥质白陶残片。

第5层：灰褐色细沙层，厚16~32厘米。出土有夹砂粗绳纹折沿陶釜残片，有刻划纹的泥质红褐色胎彩陶盘残片（图二二，8~10），少量的夹砂贝划纹陶釜残片（图二二，11），还有少量泥质白陶残片。

第6层：灰色细沙层，厚15~35厘米。出土有夹砂细绳纹卷沿陶釜残片，泥质黄白色胎粗曲线纹彩陶盘、高领罐残片，风格粗疏的戳印纹泥质白陶盘、钵残片（图二二，12~15）等。

第7层：黄褐色粗沙层，厚15~28厘米。出土有夹砂卷沿细绳纹陶釜残片，泥质浅黄色胎条带纹、细曲线纹和点状纹的彩陶盘、罐残片，风格细密的泥质戳印纹白陶盘、杯残片（图二二，16~19）等。

第8层：黄色细沙层，厚45~68厘米。自然堆积而成，没有遗物出土。

06XTLT3的大部分区域，在第8层之下、第9层之上有厚5~8厘米左右的红烧土面。

第9层：灰黑色细沙层，厚10~25厘米。出土有夹砂细绳纹卷沿陶釜残片，泥质黄白色胎条带纹加曲线刻划纹的彩陶盘、高领罐残片（图二二，20~22），泥质的细密戳印纹白陶盘、杯残片（图二二，23）等。

第9层下为自然堆积的白色细沙层，为生沙层。

06XTLT3各层的沙质、沙色有比较明显的区别，包含物的变化特征也很清楚。根据出土遗物判断，第3层为商时期文化层，第4、5、6、7、9层为新石器时代文化层，第8层为间歇层。

2. 遗迹形成的人类活动面

在沙丘遗址的发掘中，往往会发现一些遗迹。这些遗迹的发现则可以判定当时人类的一些活动面，而人类的活动面则可以作为划分层位的确凿证据。我们以2004年和2006年咸头岭遗址发掘中发现的一些遗迹（红烧土、灶、房基、柱洞、墓葬、灰坑）来加以说明。

（1）红烧土

在咸头岭遗址的发掘中，发现有多处红烧土面，特别是在2006年的发掘中，发现一处大面积的红烧土面（编号为06XTLHST1）。这处红烧土面大略为西北—东南走向，分布于06XTLT3、T4、T5、T8、T9、T10、T12、T13和T14的范围内（图二三）。这片红烧土面，至少长41.2米，最宽处4.9米。

这处红烧土面是在沙层表面之上经过火烧胶结的一层夹砂红褐色烧土面，表面比较平整。经肉眼观察，红烧土面所含的泥土明显要高于沙层中所含的泥土，这说明是

图二三　红烧土面（06XTLHST1）局部

先铺垫一层含沙的黏土，然后再经过火烧。

红烧土面当然是当时人类的一个活动面，可以作为红烧土面之上一层和之下一层分界的确凿证据。

（2）灶

在咸头岭遗址的发掘中，发现有多处灶。我们以06XTLZ3为例加以说明。

Z3位于06XTLT2的西南部，被第7层所压，在第8层的表面。

Z3的灶体平面略呈椭圆形，最长48厘米，最宽33厘米。灶底为沙层表面涂抹的一层含沙的黏土，经火烧烤后形成一层红褐色烧土面。烧土中部略下凹，厚3厘米。在灶体以外的北部和西部各有一个天然石块，这两个石块应该与灶的使用有关，石块的摆放高出红烧土面。红烧土面和石块上附着有黑灰色灰烬和烟炱，灶的周围散乱地分布有黑灰色的灰烬和小炭屑（图二四）。

灶及其周围的地面自然是当时人类的一个活动面，可以作为灶之上一层和之下一层分界的证据。Z3可以作为06XTLT2的第7层和第8层分层的确凿证据。

（3）房基

在2006年的发掘中，发现房基一处（编号为06XTLF1）。

F1位于西北区06XTLT2的东部，开口于第4层下，打破第5层，仅存房基。

F1房基的东部被一个现代垃圾坑打破，残存部分的平面形状略呈直角三角形，口大底小，斜壁内收，底部较平整。房基壁靠北的一条呈西南—东北走向，上部残长202厘米，对应的底部残长185厘米；靠南的一条壁呈西北—东南走向，上部残长225厘米，对应的底部残长206厘米；房基深112厘米（图二五）。

F1房基的填土为含土量比较高的黄色黏性沙土，还夹杂有不少的基岩碎块，土质较硬，与其周围分布的松软黄褐色粗沙层有比较明显的区别。这说明房基应该是先

图二四　灶（06XTLZ3）

图二五　房基（06XTLF1）

下挖成坑，然后再往坑中填入比较硬的黏性沙土。在残存的F1房基的边缘没有发现明显的柱洞，房基以上的形制也不清楚。F1所在的06XTLT2的东边与2004年发掘的04XTLT6的西边紧接，F1有一部分实际也延伸到了04XTLT6的西部，只是被一个现代垃圾坑破坏了。在04XTLT6的发掘中清理出几片不规则的红烧土面和一些基本垂直于地面的柱洞[①]。这些红烧土面和柱洞的层位与F1的层位一致，位置也靠近F1。推测2004年发掘的04XTLT6范围内的红烧土面、柱洞和2006年发掘的F1应该都是当时先民的居住建筑的一部分。

根据F1的房基及其周围遗迹保存的现状，推测F1的平面形状大体呈方形或长方形，先挖坑填筑较硬的房基，再搭建房基以上的部分。

房基及其周围的地面自然是当时人类的一个活动面，可以作为房基之上一层和被其打破一层分界的确凿证据。F1可以作为06XTLT2的第4层和第5层分层的确凿证据。

（4）柱洞

在咸头岭遗址的发掘中，发现有很多柱洞。例如在2004年的发掘中，发现有16个柱洞。

这些柱洞位于04XTLT6的西部，开口于第4层下，打破第5层，且围绕着一些现存已不规则的红烧土面分布。柱洞基本垂直于地面，口径在18～30厘米，深20～48厘米。柱洞中的填土为含泥量较多的黑灰色沙土，与柱洞周围灰褐色的细沙土截然有别（图二六）。

柱洞开口周围的地面自然是当时人类的一个活动面，可以作为柱洞之上一层和被其

图二六　红烧土周围的柱洞（04XTLT6）

打破一层分界的确凿证据。这些柱洞可以作为04XTLT6的第4层和第5层分层的确凿证据。

（5）墓葬

在咸头岭遗址的发掘中，发现有不同时期的墓葬。例如在2004年的发掘中，发现一座商时期的墓葬（04XTLM1）（图二七）。

M1位于04XTLT6的北部，开口于第3层下，打破第4层。墓内填土为含泥量较多的黑灰色沙土，于墓周围黄褐色的粗沙土截然有别。墓口呈圆角长方形，墓底略收，斜直壁。口长160、口宽60、深50厘米。随葬1件泥质凹底垂腹罐和1件砺石[②]。

---

① 本文提到的咸头岭遗址2004年发掘的资料，深圳博物馆正在整理，待刊。下文同。
② 深圳市文物管理委员会办公室等：《深圳7000年——深圳出土文物图录》图版106，文物出版社，2006年。

墓葬开口周围的地面自然是当时人类的一个活动面，可以作为墓葬开口之上一层和被其打破一层分界的确凿证据。M1可以作为04XTLT6的第3层和第4层分层的确凿证据。

（6）灰坑

在咸头岭遗址的发掘中，发现有一些灰坑。例如在2004年的发掘中，发现一处灰坑（04XTLH1）。

H1位于04XTLT8的西部，开口于第4层下，打破第5层。坑内填土为含泥量较多的黑灰色沙土，于坑周围灰褐色的细沙土截然有别。坑口呈椭圆形，锅底，弧壁。口长100、口宽80、深50厘米。填土中有少量残破的夹砂陶片和石块（图二八）。

灰坑开口周围的地面自然是当时人类的一个活动面，可以作为灰坑之上一层和被其打破一层分界的确凿证据。H1可以作为04XTLT8的第4层和第5层分层的确凿证据。

图二七　墓葬（04XTLM1）

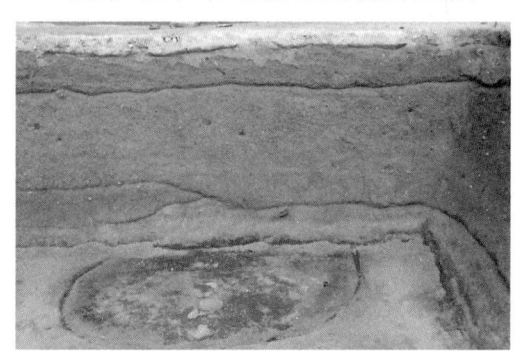

图二八　灰坑（04XTLH1）

3. 间歇层

在考古界，"间歇层"这个概念是1980年代提出的[①]。沙丘遗址的间歇层一般夹在上下两个文化层中间，厚度不一，应该主要是由于气候变化引起的海平面波动以及海啸等海侵冲击而自然堆积成的松散沙层。无论间歇层是突发性的堆积还是缓慢性的堆积，其都不含任何人类活动留下的遗物。间歇层在珠江口两岸的沙丘遗址中比较常见，目前至少已知深圳咸头岭、大黄沙，珠海后沙湾、草堂湾，香港大湾、石壁东湾、深湾、龙鼓洲，澳门黑沙等十余处沙丘遗址发现有间歇层。

在2006年咸头岭遗址的发掘中，我们曾请北京大学夏正楷教授来工地测过地层的

---

① 区家发等：《香港大屿山东湾新石器时代沙丘遗址发掘简报》，《纪念马坝人化石发现卅周年文集》，文物出版社，1988年。区家发等：《香港石壁东湾新石器时代遗址》，《香港考古学会会刊》（第12卷），1990年。深圳市博物馆等：《深圳市大黄沙沙丘遗址发掘简报》，《文物》1990年第11期。

磁化率①。结果是虽然每一文化层的磁化率数值都有变化,但是只有间歇层的磁化率数值为零或非常接近于零。夏教授的解释是:磁化率的数值为零或非常接近于零,这与地层中没有人类活动遗留的遗物可能有密切的关系。

以咸头岭遗址2006年的发掘为例,基本每个探方都发现有一层或两层的间歇层,而这些间歇层自然是我们划分其上和其下文化层的重要依据。

四、验　　证

应用"固沙发掘法",并依据上述划分层位的标准而分出的层位,是否可靠呢?我们仍然以咸头岭遗址的发掘为例,通过一些方法来加以初步的验证。

1. 陶器的类型学观察

在2006年的发掘中,由于采用"固沙发掘法"固定住了发掘中露出的沙层,在两个月的发掘中,除了1个探方由于近年堆积的松软垃圾层太厚而引起小范围的塌方外,其余17个探方没有坍塌现象。所以,在发掘后期打隔梁的过程中能够把所有相邻探方的地层都对接起来。

根据地层叠压关系、各层出土陶器的特征及形式变化特点和器物组合关系(表一),可以把新石器时代的遗物分为五个阶段。

表一　新石器时代陶器分段、分期表

期	段	泥质陶												夹砂陶									
		圈足盘				豆		罐		杯		钵		釜				碗		圜底盘		支脚		器座
		A	B	C	D	A	B	A	B	A	B	A	B	A	B	C	D	A	B	A	B	A	B
一	1	Ⅰ	Ⅰ	Ⅰ				√		Ⅰ		√		√								√	
一	2	Ⅱ	Ⅰ	Ⅱ		√	√	Ⅱ		√		√										√	
一	3	Ⅲ	Ⅱ	Ⅲ		Ⅰ	√	√		Ⅲ	√		√	√								√	√
二	4				√	Ⅱ								√	√	√	Ⅰ					√	√
三	5													√			Ⅱ	√	√	√	√		√

---

① 磁化率是表征磁介质属性的物理量。常用符号cm表示,等于磁化强度M与磁场强度H之比引,即 M=cmH。对于顺磁质,cm>0,对于抗磁质,cm<0,其值都很小。对于铁磁质,cm很大,且还与H有关(即M与H之间有复杂的非线性关系)。对于各向同性磁介质,cm是标量;对于各向异性磁介质,磁化率是一个二阶张量。

（1）陶器形态演变轨迹和各段器物的变化

陶器形态演变轨迹和各段器物的变化，大致可以归纳如下（图二九）：

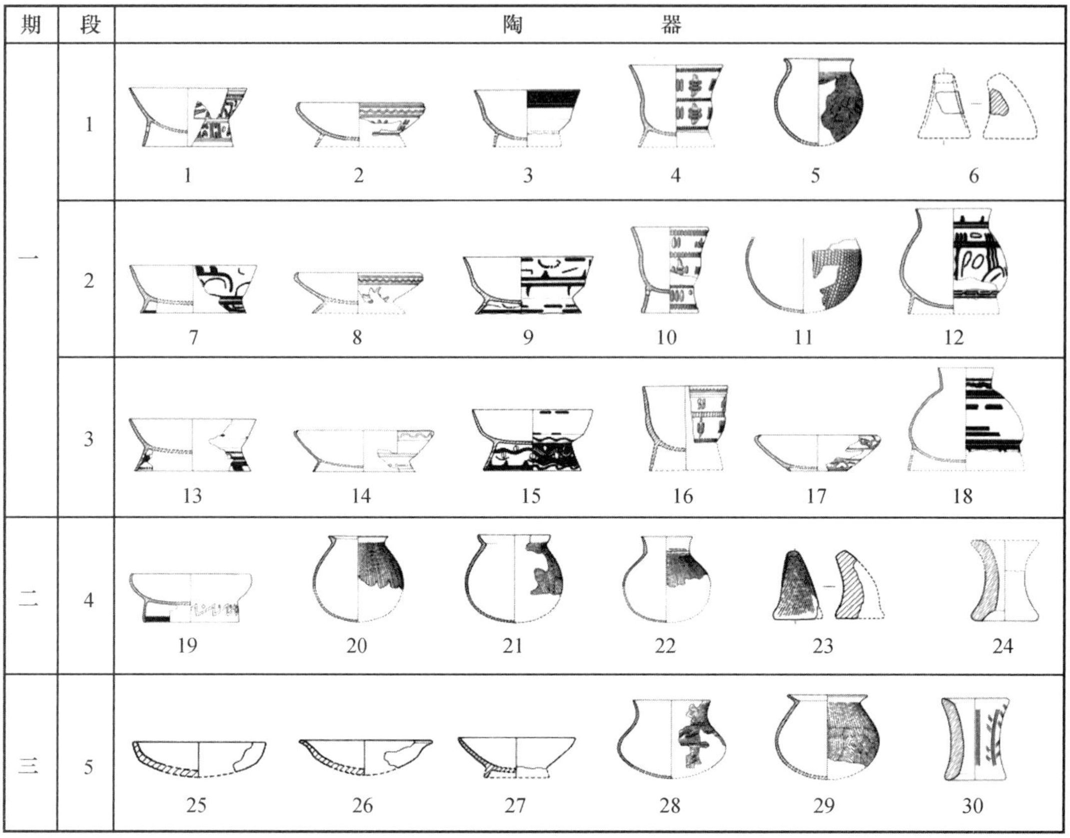

期	段	陶　　　器					
一	1	1	2	3	4	5	6
一	2	7	8	9	10	11	12
一	3	13	14	15	16	17	18
二	4	19	20	21	22	23	24
三	5	25	26	27	28	29	30

图二九　咸头岭遗址新石器时代部分陶器分段、分期图

1. AⅠ式盘（06T14⑧：1）　2. BⅠ式盘（06T1⑧：2）　3. CⅠ式盘（06T12⑧：1）　4. AⅠ式杯（06T14⑧：4）
5. A型釜（06T3⑨：4）　6. B型支脚（06T1⑧：32）　7. AⅡ式盘（06T6⑤：1）　8. BⅡ式盘（06T14⑥：1）
9. CⅡ式盘（06T12⑥：1）　10. AⅡ式杯（06T2⑥：1）　11. A型钵（06T1⑥：1）　12. B型罐（06T7⑥：1）
13. AⅢ式盘（06T12⑤：3）　14. BⅢ式盘（06T12⑤：2）　15. CⅢ式盘（06T9⑤：1）　16. AⅢ式杯
（06T1⑤：3）　17. B型钵（06T3⑥：1）　18. A型罐（06T3⑥：6）　19. D型盘（06T3⑤：1）　20. B型釜
（06T2④：25）　21. C型釜（06T1④：140）　22. DⅠ式釜（06T2④：27）　23. B型支脚（06T1④：6）　24. B型器座
（06T1④：93）　25. A型圈底盘（06T8③：8）　26. B型圈底盘（06T7③：15）　27. 碗（06T9③：8）　28. DⅡ式釜
（06T8③：7）　29. B型釜（06T13③：1）　30. B型器座（06T5③：1）

A型圈足盘：深腹，盘底部外鼓，圈足较高，圈足上的镂孔较小（1段）（图二九，1）→腹较深，盘底部略外鼓，圈足较矮，圈足上的镂孔较小（2段）（图二九，7）→浅腹，盘底部近平，圈足较高，圈足上多见大镂孔，有的圈足上的大镂孔呈8字形（3段）（图二九，13）；

B型圈足盘：口部略内敛（1、2段）（图二九，2、8）→口部内敛甚（3段）（图二九，14）；

C型圈足盘：深腹，盘底部外鼓，圈足较矮，圈足上的镂孔较小（1段）（图二九，3）→腹较深，盘底部略外鼓，圈足较矮，圈足上的镂孔较小（2段）（图二九，9）→浅腹，盘底部近平，圈足较高，圈足上多见大镂孔（3段）（图二九，15）；

A型豆：斜弧腹，大敞口（3段）→圆弧腹，微敞口（4段）；

A型杯：大敞口，腹略鼓（1段）（图二九，4）→敞口，弧腹（2段）（图二九，10）→侈口，腹部较直（3段）（图二九，16）。

D型釜：球形腹（4段）（图二九，22）→扁腹（5段）（图二九，28）。

D型圈足盘：出现于4段（图二九，19）；

A型罐：只见于1、2、3段（图二九，18）；

A型釜：主要见于1、2、3段（图二九，5）；

B型釜：见于4、5段（图二九，20、29）；

C型釜：只见于4段（图二九，21）；

碗：只见于5段（图二九，27）；

圜底盘：只见于5段（图二九，25、26）；

器座：见于4、5段（图二九，24、30）。

可以看出，陶器的演变轨迹和各段器物的变化是清晰的。

（2）陶器纹饰的变化

陶器纹饰的变化，大致可以归纳如下：

绳纹：1、2、3段的为细绳纹，4段的大都为粗绳纹，仅有极少量的细绳纹，5段的都为粗绳纹；

戳印纹：1、2段的比较细密，3、4段的比较疏朗，5段的较复杂细密；

刻划纹：1段的都是与宽条带彩陶纹样组合的细曲线，2、3段鲜有，4段的有直线、折线和曲线，5段的多为网格和斜线状的；

贝划纹：4段开始少量出现，5段数量较4段增加；

凸点纹：仅见于2、3段；

之字纹：4段开始出现细密的之字纹，5段的比较疏朗；

附加堆纹：仅见于5段。

可以看出，各段陶器纹饰的变化是清晰的。

（3）彩陶纹样的变化

彩陶纹样的变化，大致可以归纳如下：

1段：以或宽或窄的条带纹为主要特征，风格比较单一，少量白陶和磨光黑陶的戳印纹中有赭红色填彩；

2段：除窄条带纹外，还有细曲线纹和连续的点状纹，整体风格显得比较纤细；

3段：有较粗的条带纹、曲线纹、折线纹和连续的点状纹，整体风格显得比较粗犷；

4段：彩陶纹样有条带纹和曲线纹等，总体风格粗犷和简约兼而有之；

5段：只见条带纹，风格简约。另外有少量泥质和夹细砂的陶器器壁上整体涂赭红色陶衣。

可以看出，各段彩陶纹样的变化是清晰的。

总之，上述五个阶段的纹饰、彩陶纹样、一些器物的形态以及器物组合的演变序列是比较清楚的，应该代表了前后发展的五个时间段。考察各段器物的总体特征以及段与段之间的疏密关系，又可以把这五段的遗物分为三期：第一期包括1、2、3段；第二期包括4段；第三期包括5段。

2. 测年数据

咸头岭遗址2006年的发掘期间，我们在遗迹单位及地层中采集到了十几个木炭样品，它们分别被送往北京大学和新西兰的Waikato大学做了加速器质谱（AMS）^{14}C的年代测试。

第1段的测试样品有5个（06XTLT7⑧：01、06XTLT6⑦：01、06XTLT9⑧：01、06XTLT14⑧：01、06XTLT14⑧：02），测试数据经树轮校正后的年代范围在4840B.C.～4540B.C.。2004年咸头岭遗址第四次的发掘也采集有一些木炭及陶器烟炱样品，其中04XTLT2⑧层的一个木炭样品的测年数据已经发表[1]，该样品的数据经树轮校正后的年代范围在4940B.C.～4770B.C.。04XTLT2⑧层出土器物的特征与本报告第1段同类器物的特征完全一样[2]，那么04XTLT2⑧层的年代应该与本报告第1段的年代同时。由此分析第1段的年代上限应该超过距今6900年，接近距今7000年。

第2段的测试样品有4个（06XTLT7⑥：01、06XTLT15⑥：01、06XTLT15⑦：01、06XTLT9⑥：01）。其中06XTLT9⑥：01的数据经树轮校正后的年代上限为5300B.C.，明显偏早于其他3个数据，应该剔除。另外3个数据经树轮校正后的年代范围在4910B.C.～4500B.C.。第2段的年代与第1段的年代咬合的很紧密，而其年代下限推测在距今6600年前后。

第3段的测试样品有1个（06XTLT15⑤：01），测试数据经树轮校正后的年代范围在4690B.C.～4460B.C.。推测第3段的年代上限紧接第2段，下限在距今6400年前后。

---

① 深圳市文物管理委员会办公室等：《深圳7000年——深圳出土文物图录》概述，文物出版社，2006年。

② 2004年咸头岭遗址发掘出土的器物照片有少量发表，04XTLT2⑧发表有两件器物（见《深圳7000年——深圳出土文物图录》图版12、图版21，文物出版社，2006年）。

第4段的测试样品有1个（06XTLF1：01），测试数据经树轮校正后的年代范围在6430B.C.～6240B.C.，也明显偏早。该样品采集于第4段的一个房基（06XTLF1）的填土中，填土中的包含物早于房基是完全可以理解的。深圳大黄沙遗址出土的一些器物与咸头岭遗址第4段的一些同类器物的特征完全一样[①]，那么大黄沙遗址的年代应该与咸头岭遗址第4段的年代同时。大黄沙遗址T101④层出土的炭化粮食标本（ZK2513）的^{14}C测年数据为距今6255±260年（经树轮校正）[②]，那么可以推测第4段的年代在距今6200年前后。

第5段的样品有1个（06XTLT10③：01），被分为两份分别送往北京大学和新西兰的Waikato大学做年代测试。两个测试数据非常接近，经树轮校正后的年代范围在2480B.C.～2220B.C.。考虑到从器物的总体特点来看，4段和5段的连接比较紧密，应该基本无缺环，那么测试的年代则偏晚很多。这个样品采集于06XTLT10的第3层与第2层相接的位置，第2层是近代层，所以样品可能受到过后期的污染。第5段的年代应该与第4段的年代相去不是太远，推测在距今6000年前后。

这十多个测年数据中，虽然有两个年代偏早，一个年代偏晚，但是从上述分析完全可以把它们剔出出来。而余下的数据则可以说明，我们根据地层和器物变化所划分的五段，从1段到5段的年代依次是从早到晚排列的，也就是说咸头岭遗址划分的地层，从下到上是依次从早到晚堆积的。

3. 与蚝岗遗址的对比

东莞蚝岗遗址是个贝丘遗址[③]，堆积层是由黏土和贝壳堆积而成的。所以一般不会发生如沙丘遗址发掘中一些露出的层位不稳定，而造成探方坍塌导致不同层位遗物混乱的现象。

蚝岗遗址2003年的发掘简报，依据地层的叠压打破关系和器物变化的特征把出土遗物分为了三期。

蚝岗遗址一期（以H8为代表）的圈足盘上所饰的刻划纹和小镂孔（图三〇，4～7）与咸头岭遗址二期4段的圈足盘（图二九，19）的特征很相似，但是陶质"类似

---

① 李海荣等：《深圳咸头岭新石器时代遗址与珠江三角洲地区相关遗址的分期和年代》，《东南考古研究》（第四辑），厦门大学出版社，2010年。深圳市文物考古鉴定所：《深圳咸头岭——2006年发掘报告》，文物出版社，2014年。
② 深圳市博物馆等：《深圳市大黄沙沙丘遗址发掘简报》，《文物》1990年第11期。
③ 李子文：《广东东莞市蚝岗贝丘遗址调查》，《考古》1998年第6期。珠江三角洲史前遗址调查组：《珠江三角洲史前遗址调查》，《考古学研究》（四），科学出版社，2000年。东莞市文化局等：《东莞文物图册》，中国建筑工业出版社，2005年。冯孟钦：《蚝岗遗址发掘的主要收获》，《东莞蚝岗遗址博物馆》，岭南美术出版社，2007年。

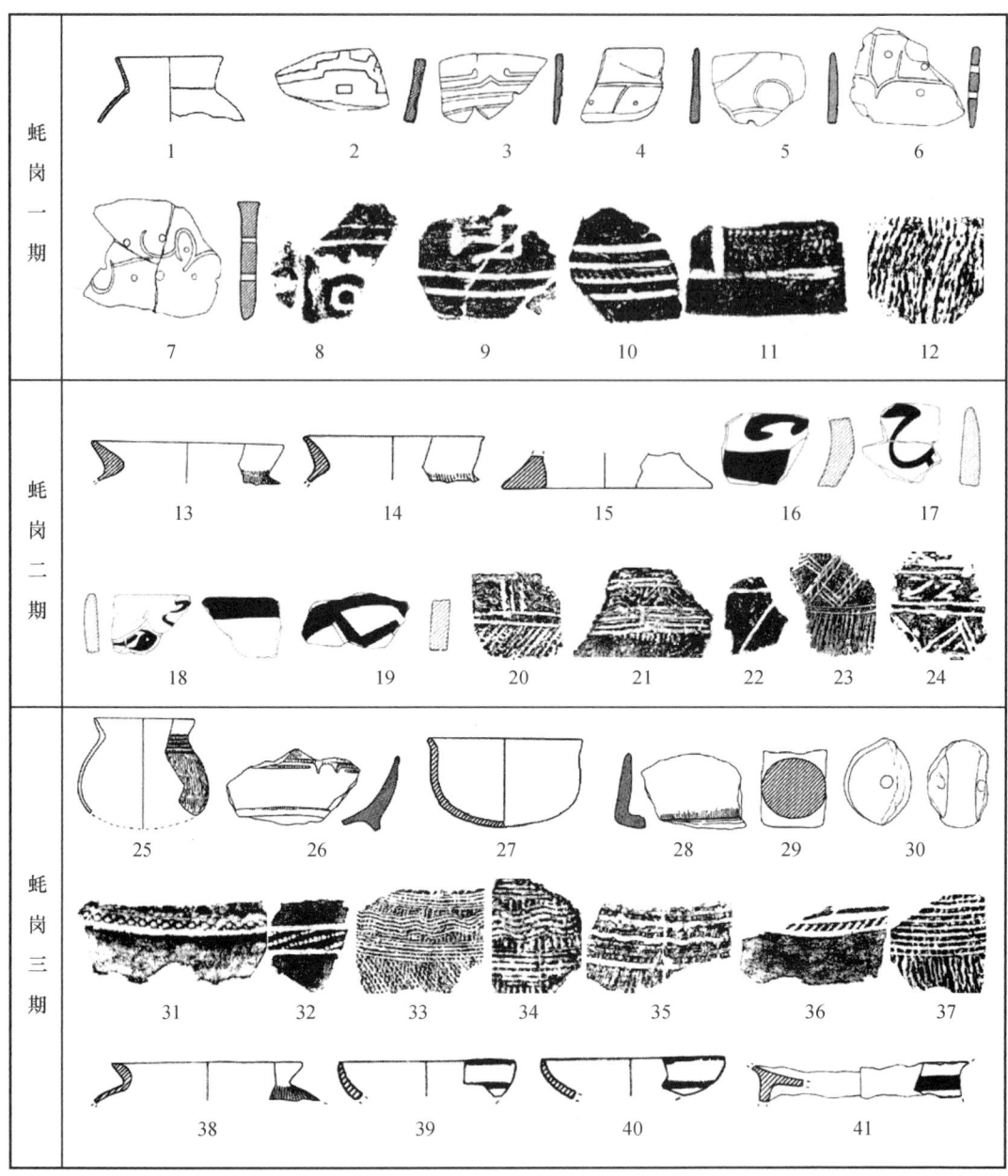

图三〇 蚝岗遗址出土的陶器及陶器纹饰拓片

1. 釜（H8:1） 2~7. 圈足盘（H8:15、H8:9、H8:21、H8:7、H8:23、H8:82） 8. 戳印纹（H8） 9、10. 刻划纹（H8） 11. 刻划纹和戳印篦点纹（H8） 12. 绳纹（H8） 13、14. 釜（G1:23、T0306⑤:36） 15. 器座（T0306⑥:160） 16~19. 圈足盘（T0306⑥:30、T0306⑥:31、T0307⑥:132、T0407⑤:80） 20、21. 贝划纹（T0406⑤、T0306⑤） 22~24. 刻划纹（T0306⑤、T0306⑥、T0306⑤） 25. 釜（T0306④:88） 26. 圈足盘（T0404④:20） 27. 盆（T0404③:34） 28. 钵（T0304④:70） 29. 支座（T0406②:11） 30. 器耳（T0306②:17） 31、32. 戳印纹（T0304、T0404） 33、34. 贝划纹（T0306） 35~37. 刻划纹（T0304） 38. 釜（SD②:1） 39~41. 圈足盘（SD②:2、SD②:3、SD②:4）

环珠江口其他遗址所见白陶"（2003年发掘简报照片1），而不是咸头岭遗址4段圈足盘的红褐色陶；一期不见咸头岭遗址4段出现的贝划纹，而白陶戳印纹的沟槽中有赭红彩（即有填彩），这又与咸头岭遗址一期的一些器物特点相似；一期的戳印纹比较疏朗（图三〇，2、3、8），与咸头岭遗址3、4段的戳印纹相似；一期的釜的口沿近折且较高（图三〇，1），形制介于咸头岭遗址3段的A型釜和4段的B型釜（图二九，20）之间；一期的绳纹较细（图三〇，12），从咸头岭遗址绳纹由细向粗发展的规律来看，其比咸头岭遗址4段的粗绳纹年代要偏早。蚝岗遗址一期的器物特征，既带有咸头岭遗址3段的特点，也有4段的特点，其相对年代应该在咸头岭遗址的3、4段之间。

蚝岗遗址二期的彩陶圈足盘均为泥质，胎为红褐色，所饰的彩色纹样为赭红色，先在红褐色胎上涂一层白陶衣，再在白陶衣上施彩，而彩陶纹样有条带纹和曲线纹等（2003年发掘简报照片2，图三〇，16～19），这与咸头岭遗址4段的彩陶圈足盘的特征一致；二期的釜的口沿为矮折沿（图三〇，13、14），形制与咸头岭遗址的B型釜接近（图二九，20、29）；二期圈足上的镂孔很小（2003年发掘简报照片2），这与咸头岭遗址4段圈足器上的镂孔（图二九，19）一样；二期的器座（图三〇，15），形制与咸头岭遗址4段的B型器座相似（图二九，24）；二期还出现了贝划纹、粗绳纹，其相对年代应该晚于咸头岭遗址3段。蚝岗遗址二期应该与咸头岭遗址4段基本同时。

蚝岗遗址三期出土遗物的总体特征与咸头岭遗址第5段的遗物特征相似，前者的戳印纹、贝划纹、刻划纹（图三〇，31～37）与后者的一些同类纹饰很相似；前者的陶釜为矮折沿（图三〇，25），与后者的B型釜相似（图二九，29）；前者的陶盆（图三〇，27）与后者的一些陶盆[1]的形制一样；前者的陶钵（图三〇，28）与后者的一些钵[2]的形制相似；前者的器耳（图三〇，30）与后者的一些器耳[3]的形制基本一样。蚝岗遗址三期应该与咸头岭遗址5段基本同时。

蚝岗遗址的二期和三期用蚝壳和含贝壳的土共做过六个^{14}C测年数据，最早的一个数据所用标本为二期T0406⑤层的蚝壳，年代为距今（3880±100）年［树轮校正为距今（4255±150）年］，最晚的一个数据所用标本为三期T0304③层的蚝壳，年代为距今（2880±90）年［树轮校正为距今（3010±120）年］。简报已经说明"测年数据与考古类型学所做的年代推测相比要偏晚，原因未明，或者是因为环境受污染所致"。

通过咸头岭遗址与蚝岗遗址的对比，蚝岗遗址可以对咸头岭遗址的地层进行部

---

[1] 李海荣等：《深圳咸头岭新石器时代遗址与珠江三角洲地区相关遗址的分期和年代》图32-5：15，《东南考古研究》（第四辑），厦门大学出版社，2010年。

[2] 李海荣等：《深圳咸头岭新石器时代遗址与珠江三角洲地区相关遗址的分期和年代》图32-5：13，《东南考古研究》（第四辑），厦门大学出版社，2010年。

[3] 李海荣等：《深圳咸头岭新石器时代遗址与珠江三角洲地区相关遗址的分期和年代》图32-5：31、32，《东南考古研究》（第四辑），厦门大学出版社，2010年。

分验证，蚝岗遗址的文化遗存可以分为三期，其中第二、三期分别相当于咸头岭的第四、五段，第一期早于咸头岭第四段而晚于咸头岭第三段，正好填补了咸头岭遗址的一个缺环[①]。

五、结 语

珠江三角洲地区的沙丘遗址，因为堆积结构比较松散而使发掘中一些露出的沙层不稳定，很容易造成探方的坍塌，导致不同层位遗存的混乱。

但是，沙丘遗址的文化层是客观存在的，本来在气候十分湿润、地表植被非常茂密的环境下也是比较稳定的，而后人发掘或人工取沙挖坑是造成层位混乱的主要原因。所以，如何稳定在发掘中露出来的沙层，是沙丘遗址发掘的关键。只要发掘中露出的沙层稳定住了，再运用一些层位判识的方法，沙丘遗址的文化层是基本可以划分清楚的。这点认识的成立，是在珠江三角洲地区能够科学发掘沙丘遗址的前提。

我们在借鉴前人经验以及亲身实践中，总结出来的一套斗形探方、铺板、留边、切边、喷水、画线、配胶、喷胶和补洞的"固沙发掘法"，可以比较好地解决在沙丘遗址发掘过程中保持沙层基本稳定的难题，并在此基础上能够辨析清楚沙丘遗址的地层关系，这就为田野发掘之后的科学研究提供了较好的基础。

---

① 深圳市文物考古鉴定所：《深圳咸头岭——2006年发掘报告》，文物出版社，2014年。

漫谈田野考古图的表示法

刘 绪

（北京大学考古文博学院）

绘制田野考古图是获取田野考古资料的重要方面，也是记录与刊布考古成果不可缺少的内容。对此，每位从事田野考古工作的学者都很清楚，好像是一个再寻常不过的问题，因为，它是最传统、最常规，也是必须具有的项目，无需深究。其实不然，翻一翻过去和当前发表的考古报告，在田野考古图的绘制上，表现方法颇多分歧，比较混乱。有些明显是错误的，有些则属认识的差异。究竟如何绘更为合理，由于缺少行业内的统一规范，遂各行其是，形成这种状况。我以为，这不能完全归责于绘图人员，大凡从事田野考古的专业学者，尤其是工地的领队们都有责任，至少应该对各种田野考古图如何绘更为合理进行思考，要依个人的理解，提出自己的看法。

本人长期从事田野考古发掘，每当在现场面对要绘的遗迹，总是要就如何表现进行观察与思考，也动手绘过若干图。久而久之，形成一些想法。当然，这仅限于个人认识，有很大的局限性，甚至未必合理，或者压根就是错误的。但仍然想提出来与大家共同探讨，以期引起重视，缩小差距，减少混乱，向合理靠近。

田野考古图涉及的方面很多，囿于个人能力，本文仅就田野考古正投影图的表示方法展开讨论，不涉及透视投影图、轴侧投影图以及素描写生图、摄影图、三维图等，也不涉及绘图的技法。即使对正投影图表现方法的论述也不系统，只是把零碎的想法略加归纳而已，故题名冠以"漫谈"。

一、田野考古图的今昔对比

中国田野考古图的绘制法，从学科发展的角度来说，肯定是传承相延的，其基本的表现原理与方法未变，但在表示详略或繁简上有很大变化。对此，我们不能分类一一详列，下面仅以平面图的表示法为例，予以说明。

比如20世纪30年代中研院史语所对殷墟王陵的发掘，其墓室平面图，除绘有墓室口线与底线外，还绘有盗洞的口线与底线，以及盗洞口线与底线之间不同深度的多道

图一　殷墟M1003墓室平面图
（引自《侯家庄·第四本》图版陆）

轮廓线，其中M1003墓室中的盗洞共绘10道，并注明各轮廓线的深度[①]（图一）。由深度数据可知，这10道轮廓线实乃盗洞周壁的等高线。

这一表示法被50年代初的考古发掘继承，如1950年中国科学院考古研究所对辉县的发掘，其中第一号灰坑口大底小，即从上往下有所收缩，而且近口一段周壁不平整，形状与下部有别。口"成不规则状……。深到2米左右，成不规则的圆形……距地面3.5米深时，成扁圆形……5米时，成长方形，相当规整"[②]。因此其平面图在口线与底线之间亦绘有多道轮廓线，也注有各道线的深度（图二）。

辉县发掘团的团长是时任副所长的夏鼐先生，1935年，他曾在殷墟发掘实习约

---

① "中央"研究院历史语言研究所：《侯家庄·第四本·1003号大墓》图版陆，精华印书馆股份有限公司，1967年。

② 中国科学院考古研究所：《辉县发掘报告》图一，科学出版社，1956年，4、5页。

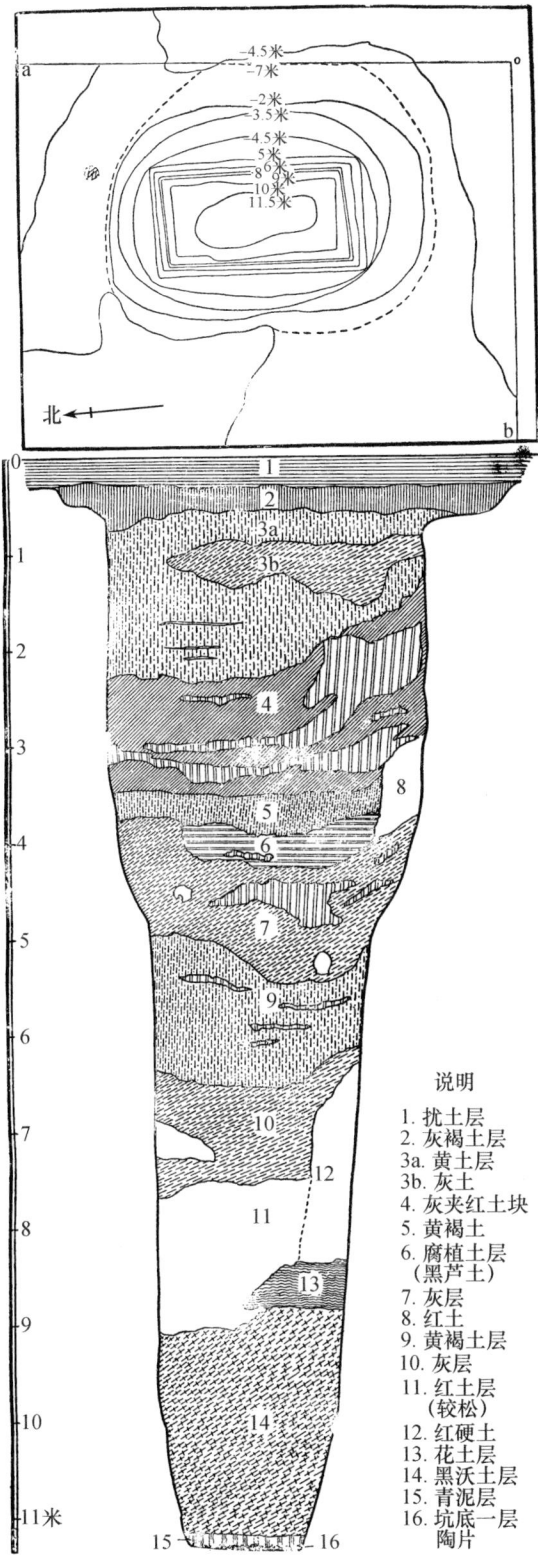

图二　辉县琉璃阁第一灰坑平、剖面图
（《辉县发掘报告》5页图一）

两个半月。副团长郭宝钧先生是老殷墟，1928年第一次殷墟发掘，他就是主要成员之一，并于1936年主持了殷墟第十三次发掘。而且另一位副所长梁思永先生正是当年发掘殷墟王陵的负责人。所以，50年代初由中科院考古所负责的工地，其田野考古图的绘制很自然地会延续殷墟的传统。但不知是何原因，这种绘法后来被简化了（本人未详考从何时开始），对遗迹（包括墓葬）平面图的绘法，除有起伏折棱或台阶龛穴等明显突出之处测绘外，无论该遗迹是否坍塌，是否盗扰，周壁是否规整，通常只绘其口线与底线，中间基本不绘。如80年代天马—曲村遗址的发掘，有一西周早期水井J7H23，该井口至底深12.75米，口部稍有塌毁，近于敞口，俯视正投影，上部8.4米近椭圆形，以下2.45米变为长方形，最下面1.9米扩为袋状壁，底近椭圆。可平面图仅绘有椭圆形口线、8.4米深处由椭圆壁变为长方壁之长方形口线与坑底椭圆形线[①]（图三）。

图上至少缺少两条线，一是近口处周壁塌毁之轮廓线。二是8.4米转折处由椭圆变为长方，缺外转折线——椭圆线。再如二里头遗址二号宫殿基址主体殿堂与北院墙之间的水井2002VH463[②]，此水井在70年代发掘二号建筑时发掘，当时确定为墓葬，编号为VD2M1，据《偃师二里头》发掘报告介绍，墓口东西长5.2～5.35米，南北宽4.25米，近中部有一个早期大盗洞，填土中有内置一狗的漆木匣。"墓内有生土二层台，二层台西高东低……墓室东西长1.85米，南北宽1.3米。……从墓口至墓底深6.1米"[③]。由于二里头文化时期没有发现过面积超过20平方米的墓葬，因此，发掘者对此墓非常重视，认为"这座大墓坐落在第二号建筑的正殿和北墙之间……形制极为特殊，有可能是当时最高统治者的一座墓葬"[④]，并进而推断二号建筑为"夏社"[⑤]。有人甚至直白地认为可能是一座王墓[⑥]，言外之意就是一座夏王陵。对于如此重要和结构比较复杂的墓葬，发掘报告仅发表一张很简单的平面图（图四），剖视图没有发表。

---

① 邹衡：《天马—曲村（1980～1989）》（第一册），科学出版社，2000年，171、172页。
② 中国社会科学院考古研究所：《二里头（1999～2006）》（贰），文物出版社，2014年，635、832、833页。按：此水井于70年代末发掘二号建筑时发掘，当时定为墓葬，编号为VD2M1，认为墓主可能是当时的最高统治者，二号建筑为M1而建，或M1专门埋在二号建筑内。因此，二号建筑被推断为"夏社"或"庙寝"等，这种推测在学术界影响广泛。后来，有学者依发掘报告提供的资料，认为所谓M1与常见的墓葬不类，提出疑问（杜金鹏：《二里头遗址宫殿建筑基址初步研究》）。于是，二里头考古队于2002年对此"墓"进行了再发掘，判定其应该是水井，遂将原编号改为2002VH463。
③ 中国社会科学院考古研究所：《偃师二里头——1959～1978年考古发掘报告》，中国大百科全书出版社，1999年，157页。
④ 赵芝荃：《论二里头遗址为夏代晚期都邑》，《华夏考古》1987年第2期。
⑤ 赵芝荃：《夏社与桐宫》，《文物与考古》2001年第4期。
⑥ 方酉生：《偃师二里头遗址第三期遗存与桀都斟鄩》，《考古》1995年第2期。

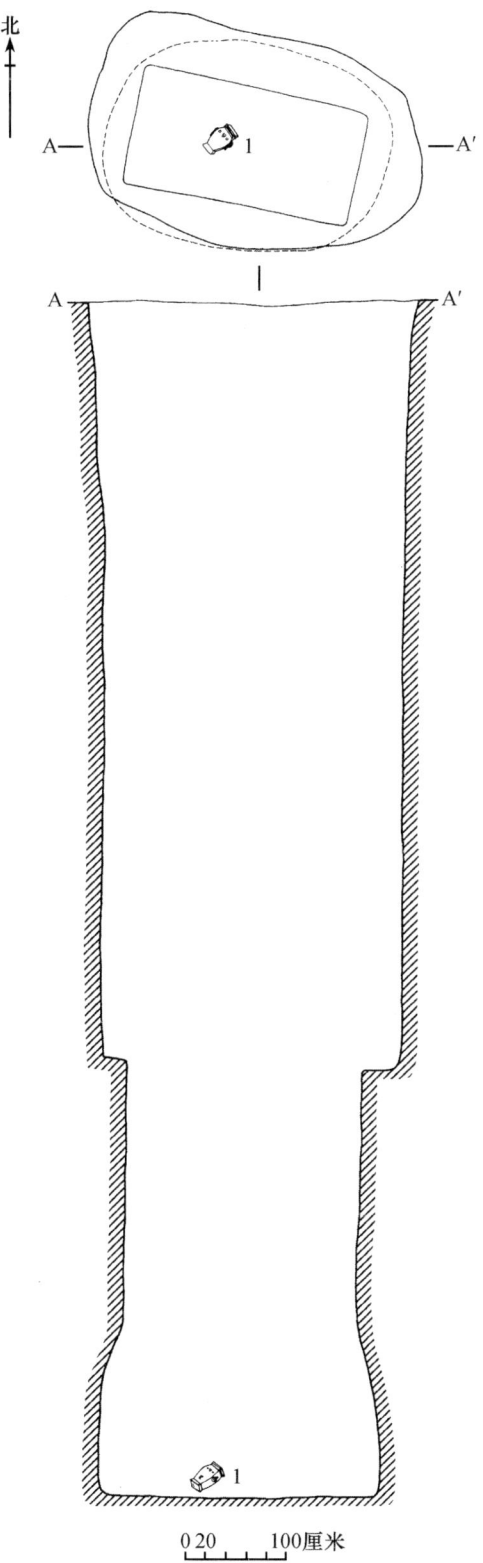

图三 天马—曲村遗址J7H23平、剖视图
(《天马—曲村（1980~1989）》图一七七)

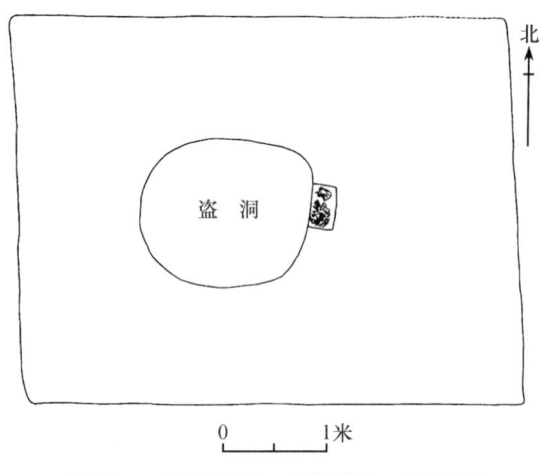

图四　二里头遗址二号宫殿中MI平面图
（《偃师二里头》157页图96）

该平面图仅有墓葬口线、盗洞口线和填土中的狗骨及木匣，不见生土二层台线，也不见所谓"墓室"范围线和墓底范围线。而这些线条都是墓葬平面图上最常规的必须显示的内容。

类似的例证还很多，到目前为止，基本不见当年殷墟和辉县那样的绘法，而是普遍被简化省略了。

究竟哪种绘法合理与科学，大家可以讨论，可以裁断，但与早年相比，晚近的少了些认真和细心是无疑的。

二、探方各种图的表示和对应

1. 探方遗迹总平面图的表示

对于文化单位堆积厚，遗迹现象多且复杂的探方，需要分层位绘出多张遗迹平面图，同时也需要有一张所有遗迹的总平面图。在通常的发掘中，这张总平面图更多见。探方总平面图如何绘？我以为有三个原则，一是只绘各遗迹口线，因为每个遗迹都另有单独的平、剖图，其细部特征更全。探方总平面图是用以表示各遗迹的规模与相互之间关系的，无需表示各自的细部。有时方内遗迹单位很多，仅口线就很复杂，如果再把口线之外的各部位线条绘上，便有可能造成混乱。二是被上面遗迹叠压之遗迹的口线，未压部分用实线，被压部分用虚线。因此，如果遗迹单位多，上面有一大型遗迹，其下压的遗迹大部或全部是虚线。三是不画遗迹复原线。如，有的遗迹被其他单位一打到底，口与底均不完整，在探方总平面图上对消失部分不予复原，但要把打破该遗迹的单位的边线绘出来，不能因该单位不完整使之敞口，不予封闭。

2. 探方四壁剖面图的对应

探方四壁剖面图的对应是指各相邻两壁剖面图转角处层位线的对应和一致，这是最基本的常识，不赘述。

3. 探方平面图与剖面图的对应

探方平面图与剖面图的对应，看似简单和一般，其实未必能做到准确。这里所谓探方平面图与剖面图的对应，主要是指遗迹单位的对应。在田野考古发掘中，经常会遇到一些遗迹跨越两个探方，即部分在方内，部分在邻方或方外。如果发掘精准，在方内及时发现遗迹的口部，则此时所绘遗迹平面图的口形是符合实际的，也能和遗迹剖面图的口部准确对应。可在土遗址发掘的实际过程中，更多的情况是很难做到及时精准地发现遗迹口部，经常是当在平面上发现该遗迹时，已经将原存口

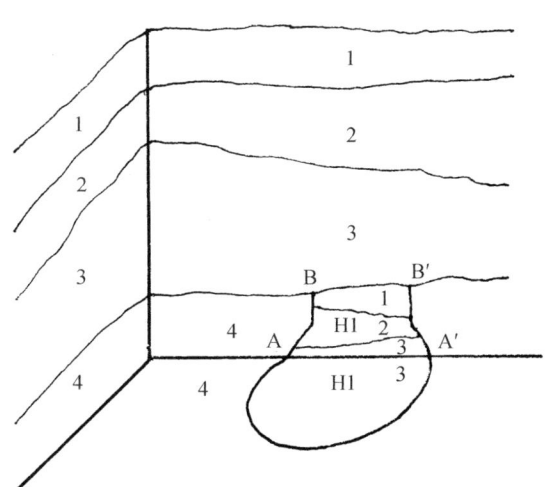

图五　灰坑H1口部被误挖现象示意图

部挖掉一部分，挖掉部分有多少，则在探方壁上可以找到。而此时所绘该遗迹口部平面图当然不是真实的口部，是挖掉之后的口部，因而它不可能与真实的剖面口部——探方壁上的口部对应。兹举一容易理解的例证予以说明。如图五所示。

H1是一口小底大的袋状坑，探方平面上是刚发现时的口部，探方壁上是因未能及时发现被挖掉部分。待探方内H1内部发掘完之后，为了反映其真实的深度和堆积状况，其剖面图应以探方壁上所见剖面为合理（当然也可以方内H1任何处为剖面，但此剖面的深度是错挖后的深度，不真实）。如此就会出现这样的结果：H1平面图口部两剖点AA′的尺度不等于H1剖面图口部两剖点BB′，因为AA′和BB′高度不同，这也就是平常所说的平面、剖面口部对不上。这是田野考古中经常遇到的问题，对直壁的遗迹来说，不易觉察，对袋状壁和坡壁的遗迹来说，就无法回避，必须给一个合理的交代。那么如何解决这一问题？我以为，上述H1的平、剖面图都可以成立，因为发掘现状如此，挖错就是挖错了，只能面对，不能造假。当此之时，应该在平面图和剖面图上分别注明各自坑口的高程（分别有最高点和最低点两个数据），或注明平面图坑口与剖面图坑口的高差（被挖掉之数），即平面图的坑口比剖面图的坑口低了多少的数据，并在该坑文字记录中予以详细说明。

以上是跨探方的遗迹，即使多挖了也能由探方壁上知道多挖了多少。如果整个遗迹在探方内，没有触及四壁，那么一旦多挖了，就难以知道挖掉的准确数据。在这种情况下，有时可以根据探方内文化层堆积状况，对该遗迹被挖掉的高度予以大致推断。

4. 同一遗迹各种图的一致

所有遗迹在探方平面图上有显示，比例一般是1∶50。此外，各遗迹还必须有单独的平面图、剖面图或剖视图，比例一般是1∶20或1∶10。遇到特殊现象，其局部还需要绘更大比例，乃至原大之图。由于探方平面图与各遗迹平面图测绘时间不同，比例不同，甚至测绘工具不同，先后所绘之图很可能出现不一致，这是应该避免的，而且必须在发掘现场校正。

三、遗迹图如何绘制和表示

如上所述，各遗迹除在探方平面图上有显示外，都有比探方平面图比例大的单独的平、剖图，以全面反映各遗迹的形制结构。

1. 遗迹平面图的表示

以下所论遗迹平面图仅就遗迹本身而言，不涉及遗迹内的遗物，如房屋内使用时期的陶器，墓葬内的随葬品等。绘制遗迹平面图的基本原则有如下三个方面。第一，口部用实线。第二，所有与遗迹结构有关的现象都要绘出来，如台阶、折棱、龛穴等。第三，正投影时，被口线遮挡部分用虚线，未遮挡部分用实线。如果遗迹底部结构复杂，而该遗迹又是口小底大，则被遮挡的复杂部分用虚线绘有失清晰和准确，对于这种情况，可另外用实线单绘遗迹底部平面图。

有的遗迹口、底都有，即使口部破坏严重，高低不一，但毕竟现存之口能够封闭起来①，这类遗迹可以按照以上原则去绘就可以了，至于打破其上部的其他遗迹则不需要绘出。还有的遗迹往往被从口到底打穿，口与底均不完整。对于这类不完整遗迹平面图的表示，则需要把打破该遗迹的遗迹绘出来，但后者不需要绘完整，其口线超出被打破遗迹口线少许即可。如图六所示。

直壁坑H2把袋状坑H1从口打到底，H1口和底均不完整，所以H1平面图上必须把打破它的H2绘上一部分，并注明单位号。

---

① 考古发掘出的所有遗迹，现存口部大部分不是使用时期的口部，即大都在发掘之前遭受过破坏，它们现存的口部都是破坏后的口部。因此，不论此口破坏多么严重，高低多么悬殊，只要高于底，能封闭起来者就可视为有口有底。

2. 遗迹剖面图与剖视图的区别

目前的考古学界，对遗迹剖面图的理解比较混乱，只要与剖有关就统统称之为剖面图。其实，根据图上所表现的内容，应区分为两类，即剖面图和剖视图，二者都属纵向垂直切面。

剖面图表现的是被剖断面的现象，断面之外的现象不予表现。依据被剖处的情况可分两类，第一类是当某遗迹先发掘一半时（或某分之一时），需要绘一剖面图，此剖面图上既有该遗迹从口至底被剖之外围轮廓线，又有遗迹内填土的层位线和压在坑上文化层的底线，后者就是通常所谓封口线，如图七所示。

这种剖面图在田野发掘中经常运用，绘完这一剖面图，并拍照之后，再发掘遗迹内的另一半。因此，这类剖面图是遗迹发掘过程中间完成的。第二类是在某遗迹发掘时，没有先发

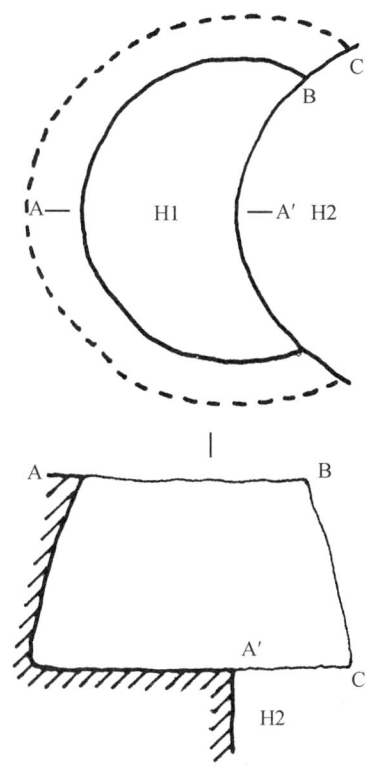

图六　口底被打穿的袋状坑H1平面与剖视图

掘一半，而是整体发掘到底，没有也无法绘出上述第一类的剖面图，但遗迹又需要绘剖面图。这时的遗迹只有从口至底的外围立体轮廓，内部填土清除，故其剖面图也只有遗迹被剖处从口至底的外围轮廓线，其内无填土层位线，也无压在坑上文化层的层位线，故遗迹口是敞开的，无法封闭，如图八所示[①]。

剖视图是指当某个遗迹内部发掘完之后，绘一些既能表现该遗迹从口至底的轮廓剖面，又能表现未剖掉一侧壁面上可以看到的所有现象，它是剖面与可视面的复合。有如平面图上，不仅有遗迹开口面上（这实际为遗迹的横向切面）遗迹的口线，还要向下正投影把遗迹口以下到底的所有现象画出来一样。只不过剖视图是从侧面正投影测绘对面之壁上的现象而已，所以又称之为侧视图[②]。如图九所示。

本图是天马—曲村遗址H119的平面图和剖视图[③]，该遗迹"总体为口大底小的长

---

① 中国社会科学院考古研究所：《偃师商城（第一卷）》（上册），科学出版社，2013年，437页，图二四三：3。

② 国家文物局：《田野考古工作规程》，文物出版社，2009年。

③ 《天马—曲村（1980～1989）》发掘报告的剖面图，实际大部分为剖视图，80年代发掘时还未认识到这一点。

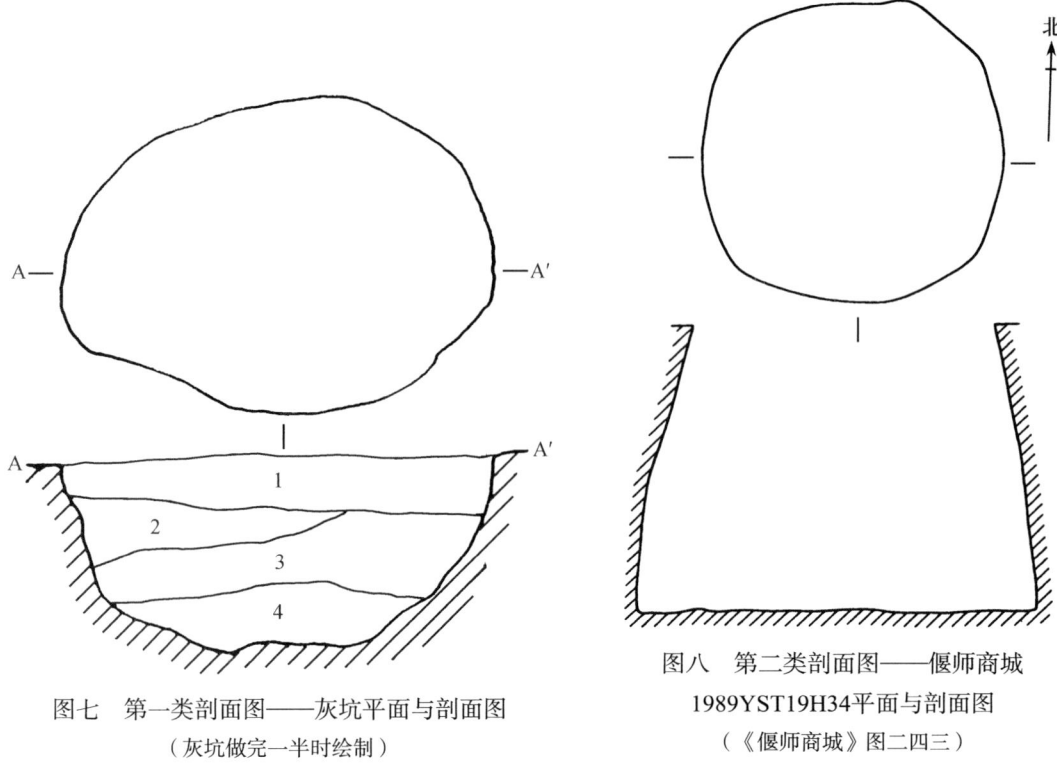

图七 第一类剖面图——灰坑平面与剖面图
（灰坑做完一半时绘制）

图八 第二类剖面图——偃师商城
1989YST19H34平面与剖面图
（《偃师商城》图二四三）

方竖井，仅局部为圆筒状，南北两壁有脚窝，西壁有洞龛"。在两个剖视图上分别显现了未剖掉一侧壁面上可以看到的口线、脚窝和洞龛。

任何一个遗迹发掘完之后，必须绘与平面图相配的剖视图，因此，剖视图在考古发掘中是最常见的图类之一。

3. 对遗迹剖面图和剖视图口线的理解

这也是田野考古图中比较混乱的问题，不过，若明白了上述剖面图与剖视图的含义，也就能回答这些问题了。

属剖面图第一类者（图七），因遗迹先发掘一半，坑内层位堆积是能看得见的，封口线就是坑内最上层堆积的表面切线[①]，是一定要绘的。属剖面图第二类者（图八），因测绘遗迹剖面图时，遗迹内堆积已全部发掘完，不复存在，剖面仅能剖到遗迹从口至底的边界轮廓，其内部是空腔，所以，这种剖面图无法绘出封口线。

---

① 如果发掘准确，所谓"坑内最上层堆积的表面"实际是叠压在遗迹口上的文化层的底面，也就是被压遗迹的封口面；如果发掘不准确，把坑口挖去一部分，则坑内堆积自然也会同时被削去一部分，此时"坑内最上层堆积的表面"就是发掘者削出来的横切面。多数情况属后者。

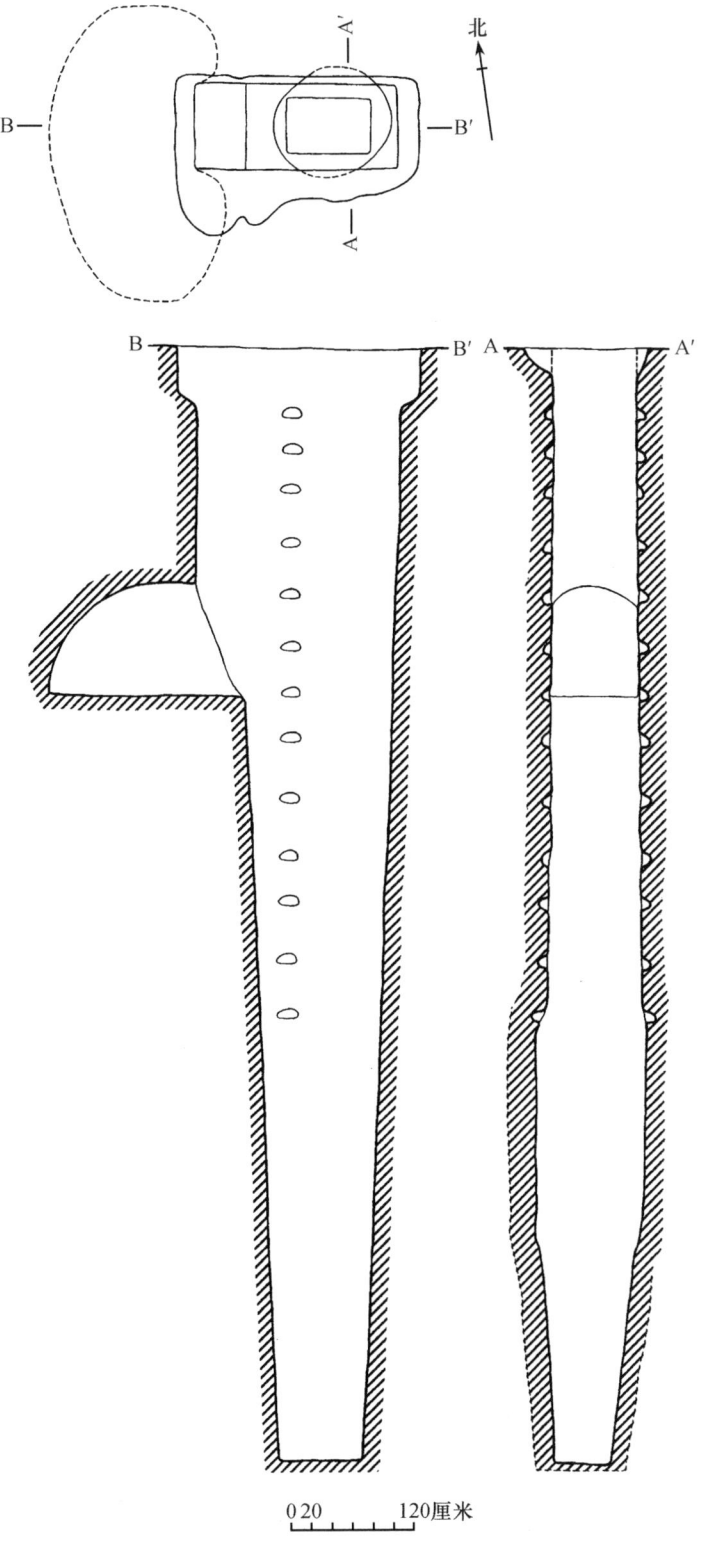

图九 剖视图举例——曲村J7H119平面与剖视图
（《天马—曲村（1980~1989）》图一八四）

如果是剖视图，它既包含有剖面图第二类的表现，又包含未剖掉一侧壁面上可以看到的所有现象。这类图上不存在剖面图第一类的封口线，但必须把未剖掉一侧壁面的现象绘出来，而此壁面现存上口是其现象之一，当然也要绘出来，它是未剖掉一侧壁面的口线。此口线有如绘制一件内外有彩绘的陶容器，被切掉四分之一部分后，从切口可以看到对面器内彩绘与口线一样[①]（图一〇），它与剖面图第一类者的封口线有本质区别。也正因如此，对这样的图称之为剖视图似更合理，便于与剖面图区别。

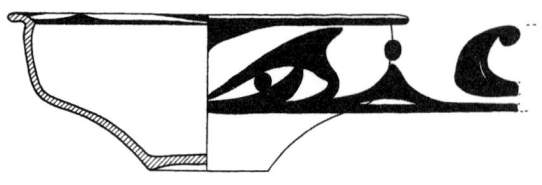

图一〇　彩陶盆口线与内外彩图案
（《华县泉护村》图一七六）

在我们现在的田野考古发掘中，对所绘遗迹图，基本未有这样的区分，大都笼而统之混称为剖面图。依大量发掘报告的所谓遗迹剖面图可知，有些报告的遗迹无封口线，称剖面图是对的；有些报告的遗迹有封口线，基本都是一条直线，甚至常用直尺画出，也称为剖面图。可这种剖面图，在遗迹内不见堆积的层位线（或许不分层，只有一层，但有的文字描述是分层的，但图上未显示），是否属剖面图第一类者的封口线，无法知晓；那么，是否属上述剖视图中所指未剖掉一侧壁面的口线，亦无法判定。从遗迹内无层位线，封口线又是整齐划一的直线，尤其是用直尺所绘的直线来分析，这类所谓剖面图有相当一部分很可能是整个遗迹发掘完测绘的，封口线是绘图者想当然的虚拟之作，既不是上述剖面图第一类者的封口线，也不是剖视图中未剖掉一侧壁面的口线。

剖面图绘起来比较容易，因为仅限于同一垂直面上，在此不予论述。剖视图绘起来有一定难度，因为所绘现象不在同一垂直面上，需要略加说明。

遗迹保存状况非常复杂，因此其剖视图也不会单一。这里简单概括为两类，一类是遗迹口部被同一层位的底面（文化层或遗迹单位）较整齐地打破或叠压，此层位底面或近于水平，或有一定坡度，但没有太大起伏变化。此种状况下被叠压的遗迹口部也不会有起伏变化，即基本处于同一个面上，比较整齐。此种情况下的遗迹剖视图，其未剖掉一侧壁面的口线基本与剖线经过的遗迹口部两点的连接线相当，故将剖线经过的遗迹口部两点手动自然连接起来也可，当然，这不是科学测绘的结果。若要精确和科学，则需要把未剖掉一侧壁面的口部测绘出来。第二类是遗迹口部遭到其他层位不整齐的破坏，所存口部不在同一个面上，而是高低不一，起伏变化大。此种情况下的遗迹剖视图，其未剖掉一侧壁面的口线自然也是高低不平，需要仔细测绘。如图一一。

---

①　陕西省考古研究院等：《华县泉护村——1997年考古发掘报告》，文物出版社，2014年，246页，图一七六：1。

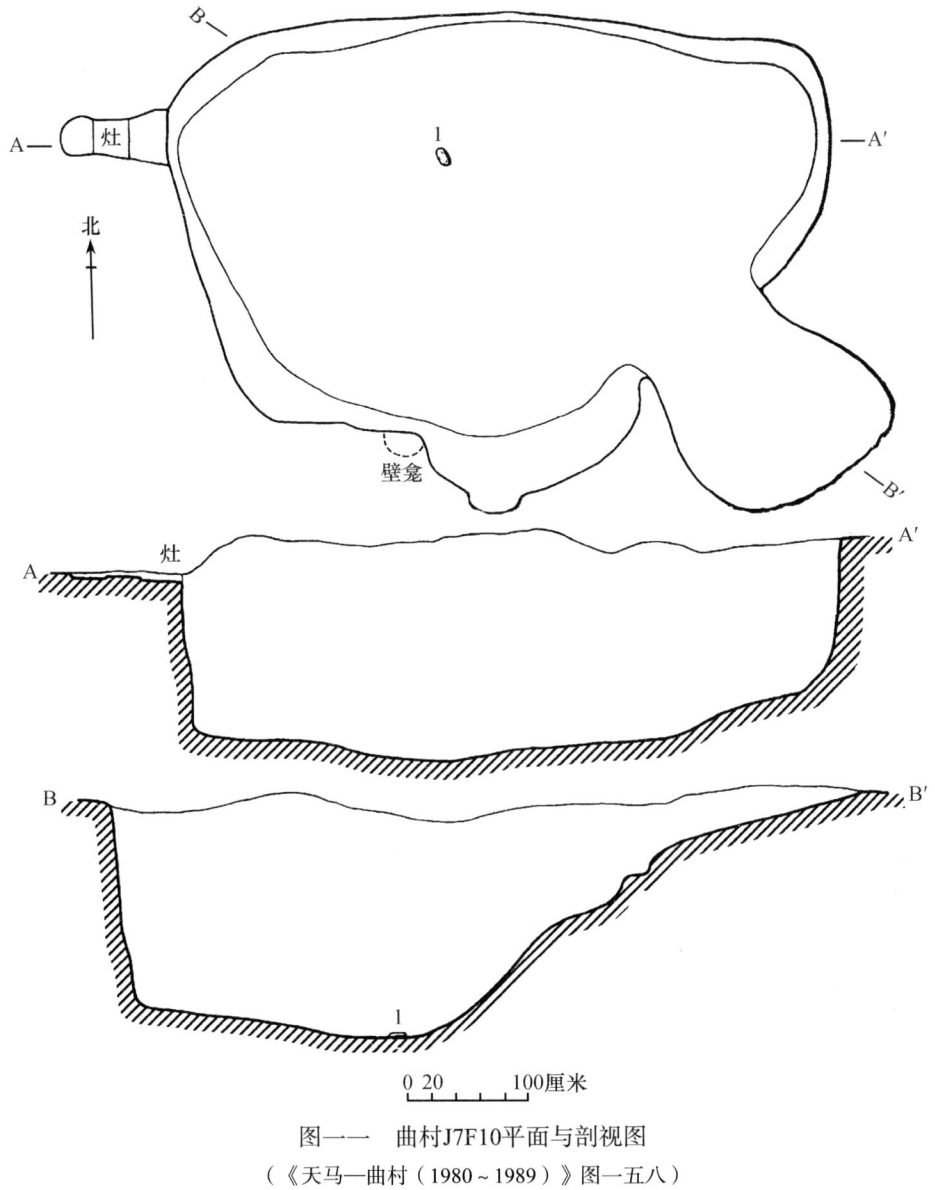

图一一 曲村J7F10平面与剖视图
(《天马—曲村(1980~1989)》图一五八)

这是天马—曲村遗址一座地穴式房子,西壁上有长条状烧灶,底与周壁下部经火烧。口部被其他层位破坏,高低不平,这在两个剖视图上是能看出来的。又如图一二,一看便知灰坑H147之口的南面中部破坏很大。

而前举图六剖视图上的AB连线是袋状坑H1未剖去一侧的口线;BC连线是H1被直壁坑H2打穿处可以看到的坑壁线;A'C是H1的底面线。

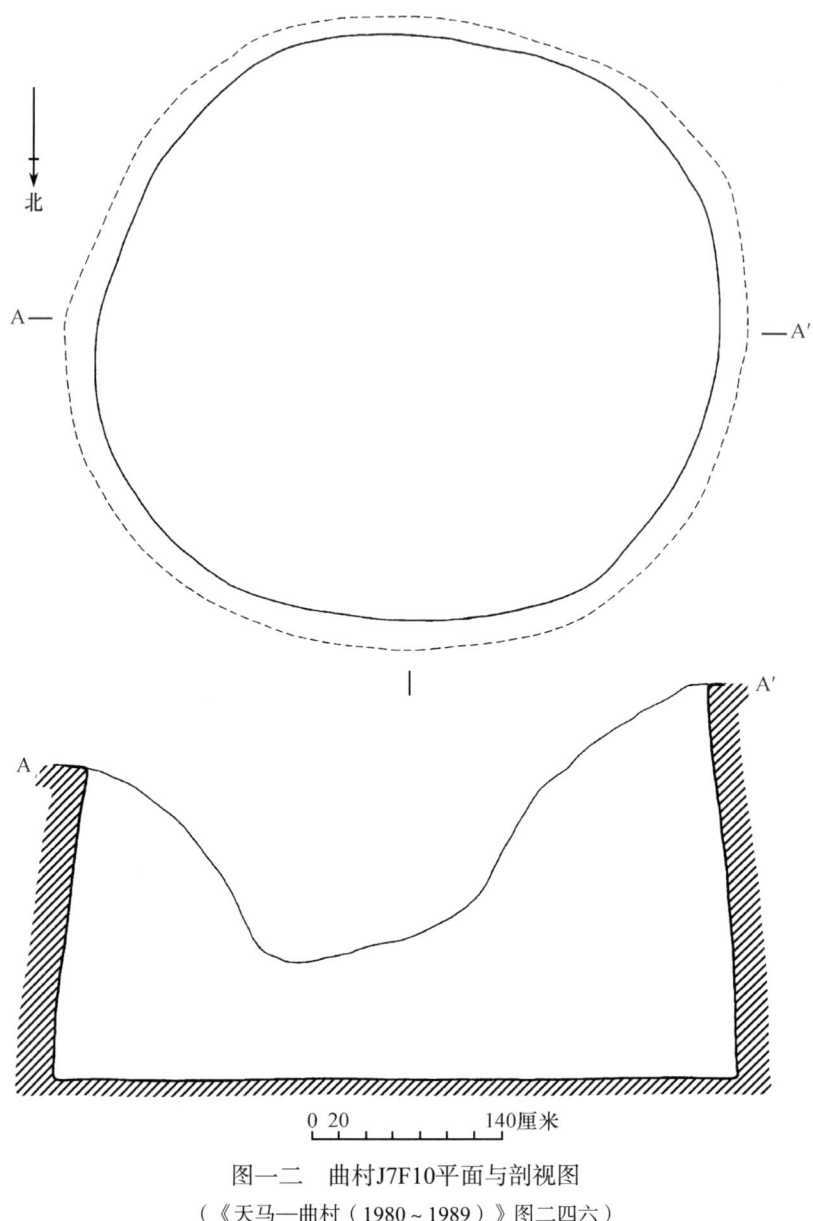

图一二　曲村J7F10平面与剖视图
（《天马—曲村（1980~1989）》图二四六）

4. 剖面的选择和表示

剖视图都是为了反映遗迹的结构特征，越全面越好，因此，绘几张剖视图，以及各剖视图的剖面选在何处要依遗迹的结构特征来定。图九之H119，绘了纵、横两个剖视图，基本可以较全面表现该遗迹的结构特征，如果再增加一个西部洞龛的南北向剖视图就更加全面。由于H119深11.1米，洞龛位于中腰偏上，作业难度较大，当时没有绘制。图一〇之F10也是绘了两个剖视图，其中AA′剖视图纵剖F10北部，是为了表现北部深度与壁、底状况，同时剖面纵跨西壁上烧灶，也能表现出烧灶所在高度与残存状况。BB′未与AA′垂直，而是斜向剖视，主要是因F10的门道位于房子东南部，为了表现门道坡度而设。当然，本遗迹如果再绘一横剖视图会更好。

凡绘有剖面图或剖视图的遗迹，在所绘平、剖图上都要标注清楚所剖的位置，一般是在平面图近遗迹口部用两条短直线表示，可以称之为剖面指示线。此点亦属常识，绝大多数人都清楚。不过，在目前看到的考古报告中，在这一细节上也不一致，大概有两种情况。

一是在平面图上绘有剖面指示线，不加英文字母，剖面图或剖视图放在平面图下方与之对应，如图二、图八。

二是在平面图上绘有剖面指示线，并加英文字母。与之对应的剖面图或剖视图也在口部注明与平面图对应的相同字母，多数亦放在平面图下方。若剖面图或剖视图不止一个，为了更直观，也可将它们放在平面图一侧或两侧等。

一般来说，第一种不加字母者可能是因遗迹简单，规模小，或者只绘了一个剖面图或剖视图，因此将其放在平面图之下也能看得明白。另外，此种情况还需有一个前提，就是田野测绘底图时，是将平、剖面图绘在同一张米格纸上的，当时就对应得很好。如果遗迹规模大，平、剖图一张纸容纳不下，需要分别绘在两张米格纸上。可以想象，不加字母的两张图在对应时就会得出两种相反的结果，显然，不加字母就无法判定是从哪个方向剖视的。因此，即使绘一个剖视图，也要加字母表示，以避免不必要的麻烦。而且在田野发掘中，经常会遇到形制结构复杂的遗迹，面对这样的遗迹，仅绘一个剖视图肯定不合适，而是需要绘多张剖视图。这些剖视图的剖面有时并非相互平行或垂直，无论如何不可能用一张米格纸绘制。在这种情况下，如果都不加字母就更难一一对应了。

看来在平、剖图上加英文字母是实际所需，是合理的。

那么用什么样的字母来区分不同的剖面呢？目前也不一致，也有两种表示。一种是用AA′、BB′、CC′等等区分不同的剖面，最为常见。一种是用AB、CD、EF等等区分不同的剖面，比较少见。二者都能起到相同的作用，好像前者更方便一些。

5. 平、剖图之对应

平面图与剖视图之对应容易理解，在此亦不赘及。关键是剖视图与剖视图的对应，如前面图九。图上H119绘有纵、横两个剖视图，图上都显示有洞龛和脚窝。对于同一现象，比如西壁上的洞龛，其龛口之顶和底的高度，两剖视图必须一一对应，上下都不能有错位。脚窝亦然。H119是比较简单的现象，这方面在随葬品较多的墓葬剖视图中就显得更难把握，因各剖视过程中视角的不同，所见的每件随葬品也都是从不同视角测绘的，要保持相互一致，难度更高。所以，在以往的田野考古发掘中，对墓葬整体绘制两个以上剖视图者很少。不过，随着摄影与三维成图技术的应用，绘制多个剖视图就不会太难了。

说到墓葬平、剖图，这里顺便强调一个问题，即墓葬平、剖图的边框用直尺绘是否合适。在目前看到的有关墓葬的发掘报告中，有很多墓葬平、剖图的边框用直尺绘制，有些明显变形的棺椁也用直尺绘制。我以为这不符合实际，没有任何一座墓葬，考古发掘出来的各处边框，如口、壁、底及二层台等是笔直笔直的。用直尺绘只能说是复原图或示意图。当然，目前这种绘制法并非凭空产生，也是有其由来的。如前文所举20世纪30年代绘制的殷墟王陵的图和1950年绘制的固围大墓的图，就都是用直尺绘的边框。原来前辈权威老师就是这么做的，效而仿之也是学习，难免现在还比较常见。不过，老师有错也不会坚持不改，建议以后不再这么绘。

四、田野考古图与文字记录的吻合

在目前的田野考古发掘中，绘图与记录往往由不同的人员完成，这样在各种数据上就容易形成偏差，难以吻合。为避免偏差出现，一定要在测绘时把具体数据记下来。有了这些数据，即使绘图时算错比例而画错，也能予以纠正。且不可依图反推实际的数据，尤其在小比例图的时候，反推的数据肯定有误。

有些文字记录的内容，不是与绘图同步进行的，二者也易出现误差。比如，按照田野考古工作要求，每个遗迹的口部至少都要有两个高程数据——最高点和最低点，这两个数据可能在遗迹口部完全确定时就测出，并由发掘者记了在日记中。隔些时日，待该遗迹发掘完，由绘图人员绘制其平、剖图时，他仅负责遗迹本身的绘制，未必考虑口部高程。那么，他所绘制的遗迹口部最高点到最低点的高差是否能与当初测定的口部高差吻合，也是需要现场勘校的。

其实，文化层也有类似的问题，这里亦不赘及。

在阅读墓葬发掘报告时，于文字描述中还常遇到以下情况，如在介绍墓葬葬具时，说某墓一棺一椁，椁室长多少厘米，宽多少厘米，椁板厚多少厘米。木棺也有类似描述。翻开墓葬平面图，画的也很清楚。那么这椁与棺的各自长宽是测的什么部位？是板的外侧？还是内侧？文字描述没有交代清楚。须知商周时期大墓的椁板厚度约20厘米，如此算来，内外长宽相差多达40厘米，这可不是个小数字，也许在比较研究时非常重要。怎么办？那就只好求助于平面图，即按比例从图上反推椁室内面和外面的长宽。结果基本是不理想，很难裁断文字所言是内面还是外面的长宽。原因很简单，因田野所绘墓葬图一般是十分之一，出版印刷再一缩小，无法使反推数据达到准确。这不是绘图者的责任，是文字记录者的疏忽大意，是记录者缺少与绘图者的细心沟通。

田野发掘遇到的所有现象都有唯一性，互不重复，可谓繁杂多样，千姿百态，在绘图时都需要在现场仔细观察方能正确表示。以上仅列举一些简单现象予以说明，而且比较零散，很不全面。正如本文开头所言，之所以写出来的目的，是希望引起学界对田野考古图的重视，使田野考古图逐渐规范、科学与合理。所论不周之处，欢迎批评指正。

周原遗址商周时期聚落分区方法刍论

雷兴山

（北京大学考古文博学院）

一、"功能区"研究意义

本文的"聚落分区"，是指划分聚落"功能区"。"功能区"一词早已有之，本文的定义是：在单个聚落内，具有特定功用、存在一段时间、分布一定范围、可能属于特定人群组织的一个区域。

划分聚落功能区的研究，在中国商周考古学史上亦早已有之，典范当举殷墟考古。早在20世纪30年代，研究者已提出了"小屯宫殿宗庙区"和"西北岗王陵区"等聚落功能区。随着对殷墟布局更深入的认识，又提出了"苗圃北地铸铜作坊""大司空村制骨作坊"等诸多功能区[①]。近年来开展的殷墟布局、"族邑"结构研究等，又取得了巨大成就[②]。在其他夏商周时期遗址（特别是都邑性质的大型遗址）考古中，辨识聚落功能区的研究也有较为丰硕的成果。凡此皆为本文聚落分区方法研究打下了良好基础。

但以往对聚落分区研究，尚存在一些不足之处，如：①多是划分特殊遗存的功能区（如判断聚落的大型夯土建筑区、墓地、作坊等），而对一般居民区的划分甚少关注。②多关注聚落某一功能区内部的分区研究（如墓地分区研究），几乎不见对整个聚落进行系统分区。③少见关于聚落功能区分区方法的专题讨论，尤以如何确定功能区边界线的讨论更为罕见。

总体而言，目前还鲜见把划分聚落功能区作为明确的研究目标。笔者认为，划

---

① 如中国社会科学院考古研究所：《殷墟的发现与研究》，科学出版社，1994年。郑振香：《安阳殷墟布局及其相关问题》，《21世纪中国考古学与世界考古学》，中国社会科学出版社，2002年。

② 如：郑若葵：《殷墟"大邑商"族邑布局研究》，《中原文物》1995年第3期。唐际根、荆志淳：《安阳的"商邑"与"大邑商"》，《考古》2009年第9期。岳洪彬、何毓灵、岳占伟：《殷墟都邑布局研究中的几个问题》，《三代考古（四）》，科学出版社，2011年。恕下文不再一一引注。

分功能区是聚落考古之必需，功能区研究可完善以往中国青铜时代聚落与社会研究方法。为期盼研究者的进一步重视，于此再强调几点功能区研究的意义如下。

1. 有助于判断聚落各类遗存之间的内在联系

在更为深入的聚落考古中，研究者已不再满足于仅仅描述各时期遗存的分布范围，而是已在努力寻求各类遗迹之间的内在联系。但长期以来，由于缺乏一个大家认同的、介于聚落层面与单个遗迹层面之间的分析单元，从而影响了遗迹之间关系的判断。如有些研究在判断周原遗址某一座西周青铜器窖藏与大型夯土建筑的关系时，有时将可能分属不同功能区的这两类遗迹，联系为同一家族或人群；有时候仅是在描述大型夯土建筑周邻的青铜器窖藏后，简单认为两类遗迹存在密切关系，至于究竟是何关系，却往往缺乏明确结论与深入论证。

以往研究已表明，商周时期聚落内确实存在着不同性质的功能区，单个聚落是由诸多不同性质的功能区所组成，或可以说，功能区是组成聚落的独立单元。同一个功能区内的遗存属于同一个特定人群，同一个功能区内的遗迹可视为一个有着内在联系的独立整体。而不同功能区的遗存可能属于不同的特定人群，不同功能区内的遗迹属于不同的聚落单元。

因此，功能区可起到一个界定的作用。通过划分功能区，可判断聚落内不同地点的遗迹是否属于一个特定的人群，有着何种内在的联系，至少可避免把不同功能区的遗迹硬扯为一体的错误。

2. 可有效解决聚落考古中的时间关系难题

在以往聚落考古研究中，关于遗迹单位的"共时性"和"历时性"问题，一直是一个看似几乎不可解决的难题，以至于有些研究者从根本上否定聚落考古。为解决这个难题，有研究者提出利用"地面"（包括道路）来串联各类遗迹，以求得到一个判断诸多遗迹共时性的"平台"。此法虽有效，但在实际田野工作中，"地面"往往可遇而不可求，能起到串联作用的地面非常罕见。在此无奈的情况下，很多研究者就"任意"设定时间段，结果往往差强人意。事实上，以陶器分期为时间标尺，无论是精细分期标尺刻度，或是特意放长时间段，这一难题都无法真正解决。

单个遗迹间"共时性"和"历时性"之所以难于把握，是因为单个遗迹使用时间一般都较短，其存在时间可以说是"时间点"。比较而言，聚落功能区一般延续时间相对较长，其起止时间可以说是"时间段"，功能区之间的时间关系更易把握。因此，在分析单个聚落的形成过程与聚落布局时，以功能区作为分析单元，可有效避免上述时间难题。

3. 是判断聚落规模与性质的必要前提

聚落性质判断，是中国青铜时代考古中的一大难题。在以往研究中存在一些常见的错误：①错将聚落内一个区域的遗存性质当做整个聚落的性质。②错将一个遗址不同时期的聚落判断为同一个聚落，如依据不同时期的聚落面积来判断一个聚落的规模，或将遗址面积等同于聚落面积。③错将一个聚落"肢解"为几个遗址，这一错误经常见到，如以往将陕西岐山县孔头沟商周时期聚落，判断为6个不同的遗址。上述错误有时使考古学家陷入"盲人摸象"般的境地，严重影响了对聚落性质的判定。

要判断分散的遗存，是否为同一个聚落（或同一遗址），不仅要依据它们在空间分布上的紧密程度，更重要的是要分析它们之间的关联性，即需加强"聚落结构"研究。笔者的"聚落结构"，是指一个聚落内各功能区间的一切关系，这些关系包括时间、空间、性质、等级、人群等方面。

基于聚落结构特征研究，可更好地把握不同时期聚落的规模，不会把遗址面积等同于聚落面积。辨明各功能区性质和相互关系后，可避免把某一功能区的性质等同于整个聚落性质的错误，也"可避免把同一聚落割裂成不同遗址或聚落的错误"[①]。如，我们研究发现[②]，岐山孔头沟周邻所谓的6个遗址实为同一聚落，不同的遗址其实只是孔头沟聚落中的一个个功能区，以往有研究错将其中一个功能区赵家台制砖作坊，当成了整个聚落的性质。

4. 有助于判断考古学文化族属及研究聚落社会组织结构

考古学文化遗存族属判断，一直是中国青铜时代考古中不可回避的难题。笔者以前曾论述过，"功能区的划分有助于区分不同的特定人群（或族群）"[③]。特别是在商周时期大型聚落内，多居住着不同的族群，目前普遍的认识是，这些不同的族群往往聚族而居，聚族而葬，所以某一功能区遗存的人群，有可能是一个（或几个）特定的族群。由此理念与方法，我们既可以将特定的考古学文化面貌，与特定的族群相联系，也可以避免将一个功能区内的族群等同于整个聚落族群的错误。

聚落考古的主要目标之一，是研究聚落的社会组织结构。由于不同的人群或族群往往分功能区"聚集居葬"，而功能区是组成聚落的单元，所以，一个功能区内的

---

① 种建荣、雷兴山：《岐山孔头沟遗址田野工作方法与工作理念》，《文博》2008年第5期。
② 种建荣、张敏、雷兴山：《岐山孔头沟遗址商周时期聚落性质初探》，《文博》2007年第5期。
③ 雷兴山：《先周文化探索》，科学出版社，2010年，35、36页。

人群可视为聚落的一个社会组织单位。进而可认为：一个功能区内部结构的研究，可揭示一个社会组织单位的内部结构；不同功能区的人群关系，是整个聚落的社会组织结构。

以往在研究一个聚落社会组织结构时，多以墓地材料为主要研究对象，长期忽略了居址遗存的作用。现利用功能区（当然包括居址材料）研究聚落社会组织问题，丰富了研究资料，弥补了以往缺陷，增加了社会组织研究的新途径与新领域。

鉴于上述四点意义，笔者强烈期盼，应明确将"功能区"，作为聚落与社会研究的一个分析单元，明确将划分功能区作为聚落考古之必需。

周原遗址考古硕果累累，对遗址局部区域的内涵已有较为深入的了解，但对聚落整体布局还认识不清。基于上述认识，我们在2012和2013年的周原遗址考古中，明确将功能区研究作为工作目标。

划分功能区，是功能区研究的基础与难点。本文拟在借鉴殷墟等遗址划分功能区研究成果基础上，重点说明周原遗址商周时期聚落分区方法。

二、聚落分区方法

划分聚落功能区的方法，就是如何确定功能区的边界线，简单地说就是如何"画圈圈"。本文初步提出六条依据，简述如下。

1. 依据自然地形

聚落所在区域的古代自然地形，如古河流、自然沟、岗丘、自然池沼等。这些自然地貌不仅有助于判断聚落的边界，有些也是功能区的边界线（或可称"自然界标"或"自然地标"）。如陕西岐山周公庙遗址的马尾沟，是商周时期的自然沟。沟虽不宽，但有界线作用。在先周时期，该沟以东区域无先周文化遗存，沟西区域却密布先周文化遗存，该沟应是先周时期聚落的边界线。西周时期，沟北段以西区域为大型夯土建筑区，沟东为墓地，该沟又成为周公庙西周聚落两个功能区的分界线。

自然地标需一定存在于聚落时代，在聚落分区研究中，一定需辨析自然地形与聚落的时代关系。在周原遗址，齐家沟（又称刘家沟）和王家沟北段，在商周时期不存在，故不能作为自然地标。遗址东部边缘的美阳河，是古代河流，西周时期的一条人工水渠与其相接，河东大范围区域未发现商周时期遗存，故该河可作为周原遗址商周时期聚落及有些功能区的边界线。

2. 依据"聚落框架性遗迹"

笔者所谓的"聚落框架性遗迹",是指诸如聚落的城墙、壕沟、道路等大体量线状人工遗迹(或可称为"人文界标"或"人文地标")。这类遗迹是确定聚落范围、划分聚落功能区的主要界标①。

(1)城墙及其壕沟

在周原遗址贺家北与凤雏村西南区域,目前共发现2座城址,一座建于西周晚期,另一座年代不明。这两座城址的城墙均不是周原遗址整个商周时期聚落的边界,只是某一功能区的边界。在有些遗址,较窄的夯土墙(除院墙外),很可能是某一功能区的边界线。例如二里头遗址铸铜作坊和绿松石作坊区的周围,发现有围垣②,这些围墙是作坊区的边界线。在有些遗址,虽然城墙已废弃,但其护城河仍在使用,此时还可起到功能区界标之作用。

(2)沟渠类遗迹

早在新石器时代,环壕就具有界沟之作用。延至夏商周时期,聚落外的环壕与聚落内的壕沟仍然具有界沟之用,这一点已在夏商周大型聚落考古中得以多次验证。如在二里头遗址东北部至东缘一带,发现了一条已知长度达500米的壕沟,其外为空白区域,不见二里头文化时期堆积。发掘者认为这条壕沟应具有区划的作用,是二里头遗址的东部边界。

在周原遗址发现了多条商周时期的沟渠类遗迹。如2011年发现的由云塘水池流向东南的水渠G1,长约1700多米③;2012年在周原遗址东部边缘区域又发现了两条水渠;2013年周原遗址全面调查时又发现了几十条沟渠类遗迹。据目前认识,周原遗址这些沟渠可分为多种类型,在划分功能区时的作用也有所不同:

第一类,是大型沟渠,一般长度逾千米(可称为"干渠")。在周原东部区域发现的水渠,其周围有大片的空白地带,说明这类水渠不属于某一个功能区,应属于聚落公共设施,可作功能区的边界。如G1在云塘村南地段,沟北不见西周早期遗存,钻探和调查发现居址与墓葬共处一地,而沟南有西周早期遗存,仅有居址遗存而无墓葬。另外,在该沟两边尚有空白地带。还有一类水渠,较大型水渠窄短,连接大型水

---

① 杜金鹏先生以二里头遗址、偃师商城和殷墟遗址布局研究为例,精彩阐释了"线"与"片"的关系(《聚落考古路线探索》,《三代考古(四)》,科学出版社,2011年)。本文所讲"聚落框架性遗迹"与"功能区"的关系,有点类似于杜先生的"线"与"片"。

② 中国社会科学院考古研究所:《二里头(1999~2006)》,文物出版社,2014年。下文关于二里头遗址的材料,均引自该著,不再另注。

③ 宝鸡市周原博物馆、宝鸡市考古研究所:《周原遗址池渠遗存的钻探与发掘》,宝鸡市博物馆编《周原》(第1辑),陕西出版传媒集团三秦出版社,2013年。

渠（可称为"支渠"），一般流向居民点，这类水渠也应该具有界标作用。另外，目前在周原遗址已发现的4个大型水池，应属于公共设施，也应具有功能区界标作用。

第二类，属于居民区环壕性质的沟渠，这类壕沟无疑是划分功能区最理想的界标。比如在周原遗址召陈区，1976年发掘西周时期夯土建筑的东边，有一条西周时期壕沟，后废弃不用[①]。2013年调查与钻探发现，召陈区北有西周时期壕沟。在召陈村东新发现了一条壕沟（位于上述废弃壕沟之东），该沟北端与北沟相接，南端转向西，形成该区的南沟。在东边沟之东，为大片的空白地带。召陈村西堆积被破坏严重，仅见很短的一段壕沟。换言之，召陈区四周由环壕包围，形成了一个独立功能区。这样明确的环壕，在周原遗址商周聚落中还有发现。

第三类，一般较窄，性质多不明。有些可明确为一个功能区内部的小沟，比如在召陈区内还发现有小沟。这些功能区内的沟，在进行功能区内部分区时可起界标作用，如京当东南刘家区内的一条沟，沟东为单纯的居址遗存，沟西为单纯的墓地。

（3）道路

道路网络是划分功能区、研究聚落结构的重要线索，但并非所有道路、一条道路的所有路段，都可作为功能区的边界。

有些道路是连接聚落各功能区的主干道，属于聚落公共设施，可起到划分功能区边界的作用。有些道路是功能区内部道路，虽可对划分功能区内部分区起一定作用，但显然不是功能区的边界。即使是属于聚落大道，其位于某一功能区内的路段，也无法起到功能区界标作用。

如在二里头遗址大型夯土建筑集中分布区外发现4条主干道，纵横交错呈井字形，这些大路的走向与大中型建筑基址的方向基本一致，其围起的空间恰好是宫殿区。发掘者认为，这4条大路是二里头都邑功能分区的重要界限。另外，在宫殿区内各建筑基址之间，也发现了道路遗迹，显然这些道路不能作为划分功能区的地标。

目前还不能利用道路来划分周原聚落的功能区。一是因为在周原遗址发现道路甚少，二是因为目前还无法判断各种路究竟是聚落的公共大道，还是属于功能区内的道路。如1999年秋在周原齐家东发现一条西周时期道路[②]，残宽11米，是年冬在该路北边又发现了一段，该路是目前所知周原遗址内最宽的一条道路，但察路之两边堆积，并未发现它们有分属于两个功能区的证据。

3. 依据聚落空白地带

在周原遗址发现很多空白地带，有些范围甚大，如召陈村东至许家胡同村西之

[①] 陕西周原考古队：《扶风召陈西周建筑群基址发掘简报》，《文物》1981年第3期。

[②] 周原考古队：《1999年度周原遗址ⅠA1区及ⅣA1区发掘简报》，《古代文明》第2卷，文物出版社，2003年。

间，有大片空白地带。再如在京当镇南，东西宽1.5至2千米的区域内未发现商周时期遗存。这些空白地带是划分功能区的有力依据，理由是：

（1）以往其他遗址的研究成果可作证明。如从殷墟布局研究可知，殷墟是由不同的族邑（或许就相当于本文的功能区）组成，殷墟一期时族邑分布较为稀疏，各族邑间有很大的空白地带，随着族邑的扩张或族邑的增多，空白地带越来越少，但仍存在不少的空白地带。这一认识说明，空白地带是各功能区的间隔地带，可以利用空白地带的边线作为功能区的边界。

（2）在周原商周聚落有些区域，虽然空白地带仅有20多米宽，但其两边从西周早期延续至西周晚期的堆积性质却完全不同。这种现象可说明，即使很窄的空白地带，有时也是两个功能区的间隔地带。

（3）空白地带往往和其他功能区界标同时出现。如前文所述，在多个功能区环壕之外，常有空白地带。

鉴上，我们在划分周原聚落功能区时，把空白地带作为聚落公共地带，空白地带的边线作为不同功能区的边界。不过，在有些功能区内，特别是在大型夯土建筑区内，也会有空白区域。

4. 依据特殊遗迹与遗物

所谓特殊遗迹与遗物，不是指遗址中常见的灰坑与陶片等一般遗存，而是指对判定功能区性质具有特别指示作用的遗迹与遗物。这类遗迹与遗物大量出土的区域，就是一个特定的功能区。

如在周原遗址，集中出土陶范之地是铸铜作坊，大量骨料出土之地应是制骨作坊。集中的墓葬代表该区域为墓地，大量的陶窑代表该区域为制陶作坊，发现由鹅卵石铺成的"散水"，则表示该处有大型夯土建筑。若特殊遗迹和遗物集中发现于一地，对判断功能区性质更具指示意义，如在一个区域发现大量西周时期的陶瓦、原始瓷器残片、红烧土块堆积、柱础坑、夯土基槽等，那么这个区域一定是西周时期的大型夯土建筑区。

若只是零星发现的特殊遗物，则仅能表明该聚落具有某种功能区，但不能确定功能区的位置。实际情况可能更复杂，如仅发现少量骨料，则不能说明该区域有制骨作坊，因为骨料有可能是家庭手工业的遗留。但若发现一座灰坑内有大量陶范，则基本可以肯定该区域有铸铜作坊，因为就目前的发现看，铸铜绝非家庭手工业可为。有时在一座灰坑内发现几块陶瓦，并不能表明灰坑附近一定有大型夯土建筑，因为周原遗址西周中晚期的小型房子也有可能使用陶瓦，但若发现一座大灰坑中基本都是陶瓦，则灰坑附近肯定有大型夯土建筑，因为就目前周原地区西周遗址中所见，这种堆积状况无一例外。

上述复杂状况的解决，除需积累更多考古资料外，至少还需深入研究两个问题：一是在特定的区域、考古学文化、甚或某一聚落中，特殊遗存对于功能区判定有着什么样的指示作用；二是需要研究特殊遗物出土单位的"属性"，即"堆积单位属性"[①]。笔者的想法是，在判断特殊遗物出土单位以及特殊遗迹"单位属性"的基础上，把具有相同属性的一类遗存称为"堆积类型"，根据堆积类型的分布范围来确定功能区的范围。如此可确保功能区划分的正确性，避免因零星发现而造成错误认识。

5. 依据"遗迹组合"特征

笔者所谓的"遗迹组合"，是指几类不同属性的遗迹，在一段时间内，经常性地空间位置靠近，单位属性相关，形成一个较为稳定的共存关系[②]。

在划分聚落功能区时，需要考察不同类遗迹的"组合"关系。比如在周原遗址，有些区域居址遗存与墓葬遗存共存一处，期段同时，均是从西周早期延续至西周晚期，相互间有打破关系。对这类堆积该如何划分功能区呢？一般情况下，在有些商周时期遗址，可认为居址与墓葬不属于同一功能区，但在周原、殷墟等遗址却非如此，因为周原遗址西周时期的殷遗民手工业者，生产、生活、埋葬在同一个作坊（功能区）内[③]。

目前对周原遗址商周时期聚落的"遗迹组合"特征还知之甚少。相信随着认识的增多，将来有可能会"窥一斑而知全豹"，只要发现一类特殊遗迹，就可以肯定周围还应该有什么样的遗迹。若此，功能区的划分将更加准确。

6. 依据某一时期遗存分布状况

考察聚落各期段遗存的分布范围与集中分布区域，可有助于判断功能区的数量，对有些功能区边界的划分也有参考作用。

（1）在一个聚落刚形成之时或当聚落布局发生较大变化时，功能区一般间距较远，这些时期各个遗存分布较为集中的区域，很可能就是一个新的功能区。如西周早期时，周原聚落的东北部几乎是一片空白，唯在姚家村西发现一处西周早期遗存较为集中分布的区域，表明这里肯定存在一个形成于西周早期的功能区。

---

① 雷兴山：《先周文化探索》，科学出版社，2010年，36页。
② 关于"遗迹组合"这一概念，笔者将另文详细说明。
③ 雷兴山：《论周原遗址西周时期手工业者的居与葬——兼谈特殊器物在聚落结构研究中的作用》，《华夏考古》2009年第4期。种建荣：《周原遗址齐家北墓葬分析》，《考古与文物》2007年第6期。

（2）某一时期遗存分布的边缘线，可以作为聚落分区的界线。如周原遗址先周时期遗存分布的最东边缘，是在齐家沟东岸一带。可参考使用这条聚落边缘线，来确定先周时期聚落东部各功能区的东界线。

（3）按时期考察遗存分布状况，可能会发现更多的空白区域。周原遗址西周早期遗存分布的东部边缘，是在召陈村西、任家村西（南北）一线，整个周原遗址东南部，如上康村、下康村、齐村、许家胡同村等区域，不见一片西周早期陶片。这些西周早期的空白区域，自然有助于聚落分区。

上述6条依据仅是初步认识，有些还有或然性。故本文认为划分功能区最重要的方法，是多条依据的综合应用。下边以划分云塘制骨作坊范围为例，简要介绍周原遗址商周时期聚落分区的综合方法。

（1）功能区的确定。该区域曾经钻探与发掘，发现了数量巨大的牛骨、骨料、骨笄残次品等[①]，由这些特殊遗物判断该区域是一处制骨作坊。2013年度考古调查与2014年度考古发掘，再次证明了该区域从西周早期到西周晚期，一直是制骨作坊。

（2）北界的判断。制骨作坊的北边，是2011年发现的西周时期云塘水池，两条水渠连通水池南部，一条为向东南流的G1，一条向西南流，两渠均长逾千米。水池之南约有60米长的空白地带。池渠属聚落公共设施，不在作坊之内。故制骨作坊的北边线，可以池渠及空白带为界。

（3）东界的判断。其一，该区域东边有一条南北向的现代取土壕，宽约70米，东西两边断坎高约1米。在西边断坎上发现密集的灰坑，几乎所有灰坑都出土骨料，东边断坎上遗迹罕见，还包括夯土基槽，不见任何骨料。两条断坎上的堆积类型差异甚大。东边断坎以东区域曾经大面积发掘[②]，已知该区域西周晚期时是大型夯土建筑区，西周早中期时，该区域非制骨作坊区。鉴上可推，现代取土壕东西两侧应分属于不同的功能区，两区的分界线应在取土壕区域。其二，非常巧合的是，2013年度在调查该区域后，我们在此进行了钻探，在现代取土壕中部发现了一条南北向的沟渠，钻探长度约650多米，宽约9米，其北端连接G1，应是云塘池渠系统的一部分。由此可定，制骨作坊的东边界应以该沟渠为界。

（4）南界的判断。制骨作坊之南是齐家制玦作坊[③]，两区域地表和断坎上遗迹中所见特殊遗物截然不同，一边是大量骨料，而另一边是大量石料。从断坎和地表所

---

① 陕西周原考古队：《扶风云塘西周骨器制造作坊遗址试掘简报》，《文物》1980年第4期。陕西周原考古队：《扶风云塘西周墓》，《文物》1980年第4期。

② 周原考古队：《陕西扶风县云塘、齐镇西周建筑基址1999~2000年度发掘简报》，《考古》2002年第9期。陕西省考古研究所：《陕西扶风云塘、齐镇建筑基址2002年度发掘简报》，《考古与文物》2007年第3期。

③ 陕西省考古研究院、北京大学考古文博学院、中国社会科学院考古研究所周原考古队：《周原——2002年度齐家制玦作坊和礼村遗址考古发掘报告》，科学出版社，2010年。

见，两区域之间有宽约30米的空白地带①。因此，制骨作坊南边线可以空白地带为界。

（5）西界的判断。制骨作坊的西边是形成于西周时期之后的齐家沟，该沟东岸边上仍可见到骨料遗存，但在沟西区域已不见骨料，由此得知制骨作坊的西部边缘已被冲毁，西边线应在现在的齐家沟内。

根据上述方法，我们将周原遗址商周时期聚落划分为120多个功能区，相关成果已有初步介绍②，并将在2013年度周原遗址田野考古工作报告中详细说明，本文不赘。

三、聚落分区相关问题讨论

本文以周原遗址为例，初步讨论了商周时期聚落分区方法，有关认识仅为抛砖引玉，尚待讨论完善。就聚落分区相关的几个问题，再略作讨论。

1. 划分功能区与陶器分期关系

一般情况下，考古学研究都是在分期的基础上进行。那么，划分功能区是否也应在分期的基础上进行？

笔者认为，以陶器分期为主的考古学文化分期，应是考古研究的基础，当然也是划分功能区所必需参照的时间标尺。在周原遗址，灭商不久就迁移来大批殷遗民，大部分原属周人之地被殷遗民占用，西周初期周原聚落布局因此而发生了非常大的变化。根据这一认识，我们按陶器分期，分别划分先周晚期与西周时期的聚落功能区。

不过本文于此强调的是，功能区的划分不宜完全对应于陶器分期。甚或可以说，应该先分功能区，然后再用陶器分期判断功能区年代，而不是先按陶器期别再划分功能区。这是因为：一个功能区往往使用时间较长，其起止时间有可能跨越陶器分期的几个期段，若硬按陶器期别划分功能区，容易割裂一个功能区的内在联系，甚至又会遇到"共时性"与"历时性"的难题。如周原遗址齐家北制玦作坊，从西周早期偏早阶段一直到西周晚期偏晚阶段，功能区范围、功能区性质甚至人群都未发生大的变化，故不能按陶器期段，将该作坊分为几个不同的功能区。

一个聚落的变迁阶段也未必对应于陶器分期，因为有时聚落布局的大变化，是在陶器分期的一个期段内。若此，最好还是先分功能区再分期断代。

---

① 这一区域经过平整土地，上部堆积破坏严重，刚耕地后，西周时期灰坑范围清晰可见。
② 雷兴山、种建荣：《周原遗址商周时期聚落新识》，《大宗惟翰——周原青铜器特展》，文物出版社，2014年。

2. 划分功能区与考古学文化性质的关系

一般情况下，我们将一个遗址内不同性质的考古学文化遗存，划分为不同的聚落，归为不同的功能区。对于相隔时间较长、无承继关系或不同族群的考古学文化遗存而言，这种做法无疑是正确的。但对于商周时期有些聚落而言，这种做法未必正确，这是因为：

众所周知，考古文化与族属并非一一对应关系。因此可能存在这样一种情况：考古学文化面貌发生了变化，但人群并未发生变化，功能区也未发生变化。在此情况下，就不能把两类考古学文化遗存划分为不同的功能区。例如，周原遗址贺家西墓地，先周晚期与西周早期考古学文化面貌发生了改变，由随葬高领袋足鬲变为随葬联裆鬲。但根据我们的研究，这一时期的人群皆为原西土集团成员，按照前文方法所划分的功能区范围也未发生变化，先周晚期与西周早期这些不同特征的考古学遗存，仍属于同一功能区。

另外，对于有些遗存的考古学文化性质归属，认识仍难于统一，如关于"新砦期遗存"的考古学文化属性判断，目前仍是歧见不一。在此状况下，在有些遗址（如新砦遗址），就不宜将新砦期遗存与二里头文化一期遗存，划分为两个聚落或功能区。

对于有些遗址某个区域内、时间相接无间断、文化面貌存在一定承继关系的两类考古学文化遗存，诸如郑州商城内的先商文化与早商文化、周原遗址内的先周文化与西周早期文化等，不宜将诸如此类文化特征不同的两支考古学文化遗存分为两个聚落、两个功能区，而是应先按其他依据划分功能区。

3. 功能区的层级问题

按笔者的理解，功能区应是构成一个聚落的最大单元，各功能区内部还可能有更为细化的功能分区。但在实际研究中，我们常遇到有关功能区层级的困惑：

（1）理论认识上的纠纷。比如第一位研究者把几个相邻的不同性质的作坊，视为一个大手工业区；可以把几个相邻的墓地视为一个大墓地；将几个相邻的居民点统一视为一个居民区。但第二位研究者就可能认为：一个墓地、一个手工业作坊、一个居民点，均可视为一个单独的功能区。也许有第三位研究者认为，一个铸铜作坊内可以细分为不同的作业区，这些作业区也是一个功能区；一个居民点可以分为居住、生产、墓地等小的功能区。如此，三位研究者所分功能区就形成了三个层级。检视目前划分功能区的研究案例，这三种情况均存在。笔者倾向第二位研究者的意见。

（2）实际操作上的困难。由于考古发现的局限，以及分区方法的不完善，我们按照前文方法实际划分出的功能区，可能也不是同一层级的。比如：我们将一批有独立分区的墓葬划为一个功能区A区。将有环壕包围的居址遗存划为一个功能区B区。将另一个环壕包围的墓地、居址区划分为一个功能区C区，C区又可细分为Ca墓地区、Cb居址区。在周原遗址就有这样的实际例子。实际情况可能是，三个功能区不是一个层级，A区只相当于C区内部的一个分区Ca区。

（3）不同聚落的功能区有可能不属于同一个层级。比如一个都邑级大型聚落可以划分出很多功能区，而一个小型聚落也可以划分为不同功能区，只是整个小型聚落的规模、内涵、等级，或许仅仅相当于大型聚落中的一个功能区。两个聚落的功能区也不是一个层级。

由上可知，的确存在着不同层级的功能区。笔者的意见是，根据现有资料和上述分区依据，只要能明确把握一个区域的功能性质，不论该功能区属于什么层级，就可以将其划分为一个功能区。如2012年发现的周原姚家墓地，是一处单纯的墓地，其周围有大片的空白地带，不见居址遗存，我们就把姚家墓地作为一个独立的功能区。

之所以如此，一是因为大遗址聚落结构研究是一项大规程，也犹如复杂的拼图，一个季度的田野工作若能拼上一小块图，已是了不起的成就。二是在聚落初步分区后，我们还需把不同层级的功能区进行归纳分类，进一步研究各功能区间的关系，不至于因为功能区层级不同而造成错误。总之，只要能确定一个可把握的功能区，就有助于聚落结构研究的深化。

二、文明蕴化

嵩山东麓晚更新世古人类文化的发展*

王幼平

（北京大学考古文博学院　北京大学中国考古学研究中心）

　　嵩山周边地区不仅是中华文明起源的核心地区，也是更新世人类的生存演化的重要舞台。近十多年来在该地区特别是嵩山东麓，陆续有越来越多的晚更新世以来的旧石器时代考古新发现。其中尤为引人瞩目的是时代属于深海氧同位素3阶段和2阶段的古人类文化遗存，如河南荥阳织机洞[①]、新郑赵庄[②]、郑州市二七区老奶奶庙[③]、登封西施[④]、新密李家沟等[⑤]。这些发现的共同特点是都有丰富的旧石器文化遗存，清楚的年代测定数据与古环境背景资料，为认识本地区旧石器时代文化发展提供了非常重要的材料。

　　以上提到的几处遗址均是最近几年北京大学考古文博学院与郑州市文物考古研究院合作发掘，详细的田野考古发掘报告尚未发表。这里仅介绍几处新发现的简单情况，并将其与邻近地区已有的考古资料一并观察，初步认识嵩山东麓地区晚更新世以来旧石器文化发展的情况，并对相关问题进行简要探讨。

一、古环境与年代学研究进展

　　上述几处新发现的遗址，均位于河南省会郑州及其所辖的几个县级市境内。这

---

* 基金项目：本文承郑州中华之源与嵩山文明研究会重大课题项目资助（项目编号：DZ-3）。

① 王幼平：《织机洞遗址的石器工业与古人类活动》，《考古学研究》（七），科学出版社，2008年，136~148页。

② 张松林等：《河南新郑赵庄和登封西施旧石器时代遗址》，《2010年中国考古重要发现》，文物出版社，2011年，10~14页。

③ 郑州市文物考古研究院等：《郑州老奶奶庙遗址暨嵩山东南麓旧石器地点群》，《中国文物报》2012年第1998期4版。

④ 王幼平等：《河南登封西施旧石器时代遗址》，《中国考古新发现·年度记录·2010》（《中国文化遗产》增刊，2010），2011年，280~283页。

⑤ 北京大学考古文博学院等：《河南新密市李家沟遗址发掘简报》，《考古》2011年第4期，3~9页。

里是传统所称中原地区的核心部位。中原地区位于中国南北方过渡地带，是现代中国及东亚大陆南北与东西交通的枢纽，也是更新世期间早期人类迁徙与文化交流的必经之地。与此同时，这里也是中国自然地理区划南北方的交汇地带，南接江淮以南的亚热带，北连华北平原温带地区。在地形地貌方面，中原地区的东部是黄淮平原，向西则逐渐过渡到嵩山山脉及黄土高原区。亚热带与暖温带的过渡气候，加上平原、山区以及黄土高原交替变化的地貌条件，两者共同铸就的中原地区多样性的生态环境。尤其是受到更新世冰期间冰期交替出现、古气候频繁变化的影响，更为这一地区的早期人类创造了复杂的生存条件。近年来在该区域内调查发现的数量众多的旧石器时代遗址，也充分反映了更新世期间，尤其是晚更新世的中、晚期，有数量众多的古人类在此生活的繁荣景象[1]。

中原地区的中西部，更新世期间形成了巨厚的黄土堆积。本文所讨论的几处遗址，除织机洞是洞穴堆积以外，其他几处都是露天遗址。几个遗址所在地区均可见到典型黄土堆积。各遗址的文化层也都可以和典型黄土地层序列进行详细对比。

其中新近发掘的郑州市西南郊的老奶奶庙遗址的堆积与黄土地层的关系最为清楚。在该遗址东面断崖剖面上清楚可见1～2米厚的全新世堆积，其下则是10余米厚的典型马兰黄土。马兰黄土之下的河漫滩相堆积即是该遗址的文化层。上述堆积序列刚好与典型黄土堆积的黑垆土（S_0）、马兰黄土上部（L_1）及古土壤层（L_1^s）相吻合。这一序列也正好与深海氧同位素MIS 1～3的三个阶段相当。新郑赵庄遗址的地层也与老奶奶庙遗址相同。文化层位于相当于马兰黄土上部堆积之下的河漫滩相堆积。另一处露天遗址登封西施的文化层则与前两者稍有不同，大致是相当于马兰黄土上部堆积偏下的黄土状堆积。

几个遗址的年代测定数据也与上述地层关系相吻合。加速器^{14}C与光释光年代测定的初步结果显示，老奶奶庙遗址带时代最早，为距今4万年左右。赵庄遗址为距今35000年左右。西施遗址则为距今25000年前后。李家沟遗址的时代最晚，从距今10500年前后遗址持续到距今8000多年的新石器时代。织机洞遗址的洞穴堆积虽然不能与黄土地层直接对比。但该遗址有比较详细的加速器^{14}C与光释光测年结果，可以看出早期人类居住在织机洞的时间大致是从距今50000年前后到距今30000多年[2]。

上述测年数据显示，这几处遗址的主要居住时间都处于MIS 3阶段，只有西施与李家沟遗址属于MIS 2阶段。后者延续的时代更长，已经进入全新世。清楚的古环境背景

---

[1] 王幼平等：《MIS3阶段嵩山东麓旧石器发现与问题》，《人类学学报》2014年33（3），304～314页。

[2] Wang YP. Pleistocene human activity in the Zhijidong site, China, and its chronological and environmental context. In Matsufuji Kazuto ed. *Loess-paleosol and Paleolithic Chronology in East Asia*. Tokyo: Yuzakaku, 2008: 173-182.

与地层关系,以及详细的年代测定数据等资料,为探讨区域内旧石器时代晚期文化的发展进程奠定了坚实的基础[1]。

二、旧石器时代中、晚期的过渡

在上述遗址中,织机洞遗址的时代最早,从20世纪90年代即开始发掘。几次发掘都取得非常丰富的成果。织机洞位于郑州市区以西的荥阳市崔庙镇王宗店村,是沿石灰岩裂隙发育的岩厦式溶洞。遗址地处嵩山余脉所形成的低山丘陵区。堆积总厚达20米以上。新近发掘的洞口部位堆积共分9层。根据^{14}C年代和光释光等测年结果来看,洞口堆积的主体应该形成于距今40000年以前。

织机洞遗址最主要的发现是其石器工业。已发现的石制品数以万计。2001年以来在洞口部分新发现的石器工业,明显可以分为两种类型:即以1~7层为代表的晚期的石片工业,以8、9层为代表的早期的砾石工业[2]。

织机洞遗址8、9层发现石制品,经过整理者有100多件。这一阶段石器原料,主要系来自洞前河滩的砾石,形体普遍较大。石器原料的岩性主要是石英岩及砂岩,石英与燧石等则较少见到。石器加工主要是锤击技术。工具类型也是重型工具居多,如石锤、砍砸器与形体较大的刮削器。整体情况可与沿黄河中游向西的同一阶段的发现相比,如洛阳北郊的北窑遗址[3]以及再向西的陕西秦岭主峰南侧的洛南盆地等,近些年来都发现一系列晚更新世的砾石石器工业[4]。这些发现的时代可以早到中更新世甚至更早,但一直延续晚更新世,到距今5万年前后。织机洞下层的石器工业与这些发现的石器原料的选择、加工技术与石器组合都没有明显区别,当属于同一文化传统。

与下文化层不同,上部的1~7层经过初步整理的石制品已有数千件之多。这些石制品的原料主要为石英,其次为燧石,还有少量的石英砂岩与石英岩等原料的使用。这些原料除了石英砂岩与石英岩系来自洞前河滩的砾石,其余均系采自数公里至数十公里以外山区风化的岩块与结核。从石核观察,主要是不规则形者,绝大部分应是锤击技术的产品。少数标本带有砸击技术的痕迹。经过修理的工具的数量多达千件,可

---

[1] 夏正楷等:《郑州织机洞遗址MIS 3阶段古人类活动的环境背景》,《第四纪研究》2008年28(1),96~102页。

[2] 王幼平:《织机洞遗址的石器工业与古人类活动》,《考古学研究》(七),科学出版社,2008年,136~148页。

[3] 刘富良等:《洛阳北窑黄土旧石器遗址1998年发掘报告》,《人类学学报》2011年30(1),13~21页。

[4] 路化煜等:《中国中部南洛河流域地貌、黄土堆积与更新世人类的生存环境》,《第四纪研究》2012年32,166~177页。

以分为边刮器、端刮器、凹缺刮器、尖状器、石锥、雕刻器与砍砸器等。这些工具的修理也多比较简单。经过仔细加工、形体规整的精制品并不多见。

从发现的石核与石片来观察，上下文化层剥取石片的技术并没有发生明显变化。两者都是以锤击技术直接生产石片为主，也不见预制石核与修理台面的情况出现。砸击技术的使用迹象也很少见到。这些特点仍属于石器技术模式一，或称石核—砍砸器技术的范畴。然而就经过修理的工具类型来看，两者则有明显的变化。8、9层的工具中，砍砸器等重型工具多，石器的体积与重量明显大于上文化层的发现。就原料来源与工具组合的功能来看，织机洞遗址显然是就地取材，活动范围较小，更多使用重型工具的活动。到上文化层以后，则主要是便携的轻型工具，原料的来源范围广，人类活动领地明显增大。结合该遗址的年代学与古环境研究成果来看，这一转折发生在MIS3阶段，距今4～5万年期间。其时的环境并没有发生明显的变化，仍是比较湿润温和的森林草原环境。因而这一变化的原因不大可能是由于生态适应所致，而更有可能是发生了具有不同文化传统的人群的迁徙更替。就古人类文化发展来看，这一更替则可以视作本地区旧石器时代中、晚期文化过渡的标志。

三、石片石器的发展

与织机洞上文化层同期的石片石器在露天遗址或地点发现更为广泛。近些年的专项旧石器考古调查数以百计的露天遗址，分布在古代河湖岸边。位于郑州市西南郊的樱桃沟景区内的老奶奶庙遗址，旧石器其中最重要的发现。遗址坐落在贾鲁河东岸的黄土台地上。2011～2015年期间先后已进行了4次发掘。该遗址最主要的发现是多个文化层的连续堆积，保存了完好的古人类居住面，由多个火塘成组分布，火塘周围是数量众多的石制品与动物骨骼残片[①]。

老奶奶庙遗址自上而下可分为多个文化层，代表10多个古人类活动时期。其中第2和第6亚层，均是当时人类的居住区遗存。第2亚层中部为一个含大量炭屑与黑色灰烬的火塘，其周围是动物骨骼残片与石制品。第6亚层的堆积更厚，在平面上可见4处火塘呈半环分布。在火塘周围也明显分布有丰富动物骨骼残片与石制品。同时还有石制品明显聚集区，是石器加工场所遗迹。

老奶奶庙遗址所发现的文化遗物非常丰富，包括数千件石制品与万件以上的动物骨骼遗存。石制品主要以灰白色石英砂岩制品和石英制品为主，石英砂岩石制品中，石片数量较多，石核多为多台面石核，均为简单剥片技术的产品，尚不见预制石核的迹象。经过仔细加工的工具不多，可见到的类型有边刮器、尖状器等。形体多较细小。

[①] 王幼平：《嵩山南东麓MIS3阶段古人类的栖居形态及相关问题》，《考古学研究（十）》（庆祝李仰松先生八十寿辰论文集），科学出版社，2012年，287～296页。

动物骨骼残片的数量远远超过石制品。其大小尺寸也与比较相近，多在10厘米左右，方便手握使用。有些残片上有比较清楚的打击修理痕迹。个别还可见到明确的使用磨痕。这些迹象显示，该遗址的居民除了使用石制品以外，还大量使用骨质工具。多数动物骨骼的石化程度较深。可鉴定种类主要是马、牛、鹿、羊等食草类。还有数量较多的鸵鸟蛋皮碎片。动物骨骼上全然不见食肉类或啮齿类动物啃咬痕迹，显示其均应是人类活动的结果。另外该遗址发现的用火遗迹已超过20处。这些遗物和遗迹的分布情况均说明早期人类曾较长时间居住在此遗址。

与老奶奶庙代表的中心营地遗址不同，还有保留如石器加工、处理动物遗存等各类临时活动遗迹的发现。这些发现中心营地与临时活动地点构成了旧石器时代晚期之初的栖居形态，反映了当时人类活动与社会的发展情况。位于郑州市区以南的新郑市赵庄村附近的赵庄遗址即是特殊活动类型的代表。遗址位于溱水河东岸第三阶地。遗址西南距陉山5千米余，向西约15千米是具茨山，东临黄淮平原。2009年10～12月进行发掘，出土遗物有数量众多的石制品及少量动物化石[①]。

遗址地层从上至下分为七层，分别为全新世堆积，含钙质结核的马兰黄土，以及其下的漫滩相堆积即旧石器时代文化层。旧石器文化层的主体部分为灰白色黏质砂土，有锈黄色斑点，土质略硬，含砂量较大，局部可见黄灰相间的水平层理。大量石制品及动物化石主要分布在厚约10～30厘米的范围内。

该遗址最重要的发现是置放象头石堆的遗迹现象与石器加工场。两者位于同一活动面，显然是同一时期活动的遗存。活动面由南向北由象头骨、石英砂岩制品和石英制品组成。象头骨呈竖立状，由于长期的挤压或受石块的砸击较为破碎。大多数石英砂岩制品位于象头骨的下部和周围，互相叠压，形成堆状。而大块的紫红色石英砂岩则明显是直接采自距遗址5千米以外的陉山基岩原生岩层，搬运至此，主要功能并非加工工具，而是围成石头基座，在上面摆置象头。

石英制品则主要分布于象头骨的北侧，构成石器加工区。调查发现，石英原料产地为遗址西部20多千米的具茨山区。来自山区的石英碎块沿溱水顺河而下，可以冲到遗址附近。而在该遗址内发现的部分石英制品的表面尚保留有砾石面，也说明赵庄的古代居民可能是就地取材，采用石英原料在该遗址生产石器。

发掘所获石制品数量超过5000件。原料有石英和石英砂岩两种。石英制品数量占绝对多数，但个体较小，多在5厘米以下。种类主要有石料、石核、石片、断块、碎屑。还有少量经过修理的工具，类型有刮削器、尖状器和砍砸器等。这些还是典型的石片石器工业的特点。引人瞩目的是个体较大的石英砂岩制品，长平均在15厘米左右，大者超过了20厘米，小的也在5厘米左右。主要是有打击痕迹的石块，极少有刻意

---

① 张松林等：《河南新郑赵庄和登封西施旧石器时代遗址》，《2010年中国考古重要发现》，文物出版社，2011年，10～14页。

加工的工具。这些石英砂岩制品的特点显示，它们被带入遗址的主要功能并不是制作工具，而是用于堆砌成石堆基座，再摆放巨大的古棱齿象头。

另外，除了象头，赵庄遗址只有少量象肢骨片，以及零星的羊、鹿化石等。也没有见到用火遗迹现象。这些情况也都说明，当时人类在这里只有两项专门活动，一是北区的石器加工，另一是南边的象头摆放活动。

在距赵庄遗址西南方向不足千米的黄帝口遗址，发掘揭露的10多平方米的活动面上，仅发现数十件刃口锋利的石英制品及一些破碎的动物骨骼。石器的功能特点及动物骨骼的破碎方式与痕迹也都说明这里只是当时人类狩猎屠宰的临时活动场所[1]。

从老奶奶庙遗址的中心营地遗址到黄帝口的临时活动地点，还有赵庄遗址的特殊活动类型的遗迹现象，数以百计的旧石器遗址地点分布在嵩山东麓，再现了旧石器时代晚期之初这一地区的栖居形态。尽管这些地点的功能有别，但其石器工业的特点却很一致，均是以石英原料为主体的石片石器居于主导地位，明显有别于更早的砾石工业传统。

四、石叶技术的出现

石叶技术是旧大陆西侧旧石器时代晚期应用广泛的石器技术，以至于在部分地区已成为旧石器时代晚期文化的代名词。然而典型的石叶技术在中国境内的旧石器时代晚期遗存中却鲜少发现。长期以来，只有地处西北的宁夏灵武水洞沟遗址一处石叶工业发现的报导。2010年夏季，由北京大学考古文博学院与郑州市文物考古研究院合作，在河南省郑州市辖的登封市大冶镇西施遗址进行为期2个月的发掘，出土各类石制品8500余件，并发现生产石叶的加工场遗迹[2]。

西施旧石器遗址位于嵩山东麓的低山丘陵区，埋藏在洧水河上游左岸的2级阶地上马兰黄土堆积中。遗址堆积分为两大层，上层为表土层；下层为马兰黄土堆积，马兰黄土层厚达3米以上，在其下部发现厚度约30厘米的密集的旧石器文化遗存。地层堆积中未发现显著的水流作用过遗留的痕迹。石制品本身也没有明显的磨蚀痕迹，应为原地埋藏。遗址附近黄土堆积发育，局部有燧石条带出露，为当时人类生产石叶提供了原料来源。

石叶加工的主要空间位于发掘区的东北部，石制品密集分布在南北长约6米、东西宽近4米的范围内。大部分标本在剖面上也很集中，主要分布在上下20厘米左右的范围

---

[1] 王佳音等：《河南新郑黄帝口遗址2009年发掘简报》，《人类学学报》2012年31（2），127~136页。

[2] 王幼平等：《河南登封西施旧石器时代遗址》，《中国考古新发现·年度记录·2010》（《中国文化遗产》增刊，2010），2011年，280~283页。

内。石制品种类包括石锤、石核、石片、石叶、细石叶、工具，以及人工搬运的燧石原料等。数量更多的是石器生产的副产品，即断、裂片、断块、残片与碎屑等。这些石制品及其分布状况，清楚地展示出该遗址石器加工的技术特点，完整地保留了石叶生产的操作链。出土石制品的组合，包括可以拼合石核与石片等，以及石制品主要堆积的等特点，均说明该遗址的占用时间比较短暂。应该是当时人类利用附近富集的燧石原料，集中生产石叶与石叶石核。并将适用的石叶以及石叶石核带离遗址去其他地点使用。

该遗址出土的各类石片总数有近千件之多，其中典型的石叶所占比例高达2成以上。石叶石核或石叶石核的断块两者占绝大部分。普通石核则很少见。还有数量较多的再生台面石片，以及带背脊的冠状石叶的发现。成品工具数量很少，类型包括端刮器、边刮器、雕刻器、尖状器等，并以端刮器为主。

除了大量的石叶石核与石叶，该遗址还出土了数件细石核和一些细石叶。细石核呈柱状，表面留有连续剥取细石叶的多个片疤。细石叶也很典型，只是与石叶保存状况相近，多是带厚背脊或曲度较大，不宜继续加工用作复合工具者。

五、旧、新石器时代的过渡

与前述几个遗址不同，李家沟遗址的发现更为丰富，不仅有旧石器时代之末的细石器遗存，其上还迭压着新石器时代早期文化层，完整地反映了该地区从旧石器向新石器时代过渡的历史进程。

李家沟遗址位于河南新密岳村镇李家沟村西。该处地形为低山丘陵区，海拔高约200米。地势由东北向西南部倾斜，黄土堆积发育。属于淮河水系溱水河上游的椿板河自北向南流经遗址西侧。李家沟遗址即坐落在椿板河左岸以马兰黄土为基座的2级阶地堆积的上部。经过2009年秋季与2010年春季为期4个多月的发掘，李家沟遗址目前已揭露面积近100平方米。发掘探方分南北两区。其主剖面均包括了从旧石器时代晚期至新石器时代早期的地层堆积[①]。

北区的文化层厚约3米，从上向下共分7层。第①至③层为近代堆积；第④至⑥层为新石器时代早期堆积，发现数量较多的陶片、石制品与动物骨骼碎片等；第⑦层是仅含打制石器的旧石器文化层。南区的地层堆积自上向下亦可分为7层，第①层为扰土层；第②、③层为裴李岗文化层；第④层为棕黄色砂质黏土，未见文化遗物；第⑤层与北区⑤、⑥层相同，为新石器早期文化层；第⑥层的发现最为丰富，含船形、柱状等类型的细石核与细石叶等典型的细石器文化遗存；第⑦层为次生马兰黄土层。综合

---

① 郑州市文物考古研究院等：《新密李家沟遗址发掘的主要收获》，《中原文物》2011年第1期，4~6页。

观察南北两区剖面的层位序列，清楚可见本地区从旧石器时代晚期向新石器时代过渡地层关系。

李家沟遗址旧石器文化遗存主要发现在南区第⑥层，北区⑦层也有少量旧石器发现。李家沟细石器的发现显示该遗址早期居民拥有十分精湛的石器加工技术。他们应用船形和柱状细石器技术剥取细石叶。少量以石叶为毛坯的工具的存在，说明李家沟早期居民也掌握并应用石叶技术制作石器。成熟的石器工艺技术加工出典型的端刮器、琢背刀、石镞、雕刻器等。这些精致石器刃口锋利，轻巧便携，是便于长途奔袭狩猎使用的工具组合。这些工具所使用的原料也多是不见于本地的优质燧石，是远距离采集运输所得。以上特点显然还是典型的旧石器文化形态[①]。

在典型的细石器以外，尤其重要的是在李家沟遗址南区⑥层还发现仅经过简单磨制加工的石锛，以及烧制火候较低，表面无装饰的夹粗砂陶片。典型细石器与局部磨制石器及陶片共存现象说明，本地区较晚阶段的新文化因素并不是突然出现，而是已经孕育在旧石器时代晚期之末。

李家沟遗址新石器文化遗存主要发现在北区④~⑥层。这一阶段的文化层明显增厚，说明遗址使用规模与稳定性远大于南区发现的细石器文化阶段。除了数量众多的文化遗物，北区还发现有很清楚的人类活动遗迹。其中最具特色的是石块聚集区。遗迹中心由磨盘、石砧与多块扁平石块构成。间或夹杂着数量较多的烧石碎块、陶片以及动物骨骼碎片等。带有明显人工切割痕迹的食草类动物长骨断口，清楚显示遗迹区进行过加工动物骨骼的活动。大量烧石的存在则说明这里亦具有烧火的功能。虽然尚未发现柱洞等建筑遗迹的迹象，但石块聚集区显然应与当时人类相对稳定的居住活动有关。

北区属于新石器时代早期地层已发现200多片陶片。陶片出土的情况说明当时人类就在发掘区原地或附近使用陶器。已发现的陶片均为夹粗砂陶。陶片颜色有浅灰黄色、红褐色等。部分陶片的质地较坚硬，显示其烧成火候较高。这批陶片虽然包括多件不同陶器的口沿部分，但器形却很单一，均为直口筒形类器物，保留有早期陶器的特点。尤为突出的是绝大部分陶片的外表都有纹饰，以压印纹为主，还有类绳纹与刻划纹等。

与早期的石器工业不同,本阶段仅见个别的宽台面柱状细石核，细石器的应用明显衰落，技术特点也与早期明显不同。虽然还有少量的燧石与石英类石制品的发现，但基本不见刻意修整的精制品。砂岩或石英砂岩加工的权宜型石制品的数量则较多。这类石制品的形体多较粗大。与早期的细石器工业的精制品组合完全不同，应是适应不同生计活动的结果。

---

① 北京大学考古文博学院等：《河南新密市李家沟遗址发掘简报》，《考古》2011年第4期，3~9页。

六、相关问题

嵩山东麓新发现的这些旧石器遗存，地层关系清楚，也有比较可靠的年代测定结果。与此同时，遗址本身及周边的古环境研究也提供了当时人类生存环境的详细资料。这些有着清晰时空背景的新资料，为深入认识本地区旧石器时代晚期文化的发展历程，探讨其来龙去脉与成因奠定了基础。

1. 文化发展序列

如前所述，得益于近年来第四纪环境、年代学与旧石器时代考古等多学科研究者的努力，中原地区晚更新世，尤其是几个遗址所处的晚更新世中、晚期环境变化特点，以及在此期间黄土沉积过程都越来越清晰[1]。从遗址所处的地貌部位与地层特点来看，老奶奶庙与赵庄等遗址显然都是河漫滩相堆积，应属气候相对温湿的MIS 3阶段。当时人类就生活在河边漫滩之上，所留下的文化遗存被洪水期的泥沙所迅速埋藏掩盖，因而得以较好的保存。区域调查结果显示，当时的遗址数量众多，成群组沿古代河流分布。这一阶段的石器工业以小型石片石器为主，石器原料主要是石英、燧石等容易加工小型利刃石器的原料。砂岩或石英砂岩等加工的大型工具则相对少见。时代大致同期或稍早的织机洞上文化层的石器组合也反映出相同特点。

随着气候变冷MIS 2阶段的来临，本区的遗址数量明显减少。到目前为止，明确属于本阶段的发现，还只有西施遗址及附近的几处发现。从文化面貌与测年数据等特点来看，早前发现的安阳小南海[2]与陵川塔水河[3]等遗址也可能与西施遗址的发现有类似之处，至少是石器原料的选用方面出现趋同显现。这几处遗址的时代均在距今25000年前后。此时中原及邻近地区开始进入末次冰期的最盛期。遗址数量的剧减反映了人类活动的频率与数量的减少。与此相应，石器工业的面貌也发生显著变化。这几处发现皆选用燧石原料，并且开始系统应用石叶技术，出现典型的石叶工业。如西施遗址所发现的石叶工业，包括了从原料、石核、石叶等完整的石叶生产操作链。高比例的石叶及石叶石核说明典型的石叶工业也曾出现并流行于中原地区[4]。

---

① 柿子滩考古队：《山西吉县柿子滩旧石器时代遗址S14地点》，《考古》2002年第4期，1~28页。

② 安志敏：《河南安阳小南海旧石器时代洞穴堆积的试掘》，《考古学报》1965年第1期，1~27页。

③ 陈哲英：《陵川塔水河的旧石器》，《文物季刊》1989年第2期，1~12页。

④ 王幼平等：《河南登封西施旧石器时代遗址》，《中国考古新发现·年度记录·2010》（《中国文化遗产》增刊，2010），2011年，280~283页。

虽然中原到华北南部地区在旧石器时代晚期开始阶段并不见石叶技术，而仍然流行着简单剥片技术生产的石片石器工业[①]。但西施等遗址的发现说明，到深海氧同位素3阶段与2阶段之交，石叶工业也出现在本地区。结合与中原地区及邻近区域已有的发现来看，大致在距今25000年前后，以石叶技术为标志，中原及华北南部地区进入新的文化发展阶段。

西施遗址新发现还显示，在典型的石叶技术出现的同时，细石器技术也已经开始出现端倪。在西施遗址大量发现石叶石核与石叶的同时，也开始见到细石器技术的出现，只是所占的比例与绝对数量远远不及石叶。不过随着末次冰期的最盛期来临，细石器技术则越来越发展，并逐渐成为主导力量。这种情况一直持续到临近更新世结束之际甚至更晚。如李家沟遗址的新发现，即很清楚反映了这种发展趋势与历史进程。

上述发展过程显示，中原及邻近地区的旧石器时代晚期文化经历了很明显的三阶段：小型石片工业为主阶段为早期，始于距今40000年前后，一直延续到距今25000年前后；石叶工业阶段出现并流行在距今25000~20000年前后；细石器工业阶段流行于距今20000~10000年前后，最早几乎与石叶技术同时出现，但随着最后冰期最盛期的来临，细石器技术才逐渐取代石叶技术，成为旧石器时代晚期之末的典型细石器文化[②]。

2. 区域性文化特点及成因

从石片石器到石叶与细石器，中原及邻近地区的旧石器时代晚期文化走过与旧大陆大部分地区不同的发展道路，形成独具特色的区域性文化发展的特点。这一文化特点及其形成的原因是一个值得探讨的课题。

在前述发现之中，织机洞遗址时代最早，所保存的文化堆积巨厚，在时代上跨越了从旧石器时代中期到晚期的发展，清楚地反映了早期人类曾连续使用该洞穴。时代与其相近或稍晚的还有老奶奶庙与赵庄遗址的发现。这几处遗址的旧石器文化遗存的特点反映了该地区从旧石器时代中期一直到晚期的发展变化。

这些变化在织机洞遗址表现得尤为清楚，主要反映在石器原料的选择、石制品形体的大小以及工具组合等方面。织机洞的早期居民更偏重于就近选取石器原料，就地加工出石质工具。大型砍砸工具在他们的生产生活中扮演着更重要的角色。这些工具加工简单，多为权宜型石器。从居住地到石器原料产地以及加工和使用石器的场所均在相对较小的范围内。这种情况暗示，织机洞遗址早期居民可能更多在遗址附近活动，砍砸等重型工具在他们的生活中承担着主要任务。上述情况到第7层以后发生急剧

---

① 王建等：《下川文化》，《考古学报》1978年第3期，59~88页。

② 王幼平：《华北南部旧石器晚期文化的发展》，《中国考古学会第14次年会论文集》，文物出版社，2012年，294~304页。

变化。此时织机洞的居民开始放弃附近河滩丰富的石英砂岩与石英岩原料，转而到远处山区去寻找燧石与石英等适合加工小型利刃工具的石料。此时织机洞居民经常性活动的半径至少在距居住地数公里到数十公里。他们更多的活动则是应用小型利刃工具完成。扩大活动范围与工具小型化、多样化等新情况，都说明此时织机洞居民的行为较早期更为复杂化[1]。

老奶奶庙与赵庄的发现也都与织机洞上文化层的发现相同。远距离运输石料，更多的使用小型利刃工具。后两者还有大量食草类动物化石的发现，更直接地证明此阶段的人类已经更多地依靠肉类资源，出现专业化狩猎的迹象。

上述转变发生在距今4～5万年，此时正值末次冰期的最盛期之前的间冰阶。织机洞等遗址以及周围古环境的综合研究显示，当时植被以森林草原为主[2]。织机洞遗址早期居民在总体未变的温暖湿润环境条件下，石器工业却发生显著变化，从大型的砾石石器工业转变为小型石片石器工业。这一变化显然难以用环境适应的因素来解释。而远距离运输石料，仔细修理数量众多的精制工具，更适应大范围的复杂活动。生产与生活等活动的复杂化，生存领域的扩大等特点都是现代人所特有的行为特点。在织机洞遗址所发生的这一转化，显然不会是简单的对环境适应，而更可能与现代人及其行为的出现密切相关。

类似织机洞最下层的以砾石为原料的形体较大的石器工业，在织机洞遗址邻近及华北南部地区的晚更新世较早阶段分布很广泛，到晚更新世的晚期都很明显地被类似织机洞晚期的形体较小的石片石器工业取代[3]。这种现象在近年来中国南方甚至朝鲜半岛[4]及日本列岛的旧石器考古发现中也很常见，反映了东亚地区旧石器时代中、晚期的过渡以及旧石器时代晚期文化出现的区域性特点[5]，与旧大陆西方从莫斯特到石叶文化的发展路径截然不同[6]。

---

[1] 王幼平：《织机洞遗址的石器工业与古人类活动》，《考古学研究》（七），科学出版社，2008年，136～148页。

[2] 刘德成等：《河南织机洞旧石器遗址的洞穴堆积与沉积环境分析》，《人类学学报》2008年27（1），71～78页。

[3] Wang YP. Human adaptations and Pleistocene environment in South China. *Anthropogie* 36, 1998: 165-175.

[4] Bae K D. Origin and patterns of the Upper Paleolithic industries in the Korean Peninsula and movement of modern humans in East Asia. *Quaternary International*.211, 2009: 307-325.

[5] Ono A. Recent studies of the Late Paleolithic industries in the Japanese islands. In: Yajima K, editor. *Recent Paleolithic studies in Japan*. Tokyo: The Ministry of Education, Culture, Sports, Science and Technology of Japan, 2004: 28-46.

[6] 王幼平：《青藏高原隆起与东亚旧石器文化的发展》，《人类学学报》2003年21（3），192～200页。

除了上述石器工业方面的证据，在赵庄与老奶奶庙遗址所发现的石堆与火塘等遗迹现象更直接反映了现代人类行为在中原地区的出现与发展。如前所述，在新郑赵庄遗址出现的远距离搬运红色石英砂岩石块，集中摆放成堆并在其上放置古棱齿象头骨，这种非功利性的活动，显然也是现代人所独具的象征性行为特点。同样，在郑州西南郊老奶奶庙遗址所发现的多个火塘半环状分布的居住面遗迹，也显示了当时人类群体内部结构复杂化的趋势，应与现代人类行为的发展密切相关。

如上所述，中原地区丰富的旧石器时代晚期文化及其发展特点，显然与现代人类在该地区出现与发展历程密切相关。该地区现代人类行为出现在深海氧同位素3阶段。大致在距今5万年前后，首先是在荥阳织机洞遗址，已经可以清楚地看到，石器工业小型化、复杂化，人类活动领地扩大发展趋势。登封西施典型石叶工业的发现，则更明确地证明现代人类行为在这一地区的存在。从西施到李家沟的细石器文化的发展，则反映现代人类的继续发展并为新石器时代的到来准备了充分的条件。中原地区旧石器时代晚期文化所走过的是一条与旧大陆大部分地区不太一样的发展道路。这一独具特色的发展历程显然是现代人类在该区出现，并且不断适应该地区环境所采取的适应策略与生存方式的结果。

七、小　　结

综上所述，将嵩山东麓旧石器考古新发现放在华北南部早期人类发展的历史进程中观察，可以清楚地看到，该地区的旧石器时代文化在进入深海氧同位素3阶段即出现较明显的变化，如织机洞遗址在石器原料与组合变化以及人类活动范围的扩展等。本区旧石器时代晚期文化的初始阶段具有明显的承前启后特点，仍以石英等原料为主，应用简单剥片技术生产石片石器，与华北地区石片石器工业传统没有特别明显的区别。但到3阶段与2阶段交替之际，以西施遗址为代表的石叶技术开始出现，同时细石器技术也初见端倪。随着末次冰期的最盛期来临，细石器逐渐成为该地区主导文化，并一直持续到更新世结束。从简单的石片石器到石叶工业，再到典型的细石器工业的历史轨迹，清楚地展示了华北南部地区旧石器时代晚期文化的发展特点。而这一特点的形成，显然则应该是现代人类在该地区出现与发展过程中，应对该地区生态与社会环境所采取的生存策略的表现与结果。

黄河流域史前商品经济及其考古指标和相关问题试析*

何 驽

（中国社会科学院考古研究所）

马克思主义政治经济学认为，商品经济是以交换为目的的经济形式，是商品生产和商品交换的统称。商品经济分为两个阶段，初级阶段为简单商品经济或称小商品经济，是以生产资料的私有制和个体劳动为基础的；高级阶段为市场经济，市场成为调节社会资源配置的基础机制[1]。从考古的角度说，"贸易是原状或加工过的自然资源进行空间移动的一种必要方式，而贸易在考古学上加以辨认的一种方法是对开发原料的地点或货物制造的地点或两者一起的寻认而将这项移动加以追踪"[2]。

我曾经撰文分析长江流域史前商品经济文明化模式，认为史前时期的商品经济的文化选择，不一定只是个例，具有一定的普遍性，尤其是在长江流域史前时期的社会复杂化和文明化过程中，起到了决定性的作用[3]。

其实在传统认为商品贸易极度受限的黄河流域，在新石器时代中期，也曾经存在过比较发达的小商品经济，只是我们以往对其认识和重视不够。本文试图对黄河流域新石器时代中期具有商品经济现象的考古遗存，择其明显者，稍作分析。

---

* 本文得到中国社会科学院"哲学社会科学创新工程"重大项目"中华思想通史""原始社会编"课题经费支持。

① 马克思主义政治经济学概论编写组：《马克思主义政治经济学概论》，人民出版社，高等教育出版社，2011年，66～68页。

② 张光直：《古代贸易研究是经济学还是生态学？》，《中国考古学论文集》，生活·读书·新知三联书店，1999年，370页。

③ 何驽：《长江流域文明起源商品经济模式新探》，《东南文化》2014年第1期，53～64页。

一、黄河流域史前商贸中心的案例试举

1. 磁山遗址分析

图一 磁山遗址出土部分陶量（盂）

黄河流域早在7000~8000年前磁山裴李岗文化时期，就已经产生出了商贸中心聚落。河北武安磁山遗址发掘面积2579平方米，清理灰坑476个[①]，佟伟华先生分析统计粮食窖穴88个。她粗略计算88个窖穴总容积约109立方米，可装粟米十万斤以上[②]。磁山遗址中出土了数量可观的石磨盘和石磨棒以及陶盂（图一）。二期石磨盘52件，石磨棒50件，残石磨棒183件。尽管近期对中国新石器时代早期和中期尤其是磁山文化石磨盘和石磨棒科学检测显示，磁山文化石磨盘处理植物种子是多样化的，包括加工粟、黍、野生植物橡子、禾本科、豆科、块茎等[③]，但是结合磁山遗址存在较多的粟黍窖穴，我仍然认为磁山遗址出土的大量石磨盘和石磨棒，主要用于谷物加工，数量可观的石磨盘和石磨棒，暗示出磁山遗址有较大的粮食加工能力。

葛英会先生认为，磁山遗址是"天下第一粮仓"，出土的陶盂140余件，是当时当地统一流行的陶量。葛先生的依据是：①出土地是粮仓、粮食加工场所与粮仓管理人员住所。②与战国以来历代的"嘉量"形制基本一致。③生活用器多为圜底，燃柴加热受热面积大，器内无死角容易清洗。④历代陶量多平底筒形，平底可平置，谷物装

---

① 河北省文物管理处、邯郸市文物保管所：《河北武安磁山遗址》，《考古学报》1981年第3期。邯郸市文物保管所、邯郸地区磁山考古队短训班：《河北磁山新石器遗址试掘》，《考古》1977年第6期。

② 佟伟华：《磁山遗址的原始农业遗存及其相关的问题》，《农业考古》1984年第1期。

③ 刘莉、陈星灿、石金鸣：《山西武乡县牛鼻子湾石磨盘、磨棒的微痕与残留物分析》，《考古与文物》2014年第3期，109~118页。Liu Li, Judith Field, Richard Fullagar, Sheahan Bestel, Xiaolin Ma, and Xingcan Chen. *What Did Grinding Stone? New light on Early Neolithic subsistence economy in the Middle Yellow River Valley, China* [J]. Antiquity. 2010(84): 816-833.

满时不易自行外溢；筒形容易制作并容易控制容量①。

葛英会先生进一步认为，磁山遗址是史前的仓廪遗址，暗示仓廪是政府管理行为，因此不仅陶盂是磁山的标准量器，而且出土的一期的60余件陶弹丸与4件石弹丸、二期13件陶弹丸和6件石弹丸，很可能也是仓廪管理的记数工具。一期陶片改制"纺轮"8件、二期11件，穿起来可以帮助记事或数量加减。类似后来的算盘②。

我认为，佟伟华和葛英会二位先生的真知灼见很有道理。粮食窖穴废弃堆积中常见草拌泥红烧土块，这实际上就是原来粮仓顶盖的苫的草拌泥层，失火后成为红烧土。因此粮食窖穴为仓廪说是有根据的。磁山遗址出土的弹丸和"纺轮"更像西亚地区商品交易记账用"陶筹"③，因此作为记数的工具更有道理。西亚地区陶筹的考古发现与研究为我们提供了很好范例（图二）。"陶筹形体小。可塑性强，可模仿物体造型，亦可模仿生物造型，还可以在其表面刻上各种纹饰，变化多端，以致无穷。据史蔓特—白瑟拉特的不完全统计，以不同形制和纹饰为界，陶筹类型多达500余种。以'圆盘'为例，仅纹饰就有30余种。"④陶筹的功能主要用于计算商品货物或记账。所谓"圆盘"陶筹，形态上与我们所谓的"陶纺轮"没有差别。

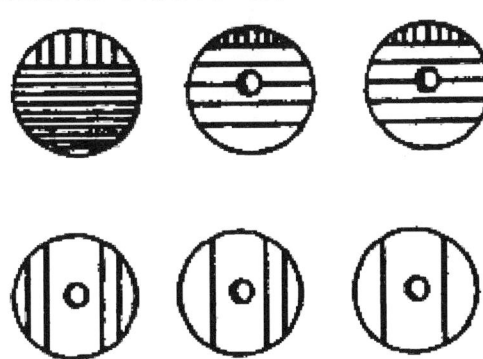

图二　西亚出土圆片形陶筹

我还注意到磁山遗址出土了数量较多的小陶器，均模仿大型陶器制作，不似实用之物，复原数量较多，器类有四足器、小支脚、小盂、小深腹罐、小杯、小长颈罐、小三足杯、小盆等，对比西亚地区贸易商品记账的小型器物模型，我称之为"实物符号"⑤或"实物立体符号"⑥。西亚乌鲁克遗址曾出土一个陶封球，内容六个草具"油罐"形状的小陶筹⑦（图三）。磁山遗址出土的制作粗糙的迷你陶器，就很有可能是这类功能。

---

① 葛英会：《天下第一粮仓的陶量》，《古代文明研究通讯》（总48期）2011年第3期，1、2页。
② 葛英会：《磁山遗址膰义余谈》，《古代文明研究通讯》（总48期）2011年第3期，3、4页。
③ 拱玉书、颜海英：《苏美尔、埃及及中国古文字比较研究》，科学出版社，2009年，192页。
④ 拱玉书、颜海英：《苏美尔、埃及及中国古文字比较研究》，科学出版社，2009年，191页。
⑤ 何驽：《符号系统考古的理论试探》，《考古学集刊》（18），科学出版社，2010年，243、244页。
⑥ 何驽：《精神文化考古理论框架》，《古代文明研究通讯》（总54期）2012年第9期，18~34页。
⑦ 拱玉书、颜海英：《苏美尔、埃及及中国古文字比较研究》，科学出版社，2009年，192页。

图三　乌鲁克出土陶封球及其小陶筹
（引自拱玉书、颜海英：《苏美尔、埃及及中国古文字比较研究》，图86）

西亚苏萨遗址曾出土一个陶封球，内容15个球状或大颗粒状陶筹[①]（图四）。而磁山遗址也出土了80余件"弹丸"，实际上也是记数用的陶筹或石筹。磁山二期T27②层出土的2件锥状穿孔器，原报告称为"小陶饰"[②]，也应是陶筹的一种。

特别值得一提的是，磁山遗址一期的H32出土陶量（盂）3、陶支脚2、弹丸式陶筹一堆近40个。H32以东的Ⅰ区T62、T25、T14、T21是一片相对空白的空场，有卵石面建筑遗迹（图五）。卵石面建筑遗迹内侧即西侧第②层中，出土5组石磨盘、石磨棒、陶量、陶支脚组合遗物堆。我怀疑是交易市场摊位所在，一边加工一边用陶量交易。H32出土陶量和陶筹用于粮食交易，便在情理之中。同样，Ⅲ区的T87和T92、T96和T99、T110周围[③]，均有可能是交易的摊位（图五）。

令人匪夷所思的是，磁山遗址拥有储量达十万斤的粮仓，农业理应非常发达，足以养活规模不大的磁山遗址上居住的居民。然而，磁山遗址出土的动物骨骼中野生动物占50%以上[④]，还有大量的朴树子、山胡桃，骨器中镞、鱼镖、网梭的发现，都表明似乎磁山遗址渔猎经济占有重要地位。

图四　苏萨出土陶封球及其小陶筹
（引自拱玉书、颜海英：《苏美尔、埃及及中国古文字比较研究》，图87）。

---

① 拱玉书、颜海英：《苏美尔、埃及及中国古文字比较研究》，科学出版社，2009年，192页。
② 河北省文物管理处、邯郸市文物保管所：《河北武安磁山遗址》，《考古学报》1981年第3期，335页。
③ 河北省文物管理处、邯郸市文物保管所：《河北武安磁山遗址》，《考古学报》1981年第3期，335、336页。
④ 周本雄：《河北武安磁山遗址的动物骨骸》，《考古学报》1981年第3期，339～347页。

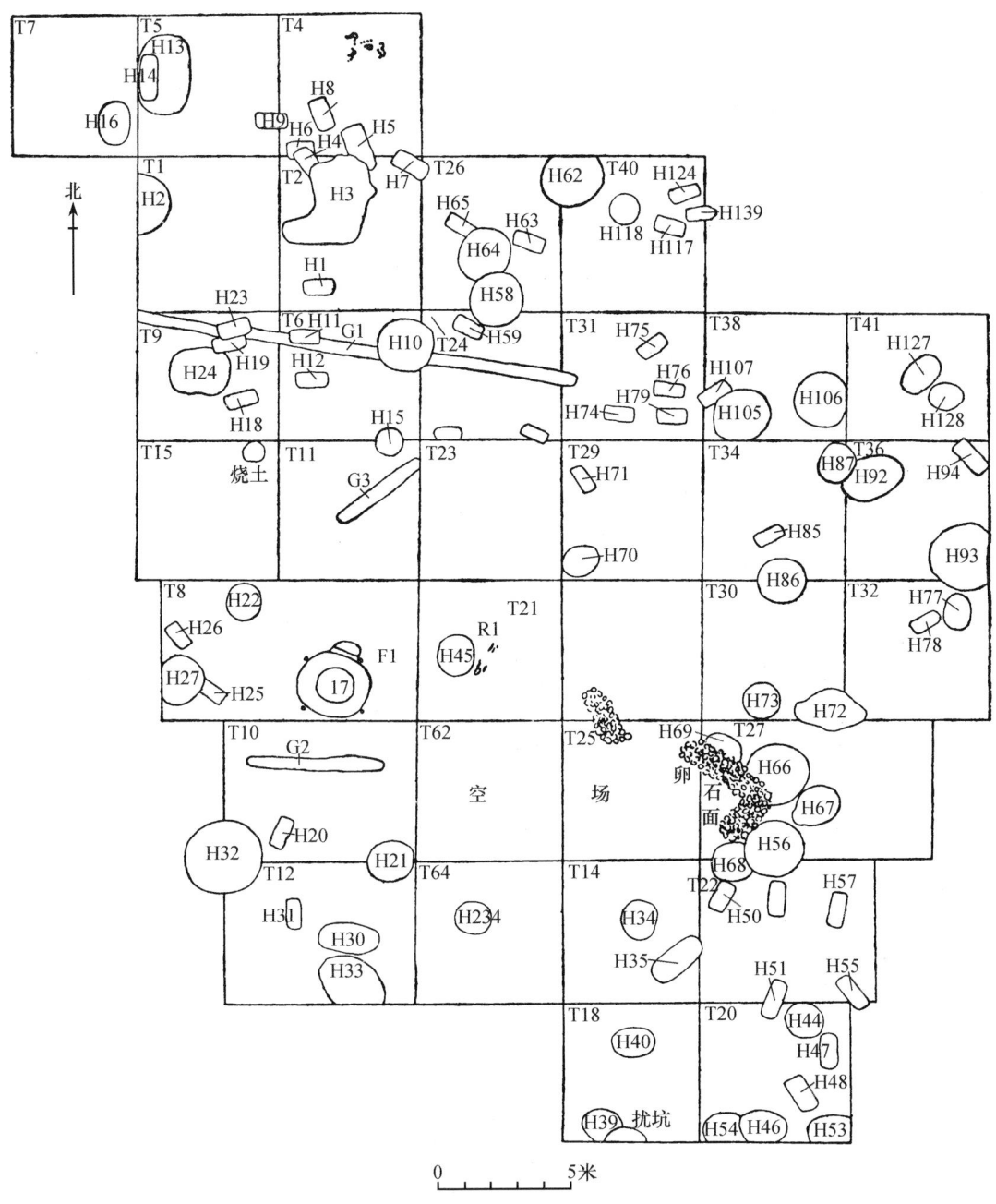

图五 磁山遗址遗迹分布图

此外，磁山遗址还出土了超过该遗址人口规模使用量的石器，仅完整和残半的石斧就有1758件，石铲79件[①]。

据此我认为，磁山遗址是8000年前的一处商业贸易中心遗址，面积不大，但是从

---

① 佟伟华：《磁山遗址的原始农业遗存及其相关的问题》，《农业考古》1984年第1期。

事粮食（粟）加工贸易、石器加工、采集狩猎收获物的交易，商品市场的地位十分重要。

从考古学文化面貌上看，磁山遗址的文化面貌南与仰韶文化后岗类型关系密切，北与兴隆沟文化关系密切，于是磁山遗址很可能是北部的兴隆沟文化与南部的后岗类型之间的交易中心，以至于小小的磁山遗址却聚集了农业、石器工业、渔猎经济的巨大财富。

2. 北福地遗址分析

河北易县北福地遗址时代和考古学文化面貌与磁山遗址大体一致，距今约8000年。遗址面积仅3000平方米左右，出土遗迹遗物却十分丰富[①]。

原报告称遗址高台部位有一片"祭祀场"，将生土地面稍加平整，上面铺垫深褐土形成台面，面积大约100平方米左右，大致呈东西长方形。台面上残留着摆放的器物91件，根据摆放的空间关系大致可分为11组相对集中的器物群（图六）。各群器物的组合模式不尽相同，有石器组合、陶器组合、石器（包括玉器）与陶器组合三大类。

石器绝大多数为实用器，以斧、铲为主，分别出土16件和12件。一件石耜巨大，可称为8000年前的石耜王（J∶11）。

陶器共计出土35件。多数为小型模型器物（miniatures），应当是商品交易用陶筹。陶器以陶量（原报告称"直腹盆"）及其模型为主，尺寸稍大些的19件，可作为实用陶量（图七）；11件口径小于9厘米的发掘者称为小杯，可视为陶量模型（图八）。另有陶片"纺轮"2件。筒腹罐2件，残陶漏斗1件（图八）。

玉器均为装饰品总计13件，其中玉玦2、匕形器1、饰件2、绿松石饰4、石雕兽头1件。

北福地"祭祀场"除了比较完整的遗物遗留之外，通过与"宗教礼仪考古标志"[②]对比，我看不出其祭祀对象是什么？器物组合所反映的行为有何礼仪含义？史前时期，实用的石器多不用于宗教祭祀，模型陶器主要用于下葬"冥器"而不用于祭神，玉装饰品玦和匕都不是重要的玉质宗教艺术品或称玉礼器如璧、琮、璜、龙、凤、鹰等，用于祭祀很不庄重。所以我认为北福地的"祭祀场"功能可以另有解释。我根据磁山遗址市场遗迹的模式，认为北福地的"祭祀场"可以用"交易市场"遗迹来解释。

市场台面上的11组器物群可视为11个交易的摊位（图六）。石器基本上都是实际交易的商品，石耜王可能不用来交易，而是由于其体形硕大、制作精良而作为石器商

---

① 河北省文物研究所：《北福地——易水流域史前遗址》，文物出版社，2007年。本文所用北福地考古资料皆引自该报告。

② 何驽：《怎探古人何所思——精神文化考古理论与实践探索》，科学出版社，2015年，267~271页。

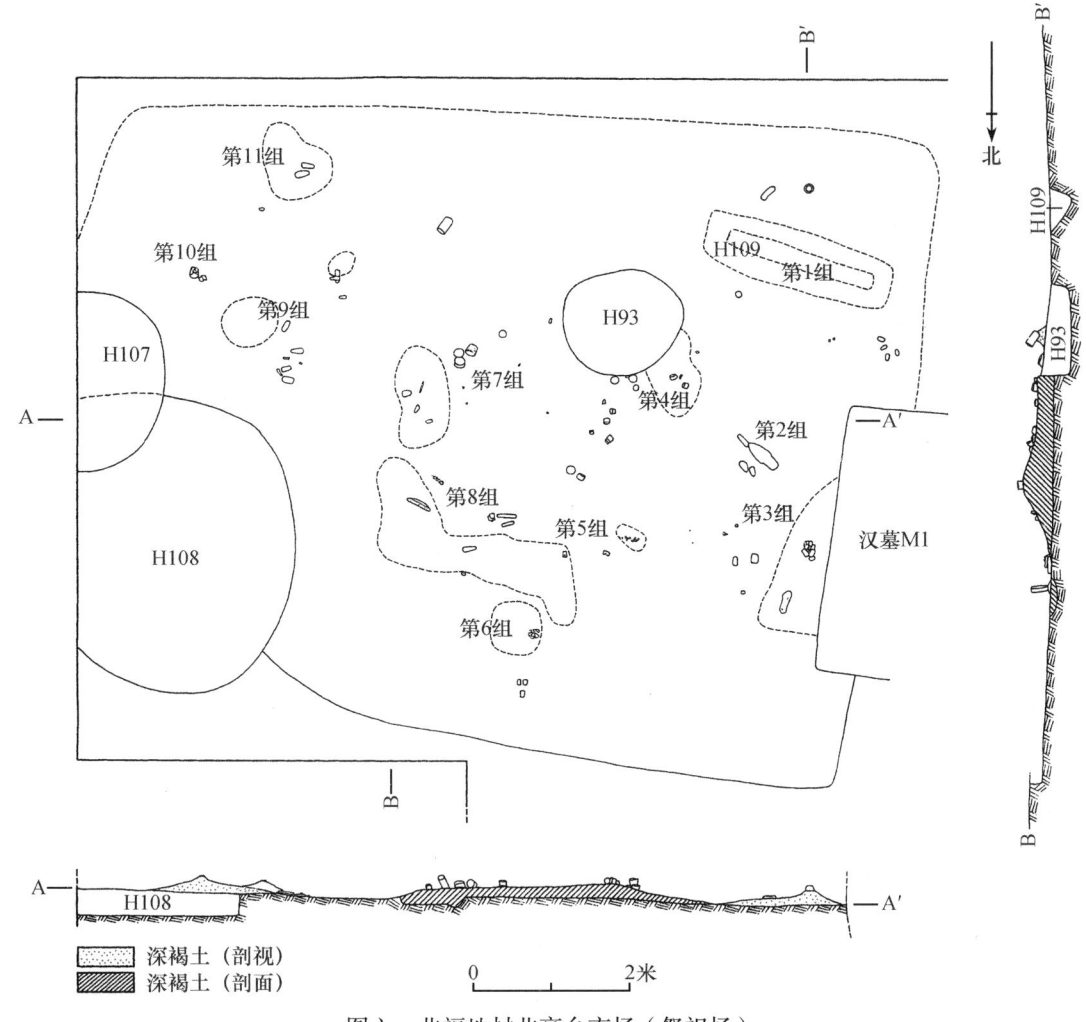

图六 北福地村北高台市场（祭祀场）

品的"幌子"或招牌，有如现今鞋店橱窗里巨大的皮鞋、筷子点门口摆着的巨大的木筷子（图九），不具有使用的商品价值。陶量模型则与粮食交易有关。

第1组出土陶量模型2、筒形罐（实际也是一种杯形量）1、砾石1、卵形石（网）坠1、玉玦2、水晶块1件。表明是粮食、石器与玉器之间的交换。似以石器和玉器交易为主。

第2组与第3组相距甚近，似合为一组，出土石耜王1、石斧7、石铲3、砾石1、玉玦1、绿松石饰2、陶片算筹1、陶漏斗1件。表明是石器与玉器之间的交换。

第4组位于台面的中央，出土陶量模型13、石刀1、石凿1、石锛1、水晶块1件。表明是粮食与石器和玉料（水晶）之间的交易。其中以粮食为主。

第5组与第8组距离过近，可合为一组。出土石磨盘1、石磨棒2、陶量模型6、陶片算筹（纺轮）1件。表明以粮食交易为主。

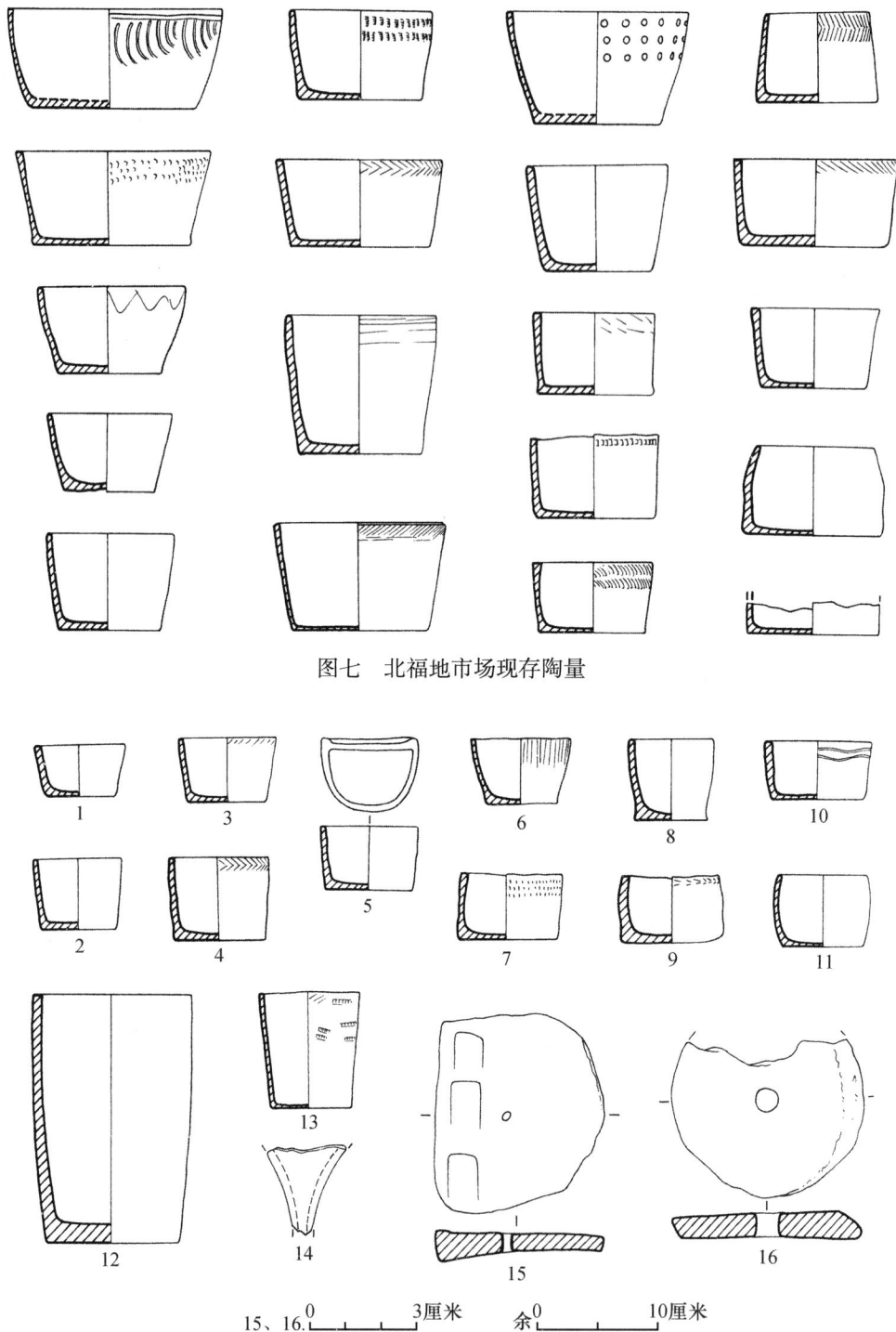

图七 北福地市场现存陶量

图八 北福地市场上现存的陶量模型及其他陶器

1. 陶量模型J:2 2. 陶量模型J:30 3. 陶量模型J:33 4. 陶量模型J:38 5. 陶量模型J:35 6. 陶量模型J:40
7. 陶量模型J:47 8. 陶量模型J:48 9. 陶量模型J:64 10. 陶量模型J:72 11. 陶量模型J:85 12. 筒形量
J:73 13. 筒形量J:10 14. 漏斗形器J:25 15. 圆片陶筹J:21 16. 圆片陶筹J:69

第6组出土陶量模型1、石斧3件,表明是粮食与石器之间的交换。似以石器交换为主。

第7组出土陶量模型4、石斧1、石铲3、石锛1、石雕兽头1、玉饰2件,表明是粮食、石器、装饰品之间的交易。看不出以什么交易为主。

第9组出土石斧3、石铲5、石锛1、石凿1、绿松石饰1件,表明是石器与玉质装饰品之间的交易。

图九　山西平遥城内筷子店(前店后场式)内的"天下第一筷"

第10组出土陶量模型2、玉匕1件。表明粮食与玉器之间的交易。似以粮食交易为主。

第11组出土陶量模型1、石斧1、石铲1件。表明粮食与石器之间的交易。以石器交易为主。

北福地市场中央以第4、第5与8组为中心,以粮食交易为主,围绕其周边的摊位似以石器交易为主。而多数器物组合中都有陶量模型,暗示北福地的交易市场中,粮食很可能成为交换等价物。象征粮食交易的陶量模型,在一定程度上起到了一般等价物实物符号功能——最原始的货币职能。

北福地遗址本身有石器制造场,如S2。遗址一期的房子内废弃堆积中均包含数量相当可观的石质品。如F1出土石质品2427件,其中砾石1503、废料562、残缺品77、废品28、半成品1、成品4、细石器247、石容器残片4件。F2出土1053件,其中砾石44、废料906、残缺品57、废品11、成品3、细石器31、石容器残片1件。F12出土559件,其中砾石63、废料476、残缺品6、成品2、细石器10、石容器残片1件。此外还有一座灰坑H76出土1380件,其中砾石261、废料1021、残缺品16、废品11、半成品3、成品10、细石器53、石容器残片5件[①]。足见北福地遗址本身功能具有强烈的石器加工专业化特征,因而石器贸易应当是北福地市场交易的主打产品,所以北福地遗址没有磁山遗址那样的粮仓遗迹,粮食交易不占主导地位,但是粮食有一般等价物的功能。

北福地遗址考古遗存商品经济特征十分明显。小商品经济特征是个体生产者的手工劳动。从考古资料的角度看,就是家庭手工业。北福地一期房子内部废弃堆积里包含的石质品,显示出该村社的石器制造手工业是以家庭为单位的小商品生产。

北福地一期的房子总计14座,H76也类似一座半地穴式房子的基坑,可视为房子。房子均为单间半地穴式建筑,面积在10平方米左右,显然是一个核心家庭居住单

---

① 河北省文物研究所:《北福地——易水流域史前遗址》,文物出版社,2007年,299页,附表六(一)。

元。房子内或多或少出土石质品，与石器加工有关的石质品有砾石石料、废料、废品、半成品、成品，磨制加工工具砺石，而石磨盘和石磨棒、石碗属于房子主人使用的日用器具，不算在石器加工之列。细石器也可归入石器加工来考虑。根据如此分类，我将原报告相关的统计数据重新归类，制表如下（表一）。

表一　北福地一期房子堆积内石质品组合表

单位	石料	废料	废品	半成品	成品	砺石	细石器
F1	有	有	有	有	有	有	有
F2	有	有	有	无	有	有	有
F3	有	有	有	无	无	有	有
F5	有	有	无	无	无	有	有
F6	有	有	无	无	无	有	有
F7	有	有	无	无	无	有	无
F8	有	有	无	无	无	有	无
F9	有	有	无	无	无	有	有
F10	有	有	无	无	无	无	无
F11	有	有	无	无	无	有	有
F12	有	有	有	无	有	有	有
F13	有	有	无	无	无	无	无
F15	有	有	无	无	无	无	无
F16	有	有	无	无	无	无	无
H76	有	有	有	有	有	有	有

所有房子堆积都有石料与废料出土，出土石料—废料—废品或砺石组合者F3、F5、F6、F7、F8、F9、F11、F16。出土石料—废料—废品或砺石—成品或半成品组合者F1，F2，F12，H76。同时生产细石器的家庭有F1、F2、F3、F5、F6、F9、F11、F12、H76（表一），约占家庭总数的60%。因此从总体上说，北福地一期的房子资料可以反映当时家庭磨制石器和细石器小商品制造业的基本状况。

这些家庭石器制造手工业，生产资料是家庭私有的，生产者以家庭为单位属于个体生产者。其生产出来的石器作为商品拿到村北头的市场去贸易和销售。

从房子的空间布局来看，F1—F2—F3—F6—F7—F10—F11—F9可以顺时针围成一个椭圆形的圈（图一〇）。中央是一片小空场，各房子的门道都朝向中央空场，表明这一组房子所居住的核心家庭很可能属于同一个家族。该家族的F1、F2、F3、F6、F9、F11核心家庭均生产细石器，是北福地细石器生产的主要家族。

另一个家族可能由F12—F8—F13—F16—F15—H76—F5—F4构成，围在F1家族房子的外围（图一〇），其中除了F12、H76和F5三个家庭生产细石器外，其余五个家庭

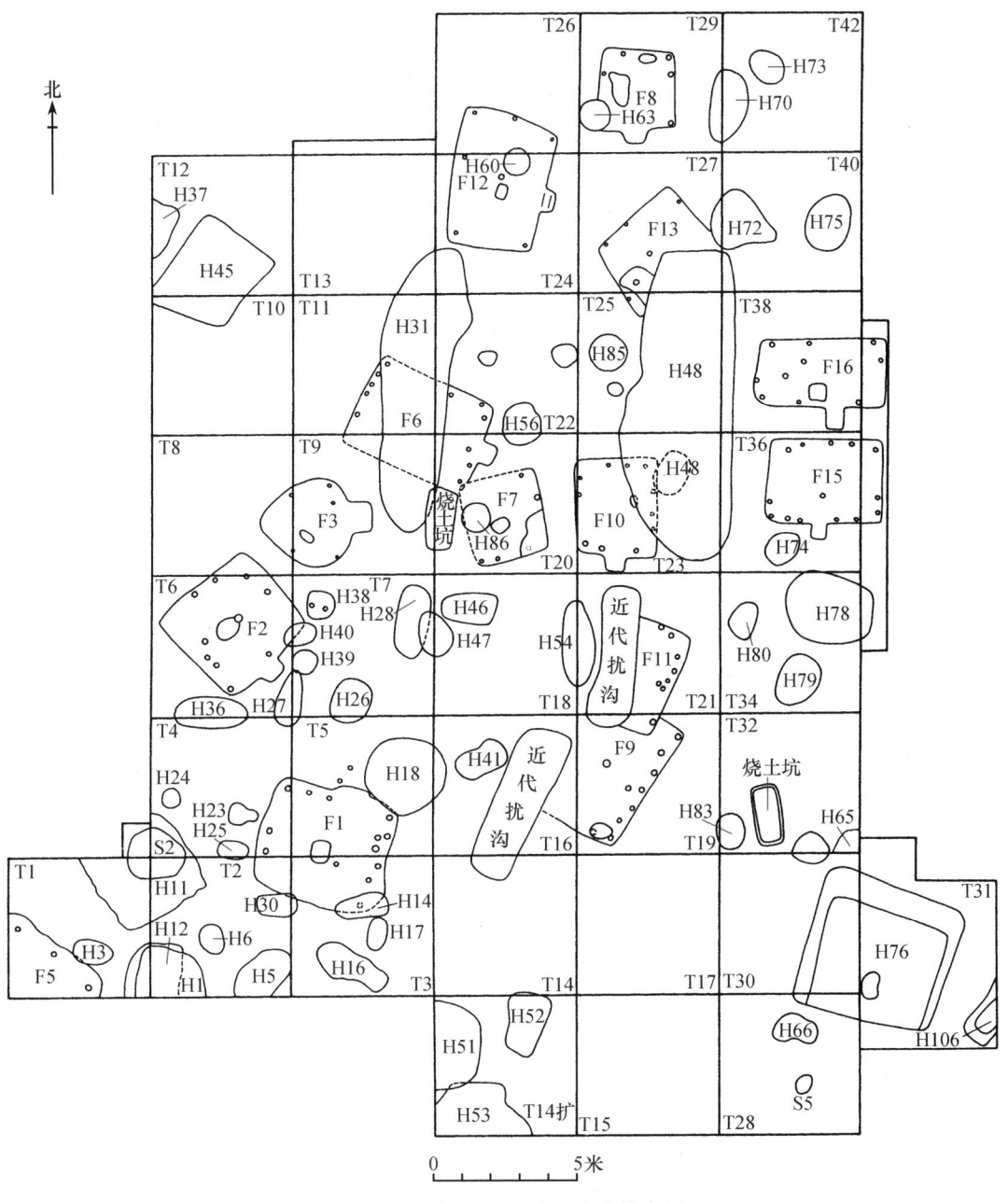

图一〇　北福地Ⅰ区居址遗迹分布图

都不生产细石器。F12家族不是生产细石器的主要家族。足见北福地F1和F12两个家族虽然都生产石器，但是产品略有不同的侧重，F1家族将细石器作为另一个主要产品来生产，F12家族则不然。这意味着北福地一期的石器小商品生产，尽管是家庭手工业，但也不是放任各核心家庭随意组织生产，而在家族层面上高一层次的生产组织管理。这个管理是家族内部式的，很可能以宗法制度为依托，不一定立刻造成社会的不平等。这种家族式的小商品生产的组织管理，目的是有效地调节北福地石器产品进入市场后的合理份额，以免各家庭无序生产与无序竞争造成家族内部或整个村社内部石器小商品生产的内耗和内伤。也就是说北福地家族在一定程度上起到了行业协会的协调管理作用，那么其家族对石器制造业的管理必然会从生产环节扩展到市场交换环节。北福地的考古例证很好地说明，以家庭为单位的小商品经济一开始可以由家族进行管理，虽然已经产生了家庭私有制，却不一定马上催生社会的不平等。

有趣的是，北福地一期石质品出土最丰富的遗迹单位中均出土石容器，这类文化因素与北方地区甚至中亚地区的石容器使用行为传统有密切的关系。另F12出土一件石质面具，该遗址其他单位出土的陶片面具与内蒙古赤峰兴隆洼遗址出土的面具非常接近[①]。暗示北福地石器加工与贸易市场的主人究竟是谁耐人寻味。至少说明该市场具有边贸性质，是介于北方所谓的"沿长城地带"与黄河中游腹地之间的边贸市场。

段宏振先生认为北福地遗址位于太行山东麓史前时期的一条文化走廊，处于北方、中原、山东三个文化区之间的夹缝地带。在这条文化走廊内，北福地位于北端，磁山遗址位于南端[②]。我认为这条文化走廊同样是商品贸易交流的孔道，所以磁山遗址和北福地遗址交易中心出现在这一走廊中，绝非偶然。

3. 杨官寨遗址分析

陕西高陵县杨官寨遗址是一处庙底沟文化和半坡四期文化的大型遗址，总面积80余万平方米，庙底沟文化时期有环壕，环壕内面积约24.5万平方米。2004～2008年，陕西省文物考古研究所对该遗址进行了系统发掘，收获颇丰[③]。

遗址环壕外南区是半坡四期的制陶工业园区，已清理陶窑10、房子23、灰坑（包括与制陶有关的坑）496个。南区部分灰坑出土大量完整陶器，如H402出土为数较多完整尖底瓶，显然很可能是尖底瓶成品的储藏窖穴。南区还出土了一些庙底沟文化时期的石球。发掘者认为："当时的社会已经出现了比较明显的分工，一部分家庭专门从事陶器的制造业，专门储藏陶器的窖穴的发现说明财产私有观念的出现和强化，通过聚落形态得到了表现。"[④]这一判断十分准确。

环壕内东北角也发掘出房子1、陶窑5、灰坑68个，可能是庙底沟文化时期的制陶工业区。

---

① 中国社会科学院考古研究所内蒙古第一工作队：《内蒙古赤峰市兴隆沟聚落遗址2002～2003年的发掘》，《考古》2004年第7期。
② 河北省文物研究所：《北福地——易水流域史前遗址》，文物出版社，2007年，263、264页。
③ 陕西省考古研究院：《陕西高陵杨官寨新石器时代遗址》，《考古》2009年第7期。
④ 陕西省考古研究院：《陕西高陵杨官寨新石器时代遗址》，《考古》2009年第7期。

最重要的发现是环壕的西门址及其两侧壕沟内的丰富遗存。门道是宽2.7米左右的生土过梁。过梁门道的南侧壕沟内堆积有七层，每层表界面上都有大量的完整器，被编号为H776。同样的情况在过梁门道的南侧壕沟堆积内也存在，被编号为G8-2。西门处壕沟口宽11~13、底宽4~6、深4米。沟底平坦规整。依据陕西省考古研究院编辑的《陕西高陵杨官寨遗址——2008年度全国十大考古新发现申报材料》中的遗迹图[①]，稍作空间分析。

H776⑦层表界面（即⑥层底界面）上完整遗物分布似乎以一个空白区域为中心，四周摆放器物26件，其中陶环6、陶钵3、夹砂罐2、陶器盖2、石环2、陶灶1、陶杯1、陶刀1、石器1、磨石1、陶饼（陶筹）3、石球（石算筹）2、石饼（石算筹）1件。我认为这里是利用干沟的底部作为交易市场摊位，主要交易陶器和装饰品陶环或石环，所谓陶饼、石饼、石球凡6件，都是交易记账的算筹。

H776⑥层表界面上完整器物群空间分布大致可分出2~3个摊位。出土器物总计49件。其中陶钵11、陶杯7、陶罐7、陶环3、石环2、石斧2、彩陶钵1、石刀1、夹砂罐1、平底瓶1、彩陶盆1、灶1、盆1、器盖1、尖底瓶1、漏斗（底）1、石球算筹3、陶"纺轮"陶筹1、陶球算筹1、陶饼算筹1件。此界面上的摊位主要交易商品为陶器包括彩陶、石器、装饰品石环和陶环。纺轮、陶饼、石饼凡6件，也是记账算筹。部分陶罐是迷你模型器，也应是特定商品交易的记数工具。

H776⑤层表界面上完整器物群空间分布大致可分3~4个摊位。出土器物41件。其中陶钵14、陶罐9、陶杯5、陶环3、陶器座（陶鼓）2、陶刀1、骨簪1、平底瓶1、陶盆1、石球算筹3、陶饼算筹1件。交易商品主要为陶器、装饰品陶环，石球、陶饼为算筹，凡4件。

H776④层表界面上完整器物群空间分布大致可分4个摊位。出土器物120件。其中陶罐35、陶钵32、陶杯17、器座5、彩陶盆4、器盖3、石环3、陶环3、平底瓶2、陶瓶2、陶刀2、磨石1、石斧1、陶釜1、陶漏斗1、单耳杯1、石刀1、陶灶1、陶瓮1、骨锥1、骨簪1、陶纺轮陶筹1、石球算筹1件。主要交易商品为陶器包括彩陶盆和装饰品石环和陶环。纺轮与石球是算筹，凡2件。部分陶罐是小模型和不能实用的陶斧，应是特定商品的记数工具。

H776③层表界面上完整器物分布空间大致分为2个摊位。出土器物66件。其中陶钵17、陶罐10、陶杯9、陶刀4、陶环4、彩陶盆3、石磨盘3、石环2、陶盆2、陶瓶2、陶盉（量）2、磨石1、陶釜1、陶器1、纺轮陶筹4、石球算筹1件。交易商品为陶器包括彩陶盆、粮食（陶量、磨盘和磨石）、陶刀、装饰品陶环和石环。纺轮与石球为算筹，凡5件。

---

① 陕西省考古研究院：《陕西高陵杨官寨遗址——2008年度全国十大考古发现申报材料》，西安，2008年。

H776②层表界面上完整器物群分布空间大致可分2~3个摊位。出土器物45件。其中陶罐13、陶杯8、陶钵7、陶环2、陶盆2、陶斧2、陶器盖3、陶碗1、彩陶盆1、尖底瓶1、石球算筹2、陶饼算筹2、穿孔陶筹（或称纺轮）1件。交易商品为陶器、装饰品陶环，陶斧代表特定的商品，陶饼、纺轮和石球为算筹，凡5件。

G8-2堆积七层，未公布比较详细的资料，从照片上看也有完整器物群相对集中摆放，与H776相同。由H776可以推知，G8-2也应是交易市场之一部分。这里出土的镂空人面饰覆盆状陶器（图一一），可见于山西吉县沟堡遗址F1内[①]（图一二），或许说明杨官寨的部分陶器至少可以播散到黄河东岸的吉县一带。

图一一 杨官寨G8-2出土人面覆盆

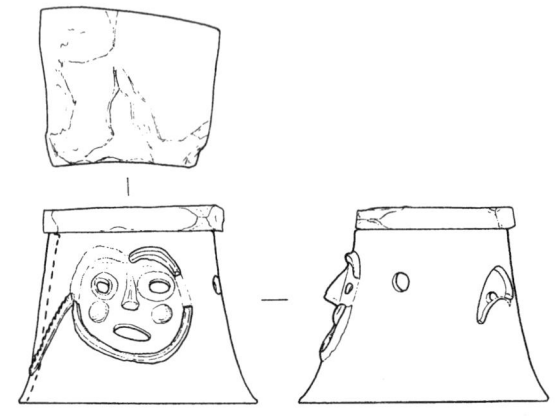

图一二 沟堡F1出土人面覆盆

纵观杨官寨环壕西门市场商品交易以陶器为主，装饰品石环和陶环也占有较大比重，石器和粮食交易不占主要地位。陶器商品中以罐、杯、钵为拳头产品，而带有宗教礼仪色彩的陶器座（陶鼓）和彩陶盆，数量并不多。显然，杨官寨西门市场经营的商品以日用陶器为主，礼仪用陶器也占有一定的地位。

杨官寨遗址周围，泾渭交汇地带，分布着韩村、上马渡、马南、渭桥村等仰韶文化遗址，但规模均小于杨官寨，发掘者判定杨官寨是关中地区庙底沟文化的中心聚落[②]。我认为这个中心聚落是建立在制陶和相关交易市场的小商品经济基础上所形成的，初步形成于半坡四期文化时期，繁荣于庙底沟文化时期。

二、相关问题的思考

黄河流域史前商品经济是以往我们学术界一直认为最缺乏的经济类型，其主要的

---

① 山西省考古研究所：《吉县沟堡遗址发掘简报》，《三晋考古（第二辑）》，山西人民出版社，2006年，8、9页。

② 陕西省考古研究院：《陕西高陵杨官寨新石器时代遗址》，《考古》2009年第7期，9页。

原因在于，中国的考古学家由于缺乏相关理论的指导，并长期局限于中国正史"重农抑商"的正统思想的苑囿，不善于从考古资料中辨别出商品经济和市场有关的遗存。本文选取了磁山遗址粮食为主要贸易中心、北福地遗址石器贸易中心、杨官寨遗址陶器贸易中心这三个案例，一方面表明在黄河流域史前中晚期，曾经存在过商品经济和贸易市场，另一方面，我们也可从中总结出商品经济的考古遗存指标（archaeological indicators），进而引导我们对黄河流域时期商品经济的社会历史地位，进行初步思考。

1. 商品生产的考古指标

商品经济是以交换为目的的经济形式，是商品生产和商品交换的统称。从商品生产的角度说，小商品经济是私有制下专职化（full-time）个体劳动和专业化（specialized）家庭手工业。基于此，一旦我们发现考古遗存中，粮食储量、石器制造量、陶器制造量远远大于生产单位人员的自给自足所需量，这便意味着这些生产是商品生产。上述磁山的粟和石制品、北福地的石制品、杨官寨的陶器，显然不是仅仅满足本人、本家庭甚至本聚落的生活需求，更多的产品用于交换。

小商品经济生产，在基本生产单位里（通常是手工业家庭），产品是有侧重的，甚至是单一的。而在更高层次的生产组织里（通常是聚落即整个遗址），各基层生产单位的产品又构成比较完整的商品组合。比如北福地F1和F12为代表的两个家族虽然都生产石器，但细石器生产是F1家族的另一个主要产品，F12家族则不然。而北福地遗址从总体上说生产石器和细石器。杨官寨遗址陶器制作大概在家庭生产的层面上，分别侧重小口尖底瓶、罐、器座（陶鼓）、彩陶、环等，如H402储藏了小口尖底瓶22、罐19、钵16、盆9、瓮5、轮盘1件[①]。可见H402的制作单位以生产尖底瓶、罐和钵为主，以盆和瓮为辅。而就整个交易中心来说，这些商品又构成了完整的产品组合。

基本生产单位的生产品种，很可能不是生产者自身生活必需品。比如北福地房子里出土的石磨盘和石磨棒、石碗，才属于房子主人使用的日用必需品，而大量的石制品是生产者的产品和生产工具如砺石等。杨官寨H402储藏的陶器产品远远超出一个家庭使用的需求。费曼指出，中美洲奥萨卡地区，不论是同一遗址还是不同遗址，家庭产品都或多或少存在一定差异，每个家庭都使用不属于自己制造的产品[②]。

---

① 陕西省考古研究院：《陕西高陵杨官寨新石器时代遗址》，《考古》2009年第7期，7、8页。
② 加里·费曼、方辉：《加里·费曼（Gary M. Feinman）教授访谈录》，《南方文物》2013年第4期，23页。

2. 市场遗存的考古判断指标

西方学者对市场的考古判定标准有过一些探索，但除了考虑特殊结构的建筑和道路、台地和广场之外，似乎也没有找到更能指明市场性质的考古标志[①]。绝大多数学者都像费曼那样认为，"从考古上确认市场非常困难"，所以费曼推测遗址外围的开阔地可能作为市场[②]。我认为这一推测有一定道理，但可能不够全面。我试图通过磁山、北福地和杨官寨市场的考古遗存特征，提炼出一套"市场的考古判断指标"，单一的标准都不足以判别市场遗存。

（1）市场的空间——空场

市场是商品交换的场所。所以市场首先需要一定的空间，通常以空场的形式出现。这可能是世界考古学家对于市场空间形态最直接的共识。磁山遗址卵石面遗迹以西的空场、北福地遗址高台地上的空场、杨官寨环壕西门址两侧沟内空场等都是比较理想的场所。

（2）市场选址的可及性

芬利还提出，市场位置往往出现在半径5~6英里的交流聚会点上[③]。这也可以通过宏观聚落形态的区域调查来进一步摸清情况，加以判断。从理论上说，市场地点的自然选择，一定考虑到参与贸易人员的步行可及性，半径5~6英里（约8~10千米）是比较适宜的可及性。

（3）市场交易的遗物

市场交易行为，造就了一些交易行为使用器物，包括记账工具如各种算筹、称重用器如量器和衡器、一般等价物甚至货币。磁山、北福地和杨官寨出土的"弹丸"、圆陶片、圆形穿孔陶片（或称纺轮）、模型小陶器均有可能是算筹。上述三个遗址出土物中尚无明确的衡器如天平和砝码，但是磁山和北福地出土的大陶盂，就是作为量器的陶量。

费曼指出，阿兹特克帝国的特诺奇蒂特兰Tenochititlan/Tlatelolco的大市场内交易，从不用货币，却有自己的特定等价物如可可豆和布匹[④]。磁山、北福地和杨官寨可能都

[①] Gary M. Feinman and Christopher P. Garraty. *Preindustrial Markets and Marketing: Archaeological Perspectives* [J]. Annual Review of Anthropology, 2010, Vol.39.: 176-178.

[②] 加里·费曼、方辉：《加里·费曼（Gary M. Feinman）教授访谈录》，《南方文物》2013年第4期，24页。

[③] Finely M I. *Ancient Economy* [M] 2, updated with a new foreword by Ian Morris, Berkeley and Los Angeles. 1985 [1993]:107.

[④] 加里·费曼、方辉：《加里·费曼（Gary M. Feinman）教授访谈录》，《南方文物》2013年第4期，24页。

没有真正的符号化的货币，但粮食粟作为生存必需物资，比阿兹特克的可可豆更加重要，最有可能被当做一般等价物。陶量模型器，除了计算粮食粟交易流水账之外，还可充当粮食作为一般等价物的实物立体符号。此外，纺织品也可作为一般等价物，于是纺轮既可作为纺织商品的交易记数工具，也可转化为象征纺织物作为一般等价物的实物立体符号。

市场上，交易摊位内会摆放一定数量的待售商品。所以市场内会发现成堆的相对完整的器物，既非墓葬随葬品，又非祭祀用的祭品或祭器。北福地和杨官寨市场内成堆摆放的完整器，已经很能说明问题。

（4）市场与生产地共处同一聚落

黄河流域史前时期，商品生产与贸易，很可能都在同一个聚落，多数以"前店后场"的模式，分割成不同的功能区划。磁山遗址因为是粮食贸易为主，所以谷物加工与交易的市场空间上区分不明显。北福地石器加工在遗址东南部的居住区里，高台市场则设在遗址的西北部。杨官寨制陶工业园区集中在遗址的南部区域，而市场则设在西门通道两侧的干壕底。

3. 史前宗教礼仪用品能否成为商品

《礼记·王制》曰："有圭璧金璋，不鬻于市；命服命车，不鬻于市；宗庙之器，不鬻于市。牺牲不鬻于市；戎器不鬻于市。"所以传统的学术观点认为宗教礼仪用器是不能作为商品买卖的。在专制政权统治下，建立在小农经济基础上的国家和文明，对于礼器的重视和出于重农抑商的意识形态，出台这样的限制礼器市场准入的政策是顺理成章的。商周有铭铜礼器表明，绝大多数礼器是自做、赏赐、馈赠甚至掠夺得到的，几乎没有靠商品交换得到的。因此，我们相信夏商周三朝，很可能实行的是"礼器不鬻"的政策。但是这不能说明中国史前时期和所有地区都实行"礼器不鬻"的政策。

因为在商品经济的话语体系中，任何符合供求关系的产品都有可能成为商品，并没有宗教礼仪用器和日用器作为商品的严格区别。就像近现代佛像、礼佛用品，都可以在专门的商铺或市场上买卖，只是换个名头，如"法物流通处""请佛像"等，避讳以货币为媒介买卖的表述而已。

杨官寨遗址生产的精美的彩陶、陶鼓（器座）、人面镂空覆盆器等，显然是宗教礼仪用品，却应当是交换商品的一部分。

更值得注意的是，北福地遗址出土石质面具1件，陶面具175件，其中完整或可复原者10余件。绝大多数面具及其残片都出自房址堆积内或居住面上，少部分集中出土在三个灰坑里。其中F1出土面具残片占陶片总数10%。部分面具雕刻表现手法娴熟，是成人之作。有些雕刻技法稚嫩、简陋，似为学徒习作。因此段宏振先生认为，北福地的面具很可能是本聚落制作的用于宗教或巫术的特殊用品[①]。我认为，北福地F1出土陶面具残块38块，显然超过了F1房主的个人与家庭需要，应当是F1生产单位所生产的商品之一种。此外F2出土陶面具1件，F11出土面具残块2件，F12出土陶猪面具1件。前文分析了，北福地F1—F2—F3—F6—F7—F10—F11—F9所构成的遗址"中央"家族，出土或说制作面具的仅有三家：F1、F2、F11，占核心家庭总数的37.5%，出土面具包括残块48件（表二），其中以F1制造最多。

F12—F8—F13—F16—F15—H76—F5—F4构成的"外围"家族，共有8个单位出土面具包括残块，其中H78可能隶属于F15，H45隶属于F4，H52和H53不知隶属于具体哪个核心家庭，最后大致可以认为有5个家庭从事面具生产（表二），占该家族核心家庭总数的62.5%，出土面具数量为45件，其中H76出产最多11件。

表二　北福地房址和灰坑出土面具统计表

归属	单位	数量	小计
F1中央家族	F2	8	48
	F1	38	
	F11	2	
F12外围家族	F12	10	45
	F15	1	
	H78	5	
	H76	15	
	H52	11	
	H53	1	
	F5	1	
	H45	1	
市场附近	H103	1	1

从总体上说，北福地的两个家族均生产陶面具，两家的产量大致相当。但是"外围"家族从事面具生产的家庭更多一些，似乎是生产面具的主要家庭。而该家族却不是细石器生产的主要家庭。换句话说，F12外围家族是北福地聚落生产面具宗教用品的主要家族。

北福地面具不见于市场内，但在市场北侧的H103出土面具残块1件（表二），有可能是市场上也销售面具的间接证据。由此我认为北福地聚落生产的陶面具或石面具，应当也是一种商品。

值得注意的是，北福地玉器仅见于村北台地市场，现存的玉器为玦和匕，与兴隆

---

① 河北省文物研究所：《北福地——易水流域史前遗址》，文物出版社，2007年，234~244页。

洼文化玉器基本相同。属于兴隆洼文化的内蒙古赤峰兴隆沟遗址曾出土过镂空人面头盖骨面具、石质和蚌质人面饰等①，似乎都在暗示兴隆洼文化与北福地遗址之间的某种特殊关系，这种关系有可能是商品贸易关系。

当然，宗教礼仪用品是一种比较特殊的商品，其使用价值与日用商品有所不同，更加偏重精神文化的使用价值和社会身份等级的象征价值。宗教礼仪商品，在买入地被视为高端舶来品（exotic goods），用来标榜地位高的个人或家庭占有更多的与外界高层次交流（包括物资和信息）的渠道和资源，进而作为其在本聚落或村社里保有或获取支持者与较高地位的资本。中美洲奥萨卡Oaxaca谷地San José（三卓西）期（1100~800年），通过一系列的礼仪和舶来品流通来建立起远程交流和交换的网络②。远程交换的礼仪用品和交换物资包括磁石镜、深海贝、鱼、黄貂鱼翅、鲨鱼牙和低地龟壳③。

4. 黄河流域史前商品经济是否普遍存在

目前我虽然举出了磁山、北福地和杨官寨三处黄河流域史前中晚期的商品经济例证，但是，实事求是地讲，更多的同时期遗址尚缺乏明确的商品经济特征。因而我们尚无法做出史前中晚期黄河流域普遍存在商品经济的结论。我们也还无法判定上述三个市场贸易中心是黄河流域史前商品经济市场网络的典型代表，还是仅仅是镶嵌在小农经济汪洋大海中的自发市场孤岛。如果通过今后更加深入的考古研究，表明后一种情况，那么黄河流域史前中晚期可能存在着多样化的经济模式。河南灵宝西坡庙底沟文化中心聚落的考古资料④，并未显现出明显的商品经济和市场特征，似乎支持自发市场孤岛的推测。

---

① 中国社会科学院考古研究所内蒙古第一工作队：《内蒙古赤峰市兴隆沟聚落遗址2002~2003年的发掘》，《考古》2004年第7期。

② Gary M Feinman. *Demography, Surplus, and Inequality: Early Political Formations in Highland Mesoamerica*. Chiefdoms: Power, Economy, and Ideology. Ed. by Timothy Earle, New York: Cambridge University Press, 1991:245.

③ Drennan, Robert D and Kent V Flannery. *The Growth of Site Hierarchies in the Valley of Oaxaca: Part II*. The Cloud People: Divergent Evolution of the Zapotec and Mixtec Civilizations. Ed. By K. V. Flannery and J. Marcus, New York: Academy Press, 1983:49.

④ 中国社会科学院考古研究所河南第一工作队、河南省文物考古研究所、三门峡市文物工作队：《河南灵宝市西坡遗址试掘简报》，《考古》2001年第11期，3~14页。河南省文物考古研究所、中国社会科学院考古研究所河南第一工作队、三门峡市文物工作队：《河南灵宝市西坡遗址2001年春季发掘简报》，《华夏考古》2002年第2期，31~52页。中国社会科学院考古研究所、河南省文物考古研究所：《灵宝西坡墓地》，文物出版社，2010年。

5. 黄河流域史前商品经济对社会复杂化的贡献如何

从理论上说，并非商品经济一出现，便立即催生贫富分化和社会不平等。北福地和杨官寨的商品生产组织、市场经营管理的职能，可能掌握在家族层面，仍可以在平等的社会秩序中有效管理。按照其惯性发展，可能难以自行进入到分层社会。

从中美洲奥萨卡谷地的考古例证来看，不同的家庭小商品黑曜石器生产组合不同，表明每个家庭有着自己对外贸易的渠道。而掌握更多对外贸易高端渠道的家庭，更容易在本村社获得较高的地位，特别是那些可以通过长途贸易获得更多神圣宗教用品如黄金、珍珠、纺织品、放血黑曜石匕首的个人和家庭，更容易成为首领（chiefs）[①]。

与中美洲奥萨卡谷地相反，黄河流域史前中晚期的商品经济和市场经营管理权力把持在家族的手中，剥夺了各核心家庭自主寻找买家的权利，单个家庭是难以独自获得自己的对外贸易高端渠道，家族可以在内部进行公平的利润分成，一时杜绝了贫富分化和社会分层温床的滋生，于是磁山、北福地、杨官寨遗址尚处于平等的部落社会。

三、余　　论

黄河流域史前晚期自杨官寨遗址之后，商业贸易中心聚落以及商品经济遗存似乎销声匿迹，至少不再像磁山、北福地和杨官寨遗址这样突显。初步看来，其一可能是因为黄河流域史前时期，商品经济从未占有主导地位，在史前晚期便被彻底淹没在小农经济的汪洋大海之中。

其二可能是因为黄河流域史前中晚期的商品经济孤岛，可以带来某个氏族部落和家族的集体财富，但由于家族或部落的集体管理体制，无法催生聚落内部的贫富分化和社会等级化，这就意味着社会只能裹足不前，无法复杂化。史前时期，社会复杂化和文明化是社会发展不可抗拒的历史趋势，因此黄河流域史前文化必然选择了以小农经济为基础的君主制王权（monarchy）政治化的道路，最终形成中原的王权专制政治模式和文明起源模式。

格里宁曾经提出早期国家有民主制和君主制两种体制[②]。我进一步认为，建立在

[①] Gary M Feinman. *Demography, Surplus, and Inequality: Early Political Formations in Highland Mesoamerica*. Chiefdoms: Power, Economy, and Ideology. Ed. by Timothy Earle, New York: Cambridge University Press, 1991: 241-252.

[②] Leonid Grinin. *Early State and Democracy*. The Early State: Its Alternatives and Analogues. Volgograd: "Uchite" Publishing House, 2004: 428.

小农经济基础上的专制王权政治与建立在小商品经济基础上的民主政治之间的对立与斗争,与生俱来,早至前国家阶段。两种政治体制所形成的各自的正统思想和意识形态之间的明争暗斗,也从未休止过。黄河流域专制王权政治中"重农抑商""农本商末"的正统思想,就是对商品经济及其政治思想和意识形态的抑制,自夏商周三代进入王朝国家时代以来,一直是回旋在中国历史的舞台上的主旋律。

  黄河流域在庙底沟文化时期进入社会复杂化阶段,以灵宝西坡墓地玉钺和象牙器为代表的高端舶来品(exotic goods)可能确实对社会等级化有帮助,但有可能是通过"上层交流网"[①]获得的。这个"上层交流网"不是单纯意义上的商品交流网络,而是以玉器、象牙器等高端无日用价值的宗教礼仪舶来品为载体,在地区间交流思想观念、信息的网络,并不以谋取商业利润为目的。因此,可以说黄河流域史前时期社会复杂化归功于"上层交流网",而不依赖于民间的、世俗的商品贸易网。

---

  ① 李新伟:《中国史前玉器反映的宇宙观——兼论中国东部史前复杂社会的上层交流网》,《东南文化》2004年第3期,66~72页。

从聚落分布看先秦时期晋南之气候变化

——以涑水河流域聚落为代表

王力之

（中国国家博物馆）

本文所说的先秦时期是指广义的先秦时期，既包括传统意义上的夏商周时期，也包括更早的史前时期，不过因为旧石器时代的特殊性，不属于本文先秦的范畴。从地域范围看，本文的晋南主要包括临汾盆地和运城盆地，面积超过1.1万平方千米，该地区在文明起源和早期国家产生过程中具有举足轻重的地位和作用，所以，对晋南先秦时期聚落与气候关系的探讨有助于促进相关问题的深入。

从地域空间看，虽然临汾盆地与运城盆地分属不同的地理单元，分属不同的流域。但从地理环境上看，两者则同属一个相对封闭的地理环境。主要表现在以下两个方面：首先，运城盆地东北部（主要在绛县东北区域）和临汾盆地之间的连接处没有明显的分水岭，二者之间甚至看不到明显的区隔和界线。其次，虽然运城盆地西北部和临汾盆地有明确的分水岭，但贯彻运城盆地南北的涑水河至少在某一时期（甚至在很长时间）是流向汾河的，具体反映在地貌上可以看到闻喜县礼元镇往北一带有下切很深的冲沟一直通向临汾盆地。处在同一个封闭的地理环境下，有着贯通的河流，并具有基本相同的气候环境，这些因素决定了运城盆地和临汾盆地在人类的繁衍发展过程中应该具有较多的相似性和相同性。

从考古学文化发展变化上，临汾盆地和运城盆地一直保持着高度的统一性和同步性。新石器时代以来，目前已知临汾盆地最早的考古学文化是仰韶文化枣园类型，然后是庙底沟类型，到仰韶晚期进一步发展到西王村类型，之后有庙底沟二期文化的繁荣，再到陶寺文化的鼎盛，之后出现了东下冯类型，再到二里岗文化的繁荣和晚商时期文化的真空，随着周人的到来，周文化经历了从西周的繁荣到东周逐渐被晋统一的过程。运城盆地考古学文化发展变化完全同于临汾盆地[①]，就连晚商时期的文化"真

---

① 或有学者认为运城盆地龙山时期考古学文化不同于临汾盆地，属于"三里桥类型"。但笔者认为二者同属"陶寺类型"，见王力之：《晋南运城盆地龙山时期遗存探讨》，《中国国家博物馆馆刊》2012年第8期。

空"现象都同于临汾盆地,可见二者之间的紧密关系。同时,除了考古学文化发展演变的脉络完全相同外,整个先秦时期两个盆地的考古学文化变化时点都保持了高度的一致性。具体来说,每一个考古学文化几乎都同时在两地开始,又同时在两地结束。考古学文化发展变化的统一性和同步性充分反映了整个先秦时期临汾盆地和运城盆地都属于同一文化圈。

从20世纪60年代以来,晋南地区的考古工作陆续进行了不少,到今天已积累了大量的考古资料,这些资料为我们全面观察晋南先秦时期的聚落分布奠定了基础。不过,多数材料公布较为零碎,特别是很多材料缺乏系统性。考虑到两个盆地的文化发展脉络是完全相同的,我们可以选择其中某一部分或某个区域进行观察,从而实现对整个晋南地区的相关研究,不过前提是材料必须是系统的才能具有说服力。如此,我们选择运城盆地涑水河流域的调查资料进行相关问题的讨论。之所以选择涑水河流域的调查资料是因为这批材料是目前公布最为系统的,涉及年代也最为全面的,相关材料从仰韶时期一直到东周时期都有[①]。通过观察先秦时期涑水河流域聚落的分布特点及其发展变化来探究其背后的深层次原因,进而窥探到先秦时期的晋南气候变化与聚落的关系。

一、仰韶时期聚落分布

仰韶时期,涑水河流域先后有三种考古学文化遗存,分别是枣园类型、庙底沟类型和西王村类型,分别代表了仰韶文化的早、中、晚期。

仰韶早期,涑水河流域聚落发现较少,而且多数聚落的规模都较小。主要分布在泉水或小溪流附近,聚落所在位置相对较高,大多与溪流保持着较大的落差。其次,在运城盆地西北洼地周边的台地上也出现了少量聚落,这些聚落与低洼地水域也保持了一定的高度。需要说明的是,在距离涑水河不远的地方出现了个别面积略大的聚落,不过所在位置较低。以临猗高头庄Ⅰ号聚落为例[②],该聚落距离现在的涑水河不足一千米,海拔高度略高于现在的河道(图一),考虑到后期河道的淤积,该聚落与当时河道的落差应该较小,分布也应该距离河道不远。

仰韶中期,涑水河流域聚落数量迅速增多。除在泉水和小溪流周边有较多聚落分布外,在涑水河及其较大的支流沙渠河两岸都出现不少聚落。除了数量上的增加外,即便在泉水和小溪流附近的聚落其面积都比之前有所扩大,当然这些聚落所处位置同样偏高,并与水流保持较大的落差。这个阶段涑水河及其主要支流两岸聚落开始增

---

① 晚商—东周时期材料待发表。
② 中国国家博物馆田野考古研究中心、山西省考古研究所、运城市文物保护研究所:《运城盆地东部聚落考古调查与研究》彩版一零二,文物出版社,2011年。

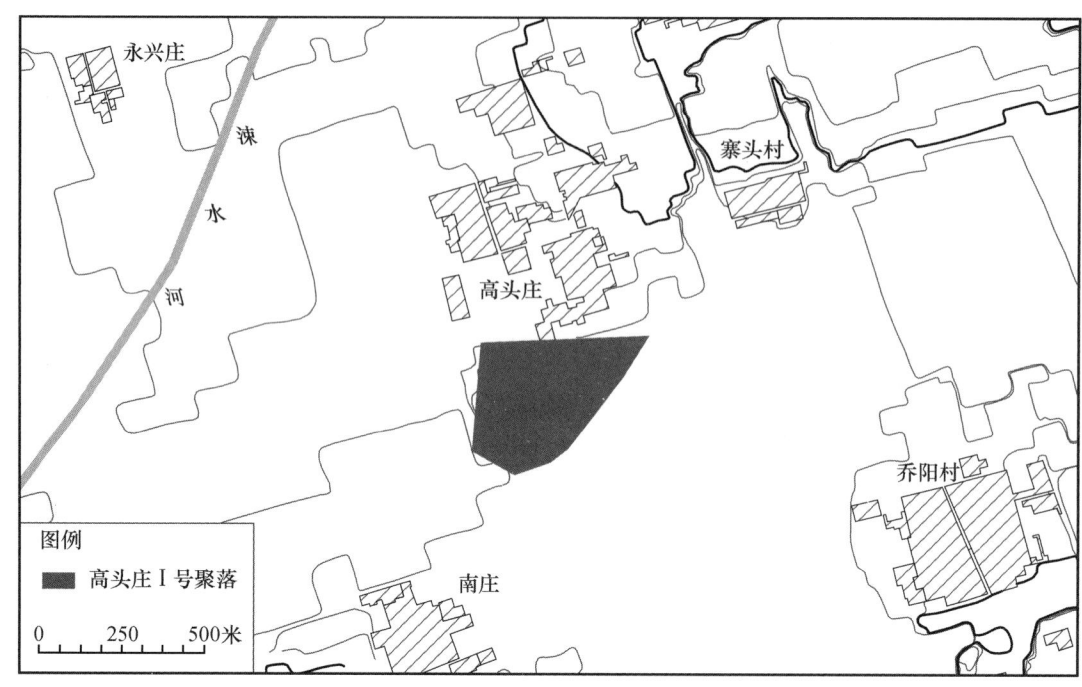

图一 高头庄 I 号聚落分布图

多,而且大多有一定的规模,有些聚落是紧邻河流分布,最前端地势较低,仅仅略高于河床,不过远离河水地势则逐渐抬高,柳泉 I 1号聚落、丁店1号聚落等就是这种分布特点(图二)。还有一些是远离涑水河分布的聚落,一般分布在涑水河南岸(或东岸)的高岗上,这其中多以规模较小的聚落为主。此外,在运城盆地西北洼地周边的台地上也有少量聚落的分布,而且聚落的规模还不小。

仰韶晚期,涑水河流域聚落数量并未有所减少,甚至略有增加,但规模普遍在收缩。除在泉水和小溪流周边继续分布着众多的聚落外,在涑水河及其支流两岸的聚落继续保持着繁盛,这些聚落很多延续之前的特点,紧邻河流分布,与河流落差很小。以柳庄1号聚落为例(图三),该聚落北部曾受到涑水河的冲刷,有二次堆积的文化层,最前端略高于现在的河床一两米,远离河水地势则逐渐抬高。需要说明的是,这个时期在远离涑水河南岸的高岗上增加了很多新的聚落,不过,大多数规模都很小,只有少数聚落的规模略大些。同样,在盆地西北洼地周边的台地上还有聚落的分布,规模也基本与之前相同。

总体来看,仰韶时期三个阶段的聚落分布规律稍有所不同,规模大小也有所变化。就聚落规模来说,仰韶早期,大中型聚落基本不见;进入仰韶中期,大中型聚落集中出现,甚至在泉水和小溪流附近都出现了规模较大的聚落;仰韶晚期,聚落的数量进一步增多,但聚落的规模趋小。但就聚落分布的空间特点来说,整个仰韶时期大致接近。具体来说,流向涑水河的泉水和小溪流附近从始至终都有聚落的分布,大多

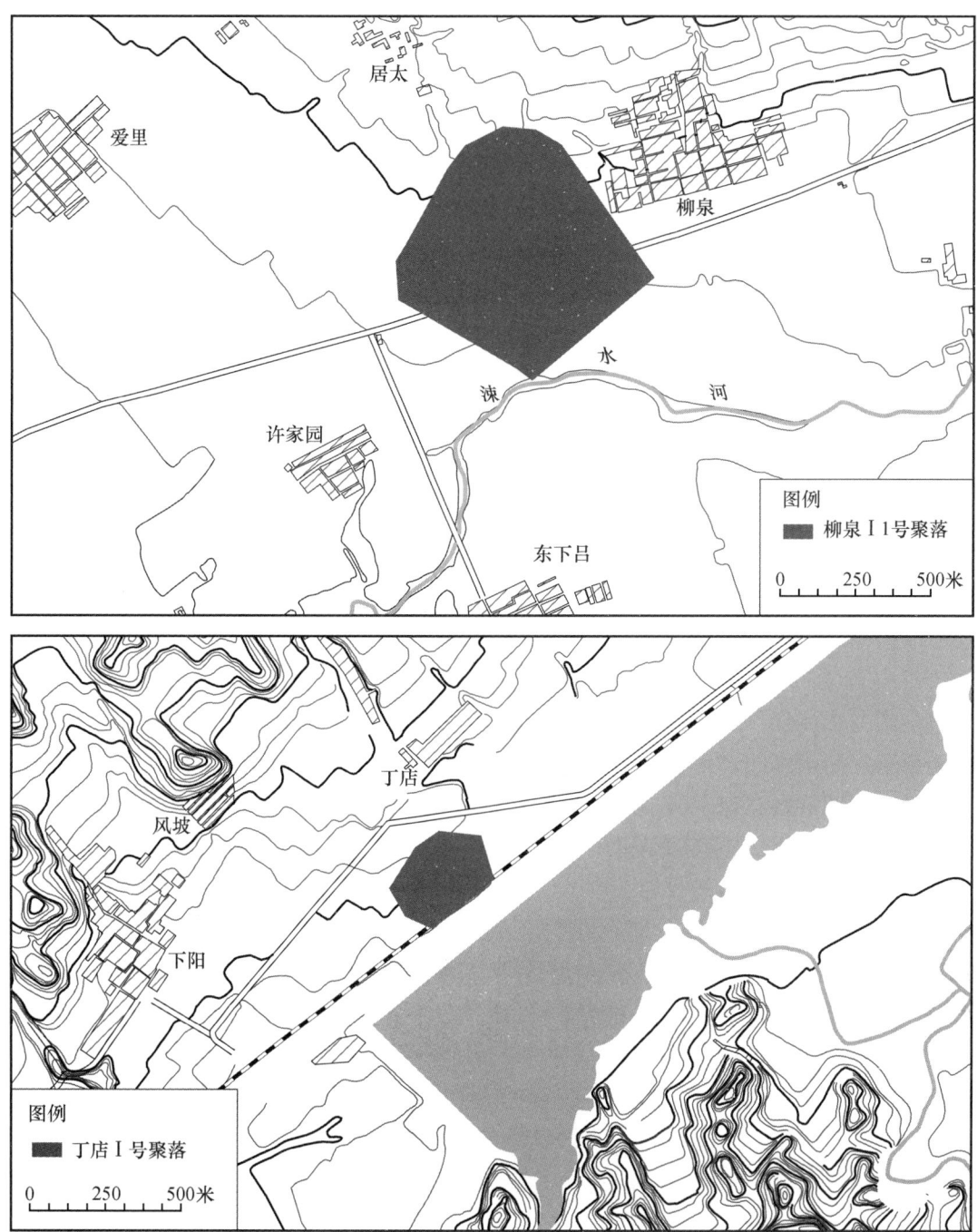

图二 柳泉Ⅰ1号聚落和丁店1号聚落分布图

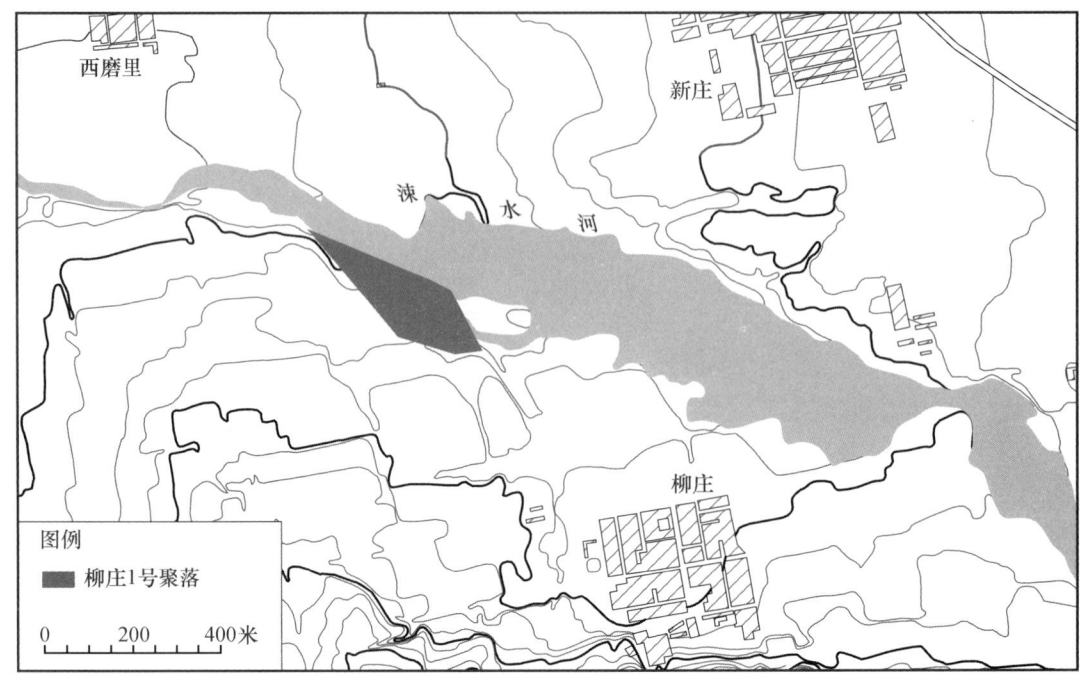

图三 柳庄1号聚落分布图

数聚落都与水流保持着较为明显的高度落差；在涑水河及其主要支流两岸经历了从早到晚聚落逐渐增多的过程，紧邻河流两岸分布的聚落大多地势较低，只保持略高于河流的高度。同样，在涑水河南岸（或东岸）高岗上从仰韶中期到仰韶晚期也经历了聚落由少到多的过程，不同的是这个位置的聚落则与河流保持了一定的落差。还有，在运城盆地西北洼地周边的台地上也经历了从仰韶早期到中晚期聚落逐步增多规模逐步变大的过程。

二、庙底沟二期时期聚落分布

庙底沟二期时期，涑水河流域聚落分布进一步得到了扩展，星罗棋布，达到鼎盛时期。不过这个时期的聚落规模普遍偏小，很少有较大的聚落，最大的周家庄5号聚落，面积不过52.9万平方米。仰韶时期常见于涑水河及其支流附近的聚落在这个时期基本不见[①]，偶尔发现于河岸附近的聚落也是规模很小的（只有个别庙底沟二期的遗迹现象），应该是短期活动形成的聚落。大量的聚落主要分布于四个位置：①远离干、支流的小溪流周边；②涑水河南岸和东岸的高岗上，即鸣条岗及其延伸部分；③涑水河

---

① 中国国家博物馆田野考古研究中心、山西省考古研究所、运城市文物保护研究所：《运城盆地东部聚落考古调查与研究》彩版一零五，文物出版社，2011年。

支流沙渠河两岸高岗上；④运城盆地西北洼地（闻喜礼元镇以北）周边的小山冈上。除了第①条与仰韶时期基本相同，第②条与仰韶晚期相近外，③和④则完全不同于以往。小溪流周边分布的聚落一直以来都与水流之间保持着较大的落差，其他在高岗上（或小山岗上）分布的聚落则一改往日紧邻河道，略高于河道分布的特点，开始远离河道，且与河流保持着较大的落差，"高高在上"开始成为这个时期聚落分布的典型特点。尤以沙渠河两岸最具代表性，密集分布着店头堡5号聚落、店头堡4号聚落、孙村Ⅲ号聚落、孙村Ⅱ1号聚落、孙村Ⅰ号聚落、梨凹聚落、蔡庄Ⅱ号聚落、冷泉聚落、孙村Ⅳ2号聚落、孙村Ⅴ2号聚落、冯村1号聚落等十多个聚落。这些聚落都分布在沙渠河两岸的小山岗上，几乎每个小山岗上都有或大或小的聚落存在。以孙村Ⅱ1号聚落和孙村Ⅲ号聚落为例，聚落与河流的落差都在30米以上（以遗迹为观察点），最大的落差超过70米（图四）。

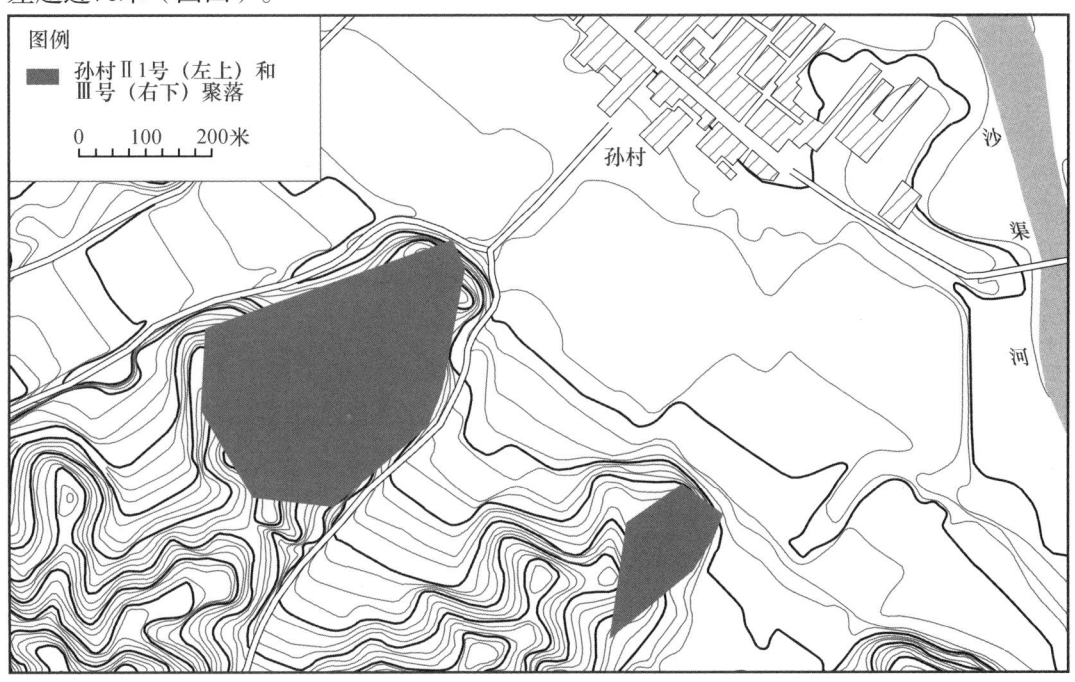

图四　孙村Ⅱ1号聚落和Ⅲ号聚落分布图

三、龙山时期聚落分布

进入龙山时期，涑水河流域的考古学文化是陶寺类型。这个时期涑水河流域的聚落数量迅速减少，与之前的庙底沟二期文化形成了较大的反差。在聚落数量减少的同时，聚落规模则呈现出明显的等级化趋向，而且两极分化较为严重。最大的聚落面积超过400万平方米，中型聚落比之前有所增加，不过，绝大多数仍是小型聚落。与庙底沟二期相同，在涑水河及其主要支流附近基本不见聚落的分布，只发现极个别小聚落的存在，应该是短期或临时活动形成的聚落。大量的聚落分布于远离河道的位置，而且所处位置相对较高。具体来说主要分布于四个位置：①远离主、干河的泉水或小溪流周边；②涑水河南岸（和东岸）高岗上（鸣条岗及其延伸部分）；③涑水河支流沙渠河两岸高岗上；④运城盆地西北洼地（闻喜礼元镇以北）周边的小山岗上。尤其以前两者为聚落的主要分布位置。中型聚落主要分布②和④的位置，但最大的聚落则分布在涑水河北岸台地上，聚落内有泉水和溪流流过，远离涑水河主河道。

从聚落分布位置看，这个时期聚落基本延续了庙底沟二期的特点，聚落大多分布在远离河流的高地上，与河流保持着一定的高度落差，有明显避水患的倾向。以沙流6号聚落和程家庄2号为例。沙流6号聚落为中型聚落，分布在涑水河东岸的鸣条岗上，东高西低，向西面河，向东依托鸣条岗而分布，西距今天的涑水河最近不到300米，与涑水河的落差基本在20米之上（图五）。程家庄2号聚落分布在涑水河西岸的高岗上，北高南低，向南面河，与今天涑水河保持落差至少在10米以上（图五）。这个时候聚落继续延续了之前"高高在上"的特点，除小聚落外，中大型聚落大多与河流保持了较远的距离。

四、二里头时期——晚商时期聚落分布

二里头时期在晋南的考古学文化为东下冯类型，这个时期涑水河流域的聚落数量继续减少，聚落的规模也进一步萎缩，大型聚落已不见，中型聚落在这个时期也已很少见，最大的聚落不过31.5万平方米，绝大多数为几万平方米甚至几千平方米的小型聚落[①]。之前基本不见于涑水河及其主要支流附近的聚落又开始出现，如新庄1号聚落、仪张聚落、郭店聚落等都是靠近河流分布，且所处地势较低。以新庄1号聚落为例，该聚落紧邻涑水河主河道分布，遗址略高于今天的河道两、三米，前几年的发掘证明其文化层的海拔高度低于今天的河道[②]，即便考虑到后期河道不断淤积抬高的可能，当时聚落与河道的落差也应该是非常小的，顶多是数米而已（图六）。与之前形成鲜明反差的是，远离涑水河及其支流等两岸的高岗上和小山丘上已很少见到这个时期的聚落，即便有也是很小的聚落。大量中小型聚落主要分布在泉水和溪流周边成为这个时期聚落分布的典型特点。

二里岗时期，涑水河流域的聚落数量进一步减少，聚落规模严重萎缩，大中型聚落已不见，多是几千平方米到几万平方米的小型聚落。在涑水河附近仍然有聚落的分

---

① 中国国家博物馆田野考古研究中心、山西省考古研究所、运城市文物保护研究所：《运城盆地东部聚落考古调查与研究》彩版一零七，文物出版社，2011年。

② 山西省考古研究所、中国国家博物馆考古部：《山西绛县柳庄夏商遗址发掘报告》，《华夏考古》2010年第2期。

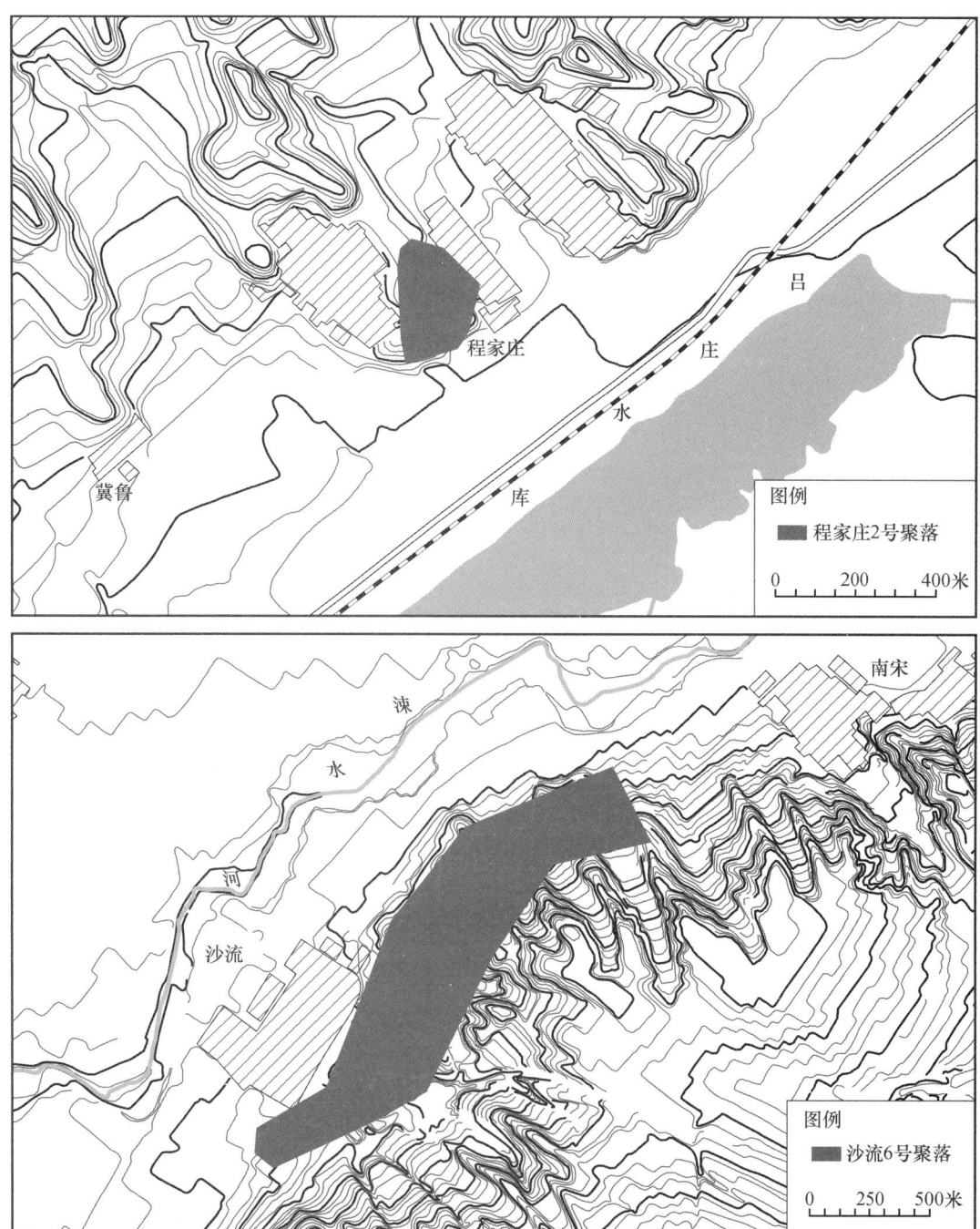

图五 程家庄2号聚落和沙流6号聚落分布图

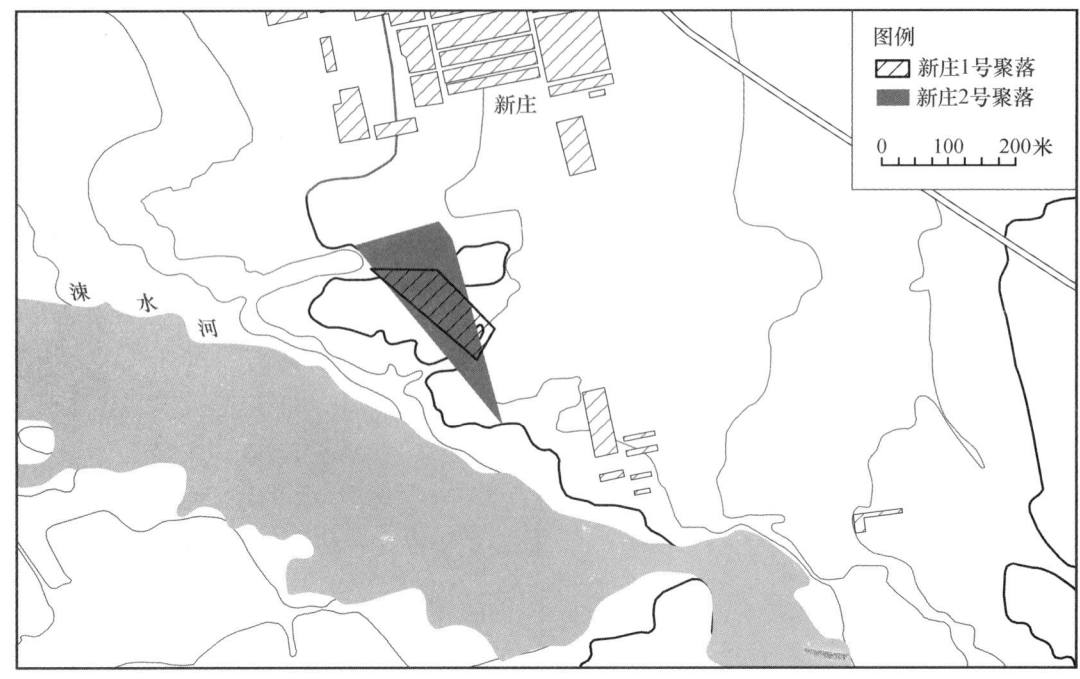

图六 新庄1号聚落和新庄2号聚落分布图

布,所处地势也较低。以新庄2号聚落为例,紧邻涞水河主河道分布,聚落所在的海拔高度略高于今天的河道(图六)。与此相呼应,在涞水河及其支流两岸的高岗上和小山丘上已看不到这个时期的聚落存在,更多的聚落集中分布在泉水和小溪流附近。进入晚商时期,涞水河流域发现的聚落少之又少,规模也非常小,多是只有一两个遗迹的发现,聚落面积多不超过几千平方米,整个涞水河流域明显呈现出人烟稀少衰落凋零之势。仅有的几个聚落全部集中分布在泉水和小溪流附近,涞水河及其主要支流附近已不见任何聚落的分布[①]。就整个商时期而言,聚落以分布在泉水和小溪流附近为主,只有极少数聚落分布在涞水河主河道附近,聚落与河流之间基本没有落差。

五、两周时期聚落分布

西周开始,涞水河流域重新进入了人类兴旺发展时期。整个两周时期,涞水河流域聚落分布迅速增多,聚落规模也呈现出明显的等级分化[②]。就聚落分布的特点来说,这个时期泉水和小溪流仍是聚落的首选位置,不过,多数聚落的规模并不大,多为小型聚落。在涞水河干流附近出现了新的聚落,聚落所处位置大多较低,很多是略高于

---

① 材料待发表。
② 材料待发表。

今天的河道，这些聚落中既有大中型的，也有小型的，以柳庄西周聚落和官庄西周聚落为例。柳庄西周聚落位于涑水河南岸的山前台地前，地势开阔，南高北低，高度逐渐下降，聚落最北端紧邻涑水河，略高于今天的河道一二米而已（图七）。官庄西周聚落位于涑水河北岸略微高起的台子上，相距今天的河道五百米多，与今天的河道落

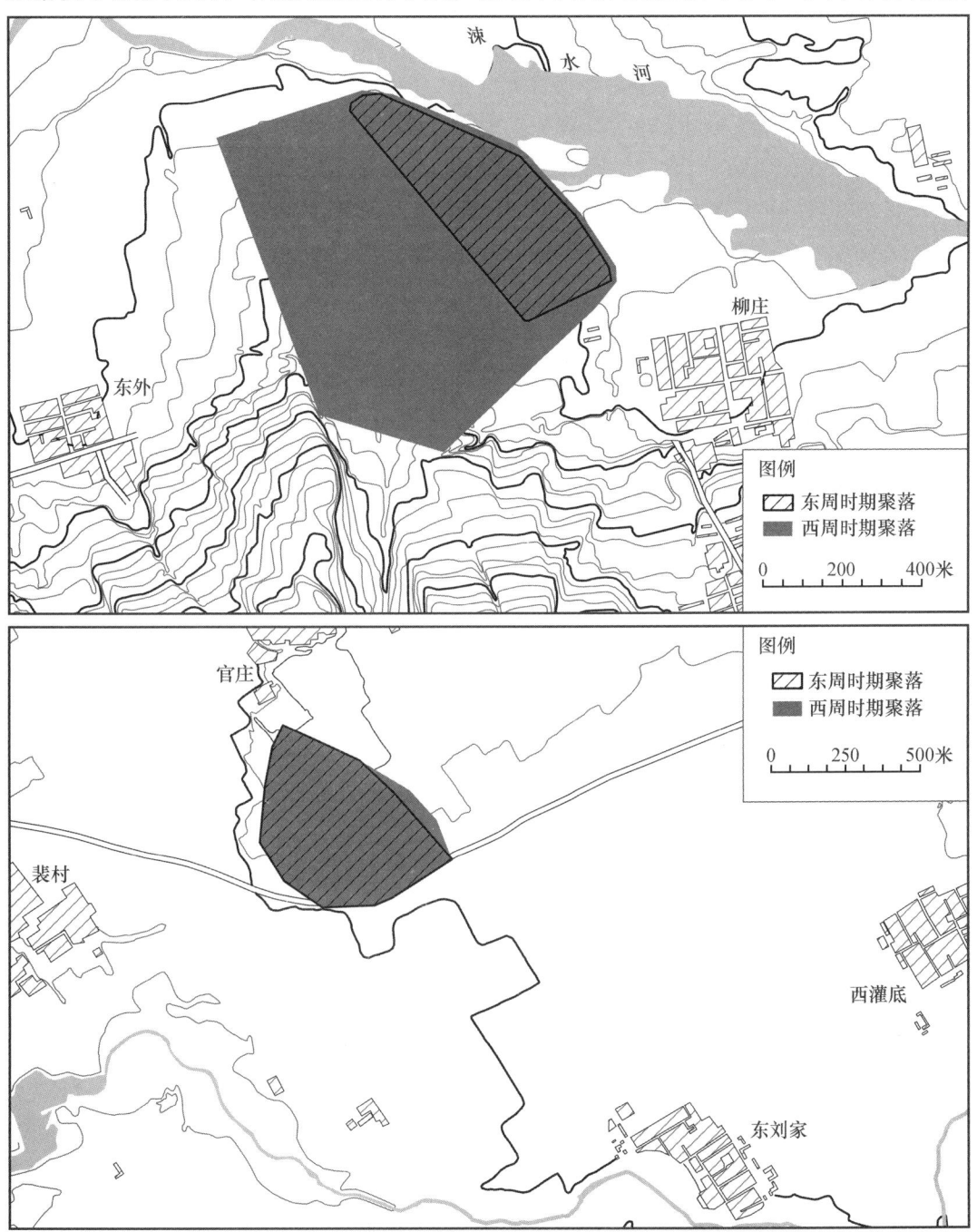

图七　柳庄两周聚落和官庄两周聚落分布图

差在5～10米（图七）。与靠近涑水河分布不同的是，在涑水河两岸的高岗和小山丘上这个时期也出现了聚落，聚落的规模大小差别较大，甚至出现了这个时期最大的聚落，如上郭西周聚落，面积超过100多万平方米。

进入东周以后，不仅之前的聚落得到了延续和发展，很多聚落的规模有进一步扩大的趋势，这个时期聚落的等级分化愈加明显[①]。聚落分布的特点也大体延续了之前的特点，以柳庄东周聚落和官庄东周聚落为例，只是在面积上有所变化，分布位置和河流的落差都没有根本性的变化，都是靠近或接近涑水河分布，都是略高于河流分布（图七）。如果说这个时期聚落分布有什么明显的变化，主要是涑水河两岸聚落的有所增多，特别是在运城盆地西北洼地周边的小山岗上再次出现了一定规模的聚落。

六、先秦时期涑水河流域聚落分布的变化

新石器时代以来，一直到东周，整个涑水河流域的聚落分布不是一成不变的，这种变化除了聚落数量和规模不同外，还有一点较为重要的是聚落空间位置的变化。聚落所处空间受制于自然环境的限制，所以，对聚落空间位置分布的考察有助于我们探讨其变化背后的深刻原因。考虑到小聚落特别是只有一两处遗迹现象的小微聚落，有临时或短期聚居的可能，所以，这类聚落无论分布在什么位置它们都无法作为考察一定时期内聚落分布规律的根本依据。所以，笔者不再把这些小微聚落作为主要的考察对象。

人类走向定居以来，"逐水而居"是人类聚落分布的基本规律。由于泉水及其溪流（多是河流的源头）水源稳定，受季节影响较小，所以这类水源附近往往成为人类首选的聚居区域。涑水河流域也不例外，整个先秦时期这类水源周边都是聚落相对集中的分布区域，即便在晚商时期整个晋南地区人烟最为稀少、聚落最为凋零的时候，这里也是人类选择聚居不二的地方。另一方面，泉水和溪流作为聚落的水源其缺点又是显而易见的，那就是水量相对较小，难以维持较大规模的聚落用水。正因为泉水和溪流附近的聚落规模相对要小，加之整个先秦时期这些位置都有聚落的分布，所以，很难从这类水源附近分布的聚落看出气候对其的直接影响和明显的变化，当然此类聚落的分布特点也无法纳入我们主要的考察对象，仅仅可以作为一种参考对象。

在涑水河流域，聚落分布位置变化最为明显的是涑水河及其主要支流两岸的聚落，具体又可以分为两类：一类是紧邻涑水河及其主要支流附近分布的聚落，另一类是远离主河道地势较高的高岗和台地上分布的聚落，其中，尤以前者的变化最为明显。与此相类似，在运城盆地西北洼地周边的台地和小山冈上分布的聚落也是属于此类情况，也可作为考察聚落变化的辅助对象。

---

① 材料待发表。

仰韶早期，涑水河附近就有略高于河道的零星聚落出现，虽然聚落的规模并不大。仰韶中期，同样有略高于河道的聚落存在，不过其规模已远远超过仰韶早期，这个时期在台地的最前缘和高岗的最下缘也出现了较大规模的聚落，其生产生活用水应是泉水和河水的兼顾。仰韶晚期，靠近河流分布的聚落继续存在，不过在远离河流的高岗上出现了不少小聚落，显示出聚落分布的一些新变化。整个仰韶时期，从始至终都有略高于涑水河河床分布的聚落，不过这些聚落都是远离河水的地势在逐渐抬高。在一些远离河水的台地和高岗上聚落分布的位置也都在低处，与后来的聚落相比，仰韶时期聚落分布明显偏下位置偏低，以周家庄遗址为例，仰韶时期的遗存分布在整个遗址的最前面、最低处。

进入庙底沟二期时期，涑水河流域的聚落分布有一个明显的变化。涑水河附近已很难看到聚落的存在，特别是地势较低的位置已看不到聚落的分布，远离涑水河及其支流的台地、高岗和小山岗等地势较高的区域成为这个时期聚落的主要分布区，聚落分布有明显的"高高在上"的特点。这种状况一直持续到整个龙山时期，并在龙山时期得到了进一步加强，在远离河流两岸的高地或台地上，不仅聚落的数量得以维持，而且聚落的规模得到了进一步的发展壮大。

二里头时期，聚落集中分布在泉水及其溪流附近，河流两岸的高地上已很少看到聚落的存在，特别是之前多有聚落分布的涑水河南岸（或东岸）高岗上已很难发现聚落的踪影，倒是靠近涑水河附近再次出现了聚落的分布，不过规模都不大，而且这些聚落所处的位置比任何时候都要低，顶多是略高于河床而已。进入二里岗时期，这种趋势进一步得到了强化，远离涑水河的高地和山岗上再无聚落的发现，大量聚落集中分布在泉水附近，而且规模都很少。这个时期涑水河附近地势较低的地方继续有聚落存在。晚商时期主干河流两岸已不见聚落的分布，仅有的几个小聚落也全部集中于泉水附近分布。从二里头时期一直到晚商时期，涑水河流域聚落分布特点总体接近，除了涑水河附近少量聚落分布外，大量聚落集中分布在泉水和溪流附近。远离涑水河的高地上基本不见聚落的分布。

进入两周以后，涑水河流域最大的变化是不同位置都发现了聚落的分布，除了泉水和溪流附近多有聚落分布外，无论在台地和高岗上，还是涑水河附近都发现了聚落的分布，而且有些聚落的规模还不小。在河流附近分布的聚落保持着略高于今天河道的位置。

先秦时期，涑水河流域两类地形上的聚落变化最为鲜明，而且有时候这两类地形上反映的聚落分布往往是此消彼长。一类是分布在河流附近的聚落，另一类分布在高地或高岗上的聚落。仰韶时期在河流附近有聚落存在，这些聚落最前面都是略高于河床分布，但背向河流的地势却逐渐升高。同时高地和高岗上也有聚落的分布，不过一般分布在高地和高岗的最低处或最下缘。进入庙底沟二期和龙山时期，河流附近基本不见成规模的聚落，有一定规模的聚落都分布在高地和高岗上。二里头时期一直到晚商时期，与之前正相反，高地和高岗上已不见聚落的分布，但在河流附近却发现有聚落的分布，而且聚落分布位置比仰韶时期更低，地势更平。到两周时期，虽然河流附近仍有聚落的分布，不过，在高地和高岗上重新出现了聚落的分布，而且有些聚落的规模还很大。需要说明的是，两周时期在河流附近分布的聚落其相对高度还是略高于上一个时期的。与两类地形相呼应，仰韶时期泉水和溪流附近分布的聚落规模都比较大，到庙底沟二期和龙山时期很多聚落的规模有所收缩，进入二里头时期聚落的规模迅速减小，在晚商时期不仅规模很小数量也很少。到两周时期泉水和溪流附近的聚落规模再次扩大和发展。

七、涑水河流域聚落变化反映出的气候变化

纵观整个先秦时期的涑水河流域，不同时期聚落分布有明显的不同和变化，虽然人类聚落是"逐水而居"的，但这种逐水不是随意的，是有规律可循的。人类在选择适宜的位置聚居时，肯定会合理地兼顾生产生活的方便和安全的需要，涑水河流域不同时期聚落的分布位置正是人类在权衡上述客观因素后做出的自然选择。在一定程度上，无论人类靠近涑水河聚居，还是远离涑水河到高地上聚居都是和涑水河的水位密切相关，这就为我们从聚落的分布考察涑水河流域的水文变化提供了可能，进而为观察先秦时期的气候变化奠定了基础。

仰韶早期到仰韶晚期，涑水河两岸多有聚落的分布，由此可知这个时期涑水河的水位并不高。考虑到泉水及溪流附近也有较大规模的聚落存在，说明这个时期的水量是充沛的，而且是相对稳定的。所以大致可以推断，整个仰韶时期应该是气候温暖湿润，降水丰沛，涑水河水量稳定，水势相对平稳。不过，种种迹象表明，仰韶晚期的气候和降水可能出现了一些变化。

仰韶晚期的这些变化在进入庙底沟二期时期得到了验证，涑水河附近不再有聚落的分布，大量聚落都集中分布在远离河流的高地上，很多分布在小山头上，有明显避水患的倾向。这些现象表明涑水河及其主要支流附近已不适于人类聚居，涑水河流域的年降水量达到历史极值，河水经常暴涨，河面变宽。有意思的是在涑水河北岸台地的纵深地带却得到了很好的开发和利用，所以在龙山时期这里才能形成了涑水河流域史前时期最大的聚落。

二里头时期一直到晚商时期，涑水河附近又出现了聚落，而且聚落所处的位置比仰韶时期更低。种种迹象显示这个阶段涑水河进入从未有过的干枯期，水位很低，水量很小，甚至可能经常断流。所以，大量的聚落主要分布在泉水和小溪流等稳定水源附近。干旱少雨成为这个阶段最主要的气候特点，从而导致聚落的数量迅速减少，聚落的规模迅速缩小。

进入两周时候，原先极端的气候不再，降水量重新趋于正常，涑水河的水位和水量应该基本接近仰韶时期，涑水河两岸以及远离涑水河的高地上重新出现了一定规模的聚落。

先秦时期涑水河流域聚落分布在空间上有明显的变化和不同，这种变化显然是与涑水河及其他水源相关联的，而涑水河水位的变化无异又是和当时的气候环境密不可分的。

八、结　语

从聚落空间分布特点来看，先秦时期涑水河流域气候环境很可能经历了四次较为明显的变化，其中以降水量反映的变化最为突出。具体来说仰韶时期气候温暖湿润，降水丰沛；进入庙底沟二期和龙山时期，气候凉爽，降水成灾；从二里头时期逐渐开始少雨干旱直到晚商时期；进入西周以后逐渐恢复温暖湿润、降水适宜的气候环境。运城盆地和临汾盆地的经纬度大体接近，有着相同的自然环境和气候条件。所以，涑水河流域聚落分布特点以及其与气候变化之间的密切关联性在某种程度上是可以代表整个晋南地区。实际上，无论是先秦文献，还是植物浮选数据都对此有所反映。

水稻种植在某种程度上是衡量降水量的另一个标志。涑水河植物浮选数据也大致反映了这种变化，稻谷的数量从仰韶时期到庙底沟二期呈现逐渐增加的趋势，但从龙山时期到二里头、二里岗时期则呈显著下降[1]。陶寺城址的植物浮选结果同样对此也有所反映[2]。显然，植物的浮选结果也基本支持了晋南从仰韶时期降水丰沛到庙底沟二期、龙山时期近乎水患成灾，再到二里头时期少雨干旱且进一步持续恶化到二里岗、晚商时期，直到进入两周时期气候才逐渐改变干旱少雨的状态。

水患治理是传说时代记载最多的，尤以大禹治水的故事最为流传深远。这个时代约当考古学文化的龙山时期中晚期，这个时期也正是晋南水患最多的时候，文献记载和晋南龙山时期降水较多的气候环境不谋而合。同样的记载还有《国语·周语》："昔伊、洛竭而夏亡"，《古本竹书纪年》："天有妖孽，十日并出，其年胤甲陟。"种种迹象显示夏代是干旱少雨的。虽然文献所反映的地域并不在晋南，但夏人的中心统治区域就在豫西晋南，所以，相关的记载也是可以反映晋南这个时期的气候环境的，如此，其与二里头时期气候状况也基本吻合。

这些都从另一方面佐证了晋南气候的变化规律是和通过聚落分布得出的认识是相一致的。

---

[1] 材料待发表。

[2] 赵志军、何驽：《陶寺城址2002年度浮选结果及分析》，《考古》2006年第5期。

良渚文化主神新证

宋 建
（上海博物馆）

良渚文化神权在中国国家演进过程中特别突出。但是由于缺乏可靠的文字记载，对于良渚文化神祇系统的认知几乎空白，因此目前只能对其图像进行分析，并利用更晚的文字、文献和民族志进行对照解释。良渚文化神祇系统包含人形神、兽神（虎神、龙神）、鸟神、太阳神、人虎复合神等。其中，人虎复合神通常称之为神像，表现方式最为复杂，当为良渚文化的主神。

图一　人虎复合主神
（反山M12：98琮王纹饰，引自《反山（下）》，
文物出版社，2005年，图版一六〇）

主神的完整形态发现于1986年发掘的反山M12，它作为拥有完整形态主神的墓葬，现在仍然是唯一的（图一）。反山发掘报告描述主神最为详尽的是"琮王"（M12：98）："主体为一神人，其脸面呈倒梯形，重圈圆眼，两侧有小三角形的眼角，宽鼻以上以弧线勾出鼻翼，宽嘴内有一条长横线、七条短竖线刻出上下两排十六颗牙齿。头上所戴，内层为帽，线刻卷云纹八组；外层为宝盖头结构，高耸宽大，刻二十二组边缘双线、中间单线环组而成的放射状'羽翎'（光芒线）。脸面与冠帽均为微凸的浅浮雕。神人上肢以阴文线刻而成，作弯曲状，抬臂弯肘，手作五指平伸。上肢上密布由卷云纹、弧线、横竖直线组成的繁缛纹饰，关节部位均刻出外伸尖角（如同小尖喙）。在神人胸腹部位以浅浮雕琢出兽面，用两个椭圆形凸面象征眼睑、重圈眼，以连接眼睑的桥形凸面象征眼梁，宽鼻勾出鼻梁和鼻翼，宽嘴刻出双唇、尖齿和两对獠牙，上獠牙在外缘伸出下唇，下獠牙在内缘伸出上唇。兽面的眼睑、眼梁、鼻上刻有由卷云纹、长短弧线、横竖线组成的纹饰。"对主神下部描述见之于反山M17的矩形冠徽（冠状器）："蹲踞状的下肢体和鸟形爪。"

对人虎复合神的主流认识是：上人下虎，不见人的下半身，双臂弯肘。王仁湘对此认识提出了颠覆性异议："'神人面'只是一个装饰，它就是冠上的一个兽面图案。这是一顶完美的兽面冠，神或巫师的脸就在这兽面冠的下方。"[①]这就是说，戴冠的神人实质是以兽面装饰的冠，兽面是神或巫师。然而王仁湘仅解释了"神人"的省略图形，却忽略了人虎复合神完整图像的上臂，因此缺乏说服力。

主神构成的直接来源可以追溯至良渚文化前期1段，张陵山西山M4的玉镯式琮纹饰一般认为是兽面纹，其獠牙（犬齿）特征同年代晚于它的虎神（一般称为兽面纹）相同。但是它的圆形大眼和前额上面的两个大角与龙神（一般称为龙首纹）相同。因此，张陵山西山M4的玉镯式琮纹饰是同虎神、龙神年代最为接近的原型，这是尚未分化的兽神（图二）。兽神形象源自于对现实世界的观察和对虚拟世界的憧憬，分化后的虎神、龙神延续了这种思维创造方式。虎神可能源自于对猫科动物的观察，龙神的原型可能是爬行动物的蛇亚目。猫科动物的眼睛虽有眼角，但是不如人类明显；蛇亚目动物基本就是圆眼。张陵山兽神的眼睛没有眼角。

图二　兽神
（张陵山西山M4玉镯式琮，引自《中国出土玉器全集（7）》，科学出版社，2005年，32页）

瑶山、反山所代表的良渚文化前期，尖刺形纹饰是重要的构图元素，许多研究者认为以之表现羽饰、眼角。尖刺纹还出现在鸟身与兽面上，甚至个别虎神的鼻侧、嘴旁和嘴内牙齿也有尖刺纹（图三）。龙神的眼侧都没有尖刺纹，但极个别龙神的眼睛上部有尖刺纹（图四），但肯定不是眼角。被视为虎神眼角的尖刺纹在眼睛两侧位置多数呈对称状，如瑶山M12的收藏品玉琮（图五，1）、高城墩M13玉琮、反山M17冠徽等；少数不对称，如瑶山M3三叉形冠徽（图五，2）。临平玉架山M200镯式琮上的虎神似瑶山同类器纹饰，眼球内侧和大眼眶外侧均有尖刺纹（图五，3）。这种将尖刺纹放到大眼眶外的方式很特别，不见于良渚的瑶山、反山等地点。良渚文化后期的虎神眼睛趋于规整简洁，尖刺纹眼角几近绝迹。值得关注的是，反山M12人虎复合神完整图

图三　虎神的尖刺纹
（瑶山M4：34玉璜，引自《瑶山》，文物出版社，2003年，62页，图六八，上）

---

① 王仁湘：《史前玉器中的"双子琮"——兼说良渚文化玉器上的兽面冠饰》，《文物》2008年第6期。

像的虎神眼睛没有尖刺纹眼角,那些省略比较少、图形相对复杂的人虎复合神的虎神眼睛都没有尖刺纹眼角。因此综合考虑时间、纹饰繁简和风格特征等要素,被看做是虎神眼角的尖刺纹是一种可有可无而且位置或不固定的装饰。

良渚文化人形神的眼睛以有眼角者居多,尤其是良渚文化前期的那些人虎复合神的人形神眼睛几乎都有眼角。眼角表现有的为小三角形,有的因纹饰太小而难以制作,用短横线替代,但在那些主要流行于良渚文化后期的多层简化人形神常省略眼角。

人形神和虎神眼睛两侧的装饰具有完全相反的逻辑关系。人形神的载体体积越大,眼角图像就越清晰具象,例如在以人虎复合神装饰的玉琮之上;体积越小,眼角图像就越模糊抽象,例如琮

图四　龙神眼睛上部的尖刺纹
（瑶山M2∶17玉圆牌纹饰,引自《瑶山》,文物出版社,2003年,44页,图四二,右）

形管、锥形器上。人形神越简单,眼角的图像就越简单,从三角到短线,直至省略不见,后者如三节以上玉琮的多层简化人形神。反之,虎神的图像越大且完整者,眼睛的尖刺纹眼角反倒缺失,例如完整或省略较少的人虎复合神上的虎神没有眼角,带腿爪的完整虎神也没有眼角。虽然眼角的有无并不是区别虎神和人形神的标准,但是对于那些有清晰眼角又同常见的虎神图像有异者,必须仔细辨析。

瑶山M7随葬1件玉牌饰,发掘报告对其图像是这样描述的:"整器采用透雕和阴线刻技法,为神兽纹。两角各对钻1个圆孔为眼,眼两侧以线切割法镂扩成弧边三角形

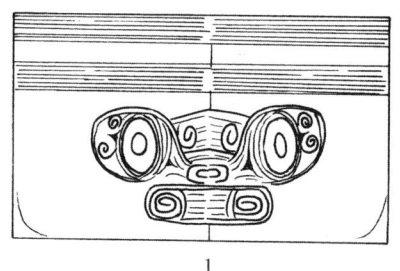
1

2

3

图五　虎神眼侧的尖刺纹

1. 对称尖刺纹（瑶山M12玉琮纹饰,引自《瑶山》,文物出版社,2003年,180页,图二二九,中）　2. 不对称尖刺纹（瑶山M3∶3玉三叉形冠徽,引自《瑶山》,文物出版社,2003年,54页,图五四,左）　3. 特别位置的尖刺纹（临平玉架山M200∶58玉镯式琮纹饰,《权力与信仰》,文物出版社,2015年,94页,图35）

的镂孔，组成眼眶及眼睑，边周再用阴刻线勾勒。两眼之间的额头有不规则的长条形镂孔，鼻孔为阴刻的卷云纹。鼻下端有弧边十字镂孔，似是嘴。眼眶以下的两侧各有1个锯齿状凸起，颇似蛙爪，十字镂孔及其两侧的形态更似蛙的后腿，故整器又如变形的伏蛙。"这个图像的特征是圆眼球加清晰的三角形眼角，双腿屈于下，双膝居中，双足分离于两侧（图六）。虎神上从未见这样清晰的眼角，而且虎神双足聚于下部正中，与玉牌饰图像完全不同，因此这件牌饰肯定不是常见的虎神。龙神为圆眼球无眼角，当也不是龙神。那么是否如发掘报告所描述的"如变形的伏蛙"？瑶山、反山均未见圆雕蛙，也没有确切的蛙图像。从张陵山西山的似蛙圆雕看不出任何同瑶山牌饰图像的相似性（图七）。

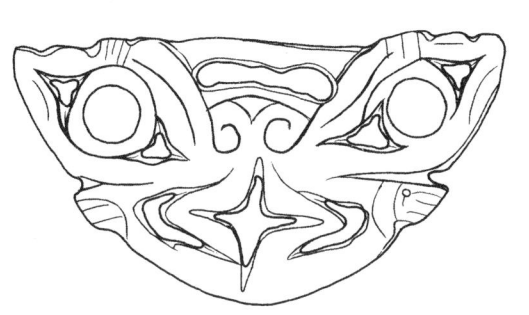

图六 人形神玉牌饰
（瑶山M7：55，引自《瑶山》，文物出版社，2003年，96页，图一一三，上左）

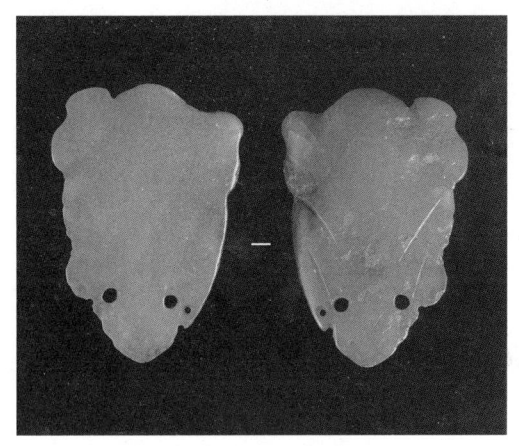

图七 似蛙玉圆雕
（张陵山西山M4，引自《中国出土玉器全集（7）》，科学出版社，2005年，18页）

清晰的三角形眼角为人形神的特征之一，牌饰图像应该是新辨识出的良渚文化人形神。这个人形神的下肢很可能就是人虎复合神在虎神后面的人形神下半身。马承源比较了青铜器兽面纹饰与青铜铸造、玉石雕刻立体物象的差异，认为："古人的艺术技巧，表现平面构图的准确性，远比立体雕塑的准确性要困难得多，如果没有适当地掌握透视方法，那么物体的平面图，尤其是正视的平面图，是无法确切表现出来的"[1]。良渚文化玉工已经掌握精湛的玉雕工艺技术，以减地法做浮雕和阴线刻技术都运用得炉火纯青，但是他们以平面构图表现立体图像的能力肯定不会优于商周青铜器的制作者。人虎复合神和人形神牌饰都是平面图像，难以准确表达立体形象。解析人形神下半身姿势，还必须借助于良渚文化和其他文化的玉人圆雕，以获得必要的启迪。

凌家滩玉人，共发现6件，均为正面，头上戴冠，双臂折向肩颈部并戴镯，3件玉

---

[1] 马承源：《商周青铜器纹饰综述》，《商周青铜器纹饰》，文物出版社，1984年。

人立姿，3件半蹲姿，分别出自两座墓（图八，1、2）。

牛河梁玉人，正面，戴冠，双臂折向颈下胸部，似立姿（图八，3）。

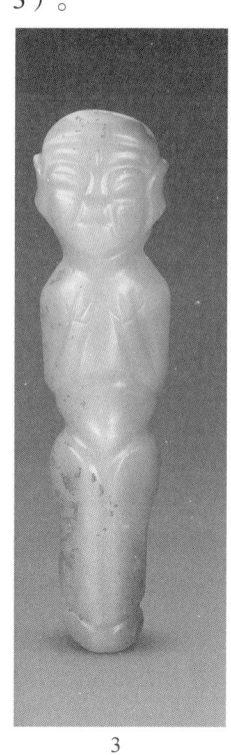

1　　　　　　　　　　2　　　　　　　　　3

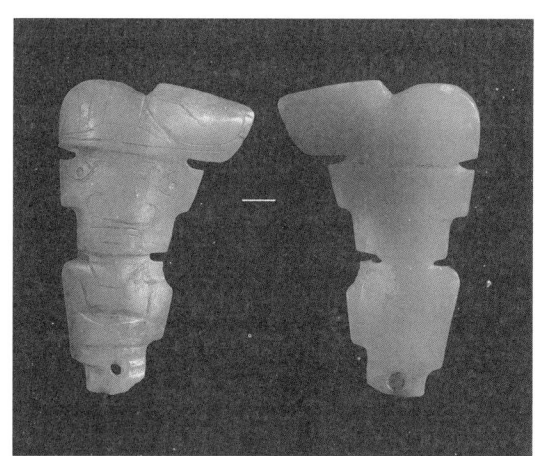

4　　　　　　　5　　　　　　　　6

图八　玉人圆雕

1. 立姿玉人（凌家滩87M1：3，引自《凌家滩》，文物出版社，2006年，彩版一三）　2. 半蹲姿玉人（凌家滩98M29：16，引自《凌家滩》，文物出版社，2006年，彩版二〇〇，3）　3. 玉人（牛河梁N16M4：4，引自《牛河梁——红山文化遗址发掘报告（1983~2003年度）》，文物出版社，2012年，图版二七九，1）　4. 高冠玉人（张陵山西山M5，引自《中国出土玉器全集（7）》，科学出版社，2005年，17页）　5. 全蹲姿（踞姿）玉人（赵陵山M77，引自《中国出土玉器全集（7）》，科学出版社，2005年，16页）　6. 戴冠玉人（朝墩头M12，引自《中国出土玉器全集（7）》，科学出版社，2005年，19页）

张陵山西山M5玉人，侧面，头戴高冠，锥钻未穿透之小圆眼，未表现下肢（图八，4）。

赵陵山M77玉人，侧面，头戴平冠，冠顶有柱，柱上一鸟，锥钻未穿透之小圆眼，全蹲姿即踞姿，大腿膝盖上翘近胸腹（图八，5）。

朝墩头M12玉人，正面，头戴冠，梭形眼，圆眼球，双臂叠抱于腹部，未表现下肢（图八，6）。

这10件玉人都戴冠，赵陵山M77玉人的冠相当讲究，凌家滩玉人手臂上戴镯，显然这些玉人都不是普通人，而是族群乃至古国的权贵，因此他们的姿势对辨析良渚文化人形神的姿势具有重要的参考价值。这些玉人看上去都郑重其事，很可能是权贵从事正式活动的几种常规姿势。凌家滩玉人为正面像，有两种姿势，一为立姿，另一种下肢较短，双膝似凸出，有研究者认为是坐姿，但当时肯定没有专门的坐具，或称为半蹲姿更为贴切。赵陵山玉人为侧面像，全蹲即踞姿十分清晰。良渚文化踞姿和凌家滩文化、红山文化双臂向上屈折的姿势都延续至商代（图九）。

图九　商代踞姿玉人
（引自《殷墟妇好墓》，文物出版社，1980年，154页，图八一，1）

瑶山M7玉牌饰的人形神，双膝在正中下方，两足在侧，足高于膝应该是艺术创作的需要，并非等同于实际姿势。如果将牌饰的人形神正面二维图像复原为侧面三维图像，应该是双膝落地，两脚在后，即同踞姿密切相关并从踞姿演变而来的跽姿。

商周时期，跽姿是最为常见的姿势，上肢为双臂下垂、两手抚膝，如殷墟妇好墓随葬的玉石圆雕人像，多为双膝双足着地、臀部坐于踵上的跽姿（图一〇）。西周青铜器上用平面纹饰表现跽姿人，形体姿势与妇好墓的圆雕人像完全相同（图一一）。对于这样的正视平面图，如果不是对双手抚膝的跽姿了解甚多，就难以一目了然。由此可见，古人用二维图形表现立体物像确实很难做到准确再现。

良渚文化人形神"上肢以阴文线刻而成，作弯曲状，抬臂弯肘，手作五指平伸"的姿势也需要再作探讨。凌家滩和牛河梁的正面玉人上肢折向肩颈部，或颈下胸部，朝墩头的正面玉人双臂叠抱于腹部，赵陵山的侧面玉人手臂似屈向背后，均同人形神差别较大。然而在先秦古文字中发现了同人形神相似的形体。甲骨文和金文各有两个字，都由两个形符组成，其中的一个形符，两字相同，即"示"。另一个形符为跽姿人形，其上肢的姿势分两种，一种是双臂下垂（图一二，1），另一种是双臂环抱（图一二，2），《甲骨文编》和《金文编》都把它们归入同一字，即"祝"。但是这两个

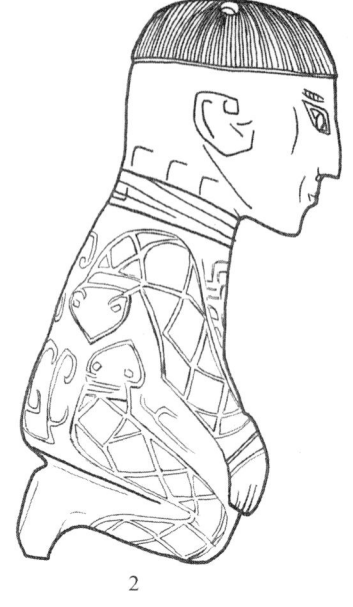

图一〇 商代跽姿玉人圆雕
（引自《殷墟妇好墓》，文物出版社，1980年，153页，图八〇，2）
1. 正视 2. 侧视

图一一 西周跽姿玉人纹饰
（引自《商周青铜器纹饰》，文物出版社，1984年，第995图）

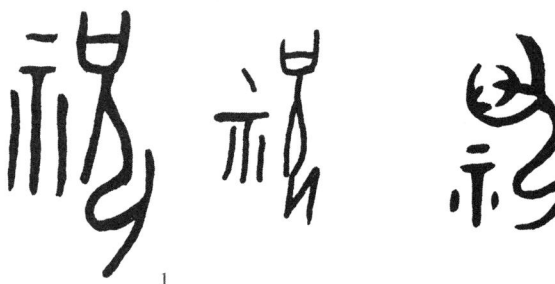

图一二 商周时期"祝"的字形
1. 双臂下垂的"祝" 2. 双臂环抱的"祝"

字有不同形符，是两种不同手臂姿势的象形，因此字义未必完全相同。《说文》云："示，天垂象，见吉凶，所以示人也，从二（古文上），三垂，日月星也，观乎天文以察时变，示神事也。"《周礼·春官》记载："大祝，掌六祝之辞，以事鬼神示……掌六祈，以同鬼神示"。显然示与神事、鬼神相关。许慎对"示"字形的解释不对，但是对字义的理解则有可取之处。人以不同的手臂姿势跽于"示"旁，是否在做不同的事情，或"掌六祝之辞"，或"掌六祈"，就不得而知了，但他肯定是在从事神事，与鬼神交通，他就是"祝"。

商周时期双臂下垂的图像很常见，如前述之玉雕和纹饰，但是双臂环抱的实物圆雕很少见，殷墟妇好墓的一件玉雕人双臂环抱于腹部（图一三，1）。有趣的是，

图一三　商代双面玉人

（引自《殷墟妇好墓》，文物出版社，1980年，彩版二五）

1. 双臂环抱　2. 双臂下垂

这是一件双面玉雕，一面是双臂环抱的女性，另一面是双臂下垂的男性（图一三，2），与古文字"祝"的两种臂姿相似，不过玉雕女性的手臂不似"祝"字那样高抬而环抱。良渚人形神上肢"作弯曲状，抬臂弯肘"，实际上是同"祝"相同的双臂高抬环抱姿，只是二维图像不能显示清晰的立体感。新辨识为我们更加全面地认识商周"祝"的真实形象提供了可能，并可以进一步将这种姿势的来源追溯到千余年前的良渚文化。特别值得一提的是，良渚主神由人形神和虎神组合，人形神跽于虎神之后，商代和西周双手抚膝者的胸腹部也有一个兽面，商代兽面有角（图一○），西周兽面为菱形"鼻"（图一一），同良渚文化的龙神似有渊源关系。这个兽面神是否就是"示"，或为"示"的某种形式？《周礼》和《说文》都记述了"示"与鬼神的相关性，因此"示"很可能就是各种鬼神的文字表述，"示"就是神界。良渚文化的虎神、龙神和商周时期的兽面都是神灵。

甲骨文和金文的"祝"经常用如动词，义为向神灵祭告、祷告。《说文解字》"祝，祭主赞辞者，从示，从人口，一曰从兑省。《易》曰，'兑为口为巫'。"段玉裁注："此以三字会意，谓以人口交神也。"朱骏声《说文通训定声》祝字下云："按祝所以悦神也。""祝"又是名词，从甲骨文和金文的字形看，不仅会意，而且象形，其本义是以跽姿与神灵交往的人，是商周时期的神职官员。据《周礼》记载，祝有多种官职，有大祝、小祝、甸祝、丧祝、诅祝。《仪礼·士丧礼》记载有夏祝、商祝。铜器铭文上还有五邑祝、九毄祝（鄘簋、申簋盖）。《周礼》记载，大祝是宗伯的属官，为下大夫和上士，在卿之下，似乎地位不高，但是这恐怕不是西周时期的实际情况，西周铜器铭文肯定更加准确地反映祝的真实地位。《禽簋》："王伐盖侯，周公某禽祝"。同一个禽在《禽鼎》铭文上为"大祝"。禽是西周开国重臣周公旦的长子，担任西周王朝的要职大祝，又是鲁国的第一代侯。禽在周王征伐盖侯时祭告上天神灵，可见其地位之尊。《长由盉》铭文："穆王饗豐，即井伯、大祝射"，大祝参与了周穆王的祭祀活动，此事件还记录于青铜器上，他的地位应相当高。因此，铜器铭文中的祝、大祝肯定要比《周礼》的大祝地位高得多[①]。《礼记·曲礼》记载："天子建天官，先六大，曰大宰、大宗、大史、大祝、大士、大卜。"《禽鼎》和《长由盉》铭文上的大祝应该是"六大"中的大祝，是周王直接管辖的高官，而非仅为下大夫的大祝。商代的祝直接听命于殷王，一定也有尊崇的社会地位。

与祝的职掌相近的神职官员还有巫。《周礼·春官》记载有司巫、男巫和女巫。《公羊传》隐公四年何休注："巫者，事鬼神"。《说文》云："巫，巫祝也"。尽管段玉裁认为："不得以祝释巫"，但是这两类神职官员经常同时出场。《周礼·春官》记载："男巫……王弔，则与祝前"；"女巫……若王后弔，则与祝前"；"丧祝，掌丧祭祝号，王弔，则与巫前"。《礼记·檀弓下》记载："君临臣丧，以巫、祝桃茢执戈"，贾公彦疏云："桃茢二者，祝与巫执之"。在一些特定场合，祝必须代行巫职，如《礼记·丧服大记》记载："巫止于门外，君释菜，祝先入升堂"；《仪礼·士丧礼》记载："巫止于庙门外，祝代之"，郑玄注："诸侯临臣之丧则使祝代巫"。因此，周代的祝和巫"事鬼神"的职能可以相通，是最重要的两类神职官员。

通过良渚文化主神与商周时期"祝"的对比，让我们重新认识了良渚文化主神的隐秘内涵：人形神姿势和匍匐于前的虎神同商周之"祝"的异曲同工；人形神与虎神的关系和巫祝与神灵的关系，以及二者之间的关联性，进而为开启"祝"的溯源大门找到了一把直接相关的钥匙。

良渚文化虎神源自于张陵山兽神，在龙神与虎神的分化中形成。而人形神完整形态仅见于反山M12，省略形态的年代稍早，瑶山M2矩形冠徽的人形神省略上臂，瑶山M7的玉牌饰是人形神的变体，此时应该已有像反山M12那样的完整形态，我们期待新的发现。商周时期的祝、大祝是直接为国王效力的神职高官，图像与"祝"字一形符相似的人形神可能源自良渚文化最高等级的神职高官——大巫师或大祭司，他们同神界沟通时都采用双臂环抱的跽姿。

---

① 张亚初、刘雨：《西周金文官制研究》，中华书局，1986年。

人形神的基本装束为羽饰。头上戴冠，冠托由八个单元的云雷纹组成，上面有几十根呈放射状的线条，代表羽，这就是羽冠。另外还有一种略作简化的羽冠，省去了冠托，用弧线与尖刺纹相间以构成羽饰。良渚前期尖刺纹在各类神像上都有，出现部位也呈多样性，除前述者外，还出现在一部分云雷纹旁。

云雷纹是良渚文化中颇具特色的纹样，几乎都出现在玉器、象牙器等贵重物品上，陶器上较为罕见，是构成人形神、虎神、鸟神、龙神的基本元素。云雷纹在商代至西周早期最为盛行，北宋沈括以其"象云气之形""回旋之声"，似古文云、雷二字，因此称为云雷纹。也有人认为云雷纹起源于人的指纹。不过这两种推测都很牵强，没有说服力。民族学资料能够辅助我们寻求云雷纹的含义。近代印度尼西亚原始部落中有一支博奈欧（Borneo）人，他们的主题纹饰是紧密结合在一起的鸟纹和螺旋纹；所罗门岛上有种贝类雕刻，以螺旋纹为母题，当地人认为是一种鸟的抽象化表现形式[①]。螺旋纹和云雷纹的构图相同，都是以线条自中心向外环绕，实际上是同一种纹饰的不同名称。印尼和所罗门族群的云雷纹都同鸟类相关，比起云雷说和指纹说，鸟类相关说对于良渚文化诸神应当更加容易理解，云雷纹可能象征鸟羽。良渚人形神不仅头戴羽冠，而且身上也有羽类饰物。羽饰在良渚文化贵重品的装饰母题及其所反映的社会上层观念中具有特殊意义。

借助于古代文献和民族志，可以进一步探讨良渚羽饰的功能。周王朝设置专职官员从民间征收鸟羽。《周礼·地官》有羽人："掌以时徵羽翮于山泽之农"，《考工记》有"锺氏"，掌"染羽"等，后者大概属于羽翮的精加工。羽由专职官员管理必有其重要用途。《考工记》"锺氏染羽"条下郑玄注："所以饰旌旗及王后之车"，装饰是羽的一种功能，周代贵族用以装饰他们的旌旗和车辆。羽的又一项功能是某种舞蹈的道具，要握羽而舞。《公羊传》隐公五年记载："初献六羽"，何休注："持羽而舞"。《诗·王风》："左执翿"，《诗·陈风》："值其鹭羽"，"值其鹭翿"，《传》云："值，持也"。所谓"六羽"，六是持羽舞者的佾数，就是六排，每排八人。周代对于各类等级地位的贵族所能使用的器具制定了严格规定，文献记载和考古研究的结果都已经证明，周代贵族使用礼器、乐器和车辆都有定制。持羽而舞者的"佾"也有其定制，《左传》隐公五年记载："天子用八，诸侯用六，大夫四，士二"，鲁公为诸侯，所以用六羽，即六佾。虽然身份的贵贱主要体现在舞者人数上，但是因为舞者均持羽，羽也渗入了等级地位的内涵。

《周礼·春官》上记载几种使用羽饰的舞蹈，如"凡舞，有帗舞，有羽舞，有皇舞，有旄舞……"其中，关于"羽舞"和"皇舞"，《周礼·地官》云："舞师……

---

① Badner, Mino, 1974. Some evidences of Dong-son-derived influence in the art of the Admiralty Islands, in *Early Chinese Art and Its Possible Influence in the Pacific Basin* (Neol Barnard ed.), 597-629. Authorized Taiwan Edition.

教羽舞，帅而舞四方之祭祀，教皇舞，帅而舞旱暵之事"。《礼记·王制》记载："有虞氏，皇而祭"。"羽舞"和"皇舞"都属于祭祀舞蹈，后者可祭天求雨。"羽舞"使用羽的方式当为值羽、执羽。至于"皇舞"如何用羽，在《周礼·地官》舞师条下郑玄注引郑司农云："皇舞，蒙羽舞，书或为䍿"。又《周礼·春官》乐师条下郑玄注："故书皇作䍿，郑司农云，'䍿舞者，以羽冒复头上，衣饰翡翠之羽，䍿读为皇，书亦或为皇'"。可知"皇舞"就是头上复羽、衣服上饰羽而舞。《说文》的

图一四　金文"皇"

解释大致相同，并且指明了祭祀对象："䍿，乐舞，以羽翿自翳其首，以祀皇辰也"，又云："翳，华盖也"，段玉裁注："按以羽，故其字从羽，翳之言蔽，引申为凡蔽之称"。蒙、复、翳、蔽，四字的字义相似，义为羽在头顶之上。金文的"皇"字实际上就是羽在头上安放的形式（图一四）。"皇"上部形符是三羽至五羽的羽冠，下部形符"土"是冠托。因此，"皇舞"就是头戴有羽饰的冠，身上的衣服特指饰"翡翠之羽"，进行祭祀活动。

近代许多原始部族认为某些特殊物品具有神秘性质，从而被赋予巫术的力量。例如插戴鹰羽即有老鹰般的力量、智慧和敏锐的视力①。有些古籍记载了上古时期与羽有关的巫术和巫觋，如《山海经》有羽民国，其民身生毛羽（《海外南经》《大荒南经》等）。羽民又见于《淮南子》等书。《楚辞·远游》还有羽人，"仍羽人于丹丘兮，留不死之旧乡"，郭璞注"羽民"云："画似仙人"，王逸注"羽人"云："或曰，人得道身生毛羽也"。近人袁珂进一步认为"《远游》之所谓'羽人''不死'，乃人学道登仙之两阶段"②。如此看来，羽人就是所谓"得道"者或"仙人"，是那种具有超越凡人的特殊本领者。当然，人不会身体长满鸟羽，应该理解为身上满饰赋予巫术能量的鸟羽。以羽民称国，则是崇尚鸟羽巫术功能的部族。崇尚鸟羽的实质是对鸟的膜拜。鸟在广阔天地间自由自在地翱翔，来去无踪影常给古人带来无限的遐想，成为古人仰慕的特殊对象。一些特定的鸟因其神奇而演变为神，并形成特定观念。《说文》称"凤"为"神鸟"，"鸾"为"赤神灵之精"。神鸟能够帮助人与神界相互沟通，甲骨文有"于帝史凤"，郭沫若解释为"此言'于帝史凤'者，盖视为天帝之使"③。古代和一些近代原始部族以为有些鸟同自然界和社会的变化密切关联，具有超自然的力量，甚至认为有些特殊鸟类的出现能够导致整个国家与社会的盛衰，例如《国语·周语》记载："国之兴也，鸑鷟鸣于岐山。"鸑鷟是凤的别名，所谓"凤鸣岐山"。《山海经·大荒西经》记载："爰有青鸑、黄鷟、青鸟、黄鸟，其所集者其国亡。"印度尼西亚民族志记录了土著人以为鸟类与祖先、冥界之间很久

---

① 〔法〕列维-布留尔著、丁由译：《原始思维》，商务印书馆，1985年。
② 袁珂：《山海经校注》，上海古籍出版社，1980年。
③ 郭沫若：《卜辞通纂》，东京，1933年。

以来一直有紧密联系，在一些送葬灵船上绘有人鸟复合的生物[①]。人类仰慕和膜拜鸟类、以鸟通神的具体形式通常是扮演成鸟，或鸟的某一部分，如鸟首，《山海经·海内经》："有盐长之国，有人焉鸟首，名曰鸟氏"；如鸟足，《山海经·海内经》："有嬴氏，鸟足"，"又有黑人，虎首鸟足"；如鸟身，《山海经》记载的人面鸟身者有九凤、禺彊等，《墨子·明鬼下》云："有神入门而左，鸟身……此神名句芒。"春秋晚期一件青铜戈的援部有人面鸟身的完整图像[②]。有的鸟神外形似鸡，如《说文》云："鸾，赤神灵之精也，赤色五彩，鸡形"；《山海经·南次三经》记载："其状如鸡，五彩而文，名曰凤皇。"近代有些部族认为鸡具有神性，中国云南的佤族有鸡卦，南苏丹的赞德（ZANDE）人用鸡占卜。用鸡算卦占卜体现了鸟的灵性、神性和以鸟通神的可操作性。

人类崇尚鸟的神奇并体现之于图像，可以追溯至河姆渡文化，一件陶盆上的两幅图不仅有鸟，而且有羽毛、羽冠和戴冠的神[③]。河姆渡陶盆图像是良渚文化主神及其所反映的尊神观念的基本来源之一，因此也是商周时期事神观念和青铜器母题的重要源。

良渚文化是尊神、事神观念的集大成时期，也是以复杂图像表现神灵观的时期。图像所见主神为人虎复合，人形神的上半身在上，下半身隐于后，双臂环抱作踞姿；虎神在下，匍匐于人形神下半身前。为获得鸟的神性，以助与神灵沟通，良渚文化不仅有鸟神，而且人形神头戴羽冠、全身羽饰或身着羽衣，其衣冠同文献记载的周代皇舞者几乎完全相同。虎神自张陵山西山M4的兽神分化而来，它既可以同人形神复合成为主神，也是独立的神，是良渚文化的主要神祇。完整或基本完整形态的人形神几乎都同虎神复合为主神，其结构和观念约千年后神奇再现于甲骨文和金文的"祝"。"祝"的象形与会意反映了形态和动作的客观存在，因此我们有理由相信，人形神的形象和结构应该原创于良渚文化大巫师事神、通神的真实写照。主神形象的确立不晚于良渚文化鼎盛时期的瑶山祭坛墓地阶段。商周时期的"祝"是可以伴随于王之左右的神职高官，良渚主神完整图像目前仅见于反山M12，其墓位在反山墓地西部墓群南排居中，以显其尊崇，随葬品的品质位居良渚文化第一，墓主身份至少是一位最高等级的大巫师。良渚以神权治国，神的极权性在4000多年前的中国境内无出其右者，因此反山M12墓主既是大巫师、又是一代国王的可能性很大。

（原载于《南方文物》2016年第2期）

[①] Badner, Mino, 1974. Some evidences of Dong-son-derived influence in the art of the Admiralty Islands, in *Early Chinese Art and Its Possible Influence in the Pacific Basin* (Neol Barnard ed.), 597-629. Authorized Taiwan Edition.

[②] 上海博物馆青铜器研究组：《商周青铜器纹饰》，文物出版社，1984年，991图。

[③] 宋建：《河姆渡文化的冠冕及鸟鱼纹饰》，《东方考古》（第8集），科学出版社，2012年。

安徽含山凌家滩脩蛇山神祭山遗迹寻绎

王树明

(山东省文物考古研究所)

一、引　　言

　　1985年至2000年12月，安徽含山凌家滩遗址进行过四次考古发掘，清理凌家滩时期墓葬44座，祭坛和一个大型活动广场。出土玉器中，刻画玉版、玉龟、玉鹰及龙蛇类玉器造像的出土，引起我国学术界极大关注，纷纷发表文章进行探讨[①]。不少学者认为，凌家滩墓地刻画玉版或玉片，是我国古代人民从事天文历法活动中，使用的一种礼器，即后世人们称之为式盘的原始用具[②]。玉制乌龟壳，是凌家滩人在卜筮活动中使用的盛储器[③]。也有学者认为，凌家滩墓地发现玉鹰与我国古代东方夷人以鸟为图腾崇拜的风习有关[④]。我们根据凌家滩遗址发现的文化资料、地理环境状况，并与过去在辽西牛河梁与东山嘴发现的猪头山神祭山遗迹，做了一点比较研究，认为凌家滩一带发现的遗迹、遗存，是藩息在安徽含山一带先民崇拜山神、祭祀山神，对遗址正北10华里太湖山，诸峰走势似龙蛇状诸山，实行祭祀活动而留下的文化遗存。下文就这方面一些有关情况，谈点浅见。

二、安徽含山凌家滩脩蛇山神祭山遗迹寻绎

　　安徽含山凌家滩遗址，地处安徽境内长江北岸巢湖市以东，含山县铜闸镇西南，在太湖山南山脚下向南伸展一土岗上。正北距太湖山10华里，遗址之南是自西而东经遗址南沿后，再东流又注入长江的裕溪河，凌家滩遗址就在这一背山面水的岗丘上，

---

①　安徽省文物考古研究所：《凌家滩田野考古发掘报告之一》，文物出版社，2006年。
②　陈久金、张敬国：《凌家滩出土玉版图形试考》，《文物》1989年第4期。
③　俞伟超：《含山凌家滩玉器反映的信仰状况》，收入《凌家滩文化研究》，文物出版社，2006年。
④　李修松：《试论凌家滩玉龙、玉鹰、玉龟、玉版的文化内涵（代序）》，《凌家滩文化研究》，文物出版社，2006年。

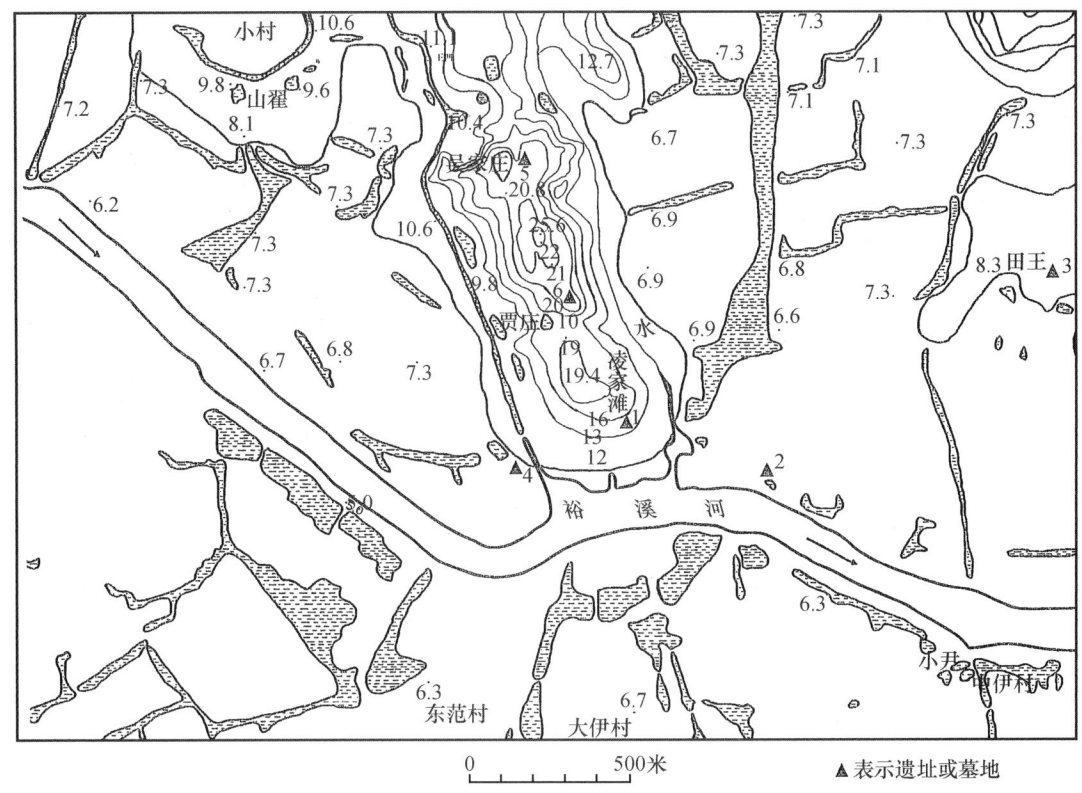

图一　凌家滩遗址群地貌图

1.凌家滩遗址　2.石头圩遗址　3.田王村遗址　4.南半坎遗址　5.吴家庄遗址　6.凌家滩墓地

地理位置相当优越[①]（图一）。

凌家滩遗址由南区、中区、北区三个部分组成，总面积160余万平方米。1985年发现后，先后进行过四次调查和发掘，清理面积2200余平方米，出土器物1500余件。1987年至1998年三次发掘的，都是遗址中区的墓葬和祭坛，这是凌家滩遗址的中心区[②]。

凌家滩遗址中区的墓地，在凌家滩村北高岗平台上。平台北高南低，呈长方形。南北长175米，东西宽80米，总面积14000平方米。墓地偏东处，被村民呼为姜家坟的大土堆，是一些无主墓地和几座现代坟，再南是凌家滩自然村。墓地北部高，南部较为平坦。最北边墓地最高处，海拔26米。这一最高点原为占地几百平方米的圆形高土堆，从剖面看，高土堆地层内含凌家滩时期的陶片、红烧土层，似有夯筑的迹象。据村民讲，20世纪70年代以前，土堆周围散落有数十块大型巨石，有的长达7～8米，宽或1米许，有竖着的，也有斜躺着的，人们称其为扁担石或磨盘石。后来被村民盖房所取用，现在只有几块大方石，每块得有几吨重。1993年村民为修桥垫土，将高土堆夷

---

① 安徽省文物考古研究所：《凌家滩田野考古发掘报告之一》，文物出版社，2006年，1～5页。
② 张敬国：《朝拜圣地——凌家滩》，《凌家滩文化研究》，文物出版社，2006年。

为平地。墓地中部有一东西走向沟渠，将墓地分为南北两部分，沟渠南北宽3米，东西长有75米余。墓地以西和以东都是平缓的坡埭，墓地与周边农田的落差约有10米许。铲探发现墓地以西有许多曾经加工过的石块、石料，还有用石块铺砌整齐的地面遗迹。发掘者认为这一地带是凌家滩时期的手工业作坊遗迹[1]（图二）。

凌家滩遗址中区的墓葬，主要分布在墓地南部、中部和西部，重要墓葬都在墓地南部的边缘一带，共有凌家滩时期墓葬44座：第一次发掘4座[2]，第二期发掘11座[3]，第三次发掘29座[4]。已经清理的墓葬，都是一些长方形竖穴土坑墓，除87M7、98M8、98M26、98M32为东西向坑穴外（图二），其余墓葬多为南北方向。墓葬中人骨架保存极差，无葬具。随葬遗物以玉器和石制兵器为主。陶器数量少，火候偏低，基本无法复原，或多属冥器的一类。

凌家滩遗址中区的祭坛，在墓地最高地带稍偏东地段[5]，为东西宽30、南北长40米的不规则长方形，原面积1200平方米，经历年破坏，现存只有600余平方米（图二）。祭坛建筑分三层：最下面的一层，用纯净黄斑土铺垫；中间的一层，用灰白色胶泥掺合石块、石英碎块、大粒黄沙和石子搅拌夯筑；最上面的一层，用类似现代三合土样物铺垫，表面平整[6]。祭坛上发现四个被称之为积石圈的石堆遗迹，还发现三个与祭坛连为一体的祭坑（图二）。发现石堆遗迹的编号为4~7，这四个石堆遗迹，都由大小不等的石块堆积成形，凡两种：圆形的一种，直径50~110厘米；长方形的一种，直径140~166厘米。祭坛上三个祭坑的编号为98YJ1、98YJ2、98YJ3（图二）。坑多长方形，坑口尺寸不大，坑内多有数量不等的小石块。98YJ1号祭坑，位于T1510西侧中部，南北向，坑面呈长方形，坑壁傍有数块石头块，坑壁与坑底嵌有小石子，坑内与祭坛表面连为一体。说明凌家滩祭坑与祭坛，是同时建成的。坑内有盆、豆、罐一类陶器，器形皆较薄，火候也低，无法复原[7]（图二）。祭坛东南角外有用火遗迹一处，

---

[1] 安徽省文物考古研究所：《凌家滩田野考古发掘报告之一》，文物出版社，2006年，35、36页。

[2] 安徽省文物考古研究所：《安徽含山凌家滩新石器时代墓地发掘简报》，《文物》1989年第4期。

[3] 张敬国：《安徽含山凌家滩新石器时代墓地第二次发掘的主要收获》，《文物研究》1991年第7期。

[4] 安徽省文物考古研究所、含山县文物管理所：《安徽含山县凌家滩遗址第三次发掘简报》，《考古》1999年第11期。

[5] 安徽省文物考古研究所、含山县文物管理所：《安徽含山县凌家滩遗址第三次发掘简报》，《考古》1999年第11期。

[6] 安徽省文物考古研究所、含山县文物管理所：《安徽含山县凌家滩遗址第三次发掘简报》，《考古》1999年第11期。

[7] 安徽省文物考古研究所：《凌家滩田野考古发掘报告之一》，文物出版社，2006年，33、34页。

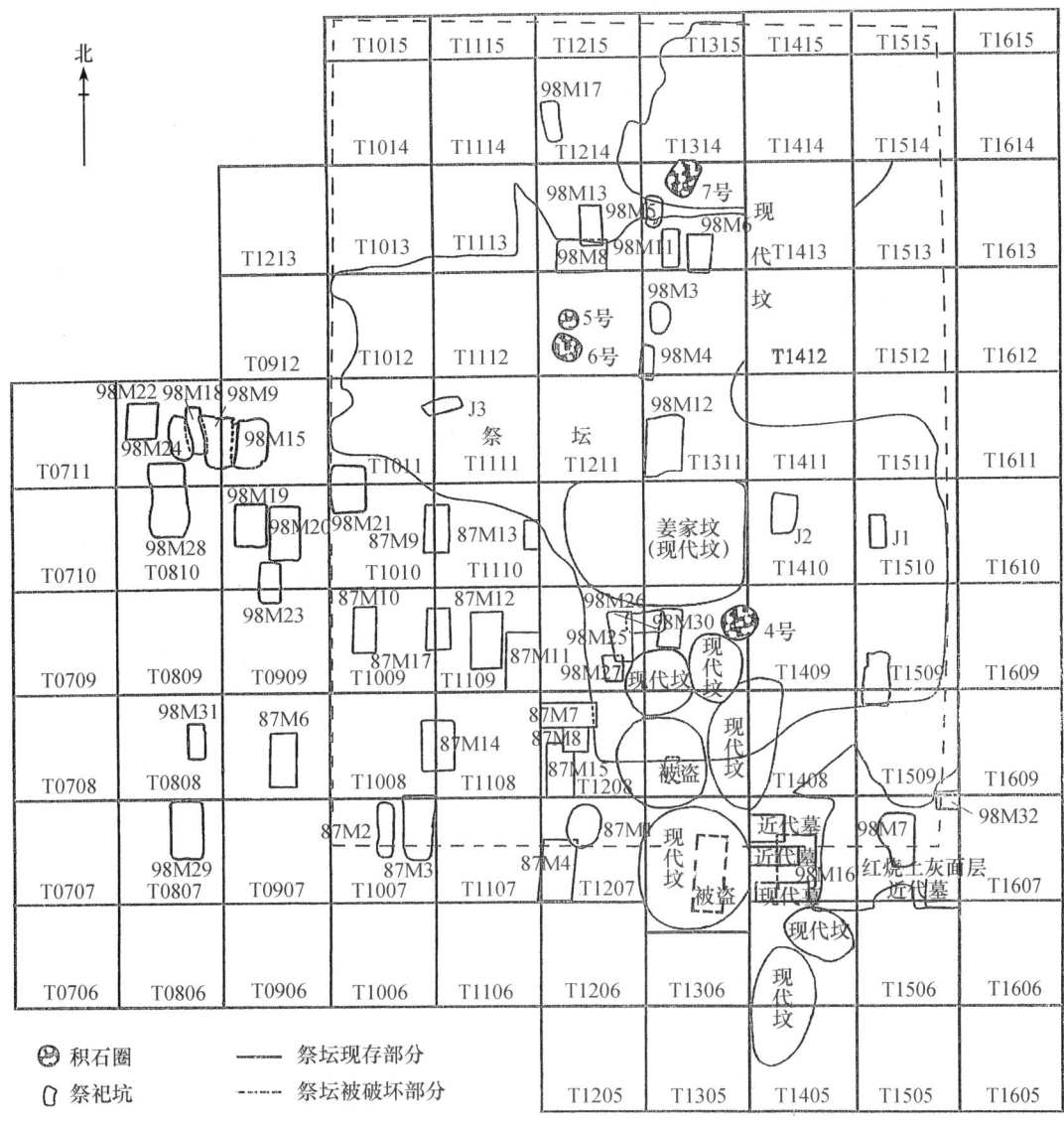

图二　凌家滩墓地1987、1998年发掘墓葬、祭坛、祭祀坑及积石圈总平面分布图

面积40余平方米，揭露时颜色灰暗，似是经长期燔燎而留下的一些灰烬堆积，堆积内有陶片和经火烧烤产生裂缝的龟裂纹石块[1]。与这一燔燎遗迹相连接的T1407东隔梁处，有数十余块大石块堆积，为一4平方米、略呈三角形的石堆遗迹[2]。

---

[1] 安徽省文物考古研究所、含山县文物管理所：《安徽含山县凌家滩遗址第三次发掘简报》，《考古》1999年第11期。

[2] 朔知：《凌家滩祭坛遗迹试论》，《凌家滩文化研究》，文物出版社，2006年。

凌家滩遗址南区，在凌家滩墓地东偏南位置，是一用稻壳、稻草秆搅拌捶打成不同形状，又再烧制成红烧土块而垫筑的一个广场遗迹①。广场平面呈长方形，长90、宽30米，总面积凡2700余平方米。这是凌家滩遗址第四次考古调查与发掘时发现的。对于这一遗迹的性质，有的学者认为，这是凌家滩遗址群的一个神庙或宫殿建筑遗迹。就其所在位置与有关现象，及与过去牛河梁第二地点相关发现推寻②，这一大型遗迹，似是繁衍生息在这一地带的凌家滩人，因宗教信仰或因某种特殊需求而使用的一个活动广场。

凌家滩遗址北区，在墓葬和祭坛所在中区以北（图二）。2000年10～12月第四次发掘，在中区祭坛和墓葬北侧③，揭露一人工建筑东西走向的壕沟，宽5米，东西长100米。壕沟虽已基本淤塞，但总体形状仍清楚可辨。沟两壁较直，沟底原来经夯筑。壕沟南壁尚残存2米余许一用石块砌筑的整齐坚固的石墙，高度在30～40厘米。壕沟两端向东西方向延伸。就在这道人工精心构筑的壕沟之北，也有一块似是祭坛的地层堆积和墓葬的区域。其墓葬与祭坛之间的布局，与凌家滩遗址中区墓葬和祭坛的布局相似，此即凌家滩遗址的北区。

综以前文，安徽含山凌家滩遗址，原是由南区、中区、北区三个部分组成的一个群体。遗址南区是一个大型活动广场；中区是墓葬和祭坛；北区也是一些被称之为墓葬和祭坛的遗迹。这一由三个部分组成的群址，是一坐南朝北方向，与宗教信仰活动有关的一个遗址群。中区墓葬和祭坛，是这一群址的中心和主体。在中区祭坛东南角外，有一面积40多平方米的用火遗迹。我国古代祭祀用火，由凌家滩遗址中区用火遗迹及其与北侧坛顶祭坑的相对位置看，凌家滩遗址群所祀祭主，就在这一遗址群体的正北方向（见图二）。前所提及，在中区祭坛或其南北两端间，计有6个大小不等的石块和巨石堆积。民族志资料反映，这些石块和巨石堆积，与古代人们崇拜山神、祭祀山神的活动有关。20世纪50年代初，我国东北地区大兴安岭一带的鄂伦春人，在祭祀山神活动中，有堆积石块的习惯④。迄至目前，在我国北方一带农村有迷信思想的人，也还认为山有神灵，为求得山神的福佑，有在祈祷山神过程中，堆积石块、在树枝间压石块或在树枝上系结彩带的习俗。传统是历史发展的一种惰性力量，至今流传于民间的这些古老习俗，无疑是我国古代人民崇拜山神、祭祀山神习俗的因袭。依是而论，含山凌家滩群址中发现石块和巨石堆积现象，也应是生活在凌家滩一带先民对遗

---

① 安徽省文物考古研究所：《凌家滩田野考古发掘报告之一》，文物出版社，2006年，35、36页并注1。
② 郭大顺：《红山文化坛庙冢与中国礼制溯源》，《走近牛河梁》，世界知识出版社，2007年。
③ 张敬国：《凌家滩聚落与玉器文明》，《凌家滩文化研究》，文物出版社，2006年。
④ 孟志东等：《鄂伦春宗教信仰简介》，《萨满教文化研究》（第一辑），吉林人民出版社，1988年，247～254页。

址正北太湖山实行祭祀活动所遗留。

含山凌家滩先民所祭祀的太湖山，南距凌家滩遗址10华里，最高峰448米，是今山东境内东岳泰山至长江北岸间海拔最高的一座大山[1]。安徽省有关旅游资料介绍，太湖山有20多座山峰相连，主峰周围拥立九座山峰，峰峰壁立挺秀，逶迤曲折，有如龙蛇腾飞之象，自古以来就有"九龙戏珠"的美誉。太湖山又怪石林立，山峰形状诸多奇特诡异，尤为引人入胜的是太湖山主峰东北乌龟山的山腰上，有一形似乌龟的巨大石块。远眺是石，酷似一正在昂头翘首山顶，向山峰处缓缓爬行的一个大乌龟。我国古代人民崇拜山神，往往与其所祀山峰的特殊形状有关[2]。山峰如虎头状，就认为它与虎的神灵有关，山峰形似狮子头的形状，又认为它与狮子的神灵有关[3]。太湖山山峰走势如龙蛇状或如龙蛇腾飞的形象，凌家滩人之所以崇拜它、祭祀它，很有可能认为它与龙蛇类动物的神灵有关。也可以这么说，在凌家滩人们的心目中，他们对太湖山举行祭祀典礼，就是对他们心目中的龙蛇类动物的神灵，实行祈祷祭祀。

我们在推论凌家滩发现祭山遗迹过程中，遗址中区祭坛之内的极北最高处，周边有巨大石块耸立的高土堆和遗址北区被称之为祭坛和墓葬的遗迹，是两个笔墨尚未涉及的地方，要诠释这两个疑诘，得从20世纪80年代辽西牛河梁与东山嘴一带祭山遗迹的发现中，探索寻绎（图三）。

牛河梁祭山遗迹[4]，位于辽西凌源与建平交界地带一南北走向的山梁上，南与8华里猪头状山峰相对（图四）。遗迹有两个地点，最北第一地点，在山梁北山丘顶，由两部分组成。北侧是一周边砌有石墙的平台，平台北外侧有红烧土块和一大型泥塑

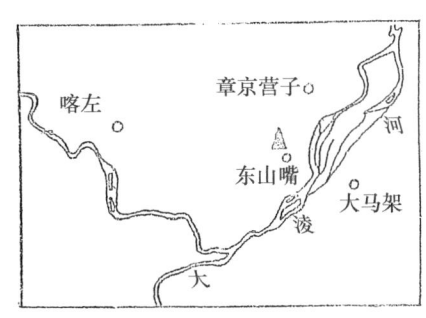

图三　东山嘴遗址位置示意图

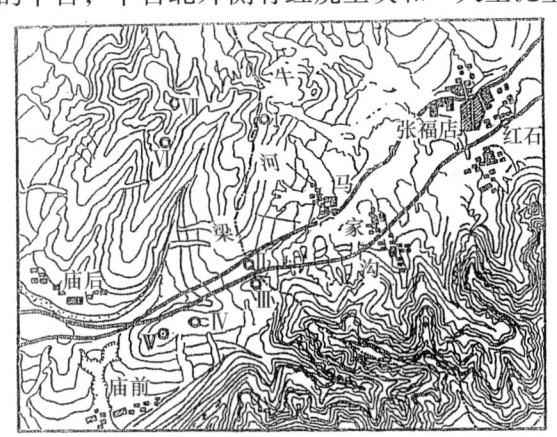

图四　牛河梁红山文化地点分布图

---

① 安徽省文物考古研究所：《凌家滩田野考古发掘报告之一》，文物出版社，2006年，271页。
② 朱天顺：《中国古代宗教研究》，上海人民出版社，1982年，71~98页。
③ 詹承绪：《永宁纳西族的阿注婚姻和母系家庭》，上海人民出版社，1980年，256页。
④ 王树明：《牛河梁与东山嘴猪头山神祭山遗迹释疑》，《海岱考古》（第六辑），科学出版社，2013年。

人耳。平台南侧坡地上，是一由多室和单室构成的建筑遗迹（图五），多室在北，是主体建筑，单室在南，是附属建筑。主体建筑有侧室，主室北侧有后室。后室南与主室相通，北与丘顶平台相对，室内遗物有猛禽鹰类泥塑残块。主体建筑主室北侧居中的位置，有泥塑猪龙残块，猪头朝北。主室北壁偏西的一侧，有六个女性人体泥塑残块，女性泥塑臂腔内有骨骼残片。西侧耳室和主室的中心部位，有大型人体泥塑残块。南单室有猪龙颚部残块。牛河梁第一地点祭山遗迹，是对遗址以南8华里猪头山神实行祭祀活动时，留下的一些遗存。主体建筑主室北侧泥塑的猪龙是祭主，主室北侧偏西一侧女性人体泥塑，以女活人为"内模"，是牛河梁人在不同时间、因不同需求，为讨好猪头山神，为猪头山神娶妇而陪祭于是。北后室猛禽鹰类泥塑，是猪头山神借以升降于天地之间的"座驾"，最北丘顶平台，是猪头山神升降于天地之间的着脚地。丘项平台北外侧与主体建筑主室中心一带发现大型人体泥塑，是牛河梁人用为供猪头山神享用的祭品。西侧室大型人体泥塑发现说明，此侧室原是用以储存祭祀用品的一个地方。南单室在第一地点建筑群址中，属门卫设施的一类。牛河梁人所祀猪头山神，能升降于天地之间，娶活人为妇，有食人恶俗，说明牛河梁人祭祀此能遨游于天地之间的猪头山神，并不是造福于人民的族类，而是为患于人民的凶神恶煞之属。牛河梁第一地点祭山遗迹，是属为猪头山神构筑的庙宇之类，与安徽含山凌家滩祭山遗迹不属一类遗存。

牛河梁第二地点在第一地点南端斜坡上，有五个积石冢，呈东西向一字排开，北与第一地点猪头山神建筑遗迹相对[①]。其特点是，以石垒墙、以石筑墙、以石封顶。各自有别的是，各冢的形制、构造、性质，并不完全相同。《简报》介绍了三个积石冢。二号冢（Z2）是第二地点中心大墓的所在（M1）（图六，M1），M1中心大墓东、北、西三面都有石墙，墙内填以积石。因早期被盗无玉质器物发现，只有人骨、红陶筒形罐和猪头骨类残片。在中心大墓以南，还有一些小型墓葬。孟昭凯先生介绍[②]，牛河梁一带第三地点中心大墓随葬玉器3件，有玉琮、玉镯及马蹄形玉器；第五地点中心大墓随葬玉器7件，有2件玉龟，2件玉璧、勾云形玉佩和玉镯之类；第十六地点中心大墓随葬玉器6件，有板状玉凤（图七）、玉人之类。以诸地点中心大墓发现玉质器物的数量与类别，牛河梁第二地点中心大墓Z2M1在这一地点积石冢群中，也是显赫者。二号又西一号冢（图六，Z1），因遭破坏，现存只有原冢的三分之一。此冢原来的结构是长方"回"字形，内墙以里未清理，内墙南外侧，清理成排小型墓葬，也以石板、石块为葬具，除M6二次迁葬墓外，各墓都有玉质器物随葬。出土玉质器

---

① 王树明：《牛河梁与东山嘴猪头山神祭山遗迹释疑》，《海岱考古》（第六辑），科学出版社，2013年。

② 孟昭凯：《中华文明的曙光——红山文化概览》，《走近牛河梁》，世界知识出版社，2007年。

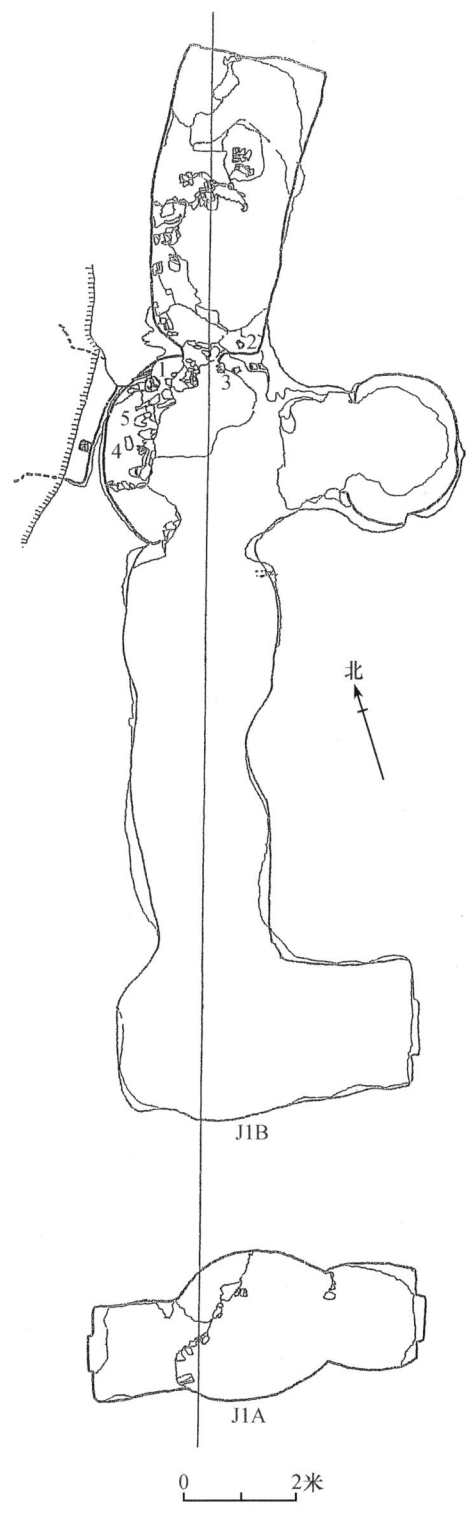

图五　牛ⅠJ1总平面及部分泥塑人像残件分布图
1.头　2.手　3.手　4.肩头　5.肩臂

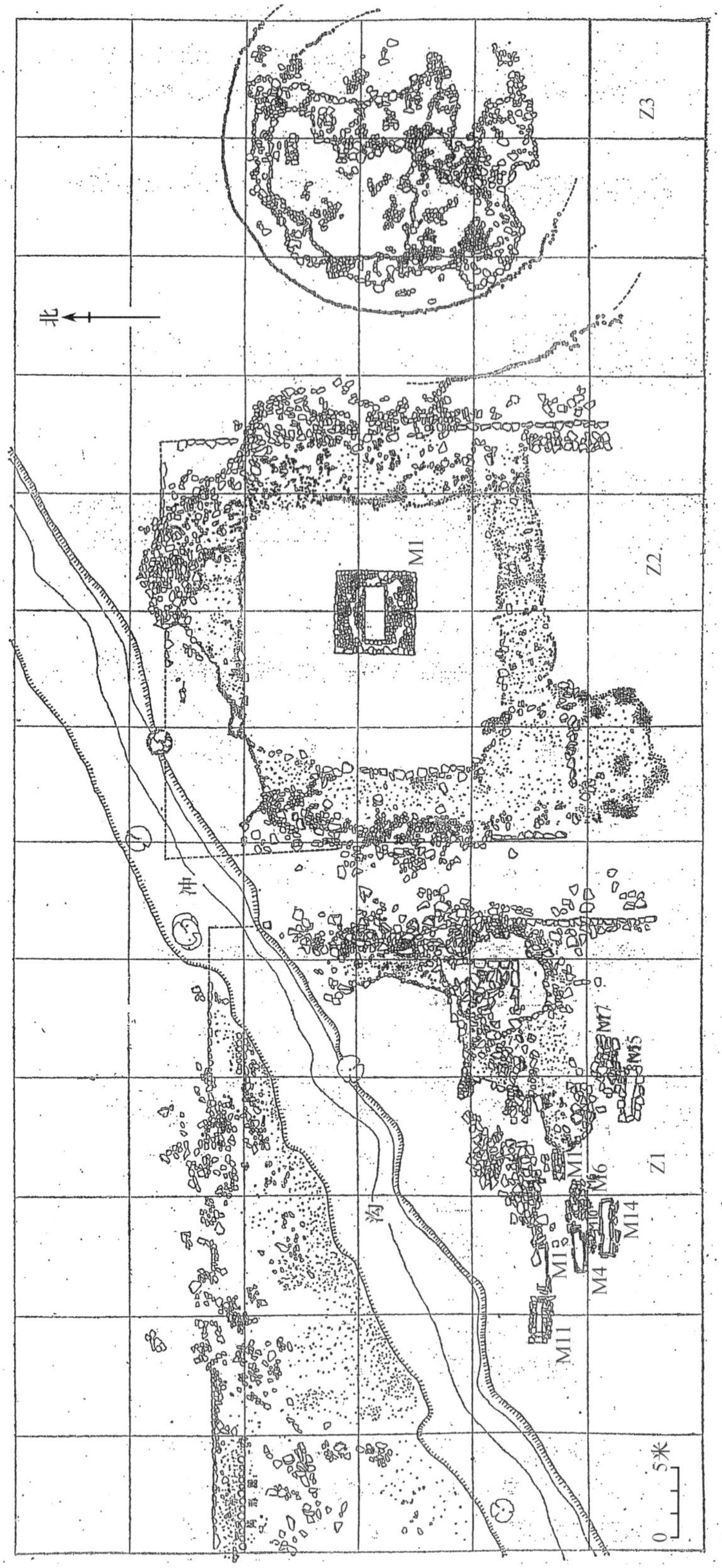

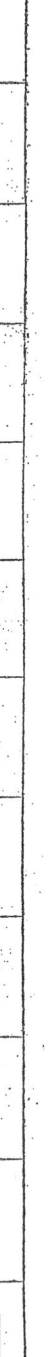

图六　牛Ⅱ地点积石冢总平面图

物中，专职巫师类人物使用的玉猪龙（图八，1），方形玉饰（图八，2）、玉棒（图八，3），勾云形玉佩类遗物（图九，1）表明，这是以玉示神的一些巫祝者的墓葬，他们生前的社会地位是很高的。但墓葬的大小和其所在位置又反映，这些专职巫祝者的地位，较Z2M1中心大墓为低。

二号冢东二米，是三号积石冢（Z3）。这是牛河梁第二地点的中心部位，其东或又稍偏北一侧是四号和五号积石冢。

图七　牛河梁第十六地点中心大墓出土玉凤

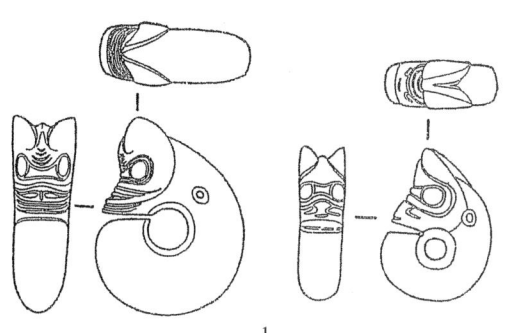 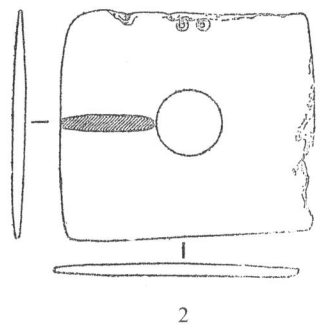 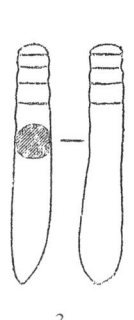

图八　牛河梁第二地点一号墓出土遗物
1. 玉猪龙（M4：2、3）　2. 方形饰（M11：2）　3. 棒形器（M11：3）

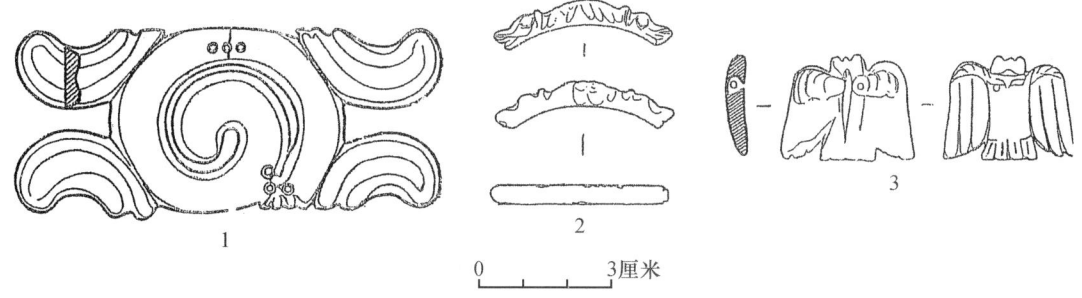

图九　牛河梁与东山嘴出土遗物
1. 牛河梁第二地点一号墓出土勾形玉佩（M14）　2. 东山嘴遗址出土双龙首玉璜（TE6②g1：1）
3. 东山嘴遗址出土鹗形松石饰（TC6②：1）

三号冢已多所缺失，只有原冢的二分之一（图六，Z3）。冢呈圆形，基底面是插入土中、构成同心圆式的三圈石桩，各圈石桩间散布着大量积石和红陶筒形罐类残片，三圈石桩由外而内依次递收，形成一坛台式建筑，当称之为祭坛。在三号冢或坛顶积石内，有三具牛河梁人在实行祭山活动中，用为人牲的遗骨。第二地点四号、五号积石冢,都在三号冢坛偏东一侧。四号冢与三号坛毗邻,呈前圆后方两部分,主体在北,是一东西向并排的两个圆冢,南半部分或大冢的南面,是若干小型石棺墓。五号冢在四号冢又东偏北的一侧,整体呈"日"字形,也是由两部分构成的。

牛河梁第二地点五冢,三号冢居中,是祭坛,坛顶积石中有三具人牲遗骨。其左右四冢,都由两部分组成,北面是中心大墓或大型墓葬,偏南的一侧,是一些石棺小墓,墓主或属巫祝者类。依郭大顺介绍①,第二地点五座积石冢坛南侧和南侧以远的地方,也有一红烧土面样燔燎遗迹、石堆遗迹,及用红烧土块、草拌泥块建材料垫筑,被称之为"开阔地带"的广场遗迹。除使用的材料、构筑形制不同外,牛河梁第二地点积石冢坛及其又南被称之为"开阔地带"的遗物遗迹,与含山凌家滩遗址中区、南区相关发现,有不少接近或者相同的地方,这对我们推寻含山凌家滩发现遗迹,属祀祭太湖山龙蛇山神遗迹说法,不能不说是一个旁证。

东山嘴建筑群址祭山遗迹,在辽西喀左县驻地大城子镇东南8华里,大凌河西岸东山嘴村山梁正中台地上。遗迹呈坐北朝南向,东南与喀左名山马架子相对,周边是一望无际的平川旷野②(见图三)。已经清理的部分,由中心和前端两部分组成(图一〇)。中心部分在北,是一大型方形石砌基址,基址内有红烧土面和许多石块。中心部分偏南处,有一大型石堆遗迹。这是东山嘴建筑群址中发现最大的一个石堆遗迹。在此大型石块堆积之南的南墙中段,紧贴墙壁处,有并首猪头玉璜一件,玉璜的一侧有纹饰,另一侧面为素面(图九,2)。基址中部红烧土遗迹内,有玉璜、石

图一〇　东山嘴遗址

1. 方形基址　2. 东翼墙基　3. 西翼墙基　4. 东侧石堆　5. 西侧石堆　6. 东边铺石　7. 西边铺石　8. 石圈形台址　9. 多圆形基址　10. 人骨　11. 房址　12. 未掘部分　13. 方形基址内成组立石

---

① 郭大顺:《红山文化坛庙冢与中国礼制溯源》,《走近牛河梁》,世界知识出版社,2007年。
② 郭大顺、张克举:《辽宁省喀左县东山嘴红山文化建筑群址发掘简报》,《文物》1984年第11期。

弹丸类物。方形基址东外侧地层中，出土鹗形玉饰一件（图九，3；图一一）。在中心大型方型基址东西两侧外，有南北走向、互相对称的两道被称之为两翼的石墙。南侧两翼间有石堆遗迹，北侧两翼外，也有大面积石块堆积。方形基址两翼又南的前端部分，在北距基址15米的地方，有一正圆形以石砌边的圆形台址，台址内用小河卵石铺筑（图九，8）。台址东北至东南一侧地层中，有人骨架一具（图一〇，10），无头人体泥塑20余件，有不少大型人体泥塑残块。在

图一一　东山嘴遗址出土鹗形玉饰

这一台址又南4米处，还有三个互相连接或被废弃了的几个圆形残址（图一〇，9）。

牛河梁第一、第二地点祭山遗迹的发现可为证知，东山嘴建筑基址内最大型石堆遗迹南，南墙中段发现并首猪头玉璜，是东山嘴人对马架子山实行祭山活动中使用的祭主，中部红烧土面燔燎遗迹中的玉璜、石弹丸，是东山嘴人在火祭山神活动中，弃置的祭品。方型建筑基址南墙外15米处圆圈形石砌基址，是东山嘴人礼送、礼接并首猪头山神升降于天地之间的地方。至于圆圈基址东北至东南部一侧黄土地层中，人骨架、无头人体和大型人体泥塑残块，是属东山嘴人使用的人牲之类或人牲之类替代物，用以供马架子山神享用的祭品。凌家滩遗址中区祭坛内的极北最高处，周边散落着巨石的高土堆及其再北被视为祭坛与墓葬的北区遗迹，与东山嘴遗址中心部分南侧并首猪头玉璜及其南端圆形石砌基址的位置，恰相一致。可以论定，凌家滩遗址中区坛内北部散落巨石堆积的地方，也是凌家滩人对太湖山实行祭山活动中处置祭主的地方，凌家滩遗址北区的所谓墓葬与祭坛遗迹，殆属凌家滩人为太湖山神构筑供其升降于天地之间的落脚地，或埋葬人牲类祭祀用品的所在。从东山嘴与凌家滩祭山遗迹的比较研究中可知，凌家滩人所祭太湖山神与辽西牛河梁一带所祀猪头山神一样，也有升降于天地之间的本领，也是一些为患于人民的丑类①。

在凌家滩遗址的考古发现中，除祭坛类遗迹外，中区墓葬的清理发掘，也获得一批十分珍贵的墓葬资料和物质文化资料。这批资料的获得，为安徽含山凌家滩人对太湖山实行祭山活动及其有关问题的研究，提供了不少证据。我们根据墓葬的所在位置、出土遗物的多寡、类别差异，将凌家滩遗址中区发现墓葬，区分为墓地北区、墓地西区、墓地南区三个不同区域，下文先从墓地北区发现墓葬说起。

凌家滩墓地北区，在五排中部中轴线（以T1106和T1206间隔梁延伸线为墓地中部中轴线或中心线）东侧偏南至现代姜家坟南沿，又再至三排T1409、T1509两方中部的以北地段，发现98M3～98M6、98M8、98M11～98M13、98M17九座墓葬。除98M17

---

① 王树明：《牛河梁与东山嘴猪头山神祭山遗迹释疑》，《海岱考古》（第六辑），科学出版社，2013年。

一墓外，其余八座墓葬都在坛项2~3号祭坑与5~7号石块堆积之间（见图二），98M8为东西向，其余皆南北向。出土遗物无玉璜一类重礼器，数量少，极个别墓葬有1~2件小件玉器或几件石器。其总体情况是，多以数量不等的陶器为主要随葬品（附表一）。在凌家滩墓地三区墓葬中，北区墓葬是小墓、贫墓一类，是一些位卑者的墓葬。凌家滩遗址中区极北周边散落巨大石块堆积的高土堆，是凌家滩人为祭祀太湖山神设置祭主的地方，其南侧祭坑、积石圈或石块堆积分布的地带，是凌家滩墓地北区墓葬的中心地段。按民俗习惯论，这一地段正是为山神祭主摆放贡品的地方。以凌家滩墓地北区发现穷人墓或位卑者墓葬的所在位置，这一地带的一些所谓墓葬，有可能原是一些祭坑之类，有的也不无可能是凌家滩人对太湖山实行祭山活动中，用于掩埋人牲的一些坑穴。辽西牛河梁第二地点祭山遗迹石砌祭坛积石中，有三具人牲遗骨，东山嘴祭山遗迹前端石砌圆形台址东北一侧地层中，也有一具人牲遗骨。是类人牲遗骨的发现对上述假说，应当是一个有力的侧证[①]。看来墓地北区最北偏西一侧98M17，虽然也有一件玉璜发现，就所在位置和墓坑的形制论，似也应与其他8座墓葬归于一类考虑。

凌家滩墓地西区，在凌家滩遗址中区三排的以北、祭坛遗迹的西外侧，当太湖山向南延伸山陇的偏西一侧。发现98M9、98M15、98M18、98M22、98M24、98M28和98M19、98M20、98M23两组，也是9座墓葬（见图二）。这两组墓葬都是二期墓，出土玉璜类重礼器，全是独体使用的一类，计有14件之多。素面没有装潢的一种7件，98M9、98M15、98M19、98M24、98M28各一件，98M20两件。璜外侧有齿牙装潢的一种也是7件，98M15、98M19、98M20各两件，98M28一件[②]。这两组墓葬中的98M20是出土玉璜最多的一墓，素面的与璜背有齿牙装潢的各两件（图一二），

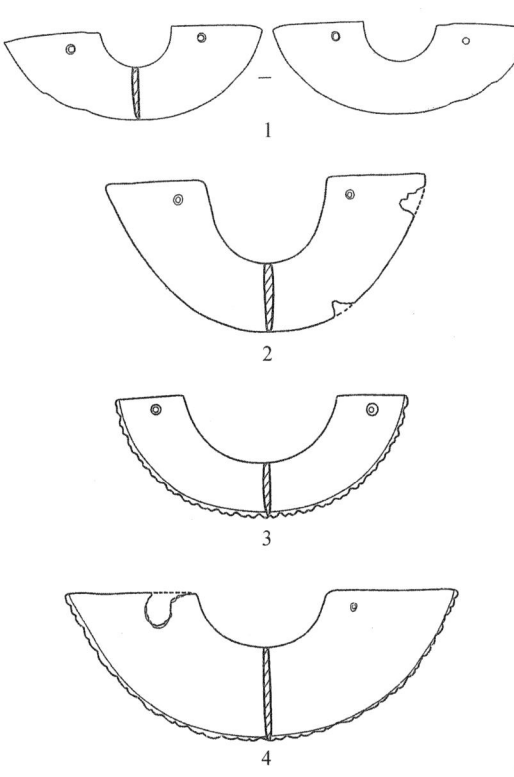

图一二　凌家滩墓地西区98M20出土玉璜
1、2. 素面玉璜（98M20：33、34）
3、4. 齿牙玉璜（98M20：50、57）

---

① 辽宁省文物考古研究所：《辽宁牛河梁红山文化"女神庙"与积石冢群发掘简报》，《文物》1986年第8期。
② 安徽省文物考古研究所：《凌家滩田野考古发掘报告之一》，文物出版社，2006年；192页图一四六，1、3；208页图一六一，7、8；214页图一六六，9、11；242页图一九七，2。

共有四件之多。凌家滩墓地西区出土玉璧7件，玉钺9件，还有石钺52件，石锛27件。在石制兵器出土墓葬中，98M20也是出土兵器最多的一墓（附表二）。98M20出土遗物的另一个最大特点，是随葬玉料和用为玉石器制作的工具多。出土遗物中：玉芯111件，玉料1件，石版4件，石块1件。与98M20随葬类似遗物的，也见于其他墓葬：98M9玉芯1件，玉料1件；98M15玉料2件，石料1件；98M18玉芯9件，玉料1件；98M23石芯2件，石钻1件（图一三，2），砺石2件（附表二）。凌家滩墓地西区两组墓葬，随葬

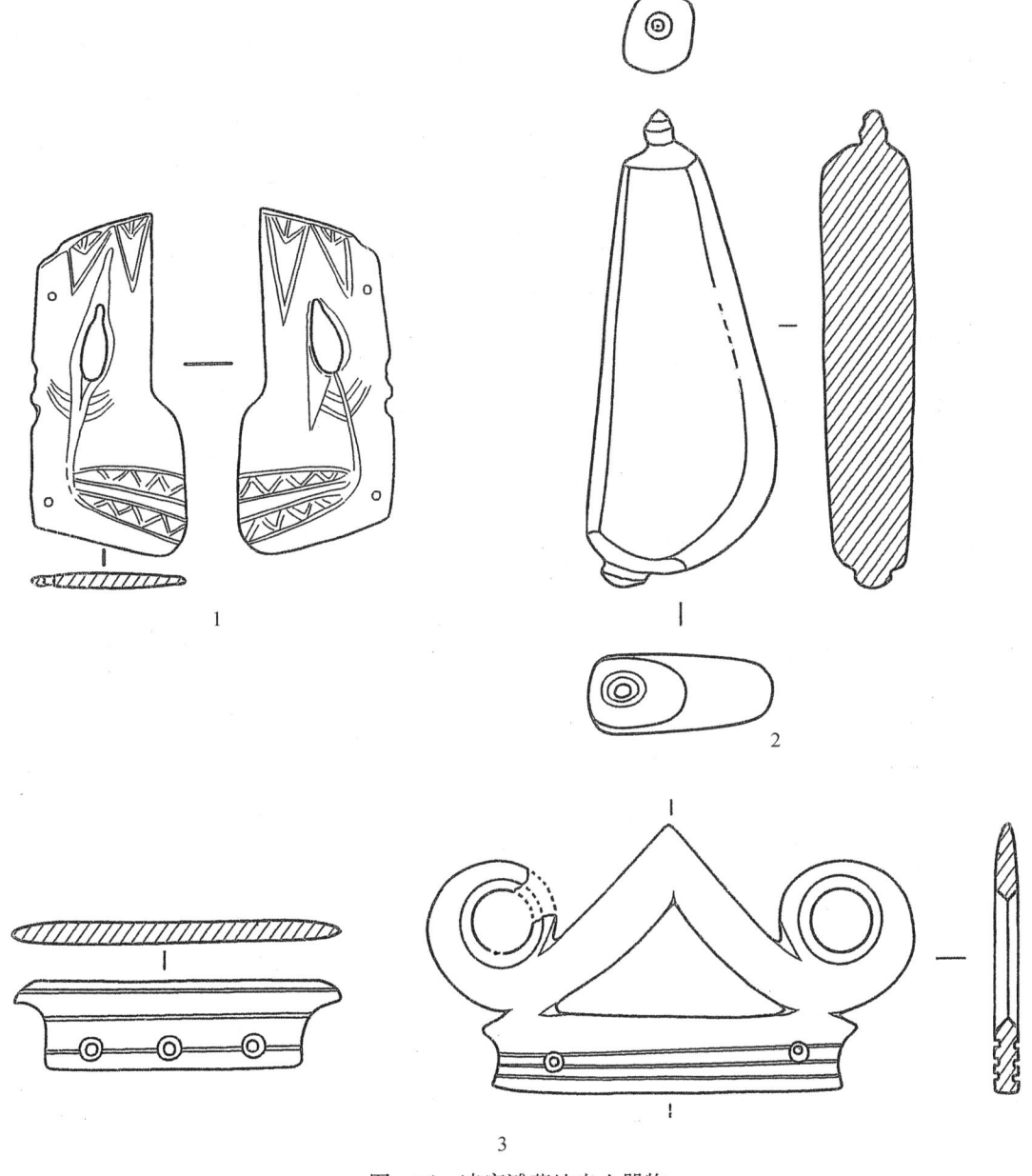

图一三　凌家滩墓地出土器物
1、3.南区出土玉冠饰（87M4：40、87M15：35）　2.西区出土石钻（98M23：6）

遗物诸多相似,其西又与凌家滩时期手工业作坊故址相邻。从图二和附表二中可以看出,98M20和98M28是这两组墓葬中最大的两座墓葬。严文明先生认为,凌家滩墓地西区是这一地带先民从事玉石器制作的一些工匠者的墓葬[①]。这是可信的。依严先生所论,98M20和98M28两墓所葬,很有可能是这两组工匠者的首领或尊长者一类人物。

凌家滩墓地南区,在西区墓地以东,北区墓地以南,包括祭坛西南角外的3座墓葬,共26座。在南区墓地中部中轴线以东87M1、87M7、98M26、98M32四座墓葬,与南区和西区其他墓葬的形制、方向、随葬遗物,有诸多不同的地方。87M1是一椭圆形墓圹、方向有点北偏东。87M7、98M26、98M32为长方形墓圹,呈东西向(见图二)。87M1随葬玉人三件,无一完整(图一四,2),都有人为致残的现象,与过去安徽蒙城尉迟寺、湖北天门邓家湾与肖家屋脊发现祭坑中,对埋葬祭品的一些处置方法,基本一致[②]。98M26、98M32两墓几近空穴,出土遗物很少,只有几件陶器残片(附表三)。上述现象反映,这四个"墓穴"并不是什么墓葬之类,很有可能是凌家滩人对太湖山实行祭山活动中,用为掩埋祭祀用品的一些祭坑。将这四个坑位去

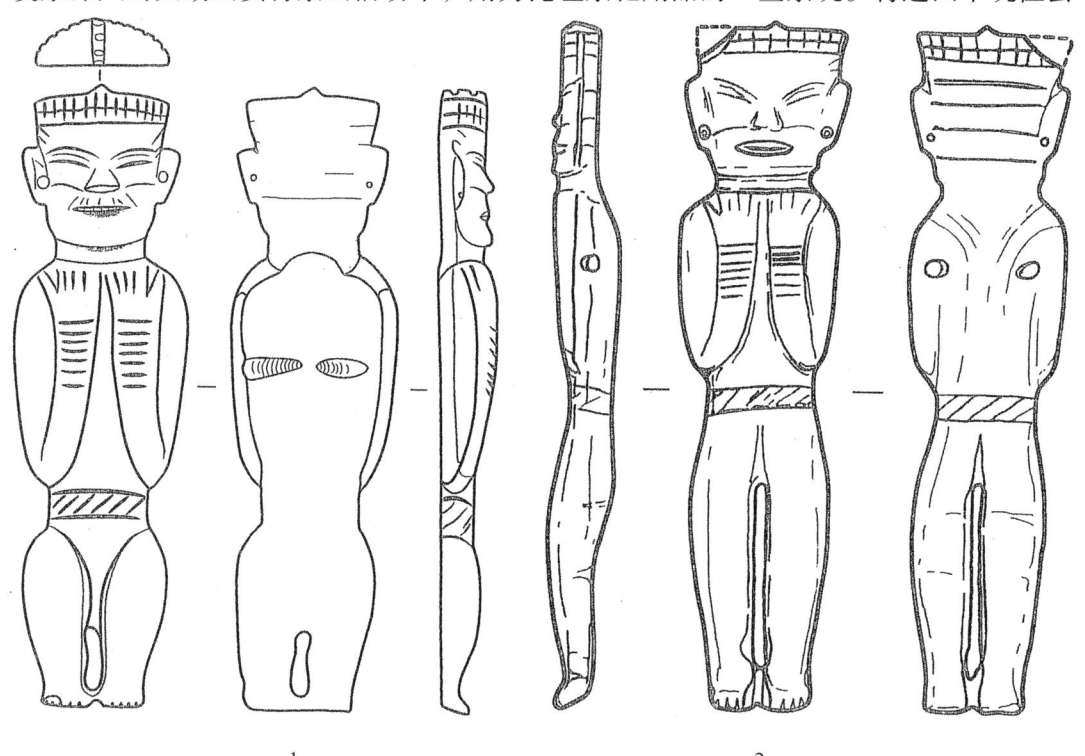

图一四 凌家滩墓地南区出土玉人
1.98M29:16 2.87M1:1

---

① 安徽省文物考古研究所:《凌家滩田野考古发掘报告之一》,文物出版社,2006年,1~3页。
② 王树明、刘红英:《从邓家湾与肖家屋脊发现图像文字说起》,《古代文明》(第七卷),文物出版社,2008年。

掉，凌家滩墓地南区就只有87M2～87M4、87M6、87M8～87M15、87M17、98M7、98M14、98M16、98M21、98M25、98M27、98M29～98M31，共22座墓葬（见图二，附表三）。

凌家滩墓地南区22座墓葬，出土玉璜、玉璧、玉钺类礼器中：玉璜97件，玉璧22件，玉钺16件（附表三）。以数量论，在这三种重礼器中，玉璜是最多的一种，除少数几座墓葬外，几乎每座墓葬都有数量不等的玉璜。以有无装潢而论，这批玉璜又分素面和有装饰的两种型式。这两种型式中，素面无任何装饰的一类数量最多，是一种普遍存在的型式。有半圆形、弧形、桥形等不同造型（图一五）。有装饰的一类，分独体使用和可分合使用的两种型式。独体使用的一种，墓地南区发现13件：87M8、87M11、87M12、98M30四墓8件玉璜，璜体弧外侧有齿牙装饰（图一六，3、4、5）①，87M10的一件，璜体弧外侧有四个牙齿形装饰（图一七，2）；87M11、87M12两墓各一件玉璜的体外侧，在顶部处有伞形装饰（图一六，1、2）②；87M8二件，璜两端皆琢磨成虎头纹样的并首虎头玉璜（图一七，3）③。可以分合使用的一种，墓地南区发现六件：98M31的一件，原来是两个组合器，现在只有一件，一端较宽，一端有凹槽（图一八，1）；87M15三件组合器，二件一组的，一端为鸟首，另一端斜直，

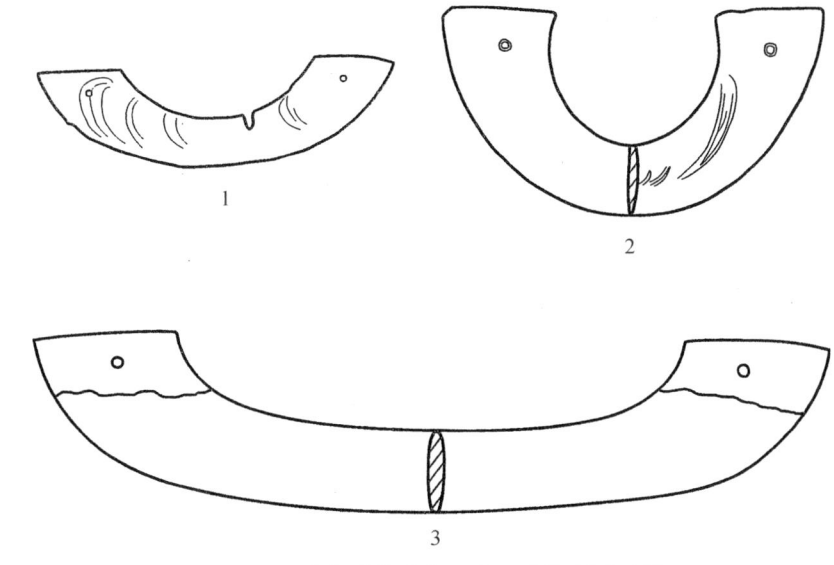

图一五　凌家滩墓地南区出土独体素面玉璜
1.87M4：28　2.87M4：37　3.87M4：80

---

① 安徽省文物考古研究所：《凌家滩田野考古发掘报告之一》，文物出版社，2006年；91页图五六，2；116页图七六，15；124页图八三，7、9、10；260页图二一一，2～4。

② 安徽省文物考古研究所：《凌家滩田野考古发掘报告之一》，文物出版社，2006年；116页图七六，14；124页图八三，8。

③ 安徽省文物考古研究所：《凌家滩田野考古发掘报告之一》，文物出版社，2006年，91页图五六，1。

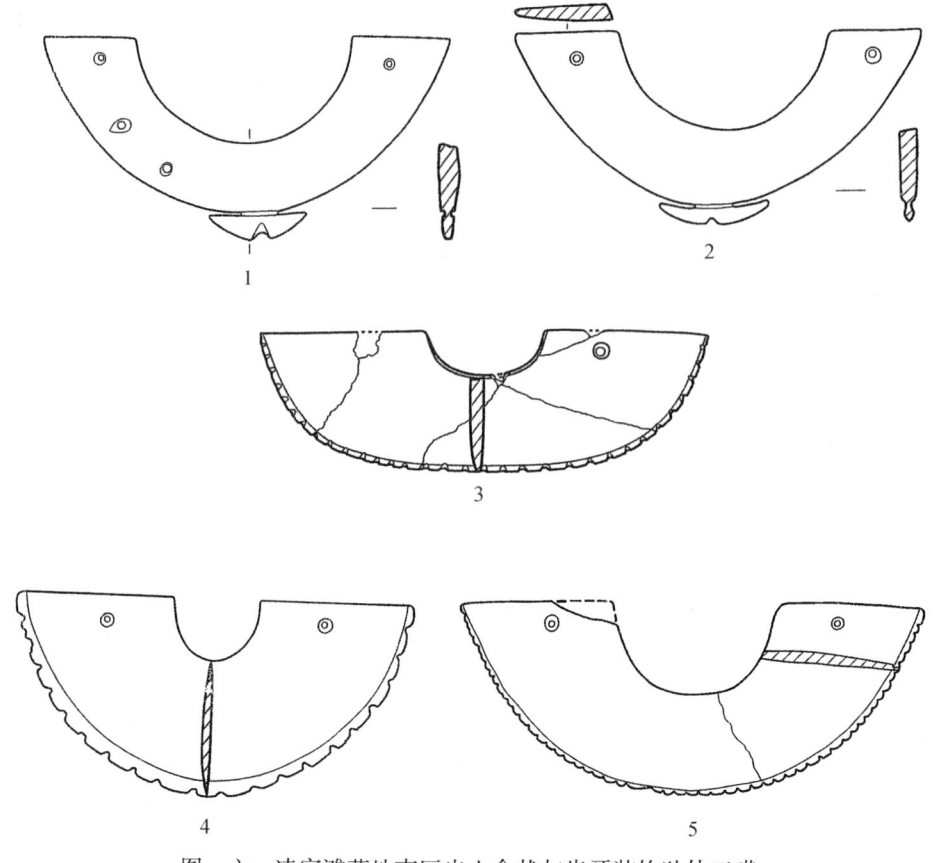

图一六 凌家滩墓地南区出土伞状与齿牙装饰独体玉璜
1. 87M11:4 2. 87M12:11 3. 98M30:29 4. 87M11:7 5. 87M12:10

结合部有凹槽（图一八，2），另有虎头装饰的一件，一端为虎头，一端有凹槽，这件玉璜原来也是两件组合器，现在只有一件（图一八，3）；98M9两件被称之为"龙凤"玉璜的组合器，一端雕琢成猪头像，一端雕琢成猛禽鹰首状（图一八，4）。俞伟超先生对凌家滩墓地用虎头装潢的一类玉璜作过研究，他认为，这种玉璜应是军事统帅手中掌握的军械物，可以分合体用的虎头玉璜，是后世人们在军旅活动中，使用虎符类物的滥觞[1]。俞伟超先生的这一说法，灼有见地。就总体而论，凌家滩墓地南区已发现诸多特殊装饰一类玉璜，数量很少，有的才一两件。以常理推之，这种进行过特殊装潢、独体使用的和可分合使用的一类玉璜，是一些有特殊含义和特殊用途的一类。它应是出土墓葬特殊身份的标志。凌家滩墓地南区墓葬出土兵器，包括石钺、石锛两种，其数量之多，可堪称夥。石钺属砍杀之具，甲骨文"兵"字"🔣"，呈两手执斤之象，"斤"即锛一类工具的原始摹写，也是古代的一种兵器。墓地南区22座墓

---

[1] 俞伟超：《凌家滩璜形玉器是结盟、联姻的信物》，《凌家滩文化研究》，文物出版社，2006年。

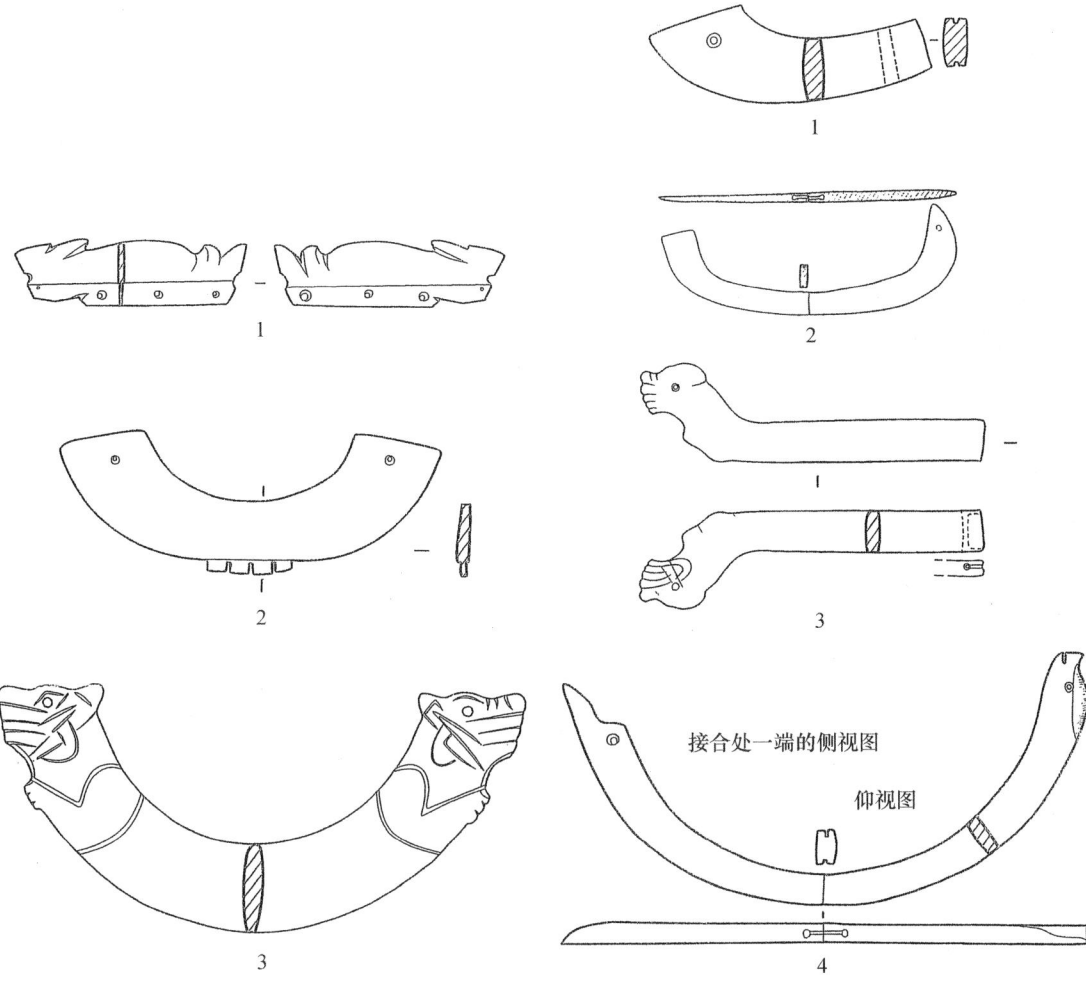

图一七　凌家滩墓地南区出土玉璜
1、2.玉兔饰四齿玉璜（87M10：7、87M10：8）
3.并首虎头玉璜（87M8：26）

图一八　凌家滩墓地南区出土可分合使用玉璜
1.平首璜（87M31：1）　2.鸟首璜（87M15：40、106）
3.虎头璜（87M15：109）　4.龙凤璜（87M9：17、18）

葬中，出土石钺128件、石锛111件，平均每墓多达四五件以上（附表三）。玉璜是凌家滩人在宗教信仰活动中使用的一种礼具，对这种礼具或神器的掌握和使用，当然是一种权力的象征。从墓地南区发现礼器和兵具的分类统计中可以看出，所谓凌家滩墓地南区，实际上是一些握有神权又同时掌握军权的一些上层人物的墓葬。《周礼·春官·大宗伯》一文记载，我国古代人民对北方的神祇实行祭祀活动，在农历立冬的一天举行，以玉璜为礼具。在安徽含山凌家滩这一特定的地理环境中，北方的神祇，就是其正北方向的太湖山龙蛇山神之谓。埋葬在凌家滩墓地南区手中握有军权的这些神权者，所以如此倚重于玉璜这类重礼具，原因它有通神的作用，它是对太湖山实行祭祀活动中必须使用的一种礼具。由上文推测可以得知，这种对太湖山实行祭祀活动中使用的那种玉璜，是指那种独体的、数量最多又没有任何装饰的一类。凌家滩遗址发现素面玉璜,是凌家滩人对太湖山实行祭山活动中用为专用礼具的确认,对推定凌家滩群址是太湖山龙蛇山神祭山遗迹说法,是一个有力的内证。

安徽含山凌家滩中区墓地,自南而北共分8排,墓地发现重礼器和一些握有军权和神权的大型墓葬,都在墓地南区中部中轴线偏南的第一、第二排,及其左右两翼接近祭坛南沿的地方。在这一地段正当中部的三座墓葬,是一期墓的87M15和二期墓的87M4与87M8(见图二)。

87M15与87M4两墓属特大型墓葬,87M4是凌家滩墓地南区之冠[①](附表三)。这两座大型墓葬的随葬礼器中,玉璜是最多的一种。87M15玉璜30件,除3件可以分合使用的一类外(图一八,2、3),另有27件为素面独体使用的一种。87M4玉璜19件,全是独体素面的一种。这两墓独体素面玉璜计有46件多,几乎是墓地南区出土玉璜总数的一半。素面独体玉璜,是凌家滩人用为祭祀太湖山神的一种专用礼具。87M15和87M4发现可证,凌家滩墓地一、二期对太湖山实行祭祀活动的大权,就掌握在他们的手中。87M15玉钺一件,石钺7件,石锛8件,被认为是虎符远祖的虎头玉璜,也出土在这座大型墓葬(图一八,3)。87M4玉钺3件,玉斧5件,石钺18件,石锛6件,玉石类兵器有32件之多。从这两墓出土兵械物类的种类和数量可以看出,87M15、87M4两墓也是握有军事大权的最高统帅。一个有趣的现象是,这两墓随葬玉器饰品类小件器物,数量种类颇为繁多(附表三)。凌家滩墓地玉龟(图一九,2、3),玉版(图一九,1)、玉冠类稀世珍品(图一三,1、3),也都出土在这两座大型墓葬。这两个握有神权和军权的最高统帅,全身披褂其所有饰品类小件器物,活脱一个巫祝者的形象显现在我们面前。可以毫不勉强地说,安徽含山凌家滩握有神权的最高统帅,就是一个大巫师。报告介绍这两座墓葬出土遗物,有砺石一类玉石器制作工具和砭石之类医疗用具。这类器物在这两座墓葬的出现,还说明,这两个握有军权和神权的大巫师,不仅躬亲玉石器制作方面的事物,也是一个祛病消灾的医者。

凌家滩墓地发现方形玉版和玉龟(图一九),都出自87M4,玉版放在玉龟的背甲和腹甲之间,摆放在死者胸部。玉龟的背甲和腹甲都有钻孔,可用绳索将其连缀在一起。玉版长11、宽8.2厘米,两面都经过精细的加工,正面琢磨三道凹边。玉版正面围绕中心,刻划两个大小相套的圆圈。内圆刻一方心八角星图案,内外两圈间,有八条直线,将其分为八个等分,每一等分又各刻一箭头形。在外圈和长方形四角间,也各刻了一箭头形。在玉版两短边的边沿,各钻五个圆孔,无凹边的长边钻四个圆孔,有凹边的长边钻九个圆孔[②](见图一九,1)。考古学界学者多所认为,玉版最中间刻划的那个八角星图案,是我国史前时期人们用以代表太阳的一个图形。易于理解,玉

---

① 安徽省文物考古研究所:《凌家滩田野考古发掘报告之一》,文物出版社,2006年,46~70页,138~154页。

② 陈久金、张敬国:《凌家滩出土玉版图形试考》,《文物》1989年第4期。

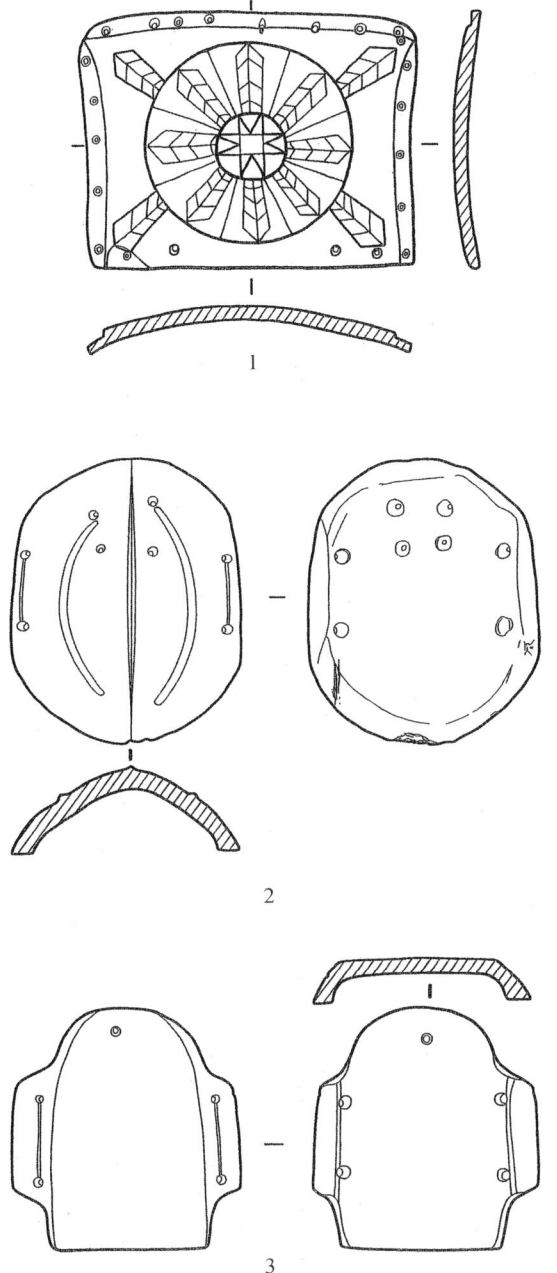

图一九　凌家滩墓地南区87M4出土玉版、龟

1. 玉版（87M4：30）　2. 龟背甲（87M4：35）　3. 龟腹甲（87M4：29）

版图案大圆和小圆间八个、四角间四个箭头指向的那个方位，必与太阳出没的方向或时令季节有关。《淮南子·天文训》有这样一段记述："日冬至，日出东南维，入西南维；至春秋分，日出东中，入西中；夏至，日出东北维，入西北维。"熟习中国古代典籍的学者都知道，《淮南子》一书中的许多内容，往往反映的是淮河流域的一些民情风俗。含山凌家滩遗址正当淮河流域地带①。从《淮南子·天文训》这段有关记载中，我们有理由认为，凌家滩87M4发现的这块刻划玉版，就是他们用为测定时令季节的一件原始的历法工具。《周礼》一书记载，我国古代人民对北方的神祇实行祭祀活动，在立冬的一天。在含山凌家滩遗址，所谓北方的神，就是其正北方向的太湖山神。以《周礼》相关记说推论，安徽含山凌家滩人对太湖山龙蛇山神实行祭祀大典活动，可能也大致在农历立冬的前后。刻划玉版所以发现于87M4一墓，殆因凌家滩人什么时间对太湖山实行祭祀大典的决定权，就掌握在他的手中。至于这一历法工具之所以被置于用玉石琢磨的龟甲间，颇疑与凌家滩人对太湖山主峰东北乌龟山上，形似乌龟巨大石块的崇拜信仰有关。因为时代久远，在我国历史上这一地带曾经有过那些神话和传说，5000多年后的今天，我们已无从说起了。

87M8在87M4北二排，中部中轴线东侧（见图二）。它打破87M15，又被祭坑87M7所打破。在墓地南区中部中轴线南端三墓中，稍是偏北。这墓虽残，仍有64件随葬器物，仅玉器即有43件之多。在凌家滩墓地南区，仍属一座大型墓葬（附表三）。87M8出土玉石器物，有两个值得注意的现象。一是没有独体素面一类玉璜，发现三件玉璜中，两件并首虎头玉璜、一件齿牙玉璜，都经着意装潢②（图一七，3）。二是玉石兵器遗物中，玉钺3件、石钺9件、石锛7件，共有19件之多（附表三）。就这么一个残墓，随葬玉石兵器竟有19件之多，着实令人震惊。虎是猛兽，在中国人民的传统观念中，它是战神的象征，也是威武、勇猛、善战的同义语。人们往往用它与武士、猛将相比拟。并首虎头玉璜和这么多玉石类兵器共处一墓。是在指示人们，这是一个与兵事有关，是一个用并首虎头玉璜为徽帜，用"虎"字冠名的一个武职一类人物的墓葬。《尚书·顾命》《周礼·夏官司马》，把保护和守卫在周天子身边的武士叫"虎贲""虎士"，把他们的首领叫"虎贲氏"③。87M8在87M4近侧偏北所在位置和随葬兵械物类展示，这墓当属后世典籍记载中为王者驱使的亲兵首领一类人物的墓葬。它在这一地段的发现，为推证87M4及87M15类大巫，也是安徽含山凌家滩一带，握有至高无上大权的一些王者的说法，给以佐证。

87M8北三排中部中轴线东侧98M25、98M27、98M30三座墓葬，与87M8时代相同，都是二期墓（见图二）。98M25随葬玉石器物，玉璜1件、玉钺1件、玉璧4件、石钺4件，共17件代表性器物中，玉璜因残碎严重无法复原，其他类器物以兵器为多

---

① 俞伟超：《含山凌家滩玉器反映的信仰状况》，《凌家滩文化研究》，文物出版社，2006年。
② 安徽省文物考古研究所：《凌家滩田野考古发掘报告之一》，文物出版社，2006年，91页图五六，1、2。
③ 俞伟超：《凌家滩璜形玉器是结盟、联姻的信物》，《凌家滩文化研究》，文物出版社，2006年。

（附表三）。98M27出土器物贫乏，只有4个小玉环和几件残豆（附表三）。98M30，是这组墓葬出土器物最多的一墓。玉镯、玉钺各1件，石钺2件，石锛39件，弧外侧有齿牙装饰的玉璜3件（图一六，3）。这墓与87M8一样，以玉石兵器为主要随葬品，也没有独体使用的素面玉璜发现①（附表三）。就所在位置和随葬遗物的性质，98M25与98M30应与87M8归于一类，或为87M8属下武士一类人物的墓葬。

87M14在87M4北二排中部中轴线以西，与87M4及其同排中部中轴线东87M8，都是二期墓，时代相同（见图二）。随葬器物53件，在凌家滩墓地南区是位列第七的一座大墓（附表三）。玉器23件，3件玉璜都是素面独体使用的一种，另有不少小件玉器、玉石料和石钺、石锛类兵器。发掘者认为，这是一个巫师的墓葬②。出土遗物中，5件玉石料的发现是一个亮点。料石都有磨制、打击的疤痕，材角十分清楚。安徽省的中医学者认为，这是古先民在祛病消灾过程中，使用的砭石类医具。在凌家滩墓地87M4之外，这是又一出土砭石最多的一座墓葬。它的发现表明，87M14不单单是一个巫师，还是一个祛病消灾的医者。87M14出土遗物的另一个亮点，是出土的27件陶器中，发现一件夹砂粗陶缸（图二〇，2）（附表三）。这是一件实用器，是过去在山东地区的泰沂山系迤南及江苏、安徽北部一带大汶口文化中，率有所见的一种器物。不少学者的研究文章中，常被提及。有名其为陶尊的，也有叫它陶缸的，还有称其为大口尊的。关于它的原始用途，也有诸多不同说法。有陶缸陶臼说，有陶缸礼器说，也有陶缸炊器说，等等③。20世纪70年代末山东莒县陵阳河墓地发掘，夹砂粗陶缸类

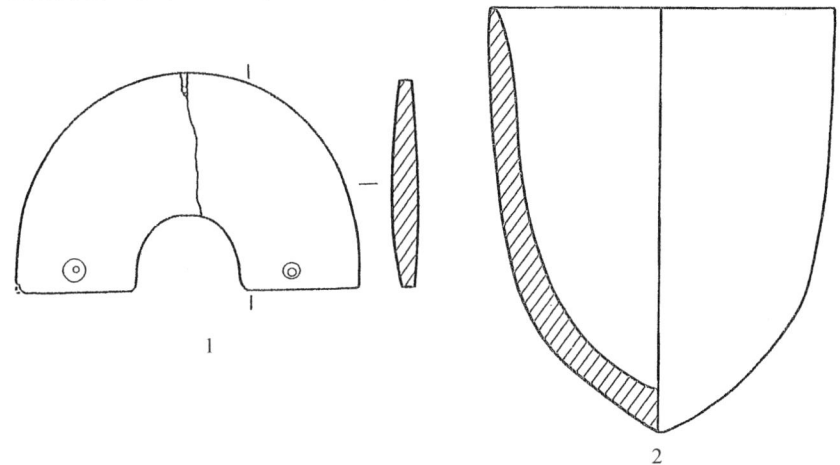

图二〇　凌家滩墓地南区出土玉珩与夹砂红陶缸
1.87M17：16-1　2.87M14：34

---

① 安徽省文物考古研究所：《凌家滩田野考古发掘报告之一》，文物出版社，2006年，259～265页。
② 安徽省文物考古研究所：《凌家滩田野考古发掘报告之一》，文物出版社，2006年，137页。
③ 王树明：《考古发现中的陶缸与我国古代的酿酒》，《海岱考古》（第一辑），齐鲁书社，1989年。

遗物在79M6、79M17两座特大型墓葬中，都与滤酒漏缸放在一起[①]，置于墓室西北角处。由器物的造型、组合及其在墓葬中的摆放顺序，所谓夹砂粗陶缸类器物，原是一种在酿酒过程中，用以盛储谷物发酵的一种酿酒用具。陶缸在87M14出土证明，在含山凌家滩一带，我国古代的酿酒大权乃为巫医一类人物所掌握。我国古代"医"字从"巫"（毉），也从"酉"（醫），"酉"即"酒"本字。古代"医"字所以有此两种不同写法，陶缸在87M14一墓出现，应当是一个很好的说明。

安徽省的考古工作者依墓葬材料认为，87M14北三排中部中轴线西侧四墓（见图二），是一组由血缘关系的家族墓葬[②]。87M17是族长一类人物，87M12为这一血缘家族中的女性长者（附表三）。87M10、87M11两墓在87M17和87M12两墓左右两边，随葬遗物也少，在这组墓葬中的地位，或较87M17和87M12为低。

87M17在这组墓葬中，是地位最高的一座墓葬。随葬器物56件，素面玉璜6件，随葬器物最多又是唯一出土素面玉璜的一墓。独体素面玉璜，是祭祀山神活动的一种专用礼具，素面玉璜只在这墓的存在，说明此四墓对太湖山实行祭祀特权，就掌握在他的手中。也表明，87M17不仅是这一血缘家族中的族长，也是这一血缘家庭中的专职巫师。87M17出土22件玉珩，是凌家滩墓地唯一随葬玉珩的一墓。玉珩在我国古代玉制礼器中，是玉佩上的横玉，是一种装饰品（图二〇，1）。这墓出土玉珩如此之多昭示，他与凌家滩墓地其他所有巫师有别的，就是其佩戴于身上的玉珩。似可这样认为，凌家滩墓地的87M17，本事一个佩挂玉珩或者以玉珩为名，职主与太湖山沟通人神关系的巫者。另外三座墓葬出土玉璜类重礼器，齿牙玉璜4件（图一六，4、5），伞状饰玉璜2件（图一六，1、2），四牙饰玉璜1件，共7件（图一七，2），都经特殊装饰[③]，无一独体素面玉璜。侧证这三座墓葬，并不掌握对太湖山实行祭祀的特权。以其发现玉璜的形式而论，这三座墓葬祭祭的应当是其随葬不同装饰类玉璜所代表的事和物。87M11和87M12都有齿牙与伞状玉璜发现，从其共存遗物中，尚难以釐清这两种玉璜所代表的客观事物。与这两座墓葬不同的是，87M10出土一件四牙饰玉璜，与其共存的遗物有玉兔形构件一件（图一七，1）。这一发现为解答上述疑问，给以启迪。大家知道，兔子是一种野生的动物，兔唇腭裂、门齿外露，四牙玉璜与玉兔形构件共存于一墓，明明白白地告诉我们，所谓四牙玉璜，是凌家滩先民对兔崇拜、视兔为神，并用以对其实行祭祀的一种礼具。我国古代人民认为，兔子是一种寿命很长的动

[①] 山东省考古所、山东省博物馆、莒县文管所：《山东莒县陵阳河大汶口文化墓葬发掘简报》，《史前研究》1987年第3期。

[②] 安徽省文物考古研究所：《凌家滩田野考古发掘报告之一》，文物出版社，2006年，154～163页；118～128页；109～113页；113～119页。

[③] 安徽省文物考古研究所：《凌家滩田野考古发掘报告之一》，文物出版社，2006年，105、113、119页。

物，红色的一种是瑞兽。兔子还是明月之精，是月亮神，是月亮的代表和代称。《抱朴子》曰："兔寿千岁，五百岁其色白。"孙氏《瑞应图》曰："赤兔者，瑞兽，王者盛德则至。"《典略》又曰："兔者，明月之精。"在晋人傅玄和《乐府》的诗词中，有不少玉兔在月亮上捣药和制造蛤蟆药丸的传说[1]。以是类传说和其所在位置推溯，87M10及这组墓葬，应是凌家滩人奉玉兔为药神的一些采药者和制药者的墓葬。《淮南子·览冥训》一文有这样一段有意思的记载，谓"羿请不死之药于西王母，姮娥窃以奔月"。汉代人为避文帝刘桓讳，将"姮娥"又写作"常娥"。《初学记》引《淮南子》认为，姮娥就是羿的妻子，其奔月之后又化为蟾蜍[2]。在山东地区的汉代画像石中，玉兔与蟾蜍捣药类摹刻，在嘉祥宋山的汉墓中曾有所见[3]。我们从《山海经》一书的有关记载中知道，传说中的西王母就是我国古代人民崇拜山神、祭祀山神的演变和升华，羿或又名后羿者，本是一个能与山神沟通人神关系的巫祝者[4]。87M14北三排的这组墓葬，87M17是一拥有对太湖山祭祀权力的巫祝者，他以佩卦玉珩为标识，与87M12为夫妻，传说羿妻姮娥的"姮"字读音，与87M17巫师所佩玉珩的"珩"字音读又完全相同，都由"衡"字取声。87M10一墓还有一为先民视若神明的玉兔饰构件发现，种种迹象都反映，87M14北三排的这组墓葬，当与我国古代神话传说中的姮娥或常娥，窃药奔月故事的缘起有关。

在中部中轴线以西祭坛内北四排98M21、87M9、87M13三座墓葬，似也是与北二排87M14有从属关系的一组墓葬（见图二）。这三座墓葬出土遗物中有几件造型特殊的器物，87M13的玉猪（图二一，3）和87M9的猪头与鹰头装饰可以分合使用的两件玉璜（图一八，4）。87M13的墓坑与墓地北区相连，坑穴短窄，出土遗物少，只有两件玉器、两件石钺和几件残陶器（附表三）。有学者认为，87M13出土玉猪，是凌家滩人对猪崇拜、视猪为神的产物[5]。如果这一说法可为一说，87M13发现玉猪就不应该是一般的随葬品，而应是居住在这一地带的先民，对太湖山实行祭山活动中使用的一种礼具。从凌家滩群址祭祀山神的性质考虑，87M13以玉猪为礼器，当也与辽西红山文化牛河梁人，崇拜山神、祭祀猪头山神的风习有关联。87M9随葬器物82件，独体素面和可分合使用玉璜计4件，是这组墓葬最大的一座墓葬[6]（附表三）。这墓出土可分合

---

[1] 《太平御览·卷九〇七·兽部一九》。

[2] 《初学记》第一册4页，中华书局，1962年。

[3] 嘉祥县武氏祠文管所：《山东嘉祥宋山发现汉画石》，《文物》1979年第9期。

[4] 王树明：《牛河梁与东山嘴猪头山神祭山遗迹释疑》，《海岱考古》（第六辑），科学出版社，2013年。

[5] 李修松：《试论凌家滩玉龙、玉鹰、玉龟、玉版的文化内涵（代序）》，《凌家滩文化研究》，文物出版社，2006年。

[6] 安徽省文物考古研究所：《凌家滩田野考古发掘报告之一》，文物出版社，2006年，98~109页。

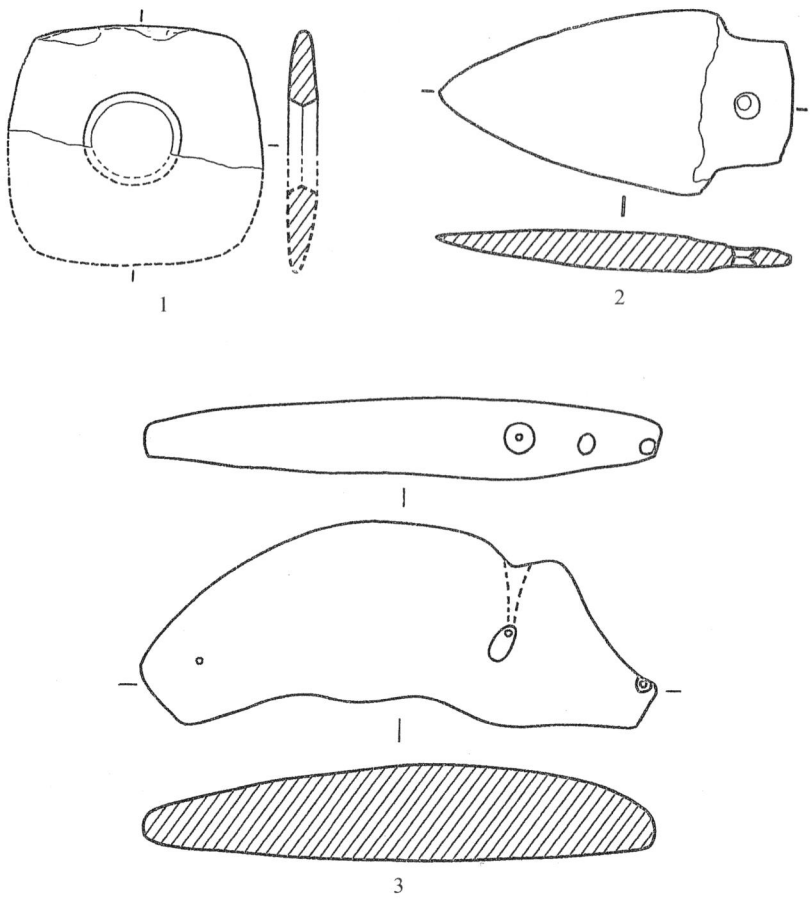

图二一　凌家滩墓地南区出土石钺、石戈、玉猪
1. 98M16：28　2. 98M29：80　3. 87M13：1

使用的两件玉璜中，俞伟超先生认为，用鹰头装饰的一件，是东方夷人以鸟为图腾的标识，用猪头装饰的一件，也是图腾徽帜。又是推说，这一遗物是两个不同氏族或部族间，用为通婚联姻的信物[①]。20世纪80年代后，辽西牛河梁与东山嘴红山文化祭山遗存，猪头龙类遗物造像的头像都是猪头状，在遗迹或出土遗物中，与山神祭主或与猪头玉龙相伴的，都是泥塑或玉雕的鹰一类猛禽的造像[②]。以辽西牛河梁一带红山文化发现祭山遗迹资料为征，87M13与87M9两墓相关发现，很有可能都是受辽西牛河梁一带红山文化祭山风俗影响的产物。根据这一判断或可这样认为，87M9出土由猪头、鹰头装饰两件玉璜，可能也是含山凌家滩一带先民与辽西牛河梁人，相互交往过程中使用

---

① 俞伟超：《凌家滩璜形玉器是结盟、联姻的信物》，《凌家滩文化研究》，文物出版社，2006年。

② 王树明：《牛河梁与东山嘴猪头山神祭山遗迹释疑》，《海岱考古》（第六辑），科学出版社，2013年。

的一种礼具。

我们已就87M4北二排中部中轴线两侧，87M8、87M14为代表的两组墓葬，作了一些初步探索。在87M4所在一排中部中轴线左右两翼，也各有一大型墓葬为代表的两组墓葬。下文就这两组墓葬，也再谈一点想法。

87M4左翼的一组，是一排祭坛外以98M29为代表，包括98M31、87M6三座墓葬（见图二）。98M29随葬器物86件，在凌家滩墓地南区，是位列第三的一座大型墓葬（附表三）。这墓出土重礼器，独体素面玉璜5件，玉璧4件，还有玉板、玉人、玉鹰一类特殊礼器。3件玉人，皆完好无损（图一四，1）。玉鹰胸部刻一代表太阳的八角星形图形，张开的两翼雕成猪头像（图二二，2），造型颇为奇特。锛、钺类石兵器14件。迄至目前，我国时代最早的两件石戈（图二一，2），就出在这座墓葬（附表三）。98M31随葬器物只有9件，独体素面玉璜1件，可分合使用的玉璜1件（图一八，1），共两件玉器。石器1件，另6件都是陶器（附表三）。可分合使用玉璜在这座墓葬的出现说明，98M31墓主身份特殊。以其所在位置、出土器物的数量、礼具的类别，这座墓葬很可能也是与98M29有隶属关系的一墓。87M6随葬器物70件，独体素面玉璜

图二二　肖家屋脊与凌家滩墓地南区出土玉鹰
1. 肖家屋脊晚期瓮棺葬W6玉鹰　2. 凌家滩墓地南区墓二十九：6玉鹰

1件，锛、钺类石兵54件。凌家滩墓地唯一的一件玉锛，我国新石器时代最大的两件石锛，也都出在这座墓葬①（附表三）。这是一座晚期墓，所在位置十分重要。出土兵器虽多，但玉一类重礼器却少得可怜，也没有一件可为其身份作标志的重礼器发现。这一反常现象或暗示，凌家滩墓地晚期可能发生变化。在此三座墓葬中，握有神权和军权的领袖人物，是98M29。研究玉器的学者认为，这墓出土三件完好无损的玉人，是专职巫师作法时，用为"以玉示神"的礼具②，也有学者认为是墓发现玉板，是巫师作法时不可或缺的一种法器。沿上述说法推求，这一握有神权和军权的人物，也是一个巫师，他墓葬中的玉人、玉鹰，就是这一巫师特有身份的徽帜。

孟昭凯先生介绍③，牛河梁祭山遗迹16地点中心大墓随葬6件玉器，人骨架头下枕一板状玉凤（见图七），右胯下放一玉人，右臂手腕处套一玉镯，胸部放一玉箍，还有绿石坠一对。牛河梁16地点中心大墓，是祭祀猪头山神的一个大巫的墓葬，这墓用玉人、板状玉凤类礼器随葬，与凌家滩98M29用玉人、玉鹰类葬品组合相似。就形态看，这墓板状玉凤与98M29玉鹰为一类物，都属鹰类猛禽造像。辽西红山文化先民认为，他们所祀祭的猪头山神，凭借鹰类猛禽的力量，能把猪头山神带上高空蓝天④。^{14}C年代测定，辽西牛河梁女神庙祭山遗迹，较安徽含山凌家滩祭山群址稍是偏早。就两地的测试年代与玉鹰的造型而论，凌家滩98M29玉鹰造像，当是他们受红山文化影响，在牛河梁人那种质拙观念的支配下，创造的一个借以腾飞升天的神器。玉鹰造像在98M29的发现，为安徽含山凌家滩遗址群是凌家滩人祭山遗迹的推论，无疑也是一个证据。

87M4右翼的一组，在一排东部、祭坛东南，以98M16为代表，包括98M14和98M7的三座墓葬（见图二）。98M16被三座现代墓葬打破，98M14位于98M16北偏东T1509西南与T1508（此方标号也是1509，无墓号）西北，都是二期墓。98M7在一排东、祭坛东南红烧土范围之内，墓坑北偏西有"二层台"，是一座大型三期墓。98M16，残存重要礼器三种，玉璜、玉龙、"石钺"各一件。玉璜是独体素面的一种。玉龙或龙蛇类玉器造像，体呈椭圆形，首尾相接，头上有角，有眼、有鼻、有鳞片，尾部还有穿孔（图二三，1），原是1件佩挂在身上的器物。这是继凌家滩墓地玉龟、玉版、玉鹰之后的又一重要发现。"石钺"1件，体呈圆角方形，背部有疤痕，残（图二一，1）。是墓曾被多次扰乱破坏，残留遗物42件，在凌家滩墓地南区，仍属大型墓葬的

---

① 安徽省文物考古研究所：《凌家滩田野考古发掘报告之一》，文物出版社，2006年，71~82页，图四三，3；图四七，11。

② 杨伯达：《关于凌家滩出土史前古玉的管见》，《凌家滩文化研究》，文物出版社，2006年。

③ 孟昭凯：《中华文明的曙光——红山文化概览》，《走近牛河梁》，世界知识出版社，2007年。

④ 王树明：《牛河梁与东山嘴猪头山神祭山遗迹释疑》，《海岱考古》（第六辑），科学出版社，2013年。

一类（附表三）。98M14玉器较少，只有5件玉璜和几件小件器物，无石器随葬（附表三）。这墓出土器物虽然不多，凭其随葬5件独体玉璜亦足可证明，它不是一般平民的墓葬。它与98M16时代相同，都是二期墓，以两墓出土遗物的性质及其所在地望考虑，98M14一墓，可能也是为98M16所节制的一座墓葬。98M7出土器物中，独体素面玉璜5件，玉斧2件，其中长26.3厘米的一件，是凌家滩遗址出土玉斧最长的一件①（附表三）。98M7也是凌家滩墓地的一座大型墓葬，是南区唯一有"二层台"的一座大墓。它是三期墓，在一排东侧，所在位置极为重要。但它与西侧98M16及其又西98M29两座中期大墓有所不同的是，墓葬中并没有随葬什么特殊礼器。此又再而提示人们，安徽含山凌家滩晚期，确已发生变化，文化重心已经转移。凡上述三座墓葬中，属氏族社会上层显贵或执掌大权的领袖人物，只能是随葬玉质龙蛇造像的98M16。98M16随葬"石钺"，背部有迭经敲打的疤痕（图二一，1），与其类似的有关遗物，在辽西牛河梁女神庙第二地点M11也有所见（图八，2、3）。民俗志资料与考古发现互证，这类遗物与一排西翼98M29随葬玉板为一类物，都是古代巫祝一类人物在祈福降神过程中，用以敲打的法器②。"石钺"与龙蛇造像为伍，在98M16一墓同时出土，证明98M16也

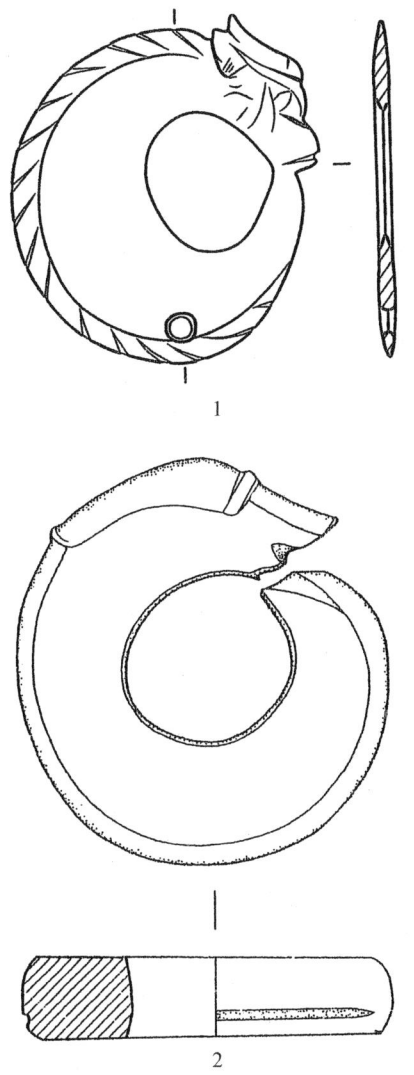

图二三　凌家滩墓地南区与肖家屋脊发现玉龙造像

1. 凌家滩墓地南区98M16∶2　2. 肖家屋脊晚期瓮棺葬W6

是一握有神权和军权的一个巫祝者，这墓随葬龙蛇造像，就是他借以通神和有别于其他巫师及其职主有关事务的徽帜。

98M16龙蛇造像（图二三，1）与牛河梁第二地点猪头玉龙的形象，有不少相似的

---

① 安徽省文物考古研究所：《凌家滩田野考古发掘报告之一》，文物出版社，2006年，168～174页，图一二三，6。
② 周晓晶：《红山文化几何形玉器研究》，《走近牛河梁》，世界知识出版社，2007年。

地方（图八，1）。比如：98M16玉龙造像呈扁平形状，头上有角，首尾相接，吻部前凸，器身有中孔、穿孔，等等①。就器物的总体形象而论，98M16龙蛇造像，也应是牛河梁红山文化猪头玉龙造像影响的产物。牛河梁第一、第二地点与含山凌家滩群址时代接近，性质完全相同，都是我国古代人民崇拜山神、对山神进行祈祷祭祀活动时，留下的一些文化遗存。牛河梁猪头玉龙，头形呈猪头状，原因藩息在这一地带的红山文化先民所祀山神，是其正南八华里山峰酷似一猪头状的大山。98M16以龙蛇造像为徽帜，龙在中国人民的心目中，是一种身长如蛇，能腾空驾雾、兴云致雨的一种神奇的动物。我国旧时代一些从事堪舆的人们，龙也是他们对山脉和山峰走势的一种固有称谓。使用凌家滩遗址的人们，祭祀正北太湖山，山峰走势自古以来就有"九龙戏珠""九龙腾飞"的美誉。沿此而推之，凌家滩人之所以用龙蛇造像为徽帜，殆即导源于此。含山凌家滩墓地98M16玉龙或龙蛇造像，是继一排西翼98M29玉鹰造像之后的又一重大发现，它的破土面世使含山凌家滩群址是太湖山祭山遗迹的推论，无可置疑。

　　根据上文分析研究，凌家滩墓地南区埋葬的，原是5000余年前安徽含山凌家滩一带，拥有对太湖山实行祭祀大权的一些神权集团成员的墓葬。凌家滩墓地二期，是凌家滩遗址的鼎盛时期。一排中部中轴线87M4，是这一时期握有神权和军权的王者；二排中部中轴线东侧87M8，是以并首虎头玉璜为徽帜，守卫在王者身边的一个武职；二排中部中轴线西侧87M14，是一供职于"王室"的职主酿酒者，是巫医之长。一排中部中轴线右侧98M16、左侧98M29，以玉制龙蛇、玉鹰为徽帜两墓，当是87M4王者麾下的军事领袖之类人物的墓葬。

　　安徽含山凌家滩发现遗迹资料与墓葬资料多方面透露，这一群址是凌家滩人对其遗址正北十华里太湖山，实行祭山活动时所留下的一些文化遗存。大家知道在我国古代典籍中，《山海经》一书是一部经过秦汉人增补过的著作，我们在翻检这部著作的有关章节中发现，含山凌家滩遗址正北十华里太湖山，古代叫蛇山。《山海经·海内经》曰："北海之内，有蛇山者，蛇水出焉，东入于海。有五采之鸟，飞蔽一乡，名曰翳鸟。又有不距之山，巧倕葬其西。"郭璞注曰："倕，尧巧工也；音瑞。"②就所在篇章而论，《山海经·海内经》提到的这座以"蛇"字为名的大山，并不在我国边境以外或靠近边境的边远地区，而是在我国内地某地。若以经文的行文次第而论，是蛇山在这组山名、水名中，又在最北的一端，其所谓蛇水和不距之山，乃在蛇山之南。安徽含山凌家滩遗址正北十华里太湖山，山峰走势有如龙蛇腾飞象，遗址南外侧是自西而东流的裕溪河，与《山海经·海内经》所论蛇山在我国内地某一有山有水地段最北一侧的所在位置、地理环境及其用"蛇"字命名是山的含义完全相符；凌家滩遗址南沿外侧裕溪河（见图一），由西而东注入长江又直奔大海，又与蛇山以南

---

① 田名利：《凌家滩墓地玉器渊源探寻》，《凌家滩文化研究》，文物出版社，2006年。
② 袁珂校注：《山海经校注》，上海古籍出版社，1980年，461页。

有蛇水"东入于海"的说法一致；太湖山南凌家滩遗址中区岗丘西侧，史前时期凌家滩人的手工作坊及其工匠者墓葬的发现，又恰与蛇山以南的不距山西，是埋葬尧时"巧工"的说法相吻合。凡上述种种说法都反映，安徽含山凌家滩遗址正北十华里太湖山，很有可能就是我国秦汉时期人们，在《山海经·海内经》一文中所说的蛇山。含山凌家滩遗址正北十华里太湖山，古本蛇山一名的被认定，说明凌家滩人面对北方祭祀太湖山，就是对蛇神也或大蛇山神祈祷祀祭之谓。《淮南子·本经训》曰："逮至尧之时，十日并出，焦禾稼、杀草木，而民无所食。猰貐、凿齿、九婴、大风、封豨、脩蛇，皆为民害。尧乃使羿诛凿齿于畴华之野，杀九婴于凶水之上，缴大风于青邱之泽。上射十日而下杀猰㺄，断脩蛇于洞庭，禽封豨于桑林，万民皆喜。置尧以为天子，于是天下广狭险易远近，始有道理。"高诱注曰："脩蛇，大蛇"也；"洞庭，南方泽名"①。因为《淮南子》一书有不少内容，往往反映的是淮河流域的一些民情风习。是依《淮南子·本经训》这段记说又可再而推知，安徽含山凌家滩人崇拜蛇山、祭祀的所谓大蛇山神，就是《淮南子·本经训》一文所言，为恶多端的脩蛇氏。此或诘之，帝尧翦灭的脩蛇氏一族，在洞庭湖一带，地当今湖南境内，就其地望而言，此说与脩蛇一族祖籍安徽含山一带说法不合。其实这是不足为疑的。含山凌家滩遗址所在地望，是古代连接长江中下游地区的中心地带，帝尧在洞庭湖一带翦除的脩蛇氏，是凌家滩遗址晚期文化重心转移之后，又溯江而上西徙南进的一支，其与脩蛇一族原发迹今安徽含山凌家滩一带说法，并不矛盾。

三、余　语

这篇文章在形成文字的过程中，我们对夏民族以龙为图腾徽帜、鲧禹为父子及其治水传说，产生了不少想法，姑也将这些有关想法抄记于是作为结语。

（1）为我国考古学界所公认，20世纪80年代末、90年代初，湖北天门肖家屋脊石家河文化晚期发现，是我国古史传说中，夏人南进、禹征三苗时期的一些文化遗存。这一遗存发现墓葬资料与安徽含山凌家滩遗址中区墓地一样，也是一些唯玉而葬的墓葬。与其有所不同的是，肖家屋脊发现禹征三苗时期的墓葬，都是一些瓮棺葬，没有土坑竖穴墓，时代较凌家滩中区墓地要晚1000多年。肖家屋脊晚期墓葬资料中，W6是出土玉器最多的一座墓葬。它与凌家滩98M16、98M29两墓时代有别，墓葬的形制也并不相同，但出土遗物的性质却告诉人们，这三座墓葬都是一些不同历史时期的军事领袖之类人物的墓葬。肖家屋脊W6出土人头造像7件、虎头造像9件、玉鹰造像1件、玉

---

① 《淮南子·本经训》。

龙造像1件，还有旌旗类器物的柄饰及镦一类兵具发现①（图二二，1；图二三，2）。这墓随葬军械物类中的玉鹰，是掌握在W6军事统帅手中的旌旗之属，从造型特征看，这一遗物与凌家滩98M29玉鹰为一类物（图二二，2），也是猛禽一类。玉龙是佩挂在W6军事统帅身上的图腾徽帜之类，造型与凌家滩98M16龙蛇遗像形制相似。这墓发现人头造像、虎头造像的祖源，从凌家滩98M29、87M8的有关发现中，也有踪影可寻。肖家屋脊晚期墓葬与W6玉龙类遗物的发现，传达了这样的信息，我国古代人民崇拜龙、以龙为图腾徽帜的传统，确实肇始于夏代。《论衡·乱龙篇》曰："夏后之庭，二龙常在；季年夏衰，二龙低伏。"《列子·黄帝篇》曰："夏后氏，蛇身人面。"《论衡·讲瑞篇》曰："龙或时似蛇，蛇或时似龙"，"瑞物皆和气而生，生于常类之中。"由肖家屋脊墓地晚期发现，W6出土遗物质料、组合及玉鹰、玉龙的型制并上述有关说法，我们认为，被夏民族尊为图腾徽帜的所谓龙，是蛇的衍变和升华，夏人以龙为图腾徽帜的这种习惯，就是我国古代人民——安徽含山凌家滩一带先民，视蛇为神，以蛇为太湖山大蛇山神风习的传承。又，含山凌家滩遗址考古发现证实，我国古代脩蛇一族的发迹之地，今属巢湖地区，约当古巢国域内或其不远的地方。《路史·国名纪·夏后氏条》曰："巢，南巢氏，桀之封"；《尚书·仲虺之诰》曰："成汤放桀于南巢"；《国语·鲁语上》曰："桀奔南巢"。桀本夏代一亡国之君，他受封于南巢，灭国之后，又退保于南巢，与古代脩蛇一族居有同一域内。诸上述现象的所以出现，我们只能这样理解，原因有夏王室与古代脩蛇所部，宗教信仰相同，族系同源。这里需要做点说明的是，有夏作为一个民族的缘起阶段，主要活动在豫西或晋南与河南西北搭界的一带地方，他们崇拜龙和以龙为图腾徽帜的习惯，很有可能，也是含山凌家滩遗址文化重心转移之后，脩蛇所部或有西上北进的一支，曾经足迹于豫西或至晋南与河南交界地带有关。

（2）中国人民自古以来，有崇拜苍龙、朱雀、白虎、玄武为四方天地神祇的习惯。我们从《周礼·春官·大宗伯》一文中知道，这种习惯的由来，或与我国古代先民为迎接四时季节的到来，实行祭祀活动有关。玄武一神为龟蛇合体，在古代四方天地神祇中，它是一职主北方、主管冬天的神。按照《周礼·春官·大宗伯》一文说法，迎接它的到来，是在立冬的一天，以玉璜为礼具、面朝北方实行祭祀典礼。安徽含山凌家滩遗址的地理环境与考古发现资辩显示，这一地带先民崇拜脩蛇山神，也大致在冬季到来或农历立冬的前后，用素面玉璜为礼具、面对北方的太湖山实行祭祀大典。它与我国古代实行冬祭典礼、迎接冬季到来的时间，使用的礼具、朝向，无一不合。凌家滩人祭祀太湖山，其主峰走势有如龙蛇腾飞状，其主峰东北一侧的乌龟山上，还有一形似乌龟的巨大石块。不难看出，我国古代人民以玄武造像为北方的神，

---

① 王树明：《肖家屋脊发现图像文字与楚祖颛顼高阳氏——兼论有夏大禹一族的图腾徽帜》，《海岱考古》（第七辑），科学出版社，2014年。

冬天的神，其造型以龟蛇合体为神像，与安徽含山凌家滩人祭祀太湖山、视太湖山为神习俗，密切相关。近代学者研究，"禹"是一种有足的虫类动物，为龙螭之类，是龙[1]。童书业先生考证，传说中的鲧即大禹的父亲是"鱼类"物[2]。闻一多先生推证是"鱼类"动物，乃龟鳖之属[3]。东汉学者王充认为，我国古代龙蛇原本为一物，蛇就是龙[4]。《后汉书·王梁传》谓，"玄武，水神之名也"，等等。根据上述种种说法，我们还可进一步推想，中国人民崇拜的所谓玄武之神，很有可能也与我国古代神话传说中，鲧禹为父子及鲧禹父子治水的一些说法有关。

（3）对史前时期发现考古材料进行研究，使用文献资料，尤其使用历史上流传下来带有神话传说性质的资料，往往为考古学者所不齿。继辽西牛河梁与东山嘴猪头山神祭山遗迹之后，安徽含山凌家滩脩蛇山神祭山遗迹的发现与研究又一次证明，我国古代文献传说或者一些带有神话色彩性质的说法，虽然有诸多虚妄的地方，但有的确实也反映了一些在中国历史上确实存在的事实。如果我们一味地否认它、排斥它，那么用考古发现资料对我国古代历史和史前时期意识形态度领域方面的一些问题进行研究，不能不说是一个很大的缺憾。

2014年8月25日　撰讫

---

[1] 童书业：《春秋左传研究》，上海人民出版社，1980年，15页。
[2] 童书业：《春秋左传研究》，上海人民出版社，1980年，294页。
[3] 闻一多：《天问疏证》，生活·读书·新知三联书店，1980年，22、23页。
[4] （东汉）王充：《论衡·讲瑞》，上海人民出版社，1974年，255~262页。

陶寺观象台与文明起源探讨

武家璧

(北京联合大学应用文理学院　荆州博物馆)

陶寺文化分布在山西的临汾盆地，是一个特色鲜明、分布地区较小的考古学地方文化。仰韶和龙山时代的许多考古学文化，其发展规模、持续时间、传播范围等，都远远超过陶寺文化，然而都未跨进文明的门槛就先后衰落了，唯有陶寺文化最早进入文明时代，当之无愧地成为中华文明的源头活水。"尧天舜日"至今成为人们对那个文明昌盛时代的美好记忆。一个弱小的文化，凭借文明的力量，引领了时代的先声，开创了历史的新局，其中必定隐含着某种必然性。陶寺文化的创造者一定顺应了某种大的趋势和时代潮流，才成为挺进文明的先锋，值得我们认真思考和深入研究。

一

陶寺文化进入文明时代已成为学术界的共识。迄今为止没有哪一个新石器时代的考古学文化能够像陶寺文化那样具备诸多文明要素，诸如城址、青铜器、文字、宫殿、高级贵族墓葬（王陵）、成套礼器组合、成套乐器、手工业区、大型仓储、祭祀区和观象台等，不一而足。学术界倾向认为陶寺文化就是唐尧创造的考古学文化，陶寺古城就是尧都[①]。为什么是在这个地区集大成于一邑，产生了中国最早的文明呢？

首先，地理环境具有重要作用。临汾盆地是山西地堑系中的新生代断陷盆地之

---

① 王文清：《陶寺遗存可能是陶唐氏文化遗存》，《华夏文明》（第一辑），北京大学出版社，1987年。王克林：《陶寺文化与唐尧、虞舜——论华夏文明的起源（上）》，《文物世界》2001年第1期。王克林：《陶寺文化与唐尧、虞舜——论华夏文明的起源（下）》，《文物世界》2001年第2期。黄石林：《陶寺遗址乃尧至禹都论》，《文物世界》2001年第6期。王克林：《再论陶寺文化与唐尧》，《中国史前考古学研究——祝贺石兴邦先生考古半世纪暨八秩华诞文集》，三秦出版社，2004年。王巍：《尧都平阳正在走出传说时代成为信史》；李伯谦：《陶寺就是尧都　值得我们骄傲》；王震中：《陶寺与尧都：中国早期国家的典型》；梁星彭：《陶寺城址——我国尧舜禹时代进入文明社会的标志》；何驽：《陶寺考古：尧舜"中国"之都探微》等，均见《帝尧之都　中国之源——尧文化暨德廉思想研讨会论文集》，中国社会科学出版社，2015年。

一，北起灵石县的韩侯岭，南至"绛山—峨眉岭—稷王山"一带与运城盆地隔开，东界"太岳—中条山"，西临吕梁山，长约200千米，宽20~25千米，面积约为5000平方千米。盆地海拔600米左右，新生代地层厚约800米，第四纪沉积物达465米。因受构造控制——峨眉岭的阻挡而转向西，直至黄河谷地。盆地呈反相"L"形，汾河从中纵贯而过，四周山前黄土地貌发育，洪积扇宽大，冲积平原宽广，土地肥沃，自古以来是农业生产的理想家园，在这里孕育中国最古老的文明具有得天独厚的优势。

地理环境为文明的诞生提供了自然条件，但不是决定性的因素。人类和环境的互动，社会与文化的进步才具有决定意义。我们从晚期的文献记载中追寻历史的遗韵，似乎可以得到一些启示。我们先从晋国说起。《史记·晋世家》：

> 武王崩，成王立，唐有乱，周公诛灭唐。成王与叔虞戏，削桐叶为珪以与叔虞，曰："以此封若。"史佚因请择日立叔虞。成王曰："吾与之戏耳。"史佚曰："天子无戏言。言则史书之，礼成之，乐歌之。"于是遂封叔虞于唐。唐在河、汾之东，方百里，故曰唐叔虞。姓姬氏，字子于。唐叔子燮，是为晋侯。

《正义》引徐才《宗国都城记》云："唐叔虞之子燮父徙居晋水傍。"又引《毛诗谱》云："叔虞子燮父以尧墟南有晋水，改曰晋侯。"可知晋国的始封地全盘继承了古唐国的地盘，在"河汾之东方百里"。应该是在今绛山（主峰紫金山）以北、临汾以南、汾河以东，浍河与沁河分水岭以西的地区，包括崇山以南的侯马盆地（今侯马、曲沃、翼城三县市），和崇山以北的临汾盆地南部地区（图一）。

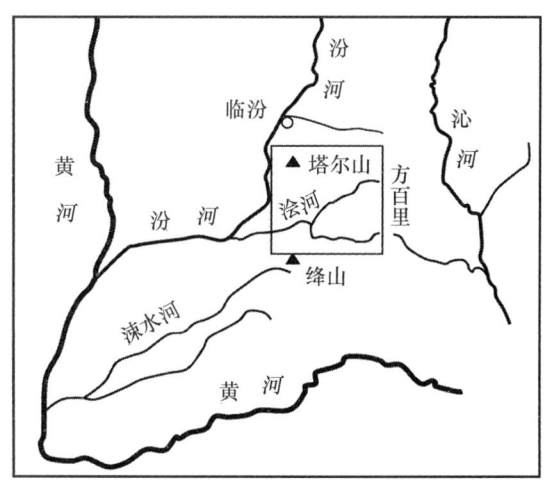

图一 "河汾之东方百里"示意图

《易经·晋卦》："晋，康侯用锡（赐），马蕃庶，昼日三接。"意思说那块名叫"晋"的地方赐给了"康侯"，这里的马匹繁殖非常快，种马在一个白天要交配三次。此处"康侯"应该是"唐侯"之误①，因为文献记载只有晋国始祖"唐侯"被封在唐尧故地，史称"唐叔虞"，其子改称"晋"。

这块神奇的土地既然适合于马匹繁殖，当然也适合于人类生息繁衍。相传周初有位女能人是周武王的"十大贤臣"之一，即武王之妃、姜太公之女，晋祠圣母殿供奉的"邑姜"氏，她借成王"桐叶封弟"的戏言，向执政的周公讨来"河汾之东方百

---

① 武家璧：《〈周易·晋卦〉与"迎日歌"》，《周易研究》2009年第5期。

里"封给自己的儿子唐叔虞,希望他在这块"繁殖胜地"上延续千秋万代,周公和成王满足了"邑姜"的要求。这里原来是唐尧故地,因此起初国号为"唐",后来由于境内有晋山、晋水,唐叔虞之子"燮父"把都城迁到晋水之傍,改国号为"晋"。

那么"晋"字是什么意思呢?《易传》说:"明出地上,晋。"又说:"晋,进也。明出地上,进而丽乎大明,柔进而上行。"意思是说太阳从地面出来,向上升进,就叫做"晋"。显然"晋"这个地名与日出天象有关。《说文解字》:"晋,进也,日出而万物进,从日从臸。""晋"字甲骨文写作🔣,日上有两个倒矢形,"矢"字倒着写就是"至"字。《说文》"至,鸟飞从高下至地也。"《山海经·大荒东经》:"一日方至,一日方出,皆载于乌。""晋"字的意思就是"一日出、二鸟至"。它预示着在古老的晋国大地上,一定曾经发生过观测"日出"的标志性大事件,故此这个地方叫做"晋"①。

二

晋山、晋水在哪里?文献多记在晋阳(今山西太原)。《战国策》《史记》载智伯帅韩魏攻赵"决晋水以灌晋阳"。《汉书·地理志》:"太原郡·晋阳县。"班固自《注》:"故《诗》唐国,周成王灭唐,封弟叔虞。龙山在西北,有盐官,晋水所出,东入汾。"郑玄《诗·唐谱》:"唐者,帝尧旧都之地,今曰太原晋阳,是尧始居此,后乃迁河东平阳。"孔颖达《毛诗正义》引晋皇甫谧云:"尧始封于唐,今中山唐县是也。后徙晋阳。及为天子,都平阳,于《诗》为唐国。"现已知太原的"晋水"是后起的地名,晋六卿之一的赵氏建都晋阳,把早期晋都所依傍的"晋山""晋水"搬家到晋阳来了。

古人对此早有所察觉。《〈史记·晋世家〉正义》引《括地志》:"故唐城在绛州翼城县西二十里。徐才《宗国都城记》云:'唐国,帝尧之裔子所封……至周成王时唐人作乱,成王灭之而封大叔。'"顾炎武《日知录》卷三十一"唐"字条:"按晋之始见《春秋》,其都在翼……北距晋阳七百余里,即后世迁都亦远不相及;况霍山以北,自悼公以后始开县邑,而前此不见于《传》。"《括地志》所载"故唐城"在今翼城县西、滏河南岸的唐城村,《水经·汾水注》称为"尧城"、《毛诗谱》称为"尧墟"。这些也是"地名搬家"的结果,晋侯始封于唐,春秋迁都于翼,故将"唐城""尧城""尧墟"等地名带到了翼城。

《今本竹书纪年》:"康王九年,唐迁于晋。"《汉书·地理志》:"唐有晋水,及叔虞子燮为晋侯云,故参为晋星。"《晋世家·正义》引徐才《宗国都城记》

---

① 武家璧:《陶寺观象台与"晋"之关系》,《中国文物报》2007年2月23日第7版。

云："唐叔虞之子燮父徙居晋水傍。"《索隐》按："唐有晋水，至子燮改其国号曰晋侯。然晋初封于唐，故称晋唐叔虞也。"孔颖达《毛诗正义》引郑玄《诗·唐谱》云："叔虞子燮父以尧墟南有晋水，改曰晋侯。"

据上引可知，早期晋都在"晋水"旁，找到了晋都就找到了晋水。20世纪80～90年代，北京大学考古系在山西曲沃县与翼城县之间的天马—曲村遗址进行了大规模发掘，并发掘了北赵晋侯墓地，证明早期晋都在曲村一带。《水经注·汾水篇》："汾水南与平水合，水出平阳县西壶口山……东经平阳城南，东入汾。俗以为晋水，非也。"同时又提到汾水的支流："天井水，出东陉山西南……其水三泉奇发，西北流，总成一川，西径尧城南，又西流入汾。"杨守敬《水经注图》将天井水定为今滏河，将其发源地名为东陉山①。《山西历史地名录》："东陉山，即曲沃县东北五十里之塔儿山，为曲、翼、襄各县之界山。"②东陉山即滏河发源地塔儿山、打鼓山地区。天马—曲村遗址在翼城西和曲沃东的两县交界处，北依崇山，东、南面为滏河，因此所谓"晋水"就是今"滏河"。

晋山是晋水的发源地，滏河发源于崇山（塔儿山），故"塔儿山"就是"晋山"。《山海经·海外南经》："狄山，帝尧葬于阳，帝喾葬于阴……一曰汤山。"郭璞《注》："狄山即崇山，汤山即唐山，亦今之崇山。"由此可知崇山（塔儿山）又叫"唐山"。

《读史方舆纪要》卷四十一"平阳府·襄陵县"："崇山在（襄陵）县东南四十里，一名卧龙山，顶有塔，俗名大尖山，南接曲沃、翼城县，北接临汾、浮山县。"明《一统志》指"塔儿山"为"崇山"③。康熙《平阳府志·山川》："天柱山，翼城县西北四十里，一名卧龙山，俗称大尖山，界翼城、临汾、襄陵、曲沃、浮山五县。"塔儿山上的宝塔颇有来历，据《曲沃县志》载此塔乃唐僧昙璨在天宝年间所建④。

值得注意的是塔儿山又名"卧龙山"，此说大有来历。在地形地貌上塔儿山是一条地理分界线，以"塔儿山—汾阳岭"隆起带为界，分为南北两部分，北部是临汾盆地，南部称侯马盆地。侯马盆地位于临汾盆地与运城盆地之间，包括侯马、曲沃、翼城三县市。南北走向的太岳山脉在浮山地界向西延伸出一条分支，像一条巨龙横卧在临汾盆地与侯马盆地之间，直抵汾河之滨，龙头似乎饮水于汾河，这就是塔儿山。文献记载"晋水"时，指其源于"龙山"，如《汉书·地理志》"晋阳县"条自

---

① 杨守敬：《水经注图》，《杨守敬集》第五册，湖北教育出版社，1997年，154页。
② 刘纬毅编、郝数侯校：《山西历史地名录》（修订本），《地名知识》专辑，山西省地名领导组、《地名知识》编辑部，1979年。
③ 《大明一统志》卷二〇《平阳府·山川》，三秦出版社，1990年。
④ （清）张鸿逵：《续修曲沃县志·山水志》，凤凰出版社（江苏古籍出版社），2005年。

《注》:"龙山在西北,有盐官,晋水所出。"《水经注·晋水篇》引:"《晋书地道记》及《十三州志》并言:'晋水出龙山。'"可知"龙山"或"卧龙山"就是晋水的源头"晋山"。

陶寺文化"王级"大墓(王陵)出土彩绘蟠龙纹陶盘,龙盘口径约35厘米,有的龙盘最大直径达37厘米。各盘的蟠龙纹图案基本相同,以红彩或红、白彩描绘一条卷曲的龙盘踞在盘中央,蛇躯鳞身,方头圆目,平张巨口露出上下两排牙齿,长舌外伸,舌前部呈树枝状,有的在颈部上下对称绘出鳍或髭状物。从形状特征看,陶寺蟠龙是多种动物的综合体,具有某种神性,是一种崇拜物。《竹书纪年》《宋书·符瑞志》云:"帝尧母庆都……一旦龙负图而至……赤龙感之,孕十四月而生尧于丹陵。"有学者认为尧帝为龙的子孙,尧族以龙为图腾(族徽),应该说龙盘乃是具有标志性的礼器,这是一个惊人的发现①。

古唐国地盘"河汾之东方百里"包括晋山(塔儿山)南北地区。山北是唐国的都城,山南是早期晋都所在地。当我们审视地形大势的时候,不难发现塔儿山以南比山北地区更适合建国都。侯马盆地三面环山,一面带水,略呈方形,可谓砺山带河,易守难攻,是建都的理想地区(图二)。古人谓之"金(紫金山)乔(塔儿山又名乔

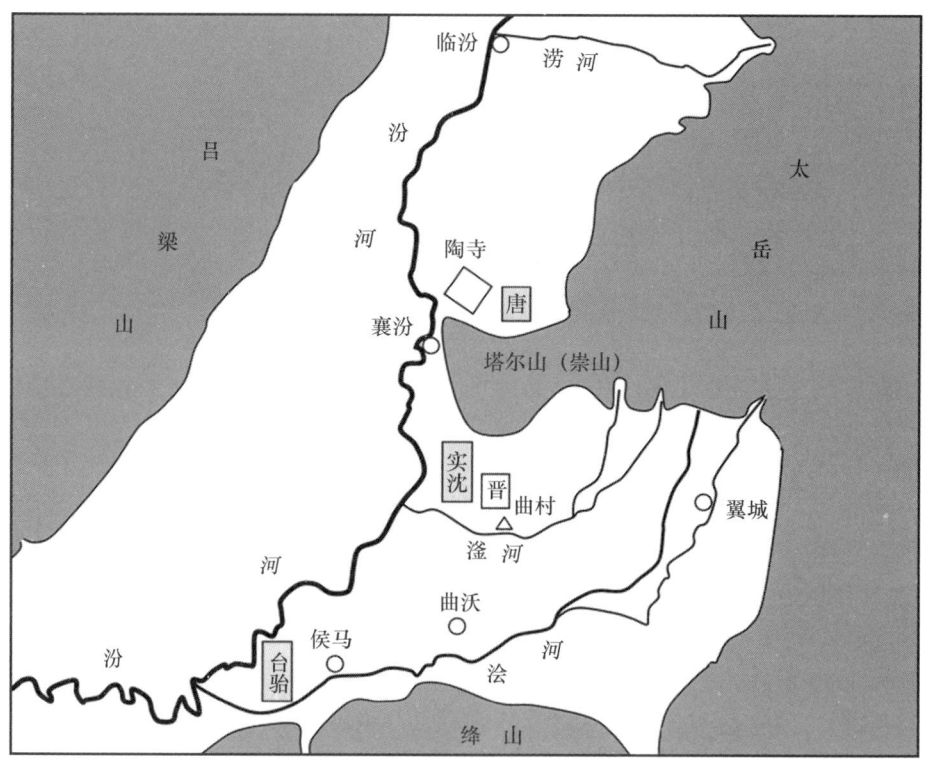

图二 临汾、侯马盆地的山川古国示意图

---

① 黄石林:《陶寺遗址乃尧至禹都论》,《文物世界》2001年第6期。

山）环峙，汾浍旋潆，是故晋文藉之以成霸业"（《嘉靖曲沃县志》后序）。而山北的陶寺古城位于山前低坡地带，面向开阔狭长的临汾盆地，无险可守，陶寺先民为何要选择在此建都呢？唐叔虞初封于唐，但其子很快放弃此地迁都于晋，明眼人一望可知是出于军事安全的考虑。为什么古唐国没有军事安全的考虑呢？这就要从社会发展阶段来寻找原因和答案。

三

现代比较流行的文明起源理论是"古国—王国—帝国"模式，陶寺文化最早进入"王国"时代，它的前身应该是"古国"时期。文献记载最早在晋南地区定居的古国有"台骀""实沈"和"唐"（图二）。《左传·昭公元年》（前541年）载：

> 晋侯有疾，郑伯使公孙侨如晋聘，且问疾。叔向问焉，曰："寡君之疾病，卜人曰'实沈、台骀为祟'，史莫之知，敢问此何神也？"子产曰："昔高辛氏有二子，伯曰阏伯，季曰实沈，居于旷林，不相能也。日寻干戈，以相征讨。后帝不臧，迁阏伯于商丘，主辰。商人是因，故辰为商星。迁实沈于大夏，主参，唐人是因，以服事夏、商。其季世曰唐叔虞，当武王邑姜方震（娠）大叔，梦帝谓己：'余命而子曰虞，将与之唐，属诸参，其蕃育其子孙。'及生，有文在其手曰'虞'，遂以命之。及成王灭唐而封大叔焉，故参为晋星。由是观之，则实沈，参神也。昔金天氏有裔子曰昧，为玄冥师，生允格、台骀。台骀能业其官，宣汾、洮，障大泽，以处大原。帝用嘉之，封诸汾川；沈、姒、蓐、黄，实守其祀。今晋主汾而灭之矣。由是观之，则台骀，汾神也。抑此二者不及君身。山川之神，则水旱疠疫之灾，于是乎禜之；日月星辰之神，则雪霜风雨之不时，于是乎禜之。若君身，则亦出入、饮食、哀乐之事也，山川星辰之神又何为焉？"

《史记·郑世家》载"郑子产问晋平公疾"一事与此略同。这里指出"台骀"是"山川之神"，"实沈"是"日月星辰之神"，实即上古的"神守"之国。唐人因袭实沈，古唐国也可归于"神国"。《国语·鲁语下》："仲尼曰：'山川之灵，足以纪纲天下者，其守为神；社稷之守者，为公侯。皆属于王者。'"章太炎《封建考》："昔禹致群神于会稽之山，防风氏后至，禹杀而戮之，其骨节专车。防风，汪芒氏之君，守封嵎之山者也。于周亦有任、宿、须句、颛臾，实祀有济。盖佌诸侯，类比者众，不守社稷，而亦不设兵卫……故知神国无兵，而曹牢亦不选具……封嵎，小山也，禹时尚有守者，然名川三百，合以群望，周之守者亦多矣……以神守之国，营于机祥，不务农战，亦尠（鲜）与公侯好聘，故方策不能具。及其见并，盖亦摧枯拉朽之势已！"①章太炎先生提到"神国无兵"，"不设兵卫"，实即原始的"政教合一"政体，故周朝诸侯可以"摧枯拉朽"式地兼并它。

顾颉刚读书笔记《缓斋杂记（四）》中有"古诸侯有守山川与守社稷二类"条，其云："是古代诸侯有二种，其一为守山川者，又其一为守社稷者。"并列举"守山川者"三条：①《穆天子传》之"河宗氏"；②《国语·郑语》"主芣騩而食溱洧"，韦昭《注》"芣騩，山名，为之神主"；③《论语·季氏》"夫颛臾，昔者先王以为东蒙主"②。顾颉刚先生的弟子杨向奎自20世纪40年代开始提出国家形态由"神守"向"社稷守"演变的进化观，先是认为其分界在颛顼时代的"重黎氏绝地天通"，此前为"神职时代"，此后为"巫职时代"，自《春秋》作而为"史职时代"③。他在《中国古代社会与古代思想研究》一书中说：依我们的观察，古代在阶级社会的初期，统治者居山，作为天人的媒介，全是"神"国。国王们断绝了天人的交通，垄断了交通上帝的大权，他就是神，没有不是神的国王④。在《论"以社以方"》中指出：在远古时代，神守和社稷守不分，所有国王都是神而能通于天；神守与社稷守之分，当在夏初之际⑤。杨向奎先生的弟子吴锐博士发挥乃师之说，认为"神守"即政教合一的社会实体，并以"神守时代"（新石器时代）和"社稷守时代"（夏商周早期国家直到清代）为主线构建新的体系⑥。

近年来李伯谦先生根据考古新材料提出文明起源"两种模式"的新理论⑦，指出由"神权"到"王权"并不是唯一的文明起源模式。例如红山文化和良渚文化大墓均埋葬在人工建筑的高台（坟山）上，附近有高大的祭坛和神庙等，而仰韶文化大墓则没有坟山和祭坛等；红山文化和良渚文化随葬大量玉器，种类有璧、琮、环、璜、管、

---

① 《章太炎全集》（四）第122页，上海人民出版社，1984年。
② 顾洪：《顾颉刚读书笔记》第一编（史学篇），中国青年出版社，1998年。张京华：《"山川群神"新探》，《湘潭大学学报》2007年第6期。
③ 杨向奎：《论〈吕刑〉》，《管子学刊》1990年第2期。杨向奎：《自然哲学与道德哲学》，济南出版社，1995年，319页。吴锐：《论"神守国"》，《齐鲁学刊》1996年第1期。杨向奎：《历史与神话交融的防风氏》，《传统文化与现代化》1998年第1期。
④ 杨向奎：《中国古代社会与古代思想研究》（上册），上海人民出版社，1962年，162页。杨向奎：《论"以社以方"》，《烟台大学学报》1998年第4期。
⑤ 杨向奎：《历史与神话交融的防风氏》，《传统文化与现代化》1998年第1期。
⑥ 吴锐：《从神守社稷守的分化看黄帝开创五千年文明史说》，《古史考》第八卷，海南出版社，2003年，69页。吴锐：《中国思想的起源》第一卷，山东教育出版社，2003年，171页。张京华：《古史缘何重建？——吴锐博士新著〈中国思想的起源〉读后》，《零陵学院学报》2004年第4期。吴锐：《神守、社稷守与"儒"及儒家的产生》，《中国儒学发展史》（三卷本）附录，中国文史出版社，2009年。
⑦ 李伯谦：《中国古代文明演进的两种模式——红山、良渚、仰韶大墓随葬玉器观察随想》，《文物》2009年第3期。

各种形制的佩饰、冠饰以及玉钺等，形成多种玉器组合，仰韶文化庙底沟类型的玉器基本上只有体现王权的玉钺一种，谈不上组合。情况表明在"古国"时代，红山文化和良渚文化是神权或以神权为主的国家，仰韶文化是王权国家。两种国家模式同时并存，各自向文明演进。夏商周继承的是王权国家模式，因此中国没有走上"政教合一"的道路。

李伯谦先生特别强调："在文明演进过程中，不同地区、不同文化因环境的差别、传统的差别、所受异文化影响的差别，自己所遵循的发展途径和模式也可能是不同的。"古唐国和陶寺文化正是如此，因受环境制约以及神守之国"台骀"和"实沈"的影响，在坚守天文传统和治理水患的过程中，走上了自己独特的文明发展道路。

四

实沈迁"大夏"应在帝喾时期。《左传·定公四年》："分唐叔……命以《唐诰》，而封于夏虚，启以夏政。"杜预《注》："夏虚，大夏。"《史记·郑世家》《集解》引服虔曰："大夏在汾、浍之间。"《左传·昭公元年》说实沈："主参……故参为晋星。"《国语·晋语》曰："实沈之墟，晋人是居。"《说文》："沈，陵上滈水也。"《水经注·汾水》载天井水（滏河）源头"三泉奇发"，比较符合"沈"的意思。另一说唐徐铉《说文注》曰："沈，今俗别作沉。"《诗·小雅·菁菁者莪》："载沈载浮。"《书·微子》："我用沈酗于酒。"《战国策·秦策四》："决晋水以灌晋阳，城不沈者三板耳。"是皆以"沈"为"沉"，则"实沈"就是"实沉"，沉降的意思。参星沉降之地，应该就是崇山。居于崇山西北看太阳升起东南方就是"晋山"，居于崇山东南看参星下降西北方就是"降山"。晋国早期都城以水得名，故曰"晋"都；晚期都城以山得名，故曰"降（绛）"都（说详下）。后迁都新绛，绛山之名亦迁于今址。

《左传》说："后帝不臧……迁实沈于大夏"，杜预《注》："后帝，尧也。"其实不然，因为后文有"唐人是因"，即唐国占有了实沈，也继承了实沈的天文传统。《左传·襄公九年》："陶唐氏之火正阏伯，居商丘，祀大火。"阏伯主辰星，实沈主参星，《国语·晋语》曰："以辰出而以参入，皆晋祥也。"据此推测实沈被兼并后应为陶唐氏之"南正"。他们的职司源于颛顼时的"南正重"与"火正黎"。

《汉书·律历志》载："传述颛顼命南正重司天，火正黎司地，其后三苗乱德，二官咸废，而闰余乖次，孟陬殄灭，摄提失方。尧复育重、黎之后，使纂其业，故《书》曰：'乃命羲和，钦若昊天，历象日月星辰，敬授民时。'"南正重司天，即根据天象变化制订祭祀历法——神历（大正），故曰："钦若昊天"；火正黎司地，即根据物候变化制订农业历法——民历（小正），故曰："敬授民时"。事情的先后逻辑顺序应该是帝喾先将重黎氏之后阏伯、实沈分开，唐尧再占有实沈之地，启用实沈、阏伯为南正、火正，其继任者改称羲和氏。如果唐尧灭掉的不是祭祀星主的神守之国，进而启用天文人才，很难想象古唐国会有很高的天文历法水平。

阏伯、实沈是祭祀大火星和参星的"星主"之国。《夏小正》记载有"正月初昏参中"，"三月参则伏"，"五月参则见"，"八月参中则旦"等对参星授时的记载，就是实沈的职司。关于火正的观测对象，文献记载较多，如《左传·襄公九年》："古之火正……以出内火。"《昭公三年》："火中，寒暑乃退。"《昭公四年》："火出而

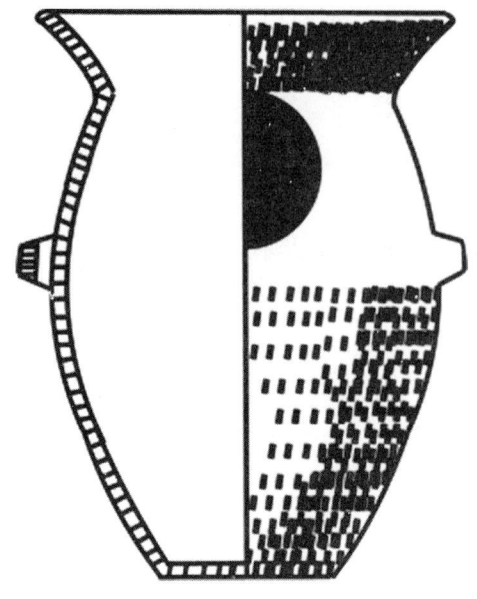

图三　陶寺早期的太阳纹罐

毕赋。"《昭公十七年》："火出，于夏为三月。"《哀公十二年》："仲尼曰：丘闻之，火伏而后蛰者毕。'"《尧典》："日永，星火。"《诗·豳风》："七月流火。"《国语·周语》："火见而清风戒寒。"《夏小正》："五月初昏大火中"；"九月内火。内火也者，大火；大火也者，心也（大火是二十八宿的心宿）"等。这些是阏伯的观测事务。此外对日月的观测，是他们的共同事务。陶寺文化早期大墓中有很多罐、盆的肩腹部，用鲜红的颜色涂画太阳纹，呈三圆或四圆对称分布（图三），显示不同时节太阳在天盖上的位置，正是历法用以观象授时的依据。这可能与实沈古国的观测传统有关。

尧帝时代的羲和氏特别重视对太阳的观测。"羲"字又作"曦"，日光的意思。《世本·作篇》："羲和作占日"。《山海经·大荒南经》："羲和者，帝俊之妻，生十日。"郭璞《注》："羲和盖天地始生，主日月者也。"《楚辞·离骚》："吾令羲和弭节兮"，洪兴祖《补注》："日乘车驾以六龙，羲和御之。"《广雅·释天》："日御谓之羲和。"总之，尧帝时代的天文活动，继承了阏伯、实沈古国的文化传统，陶寺观象台就是实物见证。

陶寺观象台借助系列观测柱形成的观测缝隙，与背景山峰（或山凹）互相配合，形成巨大的照准系统，进行天文观测。这些观测柱的排布是经过精心设计的，工程设计的目的之一，就是将陶寺的神山——塔儿山的顶峰，南坡的坡顶（日出冬至点），北坡的山凹（夏至点）等，定格在观测缝之中。人们站在同一个观测点均能从每条狭窄的观测缝中看到塔儿山背景山峰或山凹上的日出。

要做到每条狭缝的光路都汇聚到一个中心，并非轻而易举。我们根据地表残存的遗迹，复原地上被毁掉的观测柱和狭缝系列（图四），再做模拟观测。实际情况表

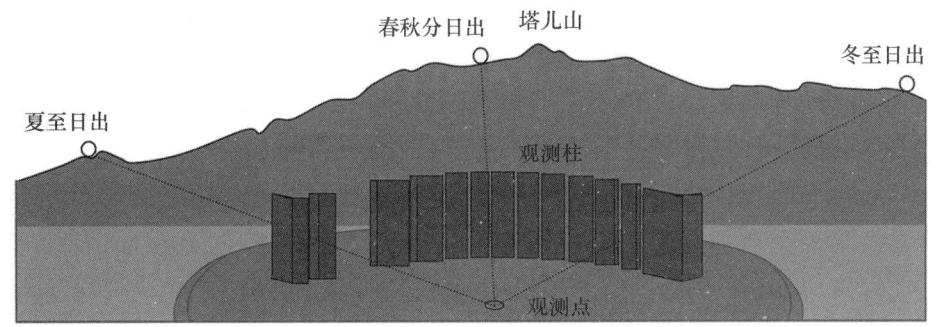

图四　陶寺观象台观测日出示意图

明，只有站在那个唯一的汇聚点上，才能从十条狭缝中全部看出去；稍稍偏离这个汇聚点几厘米，就有若干条狭缝被夯土柱遮挡住了，看不出去。至此考古工作者相信，这一列弧形排列的夯土柱，是经过精心设计和严格施工建造的，夯土柱之间的狭缝就是观测缝，而那个唯一的汇聚点就是观测点。如果不是经过精心设计，任由十条缝隙随机分布，它们能汇聚到一点的可能性微乎其微，而与二分二至的日出方向吻合，就更加不可能了。

观象台以半圆状台式建筑依附于东南城墙而建，其地上部分有可能是石块垒砌的，残存的夯土柱基础有深约3~6米的基坑，是为承担巨大的墙体重量设计的，近年神木石峁遗址发现史前大型石砌城墙，这种技术完全可以用来建造观象台。陶寺文化晚期观象台与城墙一同被毁掉，仅在地表保留夯土台基和观测柱基础。

在天文学上很容易验证这座建筑是否是观象台。编制历法的起点一般采用冬至点，因为这一天有很多天象特征很容易被观测到，它是一系列连续变化值中的极值。例如一年之中太阳的日出方位，在冬至那天到达最南点，甲骨文称为"日出至南"；此后日出方位开始向北偏移，到夏至那天到达最北点。一年之中太阳在正午时的高度，在冬至那天达到最低位置，也是最南点；此后太阳正午高度开始升高，至夏至那天到达最高位置，也就是最北点。一年之中太阳在恒星中的位置，在冬至那天离开北极达到最远值，也就是最南点；此后太阳赤纬开始向北移，至夏至那天到达距离北极的最近值，也就是最北点。上述冬至"最南点"现象，文献称之为"日南至"，就是"冬至"。如此等等，测量冬至或者夏至的具体日期，有多种方法互相校正。这些方法中，只有观测日出入方位的方法最简单，也最准确，因此也是我国先民最早认识和运用的观象授时方法。

根据上述原理，如果陶寺先民要建造一座观象台，那它一定具有观测冬至日出"最南点"的功能。为了验证观象台的观测功能，考古工作者进行了模拟观测：按狭缝的平面形状，用铁支架将缝隙向上延伸，然后观测太阳在狭缝中从山顶上升起的日期。在冬至前一段时期，人们看到日出在东南方的塔儿山南坡平缓的山冈上，方位逐渐向南移动。到了冬至的那一天，太阳出山的位置抵达南坡的一个馒头山顶部，正好跨入东2号观测缝。模拟观测和理论计算证明陶寺观象台的天文观测功能非常理想[①]。

天象观测的目的首先是根据日出方位确定冬至、夏至以及春分和秋分的准确日期，这是羲和氏的具体职司。但是在"冬至观测缝"之南约5°左右还有一条缝隙（图四），它与观测日出方位无关，曾使我们感到困惑。因为日出方位在冬至日到达最南点，然后折返向北；至夏至日到达最北点，然后折返向南，如此周而复始。位于夯土柱列最南端的这条狭缝，是日出方向不可能到达的位置。以前我们不明白这条缝隙的功能，结合阏伯为陶唐氏"火正""祀大火"的记载，我们有了一个比较满意的解释。大火星西名天蝎座α，在太阳运行的黄道之南约5°距离，这条狭缝在冬至缝之南5°左右，正好是大火星从塔儿山上升起的方向，我们不妨称之为"火正观测缝"。

《左传·襄公九年》："陶唐氏之火正阏伯居商丘，祀大火，而火纪时焉。"《汉书·五行志》："古之火正，谓火官也，掌祭火星，行火政。"庞朴先生有《"火历"初探》诸篇可以参考[②]。陶寺观象台"分至观测缝"以及"火正观测缝"的发现，证明《尧典》"历象日月星辰"是为信史，同时也证明唐国继承和发扬了神守古国的天文历法和文化传统。

五

台骀事迹见于《左传·昭公元年》《史记·郑世家》载"子产问疾"一事，《论衡·别通篇》《水经注·汾水篇》引作作"臺台"。子产提到了少暤氏时代的两代水利大师，第一代是台骀之父曰昧，第二代就是玄冥和台骀。《左传·昭公二十九年》："少暤氏有四叔曰重曰该曰修曰熙，实能金木及水。使重为句芒，该为蓐收，修及熙为玄冥，世不失职，遂济穷桑，此其三祀也。"《礼·月令》："其神玄冥。"郑玄《注》："水官之臣，自古以来著德立功者也……玄冥，少暤氏之子曰修曰熙，为水官。"孔颖达《疏》："玄冥，水神也。"玄冥治水的事迹于史无载，台骀事迹则因子产之言名垂青史。

"曲沃灭翼"之后，晋献公迁都于翼城的"绛"，据《左传·成公六年》载晋景公十五年（前585）"晋人谋去故绛……迁于新田"。迁都后仍然称"绛"，史称翼城之都为"故绛"，新田之都为"新绛"。20世纪50～60年代考古工作者在侯马市西、汾河东南岸发现晋都新田遗址，由平望、牛村、台神古城毗连成"品"字形宫城。台

[①] 武家璧、陈美东、刘次沅：《陶寺观象台遗址的天文功能与年代》，《中国科学G辑：物理学力学天文学》2008年第38卷第9期。

[②] 庞朴：《"火历"初探》，《社会科学战线》1978年第4期；《"火历"续探》，《中国文化》（第1辑），1984年3月；《"火历"三探》，《文史哲》1984年第1期；《火历钩沉——一个遗佚已久的古历之发现》，《中国文化》（创刊号），1989年12月。

神古城外西北角汾河滩地南岸，有一大型方形台阶式夯土台，南北长约100米，东西宽约80米，高出地表7~8米，能看出六级台阶。在其东西两侧约40米处还有两座小型台基。报告整理者田建文先生认为："台神古城西北三座夯土台基可能与祭祀汾神台骀有关。台址西北（约500米）的今西台神村北傍汾河耸立'台骀庙'，庙址所在为'古翠岭'，庙中台王殿梁上有大明崇祯八年即公元1635年题记，《重修台骀庙碑记》云：'庙建于晋都绛时，即古之新田。'"①。至晚在唐代此地已有台骀庙，《元和郡县图志》载："台骀神祠，在（曲沃）县西南三十六里……台骀，汾神也。"②

台骀的治水事迹主要是"宣汾、洮，障大泽，以处大原"。《后汉书·郡国志》："河东郡·闻喜邑。"下《注》曰："有涑水，有洮水。"《水经注·涑水》卷六载："涑水……至周阳与洮水合。"台骀的治水方略是采取"疏导"和"围堵"两者并行的办法，当汾水、洮水的主泓道不足以泄洪的时候，将分洪引入"大泽"，修"障城"蓄成水库，以保障下游"大原"的安全。台骀是中国历史上有明文记载的第一个成功的治水英雄。

因此台骀古国不是一般的"神守之国"。普通神国如章太炎先生所言"不设兵卫"，"不务农战"，"曹牢亦不选具"，而"营于禨祥"，其国家领导人实即一宗教领袖，一旦发生巨大灾难，只能求神告天，坐以待毙。治水工程需要调动大量人力物力，采取正确的治水策略，还要有专业的水利人才，强有力的物质和后勤保障，领导人要有果敢的决断能力以及卓越的组织领导才能等，这些都是催生文明国家诞生的强大动力。

六

台骀之后又产生了父子两代治水领袖，即"崇伯鲧"和夏禹，他们的治水活动也与崇山及汾浍地区有关。《今本竹书纪年》卷上："（帝尧）六十一年，命崇伯鲧治河。"《国语·周语下》："其在有虞，有崇伯鲧。"韦昭《注》："崇，鲧国；伯，爵也。"《汉书·楚元王传》："昔者鲧、共工、驩兜与舜禹杂处尧朝。"唐颜师古《注》："鲧，崇伯之名。"夏禹也叫"崇禹"，《逸周书·世俘》："乙卯，钥人奏《崇禹》《生开》，三终，王定。"《周礼·钥师》孙诒让《正义》："《崇禹》《生开》，盖大夏之舞曲，以钥奏之者也。"《礼记·明堂位》："崇鼎，贯鼎，大璜，封父龟，天子之器也。"郑玄《注》："崇、贯、封父，皆国名……大璜，夏后氏之璜，《春秋传》曰'分鲁公以夏后氏之璜。'""崇鼎"应该是"崇伯

---

① 山西省考古研究所侯马工作站：《晋都新田——纪念山西省考古研究所侯马工作站建站40周年》，山西人民出版社，1996年，16、102页。

② （唐）李吉甫：《元和郡县图志》，中华书局，1983年，333页。

鲧""崇禹"的鼎，相当于文献中的"禹鼎"。陶寺大墓（王陵）葬在崇山之麓，所出陶鼎堪称"天子之器"，大概是铜铸"崇鼎""禹鼎"的前身。

《山海经·海内经》："帝令祝融杀鲧于羽郊。"《国语·周语上》："昔夏之兴也，融降于崇山。"如前文所考崇山即降山，"降（绛）山"就是降神之山。晋国的都城"晋"，得名于晋水；另一都城"绛"，得名于绛山；后来迁都于"新绛"，绛山之名因而搬到浍河南岸的紫金山。绛都之名出土文字一律写作"降"，传世文献一律写作"绛"。战国晚期秦占领"故绛"和"新绛"之后，设有"降县"或"降亭"，西安相家巷出土秦封泥有"降丞之印"，即降县或绛邑之丞的封印①。侯马乔村墓地战国晚期出土器物上屡见"降亭"戳记，依惯例为"降（绛）邑市亭"之省②。翼城"苇沟—北寿城"遗址试掘出土的战国"降亭"陶文，与侯马晋国遗址出土的几乎完全相同③。

准上可知晋国之"绛"都，原本作"降"，文献因音同形近误作"绛"。都城从"晋"（上升）迁到"降"（下降），都是神灵升降之所。"故降"所降之神为"祝融"，"新降"所降之神就变成"实沈"和"台骀"了。晋平公居新绛，实沈、台骀为祟，史官不习野史故莫能知，卜人知其神而不知其来历，叔向只好求教于博学的子产，方能略述其详。故此新绛祭祀汾神台骀的夯土台基，其始建年代不得早于春秋晚期"子产问疾"（前541年）的那一年。

早期降山就是崇山。《山海经·海外南经》载："狄山，帝尧葬于阳……一曰汤山。"郭璞《注》："狄山即崇山，汤山即唐山，亦今之崇山。"《左传·定公四年》："分唐叔……而封于夏虚。"杜预《注》："夏虚，大夏。"《史记·郑世家》《集解》引服虔曰："大夏在汾、浍之间。"由是观之，鲧、禹父子实际上继承了台骀父子的治水事业，鲧以失败，禹以成功。

台骀古国对应的考古学文化，应该到龙山文化的"陶寺类型"中去寻找。实沈是唐国的因袭对象，很可能与陶寺文化早期有关。崇伯鲧的考古学文化，应该就是二里头文化的"东下冯"类型。

七

唐国将都城建在陶寺的崇山之麓，依山傍水，故是"山川之主"。《国语·鲁

---

① 周晓陆等：《于京新见秦封泥中的地理内容》，《西北大学学报（哲学社会科学版）》2005年第4期。

② 俞伟超：《秦汉的"亭""市"陶文》，《先秦两汉考古学论集》，文物出版社，1985年。田建文：《晋都新田的两个问题》，《中国文物报》2008年9月12日第7版。

③ 北京大学考古专业商周组等：《晋豫鄂三省考古调查简报》，《文物》1982年第7期。

语》载孔子曰："山川之灵，足以纪纲天下者，其守为神。"陶寺人修建的天文台，就是以背景山峰作为巨大的照准器来观测日出方位，从而制定历法颁行天下的，完全符合"纪纲天下"的标准，因而塔儿山就是陶寺人的神山。与众不同的是，当其取代实沈之后，又成了"日月星辰之主"，总之不出"神守之国"的范畴。唐尧修建城墙不是出于军事目的，而是防止水患。城址选在山坡上，东南高而西北低，观象台、王陵和祭祀区在全城最高处，即使大部分城区被淹没，大水也很难漫到此处。观象台、王陵原本在东南城墙外侧，为防止山洪冲击，特地在其外侧再加一道复城，将祭祀区围成一个"小城"；这样即使全城被淹，"小城"也可安然无恙。

洪水来临时，人们可以逃上更高的山坡，但"先王"不能一起逃走，"小城"的设计可使先王安寝；观象台是全城最重要的设施，一并置于"小城"内可保无虞。《左传·襄公二十九年》载吴季札使鲁，鲁人为之歌《唐风》，季札曰："思深哉！其有陶唐氏之遗风乎？不然，何忧之远也？"陶寺"小城"的设计，就是陶唐氏"思深忧远"的一个体现，这是陶寺古城独具特色的地方。

唐国之所以没有将都城置于山川险固的崇山之南，是因为没有军事防御的必要，另外一个原因就是出于天文观测的需要。只有在崇山西北才能观测到太阳从东南方向的崇山顶上升起，借助山峰背景作为定点标志，再以观测狭缝构成巨大的照准器，从而根据日出方向的极限位置，确定冬夏二至的准确日期，发挥"观象授时"的功能。为了防止洪水淹没，不能在平地起建，故选在山脚低缓的坡地上，略微朝上仰望，因此陶寺观象台实际位于一个"倒栽坡"上。

尧都的地势较高，但更多的农业人口生活在平原地区，尤其是汾水、浍河下游，"土厚水深"，既是最肥沃的土地，也是水患最严重的地区。尧帝时代可能比台骀时期的灾害更为严重，先是发生了严重的旱灾，《淮南子·本经训》载："逮至尧之时，十日并出，焦禾稼，杀草木，而民无所食。"接着是前所未有的大洪水，《书·尧典》载："汤汤洪水方割，荡荡怀山襄陵，浩浩滔天。"尧帝根据"四岳"的建议启用崇伯鲧治水，"九载绩用弗成"。其时尧帝已在位七十载，年老力衰，不得不考虑启用贤能重建国家的问题。

八

五帝时代中国社会已经出现一种"神圣同盟"，诸"神守之国"共推一个天下共主，称为"帝"。众神国祭祀的最高神是"天帝"或"上帝"，只有"天帝"的子孙"天子"才能祭祀"天帝"，并代表天帝统治人间，就是"下帝"，简称"帝"。"下帝"通过"绝地天通"垄断了与上帝沟通的唯一渠道，这种最高神权的合法来源就是血缘关系——世系，文献称之为"帝系"。不在"帝系"中的人是不会被接受称

"帝"的。传说中的"三苗""九黎""共工"等先后"争帝",都没有成功。

在"神圣同盟"之下还有次一级的霸主,他们是祀守最有名大山的"四岳"。再次一级就是"伯",如河伯、崇伯等。再下就是一般的神守之国了,有山主、川主、日主、月主、星主等。谁占据了有名的大山,谁就在"神圣同盟"中占有相应的地位,"崇伯鲧"是地位较高的一位。尧都在崇山之北,崇伯鲧的地盘在崇山之南,他们可能从不同的山坡祭祀不同的神主,尧帝称其为"汤"(唐),伯鲧称其为"崇"。神国同盟的分级分层,是社会复杂化的体现,它就像一座金字塔,尧帝居于金字塔的顶端,这就为统一国家的产生创造了条件。总之,五帝时代的"神圣同盟",为文明国家的诞生奠定了基础。

帝位的传承,按传统是基于帝系血统。《史记·五帝本纪》说:"尧知子丹朱之不肖,不足以授天下。"《孟子·万章》:"丹朱之不肖,舜之子亦不肖。"《说文》:"肖,骨肉相似也。从肉,小声。不似其先,故曰不肖。"有"不肖之子"可能是尧舜"禅让"的真正原因。儿子长得不像父亲,这是牵涉到继承权的一个很严重的问题。因为古人相信"感生"的说法,如"吞雀卵""践大人迹""践龙涎""梦某帝"或"感某帝之精"等均能使妇人怀孕。如果"不肖"其父,很可能就不是亲子,取消其继承权就是顺理成章的了。

尧帝选择虞舜做继承人,"以二女妻之",实际上是"传婿不传子",没有脱离"家天下"的传统。《尧典》说:"正月上日,受终于文祖。"《毛诗序·蓼莪》:"孝子不得终养尔。"《汉书·货殖传》:"所以养生送终之具,靡不皆育。"据此《尧典》"受终"是指虞舜接受了对尧帝养老送终的义务。因其子"不肖",改由女婿终养,还是属于家庭权利义务的问题。

《竹书纪年》有更惊人的记载:"尧之末年,德衰,为舜所囚";"舜囚尧,复偃塞丹朱,使不与父相见";"舜囚尧于平阳,取之帝位";"舜篡尧位,立丹朱城,俄又夺之。"①《韩非子·说疑》:"舜偪尧,禹偪舜,汤放桀,武王伐纣,此四王者,人臣弑其君者也。"不管尧舜"禅让"的真相如何,政权还是以和平方式完成了过渡,没有像汤武革命那样发生流血战争。因此,对于尧舜"禅让",我们不能像儒家那样拔高到无上道德的境界,但这种无奈的选择,在客观上还是对历史进程产生了巨大影响。

九

《尚书·尧典》记录尧帝政绩全文四百余字,一半篇幅记载他任命四位天文官去四方观测天象,制订历法;另一半篇幅记载他考察培养虞舜接班,顺便提一下鲧治水

---

① 范祥雍:《古本竹书纪年辑校订补》,上海人民出版社,1962年,6、7页。

没成功。仿佛他一辈子只干了天文和禅让这两件事情，国家大事千头万绪，内政外交军事经济，他似乎都绝口不提，只谈天文历法，这在现代人看来是难以理解的[①]。

实际上尧帝重视天文历法是具有深谋远虑的战略决策，对于促进神国同盟向政治实体转化，建设真正意义上的文明国家具有决定性的作用。尧帝虽然高居盟主的地位，但各神守之国相对独立，各国政令根据自己的地方历法来颁发，各行其是。如《国语·周语》记载："《夏令》曰：'九月除道，十月成梁。'"《诗经·七月》记载豳（邠）地的时令"九月筑场圃，十月纳禾稼"；"九月肃霜，十月涤场"等。夏商周"三代异政"，夏正建寅，殷正建丑，周正建子等，就是源于各自古国的历法。自"古国"进入"王国"，三王以"天命"自居把各自先公的历法推向全国，以表明"普天之下，莫非王土；率土之滨，莫非王臣"。

对于祀守山川的神国而言，因地理纬度不同，各地的物候、气象和农事也不尽相同，因而历法的年始也可能不同。对于祀守日月星辰的神国而言，制订的日历（阳历）、月历（阴历）、五星历等"七政"，也不可能相同。神圣同盟的建立，有利于息止成员国之间的争端，但政令不一和文化差异还是会引发深层次的矛盾。因此制订统一历法，使"七政"齐同（日月合璧、五星连珠），"四始"（年始、气始、月始、日始）合一，实现政令统一，是建立专制王权的首要关键。陶寺观象台就是顺应这种历史大趋势的产物。

还有一个很重要的因素就是祭祀的需要。观象授时指导农业生产，只是观象台功能的一个方面，还有一个更重要的功能就是祭祀天神，包括祭祀最高神昊天大帝以及日、月、星辰、掌管时令节气的季节神等一系列需要"以时祭祀"的神灵。《左传》曰："国之大事，在祀于戎"，祭祀放在军事之前；《尧典》把"钦若昊天"排在"敬授民时"之前。在人们的观念中，祭祀神灵，比军事和农业生产重要得多。

一个民族和国家，往往有自己独特的"祀典"，常规的祭祀特别讲究时间性，称为"时祭"，如果不能"以时祭祀"或者"祭祀以时"，错过了祭祀时间，鬼神就享受不到了，祭祀者也就不能得到神灵的庇佑。在所有的祭祀活动中，只有冬至那一天的祭祀，规格最高，场面最大，气氛最隆重，因为这一天要祭祀最高神——昊天上帝。《左传》说："正月至日，有事于上帝；七月至日，有事于祖。"《左传》用的是《周历》，月份比《夏历》延迟两个月，所说的"正月至日"就是《夏历》的十一月冬至；"七月至日"就是《夏历》的五月夏至。这是冬至祭祀"上帝"的直接记载。

《尚书·尧典》说"历象日月星辰"，说明观象台除了观测日出之外，还有可能观测月亮、行星以及较亮恒星的出山方位，以确定月神和列位星官当值的日期。在古人看来，日神、月将，以及天上的星官，在他们当值的日期，主宰着人间的祸福，因此要"以时祭祀"，才能获得天神的保佑，以使献祭者逢凶化吉，遇难呈祥。观象台

---

① 江晓原：《〈尚书·尧典〉之释读》，《天学外史》，上海人民出版社，1999年。

的作用就是要让人们能够准确地判断各位天神的值日时间。陶寺先民为什么要建造巨大的观象台把冬至测准很准？因为时间不准，上帝就不会来临。《周礼·大司乐》记载："冬日至，于地上圜丘奏之，若乐六变，则天神皆降。"这表明在隆重的祭天仪式上，必须有场面宏大的音乐伴奏。陶寺遗址发现有大型鼍鼓，巨型陶鼓，硕大的石磬，以及铜铃等乐器，加上朽烂无存的竹木丝类乐器，一支气势磅礴的大型乐队隐然现形。如此巨无霸的乐器组合，即使在秦汉以后高度发达的文明社会，也难得一见。人们不禁要问，在那久远的年代，有必要把乐器造得如此之大吗？是什么动力促使陶寺先民对音乐倾注了如此大的热情？当我们发现了陶寺观象台的时候，终于找到了答案，原来这一切，都是为了致敬于鬼神。

依据陶寺观象台的观测可以制订"日历"，即太阳历。但《尚书·尧典》记载的却是一种根据"四仲中星"制订的"星历"（恒星历），这又作何解释呢？先看《尧典》原文：

乃命羲和，钦若昊天，历象日月星辰，敬授民时。

分命羲仲，宅嵎夷曰旸谷。寅宾出日，平秩东作。日中星鸟，以殷仲春。厥民析，鸟兽孳尾。

申命羲叔，宅南交，平秩南为，敬致。日永星火，以正仲夏。厥民因，鸟兽希革。

分命和仲，宅西曰昧谷。寅饯纳日，平秩西成。宵中星虚，以殷仲秋。厥民夷，鸟兽毛毨。

申命和叔，宅朔方曰幽都。平在朔易。日短星昴，以正仲冬。厥民隩，鸟兽氄毛。

帝曰咨汝羲暨和，期三百有六旬有六日，以闰月定四时成岁。

所谓"出日""纳日"，就是观测日出入方位；鸟兽交尾、换毛等属于物候；"日中"（日平均）、"日永"（白昼最长）、"宵中"（夜平均）、"日短"（白昼最短），是昼夜长短变化的极值和平均值；"星鸟""星火""星虚""星昴"就是"四仲中星"。回归年长度取整数为366日，"闰月"表明调和了"日历"（太阳历）和"月历"（太阴历）。

物候受地理纬度影响比较明显，战国秦汉以后文献中的"二十四气、七十二候"，实际上是从中原地区总结出来的地方"气候"。日出方位和昼夜长短虽受地理纬度影响，但其极值恒定对应冬至和夏至日，平均值对应春分和秋分日，从而可与"四仲中星"固定对应起来。对于祀守山川的神国而言，陶寺观象台的功能，完全可以把纬度位置不同的神国历法统一起来。对于祀守日月星辰的神国而言，只能依靠"四仲中星"制订的"恒星历"来实现统一，这就是《尧典》所说的"在璇玑玉衡，以齐七政"。

关于"四仲中星"，孔颖达《疏》曰："马融、郑玄以为星鸟、星火谓正在南方。春分之昏，七星中；仲夏之昏，心星中；秋分之昏，虚星中；冬至之昏，昴星中，皆举正中之星……王肃亦以星鸟之属为昏中之星。"《新唐书·天文志》载唐僧一行《〈大衍历〉议·日度议》曰："（立春）日至营室，古历距中九十一度"；又曰："古历，冬至昏明中星去日九十二度。"即从冬至到立春的"中星"位置，距离"日在"位置91～92度，实际上等一"句距"（直角）。因为古人以"日行一度"为标准，日行一年得周天365.25度，除以四约为91.3度，"九十一度"或"九十二度"是取其整数而言，等于360°制的直角90°。

这是一个简单而又合理的规定，即冬至"日距中"一句距。据此很容易推算冬至点的位置：以冬至昏中星"昴星"为0°，向西推90°得日在虚宿。故一行《日度议》曰："古历，日有常度……自帝尧演纪之端，在虚一度……日在虚一，则鸟、火、昴、虚皆以仲月昏中，合于《尧典》。"我们来看4200多年前的实际天象（图五）：

如图所示，现在的北天极位于"勾陈一"（小熊座α星）附近，由于岁差的原因，四千多年前天极正好位于"右枢"星（天龙座α星）附近。回推到"右枢"星作为北极星的年代，昴星（昴宿）

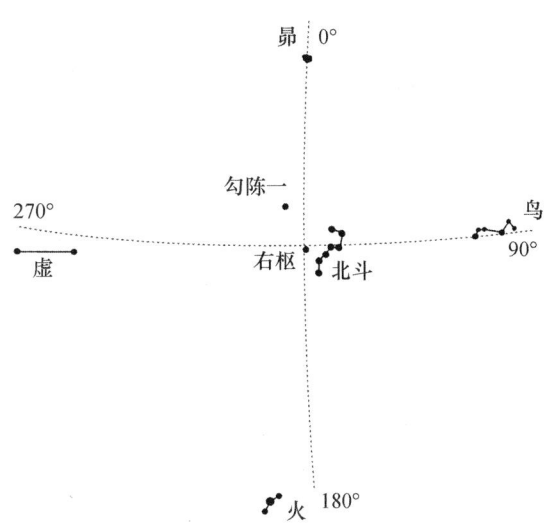

图五　公元前2200年的"四仲中星"
（源自SkyMap天象演示软件）

正好位于0°赤经上，与春分点（春分时刻太阳在黄道上的位置）所在的赤经相同。鸟星（二十八宿的"星宿"又称"七星"）的距星（标准星）"星宿一"（长蛇座α星），正好位于90°赤经上，与夏至点的赤经相同。火星（心宿）的距星"心宿一"（天蝎座σ星），虚星（虚宿）的距星"虚宿一"（水瓶座β星），分别位于180°赤经（秋分点）和270°赤经（夏至点）附近。

实际星象表明，四"中星"的间隔基本上是由"句距"（90°）近似等分出来的，由于句距上并不总是正好有可见星，只能在其附近寻找亮星，因此句距划分是近似的。更为重要的是，四"中星"分别对应"二分二至"点，尤其是冬至中星"星昴"对应春分点，春分中星"星鸟"对应夏至点，非常吻合。这样整齐地划分天区，必有一个实测的标准点，这个标准点就是"星昴"，因为昴星团非常明亮（视亮度1.6星等），周围没有其他亮星可以混淆，肉眼可以毫不费力找到它，机缘巧合的是它正好与春分点位于同一距度（赤经）上。因此其他"中星"是基于昴星位置通过矩尺划分出来的[①]。

通过上面的分析可以得出结论，所谓"四仲中星"表面上是四个仲月的"昏中星"，实际上反映的是春秋分和冬夏至时的"日在"（太阳位置），"中星"与"日在"相距90°而耦合。"四仲中星"是集"中星""日在"于一体的一个天文历法结构，我们不妨称之为"《尧典》模式"。它以同一恒星两次在同一时刻中天的间隔为一年，相当于现代历法中的恒星年，基于恒星年的历法称之为"恒星历"。"中星"只与太阳的视位置有关，而与地理纬度、日出入方位、太阳正午高度、昼夜长短等没有关系，因而适合用来统一其他地方历法。

在实际观测中，在不同的纬度位置，根据日光影响程度调整昏时长度，就可以得到相同的中星。昏时长度是根据太阳落入地平面的深度决定的，例如现代天文学一般规定太阳中心在地平下6°时为民用昏影终，天空尚明亮；太阳在地平下12°时为航海昏影终，景色模糊，星象出现；太阳在地平下18°时为天文昏影终，日光影响完全消失。在低纬度地区太阳越接近直射，落入地下的速度越快，昏时越短；在高纬度地区，太阳斜射越厉害，下降同样深度经历的时间越长，昏时越长。中国古代的漏刻制度就是根据昏长变化制订的，一直沿用到清代西方机械钟传入以前。《尧典》的中星观测已经考虑昏长变化，是漏刻制度的开端。在不同地区，当人眼感觉相同的曚影强度时，表明太阳下降在相同的深度，在此时观测中星必定得到相同的结果。尧帝派四人到四方偏远地方去分别测得四个"中星"，实际上不需要跑到边远地方去，在都城也会得到同样结果。尧帝深谋远虑的是，有了远征官员从遥远边疆得来的观测事实做支撑，就可以通过"恒星历"把"七政"统一起来，从而把陶寺观象台观测制订的历法，推行普天之下。这才是尧帝实施"天文远征"的真正目的！统一"七政"的结果，是极大地促进了神圣同盟向统一王国的转化。

天文学发达是中国古代文明的显著特征，中国文明的起源也与天文学的发展密不可分，大自然提供的天文背景起到了恰到好处的刺激作用。建立"王国"政权，文献称之为"建中立极"，就是修筑一个都城，作为天下的中心。《周礼》曰："唯王建国，辨方正位，体国经野，设官分职，以为民极。"孔子曰："为政以德，譬若北辰，居其所而众星拱之。"王者居中，为民立极，就是"建中立极"。人间的"中极"是模仿天上的"天极"建立起来的，这就要求"北极"能被看得到。如果北极上没有一颗能够看得见的"极星"，人们很难想象王者鼓吹的"建中立极"是出自"天命"。现代天文学原理揭示由于岁差原因，北极以约23.5°的角距围绕黄极划圈，每26000年旋转一周。在距今6000～4500年长达一千多年的时间内，北极附近没有明显的亮星可以作为标志，到了四千多年前后，一颗中等亮度星（视星等3.65）"右枢"星（天龙座α）出现在北极附近。这使人们看到天上有一个唯一的"中心"，所有的星

---

① 武家璧：《〈尧典〉的真实性及其星象的年代》，《晋阳学刊》2010年第5期。

星都围绕着它旋转。"天上"只有一个"中心","天下"也只能有一个"中心",由此萌生了"王者居中"、建立"中国"的人间理想。

就天文学本身而言,由于北极和拱极星受到重视,形成了中国天文学的天极和赤道特征[①]。欧洲天文学的传统是以黄道坐标为基础的,中国古代对天空的区划和度量则是带有天极和赤道特征的赤道系统。二十八宿的距离就是一种赤经差,而距星的去极度就是赤纬的余角。《尧典》模式表明赤道天文学系统在尧帝时代已经建立起来。

第二个影响深远的天文事件,就是昴星与春分点赤经(距度)高度重合,这使历法上的"中星"与"日在"耦合成为可能。尧帝时代的天文学家正是抓住了这一千载难逢的机遇,建立了独具特色的天文学体系。大自然的恩赐在中国文明起源的关键时期发挥了重要作用。

尧帝之子"不肖"其父,崇伯鲧治水失利,是引发尧帝禅让的两大原因。高贵的血统,神圣的世系,自古以来就是政权合法性的理想来源。虞舜出生平民,自五世祖开始已经"微为庶人",《孟子》甚至说舜是"东夷之人",他的血统不在"帝系"之中,如何认同其政权的合法性,是一个根本性问题。观象台和天文历法发挥了重要作用。

在远古时代,科学和原始宗教尚未分离,一些科学知识通过人们的宗教观念得以体现。陶寺观象台就是一个很好的例证,它既是一个科学观测设施,也是非常重要的宗教活动场所。它利用大自然的变化规律,采用严格的观测事实,准确地锁定祭祀日期。如果不在这些最佳日期如期祭祀神灵,就可能得不到神灵的保护,灾祸就会降临。先民们实际上掌握了一些自然变化的科学规律,但他们相信这些规律,就是神的意志的体现。我们现在使用的"科学"一词,在那个时代就是"神"的化身。在"神性"的背后,反映了当时社会的科学知识和进步水平。

陶寺观象台表现了很高的天文学理论知识和观测水平,代表了中国上古史上一个天文学十分发达的时代。可以与这个时代相当的历史人物,就是千古一帝——尧帝。天文历法是人类通天的法宝,是人间帝王与"天帝"沟通的桥梁,如果平民出生的虞舜,掌握了天文仪器和观测方法,能够颁授历法,就等于掌握了"天命"!谁还敢质疑他接掌政权的合法性?

观象台和天文历法对于政权的重要性,以及在禅让过程中发挥的重要作用,可以从以下方面得到证明。首先,观象台是"建中立极"的象征。修建都城要确定两条基线,一条是指向正北方向的"指极线",一条是都城的"中轴线"。如果城墙的走向

---

① 李约瑟:《中国科学技术史》(第四卷天学第一分册),科学出版社,1975年,138页。

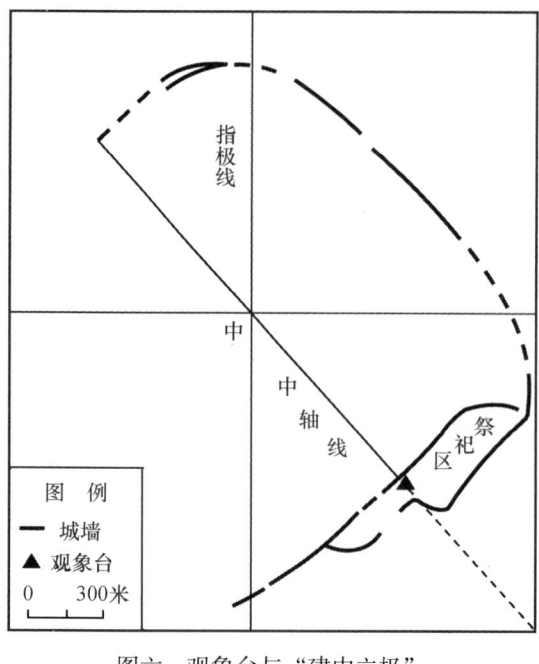

图六 观象台与"建中立极"

恰好与正东西、正南北方向吻合，那么"指极线"和"中轴线"就可以合二为一。但尧帝没有作这样简单的处理，他深思远虑，要为国家修筑一座天文台，以使自己和将来的继任者能够秉承"天命"，保障国家政权的长期稳定。按照古老的习惯，国家最大的祭祀活动，就是在冬至那天举行"祭天"大典，那一天要"寅宾出日"。天文台必须修建在城市"中轴线"的南端，正面朝向东南方向，以便迎接冬至日出。由于天文台必须面向东南向，那么它所在的"中轴线"势必指向西北方向，与"正南北"方向的"指极线"构成45°的夹角。建"中轴线"、立"指极线"，就是"建中立极"（图六）。

陶寺古城的选址，应该是首先确定观象台地点，以此找到大地的东南—西北维，作为城址的"中轴线"；继而在中轴线上确定城市的中心，由中心"引绳希望"北极星，确定"指极线"；以"指极线"连接城墙的对角，那么"中轴线"就必定指向东南方向了。"中轴线"与"指极线"的交点就是城市的中心。于是，城墙的北角落在"指极线"上，观象台位于"中轴线"的南端。这样的设计，保证了观象台朝向冬至日出的方向——东南方。"中轴线"南端是一个非常重要的特征位置，后世的都城都在这个位置上设置"国门"；陶寺古城将这个重要位置给予了观象台。因此，观象台是陶寺古城最重要的建筑，它的存在决定了城墙的走向，和整个城市的布局。由于观象台在中轴线的南端，依靠城墙，原本应该建成圆形"圜丘"的祭坛，设计成为半圆形。它是这个城市的鲜明特色，也是陶寺古城享有文明程度的标志和象征。

其次，观象台观测"天象"是窥测"天命"的直接途径。古国时代"帝位"的继承依据血缘关系，天神之子（天子）世世代代传承"天命"，神的世系与"天命"合二为一，这是"神权"时代的特征。天神不会直接向人间喊话，而是通过"天象"向人们传递信息。《易经》曰："天垂象，见吉凶，圣人则之。"孔子曰"天何言哉？四时行焉，万物生焉，天何言哉！"人间要窥测"天命"，最直接的途径就是观测"天象"。尧帝之所以要建造宏伟的天文台，就是想要读懂"天象"这一上帝的特殊语言，以便更好地执行"天命"。虞舜本人不具有帝系血统，要顺利地完成政权交接，只能借助"天命"。于是观象台理所当然地承载起这一重大的历史使命。

第三，"历数"是"天命"的载体。《论语·尧曰》载："尧曰：'咨尔舜！天之历数在尔躬，允执其中。四海困穷，天禄永终。'舜亦以命禹。"在尧舜禅让的过程中，政治嘱托主要是两项，一是掌握好"历数"即天文历法；二是"执中"即到天下之中去"建中立极"，不要去"四海困穷"之地建都。

第四，移交天文仪器是政权交接的重要仪式。《尚书·尧典》载："正月上日，受终于文祖，在璇玑玉衡，以齐七政。""文祖"就是尧帝，是文化之祖。《史记·五帝本纪》载："于是帝尧老，命舜摄行天子之政，以观天命。舜乃在璇玑玉衡，以齐七政。""璇玑"可能是定位北极点的仪器，其具体构造已很难知晓。"玉衡"是用来指向观测对象的玉

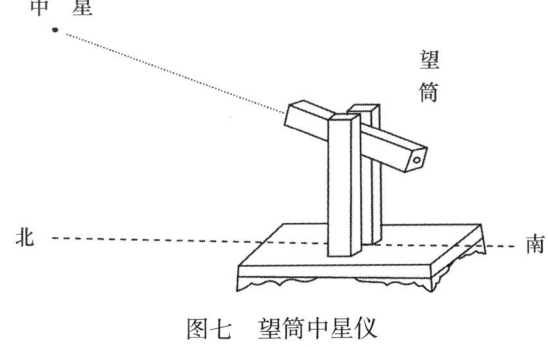

图七 望筒中星仪

管，像天平衡杆一样可以转动，类似于《营造法式》的"望筒"。将望筒对准"正南北"即天子午线上的恒星，就是一台简单的"中星仪"（图七）。

中星两次过中天的间隔是一个恒星日，《尧典》以366个恒星日为一年。此外用中星仪很容易测得北极星、中星以及日月五星"中天"时的高度。"中天"高度是天顶距的余角，"中星"的天顶距加减北极的天顶距就是"去极度"（天顶以南加，天顶以北减）。因此从太阳"中天"（正午）时的高度易知其"黄道去极度"，它是赤纬的余角。也就是说，"太阳赤纬"加"黄道去极"等于直角90°。现代天文学原理告诉我们，"太阳赤纬"与其黄经具有一一对应关系，知道了赤纬就可以推知其黄经，故只需要知晓太阳的"黄道去极度"就可以唯一确定太阳在天球上的准确位置。而太阳位置是划分二十四节气，制订历法的基本依据。另一个方法就是从中星距度推算太阳距度，如前所引"古历冬至昏明中星去日九十二度"，由"日短星昴"向西推九十二度得知太阳"冬至点"在虚宿。总之，观象台可以测得回归年长度和冬夏二至的日期，用"璇玑玉衡"（中星仪）可以测得恒星年长度、昏（旦）"中星"和"日在"位置。

所谓"七政"，就是指太阳、月亮和金星、木星、水星、火星、土星等有各自的运行轨道和会合周期，谓之"七政各异"。通过观象台和中星仪等观测日月五星的位置，掌握"日月如合璧""五星如连珠"的周期，推算它们的共同起点，这就是历法的起算点"历元"和各种历法周期。以根据"中星"测得的恒星历统一日月五星历，就是"以齐七政"。掌握了天文历法，就等于知晓了"天命"。正因为如此，尧帝把"璇玑玉衡"亲手交给舜帝，等于宣布将"天命"和政权转交给了虞舜。

推测"璇玑玉衡"仪器可能安装在观象台上，隆重的"禅让"典礼也可能在观象台上举行。观象台和"璇玑玉衡"是"君权神授"的标志。因此可以说，陶寺观象台是尧舜"禅让"这一历史事件的实物见证。

一一

尧帝"禅让"首次否定了帝位继承中血统的权威性,但他并没有挑战"天命",相反强调了"君权神授"的合法性。虞帝执政伊始,就观象授时,"以齐七政";祭祀上帝、祖宗及山川群神,巩固"君权神授"的政治基础。接着巡行天下,统一度量衡,修治五礼,制订五刑,惩治玩凶,于是"天下咸服"。尤其是启用夏禹治水,彻底根治了水患。就这样"君权"得到空前加强。舜帝也效法尧帝禅让,"舜亦以命禹"(《论语·尧曰》)。国家政权一再"禅让"给有"贤德贤能"的人,所以《史记·五帝本纪》称"天下明德皆自虞帝始"。此前的"君权"由于血缘世袭而具有天然的合法性,此后则由"天神"授予具有"明德"之人,由"君权世袭"一举而变为"君权神授";君权本身则由"神权"一举而变为"王权"。尧舜"禅让"开启了中国历史的新篇章,观象台以及天文历法作为"天命"的载体,在这一历史巨变中扮演了重要角色。

自从尧舜"禅让"之后,"天命无常"的观念深入人心,这实际上为"革命"开启了合法性的大门。夏禹的子孙世袭王权,君权又回归血缘世袭的传统,但历史已经发生巨变,神权时代已变成王权时代,随时都有发生"革命"的可能。成汤放桀,商革夏命;武王伐纣,周革殷命,都是打着吊民伐罪,顺天应人的旗号,采用暴力手段实现了世袭王权的更替。但仍然有所谓"禅让"即政权和平演变的历史事件发生,如曹魏受汉禅,赵宋受周禅等。从尧舜禹汤开始,"禅让""世袭""革命"等成为政权合法性的主要来源,一直贯穿中国文明史的主要历程。"天文历法"作为"君权神授"的标志,随着社会的进步,不断地进行改进和修订,成为中华文化博大精深的精髓所在,也是中华民族伟大智慧的象征。

关于三星堆一期文化的几点认识*

雷 雨

（四川省文物考古研究院）

三星堆遗址自1934年首次发掘以来至2013年，总共进行了19次、面积近10000平方米的考古发掘工作，获得大批实物资料。根据最新研究成果[①]，三星堆遗址的文化遗存共分四期，其中第一期文化遗存时代为新石器时代晚期，其时代跨度、文化面貌与公布材料早、外界比较熟知且同处成都平原的"宝墩文化"几乎完全相同。由于种种原因，迄今为止，三星堆遗址的考古材料，只有1934年燕家院子[②]、1963年月亮湾[③]、1980年三星堆[④]、1986年三星堆祭祀坑[⑤]和1997年仁胜墓地[⑥]等5次发掘的资料正式公布于众，涉及面积不到3000平方米，且多为发掘简报或发掘追记，仅《三星堆祭祀坑》[⑦]为大型的正式报告，因此外界包括学界对三星堆遗址的认识大多局限于青铜时代，而对三星堆遗址新石器时代文化（一期文化）的认识十分有限。仅限于1963年月亮湾[⑧]、1980年三星堆[⑨]、1997年仁胜墓地[⑩]及其对外公布的少量三星堆一期器物，另有部分研

---

* 该成果得到科技部"十二五"科技支撑计划项目《中华文明探源工程及其相关文物保护研究》（项目课题编号：2013BAK08B05）项目资助。

① 四川省文物考古研究院：《广汉三星堆——1980~2000年考古发掘报告》，待出版。
② 葛维汉：《汉州发掘简报》，《华西边疆研究会会志》（第6卷），1936年。
③ 马继贤：《广汉月亮湾遗址发掘追记》，《南方民族考古》（第五辑），四川科学技术出版社，1992年。
④ 四川省文物管理委员会等：《广汉三星堆遗址》，《考古学报》1987年第2期。
⑤ 四川省文物管理委员会等：《广汉三星堆遗址一号祭祀坑发掘简报》，《文物》1987年第10期。四川省文物管理委员会等：《广汉三星堆遗址二号祭祀坑发掘简报》，《文物》1989年第5期。
⑥ 四川省文物考古研究所三星堆遗址工作站：《四川广汉市三星堆遗址仁胜村土坑墓》，《考古》2004年第10期。
⑦ 四川省文物考古研究所：《三星堆祭祀坑》，文物出版社，1999年。
⑧ 马继贤：《广汉月亮湾遗址发掘追记》，《南方民族考古》（第五辑），四川科学技术出版社，1992年。
⑨ 四川省文物管理委员会等：《广汉三星堆遗址》，《考古学报》1987年第2期。
⑩ 四川省文物考古研究所三星堆遗址工作站：《四川广汉市三星堆遗址仁胜村土坑墓》，《考古》2004年第10期。

究文章涉及了1984年西泉坎[①]和1986年三星堆[②]的少量一期器物。发现晚，堆积薄，遗物少，分布范围小，聚落等级不高，这是外界对三星堆遗址一期文化的普遍认识。

2006~2013年，四川省文物考古研究院在《广汉三星堆——1980~2000年考古发掘报告》[③]的整理过程中，通过对历年发掘资料的全面梳理，发现三星堆遗址一期文化遗存的分布范围以及遗物数量远较以往的认识宽泛和丰富。

一、分布范围

三星堆遗址总共进行的19次考古发掘分布于23个发掘点，分别是1934年燕家院子，1963年月亮湾西，1980年三星堆北，1982年三星堆南，1984年西泉坎，1984年三星堆北，1986年三星堆北、南地点，1986年三星堆祭祀坑，1988年三星堆城墙，1989年东城墙，1991年西城墙，1994年南城墙西、中、东、南地点，1997年仁胜墓地，1999年月亮湾城墙，2000年月亮湾西，2005年青关山，2013年青关山，2013年仓包包城墙和2013年真武宫城墙等地点，其中一期文化遗存分布于除1934年燕家院子、1986年三星堆祭祀坑、1994年南城墙中、南地点以外的所有发掘点，也就是说共有19个地点发现有三星堆一期的文化遗存，其中发现有明确地层堆积的地点共有14个，分别是1963年月亮湾西（1963GS）、1980年三星堆北（1980GS）、1982年三星堆南（1982GS）、1984年西泉坎（1984GZX）、1984年三星堆北（1984GS）、1986年三星堆北（1986GS）、1989年东城墙（1989 GSHL）、1994年南城墙西（1994GSLⅠ）、1997年仁胜墓地（1997GSDg）、1999年月亮湾城墙（1999GSZY）、2000年月亮湾西（2000GSGg）、2013年青关山土台（2013GSFg）、2013年仓包包城墙（2013GSHf）和2013年真武宫城墙（2013GSGg）地点。

粗略地估算，以有明确地层堆积为标准计算出来的三星堆遗址一期文化遗存的分布范围约为3.7平方千米，此外，还有约1.3平方千米的分布范围虽未发现有三星堆一期的地层堆积，但在三星堆二~四期的地层或遗迹单位中伴随有一期遗物的出土，两者合计，三星堆遗址一期文化遗存的分布范围约为5平方千米（图一）。

根据已公布的数据，与三星堆一期文化同时期的成都平原"宝墩文化"城址群各城址的面积分别为：

新津宝墩古城——以第二期城址城墙壕沟的外侧边为界，城址面积约2.76平方千

---

① 陈显丹：《广汉三星堆遗址发掘概况、初步分期》，《南方民族考古》（第二辑），四川科学技术出版社，1989年。

② 陈显丹：《广汉三星堆遗址发掘概况、初步分期》，《南方民族考古》（第二辑），四川科学技术出版社，1989年。

③ 四川省文物考古研究院：《广汉三星堆——1980~2000年考古发掘报告》，待出版。

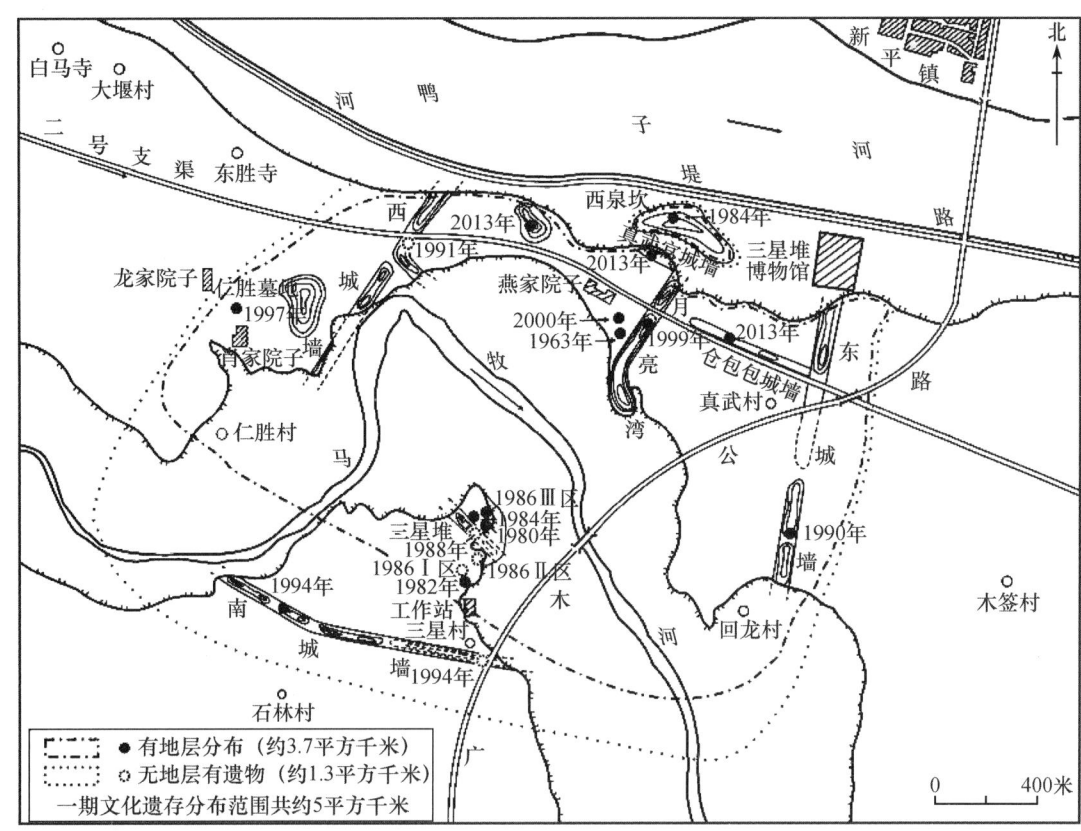

图一　三星堆遗址一期文化遗存分布范围示意图

米（第一期城址面积约0.66平方千米）[①]。

温江鱼凫古城——城址面积约0.4平方千米[②]。

郫县古城——城址面积约0.33平方千米[③]。

---

① 成都市文物考古工作队等：《四川新津县宝墩遗址调查与试掘》，《考古》1997年第1期。中日联合考古调查队：《四川新津县宝墩遗址1996年发掘简报》，《考古》1998年第1期。成都市文物考古研究所、四川大学历史系考古教研室、早稻田大学长江流域文化研究所：《宝墩遗址——新津宝墩遗址发掘与研究》，有限会社阿普（ARP），2000年。成都市文物考古研究所、新津县文管所：《新津宝墩遗址调查与试掘简报（2009~2010年）》，《成都考古发现（2009年）》，科学出版社，2011年。

② 成都市文物考古工作队等：《四川温江县鱼凫村遗址调查与试掘》，《文物》1998年第12期。李明斌、陈云洪：《温江县鱼凫村遗址1999年度发掘》，《成都考古发现（1999年）》，科学出版社，2001年。李明斌、陈云洪：《温江县鱼凫村新石器时代晚期遗址》，《中国考古学年鉴（2000年）》，文物出版社，2002年。

③ 成都市文物考古工作队等：《四川省郫县古城遗址调查与试掘》，《文物》1999年第1期。成都市文物考古研究所等：《四川省郫县古城遗址1997年发掘简报》，《文物》2001年第3期。成都市文物考古研究所等：《四川省郫县古城遗址1998~1999年度发掘收获》，《成都考古发现（1999年）》，科学出版社，2001年。

大邑盐店古城——城址面积约0.3平方千米①。
崇州紫竹古城——城址面积约0.2平方千米②。
崇州双河古城——城址面积约0.15平方千米③。
都江堰芒城古城——城址面积约0.15平方千米④。
总计：约4.29平方千米（表一）。

表一 成都平原新石器时代遗址面积对比表　　（单位：平方千米）

三星堆遗址一期（文化遗存分布范围）	新津宝墩古城（城址面积）	温江鱼凫古城（城址面积）	郫县古城（城址面积）	大邑盐店古城（城址面积）	崇州紫竹古城（城址面积）	崇州双河古城（城址面积）	都江堰芒城古城（城址面积）
3.7~5	2.76	0.4	0.33	0.3	0.2	0.15	0.15

诚然，上述"宝墩文化"诸城址文化遗存的分布范围应大于其城址面积，同理，三星堆遗址一期文化如发现有城址的话，其城址面积也理应小于其文化遗存的分布范围，但即使将"宝墩文化"城址群中最大的城址——新津宝墩古城2.76平方千米的城址面积扩大三分之一，视为其文化遗存的分布范围，仍不到3.7平方千米，依然小于以有明确地层堆积为标准计算出来的三星堆遗址一期文化遗存的分布范围。因此，就分布范围而言，三星堆遗址应是同时期成都平原最大的一处中心聚落，这一点是可以肯定的。

二、遗存概况

三星堆遗址一期文化地层堆积一般厚0.3~0.6米，14个发现有一期地层堆积的地点中，2013年青关山土台、2013年仓包包城墙和2013年真武宫城墙的发掘工作尚未结束，其余11个地点的一期地层堆积与遗存概述如下：

---

① 陈剑：《大邑县盐店和高山新石器时代古城遗址》，《中国考古学年鉴（2004年）》，文物出版社，2005年。
② 叶茂林、李明斌：《宝墩文化发现新遗址》，《中国文物报》2000年7月12日第1版。叶茂林、李明斌：《崇州市紫竹古城》，《中国考古学年鉴（2001年）》，文物出版社，2002年。
③ 成都市文物考古工作队：《四川崇州市双河史前城址试掘简报》，《考古》2002年第11期。
④ 成都市文物考古工作队等：《四川都江堰市芒城遗址调查与试掘》，《考古》1999年第7期。中日联合考古调查队：《都江堰市芒城遗址1998年度发掘工作简报》，《成都考古发现（1999年）》，科学出版社，2001年。

（一）1963年月亮湾西（1963GS）

这是三星堆遗址最早发现一期文化遗存的地点。

1. 地层堆积

1963GS③，以下为生土。

2. 遗迹

发现小型长方形竖穴土坑墓3座，开口于②层下；未完全暴露出来的长方形建筑基址3组，均开口于③层下。

3. 遗物

主要有陶器、石器和骨器，陶器器类计有喇叭口罐、绳纹花边口罐、敞口平底罐、矮领圆肩罐、宽沿平底尊、高圈足盘、镂孔圈足器、钵、纺轮等（图二），石器有斧、锛、矛，骨器仅见骨锥。

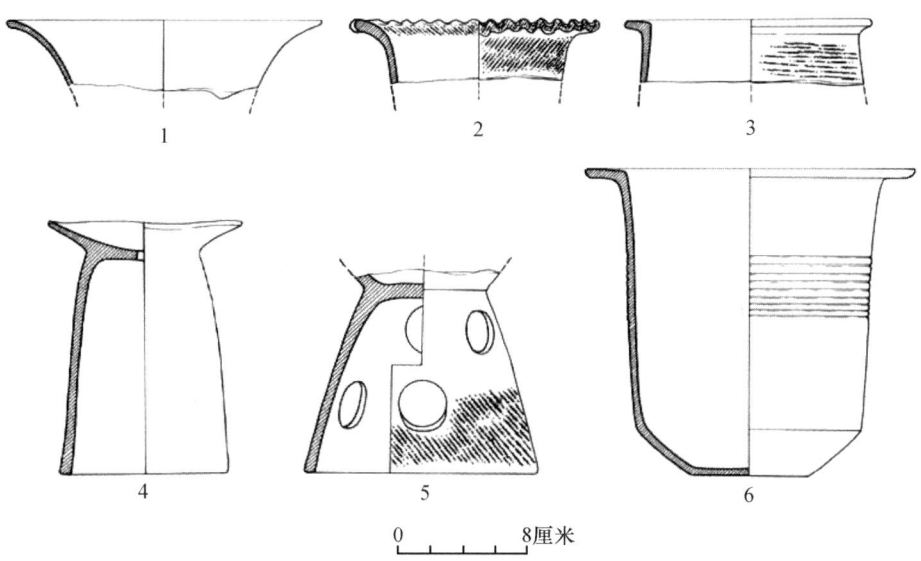

图二　1963年月亮湾西地点一期陶器
1. 喇叭口罐（63GST103③∶4）　2. 绳纹花边口罐（63GST107③∶22）　3、6. 宽沿平底尊（63GST108③∶28、63GST104③∶3）　4. 高圈足盘（63GSM1∶2）　5. 镂孔圈足器（63GST104③∶15）

(二)1980年三星堆北(1980GS)

1. 地层堆积

1980GS④、⑤,以下为生土。

2. 遗物

主要有陶器和石器,陶器器类计有喇叭口罐(壶)、绳纹花边罐、盘口圈足尊、宽沿平底尊、高圈足盘、镂孔圈足器、器盖等(图三),石器计有石铲和石叶两种。

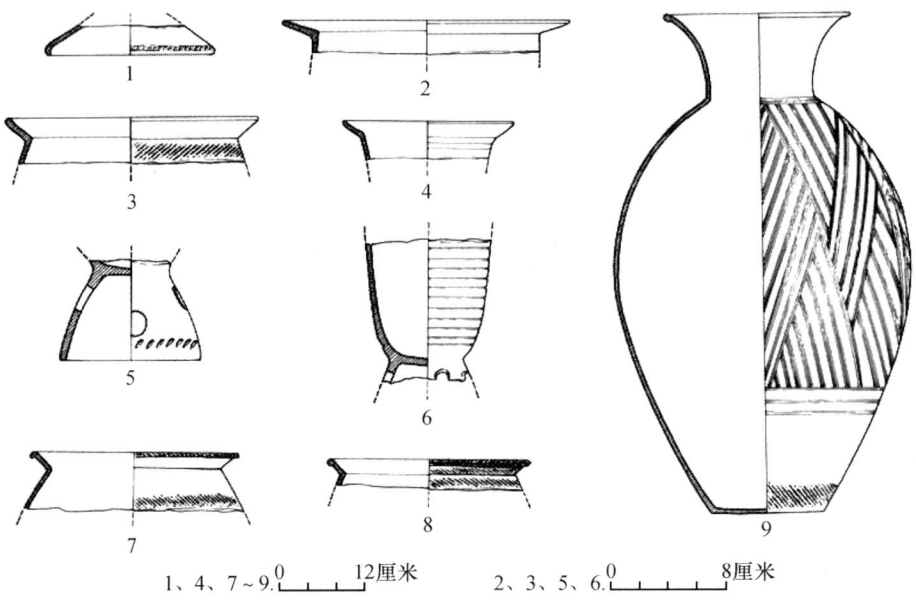

图三 1980年三星堆北地点一期陶器

1. 器盖(80GSCcT1④:4) 2. 宽沿平底尊(80GSCcT2④:20) 3. 宽折沿罐(80GSCcT2⑤:14) 4、6. 盘口圈足尊(80GSCcT2⑤:17、80GSDbT2⑤:1) 5. 圈足器(80GSCcT2④:27) 7、8. 绳纹花边口罐(80GSAaT3④:141、80GSCcT2④:8) 9. 喇叭口罐(80GSDaT2⑤:38)

(三)1982年三星堆南(1982GS)

1. 地层堆积

1982GS④,以下为生土。

2. 遗物

仅发现陶器,器类计有喇叭口罐(壶)、绳纹花边口罐、宽(折)沿尊形器、镂孔圈足器等(图四)。

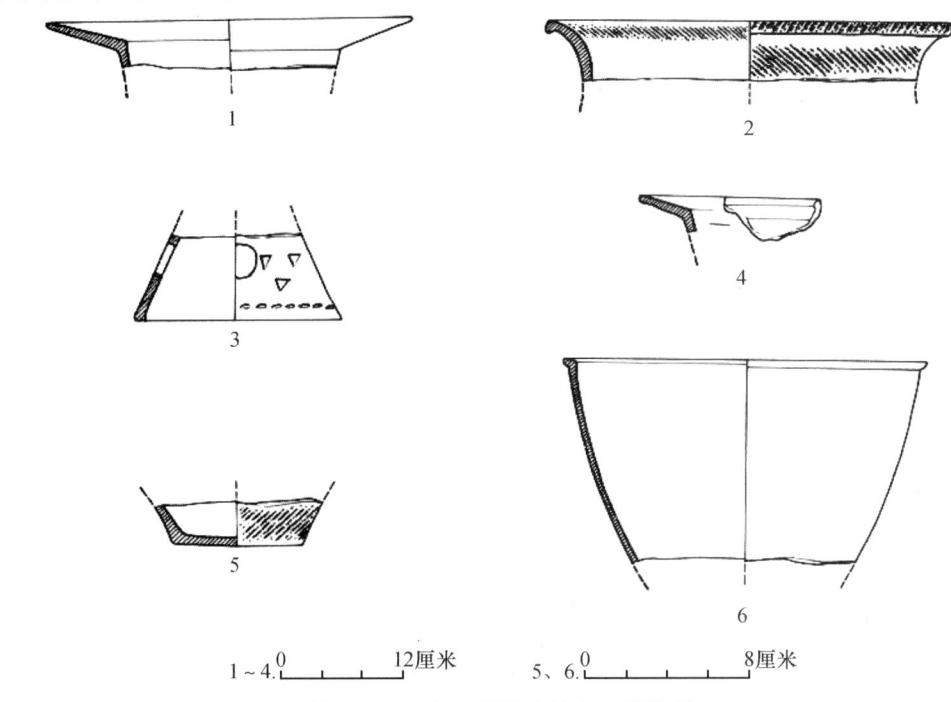

图四 1982年三星堆南地点一期陶器

1、4、6. 宽(折)沿尊形器(82GST1④:111、82GST1④:177、82GST1④:46) 2. 绳纹花边口罐(82GST2④:29) 3. 圈足器(82GST1④:191) 5. 器底(82GST1④:187)

（四）1984年西泉坎（1984GZX）

1. 地层堆积

1984GZX④、⑤（未挖掘至底）。

2. 遗物

主要有陶器和石器，陶器器类计有宽折沿罐、盘口圈足尊、盘口尊、喇叭口罐（壶）、窄沿盆、绳纹花边口罐、绳纹花边口尊形器、圈足器等（图五），石器器类有锛、凿、球等。

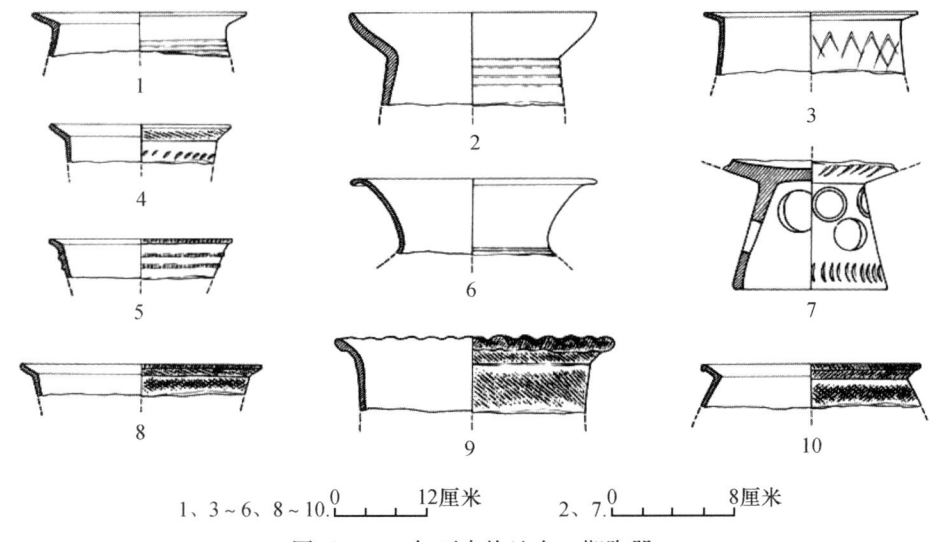

图五　1984年西泉坎地点一期陶器

1、3. 宽沿平底尊（84GZXBbT1⑤：25、84GZXDbT1④：133）　2. 盘口圈足尊（84GZXDbT1⑤：131）
4. 盘口尊（84GZXDbT1⑤：132）　5. 窄沿盆（84GZXAbT2④：43）　6. 喇叭口罐（84GZXDbT1④：121）
7. 圈足器（84GZXDbT1④：159）　8. 绳纹花边口尊形器（84GZXBbT1④：21）　9、10. 绳纹花边口罐
（84GZXDbT1⑤：230、84GZXDbT1⑤：114）

（五）1984年三星堆北（1984GS）

1. 地层堆积

1984GS ⑤、⑥，以下为生土。

2. 遗物

主要有陶器和石器，陶器器类计有喇叭口壶（罐）、宽沿翻领罐、宽折沿罐、宽（折）沿尊形器、绳纹花边口尊形器、绳纹花边口罐、器盖、圈足器等（图六），石器器类有斧、锛、凿、球等。

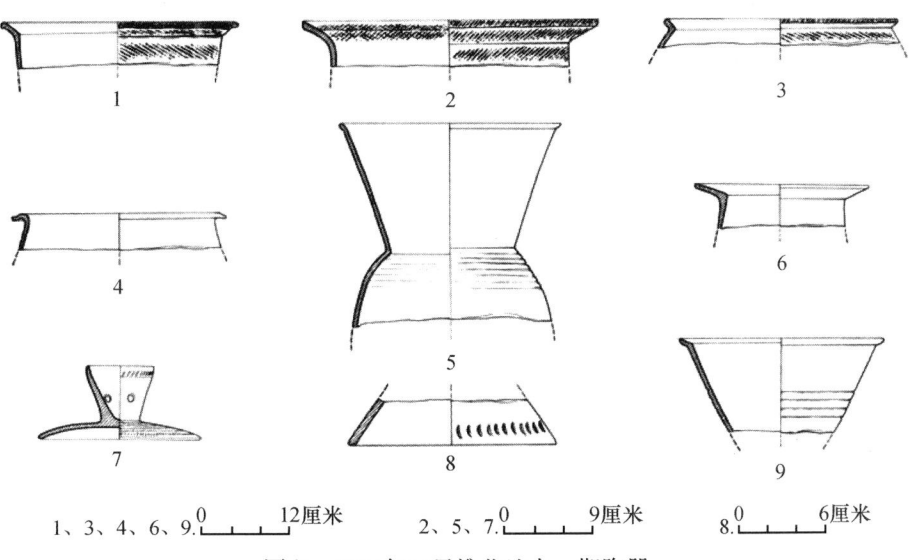

图六　1984年三星堆北地点一期陶器

1、2. 绳纹花边口尊形器（84GST003⑥：286、84GST104⑥：139）　3. 绳纹花边口罐（84GST004⑤：125）
4. 宽沿翻领罐（84GST104⑥：272）　5. 喇叭口壶（84GST003⑤：117）　6. 宽折沿罐（84GST003⑥：289）
7. 器盖（84GST003⑤：143）　8. 圈足器（84GST104⑤：236）　9. 宽（折）沿尊形器（84GST003⑤：160）

（六）1986年三星堆北（1986GS）

1. 地层堆积

1986 GSⅢ⑭、⑮、⑯，以下为生土。

2. 遗迹

仅见一开口于⑮下的灰坑，H19，近圆形，未发掘完毕。

3. 遗物

主要有陶器和石器，陶器器类有宽沿翻领罐、宽折沿罐、宽沿尊形器、盘口尊形器、喇叭口壶（罐）、绳纹花边口罐、窄沿盆、圈足盘、圈足器等（图七），石器器类有锛、穿孔石器等。

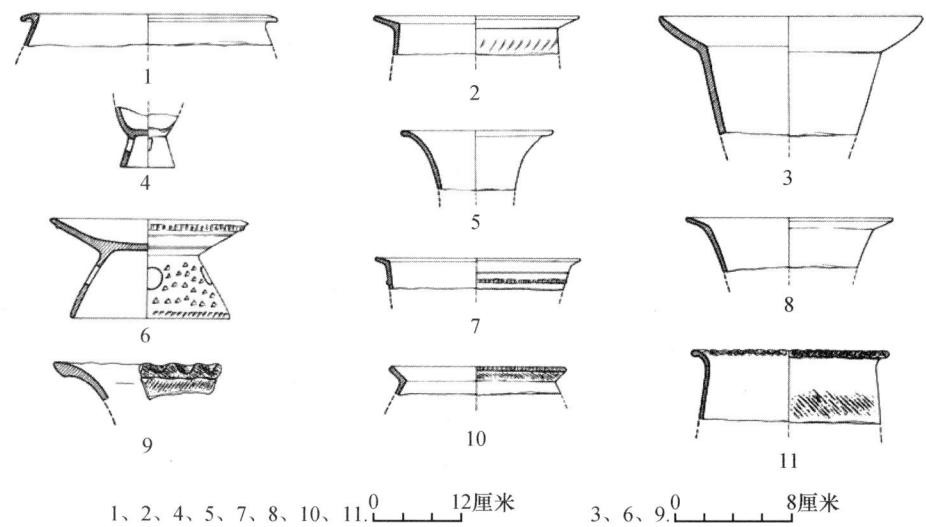

图七　1986年三星堆北地点一期陶器

1．宽沿翻领罐（86GSⅢT1416⑮：664）　2．宽折沿罐（86GSⅢT1416⑮：351）　3．盘口尊形器（86GSⅢT1415⑯：70）　4．圈足器（86GSⅢH19：123）　5．喇叭口壶（86GSⅢT1416⑭：661）　6．圈足盘（86GSⅢT1415⑮：28）　7．窄沿盆（86GSⅢT1415⑭：128）　8．宽沿尊形器（86GSⅢT1416⑯：668）　9~11．绳纹花边口罐（86GSⅢT1415⑯：1020、86GSⅢT1416⑯：692、86GSⅢH19：79）

（七）1989年东城墙（1989 GSHL）

1. 地层堆积

1989 GSHL⑪、⑫、⑬，以下为生土。

2. 遗物

主要有陶器和石器，陶器器类有宽折沿罐、宽沿尊形器、敞口圈足尊、高圈足盘、喇叭口罐（壶）、绳纹花边口罐、圈足器等（图八），石器仅见石斧。

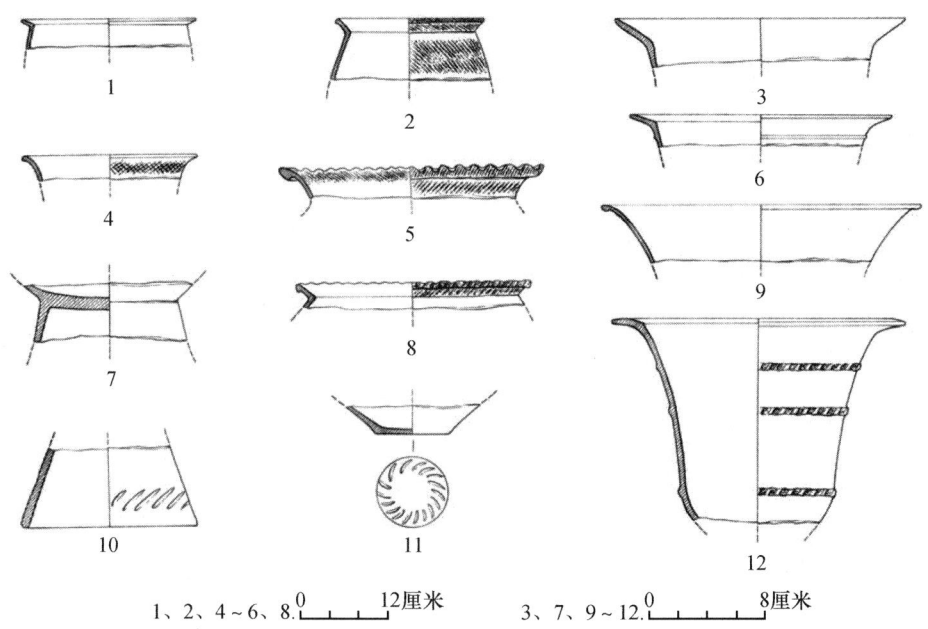

图八　1989年东城墙地点一期陶器

1. 宽折沿罐（89GSHLT705⑫：65）　2、5、8. 绳纹花边口罐（89GSHLT705⑬：30、89GSHLT705⑬：22、89GSHLT705⑬：32）　3、6. 宽沿尊形器（89GSHLT705⑬：47、89GSHLT705⑪：45）　4、12. 敞口圈足尊（89GSHLT705⑬：13、89GSHLT705⑬：43）　7. 高圈足盘（89GSHLT706⑪：4）　9. 喇叭口罐89GSHLT706⑫：28）　10. 圈足器（89GSHLT705⑪：69）　11. 器底（89GSHLT705⑪：54）

（八）1994年南城墙西（1994GSL Ⅰ）

1. 地层堆积

1994GSL Ⅰ T3⑮（未发掘至底）。

2. 遗物

仅发现陶器，器类计有窄沿盆、盘口尊、器底等（图九）。

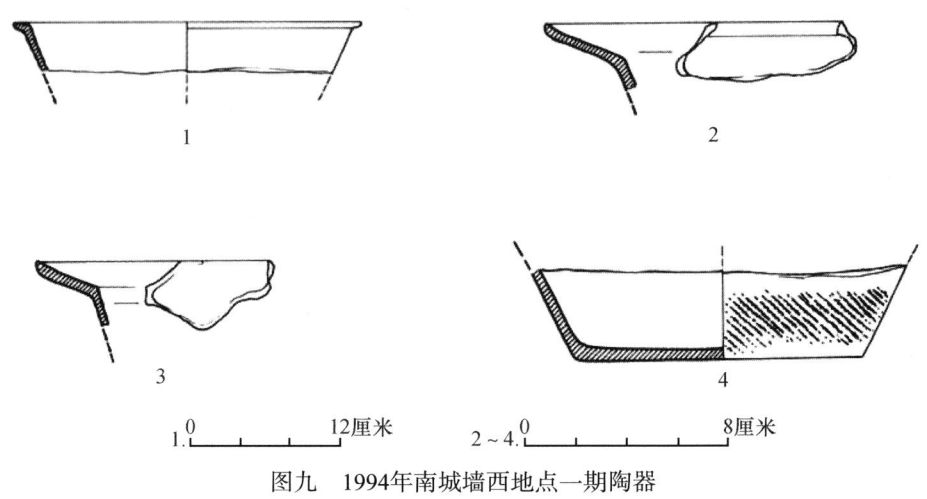

图九　1994年南城墙西地点一期陶器
1. 窄沿盆（94GSLⅠT3⑮∶21）　2、3. 盘口尊（94GSLⅠT3⑮∶2、94GSLⅠT3⑮∶4）
4. 器底（94GSLⅠT3⑮∶1）

（九）1997年仁胜墓地（1997GSDg）

1. 地层堆积

1997GSDg③（以下为生土）。

2. 遗迹

计有小型长方形竖穴土坑墓4座，分别是开口于②下的M10、M22与开口于③下的

M16、M21，另发现房屋4座，柱洞1个，灰坑1个。4座房屋中3座为长方形，1座为半圆形F14（图一〇）。

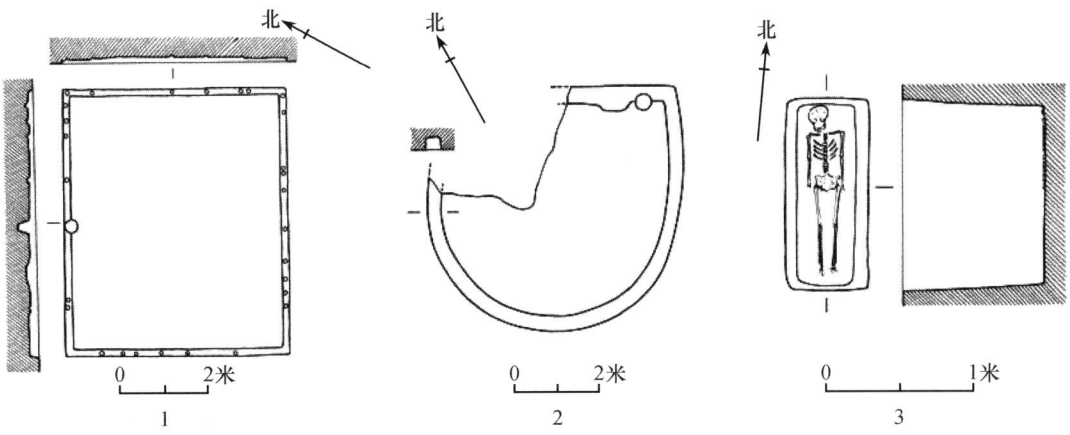

图一〇 三星堆遗址第一期文化遗存遗迹图
1. 1999GSZY F10 2. 1997GSDg F14 3. 1999GSZY M2

3. 遗物

有陶器、玉器和石器三类，陶器器类有敞口平底罐、绳纹花边口罐、宽沿平底尊、喇叭口壶、高圈足盘、高圈足豆、器盖等（图一一）。玉器有蜗旋状器、凿、矛等。石器仅见黑曜石珠一种。

（一〇）1999年月亮湾城墙（1999GSZY）

1. 地层堆积

1999GSZY⑫、⑬、⑭，以下为生土。

2. 遗迹

计有房屋40座，沟槽31条，柱洞11个，灰坑29个，墓葬6座，房屋平面呈长方形，均为平地起建，挖沟槽为墙基，槽中立柱，面积14～37平方米不等（图一〇）。墓葬均为小型长方形竖穴土坑墓（图一〇），灰坑以椭圆形、圆形居多，另有部分长方形与不规则形坑。

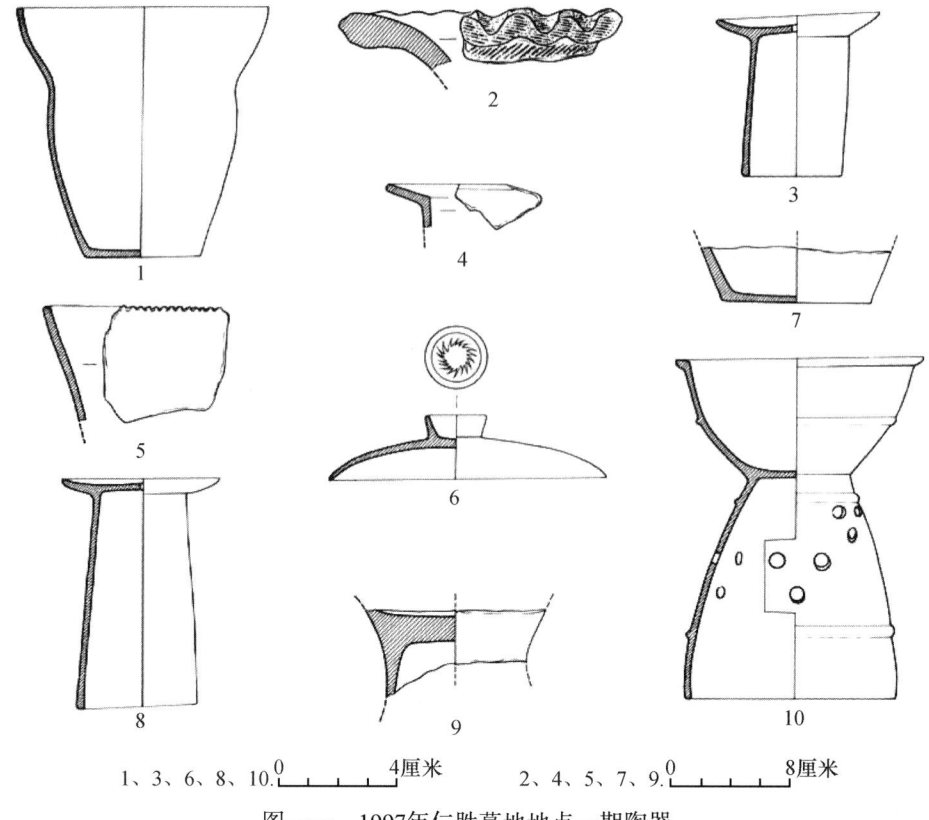

图一一　1997年仁胜墓地地点一期陶器

1. 敞口平底罐（97GSDgM22∶2）　2. 绳纹花边口罐（97GSDgF2∶8）　3、8、9. 高圈足盘（97GSDgM22∶1、97GSDgM22∶3、97GSDgF2∶6）　4. 宽沿平底尊（97GSDgF5∶3）　5. 喇叭口壶（97GSDgF6∶1）　6. 器盖（97GSDgM10∶9）　7. 器底（97GSDgF2∶7）　10. 高圈足豆（97GSDgM10∶8）

3. 遗物

有陶器和石器两类，陶器器类有绳纹花边口罐、绳纹花边口尊形器、宽沿平底尊、宽沿翻领罐、喇叭口罐（壶）、盘口圈足尊、敞口圈足尊、矮领瓮、器盖、圈足器等（图一二）。石器种类有斧、锛、凿三种。

（一一）2000年月亮湾西（2000GSGg）

1. 地层堆积

2000 GSGg T3108⑯（未挖掘至底）、T3109⑭、T3109⑮（未挖掘至底）。

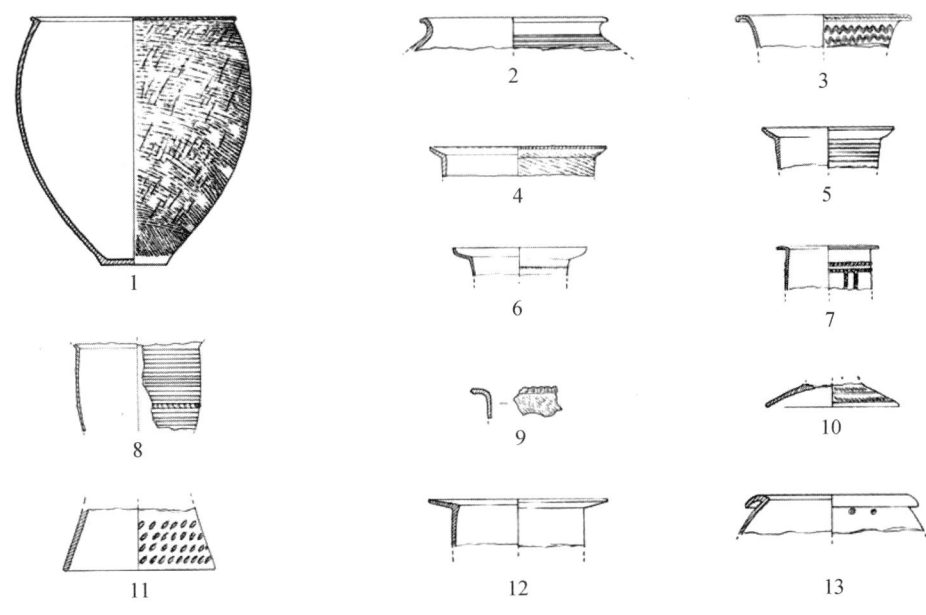

图一二　1999年月亮湾城墙地点一期陶器

1、9. 绳纹花边口罐（99GSZYD25：1、99GSZYT201⑭：395）　2. 矮领瓮（99GSZYT106⑭：87）
3. 喇叭口罐（99GSZYT102⑬：60）　4. 绳纹花边口尊形器（99GSZYH48：4）　5、6、8. 盘口圈足尊（99GSZYT103⑬：171、99GSZYT102⑭：9、99GSZYH48：10）　7. 敞口圈足尊（99GSZY⑬下H79：1）
10. 器盖（99GSZYT104⑫：279）　11. 圈足器（99GSZYT301⑫：92）　12. 宽沿平底尊（99GSZYT202⑫：92）
13. 宽沿翻领罐（99GSZYT105⑬：38）

2. 遗物

仅发现陶器，器类计有盘口尊、喇叭口壶（罐）、绳纹花边口罐、宽沿翻领罐、宽沿平底尊、宽沿尊形器、高圈足盘、器盖、圈足器等（图一三）。

三、陶片（器）数量

根据陶片统计，三星堆遗址一期文化已出土陶片（器）58388片/件（未含2005青关山、2013年青关山、仓包包城墙和真武宫城墙地点），占整个三星堆遗址已统计出土陶片总数（约530000片/件）的11%左右，对应的发掘面积约4000平方米。考虑到1984西泉坎、1990年东城墙、1991年西城墙、1994年南城墙等发掘地点或同一发掘地点为数不少的探方由于各种原因没挖到底、甚至刚进入三星堆文化层便停工回填了（这样的探方面积占到了整个三星堆遗址近10000平方米总发掘面积的1/3），已发掘区一期文化的陶片和完整陶器的实际数量还应有较大幅度的增加。

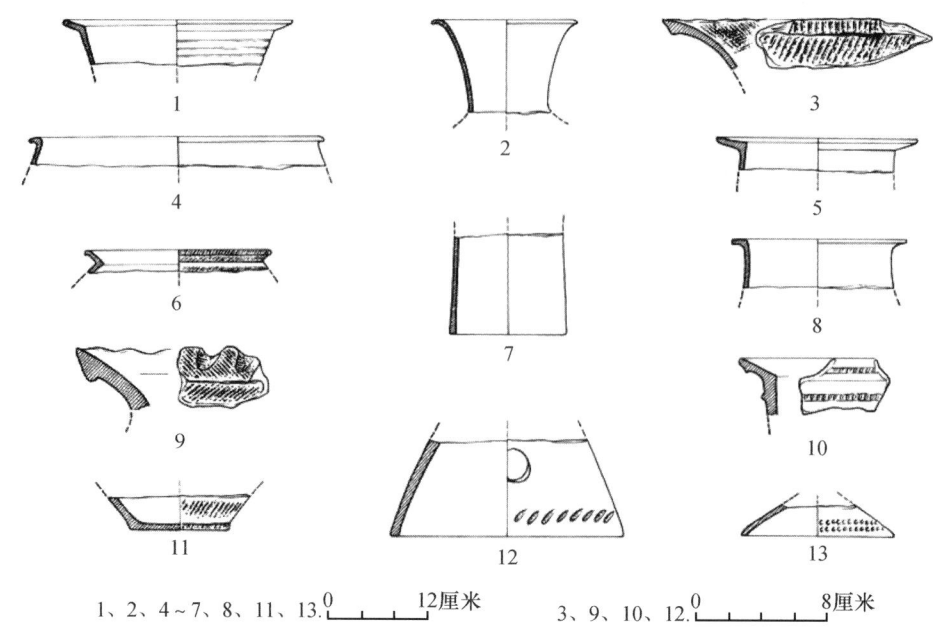

图一三　2000年月亮湾西地点一期陶器

1. 盘口尊（2000GSGgT3108⑮：48）　2. 喇叭口壶（2000GSGgT3109⑭：228）　3、6、9. 绳纹花边口罐（2000GSGgT3109⑮：466、2000GSGgT3108⑮：299、2000GSGgT3108⑯：11）　4. 宽沿翻领罐（2000GSGgT3108⑭：13）　5、8. 宽沿平底尊（2000GSGgT3109⑭：438、2000GSGgT3109⑮：469）　7. 高圈足盘（2000GSGgT3108⑭：140）　10. 宽沿尊形器（2000GSGgT3109⑭：292）　11. 器底（2000GSGgT3108⑮：276）　12. 圈足器（2000GSGgT3109⑭：494）　13. 器盖（2000GSGgT3107⑭：391）

根据已公布的陶片统计数据，新津宝墩遗址①和都江堰芒城遗址②的陶片（器）数量总和为33150片/件，该数量对应的发掘面积约2500平方米，因此，从陶片（器）数量的多寡这个角度来说，三星堆遗址在当时也是成都平原最为繁盛的一个聚落。

四、分期与年代

三星堆遗址第一期文化遗存陶器以泥质灰陶和夹砂褐陶为主，泥质陶数量略多于夹砂陶。纹饰陶比例很大，纹饰种类计有绳纹、篮纹、刷划纹、细线纹、凹旋纹、层旋纹、刻划纹、戳印纹、带状堆塑纹、水波纹、方格纹、叶脉纹等（图一四～图一六），器类仅见平底器与圈足器两类，流行花边口器、宽沿器、盘口器和镂孔圈足

---

① 陈剑：《大邑县盐店和高山新石器时代古城遗址》，《中国考古学年鉴（2004年）》，文物出版社，2005年。

② 叶茂林、李明斌：《宝墩文化发现新遗址》，《中国文物报》2000年7月12日第1版。叶茂林、李明斌：《崇州市紫竹古城》，《中国考古学年鉴（2001年）》，文物出版社，2002年。

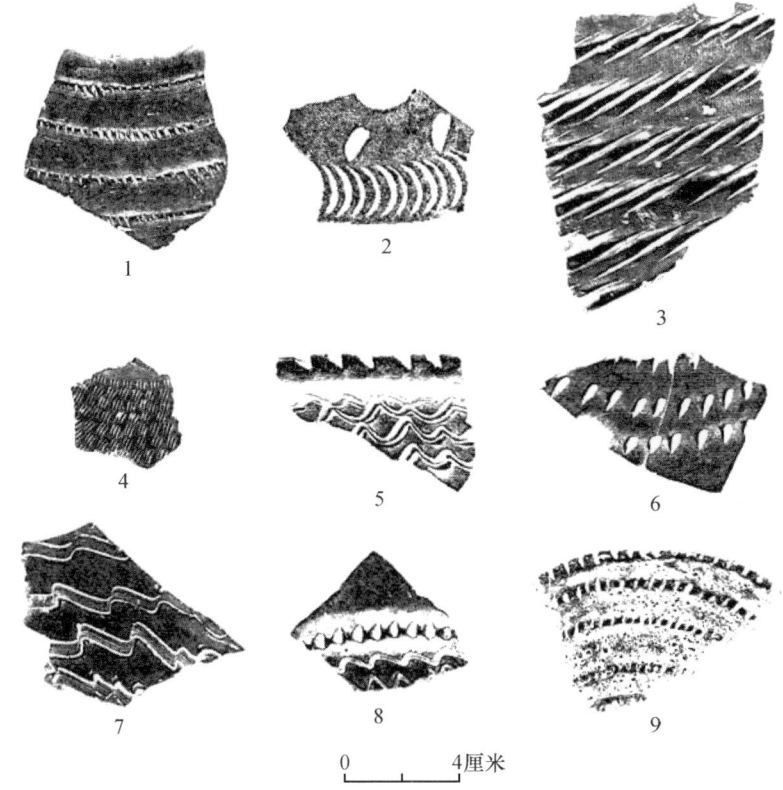

图一四 三星堆一期文化陶器纹饰拓片

1、3、9. 带状堆塑纹（99GSZY T105⑬：21、2000GSGgT3108⑯：5、84GST003⑤：1） 2. 指甲状戳印纹（99GSZYT201⑫：2） 4、6. 戳印纹（84GZXDbT1④：22、99GSZYT103⑬：1） 5、7、8. 水波纹（99GSZYH78：28、84GZXDaT2⑤：1、99GSGgH78：22）

器，平底器盛行假圈足作风，底部多饰有绳纹。常见器形有喇叭口罐（壶）、绳纹花边口罐（尊）、盘口圈足尊（罐）、敞口圈足尊、敞口平底罐、宽沿翻领罐、宽折沿罐（尊）、宽沿平底尊、折沿盆、高圈足盘（豆）、矮领瓮、器盖等。

三星堆遗址第一期文化遗存可分为早晚两段，第一段以1980GS⑤，1984GZX⑤，1984GS⑥，1986 GSⅢ⑯，1989 GSHL⑬，1999GSZY⑬、⑭为代表。本段陶器泥质陶稍多，纹饰陶的比例较大，常见细绳纹、细线纹、带状压印纹和水波纹、绳纹花边口卷沿罐、绳纹花边口尊形器、喇叭口罐、敞口圈足尊、盘口圈足尊、宽沿尊形器、宽沿翻领罐、矮圈足盘等为常见器形（图一七）。

第二段以1963GS③、③下遗迹，1980GS④，1982GS④，1984GZX④，1984GS⑤，1986GSⅢ⑭、⑮，1989GSHL⑪、⑫，1994GSLⅠT3⑮，1997GSDgT3330③、T3228③，M10，M22，1999GSZY⑫，2000GSGg T3109⑭、⑮、T3108⑯为代表。本段陶器灰陶和纹饰陶比例减少，夹砂陶比例增加，细绳纹、细线纹、带状压印纹、水波纹数量减少。宽沿器的口沿普遍变得窄平，圈足器的圈足出现

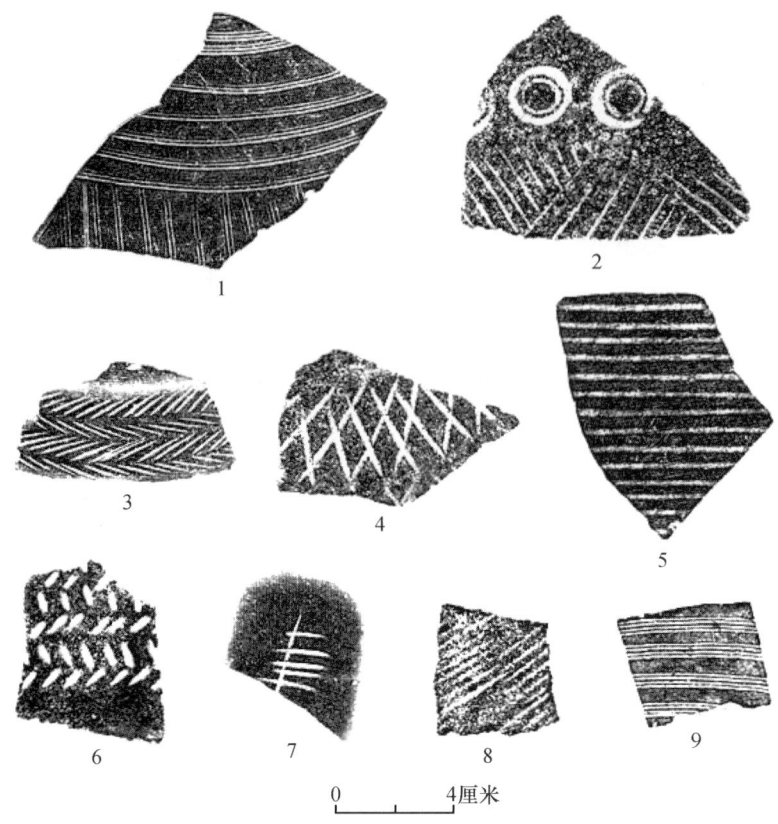

图一五 三星堆一期文化陶器纹饰拓片

1、9. 凹旋纹（84GZXDbT1⑤：5、2000GSGgT3109⑭：7） 2、4. 刻划纹（82GS④：1、84GZXDbT1④：1）
3、6. 叶脉纹（84GST004⑤：3、84GZXDaT2④：6） 5. 瓦棱纹（84GZXDbT1④：10） 7. 刻画符号（99GSZY
T301⑫：10） 8. 刷划纹（89GSHLT705⑬：6）

增高，变细，足壁内曲的趋势。鸡冠状花边口器、宽卷沿器、盘口器减少或消失，新出现了高圈足盘、高圈足豆、敞口平底罐、鼓腹盆、器盖等一组器物（图一八）。

经中国社会科学院考古研究所实验室测定，采自于三星堆遗址1980GS④的木炭标本^{14}C测年数据为距今（4075±100）年，树轮校正年代距今4590～4340年（高精度表）①。采自于1986GSⅢ⑭的两个木炭标本^{14}C测年数据分别为距今（4170±85）年，树轮校正年代为距今4864～4475年（高精度表）；距今（4210±80）年，树轮校正年代为距今4873～4502年（高精度表）②。以上三个^{14}C测年标本都非出自所在探方最早的地层单位，因此，即使考虑到当年^{14}C测年数据误差较大，年代普遍偏早的问题，它

---

① 中国社会科学院考古研究所实验室：《放射性碳素测定年代报告（十）》，《考古》1983年第7期。

② 中国社会科学院考古研究所实验室：《放射性碳素测定年代报告（十四）》，《考古》1987年第7期。

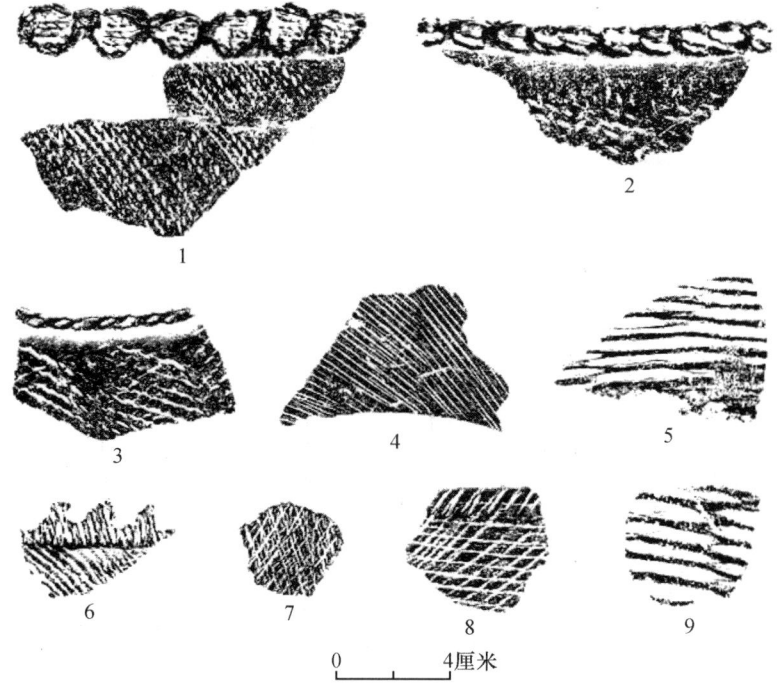

图一六　三星堆一期文化陶器纹饰拓片

1、2、6. 绳纹（84GZXDbT1⑤：6、84GZXDbT1⑤：115、99GSGgH56：120） 3、7、8. 交错绳纹（2000GSGgT3108⑯：397、89GSHLT716⑬：10、99GSZYT107⑬：1） 4. 刻划纹（99GSZYT201⑫：15）
5、9. 篮纹（89GSHLT715⑬：26、89GSHLT715⑬：10）

们应该也能基本代表三星堆一期文化的年代跨度，我们认为，三星堆一期文化合理的年代范围应在距今4600～4000年之间。

三星堆遗址第一期遗存与成都平原史前城址群的"宝墩文化"一至三期的文化面貌极为接近，第一段与新津宝墩遗址①早期阶段大致相当，绝对年代约在距今

---

① 成都市文物考古工作队等：《四川新津县宝墩遗址调查与试掘》，《考古》1997年第1期。中日联合考古调查队：《四川新津县宝墩遗址1996年发掘简报》，《考古》1998年第1期。成都市文物考古研究所、四川大学历史系考古教研室、早稻田大学长江流域文化研究所：《宝墩遗址——新津宝墩遗址发掘与研究》，有限会社阿普（ARP），2000年。成都市文物考古研究所、新津县文管所：《新津宝墩遗址调查与试掘简报(2009～2010年)》，《成都考古发现（2009年）》，科学出版社，2011年。

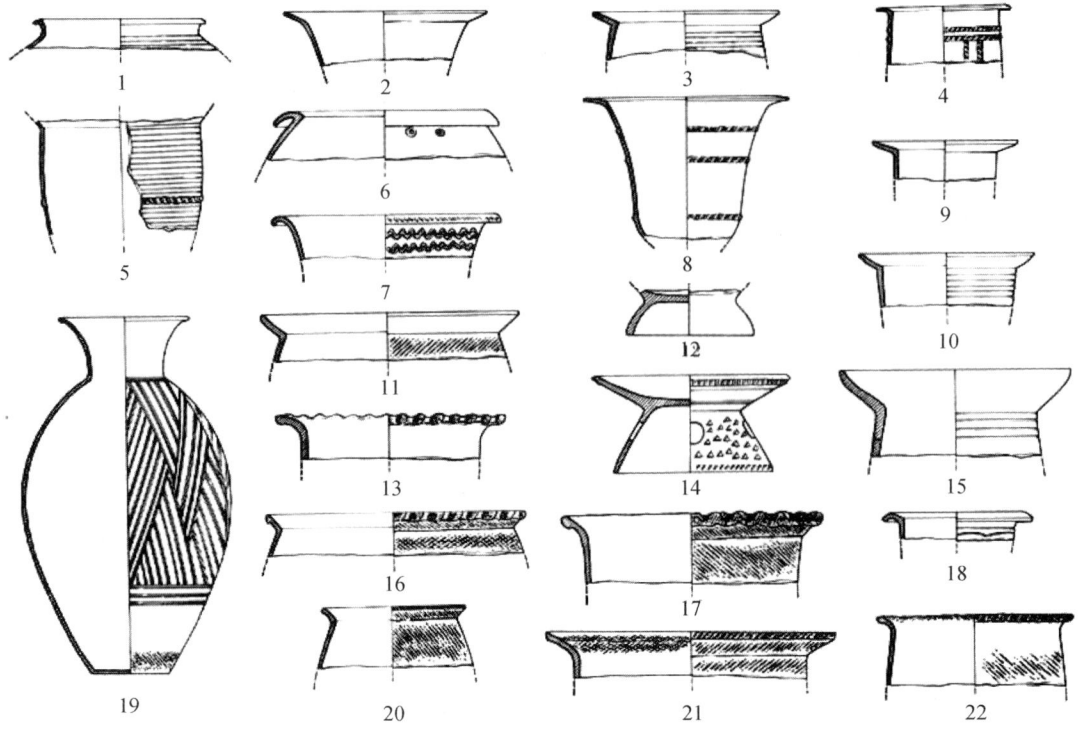

图一七 三星堆一期文化一段陶器图

1. 矮领瓮（99GSZYT106⑭：87） 2. 宽沿尊形器（86GSⅢT1416⑯：668） 3、11. 宽折沿罐（99GSZYH48：2、80GSCcT2⑤：14） 4、8. 敞口圈足尊（99GSZYH79：1、89GSHLT705⑬：43） 5、10. 盘口圈足尊（99GSZYH48：10、99GSZYT103⑬：171） 6. 宽沿翻领罐（99GSZYT105⑬：38） 7、19. 喇叭口罐（99GSZYT102⑬：60、80GSDaT2⑤：38） 9、18. 宽沿平底尊（99GSZYF10：13、99GSZYG51：5） 12. 圈足器（99GSZYT203⑬：104） 13、16、17、20、22. 绳纹花边口罐（86GSⅢT1517⑯：734、84GZXDbT1⑤：115、84GZXDbT1⑤：230、89GSHLT705⑬：30、86GSⅢH19：79） 14. 圈足盘（86GSⅢT1415⑮：28） 15. 盘口圈足尊（84GZXDbT1⑤：131） 21. 绳纹花边口尊形器（84GST104⑥：139）

4600～4300年；第二段则接近于宝墩遗址晚期[①]，都江堰芒城遗址[②]、郫县古城遗址早

[①] 成都市文物考古工作队等：《四川新津县宝墩遗址调查与试掘》，《考古》1997年第1期。中日联合考古调查队：《四川新津县宝墩遗址1996年发掘简报》，《考古》1998年第1期。成都市文物考古研究所、四川大学历史系考古教研室、早稻田大学长江流域文化研究所：《宝墩遗址——新津宝墩遗址发掘与研究》，有限会社阿普（ARP），2000年。成都市文物考古研究所、新津县文管所：《新津宝墩遗址调查与试掘简报(2009～2010年)》，《成都考古发现（2009年）》，科学出版社，2011年。

[②] 成都市文物考古工作队等：《四川都江堰市芒城遗址调查与试掘》，《考古》1999年第7期。中日联合考古调查队：《都江堰市芒城遗址1998年度发掘工作简报》，《成都考古发现（1999年）》，科学出版社，2001年。

关于三星堆一期文化的几点认识 ·279·

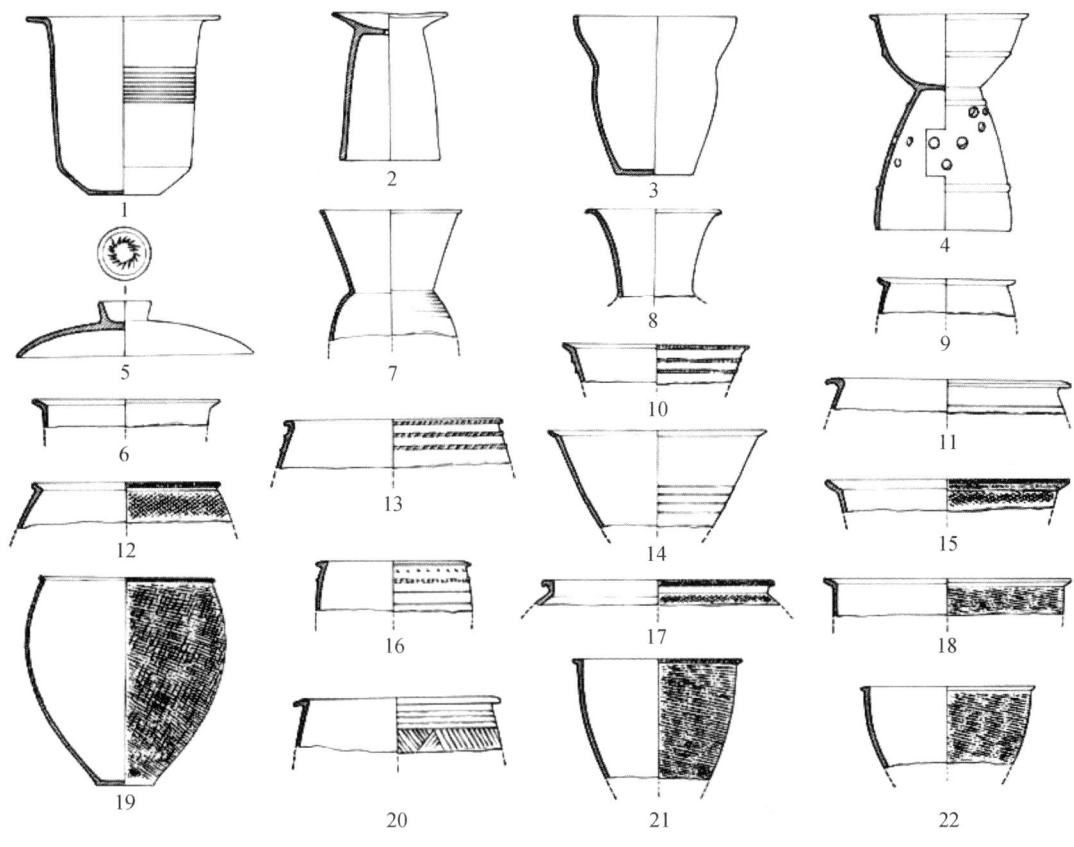

图一八 三星堆一期文化二段陶器图

1、6. 宽沿平底尊（63GST104③：3、99GSZYT301⑫：46） 2. 高圈足盘（63GSM1：2） 3. 敞口平底罐（97GSDgM22：2） 4. 高圈足豆（97GSDgM10：8） 5. 器盖（97GSDgM10：9） 7、8. 喇叭口壶（84GST003⑤：117、2000GSGgT3109⑭：228） 9. 宽折沿罐（99GSZYT103⑫：41） 10. 窄沿盆（84GZXAbT2④：43） 11、20. 宽沿翻领罐（84GZXDaT2④：24、99GSZYT103⑫：27） 12、19. 绳纹花边口罐（99GSZYT103⑫：191、99GSZYD25：1） 13、16. 鼓腹盆（84GST103⑤：113、99GSZYT103⑫：34） 14. 宽（折）沿尊形器（84GST003⑤：160） 15、18、21、22. 绳纹折沿尊形器（84GZXBbT1④：21、99GSZYT104⑫：255、99GSZYT104⑫：78、2000GSGgT3108⑯：8） 17. 矮领瓮（99GSZYT202⑫：287）

中段[①]和温江鱼凫村遗址[②]一、二期的年代，约在距今4300～4000年的范围内。

[①] 成都市文物考古工作队等：《四川省郫县古城遗址调查与试掘》，《文物》1999年第1期。成都市文物考古研究所等：《四川省郫县古城遗址1997年发掘简报》，《文物》2001年第3期。成都市文物考古研究所等：《四川省郫县古城遗址1998～1999年度发掘收获》，《成都考古发现（1999年）》，科学出版社，2001年。

[②] 成都市文物考古工作队等：《四川温江县鱼凫村遗址调查与试掘》，《文物》1998年第12期。李明斌、陈云洪：《温江县鱼凫村遗址1999年度发掘》，《成都考古发现（1999年）》，科学出版社，2001年。李明斌、陈云洪：《温江县鱼凫村新石器时代晚期遗址》，《中国考古学年鉴（2000年）》，文物出版社，2002年。

五、小　　结

　　三星堆遗址一期文化遗存，上承桂圆桥文化[①][②]，下启三星堆文化，以本地文化因素为主的陶器群最具特色，时代和文化面貌与以宝墩遗址为代表的成都平原史前城址群基本相同。尽管三星堆遗址尚未发现这一时期的城址，但此时的三星堆已经形成了一个文化遗存分布范围约5平方千米的超大型聚落，就遗存的分布范围和遗物的丰富程度而言，三星堆应该是新石器时代晚期成都平原乃至四川盆地最大的一处中心遗址，且在成都平原众多同时期的聚落中一枝独秀，脱颖而出，最后在青铜时代催生出灿烂的三星堆文化和恢宏的三星堆古城，据此我们认为，将这一时期成都平原具有这类考古学文化面貌的遗存命名为"三星堆一期文化"较之"宝墩文化"当更为合情合理。

　　根据成都平原史前城址群的情况分析，三星堆遗址一期文化如此大的分布范围，没有城墙显然是说不过去的，正是由于三星堆遗址一～四期上下两千年连续不断且环环相扣的发展演变，使得一期城墙受到了二期及其以后人们活动的严重破坏，起码地表上是看不见了，也许将来的某一天，能在地下发现其孑遗。

---

　　① 四川省文物考古研究院等：《四川什邡桂圆桥新石器时代遗址发掘简报》，《文物》2013年第9期。
　　② 万娇、雷雨：《桂圆桥遗址与成都平原新石器文化发展脉络》，《文物》2013年第9期。

阿尔泰山和南西伯利亚青铜文化的新认识

——2015年俄罗斯远东地区考察散记

林梅村

（北京大学考古文博学院）

阿尔泰山和南西伯利亚青铜文化的年代序列是前苏联考古学家建立的。自1927年起，莫斯科大学教授吉谢列夫（Sergei V. Kiselev）就开始在阿尔泰山、哈卡斯、图瓦和哈萨克东部草原进行田野考古，考察成果即吉谢列夫的名作《南西伯利亚古代史》（莫斯科，1949年；1950年荣获斯大林奖）[1]。该书以阿尔泰山和米努辛斯克盆地田野发掘资料为依据，将中亚草原青铜文化分为三个发展阶段：第一，阿凡纳谢沃时期；第二，安德罗诺沃时期；第三，卡拉苏克时期。此后，阿尔泰山和米努辛斯克盆地进入铁器时代——塔加尔时期[2]。随着中亚草原考古的深入，研究者又认识到阿尔泰山和米努辛斯克盆地青铜文化还有一个奥库涅夫时期，晚于阿凡纳谢沃文化，早于安德罗诺沃文化，但是该文化以前往往与安德罗诺沃文化混为一谈[3]。1986年版《中国大百科全书·考古学卷》吸收了这项研究成果，专门为奥库涅夫文化写了词条[4]。

另一方面，欧美实验室利用^{14}C新技术，重新测定了中亚草原青铜文化的相对年代。由于检测对象采用古墓出土人头骨或动物骨骼，极大提高了这些考古文化年代数据的准确性。这些^{14}C新数据表明，阿凡纳谢沃文化实际上流行于公元前3600年~前2500年，而非以前认为的公元前2500~前2000年；卡拉苏克文化实际上流行于公元前

---

[1] 吉谢列夫这部著作有两个汉译本：〔苏〕吉谢列夫著、莫润先译：《南西伯利亚古代史》，新疆社会科学院民族研究所，1985年；〔苏〕吉谢列夫著、王博译：《南西伯利亚古代史》，新疆人民出版社，2014年。

[2] 〔苏〕吉谢列夫著、王博译：《南西伯利亚古代史》，新疆人民出版社，2014年，15~192页。

[3] 〔苏〕马克西缅科夫（G A Maksimenkov）著、林沄译：《关于米奴辛斯克青铜时代分期问题的现状》，《考古学参考资料》（6），文物出版社，1983年，81~103页。

[4] 莫润先：《奥库涅夫文化》，《中国大百科全书·考古学》，中国大百科全书出版社，1986年，23页。

1400年～前1000年，而非以前认为的公元前1300年～前800年[①]。

2015年夏，应俄罗斯哈卡斯共和国历史语言文学研究所图古泽科娃（V. N. Tuguzhekova）所长邀请，我们有幸参加北京大学—牛津大学联合考察队，赴俄罗斯西伯利亚进行了为期16天（8月14日～30日）的学术考察[②]。西伯利亚是俄罗斯远东地区一片广阔的森林草原地带，西起乌拉尔山脉，东迄太平洋，北临北冰洋，西南抵哈萨克斯坦中北部山地，南与中国、蒙古和朝鲜等国为邻。常言道：百闻不如一见。这次俄罗斯考察收获巨大，从新西伯利亚市启程，途经阿尔泰边疆区（首府为巴尔瑙尔）、阿尔泰共和国（首府为戈尔诺—阿尔泰斯克）、图瓦共和国（首府为克孜勒）、哈卡斯共和国（首府为阿巴干）、克拉斯诺亚尔斯克边疆区（南部为米努辛斯克盆地）、伊尔库茨克州（首府为伊尔库茨克市，东南部为贝加尔湖），最后在滨海边疆区首府海参崴（今称"符拉迪沃斯托克"）结束考察。这次俄罗斯考察极大丰富了我们对阿尔泰山和南西伯利亚考古文化的知识。限于篇幅，本文只介绍这次考察对阿凡纳谢沃文化、奥库涅夫文化和塞伊玛—图尔宾诺文化的几点新认识。

一、阿凡纳谢沃文化

阿凡纳谢沃文化是中亚草原东部铜石并用时代文化。20世纪20年代，苏联考古学家捷普劳霍夫（S. A. Teploukhov）根据米努辛斯克盆地巴捷尼村墓地附近阿凡纳谢沃山，定名为"阿凡纳谢沃文化"（Afanasyevo Culture）。该文化主要分布于阿尔泰山至米努辛斯克盆地，遗址面积不大，房子可分地穴式和原木房两种类型。墓葬和伏尔加河的颜那亚文化（Yamnaya Culture）类似，土冢上建圆形石垣，高达1米，直径5～6米。冢下建一个或数个方形墓穴，穴上以原木或石板覆盖。多单人葬及3～8人同穴的集体葬，少数为双人合葬。死者以坐姿入殓，后来形成仰身或侧身屈肢葬，死者头向西南，或在墓穴与垣壁之间附建儿童墓，各类墓葬的随葬品尚无明显贫富分化现象（图一）[③]。

[①] V G Dirksen, et al. Chronology of Holocene Climate and Vegetation Changes and their Connection to Cultural Dynamics in Soutern Siberi. *Radiocarbon*, Vol 49, Nr 2, 2007: 1103–1121. Svetlana V Svyatko, et al. New Radiocarbon Dates and a Review of the Chronology of Prehistoric Populations from the Minusinsk Basin, Southern Siberia, Russia. *Radiocarbon* Vol. 51, Nr. 1, 2009: 244.

[②] 北京大学—牛津大学联合考察队成员有：北京大学中文系李零教授，北京大学考古文博学院张弛、徐天进、吴晓红、陈建立、林梅村教授，剑桥李约瑟研究所梅建军所长，牛津大学罗森（Jessica Rawson）教授和她的两位同事及两个学生一行12人。

[③] 图一阿凡纳谢沃文化古墓及随葬品，采自〔俄〕吉谢列夫著、王博译：《南西伯利亚古代史》图二，新疆人民出版社，2014年，25页。J. P. Mallory. *In Search of the Indo-Europeans: Language, Archaeology and Myth*. London: Thames & Hudson, 1989: 224.

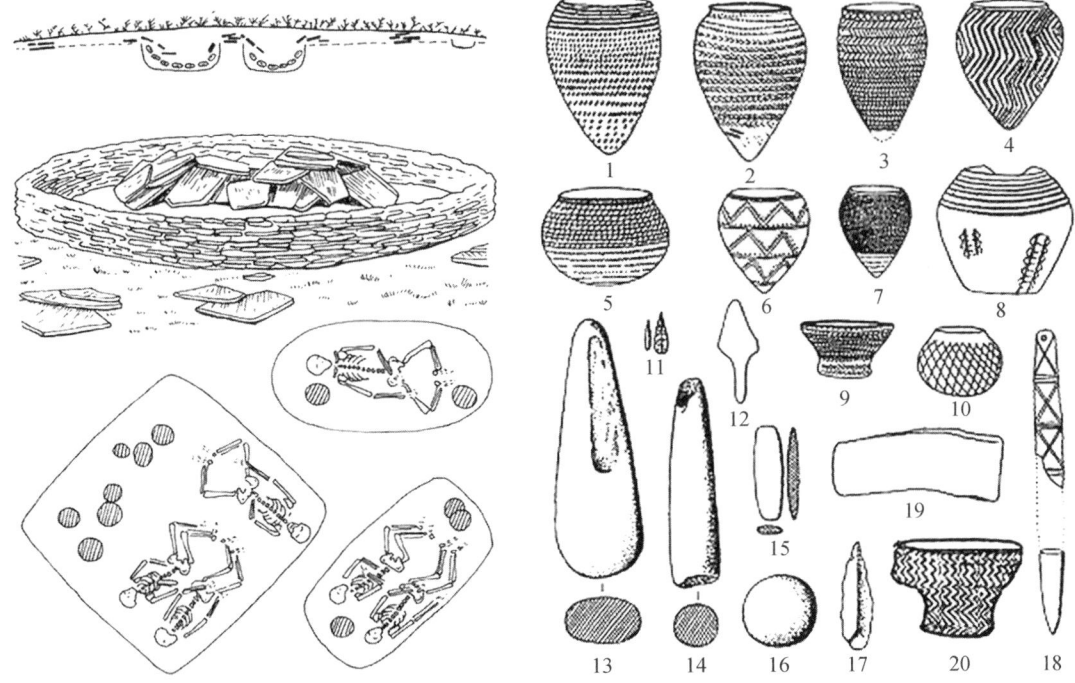

图一 阿凡纳谢沃文化古墓及随葬品

近年在蒙古国西部巴颜乌列盖省和我国新疆天山东部地区，亦发现阿凡纳谢沃古墓及文化遗物[1]。公元前2500年，阿凡纳谢沃文化在米努辛斯克盆地被蒙古人种的奥库涅夫文化取代，在阿尔泰山南麓、天山东部和蒙古国西部则被另一支古代印欧人文化——切木尔切克文化取代[2]。

中国与西方的经济文化交流是从欧亚草原开始的。就目前所知，中国独立起源的经济作物有水稻、粟、黍、糜子、大豆、荞麦、漆、桑、茶等[3]，并驯化出狗、猪、鸡、水牛等家畜，而小麦、绵羊、黄牛和家马都是从西方引进的[4]。吉谢列夫在18座阿凡纳谢沃古墓发现小麦。众所周知，小麦起源于西亚肥沃新月地带（Fertile Crescent）的两粒小麦，最早可以追溯到距今1万年前。距今8500～7500年，小麦在西亚已经相当

---

[1] 〔俄〕科瓦列夫、〔蒙〕额尔德涅·巴特尔著，邵会秋、潘玲译：《蒙古青铜时代文化的新发现》，《边疆考古研究》（第8辑），科学出版社，2009年，247～249页。林梅村：《昌吉古文明的兴衰》，《丝绸之路天山廊道——新疆昌吉回族自治州古代遗址与馆藏文物精品》（上册），文物出版社，2014年，16、17页。

[2] 林梅村：《吐火罗人的起源与迁徙》，《西域研究》2003年第3期，9～32页。

[3] 中国社会科学院考古研究所：《考古中华》，科学出版社，2010年，26页。不知什么原因，此书没有把中国起源的三种重要经济作物"漆、桑、茶"列入。

[4] 袁靖：《中国新石器时代家畜起源的问题》，《文物》2001年第5期，51～58页。袁靖：《中国古代家养动物的动物考古学研究》，《第四纪研究》2010年第2期，298～306页。

图二 米努辛斯克博物馆藏南西伯利亚
新石器时代绵羊石雕

普及，并陆续向欧洲、北非和中亚传播。

吉谢列夫在米努辛斯克盆地发掘了6座随葬家畜的阿凡纳谢沃古墓，包括绵羊墓2座，绵羊和黄牛墓1座，黄牛和家马墓1座，黄牛墓1座，绵羊和家马墓1座。2015年8月22日，我们在米努辛斯克博物馆参观时，见到一件南西伯利亚新石器时代遗址出土的绵羊石雕（图二）。凡此表明，阿凡纳谢沃文化兴起以前，绵羊已从西亚传入米努辛斯克盆地。考古发现表明，阿凡纳谢沃人还南下蒙古高原和阿尔泰山南麓。显然，黄牛、绵羊、小麦传入中国与古代印欧人的迁徙活动直接相关。阿凡纳谢沃文化在许多方面和黑海北岸颜那亚文化颇为类似，如采用竖穴石冢，随葬赭石，有畜牧业，流行尖底陶器等，那么，这些外来家畜当来自黑海北岸伏尔加河流域。很可能是随阿凡纳谢沃人的迁徙传入东方的。

值得注意的是，米努辛斯克盆地阿凡纳谢沃古墓还发现20件铜器，皆采用红铜锻造工艺，包括耳环、手镯等饰物和针、锥、小刀等，也有个别金银、陨铁等饰物（图三）。这些发现对解读中国小麦、绵羊、黄牛、家马和冶金术的来源，具有重要意义。体质人类学研究和DNA检测皆表明，阿凡纳谢沃文化创造者是目前所知最早迁入

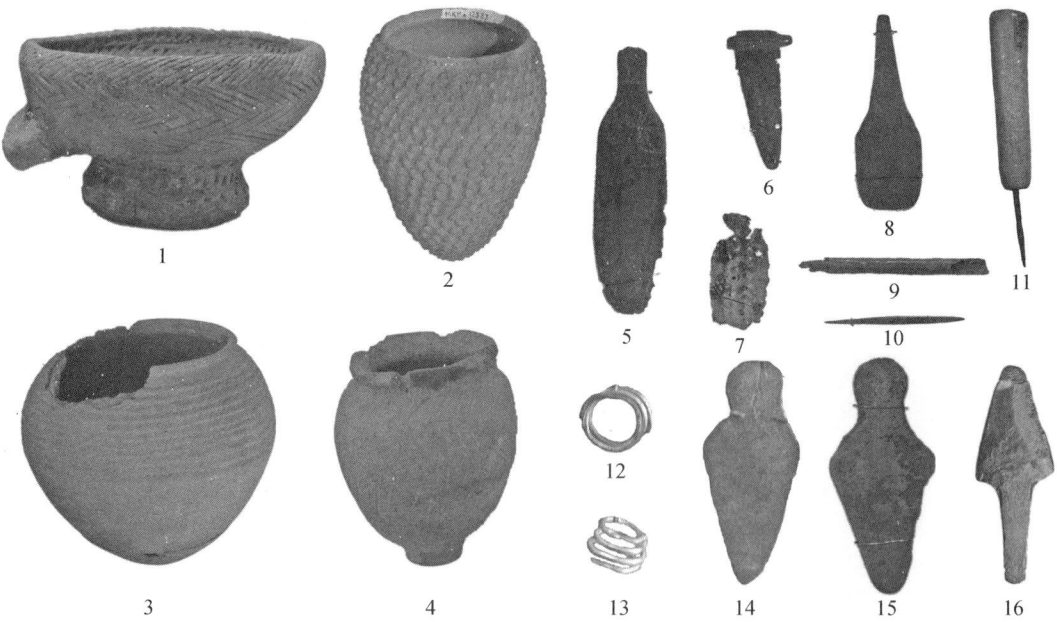

图三 米努辛斯克博物馆藏阿凡纳谢沃文物

东方的古代印欧人，属于长颅型欧罗巴人种，尚未与蒙古人种混血[①]。历史比较语言学研究表明，吐火罗人是最早迁徙到东方的印欧人，因此，爱尔兰学者马劳瑞（J. P. Mallory）建议将阿凡纳谢沃人与最早迁入西域的印欧人——吐火罗人相联系[②]。

二、奥库涅夫文化

奥库涅夫文化是目前所知中亚草原东部最早的青铜文化，主要分布于俄罗斯叶尼塞河中游米努辛斯克盆地至我国天山东部，根据苏联考古学家捷普劳霍夫（S. A. Teploukhov）1928年在奥库涅夫村附近发掘的墓地定名为"奥库涅夫文化"（Okunev Culture）。起初和阿凡纳谢沃文化混为一谈，20世纪60年代发现二者有打破关系，不是同时代产物，于是将奥库涅夫文化从阿凡纳谢沃文化中分出[③]（图四）。奥库涅夫人属于蒙古人种，是中亚草原目前所知年代最早的蒙古人种部落。这个文化主要在阿尔泰山至南西伯利亚一带。这里是阿尔泰语系民族的原始故乡，而奥库涅夫人是目前所知阿尔泰语系民族最古老的考古文化。欧美实验室最新^{14}C数据表明，奥库涅夫文化流行于公元前2400~前2300年[④]，公元前2200年被阿尔泰山兴起的塞伊玛—图尔宾诺文化取代[⑤]。

奥库涅夫墓地大多靠近河流，在墓前立石。坟墓表面采用石构方形围垣，高度一般为0.3~0.5米，面积最大者达400平方米。随葬品不多，没有明显的财产分化迹象，一般随葬陶罐和生产工具，女性骨架近旁常见青铜或骨制针筒及骨针、红铜丝鬘环。海德堡大学教授耶特马尔（Karl Jettmar）引证苏联学者奇列诺瓦之说，以为内蒙古边

---

① A G Kozintsev. Craniometric Evidence of the Early Caucasoid Migrations to Siberia and Eastern Central Asia, with Reference to the Indo-European Problem. *Archaeology Ethnology & Anthropology of Eurasia* 37/4, 2009: 125-136. Ewen Callaway. DNA Data Explosion Lights up the Bronze Age: Population-scale Studies Suggest that Migrants Spread Steppe Language and Technology. *Nature*, 2015 522: 140–141.

② J. P. Mallory. *In Search of the Indo-Europeans: Language, Archaeology and Myth*. London: Thames & Hudson, 1989: 223-225.

③ 图四奥库涅夫古墓及随葬品，采自Michael David Frachetti. *Bronze Age Pastoral Landscapes of Eurasia and the Nature of Social Interaction in the Mountain Steppe Zone of Eastern Kazakhstan*. The Faculties of the University of Pennsylvania, 2004: 200-201, fig.55. E N Chernykh. *Ancient Metallurgy in the USSR*. Cambridge Universtiy Press, 1992: 184, fig. 65-7.

④ Svetlana V Svyatko et al. New Radiocarbon Dates and a Review of the Chronology of Prehistoric Populations from the Minusinsk Basin, Southern Siberia, Russia. *Radiocarbon*, Vol. 51, Nr.1, 2009: 244（此文将奥库涅夫文化的年代定在公元前2500~前1900年）.

⑤ 切尔内赫、库兹明内赫，前揭书，270页。

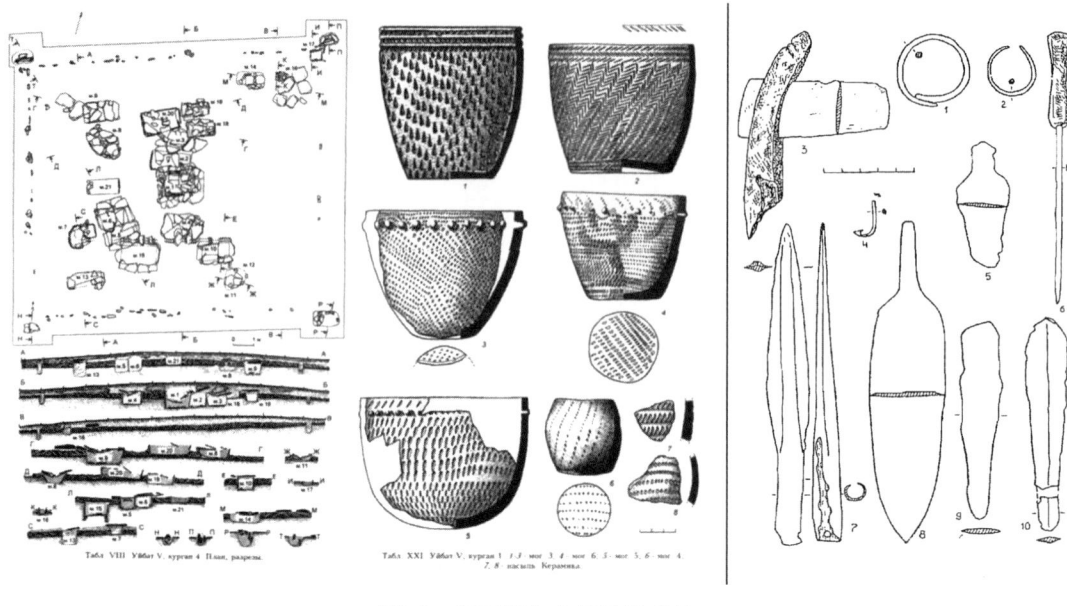

图四　奥库涅夫古墓及随葬品

境地区发现了奥库涅夫文化类型的陶器①。其实，这些陶器属于兴隆洼文化，距今8000多年②，不可能与奥库涅夫文化有什么联系。

除了在墓前立石之外，奥库涅夫人还在居址或祭祀地树立0.5～2米高的立石或石雕，一般利用天然碑形巨石，上有简单线刻、面目狰狞的鬼神或怪兽，其中个别立石采用圆雕技术刻成。立石前棱下部刻有兽角兽耳的人面形象，少数系人面浮雕。有研究者以为是神像或祖先形象，或与南西伯利亚古代流行的萨满巫术有关。类似的神怪石刻在奥库涅夫遗址或墓地附近古代岩画上亦有发现。

值得注意的是，圣彼得堡埃米塔什博物馆藏奥库涅夫墓前立石上刻有两只老虎（图五，左），与新疆呼图壁县康家石门子岩画上的老虎图（图五，右）如出一辙。因此，康家石门子岩画应该属于两个时期，其中祭祀双马神的岩画属于印欧人种的切木尔切克文化（公元前2500～前2400年），而祭祀老虎的岩画则属于蒙古人种的奥库涅夫文化（公元前2400～前2300年），那么，康家石门子岩画的年代或在这两个考古文化交错时期——公元前2400年③。

---

①　Karl Jettmar. Cultures and Ethnic Groups West of China in the Second and First Millennia B.C. *Asian Perspectives*, XXIV (2), 1981: 145-162.

②　中国科学院考古所内蒙古工作队：《内蒙古巴林左旗富河沟门遗址》，《考古》1964年第1期，2页。

③　关于这个问题的详细讨论，参见林梅村：《昌吉古文明的兴衰》，《丝绸之路天山廊道——新疆昌吉回族自治州古代遗址与馆藏文物精品》（上册），文物出版社，16、17页。

图五　奥库涅夫古墓前立石老虎图与新疆康家石门子岩画老虎图

奥库涅夫文化以畜牧经济为基础，随葬品有许多绵羊距骨，并在石板上刻画黄牛图案，并渔猎为辅助经济。随葬品有骨制鱼镖、红铜锻造鱼钩、结网用的匕首形骨器、鸟骨制品和石镞等渔猎工具。金属加工业在奥库涅夫文化经济活动中占有重要地位，但是与阿凡纳谢沃文化冶金术不同。阿凡纳谢沃冶金术仍停滞在红铜锻造阶段，尽管奥库涅夫文化的小刀、锥、针筒、鬓环仍为红铜锻造，但鱼钩、铜矛（图四，右；图七）和铜斧（图六，4、5）采用了先进的青铜铸造技术。关于奥库涅夫文化冶金术的来源，有研究者认为来自北方森林草原冶金术发达的克罗托沃文化（Krotovo Culture）[①]。

据中国社科院考古所科技考古中心赵志军博士调查，在海岱地区，新发现的小麦遗存的年代相对较早，例如，通过科学的浮选法在聊城教场铺、胶州赵家庄、日照两城镇和日照六甲庄四处考古遗址都出土了属于龙山时代炭化小麦遗存，绝对年代在距今4600～4000年，这是目前在中国发现的可信度较高的最早的小麦遗存。他还认为，"青铜器、绵羊和小麦，这三类物品最早都发现于西亚，在早期文化交流的过程中，它们很有可能是捆绑在一起向外传播的。这个捆绑在一起的文化包裹由西亚传入中亚后，在欧亚草原诸多早期青铜文化的接力作用下，由西向东逐渐传播，最终到达蒙古高原地区，然后，在长城沿线北方文化区的作用下，通过河谷地带，由北向南最终传

---

① 克罗托沃文化为西西伯利亚青铜文化，分布于额尔齐斯河上游阿尔泰山森林草原地带，大约流行于公元前3000～前2000年（V I Molodin. The Late Krotovo (Cherno-ozerye) Culture in the Irtysh Forest-steppe, Western Siberia1. *Archaeology Ethnology & Anthropology of Eurasia*, 2014, 42(1): 49–54）。

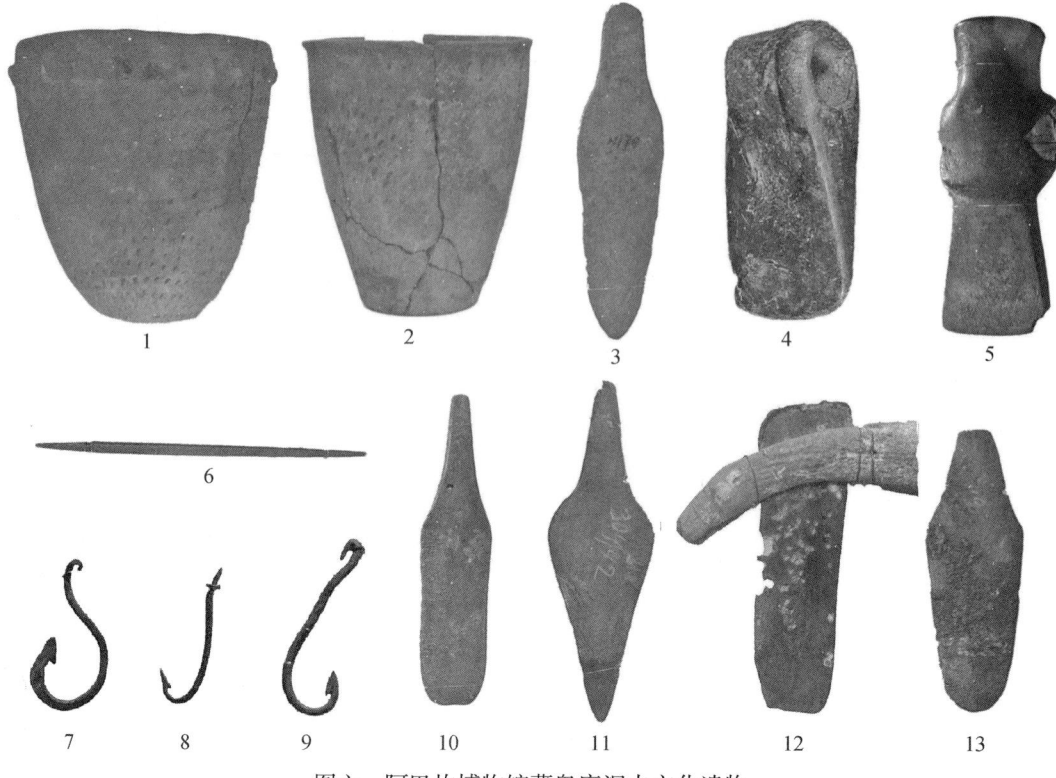

图六 阿巴坎博物馆藏奥库涅夫文化遗物

播到了中国古代文化的核心区域，即黄河中下游地区。"① 目前中原地区尚未发现奥库涅夫时代（约公元前2400～前2300年）的青铜器，那么，小麦很可能先于冶金术从中亚草原传入黄河流域。

三、塞伊玛—图尔宾诺文化

塞伊玛—图宾诺文化是中亚草原早期青铜文化之一，在乌拉尔地区、哈萨克草原东部、西西伯利亚、阿尔泰山和南西伯利亚均有分布。该文化典型器包括柳叶形山字脊铜矛、管銎铜斧、铜凿、弧背刀、空首斧、铜铲及铸造铜铲的石范②。2015年8月14

---

① 赵志军：《小麦东传与欧亚草原通道》，《三代考古》，科学出版社，2009年，456～459页。
② 图七，1～8塞伊玛—图尔宾诺文化遗物，采自〔苏〕蒙盖特著，中国科学院考古研究所资料室译：《苏联考古学》，科学出版社，1963年，116页（此图根据格里亚兹诺夫所绘《安德罗诺沃文化遗址中出土器物的基本类型图》，但原图混淆了塞伊玛—图尔宾诺和安德罗诺沃两类不同文化遗物，本文引用时作了区分）；插图七，8铜铲石范，采自切尔内赫、库兹明内赫，前揭书，110页，图八十：7；图七，9铜铲，采自S. S. Chernikov. *Vostochnyy Kazakstan v Epokhu Bronzy*. Moscow: Izdatel'stvo, Akademii Nauk SSSR, 1960: 258, pl.LXV-4。

日，参观新西伯利亚科学院考古资料馆时，我们在展柜中见到柳叶形山字脊铜矛、空首斧石范、灰陶罐等塞伊玛—图尔宾诺文化遗物（图八）。公元前1600年，塞伊玛—图宾诺文化被安德罗诺沃文化取代。

1992年，俄罗斯考古学家吉鲁森（Y.E. Kirushin）最先注意到塞伊玛—图宾诺文化起源于阿尔泰山，并将年代定在公元前1800年~前1700年①。根据欧美实验室新刊布的^{14}C年代数据，俄罗斯冶金史专家切尔内赫（E. N. Chernykh）又将该文化的兴起提前到公元前2200年②。2010年，乌拉尔联邦大学奥尔加·克罗特科娃教授撰文公布了一组塞伊玛—图尔宾诺文化冶金祭祀遗址最新测定的^{14}C数据，年代集中在公元前19~前18世纪③。不过，目前研究者对塞伊玛—图尔宾诺文化的年代颇有争议④。我们认为切尔内赫的判断很可能是正确，因为塞伊玛—图尔宾诺文化流行一种铜铲（图七，9），并发现铸造这种铜铲的石范（图七，5），而阿尔泰山南麓切木尔切克墓地一座铸工墓出土了这种铜铲的石范⑤（图七，10）。关于阿尔泰山南麓切木尔切克文化的年代，目前尚无^{14}C年代数据。据瑞典乌普萨拉大学实验室对蒙古国西部切木尔切克古墓^{14}C年代测验结果，该文化可以追溯到公元前2500~前2200年⑥。

塞伊玛—图尔宾诺文化在南西伯利亚米努辛斯克盆地亦有分布，那么，中亚草原东部青铜文化至少要分为五个发展阶段：第一，阿凡纳谢沃时期（公元前3600~前2500年）；第二，奥库涅夫时期（公元前2400~前2300年）；第三，塞伊玛—图尔宾诺时期（公元前2200~前1700年）；第四，安德罗诺沃时期（公元前1600~前1500年）；第五，卡拉苏克时期（公元前1400~前1000年）。由于不掌握原始资料，中国

---

① Ludmila Koryakova and Andrej Epimakhov, *The Urals and Western Siberia in the Bronze and Iron Ages*. London: Cambridge University, 2007: 108.

② E N Chenykh. Ancient Metallurgy of Northeast Asia: from Ural to the Sain-Altai. Katheryn M. Linduff (ed.). *Metallurgy in Ancient Eastern Eurasia from the Ural to the Yellow River*. New York: Edwin Mellen Press, 2004: 25-30.

③ Olga N. Korochkova et al. Metals from the Ritual Site of Shaitanskoye Ozero II (Sverdlovsk Oblast, Russia). *Trabajos de Prehistoria*. Vol. 67, No. 2, 2010: 489-499.

④ 吉林大学邵会秋、杨建华教授认为，"塞伊玛—图尔宾诺遗存主要流行年代可能还应在公元前16~前15世纪，而形成期或许要稍早一些"。他们还提出，中国出土塞伊玛—图尔宾诺遗物很可能随安德罗诺沃文化的传播而传入中国（邵会秋、杨建华：《塞伊玛—图尔宾诺遗存与空首布的传布》，《边疆考古研究》（第10辑），科学出版社，2011年，78页）。

⑤ 新疆社会科学院考古研究所：《新疆克尔木齐古墓发掘简报》，《文物》1981年第1期，23、32页。这件铜铲石范的线图采自Alexey Kovalev, The Great Migration of Chemurchek People from France to Altai in Early 3rd Millennium BC, 余太山、李锦绣：《欧亚学刊》（新1辑）图2~图11，商务印书馆，2011年，19页。

⑥ Alexey Kovalev, The Great Migration of Chemurchek People from France to Altai in Early 3rd Millennium BC,《欧亚学刊》（新1辑），商务印书馆，2011年，4~7页。

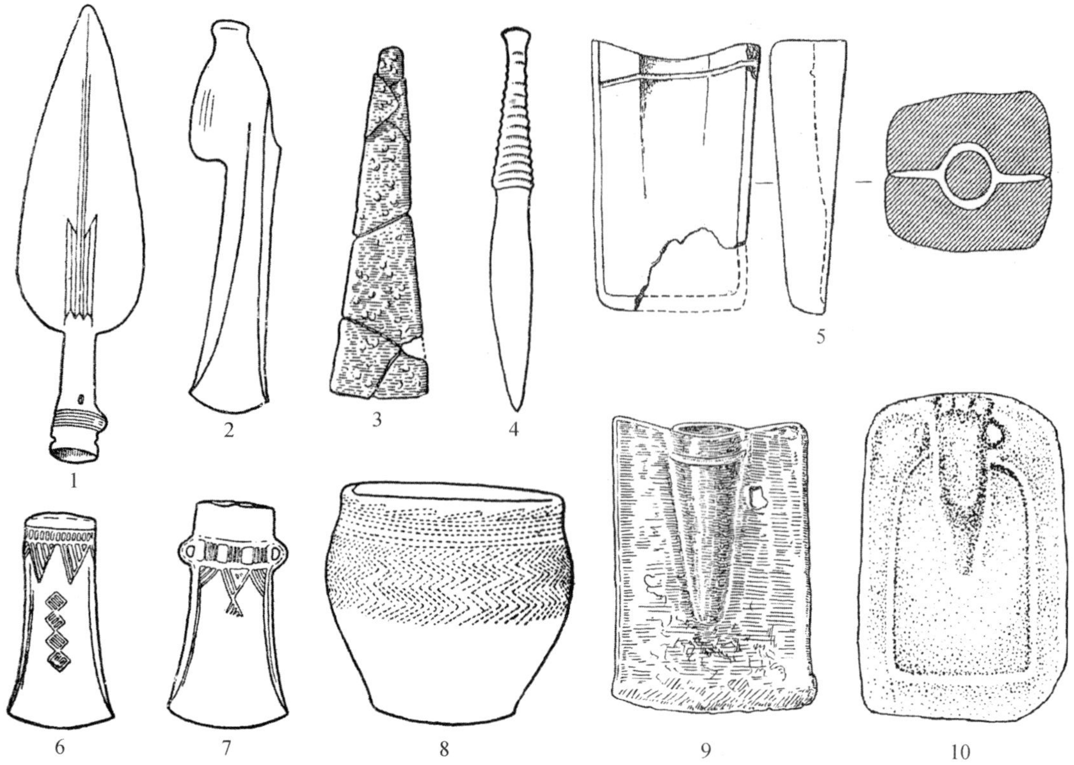

图七　塞伊玛—图尔宾诺文化遗物

图八　新西伯利亚科学院考古资料室藏塞伊玛—图尔宾诺文物

学者一直隔岸观火，无法参与国际学术界对阿尔泰山和南西伯利亚青铜文化的讨论。

2013年，在北京大学中国考古学研究中心的资助下，我们开启了欧亚草原考古课题研究，重点考察史前丝绸之路。在新疆昌吉回族州文物局的大力支持下，我们系统整理了昌吉回族自治州两市五县博物馆藏文物。同时，我们还考察了俄罗斯历史博物馆和埃米塔什博物馆收藏的俄罗斯远东地区出土文物，发现新疆阿尔泰山和天山地区考古文化与欧亚草原文化有着千丝万缕的联系。在上述调查和研究基础上，我们相继发表了《欧亚草原文化与史前丝绸之路》等一系列相关研究[①]。

1949年，阿尔泰山北麓特里特亚科夫矿区发现一组塞伊玛—图尔宾诺青铜器，包括单耳铜矛、弧背刀、套管空首斧等[②]（图九，右）。塞伊玛—图尔宾诺文化的金属工艺颇有特点，正处于红铜锻造向青铜铸造工艺转变阶段。有些塞伊玛—图尔宾诺铜矛和空首铜斧采用锻造工艺，与北高加索出土公元前3000～前2000年锻造套管斧（图九，左；图五、图六）如出一辙。耐人寻味的是，塞伊玛—图尔宾诺铸造的空首铜斧仍保持了锻造空首斧的器形（插图九，左；图三、图4）。正如德国考古学家帕尔青格（Hermann Parzinger）指出的，塞伊玛—图尔宾诺文化是欧亚草原最早采用动物纹的考古文化[③]，如巴尔瑙尔博物馆藏塞伊玛—图尔宾诺兽首刀[④]（图九，右图1）。

塞伊玛—图尔宾诺文化在南西伯利亚米努辛斯克盆地亦有分布。2015年8月22日，在米努辛斯克博物馆参观时，我们在展柜中见到一组塞伊玛—图尔宾诺青铜器，包括一件山字脊铜矛，两件空首铜斧和一把铜剑（图一〇）。19世纪末，俄罗斯突厥学家拉德洛夫（Friedrich W. Radloff）在米努辛斯克盆地采集到一件塞伊玛—图尔宾诺残铜矛。哈佛大学教授罗樾（Max Leohr）在一篇讨论南西伯利亚青铜兵器的论文中，讨论过这件柳叶形山字脊残铜矛[⑤]塞伊玛—图尔宾诺铜矛器形的演变有一定规律：在该文

---

① 林梅村：《欧亚草原文化与史前丝绸之路》（下册），《丝绸之路天山廊道——新疆昌吉回族自治州古代遗址与馆藏文物精品》，56～677页。Lin Meicun. New Archaeological Evidence on the Origin of Chinese Bronze Cultures. Yu Taishan and Li Jixiu (ed.). *Eurasian Studies. English edition* III. Sydney: Asian Publishing Nexus, 2015: 1-12. 林梅村：《塞伊玛—图尔宾诺文化与史前丝绸之路》，《文物》2015年第10期，49～63页。

② 插图009左图采自林梅村：《昌吉古文明的兴衰》，《丝绸之路天山廊道——新疆昌吉回族自治州古代遗址与馆藏文物精品》（上册），657页，图002。

③ Hermann Parzinger. Seima-Turbino Phenomenon and Formation of the Siberian Animal Style. Archaeology, *Ethnography and Anthropology* vol. I, 2000: 66-75（〔德〕帕尔青格著、梅建军译：《赛伊马—图宾诺现象和西伯利亚动物纹的起源》，《新疆文物》2003年第1期，102～113页）。

④ 图九右图《巴尔瑙尔博物馆藏塞伊玛—图尔宾诺青铜器》为北京大学陈建立教授提供，谨致谢忱！

⑤ Max Leohr, "Ordos Daggers and Knives: New Material, Classification and Chronology. Second Part: Knives," *Artibus Asiae*, Vol. 14, No. 1/2 (1951), p.129, fig.9-4.

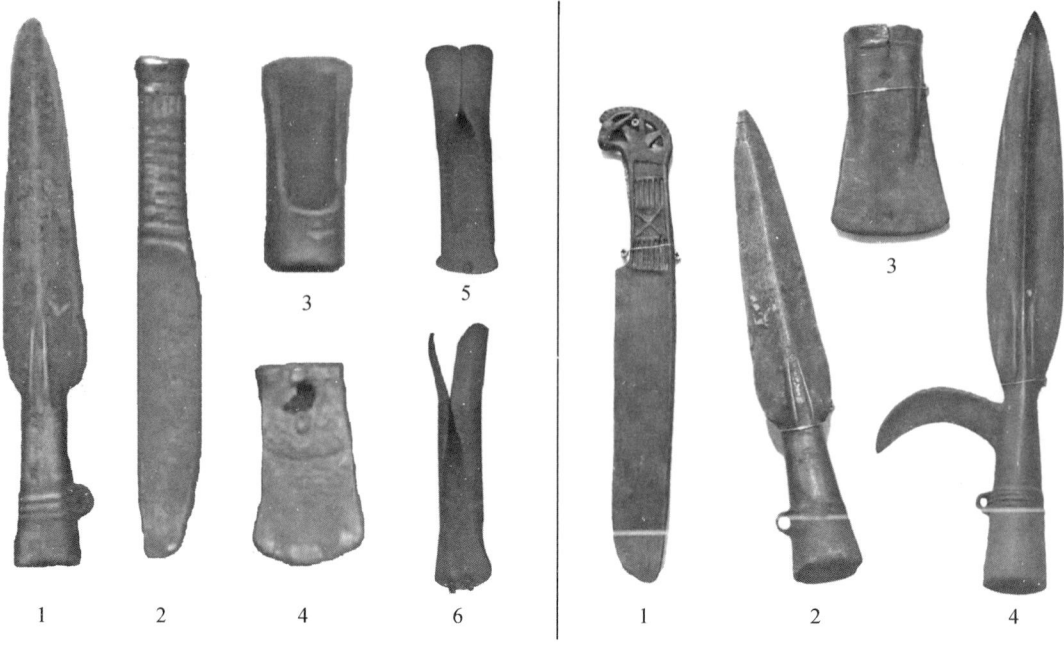

图九　阿尔泰山特里特亚科夫矿区出土和巴尔瑙尔博物馆藏塞伊玛—图尔宾诺铜器

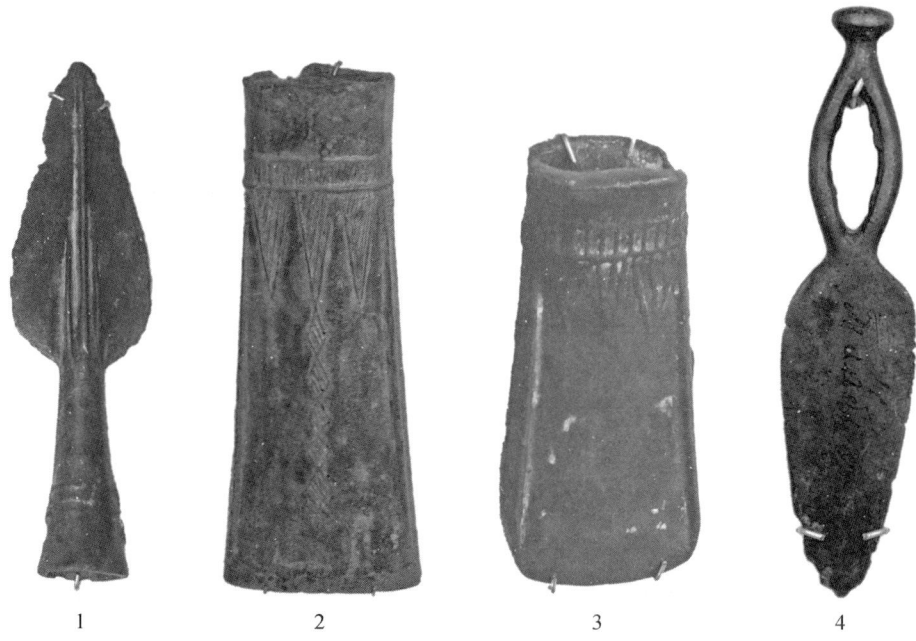

图一〇　米努辛斯克博物馆藏塞伊玛—图尔宾诺铜器

化发源地——阿尔泰山出土铜矛呈窄柳叶型（图九，左1、右图2），与奥库涅夫铜矛（图四，7）的器形相似，而乌拉尔山地区出土塞伊玛—图尔宾诺铜矛的矛叶呈宽柳叶形。罗樾讨论的那件残铜矛与米努辛斯克博物馆藏柳叶形铜矛（图一〇，1）器形相同。二者皆为宽柳叶形铜矛，年代略晚于阿尔泰山流行的窄柳叶形铜矛。米努辛斯克博物馆藏塞伊玛—图尔宾诺铜剑的器形颇为特异（图一〇，4），这种特异铜剑以前在俄罗斯古比雪夫州佩索奇诺耶墓地发现过，如佩索奇诺耶七号墓出土红铜剑，现藏古比雪夫大学考古教研室①。米努辛斯克博物馆收藏的两把空首铜斧（图一〇，2、3）更是塞伊玛—图尔宾诺文化典型青铜工具②。

1984年，苏联体质人类学家德廖莫夫（V. A. Dremov）研究了塞伊玛—图尔宾诺墓地出土人头骨，标本采自乌拉尔地区罗斯托夫卡和鄂毕河上游耶鲁尼诺等墓地。据他分析，塞伊玛—图尔宾诺人"主要有两种类型：带南地中海组特征的欧罗巴人种和明显掺有蒙古人种成分的混血人种。有趣的是，耶鲁尼诺文化的人骨资料中，男人属于第一个人种，而妇女则属于第二个人种。在罗斯托夫卡墓地中也可以看到这样明显的混血现象，尽管这里的尸体大部分是男性。他们的头骨都很大，上身长下身短。最能反映这两个人种成分的混合情况的是No.3墓中的男性头骨为欧罗巴人种，而妇女（No.8墓的No.4人骨）为蒙古人种。"③我们认为，阿尔泰山耶鲁尼诺和乌拉尔山罗斯托夫卡两墓地出土蒙古人种妇女大概有两个来源：其一来自中亚草原本土奥库涅夫文化蒙古人种部落；其二来自黄河流域山西陶寺文化蒙古人种部落④。

就目前所知，在中国境内发现的10多件塞伊玛—图尔宾诺倒钩铜矛或仿制品，只有山西太原发现的一件倒钩铜矛（图一一，3）与阿尔泰山或乌拉尔山出土塞伊玛—图尔宾诺铜矛（图一〇，1、2）完全相同，那么，太原倒钩铜矛很可能是从阿尔泰山直接传入的。据我们调查，这件铜矛是1979年太原铜业公司拣选文物，原藏山西省博物馆，山西博物院新馆落成后，转入山西省工艺美术馆收藏。矛叶呈柳叶形，中部原来残缺一小孔，2013年北京大学胡东波教授指导学生作了修复。这件铜矛通长34.6、叶宽10、銎口直径2.9厘米，倒钩残长1.6、宽0.8厘米。值得注意的是，这件倒钩铜矛的銎柄根部有山字脊，矛叶呈柳叶形，而中国境内所出其他倒钩铜矛皆无山字脊，矛叶呈阔叶形。经尼通便携式X射线荧光光谱成分分析仪（Niton P-XRF）检测，太原铜矛的主要成分为红铜，只含少量锡⑤。据考古报告，河南淅川下王岗遗址二里头三期地

---

① 切尔内赫、库兹明内赫，前揭书，75页。
② 切尔内赫、库兹明内赫，前揭书，36页，图十五-7。
③ 切尔内赫、库兹明内赫，前揭书，184页。
④ 太原铜业公司：《沧海遗珍——太原铜业公司拣选文物荟萃》图版23，广东科技出版社，1999年，18页。
⑤ 林梅村：《欧亚草原文化与史前丝绸之路》，《丝绸之路天山廊道——新疆昌吉回族自治州古代遗址与馆藏文物精品》（下册），663页。

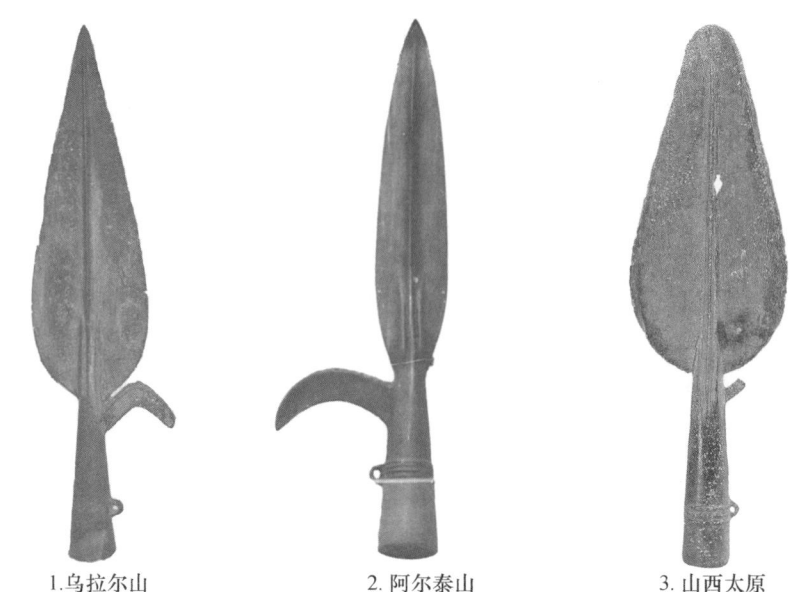

图一一　乌拉尔山、阿尔泰山和山西太原所出塞伊玛—图尔宾诺柳叶形倒钩铜矛

层（T15②A∶39）曾经出土过一个塞伊玛—图尔宾诺铜矛的残倒钩①，那么，太原征集的塞伊玛—图尔宾诺倒钩铜矛的年代当不晚于二里头文化（公元前1750年～前1500年）第三期。

在调查欧亚草原青铜文化时，我们还发现一个有趣的现象。西方冶金术没有铸造红铜或青铜容器的工艺传统，只会用锻造技术打造铜容器。牛津大学阿什莫林博物馆藏有一件杯形铜器，高16.5、口径10.2厘米，薄壁，呈细长的倒锥形，下腹略内敛，平底。这件铜器原为中国文物收藏家英格拉姆爵士（Sir Herbert Igram）旧藏，一直被当做中国文物②。1968年，哈佛大学罗樾教授收入《中国青铜时代礼器》一书，疑为早商之物③。据美国艺术史家胡博（Louisa G. Fitzgerald-Huber）博士调查，这件铜杯腹部有一条纵行的接缝，足部还有折皱，显然是锻造的。她认为这件红铜锻造容器可能出自伊朗，因为伊朗沙赫达德发现过一件锻造红铜杯，但不排除是中国的仿制品④。正如西方冶金术不会铸造青铜容器一样，中国三代青铜容器几乎没有锻造的，唯一的例外是甘肃崇信西周于家墓出土的一个锻造铜盆⑤。甘肃崇信地近西域，这件锻造铜盆很可能

---

① 河南省文物研究所：《淅川下王岗》，文物出版社，1989年，299页。

② 李学勤：《谈伊朗沙赫达德出土的红铜爵、斝形器》，《欧亚学刊》（第1辑），中华书局，1999年，119页。

③ Max Loehr. *Ritual Vessels of Bronze Age China*. New York: The Asia Society Inc. 1968. pl.1.

④ Louisa G Fitzgerald-Huber. Qijia and Erlitou: the Question of Contacts with Distant Cultures. *Early China*, Vol.20. Berkeley: University of California, 1995: 60-62, Note 100.

⑤ 秦颖等：《湖北及安徽出土东周至秦汉时期热锻青铜容器的科学分析》，《文物》2015年第7期，89～96页。

出自西域工匠之手，那么，牛津大学阿什莫林博物馆藏锻造红铜杯未必是中国的仿制品。

张骞开启丝绸之路之前，北方草原一直是中国与西方文化交流的重要孔道。先秦小说《穆天子传》以日月为序，讲述周穆王驾八骏西巡天下，行程九万里，会见西王母之事。周穆王西行路线：自洛阳北渡黄河，逾太行，涉滹沱，出雁门，抵包头，过贺兰山，穿鄂尔多斯沙漠，经凉州至天山东麓巴里坤湖；又北行二千余里，经阿尔泰山，最终抵达"飞鸟之所解羽"的"西北大旷原"，也即大雪纷纷的西伯利亚地区[①]。这条路当即塞伊玛—图尔宾诺文化传入黄河流域的具体路线。

综合全文的讨论，我们对阿尔泰山和南西伯利亚的青铜文化似可得出以下几点新认识：公元前3600~前2500年中亚草原进入金石并用时代，冶金术采用红铜锻造工艺，代表性文化是阿凡纳谢沃文化，在蒙古国西部、我国天山东部亦有分布。公元前2400~前2300年中亚草原进入青铜时代早期阶段，冶金术主要为红铜锻造，但开始采用青铜铸造工艺。代表性文化是奥库涅夫文化，在我国新疆阿尔泰山和天山地区亦有分布。公元前2200~前1700年中亚草原进入青铜时代中期阶段，冶金术主要采用青铜铸造工艺，但少数铜器仍为红铜锻造。代表性文化是塞伊玛—图尔宾诺文化，在我国天山东部和罗布泊地区亦有分布，并传入中国内地，如山西太原发现的塞伊玛—图尔宾诺倒钩铜矛，以及甘肃、青海、陕西、山西、河南、辽宁等地发现的塞伊玛—图尔宾诺倒钩铜矛仿制品。据金属成分检测，中国内地所见塞伊玛—图尔宾诺倒钩铜矛或仿制品皆为红铜或砷铜铸造，而二里头文化青铜器主要采用青铜铸造工艺[②]。换言之，二里头文化兴起后，黄河流域才真正进入青铜时代。

塞伊玛—图尔宾诺文化在中国的发现相当重要，它以实物说明中国冶金术来自欧亚草原文化。不过，中国人并非全盘接受西方冶金术，中国内地出土的10多件塞伊玛—图尔宾诺式倒钩铜矛中，只有山西省工艺美术馆藏太原铜矛与塞伊玛—图尔宾诺典型器完全相同，其他倒钩铜矛都略加改造，尤其是中国出土倒钩铜矛的矛尖皆为钝刃而非尖刃，似乎作为礼仪用具而非兵器。此外，中国工匠还创造性地发明了铸造青铜容器的技术。在中国人手中，青铜冶铸成为一门艺术，首先发明了陶寺文化的砷铜铃、砷铜容器，随后创造出以二里头文化青铜器为代表的一整套青铜礼器，有力地推动了中国文明的发展。

2016年3月8日于京城蓝旗营寓所

[①] 关于公元前2世纪丝绸之路开辟之前东西方交通路线，参见马雍、王炳华：《公元前七至二世纪的中国新疆地区》，《中亚学刊》（第3辑），中华书局，1990年，1~16页。

[②] 2000年，中国科技大学冶金史专家金正耀教授完成了60余件二里头出土铜器的铅同位素分析和其中13件器物的金属成分的分析工作，其中两件金属成分为红铜或砷铜，其余皆为青铜器（金正耀：《二里头青铜器的自然科学研究与夏文明探索》，《文物》2000年第1期，56~69页）。

中华文明形成期的陆海秩序

吴春明

（厦门大学海洋考古学研究中心）

中国是一个濒海国家，虽然华夏的世界观以陆地为本，从早期文明到历代王朝的陆海关系秩序，是基于以中原为中心、以"四海之内""中国四方"为基本格局的大陆性国家文明体系，海滨"夷越"与海外"诸蕃"始终隅于"中国四方"的外围、边缘，但从夷越"善于用舟"传统到古代"海上丝绸之路"的传承发展，海洋文化又客观上为中华文明史不曾缺席的重要一环。本文拟在梳理华夏视野"四海为壑"之陆海关系秩序的基础上，分析文明史"蓝图"中海洋文化的发展，并在中西海洋文化发展的比较研究中思考海洋文化应有的价值。

一、"四海之内"之"中国四方"的大陆性文化格局

陆地和海洋都曾是人类活动的重要空间，即便是在遥远的远古时代，东西方的考古发现都证明史前人类已经有了活跃的海洋实践，陆、海两种不同的社会与经济活动由来已久。大陆性与海洋性是人类文化固有的二元内涵，但陆地与海洋在东、西方文化史、尤其在早期国家文明史上扮演着不同的角色。

由于人类在陆上生存与活动的"常态"，世界几大文明发源地的早期国家与古典文明都主要是建立在陆地上的一种空间社会秩序。多数早期国家文明的产生都离不开大江、大河中下游的大型冲积平原，肥沃的耕地、发达的农业、定居的聚落、财富的积累等是早期王国社会赖以产生的基础，而土地疆域的控制、对灌溉水源的争夺、对农耕社会分层与集权管理等是早期社会复杂化与王国建立的根本原因，更是大陆性社会文化活动的结果。美索不达米亚、古埃及、古印度与先秦中国等最初的王国社会都孕育并诞生于旧大陆温带地区的大江大河冲积平原上，正是在这些肥沃的平原上，"发生了伟大的王国，并且开始构筑起大国的基础。"[①]

中华文明也源于农耕文化发展所需的"天下之中""广川之上"，这是一个面向

---

① 黑格尔著、王造时译：《历史哲学》，上海书店出版社，1999年，95页。

内陆的、半封闭的自然地理环境，她的四周不是大片的沙漠荒漠、高原山脉为天然屏障，就是以浩瀚的海洋与域外"隔阂"，"中国本身乃是一个巨大的地理单元，它同外部世界处于一种相对隔离或半隔离的状态。""中华民族的家园坐落在亚洲东部，西起帕米尔高原，东到太平洋西岸诸岛，北有广漠，东南是海，西南是山的这一片广阔的大陆上。这片大陆四周有自然屏障，内部有结构完整的体系，形成一个地理单元。"[1]这一有高山、荒漠与海洋圈定的相对独立的陆域地理单元，就是华夏、汉人早期地理学视野中的"天下"，也称"四海之内"或"海内"。

《墨子·非攻》："一天下总和，总四海之内。"

《荀子·不苟》："总天下之要，治海内之众。"

《礼记·王制》："凡四海之内九州……凡四海之内，断长补短。"《坊记》："天子四海之内，无客礼莫敢为主焉。"

《论语·颜渊》："四海之内皆兄弟也。君子何患乎无兄弟也？"

《淮南子·地形训》："阖四海之内，东西二万八千里，南北二万六千里。"《览冥训》："今夫赤螭、青虬之游冀州也……威动天地，声震海内。"

还有一些典籍提到"四海"，没有明指海内或海外，但从上下文语义可知也指"四海之内"之陆域。

《诗经·商颂·玄鸟》："邦畿千里，维民所止。肇域彼四海，四海来假。"

《孟子·离娄上》："天子不仁，不保四海；诸侯不仁，不保社稷。"

《尚书·虞书·大禹谟》："文命敷于四海，祗承于帝。""皇天眷命，奄有四海，为天下君。""四海困穷，天禄永终。"《夏书·禹贡》："九州攸同，四隩既宅，九山刊旅，九川涤源，九泽既陂，四海会同。"

《礼记·礼器》："三牲、鱼、腊，四海九州之美味也。"

《淮南子·俶真训》："南面王则德施乎四海。"《览冥训》："近者献其智，远者怀其德；拱揖指麾，而四海宾服。"

《山海经·海外南经》："地之所载，六合之间，四海之内，照之以日月，经之以星辰，纪之以四时，要之以太岁。"《山海经》诸篇章更是以"四海"为坐标，区分罗列出海内、海外不同方位的地理与人文[2]。

在这一"四海之内"相对独立的陆域空间中，从民族文化的"多元一体"到国家

---

[1] 严文明：《中国史前文化的统一性与多样性》，《文物》1987年第3期。费孝通：《中华民族的多元一体格局》，《北京大学学报》1989年第4期。

[2] 《山海经》之"海内经""海内东（南、西、北）经""海外东（南、西、北）经"所列地理与人文，有不少地理错位的，海内、海外及不同方位间还有重复的，与该典籍在流传过程中的多方兼收杂蓄有关，虽有微观错讹、脱句，但总体上仍能反映上古"中国""四方""四海"为特征的陆海人文秩序的宏观格局。见袁珂校注：《山海经校注》（最终修订版），北京联合出版社，2014年。

社会的"中国四方",中华文明在数千年的源流史上逐步形成了以中原华夏(汉族)为凝聚核心的统一性、多元文化同心圆式分布的差序空间格局。

中华文明从史前起源到三代产生,形成了一个面向中原内陆的、以农耕文化为基础的、多层次而差序结构的"多元一体"格局。严文明先生以"重瓣花朵"形象地描绘新石器时代多元文化的空间布局与向心结构,这是一个多元而分层、差异而有序的"同心圆式"布局的文化体系,主体位于黄河、长江中下游为中心的平原地带,中原文化区是花心,甘青、山东、燕辽、长江中游、江浙五个文化区是第二层次的花瓣,昙石山、大坌坑、石峡、白羊村、卡若、昂昂溪等是第三层次、第二重花瓣。这一"重瓣花朵"式格局中的多元文化,还孕育了中华早期若干民族文化区,中原文化区"是黄帝和炎帝为代表的部落集团的地域,以后在这里形成华夏各族",甘青为"羌戎各自的史前文化"、山东是"东夷诸族的史前文化"、燕辽是"燕文化"的重要渊源、长江中游为"三苗""楚文化"孕育区、江浙是"古越族的史前文化"[①]。史前文化的同心圆式的多元谱系结构延续到三代以后,依据李伯谦先生的梳理,三代青铜文化的时空体系虽有变化,但中心边缘的多层次的、差序的、多元的结构未有大变,如青铜文化鼎盛期的商代晚期至西周时期,以商周文化为中心的中原青铜文化的核心地位进一步得到加强,在周王朝的控制范围内,在居于主导的周文化的外围分别形成齐鲁、燕、晋、卫等青铜文化,在商周文化区之外又分别形成北方的夏家店、甘青的辛店与寺洼等、四川盆地的巴蜀、长江中游的荆楚、长江下游的吴越等青铜文化区,及其更外围的东北、新疆、西南、华南与东南等最外围青铜文化区[②]。史前、上古时期的这一"多元一体"文化格局,经由历史上多元族群东西混杂、南北交叉与融合变迁,形成了现今我国多民族共存的文化体系[③]。

从史前文化的"统一性"到古代文明的一体化,中原的中心地位至关重要,早期文明面向内陆、以中原华夏为中心,"逐鹿中原"而背离高山、荒漠与海洋。史前多元文化的空间关系并非杂乱散落的区系或圈子,"重瓣花朵"式的不同史前文化处于一个差别而有序的同心圆结构中,中原文化区始终处于结构的核心位置,第二、三及更多层次的花瓣分处同心圆的外围不同层次,形成越靠近中原核心、文化关系越密切、发展水平越高、向心力越强的差序关系,在文明的形成和早期发展过程中起着引领作用。中原史前文化的中心地位奠定了三代及后续历史时期作为一体化凝聚核心的华夏、汉族的形成基础,华夏与汉族的历次扩张都与早期"中国"形成与历代发展同步,而早期国家的形成与发展又强化了以汉族为凝聚核心的多元文化的一体化进程。一体化无疑伴随着大陆性农耕社会的发达与强化的步伐,费孝通先生在思考一体化及

---

① 严文明:《中国史前文化的统一性与多样性》,《文物》1987年第3期。
② 李伯谦:《中国青铜文化的发展阶段与分区系统》,《华夏考古》1990年第2期。
③ 费孝通:《中华民族的多元一体格局》,《北京大学学报》1989年第4期。

以中原为中心的中国古代文明的稳定与固化的原因时，首先强调的是农耕经济的作用，"如果要寻找一个汉族凝聚力的来源，我认为汉族的农业经济是一个主要因素。看来任何一个游牧民族只要进入平原，落入精耕细作的农业社会里，迟早就会服服帖帖地主动地融入汉族之中。"①这一功能主义解释，符合中华文明多元一体化的本质，也暗示了在这一进程中大陆性农耕文化的核心地位。

"多元一体"是基于近代"中国"民族国家的空间格局回溯历史，这一文化史蓝图与汉文史籍记载的中华文明初成期华夏视野中的"天下"秩序大致吻合，即"四海之内"之"中国四方"格局，包括中原（中土、中国）和周边的"四方"蛮、夷、戎、狄诸"万国"所在的"九州"畛域。虽有"溥天之下，莫非王土，率土之滨，莫非王臣"②之理想，虽"天下之中"之早期"中国"确实为"四方万国"仰慕并"逐鹿中原"的目标，但至少在"秦已并天下"③之前，"四海之内"仍处于"中国"与"四方万国"并立的"国际"关系格局中。

"中国四方"的中心正是新石器时代以来形成的多元文化凝聚核心"中原""中土"，这里的华夏、汉人之国自称"中国"，以区隔于"四方"之"万国"。华夏"中国"甚至还以"中央"自称，自诩"中央"之环境、人文与社会优越于"四方""四夷"的戎、狄、蛮、夷之国。

《诗经·小雅·吉日》："瞻彼中原，其祁孔有。"《小宛》："中原有菽，庶民采之。"《大雅·民劳》："惠此中国，以绥四方。"

《礼记·王制》："中国戎夷，五方之民，……东方曰夷，……南方曰蛮，……西方曰戎，……北方曰狄，……中国、夷、蛮、戎、狄皆有安居。"

《中庸》："柔远人则四方归之，怀诸侯则天下畏之。……是以声名洋溢乎中国，施及蛮貊。"

《孟子·滕文公上》："禹疏九河，……然后中国可得而食也。"

《尚书·周书·梓材》："皇天既付中国民，越厥疆土，于先王肆。"

《左传·僖公二十三年》："晋楚治兵，遇于中原。"《昭公九年》："戎有中国，谁之咎也？"

《汉书·息夫躬传》："中国常以威信怀伏夷狄，躬欲逆诈造不信之谋，不可许。""方阳侯宠及右师谭等，皆造作奸谋，罪及王者骨肉，虽蒙赦令，不宜处爵位，在中土。皆免宠等，徙合浦郡。"

《后汉书·东夷列传》："所谓中国失礼，求之四夷者也。凡蛮、夷、戎、狄总名四夷者。"

---

① 费孝通：《中华民族的多元一体格局》，《北京大学学报》1989年第4期。
② 《诗经·小雅·北山》。
③ 《史记·蒙恬列传》。

《淮南子·精神训》:"越人得髯蛇,以为上肴,中国得而弃之无用。"《齐俗训》:"三苗髽首,羌人括领,中国冠笄,越人劗发。"《道应训》:"越王亲之,故霸中国。"《地形训》:"正中冀州曰中土……八纮八殥、八泽之云,以雨九州而和中土。""中央四达,风气之所通,雨露之所会也,其人大面短颐,美须恶肥,窍通于口,肤肉属焉,黄色主胃,慧圣而好治;其地宜禾,多牛羊及六畜。"《时则训》:"中央之极,自昆仑东绝两恒山,日月之所道,江汉之所出,众民之野,五谷之所宜,龙门河济相贯,以息壤埋洪水之州,东至碣石,黄帝、后土之所司者,万二千里。"

《山海经·海内经》分别另列东、西、南、北"海之内"的"万国"社会,如"东海之内,北海之隅,有国名曰朝鲜、天毒";"西海之内,流沙之中,有国名曰壑市",还有氾叶、鸟山、朝云之国、司彘之国、不死之山、肇山、都广之野、禹之国、列山之国、灵山、盐长之国、九丘、窫窳、巴国、流黄辛氏、朱卷之国、赣巨人、黑人、苗民等;"南海之内有衡山,有菌山,有桂山,有山名三天子都";"北海之内,有蛇山者",还有相顾之师、幽都之山、钉灵之国、伯陵等。《山海经》还列出"海内"南、西、北、东方之"万国"社会,如"海内南"为"海内东南陬以西者"①,"海内西"为"海内西南陬以北者"②,"海内北"为"海内西北陬以东"③,"海内东"为"海内东北陬以南者"④。

《山海经》中还称一些"海内"方国位置为"海中""海之中""海间"者,实际上都是近岸沿海地带。《海内南经》说:"瓯居海中,闽在海中,其西北有山,一曰闽中山在海中。三天子鄣山,在闽西海北,一曰在海中。"《海内北经》说:"射姑国在海中,属列姑射,西南,山环之。大蟹在海中。陵鱼人面,手足,鱼身,

---

① 《海内南经》列有瓯、闽、三天子鄣山、桂林八树、番隅、伯虑国、离耳国、雕题国、北朐国、鬱水南、枭阳国、兕、苍梧之山、氾林方、狌狌等。原文同时还列有窫窳、龙首、有木、氐人国、巴蛇、旄马、匈奴、开题等,疑以为西北方土,原书也说"并在西北"却附于"南经"之后为错。见袁珂校注:《山海经校注》,237~250页。

② 《海内西经》列有危、窫窳、雁门山、高柳、后稷之葬、流黄酆氏、有涂四方、钟山、昆仑之虚等。见袁珂校注:《山海经校注》,251~265页。

③ 《海内北经》列有蛇巫之山、西王母、太行伯、犬封国、鬼国、蜪犬、穷奇、帝尧台、帝喾台、帝丹朱台、帝舜台、大蠭、蟜、阘非、据比之尸、环狗、袜、戎、林氏国、昆仑虚南所、从极之渊、汤汗之山、王子夜之尸、登比氏、盖国、钜燕、倭、朝鲜、列阳、列姑射、射姑国、大蟹、陵鱼、大鯾、明组、蓬莱山、大人之市等。见袁珂校注:《山海经校注》,266~281页。

④ 《海内东经》列有雷泽、都州、琅琊台、韩雁、始鸠、会稽山、岷三江、浙江、庐江、淮水、湘水、濛水、颍水、汝水、泾水、渭水、白水、沅水、赣水、泗水、鬱水、肄水、潢水、洛水、汾水、沁水、济水、潦水、滹沱水、漳水等。原文同时还列有壖端、玺晚、大夏、坚沙、居繇、月氏之国、西胡、苍梧、昆仑山等,疑为西北方土,原文也说"皆在西北"却错附于此。见袁珂校注:《山海经校注》,282~288页。

在海中。大鯾居海中。明组居海中。蓬莱山在海中。大人之市在海中。"《海内东经》说:"都州在海中,一曰郁州。琅琊台在渤海间,琅琊之东,其北有山,一曰在海间。韩鴈在海中,都州南。始鸠在海中,辕厉南。"《大荒东经》说:"东海之渚中,有神,人面鸟身,珥两黄蛇,践两黄蛇,名曰禺虢。""东海之中有流波山,入海七千里,其上有兽,……其名曰夔。"《大荒南经》:"南海之中,有氾天之山,赤水穷焉。""南海渚中,有神,人面,珥两青蛇,践两赤蛇曰不庭胡余。"[①]

可见,"中国四方"是中华文明形成与早期发展阶段华夏视野中"中心"与"边缘"、华夏"中原"与"四方(蛮夷戎狄)万国"所构成的"天下"社会秩序的概括,这一"四海之内"的陆域空间秩序也是华夏"中国"世界观、天下观的中心内容。

二、中华文明"四海为壑"的陆海关系秩序

我国所在的东亚大陆,东部与东南部面临浩瀚的太平洋,现今海岸线18000千米,渤海、黄海、东海、南海四大领海面积470万平方千米,在古人对四方地理还不甚清晰的早期文明阶段,因有"环海"的误识而将古代"中国四方"所在的陆域视为"四海之内"。因此,无论现实还是文明初期的华夏地理认识中,中国自古就是一个濒海国家。

但是,由于中国文化自史前时代起就建立了以陆地农耕为基础的大陆性文化独大的传统,东部、东南部沿海虽有海洋人文的发育,但海域总体上被隔绝于以陆域为限的中华早期文明圈之外。在华夏"中国"的世界观、天下观中,早期文明仅限于"四海之内"的陆域"中国四方","四海为壑""迄于四海""终于四海""海外有截"反映了中国早期文明中的海洋"遭遇"与陆海关系的基本格局。

《孟子·告子下》:"禹以四海为壑,今吾子以邻国为壑。"

《尚书·虞书·益稷》:"予决九川,距四海,浚畎浍距川。"《夏书·禹贡》:"东渐于海,西被于流沙,朔南暨声教讫于四海。"《商书·伊训》:"始天家邦,终于四海。"

相对于"四海之内""海内"地理,陆、海分域的交界地带如海岛、沿海的海洋环境中的社会人文,在华夏"中国"的视野中被看成"海外""海之外""海邦""海隅""海表"等,即"中国四方"之(陆)域外。

"海外"见于《诗经·商颂·长发》:"相土烈烈,海外有截。"《山海经》更列有"海外"南、西、北、东方之族群社会,"海外南"为"海外自西南陬至东南陬

[①] 袁珂校注:《山海经校注》,237、238、279~281、284、285、298、307、310、315页。

者"①,"海外西"为"海外自西南陬至西北陬者"②,"海外北"为"海外自东北陬至西北陬者"③,"海外东"为"海外自东南陬至东北陬者"④。

"海邦"见于《诗经·鲁颂·閟宫》:"奄有龟蒙,遂荒大东,至于海邦,淮夷来同。"

"海隅"见于《尚书·虞书·益稷》:"海隅苍生,万邦黎献,……外簿四海,咸建五长,各迪有功。"又《尚书·周书·君奭》:"海隅出日,罔不率俾。"《山海经·海内经》:"东海之内,北海之隅,有国名曰朝鲜、天毒。"

"海表"见于《尚书·周书·立政》:"以陟禹之迹,方行天下,至于海表,罔有不服。"

严格意义上说,"四海"论述或只是华夏"中国"世界观中的一种愿景,我国的实际海洋地理,只有东、南两面临海,并无四面环海。王子今先生采信古人称内陆较大的湖面为"海子",据以考察"西海""北海"的地望⑤。先秦典籍在频繁提到"四海"的同时也有明确的东、南二海方位线索,与当代情形大致吻合。《禹贡》"九州"畛域大致为长江、黄河干流流域,与前引《礼记·王制》说"四海之内"为"西不尽流沙,南不尽衡山,东不尽东海,北不尽恒山"范围差别不大,因此"四海"作为"九州"陆域边界应在此范围之外不远。《禹贡》语:"导黑水,至于三危,入于南海。"黑水、三危地望约在今川、滇西部山地,这里的怒江、澜沧江下流入南海,似无大错。又《禹贡》语:"导沇水,东流为济,入于河,溢为荥;东出于陶丘北,又东至于菏,又东北,会于汶,又北,东入于海。导淮自桐柏,东会于泗、沂,东入于海。"济、河、菏、汶、淮、泗、沂等为兖、青、徐、扬各州范围,其东面为今之

---

① 《海外南经》列有结匈国、南山、比翼鸟、羽民国、神人二八、毕方鸟、讙头国、厌火国、三株树、三苗国、载国、贯胸国、交胫国、不死民、岐舌国、昆仑虚、寿华之野、三首国、周饶国、长臂国、狄山、南方祝融等。见袁珂校注:《山海经校注》,171~179页。

② 《海外西经》列有大运山、大乐之野、玉璜、三身国、一臂国、奇肱之国、形天与帝、女祭、女戚、鸾鸟、丈夫国、女丑之尸、巫咸之国、女子国、轩辕之国、穷山、龙鱼陵、白民之国、肃慎之国、长股之国等。见袁珂校注:《山海经校注》,191~207页。

③ 《海外北经》列有无启之国、钟山之国、一目国、柔利国、相柳氏、深目国、无肠之国、聂耳之国、博父国、拘缨之国、跂踵国、欧丝之野、三桑无枝、范林、务隅之山、平丘、北方禺彊等。见袁珂校注:《山海经校注》,208~223页。

④ 《海外东经》列有嗟丘、大人国、奢比之户、君子国、虹虹、朝阳之谷、青丘国、黑齿国、汤谷、雨师妾、玄股之国、毛民之国、劳民国、东方句芒等。见袁珂校注:《山海经校注》,224~236页。

⑤ 王子今:《秦汉人世界意识中的"北海"和"西海"》,《史学月刊》2015年第3期。王先生还认为,先秦两汉时代"四海"的具体方位与地理坐标是有历史变化的,他据《史记·秦始皇本纪》所记"上会稽,祭大禹,望于南海",认为先秦时期的"南海"实为今东海;又据《史记·项羽本纪》"徇齐至北海,多所残灭",考先秦时期的"北海"为今之渤海。

黄海、东海,故就是禹贡时代"东入于海"的东海。

《山海经》中有不少涉及四海地望的句章。关于东、北二海,《海内东经》:"泗水出鲁东北,而南,西南过湖陵西,而东南注东海,入淮阴北。"《大荒东经》:"东海之外大壑,少昊之国。"《海内经》:"东海之内,北海之隅,有国名曰朝鲜、天毒,其人水居,偎人爱之。"①泗水、淮阴、少昊在苏鲁沿海,朝鲜与今同地,则此"东海"与今大致吻合,或包括黄海,与上述《禹贡》线索大同。又"北海"与东海及朝鲜相连,则可能为今渤海或日本海。

《海内东经》语:"鬱水出象郡,而西南注南海。"《海内经》:"南海之内有衡山,有菌山,有桂山,有山名三天子都。南方有苍梧之丘,苍梧之渊,其中有九嶷山,舜之所葬,在长沙零陵界中。"②鬱水为今西江上游水系,衡山、桂山、苍梧、九嶷山等均在今南岭附近,则临近的"南海"也与今之地理吻合。

《大荒西经》语:"西海之南,流沙之滨,赤水之后,黑水之前,有大山,名曰昆仑之丘。"又《海内经》:"西海之内,流沙之中,有国名曰壑市。西海之内,流沙之西,有国名曰氾叶。"③所指赤水、流沙之间、昆仑山北,无疑是西北甘青、新蒙一带的环境,"西海"可能为今青海湖,也有指向更遥远的咸海或里海,甚至波斯湾海域④。

虽然先秦"四海"的地望尚存争议,但史籍还是比较清晰地勾画出了华夏早期理想的世界观中,"中国""四方""四海"依次构成的从中心到边缘、从陆地到海洋的地理分域。战国时齐国邹衍描述的九州环海,形象地表达了这一理想的空间格局,《史记·孟子荀卿列传》引邹衍语:"中国外如赤县神州者九,乃所谓九州也。于是有裨海环之,人民禽兽莫能相通者,如一区中者,乃为一州。如此者九,乃有大瀛海环其外,天地之际焉。"所谓"中国""九州""有裨海环之""乃有大瀛海环其外",体现了华夏、汉人理想的天下观与陆海秩序。王子今先生引汉代《释名·释水》语"海,晦也。主承秽浊,其水黑如晦也",认为上古"海"字的初义源于晦,为茫茫大海的昏暗不明、溟溟蒙蒙的荒原之地,"四海"或"四海之外"是古人探索未知世界的"理想",是中原王朝谋求政治影响力扩张与征服之理想幅度的象征⑤。

就是说,在以中原华夏为中心的中国早期文明的世界观、天下观中,海洋没有纳入华夏"中国"直隶的空间,甚至从总体上看不在其有效控制与影响的"四方""万国"陆域范围,"四海"为陆域的边界、"海外"世界,"四海为壑"是中华早

---

① 袁珂校注:《山海经校注》,224、287、289、291、307、371页。
② 袁珂校注:《山海经校注》,287、298、309、385页。
③ 袁珂校注:《山海经校注》,331~333、339、344、349、372页。
④ 王子今:《秦汉人世界意识中的"北海"和"西海"》,《史学月刊》2015年第3期。
⑤ 王子今:《上古地理意识中的"中原"与"四海"》,《中原文化研究》2014年第1期。

期文明中陆海秩序及大陆性农耕文化强势特征的反映，也流露出中原华夏民族自我中心的世界观偏见。

但是，我国东部、南部沿海和岛屿上发现的"海外""海中""海隅"等"边缘""弱势"海洋文化却独具特色，客观上为中华文化的多样发展增添了不可或缺的特殊环节。1930~1950年代，正当我国主流考古学界展开以彩陶为特征的仰韶文化、以黑陶为特征的龙山文化等为主要对象，探讨以黄河流域为中心的我国史前（新石器时代）文化发展进程之际，林惠祥先生则聚焦粤、闽、台沿海为中心的我国"东南区"及相邻的东南亚，提出以有段石锛、印纹陶遗存为特征的"亚洲东南海洋地带"文化不同于华北的内陆文化[1]。到了1950年代，凌纯声先生又提出以我国东海到南海间的水域为中心的"亚洲地中海"文化圈理论，将环绕我国东部沿海以"珠贝、舟楫、文身"为特征的"蛮夷"海洋文化，区别于西部内陆以"金玉、车马、衣冠"为特征的"华夏"大陆性农耕文化[2]。这些论述，从考古学、民族学角度初步勾画出了我国史前、上古时期海洋文化布局的轮廓。

近一个世纪的考古发现与研究表明，我国东部、南部沿海地带的海洋文化有近万年持续发展、传承的历史。沿海大量分布的新石器、青铜时代贝丘、沙丘等遗址都位于陆缘海湾、河流入海口与下游河岸、海岛等海洋生态环境，以海生贝类遗存堆积为特征，反映了夷、越先民海洋文化发展的初期格局[3]。其中胶东半岛沿岸发现了上百处距今7000~3500年的贝丘遗址，而庙岛群岛、辽东半岛沿岸也发现了几十处序列同步、内涵相同或极为相似的新石器文化，应是史前东夷先民逐岛航渡的遗存[4]。在东海之滨，新石器时代海洋聚落的扩展过程也十分明显，如杭州湾南岸沿海及海岛距今7000~4000年的河姆渡与良渚文化时期聚落遗址近百处，代表了于越先民海洋开发的初期实践[5]。闽江下游为中心的台海西岸也已发现距今7000~3000年间的贝丘遗址百余

---

[1] Lin Huixiang. *A Neolithic Site in Wuping, Fukien. The Proceedings of the Third Congress of the Far Eastern Prehistorians.* 1937 Singapore. 《中国东南区新石器时代文化特征之一：有段石锛》，《考古学报》1958年第3期；《南洋马来族与华南古民族》，《厦门大学学报》1958年第1期。

[2] 凌纯声：《中国古代海洋文化与亚洲地中海》，《海外杂志》1954年第3期，转引自《中国边疆民族与环太平洋文化》，联经图书，1979年。

[3] 袁靖：《中国大陆东南沿海贝丘遗址研究的几个问题》，《考古》1995年第12期。焦天龙：《史前中国海洋聚落考古的若干问题》，《海洋遗产与考古》，科学出版社，2012年。

[4] 严文明：《胶东原始文化初论》，韩榕：《胶东史前文化初探》，《山东史前文化论文集》，齐鲁书社，1986年。佟伟华：《胶东半岛与辽东半岛原始文化的交流》，《考古学文化论集（二）》，文物出版社，1989年。王锡平、李步青：《论胶东半岛与辽东半岛史前文化关系》，《中国考古学会第六次年会论文集》，文物出版社，1990年。

[5] 曹峻：《杭州湾南岸史前聚落的变迁与海洋适应》，《海洋遗产与考古》。

处,均位于河流入海口与海岸带,突显七闽先民"闽在海中"聚落形态的初创[1]。以环珠江口为中心的南海北岸,已发现距今6000~3000年的贝丘、沙丘遗址100多处,贝丘遗址多位于珠江三角洲河岸、河口,沙丘遗址则常位于珠江口两侧海岸或海岛沿岸,包括了海湾型、河口型、河岸型三类,都有丰富的贝类和鱼虾等海生资源[2]。在海南环岛海岸也先后发现新石器时代海岸沙丘、贝丘遗址几十处,距今5000~2500年[3]。这些大分散、小聚集的新石器和青铜时代海洋性聚落遗存,以濒海聚居、海洋捕捞、陆岛航渡为特征,反映了夷、越先民"岛夷卉服。厥篚织贝,厥包桔柚,锡贡。沿于江、海,达于淮、泗""东越海蛤,欧人蝉蛇""夫越性脆而愚,水行而山处,以船为车,以楫为马""瓯居海中,闽在海中"人文景观[4]。这些遗存所反映的中华文明起源与早期发展阶段"四海为壑"地带土著先民的初期海洋文化实践,奠定了历史时期海洋文化持续发展的基础。

汉唐以来,伴随着以汉族为核心中华文明"多元一体"的发展、壮大,东南沿海的夷、越海洋土著融入了华南沿海汉人社会,以海为田、谙熟水道、善于用舟、航海冒险等海洋文化精神得以传承。从夷越土著的"亚洲地中海"文化圈到华南汉人的"海上丝绸之路"的文化传承,表现在航路体系、港市格局、族群社会、人文内涵等诸多方面[5]。同时,伴随着汉唐宋元王朝的"海洋开放",来自南海、印度洋航路上的"胡""蕃"等许多域外海洋文化相继登陆,并不同程度地融入沿海社会,进一步丰富、发展了"多元一体"的海洋文化内涵[6]。汉唐宋元王朝一度实行"海洋开放"政策,鼓励海外贸易的发展,相当程度上扭转了早期文明"四海为壑"的陆海关系局面,给中世纪的中华文明增添了浓重的海洋、异域色彩。正是"善于用舟"的土著夷越海洋文化的传承以及环中国海海洋"诸蕃"族群的文化吸收与融合,才形成了中国历史上一度发达的海洋交通史和"海上丝绸之路",由东南沿海"汉人"主导的古代船家具有成熟、进步的越洋航海技术,东突西进,穿行于西太平洋与印度洋间的"四海"、"四洋"航路,中华海洋文化的发展进入鼎盛时期。汉唐宋元王朝的海洋开

---

[1] 吴春明:《闽江流域先秦两汉文化的初步研究》,《考古学报》1995年第2期。

[2] 朱非素:《珠江三角洲贝丘、沙丘遗址和聚落形态》,《南中国及邻近地区古文化研究》,香港中文大学出版社,1994年。袁靖:《珠江三角洲贝丘遗址的环境考古学问题》,《东南考古研究(第二辑)》,厦门大学出版社,1999年。

[3] 何国俊:《环海南岛的史前聚落与海洋文化》,《海洋遗产与考古》。

[4] 《尚书·禹贡》,《逸周书·王会解》,《山海经·海内南经》。

[5] 吴春明:《"海上丝绸之路"不是"丝绸之路"的延续和转移》,《从马祖列岛到亚洲东南沿海:史前文化与体质遗留国际学术研讨会论文》,2014年9月,台湾马祖。

[6] 吴春明、佟珊:《环中国海海洋族群的历史发展》,《云南师范大学学报》2011年第3期。吴春明:《华南汉人形成与发展过程中的海洋因素》,《2015年汉民族学会学术研讨会论文》,昆明,2015年12月。

放、华夷并蓄,不但丰富了中华文化的多元内涵与海洋精神,还在人类海洋文化史上留下了浓重的东方色彩。

然而,在汉唐以来两千年的航海史上,历代王朝总体上仍视海洋"诸蕃"为"非我族类",大陆性农耕王朝的文化秉性时而突显并制约着海洋文化的自由发展,尤其是明清王朝相继厉行"片板不许下海""迁海令"等的严厉海禁和朝贡贸易、限口通商、寓禁于征等限制性海洋政策,就是上古"四海为壑"海洋政策的"复辟",东南民间海洋社会再次遭遇重大挫折,"市通则寇转而为商,市禁则商转而为寇"①,他们只能"违禁通蕃""走私下海",并形成出没于环中国海地带并被中央王朝围追堵截的几十支"非法"武装海商集团②。明清王朝的海洋退却,正值西方航海家开辟环球航路、发现新大陆、主导过去数百年来经济文化的全球化秩序,中华民族在人类海洋文化史上最终陷入落后的境地。

总之,海洋是中华文化"多元一体"固有内涵,但在中原华夏主导的早期文明体系中,"亚洲东南海洋地带"的夷、越土著遭遇"中国四方"的大陆性文化格局和"四海为壑"的陆海关系秩序,海洋文化在早期国家社会形态的建构中没有发挥应有的价值。虽然在汉唐宋元海洋开放政策下,海洋夷、蕃的融合一度为中世纪中华文明的发展与进步增添了新的活力,但这一积极的进程却在明清王朝复辟"四海为壑"的海洋退却中戛然而止,古代海洋文化的发展再次遭遇重挫。

三、余论:中、西方海洋文化差异的几点比较

从世界史的宏观角度看,东、西方陆海环境格局与民族文化传统不同,形成了中西文明史上海洋文化发展的巨大差异。在陆地拥抱海洋的地中海宏观地理背景下,亚非欧交界地带的早期文明相继汇聚地中之海,陆、海文化交互作用,形成以古希腊、古罗马文化为中心的西方文明基础,这与中华早期文明"四海为壑"的总体政经格局形成鲜明对比。

首先,地中海陆地拥抱、汇聚海洋的宏观地理格局,不同于古代中国"四海之内"的陆域环境。

地中海是世界上最大的陆间海、地中之海,这是一个以地中海盆地为中心的陆海联系、相对独立的地理单元。西亚、北非和欧洲的地理都环绕地中海,并以各种特定的通道汇聚地中海。在北非,尼罗河由南往北汇入地中海,把古埃及文明与地中海世界紧密联系在一起。在西亚,诞生人类最古老王国文明的新月形地带,东端连接两河流域的波斯湾入海口,西端连接叙利亚、黎巴嫩的地中海沿岸,是地中海、欧洲文明

---

① (明)胡宗宪:《筹海图编》卷十一"叙倭原"引唐枢语,文渊阁四库全书本。
② 林仁川:《明末清初私人海上贸易》,华东师范大学出版社,1987年。

联系印度洋的地理与文化走廊。而欧洲大陆也有巴尔干半岛、亚平宁半岛、伊比利亚半岛向南伸入地中海，还有一系列南北向的低地穿过阿尔卑斯山脉而联系地中海。

在地中海内，南北两岸的一系列东西并列、南北走向的半岛又分割出许多宽窄不等相对独立的海域、海湾、海峡，如黑海、爱琴海、亚得里亚海、伊奥尼亚海、第勒尼安海、西地中海等，还有散布的众多大小岛屿，成为这一宽阔水域内为以陆岛、逐岛为依托的原始航海提供了便利，使得这个暖温带海域成为早期人类天然优良的航海区域，堪称航海家的乐园。

其次，地中海文明的海洋汇聚与陆海并蓄的多元文化，不同于"中国四方"的大陆性文化独大的传统。

西方文明的心脏是古代希腊与罗马，她是旧大陆若干早期文明融合而成的，多元文化汇聚于海洋。地中海文明的起步是古典希腊，奠基于克里特岛、伯罗奔尼撒半岛和爱琴海诸岛，起于公元前2000年的米诺斯文化，直到公元前323年为罗马帝国取代。希腊文明的背景是一片以海洋为纽带连接起来的千姿百态的岛屿、半岛、海湾、海滨环境，希腊文明的核心元素是自由精神与海洋传统。海洋环境更造就了希腊文明的航海传统，希腊先民的陆、海两栖生活方式，使他们能够随心所欲地凌波往来，沿海城邦、航海贸易、海上征战成为希腊文化的外显特征。希腊人却擅长从事青铜器、陶器、酒、橄榄油和谷物的海洋贸易，爱琴海建立海上殖民地，并最终支配地中海东部的贸易。

地中海文明还有旧大陆多元文化的基础，地中海盆地扮演了旧大陆多元文明汇聚与扩散的中心。美索不达米亚早期文明一开始就分别沿着新月沃土顺势传播地中海沿岸，包括埃及，以至于埃及早期文明中就有苏美尔的艺术元素。公元前十八世纪，鼎盛期的巴比伦王国将统治区域扩展到整个新月沃土，埃及和两河流域的早期文明迅速传播影响地中海，希腊传说中雅典城还是一位埃及人栖克洛普斯创立的。约公元前十五至十世纪，地中海东岸叙利亚-巴勒斯坦的迦南人（即希腊和罗马所称的腓尼基人），凭借着非凡的商业天才与航海技能，在东起巴勒斯坦西至直布罗陀海峡的广阔地中海海岛与沿岸建立了一系列海洋贸易基地，并与爱琴海的希腊共享海洋贸易利润，而希罗多德说希腊的发音文字还是由腓尼基人首创的[①]。公元前11世纪，以色列人在地中海东岸短暂地建立了一个强大的国家，他们创造的希伯来圣经具有许多美索不达米亚的文化基因，又是犹太教、基督教和伊斯兰教的本源，是世界文化最重要的遗产。公元前八到六世纪的亚述帝国、公元前六至四世纪的波斯帝国相继统一了广阔的新月地带，进一步促进了近东文明再次流向地中海沿岸和希腊。即便亚历山大帝国战胜波斯建立起地域更广阔的西起地中海、东至印度河流域的庞大的"希腊化"帝国时期，近东文化也是希腊化因素的重要组成部分，"所谓希腊化文化，是东西方历史在

---

① 黑格尔著、王造时译：《历史哲学》，上海书店出版社，1999年，236页。

这一时代相互汇合下的文化。"①希腊这个区域就是多元文化的吸盘与熔炉，伴随着希腊文明的整个源流进程，"古代近东的各个民族和帝国已经深深地影响了希腊文化。古代希腊的字母表、大量的神话和建筑，以及技术和科学的肇始均受惠于近东。……在希腊与罗马背后则是古代近东丰富经验，如果没有这些经验，那么后来的文明将是难以想象的。"②"地中海不仅孕育了三大灿烂的古代文明，还见证了三种伟大宗教的产生和发展也就不足为奇了。它还对人类的交流产生了最重要的影响。"③因此，在评估世界文明史若干早期文明的发展变迁时，常说中国古代文明是唯一不间断而延续发展的文明，而将古埃及、美索不达米亚等看成是"中断"或"消亡"的文明，毋宁说后者是传播中的更迭、传承与发展，近东早期文明的基因完全流淌在希腊、而后罗马的躯体中。

最后，以希腊、罗马文化为中心的地中海文明的海洋扩张传统，不同于古代中国、尤其是早期中国"四海为壑"的陆、海隔阂形态。

从巴比伦、亚述到波斯，先后统一新月沃土的诸强盛帝国，在源源不断地将近东文明成果输入地中海的同时，无疑也开辟地中海海洋文化对外传播的重要门户。公元前十几世纪的希波战争与特洛伊战争，到公元前四世纪马其顿国王亚历山大对波斯帝国的征服，建立起东到印度、阿拉伯海、南到埃及的当时世界上最大的帝国，揭开了希腊文化传播近、中东的鼎盛时期。希腊人大量移民地中海沿岸到叙利亚、小亚细亚、尼罗河流域，甚至印度河流域，形成一个大希腊文化圈。希腊化的文化扩张，对随后罗马统治下地中海世界的政治统一和基督教精神上的统一奠定了基础。"希腊化"所带来的科学精神、世界主义、唯物主义、宗教多元化、日趋专业化、大范围的商业活动等，对罗马、拜占庭和穆斯林文明以及中世纪的西方世界产生了根本性的影响④。

罗马与希腊都是地中海中部的海洋地带，希腊、罗马的文化曾相互影响，但希腊文化对罗马的影响要更多、更深刻一些。在罗马帝国这一广阔的空间里，希腊的历史

---

① 吴于廑：《东西方历史汇合下的希腊化文化》，载《古代的希腊罗马》附录，生活·读书·新知三联书店，2008年，175页。

② C. Warren ollister, Guy Maclean Rogers, Roots of the Western Tradition, A short History of the Ancient World (8th edition), The McGraw-Hill Companies, Inc, 2008.中译本C·沃伦·霍利斯特、盖伊·迈克林·罗杰斯著，杨扬译：《西方文明之根：古代近东、古代希腊、古代罗马文明》，上海锦绣文章出版社，2013年，55页。

③ 约翰·朱丽叶斯·诺威奇著、殷亚平等译：《地中海史》（上），中国出版集团东方出版中心，2011年，1页。

④ C·沃伦·霍利斯特、盖伊·迈克林·罗杰斯著，杨扬译：《西方文明之根：古代近东、古代希腊、古代罗马文明》，上海锦绣文章出版社，2013年，135、148、149页。

没有终结，古希腊历史新的一章在罗马的统治下开始书写①。罗马帝国征服了希腊本土及广大的希腊化地带，但很大程度上确实是希腊文化征服了罗马人，"罗马人承担了把希腊文化推广于西方的使命。"②产生于罗马帝国早期的基督教就是犹太圣经和希腊哲学传统结合的产物，是罗马对西方文明最持久的遗产。即便公元6世纪罗马帝国崩溃了，但希腊、罗马文化也从未在西方真正的消亡，"西方被希腊-罗马文化所滋养，并为罗马的记忆萦绕于怀。"③

十五世纪末的地理新航路开辟，奠基于古希腊、罗马的西方文明迅速主导了以欧洲文明为中心的早期全球化。1492年，哥伦布跨越大西洋，开启了欧洲人殖民美洲新大陆。1498年，达伽马绕过好望角进入印度洋，开辟了欧洲人近五百年年的远东航海贸易史。1519-1522年，麦哲伦船队几经周折首次完成了跨越大西洋、太平洋、印度洋的环球航行。地理大发现、环球海洋贸易将西方海洋文明的中心从地中海移到北大西洋沿岸，葡、西、荷、英、法、美等相继登台、群雄逐鹿，再次通过海洋将世界历史烙上深刻的西方印记，突显了海洋文明的强悍动力。"地中海是地球上四分之三面积结合的因素，也是世界历史的中心。号称历史上光芒焦点的希腊便是在这里。……地中海是旧世界的心脏，因为它是旧世界成立的条件，和赋予旧世界以生命的东西。没有地中海，世界历史便无从设想了。"④黑格尔的话，与其说是评估地中海在世界历史上地位，毋宁说是强调了海洋对于人类历史的巨大作用。

---

① C·沃伦·霍利斯特、盖伊·迈克林·罗杰斯著，杨扬译：《西方文明之根：古代近东、古代希腊、古代罗马文明》，上海锦绣文章出版社，2013年，61页。

② 罗斯托夫采夫：《希腊化世界社会经济史》（第2卷），克莱伦敦出版社公司，1941年,1301页。斯托巴特：《希腊曾经辉煌》（第4版），1964年，普莱格出版公司，237页。转引自厉以宁：《希腊古代经济史》（下册），商务印书馆，2013年，994、1061页。

③ C·沃伦·霍利斯特、盖伊·迈克林·罗杰斯著，杨扬译：《西方文明之根：古代近东、古代希腊、古代罗马文明》，上海锦绣文章出版社，233页。

④ 黑格尔著，王造时译：《历史哲学》，上海书店出版社，93页。

三、三代遗珠

郑州出土商代青铜容器分期

秦文波
（河南省文物局）

一、序　　言

郑州市位于河南省中部，东邻开封，南连许昌，西接洛阳，北与新乡隔黄河相望。地势西高东低，主要山脉有西部的嵩山及北部的邙山，主要河流有伊河、颍河、贾鲁河、金水河及熊儿河，均为由西向东流向，属淮河水系。郑州市是河南省会，为全省的政治、文化和教育中心，其行政区划包括郑州市区及其东、南、西三面的中牟、新郑、新密、登封、巩义和荥阳等六县、市，总面积7400余平方千米。京广、陇海两大铁路干线及107、310国道在此交汇。

1950年在郑州首次发现商代文化遗存[1]。此后，随着城市基本建设的发展和考古工作的日益加强，考古工作者相继发现、发掘了多处商代遗址。1955年郑州商城的发现[2]，对整个商代社会历史及其一系列重大学术问题的探索与研究起到了重大的推动作用，而郑州市在考古工作中所处的地位亦日见重要。

几十年来，郑州市曾多次多处出土商代青铜器。主要出土地点有：市区的铭功路西侧[3]、

---

[1] 河南省文物局文物工作队：《郑州二里岗》，科学出版社，1959年。

[2] 河南省博物馆、郑州市博物馆：《郑州商代城遗址发掘报告》，《文物资料丛刊（1）》，文物出版社，1977年。

[3] 马全：《郑州市铭功路西侧的商代遗存》，《文物参考资料》1956年第10期。郑州市博物馆：《郑州市铭功路西侧的两座商代墓》，《考古》1965年第10期。《河南出土商周青铜器》编辑组：《河南出土商周青铜器（1）》，文物出版社，1981年。

人民公园[1]、白家庄[2]、杜岭张寨南街[3]、向阳回族食品厂[4]、北二七路[5]、东里路南北两侧[6]、二里岗[7]、杨庄[8]、郑州卷烟厂[9]、熊耳河南关外[10]、新郑望京楼等[11]、中牟黄店[12]、登封王城岗[13]和袁桥[14]、荥阳张片庄[15]、密县曲梁[16]、荥阳西史村[17]等处。共计出土各类青铜器约160余件,其中容器129件。

随着郑州出土青铜器的数量、种类的不断增加和丰富,学术界对其研究也逐步深入、全面和细致,在此方面,学者们所做的主要工作有:

20世纪50年代,邹衡先生首次将郑州出土的青铜器与安阳殷墟出土的青铜器进行了比较研究,认为二者应同属商文化体系,并且指出郑州出土的铜器在年代上早于安

---

[1] 安金槐、裴明相:《介绍郑州发现的古遗址及殷代墓葬概况》,《文物参考资料》1954年第5期。安志敏:《郑州市人民公园附近的殷代遗存》,《文物参考资料》1954年第6期。郑州市文物工作组:《郑州市人民公园第25号商代墓葬清理简报》,《文物参考资料》1954年第12期。《河南出土商周青铜器》编辑组:《河南出土商周青铜器(1)》,文物出版社,1981年。

[2] 河南省文化局文物工作队:《郑州市白家庄商代墓葬发掘简报》,《文物参考资料》1955年第10期。《河南出土商周青铜器》编辑组:《河南出土商周青铜器(1)》,文物出版社,1981年。

[3] 河南省博物馆:《郑州新出土的商代前期大方鼎》,《文物》1955年第10期。河南出土商周青铜器》编辑组:《河南出土商周青铜器(1)》,文物出版社,1981年。

[4] 河南省文物研究所、郑州市博物馆:《郑州新发现的商代窖藏青铜器》,《文物》1983年第3期。

[5] 河南省文物研究所:《郑州北二七路新发现三座商墓》,《文物》1983年第3期。

[6] 杨育斌等:《近几年来郑州新发现的商代青铜器》,《中原文物》1981年第2期。《河南出土商周青铜器》编辑组:《河南出土商周青铜器(1)》,文物出版社,1981年。

[7] 赵清、王彦民:《郑州二里岗发掘一座商代墓》,《中原文物》1982年第4期。《河南出土商周青铜器》编辑组:《河南出土商周青铜器(1)》,文物出版社,1981年。

[8] 《河南出土商周青铜器》编辑组:《河南出土商周青铜器(1)》,文物出版社,1981年。

[9] 《河南出土商周青铜器》编辑组:《河南出土商周青铜器(1)》,文物出版社,1981年。

[10] 《河南出土商周青铜器》编辑组:《河南出土商周青铜器(1)》,文物出版社,1981年。

[11] 新郑县文化馆:《新郑望京楼出土一批铜器和玉器》,《中原文物》1980年第1期。新郑县文化馆:《河南新郑县望京楼出土的铜器和玉器》,《考古》1981年第6期。《河南出土商周青铜器》编辑组:《河南出土商周青铜器(1)》,文物出版社,1981年。赵秉焕等:《河南新郑新发现的商代铜器和玉器》,《中原文物》1992年第1期。

[12] 赵新来:《中牟出土商代铜器》,《中原文物》1980年第4期。

[13] 河南省文物研究所、中国历史博物馆:《登封王城岗与阳城》,文物出版社,1992年。

[14] 《河南出土商周青铜器》编辑组:《河南出土商周青铜器(1)》,文物出版社,1981年。

[15] 《河南出土商周青铜器》编辑组:《河南出土商周青铜器(1)》,文物出版社,1981年。

[16] 《河南出土商周青铜器》编辑组:《河南出土商周青铜器(1)》,文物出版社,1981年。

[17] 郑州市博物馆:《河南荥阳西史村遗址试掘简报》,《文物资料丛刊(5)》,文物出版社,1981年。

阳殷墟出土的铜器①。

20世纪70年代前期，唐兰先生将郑州出土商代青铜器与安阳殷墟出土商代青铜器做了整体上的比较研究，总结出郑州出土商代青铜器的整体特征是器物胎壁比较薄，单层花纹，平雕，鼎和鬲的一耳和一腿相对应，另一耳对应于另两腿之间②。唐兰先生的研究成果具有奠基意义。

20世纪70年代末，张长寿先生对郑州出土商代青铜器进行研究时注意到了它们的组合关系，并指出其核心是爵和斝③。

至此稍后，邹衡先生在对商代前期墓葬材料进行系统研究中又进一步认识到郑州商代前期墓葬随葬青铜器注重酒器的组合，其核心是爵、斝、罍，随葬青铜器的组合套数的多少反映墓主人社会地位的高低，随葬此种成套青铜器墓葬的墓主人均应是奴隶主贵族，其内部也已有了等级区别④。与此同时，邹衡先生对郑州出土商代前期青铜器的冶铸工艺也进行了一定的分析和研究，认为商代前期青铜器冶铸业的内部可能已经有了一定的分工，比夏代又进了一步⑤。

20世纪80年代初，杨育彬先生根据郑州出土商代墓葬中青铜器和陶器的共存关系，参照二里岗期陶器的分期标准，将郑州出土商代青铜器区分为二里岗下层和上层两个时期，并对其铸造工艺进行了一定分析⑥。杨育彬先生的工作初步建立了郑州商代二里岗下层和上层两期青铜器分期的标尺。

此后，裴明相先生对郑州出土商代青铜器纹饰的种类、演变、所处部位、组合关系及其流行时间进行了较为细致的研究，并以器形、纹饰为标准将各种青铜器划分出若干型⑦。20世纪80年代末，裴明相先生又对郑州出土商代青铜器的合金成分、铜矿石及炼渣、用于制范的陶器的处理和掺料、陶范的制作和浇注、各种器形的铸痕所反映出的范多少和方法等青铜器铸造工艺方面进行了系统、细致的分析研究⑧。

20世纪90年代初，陈公柔和张长寿两先生在对商周青铜容器上饕餮纹所作的断代研究中，将商代二里岗期青铜容器上的饕餮纹细分为独立、岐尾和连体等三种类型，指出其制作方法多为刻划范纹，得出商代二里岗期青铜容器上的饕餮纹以岐尾饕餮纹

---

① 邹衡：《试论郑州新发现的殷商文化遗址》，《夏商周考古学论文集》，文物出版社，1980年。

② 唐兰：《从河南郑州出土的商代前期青铜器谈起》，《文物》1973年第7期。

③ 张长寿：《殷商时代的青铜容器》，《考古学报》1979年第3期。

④ 北京大学历史系考古教研室商周组：《商周考古》，文物出版社，1979年。

⑤ 北京大学历史系考古教研室商周组：《商周考古》，文物出版社，1979年。

⑥ 杨育彬：《郑州二里岗期商代青铜器的分期与铸造》，《中原文物》1981年特刊。

⑦ 裴明相：《郑州商代二里岗期青铜器概述》，《中国考古学会第四次年会论文集》，文物出版社，1985年。

⑧ 裴明相：《郑州商代青铜器铸造述略》，《中原文物》1989年第3期。

为主的结论①。

与此同时，李伯谦先生则从考古学文化的类型划分、发展和传播的视角出发，更为全面、系统地研究了中国青铜文化的起源、初始阶段、发展阶段、鼎盛阶段、衰落阶段及其最终被早期铁器时代所代替和中国青铜文化与其不同的发展阶段相适应的分布区域。关于商代前期青铜文化，李伯谦先生运用文化因素分析方法将其划分为五个类型②。河南省、河北省南部以郑州二里岗遗址为代表者称为二里岗类型；河北省中部以藁城台西遗址为代表者称为台西类型；河南省南部和湖北省东部以黄陂盘龙城遗址为代表者称为盘龙城类型；陕西关中地区，东部以耀县北村遗址为代表，西部以扶风益家堡遗址为代表者可暂称为北村—益家堡类型；山东、苏北及周围原来岳石文化分布地域内的商代前期青铜文化也可成为一个单独的类型③。

此后，安金槐先生根据其对郑州商代二里岗期陶器分期的新划分标准④，将二里岗期青铜容器相应地划分为四期，即二里岗下层一期、二里岗下层二期和二里岗上层一期、二里岗上层二期⑤。

以上诸先生从不同层次、不同角度所做的研究工作见仁见智，所取得的成果无疑是十分重要的。尤其对于后学而言，更是如此。但在郑州出土商代青铜器分期问题上似仍有进行更细致、深入工作的必要。本文拟运用考古地层学和考古类型学方法，对郑州出土商代青铜容器（殷墟一期以前）的分期再进行一些探索，错误或不当之处，敬请诸位先生批评指正。

二、郑州出土商代青铜容器的器类

从郑州首次发现商代文化遗存以来，在郑州市区及其所辖县市共出土商代青铜器约160余件，其中殷墟一期以前的青铜容器129件，种类有鼎、鬲、爵、觚、斝、盉、罍、尊、方鼎、卣、扁足圆鼎、中柱盂、盘等13种。在129件青铜容器中具有准确出土单位的考古发掘品有64件，种类有鼎、鬲、爵、觚、斝、盉、尊、方鼎、扁足圆鼎、罍、盘、中柱盂、卣等13种⑥。采集品共65件，种类有鼎、鬲、爵、觚、斝、盉、罍、

---

① 陈公柔、张长寿：《殷周青铜容器上兽面纹的断代研究》，《考古学报》1990年第2期。
② 李伯谦：《论文化因素分析方法》，《中国文物报》1988年11月4日第3版。
③ 李伯谦：《中国青铜文化的发展阶段与分区系统》，《华夏考古》1990年第2期。
④ 安金槐：《关于郑州商代二里岗期陶器分期问题的再研究》，《华夏考古》1988年第4期。
⑤ 安金槐：《对郑州商代二里岗期青铜容器分期问题的初步探讨》，《中原文物》1992年第3期。
⑥ 1971年，郑州东里路河南省中医院家属院出土一爵一盉，从出土情况看，二者应是出自同一墓葬。详见杨育彬等：《近几年来郑州新发现的商代青铜器》，《中原文物》1981年第2期。1976年，中牟黄店出土一爵一盉，从出土情况看，二者应是出自同一墓葬。详见赵新来：《中牟出土商代铜器》，《中原文物》1980年第4期。

尊、盘等9种。采集品中具有出土地点的有13件，种类有鼎、鬲、爵、斝、罍等5种（附表一）。

64件考古发掘品分别属于20个堆积单位。其中有15个堆积单位有两件或两件以上青铜容器共存。它们分别是白家庄C8M2、C8M3、C8M7，铭功路M2、M4，杜岭铜器坑，北二七路M1、M2，向阳回族食品厂H1，1979年二里岗商代墓，王城岗WT245M49，东里路C8M32、C8M39，河南省中医院家属院商代墓[①]，中牟黄店商代墓[②]。仅1件容器的堆积单位有人民公园M25，铭功路C11M146、C11M143，西史村M2，北二七路M4（附表二）。

三、郑州出土商代青铜容器的型式划分及分期

1. 型式划分

现在我们根据郑州出土商代青铜器的器形演变及纹饰变化，对郑州出土商代青铜容器进行分型分式。所用材料以发掘品为主，以采集品为必要的补充。

爵　40件。总体特征是长流、尖尾，流口交接处立两柱，体侧有一鋬与一足对应，底附三个锥状足。根据腰、腹特征的不同，可分两型（部分器物特征不甚明显未参加分型分式。下同）。

A型：12件。腰、腹转折不明显，腰部较粗，腹相对较瘦。根据流、尾与口沿形成夹角的大小和柱的高低的变化，将其分为四式。

Ⅰ式：1件。流、尾与口沿平行，矮柱。

标本荥阳西史村M2:1，柱帽甚小，束腰，平底，三足较矮，整体素面。流尾长14厘米，高13.5厘米（图一，1）。

Ⅱ式：4件。流、尾略高于口沿，柱矮。

标本东里路C8M32:1，柱帽半月形，束腰，平底，三足间距较大，腰部饰三道弦纹。流尾长15厘米，高15.6厘米（图一，2）。

[①] 1971年，郑州东里路河南省中医院家属院出土一爵一盉，从出土情况看，二者应是出自同一墓葬。详见杨育彬等：《近几年来郑州新发现的商代青铜器》，《中原文物》1981年第2期。1976年中牟黄店出土一爵一盉，从出土情况看，二者应是出自同一墓葬。详见赵新来：《中牟出土商代铜器》，《中原文物》1980年第4期。

[②] 1971年郑州东里路省中医院家属院出土一爵一盉，从出土情况看，二者应是出自同一墓葬。详见杨育斌等：《近几年来郑州新发现的商代青铜器》，《中原文物》1981年第2期。1976年中牟黄店出土一爵一盉，从出土情况看，二者应是出自同一墓葬。详见赵新来：《中牟出土商代铜器》，《中原文物》1980年第4期。

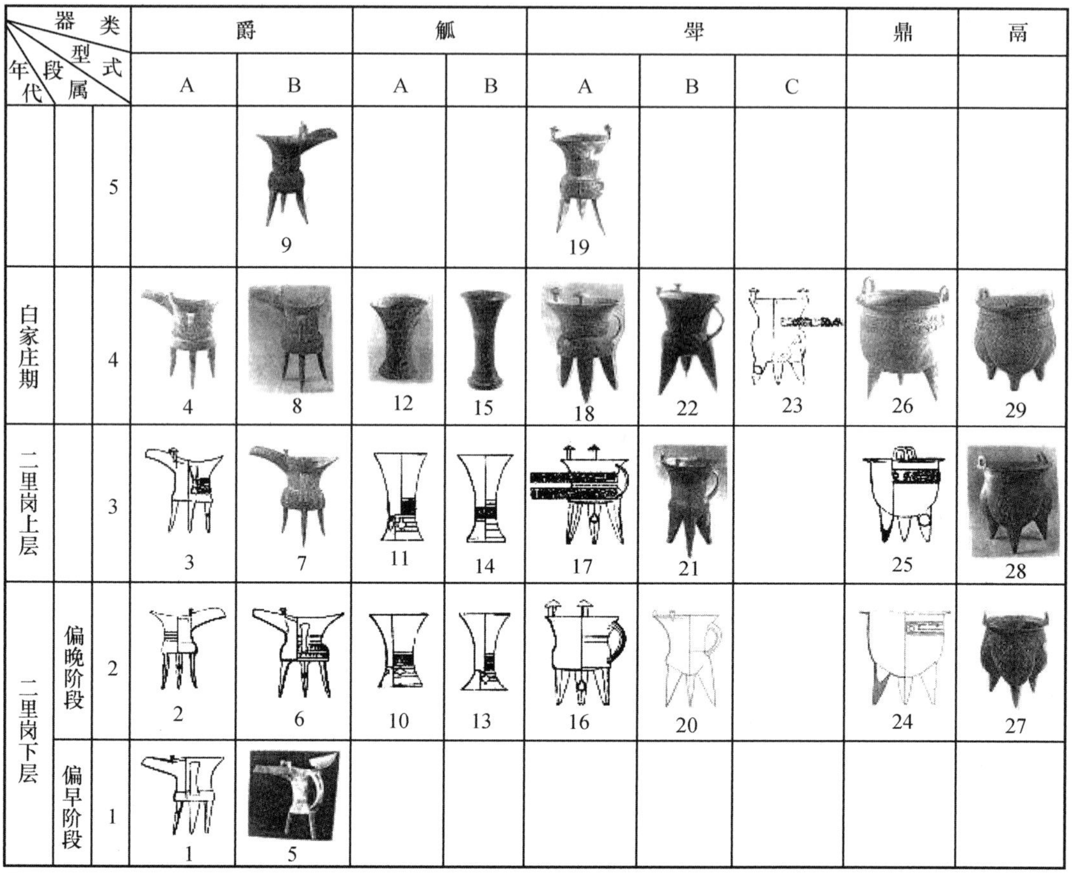

年代/段	型式	爵 A	爵 B	觚 A	觚 B	斝 A	斝 B	斝 C	鼎	鬲
白家庄期	5		9			19				
白家庄期	4	4	8	12	15	18	22	23	26	29
二里岗上层	3	3	7	11	14	17	21		25	28
二里岗下层 偏晚阶段	2	2	6	10	13	16	20		24	27
二里岗下层 偏早阶段	1	1	5							

图一 郑州出土商代青铜容器分期图（一）

1. 荥阳西史村M2：1　2. 东里路C8M32：1　3. 铭功路M2：21　4. 白家庄C8M2：8　5. 1975年新郑望京楼
6. 王城岗WT245M4：2　7. 中牟黄店　8. 白家庄C8M3：1　9. 豫1444　10. 北二七路M2：1　11. 铭功路M2：8
12. 白家庄C8M3：8　13. 铭功路M4：3　14. 北二七路M1：13　15. 白家庄C8M3：5　16. 东里路C8M32：2
17. 东里路C8M39：1　18. 白家庄C8M3：6　19. 郑博0156　20. 王城岗WT245M49：1　21. 1975年新郑望京楼
22. 白家庄C8M3：4　23. 1979年二里岗　24. 东里路C8M39：2　25. 铭功路M2：2　26. 白家庄C8M2：4
27. 豫文101　28. 郑博0054　29. 白家庄C8M3：2

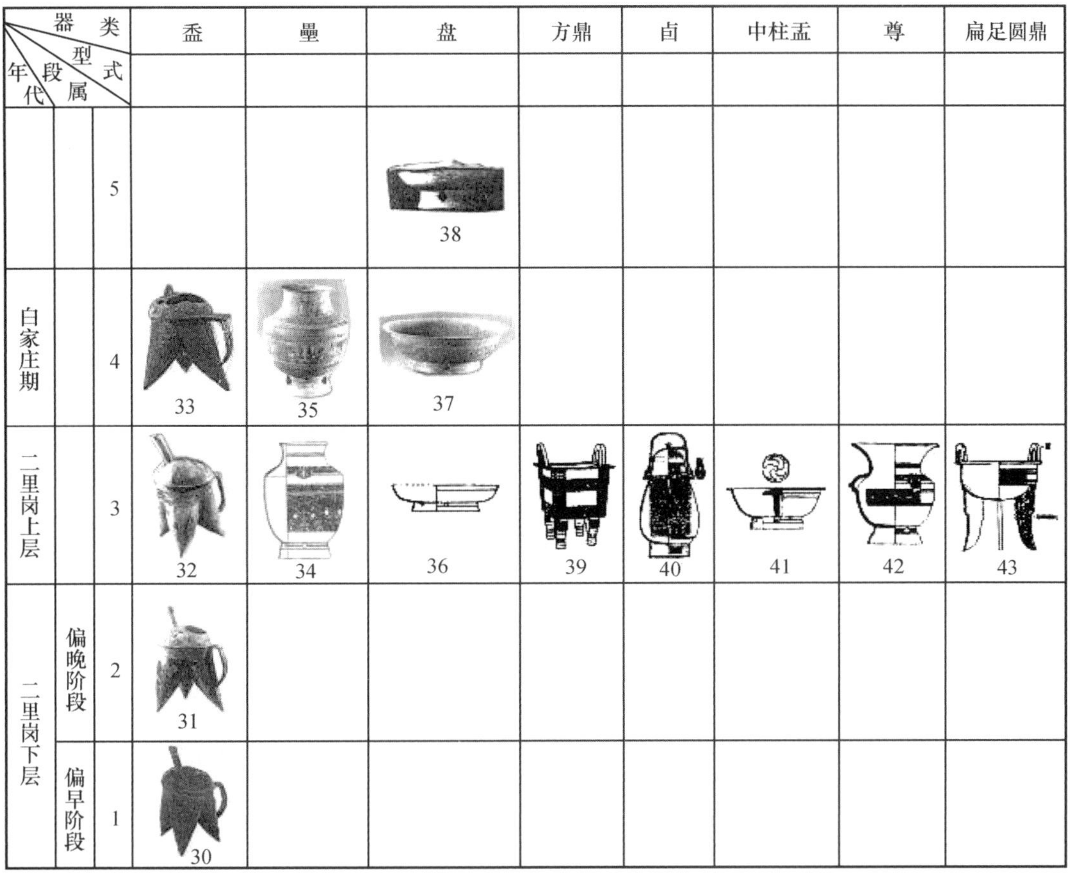

年代	段	属	式 类型	盉	罍	盘	方鼎	卣	中柱盂	尊	扁足圆鼎
			5			38					
	白家庄期		4	33	35	37					
	二里岗上层		3	32	34	36	39	40	41	42	43
二里岗下层		偏晚阶段	2	31							
		偏早阶段	1	30							

图一 郑州出土商代青铜容器分期图（二）

30. 郑博0059　31. 东里路省中医院家属院　32. 豫1440　33. 豫0021　34. 向阳回族食品厂H1∶5
35. 白家庄C8M2∶1　36. 向阳回族食品厂H1∶7　37. 白家庄C8M2∶3　38. 1980年代新郑
39. 杜岭Ⅰ号　40. 向阳回族食品厂H1∶11　41. 向阳回族食品厂H1∶6　42. 向阳回族食品厂H1∶3
43. 向阳回族食品厂H1∶9

Ⅲ式：5件。流、尾略上翘，口沿略下凹，柱较高。

标本铭功路M2：21，柱帽菌状，腰略束，平底，三足间距较大，腰部饰一周饕餮纹。流尾长15.5厘米，高17厘米（图一，3）。

Ⅳ式：2件。流、尾上翘，口沿下凹，柱高。

标本白家庄C8M2：8，柱帽菌状，腰略束，底稍鼓，三足较外撇，腰部饰饕餮纹一周，其上饰一周联珠纹。流尾长17厘米，高18.5厘米（图一，4）。

B型：18件。腰、腹转折明显，束腰，腹外鼓。根据流、尾与口沿形成夹角的大小和柱的高低的变化，将其分为五式。

Ⅰ式：2件。流、尾与口沿平行，矮柱。

标本新郑望京楼1件（无编号者，暂只标明出土地点，后贯"1件"。下同），柱帽甚小，束腰，平底，三足较矮，整体素面。流尾长18.9厘米，高15.4厘米（图一，5）。

Ⅱ式：4件。流、尾略高于口沿，柱矮。

标本王城岗WT245M4：2，柱帽较小，束腰，平底，三足稍高，腰部饰两周弦纹，腹部饰两周乳钉纹和四道弦纹。高15厘米（图一，6）。

Ⅲ式：8件。流、尾略上翘，口沿略下凹，柱较高。

标本中牟黄店商墓出土1件，柱帽较小，束腰，平底，三足间距较大，腰部饰一周联柱纹，腹部饰饕餮纹。流尾长14.2厘米，高14.5厘米（图一，7）。

Ⅳ式：2件。流、尾上翘，口沿下凹，柱高。

标本白家庄C8M3：1，柱帽菌状，束腰，平底，三足较外撇，腰部饰一周夔纹，腹部饰一周饕餮纹。流尾长13.8厘米，高17.6厘米（图一，8）。

Ⅴ式：2件。流、尾甚上翘，口沿下凹甚，高柱。

标本豫1444，菌状柱帽较大，束腰，底较鼓，三足外撇，腹部饰一周饕餮纹，其上下各饰一周联珠纹。流尾长17厘米，高21.2厘米（图一，9）。

觚　15件。总体特征是敞口，束腰，平底，下附喇叭形圈足，其上饰三个十字状镂孔。根据觚体的粗细分两型。

A型：5件。粗体。根据口、圈足与腰形成弧度的大小和圈足底部折线的高低的变化，将其分为三式。

Ⅰ式：2件。口、圈足均较大，腹部收束明显，圈足底部折线低。

标本北二七路M2：11，体较粗矮，腰较短，腰部饰简易饕餮纹，其上饰一道弦纹，圈足饰十字状镂孔和三道弦纹。口径9.9厘米，圈足径7.2厘米，高12.9厘米（图一，10）。

Ⅱ式：1件。口、圈足较小，圈足底部折线较高。

标本铭功路M2：8，体较瘦高，腰较长，腰部饰饕餮纹，其上有两道弦纹，圈足饰十字镂孔和四道弦纹。口径10.9厘米，高17.8厘米（图一，11）。

Ⅲ式：2件。腰部收束较缓，圈足底部折线高。

标本白家庄C8M3：8，体稍粗，腰部饰一道弦纹和饕餮纹，其上各饰一周联珠纹，圈足饰十字状镂孔和二道弦纹，口径13.5厘米，高17.5厘米（图一，12）。

B型：10件。细体。根据口、圈足与腰形成弧度的大小和圈足底部折线的高低的变化，将其分为三式。

Ⅰ式：5件。腰部收束明显，圈足底部折线不明显。

标本铭功路M4：3，腰较短，圈足较大。腰部饰简易饕餮纹，其上下各饰一道联珠纹，圈足饰十字状镂孔和四道弦纹。口径10.8厘米，高15厘米（图一，13）。

Ⅱ式：3件。腰部收束较缓，圈足底部折线较高。

标本北二七路M1：13，腰较长，腰部饰饕餮纹，其上饰两道弦纹，圈足饰十字状镂孔和两道弦纹，口径10厘米，圈足6.8厘米，高15.7厘米（图一，14）。

Ⅲ式：2件。腰部收束缓，圈足底部折线高。

标本白家庄C8M3：5，腰长，腰部饰饕餮纹，其上下各饰一周联珠纹，圈足上部饰十字状镂孔和两道弦纹，下部饰一周云雷纹，口径12.4厘米，高23厘米（图一，15）。

斝　32件。总体特征是敞口，束腰，鼓腹，三个锥状空足，口沿上两柱于两足对应，体侧腰间有一鋬与另一足对应。根据底部特征的不同，将其分为三型。

A型：22件。平底或底微外鼓。根据腹部的大小，将其分为四式。

Ⅰ式：1件。腹部外鼓，底近平。

标本东里路C8M32：2，腰较粗，三足较短直，菌状柱，腰部饰两道弦纹，口径17.2厘米，高24.5厘米（图一，16）。

Ⅱ式：15件。腹较外鼓，底较外鼓。

标本东里路C8M39：1，三足稍外撇，菌状柱，帽饰涡纹，腰、腹部各饰一周饕餮纹，口径19.4厘米，高28.5厘米（图一，17）。

Ⅲ式：4件。腹外鼓，底外鼓。

标本白家庄C8M3：6，腰较长，三足较外撇，菌状柱，腰部饰一周夔纹，其上下各饰一周联珠纹，腹部饰七个涡纹，口径17.9厘米，高26厘米（图一，18）。

Ⅳ式：2件。腹外鼓甚，底外鼓。

标本郑博0156，长腰，三足外撇，菌状柱，帽饰涡纹，腰、腹部各饰一周饕餮纹，其上下各饰一周联珠纹，口径17.4厘米，高31厘米（图一，19）。

B型：6件。圜底。根据腰腹特征的变化，将其分为三式。

Ⅰ式：1件。腰部较细，腹较外鼓。

标本王城岗WT245M49：1，矮柱，帽甚小，三足较直，通体素面，口径15.6厘米，高23.2厘米（图一，20）。

Ⅱ式：2件。腰部细，腹外鼓。

标本1975年新郑望京楼出土1件，柱较大，三足稍外撇，腰部一侧饰菱形交叉纹，口径12.5厘米，高20.8厘米（图一，21）。

Ⅲ式：3件。束腰，腹外鼓。

标本白家庄C8M3：4，菌状柱，三足外撇，腰部饰一周乳钉纹，其上下各饰一道弦纹，腹部饰五个鼓面状圆饼，口径15.5厘米，高24.5厘米（图一，22）。

C型：3件。皆束腰，分裆，三个大袋状足。

标本1979年二里岗商代墓1件，菌状柱，帽饰涡纹，腰部饰一周饕餮纹，口径13.5厘米，高21.4厘米（图一，23）。

鼎　10件。总体特征是侈口，折沿，口沿上立两耳，一耳与一足对应，深腹，底附三个圆锥状空足。根据唇的厚薄和沿面特征的变化，将其分为三式。

Ⅰ式：2件。尖唇，沿面无凹槽。

标本东里路C8M39：2，平沿，圜底，两耳已失，腹上部饰一周目雷纹，口径16.5厘米，高16.7厘米（图一，25）。

Ⅱ式：3件。方唇，沿面凹槽较深。

标本白家庄C8M2：4，底稍圜，腹上部饰一周饕餮纹，口径16厘米，高19厘米（图一，26）。

鬲　9件。总体特征是侈口，折沿或卷沿，沿面有沟槽，束颈，分裆，三袋状足，下附三锥状足根，沿上立两耳，其中一耳与一足对应。根据唇部特征和沿面沟槽深浅的变化，将其分为三式。

Ⅰ式：2件。尖唇，沿面沟槽浅。

标本豫文101，沿稍上斜，腹瘦长，腹部饰单道人字形纹，口径13.2厘米，高18.6厘米（图一，27）。

Ⅱ式：3件。唇较圆，沿面沟槽较深。

标本郑博0054，沿较上斜，束颈较显，腹较胖，腹部饰双道人字形纹，口径15.2厘米，高20厘米（图一，28）。

Ⅲ式：3件。方唇，沿面沟槽深。

标本白家庄C8M3：2，沿上斜，束颈，腹胖，颈部饰一周夔纹，其上下各饰一周联珠纹，腹部饰双道人字形纹，口径13厘米，高16.5厘米（图一，29）。

盉　4件。总体特征是圆顶隆起，上有鸡心形口和管状斜流，分裆，三袋状足着地，足侧有一鋬。根据袋足的胖瘦和鋬的曲直等特征的变化，将其分为四式。

Ⅰ式：1件。袋足瘦，鋬曲。

标本郑博0059，顶部由流、口合成兽面状，腹部饰弦纹，高22.3厘米（图一，30）。

Ⅱ式：1件。袋足较瘦，鋬较曲。

标本东里路省中医院家属院商墓出土1件，腹部饰三道弦纹，高21厘米（图一，31）。

Ⅲ式：1件。袋足较肥，鋬较直。

标本豫1440，顶部饰长鼻兽面，腹部饰一周饕餮纹，高25厘米（图一，32）。

Ⅳ式：1件。袋足肥，足下部外撇，鋬直。

标本豫0021，顶部由两钉与流、口合成兽面状，腹部饰一周饕餮纹，高17.2厘米（图一，33）。

罍　6件。总体特征是小口，卷沿，直颈，折肩，鼓腹，圜底下附圈足，圈足上有镂孔。根据腹部深浅及圈足高低的变化，将其分为二式。

Ⅰ式：2件。深腹，矮圈足。

标本向阳回族食品厂H1：5，颈部饰二道弦纹，肩部饰三个凸起的羊首间以饕餮纹，腹上部饰一周斜角目云纹，下部饰三组饕餮纹，每两组之间加饰一组倒置的饕餮纹，圈足饰一道弦纹和三个方形镂孔，口径13.5厘米，高33厘米（图一，34）。

Ⅱ式：4件。腹较浅，高圈足。

标本白家庄C8M2：1，颈部饰三个龟形图案，肩部饰云雷纹，腹上部饰一周云雷纹，下部饰一周饕餮纹，圈足饰两道弦纹和三个十字状镂孔，口径13厘米，高25厘米（图一，35）。

盘　3件。总体特征是敞口，浅腹，平底，圈足。根据盘腹壁的特征和圈足高低的变化，将其分为三式。

Ⅰ式：1件。腹壁较直，矮圈足。

标本向阳回族食品厂H1：7，口沿极不明显，圈足上饰三个方形镂孔，口径49厘米，高12.7厘米（图一，36）。

Ⅱ式：1件。腹壁较内斜，圈足较矮。

标本白家庄C8M2：3，平沿，腹部饰一周夔纹，圈足饰一周弦纹和四个十字状镂孔，口径30厘米，高10.5厘米（图一，37）。

Ⅲ式：1件。腹壁内斜，高圈足。

标本1980年新郑出土1件，平沿，浅腹，腹部饰一周饕餮纹，圈足饰一道弦纹和三个十字状镂孔，口径35厘米，高10厘米（图一，38）。

方鼎　4件。皆平折沿，方唇，深斗状腹，平底下附四空柱足，沿上立对称两拱形耳，其外侧有凹槽。

标本杜岭Ⅰ号，口似正方形，腹四壁上部各饰一组饕餮纹，四个转角处又各饰一组饕餮纹，每壁的两侧和下部饰乳钉纹，足上部饰一周饕餮纹，下部饰三道弦纹，口沿边长62.5厘米，宽60.8厘米，高100厘米（图一，39）。

卣　1件。标本向阳回族食品厂H1：11，盖顶隆起，上有菌状纽，肩部有一提梁，一端有一套环链与盖纽相套连，小直口，深鼓腹下收为圜底，其下附圈足，盖顶饰一周夔纹，纽顶饰一周夔纹组成的饕餮纹，其上下各饰一周云雷纹，腹部饰竖向夔纹组成的两组饕餮纹，圈足饰一周云雷纹和四个圆形镂孔，其上下各饰一周联珠纹，口径12厘米，高50厘米（图一，40）。

中柱盂　1件。标本向阳回族食品厂H1：6，敞口，平沿，腹较深，底稍圜，下附矮圈足，腹底中央立一略低于口沿的菌状柱，帽饰涡纹，腹部饰三道弦纹，圈足饰三个方形镂孔和一道弦纹，口径29.5厘米，高12厘米（图一，41）。

尊　3件。皆大敞口，束颈，折肩，鼓腹，圜底下附圈足。

标本向阳回族食品厂H1：3，颈部饰三道弦纹，肩部饰三个凸起牛首间以夔纹和联珠纹，腹部饰一周饕餮纹，其上下各饰一周联珠纹，圈足饰三道弦纹和三个十字状镂孔，口径32厘米，高37厘米（图一，42）。

扁足圆鼎　2件。皆敞口，折沿，方唇，浅鼓腹，圜底下附三夔状扁足，沿上立两拱形耳。

标本向阳回族食品厂H1：9，腹部饰一周云雷纹，其上下各饰一周联珠纹和两道弦纹，口径19.2厘米，高31厘米（图一，43）。

上述十三种青铜容器可划分型式者有爵、斝、觚、鼎、鬲、盂、罍、盘等8种，其中A型Ⅰ式爵和B型Ⅰ式爵造型拙朴，整体素面。B型Ⅰ式斝腹部较小，两柱甚小，整体素面。Ⅰ式鼎尖唇，腹稍外鼓，腹部纹饰简朴，这些特征都比较接近二里头文化的同类器；B型Ⅴ式爵、A型Ⅳ式爵整体特征则比较接近殷墟文化一期的同类器。因此，结合各类器物的共存关系可将爵、斝、觚、鼎、鬲、盂、罍、盘的演变规律概况如下（→表示器物演变方形）：

爵：AⅠ→AⅣ，BⅠ→BⅤ

觚：AⅠ→AⅢ，BⅠ→BⅢ

斝：AⅠ→AⅣ，BⅠ→BⅢ

鼎：Ⅰ→Ⅲ

鬲：Ⅰ→Ⅲ

盂：Ⅰ→Ⅳ

罍：Ⅰ→Ⅱ

盘：Ⅰ→Ⅲ

2. 分组与分期

不同型式青铜容器的共存关系是对其进行分期的重要依据。根据对郑州出土商代青铜容器型式的划分可将郑州出土商代青铜容器划分为五组（附表三）。

第1组：典型单位有荥阳西史村M2。

本组铜器有A型Ⅰ式爵、B型Ⅰ式爵和Ⅰ式盂。

本组铜器特征：数量很少，器类简单。爵流、尾与口沿平行，矮柱，束腰，平底，短足。盂袋足瘦，曲鋬。本组铜器纹饰简单，多素面。

第2组：典型单位有东里路C8M32、白家庄C8M7、省中医院家属院商墓和王城岗

WT245M49。

本组铜器有A型Ⅱ式爵、B型Ⅱ式爵、A型Ⅰ式斝、B型Ⅰ式斝、A型Ⅰ式罍、B型Ⅰ式罍、Ⅰ式鼎、Ⅰ式鬲和Ⅱ式盉。

本组铜器特征：器类新增加了食器类的鼎和鬲，酒器中新增加了斝和罍。爵流、尾略高于口径，柱矮，柱帽较小，束腰，平底，三足稍高。斝口、圈足均较大，腰部收束明显。圈足底部折线底，整体较矮。罍腹部较外鼓。鼎尖唇，平沿，圜底。鬲尖唇，沿稍上斜，沿面有浅槽，袋足瘦长。盉袋足瘦，錾较曲。本组绝大多数铜器都饰有纹饰，素面的少见。弦纹应用最广泛，为主要纹饰，其他纹饰有乳钉纹、简易单线饕餮纹、镂孔、联珠纹、单线人字形纹和目云纹等。纹饰线条较细，构图较简单。

第3组：典型单位有北二七路M1和M2、向阳回族食品厂H1、杜岭铜器坑、铭功路M2、中牟黄店商墓。

本组铜器有A型Ⅲ式爵、B型Ⅲ式爵、A型Ⅱ式斝、B型Ⅱ式斝、A型Ⅱ式罍、B型Ⅱ式罍、Ⅱ式鼎、Ⅱ式鬲、Ⅲ式盉、Ⅰ式罍、Ⅰ式盘、方鼎、卣、中柱盉、尊和扁足圆鼎。

本组铜器特征：铜器种类最为丰富。新增加了水器盘，酒器新增加了罍、尊、卣和中柱盉，食器新增加了方鼎和扁足圆鼎。爵流、尾略上翘，口沿略下凹，两柱较高，三足间距较大。斝口、圈足较小，腰部收束较缓，圈足底部折线较高。罍腹部外鼓，两柱稍高，三足稍外撇。鼎唇稍方，沿较上斜，沿面有浅槽，底稍圜。鬲唇较圆，口沿较上斜，沿面沟槽较深，束颈较明显，袋足较胖。盉袋足较肥，錾较直。罍深腹，矮圈足。盘口沿极不明显，腹壁较直，矮圈足。方鼎平折沿，方唇，深斗状腹，平底下附四空柱足，沿上立对称两拱形耳，其外侧有凹槽。卣盖顶隆起上有菌状纽，肩有一提梁，一端有一套环链与盖纽相连，小直口，深鼓腹下收为圜底，其下附圈足。中柱盉敞口，平沿，底稍圜下附矮圈足，腹底中央立一菌状柱。扁足圆鼎敞口，折沿，方唇，浅鼓腹，圜底下附三夔状扁足，沿上立两拱形耳。本组铜器纹饰种类最为丰富，纹饰的应用也极其广泛。有些纹饰本身有了一定的深入发展，出现了细微的分化。如饕餮纹可细分为单线和宽体两种，镂孔可细分为十字形、方形和圆形三种。突出的是本组铜器出现了牛、羊和蛇等动物头部造型及将夔的造型用作器物足部。在所有纹饰中，饕餮纹取代了弦纹成为本组的主要纹饰。其他纹饰还有弦纹、联珠纹、镂孔、云雷纹、涡纹、夔纹、斜角目云纹、双线人字形纹、折线纹、菱形交叉纹和动物首的造型。

第4组：典型单位有白家庄C8M2、C3M3和1979年二里岗商墓。本组铜器有A型Ⅳ式爵、B型Ⅳ式爵、A型Ⅲ式斝、B型Ⅲ式斝、A型Ⅲ式罍、B型Ⅲ式罍、C型罍、Ⅲ式鼎、Ⅲ式鬲、Ⅳ式盉、Ⅱ式罍和Ⅱ式盘。

本组铜器特征：铜器种类较前一组有所减少，数量下降。不见尊、方鼎、卣、扁足圆鼎和中柱盉等器型。爵流、尾上翘，口沿下凹，两柱高，菌状帽，三足较外撇。觚腰部收束较缓，圈足底部折线高。斝腹部外鼓，三足较外撇。鼎方唇，沿面有深槽，底稍圜。鬲方唇，沿面上斜，其上有深槽，束颈，袋足肥硕。盉袋足肥，下部外撇，直銎，顶部由两圆钉与流、口合成兽面状。罍腹较浅，高圈足，有的颈部有双耳。盘平沿，腹壁较斜，圈足较矮。本组铜器纹饰中不见牛、羊和蛇等动物头部造型。主要纹饰是宽体饕餮纹，已见不到单线饕餮纹。其他纹饰有夔纹、联珠纹、弦纹、双道人字形纹、涡纹、乳钉纹、云雷纹和龟形图案等。

第5组：本组铜器有B型Ⅴ式爵、A型Ⅳ式斝和Ⅲ式盘。

本组铜器特征：器类和数量都少，仅有爵、斝和盘三种。爵流、尾上翘甚，口沿下凹甚，菌状高柱，底较鼓，三足外撇，整体瘦高。斝腹外鼓甚，束腰，底外鼓，三足外撇，菌状柱，整体瘦高。盘平沿，斜腹较浅，高圈足。本组铜器仍以宽体饕餮纹为主要纹饰。其他纹饰有联珠纹、涡纹、镂孔和弦纹。纹饰与前期差别不大。

如前所述，从第1组到第5组具有明显的先后演变关系，因此以上所分的五组即代表了郑州出土商代青铜器的五个不同发展阶段，即五期。

四、郑州出土商代青铜器的年代

20世纪50年代发掘二里岗商代遗址时，由于资料有限，该遗址在分期上被划分为早晚两期，亦即我们通常所指的二里岗下层和二里岗上层[1]。此后，随着郑州地区商代考古工作的逐年发展，新的资料的不断出现，学术界对其认识也不断发展。关于郑州地区商代文化遗存的分期研究当以邹衡和安金槐先生所作贡献最巨。

1980年，邹衡先生将二里岗下层和上层各分为两组。下层偏早阶段以C1H9为代表单位、偏晚阶段以C1H17为代表单位，上层偏早阶段以C1H2乙为代表单位、偏晚阶段以C1H1为代表单位，根据郑州白家庄遗址地层关系及出土器物特征将原归属为二里岗上层的部分单位划分出来单列为一组，定为白家庄期，年代上晚于二里岗上层偏晚阶段，并将下层以C1H9为代表单位的偏早阶段划归先商文化[2]。

我们比较赞成邹衡先生关于郑州地区商文化的发展阶段的划分，但与邹衡先生观点有所不同的是将二里岗下层以C1H9为代表单位的偏早阶段划归早商文化，从而可将郑州地区早商文化发展序列确立如下：

二里岗下层：偏早阶段以C1H9为代表单位，偏晚阶段以C1H17为代表单位。

二里岗上层：偏早阶段以C1H2乙为代表单位，偏晚阶段以C1H1为代表单位。

白家庄期：以白家庄遗址商代上层为代表性遗存。

上述早商文化发展序列的确立为我们探讨郑州出土商代青铜器的年代树立了标

---

[1] 河南省文物局文物工作队：《郑州二里岗》，科学出版社，1959年。

[2] 邹衡：《试论夏文化》，《夏商周考古学论文集》，文物出版社，1980年。

尺。下面我们就郑州出土的五组商代青铜容器的年代具体探讨如下：

第1组：本组典型单位荥阳西史村M2。

所出A型Ⅰ式爵（西史村M2∶1）共存陶器有鬲、盆和罐。陶鬲（西史村M2∶2）侈口，卷沿，束颈，分裆较宽，通体饰细绳纹。此陶鬲同于二里岗下层偏早阶段的C1H9∶36陶鬲。B型Ⅰ式爵（新郑望京楼出土1件）流、尾较长，与口沿平行，束腰，平底，三足矮小。此爵基本同于二里岗下层偏早阶段的C1T14∶28陶爵。

所以此组青铜容器年代当为二里岗下层偏早阶段。

第2组：典型单位有东里路C8M32、白家庄C8M7、省中医院家属院商墓和王城岗WT245M49。

Ⅰ式鼎（C8M39∶2）深腹，圜底，三锥足，基本同于二里岗下层偏晚阶段的C1H17∶30陶鼎。Ⅰ式鬲（豫文101）体较瘦高，三锥状实足根较高。此鬲基本同于二里岗下层偏晚阶段的C1H17∶118陶鬲。A型Ⅱ式爵（C8M32∶1）和A型Ⅰ式斝（C8M32∶2）共存陶器有鬲、斝、簋和器盖。陶鬲（C8M32∶3）沿面起棱，分裆较宽，饰细绳纹，特征同于二里岗下层偏晚阶段的C1H17∶119陶鬲。陶斝（C8M32∶4）卷沿，直颈，鼓腹，三锥状足根，腹部饰细绳纹。此陶斝近于二里岗下层偏晚阶段的C1H17∶38陶斝。陶簋（C8M32∶6）卷沿，后唇，腹壁较斜，底稍圜，圈足饰弦纹。此陶簋近于二里岗下层偏晚阶段的C1H17∶29陶豆，只是圈足稍低。陶器盖（C8M32∶5）安金槐先生认为是盂，二里岗下层偏晚阶段也有存在①。B型Ⅱ式爵（WT245M49∶2）和B型Ⅰ式斝（WT245M49∶1）共存于一墓。该墓填土中有二里岗下层偏早阶段的陶片，上边又叠压着二里岗上层的地层②，所以此墓年代及B型Ⅱ式爵和B型Ⅰ式斝年代应在二里岗下层偏晚阶段。A型Ⅰ式瓿（北二七路M2∶11）和B型Ⅰ式瓿（铭功路M4∶3）虽然都出于二里岗上层墓葬中③，但它们整体较矮，口、圈足均较大，腰部收束明显，圈足底部折线底的特征表明二者早可定为第3组的同类器，其年代应属于二里岗下层偏晚阶段。Ⅱ式盉（东里路省中医院家属院商墓1件）与A型Ⅱ式爵共存于一墓④，二者年代也应是同时的。

所以此组青铜容器年代应当为二里岗下层偏晚阶段。

第3组：典型单位有北二七路M2、向阳回族食品厂H1、杜岭铜器坑、铭功路M2、北二七路M1和中牟黄店商墓。

---

① 安金槐：《对郑州商代二里岗期青铜容器分期问题的初步探讨》，《中原文物》1992年第3期。

② 安金槐：《对郑州商代二里岗期青铜容器分期问题的初步探讨》，《中原文物》1992年第3期。

③ 河南省文物研究所、中国历史博物馆：《登封王城岗与阳城》，文物出版社，1992年。

④ 马全：《郑州市铭功路西侧的商代遗存》，《文物参考资料》1956年第10期。河南省文物研究所：《郑州北二七路新发现三座商墓》，《文物》1983年第3期。

A型Ⅲ式爵（铭功路M2：21）、A型Ⅱ式斝（铭功路M2：8）和Ⅱ式鼎（铭功路M2：2）共存于一墓。共存陶器有盆和釉陶尊。陶盆（铭功路M2：10）圆唇，口沿外折，颈部较直，小底稍内凹，颈部饰弦纹，腹、底部饰斜绳纹。此陶盆近于二里岗上层的C1H2乙：7陶盆。釉陶尊（铭功路M2：1）大敞口，束颈，折肩，深腹圆鼓，圈底内凹，肩部饰席纹，腹部饰条纹，器表和器内上部涂黄绿色釉。此釉陶尊基本同于二里岗上层的人民公园M25所出釉陶尊[1]。Ⅱ式鬲（郑博0059）虽无出土单位，但另有同式鬲（杜岭Ⅲ）与方鼎（杜岭Ⅰ、Ⅱ）共存于同一单位。同式方鼎还有向阳回族食品厂H1：2和H1：8共存。向阳回族食品厂灰坑H1被二里岗上层的地层所叠压，其填土中包含有二里岗上层陶片[2]，所以向阳回族食品厂灰坑H1年代应属二里岗上层。与方鼎共存于灰坑H1的还有Ⅰ式罍、Ⅰ式盘、尊、扁足圆鼎、卣和中柱盉。B型Ⅲ式爵（中牟黄店商墓1件）和Ⅲ式盉（中牟黄店商墓1件）虽无共存陶器，但有此种爵（铭功路M2：22）出土铭功路M2。B型Ⅱ式斝（北二七路M1：13）出于北二七路M1。北二七路M1被二里岗上层的地层叠压并且打破二里岗下层的地层[3]，但其出土器物特征近于二里岗上层，所以北二七路M1年代可属二里岗上层。A型Ⅱ式斝（C8M39：1）虽无共存陶器，但有此种斝（北二七路M1：1）出于北二七路M1。B型Ⅱ式斝（新郑望京楼1件）腹部较B型Ⅰ式斝大，可归入此组。

所以此组青铜容器年代当为二里岗上层。

第4组：典型单位有白家庄C8M2、C8M3和1979年二里岗商墓。

A型Ⅳ式爵（C8M2：8）、Ⅲ式鼎（C8M2：4）、Ⅱ式罍（C8M2：1）和Ⅱ式盘（C8M2：3）共存于白家庄C3M2。B型Ⅳ式（C8M3：1）、A型Ⅲ式斝（C8M3：8）、B型Ⅲ式斝（C8M3：5）、A型Ⅲ式斝（C3M3：6）、B型Ⅲ式斝（C3M3：4）和Ⅲ式鬲（C8M3：2）共存于白家庄C8M3。此两墓从地层情况看极有可能打破了郑州商城东城墙，而郑州商城废弃的时间约在二里岗上层后[4]。所以此两墓年代应属白家庄期。白家庄遗址商代上层出土的1件陶斝（第12探沟第6号）敞口，沿上立两柱（残），束腰，腹部外鼓，三锥状足，腰部饰一周夔纹和乳钉纹[5]。此陶斝显然仿自A型Ⅲ式斝（C8M3：6）。C型（1979年二里岗商墓1件）与A型Ⅳ式爵（1979年二里岗商墓）共存于一墓。Ⅳ式盉（豫0021）与二里岗上层的Ⅲ式盉（中牟黄店商墓1

---

① 马全：《郑州市铭功路西侧的商代遗存》，《文物参考资料》1956年第10期。郑州市文物工作组：《郑州市人民公园第25号商代墓葬清理简报》，《文物参考资料》1954年第12期。

② 河南省文物研究所、郑州市博物馆：《郑州新发现的商代窖藏青铜器》，《文物》1983年第3期。

③ 河南省文物研究所：《郑州北二七路新发现三座商墓》，《文物》1983年第3期。

④ 安金槐：《关于郑州商代二里岗期陶器分期问题的再研究》，《华夏考古》1988年第4期。

⑤ 河南省文物局文物工作队：《郑州白家庄遗址发掘简报》，《文物参考资料》1956年第4期。

件）相比较袋足肥胖，下部外撇，直銎。其年代应归此组。

所以此组青铜容器年代当为白家庄期。

第5组：本组铜器有B型Ⅴ式爵、A型Ⅳ式斝和Ⅲ式盘。

B型Ⅴ式爵（豫1444）流、尾上翘甚，口沿下凹甚，菌状高柱，束腰，底较鼓，三足外撇，整体瘦高。而殷墟一期的爵则为筒腹圜底或尊形平底，三足较高，整体也显得瘦高[1]。A型Ⅳ式斝（郑博0156）腹甚为外鼓，腰细长，底外鼓，三足外撇，菌状柱，整体瘦高。殷墟一期的斝则为圜底或平底，腹较小，两高柱、帽大，其上已有明显凸起[2]。Ⅲ式盘（1980年代新郑出土1件）平沿，斜腹较浅，高圈足，腹部饰宽体饕餮纹。殷墟一期的盘则深腹，壁较直，圈足较矮，腹部为弦纹，盘内底部饰鱼、龟图案[3]。

所以此组青铜容器的年代可能稍早于殷墟一期，而稍晚于白家庄期（见图一）。

五、结　语

通过对郑州地区出土的商代青铜容器的分期，我们可以看出郑州地区早商时期青铜手工业的发展状况。在第1组即二里岗下层偏早阶段时期，出土青铜容器器类简单，数量很少，而且纹饰也简单，多素面，器形皆仿陶质同类器。这种情况表明当时郑州的青铜器出于初始阶段。第2组即二里岗下层偏晚时期，出土青铜容器数量、器类增多，纹饰多样化，纹饰线条较细。这种情况表明当时郑州的青铜业处于开始发展阶段。第3组即二里岗上层时期，出土青铜容器的数量、种类大大增加，而且出土了青铜重器如方鼎等，从器表装饰来看，出现了宽线条的纹饰，纹饰复杂、多样化。这标志着当时郑州的青铜业的高度发展。从第4组、第5组的青铜容器数量、种类看来，当时郑州的青铜业已经大不如前，呈现衰落之势。这个过程的发生，应该有其深刻的社会历史背景。

我们在前文中对郑州出土的五组商代青铜容器的年代进行了具体的论定，其时间范围自早商文化开始至晚于白家庄期以后的一段时间止，大约在成汤灭夏建立商王朝至盘庚迁殷以前。在此时间范围内，二里岗下层偏晚阶段，商王朝统治有了一定的发展，郑州商城内发现大量的此阶段的遗存。二里岗上层时期，商王朝在郑州地区的统治得到长足发展，郑州商城进入持续繁荣期，城内分布有大面积的宫殿建筑基址，城外分布有制骨、制陶、铸铜作坊遗址，在商城外侧发现有属于此时期的青铜器窖藏坑。到白家庄期，由于商王朝统治集团内部的斗争，加上东方蓝夷的侵扰使得商王朝

---

[1] 中国社会科学院考古所：《殷墟青铜器》，文物出版社，1985年。
[2] 中国社会科学院考古所：《殷墟青铜器》，文物出版社，1985年。
[3] 中国社会科学院考古所：《殷墟青铜器》，文物出版社，1985年。

以郑州商城为中心的统治发生动摇,并导致了商王朝统治集团最终放弃郑州商城而迁往另都,郑州商城不再作为王都使用,衰落了下去。郑州地区白家庄期遗存发现较少、文化内涵不如二里岗上层阶段的情况与商王朝统治集团内乱外侵,其自身发展受到限制、统治衰败之势明显是分不开的。商王朝最终放弃了以郑州地区为统治中心而迁往他地,郑州地区的早商文化彻底衰落下去。早商王朝统治的这种变迁过程,正是郑州出土商代青铜器相应发展过程的社会历史背景。

(本文是在导师李伯谦先生悉心指导下完成的硕士研究生毕业论文。在写作过程中,史树青先生、杜迺松先生对本文进展给予关心,刘绪先生和孙华先生对本文的修改也提出了很好的意见。在此一并表示衷心感谢!

本文曾刊于《安金槐先生纪念文集》,所收资料截止于1995年,1996年以后新发表的资料未及收入)

附表一 郑州出土商代青铜容器器类统计表

器类性质	鼎	鬲	爵	斝	觚	盉	罍	尊	卣	中柱盂	方鼎	扁足圆鼎	盘	合计
发掘品	6	3	15	9	14	2	3	2	1	1	4	2	2	64
采集品	3	6	25	6	18	2	3	1					1	65
合计	9	9	40	15	32	4	6	3	1	1	4	2	3	129

附表二 郑州出土商代青铜容器组合表

器类出土单位	鼎	鬲	爵	斝	觚	盉	罍	尊	卣	中柱盂	方鼎	扁足圆鼎	盘	合计	资料来源
白家庄C8M2	1		1		1		1						1	5	《文物》1955.10;《河南出土商周青铜器》(1)
白家庄C8M8	1	2	2	2	2		1							10	同上
铭功路M2	1		2	1	2									6	《考古》1965.10;《河南出土商周青铜器》(1)
铭功路M4			1		1									2	同上
北二七路M1	1		1	2	3									7	《文物》1983.3
北二七路M2			1	1	2									4	同上
1979年二里岗商代墓			1		1									2	《中原文物》1982.4
王城岗WT245M49			1		1									2	《登封王城岗与阳城》

续表

出土单位 \ 器类	鼎	鬲	爵	斝	斚	盉	罍	尊	卣	中柱盂	方鼎	扁足圆鼎	盘	合计	资料来源
东里路C8M32			1		1									2	《中原文物》1981.2
东里路C8M39	1				1									2	同上
白家庄C8M7			2											2	《河南出土商周青铜器》（1）
省中医院家属院商代墓			1		1									2	《中原文物》1981.2
中牟黄店商代墓			1		1									2	《中原文物》1980.4
杜岭铜器坑		1									2			3	《文物》1975.6；《河南出土商周青铜器》（1）
向阳回族食品厂H1	1			2		1	2	1	1	2	2		1	13	《文物》1983.3
合计	6	3	15	9	14	2	3	2	1	4	2	2		64	

附表三　郑州出土商代容器型式分期表

组属	型式 \ 器类 \ 单位或地点	爵 A	爵 B	斝 A	斝 B	斚 A	斚 B	斚 C	鼎	鬲	盉	罍	盘	卣	中柱盂	方鼎	扁足圆鼎	尊
1	西史村M2	Ⅰ																
1	1974年新郑望京楼		Ⅰ															
1	1958年南关熊儿河													Ⅰ				
2	1954年郑州杨庄								Ⅰ									
2	东里路C8M32	Ⅱ			Ⅰ													
2	白家庄C8M7	Ⅱ	Ⅱ															
2	省中医院家属院商墓	Ⅱ										Ⅱ						
2	王城岗WT245M49		Ⅱ			Ⅰ												
3	1975年新郑望京楼					Ⅱ												
3	东里路C8M39				Ⅱ				Ⅰ△									
3	北二七路M2	Ⅲ		Ⅰ△		Ⅱ												
3	向阳回族食品厂H1			Ⅰ△			Ⅱ		Ⅰ	Ⅰ		√	√	√	√	√		
3	杜岭铜器坑					Ⅱ										√		
3	铭功路M2	Ⅲ	Ⅲ	Ⅱ		Ⅱ			Ⅱ									
3	铭功路M4		Ⅲ			Ⅰ△												
3	北二七路M1	Ⅲ				Ⅱ	Ⅱ											
3	中牟黄店商代墓		Ⅲ									Ⅲ						

续表

组属	型式 单位或地点	爵		觚		斝			鼎	鬲	盉	罍	盘	卣	中柱盂	方鼎	扁足圆鼎	尊
	器类	A	B	A	B	A	B	C										
4	白家庄C8M2	Ⅳ				Ⅲ			Ⅲ			Ⅱ	Ⅱ					
	1979年二里岗商代墓	Ⅳ						√										
	白家庄C8M3		Ⅳ	Ⅲ	Ⅲ	Ⅲ	Ⅲ		Ⅲ	Ⅲ		Ⅱ						
	1955年郑州白家庄											Ⅳ						
5	1969年郑州卷烟厂					Ⅳ												
	1980年代新郑												Ⅲ					
	1974年郑州		V															
	备注	打△者表示应归上一组，打√者表示存在但无式的区别																

试论商洛东龙山遗址所发现的商代遗存

杨亚长

（陕西省考古研究院）

商洛市位于陕西省东南部的秦岭南麓，市政府驻地在今商州区（原称商县）。商洛市区地处丹江上游，西北距西安市区约110千米，北距洛南县城约42千米，南距山阳县城62千米，东南距丹凤县城约42千米。

东龙山村位于商洛市区的东南部，相距约2.5千米。东龙山遗址分布在丹江北岸二级与三级台地之上，二级台地位居东南，台面比较平整，高出现丹江河滩约10~20米。三级台地在二级台地的西北部，台面亦较平缓，高于二级台地约10多米。现今东龙山村的民居主要建于三级台地之上，三级台地上并有两座明代万历十九年（1591年）所修建的九级砖塔，俗称龙山双塔，是当地的地标性建筑。

东龙山遗址分布于二级与三级台地之上，遗址东西长约1000米，南北宽约100米，总面积约10万平方米。遗址中部的地理坐标为东经109°57′59″，北纬33°50′44.9″。

1997~2002年，由陕西省考古研究所（院）与商洛市博物馆的考古人员联合组成考古队，对东龙山遗址进行了考古发掘。发掘Ⅰ区位于二级台地的东南部，发掘面积750平方米；Ⅱ区位于Ⅰ区的西部，发掘面积630平方米；Ⅲ区位于三级台地的西北部，发掘面积650平方米。上述Ⅰ~Ⅲ区的发掘面积共计约2030平方米。

通过发掘获知，东龙山遗址的文化内涵主要包括六个不同时期，即仰韶时代、龙山时代、夏代早期、夏代晚期、商代和周代。其中仰韶时代、龙山时代和夏代早期的居民主要居住在三级台地之上，而夏代晚期和商、周时期的居民则主要居住于二级台地之上，这种情况理当与环境变化具有密切关系。

东龙山遗址的商代遗存主要发现于Ⅰ区第③和Ⅱ区第④、⑤文化层中，其被周代遗存所叠压，但又叠压于夏代晚期遗存之上。所发现的商代遗迹主要有房址2座，窖穴（灰坑）94个，灰沟7条，墓葬35座。遗物包括生产工具、日用陶器、乐器、宗教遗物以及装饰品等。目前，东龙山遗址的考古发掘报告已经出版[1]，现对该遗址商代遗存的相关问题再作一些分析与探讨，并请行家予以指正。

2座商代房址均为长方形地面建筑，但由于后期破坏严重，房子的大小结构以及门

---

[1] 陕西省考古研究院、商洛市博物馆：《商洛东龙山》，科学出版社，2011年。

向等情况不明。

94个窖穴（灰坑）中，坑口平面呈圆形或椭圆形者65个，坑口平面呈长方形者18个，不规则形者4个，形状不明者7个。

35座墓葬中土坑墓为31座，瓮棺葬4座。土坑墓均为小型单人墓葬，有少量随葬品者20座，无随葬品者15座。4座瓮棺葬均埋于土坑内，葬具为大口尊与瓮、罐，埋葬的全部为婴幼儿。

在出土遗物中，生产工具按质料可分为铜器、石器、骨器和陶器四类。

铜器6件，器型有钻、凿、镞三种。

石器97件，器型斧、铲、锛、凿、刀、镰、砍砸器、镞、砺石等。

陶器52件，器型有拍、网坠和纺轮三种。

骨器59件，器型有锥、镞二种。

生活用具全为日用陶器，其中器型可辨者308件。据统计，这些陶器中共有泥质陶168件，约占总数的54.5%；夹砂陶为140件，约占总数的45.5%。在泥质陶器中，灰陶与灰褐陶共计122件，红陶与红褐陶33件，黑陶13件。在夹砂陶器中，红陶与红褐陶共计78件，灰陶与灰褐陶为39件。绝大多数鬲、罐、瓮为夹砂陶，而绝大多数大口尊、簋、豆、盆、甗、壶则为泥质陶。在纹饰方面，308件陶器中单饰绳纹者为137件，饰绳纹加附加堆纹者40件，饰绳纹加弦纹者37件，饰绳纹加弦纹加兽面纹者3件，饰绳纹加弦纹加云雷纹者1件，饰绳纹加弦纹加菱形方格纹者1件，单饰弦纹者为51件，素面陶27件，饰戳印圆圈纹者7件，饰篮纹者4件。器型主要有鬲、大口尊、簋、豆、盆、甗、壶、罐、瓮、缸、杯、器盖等（图一～图五）。

乐器仅见石磬1件，灰色粉砂岩质，器形较大，残存约半，残长42厘米。

宗教与崇拜物有卜骨和石祖二种，卜骨多取牛胛骨，将骨脊削平，有的钻、灼结合，有些则只有灼痕。钻窝为圆形，直径1厘米左右（图六）。

通过对比不难看出，上述东龙山商代遗存与以郑州二里岗遗址为代表的商代早期文化之间关系极为密切[①]。例如：两者不仅陶系、纹饰以及器类基本雷同，而且有许多器物的形制亦基本相同或较相似。例如：东龙山B型陶鬲与二里岗V式陶鬲（H1∶33）较相似；D型陶鬲与二里岗Ⅵ式陶鬲（T4∶9）较相似；GⅡ式陶鬲与二里岗Ⅵ式陶鬲（H13∶117、H1∶20等）较相似；Ⅰ型鬲的口沿与二里岗Ⅰ式鬲（H9∶17等）基本相同。东龙山陶甗与二里岗Ⅰ式陶甗（C9H118∶24）较相似。东龙山F型大口尊与二里岗Ⅱ式大口尊（H2甲∶328）较相似；G型大口尊与二里岗Ⅲ式大口尊（H2乙∶199）较相似；H型大口尊与二里岗Ⅰ式大口尊（H1∶15）较相似。东龙山A型陶簋（采∶2）与二里岗Ⅱ式陶簋（T21∶1）形制相同；A型陶簋（ⅡT20④∶10、H46∶47等）与二里岗Ⅱ式陶簋（H17∶111）基本相同。东龙山A型陶豆（M21∶2）

---

① 河南省文物工作队：《郑州二里岗》，科学出版社，1959年。

1. A型鬲

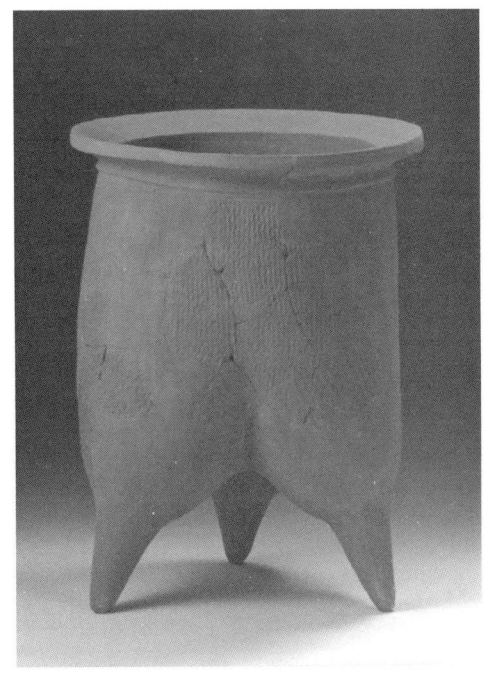

2. B型鬲

3. D型鬲

4. 甗

图一　东龙山商代陶鬲与陶甗

1. C型簋

2. F型簋

4. B型豆

3. A型豆

5. A型豆

图二　东龙山商代陶簋与陶豆

1. A型尊

2. F型尊

3. H型尊

4. F型尊

图三　东龙山商代大口尊

与二里岗Ⅰ式陶豆（H17：113）基本相同；B型陶豆与二里岗Ⅰ式陶豆（H17：29）基本相同。东龙山A型陶盆与二里岗Ⅱ式陶盆（H13：20）基本相同；B型陶盆与二里岗Ⅶ式陶盆（H2乙：207等）基本相同，C型陶盆与二里岗Ⅷ式陶盆（H2乙：208）基本相同。东龙山A型陶甗与二里岗陶甗（H18：29）较相似。东龙山A型陶罐与二里岗Ⅰ式陶罐（H13甲：2）形制相同；B型陶罐与二里岗Ⅰ式陶罐（H24：8）较相似。东龙山A型陶瓮（ⅠT1③：15）与二里岗Ⅲ式陶瓮（T4：72）较相似；D型陶瓮与二里岗Ⅵ式陶瓮（C9T101：29等）较相似。东龙山A型器盖与二里岗Ⅱ式器盖基本相同。以上情况表明，东龙山商代遗存的文化面貌与二里岗遗址基本相同，它们应当属于同一文化，即都属于商代早期之文化遗存。

当然，也可看到两者在陶器方面的一些不同之处。例如：东龙山A型、C型、E型、H型陶鬲的形制均与二里岗陶鬲有明显差别；前者的A、B、C、D、E型大口尊亦与后者的同类器物明显不同；东龙山的B、C、D、E、F、G、H型陶簋不同或不见于二里岗遗址；前者的刻槽盆、四系壶、E型罐、F型罐、H型罐等器形亦不见或不同于后者。此外，二里岗陶器中的鼎、斝、爵、釉陶尊、深腹圜底罐以及陶缸等器物则不见于东龙山遗址。以上情况说明两者在文化面貌方面仍存在一定的差异，我认为这种差异性一方面是由于地域性原因所造成的，另一方面则可能因为年代因素而造成。通过对比不难看出，东龙山商代陶器大都属于二里岗遗址的偏晚阶段，甚至不排除有些器物要晚于二里岗时期的可能性，如东龙山遗址的GⅡ式陶鬲与F型陶簋等。

东龙山商代遗存与西安老牛坡遗址商代文化一期和二期也有许多相同之处[①]。例如：在日用陶器方面，东龙山AⅡ式陶鬲与老牛坡商文化一期AⅡ式陶鬲（85Ⅱ2H5：1）较相似；AⅠ式陶鬲与老牛坡商文化二期BⅣ式陶鬲（85Ⅰ3G2②：17）基本相同；EⅡ式陶鬲与老牛坡商文化二期BⅡ式陶鬲很相似。东龙山H型大口尊与老牛坡商文化二期BⅠ式大口尊（85Ⅱ1G1H2：2）较相似。东龙山A型陶簋（采2、ⅠT5③：9）与老牛坡商文化二期陶簋（88T2H18：45等）相酷似。东龙山C型陶盆与老牛坡商文化二期BⅠ式和BⅡ式陶盆（88T2H18：50、H18：53）酷似；E型陶盆与老牛坡商文化三期BⅡ式陶盆（88T2H18：57）较相似。东龙山A型陶甗与老牛坡商文化二期BⅡ式陶甗（85Ⅱ1G1H2：11）较相似。东龙山C型陶罐与老牛坡商文化二期BⅡ式陶罐（88Ⅰ2H18：53）相酷似。东龙山A型陶瓮与老牛坡商文化二期BⅠ式陶瓮（88Ⅰ2H18：77）较相似；D型陶瓮与老牛坡商文化一期敛口瓮（85Ⅱ2H7：3）较相似。东龙山A型器盖则与老牛坡商文化二期BⅠ式器盖（88Ⅰ2H18：71）基本相同；等等。此外，东龙山商代卜骨的整治方法以及钻、灼形式都与老牛坡商文化二期卜骨基本相同。因此我们认为，东龙山商代遗存应与老牛坡商文化一期和二期的年代大致接近。

---

① 刘士莪：《老牛坡》，陕西人民出版社，2002年。

东龙山商代遗存与陕西耀县北村遗址所发现的商文化遗存之间亦有不少相同之处[①]。如在日用陶器方面，东龙山ＡⅠ式陶鬲与北村ＡａⅣ式陶鬲（ⅠH2：4等）相酷似；Ｂ型陶鬲与北村ＡＣⅠ式陶鬲（ⅠH1：1）基本相同；ＥⅡ式陶鬲与北村ＡａⅢ式陶鬲（ⅠH10：1等）较相似。东龙山Ａ型陶簋（采：2）与北村Ⅲ式陶簋（ⅠH12：23）形制相同。东龙山Ｈ型大口尊与北村大口尊（ⅠH14：38）较相似。东龙山Ｂ型陶盆与北村ＡⅢ式陶盆（ⅠH13：6）较相似；Ｃ型陶盆与北村ＤⅡ式陶盆（ⅢH5：25）近乎相同；Ｅ型盆与北村ＡⅠ式陶盆（ⅠY1：2）相酷似。东龙山Ｄ型陶瓮与北村Ⅱ式敛口瓮（ⅠH2：45）较相似。东龙山Ａ型器盖（H55：11等）与北村器盖（ⅠH5：31等）基本相同；等等。此外，两者卜骨的形制以及钻、灼方式亦基本相同。因此，我以为东龙山商代遗存与耀县北村遗址商文化遗存的年代亦应当大致相同。

由于东龙山遗址地处商州，而当地名商的历史则甚久远，因此余颇怀疑以东龙山遗址为代表的商代遗存，其很可能与商代的商方国有着密切联系。

1996年，考古人员曾在丹凤古城商邑遗址发现有战国中晚期至秦汉时期的遗存，遗址中出土有战国晚期至秦代"商"字板瓦与瓦当，结合相关文献记载，可证该遗址当系商鞅邑城与秦汉时期之商县旧址[②]。

据《左传·文公十年》记载，楚成王四十年（前632年）曾使王子子西"为商公"，唐人杜预注谓："商，楚邑，今上雒商县"。当时的商公当为县公，而唐代的商县旧址就在今天的丹凤境内，说明当地在春秋时期曾为楚国商县之所在。

西周青铜器穆公簋盖铭文曰："唯王初女□，乃自商师复还，至于周。……"李学勤先生认为，商师为地名，例同《尚书·洛诰》之"洛师"。商近于周，当即战国时商君的商[③]。《史记·商君列传》集解引徐广云："弘农商县也。"正义云："商洛县在商州东八十九里，本商邑，周之商国"。可知商州早在西周时期即名商，铭文中的"商师"很可能就在当地。

《史记·殷本纪》谓商始祖契封于商，集解引郑玄云："商国在太华之阳"。又引皇甫谧云："今上雒商是也"。正义引《括地志》云："商州东八十里商洛县，本商邑，古之商国，帝喾之子契所封也"。《括地志》云商的始祖契的封地在今商洛，是否如此？窃以为仅现有资料目前尚难判断。然就考古资料来看，因为东龙山与紫荆等遗址中均发现有大量的龙山时代晚期以及夏代早期遗存，因此，我觉得如果说当年曾有商人的一支来到商洛，并不是没有可能的。

在殷墟甲骨文中有商方，出现在一、三、四期卜辞中。如：（1）丁巳卜，贞王令

---

① 北京大学考古系商周组、陕西省考古研究所：《陕西耀县北村遗址1984年发掘报告》，《考古学研究》（二），北京大学出版社，1994年。
② 陕西省考古研究所、商洛市博物馆：《丹凤古城楚墓》，三秦出版社，2006年。
③ 李学勤：《穆公簋盖在青铜器分期上的意义》，《新出青铜器研究》，文物出版社，1990年。

1. C型盆

2. A型瓿

3. G型盆

5. 刻槽盆

4. C型盆

图四 东龙山商代陶盆与陶瓿

1. A型罐

2. D型瓮

3. H型罐

4. C型瓮

图五 东龙山商代陶罐与陶瓮

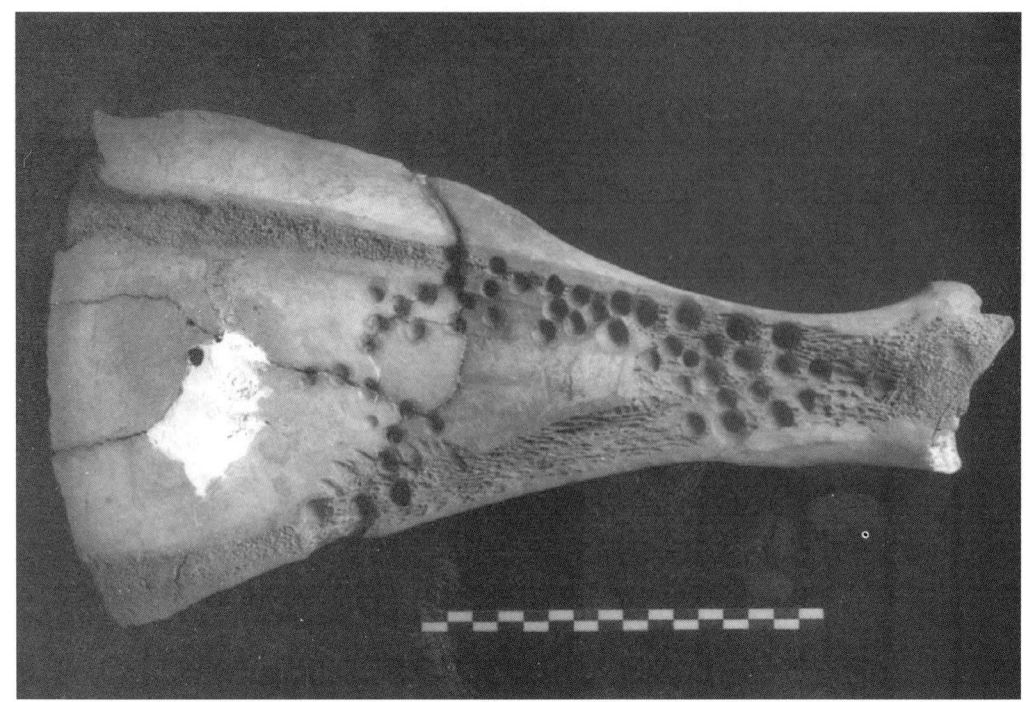

1. A面

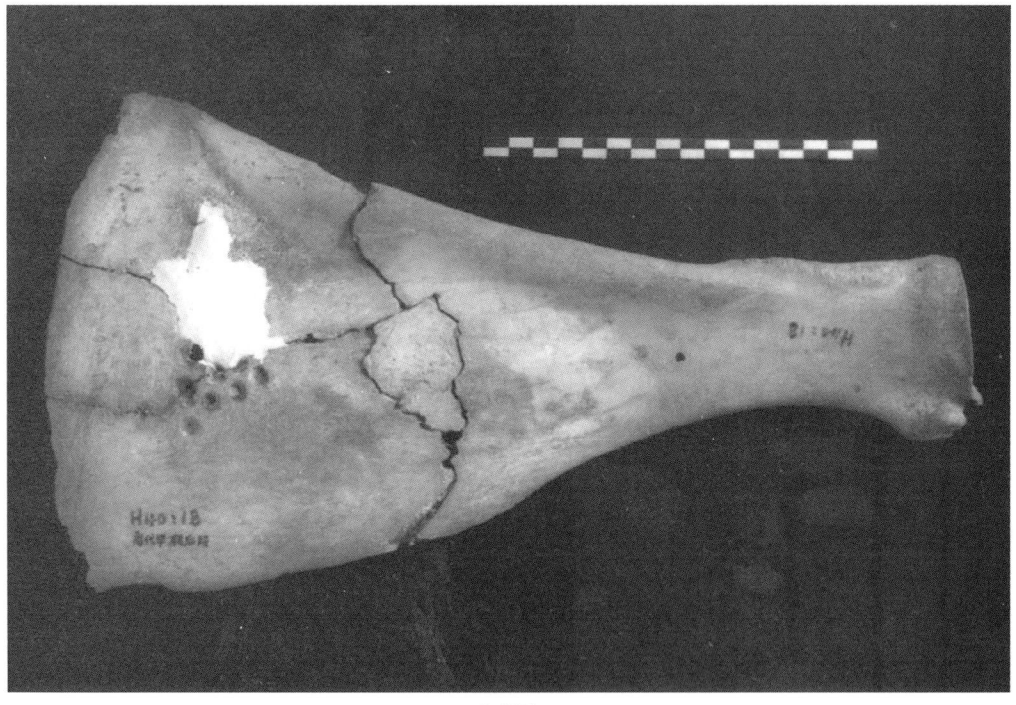

2. B面

图六 东龙山商代卜骨

并伐商。《甲骨文合集》33065／4；（2）□卯卜，贞今月令伐商。《合集》33066／4；（3）庚寅，贞王令并伐商。《小屯南地甲骨》2907／4；（4）丁巳卜，贞王令并甲商伐。《屯南》4054／4。据研究，商方与商王朝的关系在一、三期时友好，四期时有叛有服[1]。目前，甲骨文中商方的居地尚不能确指，但商洛地区名商的历史悠久，且考古发现有商代文化遗存，因此，我以为甲骨文中商方就在今商洛地区很有可能[2]。

---

[1] 宋镇豪主编，孙亚冰、林欢著：《商代地理与方国》，中国社会科学出版社，2010年。
[2] 殷墟甲骨文中的商方时属商代晚期，而东龙山商代遗存主要为商代早期，两者尚有年代差异。

由金文"⟨图⟩"论及商代都邑布局

唐际根（中国社会科学院考古研究所）
汤毓赟（中国社会科学院研究生院博士生）

戍嗣子鼎铭文中有⟨图⟩字：

"丙午，王商（赏）戍嗣子贝廿朋，才（在）⟨图⟩宗（？）。用乍（作）父癸宝䵼（食束）。隹（唯）王饔⟨图⟩太室，才（在）九月。犬鱼。"①（图一）

类似一字又见于利簋铭文，写法略有不同：

"武王征商，唯甲子朝，岁鼎，克闻夙又（有）商。辛未，王才（在）⟨图⟩师，赐又（右）史利金，用乍（作）檀公宝尊彝。"②（图二）

戍嗣子鼎和利簋，是商末周初两件著名铜器。前者于1959年发现于安阳殷墟的后岗圆形祭祀坑（俗称"后岗圆坑"）③，后者则于1976年出土于陕西临潼零口镇④。

戍嗣子鼎铭文中的⟨图⟩，可写成⟨图⟩，利簋铭文中的⟨图⟩，可写成⟨图⟩。论者皆认为二者系同字，应解释为地名。

唐兰释利簋之⟨图⟩为阑，并直接将其与戍嗣子鼎的⟨图⟩视为同字：

"阑是地名，据宰鼎（笔者注：即戍嗣子鼎），阑地有太室，应在殷都附近。此时，周王朝在扫荡殷纣军队的残部，武王不会离殷都太远"⑤

于省吾考"利簋"铭文："⟨图⟩师为地名……古无管字，管为后起的借字。从朿从间从宫之字同属见纽，又系叠韵……后世管字通行而古文遂废而不用。管之称管师，犹'成周'金文也称'成师'。管为管叔所封地，《括地志》谓在'郑州管县'。《周书·大匡》和《文政》，在武王克殷以后，均言'王在管'。"⑥

容庚在《金文编》中谓⟨图⟩即"⟨图⟩"，或可简写作"阑"⑦。

---

① 王晖：《商周金文》，文物出版社，2006年，23页。
② 王晖：《商周金文》，文物出版社，2006年，31页。
③ 中国社会科学院考古研究所：《殷墟发掘报告（1958～1961）》，文物出版社，1987年。
④ 临潼县文化馆：《陕西临潼发现武王征商簋》，《文物》1997年第8期，1～7页。
⑤ 唐兰：《西周时代最早的一件铜器利簋铭文解释》注释6，《文物》1977年第8期，8～9页。
⑥ 于省吾：《利簋铭文考释》，《文物》1977年第8期，10～12页。
⑦ 容庚：《金文编》，中华书局，1985年，769页。

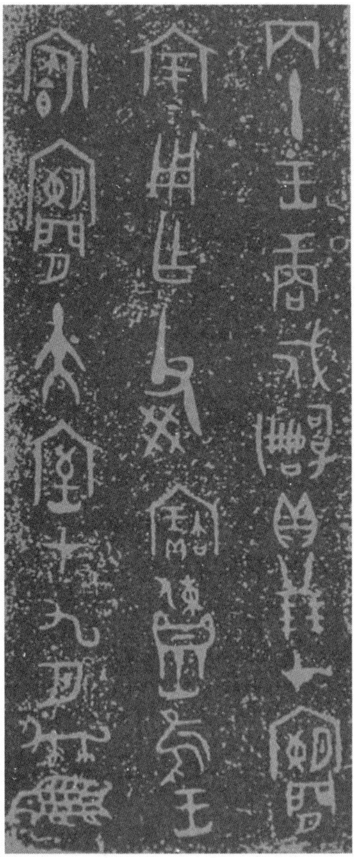

图一　戍嗣子鼎
（摘自中国社会科学院考古研究所《殷墟发掘报告》）

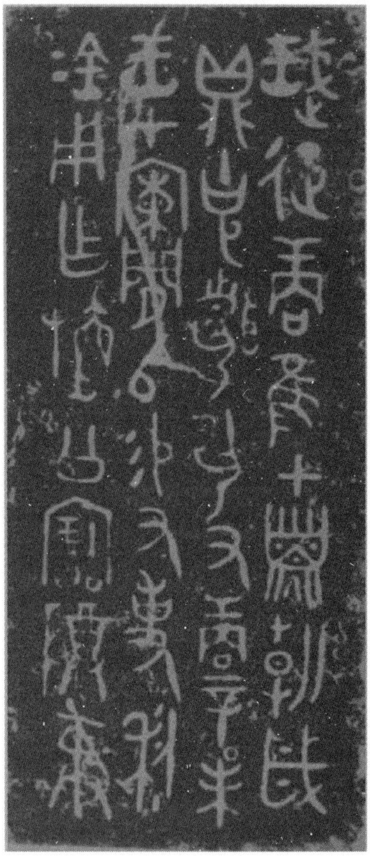

图二　利簋
（摘自王辉《商周金文》）

徐中舒亦将□写作"□"或"阑"，识为地名。论述说："阑屡见于殷商的铜器，其地必去殷都朝歌不远。于氏以阑为管叔之管，以声韵及地望言之，其说可信。武王在战胜后暂驻阑师，就是要对镇抚殷人，做出安排。"[①]

李民完全认同于省吾先生论述，认为管乃后起字，系地名。他释利簋铭文说，武王伐商，二月甲子到乙丑在牧野征战，商纣败亡，二月丙寅，即罢兵回师，到二月辛未抵达管地，其间共历时六天。而距离朝歌五六天行军日程的称作管的地方仅有黄河南岸的管地，且此即武王分封管叔鲜的管地。据《括地志》言管在"郑州管城县"。可知管应在今郑州市区[②]。

同样，杨宽亦释□字为"阑"。谓"阑"与"关"音义相近，"阑"即是"管"。据《利簋》铭文知武王克商后第八天到阑师对臣下进行赏赐，说明阑师是进军牧野前

① 徐中舒：《西周利簋铭文笺释》，《四川大学学报》1980年第2期。
② 李民：《"阑"与殷末周初之管地》，《殷都学刊》1995年第4期。

已经占领的军事重镇,当是商的别都。克商后,武王封其弟管叔鲜于此。考古发现郑州商城建于商代早期(二里岗文化上层时期),沿用时间长,从历史地理沿革看,郑州商城即是商的别都——"阑"(管)。既是别都,自然有宗庙,据《戍嗣子鼎》可知,王到阑的宗庙大室对臣下赏赐("在阑宗","饔阑大室")①。

李学勤释🅐为阑,认为是地名,但未必在郑地②。

蔡运章则说"管"在今偃师③。

王震中认为商之管邑和周初管叔的封地管皆在商之朝歌以东卫地范围内今濮阳一带。周公平定三监之乱后,管叔后裔迁于郑州,西周以后郑州才称管④。

同意🅐为地名者,还有一众学者。如雷晋豪⑤、汤威亦⑥等,皆认为🅐或🅑是地名,只是不同意该地名所指是郑州附近的"管"。

1980年代初田宜超曾提出另一观点,认为🅐字或非地名而为宫室,但论述甚简,远并不足以否定地名说⑦。因而长期以来,🅐字释为地名,在学术界一直呈压倒性优势。

戍嗣子鼎和利簋皆为著名青铜器,其铭文内容涉及商末周初重要史实。"🅐"和"🅑"是理解两篇铭文的关键文字,能否准确释读,事关许多商周大事的理解。

自戍嗣子鼎和利簋发现至今,见有🅐、🅑或类似文字的青铜器已增加至十余例。包括《作父己簋》《版方鼎》《妇尊》《大盂鼎》(图三)等一干青铜器。这批青铜器提供的文例,为重新理解🅐或🅑字的含义提供了便利件。近年一系列新的考古发现,特别殷墟洹北商城宫城内大型夯土基址的发掘以及新获"清华简"等地下文献的发现与整理,使得重新释读此字成为可能。本文尝试利用这些新的资料,对🅐或🅑的实际含义再作论述。

一、字形、句法和文理

🅐、🅑,或与之类似之字凡见于商末至西周早期共10器,出现12次(表一)。

---

① 杨宽:《商代的别都制度》,《复旦大学学报》(社会科学版),1984年第1期。
② 李学勤:《试论新发现的版方鼎和荣仲方鼎》,《文物》2005年第9期。
③ 蔡运章:《〈🅐师〉新解》,《中原文物》1988年第4期。
④ 王震中:《商代周初管邑新考》,《2004年安阳殷商文明国际学术研讨会论文集》,社会科学文献出版社,2004年。
⑤ 雷晋豪:《金文中的"🅑"地及其军事地理新探》,《历史地理》(第二十六辑),上海人民出版社,2012年。
⑥ 汤威:《周初"三监"新证——兼谈金文"🅑"字即管地的不合理性》,待刊。
⑦ 田宜超:《虚白斋金文考释》,《中华文史论丛》(第4辑)1980年,8页。

表一　商周铜器中的 ▨、▨ 等同类型字及铭文出处

字形	器名	年代	铭文及来源
	戍嗣子鼎	晚商	"丙午，王商（赏）戍嗣子贝廿朋，才（在）▨宗（？）。用乍（作）父癸宝▨鼎（食束）。佳（唯）王饗▨太室，才（在）九月。犬鱼。"①（图一）（《殷墟发掘报告》）
	作父己簋	晚商	"乙亥，王赐贝，才（在）▨，用乍（作）父乙尊彝"（《集成》3861簋）
	寝孜簋	晚商	"辛亥，王才（在）▨，赏寝孜□贝二朋，用作祖癸宝尊"（《集成》3941簋）
	版方鼎	晚商	"乙未，王宾文武帝乙，彡（肜）日，自▨彳冉，王返入▨，王商（赏）版贝，用乍（作）父丁宝尊彝。在五月，惟王廿祀又二。"（保利艺术博物馆《版方鼎》）
	宰椃角	晚商	"庚申，王才（在）▨，王格，宰椃从，赐贝五朋，用乍（作）父丁尊彝，惟王廿祀翌又五。"（《集成》9105角）
	▨作尊彝卣	商	"▨作尊彝"（《集成》5114卣）
	妇尊	商末或西周初	"此器有5行36字铭文。其中关键文字为"辛未妇尊……在太室，王享……②（御雅居铜器）
	利簋	西周初	"武王征商，唯甲子朝，岁鼎，克闻凤又（有）商。辛未，王才（在）▨师，赐又（右）史利金，用乍（作）檀公宝尊彝。（《文物》1977年8期）
	大盂鼎	西周早期	"……今余佳（唯）命女（汝）孟绍荣，敬雍德丞（经），敏朝夕入▨，享奔走，畏天畏（威）……（《商周金文》）
	▨监父己鼎	西周早中期	"▨监引作父己宝尊彝"（《集成》2367鼎）

---

① 王晖：《商周金文》，文物出版社，2006年，23页。
② 2013年，北京展览馆组织海外回流文物展览，御雅居曾将此器公开展出。

所论文字在上述10器中，构字的基本要素是从"門"从"朿"，但相互间又有细微差异。即便同器中的字也如此。如同见于戍嗣子鼎的两个▢，"月"字写法不同；同见于版方鼎中的▢字，一个带"月"符，另一个则简写成月在门上。至于不同铜器上的▢字，戍嗣子鼎、妇尊、作父己簋、寝孜簋、利簋五器从"宀"。其余诸器均省略了"宀"。大盂鼎的▢字不仅省略了"宀"，构形的"月"被"言"取代，因而此字变成了▢。

从字形追溯文字含义，应依文字的原始构形。诸器中，年代最早、字形最复杂的字形是戍嗣子鼎的▢。

▢字，上从"宀"，中间（"宀"内）从"朿"从"月"，下部从"閒"。

《说文解字》言："宀，交覆深屋，象形，凡宀之属皆从宀。"又言："閒，隙也。从門，从月。徐锴曰：'夫门夜闭，闭而见月光，是有閒隙。'"①

故该字义符为"宀"和"門"。前者是屋宇的象征，后者则象征双开门的建筑部件。推测应该是一种高规格建筑。至于門上之"月"与門下之"月"，仅表示月光从门隙中射入之意，旨在强调"門"的结构特点，有时可省。

至于中间所从之"朿"，于省吾讨论利簋铭文时，谓"朿"为音符。所论可从②。

上古文字中，作为构件的部分常常可以简省，但声符通常不省。故戍嗣子鼎等所有各器均保留了声符"朿"。

需要注意的是，字中用于表意或会意的构件虽屡有简省，但最重要的构件"对开双门"却从未省略。可见此字中，表意的核心是"对开双门"。表示建筑等级的意味浓厚。因此从字形看，▢及同类字，其本义应与重要建筑相关。

戍嗣子鼎与利簋全篇铭文已引列如上，其余8例铭文依学者意见可隶定如下：

（1）《作父己簋》（《集成》3861簋）：

"乙亥，王赐贝，才（在）▢，用乍（作）父乙尊彝。"③（图四）

（2）《寝孜簋》（《集成》3941簋，铭文漫漶不清，采李学勤释文）：

"辛亥，王才（在）▢，赏寝孜□贝二朋，用作祖癸宝尊。"④（图五）

（3）《宰椃角》（《集成》9105角）：

"庚申，王才（在）▢，王格，宰椃从，赐贝五朋，用乍（作）父丁尊彝，惟王廿祀翌又五。"⑤（图六）

---

① （汉）许慎：《说文解字》，中华书局，1985年，239页。
② 于省吾：《利簋铭文考释》，《文物》1977年第8期。
③ 中国社会科学院考古研究所：《殷周金文集成》（第3册），中华书局，2007年，2067页。
④ 李学勤：《试论新发现的版方鼎和荣仲方鼎》，《文物》2005年第9期。
⑤ 李学勤：《试论新发现的版方鼎和荣仲方鼎》，《文物》2005年第9期。

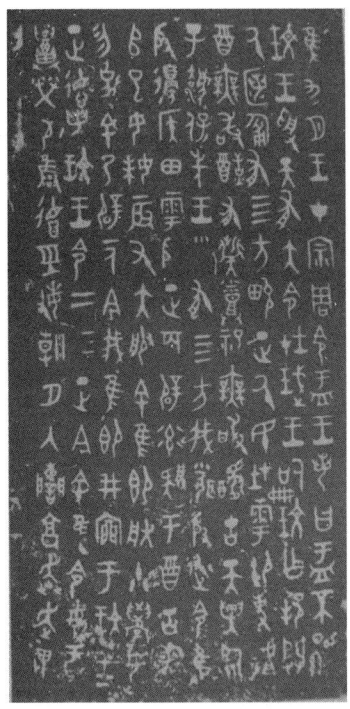

图三　大盂鼎

（摘自王辉《商周金文》）

图四　作父己簋

（摘自《殷周金文集成》）

图五　寝孜簋

（摘自《殷周金文集成》）

图六　宰椃角

（摘自《殷周金文集成》）

图七 版方鼎
（摘自李学勤《试论新发现的版方鼎和荣仲方鼎》）

（4）《版方鼎》（现藏保利艺术博物馆）：

"乙未，王宾文武帝乙，彡（肜）日，自礿侑，王返入䣙，王商（赏）版贝，用乍（作）父丁宝尊彝。在五月，惟王廿祀又二。"①（图七）

（5）御雅居铜器"妇尊"：

铭文5行36字：关键文字为"辛未妇尊……礿太室，王享……"（文字未录全）。

（6）《礿作尊彝卣》（《集成》5114卣）：

"礿作尊彝"②（图八）。

（7）《䦅监父己鼎》（《集成》2367鼎）：

"䦅监引作父己宝尊彝。"③（图九）

图八 礿作尊彝卣
（摘自《殷周金文集成》）

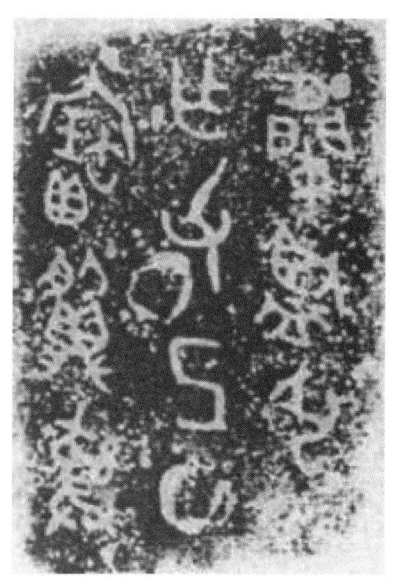

图九 䦅监父己鼎
（摘自《殷周金文集成》）

---

① 李学勤：《试论新发现的版方鼎和荣仲方鼎》，《文物》2005年第9期。
② 中国社会科学院考古研究所：《殷周金文集成》（第4册），中华书局，2007年，3226页。
③ 中国社会科学院考古研究所：《殷周金文集成》（第2册），中华书局，2007年，1206页。

（8）《大盂鼎》（《商周金文》）：

"……今余佳（唯）命女（汝）盂绍荣，敬雍德巠（经），敏朝夕入䈞，享奔走，畏天畏（威）……"①（图三）

从语法结构看，《戍嗣子鼎》《作父己簋》《寝孜簋》《宰椃角》《妇尊》《利簋》等六器将此字置于状语"才（在）"之后。形成句式Ⅰ：

"……才（在）A……"（A表示所论之字，下同）。

《版方鼎》和《大盂鼎》两器，所论之字在动词"入"字之后，形成句式Ⅱ：

"……入A……"。

另外两件，《䈞作尊彝卣》和《䈞监父己鼎》，所论之字在动词"作"之前，形成句式Ⅲ：

"……A作……"或"……A监引作……"。

句式Ⅰ强烈暗示该字可作地名，然丝毫不排斥该字也可作一座建筑物。

句式Ⅱ中该字可作地名，但既然是"入"，似乎解释成建筑物更为合理。尤其是版方鼎，其文谓"自䈞偁，王返入䈞"，"入"紧接"返"字使用，则后一字作为建筑物的可能性大增。而《大盂鼎》所言为"敬雍德巠（经），敏朝夕入䈞"。这里䈞字保留基本构件从朿、从門，同时又变"月"为"言"，应系文字增加了新的含义（强调"说话"），但其本义未变，仍然是建筑物。既然是"朝夕入䈞"，则此地必为频繁地要去的地点，因此必不类似于"管"地。否则要求某人朝夕前往管地，实非常理可通。反过来，要求某人朝夕前往某处重要建筑物内进言，则前后文意迎刃而解。

句式Ⅲ中该字的解释因无前文，讨论该字含义略显困难。若与"作"字联系起来推测，它可以是主语，因此不排除是人名，若考虑作地名，则同样可以考虑是建筑物。

因此依字开、句法和文意理解，䈞字及其同类字释地名当可，但不足以将地名视为唯一解。将其释为建筑物同样可通，甚至更为合理。

二、䈞与"王事"及"太室"

上举见有䈞及同类之字的铭文10例，8例明确记录的是"王"的活动，且王在䈞的活动，皆为紧要、庄重之事：

赐贝：《戍嗣子鼎》《作父己簋》《寝孜簋》《宰椃角》《版方鼎》

赐金：《利簋》

饮宴：《戍嗣子鼎》《妇尊》

---

① 王辉：《商周金文》，文物出版社，2006年，63页。

演乐：《妇尊》

《斎作尊彝卣》《䕼监父己鼎》均涉及作器，料亦与国王赐贝有关。

王在🐟地所召见者，如"戍嗣子"、右史"利""妇"等，均非寻常人物。戍嗣子鼎铭文末有"犬鱼"，《版方鼎》内底铸有"鱼"字。通常认为系氏族名①。有资料显示，鱼族是晚商时期与王室有深厚渊源的贵族。殷墟西区墓地是一处晚商贵族墓地②，位于第七墓区的M1713出土了五件带有"亚鱼"或"寝鱼"铭文的青铜器，"鱼"为墓主人族名，亦即氏族徽号，"寝"可能是墓主人生前担任的职务，"亚"可能是爵称③。由铭文可知，"鱼"受到王的赏赐为其父、其兄作器。戍嗣子鼎、版方鼎、与M1713铜器均为商末（甚至周初）器④，这些青铜器的主人应该都是商末（甚至周初）生活于都邑的鱼族贵族，他们或是王的将领，或是能够进见国王并与王议事或宴饮的贵族。死后则葬于王都。

由此又知，🐟及同类文字所指代的，是国王经常要去的场所、而同时又是国王频繁出入办理政务或举行隆重活动的场所。此字无论是释为"管"地还是释为其他地点的某个地名，显然是不合理的。这样一个场所，最有可能在都邑。

戍嗣子鼎和妇尊的铭文中，🐟多次与"太室"相连使用。这一线索尤其不容忽视、绝非偶然。

《戍嗣子鼎》："隹（唯）王䬨🐟太室……"

《妇尊》："在🐟太室，王享……"

"🐟太室"相连使用，或暗示"太室"是🐟的一部分。如果🐟是一座建筑，则太室很可能是🐟的最重要的空间。

提及"太室"的青铜器铭文，商末周初所见不鲜。均与王的活动相关。

《子黄尊》铭："乙巳，见（献）在大室，白□一、琅九有（又）百，用王商（赏）子黄瓒一、贝百朋……"

《天亡簋》："乙亥，王又（有）大丰。王凡三方，王祀于天室降，天亡又，王衣祀于王丕显考文王。"⑤

《吕方鼎》："王䬨昏大室，吕延于大室，王赐吕秬鬯三卣、贝卅册。"⑥

---

① 李学勤：《试论新发现的版方鼎和荣仲方鼎》，《文物》2005年第9期。
② 中国社会科学院考古研究所：《殷墟的发现与研究》，科学出版社，1994年，128页。
③ 中国社会科学院考古研究所安阳工作队：《安阳殷墟西区一七一三号墓的发掘》，《考古》1986年第8期。
④ 中国社会科学院考古研究所安阳工作队：《安阳殷墟西区一七一三号墓的发掘》，《考古》1986年第8期。唐际根、汪涛，《殷墟文化第四期年代辨微》，《考古学集刊》（15），文物出版社，2004年，36~50页。
⑤ 王辉：《商周金文》，文物出版社，2006年，34页。
⑥ 中国社会科学院考古研究所：《殷周金文集成》（第2册），中华书局，2007年，1422页。

《静方鼎》："月既望丁丑，王才（在）成周大室，令（命）静曰……"①

其中《吕方鼎》："王饔昏大室"与戍嗣子鼎中的"饔𥛱天室"的用法相近。

在太室饮宴，行"饮至之礼"，最近又有清华简佐证。

清华简（"䣝"夜）："武王八年，征伐'䣝'（耆），大'今戈'（戡）之。还，乃饮至于大室。"

太室，又可称天室、大室。论者皆同意系指建筑物。

《春秋穀梁传·文公》："大室屋坏。大室屋坏者。有坏道也。讥不脩也。大室犹世室也。周公曰大庙。伯禽曰大室。群公曰宫。礼。宗庙之事。"

唐兰认为天室也有称为京室、京太室的，是在成周的宗庙，是祭太王、王季、文王、武王的地方。②可见于周王朝而言，天室是周王用于祭祀以及赏赐大臣的场所。

由《戍嗣子鼎》《子黄尊》和御雅居藏《妇尊》铭文看，太室商已有之。太室与▣联用，足证▣是商末周初极为重要的建筑物。

太室在建筑物▣中究竟是什么位置呢？

《尚书·洛诰》："王入太室裸。"孔氏传："太室，清庙。"孔颖达疏："太室，室之大者，故为清庙。庙有五室，中央曰太室。"

《礼记·月令》："子居大庙大室。乘大路。驾黄马。载黄旂。衣黄衣。服黄玉。食稷与牛。其器圜以闳。"

据此，陈梦家认为"室为庙中之一部分，处于两夹之中间"，庙中诸室，"除小室外都是祭祀所在的宗庙，大室则亦兼为治事之所"③。

文献传递的信息，有助于理解"太室"与▣的关系。验之以《戍嗣子鼎》和《妇尊》"▣太室"连用的文例，再考虑到▣有双开门的结构特征，可知太室应为▣中的核心部分。又，太室与王事相应，可证太室又必为▣内最重要的建筑。

三、▣与商王朝的都邑布局

《戍嗣子鼎》和《利簋》两篇铭文中的▣或▣，是否一定是晚商都邑殷墟范围内的建筑呢？

戍嗣子鼎的年代，有谓属周初者，但从铭文内容，尤其是文末提及的"犬鱼"族属看，此器更可能是商末所铸。铭文所记内容应属商王在▣太室赏赐戍嗣子贝一事。此器出土于殷墟后岗圆形祭祀坑，同出的铜器还有1件铭"母已"的爵，坑内伴随着分三层埋入的73具人骨。因此该器提及的▣，更有可能是事主经常出入之地，也即殷墟大邑商。

---

① 王辉：《商周金文》，文物出版社，2006年，94页。
② 唐兰：《何尊铭文解释》，《文物》1976年第1期。
③ 陈梦家：《殷墟卜辞综述》，中华书局，1988年，475、477页。

《利簋》所记武王征商事，以往论者皆谓甲子征商后第8日辛未，武王返回管地䦆。若以天数论行军距离，此说可从。但前文我们论证过，䦆应在都邑。管地既非商都，亦非周原，更不可能是洛邑。武王克商之后，没有道理8天之后又返回管地（或其他地方）赏赐"又（右）史利"。此事若理解为武王"打扫战场"后，在新攻占的作为胜利标志的大邑商核心建筑䦆赏赐右史，则严谨合理。

李学勤论述《利簋》铭文时说，武王于甲子日克商，第八日辛未在阑（李学勤释䦆为阑）。《逸周书·世俘》载到克商二十一日甲申，还有"百弇以虎贲誓命伐卫，告以馘俘"，虎贲是武王亲军，受命伐卫，同日告捷，可证武王没有离开商都一带。又据《版方鼎》"王宾文武帝，乙肜日，自阑俩，王返入阑"知，这次祭祀不在阑，而是帝辛从阑前往其父宗庙举行典礼，并于当日内又返回阑。故阑这个地方应在商都，且离帝乙宗庙不远①。

因此《利簋》中的䦆必在殷墟小屯附近。

近90周年来，殷墟宫殿宗庙区曾经被反复揭露。如果䦆确为殷墟大邑商内极为重要的建筑物，它是否已经被发掘揭露？反映在考古清理的遗迹上又会是怎样的结构？

由于与王事及重要政务相关，䦆必为大型建筑，其位置和结构均非普通建筑可比。从"䦆"与"太室"相连使用可知，作为建筑物的䦆必为多室建筑，其中核心空间方称为太室。从字的结构看，䦆的一个显著特征是"双门对开"。若以此为线索，则已经发掘的殷墟范围内建筑物中，1990~1991年发掘的殷墟小屯"丁组基址"可能与䦆有关。

"丁组基址"系1988~1995年间在殷墟宫殿宗庙区内经多次清理揭露的一组建筑②。发掘者认为所谓"丁组基址"包括年代有别的3座基址。其中北部一座F1是带7间居室的"排房式建筑基址"，F2在F1南侧，F3在西侧。三者相有早晚，组成"匚"形结构。杜金鹏曾对此座基址进行过研究，认为F1、F2和F3实际是一座"四合院"，合组为"丁一基址"③。

关于"丁一基址"的年代，由其出土物可知属殷墟一期晚或殷墟一、二期之际。关于其性质，郑振香认为F1"大概是用于祭祀的宗庙建筑"④。杜金鹏从基址的方位、附属祭祀遗存以及建筑形制讨论了"丁一基址"，也认为"丁一基址"是宗庙建筑。

洹北商城一号建筑基址发掘后，证明杜金鹏关于丁组基址结构的认识，即所谓"丁组基址"，实际是由F1、F2、F3组成的一座"四合院"（其东部建筑可能被洹河冲毁）。

杜金鹏对"丁组基址"结构和性质的分析应接近实际。笔者曾参与此座建筑的发掘。认为该四合院的南庑当有接驳进入庭院的大门。发掘过程中，理应为大门所在

---

① 李学勤：《试论新发现的版方鼎和荣仲方鼎》，《文物》2005年第9期。
② 中国社会科学院考古研究所：《安阳殷墟小屯建筑遗存》，文物出版社，2010年。
③ 杜金鹏：《殷墟宫殿区建筑基址研究》，科学出版社，2010年，378~396页。
④ 中国社会科学院考古研究所：《安阳殷墟小屯建筑遗存》，文物出版社，2010年。

位置正好有殷墟博物苑的铁栅栏穿过，因而没有实施清理，由于该座建筑拥有宽阔庭院，如若揭开，不排除正是"对开双门"的院门结构。

由此推测殷墟"丁组基址"中的"丁一基址"可能正是🔲的遗存。基址北部建筑F1不仅居于"正殿"位置，其开间为七间，或为"太室"所在。

殷墟作为都邑，连续使用了273年（依《竹书纪年》）。即使按夏商周断代工程，其作为都邑的时间也当在250年以上[①]。因此作为重要建筑的🔲或不止留下一处遗迹。同样有理由相信，早于殷墟的商中期都邑洹北商城，其宫殿宗庙区内应也有类似建筑。

按照前文论述，🔲的特征是居都邑范围，位置重要，结构复杂，系多室建筑并拥有"对开双门"。我们推测洹北商城宫殿宗庙区的一号建筑基址很可能也是中商时期的🔲或🔲。如此这一推测属实，则我们可以全面了解商王朝🔲的详细结构。

洹北商城一号建筑基址呈"四合院"结构。东西长约173米、南北宽85～91.5米（南部门塾和北部主殿宽于其他部分），总面积（包括庭院面积）近1.6万平方米。整座基址的建筑物部分由主殿、主殿旁的廊庑、东西厢建筑和门塾（包括两个门道）及两旁的长廊组成。其中主殿位于北部基址正中，明显高于庭院，开有正室11间（已清理9间），各正室面积基本一致，正室墙体大部分以双木柱为骨，南向开门，有台阶可达庭院。门塾在南庑中段偏东部，也高于两侧的廊庑、门塾中间有两条南北向门道，将门塾分为左、中、右三部分，左、右两部分南北宽11米、东西长10.5米，中间部分南北宽11米、东西长10米。夯土基址以及庭院内外发现40余处祭祀遗存[②]（图一〇、图一一）。

杜金鹏认为该基址为宗庙建筑。主殿台基上一字排开的房间应该叫做"室"。各房间均等分隔，并无主次，每室都对应一座夯土台阶，是相互独立的，一室一主，是合祭先王神主的宗庙建筑[③]李立新先生也认为洹北商城"一号基址'回'字形基址的性质为商王室宗庙遗存，甲骨文中的'囗'字正是这种四合院式的集合宗庙群的标符，可释为'庙'字"[④]。

洹北商城一号建筑基址的结构，正好与🔲的基本特征相合。该座建筑主殿的一排正室就是"天室"。由复原研究可知，"双柱木骨墙"是主殿屋顶的主要承重墙，

---

① 《夏商周断代工程1996～2000年阶段成果报告》，世界图书出版公司，2000年。
② 中国社会科学院考古研究所安阳工作队：《洹北商城宫殿区一号基址发掘简报》，《考古》2003年第5期。
③ 杜金鹏：《洹北商城一号宫殿建筑基址初步研究》，《夏商周考古学研究》，科学出版社，2007年，539页。
④ 李立新：《甲骨文字"囗"考释与洹北商城1号宫殿基址性质探讨》，《中国历史文物》2004年第1期。

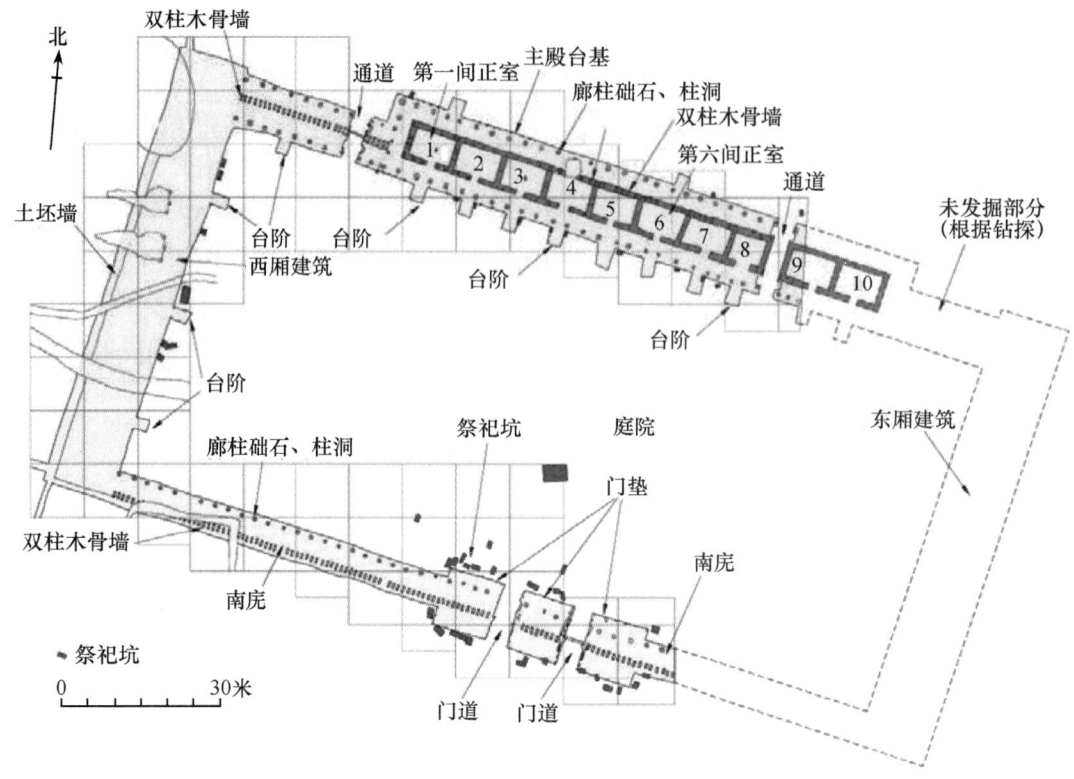

图一〇　洹北商城1号建筑基址平面示意图

（摘自唐际根、荆志淳、何毓灵：《洹北商城宫殿区一、二号夯土基址建筑复原研究》，《考古》2010年第1期）

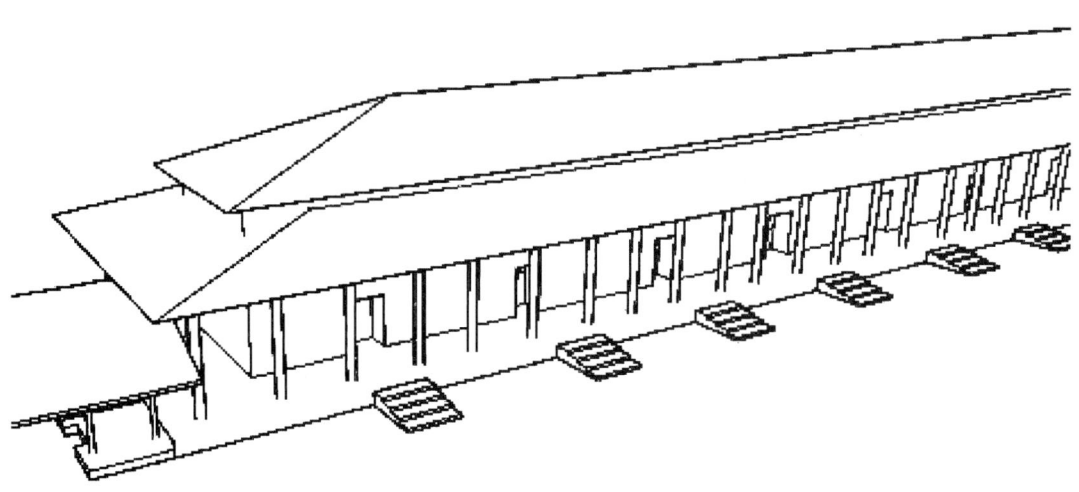

图一一　洹北商城1号建筑基址复原示意图

（摘自唐际根、荆志淳、何毓灵：《洹北商城宫殿区一、二号夯土基址建筑复原研究》，《考古》2010年第1期）

屋顶为四脊五面坡，且前后坡、左右坡对称①。《戍嗣子鼎》《作父己簋》《利簋》的🅰均带"宀"部，表达的应是这种对称坡面屋顶的侧面。天室各自有门，而🅰有总的大门。朱凤瀚认为："商王室宗庙是若干单独的宗庙集中在一起以宗庙群的形式存在的……诸（先王）宗庙各自有门，但整个建筑群还有一共门，即卜辞所谓'宗门'"②。一号基址南庑有两门道，尺寸规格大，应该就是"宗门"。上述三类"阑"均未省去"门"部，即是这组建筑群标志性部件的写照。而版方鼎、宰椃角的🅰字省去了"宀"，是其简化形式。

🅰是商代都邑内的大型四合院，其主殿即太室，是商王举行赏赐、宴饮和其他政务的场所。这一解读对于理解商代都邑布局、探索商王朝历史具有重大意义。

中商洹北商城时期，作为🅰的一号建筑基址位于洹北商城南北中轴线南段宫城范围内的核心位置。作为"寝"的二号建筑基址位于其北部约25米处。二者构成完整的"前朝后寝"布局。而包含太室在内的🅰（一号建筑基址）居于"寝"（二号建筑基址）的前端，反映的是"朝""庙"尚未分离的"前朝后寝、朝庙一体"的格局。

晚商殷墟时期，🅰的位置理应也是大邑商的布局核心。然而在大邑商布局中，作为🅰使用的"丁组基址"的位置在整个宫庙区中略偏东南。1930年代历史语言研究所发掘殷墟时，曾揭露出殷墟宫殿宗庙区的核心建筑群，即被称为甲、乙、丙三组建筑，包括甲十一、甲十二、乙五、乙七、乙八、乙二十基址等③。这些建筑基址，居于整个宫殿宗庙区的中轴线位置。杜金鹏认为更可能属商王朝的"朝"和"衙署"内遗迹。丁组基址所代表的🅰，位于这批建筑的东南。这样的布局，显然与洹北商城时期严谨的"前朝后寝、朝庙一体"制度不合。杜金鹏将丁组基址与丙组建筑结合分析，认为它反映的是"左组右社"制度④。由此观察，商王朝中、晚期之间，宫庙制度发生了一次剧烈变化。

🅰或🅰的考释，不仅是理解商王朝都邑布局的关键点之一，同时也是解读重要历史事件的重要依据。

《左传·庄公二十八年》载："凡邑，有宗庙先君之主曰都。"曾有学者认为，以小屯为中心的殷墟，未必是明商都邑所在。太室🅰与一体，🅰就在安阳殷墟的论断，给小屯为晚商都邑的论断提供了又一力证。

武王伐商的具体过程，很大程度上依赖《利簋》铭文。过去多数学者皆以甲子日武王伐商成功后，又于辛未日返回管地。确定🅰本是殷墟范围内的一座建筑，给《利

---

① 唐际根、荆志淳、何毓灵：《洹北商城宫殿区一、二号夯土基址建筑复原研究》，《考古》2010年第1期。
② 朱凤瀚：《殷墟卜辞所见商王室宗庙制度》，《历史研究》1990年第6期。
③ 石璋如：《小屯第一本·殷墟的发现与发掘·建筑遗存》，历史语言研究所，台北，1959年。
④ 杜金鹏：《殷墟宫殿区建筑基址研究》，科学出版社，2010年，421页。

簋》铭文带来新的解读：武王伐纣胜利后，并非从牧野班师回朝，而是直入商王朝的心脏地区——天室。武王在殷商的宗庙区商驻扎军队，对臣下进行了一系列赏赐。右史利受赏后做了该器，并记录下克商这一重大历史事件。

（谨以此文献给我毕生崇敬，并引领我走上考古研究之路的李伯谦先生八十寿诞）

六安淠河青铜大口折肩尊的风格与工艺研究

——兼及同类器物的时代与产地等问题

苏荣誉（中国科学院自然科学史研究所）
宫希成（安徽省文物考古研究所）

在商代青铜器中，有一类南方类型的青铜器，其中大口折肩尊是其中颇具特色的类型。和它相近的是大口折肩瓿，其中一个差别即是口径小于肩径。张昌平先生曾对二者进行过深入的探讨，但其样本中没有包含六安淠河出土的一件[①]。本文在对安徽六安淠河所出大口折肩尊进行风格和工艺的个案研究基础上，对同类尊进行集中整理，发现了它们风格和工艺的一致性和同源性。结合阜南月儿河出土的和广汉三星堆出土的龙虎尊，以及郑州商城和安阳殷墟出土的早期大口折肩尊，对它们的时代和产地进行简要地讨论，以就正于学界。

一、六安淠河大口尊的形制和纹饰

1999年，安徽六安城西郊淠河附近出土一件青铜尊（图一），通高700、圈足高205、肩高430、口径605、腹径420、圈足底径360毫米，同出有若干陶片，出土地点发现青灰泥夹碎木炭，清理简报认为该尊出自一所墓葬，具有商代晚期风格，还指出尊属同类器中形体最大者[②]。对于这件青铜尊，李勇先生有过专门研究，指出此尊绝非本地铸造，属二次葬品。圆雕牛首的立饰为简化夔龙，首有竖起的双角，与四川广汉三星堆器物坑出土的四牛首尊都脱胎于湖北枣阳尊。还根据此类尊的地理分布，设想它们随商文化一同南下至长江遇阻后，以江汉平原为中心向周边辐射[③]。

[①] 张昌平：《论殷墟时期南方的尊和罍》，《考古学集刊》（15），文物出版社，2004年，116~128页。

[②] 安徽省皖西博物馆：《安徽六安出土一件大型商代铜尊》，《文物》2000年第12期，65~68页。事实上，华容尊高732毫米，较此尊为大。

[③] 李勇：《对安徽六安市出土商代青铜尊的认识》，《华夏考古》2008年第3期，101、102、127页。

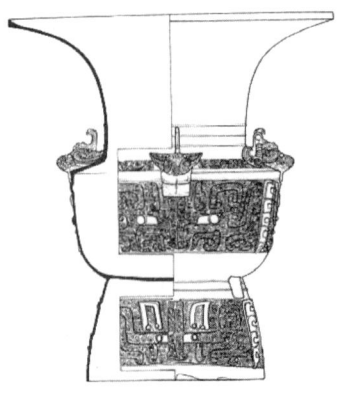

图一　六安淠河大口尊及其纹饰
（引自《皖西博物馆文物撷珍》彩版13，文物出版社，2013年）

图二　六安淠河大口尊颈部凸弦纹及补块

此尊大口，尖唇，长颈上饰三道凸弦纹。弦纹粗细欠匀，凸起高低有差，平行度有出入（图二）。颈根出斜折肩，靠颈部和肩沿为环形素面带，中间为宽纹带，由六组夔纹与三片状鸟及三圆雕牺首相间构成。夔纹两两头朝牺首，以勾云纹衬底，纹饰若减地形成，顶面与肩面平，但眼珠和圆凸高于肩面（图三）。

肩部的三立鸟成片状，作伏卧状，引颈昂首，尖喙平伸，截面近于四棱形。圆首，凸出一对大眼珠。相对于较细弱的身体，颈部颇显粗壮，饰以阴线勾出的水波鳞纹；鸟尾扬起回卷，鸟身饰勾连云纹。在鸟饰纵向，自喙至尾及前胸，均有明显的铸造披缝痕迹，且披缝较宽，以致回卷的尾端与鸟背间未能透空（图四）。

图三　六安淠河大口尊肩部纹饰
（右：引自《文物》2002年第2期，67页，图7）

图四　六安堰河大口尊肩部鸟饰

图五　六安堰河大口尊肩部圆雕牺首

与三鸟相间的圆雕牺首，清理简报称之为牛首，跨在肩沿。兽头的一对大角呈V形后耸，越过了肩部纹带内栏些许，直到颈根部。兽角根部饰盘卷纹，而角上饰横向水波鳞纹，线条平行度较差；两兽角之间平坦，略低于兽角，满饰勾连云纹。一片状高冠耸在两角之间，前低后高，李勇先生认为冠饰的造型为夔龙①，可备一说。牺首有一对大眼，但圆凸的眼珠相对较小。面部饰以勾连云纹，线条盘旋以示鼻翼，下颚位于腹部兽面纹冠饰之上。由于牺首凸起较高，两侧面也饰有勾连云纹（图五）。

折肩，除肩沿下一窄素面带和下腹弧收成底的部分素面外，腹部布满纹饰。

腹部有三条垂直的勾云形扉棱将纹饰分三组，扉棱位置与肩部鸟饰相应而与圆雕

---

① 李勇：《对安徽六安市出土商代青铜尊的认识》，《华夏考古》2008年第3期，101、102页。

图六　六安淠河大口尊腹部纹饰
（中：引自《文物》2002年第2期，67页图7）

牺首相间。扉棱成片状，上端高而下端低，两侧均有阴线勾勒。三组纹饰结构相同，大小一致，均由浮雕型大兽面纹和两侧下方竖立的变体夔纹构成，以勾连云纹衬地。衬地的云纹和器表平齐，高浮雕部分凸出于器表。兽面纹为散裂式，即重要器官彼此不相联结，以冠饰——鼻对称展开。冠饰和鼻一体，饰勾连云纹，在眉心出歧，鼻翼有一对圆凸。冠饰上方为圆雕兽头的下颌，其间有空白。冠饰两边有外侧出歧的立刀形高浮雕，李勇先生认为是眉[①]，其下端有圆凸，而外侧是向内回卷的高浮雕C形角，内侧端头有同样的圆凸，另一端头较尖锐。眼位于眉、角之下，大体在兽面一侧的中心，形状为常说的臣字眼，而圆凸的眼珠在眼角。眼外是高浮雕的躯体，成S形并在端头回卷，近眼的一端有圆凸。鼻头两侧均有咧开上翘的高浮雕嘴角，转折处有圆凸，嘴角外置竖立的高浮雕变体夔纹。这些高浮雕饰，除眼珠外均饰勾连云纹（图六）。

高圈足接在腹底。圈足顶有一周素面带，其上均布三个与扉棱相应的不规则方形透孔，两道凸弦纹穿过透孔。透孔下各有一垂直的勾云形扉棱，形状和腹部扉棱一样，长度和圈足纹带宽度相同，将圈足纹带分成三组。三组纹饰结构相同，大小一致，也是高浮雕兽面纹与变体夔纹的组合，且和腹部兽面纹位置相应，构成上下重叠效应。高浮雕部分也是凸起于圈足表面。

圈足兽面纹和腹部兽面纹不同，不是完全的散裂式，而是眼与鼻、身、嘴连为一体，无角，但有一对尖竖耳却与躯体分离开来，耳根有圆凸，眼睛和眼珠均小。除耳轮外，兽面纹高浮雕部分均饰勾连云纹，纹线和底纹相同。与腹部纹饰不同的是兽面两侧下边的夔纹，虽也高浮雕，但横置而非竖立（图七）。该尊的腹部和圈足纹饰属

---

①　李勇：《对安徽六安市出土商代青铜尊的认识》，《华夏考古》2008年第3期，101页。

图七　六安堰河大口尊圈足及其纹饰

于典型的罗樾（Max Loehr）V型[①]。

圈足纹带下有素面带，底沿不甚平齐。

从圈足的透空，可以窥见高浮雕纹饰在圈足内表面有相应凹下，由于圈足纹饰浮凸不高，内壁的下凹有限（图八），而腹部高浮雕兽面纹是散裂式，腹内壁的下凹表现得较圈足内壁更为明显（图九）。

---

①　关于罗樾的五种风格，参见：Max Loehr. The Bronze Styles of the Anyang Period. Archives of the Chinese Art Society of America 7, 1953: 42-53.

图八　六安溵河大口尊圈足透空内壁下凹（陈曙光先生惠供）

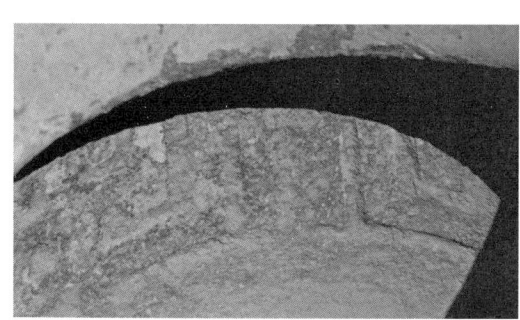

图九　六安溵河大口尊腹内壁的凹陷

二、六安洴河大口尊的铸造工艺

这件尊和绝大多数同类器物一样，器身保留着很多工艺信息，可据以判定其制作的关键工艺。

首先是铸造工艺信息。在肩部鸟的前胸，通过喙及于鸟尾，都有纵向铸造披缝，且和腹部扉棱、肩部扉棱的披缝相一致，并在圈足透孔上留下凸（图七上、图八下、图一〇），虽然在肩沿、下腹上不见痕迹，但在颈部的凸弦纹上可见修整痕（图一一）。从这三道披缝，推断尊的铸型采用沿扉棱和鸟的三分范。至于是否从肩沿将铸型分上下两段，还未找到妥善的取证手段。

事实上，如前所述，圆雕牺首的冠上有清晰的铸造披缝（参见图五），并与牺首下颏的披缝（图一二）在同一垂线上，但此三披缝都没有向上下延伸。在牺首与肩的结合处，不难发现二者的分离以及牺首叠压肩部的情形（图一三），而且其中一个牺首在一角与冠饰之间有一未浇足缺陷，暴露出其中的泥芯（图一三右）。这些信息说明三个兽头是后铸在器肩

图一〇　六安洴河大口尊圈足扉棱及其披缝

的，但原始设计是整体的，所以才在腹部纹带的布局中，冠饰较圈足低矮，且肩部纹带在兽头处预留了空间。

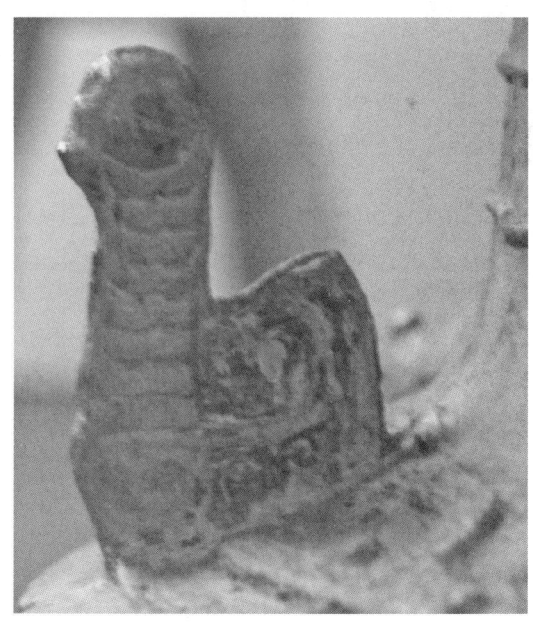

图一一　六安洴河大口尊肩部鸟及颈部弦纹表现的铸造披缝

图一二 六安溦河大口尊兽头下颌铸造披缝

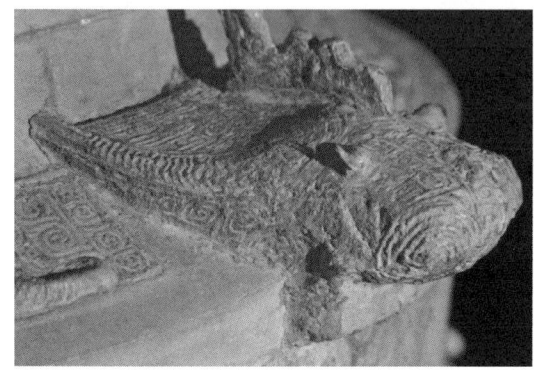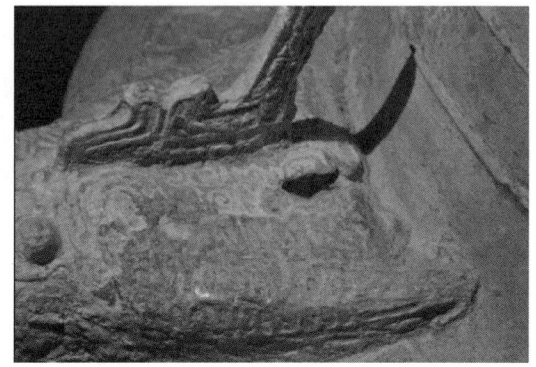

图一三 六安溦河大口尊圆雕兽头分铸叠压肩部

图一四 六安溦河大口尊兽头铸接在腹内壁痕迹
（陈曙光先生惠供）

为了后铸的牺首牢固，先铸尊体时在肩沿下的相应部位设计并铸出了工艺孔，从腹内壁的铸痕看，工艺孔当为方形（图一四），和牺首下颊的方形座相一致。牺首的铸型——由两对开范、一腹内范和一块泥芯，在工艺孔内外侧组合。希望将来能对这件尊进行X光或CT扫描成像分析以确定牺首中泥芯的芯撑，因为在此情形下，泥芯属于盲芯，必有芯撑。

由于此尊器形巨大，其范和芯包括了芯头、浇注系统以及与之定位的结构，尺寸更大[①]。铸型组合需要垫片予以支持。因锈蚀缘故，底部垫片分布不明，但在颈部的凸弦纹之上、肩沿下可见一周垫片，每周可能六枚，形状不规则（图一五）。下腹可能还有一周垫片被锈所遮蔽，而底部应采用了垫片，但为锈所遮掩，观察不到。颈部的一枚垫片可能在其周边产生了较大气

---

① 华觉明、冯富根、王振江、白荣金：《妇好墓青铜器群铸造技术的研究》，《考古学集刊》（1），文物出版社，1981年，247页。

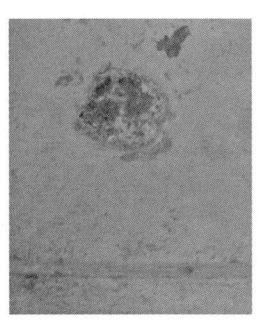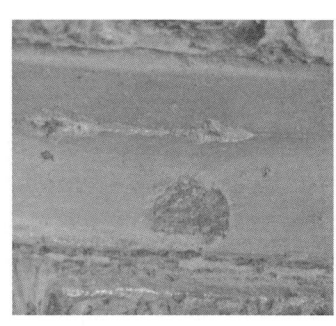

图一五　六安淠河大口尊颈部（左、中）和肩沿（右）垫片

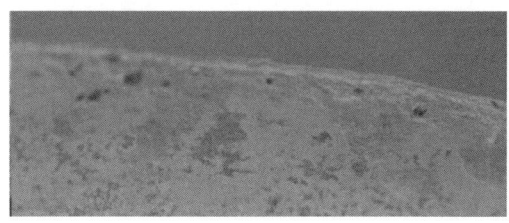

图一六　六安淠河大口尊口沿及沿下气孔

孔或者发生了脱落，后经补铸（参见图二）。

圈足底沿的高低不齐（参见图七上），应意味着此尊的浇道设置在此。由于浇道口过宽且较厚，其残茬未能打磨与底沿平齐。在唇沿上及沿下还可看到一些气孔缺陷（图一六）。

三、同类大口尊的比较

按照张昌平先生对商代大口折肩尊的研究，六安淠河这件尊属于D形，风格特点是"大口、长颈、浅腹、圈足较高，形体较瘦。腹饰浮雕分体式兽面纹，圈足饰浮雕连体兽面纹，兽面纹每周三组。"他搜集到七件折肩尊，分别出土于广汉三星堆二号坑、江陵八姑台和枣阳新店。而所划分的3件E型，"形制与纹饰接近D型，但更瘦高"，所举例为广汉三星堆二号坑K2∶146（四组纹饰）和华容东山尊，前者高530毫米，后者高732毫米。这两类尊的年代属殷墟二期[①]。

若以大口折肩、肩上相间饰片状鸟和圆雕兽首、高圈足来概括六安淠河这类尊的话，同形者如下：

---

① 张昌平：《论殷墟时期南方的尊和罍》，《考古学集刊》（15），文物出版社，2004年，117~120页。

1. 华容东山尊

多数文献著录此尊出土于湖南华容东山①（图一七左），熊健华先生亦沿用此说，但其所引文献表明此尊拣选于省贸易公司废铜仓库②。熊先生指出此尊在同类器中最为高大，三扁身立鸟与三圆雕牺首相间对称分布，其间饰夔纹，以云纹衬地，通高732、口径610、腹径398毫米③。牺首有一对硕大的几字形角。腹部和圈足长垂三道勾云形扉棱，腹部饰散裂式高浮雕含体兽面纹，各器官上饰有卷云纹，加之衬地云纹，和圆雕鸟、兽首构成三重花纹，风格属于罗樾 V 型。贝格利（Robert Bagley）先生认为此尊具有典型的南方青铜器特色④。

这件尊的特殊之处在于肩沿外的附饰牺首，挂在肩沿，以铸铆式后铸在腹壁上。与腹部和圈足高浮雕兽面纹相应的是腹内壁和圈足内壁相应下凹。扉棱和鸟饰上铸造披缝清晰，三分范式铸型。

图一七　华容东山尊（左）和岳阳费家河尊（右）

---

① 湖南省博物馆：《湖南省博物馆》图版17，文物出版社，1983年。
② 湖南省博物馆：《湖南省工农兵群众热爱祖国文化遗产》，《文物》1972年第1期，7页。
③ 熊健华：《湖南商周青铜器研究》，岳麓书社，2013年，90页。
④ Robert W. Bagley. Shang Ritual Bronzes in the Arthur M. Sackler Collections. Cambridge: Harvard University Press, 1987: fig. 104.

2. 岳阳费家河

1971年发现于岳阳费家河一农家屋场距地面深约一米处。通高565、口径520、腹径360、圈足径295、圈足高170毫米，重19.5千克（图一七右）。熊传新先生认为此器应属窖藏，圈足下有低矮的假足，当是指浇道残留。据造型和纹饰推断其年代为商晚期。另说圈足上有四个对称的方形透孔①，可能是三个之误。

除牺首附饰外，此尊造型和华容东山尊接近，但与六安堰河尊基本一致，三片状鸟饰与三圆雕牺首相间分布于肩上，牺首有片状鸟形冠饰。腹部和圈足具有与鸟饰相应的勾云形扉棱。腹部饰高浮雕含体散裂式兽面纹，圈足饰高浮雕连体半散裂式兽面纹，两侧均有变体夔纹，各器官上饰勾云纹，衬地也是勾云纹，属典型罗樾Ⅴ型。

尊体遗留有清晰的铸造披缝，沿鸟饰和扉棱三分铸型，牺首以铸铆式后铸在肩面，与浮雕纹饰相应的是在腹内壁和圈足内壁下凹。圈足底沿三个凸是浇道遗迹，而不是如熊健华和张昌平先生所指的"圈足之下还有三个很短的支钉般的小足"，"可以起到支撑圈足的作用"②。

3. 江陵八姑台尊（两件）

1992年农民取土时发现两件尊，埋在一椭圆形坑中，坑壁不明显，距地表两米（图一八左、中）。两尊形制基本相同，但大小有别。大者圈足顶三透空为长方形，小者为十字形。王从礼先生认为两件尊年代同时，造型和纹饰具有商中期偏晚特征，定为殷墟一期前段。腹内还存有泥芯，说明器物铸后没有使用即埋藏，为某种活动而专门制作，可能属祭祀湖泊。尊肩部兽首是先铸的，圈足底沿的铜瘤应是浇道位置，两件尊倒立浇注成形③。按，此两尊肩部牺首应后铸于肩，且腹部和圈足高浮雕纹饰在器内壁应相应下凹，和六安堰河尊相同。纹饰也是罗樾Ⅴ型。王从礼先生曾提及江陵发现有第三件同类型尊④，惜未见发表文字及图像资料。

4. 枣阳新店尊

1986年枣阳新店村民修水坝时发现于地表下一米深处，通高530、口径485、肩颈

---

① 熊传新：《湖南新发现的青铜器》，《文物资料丛刊》（5），文物出版社，1981年，103页。
② 熊健华：《湖南商周青铜器研究》，岳麓书社，2013年，91页。张昌平：《论殷墟时期南方的尊和罍》，《考古学集刊》（15），文物出版社，2004年，123页。
③ 王从礼：《记江陵岑河庙八姑台出土商代铜尊》，《文物》1993年第8期，3、67、68页。
④ 王从礼：《商代铜尊征集纪实》，《荆州重要考古发现》，文物出版社，2009年，53页。

图一八　江陵八姑台尊（左、中，引自《文物》1993年第8期彩页）和枣阳新店尊
（右，王志刚先生惠供）

325、圈足高150毫米①（图一八右）。颈部饰三道凸弦纹，斜肩上均布三圆雕牺首，兽角粗壮，额上竖立片状高冠饰若鸟，牺首与肩面有间隙且叠压着肩，说明牺首后铸。与牺首相间均布三片状伏卧鸟饰，面向外，喙残断，可见十分清晰的纵向披缝。纹带的鸟饰与牺首间饰浮雕象鼻形夔纹，头向牺首，卷云纹衬地。腹部及圈足装饰与六安淠河尊相同，具有典型的高浮雕三重纹饰特征，属罗樾Ⅴ型。

尊上遗留的铸造工艺信息清楚明确，牺首后铸于肩上，与腹和圈足的高浮雕纹饰相应，内壁凹陷。鸟饰和扉棱上的铸造披缝明显，三分铸型铸造。

5. 城固苏村尊

唐金裕等先生说20世纪五六十年代，农民在陕西城固苏村平整土地或取土，零星发现若干铜器，其中有一件大口折肩尊64：1，通高435、口径410毫米，口高比0.943②（图一九左）。肩部纹带上三片状鸟饰与三牺首相间分布，腹部和圈足有垂直的勾云形扉棱，其间饰兽面纹，纹饰平，有云雷纹衬地，风格属罗樾Ⅳ型。曹玮先生记此尊出土于1973年，"肩部饰一周抽象的兽面纹，三个鸟形饰和三个兽形牺首相间"，年代划在商代晚期③。朱凤瀚先生也指出此器于1973年在城固苏村塔冢村出土，属殷墟

---

① 徐正国：《湖北枣阳发现一件铜尊》，《文物》1990年第6期，57页。
② 唐金裕、王寿芝、郭长江：《陕西省城固县出土殷商铜器整理简报》，《考古》1980年1期，211~218页。
③ 曹玮：《汉中出土商代青铜器》，巴蜀书社，2006年，17、53页。孙华先生指出出土时间的1973或为1963之误。孙华：《汉中出土商代铜器的埋藏问题》，《汉中出土商代青铜器》（第四卷），巴蜀书社，2011年，183页注2。

图一九　城固苏村尊（左）和三星堆器物坑尊K2②：79（中）和K2②：127（右）
［左引自《汉中出土商代青铜器》（1），52页；中、右引自《三星堆祭祀坑》彩图70、图版93.1］

第二期第二阶段[①]。孙华先生指出此尊为典型的南方类型铜器，与广汉三星堆二号器物坑的尊K2②：79最为相似。"这种尊尽管鸟形附饰和扉棱都很薄，具有一些较早的特征，但其腹部和圈足的兽面纹已经呈块面状，承托的云雷纹已经很纤细，主体纹样与衬托纹样对比分明，其相对年代应当在殷墟中期"[②]。贝格利先生认为该尊"无疑来自长江中游地区"[③]。罗森夫人则认为该尊是"来自湖南或四川的成品"，说明汉中盆地与其他地域的联系。她注意到其纹样外形略似安阳时期，同有云雷纹衬地，但围绕兽面纹颚骨的线纹并非安阳时期的处理方式，带勾扉棱和肩上的小鸟也不是安阳第二阶段的特色[④]。

这件尊残损严重，但保留有清晰的铸造工艺信息。鸟饰和扉棱有铸造披缝，尊铸型三分，三牺首后铸于肩。圈足内在透孔位置有浅凹槽，底沿有浇道残迹。

6. 广汉三星堆尊K2②：79

广汉三星堆器物坑出土了多件大口折肩尊，其中一号坑出土有龙虎尊和几件尊残片，二号坑出土八件，其中六件经修复完整，考古报告将之分为五式，具有鸟饰的

---

① 朱凤瀚：《汉中城固、洋县出土商代青铜器综论》，《汉中出土商代青铜器》（第四卷），巴蜀书社，2011年，7、8页。

② 孙华：《汉中出土商代铜器的埋藏问题》，《汉中出土商代青铜器》（第四卷），巴蜀书社，2011年，183页。

③ 贝格利（Robert Bagley）：《一件来自洋县的尊》，《汉中出土商代青铜器》（第四卷），巴蜀书社，2011年，605页。

④ 罗森（Jessica Rawson）：《饰样与地域：汉中青铜器的个案》，《汉中出土商代青铜器》（第四卷），巴蜀书社，2011年，368、369页。

属Ⅳ式和Ⅴ式，戴迪野（Christian Deydier）先生认鸟为鸭[1]。Ⅳ式尊两件K2②：79和K2②：146，Ⅴ式三件K2②：127、K2②：129和K2②：151。发掘报告对青铜器的分期中，将之划为二期后段，并归纳其特点如下：尊的器形高大，胎略厚，颈变高，腹变浅，腹下部斜收，圈足加高。圈足下部略内收，上部的镂空竖直。肩部的牺首上和器物的肩上均饰有立鸟，牛角根变细，羊角外卷。纹饰凹凸较明显，形成高浮雕，普遍为三层花纹，多为虎耳双身兽面纹。器物上兽头、角、尾分解制作的形式是很晚才出现的[2]。难波纯子博士认为三星堆一号器物坑的年代在属于中商二期到晚商一期[3]。

尊K2②：79（图一九中）颈饰三道凸弦纹，肩饰三圆雕牛头形牺首，其额上竖立片状夔龙形冠饰；与三牺首相间均布有三片状伏卧鸟饰，肩部有细线夔纹纹带。腹部有三道垂直的勾云形扉棱，与三鸟位置相应，分腹部纹带为三组，均由一大连体兽面纹及其两侧变体夔纹构成。兽面位于牺首之下，报告认为由双夔龙组成，以窄棱形鼻为对称展开，有一对回勾的角。两侧的夔纹或以扉棱为对称构成倒置兽面纹。兽面各器官和夔纹均饰以细勾云纹，以云雷纹衬地。高圈足顶一周均布三方形透孔，三周凸弦纹通过其中。透空下有同样的勾云形扉棱，圈足扉棱纹饰与腹部相同，但冠饰略高，无牺首之故。风格属罗樾Ⅳ型。通高442、口径415、肩径286、圈足径242、圈足高143毫米[4]，口高比为0.939。

城固苏村尊通高435、口径410毫米，口高比0.943，较此尊略矮（7毫米）。二者纹饰完全相同，如出一人之手，恰如孙华先生所指出[5]，他们的铸造工艺也应完全一致。孙岩博士指出城固苏村尊64：1和三星堆尊K2②：79的一致性，反映了三星堆文化与中原文化的接触是间接性的，大体上通过陕南汉水上游至长江中游鄂西这一弧形地带为中介[6]。

7. 广汉三星堆尊K2②：127

颈部饰三道凸弦纹，较宽的斜肩上均布三片状伏卧鸟饰，肩部纹带为之三分，饰

---

[1] Christian Deydier. Les Bronzes Archaques Chinois Archaic Chinese Bronzes I, Xia & Shang. Les Editions d'Art et d'Histoire, ARHIS, 1995: 145.

[2] 四川省文物考古研究所：《三星堆祭祀坑》，文物出版社，1999年，433页。

[3] 难波纯子：《地方型瓿的发达与三星堆出土的早期青铜器》，《夏商周文明研究殷商文明暨三星堆遗址发现七十周年国际学术研讨会论文集》，社会科学文献出版社，2003年，148页。

[4] 四川省文物考古研究所：《三星堆祭祀坑》，文物出版社，1999年，238、241页，242页图138，246页拓片18，图版92.1，彩版70。

[5] 孙华：《汉中出土商代铜器的埋藏问题》，《汉中出土商代青铜器》第四卷，巴蜀书社，2011年，183页。

[6] 孙岩：《三星堆出土青铜尊罍的艺术风格和文化内涵》，《四川文物》2004年第3期，24、25页。

双勾云雷纹组成的兽面纹。与三鸟相间均布三圆雕羊首形牺首，一对大羊角内卷，压在肩部纹带上，羊嘴前伸于肩沿之外（图一九右）。

尊腹纹带为勾云形扉棱分作三组，均由浮雕散裂式兽面纹及其两侧的变体夔纹作组成。兽面冠饰和鼻为一体，似蝴蝶形，位于牺首之下。冠饰两侧有竖立的眉、眉外为几字形大角，包含着竖立的C形小耳。鼻头与眼一体，眼小，眼珠亦不凸。兽面的冠饰和鼻、眉、角、耳以及夔纹，均为浮雕，上饰勾云纹，以双勾云雷纹衬地。尊底微圜，圈足较高，顶上均布三个不规则形状透孔，位置与腹部扉棱相应，两道突弦纹通过透孔，孔下有勾云形扉棱。圈足的三组纹饰由半散裂式连体无角兽面纹与两侧的变体夔纹组成，位置与腹部兽面一致。高冠与鼻一体，身躯从中间横生，上有小眼和微凸的眼珠。冠两侧有分离的竖立的树叶耳，鼻两侧有咧开的嘴角，除耳轮外，兽面、兽身和夔纹都饰卷云纹，以云雷纹衬地，风格属罗樾Ⅳ型。通高416、口径404、肩径288、圈足径220、圈足高126毫米[①]，口高比为0.971。

该尊的铸造工艺未见研究报告。从图片知牺首后铸，铸型沿鸟饰和扉棱分型，和六安淠河尊一致，且腹内壁应有下凹的兽面纹轮廓。

8. 广汉三星堆尊K2②：129

颈饰三道粗细高低不均的凸弦纹[②]（图二〇左）。颈上可见铜垫片出露，但整个器物的垫片分布不详。弧肩上对称分布三个圆雕的羊头形牺首，兽角卷曲而外翘，额间有片状勾云形扉棱冠饰，形薄而有纵向披缝，或许披缝过宽未使勾云全透空。牺首覆盖在肩部纹带上，眼圆凸，下颌垂接于尊腹，牺首与肩和腹均有间隙。而且有铜渗出叠压着肩、腹，说明牺首后铸。三牺首各部尺寸多有出入，是各自后铸且各自独立制作铸型的结果。由牺首冠饰至下颌的披缝，知牺首外对开分型。与牺首相间，肩部纹带上均布三只片状伏卧鸟饰，纵向铸造披缝明显。鸟饰与牺首间的肩纹带为象鼻夔纹，眼珠凸出朝向牺首，以云雷纹衬地。

折肩下三条与肩的鸟饰相应的勾云形扉棱长垂，将腹部纹带分三组。三条扉棱长度与厚度互有出入，中线有清晰的披缝，由此知铸型沿披缝三分。腹部三组纹饰均由浮雕散裂式兽面纹和两侧变体夔纹组成。兽面位于肩周牺首之下，鼻宽而矮并与冠饰一体，冠饰因牺首下颌而略短，两侧有竖立的眉，再外是几字形大角，两端勾起而背有鳍。兽面作蝴蝶形，一对眼睛不凸出，其外竖立的C形耳与兽面分离。宽扁的鼻翼

[①] 四川省文物考古研究所：《三星堆祭祀坑》，文物出版社，1999年，241、242页，253页图140，256页拓片20，图版93。

[②] 四川省文物考古研究所：《三星堆祭祀坑》，文物出版社，1999年，242页，254页图141，257页拓片20，图版94，彩图71。

图二〇　三星堆尊K2②：129（左）、K2②：151（中）和K2②：146
（引自《三星堆祭祀坑》彩图71，图版95.1、92.2）

两侧有深咧的嘴角，露出三角形牙齿。兽面的眉、角、耳、鼻以及侧边的夔纹为高浮雕，凸起2~4毫米不等，上饰卷云纹，整个纹饰以云雷纹衬地，属罗樾Ⅴ型。

高圈足顶层均分三个形状不规则的透孔，尺寸不同但均外大内小，位置与腹部扉棱相应，一凸弦纹串联三孔，透孔下有长垂的勾云形扉棱，其尺寸互不相同，亦未透空。扉棱将纹饰分为三组，都是浮雕半散裂式无角兽面纹两侧置竖立的夔纹，纹饰上饰云纹，以云雷纹衬地。风格属罗樾Ⅴ型。与纹饰的浮雕相应，圈足内壁下凹。腹部纹饰浮雕更高，下凹应更深。圈足底沿非正圆形，234毫米×217毫米，壁厚约2.5毫米。尊底微圜，可见两个孔洞，一个似未浇足所致，一个似垫片脱落所造成。圈足纹带上也有未浇足的透孔，尊下部气孔多于上部，是尊倒立浇注成形的旁证。底沿可见三个浇道的痕迹，每个大约70度，浇口最厚处5.9毫米。[①]通高455毫米，口径426、肩径280、圈足231、圈足高132毫米，口高比为0.936。

9. 广汉三星堆尊K2②：151

颈和圈足截面均不正圆，近于梨形。细颈上饰三道凸弦纹，弦纹匀称平直。斜肩面微鼓，肩上均布三个圆雕牛头形牺首，其嘴探出肩沿，双角向后，双睛外凸。额正中饰片状伏卧鸟形冠，昂首卷尾，双眼凸出。牺首和尊的结合处具有明显的分铸痕迹，牺首叠压着尊的肩部和腹部，说明牺首均后铸成形。三牺首尺寸不一，说明非出自同一模。牺首的鸟形冠饰正中有明显的铸造披缝，并延伸到下颌，表明牺首对开分型。两牺首之间有片状伏卧鸟饰，形状和牺首鸟冠饰一致，然三鸟尺寸不同，眼珠十

---

① 苏荣誉：《三星堆祭祀坑青铜器铸造工艺的初步考察》，《神秘的王国：三星堆青铜器》，巴蜀书社，2003年，399~447页。

分凸出，但回卷的鸟尾未能透空，说明沿鸟纵向的披缝较宽，眼珠高低不同是错范之故。兽头和鸟饰之间肩面纹带为象鼻夔纹，眼睛圆凸，与鸟饰组成兽面纹，以双钩云雷纹衬地。纹饰曾涂朱。

和肩的鸟饰相应，三条长垂的勾云形扉棱将腹部纹带分为三组。三扉棱尺寸不同，均未镂空，中间有明显披缝，和肩部鸟饰一致。三组纹饰均由浮雕散裂式兽面纹及其两侧变体夔纹组成，兽面的角、眉、嘴、鼻和身并夔纹为高浮雕，起端具有圆凸，其上饰勾云纹。在设计腹部纹饰时预留牺首下颌位置，故兽面纹的冠饰较低，并与兽鼻一体，两侧出歧以示区分。冠饰两侧竖立的眉，其一凸起四毫米，再外是C形大角，其下为大而眼珠凸出的眼睛，眼外是S形身和尾。鼻头两侧有咧开的嘴角，整个纹带以云雷纹衬地。

尊的圈足甚高，顶端一周分布着三个大透孔，位于鸟饰下方，两条凸弦纹穿过透孔，一条切在孔的底边。孔径虽各不相同，但均内大外小，下有同形的勾云形扉棱，其中心都有垂直的铸造披缝，宽1~1.4毫米。扉棱间三组纹饰由半散裂式无耳兽面纹和两侧的变体夔纹组成。兽面宽扁的鼻与高冠饰一体，两侧展开身躯，上有眼及小而圆凸的眼，冠饰两侧为竖立的近四边形大耳，耳根、嘴角、角端和身躯起端都有圆凸，浮凸部分饰云纹，以云雷纹衬地。尊底微圜，圈足内面平滑，风格属罗樾Ⅴ型。

圈足底沿上可见两处浇道痕迹，一长72毫米，最厚处8.9毫米；另一处长143.5毫米，残高11.3毫米。原设计的底沿回折（图二〇中）。尊通高565、口径490、肩径290、圈足径260、圈足高224毫米，口高比为0.867[①]。

难波纯子博士认为此尊与华容东山尊类似但腹部被压缩而纹带变窄，纹样更加简略，涡纹的卷法显得笨拙，给人退化的感觉[②]。笔者看不出亦未感到，反而觉得二者风格高度一致，如出一个作坊。

10. 三星堆尊K2②：146

出土时器表涂朱，器内盛贝和玉器（图二〇右）。长颈根饰三道凸弦纹，斜肩面上纹带被三片状伏卧鸟和圆雕三牺首相间六分，其间饰象鼻夔纹，以云雷纹衬地。

三圆雕牺首探出肩沿。与肩部鸟饰相应，腹部均置的三道长垂的勾云形扉棱将纹饰带分为三组，均由高浮雕散裂式含体无耳兽面纹及两侧变体夔纹组成。宽而扁的鼻与冠饰一体，两侧中间出歧以示区分。冠饰不高，两侧置C形回勾的角，其下有圆凸的眼珠，眼外为拉长的S形兽身，两头回卷。鼻宽扁，两侧有浮凸的嘴角，露出排牙。夔

[①] 四川省文物考古研究所：《三星堆祭祀坑》，文物出版社，1999年，242、252页，255页图142，258页拓片21，图版95。

[②] 难波纯子著、向桃初译：《华中型青铜彝器的发达》，《南方文物》2000年第3期，30页。

纹连同兽面鼻、角、身和嘴角均饰以云纹，云雷纹衬地。高圈足顶有三均布的方形透孔，位于腹部扉棱之下，两道突弦纹通过透孔，孔下垂有同样的勾云式扉棱。三道扉棱间纹饰由半散裂式无角连体兽面纹及其两侧变体夔纹组成，兽面的树叶形耳竖立并与兽面分离，有一对凸出眼珠，鼻两侧也有浮凸咧开的嘴角，露出排牙。除耳轮外，均饰以云纹，以云雷纹衬地。风格属罗樾V型。通高526、口径470、肩径286、圈足径244、圈足高192毫米①，口高比0.894。其铸造工艺信息披露很少，基本工艺应和六安㵲河尊一致。

对于上述三星堆器物坑出土的大口折肩尊，即难波纯子所称的"华中型尊"，牺首是分铸的，其制造年代相当于晚商一期到晚商三、四期，即华中型铜器的确立期，并认为二号坑青铜器是从长江中游地区传播到成都平原的②。

江章华和李明斌认为和城固苏村、枣阳新店、江陵八姑台、华容东山等出土的尊如出一辙，与安阳小屯M331出土的一件相似（按：M331两件尊R2070和R2071肩部均无鸟饰）。又明确指出"三星堆铜器明显属于南方青铜器体系"③。施劲松先生对比了南方出土的大口尊后指出，"和长江中游出土大口尊相比，四川大口尊的地方特点也更为明显"，虽然没有明确怎样的地方特点，但解释其原因可能在于四川处于青铜文化东西交流的西端，间接接受中原文化之故④。

图二一　巫山李家滩尊
（引自《重庆中国三峡博物馆》）

11. 巫山李家滩尊

1980年，重庆巫山大宁河畔的李家滩，一件青铜尊被水冲出（图二一），后

---

① 四川省文物考古研究所：《三星堆祭祀坑》，文物出版社，1999年，241页，252页图139，图版92.2。

② 难波纯子：《地方型瓿的发达与三星堆出土的早期青铜器》，《夏商周文明研究殷商文明暨三星堆遗址发现七十周年国际学术研讨会论文集》，巴蜀书社，152页。

③ 江章华、李明斌：《古国寻踪：三星堆文化的兴起及其影响》，巴蜀书社，2003年，134、135页。江章华：《成都平原青铜文化考古的新进展》，《长江流域青铜文化研究》，科学出版社，2002年，177页。

④ 施劲松：《论我国南方出土的商代青铜大口尊》，《文物》1981年第10期，53页。

为重庆三峡博物馆收藏①，亦有称之为大宁河尊②。通高436、口径411、肩径286毫米，口高比0.943。颈饰三周凸弦纹，斜肩纹带上均布三片状伏卧鸟饰，其中一鸟残失，与之相间均布三圆雕羊头形牺首，双角内卷，角端外翘。腹部三道勾云形扉棱将纹带分三组，扉棱未透空。纹饰是浮雕散裂式连体兽面纹的两侧置变体夔纹。兽面鼻与冠饰一体，位于牺首之下，冠饰两侧有竖立的眉，再外有出歧的几字形角，眼大并不格外凸出，外有C形耳。夔纹、眉、角、鼻均高浮雕并饰云纹，云雷纹衬地。高浮雕部分在腹内壁均相应下凹。高圈足上一周均布三方形透孔，透孔下亦有勾云形扉棱，三组纹饰为半散裂式连体无角兽面纹，有树叶形竖立耳，耳根、嘴角、鼻翼均有圆凸，兽面两侧饰变体夔纹，云雷纹衬地。圈足内侧鼻-冠部位有纵向凹槽，除此外都很光滑。

李家滩尊的铸造工艺和六安洴河尊基本一致。牺首与肩面有间隙，系后铸成形，其额上有勾云形扉棱形冠，残破的牺首暴露除其中的泥芯。尊体铸型沿扉棱—鸟饰三分，颈部可见垫片使用，底部的多处孔洞，既有未浇足缺陷，也有垫片脱落所致，还有锈蚀所成。但垫片用量和分布尚不清楚。浇道开设在圈足底沿。无论从风格还是从技术上看，此尊都具有典型的南方特点③。

贝格利先生所概括的南方风格特征，是"凸出于器肩所谓带冠兽首、与兽首相交替状如棱脊般摆置的扁平鸟纹、被棱脊框定但未被中分的饕餮面，以及平素无纹的器物上部。"④这是指附饰而言。对于纹饰，包括六安洴河尊共十三件南方风格大口折肩尊，可以分为高浮雕和平铺两类，后者仅城固苏村64：1和广汉三星堆K2②：79形制高度相似的两件。在三星堆器物坑所出青铜容器中，高浮雕纹饰的还有龙虎尊K1：158和残尊K2②：109，而平铺的也有残尊K2②：135。其铸造工艺基本一致，但为形成高浮雕纹饰，在纹饰成形工艺有所不同，下文将会讨论。十三件尊分布在皖西、湘北、鄂西、陕南和四川盆地东西两侧，地域广大，显然不应认为都在各地铸造而相互模仿。再看它们的铸造工艺，都是后铸牺首于肩，有确切信息的几件器物多表明牺首是铸铆式后铸的，绝大多数的高浮雕纹饰，器内壁下凹，技术难度很大，加之垫片的普遍应用，都表现出它们的同源性。

---

① 《重庆中国三峡博物馆》，文物出版社，2005年，19页。
② 张一品：《长江三峡出土文物精粹》，中国三峡出版社，1998年，34页。
③ 苏荣誉：《关于长江中游出土的两件商代中期青铜尊——兼论垫片的可能起源和滥用》，亚洲铸造史年会，安阳：2012.8.31~9.2。
④ 贝格利：《一件来自洋县的尊》，《汉中出土商代青铜器》（第四卷），巴蜀书社，2011年，605页。

四、两件龙虎尊

迄今所知两件龙虎尊分别出土于安徽阜南月儿河和四川广汉三星堆，均属大口折肩尊。

1. 阜南月儿河龙虎尊

1957年6月，农民在阜南常庙小月河的月儿河段打鱼，发现了八件商代青铜器，包括两件尊、两件瓿、两件斝和两件爵。龙虎尊是其中之一（图二二）。

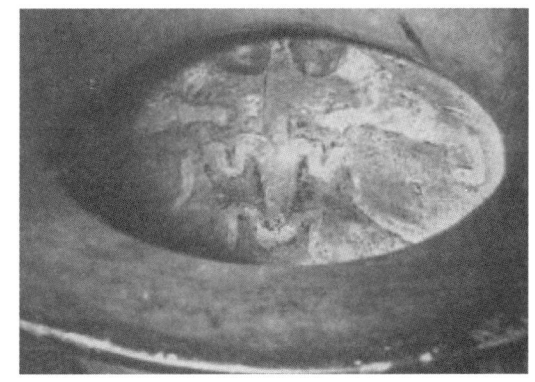

图二二　月儿河龙虎尊
（左：引自《中国青铜器全集》1.116；右：引自《商周铜器群综合研究》图版32.2）

此尊颈部饰三道凸弦纹，肩纹带由三组半浮雕龙纹和浅浮雕夔纹组成，以云雷纹衬底。圆雕龙首伸出肩沿前探，双目圆睁，一对长颈鹿角高耸。龙身呈半浮雕状，顺时针方向蜿蜒，尾部回勾，饰阴线勾连三角纹；尾后安置一夔纹。

腹饰宽纹带，被从龙首下颌而起的高勾云形扉棱分为三组。扉棱两侧均有凹线，基本透空，其长度和纹带宽度一致。腹部纹饰主题是虎—人纹，圆雕虎首含着人头，虎眼圆睁，双耳上翘，头后分别向两侧对称地伸展高浮雕颈部和躯体，前爪向前平伸，后腿曲蹬，尾粗壮有力而稍回卷。高浮雕虎身的上下侧都饰云纹，头后有一不大规则的透孔，与虎口相通透。虎头下为一半蹲的人形，头圆，面宽，一对大招风耳，双睛圆大而凸出，口阔，上臂直垂而下臂上举，无手，腹长垂，臀肥而圆，作半蹲状。虎—人两侧饰以扉棱为对称展开的兽面纹，有圆而凸出的眼珠和细瘦的身躯，尾部回卷，眉硕大，角高耸，鼻头宽阔。纹带的圆雕虎头和扉棱凸出、虎身为高浮雕，人身和兽面为浅浮雕，地纹与腹表面平齐，层次分明。腹部和肩部高浮雕处，尊内壁相应地下凹，保持器壁厚度一致（图二二右）。圈足壁直略外斜，顶均布三个十字形透孔，为一条凸弦纹穿过。圈足饰三组兽面纹组成的高起于表面的纹带。兽面造型和腹部兽面相若，但身体修长，以宽线卷云纹填空。圈足底沿平齐。整个尊装饰独特而华丽，主次有致，层次分明，做工精致。通高505、口径450毫米①。

　　这件尊被认为属于罗樾Ⅲ型，但从肩部纹带的底纹看，也可归属Ⅳ型。关于铸造工艺，郭宝钧先生认为"龙虎头是器成后另加一小范补铸的，器上现存的淤铜和预留接缝的铜槎杇可证。"并给这一工艺命名为"补铸法"（按实为后铸铸接）②。石志廉先生认为月儿河龙虎尊的龙头和虎头是后铸的，"从龙纹和虎纹头部的地方，清楚地看出第二次铸造的痕迹和接缝"，且色泽不同。难波纯子则指出"虎的头部用别铸法铸成"③。在腹部和圈足的扉棱中心，都可见纵贯的铸造披缝，而且在一条垂线上。在龙角之间、虎耳之间，都有明显的铸造披缝，虎面沿最大尺寸分型，可知龙首和虎首使用活块模翻制活块范，配以泥芯组成它们的活块铸型；活块铸型嵌入腹范中形成完整铸型，再行浇注；虎颈部的透孔正好可为芯头穿出之处。至于龙首中，可能有靠芯撑支撑的盲芯，或者是实体，均有待X光成像分析确定④。圈足芯上有龙、虎、人面和兽面的相应凸起，铸造出器内壁的相应下凹，石志廉先生称之为"使用内范花纹凸出的做法"⑤。芯和范配合如此只精准，只能推想泥芯也是从模翻制出来的，很可能就是翻范的原始模。若按照石璋如先生看法，泥芯由泥模刮削而成⑥，对这件器物来讲如此复杂的凸凹，也难度过大。

　　还需要指出的是，这件龙虎尊使用了大量垫片。在颈下和腹下发现了两重垫片，尺寸在10毫米左右，形状不规则。当然，使用垫片的全部信息有赖X光成像予以解决。至于浇口等信息，石志廉先生"在它的圈足上，找到三个等距作半弧的凸出长条，这

---

① 葛介屏：《安徽阜南发现殷商时期的青铜器》，《文物》1959年第1期，封二。
② 郭宝钧：《商周铜器群综合研究》，文物出版社，1981年，32页。
③ 难波纯子著、向桃初译：《华中型青铜彝器的发达》，《南方文物》2003年第3期，28页。
④ 苏荣誉：《龙虎尊发微》，《青铜文化研究》（第8辑），黄山书社，2013年，15～17页。
⑤ 石志廉：《谈谈龙虎尊的几个问题》，《文物》1972年第11期，64、65页。
⑥ 石璋如：《殷代的铸铜工艺》，《"中央"研究院历史语言研究所集刊》（26），1955年，95～129页。

三个凸出的长条就是灌铸铜液的铸口和出气孔"①。此外，石先生还在尊肩上发现了六个"补洞"，他称之为"支钉"，认为"是由内范（按：指芯）支钉所形成，是后来补焊上去的"，支钉陶制，"铸成器后，陶支钉处就变成透孔，所以要焊补"。这一看法连同他对龙虎尊铸型组合的推测（四段铸型十四范两芯）一样缺乏证据而不合实际，但对圈足底部的三个弧形凸起，认为是浇道和气孔遗迹，确当。他说的"支钉"应为垫片。

关于月儿河龙虎尊的年代有不同认识，石志廉先生认为应晚于郑州白家庄，相当于殷墟一期②。施劲松先生认为月儿河龙虎尊纹饰属陈公柔和张长寿先生《殷周青铜器上兽面纹的断代研究》中Ⅱ5式，"是二里岗时期最流行的"，而三星堆龙虎尊纹饰"相当于殷墟早期"，前者年代为商中期而后者与之相近或稍晚。也指出其纹饰的南方性而不见于中原③。

2. 广汉三星堆龙虎尊

1986年广汉三星堆一号器物坑中出土有一件龙虎尊K1：158、258④（图二三）。

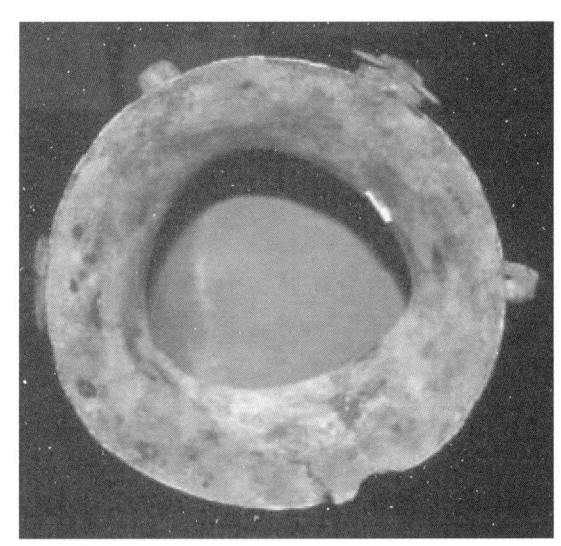

图二三　三星堆龙虎尊K1：158、258

（引自《中国青铜器全集》13.78）

---

① 石志廉：《谈谈龙虎尊的几个问题》，《文物》1972年第11期，64页。
② 石志廉：《谈谈龙虎尊的几个问题》，《文物》1972年第11期，64~66页。
③ 施劲松：《论带虎食人母题的商周青铜器》，《考古》1998年第3期，57、58页。
④ 四川省文物考古研究所：《三星堆祭祀坑》，文物出版社，1999年，33页。

尊颈饰三道凸弦纹，截面呈弧三角形。肩面饰三条高浮雕龙顺时针伸展，龙尾回卷，最高凸起约3.5毫米。浮雕龙身饰勾连方回纹辅以三角形回纹，以阴线勾连云纹衬底。龙颈端直前出肩部边缘，并逐渐高起与圆雕龙首接为一体，整个龙首在肩沿之外。三圆雕龙首位于颈部弧三角形角位。龙首与腹壁有隙，说明分铸；未被肩或腹叠压，说明龙首后铸。而龙颈长短不一，一龙首的角斜向一侧，皆由龙首分铸所致。为使铸接牢靠，颈部与龙首一起浇注，故龙首靠颈部与龙身结合。在虎头与尊腹的结合处有接缝，说明虎头分铸，虎头与颈部的连接过渡不畅，且颈两侧有些孔洞，都是后铸引起的。龙首下颌搭在腹壁、几及腹部云形扉棱，其吻部残破露出泥芯，知龙首中空。

腹部勾云形扉棱多未透空，尺寸和大小互有差别。腹部纹饰的主题也为虎与人。肩沿下与龙首相间均置圆雕虎头，肥大耳高耸，上有阴线云形勾勒；眼珠圆大而凸出，口含人头。虎颈部粗壮，宽几与身等，并向两侧"八"字形对称分身，有阴线勾纹。虎作伏卧状，爪过于细弱，但尾粗壮有力，以阴线勾勒鳞纹。虎口下人像完整但比例失调，人头大，臂膀纤细，身上宽下窄，两胯不显；横出纤细的大腿，双足赤，趾朝外。两腿中间有巨大阳物，高与小腿相若，大如坐具。虎身下、人两侧，各饰一无目夔纹，相向而立。扉棱两侧、虎尾后，以阴线勾勒的云纹充填，扉棱两侧也饰卷云纹。

圈足上三个十字透孔均外大内小，形状不很规整，尺寸互有出入，三道浅凸弦纹通过或切过十字透孔。圈足的兽面纹带被勾云形扉棱分为三组。扉棱位于透空下方，与腹部扉棱相应，但位置或有差错，尺寸互有出入。兽面纹有凸出的眼睛和窄鼻梁，并以鼻为对称展开。整个纹带凸起于圈足表面。圈足截面略呈弧三角形，底沿不平，高低有差，且厚度不匀，两处较厚，当是浇道位置，最厚达13.2毫米，而圈足最薄处3.7毫米。底微圜。全器残高433、口径为290～287、肩径320、圈足径216、圈足高120毫米。

扉棱中心都有纵向铸造披缝，说明此尊是泥范块范法铸造而成，沿披缝三分范。三腹范与一腹芯、一圈足芯组成铸型，从圈足底沿浇注成形。三腹范从泥模翻制后，在阴干、烘烤的过程中发生了形变，弧度变小，故而颈部截面呈弧三角形。圈足截面也略呈弧三角形，说明圈足和腹部同一铸型，水平分范的可能性极小。也因腹范组合不够严密，导致披缝较宽，扉棱没能透空。圈足十字透孔外大内小，说明其泥芯由腹范自带。在龙首的轮廓线有一周铸造披缝，说明龙首从最大面分型，前面一范，角后一范，下颌一范与泥芯组成铸型，浇注位置不详。虎头的铸造披缝，也是沿耳轮最大面分型，两耳之间的披缝明显，虎头的铸型由迎面一范、颈部二范（上下分，包含耳后）和泥芯组成[1]。但尊体的浇道设在圈足底沿，尚可见到凸起的痕迹。

---

[1] 苏荣誉：《三星堆祭祀坑青铜器铸造工艺的初步考察》，《神秘的王国——对三星堆文明的初步理解和解释》，巴蜀书社，2003年，399～443页。

3. 两件龙虎尊的比较

两件龙虎尊形制高度一致，以至于葛严和林嘉琳直言二者相同[①]。巴纳认为它们"一模一样"[②]。大同是肯定的，小异在于：

就造型相较：

（1）月儿河尊最大径在口沿，三星堆尊口残，目前最大径在肩；

（2）月儿河尊截面正圆，三星堆尊截面呈弧三角形；

（3）月儿河尊圈足无扉棱，三星堆有；

（4）月儿河尊龙首宽而双角开，三星堆尊龙首窄而双角拢；前者虎身肖生而后者如龙，前者耳小而后者大，前者腿足壮生而后者纤细。后者人形有巨大阳具前者无。

就纹饰而言：

（1）月儿河尊铸纹高浮雕，三星堆尊浮雕低；

（2）月儿河尊纹线规整，三星堆尊略马虎，较呆板无力[③]；前者纹线深而后者浅；

（3）月儿河尊肩部纹带有夔纹，三星堆尊无；

（4）月儿河腹部有兽面纹，三星堆尊无。

尺寸而言，月儿河尊大：

月儿河尊通高505、口径450毫米、口高比0.891；

三星堆尊残高433、口径290～287毫米。

就出土而言：

（1）月儿河尊出自淮河下游支流河中，三星堆尊出自四川盆地西侧鸭子河岸的三星堆文化遗址中；

（2）都非出自墓葬；

（3）与月儿河尊共同出土的有七件青铜器，类型有尊、觚、斝、爵，即传统分类的酒器；三星堆共出的器物千余件，有玉石、青铜和牙器。青铜器的主流属于三星堆地方特色的面具、头像、兵器、神树等，中原式的器物有尊、罍等；

（4）关于出土地青铜器的发现历史，月儿河附近曾发现多次，与龙虎尊共出的一组青铜器文化内涵接近[④]；三星堆发现有玉石器坑[⑤]。

---

① 葛严、林嘉琳：《三星堆——中国西南一处新的青铜时代遗址》，《奇异的凸目——西方学者看三星堆》，巴蜀书社，2002年，115页。

② 巴纳：《对广汉埋葬坑青铜器及其他器物意义的初步认识》，《奇异的凸目——西方学者看三星堆》，巴蜀书社，2002年，181页。

③ 施劲松：《论带虎食人母题的商周青铜器》，《考古》1998年第3期，57页。

④ 葛介屏：《安徽阜南发现殷商时期的青铜器》，《文物》1959年第1期，封二。葛治功：《安徽嘉山县泊岗引河出土的四件商代铜器》，《文物》1965年第1期，23～26页。

⑤ 冯汉骥、童恩正：《记广汉出土的玉石器》，《文物》1979年第2期，31～36页。

就工艺而言：

（1）两件尊的龙首、虎头均分铸成形，且都后铸；

（2）月儿河尊多高浮雕，腹内壁相应下凹；三星堆尊浮雕低，内壁光素；

（3）月儿河尊扉棱镂空，三星堆尊未实现；前者圈足底沿平齐而后者不然，均有浇道痕迹；

（4）月儿河尊颈部与下腹各发现一组垫片，三星堆尊还未见，最重要原因在于后者锈层厚被掩盖了[①]。

很明显，月儿河龙虎尊和三星堆龙虎尊存在着密切的联系。李学勤先生首先指出二者在高度一致、如出一辙的前提下，尚存在不小的差异，有些差异具有本质性，有些则是技术性的，或者是未得到关注的。他明确指出，两件龙虎尊尽管接近，差别还是有的。月儿河尊很多地方具有商前期即二里岗期的因素，而三星堆尊是"臣"字眼，夔纹融入地纹之中。前者无地纹，属二里岗式样，而后者已经发展成"三重花"[②]，是殷墟时期的特征。并进而申论，从月儿河龙虎尊到三星堆龙虎尊，或者是后者继承了前者，或者两者同有所本，是一条发展链环上的两个环节。但二者演变的纹饰轨迹，和中原是一致的[③]。孙华先生把三星堆龙虎尊作为一号器物坑断代的一个重要参照，根据它与月儿河龙虎尊的相似性，指出二者时代相近或三星堆尊略晚。三星堆龙虎尊"腹部的神与双虎纹和圈足的兽面纹，纹饰组成比二里岗期复杂，却又不见殷墟二期普遍采用的衬底的云雷纹，这也是殷墟一期纹饰的特点"，支持三星堆一号坑年代属殷墟一期[④]。

冈村秀典指出，三星堆的尊是月儿河尊的变体。"器形上，开口变小，圈足变高；纹饰上，羽状扉棱较大，肩部龙纹变成平面纹样，腹部饕餮纹变成完全不能辨认的羽状纹，而其旁人物的头像完全被虎吞食而消失。"[⑤]事实上，三星堆龙虎尊的头并没有被虎完全吞噬，饭岛武次先生已经指出这一点。他认为三星堆尊"铸造较为粗糙，整体上有点单薄，"但可以认为他们所表现的意思是相同的[⑥]。江章华和李明斌明确指出"三星堆龙虎尊明显是模仿中原商文化中像安徽月儿河出土的同类龙虎尊"[⑦]。

难波纯子博士同意冈村秀典先生的意见，认为三星堆尊是"月儿河尊退化的形式"[⑧]。

[①] 苏荣誉：《龙虎尊发微》，《青铜文化研究》（第8辑），黄山书社，2013年，15～17页。

[②] 李学勤：《商文化怎样传入四川》，《中国文物报》1989年7月21日。

[③] 李学勤：《三星堆饕餮纹的分析》，《三星堆与巴蜀文化》，巴蜀书社，1993年，77页。

[④] 孙华：《四川盆地青铜文化初论》、《关于三星堆器物坑的若干问题》，《四川盆地的青铜时代》，科学出版社，2000年，28、182页。

[⑤] 冈村秀典著、徐天进译：《三星堆文化的谱系》，《扶桑与若木——日本学者对三星堆文明的新认识》，巴蜀书社，2002年，46、47页。

[⑥] 饭岛武次：《三星堆遗址出土的青铜器与饕餮纹》，《扶桑与若木》，116、118页。

[⑦] 江章华、李明斌：《古国寻踪：三星堆文化的兴起及其影响》，巴蜀书社，2003年，132页。

[⑧] 难波纯子：《三星堆出土青铜器兽面纹的来源》，《扶桑与若木》，143页。

关于二者的制作技术少有讨论，但从形制和纹饰的角度讨论三星堆尊的渊源或铸造地问题则不少。贝格利首先考虑二尊的关系，三星堆尊"应该是从长江下游传入的，"但铸造地难以判定①。在他研究了三星堆一号坑后指出，所出龙虎尊"不仅证明了三星堆的器物坑确实在安阳早期，而且证明了此时成都平原的青铜文化与其东部顺长江而下的地区之间有着深远的联系"②。

就制作技术而言，二者大同小异。首先从技术路线看，二里岗时期以及嗣后的向殷墟过渡期的青铜尊，在中原地区都是浑铸成形的。但两件龙虎尊，龙首和虎头是分铸且后铸的。分铸技术出现于二里岗时期，盘龙城至少有四件青铜器是分铸成形且都是后铸的，并且有明显从补铸向后铸转化的倾向③。此后形成的南方风格青铜器铸造中，这一技术得到了发展④，并随南方风格青铜器的扩散传播开来⑤。到殷墟时期，分铸才在安阳被较广泛用于青铜器附件的铸造，安阳青铜尊的附饰即是如此。

月儿河龙虎尊的南方风格已为学术界所公认，这里指认出它所采用的青铜垫片，应也是早期南方青铜器的一个技术特色⑥。综合这些技术因素，如上述各家所论及，三星堆龙虎尊具有的浓厚商代南方青铜器因素，应该是南方风格青铜器亚系中的一件。

需要强调的是，两件龙虎尊最大的工艺差别在于腹部泥芯的不同：月儿河尊高浮雕纹饰，内壁相应下凹，属于范-芯合作纹，这样的芯必须芯盒制作，才可以与范准确配合，而三星堆尊属于普通的模作纹，范的纹饰从模上翻制。但铸型的其他方面，二者高度一致，包括分型方式、扉棱处理，即使是龙首和虎头的铸型也完全一样。所以，李学勤先生指认二者同源是极富见地的。结合二者的时间差异，可以设想三星堆龙虎尊是月儿河尊制作者的徒子或徒孙所为，而制作地应该是在长江流域某处。如果此说成立，两件龙虎尊虽有早晚之差，但不应差之过远，或许一二代人而已。

五、中原二里岗期至殷墟一期的几件大口折肩尊

目前所知最早的大口折肩尊出土于中原地区。郑州商城在向阳食品厂窖藏和人民公园分别发现过两件。

---

① 李学勤：《三星堆饕餮纹的分析》，《三星堆与巴蜀文化》，巴蜀书社，1993年，77页。
② 贝格利：《四川广汉市三星堆的商代祭祀坑》，《奇异的凸目——西方学者看三星堆》，巴蜀书社，2002年，85、86页。
③ 苏荣誉、张昌平：《盘龙城青铜器的铸接工艺研究》，盘龙城与长江文明国际学术研讨会，武汉盘龙城：2014.12.6-7。
④ 苏荣誉：《新干大洋洲商代青铜器群铸造工艺研究》，《苏荣誉自选集》，上海人民出版社，2012年，63~116页。
⑤ Su Rongyu, On the Cast-on with Rivet Structure in the Bronze Foundry in Ancient China.亚细亚铸造技术史学会研究发表资料集7号，2013年，84~98页。
⑥ 苏荣誉：《龙虎尊发微》，《青铜文化研究》（第8辑），黄山书社，2013年，15~17页。

1. 郑州商城

郑州商城所出三件年代最早。其中向阳食品厂窖藏所出十三件青铜器中有两件尊H1：3和H1：4，两件尊造型相同，大口、束颈、弧折肩，颈饰三道凸弦纹，肩面饰细线夔纹带，内外以圆圈纹带镶边，三浮雕牺首均布其上，嘴出肩沿。腹部饰三组兽面纹组成的纹带，上下以圆圈纹镶边。圈足壁斜外撇，顶部一周均布三个十字形透孔，为三凸弦纹穿过。H1：3通高370、口径320毫米，口高比1.156（图二四左）。H1：4通高305、口径280毫米，口高比1.089[①]（图二四右）。此二尊属于罗樾I型，当是范作纹，铸型由透孔垂直三分，由三腹范、一腹芯、一圈足芯组成。H1：4肩部牺首凸出，腹内壁相应位置下凹，说明腹芯在此相应凸出。

郑州人民公园的墓葬区出土一件尊C7：Y0861[②]，圈足上三透孔为椭圆形，两道凸弦纹穿过（图二五左）。通高337、口径280毫米，口高比1.204[③]。其纹饰属于罗樾II型，兽面纹当是模作纹。按照万家保先生意见，镶边的圆圈纹属范作纹，那么整个纹

图二四　郑州大口折肩尊H1：3（左）和H1：4（右）
（引自《郑州商城》彩版31.1、图版226.1）

---

① 河南省文物考古研究所：《郑州商城——1953～1985年考古发掘报告》，文物出版社，2001年，815页，彩版31.1、图版226.3。

② 原编号为C7：豫0861，本文以"Y"代"豫"为C7：Y0861，下同。

③ 河南省文物考古研究所：《郑州商城——1953～1985年考古发掘报告》，文物出版社，2001年，815页，彩版31.2。

图二五　郑州人民公园尊C7：Y0861（左）和C7：Y0890（右）
（引自《郑州商城》彩版31.2、32）

饰属于模范合作纹①。至于铸型，和上述二尊一致。

1954年在人民公园墓葬区出土一件尊C7：Y0890（图二五右），通高249、口径227，口高比0.912。颈部饰三道凸弦纹，颈部纹带有夔纹构成，内、外以圆圈纹带镶边，纹带上均布三个勾云形扉棱，由两个C连接而成，与之相间均布三个浮雕兽首。腹部有与肩部相应的同样扉棱，将腹部纹带分三组，都由牺首下的兽面纹及其两侧的竖立夔纹组成，上、下以圆圈纹镶边，兽面有窄矮的鼻和一对凸出的圆眼珠。圈足上部均布的三椭圆形透孔与扉棱相应。圈足上饰三组兽面纹，位置与腹部相应②。此尊的扉棱颇不寻常，因二里岗早期未见，或为最早实例。扉棱位于纹饰组界，其上有纵向披缝，尊沿扉棱分型，和无扉棱尊的铸型一致。其纹饰可归入罗樾Ⅲ型，同样属模范合作纹。年代属于二里岗上层一期③，而朱凤瀚先生认为其年代属二里岗上层二期偏晚④。本文从前者。

---

① 万家保：《安阳及黄陂两商代遗址铜器纹饰之比较》，《中国艺术史集刊》（7），1977年，18页。

② 河南省文物考古研究所：《郑州商城——1953～1985年考古发掘报告》，文物出版社，2001年，818页，彩版32。

③ 河南省文物考古研究所：《郑州商城——1953～1985年考古发掘报告》，文物出版社，2001年，516、815页，816、817页，图548～549，图版225.2、226.1-2。后一器编号为C7：豫0861，本文以"Y"代"豫"，下同。

④ 朱凤瀚：《中国青铜器综论》，上海古籍出版社，2009年，178页。

2. 中原其他

1974年河南偃师塔庄出土一件大口折肩尊，同出的有铜镢和戈各一件。这件尊颈部饰两周凸弦纹，肩面为云雷纹带，内外以圆圈纹镶边。腹部纹带由三兽面纹组成，兽面正中有窄矮的凸棱形鼻，纹带上下镶圆圈纹。圈足顶均布三个十字形透孔，位置在兽面纹之下，为一道凸弦纹穿过（图二六左）。通高250、口径200，口高比0.80，年代被定为商代早期[①]。此器可能是年代最早的大口折肩尊，纹饰属罗樾Ⅰ型，但以圆圈纹计，可能还是模范合作纹。加拿大多伦多的皇家安大略博物馆（Royal Ontario Museum）收藏的一件尊，形态和塔庄尊接近，但瘦高，通高349毫米，据照片推测口径256毫米，口高比0.733。颈饰三道凸弦纹，肩饰夔纹带，腹饰兽面纹带，均是罗樾Ⅱ型。高圈足顶均布三圆形透孔，两周凸弦纹穿过。有图录认为其年代属于殷墟时期[②]，《中国美术全集》定其年代为商中期[③]。铸型由三范与腹芯和足芯组成。塔庄尊纹饰究属模作或范作，尚待深究，安大略藏尊可确定属于模作纹。

图二六　偃师塔庄尊（左）和灵宝东桥尊（右）
（引自《中国青铜器全集》1.105、1.113）

---

① 秦文生、张锴生：《中原文化大典·文物典·青铜器》，中州古籍出版社，2008年，127页。另有图录著录河南偃师尸乡沟商城遗址出土一件，见王绣：《洛阳文物精粹》，河南美术出版社，2001年，12、13页。核对造型和纹饰、尺寸，实为同一件。

② Chinese Art in the Royal Ontario Museum. Toronto: Royal Ontario Museum. 1972: 83.

③ 《中国青铜器全集》（1），文物出版社，1996年，108页。

1974年河南灵宝东桥出土一批青铜器，计鬲、斝、爵、罍、尊、钺、戈和斨各一件。其中大口折肩尊，颈部饰两道弦纹，肩部纹带饰三条勾云形扉棱，与三圆雕兽头相间分布。扉棱两侧的纹带由兽面纹构成。腹部三道垂直勾云形扉棱间饰兽面纹，圈足顶均布三个透孔，为两道凸弦纹穿过，其下饰兽面纹，雷纹作地（图二六右）。通高295、口径300、圈足径176毫米，口高比1.017。

简报说此尊与同出的弦纹鬲和郑州商城出土的相似，但腹部的兽面纹变得更为复杂，属于罗樾Ⅲ型；器形也略矮。东桥这批器物当晚于二里岗而早于殷墟。简报言其铸造工艺，是三腹范与一腹芯组成（按：还遗漏了圈足芯），扉棱正是分型面，通过圈足镂孔，而此正是泥芯三个定位销的遗存。三牺首外凸内凹，倒立从圈足底沿浇注[①]。简报的介绍说明牺首浑铸成形，但更多工艺信息还有待深入发掘。

3. 安阳小屯

安阳小屯M331出土两件大口折肩尊R2070和R2071，二者造型颇一致。颈部都饰三周凸弦纹，斜肩均饰三圆雕牛头形牺首[②]，与之相间均布三条勾云形扉棱，其两侧有细线夔纹与之构成兽面纹。腹部同样饰三道与肩部扉棱相应的勾云形长扉棱将纹饰分三组，但每组在主纹上有一周纹带，R2070为目雷纹而R2071为兽面纹（图二七）。主纹结构都是连体兽面纹两侧配竖立夔纹，构图有所不同；圈足纹饰和腹部一样，但前者圈足顶部均布三个不规则透孔，而后者则均布三个十字形透孔。R2070通高341、口径370、肩径300、圈足径205、圈足高62毫米，口高比1.085；而R2071尺寸分别为475、408、343、228、100毫米，口高比0.859，后者瘦高。岳洪彬先生认为其时代属殷墟二期早段[③]，和朱凤瀚先生的二期Ⅰ段一致[④]。陈芳妹博士指出"小屯五座墓的青铜器带有深厚的二里岗风格因素"，所出青铜器"或许有些是从郑州带来的'古董'"，但却"罕见于妇好墓青铜器"，墓葬年代属殷墟早期[⑤]。唐际根先生从铜器和

---

① 河南省博物馆、灵宝县文化馆：《河南灵宝出土一批商代青铜器》，《考古》1979年第1期，20~22页。

② 李济先生称之为"水牛头"。见李济《记小屯出土之青铜器》，《中国考古学报》（3），1948年，10页。

③ 岳洪彬：《殷墟青铜礼器研究》，中国社会科学出版社，2006年，68、69、139页。岳洪彬：《殷墟青铜容器分期研究》，《考古学集刊》（15），文物出版社，2004年，82页。

④ 朱凤瀚：《中国青铜器综论》，上海古籍出版社，2009年，952、953页。

⑤ 陈芳妹：《小屯五座墓的青铜容器——从二里岗到典型殷墟风格的转变》，《考古与历史文化》（上），台北中正书局，1991年，181~232页。

图二七　安阳小屯M331尊R2070（左）和R2071（右）
（引自《殷墟出土五十三件青铜容器研究》图版56）

陶器两方面进行研究并和考古遗存进行对比，认为M331属殷墟一期早段[①]。的确，若与二期早段代表性的妇好墓出土大口折肩尊相比，差距明显。

二尊的纹饰属于罗樾Ⅲ或向Ⅳ过渡阶段，铸造工艺基本相同。扉棱上有清晰铸造披缝，R2071的牺首有分铸痕迹，万家保先生推测牺首先铸，但从分铸痕迹看，牺首叠压着肩和腹，应后铸，其中一只牺首残破暴露出其中的泥芯。尊的铸型是三范与腹芯和圈足芯组成。纹饰为浮雕模纹和堆雕模纹方法表现[②]。

六、大口折肩尊风格与铸造工艺的演变

（一）风格演变

施劲松先生研究南方青铜器，认为"相对于局部特点，把握铜器的整体风格更为重要，因为后者比前者更能体现时代的特点。"如何把握整体风格，施先生举例："如广汉三星堆各型尊最主要的特点为大口、长颈、鼓腹、高圈足，肩上有立鸟，腹

---

① 唐际根：《殷墟一期文化及其相关问题》，《考古》1993年第10期，925～935页。另见唐际根：《考古与文化遗产论集》，71～85页。
② 李济、万家保：《殷墟出土五十三件青铜容器之研究》（古器物专刊第五本），"中央"研究院历史语言研究所，1972年，3～34页。

和足上饰兽面纹,这些特点是我们在判定这些尊的年代时首先需要考虑的。考察铜器上特有的细部特征虽然也很必要"[1]。对于青铜器风格,姑且将风格要素确定为形态、装饰和纹饰。装饰介于形态与纹饰之间,可影响或改变形态,也可与纹饰结合为一体成为纹饰的一部分。浮雕的立体纹饰也是纹饰的一类,但有时会与装饰难以区分。

1. 形态

大口尊的形态如何形成、演变为大口折肩尊并固定下来,尚无确实证据。可以假定,初期的折肩尊可能口径小于肩径,口径是逐渐变大,或后来可能再有回缩。

大口折肩圆尊的基本形态是大口,细颈,折肩,肩径小于口径,鼓腹,圜底或微圜底,圈足。所变化者口径、肩径和圈足径之大小,体量之高低及各部分比例关系之增减,肩之宽窄以及平与弧,腹壁之直与弧,圈足壁之直与弧以及圈足底之敛与侈。

各尊的口高比如表一:

表一 大口折肩尊口高比

尊名	通高(毫米)	口径(毫米)	口高比
郑州人民公园尊C7:Y0890	249	227	0.912
偃师塔庄尊	250	200	0.800
灵宝东桥尊	295	300	1.017
郑州商城尊H1:4	305	280	0.918
郑州人民公园尊C7:Y0861	337	280	0.831
小屯尊R2070	341	370	1.085
郑州商城尊H1:3	370	320	0.865
三星堆尊K2②:127	416	404	0.971
城固苏村尊	435	410	0.943
巫山李家滩尊	436	411	0.943
三星堆尊K2②:79	442	415	0.939
三星堆尊K2②:129	455	426	0.936
江陵八姑台尊S	462	462	1.000
阜南月儿河尊	470	390	0.830
小屯尊R2071	475	408	0.859
阜南月儿河龙虎尊	505	450	0.891
三星堆尊K2②:146	526	470	0.894
枣阳新店尊	530	485	0.915

---

[1] 施劲松:《关于南方青铜器断代研究的几点思考》,《四川大学考古专业创建四十周年暨冯汉骥教授百年诞辰纪念文集》,四川大学出版社,2001年,259页。

续表

尊名	通高（毫米）	口径（毫米）	口高比
岳阳费家河尊	565	520	0.920
三星堆尊K2②：151	565	490	0.867
江陵八姑台尊B	635	578	0.910
六安洴河	700	605	0.864
华容东山尊	728	612	0.841

很明显，偃师塔庄尊口高比最小为0.8，安阳小屯R2070数值最大为1.085，或许反映尊的造型的变化趋势是从瘦高到敦矮。南方类型的尊，口高比集中在1-0.841，但其间尚分布有郑州尊H1：3和小屯R2071。因此，从口高比还难以看出分布关系，或许在商代，工匠对器物形态关注度较低[①]。

这些尊按照通高排序如表二、按口径排序如表三。

表二　通高排序尊尺寸

尊名	通高（毫米）	口径（毫米）	口高比
郑州人民公园尊C7：Y0890	249	227	0.912
偃师塔庄尊	250	200	0.800
灵宝东桥尊	295	300	1.017
郑州商城尊H1：4	305	280	0.918
郑州人民公园尊C7：Y0861	337	280	0.831
小屯尊R2070	341	370	1.085
郑州商城尊H1：3	370	320	0.865
三星堆尊K2②：127	416	404	0.971
城固苏村尊	435	410	0.943
巫山李家滩尊	436	411	0.943
三星堆尊K2②：79	442	415	0.939
三星堆尊K2②：129	455	426	0.936
江陵八姑台尊S	462	462	1.000
阜南月儿河尊	470	390	0.830
小屯尊R2071	475	408	0.859
阜南月儿河龙虎尊	505	450	0.891
三星堆尊K2②：146	526	470	0.894
枣阳新店尊	530	485	0.915

① 朱凤瀚先生根据尊的腹深与圈足高度的比例分型，为何采用这样的指标尚需学习，但从本统计看，适用性值得怀疑。见朱凤瀚：《中国青铜器综论》，上海古籍出版社，2009年，1163页。

续表

尊名	通高（毫米）	口径（毫米）	口高比
岳阳费家河尊	565	520	0.920
三星堆尊K2②：151	565	490	0.867
江陵八姑台尊B	635	578	0.910
六安溮河	700	605	0.864
华容东山尊	728	612	0.841

表三　口径排序尊尺寸

尊名	通高（毫米）	口径（毫米）	口高比
偃师塔庄尊	250	200	0.800
郑州人民公园尊C7：Y0890	249	227	0.912
郑州商城尊H1：4	305	280	0.918
郑州人民公园尊C7：Y0861	337	280	0.831
灵宝东桥尊	295	300	1.017
郑州商城尊H1：3	370	320	0.865
小屯尊R2070	341	370	1.085
阜南月儿河尊	470	390	0.830
三星堆尊K2②：127	416	404	0.971
小屯尊R2071	475	408	0.859
城固苏村尊	435	410	0.943
巫山李家滩尊	436	411	0.943
三星堆尊K2②：79	442	415	0.939
三星堆尊K2②：129	455	426	0.936
阜南月儿河龙虎尊	505	450	0.891
江陵八姑台尊S	462	462	1.000
三星堆尊K2②：146	526	470	0.894
枣阳新店尊	530	485	0.915
三星堆尊K2②：151	565	490	0.867
岳阳费家河尊	565	520	0.920
江陵八姑台尊B	635	578	0.910
六安溮河	700	605	0.864
华容东山尊	728	612	0.841

上述两表可见，最矮的尊是郑州人民公园出土的C：Y8090，249毫米；偃师塔庄尊口径最小，200毫米；华容东山尊最高，728毫米，口径也最大，612毫米。若说矮、

小具有年代较早的信息，后者较前者为晚。表2中以三星堆尊K2②：127（通高416毫米）划界，前七件较矮的尊部出自中原地区，较高的15件尊，只有小屯R2071（通高475毫米）例外，皆出自南方。表3中以阜南月儿河尊390毫米口径划界，前七件口较小者都出自中原，口较大的十五件也只有小屯R2071一件例外，口径408毫米，其余全部来自南方。说明南方类型尊较为高大。

上述二十三件尊中，出自中原的六件均是大口、细颈、出斜肩、近于半球形腹，直壁圈足，圈足顶均布三个透孔，孔的形状有十字形、四边形和不规则形状三种。郑州商城出土四件形体高度接近，或意味着年代相近，也说明透孔形状和年代无关或关系不大。而偃师塔庄的尊腹部较深成桃形、圈足略短，灵宝东桥尊则略浅呈盆形、圈足透孔形不规则，或是前者年代略早而后者年代略晚之故。若以郑州商城尊年代为二里岗上层Ⅱ期为基准，塔庄尊或可早到二里岗上层Ⅰ期或Ⅰ、Ⅱ期之交，东桥尊为二里岗上层Ⅱ期末或二里岗上层Ⅱ期向中商早期过渡阶段或略晚。这组大口折肩尊是目前所知年代最早者，形体相当一致且稳定，意味着这类尊在二里岗上层已经定型，而且定型期可能就在二里岗上层Ⅰ期。

小屯M331的尊R2070和R2071造型和郑州人民公园出土的Y0890完全一致，正如陈芳妹博士所指出"小屯五座墓的青铜器带有深厚的二里岗风格因素"，所出青铜器"或许有些是从郑州带来的'古董'"[①]。李朝远先生则更进一步，认为R2071形制略晚于郑州向阳食品厂的白家庄期之器，R2070"唯器颈和圈足较高，时代较上器稍晚"[②]，但岳洪彬先生认为M331两件尊属于殷墟二期早段[③]。本文认为当属中商早期。

2. 装饰

大口折肩尊的装饰变化主要在肩部，可划分为无饰（A）或纹带（A1）、牺首（B）及龙虎（B1）、牺首加扉棱（C）包括带冠牺首加扉棱（C1）和牺首加鸟饰（C2）几种类型。

扉棱的起源和发展是个十分复杂的问题，新石器时代的陶器中已经出现和使用。二里头铜容器中不曾发现扉棱，所出铜铃一侧有扉[④]，属扉棱与否抑或别有功能，有待研究。二里岗下层青铜器中也未见扉棱。二里岗上层青铜器中，扉棱出现在大口折

---

① 陈芳妹：《小屯五座墓的青铜容器——从二里岗到典型殷墟风格的转变》，《考古与历史文化》（上），台北中正书局，1991年，181~232页。
② 李朝远：《论殷墟一期的青铜器》，《青铜器学步集》，文物出版社，2007年，24页。
③ 岳洪彬：《殷墟青铜容器分期研究》，《考古学集刊》（15），文物出版社，2004年，82页。
④ 中国社科院考古研究所：《偃师二里头——1959年~1978年考古发掘报告》，中国大百科全书出版社，1999年，137页。

肩尊上，即郑州人民公园墓地所出C7∶Y0890，肩部和腹部各有三勾云形扉棱，高而厚，肩部扉棱和腹部同在一分型面上，若圈足有透孔，也与之相应。这样大而厚的扉棱，贝格利先生对它的感觉如在尊体叠加物事以改变其形状[①]。灵宝东桥尊虽腹小，但扉棱形状十分接近，而小屯M331所出土两件R2070和R2071在扉棱形式上和人民公园尊、灵宝东桥尊一致（图二八），它们年代应相同或相近。更为重要的是，在二里岗上层即大口折肩尊定型阶段，饰扉棱的尊和不饰扉棱的尊共存，此后依然。这一现象说明，若扉棱是一个略晚的风格因素的话，并不能表现出其特别的重要性。但扉棱装饰器物在殷墟二期发生了较大变化，扉棱普及且变为直条形，所以，贝格利先生认为（勾云形）透空的扉棱出现在殷墟以前[②]。

对照南方出土的尊（图二九），阜南月儿河两件都装饰勾云形扉棱，但位置有所不同。龙虎尊（月儿河a）肩部没有而腹部有长垂扉棱，另一件（月儿河b）只在肩部设三道短扉棱而腹部不设。对于前者，肩部的龙身为半浮雕状，设扉棱必然打破龙身，而腹部高扉棱正位于龙头之下，视觉上宛若龙从空中直面游出憩于扉棱上。对于后者，肩面相对较窄，颈相对较短，扉棱装饰不能过长，而腹部纹饰属于整体超高浮雕，铸工可能意欲强调高浮雕而唯恐施加扉棱会造成视觉干扰。这一尝试的结果或许

图二八　中原—安阳扉棱尊
（左1∶Y0890；左2∶东桥；左3∶R2070；右∶R2071）

图二九　南方扉棱尊
（左1∶月儿河a；左2∶月儿河b；左3∶溠河；左4∶新店；右∶李家滩）

---

① Robert W. Bagley. Shang Ritual Bronzes in the Arthur M. Sackler Collections. Cambridge: Harvard University Press, 1987: 26.

② Robert W. Bagley. Shang Ritual Bronzes in the Arthur M. Sackler Collections. Cambridge: Harvard University Press, 1987: 457、458.

并不很如意，所以月儿河尊b相当稀见甚至属孤品，而后来将肩部扉棱改作了片状鸟饰，所以贝格利先生认为肩部鸟饰是由扉棱演变而来，颇有见地，他解释这一变化和地方铸工喜欢以鸟饰器有关①。这里贝氏将扉棱作为一个地方风格因素，确有先见，但没有指出演变的路径。本文对阜南月儿河尊的分析试图勾画出路径，同时说明其位置处在变革之间的过渡性。

六安淠河尊的肩部饰三片状鸟，腹部虽然也是勾云形扉棱，但似乎在长条化，尤其在没能透空时视觉效果更是如此，另一重要变化是圈足上装饰扉棱，表明变化已经完成并定型。从三星堆所出龙虎尊看，圈足装饰了扉棱，说明这一变化发展得很快，或者说这两组器物的年代很相近、出身很一致。城固-洋县出土有七八件尊，除苏村64∶1外都没有扉棱。或许体现了其来源和文化内涵的复杂性与多元性。②在南方诸组青铜尊中，扉棱还用之于作为牺首的冠饰，此现象不见于北方诸器。

在C1型中，两件残失圈足、口残失严重的三星堆尊K2②∶135和K2②∶109，腹部显得矮胖，③肩部所饰勾云形扉棱和牺首扉棱形冠饰相同。此外，三星堆尊K2②∶127，其肩部非扉棱而是鸟饰，但牺首无扉棱，或可看作是C1与C2的重合或过渡。

C2型十二件尊全部出自南方（图三〇）。这类尊所具有的高度一致性不仅在于肩部牺首加鸟饰，鸟的造型除李家滩尊较为消薄外几乎完全一致，牺首也是除李家滩尊为羊头形外，其余全为牛头形，造型已如前述，纹饰将在下文讨论。但冠饰有如下的不同：

（1）犀角或扉棱形三件：三星堆K2②∶129、李家滩尊和八姑台（小）尊；

（2）和鸟饰相同的鸟形冠饰三件：三星堆K2②∶79、K2②∶151和K2②∶146，全部出自三星堆二号坑；

（3）长颈鸟形五件：淠河尊、费家河尊、八姑台（大）尊、新店尊、苏村尊64∶1。

很明显，湖南和湖北尊具有高度的一致性，除八姑台小尊牺首冠饰为犀角形外全部是长颈鸟。而三星堆和李家滩尊组，冠饰既有犀角形，也有鸟形，略微多样。对比八姑台两尊，冠饰不一样，两件并非一对。但这组器物中从装饰不能分出早晚关系。

C2型的重要特点是肩部的片状伏卧鸟饰。关于青铜器的鸟饰，贝格利先生给予很多关注，指出其南方青铜器属性，并以之为要素指认新干大洋洲青铜器与湘江流域所

---

① Robert W. Bagley. Shang Ritual Bronzes in the Arthur M. Sackler Collections. Cambridge: Harvard University Press, 1987: 457、458.

② 李伯谦：《汉中出土商代青铜器族属问题的再探讨》，《汉中出土商代青铜器》（4），巴蜀书社，2011年，52~59页。《城固铜器群与早期蜀文化》，《考古与文物》1983年第2期，66~70页，见李伯谦：《中国青铜文化结构体系研究》，科学出版社，1998年，260~267页。

③ 四川省文物考古研究所：《三星堆祭祀坑》，文物出版社，1999年，238页。

图三〇　C2型尊

［上左1：溮河；上左2：费家河；上左3-4：八姑台；上左5：新店；上右：苏村64∶1；下左1：K2②∶79；下左2：K2②∶129；下左3：K2②∶151；下左4：K2②∶146；下左5：李家滩；下右：K2②∶127（特例）］

出青铜器的关系[①]。林巳奈夫先生在分析商周青铜器时，所列举的特征纹饰之一即是"立体小鸟"[②]。事实上，C组青铜器还不能从装饰区分早晚关系。

单从进化的观点出发，器物朝复杂方向发展，中原组器物可以建立起如下序列关系：

塔庄→向阳窖藏—人民公园C7∶Y0861→人民公园C7∶Y089→R2070-R2071

若这一演化关系成立，这一过程发生在不长的时间段，可能经过了二里岗上层晚段即告完成。

3. 纹饰

纹饰的演化关系比较复杂，早年高本汉的工作有筚路蓝缕之功，对1288件青铜器的纹饰进行分类和统计分析，试图从共存关系构建纹饰的发展变化[③]，似不很成功；后来他把饕餮纹分为275种，排比起来以求揭示兽面纹的变化[④]。20世纪50年代，罗樾的

---

① 贝格利：《长江流域青铜器与商代考古》，《南方文物》1996年第2期，33页。

② 林巳奈夫：《殷、西周时代の地方型青铜器》，《考古学メモワール1980》，1981年。

③ Bernhard Karlgren. New Studies on Chinese Bronzes. Bulletin of The Museum of Far Eastern Antiquities, No. 9, 1937: 2-112.

④ Bernhard Karlgren. Notes on the Grammer of early bronze decor. Bulletin of The Museum of Far Eastern Antiquities, No. 23, 1951: 1-37.

工作成为中国青铜器风格研究的一个里程碑[①]，迄今也是简明地讨论商代青铜器风格的有效方法。此后，张光直先生曾组织人力，利用计算机技术，对4000余件有铭青铜器的纹样进行分类，建立了一个全新的纹饰资料库[②]，但却没给出任何说明和结论。

近40多年关于青铜器纹饰的论著不计其数，具有代表性的是陈公柔与张长寿先生以及段勇先生的研究。陈、张二先生首先是依据考古资料特别是铭文资料建立分类和编年，段勇先生的研究是建立在纹样结构上的研究[③]，虽然资料宏富，分析入理且条理分明，但对具体的青铜器，仍处处充满意外。事实上，纹饰的演变十分复杂，尤其在目前尚不知道纹饰的语言、语法和内涵的情况下，基于纹样的编年往往自相矛盾。南方地区出土的器物，因为失去考古背景或者仅仅是一件器物单独出土，完全没有可资解读的考古学信息，器物本身也往往没有铭文以佐年代判断。对其研究只能依赖于器物的风格和工艺。对于纹饰的研究，或因其缺乏科学性而鲜有或完全不涉及[④]。纹样变化在多大程度反映器物的年代、地域乃至资助者、制作者、受赠者或随葬者个人特点，是需要长期探讨的问题。

这里分析的大口折肩尊，其纹样特点是：颈部基本素面，仅在颈根饰凸弦纹，通常为三道，也有两道的；肩面纹带富于变化，有雷纹、夔纹、兽面纹、龙纹等多种，纹饰通常为三组，组界有披缝、扉棱、鸟饰之别。至于附饰已如前述。腹部纹饰是兽面纹或兽面纹与夔纹、兽面纹与夔纹和几何纹组成的纹带。施劲松先生将南方总数在三十之谱的青铜尊，根据纹饰内容将其划分为虎食人纹、兽面纹、云雷纹三类，其中虎食人纹尊两件分Ⅰ、Ⅱ式，兽面纹尊十四件有A、B、C三型，而B型十件有Ⅰ、Ⅱ、Ⅲ、Ⅳ式，C三件型有Ⅰ、Ⅱ式。另有若干由于信息不够未能分型分式[⑤]。

对于商代青铜器，纹饰都是铸造出来的。所以，从工艺技术的角度来分析纹饰当有助益。早在七十多年前，李济先生即认为青铜器纹饰存在这样的途径，他根据万家保先生对青铜觚纹饰作法的研究，将纹饰概括为：

（1）刻划范（作）纹：仄的阳线条组成的纹饰，包括小圆圈饰。

（2）模范合作纹：仄的和宽的阳线条组成的纹饰，包括小圆圈带饰。

（3）堆雕模（作）纹：已经有地纹出现，唯地纹和主纹饰仍在一水平面上。纹饰

---

① Max Loehr. The Bronze Styles of the Anyang Period. Archives of the Chinese Art Society of America 7. 1953: 42-53. 对罗樾安阳青铜器风格的新认识，参见：Robert W Bagley. Max Loehr and the Study of Chinese Bronzes Style and Classification in the History of Art, New York: Ithaca, 2008.

② 张光直：《商周青铜器与铭文的综合研究》，"中央"研究院历史语言研究所，1973年。

③ 段勇：《商周青铜器幻想动物纹研究》，上海古籍出版社，2003年。

④ 如陈公柔和张长寿先生的纹饰研究即是如此。陈公柔、张长寿：《殷周青铜容器上鸟纹的断代研究》，《考古学报》1984年第3期，265～286页；《殷周青铜器上的兽面纹的断代研究》，《考古学报》1990年第2期，137～168页。其研究中，鸟尾涉及器物233件，兽面纹涉及133件器物。

⑤ 施劲松：《论我国南方出土的商代青铜大口尊》，《文物》1981年第10期，47～51页。

大部皆在模上形成。

（4）浮雕模（作）纹：出现了不同水平的纹饰，可能已在模上应用了堆砌方法。

（5）深刻模（作）纹：这是较少有的例子，表现出来的是镂空花纹①。

万家保先生在完成了早年安阳发掘的青铜容器的技术研究之后，又参照新出土的考古资料，如早于安阳的二里岗时期湖北黄陂盘龙城出土青铜器，和安阳青铜器相比较，对青铜器纹饰的做法有了新的认识，简化为四种：

（1）范作纹；

（2）模作纹；

（3）模范合作纹；

（4）复杂模作纹（包括堆雕和浮雕）②。

本文即是结合了纹饰做法，对所涉及的大口折肩尊的纹饰作简明划分，试图从形式、构图和手段上对他们进行一点分析。形式上纹饰平铺和浮雕相对；在构图上，普通兽面和散裂式有所区别，而半散裂式或不能作为二者的过渡来处理。

4. 平纹

青铜器纹饰出现于二里头文化晚期，陈国梁先生归纳自"二期开始出现简单的弦纹装饰，兽面纹的铜牌也开始出现，三期则有镂孔、云纹等装饰，四期新出现了乳钉纹和方格纹"③。这些纹线是直接在范上刻就阴线或形，铸出阳线或形，线条粗细不匀，弦纹不直，凸起的高度不一。甚至比罗樾Ⅰ型还要原始。

凸弦纹是青铜器最早形式的纹饰，尤其是圆形器，可能和陶器制作与装饰的传统有关。张昌平先生指出，大口折肩尊颈部"无一例外地饰有三道凸弦纹，这无疑是继承二里岗期和殷墟一期尊、罍的风格。""到殷墟二期及以后，中原地区侈口器类如觚、觯乃至爵、斝的颈部或光素或装饰蕉叶纹。……南方尊、罍弦纹的装饰显然是较为原始的因素。"④

将纹带特别是兽面纹铸造在青铜器上可能始于二里岗期。本文涉及的偃师塔庄尊和郑州向阳窖藏两件尊XH1∶3和XH1∶4即是此类，但后二者比起罗樾Ⅰ型多了凸出

---

① 李济、万家保：《殷墟出土青铜觚形器之研究》（古器物研究专刊第一本），"中央"研究院历史语言研究所，1964年，Ⅹ、69～114页。

② 万家保：《安阳及黄陂两商代遗址铜器纹饰之比较》，《中国艺术史集刊》（7），1977年，18页。

③ 陈国梁：《二里头文化青铜器研究》，《中国早期青铜文化——二里头文化专题研究》，科学出版社，2008年，155页。

④ 张昌平：《论殷墟时期南方的尊和罍》，《考古学集刊》（15），文物出版社，2004年，122页。

的眼珠。万家保先生初期也以"划范文"描述这类纹饰。按照万氏的意见,"很多素面的仅具弦纹的青铜器,也是利用了这同样的制造途径","青铜器上那些凸起的小圈……很可能是利用羽管或植物的圆管头'压'在'范'上而成的。小的圆圈是这一时期的重要特征之一。小圆圈如果雕在模上,是近乎不可能的事。凸起的椭圆眼睛,我以为也是在范上挖削出来的。"按照万氏意见,洋县张村和望城高砂脊尊的凸弦纹以至所有的装饰颈部和圈足的凸弦纹,均是范作文(图三一)。但万先生是从事理推断的[①],并未给出考古学和实验考古学的证据。贝格利先生也认为,颈部饰凸弦纹是早期的做法,安大略藏尊即是典型[②]。

罗樾Ⅱ型是带状纹,线条宽而若镂刻。本文涉及的大口折肩尊如郑州人民公园尊C7:Y0861和Y0890可划入此型(图三二左、中)。它们的兽面纹线宽而规整,纹饰对称性强,应是在模上刻就后翻制到范上再予铸造的,所以称"模作纹"。但是,罗樾Ⅱ型纹带往往两边有圆圈纹镶边。灵宝东桥尊介于罗樾Ⅰ型和Ⅱ型之间,不独有圆凸大眼珠,而是纹线介于宽纹与线纹之间(图三二右)。

在罗樾Ⅱ型纹饰尊中,郑州人民公园尊Y0890,肩部纹带和腹部纹带两侧都饰圆圈纹,按照万家保先生的意见,虽然它们的兽面纹是模作纹,但范在模上翻制后,需再于其上加工圆圈纹,这种情形称之为模范合作纹[③]。另可注意的现象是,Ⅱ型纹饰尊Y0861的圈足已经出现典型的Ⅱ型纹带,或可说明纹饰类型与所施空间关系并非严格,即罗樾Ⅱ型和Ⅲ型界限并不分明,而透孔形状与类型无关。

罗樾Ⅲ型以密集、曲折、流畅宽纹线为特征,面积上向满花纹发展。阜南月儿河两件尊皆属,三星堆尊K2②:112也属此型(图二九左1-2),并有向Ⅳ型发展的态势。

这一型是Ⅱ型与Ⅳ型的过渡形式,强调了纹饰的密集和流畅,包括纹饰从带状向更大的面积扩展。这里需要指出的是阜南月儿河两件尊,尊a即龙虎尊不仅龙头和虎头圆雕,肩部的龙身和腹部的虎身为高浮雕,勾云形扉棱的透空丰富了尊的轮廓线,尊b的高浮雕纹饰不仅凸凹有致,一丝不苟,二者腹都深,但纹饰没有上下分段,或者它们才是Ⅲ型的代表,但肩部纹带具有地纹意味,模糊了Ⅲ与Ⅳ型的界限。贝格利先生认为阜南龙虎尊纹饰是和缓地隆起形成浮雕状,兽面、人纹和虎纹造型圆润,似要融入底面一般;其阴线均匀地漫延在主纹和底面,和殷墟时期高浮雕的两层花(如哈佛

---

① 万家保:《安阳及黄陂两商代遗址铜器纹饰之比较》,《中国艺术史集刊》(7),1977年,8、9页。

② Robert W. Bagley. Shang Ritual Bronzes in the Arthur M. Sackler Collections. Cambridge: Harvard University Press, 1987: 268.

③ 万家保:《安阳及黄陂两商代遗址铜器纹饰之比较》,《中国艺术史集刊》(7),1977年,10页。

图三一 罗樾 I 型纹饰尊
（左：塔庄；中、右：XH1：3、XH1：4）

图三二 罗樾 II 型纹饰尊
（左：Y0861；中：Y0890；右：灵宝东桥尊）

大学艺术馆藏方彝）明显不同，足部具有标准的二里岗期纹饰[①]，年代无疑应属二里岗时期[②]。此外，月儿河尊的圈足除透孔和弦纹外不施装饰。万家保先生认为它们属于模作纹，并创造了一个新词汇——"堆雕模纹"来表述，意为模型需先在原模坯上堆泥塑制成模才好翻制成范[③]。然而，迄今为止我们对商代青铜器模与范的做法，特别是模的做法，所知相当贫乏，多人云亦云之语。

罗樾 IV 型中，三星堆 K2②：79、K2②：135 和城固苏村尊 64：1 有其特点（图三三），纹饰虽较平，满饰腹部和圈足，以云雷纹衬地。但连体兽面纹的身躯上有细

[①] 贝格利：《南方青铜器纹饰与新干大洋洲墓的时代》，《吴越地区青铜器研究论文集》，两木出版社，125页。

[②] Robert W. Bagley. Shang Ritual Bronzes in the Arthur M Sackler Collections. Cambridge: Harvard University Press, 1987: 274, note 10.

[③] 万家保：《安阳及黄陂两商代遗址铜器纹饰之比较》，《中国艺术史集刊》（7），1977年，10、11页。

图三三　罗樾的中间型
（左：K2②79；中：K2②135；右：苏村64：1）

线勾饰，虽然高低分不出层次，但视觉上和Ⅴ型非常接近，圆雕牺首及其冠饰、肩部的扉棱和三星堆尊腹部的扉棱，视觉上很立体化，符合Ⅴ型。孙岩博士指出城固苏村尊64：1和三星堆尊K2②：79的一致性[①]。

在讨论罗樾先生对商代青铜器的风格划分时，不难找到他的五种类型的典型标本，但用其对一组或一大批青铜器进行风格划分时，往往会有几个甚或不少器物模棱两可，这正说明了青铜器纹饰的复杂性。

5. 浮雕纹

罗樾Ⅴ型的特点是母题的纹饰高于底纹，即立体化形式，本文所论C型尊多此型。

如前所述，阜南月儿河两件尊均是高浮雕，但腹部纹饰没有地纹，多将之归于罗樾Ⅲ型。其他诸尊，腹部纹饰上下均不分段，兽面纹及其所附的夔纹都是高浮雕形式，圈足全部有透孔、饰有弦纹和兽面纹带。这些尊在装饰上反复强调兽头和兽面，不仅有圆雕牺首，腹部纹带的兽面也很凸出，而且在垂直方向三叠。腹部兽面纹采用高浮雕形式，无论是否有眉、耳、角、身、鼻和冠、眼珠、嘴角以及两侧的夔纹均高浮雕，除眼睛外饰勾云纹，以云纹或云雷纹衬地。高浮雕部分在器内壁相应凹下。圈足的兽面纹情形有所不同，六安溽河尊、华容东山尊、岳阳费家河尊、江陵八姑台尊和枣阳新店尊，圈足兽面纹均是高浮雕型，或许说明高浮雕兽面纹大口尊在湘、鄂具有原生性。三星堆尊中只有尊K2②：129和K2②：146圈足是高浮雕型，尊K2②：151属低浮雕型，川渝组中另有李家滩尊圈足高浮雕兽面纹，或许说明川渝的大口折肩尊具有次生性（图三四）。此类尊不见于中原和殷墟，也间接说明其南方属性。

---

① 孙岩：《三星堆出土青铜尊罍的艺术风格和文化内涵》，《四川文物》2004年第3期，24页。

图三四　高浮雕圈足兽面纹尊
（上左1：溴河；上左2：东山；上左3：费家河；上左4-5：八姑台；下左1：新店；
下左2：K2②：129；下左3：K2②：146；下左4：李家滩；下右：K2②：151）

贝格利先生率先关注到这类纹饰并认为原先所认为这类纹饰源于殷墟（如妇好墓）的说法不确。他认为新干大洋洲出土的四羊罍上所具有的高浮雕散裂式兽面纹和藁城台西商代墓地出土的一件青铜瓿（M112：4）[①]纹饰一样，说明其出现于二里岗与殷墟之间[②]。难波纯子博士试图建立的"华中型浮雕饕餮纹"的发展谱系中，认为白家庄的尊和小屯尊M333：R2060的特殊饕餮纹中包含着这类纹饰的技术源流，但她并没有明确指出，文意似乎指牺首的做法[③]，但牺首出现在二里岗时期。

6. 散裂式和半散裂式兽面纹

本文所分析的青铜器中，C型较多而且其兽面纹多为散裂式或半散裂式。或可归在朱凤瀚先生划分的"有首无身之简省类"的B型，"首部眉、目、口、鼻相分离"，他认为这类纹饰"始见于殷代中期偏早，盛行于殷代中期偏晚至西周早期偏早"。所举例有安阳小屯M238方彝R2067、小屯M5扁圆壶和鹿邑长子口大墓方鼎M1：95[④]。陈公

---

① 河北省文物研究所：《藁城台西商代墓地》，文物出版社，1985年，129页，彩版3，131页图18.1。

② 贝格利：《南方青铜器纹饰与新干大洋洲墓的时代》，《吴越地区青铜器研究论文集》，两木出版社，125页。

③ 难波纯子著、向桃初译：《华中型青铜彝器的发达》，《南方文物》2000年第3期，30页。

④ 朱凤瀚：《中国青铜器综论》，上海古籍出版社，2009年，542、546、547页。

柔和张长寿先生的兽面纹研究中，有一类"分解兽面纹（Ⅳ型）"，并分为四式①。但不涉及南方失去考古背景的器物。

具有散裂式纹饰的青铜尊包括淠河尊、东山尊、费家河尊、八姑台两件、新店尊、三星堆尊K2②：129、K2②：146和K2②：151和李家滩尊。明显表现出两湖地区的原生性和输入的川渝地区的认同性。或许即是难波纯子博士所概括的"华中型浮雕饕餮纹"②。

鉴于南方所出青铜器多失去背景，难以董理头绪，而有较深考古背景和序列的黄陂盘龙城遗址，既没有发现散裂式和半散裂式青铜器，也没有浮雕纹饰，可以推测浮雕型散裂式纹饰不是来自盘龙城类型。同样在郑州商城也全无蛛丝马迹，与这类纹饰相距更远。南方某地是其出生地并具有一定时长的发展过程，现今看到这类纹饰的器物，器类相同且风格一致，说明这类器物流行的时间不长，或者因为突然变故而戛然而止，南方不再生产此类风格的器物，但其纹样还是影响到殷墟以至西时期的青铜器生产。

在南方这类青铜器中，贝格利先生认为是华容东山尊开散裂式兽面纹先河，并认为早到殷墟之前③，这是从艺术史风格分析的结果，颇有见地。但较之于其他尊，它们的年代关系则是更值得探究的问题。

（二）铸造工艺演变

虽然二里头青铜器种类不多、发现数量不大，但容器器壁薄而均匀，足空，鋬为片形，从铸型技术看十分合理，是为二里头青铜容器成功铸造的技术关键。这些技术肇建了中国泥范块范法铸造青铜器的独特技术传统。

二里岗时期青铜器大型化和复杂化的勃发过程中，分铸、凸芯、泥芯撑（头）和垫片的发明，均是具体措施，非它们无以形成中国青铜时代的勃兴期。

具体到大口折肩尊的铸造工艺，则相对简单而变化不多，复杂化着重体现在肩部的装饰上。从工艺上看，作为圆形截面的器物，垂直三分范早在二里岗早期已定型，三范与一块腹芯和一块圈足芯组成铸型（图三五右），圈足底沿往往遗有浇道残迹。尊的铸型何时出现分段、分几段以及在何处分段，目前的资料和研究还不能提供可靠信息。由于尊是大体量容器，泥范尺寸很大，腹中泥芯大，圈足泥芯也不小，需要垫

---

① 陈公柔、张长寿：《殷周青铜容器上兽面纹的断代研究》，《考古学报》1990年第2期，155~157页，143~191页，142页图1.11。

② 难波纯子著、向桃初译：《华中型青铜彝器的发达》，《南方文物》2000年第3期，30页。

③ Robert W. Bagley. Shang Ritual Bronzes in the Arthur M. Sackler Collections. Cambridge: Harvard University Press, 1987: 272.

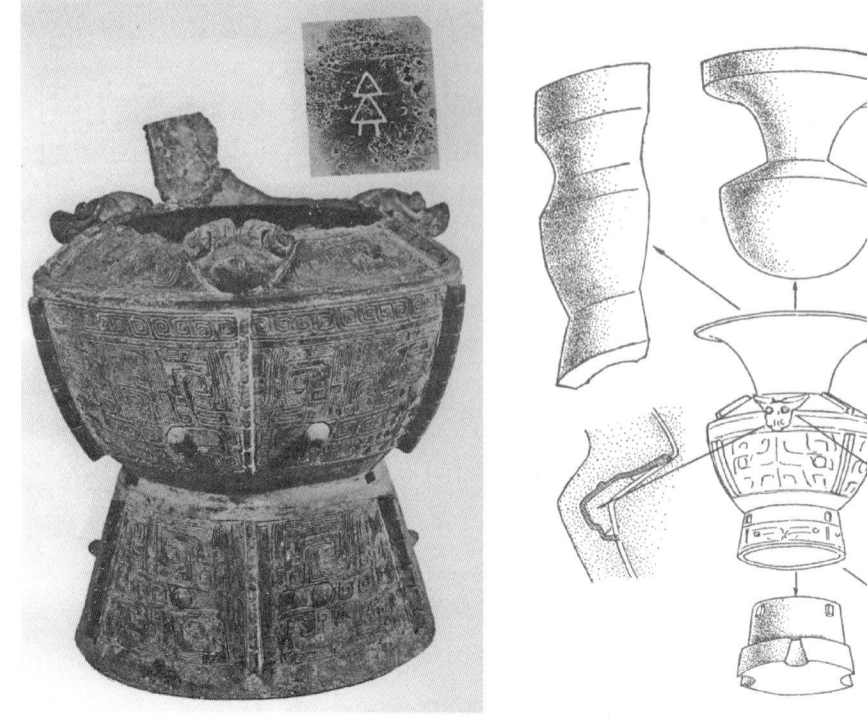

图三五　西北岗M1400尊R1073及万家保先生复原的铸型
（引自《殷墟出土五十三件青铜容器研究》图版34、33页图17）

片支撑范、芯，内浇道位置都设在圈足底沿。这一节主要讨论牺首的浑铸与分铸、浮雕纹饰的壁厚控制、垫片和圈足透孔等几点。

1. 牺首：从浑铸到分铸

牺首的出现可能是青铜器装饰立体化的重要现象。目前的资料可上溯到二里岗上层，本文所引出自郑州商城的四件大口折肩尊肩部都饰有牺首。

郑州向阳食品厂窖藏出土的两件尊XH1：3和XH1：4，与肩部高浮雕的牺首相应，腹内壁凹下，杨育彬先生指出："尊的牛首和罍的羊首等装饰，则是把牛首纹或羊首纹凹刻在外范上，而在内范相对的位置上，塑出稍小的不刻花纹的一块凸起，因而合范铸成后，铜尊或铜罍肩部的牛首或羊首就是凸出的。个别的牛首尊有扉棱，正好位于范线上，这很可能是由铜器表面遗留的合范铸缝逐渐发展变化而成的。"[①]杨先生的见解深刻，但牺首的范未必是刻出的，其芯也未必是塑出的，更大的可能性均来

---

① 杨育彬：《夏和商早、中期青铜器概论》，《中国青铜器全集》（1），文物出版社，1996年，53页。

自于母模。该工艺的关键是腹芯凸出牺首芯使之成形，权以"凸芯法"描述它。浑铸阶段的牺首，大抵是凸芯实现的。郑州人民公园出土的两件尊Y0861和Y0890、灵宝东桥尊应都是采用这一工艺。

黄陂盘龙城李家嘴二号墓出土的青铜器，清楚地展示出了分铸法的发明过程——补铸导致了后铸的发明[①]。从此，铸工多了一种技术选择，浑铸与分铸附件。于是，一些器物，如盘龙城和陕南城固苏村出土的双耳簋，即后铸于器腹[②]。

同是在盘龙城青铜器中，也可解析演绎出由泥芯撑到垫片发明的过程[③]，可谓妥善解决了块范法中悬芯的问题。但盲芯——形成封闭的空体的泥芯，必须要芯撑予以支持定位，盘龙城尚未出现，何时发明尚待探究。

殷墟小屯M331出土的两件尊R2070和R2071，后者的牺首根部被肩包络，明显后铸。安阳殷墟自二期以后的青铜尊，肩部牺首普遍后铸，如西北岗M1400的尊R1073和妇好墓所出青铜尊[④]。这些后铸可能采用了榫接的方式，即在铸造尊体时在肩部铸有接榫，然后在接榫上组合牺首铸型，后铸牺首于接榫上使之连接牢固。难波纯子博士认为在中商三期开始后铸牺首[⑤]，从M331的两件尊的风格看，年代或许应在二里岗与中商之间。后铸牺首年代可能还早。

南方类型的尊，目前所见几乎全是大口折肩尊，牺首全部铸铆式后铸，即在铸造尊体时在肩沿预留工艺孔，从六安淠河尊看孔为方形，然后在工艺孔上组合牺首铸型，浇注牺首后在腹内壁形成一块铆头（参见图一四）。

据以上分析，可以就牺首分铸做出如下排列：

浑铸·凸芯式 →（浑铸·盲芯式）→ 后铸·榫卯式 → 后铸·铸铆式

  二里岗上层   中商早期   中商早期   中商中晚期

需要说明的是，这个排列仅是工艺出现的时间，一种工艺出现后沿用多久以及如何与新工艺并行或被另一种工艺所取代，是个很复杂的问题，有待更精细的深入讨论。这里一个突出的问题是分铸的出现。从二里岗的浑铸到后来的分铸，或许可作如

[①] 苏荣誉、张昌平：《盘龙城青铜器的铸接工艺研究》，盘龙城与长江文明国际学术研讨会论文，武汉，2014年，待刊。

[②] 苏荣誉：《岐山出土商凤柱斝的铸造工艺分析及其相关问题的探讨》，《两周封国论衡：陕西韩城出土芮国文物暨周代封国考古学研究国际学术研讨会论文集》，上海古籍出版社，2014年，560、561页。

[③] 苏荣誉、张昌平：《关于盘龙城楼子湾青铜鬲LWM4:3的铸造工艺及相关问题》，纪念二里头遗址发现55周年学术研讨会论文，北京2014年，待刊。

[④] 华觉明、冯富根、王振江、白荣金：《妇好墓青铜器群铸造技术的研究》，《考古学集刊》（1），中国社会科学出版社，1981年，267页。

[⑤] 难波纯子：《地方型瓿的发达与三星堆出土的早期青铜器》，《夏商周文明研究殷商文明暨三星堆遗址发现七十周年国际学术研讨会论文集》，巴蜀书社，152页。

下推测。

中原商人从南方的原始瓷中汲取概念，结合当地的陶瓿发明了青铜大口折肩尊。南下的商人在南方生产这类尊时，装饰得华丽起来，一方面，先是在尊肩部，随即在尊的肩部和腹部装饰扉棱，自然是勾云形扉棱。另一方面，将牺首的浮雕不断抬高，因掌握了泥芯撑、解决了盲芯支撑问题，又掌握了分铸，遂将牺首以接榫法后铸，再又发明了铆接法使后铸的牺首与尊结合更牢靠。这一技术后传到安阳殷墟，尊肩部牺首和附饰可十分发达，因为技术上有了保证。

2. 浮雕纹饰的壁厚控制

中国古代青铜器几乎都是铸造成形的。青铜铸造是一个再结晶过程，即将熔融的青铜浇注到铸型中、凝固后获得具体形状，是一个随温度降低青铜顺序结晶、体积收缩的过程。这个过程中，温度低处结晶早且快，而铸件的壁薄处温度低；相反，壁厚处（包括拐角、折角、附件结合处）温度高，凝固慢。温度低处青铜凝固、体积收缩需要补充液态金属，否则即会发生浇不足或缩孔之类缺陷，温度高处的液态金属即会流向正凝固处以补缩。在1000℃时温度损失很快，加之器壁较薄，外侧器壁乃至浇道或浇口都会凝固，导致铸件较厚处不多的液态金属不足，在此处凝固时，即会发生缩孔、热裂裂纹等缺陷，壁厚的过渡处易于发生此类缺陷。所以，按照凝固原理，铸件的合理设计要求壁厚尽可能均匀一致，尽量使铸件各部分同时凝固，或者壁厚和缓过渡，否则需要设计特别的浇注系统以补缩[①]。

大口折肩尊的牺首以浅浮雕、浮雕和圆雕形式出现在尊肩部，是二里岗时期青铜器复杂化发展的重要现象。如前文所述，郑州商城出土的两件尊XH1:3和XH1:4，肩部突起的牺首在其内壁相应下凹，壁厚十分均匀一致。为实现这一目标，腹芯须有相应凸起，且形状和牺首一致但形小（差壁厚）。

如此紧密的配合，难度在于芯的制作。但商代铸工究竟怎样制作泥芯，迄今考古发掘的实物还很少，研究不足，并不清楚。石璋如先生推测将泥模刮去壁厚一层即为泥芯[②]，有其合理性，缺乏考古学证据。和模的制作一样，究竟有无母模翻制泥模，有无芯盒翻制泥芯，均有待未来的考古发掘，和对铸造遗址出土遗物的精细研究。以郑州向阳窖藏尊的牺首论，没有模具（芯盒）制作芯，要保证芯与范的配合如此精准是

---

① 苏荣誉：《二里头文化与中国早期青铜器生产的国家性初探——兼论泥范块范法铸造青铜器的有关问题》，《夏商都邑与文化》（一），中国社会科学出版社，2014年，352~360页。
② 石璋如：《殷代的铸铜工艺》，《"中央"研究院历史语言研究所集刊》（26），1955年，120、105页。陈志达先生也同意此说，《殷墟陶范及其相关的问题》，《考古》1986年第3期，269页。

难以想象的。倪克鲁（Lukas Nikkel）博士提出商代铸造青铜器没有使用模的想法①，不免以偏概全②。

如何从二里岗时期的圆雕性牺首发展为高浮雕纹饰，目前还缺乏资料。阜南月儿河出土的两件尊都是高浮雕纹饰，属于罗越Ⅲ型。其中的龙虎尊腹内壁相应下凹（参见图22右）。郭宝钧先生首先注意到这一现象，指出"纹皆凸起，凸出器表……内范（按：即'芯'）不为平面，随器表浮雕的凸凹而凹凸，所以壁虽凸凹而器壁厚薄仍均匀"，名之为"凸凹范"③。石志廉先生称之为"使用内范花纹凸出的做法"④。张昌平先生称这种方法为"凸凹式铸法"，泥芯是从模均匀地刮去一层，芯的表面依然有浮雕纹饰，南方尊、罍浮雕纹饰多是此法做出，小屯M333出土的尊是中原最早的实例⑤。按照李济和万家保先生对纹饰作法的分类，姑且名之为"模—芯合作纹"。

安阳小屯M333出土的弧肩罍R2060（原称瓿型器，图三六）肩部无牺首，腹部三兽面纹的角、鼻、眼及獠牙部分凸出器表，内壁相应凹下⑥。

月儿河龙虎尊和小屯R2060罍，芯和范配合如此只精准，只能设想泥芯也是从模翻制出来的，很可能就是翻范的原始模再翻制泥芯，只要控制好泥芯和范不同的收缩率，使范的收缩率大而芯的收缩率小，即可将范芯准确组装成完美的铸型。从留存下的高质量的铸件看，工匠以超高的技巧铸造了不可多得的精品，说明制范、制芯、组合铸型及浇注的各个环节的控制均到位。若按石璋如先生所提出的刮模成芯法，未必能达到这样的质量，可操作性有限。当然，两种推测均有待证实。

本文所及的十三件南方型尊，除三星堆尊K2②：79和城固苏村尊64：1纹饰为平面，其余均以六安溮河尊为代表，腹部和圈足都有高浮雕和浮雕纹饰，与之相应，腹内壁和圈足内壁则下凹。傅聚良先生还指出不少湖南青铜器和新干大洋洲某些器一样有此特点⑦，可以认为是商代南方类型的一个特点，都是模—芯合作纹产品。

---

① Lukas Nikkel. Imperfect symmetry: re-thinking bronze casting trchnology in ancient China. Artibus Asiae, vol. LXVI, no. 1, 2006: 5-39.

② 可参阅贝格利先生对倪克鲁先生的回应。Robert Bagley. Anyang mold-making and the decorated model. Artibus Asiae, vol. LXIX, no.1, 2009: 39-90.

③ 郭宝钧：《商周铜器群综合研究》，文物出版社，1981年，32页。

④ 石志廉：《谈谈龙虎尊的几个问题》，《文物》1972年第11期，65～64页。

⑤ 张昌平：《论殷墟时期南方的尊和罍》，《考古学集刊》（15），文物出版社，2004年，122页。

⑥ 李济、万家保：《殷墟出土五十三件青铜容器之研究》（古器物研究专刊第五本），"中央"研究院历史语言研究所，1972年，图版22。

⑦ 傅聚良：《盘龙城、新干和宁乡——商代荆楚青铜文化的三个阶段》，《中原文物》2000年第1期，44页。

 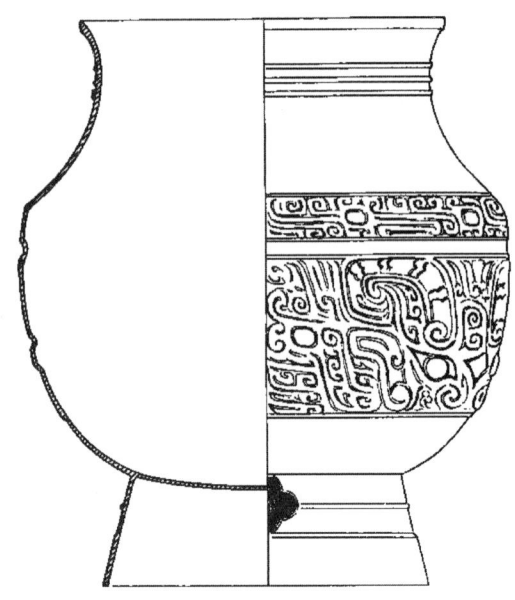

图三六　安阳小屯M333罍R2060（引自《殷墟出土五十三件青铜容器之研究》图版22）

贝格利先生很早即敏锐地注意到这一问题，指出阜南尊的内壁下凹，使壁之厚薄均匀，一方面可以节省金属，另一方面减少铸造缺陷，但安阳时期这一特点消失了[①]。事实大抵如此，但安阳西北岗M1004出土的牛鼎R1750，和腹壁浮凸的牛首纹饰相应的内壁下凹[②]，只是在殷墟仅属个别而已。然而，明显的事实是，殷墟妇好墓青铜器——通常被用之为殷墟二期的代表性器物，虽然有大量的器物表面有高浮雕纹饰，如瓿M5：778、偶方彝M5：791、鸮尊M5：785、妇好方尊M5：792、司䗊母方壶M5：794等[③]，都未见内壁凹陷，但却表现出对浮雕纹饰的认同和喜好。

两相对照，显出南方与殷墟的不同。虽然在审美上一致，但工艺大相径庭。可以推测不仅南方风格的青铜尊而且受其影响的大口折肩尊都不一定是在殷墟铸造的，殷墟发现的有限几器，主要是殷墟早期小屯几座墓出土的，或都是南方输入的。那么，南方式尊的年代，应不晚于殷墟二期。而南方的工匠会被迁往殷墟，将工艺偶尔一试，留下了蛛丝马迹，如M1004的牛鼎。

---

① Robert W. Bagley. Shang Ritual Bronzes in the Arthur M Sackler Collections. Cambridge: Harvard University Press, 1987: 272.

② 李济、万家保：《殷墟出土青铜鼎形器之研究》（古器物研究专刊第四本），"中央"研究院历史语言研究所，1970年，图版27。

③ 中国社会科学院考古研究所：《殷墟妇好墓》，文物出版社，1980年，33～73页。

3. 泥芯撑、垫片与圈足透孔

大口折肩尊的圈足顶往往均布三个透孔，或十字形、或四边形、或不规则形状。

最早是英国的中国艺术史家叶慈（W. Perceval Yetts，1878-1957）关注到中国青铜觚胴足上的透孔，认为是失蜡法铸造所使用的铜针作为芯撑（chaplet）以固定芯、去掉芯撑后的遗留[①]。对这一猜谜式的推测，万家保先生不能苟同，提出了曾经采用了十字形或长方形的铜片（若垫片）支撑泥芯，尔后铜片脱落或腐蚀而形成的[②]。同样属于强解[③]。

难波纯子博士认为这些镂孔"是由于铸造时使用支钉形成的"。她进而指出"对于华中型地方青铜器的制作者来说，似乎使用支钉是必不可少的，不但没有省略，反而夸张地超过实际需要地做得很大"[④]。刘煜博士最近梳理了二里岗至殷墟时期圈足的透孔，认为是泥芯撑的痕迹，"是在泥芯上设置的与器物壁厚相等的十字形或方块形凸起，经浇注后形成的。这一技术出现的动因，当是为了解决铸型装配时保持范和芯的距离的技术性难题。"并把这一技术的使用上溯到二里头文化的青铜器[⑤]。

难波纯子和刘煜博士的看法，从理路和某些实践上是有道理的，但也有不能圆通之处。二里头文化的青铜容器，有爵、角、盉、鼎、斝、鬲等类别，据陈国梁先生统计，总数二十四件，器壁均较薄，但有透孔的仅有考古发掘的一件爵（1980YLⅢ2∶2）和上海博物馆所藏的一件角[⑥]，这两器的透孔属于装饰。未见其他容器有透孔的报道，应当意味着多数容器虽未采用泥芯撑，但却成功地解决了容器铸造的悬芯问题，铸件顺利成形且品质良好，说明二里头的铸工无需芯撑（迄今也没有发现垫片）也能铸造质量良好的青铜器，那就一定别有办法固定铸型，特别是泥芯，但对其奥秘却茫然无知。还需看到，即使在殷墟时期，圈足器上透孔十分讲究时，仍然有不少圈足器没有透孔。显然，泥芯撑不是铸造容器的必要条件，至少对一部分工匠如此。

---

① W. Perceval Yetts. The George Eumorfopoulos Collection, Catalogue of the Chinese and Corean Bronzes, v.1, London: E. Bean, Ltd., 1929: 37.

② 李济、万家保：《殷墟出土青铜觚形器之研究》（古器物研究专刊第一本），"中央"研究院历史语言研究所，1964年，24、25页。

③ 苏荣誉：《二十世纪对先秦青铜礼器铸造技术的研究》，《泉屋透赏——泉屋博古馆青铜器透射扫描解析》，科学出版社，2015年，391页。

④ 难波纯子著、向桃初译：《华中型青铜彝器的发达》，《南方文物》2000年第3期，41页。

⑤ 刘煜：《圈足上的镂孔：试论商代青铜器的泥芯撑技术》，《南方文物》2015年第3期，110页。

⑥ 陈国梁：《二里头文化青铜器研究》，《中国早期青铜文化——二里头文化专题研究》，科学出版社，2008年，134~137页。

自二里岗上层，青铜容器已经规模化生产，器类增多、器物变大、装饰日渐富丽，圈足透孔也可分出十字形、方形或四边形以及不规则形状。通常透孔都是外小内大，有些甚至可以在透空边缘看到披缝痕迹，如城固苏村尊64：1、巫山李家滩尊及三星堆出土尊和罍①。这是圈足芯芯头（或称之为"自带泥芯撑"）的实例，可以想见，在制作泥芯时，或在芯表面贴泥片、或嵌泥台、或在刮削泥芯时保留凸台成为芯头。无论是贴、嵌还是削，没有这个芯头无以成透孔。问题是这样的芯头为何要加工成十字形的，且均为三个并置于分型面，以至到殷墟时期，一些瓿的胴足上的十字形透孔十分纤细而规矩，更无由认为如此煞费工夫仔细加工泥芯头以支撑泥芯，而应是一种装饰。二里岗时期的规则形状的透孔，功能也应是如此，和上述二里头时期两件器一脉相承。至于为何要在圈足形成这样的装饰，尚且无解。

南方类型的青铜尊，体量相对较大，圈足透孔大小不一，也有上述的三个类型，或可认为保存了制作的传统，或可理解为不同工匠的个人趣向。

垫片是中国古代工匠以泥范块范法工艺铸造青铜器的技术体系内的一项重要发明②，目前的资料指向发明于南方，而迄今所知最早的实例是黄陂盘龙城五期青铜容器使用垫片③，而且可以演绎出从泥芯撑到垫片的发明过程④。

当然，得出上述认识的局限在于迄今未对郑州商城所出土青铜器进行系统、深入的研究，只是我们所考察过的有限的二十多件青铜容器中未发现垫片使用的迹象，结合安阳黑河路出土的青铜器，X光片确证一些青铜容器没有使用垫片，似可推断郑州商城的青铜铸造中大概没有使用垫片。总而言之，使用而且近乎滥用垫片，是商代南方青铜器的一个特征⑤。对照南方青铜尊，自阜南龙虎尊以降，都使用了垫片。当然，具体使用多少垫片及其分布如何，还有待于X光成像予以揭示。

---

① 苏荣誉：《三星堆祭祀坑青铜器铸造工艺的初步考察》，《神秘的王国：三星堆青铜器》，巴蜀书社，2003年，399~447页。
② 苏荣誉、胡东波：《商周铸吉金中垫片的使用与滥用》，《饶宗颐国学院院刊》（创刊号），2014年，101~134页。
③ 苏荣誉：《新干大洋洲商代青铜器群铸造工艺研究》，《磨戟——苏荣誉自选集》，上海人民出版社，2012年，110、114页。
④ 苏荣誉、张昌平：《关于盘龙城楼子湾青铜鬲LWM4-3的铸造工艺及相关问题》，纪念二里头遗址发现55周年学术研讨会论文，北京，2014年10月25日~26日。
⑤ 苏荣誉：《关于长江中游出土的两件商代中期青铜尊——兼论垫片的可能起源和滥用》，亚洲铸造史年会，安阳，2012年8月31日~9月2日。

七、大口折肩尊的生产年代与产地及南方青铜器

1. 时代

按照考古学在中原建立的编年，商代序列当是：

二里岗下层→二里岗上层Ⅰ期→二里岗上层Ⅱ期→中商一期→中商二期→中商三期或殷墟一期→殷墟二期→殷墟三期→殷墟四期。综合上述对大口折肩尊造型、纹样和工艺的分析，试对相关器物的年代作以推测。

年代最早的一组是中原组，郑州商城的四件青铜尊，向阳窖藏XH1：3和XH1：4、Y0861和Y0890年代接近，前三器造型相同，若其年代在二里岗上层一期晚的话，具有扉棱的尊Y0890当处在二里岗上层二期或向中商的过渡时段。尊Y0861和Y0890，纹饰同属罗樾Ⅱ型，前者的年代或在尊XH1：3\4之后而在后者之前。偃师塔庄的可能早到二里岗上层一期，灵宝东桥尊年代当与Y0890相当，同为二里岗上层二期或向中商的过渡时段。

关于小屯M331，既有学者将其定为殷墟二期，并有早段与晚段的区分，但笔者以为唐际根先生将该墓放在殷墟一期更有道理，本研究也支持两件大口折肩尊更早。况且，器物可能早于墓葬甚至差出不少[①]。小屯M331出土的R2170和R2071器形相同，接近人民公园尊Y0890，也具有罗樾Ⅱ型纹饰，但R2070和R2071腹部纹饰分上下段，可能较Y0890略晚，为中商一期。

阜南月儿河两件尊，造型和二里岗尊一致，具有特殊的罗樾Ⅲ型纹饰，应属二里岗上层晚期或中商一期。与月儿河龙虎尊相仿佛的三星堆龙虎尊，较之晚一个时段，年代应在中商二期不会晚于中商三期。

那么，三星堆二号坑的南方式青铜尊的年代大概可以确定在中商晚期，而六安堰河尊、华容东山尊、岳阳费家河尊、江陵八姑台尊、枣阳新店尊和城固苏村尊64：1，年代基本相同，或许平纹的苏村尊64：1和三星堆尊K2②：79、K2②：112和K2②：135略晚，可到殷墟一期。

需要特别说明的是，这是基于风格和工艺对青铜器的断代，绝不意味着出土这些器物的器物坑、窖藏或墓葬的年代如此，相反，它们的年代要较器物晚，甚至晚逾千年。

如果上述推测合理，那么罗樾Ⅳ型青铜器是在南方发展起来的，并随着南方器物

---

① 对此，请参阅岳洪彬先生的研究。岳洪彬：《殷墟青铜容器分期研究》，《考古学集刊》（15），2004年，55、56页。

向安阳的流动，特别是南方工匠迁移到安阳铸铜作坊，Ⅳ型在殷墟二期迅即普及开来并发展出Ⅴ型。同样，散裂式兽面纹也传到了安阳并施之于妇好墓青铜器，勾云形扉棱也传来但被改造成直条状。当然，迁至殷墟的南方工匠还带来了垫片、铸铆式后铸工艺、先铸工艺[①]、模—芯合作纹工艺等。

2. 产地

本文讨论的大口折肩尊包括二十三件，出自中原和南方多地（图三七），但多为偶然发现或发现后复经考古清理，其产地问题已有不少讨论。

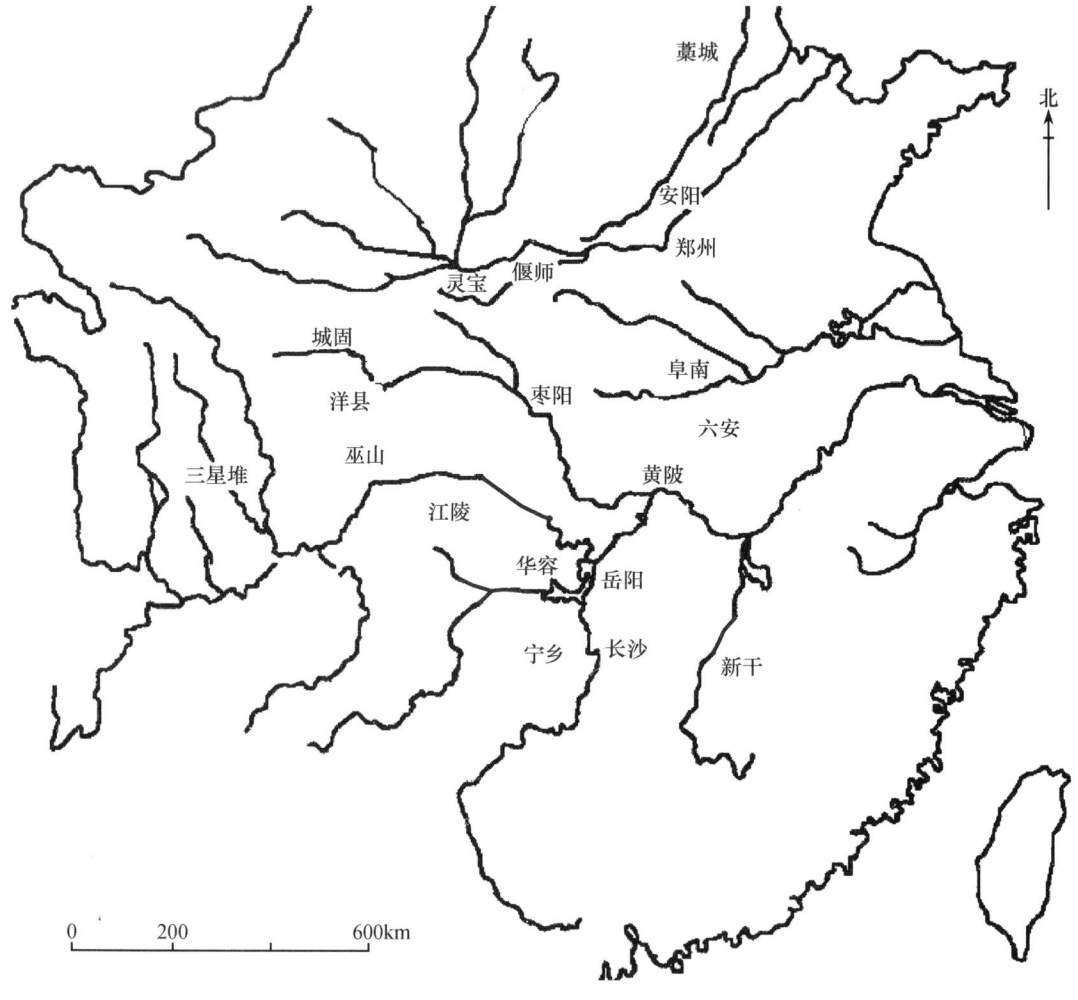

图三七 大口折肩尊出土地及相关器物分布图

[①] 苏荣誉：《安阳殷墟青铜技术渊源的商代南方因素——以铸铆结构为案例的初步探讨兼及泉屋博古馆所藏凤柱斝的年代和属性》，《泉屋透赏：泉屋博古馆青铜器透射扫描解析》，科学出版社，2015年，352~386页。

青铜器产地指其铸造地，研究这一问题最直接的材料是铸铜遗址。目前对先秦铸铜遗址的发现和研究都存在不同程度的欠缺甚至缺失[①]，具体到商代，早商的铸铜遗址发现于郑州商城，晚商的在安阳殷墟，前者两处而后者五处。但是，迄今为止，每个作坊都在什么时段铸造了怎样的青铜器，依然不得确知。若铸铜作坊的材料不能研究深透，难以推进青铜器产地问题的研究。

　　对南方青铜器而言，汉水和淮河流域以南，发现了大量的商代青铜器，有典型商早期文化如黄陂盘龙城，有深受商文化影响的青铜器群如新干大洋洲、湘江沩水流域、汉水湑水河流域（城固-洋县地区）和广汉三星堆[②]，以及很多散布在汉水、淮河、长江、湘江、赣江流域等地的青铜器，但却没有发现一处典型铸铜作坊遗址[③]。江西吴城周围仅发现内涵单薄的铸铜遗物[④]，远不能和新干大洋洲青铜器联系起来，苏荣誉怀疑那里是否有能力铸造青铜礼器[⑤]。包括贝格利的不少学者提出黄陂盘龙城有铸铜遗址，"湖北黄陂盘龙城出土的青铜器表明，早在二里岗时期南方已有扎实的青铜铸造业"[⑥]，经苏荣誉辨析，截至2010年的资料不能支持盘龙城铸造青铜礼器的说法。有鉴于此，探究南方青铜器的产地问题需要从器物本身提取信息并解读。

　　率先尝试这一问题的是美国学者。1972年，V. C. 凯恩（Virginia Kane）博士在论文中划分出一批风格不同于安阳殷墟的南方青铜器，认为其原形全部来自安阳，但提出了南方自有其青铜铸造业[⑦]。1977年，贝格利先生提出青铜礼用容器及其相关的金属工艺在二里岗时期曾随着商朝势力的扩张由中原向外传播，安阳初期，商朝的政治力量退缩，就使各边缘地区得以发展起各具特色的本地青铜业[⑧]。

　　在讨论产地之前需要首先指出：中国古代青铜器的泥范块范法铸造占绝对支配地位的技术和生产体系在古代文明中独树一帜，而泥范块范法是一种基于陶器实践形

[①] 苏荣誉：《二十世纪对先秦青铜礼器铸造技术的研究》，《泉屋透赏——泉屋博古馆青铜器透射扫描解析》，科学出版社，2015年，417、418页。

[②] 施劲松：《长江流域青铜器研究》，文物出版社，2003年，288、289页。

[③] 过去不少学者称盘龙城有铸铜遗迹，但业已公布的资料中不能确定这一事实。见苏荣誉、张昌平：《盘龙城青铜器工艺技术研究》，待出版。

[④] 江西省文物考古研究所、樟树市博物馆：《吴城——1973~2002年考古发掘报告》，科学出版社，2005年，83~86、143~153、357、358页。

[⑤] 苏荣誉：《二里头文化与中国早期青铜器生产的国家性初探——兼论泥范块范法铸造青铜器的有关问题》，《夏商都邑与文化》（一），中国社会科学出版社，2014年，364、365页。

[⑥] 贝格利：《南方青铜器纹饰与新干大洋洲墓的时代》，《吴越地区青铜器研究论文集》，两木出版社，135、136页。

[⑦] Verginia C. Kane. The independent bronze industries in the south of China contemporary with the Shang and Western Chou Dynasties. Archives of Asian Art, 28 (1974-1975), 1972: 77-107.

[⑧] Robert W. Bagley. P'an-lung-ch'eng: a Shang city in Hupei. Artibus Asiae, vol. 39, no. 3/4, 1977: 165-219.

成的极为复杂、需要高度技巧的铸造工艺，尤其是铸造青铜礼乐器，不可能早期所有的部族、地域乃至方国都能掌握。换句话说，这一技术容易形成生产的集中性和垄断性[①]。商周数以万计的青铜器具有基本相同的面貌、辽阔的版图中极为有限的铸铜遗址、铸铜遗址宏大的规模和较长的持续性，都是这些具有本质性的特点的注疏。

施劲松先生所提出的"南方青铜器是呈多中心分布的"[②]，仅可考虑分布而非产地。至于贝格利先生指出的"至二里岗末期，同一风格、性质的青铜器在各地铸造，地域跨度极大……但是，早在二里岗末期，地方风格开始涌现；殷墟时期，各地间的差异则更为显著"[③]。若是指二里岗之后以至殷墟时期各地都铸造青铜器，却也难以苟同。

的确，南方青铜器分布呈多中心性，广汉三星堆、城固湑水河、新干大洋洲、湘江及沩水，都出土了为数不少的青铜器。对于三星堆青铜器，朱凤瀚先生说，"可以认为无论是人像还是容器，皆以在本地铸造的可能性较大。"[④]孙岩和杨红育指出"三星堆尊、罍在主体纹饰上普遍采用殷墟一二期兽面纹风格，"三星堆尊和罍"可能是地方仿造的商风格青铜器"[⑤]。许杰先生联系到两湖地区出土的青铜器，指出三星堆的一些青铜尊和罍不是当地产品，而是长江中游湖北湖南青铜作坊的产品，通过交换来到三星堆[⑥]。

对于新干大洋洲青铜器，贝格利先生指出："大洋洲墓出土的青铜器全部或者大部分是当地铸造的，这一点难以置疑"，"其年代必定略晚于二里岗期"[⑦]。

关于淮河流域的青铜器，罗森夫人认为是从郑州分出南下的一支铸造的[⑧]。

而讨论最多的，当数湖南青铜器。高至喜先生率先明确提出"大部分都是在本地

[①] 苏荣誉：《二里头文化与中国早期青铜器生产的国家性初探——兼论泥范块范法铸造青铜器的有关问题》，《夏商都邑与文化》（一），中国社会科学出版社，2014年，342～372页。

[②] 施劲松：《关于南方青铜器断代研究的几点思考》，《四川大学考古专业创建四十周年暨冯汉骥教授百年诞辰纪念文集》，四川大学出版社，2001年，265页。

[③] 贝格利：《南方青铜器纹饰与新干大洋洲墓的时代》，《吴越地区青铜器研究论文集》，两木出版社，135、136页。

[④] 朱凤瀚：《中国青铜器综论》，上海古籍出版社，2009年，1165页。

[⑤] 孙岩、杨红育：《当地传统和外来影响——从三星堆和新干看地方青铜文化形成的不同模式》，《新世纪的考古学：文化、区位、生态的多元互动》，紫禁城出版社，2006年，508页。

[⑥] Jay Xu. Bronze at Sanxingdui. Ancient Sichuan: Treasures from a Lost Civilization. Princeton: Princeton University Press, 2001: 141.

[⑦] 贝格利：《长江流域青铜器与商代考古》，《南方文物》1996年第2期，33页。

[⑧] 罗森：《殷商时期中原地区与南方的青铜文化交流》，《吴越地区青铜器研究论文集》，两木出版社，155、160页。

铸造的"①，万全文先生也有同样的说法，它们的理由是湖南青铜器造型和纹饰的地方特点，及部分材质含锑，器物含铅、锡较高②。按，含锑青铜器涉及特别的矿源，而材料来源和器物铸地不可同日而语；同样，高锡高铅青铜器是中国古代青铜器的特色，非湖南独然③，难以据此立论。对此，王恩田先生也有讨论④。何介钧先生认为湖南所出土的大铜铙是在南方铸造，属性为南下的商文化而非越族所铸⑤。向桃初先生认为："混合型和地方型铜器为商人在包括湖南的南方地区铸造，兽面纹大铜铙不见于其他地区，应该就是商人来到湖南后铸造的。"⑥

向桃初先生在宁乡炭河里遗址发掘之后，分析了美国和日本学者的研究，重新对湖南青铜器进行了分组，本文所及的大口折肩尊，即混合型被分为B组，分布广泛。"由于铜器铸造技术非常复杂，不可轻易学会和掌握，而且往往为一定区域内统治集团所垄断，对外具有保密性，因此，以上各地点出土的风格相同的铜器绝不可能是各自就地铸造的，而只可能铸造于某一个或少数几个区域文化的中心地区，即使如此，其器形、纹饰等方面的共有传统，逻辑上讲应首先在某一个地区起源"。"本组铜器的起源或铸造地最大可能是湖北江汉平原东部地区。"这里应该存在至少一个比较强大的方国⑦。向先生最后归纳道："湖南湘江流域出土的商周青铜器的主体不是本地铸造的。其中商式青铜器是商末周初殷遗民受周人所迫南迁进入湘江流域时带来的。而以大口尊、折肩罍为代表的B组铜器原产于江汉平原地区，它们是跟随殷遗民南下的江汉平原地方势力带来的。大铜铙起源于鄂东南赣西北地区，湖南的大铜铙应该是本地产品，但铸造年代主要为商末至西周时期，湖南大铜铙的出现无疑与鄂东南赣西北地区文化传统的南来有关。动物造型类铜器如果年代为商代晚期，则肯定不是在湘江流

---

① 高至喜：《"商文化不过长江"辨——从考古发现看湖南的商代文化》，《求索》1981年第2期，引自熊健华：《湖南出土殷商西周青铜器》，岳麓书社，2007年，196页。

② 万全文：《商代长江流域青铜文化初论》，《南方文物》1993年第2期，99页。

③ 苏荣誉、华觉明、李克敏、卢本珊：《中国上古金属技术》，山东科学技术出版社，1995，278、283、284、243~274页。

④ 王恩田：《湖南出土商周铜器与殷人南迁》，《中国考古学会第七次年会论文集1989》，文物出版社，1992年。引自熊健华：《湖南出土殷商西周青铜器》，岳麓书社，2007年，285、286页。

⑤ 何介钧：《试论湖南出土商代青铜器及商文化向南方传播的几个问题》，《湖南先秦考古学研究》，岳麓书社，1996年，124页。

⑥ 向桃初：《湖南商代铜器新探》，《四川大学考古专业创建三十五周年纪念文集》，四川大学出版社，1998年，175页。

⑦ 向桃初：《湘江流域商周青铜文明研究的重要突破》，《南方文物》2006年第2期，74页。这一观点的很多部分和苏荣誉在西雅图会议上的演讲相重合。Su Rongyu. The Zun Vessels from Chenggu, A Reconstruction of Bronzes in Southern Shang. The workshop with an exhibition of Ancient Sichuan: Treasures from a Lost Civilization at Seattle Art Museum. August 2001, Seattle.

域铸造。""E组越式铜器为湘江流域本地铸造,是在商末周初殷遗民等南下带来的青铜冶铸技术的基础上发展起来的地方特色的作品,本组铜器的出现标志着湘江流域地方青铜文明进入了形成发展期。"①向先生在后来的专著中,再次申论了这一观点②。

和向桃初先生的看法不同,李伯谦先生认为湖南宁乡青铜器"并非商文化,而是受商文化影响的以当地文化因素为主的一只地方青铜文化,现已命名为炭河里文化。"宁乡出土的许多青铜器,铸造年代属于商代晚期,"不能排除有当地铸造的产品。"理由为:①如石门皂市、津市涔澹农场、岳阳鲂鱼山、温家山和铜鼓山及汨罗玉笥山等遗址会影响到宁乡地区。②宁乡铜器群以出土牛、羊、豕、马、虎、象等动物象生形铜器和大型铜铙为特色,而中原地区以殷墟出土青铜器为代表的典型商文化铜器群则基本不见。③青铜器成分有明显差异。④炭河里文化主体成分由当地土著文化发展而来,其西周早期的青铜冶铸技术不一定都是中原地区的王朝更迭突然从外部传来的,不能排除是继承当地较早的青铜冶铸技术进一步发展的结果③。

分析上述观点,关于南方青铜器的产地问题,可以分解为两个子问题:何谓南方青铜器及南方青铜器的产地,再引申一下,涉及南方青铜器与中原青铜器的关系。

3. 南方风格青铜器及其产地

在业已展开的对南方风格青铜器的讨论中,对造型和纹饰风格讨论多而从技术角度的讨论不足。如果需要从技术角度作一归纳,经过诸多学者的探索,南方青铜器的技术特点,或许可概括如下。

(1)强调器壁厚度尽可能均匀或尽可能差别较小,器表的浮雕和浅浮雕凸起,在器内壁一侧相应凹下。以减小缺陷发生倾向,非常符合铸造原理④。

(2)可能率先发明并使用了青铜垫片,并在早商或者早中商之际开始过度使用以至到滥用地步⑤。

(3)后铸附件的铸铆结构,这一特征在南方青铜器中并未大量使用,表现出个别

---

① 向桃初:《湘江流域商周青铜文明研究的重要突破》,《南方文物》2006年第2期,78页。
② 向桃初:《湘江流域商周青铜文化研究》,线装书局,2008年,411、412页。
③ 李伯谦:《〈宁乡青铜器〉序》,《宁乡青铜器》,岳麓书社,2014年,2、3页。
④ 苏荣誉,《龙虎尊发微》,《青铜文化研究》(8),黄山书社,2013年,13~22页。
⑤ 苏荣誉、胡东波:《商周铸吉金中垫片的使用与滥用》,《饶宗颐国学院院刊》(创刊号),2014年,101~134页。

工匠的个人绝技或特点①，目前所发现有十六件器物属此②。

（4）扉棱先铸成形再分铸。这一现象的普遍程度有待进一步研究，或者与上一条一样，具有很大的局限性或工匠的个性③。

（5）容器的圈足上铸圆孔。这一特征也具有相当的局限性或地域性。目前只在三星堆等尊上发现④，2015年发现湖南商代青铜器中也有一件器物圈足有圆穿。

当然，上述归纳所依据的样本还很有限，因为二里头和郑州商城的青铜器还缺乏系统深入的研究，不排除某些特点其实在中原地区深藏未识的可能。另外，上述特点中有些是很地域化或个性化的，是工匠个人的特殊才能或意向所致，具有地域或时代或个人特点。就南方大口折肩尊而论，如前所论的三个特点比较突出，即高浮雕纹饰的内壁下凹（壁厚控制）、铸铆式后铸牺首和垫片的普遍使用。

迄今在南方没有发现有规模的、铸造水平可与南方青铜器相埒的铸铜遗址，但却发现了多处采铜炼铜遗址。中国最大的铜成矿带在长江流域，几乎占总储量的70%。目前发现开采年代最早的铜矿是江西瑞昌铜岭古铜矿，开采时限可上溯到二里岗上层阶段⑤。沿长江而上，同一成矿带发现有湖北阳新港下古矿冶遗址，年代在西周晚期至春秋早期⑥。再西的湖北大冶铜绿山是中国迄今发现规模最大的采铜炼铜遗址，开采时间可上溯到西周时期，地表积存的古代炼渣有四十万吨，估计曾炼出五至十万吨铜⑦。沿长江向下，发现了皖南古铜矿，年代可早至西周时期⑧。这些发现表明在商周时期，长江南的赣鄂皖地区是采铜炼铜工业中心。徐少华先生认为盘龙城遗址的存在和城的

---

① 苏荣誉、张昌平：《盘龙城青铜器的铸接工艺研究》，盘龙城与长江文明国际学术研讨会论文，武汉2014年，待刊。苏荣誉：《岐山出土商凤柱斝的铸造工艺分析及其相关问题的探讨》，《两周封国论衡：陕西韩城出土芮国文物暨周代封国考古学研究国际学术研讨会论文集》，上海古籍出版社，2014年，551~563页。

② 苏荣誉：《安阳殷墟青铜技术渊源的商代南方因素——以铸铆结构为案例的初步探讨兼及泉屋博古馆所藏凤柱斝的年代和属性》，《泉屋透赏：泉屋博古馆青铜器透射扫描解析》，科学出版社，2015年，352~386页。苏荣誉在2015~2016年的研究中又发现两件此类工艺器物，而且不包括大口折肩尊牺首的铸铆式后铸。

③ 苏荣誉：《新干大洋洲商代青铜器群铸造工艺研究》，《磨戟——苏荣誉自选集》，上海人民出版社，2012年，109、110、116页。

④ 参见许杰先生普林斯顿大学博士论文。Jay Xu. The Sanxingdui Site: Art and Archaeology. 2008.

⑤ 江西省文物考古研究所、瑞昌博物馆：《铜岭古铜矿遗址发现与研究》，江西科学技术出版社，1997年，1~91页。

⑥ 港下古铜矿遗址发掘小组：《湖北阳新港下古矿井遗址发掘简报》，《考古》1988年第1期，30~42页。

⑦ 黄石市博物馆：《铜绿山古开业遗址》，文物出版社，1999年。

⑧ 杨立新：《皖南古代铜矿的发现及其历史价值》，《东南文化》1991年第2期，131~137页。

兴建，与大冶、瑞昌等地古铜矿的开发和冶炼具有密切的内在联系①。万全文先生直接提出"殷人南进是为了掠取铜锡资源"②，虽然不清楚是"掠"还是"开发"，而且关于锡的线索还茫然无头绪，但不失为一说。彭明瀚认为商周时期为了南方的铜，贸易和战争手段并用③。

很明显，中原铜锡资源匮乏，而它们是当时最重要的战略物资，国脉所系。在四处探索的过程中，长江铜矿带被发现，出露浅，围岩破碎、易（露天）开采④，长江铜矿带遂得开发，使得二里岗时期青铜器的勃兴成为可能，即铜矿大规模的开发也就在二里岗上层阶段。

考古事实表明，商周时期铜资源来自赣鄂皖地区，而且开发者应是商王朝派出者而非土著，技工也是商人，地方土著为劳工。南方先炼铜铸锭供应商王朝，随即直接铸造青铜器，从一个铜产地发展为一个铜和铜器的产地。铜产在矿山，而铜器在城邑，城邑何在？

迄今所发现的铸铜遗址几乎全在都邑。商代先后有郑州商城和安阳殷墟，前者发现两处后者五处，别处虽有踪迹但未必铸造了礼器。这一现象的含义是铸铜由商王直接且严格控制。在早商的南方，和郑州的商文化面貌和文明程度一致的目前只发现盘龙城，其性质还在探讨，但目前不能肯定有铸造青铜容器的遗迹和工业。然而，盘龙城所出青铜器表明铸造它们的技术中有一些新的别于郑州商城的因素，可以看出一些重要工艺如铸接、垫片等的发明过程，推测它们来自于一个南方的铸铜作坊。其方位当在赣鄂皖区域而不会在湘江流域，因为商时期湘江流域的文化、经济水平还不足以支持青铜工业。南方作坊可能先铸造一些商城也生产的青铜器，如斝、觚、爵等，也铸造一些新奇器如管流爵、双耳簋等，并在斝柱顶装饰凤鸟、在斝腹装饰扉棱，且发明了扉棱先铸的工艺。此后似乎专注于铸造某些特别种类的青铜器，如大口折肩尊、折肩瓿等，而且乐于在尊上装饰扉棱和鸟饰。还发明了模-芯合作纹工艺以铸造高浮雕尊和瓿；铸造青铜鼎、甗、铙并装饰扉棱和动物，当然也铸造农具、工具和兵器以供当地之需，形成了自己的风格，即今天我们所称的南方青铜器。由于无虞铜的供给，器物可铸造得很大以至数十千克到两百千克。

随着南方铜源源不断地运京，铸作的某些铜器也随之传到商城和中原地区，如扉棱尊Y0890和灵宝东桥尊，当然一些新工艺也会传到京都商城，但鉴于工艺和技术上的

---

① 徐少华：《从盘龙城遗址看商文化在长江中游地区的发展》，《江汉考古》2003年第1期，40~44页。
② 万全文：《商周王朝南进掠铜论》，《江汉考古》1992年第3期，50~53页。
③ 彭明瀚：《铜与青铜时代中原王朝的南侵》，《江汉考古》1992年第3期，47~49页。
④ 苏荣誉、华觉明、李克敏、卢本珊：《中国上古金属技术》，山东科学技术出版社，1995年，53、54页。

复杂性,京城工匠未必能掌握这些工艺。

虽然上述推测和中原商王朝同样都不清楚铸铜工业如何运营及内部分工组织,但可以推知和商城铸铜作坊不同的是,没有一个强有力的所有者垄断产品,它们可以到处流布在长江流域甚至越过秦岭-淮河这个气候和文化分界线以至于抵达长城地带,而且鲜有埋葬于墓葬,至少在长江流域如此。其生产的高峰当在中商中晚期,为数不少的南方型青铜尊和罍即是铸造于这一时期,或许在数十年间,出自一两代至三代工匠之手。施劲松先生指出南方类型尊是从安徽阜南向西传到两湖,再向西经重庆而达三星堆,然后东折到陕南城固一带,那里可能是中原青铜器和南方青铜器的交汇地处[①]。"南方青铜器应存在着一个自身系列,他们有自身的特点和相对独立的发展序列","南方青铜器系列内部可能还存在着由东向西的影响"[②]。但究竟是否以阜南月儿河青铜尊为南方类型的最早,是经汉水入川还是溯长江而上,还有待未来的考古发现予以证实。

4. 南方青铜器与中原青铜器的关系

上述梳理和构建,表明南方青铜工业属于商王朝,青铜器的文化和技术源于商文化且属于商文化,始于二里岗时期。

艺术史家罗森夫人曾敏锐指出,龙虎尊"是由郑州时期青铜器制作的传统发展下来的,很少表现出殷墟青铜器的制作风格。那就是说,当青铜铸造技术、青铜器的形制和纹饰从河南传到南方时,河南与南方交往的主要时间发生在郑州二里岗时期。从那以后,青铜器铸造发展成两个平行的流派和传统,一个在河南和一个(或几个)在南方。上面所提到的南方青铜器都是从南方流派发展而来,只是偶然吸收殷墟的传统特点。这个假说包含有这样一个可能,目前留下来的南方青铜器也许是在比较长的一段时间里铸造的。还有另一可能,因为有两个或几个同时发展的不同风格的传统,所以在殷墟时期,青铜器的器形和纹饰不光从河南传到南方,而且也从南方传到了河南"[③]。她说,二里岗之后南方与中原青铜工业属平行发展,确属高明之见。但在时空关系上不无含混之处,一系列的技术发明支撑着南方作坊在与中原平行发展过程中形成了自身风格,即南方风格,——由技术支撑的南方风格,凯恩女士提出的南方青铜工业的独立性(independent),在此才具有实质意义。也是在这一点,才能深入理解南方风格,更进一步去理解新风格或地方风格的形成,也即贝格利所谓的与"都会"

---

① 施劲松:《论我国南方出土的商代青铜大口尊》,《文物》1981年第10期,47~51页。
② 施劲松:《论带虎食人母题的商周青铜器》,《考古》1998年第3期,62页。
③ 罗森:《殷商时期中原地区与南方的青铜文化交流》,《吴越地区青铜器研究论文集》,两木出版社,155、160页。

（metropolitan）相对的"地方"（province）。

上段引文中罗森夫人所讨论南方与殷墟时期的关系，认为南方形成了多个风格传统，它们"偶然吸收殷墟的传统特点"，但都没有确指哪些特点或风格因素来自殷墟，突出南方回馈殷墟倒是中肯，但依然没有明言究属怎样的因素。

施劲松先生讨论了南方大口尊，认为"南方大口尊显然是受中原大口尊的影响而出现的"，但所言"南方大口尊和中原大口尊是同一时期但却是不同系列的同类器"[①]，或许是罗森夫人南方与铸铜中原平行性的一个具体例证。

在南方与中原青铜器生产的关系上，贝格利先生的纠结也很明显，一方面，他认为"在二里岗时期，长江流域从中原学到了青铜器铸造技术；而在殷墟时期，长江流域青铜铸造业则只是向中原借鉴了若干概念。"另一方面，他明确"大多数南方青铜器的铸造似乎与殷墟青铜器并无关系"，"新干、湖南出土的青铜器则进一步表明，长江流域的青铜铸造业不迟于殷墟时期已呈现出兴旺昌盛的局面。这些本地的青铜器铸造业建立在二里岗时期的基础上，但似乎迅速发挥出很大程度的独立性"[②]。

显然，无论对是南方还是对中原青铜器的研究，都有很多问题尚未解决。产地、产品流通、技术传播、器物编年等都有待深化，这里特别讨论南方青铜作坊的存续时间问题。

前文已提及，南方青铜铸造很大可能源于长江领域赣鄂皖地区的炼铜，先后兴起于二里岗上层阶段。青铜铸造在南方有一系列的技术发明，发展很快，可能在中商早期即形成了自身的风格，即南方风格青铜器，大口折肩尊和折肩罍或是其代表作，在中商中期具有更加鲜明的特点。这些器物流布四方，包括输入郑州商城和安阳殷墟。如小屯M331出土尊R2070和R2071以及M333罍R2060。但到殷墟二期，即武丁时代，典型的且可比的南方青铜尊急剧减少，具有南方风格的青铜器，除大铜铙而外很难看到，对此曾有假设：武丁时期殷王朝足够强大，毁却了南方铸铜作坊（铜冶炼依然持续），迁南方铸铜作坊的工匠到殷都安阳，这些工匠掌握着南方铸铜的独特技艺，还继续铸造具有或部分保留南方风格特征的青铜器[③]，使得安阳青铜器尚具活力和生气，但却也在不断不断被同化之中，大约在殷墟二期后段，青铜器生产被高度垄断，安阳青铜器风格定于一律，呆板少趣[④]。以大口折肩尊而论，定型于如西北岗M1400尊

---

① 施劲松：《论我国南方出土的商代青铜大口尊》，《文物》1998年第10期，47~51页。
② 贝格利：《南方青铜器纹饰与新干大洋洲墓的时代》，《吴越地区青铜器研究论文集》，两木出版社，135、136页。
③ 苏荣誉：《安阳殷墟青铜技术渊源的商代南方因素——以铸铆结构为案例的初步探讨兼及泉屋博古馆所藏凤柱斝的年代和属性》，《泉屋透赏：泉屋博古馆青铜器透射扫描解析》，科学出版社，2015年，382~386页。
④ 苏荣誉：《二里头文化与中国早期青铜器生产的国家性初探——兼论泥范块范法铸造青铜器的有关问题》，《夏商都邑与文化》（一），中国社会科学出版社，2014年，342~372页。

R1073，并在一个时段后转变为筒形尊。

若这一推论成立，绝大多数南方风格的青铜器都应断代在殷墟二期之前，如果武丁不觉得南方作坊铸造青铜铙可以网开一面、延续铸造的话也当属此，少量略晚的尊可能是南方工匠在殷墟作坊生产的，当然，还有部分青铜器是后来模仿早期作品的结果，数量一定有限。

需要清醒的是，一个大型青铜作坊就究竟铸造了怎样的青铜器，如殷墟作坊，还是有待研究的。殷墟铸铜作坊发现了一些范，所铸器并不见于殷墟出土物，可能暗含着当时的某个铸铜作坊专门服务于殷墟之外某些族、国[①]。鉴于商周时期数以百计的国、族自有其器，绝大多数不可能自有作坊去铸造，一个殷墟作坊所提供的产品可能是多样的。

致谢：感谢皖西博物馆陈曙光馆长为本文提供了淠河尊腹内壁的照片，襄阳市考古所王志刚先生提供了枣阳尊的照片。巫山李家滩尊的照片是重庆文化遗产研究院方刚先生扫描的。2012年9月20日我们和北京大学李零教授、陈建立副教授一同参观安徽皖西博物馆，馆方慷慨允许我们仔细考察所藏大口尊并拍照，文中未注明出处的照片为作者自拍。于拙文草成之际，特向该馆同仁致以衷心感谢。

2014年，当苏荣誉和张昌平完成了《黄陂盘龙城出土青铜容器技术研究》书稿后，即着手撰写此文，历时约一年，我们受教于李伯谦先生很多，合力将此文谨祝寿庆，聊表寸心。2015年，苏荣誉和湖南省博物馆合作研究所藏商周青铜器，对华容东山尊和岳阳费家河尊进行了尽可能详尽的技术考察，并在本文的基础上完成了《湖南省博物馆藏两件大口折肩青铜圆尊的研究——兼及同类尊的渊源与风格、工艺、产地和时代问题》，提交于湖南商西周青铜器国际学术研讨会（2015年8月27~28日：长沙），将出土的和传世的51件大口折肩尊一同讨论，是本文的深化和拓展，因此文完成在先，未将湖南尊的具体技术材料采入。今年在手工业考古重庆论坛——中国西南地区冶金与盐业考古国际学术研讨会（2016年6月18~19日：重庆）上，苏荣誉对重庆李家滩尊做了专门解剖和讨论，指出圈足底部在设浇口部位的加厚也是南方青铜器的一个特点。苏荣誉和学生杨夏薇、李钟天再次对两件龙虎尊进行了研究，完成了《龙虎尊再探》，提交三星堆与世界上古文明暨纪念三星堆祭祀坑发现三十周年国际学术研讨会（2016年7月18~19日：广汉三星堆），修正了《龙虎尊发微》中的一些错误，本文仅略作修正而未能采进相关的研究，特此说明。同道可关注有关论文集的出版。

---

① 苏荣誉：《青铜工艺与青铜器风格、年代和产地——商末周初的牛首饰青铜四耳簋和出戟饰青铜器》，《艺术史研究》（16），2014年，97~143页。

先秦城邑的城郭问题

段宏振
（河北省文物研究所）

一、城邑与城郭

先秦城邑及城郭之制，汉代以前文献中可见零散记载，但缺乏详尽系统之述，唯有《考工记》中"匠人建国"一段约略可窥大概。城邑乃人居聚落发达之结果，其性质与形制、规模及层次等，古文献之中尚可钩沉一二，当为研究先秦城邑之制的必要参考。

1. 城与邑

关于城与邑的概念。

《说文解字》："城，以盛民也。""邑，国也。""都，有先君之旧宗庙曰都。"

《左传》庄公二十八年："凡邑，有宗庙先君之主曰都，无曰邑。邑曰筑，都曰城。"

殷墟甲骨文中屡见"作邑"的占卜，张光直视此类"邑"即镇，并对邑内所居人口的族性作了分析[①]。先秦城市统称为邑，即泛称为邑，邑中建有宗庙的又可称之为都或城。此反映了周代的都城以宗庙为核心，宗族神权为上，拥有宗庙的城市为最高等级。而周代末期以后则又了改变，刘熙《释名》："国城曰都者，国君所居，人所都会也。"此时的都城以国君为核心，神权让位与君权了。

先秦城市的区分主要是在邑和都之间，亦即普通城市与核心城市的区别。而文献在记载舜的事迹时，不仅清楚地区分了邑与都的层次，事实上还道出了从普通聚落发展到普通城邑、再发展到核心城邑、最后发展到国都，这一聚落演进与城市国家的形成历程。

《吕氏春秋·贵因》："舜一徙成邑，再徙成都，三徙成国。"

《史记·五帝本纪》："一年而所居成聚，二年成邑，三年成都。"

---

① 张光直：《商文明》，北京工艺美术出版社，1999年。

此不仅仅是聚、邑、都、国等四个聚落发展的等级层次，也是从聚到邑，再进到都，最后成国的轨迹进程。

《左传》隐公元年："都城过百雉，国之害也。先王之制，大都不过参国之一，中五之一，小九之一。"这是春秋以来，周王室渐衰，诸侯争雄，卿大夫专政之政治局面中出现的现象，也是春秋以来城市发展膨胀的写照。

按照上述文献对古代普通聚落到城市发展层次的划分，一般有四个等级：聚、邑（或曰筑）、都（或曰城）、国。如果以现在的城镇聚落理论分析，四个等级的基本情况大致是：

聚，即普通中小型聚落，属于一般的村落或村镇居民点；

邑，应是城镇一级的较大型聚落，与村落和村镇的区别显著，已经属于中小型城市的范畴；

都，高于一般城镇的较大城市，依照《左传》的说法需要拥有"宗庙先君之主"一类的建筑，实际上即是一个地域的宗教和政治中心；

国，大型城市，一般即指自西周以来分封列国的首都之城，是一个广大地域的政治和宗教的中心。

关于城邑外围的构成格局。

《尔雅》："邑外谓之郊，郊外谓之牧，牧外谓之野。"

《说文解字》："郊，距国百里为郊。"

《国语·齐语》："昔者圣王之治天下也，参其国而伍其鄙。"韦昭注："国，郊以内也；鄙，郊以外也。"

《周礼·地官·大司徒》："正月之吉，始和布教于邦国都鄙。……令五家为比……五比为闾……四闾为族……五族为党……五党为州……五州为乡。"

《周礼·地官·小司徒》："九夫为井，四井为邑，四邑为丘，四丘为甸，四甸为县，四县为都。"

《周礼·地官·遂人》："掌邦之野，以土地之图经田野，造县鄙形体之法。五家为邻，五邻为里，四里为酂，五酂为鄙，五鄙为县，五县为遂。"

这些记载未必是完全确凿的史实，而且中有不少矛盾之处，但其中必有历史的影子存在。可以肯定的顺序与层次大致是：城邑核心城区之外的广大田野为"鄙"，又称之为"野"。

童书业考证认为："国"外曰"郊"，郊内分"乡"，总称为"国"；郊外曰"野"，或称为"遂"[①]。

西周到春秋的乡遂制度，即是一种社会结构体系，同时又是城市与周边地区聚落结构关系的一种体现。乡遂制度，或称国野制度，简单说来，都城及近郊的"乡"合

---

① 童书业：《春秋左传研究》，中华书局，2006年，163、328页。

为"国",为国人所居;"国"外广大的乡野,即为"野",又称"遂"或"鄙",为庶人所居。乡遂制度即为社会结构状态,也是城乡格局的写照。这种城乡格局也就是城市的总体格局,换言之,城市的总体格局包括近郊、远郊及邻近地区的附属城邑群和广大的村落。

总之,城市的近郊与远郊地区与核心城区存在着密切的有机联系,并形成组团状的城镇集群区。这种情况不仅为今天的考古发现所证实,在古代文献中也有形象的记载,例如《战国策·赵策三》赵奢描述赵国当下城邑之况时说:"今千丈之城,万家之邑相望也。"此很有可能即是邯郸城附近地区城镇群团情况的真实描述[①]。

关于城邑的称谓、增建与分割。

《左传》昭公七年:"子产曰:……敝邑之卿。"

《左传》隐公十一年:"(郑伯曰)吾先君新邑于此。"

《吕氏春秋》开春论:"韩氏城新城。"

《左传》昭公十年:"凡公子公孙之无禄者,私分之邑。……公与桓子莒之旁邑,辞。"

《吕氏春秋》察微:"楚之边邑曰卑梁。"

《说文解字》:"邑"下注曰:"左传凡称人曰大国,自称曰敝邑。古国邑通称。"

将大国与敝邑相对应,恰反映了西周以来城市国家的情况。但自春秋以来,城市在不断扩张与增殖,增建的新城名之为新邑、新城、边邑,扩建或分割的城市或曰旁邑。此反映了春秋以降,城市国家已经逐渐过渡发展为城邑集团群之广阔城域之国。

2. 城与郭

城与郭是城邑本身的建筑格局。古代文献对先秦城市格局的记载主要体现在"城"与"郭"的区分上,都城结构一般分为城与郭两大部分。此分类既是城市功能结构的分区,又是设计规划的传统延续,是长期以来城市发展演变的结果。

《左传》襄公十八年:"焚雍门,及西郭、南郭。"

《左传》定公十年:"每出一门,邱人闭之。及郭门,止之。"

《左传》庄公二十八年:"子元以车六百乘伐郑,入于桔柣之门。……众车入自纯门,及逵市。县门不发。"

《管子·度地》:"内为之城,城外为之郭,郭外为之土阆。"

《初学记》卷二十四:"《吴越春秋》曰:鲧筑城以卫君,造郭以守民,此城郭之始也。"

《释名》:"城,盛也,盛受国都也。郭,廓也,廓落在城外也。"

---

① 段宏振:《赵都邯郸城研究》,文物出版社,2009年。

《孟子·公孙丑下》和《墨子·非攻》均说:"三里之城,七里之郭。"

《战国策·齐策六》言:"三里之城,五里之郭。"

《墨子·非攻》卷五:"越王勾践视吴上下不相得,收其众以复其仇,入北郭,徙大内,围王宫,而吴国以亡。"

《谷梁传》隐公七年:"城为保民为之也,民众城小则益城。"

《吕氏春秋》长利:"戎夷违齐如鲁,天大寒而后门,与弟子一人宿于郭外。"

综上之载,东周时代的多数城市至少具有双重城墙和城门,亦即城区存在城、郭之分。因此,城与郭的概念与区别要点大致有二:

其一,城是核心城区,郭是外围城区,城在郭内,城小于郭,亦即内城外郭;

其二,城与郭两层相套,组合成典型的单城制双层结构格局;如果城内再有宫城或小城,即为单城制三层结构格局。

郭的产生实际上即是城区的增扩,主要是人口增殖和集聚所导致的结果,其次可能还有军事方面的因素。生产的发展,人口增殖和流动,导致人口集聚城市城郊,于是导致建造外郭围之城内。

现代学者在使用城郭的概念时,存在较多的差异。一般来说,城、宫城、内城、小城等大致为同一概念,而郭、郭城、外城、大城则大体属于同一概念。几乎是所有的学者在研究中国古代城市时,常常将城郭概念与城市的格局相联系,区分出城区与郭区的范围,并认为东周时代的都城结构属于城郭格局。这里只列举一二。

杜正胜认为,内城和外郭分别代表了两个社会阶段,外郭之兴晚至西元前7世纪,是和内城不同时代的,它意味着传统社会解体。郭的基本性格更近于城,具有浓厚的军事性,故又称之为外城。郭是战争促成的,先城后郭,城之不足,再加外城。古典城邦时代的城邑多只有一重城墙,春秋时代产生内城外郭之分。春秋时郭的出现,是西周以来传统城邦的结束。郑城之西城是内城,东城是外郭城。临淄城的小城是内城,大城是郭城。燕下都的东城为内城,西城为外城[1]。

杨宽认为,中国古代都城布局有三次重大的变化,第一次变化是西周到东周时期,都城由一个"城"发展为"城"和"郭"联结的结构;第二次变化是西汉到东汉,都城布局由坐西朝东转变为坐北朝南。东周成周城开创了小城连大郭的布局,并且是西面的小城连东面的大郭,这种西城连东郭的布局直接影响到中原诸都城,齐、魏、韩、赵等国的都城,皆为西城连东郭的布局,并大多坐西朝东。甚至推测晋都新田,可能也存在一个东南外郭城[2]。

许宏认为,战国时期,出现了将宫城迁至郭外或割取郭城的一部分作为宫城的

---

[1] 杜正胜:《周秦城市的发展与特质》,"中央"研究院历史语言研究所集刊(第五十一本第四分册)。

[2] 杨宽:《中国古代都城制度史》,上海人民出版社,2006年。

新布局，即从内城外郭变为城郭并列的形式。列国都城可分两类：一是宫城在郭城之外，如临淄城、郑城、邯郸城等；二是割取郭城的一部分为宫城，如曲阜城、燕下都（主要指东城利用河道分隔宫城与郭城）等[①]。

综合来看，虽然学者们在看待城郭的具体布局方面存在分歧，但在判定城区与郭区的性质方面似较统一，即认为东周时代的都城大多具有城与郭的布局。但我们认为，这种判定与上述文献中关于城郭的概念限定有所偏差。若依照城郭概念两条要点的标准观察，战国时期大多数都城的格局并不适合使用城郭这个概念，因此不宜简单地套用。严格说来，城与郭之分只局限存在于单城制的城市格局中，因为内城外郭之制本质是属于一种回字形、日字形或目字形布局。双城制和多城制的城市已经将内城外郭的格局破坏，所以就谈不上城与郭的布局了。当然，双城制之中的某一单城本身，可能还保存着独自的内城外郭之制，即城内建有小城，这是属于另一个层次的问题了。

总之，内城外郭单城之制是春秋以前流行的城市格局，反映着一种较为稳定的政治和社会环境，是特定历史条件下的城市模式。春秋中晚期以来，双城制逐渐兴盛，内城移出郭城之外或在郭城一隅改建增建，城郭分离，城移出郭外而独存，原来的内城外郭制被改造或彻底破坏。因此，凡是双城制格局的城市，严格说来便不再存在内城与郭城的概念。外郭必须包含内城，才能称之为内城外郭之制。不宜将已经分离的城郭，再牵强称之为所谓的城郭相连形，或附郭之类的等等。东周时代绝不是内城外郭的普及，反而是内城外郭制度的瓦解，战国时期的许多都城已不再有城郭之分了。这种变化正是东周政治与社会环境涣散，城市个性得到自由张扬的结果。

二、史前城郭之制的孕育

考古发现证实，城郭之制在周代较为成熟与普遍，但其发端之迹自可追溯至史前时代。2004年，我们曾对先秦城市发展轨迹做过初步探讨，分析推定：仰韶时代大致属于村镇时代，一些大型聚落遗址中建有围壕甚至围墙，但其性质大多属于村镇一类的聚落，其中只有少数或可进入至早期城镇阶段。此后的龙山时代是城镇时代，也是城镇城市化进程时期，围墙聚落的数量和规模较仰韶时期有较大增长，其性质大多属于城镇聚落。其中，莫角山和石家河是众多城镇型遗址中的两个杰出典型，它们不仅有可能是超出一般城镇的最早期城市，而且还代表了两种不同的早期城市平面模式。将带有围墙的遗址视为高于一般村落的城镇，并不排除那些虽未建有围墙但其内容也已跻身于城镇之列的大型聚落遗址，因此将莫角山（当时尚未发现古城墙）和石家河

---

① 许宏：《先秦城市考古学研究》，北京燕山出版社，2000年，126页。

视为最初城市的雏形。但从整个龙山时代的考古发现上看，这一时代基本仍属城镇时代，或称早期城市的孕育时代，也可以说是城市萌芽时代或城市化进程时代。现在，尽管莫角山周边发现了城墙（2007年发现），亦被称之为良渚古城，但这个基本观点至今似乎仍无改变的可能[①]。

良渚文化大型遗址群以良渚古城为中心。古城平面呈圆角长方形，面积近3平方千米，墙基宽40～60米，石块垫底，黄土堆筑，墙内外均有壕沟水系。古城的中心莫角山遗址，为一面积达30万平方米的人工堆筑的大型土台子，平面呈长方形，台面上布局有3个土台基址，中间为大型夯土建筑基址，建筑材料有土坯和数米长的大方木，可能是宫殿建筑基址[②]。城内西北部紧邻莫角山遗址的反山墓地，为高等级墓地，出土大量精美玉器。北部的姚家墩遗址，发现7个人工土台群，上面有红烧土基址。城外东北约3.5千米处的瑶山遗址和城外西北1.5千米处的汇观山遗址，均属祭坛及墓地。两者均属于高等级墓葬，出土大量精美玉器。另外还有大量中等级墓地和一般平民墓地[③]。良渚古城的大型建筑和高级墓地，均建于高土台之上，或称为土台建筑、土台墓地、土墩墓地。这些土墩墓地随葬大量玉器，这些玉器无论是显示权力层次、身份地位，或是宗教崇拜，均是一种非单纯取食经济生活的产物，表明社会经济已经发达到某种高级程度。古城之外又发现外郭城，面积约8平方千米。所谓外郭即一系列长垄状土墩所组成的断续的并不连接的外框，形似外郭。实际上是土台遗址和墓地，即良渚文化常见的居址和墓葬复合型土台子。古城外围建有水坝群，以作防洪之用[④]。因此，良渚古城以莫角山为核心，向外依次为内城、外郭、外围水利设施的水坝群的三重格局，发掘者认为类似宫城、皇城、外郭三重结构[⑤]。

---

① 2004年，我们根据当时所见的考古发现资料，认为莫角山和石家河是龙山时代众多城镇型遗址中的两个典型，并推定两者性质为超出一般城镇的最早期城市，代表了两种不同的早期城市平面模式：莫角山未建有围墙，石家河则属于围墙式城市。此认识虽囿于当时的考古发现局限，但也表明了在认识古代城市遗址性质方面的一种客观理念：即将带有围墙的遗址视为高于一般村落的城镇，并不排除那些虽未建有围墙但其内容也已跻身于城镇之列的大型聚落遗址，比如莫角山。关于此可参见段宏振：《中国古代早期城市化进程与最初的文明》，《华夏考古》2004年第1期。该文发表后的2007年，良渚发现了围墙。由此，依据有无围墙而视良渚有别于石家河乃另一种城市平面模式之说法，即不再成立。虽然，我们先前针对良渚城市根本性质之判断，并无多少误差。良渚围墙的发现只不过为其当属于早期城市之列，提供了一份更加确凿的证据。

② 浙江省文物考古研究所：《余杭莫角山遗址1992～1993年的发掘》，《文物》2001年第12期。

③ 浙江省文物考古研究所：《杭州市余杭区良渚古城遗址2006～2007年的发掘》，《考古》2008年第7期。

④ 浙江省文物考古研究所：《杭州市良渚古城外围水利系统的考古调查》，《考古》2015年第1期。

⑤ 浙江省文物考古研究所：《杭州市良渚古城外郭的探查与美人地和扁担山的发掘》，《考古》2015年第1期。

良渚古城格局的复杂性可作为史前古城的一个典型代表，城市结构或许已具备双层雏形，甚至可以说是城郭结构之雏形，莫角山之台大概即"内城"或"宫城"性质，其周边的城墙应即外城（即发掘者所说的内城）。但若明确称其即谓城郭之布局，目前似乎尚显考古证据不足，因为所谓内城之详细情况目前尚不十分清楚。而至于所谓的良渚古城三重结构布局（如果算上"宫城"即所谓四重结构了），更还有待于今后更多的考古工作实证。

石家河古城是石家河文化遗址群的核心[①]。古城的年代为屈家岭至石家河中期，是典型的围墙式城镇遗址，它基本上是龙山时代众多围墙式城镇遗址发展到高峰阶段的一个代表范例。石家河古城平面近方形，面积约1.2平方千米。墙体至今尚存，基宽50米左右，残高5米。墙外有壕沟，宽80~100米。城内的中心谭家岭一带是主要居住区，面积超过10万平方米，发现有房址。城内西北角长形岗地邓家湾遗址，面积6万平方米，文化内涵包括屈家岭和石家河两个时代，是小型墓地和宗教祭祀场所，发现成组排列或套接相连的夹砂厚胎红陶筒形缸，周边堆积中出土万件以上的动物形陶塑品[②]。城内西南部三房湾遗址，是石家河文化时期的另一个祭祀宗教中心，堆积着厚达1.5米、约有10万件以上的红陶杯，这种杯非实用器，批量专业生产的产品，应是祭祀用器[③]。古城东南角城外侧罗家柏岭遗址，面积5万平方米，应为玉石器手工作坊遗址，出土石料和石器半成品、玉器、石器等[④]。古城南墙以南约300米处的肖家屋脊遗址，面积15万平方米，是一般居民区和小型墓地[⑤]。遗存有房址、灰坑、墓葬、宗教遗迹等。宗教遗迹为成组排列或套接相连的夹砂厚胎红陶筒形缸及大量红陶动物形陶塑品。墓葬随葬品中存在大批量同一器形的随葬陶器，瓮棺葬中出土有大量装饰性玉器。

与良渚古城相似，石家河古城面积较大，遗迹功能及行业分工布局分明，存在集中的祭祀中心、手工作坊等，墓葬出土重复率极高的随葬陶器，这些都显示着财富集中以及手工业专业化生产的结果。因此，此类城镇遗址应比一般的城镇高一个层次，可称是最初城市的雏形，或即早期城市。然而目前的考古发现，似还不能全面而详细勾画石家河古城的布局结构及演进轨迹，但比较明确的是在接近类似城郭结构雏形之

---

① 北京大学考古系等：《石家河遗址群调查报告》，《南方民族考古（第5辑）》四川科学技术出版社，1992年。石家河考古队：《天门石家河考古发掘报告之———肖家屋脊》，文物出版社，1999年。

② 石家河考古队：《天门石家河考古报告之二——邓家湾》，文物出版社，2003年。

③ 湖北省文物考古研究所、北京大学考古文博学院：《湖北天门石家河古城三房湾遗址2011年发掘简报》，《考古》2012年第8期。

④ 湖北省文物考古研究所等：《湖北石家河罗家柏岭新石器时代遗址》，《考古学报》1994年第2期。

⑤ 石家河考古队：《天门石家河考古报告之———肖家屋脊》，文物出版社，1999年。

层面，石家河要逊色于良渚。不管怎样，龙山时代长江流域的两座古城，已经开始出现后世城郭格局的某些端倪，或可言为城郭之制孕育时期。

三、夏商时期的早期城郭

夏商时期是早期城市的形成和发展时期，也是早期城郭之制的出现时期。

1. 二里头遗址的城郭问题

夏代中原的典型文化二里头文化，直接脱胎于龙山文化，虽然它的青铜器远较商文化的逊色，但已是一种真正的青铜文化，中国自此进入青铜时代。将以二里头遗址为代表的夏文化视作一种与商文明一样的早期文明，如此就将中国古代文明开始于商的传统观点提早了数百年，这在考古学界是有争议的。但绝大多数的中国考古学者赞同这一点。

二里头遗址周边700平方千米的区域内，发现125处二里头文化的遗址[1]。其中二里头遗址面积最大，约300万平方米，属于超大型核心聚落，性质应属于早期城市，其城市格局的形成与发展经历了一个长期的过程[2]。一至四期文化遗存的演进及聚落格局的变迁，是反映早期城市建造历程的最好标本。

一期，遗迹主要有灰坑和墓葬，大概属于一个较大规模的聚落。

二期，所谓的中央宫殿区初步形成时期。修建井字形路网结构，建造3号、5号建筑，其中3号建筑基址，为一座大型多院落式建筑，院内排列成组贵族墓，随葬陶器鼎、爵、盉等，另有玉器、绿松石饰、漆器、铜铃等，特别是M3出土绿松石龙形器。

三期，在井字形路网之内，建造完整封闭的长方形夯土围墙，墙宽一般在2米左右，围合面积10.8万平方米。此即所谓宫殿区之"宫城"。其内发现有大型宫殿建筑基址：西南部新建1号建筑、增建7、8、9号建筑；东北部增建2号、4号建筑，其中2、4号建筑是在原3号废弃之基上修建的。其中1号建筑，又称1号宫殿基址，应是宫殿区建筑群的核心。平面近方形，边长约100米，为一座夯土筑成的高台式建筑，正北中央有面阔三间的大型主体殿堂，殿前为宽阔庭院，正南设一门三道之大门。庭院四周建有带回廊的围墙，地下安装有陶制排水管道的排水系统。这种宫殿建筑的性质及功用被认为是供奉祖先的祖庙，同时也是重要的行政场所。宫殿区之外的周围地区，尤其东

---

[1] 中国社会科学院考古研究所二里头工作队：《河南洛阳盆地2001～2003年考古调查简报》，《考古》2005年第5期。

[2] 中国社科院考古所：《偃师二里头》，中国大百科全书出版社，1999年。中国社科院考古所：《二里头1999～2006》，文物出版社，2014年。

北部区域，分布有夯土建筑基址，并有一些较高等级墓葬存在。宫殿区以南有带围墙的手工作坊区，可称之为"工城"：北部是绿松石器作坊，南部是青铜器作坊，发现铸铜的陶范、坩埚、铜渣等。宫城的北面分布有祭祀遗存区和小规模墓地，宫城东北面则有另一处小规模墓地，出土铜礼器和玉器的所谓较高等级墓葬。再外围一带还有一些作坊遗址：祭祀区东北部有制骨作坊、西北方还有制陶作坊；东北区墓地东侧有制骨作坊，发现大量的骨器、半成品、骨料和磨石等。

四期，三期建筑继续使用，一些建筑晚段或废弃。新增建6号、11号建筑。

一期到二期，为二里头文化早期，此时城市初创，格局初显，但还未最终成形。三期到四期，为二里头文化晚期，城市基本延续早期的格局，但有重大改变，城市格局最终成形完整。

二里头城市的性质大概是政治、礼仪、手工业中心。二里头城市格局的发展，从早期初创阶段的以3号建筑为核心，逐步发展到以中央大型夯土建筑群为更大的核心，周边环绕以夯土围墙，但城址外围地区至今尚未发现围合的城墙线索[1]。整个遗址规模宏大，布局有序，中央核心是大型宫殿建筑群区，周边分布着贵族聚居区、分工明确的手工业作坊区、祭祀活动区、一般居住区及小型墓地等。据此，二里头遗址被看做是城市遗址，而且极有可能是夏王朝的都城遗址[2]。

以目前的考古发现观察，二里头城址是以中央宫殿区为核心布局的，宫殿区周边之围墙与真正的城墙相比虽显单薄，但其毕竟已将宫殿区与周边普通区隔离开来，因此称其为宫墙与宫城虽略嫌勉强但也未尝不可。如此，假如城市外围地带也建有城墙，则即属于典型的回字形单城制城市格局，亦即典型的内城外郭的格局。但即使外围地带没有城垣建筑，也并不影响城址的基本格局，即中央宫殿区位居核心，在其周围布局居住区、手工业区和墓地等。二里头城市的这种格局，上承石家河、良渚，下启偃师商城、郑州商城、安阳殷墟等，乃至东周一些列国都城，城市的基本格局大势皆大致如此，或言与内城外郭之制的城市格局本质属性是基本一致的。石家河、良渚虽有外城之墙，但尚未发现中央核心区内城之墙。二里头虽未见外城之墙，但中央宫殿区之内城已有单薄之墙。此中主要差异及根由在于石家河、良渚两城中央核心区域的凝聚与规制，还远未达到二里头的程度与层次。基于此，二里头城市的格局较石家河、良渚已经大有进步，可以说已略具内城外郭之初生之态，但还远不能说是一种成熟之制。

---

[1] 中国社会科学院考古研究所二里头工作队：《河南偃师市二里头遗址宫城及宫殿区外围道路的勘察与发掘》，《考古》2004年第11期。许宏：《二里头遗址聚落形态的初步考察》，《考古》2004年第11期。

[2] 中国社科院考古所：《偃师二里头》，中国大百科全书出版社，1999年。

2. 商代城郭

商文明已经是比较成熟的城市文明。最能代表商文明城市面貌的是偃师商城[①]、郑州商城[②]、安阳殷墟[③]等三座都城遗址。三座都城的面积都很大,偃师商城城区面积约近2平方千米,郑州商城内城面积约近3平方千米,内外城合计约近13平方千米。安阳殷墟的城区加郊区的面积约24平方千米。

偃师商城并非一次建成,历经扩建和改建,城建历史大致分早晚两个阶段[④]。

早期阶段,即偃师商城商文化一期,以小城为核心的格局,小城开始营建,一些夯土建筑群如Ⅰ号建筑基址群也开始建设,北部的铸铜作坊也开始使用。其始建年代与郑州商城基本同时,但略晚于后者[⑤]。

小城平面长方形,南北长约1130米,东西宽约766米,面积约86万平方米,城墙基宽6~7米。城墙内外侧分布有小型墓葬。小城之内中南部为Ⅰ号建筑基址群宫殿区(即所谓的宫城),西南隅为Ⅱ号建筑基址群(府库)。

Ⅰ号建筑基址内东西横贯石砌渠道及中部池苑建成使用,该宫殿区面积约4万平方米,有宽2~3米厚的围墙,宫殿建筑在夯土高台基上,石柱础上放置木柱支撑屋顶。有水井和石砌的排水沟。Ⅱ号建筑之府库平面近方形,周边夯土围墙厚约2米,南墙约220米,东墙约218米,即面积4万余平米,内部横向排列6排长条矩形夯土台基址群,每排18座,东西间距约5米,总计约106座。例如F2004基址南北长约26米东西宽约7.5米,中央纵向两排柱坑,周边双圈柱坑(木骨墙)。

偃师商城最初发现的是大城,此后才发现并认识到小城的存在[⑥]。当时的发掘者王学荣据此分析偃师商城的建设布局经历了三个阶段:第一是建城阶段,即小城时期。建造小城,并在城内南部建设"宫城",面积约近4万平方米。第二是扩城阶段,即大城时期。增建扩建大城,大城建好之后,小城的北墙和东墙便废弃不用。第三是"宫

---

① 中国社科院考古所洛阳汉魏故城队:《偃师商城的初步勘探和发掘》,《考古》1984年第6期。中国社科院考古所河南二队:《1983年秋季河南偃师商城发掘简报》,《考古》1984年第10期。中国社科院考古所:《偃师商城》,科学出版社,2013年。

② 河南省博物馆等:《郑州商代城遗址发掘报告》,《文物资料丛刊》(第一辑),文物出版社,1977年。河南省文物考古研究所:《郑州商城》,文物出版社,2001年。

③ 中国社科院考古所:《殷墟的发现与研究》,科学出版社,1994年。

④ 中国社科院考古所:《偃师商城》,科学出版社,2013年。

⑤ 李伯谦:《从〈偃师商城〉报告再看偃师商城的始建年代》,《夏商都邑与文化(二)》,中国社会科学出版社,2014年。

⑥ 中国社会科学院考古研究所河南第二工作队:《河南偃师商城小城发掘简报》,《考古》1999年第2期。

城"扩建阶段，建造5号和3号宫殿①。

晚期阶段，即偃师商城商文化二期，扩建大城，小城城垣废弃，小城内宫殿建筑群形成。至偃师商城商文化三期，偃师商城衰落废弃。

大城系小城向北、向东扩建而成。平面呈缺角（东南角）长方形，南北长约1759米，东西宽740～1200米，面积约近2平方千米，城墙基宽19米左右，有宽约20深达6米的城壕。原小城北垣东垣废弃，原Ⅰ号建筑基址（宫城）与Ⅱ号建筑继续使用并有改造，在Ⅰ号建筑东北面新建Ⅲ号建筑（府库）。大城南部多见夯土建筑，北部则少见。手工作坊分布：大城东北部有制陶、石器、铸铜作坊遗存；Ⅰ号建筑基址西侧有制骨作坊；大城城外东南侧有铸铜作坊。城墙内侧分布有小型墓葬，有7个地点百余座。

偃师商城在城建方面有着比二里头遗址的许多进步：围墙宽度加厚，应属于真正之城墙了。并且在城市本质功能特性方面，也存在较大的一致性：城建增扩历程基本一致，即先小后大、先中间后周边，亦即：小城——大城。大城建造之后小城的北墙和东墙即废弃，也就是说小城的布局即不再存在，则商城的总体格局还是一重城垣的大城。换言之，扩建大城并非是为了建成一个大城套小城的内城外郭之制，而只是对城区进行扩建而已。若将Ⅰ号建筑基址视作所谓宫城，似乎具有二层结构的城墙，也可勉强算得上为内城外郭，但未免太过牵强。原因有三：其一，所谓"宫城"的范围与格局在大城修建以后，被陆续建造的宫殿（如5、6号宫殿）屡次突破和改变，因此将此宫殿群区称之为宫城不够全面和准确②；其二，"宫城"与大城的面积比差过于悬殊，与内城外郭之制的宗旨似不合；其三，"宫城"西南不远处的2号建筑群基址，周围也围有围墙，亦即类似另一座宫城，其使用性质被推测属于府库。因此，小型"宫城"虽建有围墙，但本身的性质与格局的稳定状态等，恐怕与小城或内城的概念还存在有较大的差距。总之，从目前的考古发现来看，偃师商城似乎并不存在严格的内城外郭之制。但是，如果我们将Ⅰ号建筑基址之所谓"宫城"与府库等视作一个宫殿建筑群区的话，则商城中南部地区即是本质意义上的大宫城或者内城所在，只不过是周围没有发现或者没有建造整合的围墙而已。若如此观察，则偃师商城的格局与内城外郭之制在本质上也是相似的，但也还不能说即是成熟的内城外郭之制。

郑州商城的平面格局分内外城两部分。

内城主要是夯土建筑宫殿区，平面大致呈方形，边长1700～1870米，面积约近3平方千米。城内东北部为宫殿区，平面大致长方形，面积约40万平方米，发现大面积集中分布的夯土基址、夯土墙基及石砌水道系统。其中的大型宫殿基址如C8F15，年代二里岗下层二期，东西残长65、南北13.6米，东西横列两排较大的梁柱坑及础石，外侧为

---

① 王学荣：《偃师商城布局的探索和思考》，《考古》1999年第2期。
② 王学荣：《偃师商城"宫城"之新认识》，《中国商文化国际学术讨论会论文集》，中国大百科全书出版社，1998年。

较小的檐柱坑，梁柱坑南北间距9米。宫殿区边沿地带，局部发现夯土墙和壕沟，但是否存在所谓宫墙还有待证明。

外城主要是手工作坊区。内城城墙外侧四周分布有手工业作坊区及墓地，具体分布是：内城以北为制骨、铸铜作坊区；内城以东为白家庄墓地、杨庄墓地、青铜器窖藏；内城以南为烟厂墓地、铸铜作坊区。内城以西为人民公园墓地、制陶作坊、青铜器窖藏。在制作骨器作坊区的骨料堆中，发现一半以上的骨料是人的肢骨或肋骨，附近的一条壕沟内又发现100多个人头骨，其中许多头骨上有锯割痕迹。这应是剧烈战争的产品。外城以外的地域，少见或基本不见商代遗存。

郑州商城的始建年代有些不同的认识：发掘者称内城与外城的年代相同，均建于二里岗下层二期。而二里岗下层一期时的遗存有房子、灰坑和墓葬，为城建之前的普通聚落遗存[①]。另一种看法认为，内城兴建的年代接近洛达庙期，外城的建造年代可能略晚于内城，应接近或略早于二里岗下层一期[②]。还有一种说法是，最早的宫殿始建于二里岗下层一期，此时南部的铸铜作坊也开始使用。中央区域的建筑年代早于内城城墙的年代，内城城墙的年代或在一期晚段。外城墙或至迟在二期晚段完成[③]。再有一种意见认为，在建筑顺序上，外城可能稍晚于内城。郑州商城始建于二里岗下层一期，即C1H9的早商时期，约与二里头四期偏晚段相应，与偃师商城基本同时或略有先后。郑州商城早于二里岗下层一期一个阶段的是洛达庙三期遗存，此为商人进入郑州一带后灭夏之前的先商期遗存，具体遗迹有W22夯土墙、C8T62等一批夯土基址等，其年代早于内城，属于灭夏前始居亳时兴建的亳邑，即先商之亳。而内城外城则是灭夏后又返回亳邑时扩建的亳[④]。

以上意见的共同之处即郑州商城的建筑过程存在着一个顺序，其演进历程可能是：

普通聚落—洛达庙三期的中央夯土建筑及外围作坊—二里岗下层一期时的内城城墙—稍后阶段的扩建外城，并将环绕内城的作坊与墓地一并圈进来。因此，郑州商城的格局是逐步形成的，其建筑轨迹正是这座城市的形成历程。

郑州商城被认为是典型的内城外郭之制，是当下最早的有城郭的都城[⑤]。应当看到，内城东北部分布着宫殿建筑群区，面积约占城区的五分之一，周边或许存在围墙之宫墙。若果如此，则内城本身即属于一种类似回字形或日字形的城市格局，与内城

---

① 河南省文物考古研究所：《郑州商城》，文物出版社，2001年。河南省文物考古研究所：《郑州商城外郭城的调查与试掘》，《考古》2004年第3期。

② 河南省文物考古研究所：《郑州商城外郭城的调查与试掘》，《考古》2004年第3期。袁广阔、曾晓敏：《论郑州商城内城和外郭城的关系》，《考古》2004年第3期。

③ 中国社会科学院考古研究所：《中国考古学夏商卷》，中国社会科学出版社，2003年。

④ 李伯谦：《对郑州商城的再认识》，《文明探源与三代考古论集》，文物出版社，2011年。

⑤ 河南省文物考古研究所：《郑州商城外郭城的调查与试掘》，《考古》2004年第3期。袁广阔、曾晓敏：《论郑州商城内城和外郭城的关系》，《考古》2004年第3期。

外郭之制在本质上具有一致性。总之，郑州商城的格局似已具备内城外郭之制的基本要义。这一城市格局的逐渐形成是特定历史条件的产物，反映着以宗法与神权为基础的王权政治的向心性和稳定性，逐层相套的城市格局以宫殿（主要是宗庙）为圆心，类似一种同心圆结构。这种城市格局具有深远的影响，长期成为中国古代城市尤其都城的基本格局，只有在东周时代是个短暂的例外。这也恰恰正是东周城市时代的独有特色。

安阳殷墟跨洹河两岸，是一处倚河而建的都城。殷墟的城市格局也是逐步增建扩展形成的，殷墟的发掘者作了阐述[①]。其轨迹亦大致是：先小中间，后大周边。

殷墟一期，洹河南岸小屯一带建成若干宗庙建筑，周边附近：南面的苗圃北地有墓地、铸铜和制陶作坊。西北面的武官村、东北面的大司空一带有居址与墓地。这一时期总面积约有12平方千米。

殷墟二期，小屯村宗庙宫殿区继续发展，其西侧和南侧开挖防御壕沟，北侧与南侧是为洹河河道，壕沟与河道形成封闭环壕。妇好墓葬于宫殿区西南角。城市范围扩大，环绕宫殿区分布着墓地、居址和手工作坊。西北面的侯家庄至西北冈一带，大墓地始建形成王陵区。南至刘家庄和梅园庄，西至孝民屯，均有居址发现。西面的孝民屯一带为铸铜作坊，孝民屯至白家坟区域为家族墓地，南面的苗圃北地、东南面的薛家庄一带铸铜作坊，东北面的大司空为制骨作坊。

殷墟三、四期，宗庙和陵墓周围发现大面积排列有序的使用大批人牲的祭祀坑，王陵区一处祭祀坑区的191个坑中埋葬了1178个人，并且其中的人骨多被砍头。宫殿区小屯西北地，四期时新建玉石器作坊。宫殿区以外，西面的孝民屯铸铜作坊范围扩大，西端北辛庄新建制骨作坊。西南面的梅园庄至戚家庄，为大面积墓地。南面的苗圃北地铸铜作坊，东南面薛家庄铸铜作坊，东北面的大司空为制骨作坊等，规模范围扩均增建扩大。城市总面积增大至约30平方千米[②]。

殷墟的城郭之制，围壕内的宗庙宫殿区类似宫城或内城；壕外周边环绕以手工业作坊区、墓地、祭祀区、一般居址等，类似郭城。虽无城墙环绕，但其格局及建设顺序与二里头、偃师、郑州等城市，并无多大差异。应属于没有城圈的隐形的内城外郭之制。

四、西周城郭

中国古代真正的城市时代开始于西周，亦即周代这个古典文明的形成时期。西周城市时代开始的标志之一是城市化的范围大幅度扩大了，天子之都以外的广大地区产

---

① 中国社会科学院考古研究所：《中国考古学·夏商卷》，中国社会科学出版社，2003年。
② 中国社会科学院考古研究所：《安阳小屯》，世界图书出版公司，2004年。

生了众多的城市。另外，城市的功能也日趋完善，逐渐摆脱了那种单一的纯政治性功用，虽然这种摆脱是有限的。产生如此结果的多半原因，是西周时期得以完善和大规模实施的封建制度。

政治制度促进了城市发生范围的扩大化，在王室都城以外的广大地域出现了远比夏、商王朝多得多的城市。周王朝的分封制在授予爵位和领地的同时，也遍地播下了城市发生的种子。这些种子随着诸侯政治军事实力的膨胀，到东周时期开始由幼苗长成茁壮的大树——列国都市，由此进入成熟的城市时代[1]。分封制度在西周的兴盛和东周的衰落，都对城市的发展起着重要的推动作用。周代，才是广泛的真正意义的城市时代。不仅仅是城市的数量，更重要的是城市的功能已逐渐摆脱了过去比较单一的政治性、军事性和祭祀性，而开始向工商业繁荣之城方面发展。

周初大约分封了70多个封国，每一个封国都希望并也在努力试图建造一个规模相当的首府城市或城镇。如周初著名的燕国始封地北京琉璃河遗址[2]、晋国始封地山西省天马—曲村遗址[3]都发现了面积广大的城市遗址。考古资料较为丰富的鲁国都城曲阜城址，平面圆角长方形，城区面积达10平方千米[4]。

鲁都曲阜城遗址，年代西周、春秋和战国三个阶段。城垣夯土筑成，外侧有护城壕沟。城内中部和中南部周公庙村一带，发现许多大型夯土建筑基址，总占地面积约200万平方米，时代主要属于东周时期。其中周公庙附近的夯土基址遗迹最为密集，也是全城最高之处，占地范围约近30万平方米，在其西、北、东三面的边缘地带发现断断续续的似夯土墙的遗迹，宽约2.5米，可能属于宫墙。周公庙建筑群应属于"宫城"性质的建筑群，是城内建筑群的核心。其他居住遗址主要分布在城内的西部、北部和东部地区，即"宫城"周围的西、北、东三面，一般都靠近城门和道路，许多居住址与手工业作坊和墓地交错分布在一起。各处居址的年代略有差异，西部和西北部早于东部。即西周前期，居住区的核心在西部和西北部一带；西周晚期，居住范围向东北部和东部扩展。手工业作坊遗址分布在城内的西部和西北部，主要有：中北部盛果寺村西北西周春秋冶铜遗址、西北部药圃西周后期冶铜遗址、西部坊上村西和西北部药圃附近的西周春秋制陶作坊遗址。城内墓地集中分布在西部的三分之一范围内，墓葬的年代从西周延续至战国时期。

鲁都曲阜城发掘报告认为，考古发现证明，曲阜城在西周早期已经存在并初具规模，现存城垣的形制与格局至少形成于西周晚期。以周公庙夯土建筑基址为核心的建筑基址群，不论其存在环绕的宫墙与否，均属于城内的核心宫殿建筑群当无疑，故可

---

[1] 段宏振：《中国古代早期城市化进程与最初的文明》，《华夏考古》2004年第1期。
[2] 北京市文物研究所：《琉璃河西周燕国墓地》，文物出版社，1995年。
[3] 邹衡：《论早期晋都》，《文物》1994年第1期。
[4] 山东省文物考古研究所、山东省博物馆：《曲阜鲁国故城》，齐鲁书社，1982年。

将其视作本质意义上的宫城所在。换言之，宫墙范围的意义是次要的（宫殿区可能不断在扩建），宫墙内外的建筑基址可能均属于宫殿区范围。依此理解，则曲阜城内的格局即包含有核心（宫殿区）和外围（其他居址和手工作坊）两个层次，亦即本质意义上的回字形格局。

曲阜城延续时间最长，格局比较稳固，是周代城市的典型标本。曲阜城宏观格局的演进轨迹大致是：周公庙宫城——单城制回字形，为典型的单城制城郭格局。城市布局可能是回字形结构，宫室居中，其他居址及手工业作坊环绕在周围，墓地也分布在城内一侧。曲阜城的格局比较固定，既反映了鲁国政治环境的基本稳定，同时也表明西周时期城郭之制发展的成熟。

西周时期的其他列国都城遗址，目前囿于资料的局限和复杂性，其城郭问题的探讨还有待于更多的考古发现。

五、东周城郭的发展与变异

1. 东周城市时代

开始于西周的城市时代，至东周时进入成熟与繁荣阶段。《战国策·赵策三》："古者四海之内，分为万国。城虽大，无过三百丈者；人虽众，无过三千家者。……今取古之为万国者，分以为战国七。……今千丈之城，万家之邑相望也。"城邑规模宏大并且分布稠密可以相望，此乃战国时期为城市时代的标志。而这些城邑群的渊源，可追溯至过去的万国之城。

东周城市时代的基础来自于西周城邑群的建设运动。周民族立国治国的方式主要是宗法封建制，具体操作形式是通过军事或表面和平的殖民来实施的，在各地广建了许多的军事据点即政治军事城堡，以此来统治土著民族。这些城堡据点即城邑群。因此，周人建城运动的本质可以说并非为造城而建城，而是为了统治天下，即城邑首先是政治需要的工具，而非经济起飞的产物[①]。这些众多的城邑构成了西周的行政网点，也是城邑群落。周王朝初期的分封制在授予那些官员爵位和领地的时候，也同时在许多地方种下了周朝都城模式城市的萌发种子[②]。

杜正胜将周人城邑称之为周代城邦[③]。认为公元前2000年到春秋中晚期中国社会的特质是祭、政与军镇三位一体的城邦，城里的人（国人）以平民身份能参与政治，并

---

① 张光直：《关于中国初期"城市"这个概念》，《文物》1978年第2期。
② 段宏振：《中国古代早期城市化进程与最初的文明》，《华夏考古》2004年第1期。
③ 杜正胜：《周代城邦》，联经出版事业公司，1985年。

且产生举足轻重的力量，几可与国君、贵族鼎立为三。杜氏将西周春秋称之为城邦时代的主要原因，是因为特别看重当时国人参与政治的历史经验。城邦时代的政治是贵族政治，即世官世禄制度。到春秋末期，随着社会政治的变化，城邦时代瓦解了。

西周春秋城市到战国城市在格局上发生了巨大变化。西周春秋城邦时代的典型城市，城邑本身即狭义的"国"，城外广大的原野即"野"或"鄙"，国与野合起来即广义的"国"，亦即一个诸侯的封疆所在，亦即一个城市国家。后来随着城邦的发展与扩大，一个城邦内又增殖出诸多小的城邑，即小的城邦。这是后来战国城市发展繁盛的基础与动力。此时的城市在政治上是政治军事祭祀三者合一，城市建筑景观以宗庙和朝堂宫殿群为主。

侯外庐指出，国与城同义，周代属于城市国家[1]。何兹全认为，战国秦汉是城市国家，人口分布状况是由城区向外辐射，人口围着城市居住，远离城郭的地区人口越来越少。从战国开始，交换经济的发展何城市经济的繁荣，一直维持到东汉，长达六七百年[2]。

实际上，即至迟从春秋末期开始真正的城市时代开始了，造城就是为了建城，新的城市兴起和旧的城市扩大与发展，不再仅仅只是一种政治的需要，而且更多还是经济方面的需求。因此，东周政治与社会的变迁，宗法封建制的瓦解等，是促进城市发展的有利条件和环境。如果我们借用城邦这个概念，则西周以来的封建城邦是战国城市发达的基础。春秋的城市还具有浓厚的政治城邦性质，多是来自宗法封建所立。而战国的城市则具有更多的经济城市性质，新城大多或因设县郡所立、或因经济发展自然所生。这种变化大致是在春秋末期到战国初期完成的，因此，我们可将整个东周时期统称之为东周城市时代。

西周以来的宗法封建制度最终造就了东周的城市时代，而东周以来铁器的日渐普遍应用，金属货币的流通，商人阶层的出现和扩大等等，所有这些都促进影响着城市的兴旺和发展。东周时代是中国古代早期城市化发展的第一个高峰期，属于真正的城市时代。真正的城市既非西周之前的万邦之国（城），也非秦汉后的郡城县城，而是战国时期的国城及附属城邑群。

周代封建制是东周城市时代诞生的基础。西周封建制度的建立播下了城市时代的种子，预备了城市发展的土壤；而东周封建制度的瓦解使得城市数量大增并成长壮大，于是城市时代真正来临了。

内城外郭的城市格局在春秋时期比较流行，大约在春秋晚期以后，逐渐遭到破坏。西汉以后，内城外城之制又开始恢复和兴盛，并得到新的发展。追溯内城外郭之制可以上溯到西周以前。

---

[1] 侯外庐：《中国古代社会史论》，河北教育出版社，2000年。
[2] 何兹全：《中国古代社会形态演变过程中三个关键性时代》，《历史研究》2000年第2期。

2. 东周城市格局及城郭

东周时代的城市规划设计多因地制宜、不拘形式，随地势河流而变化，如临淄城有24个城角，中山城、郑韩之郑城更是依山水而形。表明《考工记》所言匠人营国之说，在大多数情况下只不过是一种理想模式，不能以此为准来衡量和研究东周城市布局结构。

徐苹芳认为，东周列国都城的普遍形制是"两城制"，即以宫庙为主的宫城和以平民居住区工商业为主的郭城。两城有的并列，如郑韩故城和燕下都，有的是宫城处于郭城之一隅，如齐临淄和赵邯郸[①]。

事实上东周列国都城并非都是普遍的两城制，如秦、楚之都就不是。另外，两城制之中还需要具体分析，平面上存在有相间的两城、相连的两城、嵌入一隅的两城等类型，时间上则有规划的两城、增扩建和改建的两城等等，反映出两城制的复杂性。我们倾向于以城市城区的大区块，来判定城市平面的宏观格局，而非单纯和过度重视城垣之圈数。故此以新的"双城制"概念，代替原来的"两城制"之说。

双城制都城的一个共性特点是，双城之中必有一座属于宫城，但另一座城的性质未必即是郭城。这一点在上文中已经有过讨论。但多数学者将双城的性质分别归纳为宫城与郭城，例如，马良民认为，战国都城出现两种布局：一是宫城建在郭城之外，如临淄、邯郸等；二是割取郭城的北半部为宫城，如燕下都[②]。李自智认为东周都城的城郭形态有5种类型，即宫城在郭城之中，如鲁都曲阜；宫城郭城毗连，如齐都临淄、郑韩都郑、燕下都、中山灵寿等；宫城郭城相依，只有邯郸城如此；有宫城而无郭城，即新田城；无宫城，即秦都雍城[③]。这些认识的共通之处就是将春秋时期流行的内城外郭之制，机械地套用在城郭分离之后的城市格局上。事实上，一旦内城从外郭之中移出分离，则所谓郭城的意义便不复存在。外郭是相对于内城而言的，本质属性具有内外之别。而位于宫城之侧的城，不能算作真正意义的郭城。如果以宫城为核心的话，不妨将宫城之侧所谓的郭城称之为外城、另一城、附属城。这里的"外城"概念，不包含郭城。

以目前的考古资料观察，东周城市的宏观格局主要有四种模式：

（1）单城制，独立一座大城，其内部建有内城（宫城）或宫殿群区，如曲阜鲁城、楚纪南城、秦雍城等。

---

① 徐苹芳：《中国古代城市考古与古史研究》，《中国考古学与历史学之整合研究》，"中央"研究院历史语言研究所会议论文集之四，1997年。
② 马良民：《试论战国都城的变化》，《山东大学学报》（哲社版）1988年第3期。
③ 李自智：《东周列国都城的城郭形态》，《考古与文物》1997年第3期。

单城制反映了城市没有经历过大的增建和改建，其背后的社会背景即没有发生迁都、政变等能够导致城市发生格局改变的重大政治事件，政治环境比较稳定。

（2）双城制，两座城并立相连存在，又分两种类型。

其一，大小规模基本相当的双城相连式，即基本对称性双城。如燕下都、中山灵寿城、郑韩之郑城等；

其二，小城与大城的规模差距较大，即非对称性双城。如齐临淄城。

双城制格局反映了政治不够稳定，出现过迁都移国、政变等重大的可以导致城市格局发生变化的政治事件。如齐都临淄的格局与田氏代齐有关，郑城的格局与郑韩迁都、韩灭郑有关。但远离中原的中山灵寿城和燕下都的双城格局，则是另外一种类型，与上述宫城从郭城之中移出分离的情形不同，属于具有独树一帜的城市格局。

（3）多城制，数座城呈组团式格局。如新田城。

新田城的多城制格局，反映的是一种多元化政治的背景，是晋国"六卿强、公室卑"在物质层面的具体写照。

（4）多层次的多城制，实例只有战国晚期的邯郸城，是最独特唯一的格局。可分为两个层次：之一，大北城与赵王城双城制格局；之二，赵王城三城和大北城单城回字形（或日字形）组成的多城制格局。第一个层次是大宏观角度，邯郸城由双城区相间组成。第二个层次是次宏观角度，邯郸城由4座城区组成，其中大北城之内还有内城或内城区。

单城制格局基本上是一种向心的同心圆式结构，多代表着政治的凝聚性和统一性。而多城制则属于离心的散漫式的多圆心结构，多反映着政治的分散性和多元性。

单城制是传统城市格局模式的继续。双城制和多城制是东周时代特殊的时代产物，是政治事件的副产品，其双城的格局多为后来城市增建或改建的产物，原本初建时大多只是一座大城。增建或改建的原因主要有三：

（1）迁都某地另建新都，因此在旧城之外或紧连新建新城，主要是宫城。如邯郸、郑韩之郑城、中山灵寿等。

（2）内部政治变化需要在旧城之外另建新城。如新田城、临淄城。

（3）其他原因需要增建附属城。如燕下都。

单城制是典型的传统城郭之制，城郭逐层相套，多呈回字形或日字形格局。双城制以上的多城制，一般是单城制的扩建改造升级版，城郭之制也因此复杂化。一般说来，双城制以上的城市，其某一个单城本身独立为单城制的城郭之制，或者两个或多个单城都是单独的城郭之制。东周城市的所谓双连城、小城连大城等格局模式，大多是城市发展到最后才形成的布局，而并非城市固定或流行模式的传播，更非西城东郭或东城西郭模式，而是政治发展的需要，是特定时代的特殊产物，是东周社会秩序混乱诸侯诸卿称雄，个性任意张扬的反映。东周之前和之后，城市又逐渐恢复到独立城池即单城制的模式，变化的只是内部宫城与郭城的格局，即宫城与郭城均在一个大城内演化，而不像东周时代，宫城与郭城或互相游离、或互相对峙相连。其中缘由，东周以前有神权和宗法礼制的约束，东周以后有中央集权的皇权专制。而处于其间的东周正处于涣散的时代，因而也是城市设计大解放、大发展、无拘无束的时代。正如东周时代产生了伟大丰富的多元化思想一样，东周时代也出现了城市繁荣的多元模式。从这个意义上讲，东周是中国历史的黄金时代。

3. 赵都邯郸城的特殊城郭格局

东周邯郸城独特的格局和城市模式，使之成为中国古典城市进程中的一个典型个案，是中国古代城市化进程中的典型标本[①]。

对于邯郸城格局的特殊性，不仅传统的城郭概念无法解释，即使所谓的双城相连格局等新理论对此也显得有些苍白无力。战国后期邯郸城的城郭判定还是个复杂的问题。赵王城属于"城"，即宫城，当没有多少问题。但是如果将大北城视作"郭"（赵王城的郭），似有不妥。这是将城郭之分机械地套用在邯郸城的特殊格局上，大北城并非赵王城发展后的产物，而是恰恰相反，赵王城是大北城之后的新城。这种打破传统城郭布局的新式城市格局，正是战国时期城市发展的新特点。基于此，我们依照现代城市的理论，将战国后期邯郸城的格局称之为双城格局，由赵王城和大北城两座城组成，大北城不能简单地称作赵王城的郭城，两城的关系与性质是传统城郭划分的简单理论所不能涵盖的。依此类推，赵王城兴建以前和废弃之后的邯郸城大北城，我们称之为单城格局。这个单城是相对于双城格局的宏观视角，换言之，单城之内或许某一时期还存在另一座小城，亦即所谓的传统城郭格局，但在鸟瞰的宏观视野中，内城外郭本质上也是一座城池的格局。

作为赵都的邯郸城在东周城市时代中的位置，首先与其所处的年代区间时段有很大的关系，即公元前380年左右的时段。

公元前386年，赵敬侯迁都邯郸。

公元前386年，田氏正式代齐。

公元前383年，秦迁都栎阳，雍城为正都结束。

公元前380年左右，中山迁都灵寿。

公元前376年，三家灭晋，新田城为都结束。

公元前375年，韩灭郑，迁都郑。

上述历史事件集中于公元前380年左右绝非历史的偶然，而是战国中期之初东周历史进程的重要转折点。如果说此前阶段的社会环境属于一种无序涣散时代的话，则自此以后开始进入一种有序涣散的时代，旧的秩序已经破坏殆尽，新的秩序将要重

---

① 段宏振：《赵都邯郸城研究》，文物出版社，2009年。

新建立。邯郸城为都正处于这个关键时段,并且是这一时代城市建筑格局的独特典型代表。

邯郸城为都之前的城市代表有曲阜、新田、临淄、郢城、雍城、郑都郑城等,同时也包括邯郸城本身(即大北城前身),这些城市的绝大多数属于传统的单城制回字形格局,代表一种相对稳固的向心的政治环境。其中特殊的只有郑都郑城和新田,郑城的详细准确格局目前因资料限制不宜深探,而新田属于典型的多城制格局。但最早的牛村城也是属于一种单城制回字形格局,代表着新田初建时的晋国比较稳定的政治环境。只不过是新田很快即就进入了多城制格局,反映了公室弱六卿强的政治局面快速形成。所有这些都是邯郸城建都之前的榜样城市格局。邯郸城继承和学习了新田城的某些因素,如双连小城格局、墓地置于近郊和远郊等。

大致与邯郸城同期建都的城市主要有临淄(田齐之都)、灵寿、韩都郑城等。邯郸城与这些城市之间的互相借鉴与影响似乎并不太明显,与邯郸城在表面形态上相似接近的是临淄城。从宏观上看,两城均为西南宫城连接东北大城,但这些不过是表面的形式之似。其间的细致差别仍很明显:临淄宫城实为嵌入大城西南隅,而邯郸赵王城与大北城相间分离;临淄宫城本身为单城制,而赵王城属于多城制结构;临淄宫城属于旧城增建和改建,即田氏代齐之后对姜氏都城的改造[①],而赵王城则属于迁都新建之城。因此,临淄城的双城格局是政治改造旧城的结果,而邯郸城的双城是建新都城的结果。

邯郸城建筑格局的独特个性,在东周城市时代中占据着突出的位置。这些特点无疑是东周城市时代发展水平的综合体现,但更是邯郸城的独特创造与发展。邯郸城为都建城的最大特点是将新建的王城(宫城)悬于旧城之外,而没有在旧城的基础上进行改建、增建和扩建。在新城修建的同时,对旧城也进行了改扩建,新旧两城距离相间而同时并用。这一点在东周城市中可能是唯一的,有些类似的新田城目前还不清楚建都时对原来旧城的利用和改造情况(如果存在旧城的话)。

赵王城几乎是单纯的政治性宫城,并且三城同时并立,类似多种类型与性质的宫城组合。这一点应是来自新田城的影响,但新田主要三城(牛村、台神、平望)之间的关系,远不如赵王城三城关系的清晰、规范、平等和并立。因此,赵王城宫城的格局与模式,在东周城市时代中占据着独特而特殊的地位。赵王城还影响到后来西汉长安城的建设布局:长安陆续建城,以宫城为主,类似赵王城之建筑格局。

---

① 此认识是2009年根据当时有限的考古资料,对临淄城所作的年代推定。可参见段宏振:《赵都邯郸城研究》,文物出版社,2009年。四年之后,临淄故城资料正式公布,其文曰:大城始建于西周中期,后经三次增建或扩建,才形成目前考古所见的大城遗迹之规模。小城始建于战国早期,其后亦屡经补建,其性质乃田氏代齐后营建的新宫城。此观点与我们原先的推测基本一致。见山东省文物考古研究所:《临淄齐故城》,文物出版社,2013年。

大北城是邯郸城的真正根脉，赵国建都邯郸之前、之后乃至弃都之后，大北城一如既往地保持着繁荣。大北城可以说即为邯郸旧城，是沁河流域长期聚落发展的产物，春秋晋国赵氏集团的经营使之成为地方的重要城邑。邯郸旧城大北城的本质性质，除了属于赵氏集团的地方性政治据点之城外，更主要的是属于铁矿资源之城、冶铁工业之城、商业贸易之城、南北交通要道之城、歌舞娱乐之城等。因此，宏观而历史地看，邯郸城为都159年似乎是其漫长都市发展史上的一段短暂的荣光，而悬居城外的赵王城更像是一个外来客居者宏伟而使用短暂的豪宅。但不可否认和忽略的是，邯郸建为赵都之后，城市的性质发生了根本的变化，在原来诸多的繁荣基础之上，又增加成为王权之都、赵城之首、国家政治之城等。赵都和赵王城无疑都给大北城留下了重要的痕迹：国家政治与军事的切身感受、城市的改扩建与格局的改变、人口的增殖与集聚、经济的繁荣等等。大北城在建都之前完全代表着邯郸城，建都之后以王城所不可替代的重要方面继续代表着邯郸城，废都之后大北城又开始继续全面代表邯郸城。大北城的城市个性与特点，在东周城市时代可能也是唯一的例子。

邯郸城的鲜明个性与繁荣还与其所处的地理位置有着很大的关系。从目前东周考古发现的情况来看，中原三晋地区的城市数量多而发达，而远离中原的秦、楚等地与此却相反。另外，三晋地区的城市多双城制或组团式格局，而秦、楚等地主要是单城制。探究其中的原因，应该包括很多方面，但政治方面的因素可能占据着很重要的地位。中原地区政治的多元化给经济发展带来了相对宽松自由的空间，而城市正是经济方面的重要物质载体。邯郸城不仅记载了邯郸及赵国的物质繁荣与兴盛，同时还担当着文化方面的物质载体。作为晋文化的衍生物变体——赵文化，是在邯郸城最终演化融合而形成的，是晋文化的重要继承者。因此，邯郸城是赵文化形成的重要界标，邯郸为都标志着新的赵国与赵文化的开始形成。从某种意义上讲，邯郸即为赵文化的物质表现形式，或言，赵文化即是赵都邯郸城。

邯郸是中国古代第一批真正城市时代的典型城市。邯郸城的诞生与发展之路，邯郸作为赵都之城的繁荣与兴盛，邯郸城的独特城市格局与城市性格等等，都是东周城市时代的辉煌典型。

六、结　　语

考古发现积累的众多实证，大致反映出先秦城邑城郭之制的基本轮廓。

其一，城是核心城区，郭是外围城区，城在郭内，城小于郭，亦即内城外郭；城与郭两层相套，组合成典型的单城制双层结构格局；如果城内再有宫城或小城，即为单城制三层结构格局。

城与郭之分理论上只局限存在于单城制的城市格局中。单城制是典型的传统城郭之制，城郭逐层相套，多呈回字形或日字形格局。双城制和多城制，一般是单城制扩建改造的升级版，已经将内城外郭的格局破坏，故城与郭之布局已无从谈起。然而，双城制之中的某一单城本身，可能还保存着独自的内城外郭之制，即城内建有小城。

其二，城邑出现后，即开始孕育城郭之制。龙山时代长江流域的两座古城——石家河与良渚，已经开始出现后世城郭格局的某些端倪，或可言为城郭之制孕育时期。

其三，夏商时期是中国古代早期城市的形成和发展时期，也是早期城郭之制的出现时期。郑州商城的格局似已具备内城外郭之制的基本要义。

其四，中国古代真正的城市时代开始于西周。曲阜鲁故城的宏观格局为单城制回字形之城郭结构。

其五，东周是城市化繁荣与多元模式的时代，反映在城郭之制方面的突出特征就是分散与解析，宫城与郭城或互相游离、或互相对峙相连。

内城外郭单城之制是春秋以前流行的城市格局，反映着一种较为稳定的政治和社会环境，是特定历史条件下的城市模式。春秋中晚期以来，双城制逐渐兴盛，内城移出郭城之外或在郭城一隅改建增建，城郭分离，城移出郭外而独存，原来的内城外郭制被改造或彻底破坏。因此，凡是双城制格局的城市，严格说来便不再存在内城与郭城的概念。外郭必须包含内城，才能称之为内城外郭之制。不宜将已经分离的城郭，再牵强称之为所谓的城郭相连形，或附郭之类的等。东周时代绝不是内城外郭的普及，反而是内城外郭制度的瓦解，战国时期的许多都城已不再有城郭之分了。这种变化正是东周政治与社会环境涣散，城市个性得到自由张扬的结果。东周之后，城市又逐渐恢复到独立城池即单城制流行的模式，变化的只是内部宫城与郭城的格局，即宫城与郭城均在一个大城内演化。城郭之制的此种变异和恢复，与政治结构及社会环境的变迁紧密相关。

商周之际的文化植入与置换

——以晚商王畿地区为中心

张渭莲

（河北师范大学）

一、问题的提出

周以"蕞尔小邦"灭掉"大邑商"，无疑是商周历史上发生的最为重要的政治事件。王朝的更替不仅是政治制度与社会风貌的革新，更有文化及精神层面的变异。王国维对此有精准而深刻的论断，他以为"殷、周间之大变革，自其表言之，不过一姓一家之兴亡与都邑之移转；自其里言之，则旧制度废而新制度兴，旧文化废而新文化兴"[1]。

王朝更替是导致文化发生变异的重要因素之一，而植入与置换则是文化产生异变的一种常见途径和方式。历史进程中所见的新王朝初立，大多并未将旧王朝的一切全部摧毁殆尽，而常常是或承其旧制表皮框架，或延其旧传统大致脉络，但于其核心肌理则在或急促或渐进地实施根本性的变革，这种变革反映到文化层面就是新王朝文化的植入与旧王朝文化的被置换[2]。

由武王灭商而导致的商周王朝的替换亦是如此。周王朝建立之后，周人一方面继续积极吸收商文化中有用的成分，一方面在原来商文化的统治区强制植入若干新的因素，此过程在考古学文化上有着清晰的反映。与周人控制的其他广大地区相比，在商王畿地区，此种考古学文化的植入模式更具典型性和标准性，故而我们选择以晚商时

---

[1] 王国维：《殷周制度论》，《观堂集林》（卷十），中华书局，1959年。

[2] 关于政治事件对于考古学文化的影响，早在20世纪80年代恩师李伯谦先生即已给予充分关注。当时在为研究生开设的文化因素分析法研讨课上，曾将此问题入讨论的主题之一。其后先生又多次著文，对夏商周王朝的更替与考古学文化变迁的关系进行深度剖析（《夏文化与先商文化关系探讨》，《中原文物》1991年第1期；《关于早期夏文化——从夏商周王朝更迭与考古学文化变迁的关系谈起》，《中原文物》2000年第1期）。

期的王畿地区为例，对商周之际考古学文化的更替模式做一剖析①。

关于商代末年王畿地区的范围，传世文献有着较为明确的记载：

《战国策·魏策》："殷纣之国，左孟门，而右漳滏，前带河，后被山。"

《史记·孙子吴起列传》："殷纣之国，左孟门，右太行，常山在其北，大河终其南。"

《史记正义》引《竹书纪年》："纣时稍大其邑，南距朝歌、北据邯郸及沙丘，皆为离宫别馆。"

《史记·殷本纪》："（帝辛）益广沙丘苑台，多取野兽蜚鸟置其中。"

前两条记载大致相同，基本勾勒出了殷纣时期的王畿范围。其中的孟门应该指的是孟津，山即太行山，常山在今河北曲阳附近，漳、滏源出太行，最后注入大河，即古黄河。而当时的古黄河由南往北流走在太行山东麓地区，最后经天津注入渤海。这一范围与甲骨文中的大邑商基本重合。

后两条的记述重在描述殷末时期都邑的拓展情况。沙丘的位置依《汉书·地理志》在"钜鹿东北七十里"，《正义》引《括地志》则认为"沙丘台在邢州平乡东北二十里。"巨鹿与平乡相距不远，均在今邢台境内。由此看来，商纣时都邑的变化主要是向北方的拓展。

如上所述，通过相关文献记载的梳理可以清楚地看到，晚商时期王畿地区的范围，应该在今豫北冀南一带。此一结论，与考古发现所提供的资料大体一致。

二、殷墟与邢台

晚商王畿地区发现了数量较多的属于殷末周初时期的文化遗址，这些遗址主要集中在两个区域，即殷墟和邢台。前者为殷都，自然是商文化的核心区，后者为王畿的边缘地区。

---

① 近年来有不少学者对殷墟地区商末周初的考古学文化变迁有所关注，主要成果有：唐际根、汪涛：《殷墟第四期文化年代辨微》，《考古学集刊》（15），文物出版社，2004年。李永迪、岳占伟、刘煜：《从孝民屯东南地出土陶范谈对殷墟青铜器的几点新认识》，《考古》2007年第3期。杜金鹏：《安阳后岗殷代圆形葬坑及其相关问题》，《考古》2007年第6期。路国权：《殷墟孝民屯东南地出土陶范年代的再认识及相关问题》，《考古》2011年第8期。刘克甫：《殷墟四期晚段遗存年代窥观》，《考古》2011年第11期。内田纯子：《商末周初青铜彝器的断代及其制作地》，《殷墟与商文化——殷墟科学发掘80周年纪年文集》，科学出版社，2011年。李宏飞：《殷墟大司空村商末周初遗存浅析》，《三代考古》六，科学出版社，2016年。何毓灵：《殷墟周人灭殷遗存研究》，《三代考古》（六），科学出版社，2016年。

1. 殷墟

殷墟及其附近商末周初重要的遗址有：安阳大司空[①]、苗圃北地[②]、小屯[③]、殷墟西区[④]、后岗[⑤]、刘家庄北地[⑥]、西高平[⑦]、孝民屯[⑧]；辉县琉璃阁[⑨]；新乡李大召[⑩]；浚县辛村[⑪]等。这些遗址所包含的文化遗存，大致可分为早、中、晚三期：

早期典型单位有：安阳小屯西北地76H14、H10、H53、85H144、H153、殷墟西区M166、M716；辉县琉璃阁M150；新乡李大召H228等。陶器中泥质陶明显多于夹砂陶，据《殷墟的发现与研究》统计，泥质灰陶占75%，泥质红陶约17%，夹砂灰陶约8%。器表纹饰以绳纹为大宗，划纹比较普遍，出现斜方格纹、直绳纹。器类以鬲、簋为主，盆、瓮、罐次之。鬲呈扁方体，矮裆，多带有很矮的足根，器表饰粗绳纹。簋唇部较薄，腹多饰三角绳纹，近底部绳纹被抹掉[⑫]。

中期典型单位有：安阳小屯76H71、H72、85H137、H157、后岗圆祭坑、小屯西北地76H71、H72、H81、85H116、H124、H137、H157、殷墟西区M1713、M1036、大司空62H54、苗圃北地M105、刘家庄北M1046[⑬]等。陶器中泥质陶仍占绝对优势，颜色

---

① 中国科学院考古研究所安阳发掘队：《1962年安阳大司空村发掘简报》，《考古》1964年第8期。
② 中国社会科学院考古研究所：《殷墟的发现与研究》，科学出版社，1994年，35、36页。
③ 中国社会科学院考古研究所：《安阳小屯》，世界图书出版社公司，2004年，114～123页。
④ 中国社会科学院考古研究所安阳工作队：《1969～1977年殷墟西区墓葬发掘报告》，《考古学报》1979年第1期。中国社会科学院考古研究所安阳工作队：《安阳殷墟西区一七一三号墓的发掘》，《考古》1986年第8期。
⑤ 中国社会科学院考古研究所：《殷墟发掘报告》，文物出版社，1987年，265～279页。
⑥ 中国社会科学院考古研究所安阳工作队：《河南安阳殷墟刘家庄北地殷墓与西周墓》，《考古》2005年第1期。安阳市文物工作队：《1995～1996年安阳刘家庄殷代遗址发掘报告》，《华夏考古》1997年第2期。
⑦ 河南省文物考古研究所：《安阳市西高平遗址商周遗存发掘报告》，《华夏考古》2006年第4期。
⑧ 殷墟孝民屯考古队：《河南安阳市孝民屯遗址西周墓》，《考古》2014年第5期。
⑨ 中国科学院考古研究所：《辉县发掘报告》，科学出版社，1956年。
⑩ 郑州大学历史文化学院考古系：《新乡李大召——仰韶文化至汉代遗址发掘报告》，科学出版社，2006年。
⑪ 郭宝钧：《浚县辛村》，科学出版社，1964年。
⑫ 中国社会科学院考古研究所：《殷墟的发现与研究》，科学出版社，1994年。中国社会科学院考古研究所安阳工作队：《河南安阳殷墟刘家庄北地殷墓与西周墓》，《考古》2005年第1期。
⑬ 中国社会科学院考古研究所安阳工作队：《安阳殷墟刘家庄北1046号墓》，《考古学集刊》（15），文物出版社，2004年。

以灰陶为主，存在一定数量的红褐陶。器表纹饰以绳纹为多，素面和磨光次之。器类以鬲为主，占80%以上，尤其是小型鬲数量大增。陶鬲体扁宽，宽沿，矮裆近平。簋厚唇，腹较浅，腹部满饰绳纹，腹部刻划大三角纹。陶瓿和陶爵的器体更加矮小。此外还出现大量仿铜陶器和明器式铜礼器随葬。

晚期典型单位有：安阳刘家庄北地M104、M81、M97、西高平H42、H45、H46、H10、M4、孝民屯M742、M882；鹤壁辛村①、庞村②；浚县辛村M29、M60、M76等。陶器以泥质陶为主，夹砂灰陶数量较少。陶色以灰居多，有少量的红陶和黑皮褐陶。纹饰以绳纹为主，另有少量的旋纹、弦纹、附加堆纹、划纹等。器类主要有鬲、罐、盆、簋、豆、瓮等。鬲多为扁方体，沿面较宽，无实足根；亦有折沿方唇，鼓腹分裆，下有柱足者。还有少量长方体联裆鬲。豆窄折沿，盘腹较深，圈足较粗。簋侈口厚唇，斜壁深腹，圈足较粗，器表饰三角划纹。罐小口矮领，颈腹部饰多道旋纹。

早期和中期的年代大约相当于殷墟文化第四期，晚期为西周早期。

2. 邢台

邢台及其邻近地区商末周初重要的遗址有：临城古鲁营③；隆尧双碑④；邢台东先贤⑤、南大郭⑥、曹演庄⑦、南小汪⑧、西关外⑨、葛庄⑩等。

这些遗存依其出土遗物的变化，可分为早、中、晚三期：

---

① 王文强：《鹤壁市辛村出土四件西周青铜器》，《中原文物》1986年第1期。

② 周到、赵新来：《河南鹤壁庞村出土的青铜器》，《文物资料丛刊》（3），文物出版社，1980年。

③ 河北省文物研究所、段宏振：《邢台商周遗址》，文物出版社，2011年，208～212页。

④ 河北省文物研究所等：《隆尧县双碑遗址发掘报告》，《河北省考古文集》，东方出版社，1998年，133～153页。

⑤ 河北省文物研究所、段宏振：《邢台商周遗址》，文物出版社，2011年，107～122页。河北省文物研究所：《河北邢台县东先贤遗址发掘简报》，《考古》2002年第3期。

⑥ 唐云明：《邢台南大郭村商代遗址探掘简报》，《文物参考资料》1957年第3期。

⑦ 河北省邢台市文物管理处：《邢台粮库遗址》，科学出版社，2005年，139～225页。

⑧ 河北省文物研究所等：《河北邢台南小汪周代遗址发掘简报》，《文物》2012年第1期。石从枝、李军：《河北邢台市南小汪发现西周墓》，《考古》2003年第12期。李军等：《邢台南小汪西周遗址考古新收获》，《三代文明研究》（一），科学出版社，1999年。李军：《邢台南小汪28号西周墓》，《文物春秋》2005年第2期。

⑨ 唐云明：《邢台西关外遗址试掘》，《文物》1960年第7期。

⑩ 任亚珊等：《1993～1997年邢台葛庄先商遗址、两周贵族墓地考古工作的主要收获》，《三代文明研究》（一），科学出版社，1999年。

早期典型单位有：临城古鲁营J1；隆尧双碑H10、H37、F4；邢台尹郭[①]、东先贤H124等。陶器以夹砂陶为主，泥质陶较少。陶色以灰为主，褐陶数量较多，黑色次之，红陶较少。器表纹饰以绳纹为主，约占76%以上，此外还有少量附加堆纹和弦纹。常见器类有鬲、甗、甑、罐、盆、尊、簋、豆、壶、盘等。鬲呈扁方体，敛口矮裆，有矮小实足尖，器表饰粗绳纹。陶簋以三角划纹绳纹簋为多，唇较薄，纹饰较为粗糙，近底部绳纹被抹掉。

中期典型单位有：临城古鲁营F1、F3、H9、H19、H30、H38、H52、H76、H91；隆尧双碑H1、H103、H53、H55；邢台南大郭上层、东先贤H107、H56、H57、曹演庄ⅠH120、H160、Y1、ⅡH40等。陶器以夹砂陶为主，泥质陶数量较少。陶色以灰陶为多，褐陶次之，黑陶和红陶极少。器表除素面和磨光外，以粗绳纹为多，还有少量三角划纹、弦纹和附加堆纹。常见器类有鬲、簋、盆、豆、壶、尊、小口瓮、盂等。陶鬲呈扁宽体，宽沿，矮裆近平，多无实足尖，器表饰粗绳纹。陶簋厚唇，腹较浅，高圈足，腹部满饰绳纹。

晚期典型单位有：临城古鲁营H33、H55、H86；邢台南小汪T11⑥、T11⑤、T25⑤、H78、T30⑤、M23、M28、西关外、葛庄M73、M69、M70、M138、M148、东先贤南H6等。陶器以泥质陶为主，约占整个陶器的73%～93%，夹砂陶数量较少。陶色以灰陶为大宗，有一定数量的灰褐陶和灰黑陶。纹饰以绳纹为主，约占70%以上，其中又以中绳纹占绝大多数，素面和磨光亦占一定比例，另有少量刻划纹、乳丁纹和弦纹。常见器类有鬲、豆、簋、罐、瓮、盆、眼、甑等，以鬲、罐、盆数量最多，其中鬲既有分裆无实足根的袋足鬲，亦有折沿柱足鬲。罐多敞口束颈，鼓腹平底。盆大口外侈，腹壁较直。豆口微内敛，豆盘较深，圈足较粗。簋大敞口，腹微鼓，圈足较高。

早期和中期的年代相当于殷墟文化第四期，晚期为西周早期。

如上所述，殷墟和邢台地区相当于商末周初的文化遗存，在文化面貌上存在着较大的相似性，二者的时代划分也基本一致，这与二者于晚商时期共处于王畿地区，又于周初分别成为卫、邢等姬姓封国的领地紧密相关。

三、植入与置换模式的考古学证明

尽管在晚商王畿地区相当于商末周初的考古学文化遗存不断被发现，然而无论是殷墟还是邢台，都存在着一种特殊的现象，即晚商时期的遗存无论是在分布的密集程度，还是出土遗物丰富的程度上，都远远超过了西周早期。

---

① 河北省文化局文物工作队：《邢台尹郭村商代遗址及战国墓葬试掘简报》，《文物》1960年第4期。

据1998年洹河流域区域调查结果可知，晚商时期聚落的数量较早商时期有明显增加，其分布范围亦向上游有大幅度地拓展，更为引人关注的是出现了以小屯为中心的大型都邑。然而到了西周时期这一区域呈现出一幅衰败的景象：不仅遗址的数量锐减，而且殷墟区域内不再有大型遗址，只在今刘家庄及小屯附近发现少量西周中晚期的遗存[1]。也就是说，进入西周以后，殷墟地区在相当长的时间内突然出现了空白。

这一结论显然不能令人满意。虽然从文献记载可知，武王伐纣之后王朝的政治中心由殷墟迁移至了丰镐，但在殷墟还存在着为数不少的族群和聚邑，而且武王灭商后为延续商祀，还特意分封纣子武庚于殷。此种情境之下，殷墟即便不似晚商时期那般繁荣，但也不至于沦为废墟，因此不可能缺乏西周早期的遗存。

正是基于这种考虑，有学者开始对殷墟文化第四期的内涵和年代进行重新梳理和反思，将晚商王畿地区缺乏西周早期遗存的原因，归结为原来对殷墟四期文化的结束年代认识存在偏差，认为"殷墟文化第四期的一部分实际上是进入西周纪年的⋯⋯但是考古学文化表现的内容仍是殷商文化之遗留"[2]。也就是说，尽管从纵向时间段上，此一时期可能已完成了周对商的更替，然在远离西周之政治核心——丰镐——的商王畿地区，考古学文化面貌仍然显示为晚商文化的延续。对此有学者甚至用考古学文化发展的"延滞现象"或"殷墟四期文化滞后说"加以解释。

其实，所谓的殷墟四期文化滞后，仅仅是从年代学角度对晚商王畿地区商末周初时期考古学文化的一种评判或一种认识，而这恰恰是植入模式在考古学文化上的体现：与其说文化滞后，不如说植入的东西未能融合，此正是外壳和本体还在植入与置换的考古学证明。

多年来殷墟地区考古发现与研究的结果表明，晚商时期的殷墟为北中国乃至整个东亚地区面积最大的都邑。就聚落面积而言，殷墟文化第一期时殷墟的面积较小，到第二期时大约为12平方千米，第三期时面积继续扩大，第四期时已达到30平方千米[3]。与之相应，殷墟的人口数量亦呈快速增长的态势：二期时约有7万，三期12万，四期近15万[4]。20世纪60年代末至70年代中在殷墟西区发掘了一处墓地，其中属于殷墟二期的墓葬有71座，三期时墓葬数增加到187座，至四期时墓葬数竟达到428座[5]。因此，商代末期的殷墟不但在此前的基础上继续发展，甚至其繁荣程度超过了以往任何一个时期。

---

[1] 中国社会科学院考古研究所：《洹河流域区域考古研究初步报告》，《考古》1998年第10期。

[2] 唐际根、荆志淳：《考古学文化发展的延滞现象和"边缘化效应"》，《三代考古》（一），科学出版社，2004年。

[3] 中国社会科学院考古研究所：《殷墟的发现与研究》，科学出版社，1994年。

[4] 宋镇豪：《夏商社会生活史》，中国社会科学出版社，1994年。

[5] 中国社会科学院考古研究所安阳工作队：《1969～1977年殷墟西区墓葬发掘报告》，《考古学报》1979年第1期。

然而一旦跨入西周纪年，此种繁荣的情景不再。在原本商文化盘踞数百年的晚商都邑，突然出现了许多周文化的因素。这些因素既包括丰镐地区典型的瘪裆鬲、粗圈足豆和圆腹罐，也有青铜器上出现的若干新风尚，墓葬的随葬品组合亦由原来流行觚爵的组合，而变成以鬲搭配簋豆罐的方式[①]。凡此种种，反映出王朝更替这一重要历史事件对于考古学文化所产生的巨大影响。只不过西周初期虽然有不少新的文化因素出现在殷墟，但是在这一区域占绝对多数的还是商文化固有的因素，如宽沿扁方体矮裆鬲、三角划纹簋等，所谓的周文化因素恰如汪洋大海中的几叶扁舟般，孤独地散布于殷墟各个地点。显而易见，西周初年的殷墟虽亦有新的周文化因素植入，但其过于弱小，并未动摇本地原有商文化的根基。

殷墟地区真正意义上的文化变化开始于西周中期。从这一时期起，商人特有的宽沿扁方体的矮裆鬲、三角划纹簋渐渐退出历史舞台，周文化独有的联裆锥足鬲、小口圆肩罐、粗柄豆等器物不断增多，而且还出现了若干融合了商周文化的新型器物，如束颈分裆柱足鬲、敞口浅腹高圈足印纹簋等，显示出最晚到这一时期，周文化对于商文化的置换已经完成。

邢台地区商末周初文化更替的历程与殷墟极为类似，但也存在一些小的差异（图一）。

邢台地区的西周遗址以今邢台市区分布最为集中，典型遗址有南小汪、东先贤、葛家庄等。该地区属于西周早期的遗存中，可以明显看出多种文化因素共存。以陶器为例，既有宽沿肥袋足鬲、三角划纹簋，又有瘪裆鬲、小口圆腹罐、粗柄豆，前者显然为商文化因素，后者则已是典型的周文化特色了。除此之外，也不乏地方特色，如高斜领弧裆鬲和大口绳纹盆、小口绳纹罐等。然而非常有趣的是，这些文化因素往往混杂在一起。如葛家庄M129小口圆腹罐与宽沿肥袋足鬲同出，南小汪M28则是三角划纹簋、高斜领弧裆鬲、小口圆腹罐、侈口直腹簋的组合。能够清楚地分清不同类型的陶器来源，显示出这些文化因素虽已聚合在一起，但并未融合为一体。如此情况的出现，反映出此一时期周文化虽然已注入邢台，但与本地原有的商文化及地方文化因素却未能完全融合。

到了西周中期，这种情况发生了变化，其中最重要者莫过于柱足鬲的大量涌现。在长安张家坡等典型宗周文化遗址中，作为最常用的炊器—陶鬲的形制主要有三种，即空锥足鬲、分裆鬲和柱足鬲，三者数量大致相当。然而类似的分裆鬲在邢台地区却极其罕见，空锥足鬲虽然有，但数量并不多。二者共有的柱足鬲亦不完全相同。宗周地区的柱足鬲裆部多作弧裆或平裆，且由于器物为平沿或斜平沿，加之器腹有扉棱或圆饼状堆饰，与铜鬲有某些相似之处，所以又被称作仿铜鬲。而邢台地区的柱足鬲

---

① 难波纯子：《关于殷墟四期青铜器制作之新动向》，《考古学集刊》（15），文物出版社，2004年。李永迪、岳占伟、刘煜：《从孝民屯东南地出土陶范谈对殷墟青铜器的几点新认识》，《考古》2007年第3期。

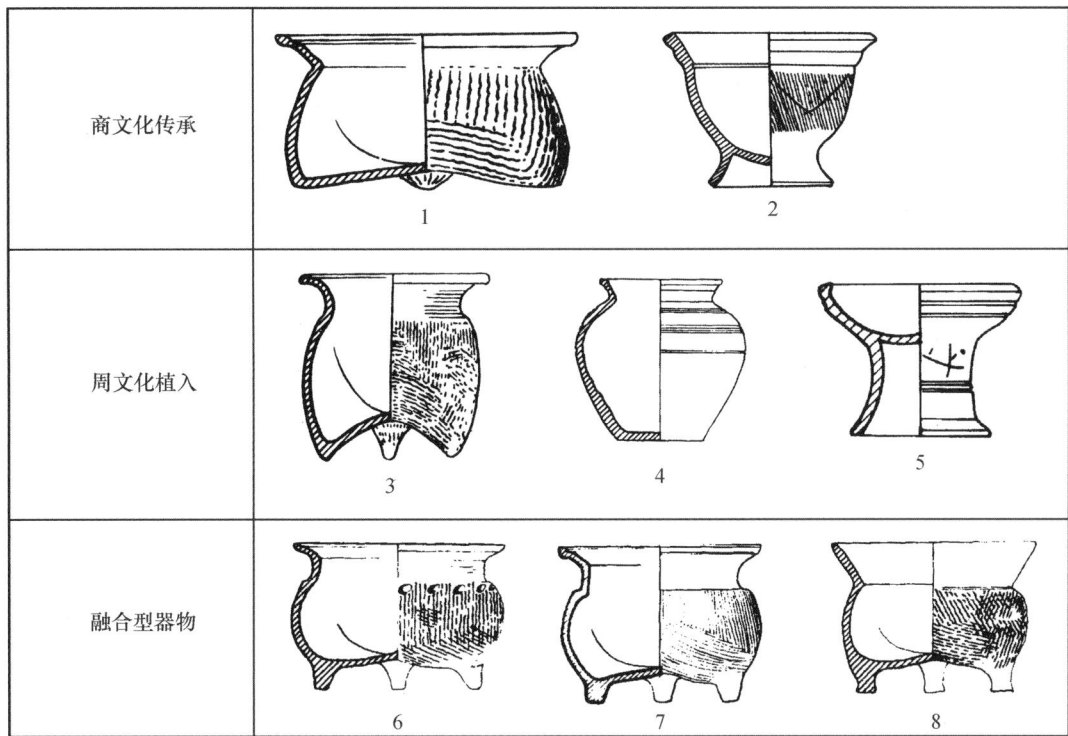

图一 邢台地区商末周初文化更替历程
1. M129:2 2. M128:12 3. M4:1 4. M129:5 5. M23:3 6. M104:4 7. H5:5 8. M94:1
(1、3、4、6.葛庄，2、5.南小汪，7、8.东先贤)

中，确有部分与宗周文化的仿铜鬲完全相同，但还存在数量较多的未见任何与铜鬲相关装饰的陶鬲。这部分鬲有的为联裆，有些为分裆。尤其是分裆鬲大多束颈鼓腹，足部有尖锥状或柱状实足根。这类鬲由于融入了多种文化因素，实难将其直接归入哪一类文化因素之中。不过，这种鬲并非西周中期才产生，在西周早期已能见到其影子，只是到了中期其数量突然大增，而且这种鬲在多个地点与大敞口浅腹圈足簋、高柄豆、大口绳纹盆、小口绳纹瓮等一起共存，构成了邢台地区西周中期考古学文化最典型和最稳定的组合，一直延续至西周结束。

与此种分裆柱足鬲演化轨迹类似的，还有高斜领鬲。此种鬲领高而斜直，鼓腹，在西周早期便已出现，只不过均为弧裆，下附尖锥状实足。到西周中期时，实足根突然演化成疙瘩状，极似宗周的"疙瘩鬲"。

由此可以看出，周文化与商文化以及本地文化最晚至西周中期之时，已完全融为一体。

与上述几个地点有所区别的是，在远离周王朝分封地的边远地区，文化面貌略有不同。以临城古鲁营为例，在该遗址属于西周早期的遗存中，最常见的是与晚商区别不大的大型宽沿袋足鬲、三角划纹簋，此二种陶器无论是在墓葬还是在灰坑中，所占比例可以占整个陶器群的80%以上，典型宗周地区陶器的代表物联裆鬲、圆腹罐等极为罕见。造成这种局面的原因，恐怕只能解释为地缘的缘故，毕竟与邢台市区的几个遗址点相比，古鲁营实在是太过偏僻了。如果说以南小汪为代表的遗址群可视作西周时期的城市的话，古鲁营只能说是遥远的乡下，因此在接受宗周文化的力度和时间上自然要落后得多了。

总体而言，位于晚商王畿边缘地区的邢台，与地处王畿核心地区的殷墟相比，虽然在商末周初时经历了大体类似的植入与置换历程，然而二者还是有着些微的区别。如殷墟相当于西周早期的遗存中，商文化的因素明显偏多，且延续时间也较长。换言之，西周早期之时的殷墟地区，尽管有少量周文化因素的植入，但这些周文化因素处于强大的商文化包围之中，由于自身过于弱小，成长艰难而且缓慢。及至西周中期，随着周文化在太行山东麓地区的进一步渗透，安阳地区才最终完成了商周文化的置换与更替，显现出典型周文化的固有特色。与之相比，邢台地区考古学文化变迁的脚步明显要快得多。

如此看来，晚商王畿地区的考古学文化面貌在商末至西周初并没有太大变化，至多是在原有商文化的基础上，增加若干周文化的因素，二者相安无事，但也无太多交集。经过多年的置换与重构，至西周中期之时自身的特色开始彰显，新型周文化才得以诞生。

四、植入与置换模式产生的历史背景

晚商王畿地区商周文化更替模式的形成，与当时的历史背景有着直接的关联。检索传世文献以及古文字资料，可以看出，周文化之所以能够植入，关键在于西周立国之初实施的两项重大决策：移民与分封。

移民是把原来晚商王畿地区的居民迁移至外地，以实施对殷商遗民的分化与瓦解，为新的人群和文化的到来提供空间。周初大规模移民的方向主要有以下几处：

1. 宋国

武王灭商后，由纣子武庚为殷后留守殷墟故地，以续殷祀，同时将管叔、蔡叔和霍叔分封至此监督。不料成王甫一即位，武庚便乘机联合管叔、蔡叔、霍叔以及东方与国一起举兵叛周。待周公平叛后，封商纣的庶兄微子于商丘，令其"开代殷后，奉其先祀"[①]。经过如此波折，大量殷商王族和贵族被迫离开殷地，迁往商丘。

---

① 《史记·宋微子世家》。

2. 洛邑

周公东征后，迁殷"顽民"于洛邑，建立东都。《书序》曰："成周既成，迁殷顽民，周公以王命诰，作《多士》"。

3. 周原与丰镐

周原、丰镐亦有殷商贵族家族的存在。其中最著名者莫过于微氏家族。由周原出土的微氏家族铜器铭文可知，由于微氏家族勤于政事，受到周王青睐，经过多年发展终成强宗大族，延续的时间几乎与西周王朝相始终[①]。类似的家族还有录𣄰[②]、可[③]、庚[④]、戈[⑤]等。

4. 卫国

周初成王"分康叔以……殷民七族，陶氏、施氏、繁氏、锜氏、樊氏、饥氏、终葵氏"[⑥]。卫国的分封虽仍在殷墟故土之上，然经过三监之乱，不少贵族被分迁至商丘宋地和宗周、成周等地，因此本地的殷遗民数量已极为有限，成王和周公将他们重新组织交由康叔管理，虽未动迁，然已基本失去了原有的生存土壤。

5. 鲁国

鲁国的始封君伯禽与卫君一样，在得到疆土的同时，也得到了殷遗民："分鲁公以大路之旂……殷民六族：条氏、徐氏、萧氏、索氏、长勺氏、尾勺氏"[⑦]。

将殷遗民迁往他地，为西周文化的植入提供了足够的生存空间。而促进这次植入

---

① 陕西周原考古队：《陕西扶风庄白一号西周青铜器窖藏发掘简报》，《文物》1978年第3期。杜正胜：《略论殷遗民的遭遇与地位》，《历史语言研究所集刊》第五十三本第四分。

② 罗西章等：《陕西扶风出土西周伯𣄰诸器》，《文物》1976年第6期。

③ 马承源：《何尊铭文初释》，《文物》1976年第1期。

④ 陕西周原考古队：《陕西扶风庄白一号西周青铜器窖藏发掘简报》，《文物》1978年第3期。

⑤ 陕西省考古研究所：《高家堡戈国墓》，三秦出版社，1995年。张懋镕：《高家堡出土青铜器研究》，《考古与文物》1997年第4期。陕西省文物管理委员会：《长安普渡村西周墓的发掘》，《考古》1957年第1期。葛今：《泾阳高家堡早周墓葬发掘记》，《文物》1972年第7期。

⑥ 《左传·定公四年》。

⑦ 《左传·定公四年》。

的关键,则是周王朝实施的分封政策。

卫和邢是殷王畿地区最重要的两个封国。其中卫是周武王同母弟康叔的封国。成王"以武庚殷余民封康叔为卫君,居河、淇间故商虚"①。卫国的封地都于朝歌,原是殷商故都,又是周初叛乱的策源地,殷商残余势力极大,因此周公在分封康叔时,才会令其"启以商政,疆以周索"②。

邢国的封君则是周公之后。《左传》僖公二十四年云:"昔周公吊二叔之不咸,故封建亲戚,以藩屏周……凡、蒋、邢、茅、胙、祭,周公之胤也。"《汉书·王莽传》也说:"成王广封周公庶子六人,皆有茅土。"由此可知,邢为周公之后,受封于西周初年。但此邢国地在何处,自汉晋以来便有异说③。直至1975年元氏西张村《臣谏簋》等一批带铭青铜器出土后,才有学者论定邢国始封地就在今河北邢台④。如今大量出土的考古资料已充分证明邢国始封地就在今河北邢台⑤。

周初分封的地点基本在城市,因此西周的殖民点呈点状分布,卫、邢也不例外。如此分布为商文化保留了本体和外壳,为周文化的植入提供了合适的契机。只是,在移民与分封过程中,邢台和安阳地区所经历的过程并不完全相同。牧野之战后,武王封纣子武庚禄父于殷,以续殷祀,因此这一区域保留了较为深厚的商文化因素。然而武王去世之后,武庚据殷发动叛乱,及至周公率王师东征平定叛乱,重新分封康叔于卫,这一地区方才正式纳入周之领土,其后周文化在此才得以顺利成长。这应该是殷墟与邢台地区商周文化更替模式略有差异的原因所在。

综上所述,晚商王畿地区商周文化更替植入模式之所以能够形成,最关键的因素便是周初西周王朝对于殷商遗民和殷商故地所采取的移民与分封的有效措施。通过大规模地移民,将聚集在王畿地区数量众多的殷民分批迁移至多个地方,为殖民人口的到来提供足够的空间,与此同时,通过中央政府强制性的殖民举措,将周人的嫡系势力分封至此地,同时对殷遗民实行怀柔政策,即"启以商政,疆以周索"。如此一来,周人将包括王畿地区在内的原殷商故地牢牢掌握在自己控制之下。所有种种,反映在考古学文化上,便是在太行山东麓一线商周文化的更替出现了先是据点式入侵,其后在此基础上融合扎根,亦即植入与重构的独特模式。

---

① 《史记·卫康叔世家》。
② 《左传·定公四年》。
③ 许慎以为邢国"地近河内怀"(《说文》六下),即今河南温县,而班固、杜预等却认为在"广平襄国县"(《汉书·地理志》、《左传》杜注),即今河北邢台。
④ 李学勤:《元氏青铜器与西周的邢国》,《考古》1979年第1期。
⑤ 张渭莲、段宏振:《邢台西周考古与西周邢国》,《文物》2012年第1期。

李下蹊华
——庆祝李伯谦先生八十华诞论文集
（下册）

何驽 主编

科学出版社
北京

图书在版编目（CIP）数据

李下蹊华：庆祝李伯谦先生八十华诞论文集：全2册/何驽主编．—北京：科学出版社，2017.2
ISBN 978-7-03-051745-6

Ⅰ．①李⋯　Ⅱ．①何⋯　Ⅲ．①商周考古－文集　Ⅳ．① K871.34-53

中国版本图书馆 CIP 数据核字（2017）第 025598 号

责任编辑：李　茜　范雯静 / 责任校对：邹慧卿　彭　涛
责任印制：肖　兴 / 封面设计：北京美光制版有限公司

科 学 出 版 社 出版
北京东黄城根北街 16 号
邮政编码：100717
http://www.sciencep.com

中国科学院印刷厂 印刷
科学出版社发行　各地新华书店经销

*

2017 年 2 月第 一 版	开本：787×1092　1/16
2017 年 2 月第一次印刷	印张：58　插页：1
	字数：1 375 000

定价：520.00 元（上、下册）

（如有印装质量问题，我社负责调换）

陈梦家先生青铜器研究成果考述

王 睿
（故宫博物院）

陈梦家先生（1911~1966年）在甲骨文、青铜器、古文字、汉简乃至古代度量衡等诸多研究领域都有涉猎，他短短的一生给我们留下了长长的书目《殷墟卜辞综述》[①]《西周铜器断代》[②]《汉简缀述》[③]等，他对某一字的解释、某件青铜器的断代和铭文的释义，不论你赞同与否，都是注释条目中必备的一家之言，尤其在甲骨文和青铜器两个领域的研究成果尤为卓著，堪称独步。

陈梦家先生在青铜器方面的研究成就，以前仅知的是在著录方面主要体现在《美帝国主义劫掠的我国殷周铜器集录》[④]和断代研究《西周铜器断代》等。这些成就的取得与陈梦家先生在美国时期的学术研究密切相关，1944年在金岳霖和费正清（John Fairbank）的推荐下受洛克菲勒基金会（Rockfeller Foundation）的资助赴美国芝加哥大学东方语言文学系（Department of Oriental Languages and Literatures），现称东亚语言与文明系（Department of East Asian Languages and Civilizations）教授古文字学一年，为搜集整理流落海外的中国青铜器资料，归国延期至1947年。这段历史不仅对陈先生的学术历程至关重要，对整个中国青铜器研究史也意义深远。

陈梦家先生毕业于中央大学法律系，后驰骋于诗史两界，均卓有建树。在史学方面，早年师从闻一多先生专攻古文字学、古史考证，1934年起在燕京大学师从容庚先生，开始接触到青铜器研究。北京图书馆馆长袁同礼先生旅欧归来，将欧洲所藏中国青铜器的照片资料委托陈梦家编纂，1946年出版了《海外中国铜器图录》第一辑[⑤]，第二辑因内战未得出版，稿本现存于国家图书馆古籍部[⑥]，因仅限于照片资料，书中所列只是器物照片和器名，真假相掺。

---

① 陈梦家：《殷墟卜辞综述》，科学出版社，1956年。
② 分六次连续发表在《考古学报》第9、10册及1956年第1~4期。
③ 陈梦家：《汉简缀述》，中华书局，1980年。
④ 中国社会科学院考古研究所：《美帝国主义劫掠的我国殷周铜器集录》，科学出版社，1962年。
⑤ 陈梦家编纂：《海外中国铜器图录》，民国三十五年（1946年）五月出版。
⑥ 参见曹菁菁：《新发现〈陈梦家海外中国铜器图录〉未刊稿》，《文献》2014年第4期。

1944~1947在美的三年，陈先生在青铜器研究方面取得非凡成就，除已在国内发表的相关研究成果外，还有在国外出版的图录、发表的文章以及未刊手稿。1946年与芝加哥美术馆东方部主任凯利（Charles Fabens Kelly）合作，为芝加哥美术馆藏有的中国青铜器编制了图录《白金汉所藏中国铜器图录》（*Chinese Bronzes from the Buckingham Collection*）[①]，用英文在西方发表的论文Shang Culture[②]，Style of Chinese Bronzes[③]，Malcolm's K'ANG Hou Kuei and its Set[④]，The Greatness of Chou[⑤]，Some Suggestions for the Study of Chinese Bronzes[⑥]，英文手稿Some Notes on Chinese Bronzes[⑦]，Cultural Cooperation[⑧]。最重要的是，在被抄家掠走后归还至考古所的稿件中，还发现了陈梦家先生由美国带回的英文手稿《美国所藏中国铜器图录和中国铜器综述》（*Chinese Bronzes in American Collections: A Catalogue and a Comprehensive Study of Chinese Bronzes*），原来《美帝国主义劫掠的我国殷周铜器集录》只是其中的图录部分，与之相印照尚有分为十五章的文字部分《中国铜器综述》[⑨]。根据在洛克菲勒档案中心（Rockefeller Archive Center）、社科院考古所、哈佛燕京学院（Harvard-Yenching Institute）、芝加哥大学（Chicago University）、美国各大博物馆等处查得的档案得知，手稿原计划在美国出版，打印装订成两份，一份留在哈佛燕京学院预备出版，一份由陈先生带回国内。陈先生于1947年回国，1949年中华人民共和国成立，中美无外交关系，出版一事被搁置，由于人事迁衍，留在美国的手稿也无下落。除这项工作外，关于流落海外的青铜器资料收集工作他还完成了加拿大安大略皇家博物馆（Royal Ontario Museum, Toronto）所藏中国青铜器资料的收集工作，并已着手收集欧洲部分的资料。原计划是把流落于加拿大、美国和欧洲的中国青铜器资料冠以《中国铜器综述》在国内出版，《美帝国主义劫掠的我国殷周铜器集录》只是计划中的第二辑。

　　《中国铜器综述》与图录《美帝国主义劫掠的我国殷周铜器集录》相表里，分

[①] Charles Fabens Kelly and Ch'en Meng-chia. *Chinese Bronzes from the Buckingham Collection*. Chicago: The Art Institute of Chicago, 1946.

[②] A lecture given at the Anthropology Department of Chicago, April 15, 1946.

[③] Ch'en Meng-chia. Style of Chinese Bronzes. *Archives of the Chinese Art, Society of America I*, 1945-1946.

[④] Ch'en Meng-chia. Malcolm's K'ANG Hou Kuei and its Set. *Oriental Art, Autumn* 1948.

[⑤] Ch'en Meng-chia. The Greatness of Chou, *China*. edited by Harley Farnsworth MacNair, University of California Press, Berkeleyand Los Angeles,1951.

[⑥] Ch'en Meng-chia. Some Suggestions for the Study of Chinese Bronzes. Bicentenial Conferenc "Far Eastern Culture and Society", Princeton University, April 2, 1947.

[⑦] 从内容看为一演讲稿，未见发表。

[⑧] 从内容看为一演讲稿，未见发表。

[⑨] 陈梦家著，王睿、曹菁菁、田天、孙莹莹译：《中国铜器综述》，待刊。

为十五章，系统总结了青铜器的研究理论和方法，使传统方法与考古学最新成果相结合，同时也吸收了某些西方学术成果，是继郭沫若《两周金文辞大系》①《商周彝器通考》②之后有关青铜器研究的又一突破。

《中国铜器综述》③共分方法和材料、历史背景、相关出版物、考古发掘和发现、地域分布、术语、分类、类型学、古文字学、铭文、铸造和作伪、文化背景、编年、风格和纹饰及年代十五章。此前尚有两部性质相同的著作，1941年出版的容庚先生所著《商周彝器通考》的上编和1946年出版的《海外中国铜器图录》所附陈先生撰写的《中国铜器概述》。《商周彝器通考》的上编由原起、发现、类别、时代、铭文、花纹、铸法、价值、去锈、拓墨、仿造、辨伪、销毁、收藏和著录十五章组成，是对此前与青铜器相关的文献记述、著录、研究、发现等方面进行的全面整理，是对整个青铜器研究资料的汇集。其中的"类别"一项，突破历来青铜器按自铭和史籍题铭的传统，第一次按照用途把青铜器分为食器、酒器、水器及杂器、乐器。《中国铜器概述》分时期、地域、国族、分类、形制、文饰、铭辞、文字、铸造和鉴定十章，开篇把青铜器分为五期，第一期商、商周之间、周初；第二期西周全期；第三期平王东迁至春秋之终；第四期春秋之终至秦之统一；第五期秦及两汉全期。在不同期别中述及青铜器在地域分布、国族迁移中的器群变化，并在类别、形制、文饰、铭次、文字、铸造等方面来列举青铜器的变化和特点，在青铜器分类上取用《商周彝器通考》"类别"中的分类标准。

《中国铜器综述》是对《中国铜器概述》全面的修订和扩充，只是在论述逻辑顺序上调整为先分析青铜器的时代特点后得出青铜器分期的结论，分期更为细化合理，把青铜时代划分为1.商2.西周（早、中、晚三期）3.东周a.春秋（早、中、晚三期）b.战国（早、中、晚三期）4.汉a.西汉b.东汉。同时也吸收了《商周彝器通考》青铜器研究史方面的内容。第二章"历史背景"分为商、周两部分，曾各自发表过，是对商周史的一般性叙述，属于研究对象的背景资料。第三章"相关出版物"和第四章"考古发掘与发现"两章与《商周彝器通考》的"原起"与"发现"相类，是对青铜器研究史的回顾，充实了国外对中国青铜器的收藏和研究部分。

《中国铜器概述》各章均围绕青铜器断代问题进行阐述。第一章"方法和材料"首先阐明主旨："任何青铜器都不是孤立的，都有以下特征：时代、地域特点、属于某一社会阶层、器形、装饰和铭文特点。我们可凭借有明确年代和出土地点的青铜器来判断其他青铜器的年代，这种方法和结论可由新的考古发掘资料和文献研究成果、

---

① 此书最早刊布于日本，见郭沫若：《两周金文辞大系》，文求堂，东京，1932年。后屡有改订，见郭沫若：《两周金文辞大系图录考释》，科学出版社，1957年。
② 容庚：《商周彝器通考》，燕京大学哈佛燕京学社，1941年。
③ 陈梦家著，王睿、曹菁菁、田天、孙莹莹译：《中国铜器综述》，待刊。

并与其共存的陶器、玉器、石器等器物特征进行比较和修正。我们应该首先确定青铜器的出土地点和年代，收藏者、著录情况和铭文所记载的历史。再根据器形、纹饰和铭文来判断它与其他青铜器的关系，如果铭文与其他青铜器有联系，把它们作为一'组'来研究。"第五章"地域分布"，借鉴《两周金文辞大系图录考释》的做法，注意到青铜器的地域特点，对商周时期的国家地域分布及其相互关系做文献上的梳理。第六章"定名"、第七章"分类"、第八章"类型学"可以划为一组，先论述青铜器各部位的定名原则，再论分类标准，在此基础上阐述48类青铜器在不同时代器形变化情况，为断代做基础。第九章"古文字学"、第十章"铭文"为一组，从中国文字起源、发展历史及文字的六种造字方法谈起，阐述铜器铭文在不同时期、地域呈现的不同书写特点，铭文铸造的不同方式，商周时期铜器铭文在内容上的差别。第十三章"年代学"为青铜器的发展史构筑一个年代框架，第十四章"风格和纹饰"阐述青铜器在不同时代呈现的不同风格，第十五章"分期"把青铜时代从商至东汉划分了期段，整个青铜器发展史的时空框架构筑完成。

这部巨著在当时无疑是具有划时代意义的，在今天需要修正的只是某些具体结论。图录的编写如《美帝国主义劫掠的我国殷周铜器集录》和青铜器断代研究如《西周铜器断代》都是建立在这一深厚研究的基础之上。

对流落海外的青铜器资料，中国学者经历了无能为力的困窘。中国文物开始大量外流始于清朝末期，随着国势颓微，西方势力的渗透，如容庚先生所言："军阀攘祸，国无宁岁。关洛之民，困于饥馑，或掘虚墓，取所藏以救死，政府莫能禁。异邦之民，挟其多金，来相购取。于是古器之流出遂如水之就壑。"而海外对中国青铜器的著录与研究也随着收藏的增多而兴起，西方最早收藏中国青铜器的人士之一为意大利人塞努奇（Henri Cernuschi，1820-1896），于1871年利用在北京旅行机会购得大批青铜器，其中两件为《西清古鉴》所著录，现存于巴黎塞努奇博物馆（Musee Cernuschi）[1]。最早的非汉语中国青铜器图录是1848年日本出版的《小山林堂书画文房图录》[2]。

中国学者对流落海外青铜器资料的收集、刊布工作，与其说出于研究资料的缺如，不如说是这项工作触动了其敏感的民族情结，在民贫国弱的现实压力下，使这类工作掺杂着浓重的爱国情绪。陈先生撰文："看到我们自己国家如此精绝的历史文物毫无保障的被异邦攫取了，是我们莫大的耻辱。在考古学上遭到的损失，更是无法补偿，我们要根据这种惨痛的经验，深深认识到被人剥削的憾恨，从而激发我们的爱国

---

[1] Thoms Lawton. Chinese Ritual Bronzes: Collections and Catalogues Outside China. editedby Stephen D Owyoung, *Ancient Chinese Bronzes in The Saint Louis Art Museum*. St. Louis: The Saint Louis Art Museum, 1997: 17-37.

[2] 参见朱凤瀚：《中国青铜器综论》，上海古籍出版社，2009年，58页。

热忱。"①此项工作的开始是罗振玉于民国九年（1920年）发刊的《海外吉金录》，收录了其在日本所闻见的青铜器目，得二百零五器，只有器名与藏家，只能作为目录查阅②。1935年容庚编的《海外吉金图录》③专收流散日本之中国青铜器，共计一百五十件，资料主要来源于日本的铜器图录。每器附照片，列有尺寸，描述，以前的著录情况、断代，连尺寸与重量单位亦采用日式，只是在器物断代上略有改正。而对于西方中国青铜器的收藏情况，容庚先生感喟"昔日本梅原末治教授游历欧美，公私收储之府，莫不倾其所有以相示。君乃照其形制，量其修广，录其所睹闻，以成《栊禁之考古学的考察》及《欧美收储支那古铜器精华》。余于域外之文，一无所晓，乃从他人著作中裒辑而为此书。余甚惭于梅原。国中独无其人乎？此所为抚卷踌躇者也。"④

1944年陈梦家到美国后，势如出弦之箭，甫就致信顾立雅（Herrlee Creel）："我在此间的目的是能继续我先前的研究并有机会考察你们国家收藏的青铜器和甲骨，您是否能为我介绍那些收藏家和博物馆负责人员，以便和他们电话联系。"1945年4月正式向哈佛燕京学院（Harvard-Yenching Institute）申请经费为编写美国所藏的中国青铜器目录做资料的准备，然后陈先生向美国各大博物馆寄送查询所藏青铜器资料的表格，在古董商人卢芹斋的帮助下又与众多的私人藏家建立了联系。在美的时间由一年延长至三年。

从1946年2月开始，陈梦家先生几次到加拿大安大略皇家博物馆收集整理安阳和洛阳金村出土的资料。1947年8月2日至9月4日，他寻访了英国、法国、丹麦、荷兰和瑞典的公私收藏，搞清了当时欧洲的中国青铜器收藏情况。从1944年10月24日陈梦家夫妇在洛杉矶登上美国本土至1947年9月19日陈先生由旧金山乘船回国的三年时间内，为收集流落海外的中国文物资料，他多方寻求经济支持，不仅获得了丰厚的资料，也使青铜器的著录方式和研究跨入一个新的阶段。

《美帝国主义劫掠的我国殷周铜器集录》所录仅是流落在美国的青铜器，无论数量还是资料占有的详尽与准确已远远超过同类的《泉屋清赏》。它的价值不仅记录了遗失海外的一批珍贵资料，更重要的是利用了三四十年代青铜器研究的最新成果和现代考古学类型学方法对传世和新出土的青铜器进行彻底的整理并进行了有机串联，是青铜器著录学的一场革命。

青铜器的著录史可以追溯至宋代，现存最早的当推吕大临的《考古图》，图像与铭文并重，备载大小、容量、重量及出土之地和收藏之人，后者悉遵此书矩镬，后又出现专门著录铭文之作。由于这些图录主要用于示密和证经补史，细审之，则印证了

---

① 陈梦家：《中国古代铜器怎样到美国去的》，《文物参考资料》1950年第11期。
② 罗振玉：《海外吉金录》，《永丰乡人杂著》（第三册），1922～1923年刻本。
③ 容庚：《海外吉金图录》，考古学社专集第三种，民国二十四年（1935年）四月印行。
④ 见容庚：《海外吉金图录》序，考古学社专集第三种，民国二十四年（1935年）四月印行。

郭沫若所言"……著录之书，自赵宋以迄于今，颇多名世之作……然其著录之方，率以器为类聚，同类之器以铭文之多寡有无为后先，骤视之虽若井井有条实则于年代国别之既明者犹复加以淆乱。"①到20世纪三四十年代，青铜器的研究突破了传统研究范畴，不再限于器物的辨伪断代和为证经补史所做的铭文研究，其标志是《两周金文辞大系图录考释》和《商周彝器通考》的出版。1931年出版的《两周金文辞大系图录考释》首创的"标准器"法被认为是青铜器研究史上的最大突破，它把有关联的铭文集合在一起，以有确切年代的青铜器作为其他断代的标准，"……专就彝铭器物本身以求之，不怀若何之成见，亦不据外在之尺度。盖器物年代每有于铭文透露者……而由新旧史料之合证，足以确实考订者，为数亦不鲜。据此等器物为中心以推证他器，其人名事迹每有一贯之脉络可寻。得此，更就文字之体例，文辞之格调及器物之花纹形式以参验之，一时代之器物大抵可以踪迹，即其近是者于先后之相去要必不超远。至其有历朔之记载者，亦于年月日辰之相互关系，求其合与不合，然此仅作为消极之副证而已。"②

《美帝国主义劫掠的我国殷周铜器集录》在青铜器资料的整理中把这一最新研究成果与传统方法结合起来，它共收845器，一器一号，每号有八项说明：（1）图像曾经著录的。（2）铭文曾经著录的。（3）记录器物的高度、口径、宽度和长度。（4）记录铭文的行数、字数并其隶定的释文。（5）断定年代。（6）记录器物出土后收藏者和商贾的收藏和出售。（7）现在的所在，在博物馆或私人处的。（8）①器物的现状；②相传出土的时代与地点；③同群同组的铜器，同族名的铜器；④简要的有关铭文考释；⑤形制、花纹上的特点及与其他器的比较；⑥其他不属于以上七项的记述。记录项目基本继承了青铜器著录传统，完整反映了青铜器的流传情况，研究史和保存状况，为进一步研究打下基础。陈先生在谈到青铜器研究的方法与材料时，"我们首先要搞清青铜器出土的地点与年代，收藏者和被著录情况，以及铭文所反映的历史事件。在从器形、装饰纹样和铭文风格来推断它与其他青铜器的关系，如果铭文与其他青铜器有联系，我们可以把它们归为一'组'来共同研究。"③前七项条目正是陈先生所谈青铜器研究需要的必要准备，第八项的"同群同组的铜器，同族名的铜器"正是"标准器法"的体现。"关于铭文内部的联系又可以有以下各类：同作器者；①同时人；②同父祖关系；③同族名；④同官名：a.同事b.同地名c.同时"，这些条目正是《两周金文辞大系图录考释》所开创的"标准器"法的串联线索，用这种新的方法对图录中的铜器的传世和新出土的资料进行了彻底的整理，使分散的铭文内容

---

① 郭沫若：《两周金文辞大系图录考释》，科学出版社，1957年。
② 郭沫若：《两周金文辞大系图录考释》，科学出版社，1957年。
③ 见陈梦家著，王睿、曹菁菁、田天、孙莹莹译：《中国铜器综述》第一章"方法与材料"，待刊。

互相补充前后连串起来，经过这样的组织以后，金文材料才能成为史料，为研究打下坚实的资料基础。体现陈先生学术贡献的《西周铜器断代》的每一结论均是在此项工作基础之上进行的。"同族名的铜器"，在认同商代铜器上的图形文字为族徽的基础上，铜器的串联扩充到《两周金文辞大系图录考释》所忽略的殷代铜器上。它对后学的启发意义深远，做青铜器研究之所以能探讨地望、历史沿袭、王与侯伯的关系等深层次的问题，都是利用这种方法对零散资料进行整合的基础上进行的。

《两周金文辞大系图录考释》一书对青铜器断代法虽有开创之功，但仍以铭文为中心，并未在器形研究上创通条例，使大量无铭或铭文释读困难的铜器断代成为问题。出版于1941年的《商周彝器通考》中的《类别》一章，则是第一次按照用途把青铜器分为食器、酒器、水器及杂器、乐器，突破历来青铜器按自铭和史籍铭辞的传统，结束了青铜器命名的混乱状况，这虽然在青铜器个案研究中忽略了不同类别的青铜器在同一礼仪活动中所起的不同作用，但在梳理大量的传世青铜器资料中作用重大。《美帝国主义劫掠的我国殷周铜器集录》在器物编排上把青铜器分列于《商周彝器通考》的分类标准之下，"按照器物的品类分列的，所以A1-A117都是鼎。又据其形制的不同分为九种，即'鼎一'至'鼎九'，如'鼎二'是分档鼎，'鼎三'是方鼎"。细查之，在每种之下，又是按照时代先后排列的。松丸道雄先生认为"分类是本书（《美帝国主义劫掠的我国殷周铜器集录》）的精髓"①，得益于《中国铜器综述》的第八章"类型学"和《中国铜器的形制》②才恍然大悟，隐匿于这种排列精当之后的是方法论的支持，陈先生把现代考古学中的类型学引入青铜器研究，与铭文研究结合起来，使图录做到了在年代和国别上真正的"井井有条"。

类型学是现代考古学三大基础理论之一，是"研究物品（包括遗迹和遗物）外部形态演化顺序的方法论"③。1903年由瑞典人蒙特留斯系统总结了其理论原理，1935年翻译介绍到我国④，我国现代考古先行者从30年代开始运用类型学原理来研究发掘出土的资料到运用器物的分型分式法、根据出土物共存关系来判断各遗存单位年代的组合经历了一个漫长而艰辛的探索过程。1930年梁思永研究山西西阴村的仰韶文化陶片时进行形态分类，把不同形态的口缘、器底、柄与把，分别给予一定的符号，根据不同差别，分用四层符号来标记，但对陶器局部形态的这种细致分类，并不能综合成一种

---

① 见《美帝国主义劫掠我国殷周铜器图录》的日文版《殷周青铜器分类图录》松丸道雄所作序文，汲古书院，1977年。

② Ch'en Meng-chia. Style of Chinese Bronzes. *Archives of the Chinese Art, Society of America I*, 1945-1946.

③ 俞伟超：《关于"考古类型学"的问题》，《考古类型学的理论与实践》，文物出版社，1989年。

④ 郑师许、胡肇椿译：《考古学研究法》，《学术世界》（第一卷2~6期），1935年。滕固译：《先史考古学方法论》，商务出版社，1937年。

仰韶文化陶器的完整概念①；李济先生在整理安阳殷墟出土的陶器和铜器时，也尝试应用类型学方法②；裴文中先生中《中国古代陶鬲及陶鼎之研究》试图勾勒出鬲与鼎从仰韶文化到商周时期的演变轨迹，这是寻找考古类型学原理的表达方式的探索阶段③。1948年，苏秉琦在《斗鸡台沟东区墓葬》中根据陶鬲的制法、形式和外表的差别，归纳成袋足、折足、矮足三大类和袋足类内的锥脚、铲脚两小类，又按照各类鬲在形态、附饰和制法上的细部特点，把40件分属于三大类、四小类的鬲归纳成九组。类别表现了形态变化的不同轨道，组别则为形态早、晚之异④。这在探讨器物早晚、考古学文化间的相互关系和发展序列等问题上行之有效，尚缺乏一种明晰、标准的表达方式。而陈先生早在1947就已把成熟的标准化的类型学方法运用于青铜器研究，运用器物的分型分式的方法，型是分类，式代表器物在时间上的发展顺序。

"我要探讨48类青铜器的型式问题。48类铜器的划分主要依据'自铭'和'功用'，这章主要分析每类的型式演变和它们之间的异同。每一类首先列举器主要特征，然后列出其下的各种类型，有些型还要细分出亚型并说明它们的差别。Ⅰ、Ⅱ等代表型，Ⅰa、Ⅰb等代表亚型。型式的排列不只是依照年代顺序，有时还兼顾了讨论的便利"⑤。在《中国铜器的形制》中以卣为例，根据提梁的形状、梁的末端有无牺首、提梁安装的形式及其方向，盖纽的形状、花纹等要素组成，又论证了诸种型式之间的承袭、衍变及其发展，然后从铭文方面加以断代，推断出各个型式的年代。

难能可贵的是陈先生还注意到了同一单位的器物组合关系，如注重"同出于某一地区的同出于某一个坑的同出于某一墓葬的"关系，突破并挣脱了传统方法的园囿，使青铜器的研究得到了提升，也奠定了现代青铜器的研究基础。这种方法在考古学领域的成熟运用，是在20世纪50年代中期，以后才逐渐流行开来。但由于人事迁衍，《中国铜器的形制》不为中国学者所知，《中国铜器综述》一书未得出版，对于《美帝国主义劫掠的我国殷周铜器集录》一书器物的排列精当不知其所以然，也使中国考古学史的研究丢失了精彩的一笔。

现代考古学在当时的中国是一门新兴学科，它的生命力不仅体现在通过田野发掘带来的大量古代遗存资料，更重要的是它的方法论为传统学科的研究提供了新方法、新视点，董作宾的殷墟卜辞研究和陈梦家的青铜器研究可引为范例。考古学的影响在

---

① 俞伟超：《关于"考古类型学"问题——为北京大学七七至七九级青海、湖北考古实习同学而讲》，《考古类型学的理论与实践》，文物出版社，1989年。
② 李济：《记小屯出土之青铜器》，《中国考古学报》（第三册），1948年。
③ 裴文中：《中国古代陶鬲及陶鼎之研究》，《裴文中史前考古学论文集》，文物出版社，1987年。
④ 俞伟超：《关于"考古类型学"问题——为北京大学七七至七九级青海、湖北考古实习同学而讲》，《考古类型学的理论与实践》，文物出版社，1989年。
⑤ 陈梦家著，王睿、曹菁菁、田天、孙莹莹译：《中国铜器综述》第八章，待刊。

陈先生的青铜器研究中随处可见，他认识到器物出土地点和时间等背景资料的重要性，"当我们开始研究一件青铜器，应该首先搞清它的出土地点和时间"，重视遗迹单位的器物组合，"在研究过程中，我们的认识在新材料和发掘成果、从文献上得到的新认识和与青铜器相关的陶器、玉器、骨骼和石制品的对比中得到提高"，由此他认为"加拿大安大略皇家博物馆保存的安阳和洛阳金村的材料比美国的零散青铜器更为重要"的原因。"每一型式都有很长的演变过程，或多或少带有手工制作的性质，所以每一类型的年代是相对的。某一时间段内会存在多种型式的现象非常普遍，是因为技法的传承旧式审美的延续。因为无论工匠还是拥有者总有保守和前卫之分，所以当新式产生时旧式还在使用，是一个渐进的过程"。这一深刻认识，是我们在研究中要时刻提醒自己的。

1938年陈先生在给胡适先生的信中提到"虽然从事国学，我自己往往感到许多缺欠，而尤其是国学不仅是整理旧典籍和材料，更重要的是新方法以及别国材料方法的借镜。最近看增订的《金文编》，材料加多了，编制考释一仍吴大澂之著……所以我常时时警惕自己，我们生于吴、孙、罗、王之后，我们所从事者为古史学、古文字学、考古学、考据学的汇合，有前人为我们准备道路的（如清人的注疏，二王之学），但我们今日不但是继承之，而是发展为新的。我们读先生的《胡适文存》，觉其最大的价值在承清儒之深而开新学之端，而我看近今的学者承此潮流而发扬的固多，仍然覆导清儒故辙而不改者甚是不少，则是这类学问不是不增加价值，而是不变新，不创造。我常想及此，总想对于典籍材料稍稍涉猎后，要再去训练自己的新方法新态度，而研究古代文化，西洋的考古学人类学尤为急需。……我倘肯甘心老死于中国式学者之事，倒也罢了，但我总觉得自己处此际会，也极难得，总可以尽其所能略有责于学术。"[①]陈先生洞悉传统研究方法的弊病，苦恼于寻找新的研究途径，正是具备了古史学、古文字学的深厚基础，又不满足旧有的研究方法，在赴美之行的催化下，成功地把考古类型学引进青铜器研究，完成了"有责于学术"的夙愿。

陈梦家先生的美国之行不仅把他的学术专著和"四大箱流落于西方的中国文物资料"带回中国，还建立了中西方学术交流的通道。他与当时的西方著名汉学和中国美术史专家如美国的史克门（Lawrence Sickman）、顾立雅、巴克夫（Ludwig Bachhofer）、谢门李（Sherman Lee），瑞典的高本汉（Bernhard Karlgren），加拿大的怀履光（William Charles White），英国的叶慈（Percival Yetts），法国的勒维（Sylvain Levi）有着频繁的学术往来。不同的文化传统使在同一领域的研究产生了不同的研究目的、方法和结论，我们没有必要去追求一致，但有必要保持学术信息与交流的畅通，这也不仅对中国学者有益。

---

① 杜春和等：《胡适论学往来书信选》，河北人民出版社，1998年。

殷墟文化的多样性——以陶质类容器为视角

牛世山

（中国社会科学院考古研究所）

河南安阳市西北部的殷墟遗址是商代晚期的王朝都城所在。以殷墟晚商遗存为代表的殷墟文化是商代晚期商文化的代表，学界以殷墟文化的典型内涵为标尺，从而对晚商文化的分布、类型以及与其他考古学文化的互动等方面的认识不断深入。

史学大师王国维对殷墟甲骨卜辞研究，证实《世本》《史记》等传世文献所记载的商王世系是可信的[①]，《古本竹书纪年》记载的自盘庚迁殷至纣灭国"更不徙都"之说是可靠的。董作宾先生把殷墟甲骨刻辞分为五期，并推断了各期与商王及王世的对应关系[②]；考古学家基于殷墟考古的研究，将殷墟文化分为前后相继的四个时期[③]，其中殷墟第1期晚段至第4期可与殷墟甲骨卜辞的分期大致可相对应，即相当于商王武丁到帝辛时期，第1期早段则早于商王武丁，相当于盘庚、小辛、小乙时期。

殷墟文化的主要物质形态，包括各类遗迹（房基、窖穴、墓葬）和遗物（甲骨、铜器、陶器、玉石器、骨角牙器、蚌器等），但其中最丰富、富于变化的是各类遗物，又以陶器、铜器为最，由此构成了殷墟文化丰富而多彩的多样性特点，这种特点具体表现在材质、形态、群组等多个方面。本文以陶质类容器为视角，探讨殷墟文化的多样性。

---

① 王国维：《殷卜辞所见先公先王考》、《殷卜辞所见先公先王续考》，《观堂集林》（第九卷），中华书局，1961年。

② 董作宾：《甲骨文断代研究例》，《庆祝蔡元培先生六十五岁论文集》（上册），1933年。后收入《董作宾先生全集·甲编》（第2册），台北艺文印书馆，1977年。

③ 学界关于殷墟文化的分期以邹衡、郑振香两位先生的分期最为系统。两位先生有关殷墟的分期序列完全一致，都分为4期7段，只是各段到期的分合略有差异，如邹衡先生所分殷墟1期相当于郑振香先生所分的殷墟1期早段。由于殷墟遗址正式的考古报告均采用郑振香先生的分期体系，本文所指殷墟的期、段同于郑振香先生的分期标准。见邹衡：《试论殷墟文化分期》，《北京大学学报》（人文科学）1964年第4期，又见邹衡：《夏商周考古学论文集》（第二部分第二篇），文物出版社，1980年。郑振香：《论殷墟文化分期及其相关问题》，《中国考古学研究——夏鼐先生考古五十年纪念文集》，文物出版社，1986年。

一、殷墟文化的多样性形态

殷墟文化的多样性，表现为材质、形态与组群等多个方面。

1. 按材质分类

以材质为视角研究古代文化，是考古研究中最常用的分类和研究方法。以往有关殷墟考古研究中，前辈学者对此方面多有关注，取得了不少成果[①]。如李济先生对1928～1937年殷墟早期考古出土的陶质类标本研究中，从质料、分类、颜色与形制、制造痕迹、纹饰、符号与文字等方面做了研究[②]，有关标准对后续研究具有标杆意义。

殷墟文化陶质类遗物，一般可分为粗泥陶、白陶、硬陶、原始瓷、釉陶等组。

（1）粗泥陶

粗泥陶是最多的一类。包括殷墟在内的各地陶器应该是使用本地黏土制作的。中原北方各地地表常见马兰黄土和次生黄土等黏土。有学者对黄河流域新石器时代和殷周时代的灰陶、红陶化验得知，泥质灰陶、红陶所用的陶土并不是普通的黄土，因为绝大多数灰陶和红陶的化学组成与纯黄土有显著区别，而与红土和沉积土（次生黄土）一致；泥质灰陶多为食器，陶土一般较纯净，也有含沙的，但含量低，只有1%～2%，颗粒较细，大概不是有意加入的，而是原来就存在于陶土中的[③]。但有学者通过大量标本的观察和化学分析认为[④]，商周时期，最常见的普通陶器是就地挖取的易熔性黏土制作的，其中含Fe_2O_3较高，烧成温度在800～1000℃。后有学者对殷墟陶器标本检测分析，认为殷墟的制陶原料不仅有次生土，还包括马兰黄土[⑤]。最后一种认识更准确。

[①] 这方面的代表性著作有李济：《殷墟器物甲编·陶器》，《小屯》（第三本），历史语言研究所，1956年，后收入《李济文集》（第3卷），上海人民出版社，2006年。中国社会科学院考古研究所：《殷墟的发现与研究》第捌章第一节，科学出版社，1994年。

[②] 李济：《殷墟器物甲编·陶器》的"殷墟陶器研究"部分，《小屯》（第三本），历史语言研究所，1956年。

[③] 周仁等：《我国黄河流域新石器时代和殷周时代制陶工艺的科学总结》，《考古学报》1964年第1期。

[④] 李家治：《我国古代陶器和瓷器工艺发展过程的研究》，《考古》1978年第3期，6、7页。李家治：《原始瓷的形成和发展》，《中国古代陶瓷科学技术成就》上海科学技术出版社，1985年，132～145页。李家治：《中国科学技术史·陶瓷卷》第二章，科学出版社，1998年。

[⑤] James Stoltman、荆志淳、唐际根、George(Rip)Rapp：《商代陶器生产——殷墟、洹北商城出土陶器的岩相学分析》，《多维视域——商王朝与中国早期文明研究》，科学出版社，2008年。

殷墟陶器的质地可分为夹砂、泥质两类。夹砂陶又可分灰、红、褐、黑陶，其中灰陶有灰、浅灰、深灰之分；褐陶多不纯正，局部或呈红褐或灰褐色。泥质陶又可分灰、红、褐、黑皮陶，其中灰陶也有灰、深灰、浅灰之分。

李济先生对1928～1937年间殷墟15次发掘采集的陶质类器物残片作了分类统计（不包括完整和可复原器），其中灰陶占绝对优势，有90.07%；其次则是红陶，占6.86%，远少于灰陶；其余的3%左右则包括其他四种类型，即硬陶和釉陶4290片（1.73%）、黑陶2655片（1.07%）、白陶663片（0.27%）和彩陶1片[①]。《殷墟发掘报告》第四章第二节[②]说，陶色主要是灰、红两种，灰色数量最多，有深灰、浅灰之分；红色较少，一般多呈砖红色；只有少量近棕色。泥质陶中的灰色陶，其中第1、2、3期所占比例大体接近，红色陶从早到晚逐渐增多。夹砂灰陶，含细沙的较多，含粗沙的较少，一般地说，两者都由早到晚逐渐减少。

《殷墟的发现与研究》总结1990年以前殷墟考古数十年的研究成果认为[③]，殷墟出土的陶器，按其质料不同可分为夹砂灰陶、夹砂红陶、泥质灰陶、泥质红陶、白陶、硬陶、釉陶等。在各不同发展阶段都以泥质灰陶为主，夹砂灰陶次之，夹砂红陶很少，泥质红陶在第1、2期为数不多，到第3、4期所占比例不断上升。泥质灰陶颜色有深有浅，以深灰色的为主，色泽一般较匀。泥质红陶第1、2期的火候较低，多呈橙黄色，第3、4期的火候较高，呈砖红色。夹砂灰陶多数呈灰褐色，或深灰色。夹砂红陶多呈红褐色。

笔者对孝民屯出土30多万片陶质类器物残片统计[④]，殷墟陶系与以前有关统计结果相近，陶系比率始终以泥质占绝对优势，占近90%左右，夹砂陶在10%左右，这与早年李济先生的统计接近。泥质陶中，红陶比例在上升，2晚时在10%以内，3晚增加到10%以上，4早上升到20%以上，灰陶相应比例下降。四期灰陶中，浅灰色陶比以前略多，还有部分灰中泛黄；红陶2期晚段的表面常泛紫，3期者多为橙红色，四期者大多为砖红色。

殷墟日用陶容器绝大多数表面有纹饰，纯粹素面的很少。陶器纹饰以绳纹为主，弦纹次之，另外有附加堆纹、三角绳纹、三角划纹、云雷纹、方格纹、联珠纹、兽面纹、乳丁纹、涡纹、戳印纹以及素面等。

（2）白陶

白陶是流行于中原和北方地区的特型器具，以本地瓷土类黏土为材料制作而成，

[①] 李济：《殷墟器物甲编·陶器》第二章，《小屯》（第三本），历史语言研究所，1956年。李济：《小屯殷代与先殷陶器的研究》，《李济考古学论文选集》，文物出版社，1990年，339页。
[②] 中国社会科学院考古研究所：《殷墟发掘报告》，文物出版社，1987年。
[③] 中国社会科学院考古研究所：《殷墟的发现与研究》，科学出版社，1994年。
[④] 见中国社会科学院考古研究所：《安阳孝民屯·殷商遗物》的陶器部分，文物出版社，待刊。下文所引孝民屯资料不再注明。

商代晚期以后被原始瓷替代。殷墟白陶呈纯白色、乳白色，制作相当精致，胎质纯净，白而细腻，质感远胜于普通陶器，制作工艺代表了中原北方地区白陶的最高水平。检测可见，殷墟白陶化学组成则与北方地区的瓷土相同，具有低SiO_2、高Ai_2O_3、低Fe_2O_3的特点[①]。白陶的胎质硬度接近普通陶器，远低于硬陶和原始瓷[②]。殷墟白陶的烧成温度大致同于普通陶器或略高[③]，远没有达到硬陶最高达1100°、原始瓷达最高1200°的温度。

殷墟所见白陶比粗泥陶少，但远比硬陶、釉陶、原始瓷多。在殷墟，白陶大多出于大墓和中型墓中，遗址中极少发现。如30年代在侯家庄西北岗的大墓和小屯少数较大的竖穴墓中，共出土完整和可复原的白陶容器10多件，陶埙1件，残片663片[④]。侯家庄北的一座墓在30年代末曾被盗掘，据说曾出土白陶片五六筐，故当地农民称为"白陶坑"，1978年，发掘时还出土白陶820片[⑤]。

殷墟白陶的器类有簋、豆、爵、斝、盂、壶、瓿、罍、罐、大口尊和埙等[⑥]，其中容器的形态或与殷墟发达的青铜器非常相似，器表或雕刻有青铜器上常见的饕餮纹、夔纹、云雷纹、弦纹等精美花纹，或与普通陶器非常相似，器体或饰绳纹、弦纹。毫无疑问，殷墟白陶是本地制作的，绝大多数器类是仿制青铜器和普通陶器的。

（3）硬陶、原始瓷

硬陶、原始瓷可归为一大类，数量很少，几乎为残片。主流观点认为它们应该是从南方输入的[⑦]。硬陶和原始瓷的胎质明显比普通陶器薄、硬而细腻，胎色也浅，其中硬陶多为灰白色，原始瓷多为浅灰色。硬陶和原始瓷的胎料是相近的，差别是前者

---

① 李济：《殷墟器物甲编·陶器》表10，《小屯》（第三本），历史语言研究所，1956年。廖根深：《中原商代印纹陶、原始瓷烧造地区的探讨》，《考古》1993年第10期。

② 李济：《殷墟器物甲编·陶器》表29，《小屯》（第三本），历史语言研究所，1956年。

③ 申斌：《殷代白陶的物理研究结果》，《殷都学刊》1991年第3期。

④ 李济：《殷墟器物甲编·陶器》，《小屯》（第三本），历史语言研究所，1956年，13页。

⑤ 中国社会科学院考古研究所安阳工作队：《安阳侯家庄北地一号墓发掘简报》，《考古学集刊》（3），中国社会科学出版社，1982年，36、39页。

⑥ 李济：《殷墟白陶发展之程序》，《历史语言研究所集刊》（第28本），历史语言研究所，1957年。又见李济：《李济考古学论文选集》（文物出版社，1990年）和《李济文集》第3卷（上海人民出版社，2006年）。中国社会科学院考古研究所：《殷墟的发现与研究》，科学出版社，1994年，228～240页。

⑦ 李家治：《原始瓷的形成和发展》，《中国古代陶瓷科学技术成就》，上海科学技术出版社,1985年。罗宏杰、李家治、高力明：《北方出土原始瓷烧造地区的研究》，《硅酸盐学报》1996年第3期。罗宏杰、李家治、高力明：《北方出土原始瓷烧造地区的研究》，《硅酸盐学报》1996年第3期。陈铁梅、PappG.Jr、荆志淳、何驽：《中子活化分析对商时期原始瓷产地的研究》，《考古》1997年第7期。李家治：《中国科学技术史·陶瓷卷》，科学出版社，1998年。中国社会科学院考古研究所：《安阳小屯的建筑遗存》，文物出版社，2010年，156页。

大多使用原生料烧制，胎质杂、粗糙，其中或有较大的石英颗粒，后者的胎料经过淘洗，胎质明显细腻，有的或加有细沙类掺和料；前者表面没有施釉，后者有釉。原始瓷器的釉层很薄，部分标本的釉层与胎结合不紧密，或有脱落。其中硬陶和原始瓷的化学组成表现为高SiO_2、中Ai_2O_3、低熔剂R_xO_y（主要是Fe_2O_3）的特点，这与南方产瓷石类黏土基本相似，而与北方地区瓷土的化学组成不同[①]。观察出土标本所见，硬陶和原始瓷为灰胎，其中原始瓷为浅灰胎；釉陶为紫色胎。原始瓷的器表有很薄的釉层，釉色多为浅褐色，褐中微带绿；硬陶无釉，表为灰色；釉陶的釉色较深，近酱色，有的深处近黑色。纹饰有小方格纹、叶脉纹、水波纹、戳印纹、云雷纹、弦纹等。

殷墟出土的硬陶、原始瓷，所见完整和可复原者不过数十件，器类有瓿、豆、壶、钵、罐、器盖等。对殷墟硬陶何原始瓷标本所做检测分析可见，到殷墟4期晚段，这类器物的来源与之前有所不同[②]。如果从文化风格观察，殷墟的硬陶、原始瓷也明显存在阶段性差别，其中殷墟2期到到4期早段特征一致，到殷墟4期晚段，在器类、釉色等方面发生了一些明显变化。其中殷墟2期到到4期早段，硬陶、原始瓷的器类主要为瓿，数量最多，同时期釉陶器类有瓿；其他器类很少，且数量更少。殷墟4期晚段，硬陶、原始瓷的器类明显增多，除原有的瓿、罐外，还有豆、壶、钵，其中罐的形态更多样化，豆的形态明显与西周早期接近。殷墟2期到4期早段，原始瓷只有在器表的口、肩等部位施釉，釉色比较统一，多为褐色，褐中微带绿；4期晚段者，施釉部位下及器体中、下腹，有的器物如罐还在体内口至中腹施釉，釉色也多样化，有淡绿、黄绿、深绿色、酱紫色等。

（4）釉陶

以往有关殷墟原始瓷的研究中，有些学者将原始瓷或称为釉陶[③]。据有关介绍和对部分标本的观察可知，这类器物就是现在学界所公认的原始瓷器。那么，商代是否存在釉陶呢？仔细对比殷墟有关标本所见，当时确有一种带釉的陶器，胎质较硬，胎色为紫红色，器表外有薄釉，釉色或呈酱紫色（局部近黑色），或为铁灰色。观察所见，它的胎料应该是非瓷土类黏土，而是一种胎质深红、含铁量高的黏土，与硬陶、原始瓷的胎料有明显区别。所以，将这种用普通黏土制作并施釉的陶器归入硬陶或原始瓷是不合适的，可归于釉陶类。殷墟釉陶更少，所见纹饰与硬陶和原始瓷相同。

[①] 廖根深：《中原商代印纹陶、原始瓷烧造地区的探讨》，《考古》1993年第10期。李家治：《中国科学技术史·陶瓷卷》第三章，科学出版社，1998年，110页。

[②] 陈铁梅、PappG.Jr、荆志淳、何驽：《中子活化分析对商时期原始瓷产地的研究》，《考古》1997年第7期。

[③] 李济：《殷墟器物甲编·陶器》，《小屯》（第三本），历史语言研究所，1956年。中国社会科学院考古研究所：《殷墟的发现与研究》，科学出版社，1994年，228~240页。

2. 按形态与组群分类

（1）按单体形态分类

李济先生早年对殷墟容器按底的区别分为尖底与圜底、平底、圈底（圈足）、三足、四足等五类[①]，后知第5类属于后岗二期文化。

《殷墟发掘报告》统计，炊器有鬲、甗、甑3类，食器和水器有簋、豆、盂、盘、钵、釜形器皿、壶和杯，盛置器主要有盆、罐、瓮3类，酒器有瓿、罍、觚、尊、斝5类。

《殷墟的发现与研究》说，常见的日用陶容器，按其用途不同大体可分为炊器、食器、盛贮器等三大类。炊器有鬲、甗、甑，食器有豆、簋、盂，盛贮器包括酒器和水器等，器类有尊、壶、卣、罍、瓿、觚、斝、罐、盆、盘等，第1、2期类别较多，第3、4期器类减少。有些第1、2期常见的器形到第3、4期减少。

据笔者对孝民屯地点（2003~2004年）的陶器统计[②]，殷墟陶容器器类多达26类之多（表一），有鬲、甗、甑、斝、鼎、簋、豆、盘、觚、爵、罍、觯、尊、方口器、壶、瓿、钵、盂、盆、罐、瓮、勺、缸形器、筒形器、坩埚形器、器盖等，此外还有建筑用陶水管。由此可见，殷墟出土陶器种类之多，远多于一般普通遗址，这可视为殷商王都这种大型都邑的特征之一。这些器物中，大多见于生产、生活性场所，具有实用功能。也有爵只出于墓葬，其他器类中有一些器形为专用明器。

殷墟陶器中，鬲、盆、罐、簋、甑、瓮最多，其他器类的数量明显少（表一）。鬲、簋、盆、罐各自形态多样，可以细分为多个型、亚型。以孝民屯（2003~2004年）为例，陶鬲可分三大类34型（包括亚型，下同），簋分18型，盆分两类18型，罐分19型，各自多有明确的演变序列。由于残片的原因，罐的形态无法划分更细，实际或可更多型。炊器中，鬲最多，甑次之；甗的数量一直很少，4早未见。斝、鼎更少，其中鼎为泥质非实用器。鬲乙类H型、丙类出现于3期。甑在1晚少，3期大增，多见B型；A型少，4早未见。簋在3期之前只有甲类，3期出现乙类簋，到4早时乙类占绝对数量，甲类明显少。簋Cc、Cd型出现于2晚。3期的罍多见A、Ca型。相对于1、2期少见盘的情形，3期盘增多了。盆基本为深腹者，浅腹盆很少见；2期出现深腹盆L、M、N、O、P型。3期时瓮大增。3期、4早的陶质器盖明显增加。综合殷墟其他地点出土陶器可知，殷墟陶器的器类、形态可能还要多一些。

---

① 李济：《殷墟器物甲编·陶器》第三章，《小屯》（第三本），历史语言研究所，1956年。
② 中国社会科学院考古研究所：《安阳孝民屯·殷商遗物》的陶器部分，文物出版社，待出版。

表一 安阳孝民屯（2003～2004年）殷墟陶器器类统计表

时代	鬲	盆	罐	簋	甑	瓮	瓿	斝	鼎	豆	罍	盘	觚	觯	尊	方口器	壶	甗	盂	钵	缸形器	筒形器	勺	坩埚形器	器盖	统计单位数
1晚	80	41	44	34	1	7	2			26	1											1	1			8
2晚	232	198	148	110	90	59	13	1		2	6							1			2				1	21
3晚	4246	4718	5727	1877	1505	1242	21	1	2	42	221	33	2	1	92	4	5	28	35	28	9				75	75
4早	861	1248	1631	1744	610	27		1	1	1	29	10			35			1	12	3		1	1	1	115	54
总计	5419	6205	7550	3765	2206	1335	36	3	3	71	257	43	2	2	127	4	5	30	47	32	11	2	2	1	191	158

（2）按组群分类

任何一个考古学文化都有一个从形成、发展到最后消亡的过程，考古学文化在这一进程中绝不是封闭、一成不变的，而是开放式的、不断发生变化的。这其中既有对先行文化的继承和变革，又有对同时期其他文化的吸收和借鉴。这些，必然会在考古学文化遗存中反映出来。因此，构成考古学文化的文化因素不会是单一的，而是多元的[①]。这是我们判别和分析考古学文化内部组群的基础。

如同其他考古学文化一样，殷墟文化的文化因素是多元的。殷墟陶质类容器按组群划分，既有器类上的不同，也有器类数量、单类形态等方面的差异，它们在殷墟多个地点都有发现。以陶质类容器的特征（形态、数量、共出频率）为标准，殷墟文化可分为以下多组。下面的分组举例，主要以笔者整理的孝民屯地点（2003～2004年）陶器为主。

A组：为殷墟文化最常见的器类及其群组，甚至可以说，除其他各组以外的器物大致属于本组（图一~图八）。代表性器物有甲类A型鬲、乙类鬲Aa型、B型鬲、丙类鬲、A型甗、甑、斝、甲类A型簋Aa型、Ab型、Ba型、Cc型、Cb型、乙类簋、A型豆、瓿、爵、盘、深腹盆A型、浅腹盆A型、罐A型、C型、D型和G型、L型、钵Aa型、罍、尊、缸形器、大口尊、瓮A型等[②]。此外，仿铜陶器（图七，3）、白陶（图八）也属此类。这些器形大多有完整或基本完整的序列，演变轨迹清晰，共出频率高[③]（图九）。

B组：代表性器形为孝民屯的乙类鬲Ac型（图一〇，1、2）。夹砂陶，多为灰色，少数表面呈灰褐或红褐色。常见。侈口或盘口，折沿或卷沿，翻缘方唇，袋腹较鼓或微鼓，分裆。腹部饰绳纹，足根部素面。最突出的特点是沿以下器壁普遍较厚，陶色多为褐色。

C组：代表性器形为孝民屯乙类Ab型中的鬲H473：1、T2711⑭：5（图一〇，3、4）。形态具有Ab型的总体特征，但上腹无绳纹、或有弦纹，有独特特点。

D组：代表性器形为孝民屯乙类鬲E型（图一〇，5、6）。此类突出特点是几乎为褐陶，厚胎，沿极短。其他器类也以褐色、厚胎为突出特点。

E组：代表性器形为孝民屯乙类鬲H型（图一一，1、2）。高卷领，器壁薄。饰细绳纹。

---

① 李伯谦：《论文化因素分析方法》，《中国文物报》1988年11月4日。后收入李伯谦：《中国青铜文化结构体系》，科学出版社，1998年。俞伟超：《楚文化的研究与文化因素的分析》，《楚文化研究论集》（第一集），荆楚书社，1987年。

② 本文有关器物的分类标准同于《安阳孝民屯·殷墟遗物》的陶器部分，文物出版社，待出版。

③ 引自中国社会科学院考古研究所：《安阳小屯的建筑遗存》图二三，文物出版社，2010年，75页。

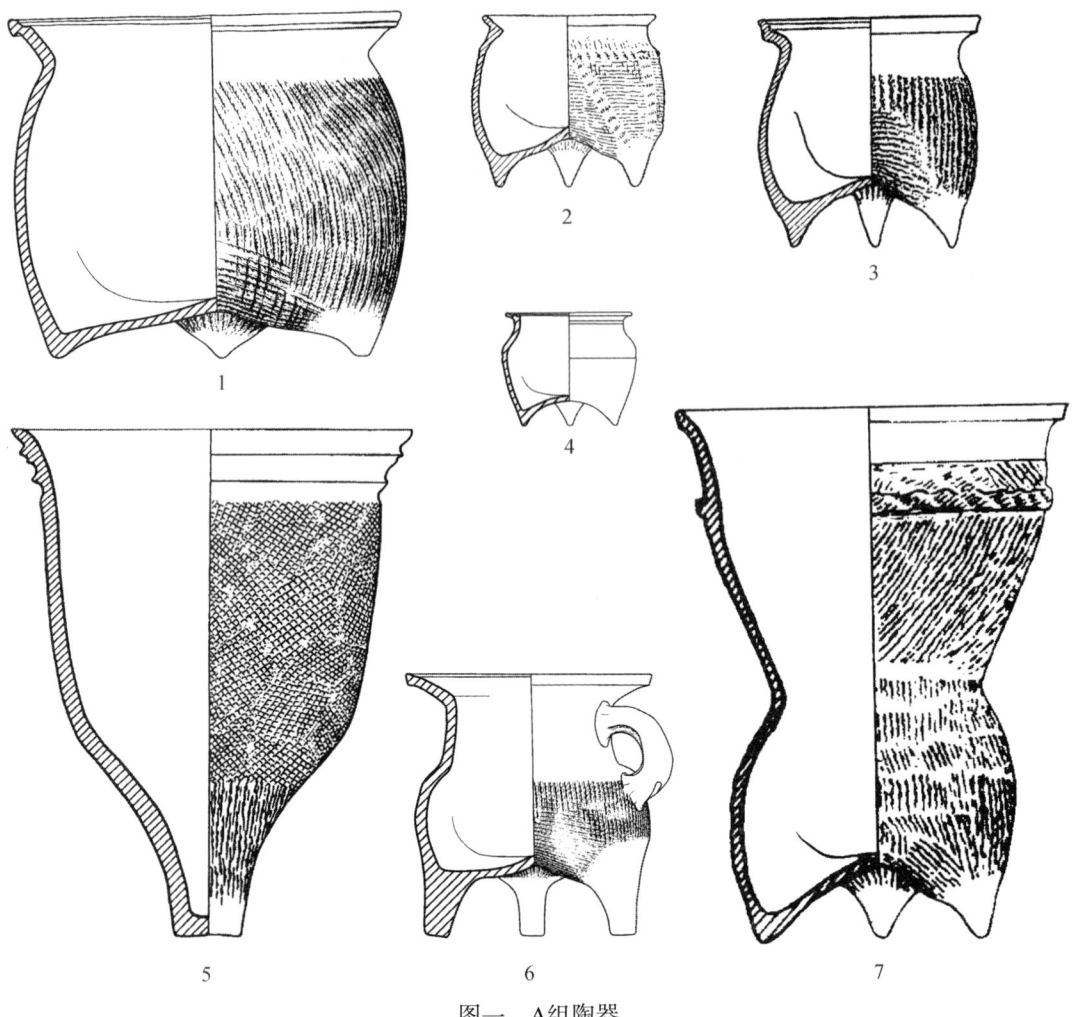

图一 A组陶器

1. 甲类Aa型鬲（H600∶20） 2. 乙类B型鬲（M1∶23） 3. 乙类Aa型鬲（SH317∶37） 4. 丙类鬲（H202∶64） 5. 缸（87H1∶14） 6. 斝（H6∶67） 7. 瓿（PNH4∶2）（1、4、6为孝民屯，2为武官司，3为大司穿，5为小屯北地，7为苗圃北地出土）

F组：有鬲。代表性器形为大司空的鬲H314∶12[①]（图一一，3）。体外侧轮廓近直，器表多坑凹。

G组：代表性器物为孝民屯的乙类鬲Y型（图一一，4）。体较大，直腹，通体饰绳纹，上腹饰一周附加堆纹。后岗H10祭祀坑也有此类鬲（H10∶29）[②]。

---

① 中国社会科学院考古研究所：《安阳大司空——2004年发掘报告》图八一，1、图一二九，2，文物出版社，2014年。

② 中国社会科学院考古研究所：《殷墟发现掘报告1958～1961》第275页图二〇二∶2，文物出版社，1987年。

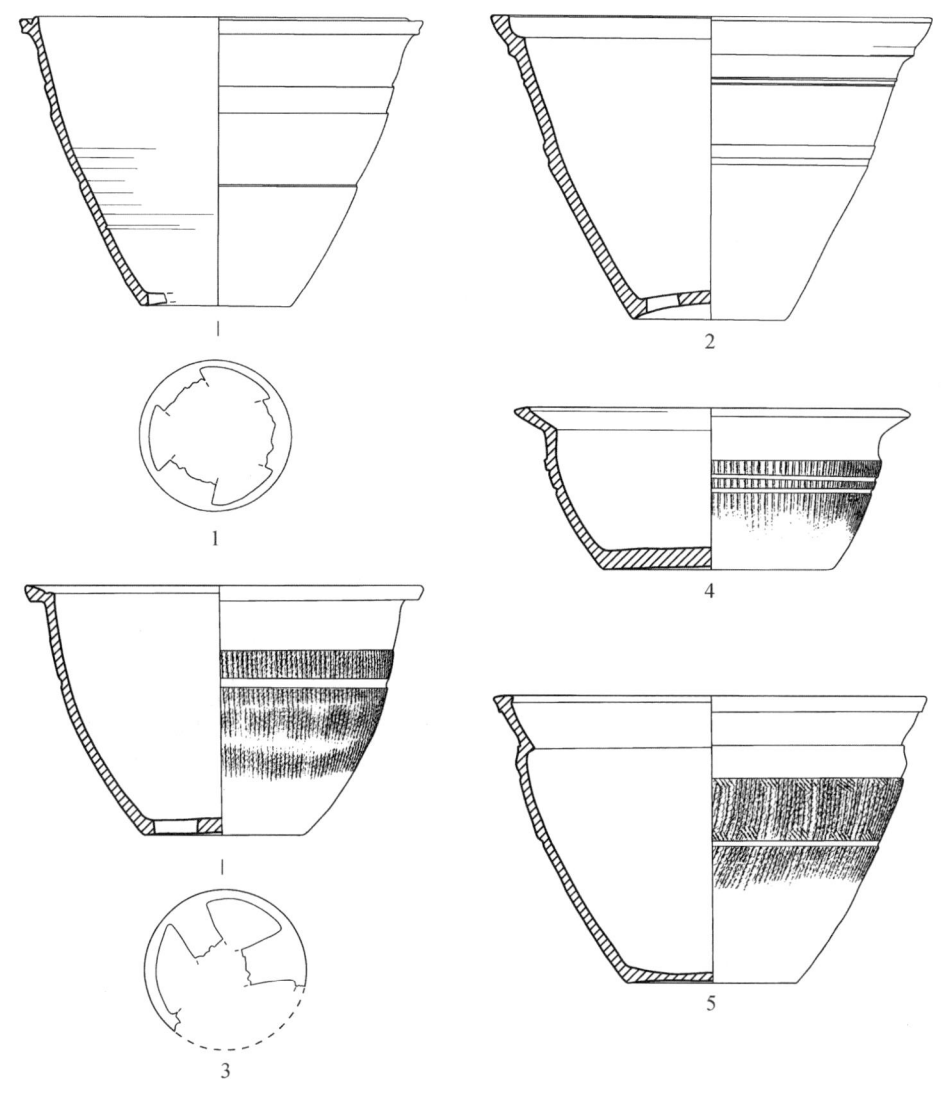

图二　A组陶器

1. 甗B型（H573：20）　2. 甗A型（H600：13）　3. 甗C型（H428：9）　4. 浅腹盆A型（NH227：3）
5. 深腹盆A型（H202：59）（均为孝民屯出土）

H组：有乙类Ka型鬲、甗B型、三足瓮（图一二）。鬲为瘦高体，总体形态近似商式鬲，但普遍裆上微瘪。甗的裆上部也微瘪；三足瓮或为厚折沿、口近直，或为敛口。

I组：有孝民屯乙类鬲M型、浅腹盆C型、B型罐（图一三，6～9）。鬲为卷领，乳状袋足，高裆，袋腹最宽处近中腹，无实足。领外或有花边堆纹。罐为宽肩，肩上下或有云雷纹。除孝民屯地点外，此类罐见于大司空，如SH317：381[①]、

---

① 中国社会科学院考古研究所：《殷墟发掘报告》第51页图一一三：6，文物出版社，1987年。

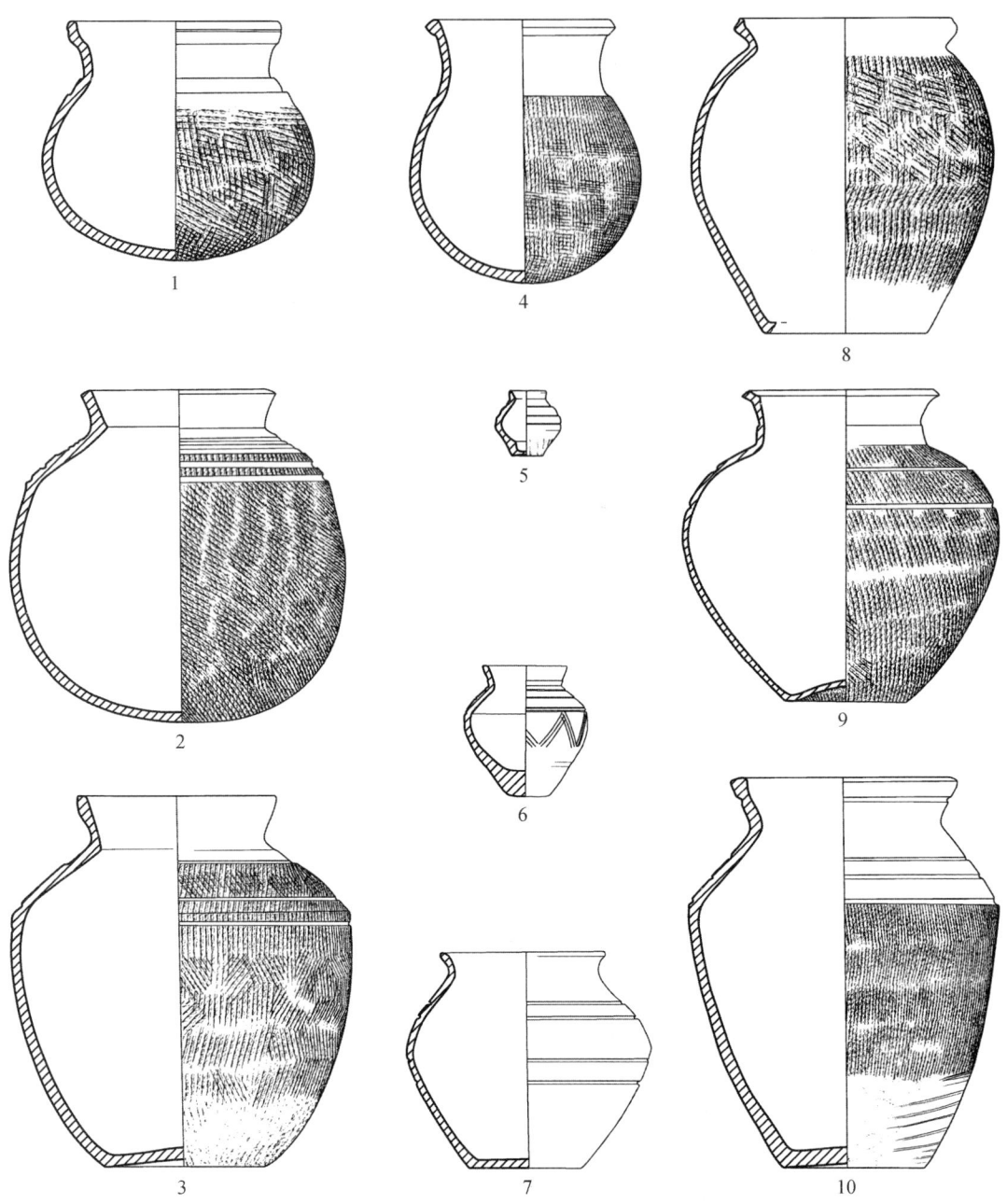

图三 A组陶器

1. 罐Gb型（H683∶43） 2. 罐Ca型（H202∶55） 3. 罐A型（H573∶19） 4. 罐D型（H453∶2）
5、6. 罐J型（H573∶2、H606∶1） 7. 罐H型（H428∶4） 8. 罐E型（H315∶8） 9. 罐L型（H12∶75）
10. 罐C型（NH56∶46）（均为孝民屯出土）

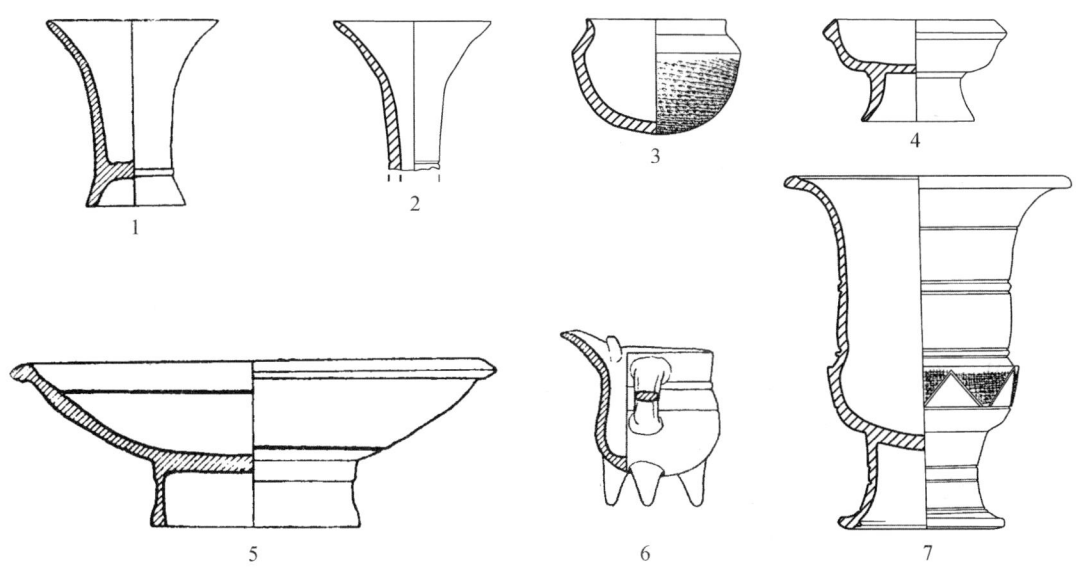

图四　A组陶器

1. 觚（PNM58：1）　2. 觚（H683：169）　3. 钵Aa型（F23-2：5）　4. 豆A型（F21-1：5）　5. 盘
（HGT106③：644）　6. 爵（PNM58：3）　7. 尊A型（H201：5）（1、5、6为苗圃北地，余为孝民屯出土）

2004T0425H431②：8[①]。

J组：有乙类鬲W型（图一三，1）。直口，口外略下带鋬。素面。

K组：有乙类鬲N型（图一三，3）。胎质细腻，夹砂比例底。方唇，鼓腹，实足矮。体饰细绳纹，整齐，较浅。

L组：有联裆鬲和高领袋足鬲（图一三，2、4、5）。乙类鬲Ua型标本H12：76，可复原。夹砂红褐陶。裆间、足呈灰褐色。方圆唇，裆上微瘪，锥足。颈以下饰粗绳纹，较深。还有乙类鬲X型，夹砂陶。短领，袋足，裆较高。领部带鋬，体饰较整齐的绳纹。

M组：有乙类鬲S型（图一四，1）。夹砂陶，高卷领，近肩。领上多道弦纹。

N组：属于本组的是硬陶、原始瓷和釉陶（图一四，N组；图一五）。相对于殷墟大量出土的普通陶器和青铜器，已知硬陶、原始瓷和釉陶大多为残片，但公开发表的完整和可复原器物不过数十件。器类主要有瓿、罐及器盖等。

其他：还有一些形制特殊的器物，显非殷墟文化固有，应该也是外来的。由于暂不明确其来源，这里将他们列出。这些标本很多并非出于一源，而是多元的。其中乙类D型鬲H202：150、H573：111、H573：127（图一六，1、5、2）为一组；鬲乙类C型H202：62、T2811③：2、H202：17（图一六，10、11、13）为一组；H202：47、

[①] 中国社会科学院考古研究所：《安阳大司空——2004年发掘报告》图一五五：2，文物出版社，2014年，164页。

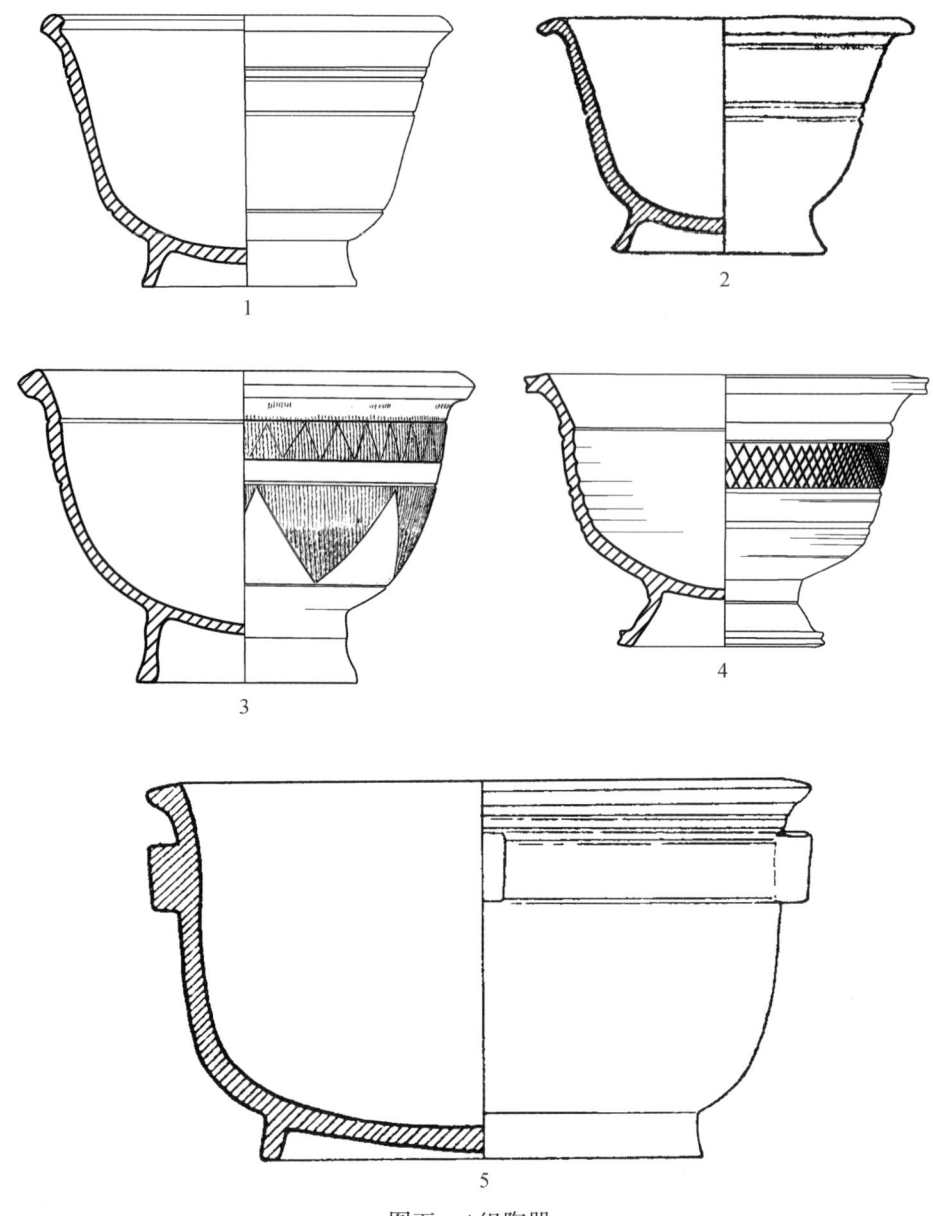

图五 A组陶器

1. 簋甲类Aa型（NH97∶2） 2. 簋甲类Ab型（SH326∶284） 3. 簋乙类Aa型（H573∶15） 4. 簋甲类Cc型（H664∶38） 5. 簋甲类Ba型（SH326∶45）（2、5为大司空，余为孝民屯出土）

M442∶3（图一六，14、15）为一组，其他每个标本分别代表一组。这其中如H36∶1（图一六，4），整体特点具有南方江汉流域商周时代陶鬲的风格，但尚无找到可对比的对象。

殷墟文化的多样性——以陶质类容器为视角 ·477·

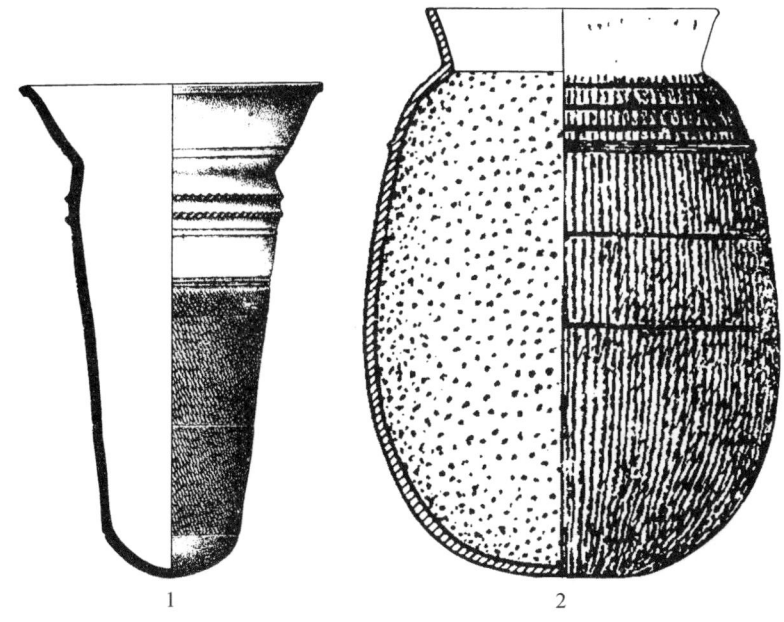

图六 A组陶器
1. 大口尊（YH027） 2. 瓮A型（SM310∶1）（1为小屯，2为大司空出土）

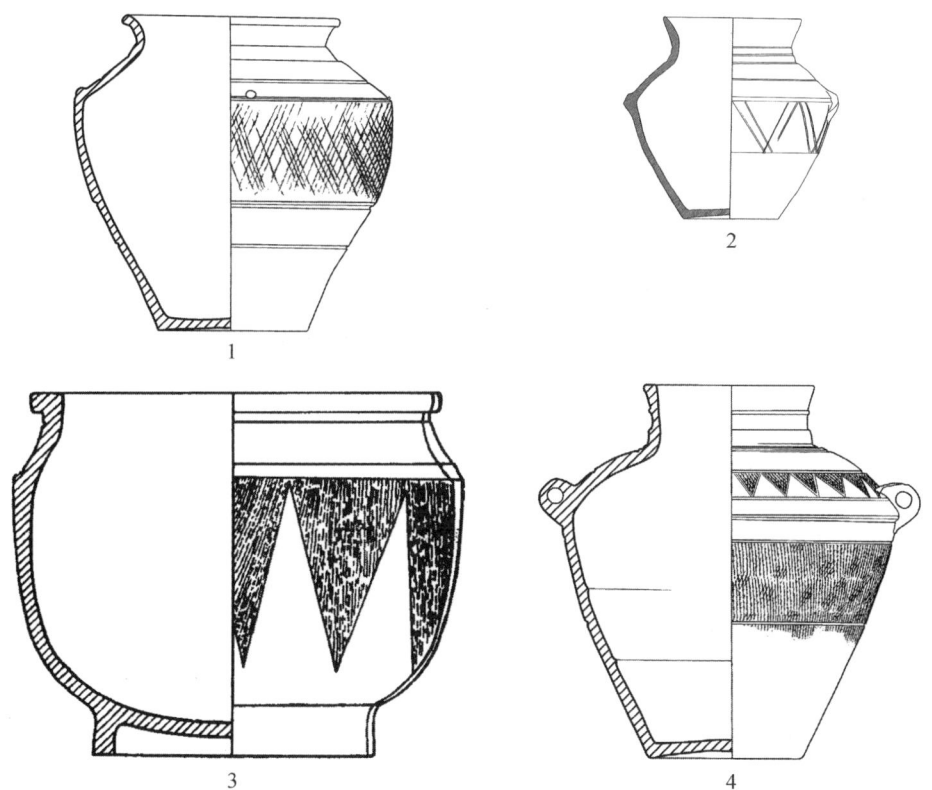

图七 A组陶器
1. 罍E型（T1907⑧∶1） 2. 罍Ca型（T0304⑤∶8） 3. 方口尊（YH285） 4. 罍A型（T2807⑪∶3）
（1、4为孝民屯，2为大司空，3为小屯出土）

图八 殷墟白陶举例

1. 盘（HPK1001盗坑） 2、3. 豆（YM388、YM331） 4. 器盖（HPKM1001盗坑） 5. 壶（HPKM157盗坑）
6. 簋（M260:01） 7. 罍（传安阳出土） 8. 罍（YM331） 9. 瓿（HPK1001盗坑）

二、文化多样性视角下的晚商文化及周边青铜文化

1.殷墟文化的构成

据前面殷墟陶质类器物的形态与组群分类，可知殷墟文化构成组群达14组以上。《安阳孝民屯》统计所见，它们在数量上也有不同差别。初步分析，它们的来源是很复杂的，大多并不都是本地原创的，很多是外来的。据此可探讨殷墟文化的内部构成以及形成、变化过程。

笔者统计孝民屯的数据可知，这10多个组群中，以A组最多，不仅器类多，数量也最多，明显居于绝对优势；其他组群各自的器类及其数量明显很少。据初步考察，殷墟发掘的各地点，都表现为以A组最多、其他组群及其数量明显很少的特点。可见殷

殷墟文化的多样性——以陶质类容器为视角 ·479·

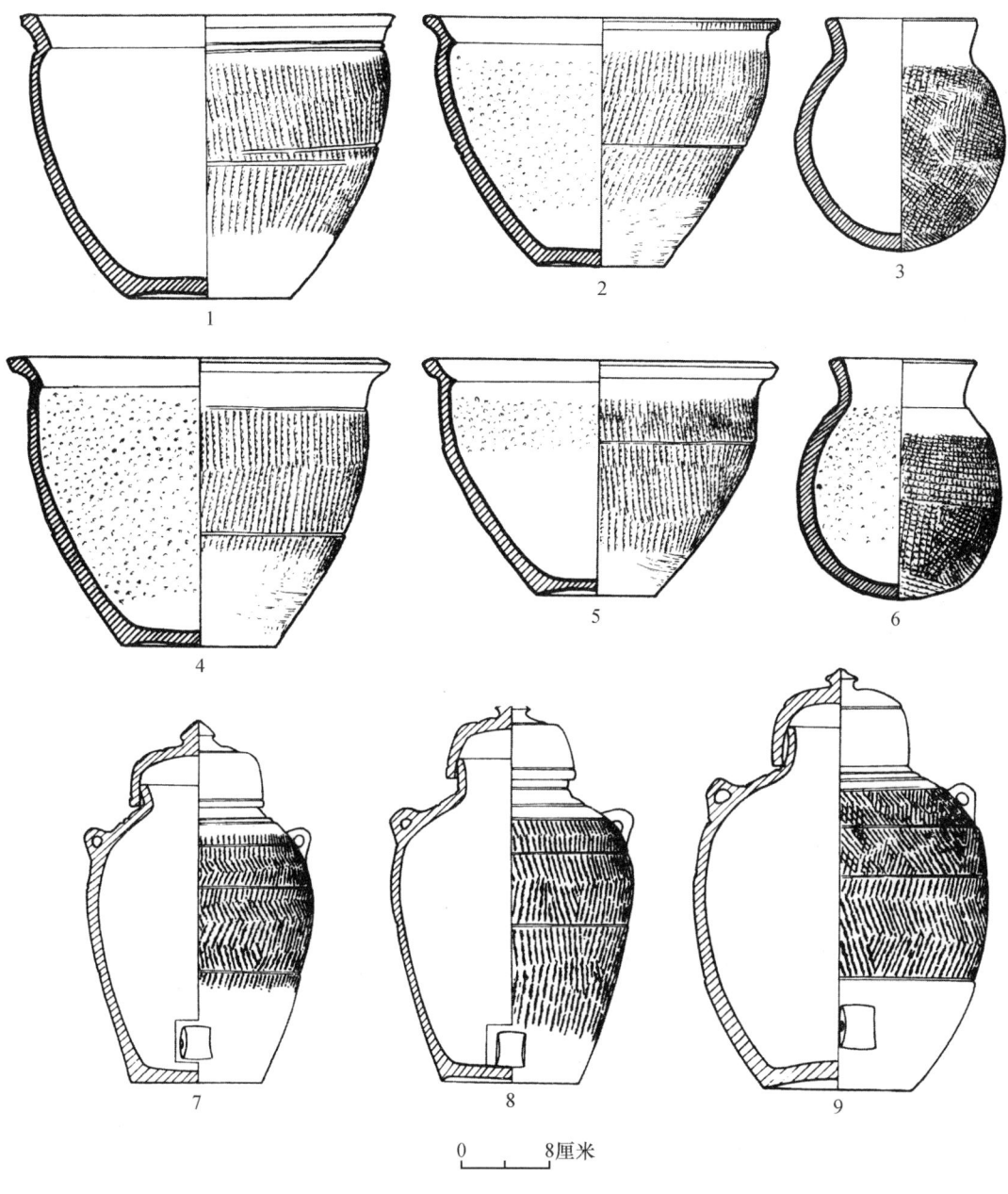

图九 A组陶器
1、2、4、5. 深腹盆A型（M21：9、M21：4、M21：11、M21：10） 3、6. 罐D型（M21：5、M21：7）
7~9. 罍A型（M21：12、M21：6、M21：8）（小屯出土）

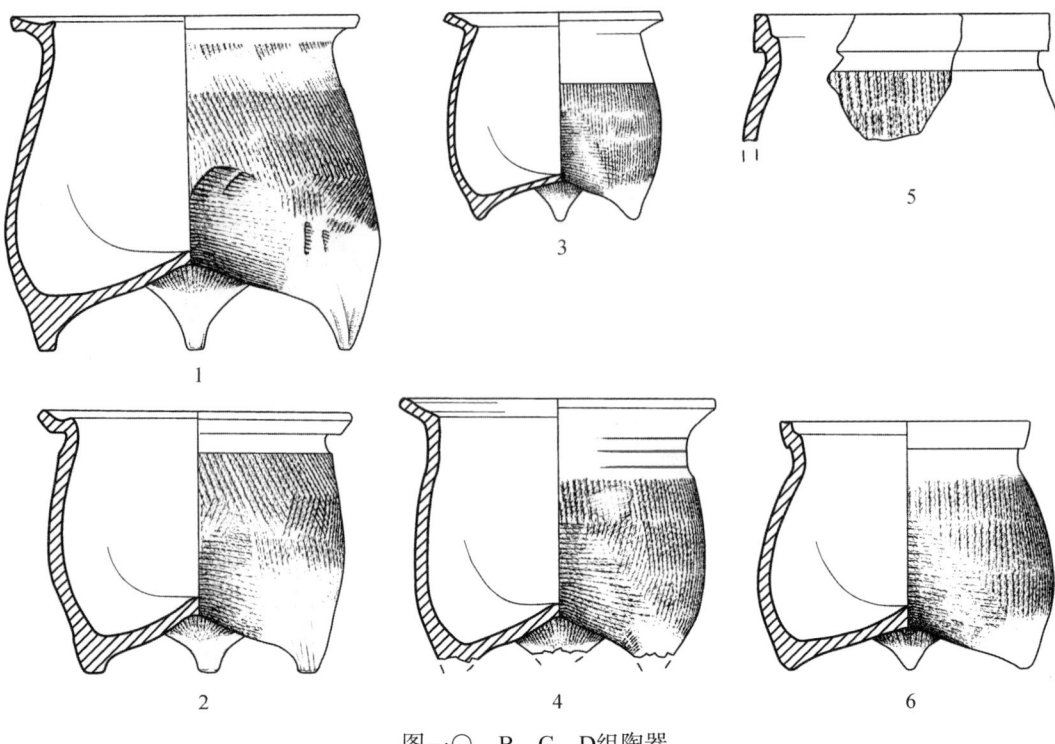

图一〇 B、C、D组陶器

1、2. 鬲乙类Ac型（H505：2、H226⑤：117） 3、4. 鬲乙类（H473：1、T2711⑭：5） 5、6. 鬲乙类E型（H7：18、NH227：26）（1、2. B组，3、4. C组，5、6. D组）（孝民屯出土）

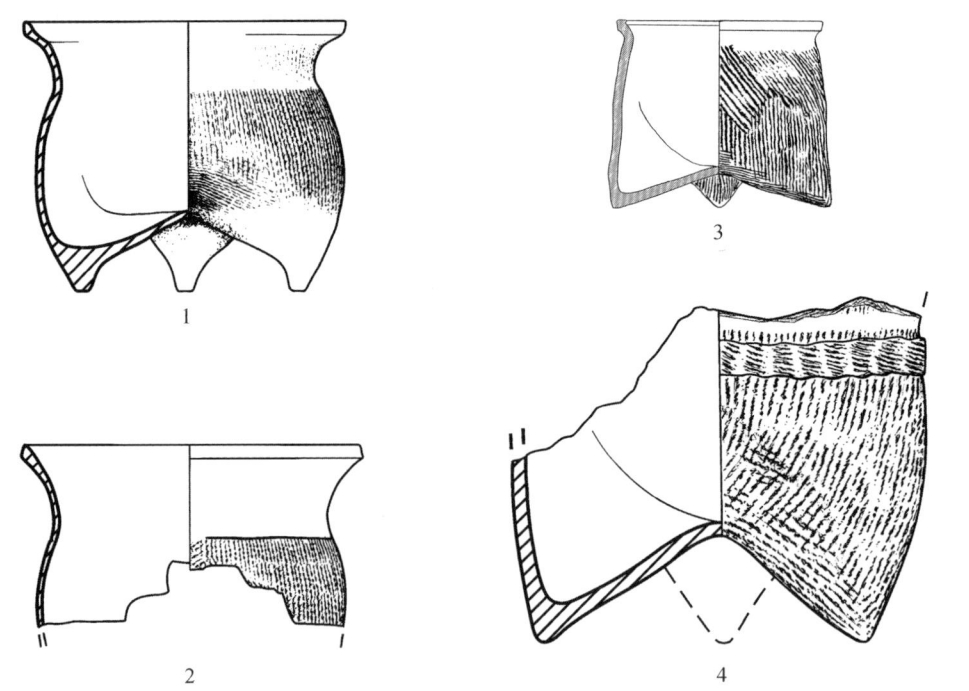

图一一 E、F、G组陶器

1、2. 鬲乙类E型（H20：2、H12：157） 3. 鬲乙类（H314：12） 4. 鬲乙类（H263：2）（1、2. E组，3. F组，4. G组）（3为大司空，余为孝民屯出土）

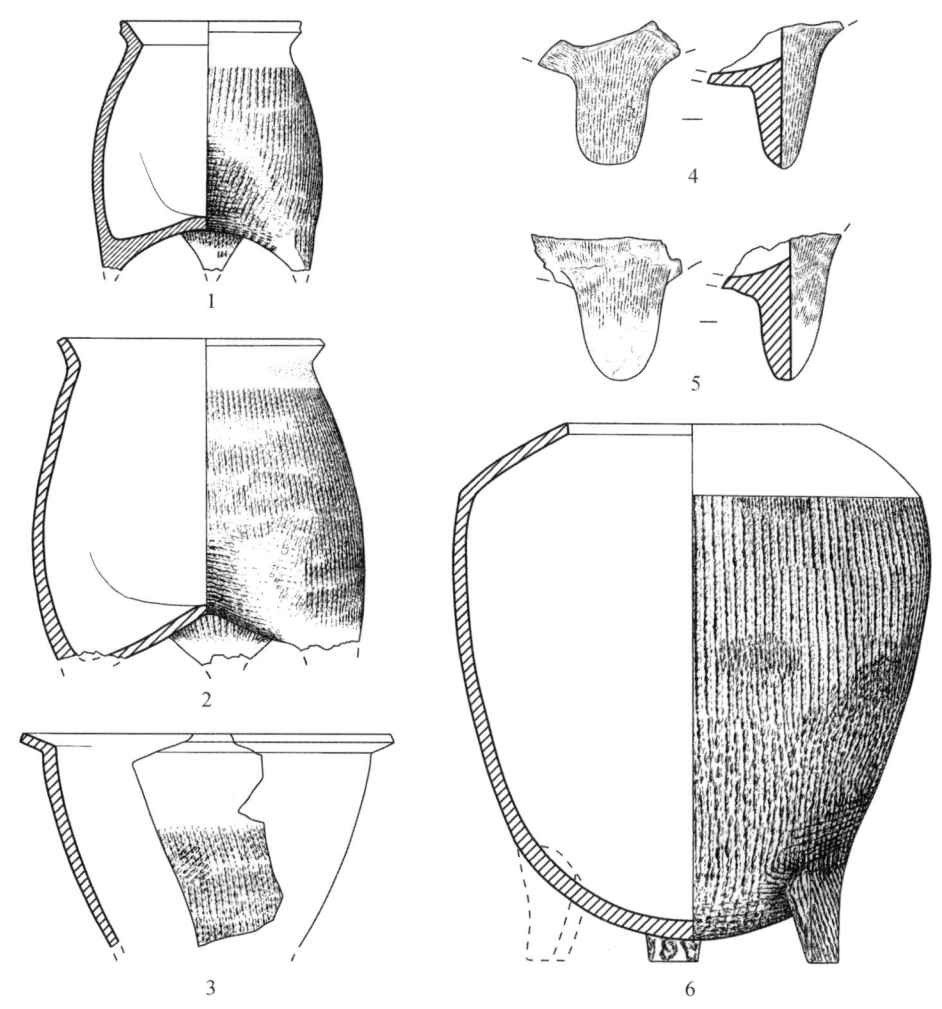

图一二　H组陶器

1、2. 鬲乙类Ka型（F26-2∶12、H6∶17）　3. 甗B型（F20-1∶11）　4~6. 三足瓮（H530∶10、H428∶13、NH227∶5）（孝民屯出土）

墟文化陶器的构成以A组为主体因素，其他因素明显处于从属地位。

如果对A组做进一步分析，可见其形成也不是单一的，而是多元的。大致又可分承袭先前的早商和中商文化、殷墟时期的创新形态两类。

承袭先前的商文化的因素，又可为来自郑（州）洛（阳）许（昌）地区、豫北冀南地区（本地）两个来源：

来自郑洛许地区的早商文化，其中鬲有甲类A型、乙类Aa型和B型、簋Ba型、大口尊、缸形器等；浅腹盆、罐E型是豫北冀南地区商代晚期流行的形态，殷墟的这种器物甚至或可追溯到本地先商文化时期，盆A型、罐A与D型、瓮A型和以高岭土为原料的白陶则可追溯到中商时期的洹北商城时期。

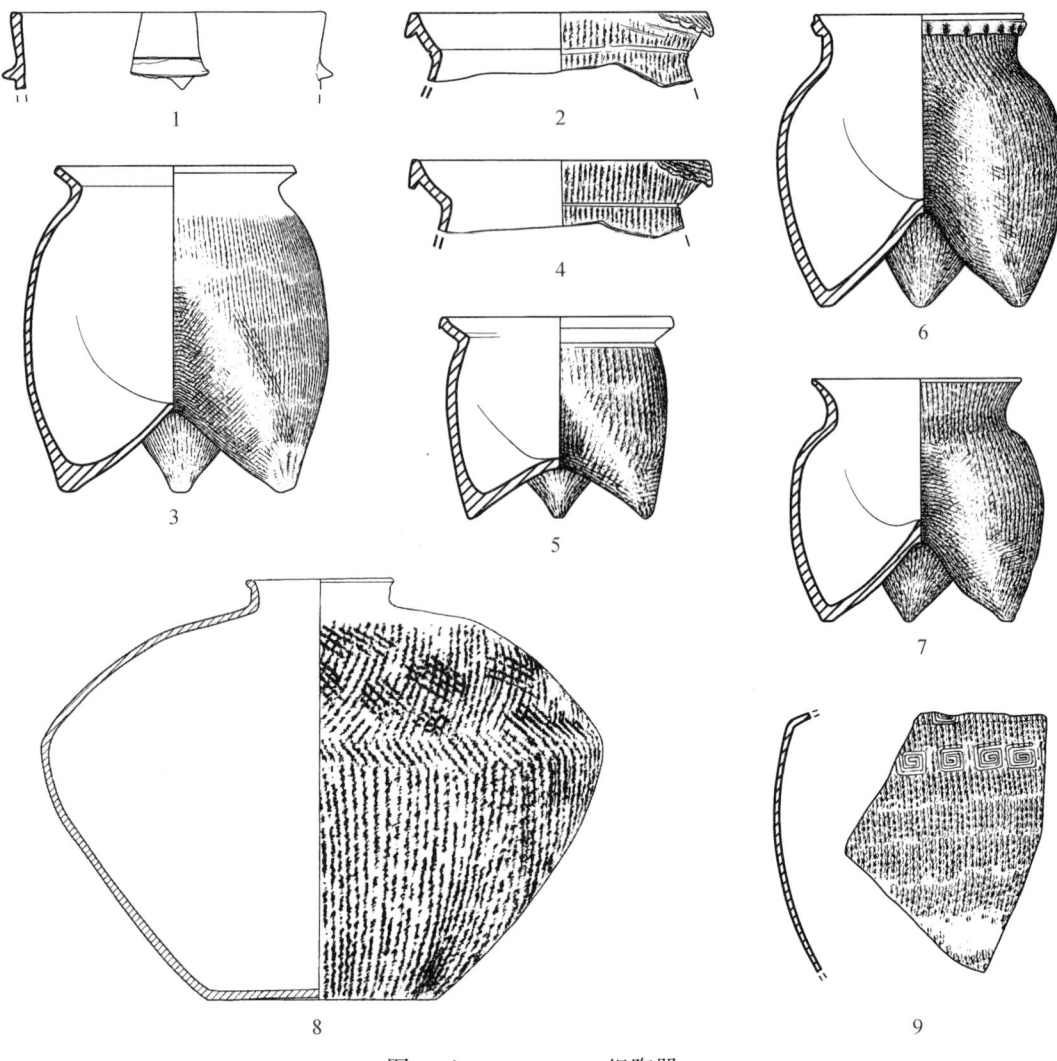

图一三 I、J、K、L组陶器

1. 鬲乙类W型（F133:3） 2、4. 鬲乙类X型（T1906⑤:25、T2212④:36） 3. 鬲乙类N型（F106-1:2）
5. 鬲乙类Ua型（H12:76） 6、7. 鬲乙类M型（G14:2、F102-2:2） 8、9. 罐B型（G14:2、F102-2:2）
（1为J组，3为K组，2、4、5为L组，6-9为I组）（8为大司空，余为孝民屯出土）

殷墟文化的创新型因素有：普通粗泥陶如丙类鬲、甑、A型簋、A型豆、罐G型、罍、尊、觯、仿铜陶器如方口器等，这些是殷墟时期新出现的。

殷墟文化中那些处于从属地位的因素，则是外来的。其中又分为来自晚商文化的其他类型、其他青铜文化两种来源。据此可探讨殷墟文化与周边商文化其他类型、商文化与周边青铜文化的关系以及人群的互动等。

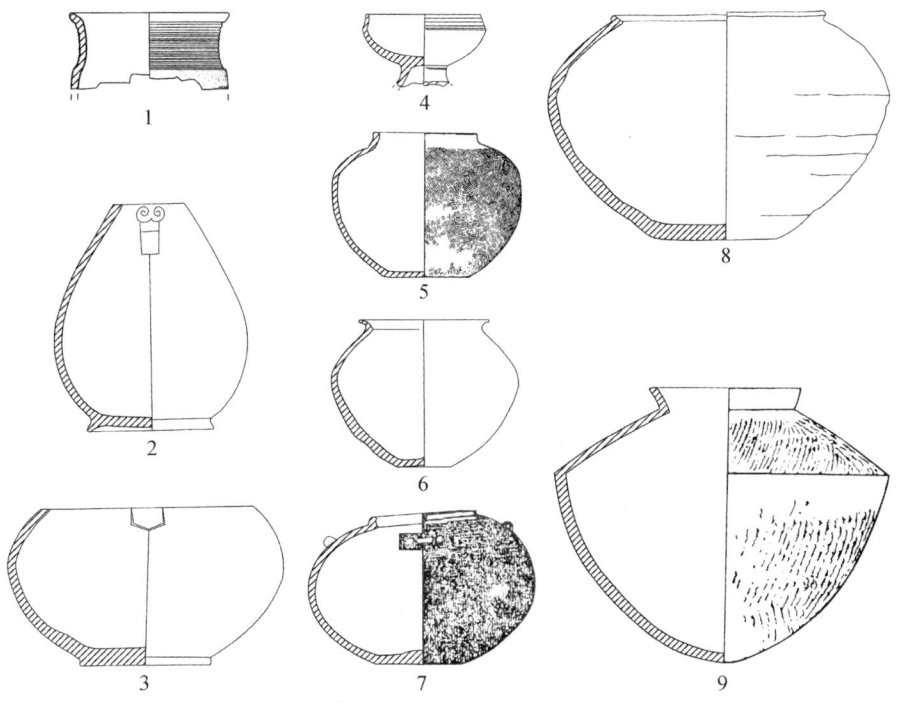

图一四 M、N组陶器

1. 鬲乙类S型（T2711⑮∶27） 2. 壶（F11∶50） 3. 钵（F11∶62） 4. 豆（F11∶49） 5. 罐（M5∶319）
6. 罐（M5∶1319） 7. 罐（M64∶8） 8. 罐（F11∶64） 9. 罐（GM907∶15）（1为M组，余为N组）
（1为陶器，2、3、4、8为原始瓷，5~7、9为硬陶）（1为孝民屯，7为大司空，9为殷墟西区，余为小屯出土）

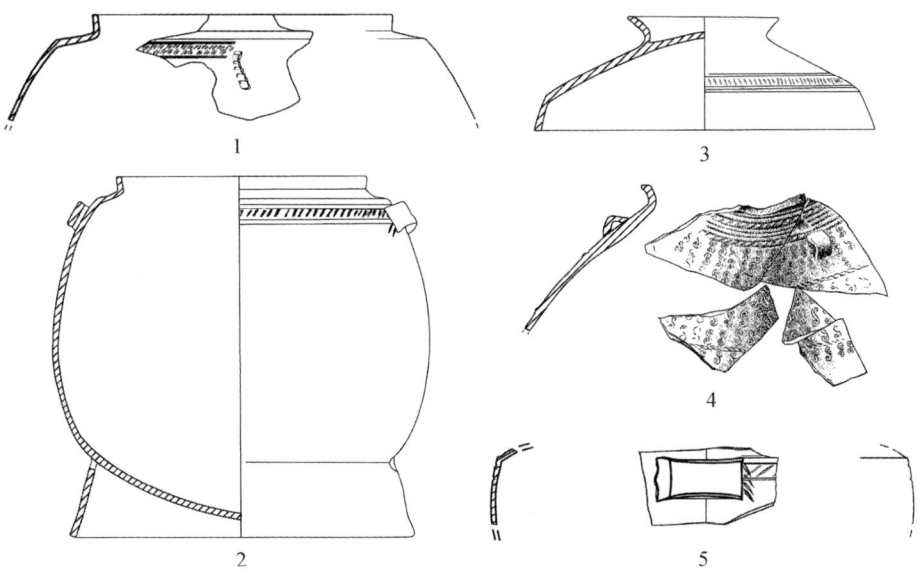

图一五 N组陶器

1、2、4、5. 瓿B型（F22-2∶3、PNⅢT8③、M1567盗坑+M1001盗坑、H683∶172） 3. 器盖（YH327）
（1、3、4为原始瓷，2为硬陶，5为釉陶）（1、5为孝民屯，2为苗圃北地，3为小屯，4为侯家庄北地出土）

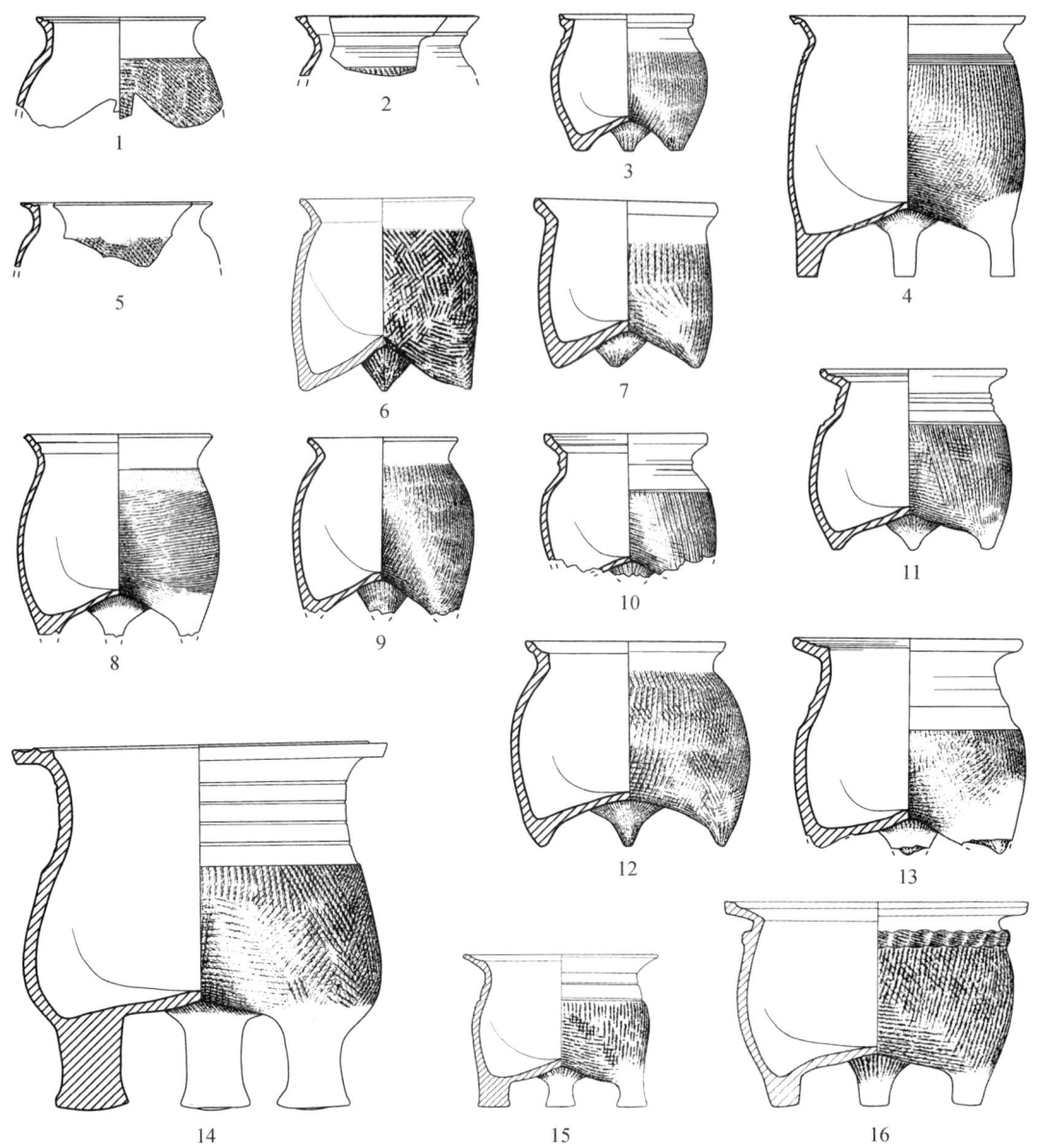

图一六 不明来源陶器

1、2、5. 鬲乙类D型（H202：150、H573：127、H573：111） 3. 鬲乙类Q型（H315：15） 4. 三O型（H36：1） 6. 鬲乙类O型（M111：3） 7. 融乙类R型（T1906⑤：4） 8. 鬲乙类V型（H416：4） 9. 鬲乙类Ua型（T2812⑤：5） 10、11、13. 鬲乙类C型（H202：62、T2811③：2、H202：17） 12. 鬲乙类Ua型（T2212⑤：14） 14. 鬲甲类Ua型（H202：47） 15. 鬲就类（M442：3） 16. 鬲乙类（H91④：1）

（6、15为大司空，余为孝民屯出土）

2. 殷墟文化与晚商文化其他类型的关系

这通过前8组因素来考察，即讨论作为殷墟文化代表的A组与后7组（B-H组）的关系。

在晚商文化中，以殷墟为中心的殷墟类型最为典型，在殷墟类型周边及更远的地区，分布着商文化的其他类型。前述A组又是殷墟文化的核心，以A组为基准，可见B-G组因素来自商文化的其他类型。从后者在殷墟不同时期的出现及数量的多少，可推知晚商文化其他类型与殷墟类型的动态关系。

B组：最具特色的是乙类鬲Ac型，最突出的特点是沿以下器壁普遍较厚，陶色多为褐色。其他形态特征几同于A组的乙类鬲Aa型。这种风格是郑州、许昌地区晚商文化的典型型式，而且数量多，以荥阳关帝庙遗址[①]为代表。从孝民屯地点可知，B组数量在所有组别中，是除A、N组以外最多的，几乎见于殷墟各个时期。

在空间分布上，郑州、许昌地区北邻晚商文化殷墟类型，前者又是早商文化的中心地区，殷墟文化中B组的存在，可见两地的联系是最紧密的。

C组：本组器物鬲见于河南登封一带。其中鬲F1：4[②]的形态与C组的鬲非常相似，其他一些鬲也具有这类特征。

D组：此组的鬲，突出特点是几乎为褐陶，厚胎，沿极短。这是豫东、鲁西南一带的晚商文化安邱类型的典型风格[③]。本组因素在殷墟文化中虽然不多，但几乎见于殷墟各个时期。

E组：此组因素以孝民屯H型鬲为典型，高领、细绳纹是突出特点。这是豫南一带的晚商文化典型风格，如在河南正阳闰楼[④]、罗山天湖晚商墓地[⑤]等重要遗址都有出土。本组因素在殷墟文化第3期才出现，在殷墟3-4期数量比较多。

---

① 河南省文物考古研究所：《河南荥阳市关帝庙遗址商代晚期遗存发掘简报》，《考古》2008年第7期。河南省文物考古研究所河南省文物考古研究所：《河南荥阳关帝庙遗址考古发现与认识》，《华夏考古》2009年第3期。

② 郑州大学历史文化遗产保护研究中心：《登封阳洼》图4-41，5，2014年，660页。

③ 北京大学考古系商周组、山东省菏泽地区文展馆、山东省菏泽市文化馆：《菏泽安邱堌堆遗址发掘简报》，《文物》1987年第11期。中国社会科学院考古研究所：《中国考古学·夏商卷》第六章第二节"安邱类型"，中国社会科学出版社，2003年。

④ 刘文阁、余新宏、刘群、李安娜：《河南正阳闰楼商代墓地》，《中国重要考古发现》(2009)，文物出版社，2010年。

⑤ 河南省信阳地区文管会、河南省罗山县文化馆：《罗山天湖商周墓地》图二四：2，《考古学报》1986年第2期，177页。

F组：陶鬲源自山东泰沂山脉以北的晚商文化。此类陶器见于山东昌乐①、平阴朱家桥②等地。

G组：源自安徽境内江淮流域的晚商文化。如含山大城墩遗址有此类陶鬲③。

H组：见于殷墟1期晚段，此后很少见。源自以山西汾阳杏花村第六期遗存④为代表的晋中盆地的晚商文化，已有学者讨论过此组的陶鬲与山西汾阳杏花村墓地的陶鬲的关系⑤。其中本组鬲、瓮多见于杏花村⑥。其中瓮为易识别的标志性的器物，有学者对此类瓮做过专门讨论⑦。这种瓮早年安阳考古曾出土1件⑧，在晋中者，见于白燕遗址第四、五期，白燕还曾采集出土⑨。白燕第五期的瓮⑩与孝民屯NH217出土者时代接近。

3. 殷墟文化与商文化周边青铜文化的互动

殷墟文化中还有一些因素非商文化所固有，而是来自商文化周边青铜文化。这些文化因素，比较明确的是前举I-N等组因素。它们出现殷墟文化中，在出现时间、比重上也有一些特点，据此可探讨殷墟文化与周边青铜文化的关系乃至商代族群的互动。

I组：I组因素见于殷墟1期晚段，数量略多。如孝民屯的乙类鬲M型、浅腹盆C

---

① 北京大学考古实习队、昌乐县图书馆：《山东昌乐县邹家庄遗址发掘简报》图4：5，《考古》1987年第5期。

② 中国科学院考古研究所山东发掘队：《山东平阴县朱家桥殷代遗址》图六：1，《考古》1961年第2期。

③ 安徽省文物考古研究所：《安徽含山大城墩遗址发掘报告》图九：15，《考古学集刊》（6），中国社会科学出版社，1989年，94页。

④ 国家文物局、山西省考古研究所、吉林大学考古学系：《晋中考古》，文物出版社，1998年。

⑤ 何毓灵：《试论安阳殷墟孝民屯遗址半地穴式建筑群的性质及相关问题》，《华夏考古》2009年第2期。

⑥ 国家文物局、山西省考古研究所、吉林大学考古学系：《晋中考古》图一三五：9、12，瓮见于图一三一：4、13，文物出版社，1998年。

⑦ 许伟：《晋中地区周以前古遗存的编年与谱系》，《文物》1989年第4期，4页。张斌宏、杨巧灵：《蛋形三足瓮初探》，《文物季刊》1997年第3期。井中伟：《蛋形瓮研究》，《考古学报》2006年第4期。

⑧ 李济：《殷墟器物甲编·陶器》附录"殷墟陶器图录"B135之333D，《小屯》（第三本），历史语言研究所，1956年。

⑨ 王克林：《晋国建立前晋地文化的发展》图十二：左，《中国考古学会第三次年会论文集》，文物出版社，1984年。

⑩ 晋中考古队：《山西太谷白燕遗址第一地点发掘简报》图一六：13、二〇，《文物》1989年第3期。

型、罐B型，可辨识度高，来自晋陕高原的青铜文化。其中鬲见于山西柳林市高红[①]、清涧县李家崖[②]，盆见于高红[③]，罐见于高红[④]、李家崖[⑤]、绥德县薛家渠[⑥]。

J组：所见有1件鬲，时代为殷墟1期晚段。此器形态特殊，可资比较者，是晋西北一带的西岔文化[⑦]、辽西的高台山文化[⑧]的鬲。由于商文化与高台山文化在地域上悬隔较远，两者存在联系的可能性比较小；反倒在晚商偏早阶段，商文化分布于晋中盆地，西北就邻近西岔文化，所以，此类因素应该源自西岔文化。

K组：K组因素的器物有鬲，数量少，来自京津地区的大坨头文化。河北大厂县大坨头[⑨]、北京房山刘李店[⑩]都有此类器物出土。

L组：此类因素有孝民屯乙类鬲Ua型、X型鬲，时代属于殷墟4期偏早时期。其中前者为以武功郑家坡遗址[⑪]为代表的先周文化的典型联裆鬲，后者为以扶风刘家墓葬[⑫]为代表的刘家文化的典型高领袋足鬲。其中刘家文化式的鬲，考虑到在殷墟4期偏早时期，刘家文化已基本融于先周文化中，所以这里将X型鬲归入先周文化因素。

M组：所见有鬲，数量很少。此类鬲形制独特，高领、带肩，与之最具有可比性

---

① 国家文物局、山西省考古研究所、吉林大学考古学系：《晋中考古》图七一：1，文物出版社，1998年。王京燕、高继平：《山西柳林高红商代夯土基址发掘取得重要收获》137页图，《发现中国：2007年100个重要考古新发现》，学苑出版社，2008年。

② 张映文、李智荣：《陕西清涧县李家崖古城址发掘简报》图七：13、18，《考古与文物》1988年第1期，51页。

③ 国家文物局、山西省考古研究所、吉林大学考古学系：《晋中考古》图七一：5,文物出版社，1998年，92页。

④ 国家文物局、山西省考古研究所、吉林大学考古学系：《晋中考古》图七二：1、7，文物出版社，1998年，92页。

⑤ 张映文、李智荣：《陕西清涧县李家崖古城址发掘简报》图七：15，《考古与文物》1988年第1期。

⑥ 北京大学考古系商周考古实习组、山西省考古研究所商周研究室：《陕西绥德薛家渠遗址的试掘》图九：12、13、14，《文物》1988年第6期。

⑦ 内蒙古文物考古研究所、清水河县文物管理所：《清水河县西岔遗址发掘简报》，《万家寨水利枢纽工程报告集》，远方出版社，2001年。曹建恩：《清水河县碓臼沟遗址调查简报》，《万家寨水利枢纽工程报告集》，远方出版社，2001年。

⑧ 沈阳市文物管理办公室：《新民高台山新石器时代遗址和墓葬》，《辽宁文物》1981年第2期。郭大顺：《西辽河流域青铜文化研究的新进展》，《中国考古学会第四次年会论文集》，文物出版社，1983年。董新林：《高台山文化研究》，《考古》1996年第6期。

⑨ 天津市文化局考古发掘队：《河北大厂回族自治县大坨头遗址试掘简报》图三：2，《考古》1966年第1期。

⑩ 赵信、田敬东：《北京琉璃河夏家店下层文化墓葬》图三：2，《考古》1976年第1期。

⑪ 宝鸡市考古工作队：《武功郑家坡遗址发掘简报》，《文物》1984年第7期。

⑫ 陕西周原考古队：《扶风刘家姜戎墓葬发掘简报》，《文物》1984年第7期。

的是分布于江西赣江流域的吴城文化的鬲，在江西樟树市吴城[①]、新干县大洋洲[②]都有大量出土。或许殷墟此类鬲源自吴城文化。

N组：此组非普通粗泥陶器，而是陶质坚硬细腻的硬陶、原始瓷和釉陶，形态主要是瓿，其次有罐、器盖等。在殷墟所有外来因素中，本组是除A组外数量是最多的，几乎在殷墟各期都有发现。此组可能是作为商品的性质传输到殷墟的。学界普遍认为这类产品产自南方[③]。有学者已就此组的瓿与湘江流域的同类硬陶做过关联[④]，还有学者则认为包括殷墟在内的北方原始瓷的主要产地在吴城文化地区[⑤]。我们推测这类产品的生产地可能主要在湘江下游地区，其次可能是赣江流域的吴城文化地区[⑥]。

本文关于殷墟文化多样性的探讨还是初步的，文中有些组的判别未必准确和正确。随着今后殷墟考古资料的增多，将会对殷墟文化内部结构的认识更为全面，在此基础上，可进一步探讨殷墟时期商王朝都城与其他地区之间的动态联系以及人、人群的互动等。

[①] 江西省文物考古研究所：《吴城——1973～2002年考古发掘报告》，科学出版社，2005年。

[②] 江西省博物馆、江西省文物考古研究所、新干县博物馆：《新干商代大墓》，文物出版社，1997年。

[③] 李家治：《原始瓷的形成和发展》，《中国古代陶瓷科学技术成就》，上海科学技术出版社，1985年。罗宏杰、李家治、高力明：《北方出土原始瓷烧造地区的研究》，《硅酸盐学报》1996年第3期。罗宏杰、李家治、高力明：《北方出土原始瓷烧造地区的研究》，《硅酸盐学报》1996年第3期。陈铁梅、PappG.Jr、荆志淳、何弩：《中子活化分析对商时期原始瓷产地的研究》，《考古》1997年第7期。李家治：《中国科学技术史·陶瓷卷》，科学出版社，1998年。中国社会科学院考古研究所：《安阳小屯的建筑遗存》，文物出版社，2010年，156页。

[④] 向桃初：《湘江流域商周青铜文化研究》，线装书局，2008年。

[⑤] 陈铁梅、PappG.Jr、荆志淳、何弩：《中子活化分析对商时期原始瓷产地的研究》，《考古》1997年第7期。

[⑥] 牛世山：《殷墟出土的硬陶、原始瓷和釉陶——附论中原和北方地区商代原始瓷的来源》，《考古》2016年第8期。

殷墟车马埋葬补议

常怀颖
（中国社会科学院考古研究所）

家马与马车，对晚商社会而言，是新生事物①。将车马作为一种财物且赋予其一定的社会意义，并将之作为某个阶层人群的礼仪与意识，也始自殷墟时期。进而，将具有社会、身份等级意义的车马，为了某种目的而进行埋葬，并因之开始有或等级、或身份、或族群、或信仰的埋葬制度的一部分，也恰肇始于殷墟时期。

殷墟地区，是晚商的政治、经济与文化中心，同时也是晚商时期车马埋葬资料最为丰富的区域。将晚商时期车马埋葬现象集中在这样一个性质确定、年代集中的地区及时间段内，观察车马埋葬的形成与推广，以及从车马埋葬所反映出的阶层区分、埋葬方式差异等等问题，无疑以殷墟作为个案最具讨论价值。

晚商时期殷墟地区的车马埋葬大体有墓内殉车、陪葬车马坑、殉马坑、墓葬随葬车马器、居址零散出土的车马器及车辆几种形式。

---

① 虽然在二里头宫城南部、新郑望京楼遗址、偃师商城大城东北等地点都曾发现车辙印痕，但从轨距来看，皆在1~1.2米，似非马车。有学者指出在郑州商城曾发现铸造车害用的陶范，经笔者实物检视，非车害范。另外，有学者在论文中提及偃师商城东北隅曾发掘出的1件青铜车害，在新出版的《偃师商城·第一卷》第120页注中明确说明，"后经有关专家鉴定青铜车害和辖为东周时期器物"（参中国社会科学院考古研究所：《偃师商城·第一卷》，科学出版社，2013年）。因此本文仍将讨论的范围定在材料较为准确的晚商时期。动物考古学家的意见较为一致，皆认为目前的材料显示，中原地区的家马最早出现在殷墟一期。作为一种引进的动物，与其特殊功用——作为牵引马车的役畜有关。

对殷墟的车马埋葬问题，石璋如[①]、杨宝成[②]、吴晓筠[③]、郜向平[④]、黄铭崇[⑤]诸位先后进行过专项讨论，对晚商时期殷墟地区车马器种类与基本形制演变、车马坑埋葬的规律、墓地中车马埋葬规律、车马埋葬的阶段发展趋势等问题，有详略不同研究，较为完整地勾勒出晚商时期车马埋葬的基本规律。虽然殷墟遗址群墓葬被严重盗扰，完整墓例绝对数量不多，但随着公布材料日益增多，不少问题似乎仍有余意可覆。本文不揣浅陋，拟就墓内殉车、车马坑、殉马与祭马、车马器的随葬等问题略作讨论，权作前贤研究之续貂。

一

吴晓筠和郜向平已经指出，墓内殉车在殷墟的晚商墓葬中较为少见，但未进一步论及墓内殉车的墓葬年代和墓内殉车的差异及细节问题。墓内殉车在殷墟遗址群例证较少（表一），目前确定的仅侯家庄王陵区M1001[⑥]、M1003[⑦]；西区墓地M698、

---

① 石璋如：《殷代的弓与马》，《历史语言研究所集刊》第35本，1964年；《殷代的车子》，《大陆杂志》第36卷第10期，1968年；《小屯四十号墓的整理与第一类甲种车的初步复原》，《历史语言研究所集刊》第40本下册，1968年；《殷代第一类车的舆盘之演变》，《华冈学报》第8期，1974年第7期；《殷代的第二类车》，《总统蒋公逝世周年纪念论文集》，"中央"研究院，1976年；《殷代车的研究》，《东吴大学艺术史集刊》第9期，1979年；《殷车复原说明》，《历史语言研究所集刊》第58本2分，1987年。

② 杨宝成：《殷代车子的发现与复原》，《考古》1984年第6期；《殷墟文化研究》，武汉大学出版社。

③ 吴晓筠：《商至春秋时期中原地区青铜车马器形式研究》，《古代文明·第1卷》，文物出版社，2002年；《史语所藏商代"辖首饰"的新认识》，《古今论衡》第13期，2005年；《商周时期车马埋葬研究》，科学出版社，2009年，93~110页；《商周之际的车马埋葬》，《"周边"与"中心"：殷墟时期安阳及安阳以外地区的考古发现与研究》，历史语言研究所，2015年；《马车在东西交流中的地位与交流模式：西元公元前2000~1200年》，《故宫学术季刊》第28卷第4期，2011年6月。

④ 郜向平：《商系墓葬研究》，科学出版社，2011年，132~138、189~193页。

⑤ 黄铭崇：《商代的銮及其相关问题》，《古今论衡》第17期，2007年12月；《从商代的"C形马衔"与"尖锥策饰"看商代的"骑兵"问题》，《纪年殷墟发掘八十周年学术研讨会论文集》，历史语言研究所，2015年。

⑥ 梁思永、高去寻：《中国考古报告集之三·侯家庄第二本·1001号大墓》，历史语言研究所，1962年。

⑦ 梁思永、高去寻：《中国考古报告集之三·侯家庄第四本·1003号大墓》，历史语言研究所，1967年。

M701①；黑河路M10②五座墓葬在墓道内有殉车，仅M1001椁室内有殉车。从墓例比例可见，晚商时期殷墟遗址并不流行墓道殉车，所有墓葬未曾发现二层台殉车，墓室殉车亦极罕见。

表一　晚商时期殷墟地区墓内殉车墓葬统计表

单位	墓室规模	棺椁	殉人	兵器	随葬车马器种类	期别
侯家庄M1001	18.9×21.3=402.57，亚字形	？	√	√		二期？
侯家庄M1003	18.1×17.9=323.99，亚字形	一棺一椁	√	√		四期？
西区M701	4.6×3.1=14.26，甲字形	一棺一椁	12	√	毂饰2	四期
西区M698	4.8×3.5=16.8，甲字形	一棺一椁		√	？	四期
黑河路M10	？甲字形	？	？	？	？	四期

M1001为四出墓道墓葬，该墓椁室东南角发现残车舆一个，知该墓椁室内至少有拆车一辆。同时，该墓南墓道有肩舆，但由于对早期发掘水平的不确定，不能排除M1001墓道亦有随葬车的可能。该墓的具体年代学者间认识分歧较大，但年代在二、三期间是学术界较能接受的认识。

M1003四出墓道，在该墓的南墓道近椁室西侧，清理有车辆遗迹，目前至少可确定有两辆车的车舆存在。车舆上的铜构件并未卸下。但车舆未见车辀、车轴、车衡等其他部分。不确定是因为拆车所致还是因早期木车清理技术不高未能发现。该墓由于盗扰严重，断代较为困难，但从种种迹象来看，较多学者认为该墓当为殷墟四期的墓葬。

西区M701为"甲"字形墓，墓葬受严重盗扰，墓底部分浸在水下，内部结构已无法确定。南墓道北部近椁室部位的填土中出有腐朽的木棍一段，直径约4-5厘米，其上有"铜管"一对。木器之下有席纹痕，席下有一堆派别整齐的穿孔螺，螺下有树枝编织物的痕迹。根据发表的铜管图像，可知所谓的"铜套管"实际是一对车毂饰，而其下的席纹痕可能是车舆内的茵席。从这些迹象推测，墓道北部很可能殉有一车或至少一个车轮。该墓年代在殷墟四期。

西区M698为甲字形墓，该墓多次被盗，墓底深入水下3米余，情况不明。墓道北端殉有一车二马，并有一殉人与车马一起殉葬。该墓墓道较窄，殉车的车轴已经宽于墓道，因此墓道两壁特意挖出宽槽以容纳两轮和车轴。这也是目前殷墟发现的殉车墓中，唯一一座为车轮和车轴另外挖设坑槽的墓葬。另外，该墓墓道在近墓室处有数级台阶，台阶下另殉一马。该墓年代在殷墟四期。

---

① 中国社会科学院考古研究所安阳工作队：《1969~1977年殷墟西区墓葬发掘报告》，《考古学报》1979年第1期。

② 唐际根：《殷墟墓葬视角下的商代晚期社会组织》，英国伦敦大学（UCL）博士学位论文，2004年。

黑河路M10为"甲"字形墓葬，年代为殷墟四期。墓道为南向东拐的"拐把墓"，在墓道东拐后的中段偏西有方形马坑一座，内有两马。墓室虽遭盗扰，仍发现弓形器一件。但该墓详细材料尚未发表。

上述五例约可有如下几点共性：

第一，从年代看，墓道殉车的墓例较为集中地出现在殷墟四期，而年代可能偏早的侯家庄M1001有椁室殉车的可能。似乎可以推定，殷墟时期的殉车似乎有逐步规范的趋势，即逐步规范为在墓道内殉车。

第二，从墓葬的空间使用看，殉车以墓道多见，椁室殉车目前仅有孤例，二层台未见殉车。郜向平已经指出，殷墟时期带墓道墓葬都以南墓道为主墓道[1]，而殉车也都会选择在南墓道中，亦即在主墓道殉车。在墓道内的殉车，一般都在靠近椁室处，从墓葬空间角度看，也就是更加靠近墓主人。

第三，从殉车的方式看，侯家庄两座王陵的葬车，都只清理出车舆部分，未见有车轮、车轴和车衡。从现有迹象看，王墓葬车似乎皆是拆车而葬，没有在墓内或墓道内另设车马坑埋葬整车。而在另外三座甲字形墓葬中，有一座在墓道内设置车马坑，一座挖设坑槽以容整车。这些现象说明，殷墟时期的殉车，似乎存在从拆车到墓道内整车相殉的过程。

第四，从殉车的数量看，现有材料显示，殷墟时期墓内殉车大体都是一辆，王墓M1003可能有两辆车。这说明，虽然身份等级差异悬殊，但在殷墟时期，贵族的殉车并未出现极大的差别。这与西周时期诸侯与卿大夫、士之间车马殉葬数量差异巨大，有不小的差别。

第五，殷墟时期的殉车墓葬，却并不一定殉马。黑河路M10和西区M698两墓的殉马，是以墓道内构筑车马坑的形式与车同时殉埋的。在殷墟的其他晚商时期墓葬中，殉马也极为罕见，目前发表材料中，仅在西区M216、M217两墓二层台上有殉整马，另有个别墓葬以马腿作为祭牲，例证极少。韩巍认为，商周祭牲的种类选择与墓葬的等级有关[2]，而谢肃则进一步指出晚商葬马腿的墓葬都是等级较高的墓葬[3]。可知殉马在殷墟时期少见，当与墓主的身份直接相关。李志鹏在对殷墟遗址群的动物材料的系统梳理中发现，殷墟墓葬随葬的动物腿骨无一例外都是左前腿，这可能是当时殷人对使用牲腿体位的一种偏好，也是一种规范化的丧葬礼仪制度[4]。这说明，即便在殉牲的肢解躯体的选择相同的情况下，是否使用马匹殉葬，也是直接与墓主的身份地位相关的。

---

[1] 郜向平：《商系墓葬研究》，科学出版社，2011年，65页。
[2] 韩巍：《西周墓葬的殉人与殉牲》，北京大学硕士学位论文，2003年。
[3] 谢肃：《商代祭祀遗存研究》，中国社会科学院研究生院博士学位论文，2006年。
[4] 李志鹏：《殷墟动物遗存研究》，中国社会科学院研究生院博士学位论文，2009年。

第六，从殉车马墓主的身份地位看，殷墟地区晚商墓葬中能在墓内殉车的，上至商王，下则至少是可以使用一条墓道的墓主。但是由于年代较晚，从身份等级推估，上述几座四期时使用单墓道的墓主，应该能相当于二期时的妇好或M54的军事长官级别，抑或如吴晓筠所推测的那样，属于西区墓地各墓区中身份等级最高的墓主，甚或就是该墓区族墓地的"族长"。

二

殷墟地区晚商时期的车马坑或殉马、马祭坑的墓葬有一定数量，这些遗存大体可分为两类，一类是与墓葬相关的陪葬车马坑或殉马、马祭坑（表二）；一类则发现在建筑或居址区，并不对应具体的某个墓葬（表三）。后者应该与祭祀有较密切的关系。

表二 晚商时期殷墟地区墓外陪葬车马坑、殉（葬）马坑统计表

单位	车马数量	殉人	殉牲	可能的主墓与期别
侯家庄M1136-1137	>32车	无	无	疑似M1443陪葬坑，一、二期间？
侯家庄M1887	3马			
侯家庄M1888	2马			
侯家庄M1911	4马	无	无	M1001陪葬坑，二期？
侯家庄M1912	马数不清			
侯家庄M2017	3马			
郭家庄M52	一车两马	两人	无	疑M172陪葬坑，四期早
郭家庄M58	一马一车	无	无	疑M172陪葬坑，四期早，扰动
郭家庄M146	一马两车	无	无	疑M160陪葬坑，三期晚
郭家庄M147	一马两车	无	无	
西区M43（白家坟西北）	一车两马	无	无	疑为M93殉葬坑，四期
西区M151（白家坟西北）	一车两马	无	无	
西区M1613（孝民屯南地）	一车两马	无	无	主墓不详，三期
95梅园庄M40	两车两马	两人	无	主墓不详，三四期之间
95梅园庄M41	一车两马	车后一人	无	
2004大司空M76	一车两马	车后一人	无	主墓不详，三四期之间
2004大司空M367	一车两马	无	无	主墓不详，四期偏早
2004大司空M231	一车两马	车后一人	无	主墓不详，四期
2004大司空M226	一车两马	车后一人	无	主墓不详，四期
1953大司空M175	一车两马	车后一人	无	主墓、年代不详

续表

单位	车马数量	殉人	殉牲	可能的主墓与期别
1966大司空M292	一车两马	一人	无	主墓、年代不详
1985大司空M755	一车两马	一人	无	
1985大司空M757	一车两马	无	无	
安钢120转炉M1	一车两马	一人	?	疑为M13陪葬坑，年代不详
安钢120转炉M2	一车两马	一人		
安钢120转炉M3	一车两马	一人		
安钢120转炉M4	一车两马	两人		
安钢120转炉M5	一车两马	两人		
赛格金地CK1	一车两马	无	无	主墓、年代不详
西区M7（孝民屯南地）	一车两马	车后一人	无	主墓、年代不详
59西区M1（孝民屯南地）	一车两马	一人	无	主墓、年代不详
59西区M2（孝民屯南地）	一车两马	无	无	

表三 晚商时期殷墟地区居址所见车马坑、祭马坑统计表

单位	车马数量	殉人	殉牲	期别
小屯M20	两车四马	三人	无	殷墟二期?
小屯M40	一车两马	三人	无	
小屯M202	一车两马	三人	无	
小屯M204	不详	√	无	
小屯M45	不详	?	无	
小屯M164	1马	一人	犬1	
同乐花园H524	16马	三人		殷墟二至四期
73小屯南地H33	1马	五人	猪1	殷墟二期

与墓葬的陪葬或墓祭有关的车坑或殉马，据可见材料统计，在殷墟时期的殷墟遗址共发现了38座，其中仅有18座与所属墓葬有相对明确的对应关系；38座车马坑或车、马坑中，年代相对确定的约有20座；另有18座年代和从属关系不能确定。

与陪葬或墓祭有关的车马坑较为集中的区域是在西北冈的王陵区。目前可见材料或线索中，有M1136-1137、M1187、M1188、M1911、M1912、M2017和M1311七座。

西北冈M1136-1137号车马坑材料至今未公布，但相关材料已散见于《夏鼐日记》和胡厚宣、石璋如、吴晓筠等学者的论文中[①]。从已知的信息可知，该坑由夏鼐负责发

---

① 石璋如：《殷墟的第二类车》，《总统蒋公逝世周年纪念论文集》，"中央"研究院，1976年。吴晓筠：《史语所藏商代"辖首饰"的新认识》，《古今论衡》第13期，2005年。胡厚宣：《殷墟发掘》，学习生活出版社，1955年。夏鼐：《夏鼐日记》（第一册），华东师范大学出版社，2011年。

掘，坑口可能为不规则的长方形，长约6，宽约3米，坑内或有34辆以上的车体埋藏，规模之大，埋入车数之多，随葬车马器种类之繁复，形态之新颖，皆是目前已知晚商时期车马坑之冠。该坑内似乎无马匹随葬，似乎是不同的车辆整车埋藏，上下间似有叠压。车辆方向似乎皆朝向西侧。该坑似在M1443北侧，有可能是后者的陪葬坑。M1443是西北冈王陵区东区年代偏早的一座墓葬，年代可能在殷墟一、二期之间。从1136-1137号车坑出土的器物看，有的器物形态较为原始[①]，这从一个侧面也说明了该坑的年代偏早。马坑M1162在M1136-1137以西，两坑面积相当，马坑内埋马20余匹。

在M1001墓室东侧的陪葬坑中[②]，M1885随葬有马辔饰，有马镳及各类铜泡。而M1887、M1888、M1911、M1912、M2017五座马坑亦属M1001大墓。M1887、M1888、M1911三坑分别殉3匹、2匹和4匹马。M2017亦葬3匹马，M1912因扰动马数不清。根据M1001的年代及发表的马辔饰，这五座马坑应该与M1001下葬年代接近，可能也属于殷墟二期左右。

1978年武官村北地祭祀坑集中在王陵区西区的东南，西北距王陵区的西区约80米。1978年春发掘的40座祭祀坑中有马坑30座，共埋马117匹[③]。各坑的埋藏马数不同，少则1匹，多则8匹，除两座埋马5匹或1匹外，各坑所埋的马匹皆是双数，且以2马和6马者最多。所埋马匹皆是处死后埋藏的，虽然骨架叠压凌乱，但同坑内的所有马匹头向相同。在30座马坑中，有3座中埋葬有殉人。部分马身上留有马镳，所有祭祀坑出土的马镳形制相同。这批祭祀坑的年代约在殷墟文化的早期，亦即二期前后。

1976年夏的发掘中，在武官大墓与M1400墓道以南的区域间共发掘祭祀坑191座，其中马坑M110内有两马[④]。由于这批材料并未详细发表，因此无法准确断代。若以M1400年代推断，年代很可能也在殷墟二、三期时。

洹河以北与墓葬相关的车马葬，在王陵区以外集中发现于大司空村区域内。

1953年大司空村发现一座殷墟时期的车马坑，内有一车二马，车后殉有一人，两马基本还在衡下原位，铜车马器都在原位[⑤]。

---

① 对于殷墟车马器形制的演变，吴晓筠已有十分精彩的论述，对于部分器物可有补充说明的，笔者有另文讨论，参常怀颖：《殷墟车马器形制补议》，待刊。

② 梁思永、高去寻：《中国考古报告集之三·侯家庄第二本·1001号大墓》，历史语言研究所，1962年。

③ 中国社会科学院考古研究所安阳工作队：《安阳武官村北地商代祭祀坑的发掘》，《考古》1987年第12期。

④ 安阳亦工亦农文物考古短训班、中国科学院考古研究所安阳发掘队：《安阳殷墟奴隶祭祀坑的发掘》与附录：《武官大墓南墓道的发掘》，《考古》1977年第1期。

⑤ 马得志、周永珍、张云鹏：《一九五三年安阳大司空村发掘报告》，《考古学报》1955年第九册。

1966年至1985年大司空村曾先后发现三座车马坑，但详细材料未公布，情况不明①。

2004年大司空村发掘的墓地中，共发现四座车马坑②。四座车马坑情况接近，每坑一车二马，其中三座车后有一殉人。马匹基本都在原位，有的卧在预先挖好的凹槽中，车轮亦在相应位置留有轮槽。车马上的构件基本都未取下。四座车马坑分布比较靠近，M226、M231南北相距5米，基本在一条直线上，当是有规划埋葬的车马坑。发掘者认为M231、M226两座车马坑西北约50米处为M303，所以这两座车马坑可能是后者的陪葬车马坑。M76和M367南北相距10米，但两坑内的车方向不同，所对应的墓葬不详。总体来看，车马坑临近区域没有发现规模较大的墓葬，M303与M231、M226相距约50米，似乎略远，目前尚不能确定它们的陪葬对象必定为M303。

洹河以南的墓葬有陪葬车马坑的，集中在小屯、小屯以西以孝民屯、白家坟、黑河路为中心的西区墓地、小屯西南的梅园庄、戚家庄一带以及小屯东南的郭家庄。

小屯村附近目前发现的车马坑大部分与墓葬陪葬无关，目前可确定与陪葬有关者仅71后岗M3。该坑是后岗M32的陪葬坑。M32是中字形墓葬，M3紧贴M32南墓道，坑内殉两马2人。马身上似无铜质构件③。

小屯以西，以孝民屯、白家坟为核心的西区墓地及黑河路发现有数座车马坑。

西区M43、M151为车马坑④，皆一车两马，未见殉人，车马上的铜质构件基本未被卸下。从位置看，两车马坑与马坑M150位于甲字形大墓M93西侧，可能是后者的殉葬坑。

1959年孝民屯村南车马坑，两坑并列，南北相距仅1.5米，应属同一组车马坑。两座车马坑均一车两马，一号坑车后殉一人，二号坑未见殉人。两坑车马上的铜构件都未被卸下。但该组车马坑所属的主墓不详。原简报提及车马坑附近铲探出有"殷代大型长方竖穴墓葬"，但未见后续发掘材料⑤。

1972年位于白家坟的西区M7被发现，坑内埋葬一车两马，车后殉一人。车马上的铜构件未被卸下。但该车马坑的主墓不清，具体位置亦不详⑥。

M1613于1981年发现⑦，埋葬一车两马，坑内无殉人。车马上的铜构件未被卸下。

---

① 中国社会科学院考古学研究所：《殷墟的发现与研究》，科学出版社，1994年。
② 中国社会科学院考古研究所：《安阳大司空——2004年发掘报告》，文物出版社，2014年。
③ 中国科学院考古研究所安阳发掘队：《1971年安阳后岗发掘简报》，《考古》1972年第3期。
④ 中国社会科学院考古研究所安阳工作队：《1969～1977年殷墟西区墓葬发掘报告》，《考古学报》1979年第1期。
⑤ 中国社会科学院考古研究所：《殷墟发掘报告（1958～1961）》，文物出版社，1987年。中国科学院考古研究所安阳发掘队：《1958～1959年殷墟发掘简报》，《考古》1961年第2期。中国科学院考古研究所安阳发掘队：《安阳殷墟孝民屯的两座车马坑》，《考古》1977年第1期。
⑥ 中国科学院考古研究所安阳工作队：《安阳新发现的殷代车马坑》，《考古》1972年第4期。
⑦ 中国社会科学院考古研究所安阳队：《殷墟西区发现一座车马坑》，《考古》1984年第6期。

但该车马坑的主墓不清，具体位置亦不详。

西区M150为马坑，坑内埋马两匹，头向相同，但马背皆向外，四肢相对，马架附近出有贝、金叶各类铜马饰和玉饰件。

1989年孝民屯东南地曾发现马坑一座，但材料未见公布。

2005年，安钢120转炉项目基建考古中，在中字形大墓M13中曾发现马络一组，但具体随葬位置及配组方式不详。在墓葬西南侧曾发现10座车马坑，其中的五座自北至南一字排开，应是一次性规划埋葬的①。从已知线索看，这些车马坑距离主墓的距离很近。

另外，1997年在黑河路中段，曾发现车马坑一座，但具体情况不详②。

1995年梅园庄发现两座东西并列的车马坑，两坑间距2米，应是同一时期的一组遗迹，其所属的墓葬不详。根据坑内发现的陶片，发掘者认为两坑的年代约在殷墟三、四期间③。M40埋葬方式较为特殊，该坑内埋2车2马2人。靠南摆放的一车为整车下葬，车辀朝南，带有两马，车马皆在原位，轮下有轮槽，轴两端亦有轴槽，两殉人一在车后，一在车右。南车及马身上的铜构件基本都在原位。北车为拆车而葬，仅余车舆、辀、轴、衡，未见车轮，尺寸似亦小于南车，但车身上相应位置的铜构件尚在。这也是殷墟遗址群晚商时期除小屯M20之外仅有的一座一坑两车的车马坑。

M41一车两马，车后殉一人。车马皆在原位，应是整车随葬。坑内留有轴槽、轮槽。车马身上铜构件基本都在原位。

郭家庄周围是殷墟遗址群另一个发现车马坑较多的区域。

1982年至1992年的发掘中，共发现四座车马坑，其中M52、M58南北并列，M52车辀朝西，M58虽然被破坏，但从残存马头和车軎判断，车辀亦朝西，可知方向相同。M52西北另有一马坑M51，内有二马一人，应与其他殷墟常见之车马坑相同，亦属整车下葬。马身上仍有铜构件。从位置看，在M172墓道西南约35米处，M172很可能是这一组车马坑的主墓④。

郭家庄M146、M147南北并列，车辀朝东，方向相同。车马埋葬布局、方式与M52、M58相同，亦属整车下葬。M147北面另有一马坑M143，内有2马3人。上述三坑从位置看在M160西南约35米处，M160很可能是这一组车马坑的主墓。

---

① 安阳市文物考古研究所：《安阳殷墟徐家桥郭家庄商代墓葬——2004～2008年殷墟考古报告》，科学出版社，2011年。

② 唐际根：《殷墟墓葬视角下的商代晚期社会组织》，英国伦敦大学（UCL）博士学位论文，2004年。

③ 中国社会科学院考古研究所安阳工作队：《河南安阳市梅园庄东南的殷代车马坑》，《考古》1998年第10期。

④ 中国社会科学院考古研究所：《安阳殷墟郭家庄商代墓葬——1982年～1992年考古发掘报告》，中国大百科全书出版社，1998年。

需要特别提出的是，在郭家庄M146车马坑以南5米有一羊车坑M148，内有2羊1人，羊首的方向与车马坑方向相同。羊身上有铜构件镳2、轭首2，泡97件，形状与车马器的同类器相同，但规制要小。这很可能是一个羊车的"服羊"埋葬坑。

赛格金地位于安阳市文源大道与铁西路交叉口西北，地近传统所称的郭家庄南地。2006年的发掘区基本上只限于开发商的楼槽内，整体布局不清。在发掘区内发现车坑一座，编号为CK1。该坑内有一车二马，马基本葬于原位，车轮下有轮槽。车衡上衡末饰、铜轭及马身上辔络未卸下，车身上未见其他铜构件。CK1东侧相距约0.4米处，有两座马坑。MK1、MK2马数不详，但马身有饰件。MK1内除马器外，另有衡末饰4，还有车轭2，可见该坑内的葬马并非CK1骖马。不能排除MK1实际为一车马坑的可能①。

晚商时期殷墟遗址在小屯宗庙区有数座车马坑或马坑，附属于建筑基址或专门用于瘗埋祭祀，与前述用于殉葬或陪葬的车马坑性质不太一样（表三）。

作为祭祀用的车马坑，集中见于小屯乙七基址南侧。乙七基址以南共有六座车马坑。大体从西到东有三列。其中小屯M20居西；小屯M40、M202、M204在M20东南边，前三者几近南北向一字排开；M45则在M40东北侧。从平面位置看，M20、M40、M202、M204、M45似乎应是有关系的一组车马坑。M164在M20西南侧，位置略远，可能与前五座车马坑没有直接关联。

小屯M20位于乙七建筑南侧，坑内埋有4马2车，另殉有3人。两车一大一小，车轴皆被拆下，但车舆、车辀、车衡及其上的铜构件皆未取下。所殉三人，两人在大车车舆后，一人在大车车舆下。4马排列整齐，在大车、小车的车衡之下，应该分属两车②。

M40长2.5、宽1.8米。内有一车两马及三具人骸。从车軎及车轭看，坑内车轴、车衡被拆下，但车舆、车辀和车衡和车衡基本完整。

M202、M204两坑被多次破坏。M202可看出一车二马，另殉有三人。一人在舆前，两人并列在舆后。两马基本还在衡下原位。该墓的铜车马器基本还在原位。

M204破坏更为严重，目前仅能看出少量的马骸及青铜车马器。

M45在M40东北侧约5米处，长3.3、宽2.1米。该坑被严重破坏，除部分铜构件外已看不出车马遗迹。

乙七基址前的这五座车马坑，除车马器、兵器外未见其他器物伴出，对其年代的

---

① 安阳市文物考古研究所：《安阳殷墟徐家桥郭家庄商代墓葬——2004～2008年殷墟考古报告》，科学出版社，2011年。

② 石璋如：《中国考古报告集之二·小屯第一本·遗址的发现与发掘：丙编·殷墟墓葬之一·北组墓葬》，历史语言研究所，1970年。

判断较为困难。乙七基址本身的年代，按前贤的研究①大致可知为殷墟二期左右的建筑基址。而对于五座车马坑，发掘者石璋如认为"（北组）墓葬群是一个以车为中心的完整组织，其他墓葬都是配合车墓先后五次埋入的……这可能是一个告庙献车的典礼"②。

小屯M164在M20西南约35米处，坑内未见葬车，但殉有一马，从伴出的陶器可知其年代约在殷墟一期晚段。坑内另埋有铜戈、铜刀和弓形器等③。

除了乙七建筑基址前的这一组车马坑外，殷墟遗址群中较常见的居址车马埋葬是马祭坑。这些马祭坑比较集中地环绕在小屯外围。

1973年小屯南地曾发现祭祀坑一座（H33），坑内有一马五人及一个猪头，五具殉人中有三具成人，两具幼童。马尸放置位置预先留有马槽，可见是有设计的祭祀坑。发掘者认为该坑年代约在殷墟二期前后④。

在小屯南地以南的苗圃北地曾发现殷墟三、四期左右的马祭坑三个，每坑一马，其中除一匹为整马外，其余皆无头⑤。

2008年同乐花园北区发现的东西向道路两侧，发现了较为密集的祭祀遗存。其中北侧清理过的祭祀坑中，多有马匹。比如H524内，堆积分层，第一层就发现3人2马，马为公马，人为女性；第二层中另有马14匹，但仅有2匹是完整的，其余皆为肢解后埋入。该祭祀坑年代跨度较大，发掘者怀疑有频繁的祭祀活动⑥。

孝民屯铸铜遗址内多个单位内曾马发现马架，亦有肢解的马骨，年代主要为殷墟

---

① 石璋如：《中国考古报告集之二·小屯第一本·遗址的发现与发掘：乙编·建筑遗存》，历史语言研究所，1959年。朱凤瀚：《论小屯东北地诸建筑基址的始建年代及其与基址范围内出土甲骨的关系》，《古代文明·第3卷》，文物出版社，2004年。陈志达：《安阳小屯殷代宫殿宗庙遗址探讨》，《文物资料丛刊·第10辑》，文物出版社，1987年。唐际根：《中国考古学·夏商卷》，中国社会科学出版社，2004年，327页。杜金鹏：《殷墟宫殿区建筑基址研究》，科学出版社，2010年。

② 石璋如：《中国考古报告集之二·小屯第一本·遗址的发现与发掘：丙编·殷墟墓葬之一·北组墓葬》，历史语言研究所，1970年，414页。

③ 石璋如：《中国考古报告集之二·小屯第一本·遗址的发现与发掘：丙编·殷墟墓葬之二·中组墓葬》，历史语言研究所，1972年。

④ 中国科学院考古研究所安阳工作队：《1973年安阳小屯南地发掘简报》，《考古》1975年第1期。中国社会科学院考古研究所安阳工作队：《1973年小屯南地发掘报告》，《考古学集刊》（9），科学出版社，1995年。

⑤ 中国社会科学院考古研究所：《殷墟发掘报告（1958~1961）》，文物出版社，1987年。

⑥ 中国社会科学院考古研究所安阳工作队：《河南安阳市殷墟刘家庄北地2008年发掘简报》，《考古》2009年第7期。

三期或殷墟四期①。

除比较确定的马祭坑外，殷墟遗址群还曾发现过性质不明的车马埋葬。1995年，刘家庄村北的地层中曾发现一残车舆，木质构件较散乱，舆内发现马下颌骨及牙齿、肋骨。发掘者认为该车不属于葬车性质，且无坑、墓边沿，而是散置在地层中②。

从材料看，殷墟时期的车马坑、马祭坑有一定的埋藏规律可循：

第一，从年代看，殷墟二期以前王陵区以外并没有为墓葬陪葬的车马坑，而王陵区则在殷墟一期偏晚阶段即已开始陪葬车马坑。从车马坑的差别看，车马分开埋葬的车马坑年代偏早，类似M1136-1137车坑与M1162马坑这样的陪葬方式殷墟二期以后似乎未成主流。

第二，从陪葬车马坑与墓葬的相对位置看，王陵区与非王陵区有差别。王陵区的陪葬车马坑与主墓的位置并不固定。M1143陪葬的车马坑M1136-1137与马坑M1162在主墓北墓道的西北侧，相对位置较近。M1001陪葬车坑尚未见诸报导，但其陪葬马坑在墓室以东偏北处。王陵区西区东南的马祭坑，排列较为整齐，但具体的祭祀主体不明，不能确定为哪一座具体的墓葬，但可以确定是整个王陵西区的南部。而王陵区以外墓葬的陪葬车马坑，却大多在带墓道墓葬的南墓道西南侧；如无墓道墓葬，一般也是在墓葬的西南侧。

第三，从陪葬车马坑距离主墓的距离看，二者间的相对位置在晚商时期似乎也不固定。殷墟四期以前，王陵区的陪葬车马坑似乎距离主墓位置较近，而非王陵区的陪葬车马坑则一般距离主墓在30米左右，个别极端者可达50米左右，分离较远。但到殷墟四期前后，部分陪葬车马坑逐渐紧邻主墓的墓道。总体上看，似乎时代越晚，陪葬车马坑的位置越靠近主墓。

第四，殷墟所见的车马坑，绝大多数为一坑一车二马，整车埋葬比例远高于拆车葬，车上构件一般不卸下。拆车车马坑中，一般不见车轮，而仅有车衡、车辀、车轴和车舆。车辆的系驾马匹一般都是杀死后摆放在原位，再埋葬整车。马匹上的铜构件亦不拆下。而一坑多车的车马坑，一般年代较早，年代偏晚的例证，仅有年代接近殷墟三期的梅园庄M40。部分车马坑之外另设马坑或羊坑，有的马、羊身上尚有铜构件，但与车坑的关系如何，无法确定。换言之，是否在殷墟时期即存在四马驾车，尚无法确定。

第五，从排列方式看，多座不同但属于同组的车马坑，一般排列较有规律，时代越晚，排列越靠近，一般坑内的车辀朝向相同，但也有例外。

---

① 殷墟孝民屯考古队：《河南安阳市孝民屯商代铸铜遗址2003~2004年的发掘》，《考古》2007年第1期。

② 安阳市文物工作队：《1995~1996年安阳刘家庄殷代遗址发掘报告》，《华夏考古》1997年第2期。

第六，从殉人和殉牲角度看，殷墟时期的车马坑殉人较常见，但罕见殉牲。即便在祭坑中，也少见其他祭牲与马同祭一坑。

第七，从祭祀用牲来看，殷墟时期以马祭祀的例证总数虽然不少，但相较于牛、羊祭祀，数量和比例仍然不高。从分布位置看，马祭坑于西北冈王陵区最常见，而其他墓地中却较少见。刘家庄北地道路两侧的祭祀区所见的马祭坑究竟属于何种性质，目前尚无法得知。

第八，从非墓祭的角度考察，类似乙七基址前的宗庙祭祀，作为祭品的整车整马似乎不是多次性的常设祭祀品，而很可能是某次重要的祭祀活动甚或就是建筑落成时的一次性祭祀使用祭品。

第九，从墓主身份看，年代越晚，可以使用车马坑陪葬的墓主身份等级逐渐在下降。在殷墟二期以前，似乎仅有商王一级的贵族才可以使用车马坑陪葬，身份贵如王室后妃的妇好或高等级军事贵族M54墓主，皆未见有车马坑陪葬。

第十，从性别看，殷墟时期未发现确定的女性贵族可以使用车马坑。

三

除了墓内殉车、墓外的车马坑陪葬、车马祭祀之外，殷墟时期殷墟遗址群另一种常见的车马埋葬方式是在墓内随葬车马器或以部分马肢作为墓内殉牲。

郜向平和吴晓筠都已经指出，殷墟时期在墓内随葬车马器，有两种常见方式，一种是将弓形器作为车马器的代表，并以之为中心随葬；另一种则是随葬其他种类的车马器（表五）。

虽然弓形器的功能在学者间有很多探讨，分歧也较大，但正如郜向平所指出的那样，弓形器常见于车马坑内，且往往与策末、策柄共出，其与车马有关当有一定依据。就已知信息，在殷墟遗址群的晚商墓葬中，有35座墓葬内随葬有弓形器（表四）。

表四　晚商时期殷墟遗址随葬弓形器的墓葬统计表

单位	墓葬规模（平方米）	棺椁	殉人	兵器	随葬车马器种类	期别
侯家庄M2124	2.5×1.2=3		7	√	弓形器5，策管1	二期？
侯家庄M1279	?	?	?	?	弓形器	二期？
侯家庄M2125						
侯家庄M1049						
侯家庄M2020						
WKGM1	14×12=168	一棺一椁	79	√	弓形器1，镳8，各类泡500余，节约	二期
小屯M5	5.6×4=22.4	一棺一椁	16	√	镳2，泡112，弓形器6	二期
小屯M238	1.96×1.25=2.45	无	5	√	弓形器1	二期

续表

单位	墓葬规模（平方米）	棺椁	殉人	兵器	随葬车马器种类	期别
花园庄东地M54	5×3.3=16.5	一棺一椁	15	√	弓形器6，策2	二期
文源绿岛M5	2.9×1.9=5.51	一棺一椁	2	√	弓形器1	二期
文源绿岛M15	2.3×1.5=3.45	一棺		√	弓形器1	二期
郭家庄东南M26	3.55×2.25=7.99	一棺一椁	2	√	弓形器1	二期晚
新安庄西地M162	2.55×0.95=2.42	一棺		√	弓形器1	二期
北太平庄M2	2.32×0.98=2.27	一棺			弓形器、策管各1	二期
80大司空M539	3.3×1.45=4.79	一棺一椁	1	√	弓形器1	二期
83大司空M663	3.3×2=6.6	一棺一椁	4	√	弓形器、策管各1	二期晚
西区M391	3.4×2=6.8	一棺一椁		√	弓形器1，策管1，泡27	二期
侯家庄M1311	2.6×1.2=3.12	?		√	弓形器	三期？
郭家庄M1	2.9×1.6=4.64	一棺		√	弓形器1，策柄1	三期
05范家庄M4	3.6×1.95=7.02	一棺一椁		√	弓形器、策管、策末各1	三期
王裕口南地M94	3.9×2.6=10.1，甲字形	一椁二棺	2	√	弓形器2，策管1	三期
戚家庄M269	3×1.53=4.59	一棺一椁		√	弓形器1	三期
53大司空M239	2.14×0.7=1.5	一棺一椁		√	弓形器1	三期
西区M824	2.3×1=2.3	一棺		√	弓形器	三期
赛格金地M13	3.3×1.3=4.29	一棺一椁		√	弓形器1	三期
郭家庄M160	4.5×3=13.5	一棺一椁	4	√	弓形器1，策柄1	三期晚
83刘家庄M9	3.3×1.55=5.12	一椁双棺	1	√	弓形器1	四期
刘家庄M1046	4.25×2.16=9.18	一棺一椁	6	√	弓形器1	四期
榕树湾M1	3.4×1.7=5.78	一棺一椁	1	√	弓形器1	四期晚
大司空M303	4.25×2.25=9.56	一棺一椁	4	√	觿2，弓形器1，策1，圆形器3，铜箍3	四期晚
91后岗M9	8.8×8=70.4，中字形	一棺一椁	14	√	弓形器1，泡14	四期晚
戚家庄M231	3.05×1.52=4.64	一棺一椁		√	弓形器1	四期晚
西区M216	3×1.4=4.2	一棺一椁	1	√	弓形器、镳衔、扣泡等	四期
西区M166	2.6×1.02=2.65	一棺	1	√	弓形器1，衡末饰2，扣	四期
58大司空M48	2.87×1.1=3.16	一棺			弓形器1	？
西区M741	2.5×1.2=3	一棺？			弓形器1	？

表五　晚商时期殷墟遗址随葬车马器的墓葬统计表

单位	墓葬规模（平方米）	棺椁	殉人	兵器	随葬车马器种类	期别
武官村北M260	9.6×8.1=77.8，甲字形	一棺一椁	38	√	铜泡65	二期

续表

单位	墓葬规模（平方米）	棺椁	殉人	兵器	随葬车马器种类	期别
大司空M374	2.45×1.4=3.43	一椁	1	√	铜策、象牙管	三期
物华公寓M17	2.8×1.5=4.2	一棺一椁		√	铜策	三期
郭家庄M32	2.2×0.9=1.98			√	泡1	三期
91后岗M12	5.7×3.3=18.8，中字形	一棺一椁	1	√	泡60	三期
91后岗M33	2.5×0.9=2.25	一棺		√	钉齿衔1	三期
郭家庄M172	5×2.8=14，中字形	一棺一椁	3	√	镳1，泡4，衡末饰2	四期早
郭家庄M220	2.7×1.2=3.24	一棺一椁			泡1	四期早
物华公寓M11	9.72	一棺一椁			铜泡及扣27件	四期
西区M217	3.3×1.6=5.28	一棺一椁	2		泡15，镳，扣，节约	四期
西区M825	3×1.35=4.05	一棺		√	镳4	四期
西区M53	2.17×0.93=2.02	?			镳4	四期
西区M93	5.4×4.1=22.14，甲字形	一棺一椁	1	√	镳，泡48	四期
西区M1053	2.3×0.95=2.19	一棺		√	镳4	四期
西区M701	4.6×3.1=14.26，甲字形	一棺一椁	12	√	毂饰2	四期
西区M781	3.1×1.45=4.5	一棺一椁			策末	四期
大司空M18	2.6×1.15=2.99	一棺一椁			U形钉齿器	四期晚
郭家庄M53	2.4×1.2=2.88	一棺		√	衡末饰6，泡7	四期晚
郭家庄M179	3.6×2=7.2	一棺一椁			泡1	四期晚
86郭庄村北M6	3.4×1.65=5.61	一棺一椁		√	马冠2，扣121，镳4	四期晚
西区M1713	3×1.56=4.68	一棺一椁	3	√	軎首1	四期晚
71后岗M11	3.3×1.9=6.27	一棺一椁	1		当卢?	?
西区M692	3×1.44=4.32	一棺一椁	2	√	策管	?
大司空M31	3.4×2.05=6.97	一棺一椁	1	√	铜泡	?
安钢120转炉M13	9.5×8=76，中字形	?		√	络饰	?

在侯家庄王陵区，由于王陵基本都被盗扰一空，目前所见的王陵内未见弓形器随葬入墓，但部分王陵的陪葬墓或殉人墓却有弓形器随葬，且商王配偶如妇好亦可随葬弓形器，因此推测商王墓亦有可能最初随葬有弓形器。

侯家庄M2124为M1001大墓的殉人坑，位于北墓道东侧，内殉7人，其中五人腰间有弓形器，1人手持策管[①]。

---

① 梁思永、高去寻：《中国考古报告集之三·侯家庄第二本·1001号大墓》，历史语言研究所，1962年。

王海成在其论文中透露，侯家庄M1279等五墓①中亦出土有弓形器，但由于材料未公布，详细情况不得而知。

侯家庄M1311为M1004的陪葬墓，位于东墓道南侧，打破M1001北墓道。该墓东西向，墓主似俯身，随葬铜戈3，刀1，镞3，弓形器1，策管2。但器物未发表图像资料。从刊布的墓葬照片观察，器物分布在墓主腰际②。

武官大墓北墓道有4个长方形陪葬坑，呈十字形排列，其中东西北三坑埋马，分别为6匹、4匹、6匹。南墓道中部发现葬马坑三个，每坑埋马4匹，头皆北向，朝向墓室。马身上有络辔。墓室东侧二层台有的殉人有棺，其中E9殉人棺内足部随葬弓形器1。西侧二层台W8棺内头侧及右足侧随葬铜泡21枚，W12棺内足部随葬马络铜泡12件③。

洹河以北的大司空区域，弓形器的发现也比较多。

53大司空M239随葬弓形器一件，但摆放位置不详④。

58大司空M48随葬弓形器一件，但摆放位置不详⑤。

80大司空M539随葬弓形器一件，摆放位置不详，但大体在墓主腰部，怀疑原是放在棺盖上或椁盖上的⑥。

83大司空M663随葬弓形器及策管各一件，似摆放在墓主脚端的棺盖之上⑦。

大司空M303随葬有车軎一对，铜策一件，另有一件弓形器。弓形器、铜策、圆形器、铜镞作为放置在棺椁之间的南侧，即墓主脚端。车軎放在椁盖南端，亦即墓主脚端⑧。

洹水北岸的北太平庄M2为殷墟二期墓葬，墓内随葬弓形器与策管各一，但摆放位置不详⑨。

---

① 王海成：《中国马车的起源》，《欧亚学刊》（第三辑），中华书局，2002年。

② 梁思永、高去寻：《中国考古报告集之三·侯家庄第五本·1004号大墓》，历史语言研究所，1970年。

③ 安阳亦工亦农文物考古短训班、中国科学院考古研究所安阳发掘队：《安阳殷墟奴隶祭祀坑的发掘》与附录：《武官大墓南墓道的发掘》，《考古》1977年第1期。

④ 马得志、周永珍、张云鹏：《一九五三年安阳大司空村发掘报告》，《考古学报》1955年第九册。

⑤ 河南省文化局文物工作队：《1958年春河南安阳市大司空村殷代墓葬发掘简报》，《考古通讯》1958年第10期。

⑥ 中国社会科学院考古研究所安阳工作队：《1980年河南安阳大司空村M539发掘简报》，《考古》1992年第6期。

⑦ 中国社会科学院考古研究所安阳工作队：《安阳大司空村东南的一座殷墓》，《考古》1988年第10期。

⑧ 中国社会科学院考古研究所：《安阳大司空——2004年发掘报告》，文物出版社，2014年。

⑨ 安阳市文物工作队：《安阳市殷代墓葬发掘简报》，《华夏考古》1995年第1期。

洹河以南，晚商时期有多个地点的墓葬发现弓形器，目前比较集中的是在小屯、小屯以西以孝民屯、白家坟、黑河路为中心的西区墓地、小屯西南的梅园庄、戚家庄一带以及小屯东南的郭家庄。

小屯M238为乙七基址前的殉葬坑，内埋5人，殉人皆俯身。弓形器与兵器箭镞等放置在殉人头端的一角。同坑还有较多的青铜容器随葬，但与弓形器不在一起摆放①。

小屯M5随葬有6件弓形器和112枚铜泡以及2枚马镳。随葬车马器似在墓葬填土内分层埋葬。填土第4层（距墓口约4.3米处）有弓形器1，马络一具（小铜泡109枚）。填土第6层（据墓口5.6米处）墓室中部偏南的"木匣"南端又埋藏有两层随葬品，下层有弓形器2件。另有3件弓形器及铜镳的出土位置不详②。

花园庄M54随葬的弓形器和铜策主要出土在"椁室中棺室范围内"，从平面图观察是在墓室中部，但究竟是放置在椁室还是棺室是不能确定的。从常理推测，更可能是在棺盖之上③。

王裕口南地M94为甲字形墓葬，墓室内随葬弓形器两件，策管1件。从发掘墓葬的平面图观察，这三件器物似乎是放置在墓主下腹一侧的椁盖上。发掘者根据同墓出土铜鼎的铭文推测该墓墓主为贞人"公"家族成员④。

91后岗M9为中字形大墓，盗扰严重。发掘者以之为殷墟四期晚段的墓葬，其说可从。墓中出土有弓形器1件，另有各类泡饰15件，其中至少属于1匹马的络头。但马器在墓中的随葬位置不明⑤。

范家庄M4随葬弓形器1，铜策1，策末1，三件器物皆在墓主左下肢一侧的棺椁之间⑥。

西区M166随葬弓形器1，衡末饰2和一件铜扣，从发表的平面图观察，似摆放在棺盖或椁盖上。西区M391、M824、M216、M747等四墓亦随葬有一件弓形器，因为未发表墓葬平面图，亦无详细的墓葬形制描述，所以不知弓形器在墓中的摆放位置⑦。

---

① 石璋如：《中国考古报告集之二·小屯第一本·遗址的发现与发掘：丙编·殷墟墓葬之一·北组墓葬》，历史语言研究所，1970年。
② 中国社会科学院考古研究所：《殷墟妇好墓》，文物出版社，1981年。
③ 中国社会科学院考古研究所：《安阳殷墟花园庄东地商代墓葬》，科学出版社，2007年。
④ 中国社会科学院考古研究所：《河南安阳市殷墟王裕口村南地2009年发掘简报》，《考古》2012年第12期。
⑤ 中国社会科学院考古研究所安阳队：《1991年安阳后岗殷墓的发掘》，《考古》1993年第10期。
⑥ 中国社会科学院考古研究所安阳工作队：《河南安阳市殷墟范家庄东北地的两座商墓》，《考古》2009年第9期。
⑦ 中国社会科学院考古研究所安阳工作队：《1969～1977年殷墟西区墓葬发掘报告》，《考古学报》1979年第1期。

新安庄位于安阳西郊薛家庄西南，其地M162随葬弓形器一件，位置在棺盖上，垂直位置靠近墓主下腹处[1]。

黑河路M10为甲字形墓葬，年代为殷墟四期。墓道为南向东拐的"拐把墓"，在墓道东拐后的中段偏西有方形马坑一座，内有两马。墓室虽遭盗扰，仍发现弓形器一件，但具体位置不详[2]。

戚家庄M231随葬弓形器一件，按发掘者的描述，弓形器放置在"棺内墓主人身体右侧"。M269随葬弓形器一件，放置在棺椁之间的墓主头端右侧[3]。

1982~1992年间发掘的郭家庄商代墓地，除了M1与M160外，车马器在墓内的摆放位置均不详[4]。

郭家庄M1随葬的弓形器和策柄摆放位置在原报告中记载前后有矛盾，依报告平面图和M1的墓葬举例记载，两件器物皆在棺内墓主头右侧，但在器物描述记录中，又记载"处在墓主头南的二层台上"。若信后者，则与殷墟墓例有可参证者。但若随葬于棺内则十分特殊。

郭家庄M160随葬的弓形器与策柄摆放在棺椁之间的墓主脚端正中。

91郭家庄M26为殷墟二期偏晚的墓葬，该墓殉2人，随葬弓形器1件，摆放于棺椁之间的墓主足端[5]。

文源绿岛、赛格金地与物华公寓地近过去所说的郭家庄南地，应该与郭家庄附近的商代墓葬同属一个片区[6]。

文源绿岛M5随葬弓形器1件，置于椁内，与棺的相对位置不详，但相对方向靠近墓主身右侧中部。

文源绿岛M15随葬弓形器1件，置于棺椁之间，靠近墓主头端西侧。

赛格金地M13随葬弓形器1件，置于棺椁之间，靠近墓主脚端。

榕树湾地点在郭家庄和京广铁路以东，郭家湾村以南，2007年发掘的M1随葬弓形

---

[1] 中国社会科学院考古研究所安阳工作队：《河南安阳市殷墟新安庄西地2007年商代遗存发掘简报》，《考古》2016年第2期。

[2] 唐际根：《殷墟墓葬视角下的商代晚期社会组织》，英国伦敦大学（UCL）博士学位论文，2004年。

[3] 安阳市文物考古研究所：《安阳殷墟——戚家庄东商代墓地发掘报告》，中州古籍出版社，2015年。

[4] 中国社会科学院考古研究所：《安阳殷墟郭家庄商代墓葬——1982年~1992年考古发掘报告》，中国大百科全书出版社，1998年。

[5] 中国社会科学院考古研究所安阳工作队：《河南安阳市郭家庄东南26号墓》，《考古》1998年第10期。

[6] 安阳市文物考古研究所：《安阳殷墟徐家桥郭家庄商代墓葬——2004~2008年殷墟考古报告》，科学出版社，2011年。

器1件，置于棺椁之间的墓主头端。

83刘家庄M9为合葬墓，椁室内并置两棺。墓主脚端椁盖上殉1人，墓内随葬弓形器1件，摆放在北侧棺墓主脚端的棺椁之间①。

刘家庄M1046随葬弓形器1件，放置在墓主脚端的棺椁之间②。

相较于弓形器在墓内的随葬，其他种类的车马器在殷墟时期的墓葬中，随葬墓例不多，且不随葬弓形器，只随葬其他种类车马器的墓葬墓例更少，目前已经发表材料中仅有25例（表五），这些墓葬的年代大部分偏晚，集中在殷墟三期以后。

武官村M260为带墓道的甲字形墓葬，墓葬位于M1440南侧，司母戊鼎即传出此墓。墓葬内殉人较多，由于盗扰严重，所发现的可能属于车马器的铜泡皆出自墓葬盗坑的扰土中，原始位置不详③。

2002~2004年大司空的发掘中有三座墓葬随葬有非弓形器的车马器④。其中，M31二层台有殉人1，二层台与腰坑各有一只殉狗。墓内随葬铜泡17枚，另有铜镞、铜戈残片和卜骨、蚌泡等器物。由于未见详细的墓葬信息，随葬位置不明。按骨骼鉴定结论⑤，该墓墓主为一少年，性别不详。

大司空M18随葬的U形钉齿器、铜泡置于棺椁之间的"棺台"上，相对空间位置在墓主头右侧。

大司空M374随葬铜策、骨管各一，皆置于棺椁之间的脚端。

洹河以南，随葬车马器的墓葬集中在小屯及其周围地区。

71后岗M11，该墓殉有一人，年代不详，墓葬随葬有"当卢"，因未见图像，未敢确定⑥。

91后岗M12为中字形大墓，盗扰严重。发掘者以之为殷墟二期墓葬，从墓内残存的残骨看，年代当与发掘者的判断相近，但从墓葬中的铜鼎看，年代可能略晚。该墓出土扇形铜泡及各类铜泡60件，至少属于3匹马的络头。但随葬马器在墓中的位置不明。

---

① 安阳市文物工作队：《1983~1986年安阳刘家庄殷代墓葬发掘报告》，《华夏考古》1997年第2期。
② 中国社会科学院考古研究所安阳工作队：《安阳殷墟刘家庄北1046号墓》，《考古学集刊》（15），文物出版社，2004年。
③ 中国社会科学院考古研究所安阳队：《殷墟259、260号墓发掘报告》，《考古学报》1987年第1期。
④ 中国社会科学院考古研究所：《安阳大司空——2004年发掘报告》，文物出版社，2014年。
⑤ 原海兵、王明辉、朱泓：《安阳大司空出土人骨鉴定报告》，《安阳大司空——2004年发掘报告》，文物出版社，2014年。
⑥ 中国科学院考古研究所安阳发掘队：《1971年安阳后岗发掘简报》，《考古》1972年第3期。

91后岗M33为殷墟三期墓葬，有一件马钉齿衔随葬于墓主头端左侧的棺内①。

西区墓葬中，有13座墓葬中随葬有各类车马器，以弓形器、马镳最为常见②。但由于西区墓地发表材料体例所限，大部分墓葬随葬的车马器形制、位置不详。仅有个别发表有墓葬平面图的墓葬可做进一步描述。

西区M692随葬策管1，放置于椁顶盖上。

西区墓地五座带墓道墓葬中有三座随葬有车马器或有车马殉葬。

M93墓室内随葬有铜镳和铜泡，集中放置在二层台东北角。但由于墓葬盗扰严重，在二层台东北角只有一套络辔还是在其他地点也有摆放，不得而知。

西区M1713为四期晚段墓葬，未遭盗扰③。一件"铜管"置于墓主头右侧的棺椁之间。从器形看，该器物与殷墟发现的轭首相近。

1982～1992年郭家庄发掘墓葬中，M172、M32、M220、M53、M179等几座墓葬随葬有非弓形器的车马器④。但由于发表材料的局限，仅有M172车马器的摆放位置比较明确。该墓随葬衡末饰和铜泡都在墓葬的二层台上，但并不集中于一处。

86郭庄村北M6为殷墟四期偏晚的墓葬。随葬马器两套，置于墓主头端一侧的椁顶东北角⑤。

地处郭家庄南地的物华公寓有两座墓葬M11、M17随葬有车马器⑥，根据所发表的墓葬照片，M17随葬的策管位置相对清楚，似在棺内墓主左上臂位置。M11随葬27件铜泡及铜扣，但具体摆放位置不详。

安钢120转炉项目基建考古中，在中字形大墓M13中曾发现马络一组⑦。

除了墓葬之外，殷墟遗址群部分居址中也有零星的车马器出土。2004大司空H424，出有一件铜箍，与大司空M303器形相近，用途可能是车上的栏饰。根据报告提供的登记表，发掘者认为该单位为殷墟二期晚段遗存。

---

① 中国社会科学院考古研究所安阳队：《1991年安阳后岗殷墓的发掘》，《考古》1993年第10期。

② 中国社会科学院考古研究所安阳工作队：《1969～1977年殷墟西区墓葬发掘报告》，《考古学报》1979年第1期。

③ 中国社会科学院考古研究所安阳工作队：《安阳殷墟西区一七一三号墓的发掘》，《考古》1986年第8期。

④ 中国社会科学院考古研究所：《安阳殷墟郭家庄商代墓葬——1982年～1992年考古发掘报告》，中国大百科全书出版社，1998年。

⑤ 安阳市文物工作队：《河南安阳郭庄村北发现一座殷墓》，《考古》1991年第10期。

⑥ 安阳市文物考古研究所：《安阳殷墟徐家桥郭家庄商代墓葬——2004～2008年殷墟考古报告》，科学出版社，2011年。

⑦ 安阳市文物考古研究所：《安阳殷墟徐家桥郭家庄商代墓葬——2004～2008年殷墟考古报告》，科学出版社，2011年。

除此以外，小屯西地出土有4件衡末饰，如GH211：5即是代表①。而北辛庄GNH1②：28出土有铜泡1件②。

从材料看，殷墟时期的墓内随葬的车马器亦有一定的埋藏规律可循：

第一，从随葬车马器的种类和组合来看。主要有两种随葬车马器的配组方式，一种是以弓形器为核心，常配以策管作为车马器的代表，有的会增加辔络；另一种则不随葬弓形饰，而以辔络为主。无论是哪种方式，可以看出，墓葬随葬的车马器，仍然是以马器为绝对多数。殷墟时期的墓葬中极少随葬车器，目前可确定的仅有随葬车軎的大司空M303、随葬轭首的西区M1713和随葬毂饰的西区M701。而M54与大司空M303的圆盘形器，假若与车体有关，则会多增加一个墓例。上述例证说明，殷墟墓葬随葬的车马器，以随葬控马、御马的马器为主，注重对马的实际控制，而不重车器，亦不重视装饰、礼仪性。需要特别指出的是，除较为特殊的C形马衔（钉齿器）之外，殷墟遗址群内的墓葬普遍不随葬金属马衔。

第二，从随葬车马器的年代来看。殷墟墓葬随葬车马器始见于殷墟二期。在二期时，最为常见的车马器随葬种类是"弓形器+策管（末）"，而到殷墟三期以后，随葬车马器的种类逐渐开始有所增益，器类逐渐丰富起来。到三期以后，"弓形器+策管（末）"的组合已经与络辔的随葬比例基本相当。可见，晚商时期殷墟地区的车马器随葬方式，是在逐渐丰富且变革的，由驭者贴身的控马、御马器逐渐扩展到贴于马身的控马器（镳、泡）（案：吴晓筠博士在邮件中提醒 这一现象很可能代表了殷墟时期车马作为新生事物甚至于"进口货"，贵族对于马匹本身特别的重视，以及对御马者技术的看重）。在整个殷墟时期，装饰性的马器和车器并不为殷墟时期的葬仪所重。

第三，从不同身份的人群随葬车马器的种类看。大墓外的陪葬墓、人殉坑或墓内的殉人，一般随葬仅有弓形器和策管，而不见其他车马器。有一定身份等级的墓主自己随葬的车马器，则不限于弓形器与策管。

第四，从随葬位置看。殷墟时期墓葬随葬车马器，主要摆放在椁（棺）盖板或棺椁之间，二层台、棺内和填土内随葬车马器，在殷墟较为少见（表六）。从时代发展看，年代逾晚，愈多墓例随葬车马器摆放在棺椁之间，这可能暗示我们，车马器是如何逐渐被等同于其他青铜容器一样，作为一种"财产"而成为随葬品的过程。纵向来看，殷墟四期时车马器的随葬位置与西周初年的周原和丰镐地区较为接近，而与成周的差别很大③。

---

① 中国社会科学院考古研究所：《殷墟发掘报告（1958～1961）》，文物出版社，1987年。
② 中国社会科学院考古研究所：《殷墟发掘报告（1958～1961）》，文物出版社，1987年。
③ 常怀颖：《周初"三都"的葬车及其相关问题》，《古代文明·第10卷》，上海古籍出版社，2016年。

表六　晚商时期殷墟遗址群墓葬随葬车马器摆放位置统计表

	二期	三期	四期
填土内	小屯M5		
二层台上		郭家庄M1？	西区M93、郭家庄M172
椁盖或棺盖上	80大司空M539、83大司空M663、花园庄M54、新安庄西地M162	王裕口南地M94	大司空M303、西区M166、西区M692（？）、86郭庄村北M6
棺椁间	91郭家庄M26、文源绿岛M5、M15	大司空M374、范家庄M4、郭家庄M160、赛格金地M13、物华公寓M17	大司空M303、M18、戚家庄M269、榕树湾M1、83刘家庄M9、刘家庄M1046、西区M1713
棺内		郭家庄M1（？）、91后岗M33	戚家庄M231

第五，从随葬车马器的墓葬等级看。抛开人殉随葬的弓形器以外，目前尚无法看出殷墟时期随葬车马器的墓葬存在明确的等级差异。从时代发展看，殷墟二期时，上至商王、商王后妃（M5）、高等级贵族（M54），下至墓口面积仅2平方米左右的下级贵族（北太平庄M2），都可以随葬车马器。到殷墟四期时，这种现象仍然存在。曾有学者认为随葬车马器的小墓墓主为贵族的驭手，但这种推测并无任何实证。从现象上看，可以说，殷墟遗址群的贵族墓葬中，在殷墟时期对于车马器随葬的墓主并没有太大的等级区分。

第六，从随葬车马器的墓主性别角度看。目前除小屯M5外，未见有女性墓葬随葬车马器。就性别差异看，殷墟时期在车马器是否随葬方面，男女贵族差异明显。

四

在吴晓筠等学者研究的基础上，综合考量晚商时期殷墟遗址群的车马埋葬，对比墓内殉车、车马坑、马祭、墓内殉马、墓内随葬车马器五个方面的信息，可在如下数个方面略作补议：

第一，虽有发现和保存的偶然因素在内，但殷墟地区的晚商墓葬墓内殉车一般是身份等级极高的人群，最初仅有商王可以拥有墓内殉车。时代越晚，身份等级虽有下降，但也至少是拥有一条墓道的高等级贵族。一方面，这一现象说明，车对于晚商时期的人群而言仍是十分珍贵的财富，晚商社会的生产力似乎尚不足以大规模生产马车，达到可以任意殉葬的程度。另一方面，这一现象也说明，车对于晚商葬仪中，并没有占据核心的位置，晚商贵族在丧葬中并不把是否葬车看做是最重要的礼仪与等级差异的标志物。

第二，从殉车的方式看，墓道殉车是晚商殷墟地区墓葬最为常见的方式，拆车葬在殷墟并不是主流，而多见于殷墟偏早时期。无论是墓内殉车还是车马坑殉车，拆车葬始终比例较低。即便存在拆车殉葬和拆车的车马坑，车轮往往并不参与埋藏。这些现象，与西周时期拆车较为流行，且车轮往往贴墓壁摆放的情况，差别明显。

第三，从车马坑的设置来看，殷墟地区的晚商墓葬是否可以有陪葬车马坑，可以有几辆车陪葬，似乎并无定数。陪葬车马坑与主墓的位置关系，时代越晚约靠近主墓南墓道的西南侧。除极个别车马坑外，一般一坑一车，车马基本都在原位，车马上的铜构件一般也不卸下，而都在原位。成组的车马坑，不同坑之间位置临近，布局严整。这些共性特征，与西周时期的车马坑类型多样，形成了鲜明的对比。

第四，从殉马看，除极个别例证（西区M216、M217）外，殷墟地区的晚商墓葬不使用墓内殉马。少数墓葬使用马左前肢殉葬，可能仅是奠牲，且似乎并非常用的奠牲。

第五，从马祭看，一般多用于商王陵区，其他地点仅有零散发现。说明晚商时期，以马为祭应该是受到限制的，并非随意可用。

第六，从墓葬随葬的车马器看。晚商时期殷墟地区一直存在"弓形器+策管（末）"与马络辔饰随葬两种车马器随葬传统，前者出现较早，后者出现较晚，但目

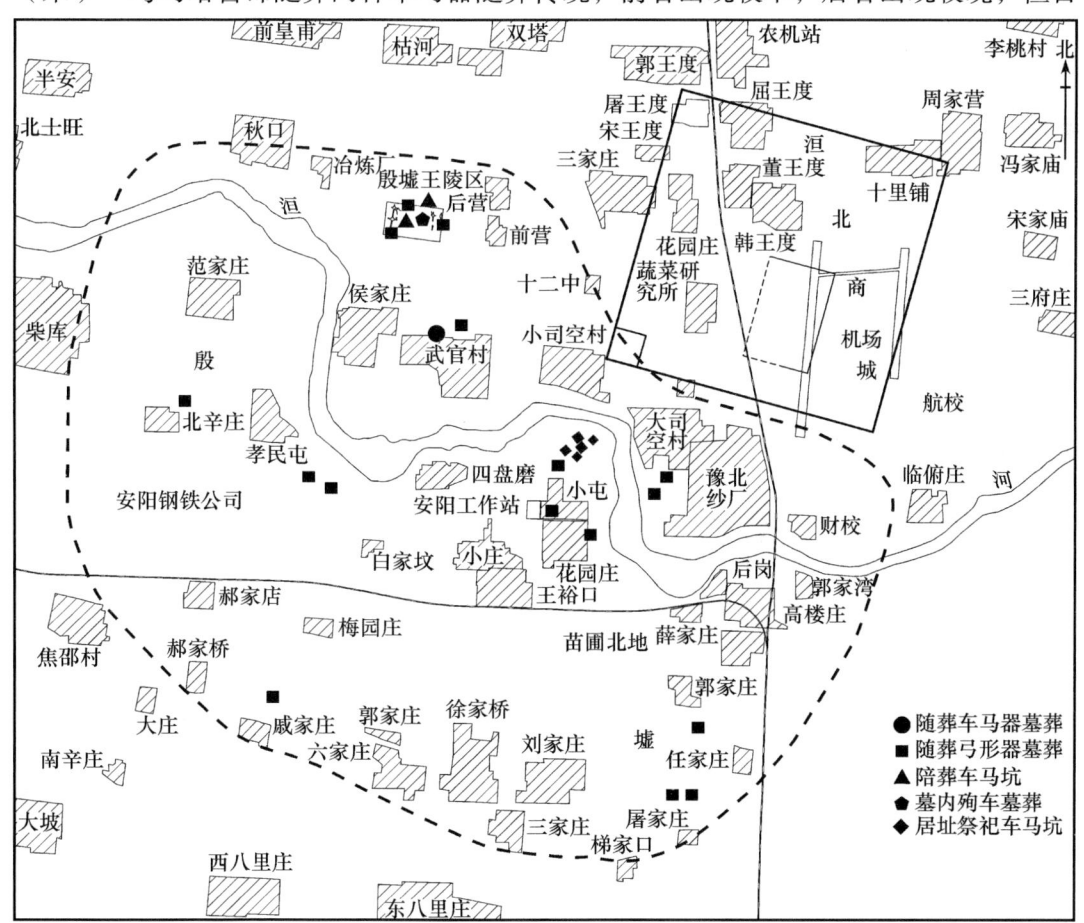

图一　殷墟遗址群殷墟二期车马埋葬空间分布示意图

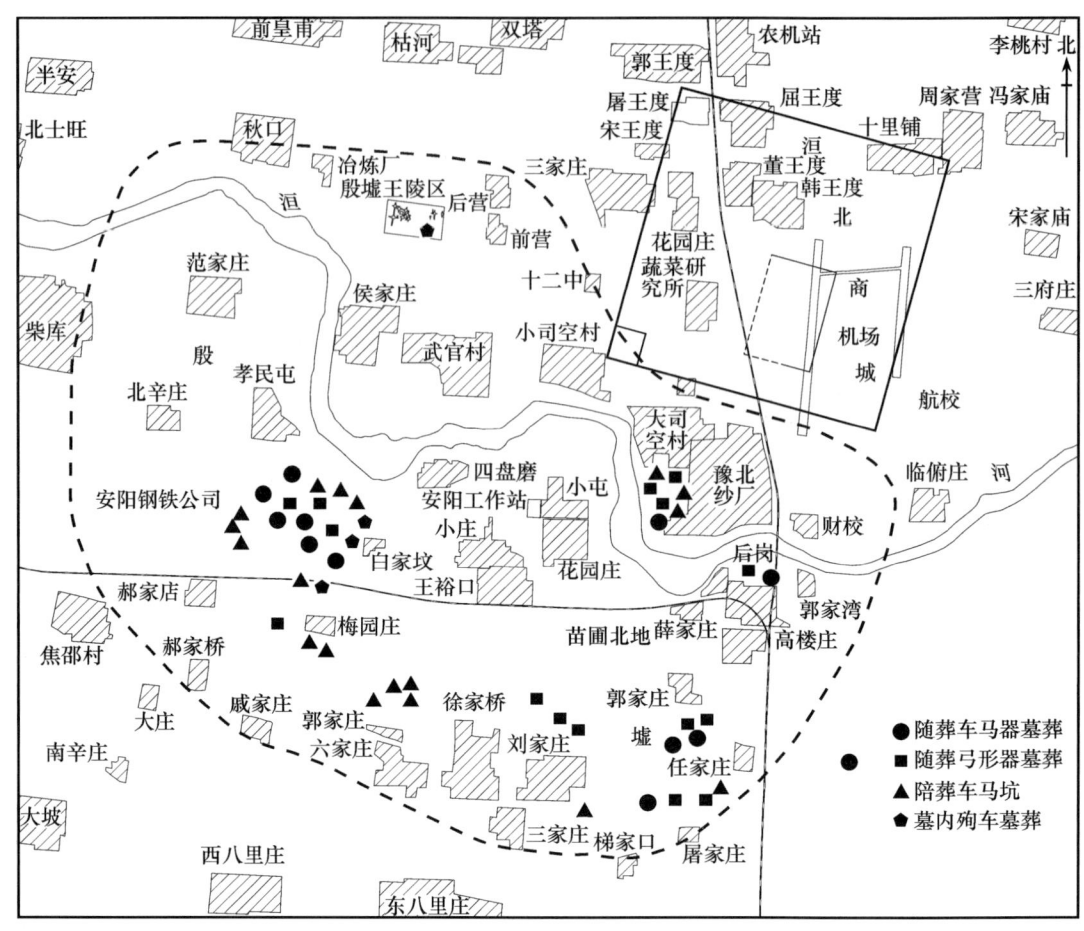

图二 殷墟遗址群殷墟四期车马埋葬空间分布示意图

前尚无法据之讨论两种传统背后的人群族属或等级差异。

第七，从墓葬随葬车马器的种类看，车器在殷墟地区的晚商墓葬中不被青睐。现有资料更支持这样的推测——晚商车马器埋葬更注重可以为人力可掌控的控马与御马器，因此，弓形器、策及镳、泡组成的络辔被选中加入到墓内随葬品的组合中。而非人力所能直接控制的车器，以及带有装饰、仪仗意义的车器，却基本不入茔穴。

第八，需要特别强调的是，在马器，尤其是马镳一般都保持在马匹原位的情况下，马衔在殷墟时期的车马坑与墓葬中都十分少见，这或许暗示我们，殷墟时期的马衔可能有很大一部分是有机质材料制成的。上述现象与西周时期的车马埋藏大相径庭。

第九，从性别角度观察。殷墟时期可以使用车马埋葬的人群，基本上都是男性。目前我们缺乏晚商后妃及高等级贵族女性的墓葬材料，仅就目前已有线索来看，晚商女性贵族，可能大部分都无法享受车马葬仪。

另外，需要特别指出两点：

第一，从晚商时期殷墟遗址群中发现的车马埋葬的空间分布看，在殷墟遗址群晚商居址与墓葬杂错的情况下，墓外陪葬车马坑、墓葬殉车、墓内随葬车马器基本上以小屯宗庙区为中心，以半同心圆式向西-南方向大体分为两圈。内圈以临近小屯的西区、花园庄、后岗一线为主；外圈则以西区外围至梅园庄、刘家庄、郭家庄、郭家湾一线为主（图一、图二）。从车马埋葬的等级看，似乎内圈略高。这种分布态势似乎暗示，在殷墟遗址群的空间分布上，越靠近小屯宗庙区的葬者身份越高。在殷墟二期时，这种内外圈的分布结构显示较为明显，而到殷墟四期，这种空间分布结构似乎不那样明显。这似乎又暗示了殷墟晚期社会结构的变革，贵族间的等级区分有所扩展。

第二，从晚商时期殷墟遗址群所发现的墓葬外随葬车马坑看，车马坑一般在带墓道大墓的西南侧，年代偏早者距离越远。这个规律倘若成立，似乎可以成为大型带墓道墓葬寻找车马坑，车马坑寻找其主墓的线索。既往殷墟或有较多带墓道墓葬在其周临未发现陪葬车马坑，或有一些车马坑在其周临未发现其所属墓葬，若将钻探范围扩大至相应方向的30～50米距离，或许可以对殷墟的墓地制度研究提供一些助益。甚至若大胆假设，将带墓道墓葬陪葬车马坑规律放大，在侯家庄王陵区的西南方向，是否存在一个王陵区共用的车马埋葬区域，或许亦需有所关注。

附记：本研究得到了商周田野工作坊诸友的审阅和修改。写作过程中得到了刘绪师的指点与吴晓筠博士的启发和校改。于此并致以谢忱！

三星堆凸目尖耳铜面像考

孙 华

(北京大学中国考古学研究中心)

四川广汉市三星堆遗址二号器物坑出土了三件凸目尖耳的巨大人形铜面像[①]。这些铜面像体量很大,如果单以头部与全身的比例来说,它们应该是三星堆铜像群中体量最大的铜像,它们在三星堆铜像群中无疑居于非常重要的地位。这三件凸目尖耳铜面像造型作巨眼阔嘴尖耳,瞳孔呈柱状凸起,嘴宽阔而上翘,两耳既大且尖,向两侧横向伸出,这也不同于其他铜人面像和铜人头像,具有某种非人的特性。大概正由于这样一些原因,原报告称之为铜"兽面具",以区别于其他铜人面具[②]。这三件凸目尖耳铜像出土后不久,笔者曾经基于三星堆二号器物坑清理简报的信息,根据这些铜像奇特的眼睛形态和所在地域的历史背景,推想它或它们是先秦文献记载的北方大神烛龙(烛阴),其全貌是人首蛇身或龙身[③]。《三星堆祭祀坑》的报告出版以后,根据报告提供的更全面的信息,笔者修正了自己先前的观点,将这三具凸目尖耳铜面像复原为三具人首鸟身的神像,并推测它们分别是三星堆古国的至上神和祖先神。笔者先前的这些关于三星堆凸目尖耳铜面像的论述或以札记性质的短文出现,或在概述三星堆文化的专书中论及,没有对相关材料做过全面的联系和整体的论述。这三具凸目尖耳铜面像原先完整的面貌究竟如何?三件面具的数量及其一大两小的组合是否具有意义?这三具神像在当时的祭祀礼仪场合中该如何摆放?它们与其他铜像和器物有何关联?这三具神像相当于古蜀国神话传说的什么神?凡此等等,都需要我们再进行全面的考察和论述。

[①] 四川省文物管理委员会等:《广汉三星堆遗址二号祭祀坑发掘简报》,《文物》1989年第5期,1~20页,彩色插页贰:1,图一三。

[②] 四川省文物考古研究所:《三星堆祭祀坑》,文物出版社,1999年,190、195页,图一〇八~图一一〇,图版七〇、彩版图五七~图五八。以下只称书名《三星堆祭祀坑》,然后标注页码和图号。

[③] 孙华:《凸睛铜面像——蜀人的尊神烛龙和蚕丛》,《中国文物报》1992年5月24日。

一、凸目尖耳铜面像全形复原

三星堆的这三具凸目尖耳铜面像,其形态为平面呈凹字形,正视为上下较宽、中央略收的长方形,头上端齐额整齐横切,下为宽阔的方颐。阔眉巨眼,瞳孔呈椭方形柱状,伸出于眼眶之外。鼻子又高又宽且略勾,嘴扁而宽,嘴角上翘,给人以神秘的笑意。两耳既大且尖,如铜戈一般向两侧横向伸出。在面像的前额及两侧的上下,共有五个长方形穿孔,可以用竹木质的榫钉将其固定在木雕像设的脸部。这三件凸目尖耳铜神面像,其基本形态相同,但却有体量大小、整体形态和细部做法方面的差异,根据这些差异可以将其划分为两类:

第一类(原报告的B型"兽面具",K2②:148):仅一件。该类铜神面体量较大,高66、宽138厘米,比第二类大许多。脸型也比较长,呈亚腰形,上下大小大致相等。眉毛外侧上挑,眼睛显得较平,瞳孔与眼眶和头部的比例较小,两耳上昂且耳垂部有棘刺。此外,该铜面像额头还凿有方孔一个,原报告推测原来安装有类似第二类铜面具的卷云状铜饰件,这是有可能的[①](图一,2)。

第二类(原报告的A型"兽面具",K2②:142、144):共两件。该类铜神面体量稍小,高31.5~31.7、宽77.4~78厘米,仅及第一类之半。脸型较短,上宽下窄。眉毛外侧下弧,眼睛内低外高,瞳孔与眼眶和头部比例显得较大,两耳较平且耳垂较短。鼻梁上铸接有高高的卷云状铜饰件[②](图一,1、3)。

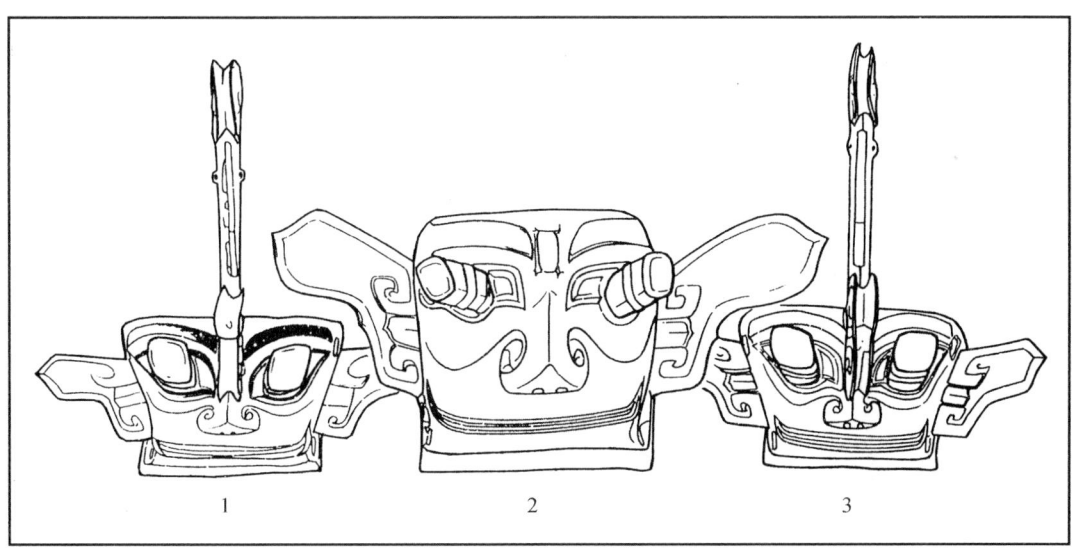

图一 三星堆凸目尖耳铜面像

---

① 《三星堆祭祀坑》,197页图一一〇,图版七一:1,彩图58。
② 《三星堆祭祀坑》,197页图一〇八、一〇九,图版七〇:1~3,彩图57。

以上两类铜面像，其凸目尖耳的相同点是主要的，眼耳的细部差异是次要的，这种同一性表明，这两类铜面表现的对象应该同属一类，与普通人像不同。这种不同表现在两个方面：一是它们双眼巨大的瞳仁均从眼球中凸起伸出，好似两根短柱立在眼眶之中；二是它们的双耳向外长长地伸出，两端锐收成尖耳，耳垂也没有其他铜人像均有的穿戴耳环的圆孔。此外，在这三具人形铜面像中的两具，其鼻梁上还插有卷云状铜饰件，犹如一缕从鼻孔中喷出的云气，使得这些人形铜面像更带上了几分神秘的色彩。仅凭这几方面的特征，我们就可以断定，这三具凸目尖耳的人面形铜像表现的不是真实的人，而是具有人形头面的轮廓和不同于人形头面细部的超现实的神。

关于三星堆凸目尖耳铜面像是神还是人的问题，我们可以通过这三具凸目尖耳铜面像与三星堆器物坑中大量铜人像异同的比较来推断。三星堆器物坑那些人形铜像，除了发式和头饰有差别外，其面目都基本一致——除了眉宽眼大，颧骨高耸，大嘴紧闭外，他们的眼睛只有一道横棱线，而不表现瞳孔；双耳也不尖耸，耳垂都带穿孔可以悬挂耳饰。这些人形铜像有各种形态，既有体态高大的大铜立人像，以及与真人头部大小相当的各种发式和冠式的铜头像，也有体态不大的顶尊跪坐铜人像、跪坐小铜人像等。从跪在青铜神树下和尊形神坛周围的人像与他们所崇拜神物的关系来看，他们都是侍奉神的人而不是受人侍奉的神。这些铜人的头部形态也均与真实人的头部无异，所不同的只有将头部拉长、将眼睛和嘴巴放大的夸张。尤其值得注意的是，与凸目尖耳铜面像一起出土的多达20件的"铜人面像"（其中完整者14件），这些铜人面像横截面也都作"凹"字形，原先也应当固定在木质的身躯上。这些铜人面像的体量有的也很大，最大的一件完整的人面具高40.3、宽60.5厘米[①]，如果不比较耳朵的话（凸目尖耳铜像耳朵横向伸出，铜人面像耳朵紧贴脸的两侧，故总宽度前者宽而后者窄），最大的那件铜人面像尽管小于最大的凸目尖耳铜像，却与那两件稍小点的凸目尖耳铜像大小相差不多。不过，除了一两件大型的铜人面像外，绝大多数铜人面像体量都较小，原报告数量最多的12件C型铜人面像，其高度在25~27厘米；而6件D型铜人面像，其高度只有12~15.6厘米。可以看出，铜人面像的大小是有等差的，只有极少最大尺度的接近于凸目尖耳铜面像，少数尺度很小的尺度已经基本接近或等同于铜人头像，最多的是介于凸目尖耳铜面像与铜人头像之间。换句话说，凸目尖耳铜像在体量上总体上也还是大于铜人面像，更大于众多的铜人头像。

当然，凸目尖耳铜像与铜人面像和铜人头像最大的不同，还是眼睛有伸出的瞳仁，耳朵呈向外伸出的尖耳。在众多的三星堆器物坑铜人面像和人头像中，只有这三

---

① 三星堆二号坑还有一件更大的铜人面像，这就是原报告分类为A型的那件残铜人面像，从《三星堆祭祀坑》189页图一〇三：2来看，其残留的耳朵和下颌，比最大的那件完整的B型铜面具宽大一倍以上，应是该坑最大的铜人面像。

件体量很大的铜面像具有此类特征，因此，应该可以推断：这三件具有真实的人所没有的眼睛和耳朵特征（且耳垂没有其他铜人面像和铜人头像的穿孔）的凸目尖耳铜面像是超越现实真人的神；那些眼睛和耳朵与真实人相同的铜人面像，则应当都是现实的人。

在中国先秦时代，神像突出表现其眼睛，是具有普遍性的原始崇拜的一个特点之一。辽宁建平、凌源县间的牛河梁"女神庙"出土的红山文化"女神"的彩绘泥塑头像，其双眼用绿松石镶嵌，显得格外突出[①]。商周时期单独的铜神像如江西新干县大洋洲大墓出土双面铜神像（XDM∶67）等，他们的形态都有圆眼凸出、双耳尖刺的特点，其眼球中的圆孔还有可能插入其他材料的瞳仁（尤其是大洋洲铜神像）[②]。在陕西西安市老牛坡、岐山县贺家村、北京房山区琉璃河等墓葬中出土的人面形铜像，这些固定在盾牌之上用来恐吓敌人的神像，其眼睛也都作双目圆睁且凸出的形态，与普通人物面部的造型不同[③]。这种以凸出双眼来表现神性的办法，还见于古代文献对一些具有神性人物的描述中，如远古五帝传说中的虞舜，因其眼睛有"重瞳子"，所以名为重华[④]，其形象被汉代的人描绘为"有人方面，日衡重华"或"龙颜、重瞳、大口"[⑤]。舜为"重瞳"，其眼睛究竟是一种什么形状，研究者可以有不同的解释，但他的眼睛肯定与众不同，所以才会被视为某种灵异。此外，凸目的形象在中国传统傩戏神面具中也还可以见到。由此可见，三星堆这三具眼睛特别的人形铜面像是神而不是人，应当是可以肯定的。我们可以将这三件巨大的铜面像称之为凸目尖耳铜神面像。

在三星堆社会的神像创作中，动物、普通人与神头部形象的区分，除了耳朵的形态外，很可能就是在眼睛瞳孔上。动物的眼睛形态多样：有只用单圆或同心圆来表示的，这类动物种类有鸟、兽、鱼，如金杖（K1∶1）上的鸟和鱼的眼睛，铜公鸡（K2③∶107）、带冠鸟（K2③∶193-1）等鸟的眼睛，双尾怪兽（K2③∶193-10）等

---

① 辽宁省文物考古研究所：《辽宁牛河梁红山文化"女神庙"与积石冢群发掘简报》，《文物》1986年第8期，1~17页，彩版壹。

② 江西省文物考古研究所、江西省博物馆、新干县博物馆：《新干大洋洲商墓》，文物出版社，1997年，131页，图六八，彩版三七、图版四八。

③ 陕西省博物馆等：《陕西岐山贺家村西周墓葬》，《考古》1976年第1期，图版叁：2。西北大学历史系考古专业：《西安老牛坡商代墓地的发掘》图二一：1，《文物》1988年第6期。中国社会科学院考古研究所等琉璃河考古队：《北京琉璃河1193号墓发掘简报》图九：1，《考古》1990年第1期。

④ 《史记·五帝本纪》："虞舜者，名曰重华。"《正义》："目重瞳子，故曰重华。"

⑤ （唐）欧阳询：《艺文类聚》卷十一帝王部一引《洛书·灵准听》和《孝经·援神契》，上海古籍出版社，1982年。

兽的眼睛；有带单眼角的眼睛，这类几乎都是鸟类，如鸟形铜铃（K2②：103-8）、大铜鹰首（K2②：141）、大铜树上立鸟（K2②：194-1）等。不过，三星堆器物坑中动物带双眼角的还是最多，其中有双眼角均下勾的，这仅有铜"神坛"下带翼神兽（K2③：296）；有两侧眼角一下勾一上扬的，这主要是龙蛇类动物，如铜挂蛇（K2②：11、③：70）、铜龙形饰（K2③：145、193-15、203）等。普通人的眼睛往往不表现瞳孔（个别用黑色绘出瞳孔），缺乏神性的动物则是分别根据鸟类还是兽类绘出具有一定差别的眼睛，而神像的瞳孔则往往凸出于眼睛表面，眼眶一侧或两侧还有眼角。

关于三星堆这些凸目尖耳铜神面像的具有完整身躯的全貌，根据其脸面的额部中央、两侧和两颊有穿孔的情况分析，这种神像的全形原先应该是木材雕刻的，这些木雕身躯经过火烧已经荡然无存（只剩一些木炭），我们现在已经不能从这三件铜神面像本身的残余恢复它们的原貌。不过，在三星堆二号器物坑中还出土了三例具有类似头面的小型铜神像，给我们复原这三件神像提供了线索。

第一例是在那座由下层的怪兽、中层的巫师和上层的尊形器组成的"神坛"（K2③：296）上，更确切地说是在尊形器肩部的中央，有一个人首鸟身的神像，该神像的脸面也是尖耳阔嘴，浓眉大眼，瞳孔外凸，与同坑的三具凸目尖耳大铜神面像非常相似，但其颈部以下却是展翅欲飞的鸟的形象①（图二，2）。

第二例是在一株被称作"小型铜神树"（K2③：272）的树梢的花蕾上，各栖息着一只人首鸟身的神，神像的头部与前述尊形"神坛"上的人首鸟身铜像和三具凸目尖耳大铜面像都非常近似②。尤其值得注意的是，这株小型铜树的树梢原为三根，其中一根已经残缺，按照现存两根树梢各栖一鸟的情形分析，原先应当有三个人首鸟身铜像；这正与凸目尖耳大铜神面像的数目相同（图二，1）。

第三例是在前面多次提到的尊形"神坛"（K2③：296）中层的四个人像，这些人像头上戴着山字形周檐的帽子，帽子前端伸出长脖子的人头像装饰，人头像的特征是凸目尖耳，与我们正在讨论的凸目尖耳大铜面像相似；而这些人的双足却穿着鸟爪形联鞋裤，他们装扮的正是鸟的形状（图二，3）。

根据这些例证，我们就可以肯定地说，三星堆二号器物坑的这三具凸目尖耳大铜面像，其完整的全貌应当是人首鸟身像，这些鸟的身体连同人的头部原先可能都是木质的，只有脸面采用当时珍贵的青铜来制作，这就如同三星堆器物坑中一些青铜人头像采用黄金作为脸面的做法一样。

---

① 《三星堆祭祀坑》，233页，图一二九。
② 《三星堆祭祀坑》，226页，图一二五，图版八四：1。

图二　凸目尖耳铜面像全身形象的证据
1. K2③∶272　2、3. K2③∶296

二、与凸目尖耳像同类的铜面像

在三星堆器物坑中，与上述三具凸目尖耳大铜神面像相似的铜神面像还有多件，只是由于这些铜神面像比较扁平，原先不是作为立体雕像的铜面出现，有些特征不如凸目尖耳大铜神面像那么显著，我们没有注意罢了。这些类似的凸目尖耳铜神面像，就是三星堆二号坑中出土的所谓铜"兽面"像。

铜"兽面"是《三星堆祭祀坑》报告对一种凸目尖耳铜面像的称呼。在三星堆二号器物坑中，这种铜"兽面"共有九件。都是青铜铸造的薄铜版，造型作人兽合一特征头部脸面的正视，额上有三叉形额饰，两侧有外下卷的角状饰，其外有更大的内上卷角状饰；眼睛大而且凸出，龇牙咧嘴，大嘴上翘而嘴角下勾，带有一种奇怪的笑意。这些"兽面"都有上下对称的四个圆孔，原先应该可以用钉子或绳子将其固定在某个垂直的壁面上。九件"兽面"大同小异，原报告按照细部形态的差别将这九件铜面像分为三类：

第一类（原报告的A型）：三件，K2③：228、221、217。两外侧大角状饰是眉毛的延伸，眼睛为圆角方形且两侧有小小的眼角，两耳为下勾的尖耳且无挂耳环的穿孔，鼻梁下有鼻头[①]（图三，1）。

第二类（原报告的B型）：三件，K2③：231、227、230。体量略小，所有特征与第一类同，唯一的形态差别是，最下面有一对内眼角下勾、外眼角上扬且分叉的大眼睛承托着"兽面"[②]（图三，2）。

第三类（原报告的C型）：三件，K2③：98、229、231-1。这类铜"兽面"脸型较扁，没有眉毛和耳朵，眼睛是大长眼，内眼角下勾且外转，外眼角向外向上扬起，与外侧的角状饰结为一体。此外，"兽面"鼻梁线直抵嘴巴，没有鼻头[③]（图三，3）。

上述三类"兽面"，其整体造型、构成要素和体量大小、都大同小异：

首先从整体造型来看。三类"兽面"相同点都是额中间有叉形立饰，旁有对称角状物或立羽，怒目圆睁，大嘴紧咬，下为方颐之形。不同点是前两类有尖耳、眉毛和鼻头，第三类则无尖耳、眉毛和鼻头；第一、三类头面下无相对的眼睛，第二类却有眼睛承托脸面。正由于其整体形态形同，所以原报告才将其归入同一类，称铜"兽面"。

其次从构成要素来看。三类"兽面"的相同点都是头上中央立有三叉戟状额饰，

[①] 《三星堆祭祀坑》，195～202页，图一一一，图版七一：1、2，图版七二：1。

[②] 《三星堆祭祀坑》，201～204页，图一一二，图版七二：2、3，图版七三：1。原报告文字说明称"兽面"下的一对眼睛为"夔龙"，恐怕未妥。

[③] 《三星堆祭祀坑》，201～205页，图一一三，图版七三：2、3，图版七四：1。

图三　三星堆三种铜兽面
1. K2③:228　2. K2③:231　3. K2③:98

额饰两旁有向外下卷的双角或立羽，角羽两旁有向上内卷的长眉或长眼角；眼睛的瞳孔都特别大且凸起，嘴也都是嘴角下垂、牙齿外露、既大且扁的大嘴巴。所不同的是：第一、二类"兽面"的眼睛均为弧角方形瞳孔，不表现两侧的眼白；都有两端上翘的眉毛和与额饰直通的鼻梁，都有两侧向下勾的尖耳朵；第三类眼睛的瞳孔两侧则有向下外勾的内眼角和向上翘的外眼角，没有眉毛和鼻梁，两侧也没有尖耳朵。三类"兽面"尽管都有相同的三叉形额饰，但第三类却相对宽一些。

最后从体量大小来看。三类"兽面"的大小都在一尺宽左右，除了第一类的三件彼此差异稍大外（宽度分别为39、35、30厘米），第二类的3件分别宽23.4、26.4、26.9厘米，第三类的3件分别宽27.8、28、28.2厘米。同类之间尺寸彼此相差最大者接近10厘米（第一类），不同类之间尺寸相差最大的也只有9厘米（第一、二类间）。三类"兽面"体量相差不大。

这大同小异的三类九件"兽面"，我们首先会注意到，这些"兽面"与真实的人面确有些不同，但却与三星堆二号器物坑内出土的三件凸目尖耳铜像类似。这种类似表现在以下两个方面：

首先，这些"兽面"都有引人瞩目的大眼睛，尽管受制于平铜板的形制，这些铜面像凸出的五官也不能凸出于板面，但这些铜"兽面"的眼睛与三星堆器物坑大量存在的铜人像的眼睛肯定是不一样的。铜人像眼睛的球面都有一道横向的凸棱，而这些"兽面"像的眼睛或瞳孔作圆角方形而无眼白，或瞳孔显然大于下眼眶且外眼角比整个脸面还长（那种有长长的眼睛、外眼角向外极度延展、与两角一体化的第三类铜"兽面"，其瞳孔除了凸出于眼眶外，瞳孔形状也与第一、二类铜兽面的瞳孔相同）。圆角方眼实际上应该就是凸起的瞳孔，这类象征瞳孔的铜"眼泡"在三星堆二号坑中出土了很多，都是一端封闭而另一端开敞的圆角立方体或圆柱体①。这种立体的铜"眼泡"可以证明，具有类似眼睛瞳孔的铜"兽面"像与凸目尖耳大铜面像应该是一类，其眼睛瞳孔都是凸起的。看来，这种有着巨大凸出眼睛的神像，其主要特征是其凸出于眼眶之外的瞳孔，至于眼睛的大小长短却并不特别要紧。

其次，这三类铜"兽面"像有两类都有钩状尖耳，且耳垂上无挂耳饰的穿孔，这与三星堆二号坑的凸目尖耳铜面像的耳朵形态大同小异，也与同坑所出"小铜神树"上的人首鸟身像（K2③：272）②、"铜神坛"第二层鸟装铜人像帽檐上的神头像和第三层上的人首鸟身像的耳朵相似（K2③：296）③。不难看出，这些所谓"兽面"像，实际上应该与这些铜神像一样，是凸目尖耳、人首鸟身的形象，而非所谓兽类的形象，将这些铜神面称之为铜"兽面"并不妥当。至于第三类铜"兽面"没有做出耳朵，这有两种可能：一种可能是这类铜兽面脸型较另两类窄，故没有做出耳朵或采用描画的方式在铜"兽面"两侧绘出耳朵；另一种可能则是，没有耳朵的第三类铜"兽面"与前两类铜"兽面"所表现的对象有所不同，这类"兽面"表现的动物原本就没有耳朵。

仔细观察第三类铜"兽面"，不难发现，它与三星堆二号器物坑内的两条铜蛇（K2②：11、③：87）的头部展开的平面图非常相似④——铜蛇头的额部有目形饰，两侧有相对的立羽（双角），眼睛的内眼角下勾，外眼角长且上扬，与两侧的内卷角连为一体，两角的外缘线又与蛇头的下颚线相重合⑤。类似这两条铜蛇的小型龙蛇饰件在三星堆二号器物坑中还有不少，如K2③：145"龙形铜饰件"，这是龙蛇类动物头部的侧视，其耳朵也是尖耳朵，眼睛长长的外上端上扬成角，如果将其表现为正面的形象，与第三类铜"兽面"就非常相似⑥（图四）。其他如K2③：203、193-15"龙形铜饰件"，其外眼角较短而内眼角长，内眼角与上卷的长鼻子连为一体⑦。据此可以推测，第三类铜"兽面"有可能就是表现形象为龙蛇的神像头面。

不过，从三星堆器物坑的铜龙形象来看，三星堆人对龙蛇眼睛形态的表现并不是一成不变的。三星堆二号器物坑出土的著名的"I号大型铜神树"（K2②：94），挂在树枝上的那条大铜龙，其眼睛就作椭方形，还有尖尖的耳朵，与第一、二类铜"兽

---

① 《三星堆祭祀坑》，207~217页，图一一六~一一九，图版七七~八〇。
② 《三星堆祭祀坑》，226页，图一二五。
③ 《三星堆祭祀坑》，233页，图一二九。
④ 曾布川宽教授已经注意到C型即第三类铜兽面眼睛与铜蛇眼睛的相似性，参看〔日〕曾布川宽：《三星堆祭祀坑铜兽面与良渚玉器神人兽面纹》，《泉屋博古馆纪要》（第二十八卷），2013年。
⑤ 《三星堆祭祀坑》，325~330页，图一七八、图版一二三。
⑥ 《三星堆祭祀坑》，328页，图一八二：2。
⑦ 《三星堆祭祀坑》，328页，图一八二：1、3。

图四　三星堆铜蛇与铜"兽面饰"眼睛的比较
1. 铜蛇（K2②：11）　2. 铜凸目尖耳神面饰（K2③：229）

面"的眼睛相同①（图一〇，3）。这个例子一方面说明，人首鸟身之神和龙蛇之类，尽管其眼睛各有自己的特点，但这种区分可能并不十分严格。具有神性的龙，其眼睛也会做成人首鸟身之神的模样。这个例子从另一个侧面表明，凸目尖耳的形象或许不仅仅是人首鸟身的神像，可能也有人首龙身或蛇身的神像存在。

三、凸目尖耳神像的配置方式

三星堆凸目尖耳大铜神面，《三星堆祭祀坑》的墨线图将两类三件铜神面按照不同的比例排列在一页纸上，读者容易忽略它们之间的大小差异和组合关系。实际上，这一大二小三件铜像，最合理的排列方式是那件最大且造型较独特的铜神像居中，另两件较小且造型相同的铜神像分居两侧，这就组成了一主两从的像设布局（图五）。这种布局中间的主要神像显得突出，两侧次要神像显得对称均衡，符合人们的审美习惯。三星堆文化的后继文化十二桥文化，有使用"列罍"作为核心礼器的做法，其配置往往以五罍为常数，其中一件大罍可能居中，另外两对小些的铜罍两两配置在两侧，其排列方式与我们推测的三星堆凸目尖耳、人首鸟身的神像布局类似②。

这种三尊像的配置方式，在三星堆二号器物坑内不仅一例。前面提到的作"小型

---

①　《三星堆祭祀坑》，218页，图一二〇、图版八一。
②　关于先秦四川铜器的列罍问题，最早注意的是冯汉骥先生，他在讨论彭县竹瓦街："列罍在川西出土已非第一次。在抗日战争期中，曾出土过一套，亦为一大四小，成都之古玩家至今犹能忆之：惜当时即遭散失，今下落不明，出土地及情况亦不详。"（冯汉骥：《四川彭县出土的铜器》，《文物》1980年第12期）。

图五　三星堆主要神祇的组合示意

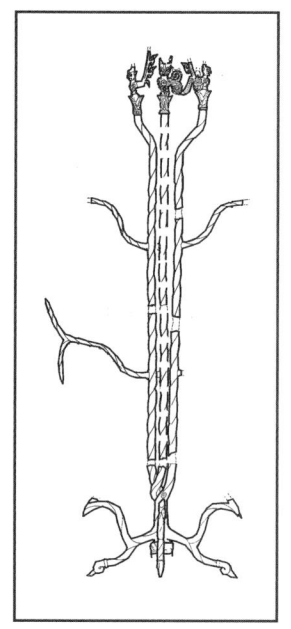

图六　三星堆铜树顶端的
人首鸟身的三神
（K2③：272）

铜神树"构件（K2③：272），原有三根麻花状直立的树枝，其中一根树枝已残，复原的两根树枝的顶端，各栖一位人首鸟身、尖耳凸目的神像，原先完整的三根树枝顶端肯定应为三尊神像[①]（图六）。这正与凸目尖耳、人首鸟身的大神像的数目相同。

凸目尖耳、人首鸟身的神像是三件一组，二号坑出土的那九件凸目尖耳神面铜饰，也可以分为三组，三件一组。这种三件一组的凸目尖耳神面铜饰，至少有两种可能的组合方式：一种组合方式为三类不同的铜饰各为一组，其中一组较特殊的铜饰居中；一种组合方式是每组铜饰均包括了三类铜饰中的一件，每组的三件铜饰均不相同（图七）。无论哪种组合方式，凸目尖耳神面铜饰有三类三组，这也从一个侧面说明了三件一组的神像，是三星堆文化铜神像的基本组合。

凸目尖耳、人首鸟身的神像三件一组，那些造型与之有近似之处的人面铜像，它们似乎也是以三的倍数呈现。这些人面铜像，除了两件体量最大的（原报告的A、B类人面铜像[②]）各自独立外，其余两类18件人面铜像，其数量也呈三

---

① 《三星堆祭祀坑》，226页，图一二五，图版八四：1。
② 《三星堆祭祀坑》，188～189、551页，图一〇三：1、2，图版六六：1、2，彩图51。

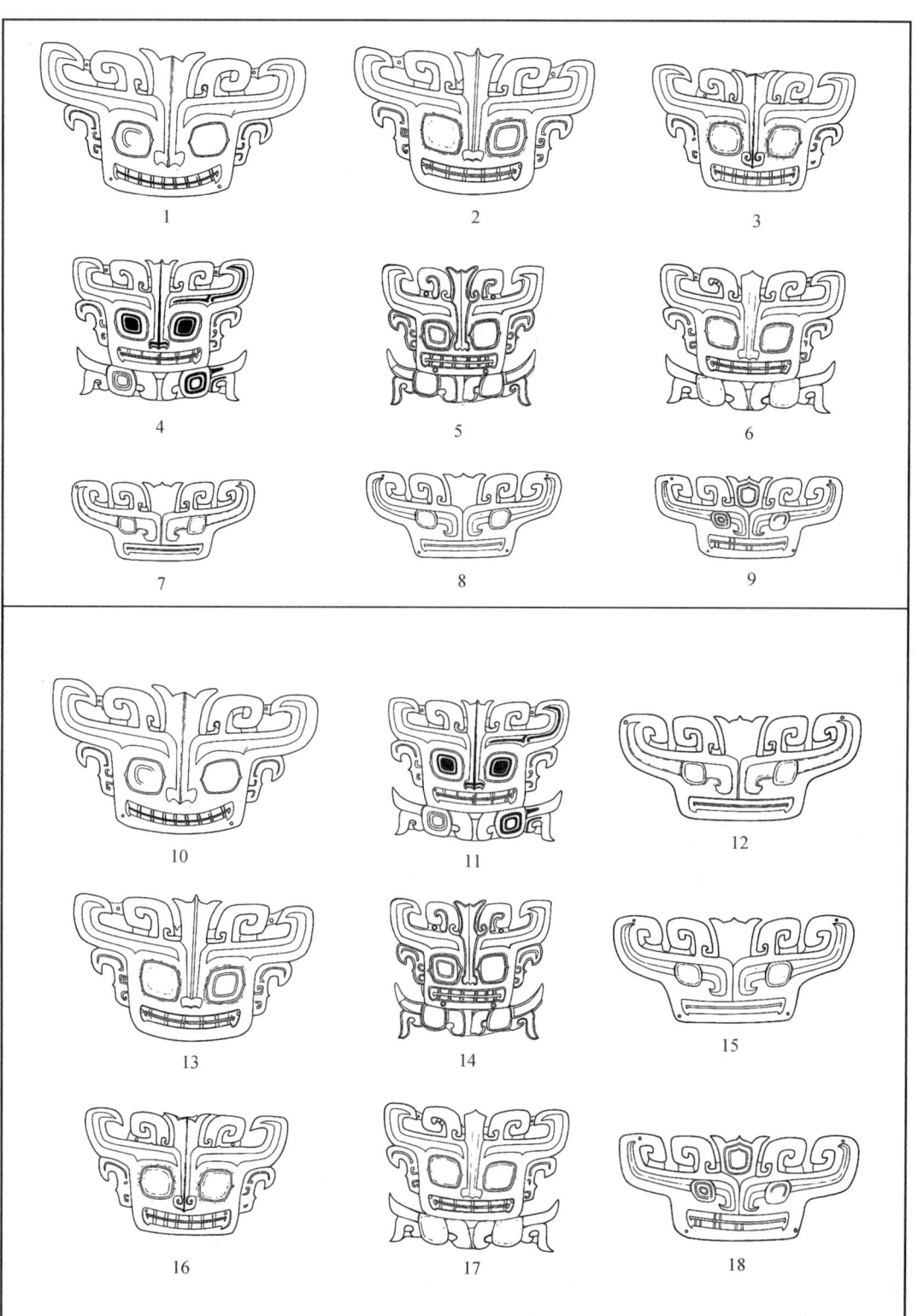

图七 铜兽面饰的两种组合方式

1. K2③:228 2. K2③:221 3. K2③:217 4. K2③:231 5. K2③:227 6. K2③:230 7. K2③:98
8. K2③:229 9. K2③:231-1 10. K2③:228 11. K2③:231 12. K2③:98 13. K2③:221
14. K2③:227 15. K2③:229 16. K2③:217 17. K2③:230 18. K2③:231-1

的倍数：原报告的C类人面铜像12件可以分作3件一组的四个组①，D类人面铜像6件可以分为3件一组的两个组②。如果我们以A、B类两件大型人面铜像为基准，也可将C、D类中小型人面铜像各自分为两组或四组，C类12件人面铜像分作6件一组的两个组或3件一组的四个组，D类6件人面铜像或自成一组或分为3件一组的两个组。这种以大小有差别的A、B类大型人面铜像为首，以三件的倍数的中小型人面铜像为主体的组合，或许也与三件一组、一主二从的凸目尖耳、人首鸟身的神像有某种呼应关系。当然，我们关注这些现象，只是提出不应该排除这种类型和分组的可能性，尽管这些现象也可能是偶然的巧合。

中国上古原始宗教中的神祇系统经历了长期的演变，在东周时期被文献记录下来不同的神祇系统中，主要大神多有辅佐的两位或四位神臣。如帝尧有羲、和两位或羲仲、羲叔、和仲、和叔四位臣子帮助分管天下③；黄帝有太昊、炎帝、少昊、颛顼四帝辅佐，每个帝还有一位神灵帮忙④。这些后来形成的神祇系统，有助于我们理解更早的三星堆王国的神祇系统。我们认为，三星堆王国的这个神祇系统的核心应当是由一主二从三位神祇组成，这种由三神组成的神祇体系在后来四川还可以看到一些历史的印迹。战国时期的蜀守李冰治水，"乃自湔堰上，分穿羊摩江灌江西"，并在都江堰的堰首竖立三神石人以镇水⑤。这些镇水的三神石人被特大洪水冲掉后，重立的镇水石人还是三个，只是先前的秦蜀郡太守李冰本人也被神话，被列入镇水三神石人之列。出人意料的特大洪水时常发生，汉代重立石人也被不止一次冲毁。现在都江堰渠首河滩中已经发现了5件石人像，其中应该包含了不同时期的三神石人。在5件石人像中，有一件完整的石像有铭刻标明该石人是东汉建宁元年重刻的三神石人李冰⑥，这是汉代神话李冰以后的作品⑦。另一件头部残缺的无铭石人，其肩披蓑衣，手持木耒，这

---

① 《三星堆祭祀坑》，188~192、552页，图一○四、一○五，图版六七、六八：1，彩图53、54。
② 《三星堆祭祀坑》，188~196、552页，图一○六、一○七，图版六八：2、3，图版六九，彩图55。
③ 《尚书·尧典》。
④ 《礼记·月令》。
⑤ （晋）常璩《华阳国志·蜀志》记载："（李冰）于玉女房下白沙邮作三石人，立三水中。与江神要：水竭不至足，盛不没肩。"
⑥ 四川省灌县文教局：《都江堰出土东汉李冰石像》，《文物》1974年第7期，27、28页。王文才：《东汉李冰石像与都江堰水则》，《文物》1974年第7期，29~32页。
⑦ 秦蜀郡守李冰在汉代已经神话，这从东汉应劭的《风俗通义》轶文中可以看出。《太平御览》卷八八二引《风俗通义》："秦昭王伐蜀，令李冰为守。江水有神……（冰）拔剑，忽然不见。良久，有苍牛斗于岸。有顷，冰还，谓官属令相助。曰：'南向腰中正白是我绶也。'还复斗，主簿刺杀其北面者。江神死后，无复患。"

是汉人心目中的治水英雄和远古圣王大禹的形象①。至于另三件石人，其身份难以判定，唐光沛先生考证其中应有蜀国古史传说中以治水著称的鳖灵，汉人重立的三石神人是大禹、鳖灵和李冰②，可备一说。值得注意的是，汉晋时期产生于四川和陕西的早期道教，其最早神祇也是三位，即所谓赐福之天官、赦罪之地官、解厄之水官这"三官"③。这些由三位神祇组成的神祇系统，是否系四川本地自三星堆文化以来的传统，这是一个值得继续讨论的问题。

三星堆这些很可能是三星堆人们的崇拜对象的像设，它们都出土于三星堆二号器物坑。该坑与一号器物坑都位于三星堆古城内的南部，也就是呈西北至东南向"三星堆"土梁的西南侧。该土梁上有三个隆起的土丘和两个缺口，其侧面形态呈"山"字形，三星堆因此而得名。由于三星堆古城因马牧河摆动切割成宽广而较低的凹地，三星堆这道土梁与古城北部内城墙东南角都相当突兀，故清代的地方志还将其合称作"三星伴月堆"④。两个器物坑的方向与三星堆土梁的走向大致相同，一号器物坑地表有似乎象征院落的浅沟，其中轴线的朝向正向东南⑤；二号坑西南一侧地表有建筑的基槽，基槽也与二号坑的东南边缘平行，如果以长边作为建筑的正反面，并以一号坑的朝向作为参照，其门道朝向也应是东南方向⑥（图八）。如果三星堆器物坑的形状和朝向，与原先附近的摆放这些神像、人像和仪式用器具的场所"神庙"基本一致的话，二号坑这些凸目尖耳、人首鸟身的大型神像，它们在庙堂中就应该是作背向西北而面朝东南的陈列。

三星堆这三尊装饰有凸目尖耳铜面的人首鸟身木雕神像，其铜面只有正面及两侧，这或许说明该神像当初的观瞻方向是前、左、右三面，崇拜者通常看不见后面。这也就是说，这三座神像当初在庙堂中的摆放位置很可能是在屋子中部靠近后墙的位置，崇拜者是面对着神像，不是环绕礼拜。这三座神像可能也不是直接摆放在地面上，应该还有坛台一类座子，并且这个座子很可能像后世的神坛一样，后端靠墙，只有前、左、右侧露在外面。这个神坛与神像一样，很可能也是木材构建的。为了装饰这座神坛，台子的三面可能还各钉有三个凸目尖耳的铜神面，并且有可能还雕刻有或绘制有人首鸟身的神祇图案。

---

① 四川省博物馆、灌县工农兵文化站：《都江堰又出土一躯汉代石像》，《文物》1975年第8期，89、90页。

② 唐光沛：《关于李冰石像的几个问题》，《四川文物》1984年第1期，35～38页。

③ 卿希泰：《中国道教史》第一卷，169、170页，四川人民出版社，1988年。

④ （清）刘长庚修，侯肇、张怀泗纂：《嘉庆汉州志》卷五山川："三星伴月堆，在治西十五里。"《中国地方志集成·四川府县志辑》（第十一册），巴蜀书社，1992年。

⑤ 《三星堆祭祀坑》，20页，图八。

⑥ 《三星堆祭祀坑》，155页，图七九。

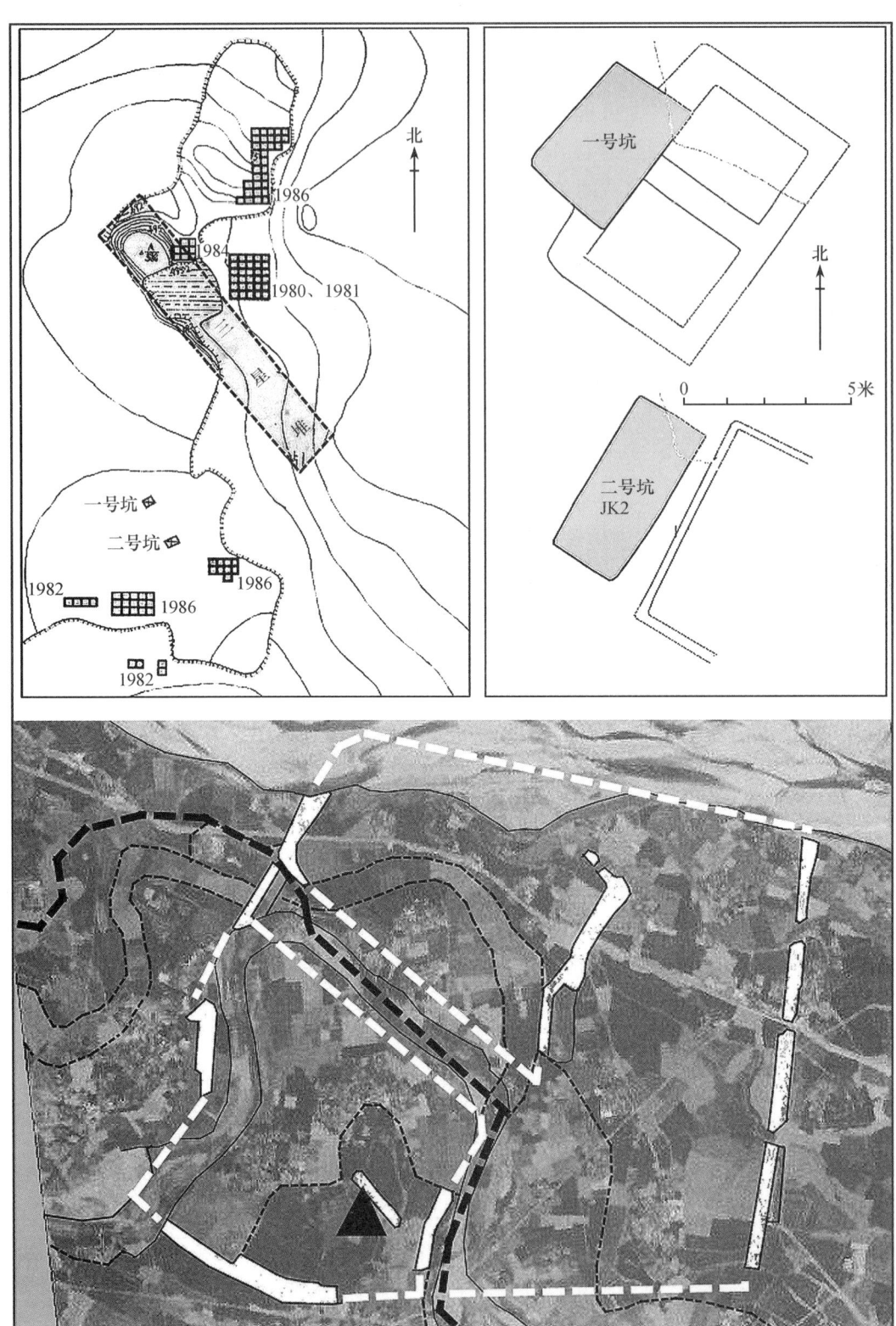

图八 三星堆城、堆、坑朝向示意图

四、人首鸟身神像性质推测

最后我们讨论三星堆凸目尖耳、人首鸟身神像的性质、意义和名称的问题，这尽管难有确切的答案，但不妨做些可能性的推测，供继续探讨作参考。

三星堆遗址位于古蜀国的中心区域，按照蜀国的古史传说，蜀国最早的先王，也就是居住在岷山石室中的"蚕丛"，其眼睛与众不同——"其目纵"①。因此当三星堆二号坑发现后，坑内所出三件凸目尖耳铜面像奇异的眼睛立即引起了人们的注意，不少研究者立即将它们与传说中的蜀人祖先神蚕丛联系起来，认为这些具有直柱状瞳孔的铜面像就是"其目纵"的纵目人蚕丛②。蜀人之祖蚕丛不仅眼睛特别，蜀王还有崇鸟的习俗和变化为鸟的故事。文献记载的古蜀王朝世系，有"蚕丛""柏灌"（灌或作"濩"）、"鱼凫""蒲卑"（卑或作"泽"）、"开明"五个王朝，每个王朝各数百年。在这些王朝的名称中，除了蚕丛的名称可能与鸟无关外，其余柏灌、鱼凫、蒲卑都以鸟为名，开明也与太阳鸟可以发生关联③。其中蒲卑王朝最后一位君王望帝"杜宇"，神话中他"从天堕"或"鸟生"，禅位于其相"鳖灵"后，又化为杜鹃鸟飞到西山，给后人留下"望帝春心化杜鹃"的感叹④。因此，将凸目尖耳、人首鸟身的神像推测为蜀人之祖先神蚕丛，应该有一定道理。不过蚕丛作为蜀人的始祖或祖先神，其数量应该只有一个，而二号坑出土的凸目尖耳铜面像却有三个，如果其中一个是蚕丛，其他两个又是谁呢？

我们前面提到，三星堆三个凸目尖耳铜面像有一个最大，它与另两个稍小的凸目

---

① （晋）常璩：《华阳国志·蜀志》："有蜀侯蚕丛，其目纵，始称王。死，作石棺石椁，国人从之，故俗以石棺椁为纵目人冢也。"

② 范小平：《广汉商代纵目青铜面像研究》，《四川文物》三星堆遗址研究专辑，1989年。巴家云：《三星堆遗址青铜"纵目"人面像研究——兼和范小平同志商榷》，《四川文物》1991年第2期。赵殿增：《三星堆考古发现与巴蜀古史研究》，《四川文物》1992年第S1期。屈小强、李殿元、段渝：《三星堆文化》，四川人民出版社，1993年，182页。

③ 传（汉）扬雄：《蜀王本纪》："蜀王之先称王者有蚕丛、柏濩、鱼凫、蒲泽、开明，是时人萌椎髻左言，不晓文字，未有礼乐。"（《全汉文》卷五十三）《华阳国志·蜀志》"柏濩"作"柏灌"，"蒲泽"作"蒲卑"。

④ 传（汉）扬雄：《蜀王本纪》："后又一男子名曰杜宇，从天堕，止朱提……乃自立为蜀王，号曰望帝。""望帝以鳖灵为相。时玉山出水，若尧之洪水，望帝不能治。使鳖灵决玉山，民得安处。鳖灵治水去后，望帝与其妻相通，惭愧，自以德薄不如鳖灵，乃委国授之而去，如尧之禅让。""望帝去时，子规鸣，故蜀人悲子规而思望帝。"《说文》雟字下："蜀王望帝淫其相妻，惭，亡去为子雟鸟。"左思《蜀都赋》："鸟生望帝之魄。"后两个文献所记神话更为原始，应当更接近神话的真实面目。

尖耳铜面像正好可以组成一个较大的居中、两个稍小的位于两侧的对称布置。神像体量的大小往往具有身份高低的不同,居于中央位置的体量最大的神像应是三星堆人心目中最尊崇大神之像,而两侧稍小的神像则是夹侍在两侧作为辅佐神之像。在原始宗教中,作为一个族群、地区或国家的地位最高的大神,通常都不大可能是祖先神,而是居于祖先神和其他神之上的至上神,尽管这个至上神与祖先神每每有密切的关系。在与三星堆人大致同时的中原商人的心目中,这个至上神是"帝"或"上帝"[①]。对于这位上帝,研究者主要有两种看法:一种看法认为,商人的上帝就是商人自己的始祖[②];一种看法则认为,商人的上帝是尚未人格化的自然神,与商王族没有血缘关系[③]。也有学者认为商人的自然属性的至上神与祖先神存在关联,如王晖先生就认为,商人的上帝神应当就是祖先神中的高祖,他的原型是日神[④]。也有学者基于战国秦汉时期的"太一"即北极,为上帝所居,推断商人的至上神"帝"就是北极[⑤]。我们认为,最早的至上神是位居一切众神之上的大神,这种至上神往往就自然界影响人们生产和生活最大,也最引人注目的物体,如太阳之类。在父子相承的国家制度形成后的夏商周时代,祖先崇拜已经成为国君合法性的重要依据,这时将祖先神与至上神联系起来,认为祖先神是"帝之元子",就成为古代国家的一种普遍的政治思维[⑥]。商周王朝的天文观测相对发达,北中天的紫薇垣被醒目的北斗七星和小熊座星之间的北极星,可能已经取代了太阳的至上神的位置;然而在三星堆古代国家中,太阳恐怕仍然高居至上神的位置,祖先神也只能与太阳神相关联。因此,笔者设想,在三星堆三位凸目尖耳、人首鸟身神像中,居中的一位是人格化了的上帝也就是太阳神,两面的两位则是三星堆王国统治集团两个主要氏族的祖先神。作出这种推断的理由主要是:

首先,在中国主流的远古神话中,太阳神名帝俊,他是创造了日月并安排日月运

---

① 严格地说,古文字中的"帝"字实际上就是"上""帝"二字的合文。
② 郭沫若:《先秦天道观的进展》,《郭沫若全集·历史编》(第1册),317~376页,人民出版社,1982年。侯外庐:《我对中国社会史的研究》,《历史研究》1984年第1期。
③ 陈梦家:《殷墟卜辞综述》,中华书局,1988年,577~582页。
④ 王晖:《商周文化比较研究》,人民出版社,2000年,18~35页。
⑤ 班大为(David W. Pankenier)著、徐凤先译:《再谈北极简史与"帝"字的起源》,《当代西方汉学研究集萃》(上古史卷),上海古籍出版社,2012年,199~238页。
⑥ 《尚书·召诰》:"皇天上帝,改厥元子兹大国殷之命,惟王受命。"《山海经·大荒西经》:"帝俊生后稷,稷降以百谷。"郭璞注:"俊宜为喾,喾第二妃生后稷也。"《楚辞·天问》记后稷神话也:"稷维元子,帝何竺之?投之冰上,鸟何燠之?"

行的大神①，他的妻子羲和和常羲分别生下了十个太阳和十二个月亮②。神话中没有说太阳神帝俊的形态，但从帝俊之子太阳都具有鸟的形象（或太阳由阳鸟托负，或太阳之中有阳鸟，或太阳是阳鸟所化）③，可以推测太阳神本身也是鸟的形象，其中人性化的形象就是人首鸟身。而在中国相当范围内的古代文化中，鸟形的太阳和太阳神也都是其最重要的崇拜对象，高庙文化、河姆渡文化、良渚文化、十二桥文化等如此，三星堆文化也不例外。三星堆器物坑出土文物对太阳的表现方式有两种：一种是太阳的自然形态，即圆形或带芒的圆形，有的还将太阳的光芒表现为漩涡形，如二号坑六件巨大而无实用功能的车轮状铜饰可能象征着日轮④，多种饰有光芒纹和漩涡纹的圆形铜挂饰（K2③：103-22、②70-5、③：39）也应当表现的是太阳或双鸟托日⑤（图九，4、5），"铜神坛"上巫师一类神职人员衣裳装饰着圆涡状的太阳图案等；另一种就是用特别的鸟（大概就是文献记载中的"阳鸟"之类）来象征太阳，如在那两株可能是扶桑和若木一类大铜神树上，枝条上表现太阳的就是鸟的形象⑥。因此，三星堆人当将太阳神"人化"的时候，就可能创造出人首鸟身的太阳神的造型。

其次，在三星堆文化中，有强烈的崇拜鸟的现象。三星堆器物坑出土的最大神像是人首鸟身，可以辨识的超越人和动物的神祇造型是带人首的鸟，可能象征扶桑和若木的铜神树上每根枝上都有鸟，就连巫师一类神职人员的造型也明显带有装扮成鸟的装束（如鸟冠立人像、鸟足踏鸟人像以及"铜神坛"中层的鸟妆人像等）⑦。三星堆人们的主要神祇既然是鸟形，为了表示自己与神的神圣血缘或亲缘关系，他们的统治阶层在举行祭祀仪式时，也要将自己打扮成鸟的形象，以此取悦于鸟形的神祇。中国国家为了强化王权神授和国家政权的合法性，其国君的始祖往往被赋予上帝之子的神化色彩。中原地区商周国家的史诗中，商王族有"天降玄鸟，降而生商"的故事

---

① 湖南长沙子弹库出土帛书有"千有百岁，日月俊生，九州不坪。……帝俊乃为日月之行"。释文据李零《长沙子弹库战国楚帛书研究》，中华书局，1985年，69页。

② 《山海经·大荒南经》："东南海之外，甘水之间，有羲和之国。有女子名曰羲和，方浴日于甘渊。羲和者，帝俊之妻，生十日。"《大荒西经》："有女子方浴月。帝俊妻常仪，生月十有二，此始浴之。"

③ 《山海经·大荒东经》："汤谷上有扶木，其叶如芥。一日方至，一日方出，皆载于乌。"《淮南子·精神训》："日中有俊鸟"；《续汉书·天文志上》注引张衡《灵宪》："日者，阳精之宗。积而成鸟，象乌而有三趾。"

④ 《三星堆祭祀坑》，235～238页，图一三四，图版八八：3、八九，彩图68。

⑤ 光芒纹铜泡饰如K2③：39（《三星堆祭祀坑》，300页，图一六五：6），圆涡纹铜泡饰如K2②：70-5（《三星堆祭祀坑》，300页，图一六五：3），双鸟托日铜挂饰如K2③：115-7（《三星堆祭祀坑》，300页，图一六五：5）。

⑥ 《三星堆祭祀坑》，214～220页，图一二〇、一二一。

⑦ 《三星堆祭祀坑》，167页，图八四；171页，图八七；233页，图一二九。

(《诗·商颂·玄鸟》),周王族有女祖先姜嫄"履帝武敏歆"而受孕生子的故事(《诗·大雅·生民》),据说周人灭商也是上帝命玄鸟降于岐社①。三星堆王国的王族们也很容易就杜撰出他们是上帝的子孙,其始祖是上帝之子,受上帝之命拥有蜀地;至上的上帝是太阳神,太阳神的形象又是人首鸟身,作为太阳神之子的三星堆王族的始祖死后升天后也就应当是人首鸟身。因此,三星堆这些凸目尖耳、人首鸟身的神像很可能包括了三星堆王族的祖先神。

再次,三星堆两件稍小的凸目尖耳、人首鸟身的神像,如果将其视为"蚕丛"等古蜀人的祖先神,那么三星堆人就应有两位祖先神,这与三星堆王国统治集团由两个族群组成的状况相吻合。在三星堆器物坑的铜人像中,有两种不同的发式:一种发式是将头发扎成辫子的"辫发",一种发式是用发簪将头发挽在脑后的"笄发",其中出现在宗教礼仪场合的形象都是后者。如果三星堆统治集团有两个不同的族群,就应该有两位祖先神,这符合三星堆器物坑有两件体量稍小但造型相同的凸目尖耳铜面像的现象。三星堆这三具凸目尖耳、人首鸟身神像的组合,构成一主二从的组合,也与先秦文献中周人的祖先神在上帝左右的观念相类似。《诗·大雅·文王》:"文王在上,于昭于天。……文王陟降,在帝左右。"②夏、商、周三代虽然宗教观念和神祇系统有许多损益,三星堆王国与三代王朝也存在一定的距离,但在祖先崇拜观念相当浓厚、父子世及的"家天下"的社会里,不同的时代、不同的国度出现相同或相似的神祇观念,这是不奇怪的。尽管商人和周人都不塑造上帝和祖先神的形象,三星堆人却将崇奉对象和崇奉主体都塑造成具象的像设。

将太阳与鸟联系在一起,是一种古老的原始思维。在中国古老的与太阳神话相关的考古遗存中,有两只鸟共同承托着太阳图案的文物,如浙江余姚河姆渡遗址出土"双鸟负日"图案骨匕柄和"双鸟朝阳"图案象牙片③(图一〇,1、2)在这些图案中,太阳是同心圆或带光芒或火焰的圆形,是两只鸟而非一只鸟托负或拥抱太阳。而将太阳、鸟与人的形象结合在一起,也广泛见于长江流域及东南地区多个远古文化之中,如浙江余杭县良渚遗址反山墓地玉琮上的人面鸟身图案④(图一〇,3)、瑶山祭

---

① 《墨子·非攻上》:"赤鸟衔圭,降周之岐社,曰:'天命周文王伐殷有国。'"

② (清)马瑞辰《毛诗传笺通释》:"《传》:'言文王升接天,下接人也。'《笺》:'在,察也。文王能观知天意,顺其所为,从而行之。'《朱子集传》:'盖以文王之神在天,一升一降,无时不在上帝左右。'瑞辰按:《集传》之说是也。《墨子·明鬼篇下》引《诗》'在帝左右'言,'若鬼神无有,则文王既死,彼岂能在上帝左右也?'是墨子以诗为文王既没,其神在帝左右也。"

③ 浙江省文物考古研究所:《河姆渡——新石器时代遗址考古发掘报告》(上册),116、284页,图七〇:3、图一九四:5,文物出版社,2003年。

④ 浙江省文物考古研究所反山考古队:《浙江余杭反山良渚墓地发掘简报》,《文物》1988年第1期,12页,图二〇。

坛玉冠状饰上的人面鸟身神像和双鸟图案等①，通常认为可能就是太阳神的形象。三星堆二号器物坑出土一件铜挂饰（K2③：115-7），挂饰上部是圆泡状，其下有两只简化的鸟顶着上面的圆泡。圆泡正面图案是两个同心圆形的眼睛，眼睛上下各有一对眉毛，图案显然是表现的一个抽象的人或神的脸面②（图一〇，4）。这件铜挂饰的造型和图案很容易使我们联系到河姆渡的双鸟托日的图案，良渚文化玉器的人面鸟身神像图案，以及三星堆和金沙村"金杖"和"金带"上的图案③。三星堆一号坑出土的"金杖"，其图案的构图母题就是在相对具象的半神半人的头像上方④，有箭、鱼和鸟，其中箭正射在鱼身上（图九，1）；而在金沙村遗址出土的"金带"，其图案构图母题上面是与三星堆"金杖"相同的中鱼之箭和鸟的图案，下面却是对称的二眼四眉的圆圈（图九，6）。显然，后者是前者的简化和抽象。由此可见，三星堆双鸟托圆泡铜挂饰实际上也可视为双鸟托人面，结合河姆渡双鸟托日图案和良渚文化人面鸟身图案，可以推知这个圆形的人面就是太阳的拟人化，三星堆文化与东南地区史前文化有着近似的太阳神崇拜和对太阳神形象的认识。

　　这里，我们还需要讨论一个相关问题。三星堆三具凸目尖耳的铜面像，其脸面的特征非常近似，而另外三类九件凸目尖耳"铜兽面"，彼此间却存在较大的差异，这又是什么原因呢？我们对比三类"铜兽面"，其最明显的差别就是有耳与无耳，短眼与长眼，以及有眼睛承托还是无眼睛承托。如果仔细观察这些"铜兽面"，除了我们前面说到的C型"铜兽面"与铜蛇头部颇为近似外，我们还可发现，A型"铜兽面"的眼睛和耳朵，也与同坑出土的I号大铜神树（K2②：94）上的垂龙（图一一，1、3），以及一号器物坑的铜龙杖首（K1：36）的爬龙有不少相似之处（图一一，2）。那么，A型"铜兽面"表现的神祇有没有可能是人首龙身，而C型"铜兽面"表现的神祇会不会是人首蛇身呢？至于B型"铜兽面"，其脸面下有两只奇异的大眼睛承托，这与上面提到的双鸟托人面纹圆泡铜挂饰具有相似性，或许两只特别的眼睛就是象征着托负太阳的"阳鸟"。

　　说到眼睛奇异、人首蛇身或龙身的神祇，我们就会联想中国神话传说北方大神

---

① 浙江省文物考古研究所：《余杭瑶山良渚文化祭坛遗址发掘简报》，《文物》1988年第1期，42页，图二四。

② 《三星堆祭祀坑》，300页，图一六五：5。

③ 《三星堆祭祀坑》60～61页，图三四：1，拓片七。成都市文物考古研究所、北京大学考古文博学院：《金沙淘珍——成都金沙遗址出土文物》，文物出版社，2002年，23～26页。

④ 三星堆"金杖"上的图案，是具有族氏徽号一类作用的特殊图案。该图案下部的人形头像，上戴锯齿形头冠，眉、眼、鼻、嘴与普通人形无异（眼睛表现出圆形的瞳孔而不是三星堆器物坑通常铜人像那样的横向凸脊），但耳朵却下勾的尖耳近似凸目尖耳铜神像，耳垂有穿孔和下坠的耳饰，又与三星堆普通人像的耳朵相似。

"烛龙"或"烛阴"①。按照先秦文献的描述,这位神祇眼睛独特,人首龙身或蛇身,身长可达千里,是能够掌控自然界四季转化、昼夜变换的有呼风唤雨神力的大神②;尤其是这位大神的眼睛与最早的蜀王祖先一样,是"直目正乘",也就是竖着的眼睛和凸出的瞳孔③。将三星堆这些与龙蛇有相似之处的"铜兽面"解释为"烛龙"或"烛阴",应该还是有一定道理的。不过,在三星堆器物坑出土的铜像中,我们只见有人首鸟身的神像,未见人首龙身或蛇身的铜像,认为这些凸目尖耳铜像为人首龙身或蛇身的烛龙或烛阴,毕竟缺乏实物的内证。这些铜神面饰能否与烛龙或烛阴建立关联,还需要存疑。

---

① 孙华:《凸目尖耳铜面像——蜀人的尊神烛龙和蚕丛》,《中国文物报》1992年第20期。
② 《山海经·大荒北经》记述这位大神的形象和神力说:"西北海之外,赤水之北,有章尾山。有神人面蛇身而赤,直目正乘。其瞑乃晦,其视乃明。不食、不寝、不息,风雨是谒。是烛九阴,是谓烛龙。"《山海经·海外北经》:"身长千里"和"吹为冬,呼为夏"
③ 晋人郭璞解释说:"直目,目纵也,正乘未闻。"清人毕沅认为:"乘恐朕字假音,俗作胅也。"《说文新附》:"朕,目精也。"

西周南宫氏家族谱系试析

张天恩

（陕西省考古研究院）

西周王朝重要的统治基础之一，就是以血缘为纽带、以家族为核心的宗法制度，因之形成了"大人世及以为礼"[①]、世家代传是为常的现象。司马迁《史记·世家》中多半就是对有周以来此类现象的记载，而传世和考古发现的西周金文资料则做了进一步的补充，更让我们认识了不少经传未载的世家名族。著名者如《墙盘》等器所载的微史家族，《逨盘》等所及的单氏家族，梁带村墓地等所涉及的芮氏国族等。南宫氏虽为西周早期就见于经籍的有名家族，惜未立传而难知其详。所幸早年陕西扶风出土《南宫乎钟》铭文涉及其族，始为研究者所关注[②]，近因湖北随州的有关考古发现而为学界所瞩目，但研究者的侧重多有不同，至今尚少关于其家族谱系的较全面论述，笔者不揣浅陋，试作简单分析以就正于方家。

一、南宫氏家族的主要分支

湖北随州叶家山和文峰塔西周、春秋曾国墓地发掘收获颇丰[③]，是近年商周考古的重大发现，让学界较清楚地了解了曾国始封的地望、西周王朝对江汉地区经营的概况，以及长期争论不息的曾国族姓问题[④]。叶家山墓地第一批资料发表后，学界虽感觉到其内涵有浓郁的关中核心区周文化氛围，但因葬俗、墓向及铜器铭文标识风格等，

---

① 《礼记正义·礼运》，引自《十三经注疏》，中华书局，1980年，1414页。

② 罗西章：《扶风出土的商周青铜器》，《考古与文物》1980年第4期。杨亚长、呼林贵：《南宫氏家族史迹概说》，《考古与文物》2007年增刊（先秦考古）。

③ 湖北省文物考古研究所、随州市博物馆：《湖北随州叶家山西周墓地发掘简报》，《文物》2011年第11期。《湖北随州叶家山M65发掘简报》，《江汉考古》2011年第3期。《湖北随州叶家山M28发掘报告》，《江汉考古》2013年第4期。《湖北随州文峰塔M1（曾侯舆）、M2发掘简报》，《江汉考古》2014年第4期。

④ 张昌平：《曾国青铜器研究》，文物出版社，2009年，346、385~390页。

仍对其族属姓氏的看法颇多分歧①。略晚发掘的叶家山M111出土青铜方座簋铭文曰："曾侯犺作烈考南公宝障彝"②，则直接揭示了叶家山曾侯墓地本自周初南公家族。文峰塔M1的曾侯與编钟铭文"伯适上通，左右文、武，達殷之命，抚定天下，王遣命南公，营宅汭土"等，更清楚地说明南公就是周初名臣南宫适，因其辅佐文王、武王有功，营宅于其受封之地，为曾国之始，在两周时期传承近700年，可谓源远流长。

随州曾国墓葬发现之前，传世和晚近出土的不少青铜器铭文，实际上也与南公或南宫家族有关，最著名者当推陕西扶风豹子沟出土的南宫乎钟。该钟与五祀胡钟、宗周钟、逨钟等厉、宣时期的编钟形制相似，可知为西周晚期的司土（徒）南宫乎所铸之器。同为扶风县出土的西周晚期铜器《善夫山鼎》，铭文中出现的右者即为南宫乎，应是善夫山的上司，级别较高，官居司徒之职，铭文称时在宣王37年③。因两器的时代、铭文涉及的人物名字、官职等吻合，故两器的南宫乎极可能是同一人。

南宫乎钟铭文有对其家族历史的追记，谓"先祖（又谓皇祖）南公、亚祖公仲、必父之家"，非常清楚地追溯了其族本自南公。据此已有学者曾对器主南宫乎及其家族的有关问题进行了有益的分析，认为其铭所说的先祖南公，就是周初之名人，文王、武王时期的重臣南宫适，或书作南宫括，百达为其字号④，其说可从。近期李学勤等也有近同的认识⑤。文峰塔曾侯與编钟铭文所及的南公之名"伯适"，很可能正是对其祖先南宫适的尊称，还有可能是其字，古时称人以字是表对被称者的尊敬。故文献所载南宫适字"百达"之"百"，或为"伯"之误，而"达"抑或"适"之讹。参校可知，南宫乎家族与曾国实出自一个共同的先祖南公——南宫适，两者显然属本家无疑。

依据南宫乎钟铭文的记载，还可认定南宫乎家族当为南宫适的次子一系，因为铭文清楚表明其家族的分宗之祖是"亚祖公仲"。按照古代兄弟排行称伯、仲、叔、季的习惯，其亚祖显然为先祖南宫适儿子中的老二。那么，这一系就可称作南宫仲，也可简称为南仲。而按照西周王朝宗法制度和分封诸侯的惯例，功臣勋戚的外封，往往是长子代父赴国就封，世代相继为诸侯，次子留守王室继承父亲的爵位和国都近畿之采邑。大家所熟知的，武王灭商后，其母弟周公旦受封于鲁，"因留佐武王"，实是其长子伯禽赴国就封，子孙相继为鲁公。次子君陈留守，后继周公辅相王室。周同姓

---

① 李学勤、李伯谦、朱凤瀚等：《湖北随州叶家山西周墓地专家笔谈》，《文物》2011年第11期。

② 黄凤春、胡刚：《说西周金文中的"南公"——兼论随州叶家山西周曾国墓地的族属》，《江汉考古》2014年第2期。

③ 陕西省博物馆：《陕西省博物馆新近征集的几件西周青铜器》，《文物》1965年第7期，21页图6。

④ 杨亚长、呼林贵：《南宫氏家族史迹概说》，《考古与文物》2007年增刊（先秦考古）。

⑤ 李学勤：《曾侯與（舆）编钟铭文前半释读》，《江汉考古》2014年第4期。

之召公奭受封于燕，"亦以其元子就封。而次子留周室代为召公。至宣王时，召穆公虎其后也。"①

援以此例，南宫乎家族必是西周自南宫适以降，留佐周王室的南仲一支。而见于《诗经》等文献，以及西周金文中屡屡出现的南仲，都应为该家族之宗子。回头我们再看汉东随州一带的曾，显系"王遣命南公"的受封之国，故得"营宅汭土，君此淮夷，临有江夏"以藩屏周室。但南公作为周初重臣之一，亦当留佐王室未能就国，赴任就封者自然也是其长子南伯（南宫伯），因受命坐镇汉东为曾侯。南伯这一支的后世子孙遂得以曾侯代相传承，南宫氏反而不得彰显，幸有铜器铭文的记载而解密。

更可称道的是文峰塔M1：3编钟的铭文"余稷之玄孙"语②，直接坐实了南宫家族与周王室同为姬姓胞族，从而冰释了以往对其族源姓氏的种种猜度。但因其分宗的时代可能遥在太王之前，故将远祖上溯至后稷。至此，我们就可以清楚地了解到，南宫氏能跻身于周初望族，不仅因南宫适本人的才能出众，也可能由其家族与周室同宗而获信任和重视，得与周公、召公和姜太公同列，畿内有采邑之赐，边陲有列土之封，福荫远播，子孙代享。其家族的最重要者当属南宫适子辈的伯、仲两支，前者继承汉东的封国——曾，后者则安享世族尊显代为南仲。其他分支虽未大显，但南叔、南季之名也可见于金文铭辞，容后再叙。

二、南仲家族的世系

南宫乎钟记载，南仲家族的分宗始祖为公仲，故应为南公南宫适的次子。其应执事于成王、康王之际，查历史文献此期虽无南仲的有关记录，但有称南宫之人或与之有关。《尚书·顾命》曰："太保命仲桓、南宫毛，俾爰齐侯吕伋，以二干戈，虎贲百人，逆子钊于南门之外"。内有称南宫毛者，曾受顾命大臣太保召公之命，与仲桓同执干戈，和姜太公之子齐侯吕伋率百名虎贲之士，在南门外迎接即将继位的太子，即后之康王姬钊。孔颖达《尚书正义》谓"新遭大祸，内外严戒，桓、毛二人必是武臣宿卫"，说明仲桓、南宫毛时为王室的高级武官，与诸侯代表齐侯等列，共同承担迎接保护未来天子参加登基大典的重任。

从《顾命》人物分析，除召公奭、毕公高外，西周开国时期的周公、太公、南公等一代英豪多已谢世而未出现，顾命大臣和重要宿卫武臣多属第二代之列。周公次子君陈，因继承周公分司东都成周，特殊时期不得擅离而未参与大典。仲桓虽不明其所出，但为某前朝元老之次子的身份也较清楚。南宫毛有如此高的级别，当是其家族

---

① （唐）司马贞：《史记·索隐》（第三十四卷），燕召公世家索隐。
② 湖北省文物考古研究所、随州市博物馆：《湖北随州文峰塔M1（曾侯舆）、M2发掘简报》，《江汉考古》2014年第4期。

继承南宫适之地位者，显以南公的次子较妥。故可认为此南宫毛实为南宫仲（或南仲），可能正是南宫乎钟铭的亚祖公仲，金文和文献的人物从而得以整合。

此后，南仲家族的重要人物，于文献虽未见，但金文资料中仍有重要线索。著名的"大盂鼎""小盂鼎"属周康王时的标准器，分别记载了康王二十三年和二十五年的重要事件。前者涉及康王对盂的重要任命，要其效仿其祖父南公，承担军旅大事，保卫王室及四方国土，并按先王惯例有相应的服饰车马、臣属人夫之赐，并特意赐予其祖父南公之旂。周天子要盂敬司职守，不要辜负王室的期望。盂弘扬王命并铸作了其祖父南公宝鼎，时在康王二十三年。此铭清楚地讲到盂为南公之孙，能继承其祖的职位，当为第一代南仲南宫毛之子，而为第二代南仲，应名南宫盂。后器则记载了盂不辱使命，在周康王二十五年受命率军伐鬼方，连战皆胜，杀敌取馘五千，俘获敌首领四、人一万五千及车、马、牛、羊等数以百计，献俘于周庙，受到康王的嘉奖赏赐。从知盂颇有乃祖遗风而具军事才能，任高级军职当在康王后期及昭王之世。

安州六器的两件中方鼎，北赵晋侯墓地M114出土的鼓𬭚，均属西周早期后段的昭王之世，都有"王令南宫伐虎方之年"语，其中的南宫当为同一人，出任周王朝讨伐反叛的虎方之统帅。此南宫虽未署名，但其时距康王二十五年不远，很可能为前述的南宫盂，作为王朝的高级将领再次率军南征。因有较大斩获而为一时之盛事，故被作为记年的标志出现于不同青铜器上。与之有关的还见于应国墓地所出柞伯簋，铭文有"王命南宫率王多士"的记载。此南宫作为受王命率多士参加大射礼的长官，当然有南宫盂的可能。柞伯簋的年代虽有康、昭两说[1]，但与盂所处的时间范围不违。应国墓地最早的墓葬M232的年代仅为康王晚期，不大可能为成康之际的南宫毛。至于说南宫为官职名或王子说[2]，显然不妥，因与下文率小臣的师𩛥父行文格式不一致，也与西周金文官职后多缀人名的常例不合，故作为省略了人名的姓氏较合适。

西周中期金文虽有南宫氏人名的出现，但没有明确文字记录则很难与南仲家族相联系，故失考的南仲约有四、五代之数。直到厉王时南宫柳鼎的出现，使我们又见到了一位可能与南仲氏有关的人物，即该鼎的作器者南宫柳。铭文记载南宫柳受王册命担任六师牧等职务，级别虽不很高但司职与军旅有关，故疑其出自南仲家族。其后即有确信为该家族的重要人物南仲邦父。据驹父盨盖铭记载，南仲邦父曾命令其属下驹父赴淮水流域，召见南方的诸侯及淮夷征收赋贡，事在宣王十八年。是知邦父其人在宣王早期已居高位，掌管着王室的南国事务，估计其年齿当在中年或以上，有可能为南宫柳之子或孙辈。《诗经·常武》中受命征徐方的主帅太师皇父，出自南仲家族，从时代背景分析很可能是南仲邦父。

---

[1] 河南省文物考古研究所等：《平顶山应国墓地》，大象出版社，2012年，921页。李学勤：《柞伯簋铭文考释》，《文物》1998年第11期。

[2] 李学勤：《柞伯簋铭文考释》，《文物》1998年第11期。

踵接其后者，当是前文已提及的司徒南宫乎。按照宣王三十七年善夫山鼎铭文记载，南宫乎担任了善夫山受册命的右者，虽无具体官阶的说明但地位明显高于后者，很可能已是司徒。时属宣王晚期，距南仲邦父执事的时间有二十年左右，故两者极有可能是父子关系。按㝬钟、师丞钟等铜器铭文的惯例，讲述先世的最后一位均是作器者之父，乎钟铭列于公仲后的必父，应为南宫乎之父的名讳，似与邦父之名也存有某些联系。

原藏镇江焦山定慧寺的无㠱鼎，形制近似宣王晚期的小克鼎、逨鼎等，腹饰窃曲纹及垂鳞纹，也是西周晚期至春秋早期常见纹饰，年代约为宣幽之际。鼎铭记载无㠱受册命的右者为司徒南仲，从时代、官职、姓氏分析均与南宫乎暗合，很可能是同一人，也印证了前文关于南宫乎为一代南仲的推论。

据上述，西周南宫氏的南仲家族世系可排列为：

南宫适（文、武、成时）→南宫毛（成、康时）→南宫盂（康、昭时）……（缺失约四～五代，穆王至夷王）→南宫柳（厉王时）→南仲邦父（厉、宣时）→南宫乎（宣、幽时）。

三、曾国在南宫家族排行及其世系

叶家山等墓地出土铭文自证线索清晰，曾国源自周初南公南宫适所封。按照西周分封诸侯的惯例，曾国应该是南宫适的长子一系代为曾侯。因此，曾国墓地埋葬的第一代曾侯应为南公的嫡长子。

依据目前所见的考古资料，学界认为叶家山先后发掘的M65、M28、M111三座大型墓葬，都是曾侯之墓[1]。其中的最大墓M111独出"曾侯犺"铭文的铜器，为名犺的一代曾侯墓葬别无可疑。但M65和M28均出土了带有"曾侯谏"铭文青铜器，则让研究者颇感踌躇。叶家山第一次发掘后，简报根据铭文判定M65"应当属曾侯谏墓"。但因M28出土了更多曾侯谏的铜器，反让墓主的归属变得扑朔迷离。发掘者希望"后期整理工作的全面开展作逐步研究"，现虽还未见到最终的结论，但因随葬品的时代差距较小而提出曾侯谏和诸侯犺可能是兄弟相继关系的认识[2]。张昌平则认为M1的墓主也可能是一代曾侯，而且年代最早，并拟出了一个早晚的序列：M1→M65→M28→M111[3]。将M1看作一代曾侯的认识虽较新颖，但墓内未出一件曾侯

---

[1] 方勤：《曾国历史的考古学观察》，《江汉考古》2014年第4期。黄凤春、黄建勋：《论叶家山西周曾国墓地》，《随州叶家山西周早期曾国墓地》，文物出版社，2013年，264页。

[2] 陕西省博物馆：《陕西省博物馆新近征集的几件西周青铜器》，《文物》1965年第7期，21页图6。

[3] 张昌平：《叶家山墓地相关问题研究》，《随州叶家山西周早期曾国墓地》，文物出版社，2013年，282页。

或侯作铜器终难取信。

在认真研读和分析墓地出土文物和有关信息资料后，我们初步认为三座出曾侯铜器的大墓排序，实际可能正好相反。

从墓地平面布局观察，显示M111可能较早。叶家山墓地处于面积约4万平方米的椭圆形岗地上，标有等高线的墓地平面图显示（图一），曾侯犺墓M111处在岗地最高区域的中心位置，显然是有意的安排，其他墓葬则以此为中心而分布。观察平面布局还可发现，以M30、M109、M104为界墓地可明显的分为南北两区。与M111时代相当，关系较密切的墓葬，分布在该墓近旁及东西两侧，形成了墓地的南区，与以M28、M27开始的北区墓地存在有较明显的空间。而与曾侯谏关系较密切和时代相近的墓葬，则处于M28东西及北侧。曾侯谏墓虽也处于岗地的最高区域，但偏于北侧的靠边位置，两者存在着明显的主次关系，故存在南区墓葬较北区为早的可能。

尽管许多学者认为M111是最晚的一座曾侯墓，但通过青铜器铭文的内容分析，却可发现其年代应该最早。该墓所出兽面纹方座簋铭文显示，墓主曾侯犺铸器祭祀的对象是其父南公，即曾国最初的受封者南宫适。很明显，曾侯犺是南公之子，据前文申述的理由还应是其长子，为代父就封的第一代曾侯，其名应是南宫犺，但因袭封为国君故称曾侯犺。也就是说，曾侯犺实际是葬于墓地的第一位曾国国君，年代当然最早。他也应是留居周室的第一代南仲南宫毛的长兄，年齿应略长于后者。南宫毛在镐京参与了康王的登基大典，犺赴任就国而未与盛举，故推测其就封的时间，可能在周公东征大封诸侯之后。

进一步对墓地出土文物的时代特征分析，有较多证据也能证明M111偏早，M28次之，M65的年代可能最晚[①]。而最有代表性的铜器，就是三座墓都出的曾侯壶。M111的曾侯壶为高弧领，圆鼓腹，除无提梁而多出流、鋬外，与年代约为成康之际的宝鸡竹园沟M13∶24铜壶等形近[②]，尚具商代晚期的特点。M28的曾侯作媿壶体瘦高腹部微鼓，却与西周早、中期之际的茹家庄M1乙∶19、普渡村长囟墓的壶相似[③]。再看M65所出的曾侯田壶，体为椭圆形，长颈，溜肩，深腹，椭圆形鼓腹下垂，最大腹径偏下，圜底，矮圈足外撇，带盖并有提梁。器表简素，盖及圈足饰弦纹，颈腹饰田字形宽带纹，提梁两端有圆雕兽首（图二，1）。其形制、纹饰风格与西周早中期之际，或说昭穆之际的北赵晋侯墓地M113∶102卣（图二，3）相似，可知两墓的年代相当。但后者的腹较圆鼓可能会略早，因同类壶的更早形态标本见于康昭之际或略晚的竹园沟4号墓，其腹部更显浑圆（图二，4）。另外，M65所出铜附件漆木壶（图二，2）与曾

---

① 张天恩：《随州叶家山墓地曾侯墓的年代及排序》，《文物》2016年第10期。
② 卢连成、胡智生：《宝鸡弓鱼国墓地》，文物出版社，1988年，67页图55∶1。
③ 卢连成、胡智生：《宝鸡弓鱼国墓地》，文物出版社，1988年，67页图2∶2、153页图119∶2。陕西省文物管理委员会：《长安普渡村西周墓的发掘》，《考古学报》1957年第1期，图版四∶3。

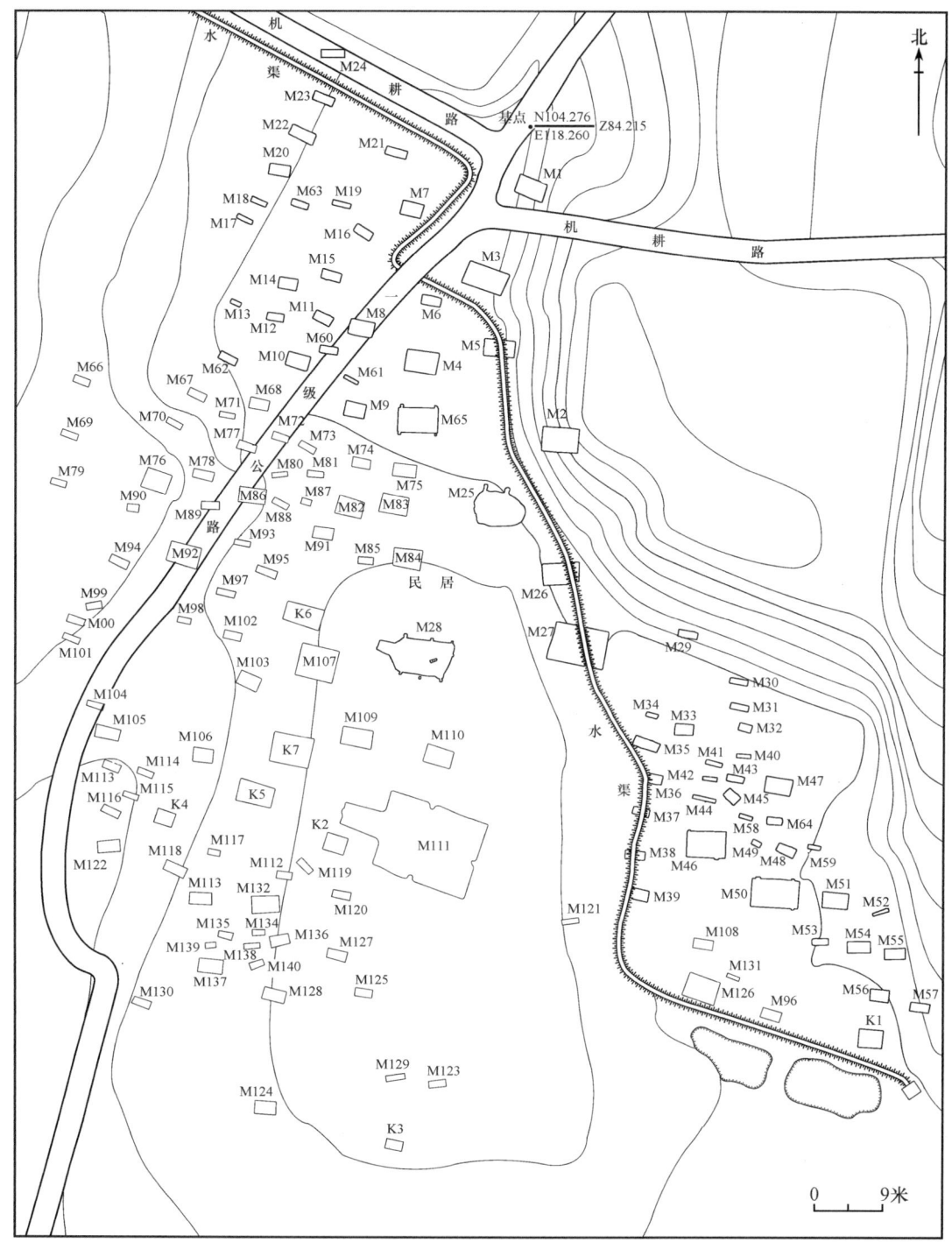

图一　叶家山曾国墓地平面分布图

（引自叶家山M28发掘报告图一，《江汉考古》2013年第4期，据新资料对原失误墓号有修改）

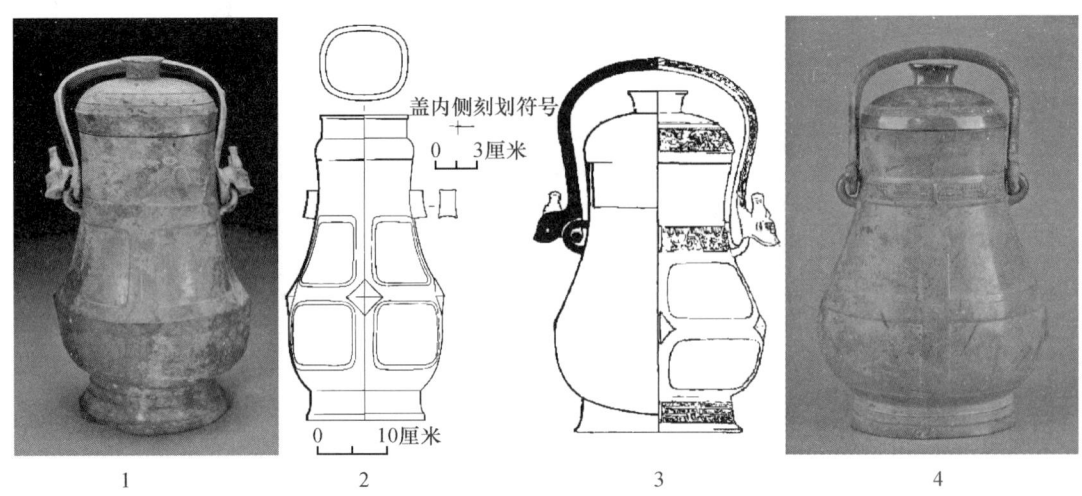

图二 M65出土铜壶的年代比较
1. 曾侯田壶M65：31 2. M65：27 3. 北赵M113：102 4. 竹园沟M4：8

侯田壶非常相似，但体呈椭方形，显然与西周中期开始流行的椭方形壶更为相近，也透露出该墓较晚的信息。

从发表的有关照片可看到，M111还出类似关中先周晚期典型铜器斜方格云雷纹衬底的乳丁纹簋，说明曾侯犺墓尚有当年就封时从关中带来的更早铜器。与之相类的乳丁纹鼎、簋等铜器，也见于墓地南区的M46、M50等墓[①]，则传递出南区墓地整体偏早的信息。

上述分析说明，叶家山大型墓葬M111要早于M28，应分别为西周曾国的第一代曾侯犺、第二代曾侯谏的墓葬。位置更偏北一些的M65，年代要更晚一些，应为曾侯谏的下一代，即第三代曾侯。因此，叶家山曾国墓地墓葬的应为祖孙三代曾侯，即：

曾侯犺M111→曾侯谏M28→曾侯（？）M65

目前，尚少与叶家山墓地紧密衔接曾国考古资料，属于西周晚期的遗存在湖北已有一些发现。京山县坪坝镇檀梨树村出土的西周晚期曾子单鬲、曾大师鼎等[②]。均川熊家老湾分别出土过曾伯文簋等两批西周晚期铜器[③]，安居桃花坡发现过两座西周晚期墓

---

① 湖北省博物馆、湖北省文物考古研究所、随州市博物馆：《随州叶家山西周早期曾国墓地》，文物出版社，2013年，251页。

② 杨权喜：《江汉地区发现的商周青铜器兼述楚文化与中原文化的关系》，《中国考古学会第三次年会论文集》，文物出版社，1984年。黄锡全：《湖北出土商周文字辑证》（6），武汉大学出版社，1992年。

③ 王善才、王世振：《随州市东城区等地春秋战国墓》，《中国考古学年鉴》（1991），文物出版社，1992年。

出土有鼎、鬲等铜容器和玉器等①，枣阳吴店曹门湾的两周之际的铜器墓葬等②，可惜这些墓葬未发现属于的曾侯铸器。出于枣阳赵湖村的曾侯绊伯戈③，形制特征约为两周之际。据有关报道知曹门湾属赵湖的一个小队（自然村），两者或有一定的关联。绊伯戈当是目前所知的叶家山之外出土地明确、年代最早的曾侯器，约为两周之际到春秋早期，距叶家山墓地最晚的一代曾侯M65墓主，要差整个西周中、晚两期近200年的时距。

可与曾侯绊戈衔接的曾国国君遗物，见于私家收藏的1组曾侯窑铜器，惜无出土地。有关著录称曾侯窑器组共有18件，为鼎6，簋5，簠2，方壶2，圆壶1，盘1，匜1，除器名外铭文内容基本相同④。鼎铭曰："隹（唯）王五月吉日庚申，曾侯窑择其吉金，自乍（作）阩（升）鼎（鼎），永用之。"可见器形的曾侯窑鼎、簋（图三，1、2）与三门峡虢国墓地M2001号季鼎、簋⑤，梁带村芮国墓地M26仲姜鼎、簋等⑥相似（图三，3）。原报告认为前墓的时间为两周之际，后墓的时代笔者论证为春秋早期中段⑦。但细观曾侯窑鼎足位置略偏外侧，较仲姜鼎足靠内略显偏晚，簋有另铸的环形小耳，与梁带村稍晚的M19同类器更接近（图三，4），故该器组约为春秋早期的中晚段。

因此，曾侯窑有可能为曾侯绊之子，西周到东周初期的曾侯世系约可排为：

曾侯犺（成康）→曾侯谏（康昭）→曾侯M65（昭穆）……曾侯绊（平王）→曾侯窑（平桓）

由此可见，考古所见的曾国世系尚存较大的空缺，约从西周中期到晚期近200年时间，可能还有7、8代曾侯有待发现。

1　　　　　　　2　　　　　　　3　　　　　　　4

图三　曾侯窑铜器年代比较

1.私家藏曾侯窑鼎　2.私家藏曾侯窑簋　3.梁带村M26出土仲姜鼎　4.梁带村M19出土簋

---

① 随州市博物馆：《湖北随县安居出土青铜器》，《文物》1982年第12期。
② 田海峰：《湖北枣阳又发现曾国青铜器》，《江汉考古》1983年第3期。
③ 田海峰：《湖北枣阳又发现曾国青铜器》，《江汉考古》1983年第3期。
④ 吴镇烽：《商周金文暨图像集成》，上海古籍出版社，2012年，02219。
⑤ 河南省考古研究所、三门峡文物工作队：《三门峡虢国墓》，文物出版社，1999年。
⑥ 陕西省考古研究所等：《陕西韩城梁带村村M26发掘简报》，《文物》2006年第2期。
⑦ 张天恩：《芮国史事与考古发现的局部整合》，《文物》2010年第6期。

四、南宫家族的其他分支

前文论证了曾国为南公长子南宫犺为首的嫡系，也就是南宫伯（或称南伯）一系的传承，留居王畿地区者似不会再有南伯家族的嫡传后代。但我们注意到，岐山董家窖藏青铜器的裘卫簋铭文中①，却出现了南伯之名。其铭谓："唯廿又七年三月既生霸戊戌，王在周，格太室，即立。南伯入佑裘卫入门，立中廷，北向"。铭文清楚地表明，裘卫觐见周王时的引导者就是一位南伯。其地位较高，必是裘卫的上级和王室的重要大臣。该器的年代为西周中期偏早，具体应为穆王27年。此铭的出现，与曾国为南伯一系的认识似有些不睦。

好在上海博物馆藏有一件传世铜器——南伯簋②，可为我们解开其中的困惑。簋铭曰："唯八月初吉壬午，丼南伯作鄂季姚好媵簋"。该簋腹饰瓦棱纹，与早年凤翔出土的散伯簋等近似为西周晚期，虽晚于裘卫簋的时代，但两器所涉南伯有可能属同一家族。因后器的南伯人名前置一"丼"字，揭示了畿内南伯家族的居于丼地，与封于曾国的南伯家族不同。此南伯可能出自南宫氏的其他分支，故前加封地以资区别。

此外，西周金文资料还显示南宫氏家族的叔、季两支，也有一些活动的线索。

与南叔一支相关的铜器仅知1件，为早年出土于山东莒县东前集的司马南叔匜③，现藏山东博物馆。南叔匜形制、纹饰特征与陕西韩城梁带村芮国墓地M300∶35④、河南三门峡虢国墓地M1601∶16⑤等西周晚期青铜匜酷似，年代也应相当。其铭文曰："司马南叔作□姬媵匜，子子孙孙永宝用享。"可知作器者南叔曾任司马之职，匜为其嫁女所铸的铜器之一，而出土地当是其女□姬的夫家之所在。今山东莒县为周代莒国的势力范围，就地望而言，□姬有可能是嫁于莒国贵族为妻的南叔之女。

山东距关中较远，在古代的交通、信息条件下，在王室任职的高级贵族南叔，千里迢迢嫁女于莒国普通贵族的可能性不大。因此，南叔应非任职于周室，而可能是莒国或附近其他诸侯国的司马。《左传·昭公》载孔子有弟子名南宫敬叔，曾随其师至周室问道于老子。另外，宋国也有名南宫长万的大夫等。鲁、宋都距莒国不远，他们很有可能是西周南叔家族的后裔。此匜铭文说明西周南宫氏小宗的一支——南叔家族，可能是随着西周早期诸侯的分封，或其他机缘迁徙到了山东一带，并与东夷系统

---

① 庞怀靖等：《陕西省岐山县董家村西周铜器窖穴发掘简报》，《文物》1976年第5期。
② 吴镇烽：《商周金文暨图像集成》，上海古籍出版社，2012年，05103。
③ 山东省博物馆：《山东金文集成》，齐鲁书社，2010年，第714。
④ 陕西省考古研究院、上海博物馆等：《金玉华年——陕西韩城出土周代芮国文物珍品》，上海书画出版社，2012年。
⑤ 中国科学院考古研究所：《上村岭虢国墓地》，科学出版社，1959年，图版39.1。

莒国联姻。

西周南季家族的铜器，至今也只1见，为传世的南季鼎，现藏北京故宫博物院[①]，自清代以来屡见著录。该鼎形制纹饰为西周中期，铭文曰："唯五月既生霸庚午，伯俗父右南季，王赐赤󰀁市（韍），玄衣，黹纯，銮旗。曰：'用左右俗父司寇。'南季拜稽首，对扬王休，用作宝鼎，其万年子子孙孙永用。"从知此南季是周王室大臣伯俗父的属下，受王命辅佐司寇俗父，级别显然亦不甚高，与伯、仲两家的地位有不小的差距。这也清楚地反映了西周宗法制度的主要特点，一个家族内的大宗和小宗之间，存在着明显的社会地位差别。而作为家族小宗的南季氏在王室毕竟也能获得一定司职，出任司寇的副手，仍可能是得益于南宫家族在周初的影响。从历史文献中，还能发现该家族延续较久的线索，《左传·隐公九年》载："春，天子使南季来聘。"表明南季家族与王室多有联系，可能追随平王东迁至洛邑，并有人在东周王室任职。

五、结　语

本文通过考古资料和历史文献的梳理，初步揭示了西周南宫家族发展的基本脉络。周初名臣南宫适作为姬姓宗亲，深得周王室的信任和重视，不仅跻身为姬周王室的核心成员，其家族也成为西周的名门望族，曾活跃于西周一代甚至更为久远。其子孙后辈中显然以伯、仲两支最为尊显，分别继承了汉东的曾国之封坐镇国之南土，和承袭王朝的爵位代享尊荣。周王朝经营江汉地区，曾国和南仲氏当是内外的两大支柱。出则调动曾国之师御敌，或驻跸于曾，入则命南仲带兵出征，或收南国之赋贡。在一定的程度上，这应是考虑了两者关系的安排。属于小宗的叔、季两支，自然不能是西周王朝的显贵，但他们也能随着诸侯分封，迁居东方为列国股肱，或留居王畿而获一定的爵位，都具有贵族之身份。

因此，南宫家族谱系的分析，不仅揭示了一个典型的西周世族发展的大体脉络，也较好地展现了以血缘为中心的西周宗法社会结构的基本特征，并补充了历史文献记载的不足。

附记：《江汉考古》的陈丽新主任提供了修改后的叶象山墓地平面分布图，特此致谢。

[①] 中国社会科学院考古研究所：《殷周金文集成》，中华书局，2007年，第02781。

陈庄西周城址性质分析

张国硕

(郑州大学历史学院)

高青陈庄西周遗址[①]是目前山东地区发现最早的西周城址，在多个方面填补了山东地区两周考古的空白，一经发现便引起学界的高度关注[②]，被评为"2009年全国考古十大新发现"当之无愧。陈庄西周城址规格高。这里发现有大型城垣和护城壕、夯土祭坛、大中型墓葬、车马坑、马坑等遗迹，出土鼎、簋、觚、爵、尊、卣、盉等青铜礼器以及刻辞卜甲、玉器等珍贵遗物，青铜器铭文有"齐公"字样，充分说明此遗址的性质绝非一般聚落，与早期齐国公室关系密切是学界公认的。关于陈庄西周城址的具体性质，学界众说纷纭，主要有"营丘说"[③]"陵园说"[④]"丰（豊）邑说"[⑤]"军事重镇说"[⑥]等。分析发现，这些观点皆有一定的依据，但也有诸多不足、疑窦或可商榷之处。从目前所见材料来看，该遗址性质应较为复杂，可能经历了由齐国辅都、临时性都城到一般环壕聚落的演变。

一、营丘说分析

陈庄西周城址规模较大，城址规格较高，遗存丰富。经勘探，该遗址东西长约350

[①] 郑同修等：《山东高青陈庄西周遗址考古发掘获重大成果》，《中国文物报》2010年2月5日。山东省文物考古研究所：《山东高青陈庄西周遗址》，《考古》2010年第8期。《山东高青县陈庄西周遗存发掘简报》，《考古》2011年第2期。

[②] 李学勤等：《山东高青县陈庄西周遗址笔谈》，《考古》2011年第2期。《"甲骨学暨高青陈庄西周城址重大发现国际学术研讨会"在山东高青召开》，《中国文物报》2012年8月8日。

[③] 王恩田：《高青陈庄西周遗址与齐都营丘》，《管子学刊》2010年第3期。

[④] 任相宏、张光明：《高青陈庄遗址M18出土丰簋铭文考释及相关问题探讨》，《管子学刊》2010年第2期。

[⑤] 方辉：《高青陈庄铜器铭文与城址性质考》，《管子学刊》2010年第3期。孙敬明：《陈庄金文卜辞小笺》，《中国文物报》2010年4月2日。

[⑥] 魏成敏：《陈庄西周城与齐国早期都城》，《管子学刊》2010年第3期。王树明：《山东省高青县陈庄西周城址周人设防薄姑说》，《管子学刊》2010年第4期。

米，南北宽约300米，总面积约9万平方米。城址近方形，城内东西、南北间距各约180多米，城内面积不足4万平方米。东、北两面城墙保存略好，尚存高约0.4~1.2、顶部宽约6~7、底部宽约9~10米。西墙大部分尚存，残高不足0.4米。南墙基本被水冲掉，局部仅存底部。东南、西北及西南拐角也遭破坏。南墙中部应有一个城门。墙体四周有壕沟环绕，与城墙间距2~4米。城内发现大量灰坑、窖穴及房基、道路、水井、陶窑等生活遗迹，以及西周时期的贵族墓葬、车马坑、祭祀台基等重要遗迹。除出土了大量陶器、蚌器、骨器外，还有50余件青铜器，其中近10件有铭文，有"齐公"二字。另有少量精美玉器及蚌、贝串饰等。陈庄城址的年代为西周早中期，又位于齐国的畿内地，故学者联想到齐国早期都城营丘是很自然的事。但据此就把其定性为"齐都营丘"必然产生诸多疑窦：

第一，营丘作为齐都从周初到胡公时期，经历大约200余年的时间，城市当有一定程度的发展变化，其规模应较大，文化内涵应很丰富，绝非一般城邑可比；但陈庄西周遗址总面积约9万平方米，城内面积不足4万平方米，文化内涵相对简单，与北京琉璃河燕国都城遗址等其他西周诸侯城址相比规模要小得多，与一般认为的齐都营丘应具有的规模、内涵不相称。

第二，尽管《史记·齐太公世家》记载周公就国的过程有一定的演绎、发挥的成分，但营丘位置"边莱"当没有大的疑问，莱之方位偏东、偏南，当在临淄以东、以南地区；而陈庄西周遗址位于高青县城西南12千米处，东南距离临淄超过60千米，并非与莱相邻，与莱国当有相当长的间距，二者方位明显不合。

第三，《史记·齐太公世家》记载齐太公就国，莱侯与其争营丘，可见营丘作为地名在周初早已存在，而非由于新建陈庄遗址大型夯土台基而得名"营丘"。若陈庄遗址大型夯土台基是所谓的"营丘"，那么其建造年代应为西周武王或成王时期之前，或即商代晚期，但考古发掘尚未发现这方面的支持材料。

第四，因齐都称之为"营丘"，说明城区所在地势应较高。《说文》云："丘，土之高也，非人所为也。"《广雅》云："小陵曰丘。"可知"丘"应是自然形成的小山丘。那么营丘之地貌应属于高岗之地或小山丘、丘陵。而陈庄一带为地势平坦的鲁北平原，地貌条件也与营丘不符合。

因此，陈庄西周遗址是齐都营丘的可能性不大。

二、陵园说分析

陈庄西周遗址已发现有14座墓葬，位于城内中部偏南和东南部。长方形竖穴土坑墓9座、甲字形大墓2座、小型瓮棺葬3座，其中6座为出有青铜器的贵族墓葬。墓圹长多在3.5~5、宽2.5~3.5、深5~8米。大多一棺一椁。随葬陶器、铜器多在头端的棺、椁之间或棺外的器物箱内。个别棺内有少量玉器或贝、蚌串饰。马坑共5座，集中发现于西发掘区大墓及夯土台基之间，皆为长方形竖穴土坑，直壁，平底。坑内仅有马骨，无马具或马饰。坑内的马骨均有意摆设，其中3座马坑马头朝南，面向南或东南，四肢蜷曲，分成两排侧卧，左右紧密相邻，四肢与相邻马均有不同程度的交叉或叠压。坑内葬马数量不一，其中8匹马的坑2座、6匹马的坑2座、2匹马的坑1座。此地有大型墓葬，也有中小墓葬，还有马坑，且这些墓葬和马坑占据城内东南部较大面积，共同构成了一联系密切的西周贵族墓地。但单纯用"陵园说"概括该遗址的整体性质是不合适的，原因有四：

第一，通常情况下商代晚期和西周时期的墓葬区或陵园并不专门用大型城垣将其包围起来，其外侧更不开挖宽阔的护城壕；极个别建有围墙（如周公庙遗址墓葬区），但城垣并不宽厚，也无护城壕。即便是东周以后也很少见到墓葬区建有围墙的现象，陕西凤翔秦公陵园区仅用隍壕圈围。但陈庄西周遗址不仅建造有大型夯土城垣，而且城垣宽厚，底部宽达9~10米，在城垣四周还普遍开挖有宽达20余米的护城壕。单纯为了卫护已死去先人墓葬不受破坏，并非为了保护城市居民生命与财产的安全，而大动干戈建造大型城垣和护城壕沟，这样的目的与动机之可能性值得怀疑。

第二，商周时期王陵区或陵园一般位于都城范围内或附近，相当多的墓葬区位于城内，脱离都城单独存在的陵园是很少见的。周公庙遗址除了大型墓葬外，还有大型建筑基址和手工业作坊，显然其性质应为周公封邑而非单独的陵园。

第三，若是陵园性质，园内举办祭祀活动和其他活动应围绕墓主人和墓葬进行；而陈庄西周遗址城内中部偏南建造有与祭天或社祭有关的大型祭坛，显然与祭祀祖先的墓祭活动关系不大。

第四，在陈庄西周遗址城内清理出一定数量的房基、上千座的灰坑与窖穴以及道路、水井、陶窑等遗迹，显示出与陵园不一样的普通居民生活气息。

因此，"陵园说"可能有以偏概全之嫌。

三、丰（豐）邑说分析

尽管陈庄西周遗址不具备齐都营丘的条件，且发现有"丰"做器的青铜铭文，但根据这些就把其定性为"丰邑"，许多问题当无法解释。

该遗址发现有大中型墓葬和车马坑、马坑，尤其是有2座带墓道的"甲"字形大墓（M35、M36），墓主人应该是诸侯国君的级别。这里建造有大型祭坛，墓葬（M18）中出土带有"齐公"铭文的青铜簋，这样特点反映出该遗址规格应较高，与一般封邑的风格是不一致的。若否定这些大中型墓葬的主人非齐公，把陈庄西周遗址定性为丰之封邑，那么其主人在西周早期地位当不至于十分显赫，肯定无法与周公等重臣相比,最多是一个卿大夫的级别,其封邑不应该有如此高的规格。

M18"丰启作厥祖甲齐公宝尊彝"的铭文明确标出丰之祖父为"齐公甲","齐公"当为齐国国君,王恩田先生认为丰即是齐国第三位国君齐乙公得。M35《引簋》铭文记载"引"在某太室受到周王的接见,让其统领齐国的军队,并赏赐彤弓、彤矢、马匹等物,如此高的规格、待遇,让人们把其地位不往齐国国君方面联想、而仅仅相信其为一般的丰邑是很困难的。

四、军事重镇说分析

陈庄西周遗址与其他西周城址相比规模要小。围绕遗址有面积不足3万平方米的城垣,具有一定的军事重镇色彩。但仅用"军事城堡"或"军事重镇"是涵盖不了其整体性质的。

陈庄城址的规格与一般军事重镇应具有的特点不相符。夯土祭坛、大中型墓葬、车马坑等遗迹的存在和青铜礼器、刻辞卜甲、玉器等珍贵遗物的出土,说明其性质具有较高的等级。一般来说,若一个地方是纯粹的军事城堡或军事重镇而不具备政治中心的功能,那么当地最高统治者应该是一军事首领而非齐国国君,前者是享受不了像陈庄遗址如此高规格待遇的,而且祭天或社祭活动似乎也不应是军事首领的职责范围,更没有必要耗费大量的人力、物力建造大规模的祭坛,而应把主要精力放在构筑牢固的军事防御设施上。

此外,中国古代都城尤其是辅都或别都,除了政治中心的功能之外,大多还扮演着军事中心的角色,故都城军事色彩浓厚是很正常的现象。

因此,"军事城堡说"或"军事重镇说"可能低估了陈庄西周遗址的性质和功能。

五、陈庄遗址的性质演变

关于齐国早期都城,《史记·齐太公世家》云:"哀公时,纪侯谮之周,周烹哀公而立其弟静,是为胡公。胡公徙都薄姑,而当周夷王之时。哀公之同母少弟山怨胡公,乃与其党率营丘人袭攻杀胡公而自立,是为献公。献公元年,尽逐胡公子,因徙薄姑都,治临淄。"这里明确记载早期齐都先后经历营丘、薄姑、临淄。

关于营丘、薄姑、临淄三都之地望,临淄在今淄博市临淄区历来无异议,前两者地望有争议,或认为营丘、临淄是一地。由于考古材料显示临淄齐国故城不见西周早期文化遗存，其建造年代较晚，故营丘与临淄不应是一地①，而应是西周早、晚齐都之关系。

薄姑或蒲姑是商代后期的方国，其都城一般认为是在今博兴县境内。因薄姑参加了以武庚为首的叛乱，周公平叛，薄姑遭遇惨败，受到灭国、毁社、迁君、徙民的严厉惩罚，其故都当被完全毁弃而无法被齐国继续使用。西周齐国设立的薄姑都城，当因其位于薄姑故地范围内而得名，并不一定要建在薄姑故都一带。从文献看，胡公迁都薄姑的原因可能与避开纪侯的诬陷、迫害以及营丘哀公残余敌对势力有关。纪在淄水以东的寿光一带，胡公迁都，当不会往东而应向西，故齐都薄姑当在偏西方的原薄姑方国故地范围内。

营丘在什么地方，历来有诸多不同意见。按情理来说，符合齐地、"边莱"、岗阜地貌等三个条件的地方最有可能是营丘所在。传统观点之一认为营丘即"营陵"，位于今淄博市东南的昌乐县境内②，符合上述三项条件。

准上分析判断，陈庄西周遗址既非单纯的陵园、军事城堡或军事重镇，也不应是低级别的丰邑所在，又与齐都营丘应具有的特征不相称。那么，其性质到底如何？有学者另辟蹊径，认为陈庄西周遗址是齐国的"别都或辅都"③，此思路是有一定道理的。深度、全面分析可以发现，陈庄西周遗址为齐国早期辅都的可能性很大。因别都是指并存的不同都城，相互之间不一定要有主次之分；而辅都即辅助性都城，是主都之外的另一政治、军事中心，与主都相比具有规模稍小、规格要低、存在时间短、位置稍偏远等特点，故把陈庄西周遗址定性为"齐之别都"不如定性为"齐之辅都"更恰当、更确切。主辅都并存在夏商时代屡现。西周时期周王朝推行的就是主辅都制度，主都镐京与辅都洛邑并存，这种都城制度对齐国应有一定的参考和借鉴作用。陈庄城址时代为西周早中期，规格较高，文化遗存与齐国国君关系密切，具备政治、军事中心的功能；但城址规模略小，居住人口较小，军事色彩相对浓厚，故又具有辅都的特点。因此，不排除这样的可能性：早期齐国立国未稳，控制区域又相对较广，薄姑等东夷敌对势力非常强大。为稳定局势和便于统治，齐国在淄水以东某地建立主都营丘之后不太久的时间内，又在其西北方约百千米的薄姑故地范围内的陈庄一带建立一辅助性的都城，作为控制薄姑故地以及今鲁北地区的政治、军事中心，齐公及贵族根据情势需要驻跸于此，或死葬当地。

准陈庄西周遗址为早期齐国之辅都，那么因其位于原薄姑故地范围内，其名称即为"薄姑"的可能性甚大。文献记载齐国公室发生王位之争，周夷王烹哀公并册立其

---

① 张建华、郑重华：《营丘临淄一地说质疑》，《东夷古国史研究》（第二辑），三秦出版社，1990年。
② 《汉书·地理志》北海郡营陵条引应劭注。
③ 徐学琳：《高青陈庄西周城址性质探讨》，《管子学刊》2011年第1期。

弟胡公静，胡公徙都"薄姑"，献公（西周晚期周夷王时期）之后徙都临淄，不再迁都。这条记载透漏出几个信息：一是薄姑当不是不毛之地，应具备一定的基本设施供统治者使用，否则胡公不可能在动乱的环境下短时间内即徙都之。二是都城营丘由于战乱很可能遭到很大程度的毁坏，已不再适宜作为齐都，献公另辟生态环境优越的临淄作为齐国的都城。三是献公之后可能是薄姑都城存在年代的转折时期，应当不再具备都城或辅都的地位和功能。从考古材料来看，作为辅都的陈庄西周遗址显然具备胡公临时性都城的基本条件。临淄齐国都城的始建年代为西周晚期，不见西周早中期的文化遗存，这与献公以前齐国未以临淄为都的特点是一致的。陈庄西周城址的存在年代为西周早中期，废弃于西周晚期偏早，年代与献公之后徙都临淄接近，也许正是其辅都地位丧失的真实反映。

经历了西周早中期的辉煌，到西周晚期，陈庄遗址开始衰落，成为齐国都城临淄以西一处带有环壕的普通聚落，城墙被毁弃，不见大型贵族墓葬，多见普通遗迹。东周时期，陈庄遗址仍然为一般聚落，地位较低。

六、结　语

综上所述，依据现有考古材料分析判断，陈庄西周遗址可能为齐国都城营丘之西北外围为控制薄姑故地和鲁北地区而设立的一个具有政治、军事中心功能的辅都——薄姑，始建于西周早期偏晚，废弃于西周晚期偏早；齐胡公时曾短期徙都于此；西周晚期至东周时期，陈庄遗址沦落为齐国的一般环壕聚落性质。

西周时期的"丰"

曹 玮

（陕西师范大学历史文化学院）

在过去我们曾论述过西周金文中的丰不是文王建都的都城，由于文章篇幅的限制，对金文中的"丰"与古文献中的"丰"的论述并不充分，在文章发表之后，上海博物馆发表的楚简也有内容涉及这一问题，并为这一问题的探讨增加了的新材料。所以，在这里重新检讨过去的研究，如有谬误，敬请方家指正。

一、有关金文中"丰"的研究

在过去的研究中，经常把金文中的"丯"与丰联系起来，如郭沫若先生在小臣宅簋的释文中指出："丰盖丰沛之丰，丰或说为丰京，然丰京之丰金文作丯，且必系以京字，与此有异。"[①]蔡运章、陈长安先生根据金文材料著文《丰国铜器及相关问题》，将西周时期的丰国分成姬姓丰国、姜姓丰国和戎狄丰国，主张姬姓丰国在周的旧都丰邑，地在今陕西长安县沣河以西一带；姜姓丰国在山东济宁一带；并推测戎狄丰国于西周晚期占领周人旧都丰邑为其国都，号称丰国，直至公元前750年，为秦人战败而退出岐丰之地[②]。

宝鸡竹园沟七号墓内出土了丰公䀠鼎，卢连成、胡智生二位先生在报告的结语中指出："丰公应为西周畿内重要诸侯。"并依据王盉铭文中判断丰为妊姓，与其他异姓诸侯一样，分散在王畿之地内[③]。我们同意蔡陈二位先生的观点，并著文阐述西周时期金文中的"丰"不是指文王时期的都城[④]。

上海博物馆战国楚简书（二）载《容成氏》中有这样一段话："……于是乎九邦叛之：丰、镐、郍、䢜于、鹿、耆、崇、密须氏。文王闻之，曰：'虽君亡道，臣敢勿

---

① 郭沫若：《两周金文辞大系考释》小臣宅簋条，载《郭沫若全集》考古编（8），科学出版社，2002年，68页。
② 蔡运章、陈长安：《丰国铜器及相关问题》，《考古与文物》1983年第6期。
③ 宝鸡市博物馆：《宝鸡㚲国墓地》，文物出版社，1988年，421页。
④ 曹玮：《也论金文中的"周"》，《考古学研究》（五），科学出版社，2003年。

事乎？虽父亡道，子敢勿事乎？孰天子而可反？'受闻之，乃出文王于夏台之下而问焉，曰：'九邦者亓可来乎？'文王曰：'可。'文王于是乎素端褰裳以行九邦，七邦来服，丰、镐不服。……"① 丰镐是作为两个国家来界定的，时间早于文王建立丰京之时。

二、金文和出土材料中的"丰"

作为封邑的"丰"，一是姬姓之"丰"，为文王之子的封邑；至少还有一处是非姬姓之"丰"，如妊姓之"丰"。

如果金文中的"周"指文王建立的都城，那么金文中的"丰"所指之地是什么，我们以为当是文王之子的封邑或封国。

丰，金文写作或豐，（为方便期间，下文都写作丰），殷商时期为地名或方国名，商代甲骨文有"甲寅卜乙王其田于丰以戍擒"②、"癸未卜永贞：旬无祸？七日乙丑，𠂤友化乎告曰：舌方征于我奠丰，七月。二告"③的记载。

商代末期，周的势力不断壮大，文王时开始了剿伐商王朝的历程，先后伐灭了犬戎、密须、耆国、邘、崇等国。将都邑迁至丰地，文王在丰地建宫做室，筑造城垣，为周人的壮大开辟了新的基地，《诗·大雅·文王有声》记载了这段史实："文王受命，有此武功，既伐于崇，作邑于丰。文王烝哉！筑城伊淢，作丰伊匹，匪棘其欲，遹追来孝。王后烝哉！王公伊濯，维丰之垣。四方攸同，王后维翰。"这段史实是后来儒家在歌颂文王时引用最多的一段文字。先秦文献记载这一史实的时候也没有再超过这段话的范围，它是众多说法的蓝本。

文王灭崇后在丰地作邑，说明文王作邑之前，那个地方当时就叫做丰，《史记正义》云："虞、夏、商、周皆有崇国，崇国盖在丰镐之间。诗云：'既伐于崇，作邑于丰'，是国之地也。"崔述以为："丰者，崇之境也，故《诗》云'既伐于崇，作邑于丰。'"④ 顾栋高认为："丰本商崇侯虎地。"⑤ 它可能是商代崇国的一部分，也可能是附属商代崇国的一个小方国。这个"丰"与商代甲骨文记载的"丰"是否为一地，不详。有学者以为商代甲骨文中的"丰"在山西屯留县西南四十里的丰仪镇⑥，可备一说。《诗·大雅·文王有声》前文叙述文王在丰地作邑，筑城立宫室，建立新的

---

① 马承源：《上海博物馆藏战国楚竹书》（二）第45~47简，上海古籍出版社，2002年。
② 许进雄：《怀特氏等收藏甲骨文集》一四四四，加拿大皇家安大略博物馆出版，1979年。
③ 《甲骨文合集》六〇六八正。
④ 崔述：《丰镐考信录》卷之一。
⑤ 顾栋高：《春秋大事年表》（五），《春秋列国爵姓及存灭表》。
⑥ 郑杰祥：《商代地理概论》，中州古籍出版社，1994年，307页。

都城；后文又谈"镐京辟廱"，说明二地相距不远，地望应该在现西安的长安县和户县一带。这是文献中"丰"的地望所在。

除此之外，文献记载，西周时期还有作为封邑的"丰"。这个"丰"不是文王的都城，而是文王之子的封邑，这一点在文献中记载明确。《左传》僖公廿四年，富辰之语："管、蔡、郕、霍、鲁、卫、毛、聃、郜、雍、曹、滕、毕、原、丰、郇，文之昭也。"丰是文王之子的封国。顾栋高《春秋大事年表》五云："文王灭崇，作丰邑，武王封其弟为丰侯。《竹书纪年》成王十九年黜丰侯，自是绝封。"杨伯峻《春秋左传注》云："后汉崔骃《酒箴》云：'丰侯沈酒，荷罂负缶。自僇于世，图形戒后。'李尤铭云：'丰侯荒缪，醉乱迷逸。乃象其形，为酒戒式。'则丰侯以好酒被黜。"文献记载的这个酗酒丧国之"丰侯"当是文王之子、武王之弟。从《左传》等先秦的文献中，知道当时对"丰"地是十分清楚的。但两汉以后，不仅将文王的都城与其子的封邑混淆，随着沣河两岸作为中心区域的地位沦丧殆尽，更让人扑朔迷离，搞不清楚了。幸亏西周金文中保留了西周时期的史实，有助于我们明辨文王之都和其子封邑的区分。

西周的金文中有"丰"地。

小臣宅簋："同公在丰，命宅事伯懋父，伯锡小臣宅画盾、戈九、昜、金车、馬兩"。

乍册𩵦卣："隹公大史见服于宗周年，在二月既望乙亥，公大史见服于辟王，辨于多正，口四月既生霸庚午，王遣公大史，公大史在丰，赏乍册𩵦马。"

痪鼎铭云："王才丰，王乎虢叔召痪，锡驹两。"

裘卫盉铭文记："王禹旂于丰。"

以上四器铭文中的丰只能判断为是一个具体的地名；从这些器的时代上看，丰自西周早期至晚期都存在着。裘卫盉铭记："王禹旂于丰"，周原甲骨H11：112有"禹中"，亦为禹旂一事，"是癸祀册命之礼的一项仪注，可能与《司常》所说王于祭祀时建大常类似。"[①]另外，传世品太保玉戈铭文"王在丰，令大保省南国"之丰，亦是作为具体的地名，玉戈的时代当是周初[②]。

元年师旋簋："王才减应，甲寅，王各庙，即位，遅公入右师旋即位中廷，王乎乍册尹册命师旋曰：备于大左，官嗣丰還左右师氏。锡汝赤巿、冋黄、麗鞍，敬夙夕用事。"

郭沫若先生将"還"读作苑，"官嗣丰還左右师氏"意为管理丰苑的左右师氏[③]。

---

① 李学勤：《周文王时期卜甲与商周文化关系》，《人文杂志》1988年第2期。
② 陈梦家：《西周铜器断代》（二），《考古学报》（第十册），1955年，98页。庞怀靖：《跋太保玉戈——兼论召公奭的有关问题》，《考古与文物》1986年第1期。
③ 中国科学院考古研究所：《长安张家坡西周铜器群》，文物出版社，1965年。

李家浩先生认为"還"读作"縣","丰還"即"丰縣",意为国都之"縣","指王畿以内国都以外的地区或城邑四周的地区。到春秋战国时期,就逐渐演变为'郡县'之'县',指隶属于国都、大城或郡的一种邑。"①我们以为李先生的论证极是。这里需要强调的是,丰县是"指王畿以内国都以外的地区或城邑四周的地区之地",它应在王都周围或紧挨着王都,但并不指王的都城。

申簋铭文云:"王才周康宫即位,益公入右申(立)中廷,王命尹册命申:更乃祖考胥大祝,官嗣丰人眔九戏祝。锡汝赤巿、紊黄、銮旂用事"。

"丰人眔九戏祝"只是受申所司管的官吏。也有学者认为"丰人"并不一定是一种职官。②

丰伯车父簋铭云:"丰伯车父乍尊簋"。

丰兮夷簋铭云:"丰兮夷作朕皇考尊簋"。

丰是伯车夫所在之国;丰伯车父、丰兮夷都是以其封地为氏名。

吴虎鼎铭文有"善夫丰生"③,有学者认为这个"丰"不是自己的国家或采邑之名,因为"丰"是丰生舅舅家的国名④;也有学者认为当是自己国家或采邑之名,因为"凡生字前所置一字,都为国名或采邑名,这是西周小国国君或采邑之主取名的习俗。这种习俗主要流行于西周中期,至晚期还有个别发现"⑤。

西周金文中所表现出的诸侯封地之"丰"不只一处。据铭文分析,应有姬姓之"丰"和非姬姓之"丰":

(1)憻季遽父尊、卣铭云:"憻季遽父乍丰姬宝尊彝",此器当是憻季遽父为亡妻丰姬所作之器,丰是憻季遽父亡妻所在国名,姬是憻季遽父亡妻之姓,可证丰姬之母国当为姬姓之国。丰井叔鼎铭云:"丰井叔乍伯姬尊簋,其万年子子孙孙永宝用","井"或写作邢,为周公的后裔,即为《左传》僖公二十四年所记:"凡、蒋、邢、茅、胙、祭,周公之胤也"之邢。因此,丰井叔之"丰"与丰姬之"丰"一样,当是姬姓之丰。姬姓之丰地,大概还在沣河西岸。蔡运章、陈长安二位先生主张武王迁镐后,将把自己的兄弟分封到旧都丰邑,世为丰侯,"姬姓丰国的地望当在周的旧都丰邑,地在今陕西长安县沣河以西一带。"⑥这与我们的看法相似,但我们主张文王所建之都并未废弃,姬姓丰国应是建在商之丰地、文王旧都之旁。

---

① 李家浩:《先秦文字中的"縣"》,《文史》(第二十八辑),中华书局。
② 张亚初、刘雨:《西周金文官职研究》,中华书局,1986年,36页。
③ 穆晓军:《陕西长安县出土西周吴虎鼎》,《考古与文物》,1998年第3期。
④ 林沄:《 生簋新释》,《古文字研究》(第三辑),中华书局,1980年。张亚初:《两周铭文所见某生考》,《考古与文物》1983年第5期。
⑤ 马承源:《戎生钟铭文的探讨》,《保利藏金——保利博物馆精品选》,岭南美术出版社,1999年,361页。
⑥ 蔡运章、陈长安:《丰国铜器及相关问题》,《考古与文物》1983年第6期。

（2）辅伯甗父鼎铭云："辅伯甗父乍丰孟妘媵鼎"，这是辅伯甗父为出嫁给丰国的女儿作器，丰国是否为姬姓，不可知。王盉铭云："王乍丰妊单宝盘盉"，当是周王为妻作器。其妻是丰国之女，可证此"丰"国当为妊姓。冉方鼎铭文云："隹周公于征伐东夷、丰伯、尃古，咸戈。"陈梦家先生以为此器上的"丰伯"即丰伯车父簋之"丰伯车父"，因东夷、尃古均属山东境内的古国，故陈先生断定丰亦在山东境内。陈先生说："丰伯亦见丰伯车父簋（《捃古录》23.28），系西周晚期器。……《济宁州金石志》载扬石卿跋，据《射礼》注古丰国之君云云，谓：'丰为国，伯爵，车父字'。此簋若出济宁，则古丰国在今曲阜之西南方。"①但唐兰先生以为这个丰是姬姓之丰。他说："《左传》僖公廿四年说：'管、蔡、郕、霍、鲁、卫、毛、聃、郜、雍、曹、滕、毕、原、丰、郇，文之昭也。'是文王之子有被封于丰国的，旧称即文王所作丰邑，按丰为旧都，如何能别封。据此铭知当是原属东夷之国，为周公所灭后，才用来封同姓的。……其国当在汉代沛郡之丰县，今江苏省北部的丰县，在曲阜之南。"②我们以为，陈梦家先生的说法是对的。这是因为，《诗》云文王作邑于丰，只是说文王在丰地作邑，并没有说作好的邑称作丰；"作邑于丰"和"作邑称丰"是两个不同的概念，这也正是两汉以后的文献经常混淆的原因所在。其次，从冉方鼎铭文知道，"丰伯"之丰国在周初被周公所灭，而"文王之昭"的姬姓之丰国于武王之时就已受封，早于东夷之"丰伯"被灭的时间；如果按唐先生的说法，丰伯车父是灭东夷之丰伯后再封姬姓之丰伯，而姬姓之丰伯于成王时就已被罢黜。这在时间上与其不甚相符，所以说东夷之丰国非文王之后裔。是否为妊姓，无从可考。蔡运章、陈长安二位先生也主张非姬姓丰国中有姜姓丰国和戎狄丰国③。

于先秦时期，现代意义上的国家之"国"，写作"邦"，如大盂鼎铭云："才斌嗣玟作邦"；录伯戒簋铭云："自乃祖考有爵于周邦"，都是作为国家来讲的。作为首都意义上的"都"文献则写作"国"，《左传》隐公元年祭仲之语："都，城过百雉，国之害也。"文献中的都，一是指大的城邑，如《左传》定公十二年："仲由为季氏宰，将堕三都，于是叔孙氏堕郈。"三都，指鲁三桓之采邑：季孙氏之费、叔孙氏之郈、孟孙氏之成。此种意义上的都，有一定的规模，但不能超过国都。其次，都有时也指国都。《左传》成公九年，"冬十一月，楚子重自陈伐莒，围渠丘。渠丘城恶，众溃，奔莒。戊申，楚人渠丘。……楚师围莒，莒城亦恶，庚申，莒溃。楚遂入郓，莒无备故也。"这段历史在《左传》中被称之为"楚克其三都"④，三都中的莒，即是莒国国都之名。按《左传》书法："凡邑，有宗庙先君之主曰都，无曰邑；邑曰

---

① 陈梦家：《西周铜器断代》（一），《考古学报》（第九册），1955年，168页。
② 唐兰：《西周青铜器铭文分代史徵》42页，中华书局，1986年。
③ 蔡运章、陈长安：《丰国铜器及相关问题》，《考古与文物》1983年第6期。
④ 《左传·成公九年》。

筑，都曰城。"①清代学者金鹗对此解释说："世儒或疑之，窃谓此言自可信也。先君之庙有二，公卿大夫之采邑得立太祖庙，采邑若不废，庙亦不毁；士无太祖，是无先君之庙矣。亲王子弟采邑，有赐之得立出王庙者，是亦先君庙也。……故王国公卿采邑称大都，大夫采邑称小都，士则称邑而已。侯国卿之采邑得称都，大夫士则称邑而已。尊卑之别如此。若通而言之，都亦可称邑……邑亦可称都。"②这一差别是当时礼制所要求的。如果追溯这一说法之源流的话，应始于西周。

在西周金文中，我们没有看到于"丰"地设有宗庙的实例，这与文献对"丰"地的解释相距较大。小臣宅簋讲的是西周初年时，同公命小臣宅事伯懋父，并赐物；裘卫盉铭文云周王在丰地举行"禹旂"之礼，唐兰先生以为"'禹旂'是举旗，与建旗意义相近。举旗当是朝会诸侯。"③清代学者金鹗以为，会同之礼大概有四方面：一是王将有征讨，会一方诸侯；二是王不巡守，四方诸侯皆会于京师；三是王巡守诸侯，会于方岳；四是王不巡守，而殷国诸侯毕会于近畿。朝会诸侯不一定在国都进行。如《左传》庄公十五年，"春，齐侯、宋公、陈侯、卫侯、郑伯会于鄄。"庄公十六年"冬，十有二月，会齐侯、宋公、陈侯、卫侯、郑伯、许男、滑伯、滕子同盟于幽。"庄公廿七年"夏，六月，公会齐侯、宋公、陈侯、郑伯同盟于幽。"鄄是卫国之地；幽是宋国之地，均是小地名，并非国都。由此可知朝会之地并不是固定的。西周早期的作册䰜卣和西周中期的瘨鼎是王使人赏赐下属马或者驹。这些似乎与祭祀先祖、封侯册命等礼节并无多大关系，并不需要在有宗庙之地举行。正如林沄先生所说的那样，"一方面强调的都是祭祀中心，另一方面强调了都有城墙。"④祭祀是国家的大事，其意主要是强调血缘关系。在宗法制度下的西周王朝，血缘是维系统治的纽带，而祭祀则是这种纽带表现的形式。西周金文中的"丰"，没有表现宗庙的记录，一方面反映了丰不具备作为都城的条件，同时又印证了《左传》之语。

最后，还有一点需要补充的是，先秦文献尤其是较早的文献里，如《诗》，有关"丰"的记载，只是说"丰"，并无"丰京"或"丰都"的称呼。不若武王所立的都城"镐"，称之为"镐"，又称之为"镐京"。《诗·大雅·文王有声》："镐京辟雍，自西自东，自南自北，无思不服。皇王烝哉！考卜维王，宅是镐京。维龟正之，武王成之。武王烝哉。"这又从另一个侧面反映了无论是姬姓或非姬姓之"丰"，在西周时都只是一个封国；而都城与封国的区别，在金文、甲骨文中"镐"或"蒿"与"丰"的表述上则体现出来。

---

① 《左传·庄公二十八年》。
② 金鹗：《求古录礼说》，《清经解续编》（三）卷六百七十一，上海书店，1988年。
③ 唐兰：《陕西省岐山县董家村新出西周重要铜器铭辞的译文和注释》，《文物》1976年第5期。
④ 林沄：《关于中国早期国家形式的几个问题》，《吉林大学学报》（社会科学版）1986年第6期。

由上述可知金文中的"丰"不是文王时期的都城；作为封邑的"丰"，一是姬姓之"丰"，为文王之子的封邑；至少还有一处是非姬姓之"丰"，如妊姓之"丰"。那么，文王在"丰"地所作之邑的都城于金文中称之为什么，我们以为应是金文中的常见的"周"。

春秋秦车的武备与工具

梁　云

（西北大学文化遗产学院）

春秋时期车战的规模远超前代，当时习惯以战车的乘数衡量国力的强弱，即所谓的"万乘之国""千乘之国""百乘之家"。城濮之战，晋一次投入战车700乘（《左传·僖公二十八年》）；鞍之战，又投入战车800乘（《左传·昭公十三年》）。楚灵王曾说"今我大城陈、蔡、不羹，赋皆千乘"（《左传·昭公十二年》），楚全国当有万乘战车。秦国的战车也不在少数，后子鍼奔晋，"其车千乘"（《左传·昭公元年》）；秦哀公救楚，发战车500乘（《左传·定公五年》）。当时的秦国即便稍逊于晋、楚，也有数千乘车。

从发掘资料来看，秦人马车常备的兵器有矛、戈、殳、弓、矢，驾车辕马常披挂皮质甲胄；配备的工具有斧、锛、铲、钳、钁、凿。

目前有明确出土地点的春秋时期秦矛共11件：宝鸡2件、凤翔3件、户县1件、灵台1件、陇县2件、甘谷2件。此外还有传世秦子矛1件、珍秦斋藏伯丧矛2件。这其中景家庄、宋村、孙家南头、毛家坪的铜矛出自车马坑[①]，均为窄叶、高脊、圆骹的样式，可分两型：

A型，矛叶截面呈十字形，或称之为"四翼矛"。根据叶、骹的形态又可分2式：Ⅰ式，叶刃锐利，锋后渐宽，叶身最大径在底部，銎孔延伸至矛身中部，如宋村矛、景家庄矛，及秦子矛（图一，1~3）。流行于春秋早期。Ⅱ式，脊上起直棱，其叶刃功能退化，銎孔延伸至矛身前端或中部，如伯丧矛、孙家南头矛（图一，4、5）。流行于春秋早期后段至春秋中期。

B型，双窄叶，圆脊，脊上不起棱刃，銎孔延伸至矛身前端，如毛家坪K102矛。流行于春秋中晚期（图一，6）。

铜矛在夏商时仅为徒兵使用的近距离格斗武器。殷墟车马坑中不见铜矛，墓葬出土矛的数量远少于戈，其全长不过140厘米左右。自西周起，随着马车结构性能的

---

① 刘得桢等：《甘肃灵台景家庄春秋墓》，《考古》1981年第1期。陕西省文管会秦墓清理组：《陕西户县宋村春秋秦墓发掘简报》，《文物》1975年第10期。陕西省考古研究院、宝鸡市考古工作队、凤翔县博物馆：《陕西凤翔孙家南头春秋秦墓发掘简报》，《考古与文物》2013年第4期。

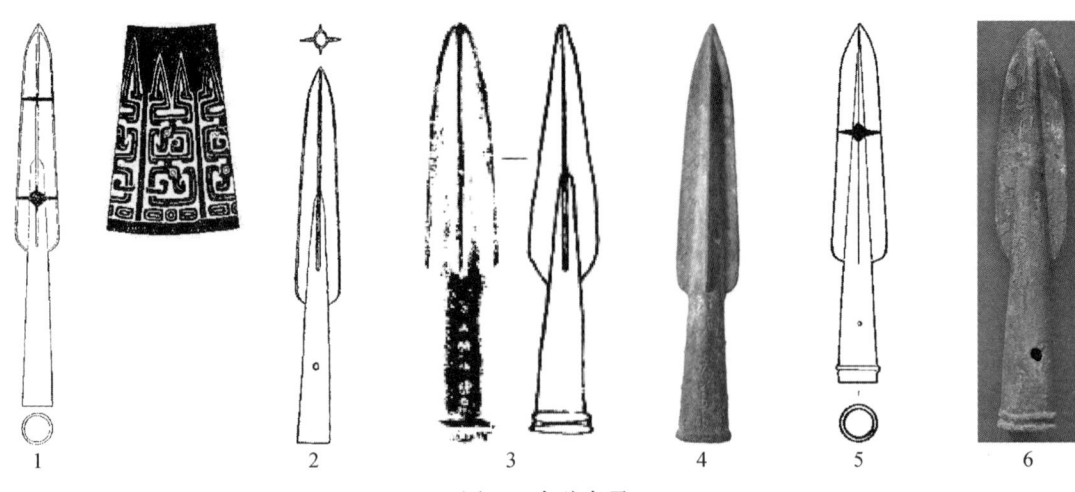

图一 春秋秦矛

1. 宋村矛 2. 景M2∶1 3. 秦子矛 4. 秦伯丧矛 5. 孙家南头CMK3-6 6. 毛K102矛

改进，战车兵作为军队的主力登上历史舞台，并发挥着克敌制胜的决定性作用，矛成为主要的车战兵器之一。在长安花园庄、山西曲村、洛阳林校、洛阳北窑发掘的西周车马坑中均出铜矛。晋侯墓地K1的舆、轮之间放有带柲的铜矛，"最长者约270厘米"[1]。东周时还出现了战车专用的"车矛"。珍秦斋矛铭曰："有司伯丧之车矛"，属秦出子、武公时的大庶长弗忌[2]。宋村矛置于马身上，全长3.6米，其中柲长3.32米。毛家坪K102的矛通长2.82米[3]。孙家南头3号车马坑的两件矛长3.41～3.89米。这种长矛可供双手握持，适合错毂格斗，或从车上刺杀地面的徒兵；在战车奔驰的巨大动能作用下，其贯穿杀伤力是惊人的。

因其长，所以要求矛柲制作得坚韧，不轻易抖动、弯曲。即《考工记·庐人》所说"刺兵欲无蜎……刺兵抟。"要实现这一点，柲的截面需做成圆柱形，考古发现的矛柲，如毛家坪K1002、K2001，其截面就呈圆形。柲身的直径前后不等，按照《考工记》的标准，晋围（根部装铜鐏处）为举围（握把处）的4/5，刺围（杆尖处）为晋围的2/3[4]。宋村矛的刺围（即銎径）2.3～2.1厘米，柲的直径2.5厘米；上马墓地K3∶1的刺围1.7厘米[5]，晋围3厘米，与之出入不大。先秦戈、戟、矛类的长柲有木质和积竹

---

① 山西省考古研究所、北京大学考古文博学院：《山西北赵晋侯墓地一号车马坑发掘简报》，《文物》2010年第2期。

② 董珊：《珍秦斋藏秦伯丧戈、矛考释》，《故宫博物院院刊》2006年第6期。

③ 2012～2014年甘肃甘谷毛家坪发掘资料，现藏于早期秦文化联合考古队。下文引毛家坪资料同此注。

④ 《考工记·庐人》："凡为酋矛，参分其长，二在前、一在后而围之。五分其围，去一以为晋围。参分其晋围，去一以为刺围。"

⑤ 山西省考古研究所：《上马墓地》，文物出版社，1994年。

两种，后者是在木心外包贴细竹片，并缠绕丝绳、髹漆。凤翔八旗屯BM10∶7属AⅡ式矛，骹部饰蟠螭纹，其銎内尚存"剖去皮的竹片八片一束，残长5厘米"①，可见秦矛也有积竹柲。毛家坪K201的矛柲外髹红漆，宋村的矛柲外髹深褐色漆。《周礼·冬官·考工记》："秦之无庐也，非无庐也，夫人而能为庐也"，秦人擅长制作矛戟之矜柲，远近闻名。

先秦战车的乘员一般有戎右、御手、车左（或主将），三人中谁执长矛？戎右由力大勇武者担任，执矛戟主击刺；晋、楚鄢陵之战，"步毅御晋厉公，栾鍼为右。……使鍼御持矛"（《左传·成公十六年》）。从出土位置看，洛阳林校车马坑的车舆右侧堆放5根铜矛头②；上马墓地K3的两根矛长2.72~2.8米，置于车的右轮毂上。毛家坪K102的矛从车舆右前角向前斜搭在衡上。也有出在轮舆左侧的，洛阳北窑车马坑③、晋侯墓地K1的32号车、凤翔孙家南头CMK3的长矛，均位于左侧轮、舆间，可能是下葬时放置的，不代表使用时的状态。文献还记载战车装备的矛有酋矛和夷矛两种，如《诗·郑风·清人》："二矛重英，河上乎翱翔。"《考工记·庐人》："酋矛常有四尺，夷矛三寻。"郑玄注："酋、夷，长短名。酋之言遒也，酋近夷长矣。"可见酋矛是短矛，夷矛是长矛。毛家坪K201的2号车车舆左前方的矛全长约1.5米，置于左服马背部，应为酋矛，属于车左的近身格斗武器；车舆右前方还有一根长柲，置于右服马背部，髹红漆，前细后粗，前端伸到1号车车舆下，全长超过3米（见后图，图七），应为夷矛，属于戎右的长兵利器。

戈是先秦军队的常备兵器，并广泛用于车战。目前陕甘出土的春秋至战国早期秦戈近30件，但出自车马坑的仅6件，分别来自景家庄、孙家南头、毛家坪、凤翔西村，均为三穿戈，可分两型：

A型，直内戈。根据援、胡、内的变化又可分4式：Ⅰ式、三角锋，援身较长，援上下刃凹曲，短胡，如景家庄M2∶3（图二，1），属春秋早期。Ⅱ式、援上刃趋直，内、援长度比增大，如孙家南头CMK3∶95（图二，2），属春秋中期。Ⅲ式、援锋转角不明显，胡部延长，援、胡过渡处曲度变小，如毛家坪K201戈（图二，3），属春秋中晚期。Ⅳ式、援锋转角圆钝，如西村S1戈（图二，4），属战国早期。

B型，曲内戈，仅毛家坪K201一件（图三，1），其实是在AⅢ式戈的内后端再加一个向下的月牙形弯钩，内、钩二次铸接的痕迹明显，其整体长度接近援身，内上无穿。

先秦铜戈各部分的比例有规制，《考工记·冶氏》说："戈广二寸，内倍之，胡三之，援四之，已倨则不入，已句则不决。长内则折前，短内则不疾，是故倨句外

---

① 陕西省雍城考古队吴镇烽等：《陕西凤翔八旗屯秦国墓葬发掘简报》，《文物资料丛刊》（第3辑），文物出版社，1980年。
② 洛阳市文物工作队：《洛阳林校西周车马坑》，《文物》1999年第3期。
③ 洛阳市文物工作队：《洛阳北窑西周车马坑发掘简报》，《文物》2011年第8期。

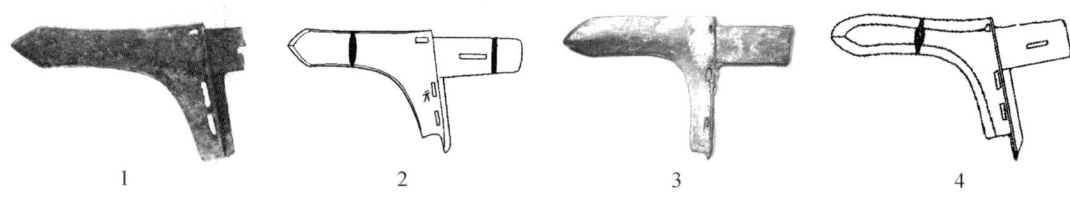

图二　秦车马坑出土铜戈
1. 景家庄M2∶3　2. 孙家南头CMK3∶95　3. 毛K201戈　4. 西村S1戈

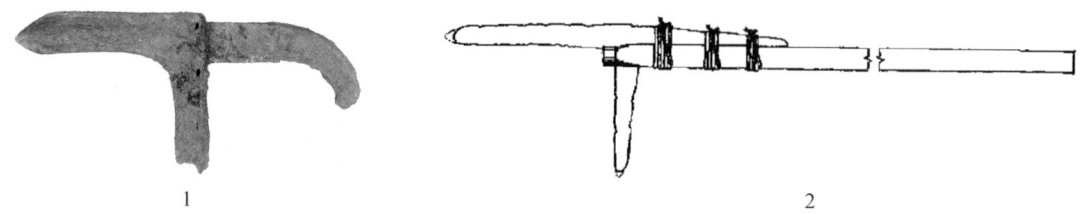

图三　曲内戈与卜字形戟
1. 毛家坪K201曲内戈　2. 秦安上袁家秦墓铁戟M7∶106

博，重三锊。"内、胡、援的长度比是2/3/4；援胡夹角过大，援头上扬不利于啄击；夹角过小，援头下勾不利于劈砍①；内过长容易折断援，内过短啄击就不迅疾；因此援胡最合适的夹角应稍大于直角。上述A型戈从早到晚的演变，其实是在向这个标准逐步靠拢。夏商时有一定数量的曲内戈，内尾呈圆弧形或歧冠状；西周早期还有零星发现，且有长曲内的形制；但它们与B型戈年代间隔过远，形制差异过大，恐怕没有什么渊源关系。B型戈的内后端弯钩其实是"距"，类似器形亦见于辉县琉璃阁甲墓；是为了增强戈后侧的勾斫能力而做的尝试，但造成内过长，重心偏后，影响向前啄击，且容易断援，实际效果并不好，没有推广流行，在东周铜戈中仅仅昙花一现。

战车上的车左和戎右均执戈，洛阳林校、胶县西庵的西周车马坑②，孙家南头CMK3的2号和3号车，在车舆的左、右侧都各出1件铜戈。目前所见东周戈柲的长度一般在110～160厘米，很少超过180厘米③，符合《考工记·庐人》"戈柲六尺有六寸"的说法，当然属于徒兵惯用的格斗武器。东周戈铭有自名为"车戈"的，如交车戈④、

---

① 《左传·文公二年》："战于殽也，晋梁弘御戎，莱驹为右。战之明日，晋襄公缚秦囚，使莱驹以戈斩之。囚呼，莱驹失戈，狼瞫取戈以斩囚，禽之以从公乘，遂以为右。"可见戈有劈砍的功能。

② 山东省昌潍地区文物管理组：《胶县西庵遗址调查试掘简报》，《文物》1977年第4期。

③ 井中伟：《夏商周时期戈戟之柲研究》，《考古》2009年第2期。

④ 《集成10956》。

子车戈①、国楚造车戈②等，指车战专用之戈。车马坑的戈大多数戈柲长度不明，不见得都是"车戈"。两车错毂时车厢侧面间距在160厘米左右，这就要求戎右所执之戈的长度至少在2米以上，才能有效杀伤敌车三位乘员。因此"车戈"应指戎右所执的长柄戈；至于战车上的短柄戈，性质与短矛类似，为乘员的护身短兵。毛家坪K201的2号车车前的二戈交错斜插在前軨斜撑间，戈柲残长80厘米左右，为分属车左和戎右的短柄戈；曲内戈的柲尾搭在前軨横栏的右端，柲首置于衡上，全长3米左右，应是戎右所执的长柄"车戈"。

在《考工记·庐人》中戟是车载"五兵"之一。周人创造了一种戈、矛合体或戈、卷首刀合体的浑铸戟，以内夹柲或以銎贯柲，在西周早中期广泛流行；但很多质地轻薄，应为仪仗用品。东周时流行戈、矛分铸联装的戟，春秋中晚期在晋、楚等国已被应用，如淅川下寺M2出土的"王子午之行戟""王孙诰之行戟"③。东周的戟和戈、矛一样也有"徒戟"和"车戟"之分，后者如荆门包山M2遣策所记"甬车一乘，载……十𧘂车𢧐（戟），戠羽"④，即十件长柄车戟，其上装饰黑白相间的羽毛；该墓出土的229号戟全长370厘米。春秋秦人也已用戟，如《秦风·无衣》："王于兴师，修我矛戟。与子偕作！"但至今在春秋秦墓及车马坑中未见一件，可能因为木柲腐朽成灰而没能辨识出来。扶风召公曾出土一件铜戟，由戈、矛、镦组成，从形态看已属战国中晚期。秦安上袁家M7是一座带墓道及前后室的南北向墓⑤，年代为战国末年至秦代，其前室随葬1车1马，双辕车车舆的右后侧出铜戈、铁戟。铁戟呈卜字形，前出横枝，上有直刺，柲端铜帽位于刺、枝直角相交处上侧，用三道绳索将柲和胡捆扎在一起（图三，2），开启了汉代卜字形戟的先河。这些材料说明至迟战国时戟已广泛用于秦国的军队和战车。

商代晚期的马车上已经用弓、矢作为远射类武器；弓往往朽毁，但置于皮质箙内的矢清晰可见，有青铜、石、骨制的箭头，以十枚一组为标准配置。已发掘的西周车马坑中，洛阳林校、胶县西庵、晋侯墓地K1的车舆左侧均出土数量不等的铜镞，由此可见文献中车左主射的记载是正确的⑥。秦人战车上持弓矢者也主要是车左。毛家坪K201的2号车车舆左侧有长方形筒状箭箙，长约70厘米，其底端三分之一伸出轼外，内置一束箭镞，约5只；3号车舆前左侧亦有5支一组的箭镞，镞锋斜向上，从镞至括长度超过60厘米，斜插在軨前斜撑内；都说明了这一点。当然，并不是说只有车左才能

---

① 《集成10957》。
② 山东省文物考古研究所：《山东临淄市淄河店二号战国墓》，《考古》2000年第10期。
③ 河南省文物考古研究所等：《淅川下寺春秋楚墓》，文物出版社，1991年。
④ 湖北省荆沙铁路考古队：《包山楚墓》（上、下），文物出版社，1991年。
⑤ 甘肃省文物考古研究所：《甘肃秦安上袁家秦汉墓葬发掘》，《考古学报》1997年第1期。
⑥ 《左传·宣公十二年》："乐伯曰：'吾闻致师者，左射以菆，代御执辔'。"

配弓。《秦风·小戎》："蒙伐有苑，虎韔镂膺；交韔二弓，竹闭绲縢"，描述两张丝绳缠附的竹弓重叠置于镂金的虎皮弓囊内。这两张弓应分供车左、戎右使用。凤翔孙家南头CMK3的2号、3号车，以及凤翔西村S1的车舆舆前左、右两侧都各出一组箭镞[1]，表明车左和戎右都可弯弓射敌，其攻击是全方位的。

《楚辞·国殇》："带长剑兮挟秦弓，首身离兮心不惩。"秦地所产的弓品质优良，甚至被装备到楚国军队中。然而目前考古发现的秦弓仅存朽痕，无一例能完全复原的。毛家坪K201的2号、3号车的舆前中部都有木弓遗痕，弓干弧形外凸，外裹布帛。凤翔西村S1的弓外缠细竹篾，并涂以红漆。至于箭镞，春秋时秦国主要流行双翼带铤的样式，如礼县圆顶山98LDK1和孙家南头CMK3所出（图四，1、2），还有一部分双翼有銎镞，如毛家坪K201的3号车所出；到了战国时，才开始流行三翼镞和三棱镞，如西村S1多出（图四，3）；其发展较东方国家相对滞后。

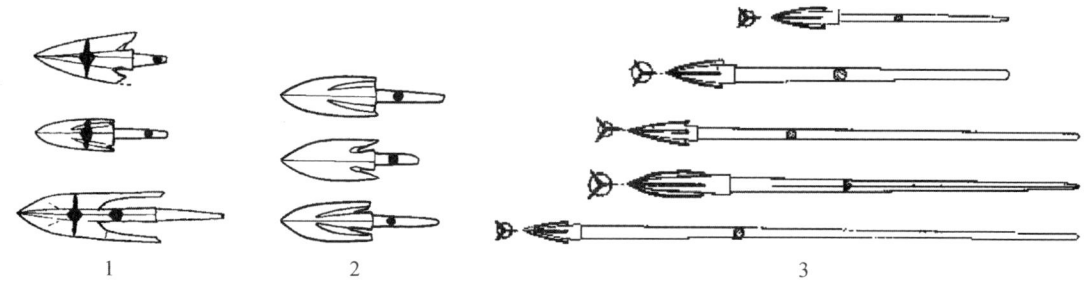

图四　秦车马坑出土铜镞
1. 圆顶山98LDK1铜镞　2. 孙家南头CMK3∶57　3. 西村S1铜镞

先秦战车上的防护装备主要有盾和甲胄。盾插放在车舆的两侧，用于防护乘员的下半身。《周礼·夏官》有"司戈盾"一职，颁授贰车、乘车、旅贲、虎士的戈盾。春秋秦人已用盾蔽车，《秦风·小戎》："龙盾之合"，孔疏："龙盾，画龙其盾也；合，合而载之"。即将两面盾扣合在一起，战时则由车左和戎右分持。从考古发现来看，山东滕州前掌大墓地晚商车马坑的舆内放有髹漆盾牌[2]，张家坡M155轮舆附近出有兽面形盾饰[3]。目前秦人车马坑中未见盾，但在墓内有所发现。凤翔八旗屯BM27的盾由皮条、藤条编成，然后髹漆；其正面缀3个铜泡，凸面向外，泡径约9厘米。在毛家坪M2204头箱北壁有横躺侧立的漆盾痕迹，弧形盾首，盾面皮制，上髹棕红色漆，并缝缀12个大铜泡和4个卷云形铜饰，泡径14～16厘米，漆盾破碎变形，无法

---

[1] 雍城考古队李自智、尚志儒：《陕西凤翔西村战国秦墓发掘简报》，《考古与文物》1986年第1期。

[2] 梁中合、贾笑冰、王吉怀、谷飞：《山东滕州市前掌大商周墓地1998年发掘简报》，《考古》2000年第7期。

[3] 中国社会科学院考古研究所：《张家坡西周墓地》，中国大百科全书出版社，1999年。

提取；盾面正中原本可能缝缀两列铜泡，每列上下6个，卷云形铜饰可能缝缀在盾面底缘上；整个盾面复原高约1米，宽约40厘米。

甲胄包括人甲和马甲。《左传·僖公三十三年》："秦师过周北门，左右免胄而下"，可见车上武士披甲戴胄。毛家坪K201的2号车车舆内、M2204的头箱内均发现春秋时期的皮甲，可辨识出的甲衣片为上甲压下甲，弧边，有双道压边，压边宽1厘米；甲片朱红色，素面。可惜朽毁过甚，无法复原。

先秦战车的辕马披挂铠甲，既可免受敌兵伤害，又能彰显军容威武；这在《诗经》中早有描述，如《郑风·清人》："驷介旁旁""驷介麃麃""驷介陶陶"。20世纪70~80年代在曾侯乙墓和包山2号楚墓都清理出战国时期的皮马胄和马甲[①]，使我们对那时马甲的编缀方式有所了解。80年代初在淅川下寺M2中又发现春秋晚期皮马甲残片，黑色甲片的正面绘朱红色勾连云纹图案，并缀有带齿的金饰片。至于春秋秦国马甲的情况，在毛家坪车马坑发掘后才得以较为完整地揭露。

毛家坪K201的2号车左右服马均披彩绘皮甲，皮胎已朽，仅存表层的漆膜。甲片外表通髹朱红色漆，然后绘黑彩，黑彩间留白形成细密的勾连蟠虺纹。左、右服马的皮甲均由胄甲、颈甲、身甲组成。马胄由4块甲片组成，可分为顶梁片、面侧片、鼻吻片。顶梁片1块长条形，四周有压边，上端压一大铜泡，下端被鼻吻片所压，朱红色素面，长约30厘米，宽约7厘米。面侧片2块左右对称，内侧被顶梁片所压，下端被鼻吻片所压，上绘蟠虺纹，未能展开，尺寸、形制不明（图五，1、2）。左服马左侧的

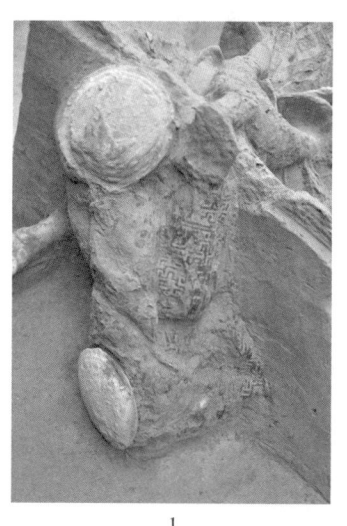  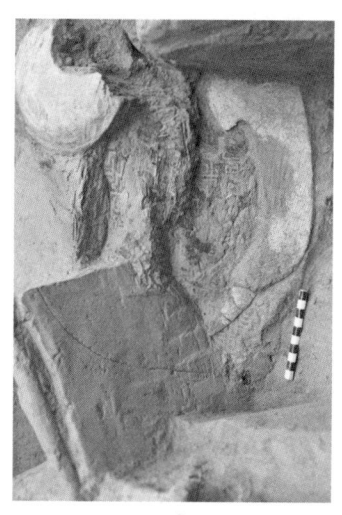

1　　　　　　　　　　　2　　　　　　　　　　　3

图五　毛家坪K201二号车马胄
1. 右服马胄　2. 左服马右颊　3. 左服马左颊

---

① 湖北省博物馆：《曾侯乙墓》（上、下），文物出版社，1989年。湖北省荆沙铁路考古队：《包山楚墓》（上、下），文物出版社，1991年。

面侧片上缝缀一个勾云形铜饰，尖端在前，圆端在后，长约30厘米，宽约10厘米（图五，3）。鼻吻片1块，上端有双道压边，左服马的红色素面，右服马的上绘蟠螭纹，包裹马鼻；前端边缘缝缀铜泡，此外，右服马后脑上有一大块甲片，红底黑彩，被压在衡、轭下，相当于胄后披巾。整个马胄甲片应为固定式编缀，将马头遮护得相当严实。

在两匹服马的颈部两侧都可见到颈甲甲片，但被压在颈椎骨、衡、轭及兵器杆之下，难窥全貌。右服马的颈甲被挤压叠在一起，但可看出左右两侧各有3块甲片。左服马颈椎左侧亦有3块甲片（图六，1）。颈甲皆外髹红漆，背面髹黑漆。参考包山楚墓马甲结构，大致可将其复原：一组颈甲由9块甲片构成，纵3列、横3排。中间一列3块甲片均为等腰梯形，上片的底边即为下片的顶边，从上往下逐排加大。左右两列的甲片为不等边四边形，顶边最短，其他三边较长；外侧边均高于内侧边；内侧边与底边的夹角为锐角；外侧边与底边的夹角应接近直角。各排纵向组合的结构是上窄下宽，既向前弯曲，又向两侧后方弯曲，恰好可以围护马颈的前、侧面。左服马左列第3块甲片保存完好，底边长约20厘米，外侧边、内侧边长度均超过20厘米，顶边约15厘米，由此可以推算整组颈甲的纵向高度和横向宽度在60厘米左右。此外，右服马颈椎后段下方出一铜泡，凸面斜向下，应缝缀在颈甲中列的第3块甲片上。同一横排甲片之间固定编缀，横排上下之间为活动编缀，使马颈可以仰俯自如。

两服马的身甲均以中脊为界分为对称的左右两大部分，每一部分由横3排、纵5列甲片组成。甲片为横长方形或方形，四周有压边，红底黑彩，方框形黑彩间留白，形成细密的勾连蟠螭纹。由前往后第一列最上边一块甲片的前上角有弧形缺口。各列甲片大小不等，第一、二、三列横长均约30厘米，第四、五列长20厘米，纵宽均约20厘米；身甲复原后横长约130厘米，高约60厘米。同一横排甲片固定编缀，前片压后片；横排上下之间活动编缀，下排压上排。右服马右侧、左服马左侧第二、三、四列中排的甲片上缀有铜泡（图七）。

1　　　　　　　　　　　　2

图六　毛家坪K201辕马颈甲

1. 左服马左侧颈甲　2. 衡、轭及服马颈甲

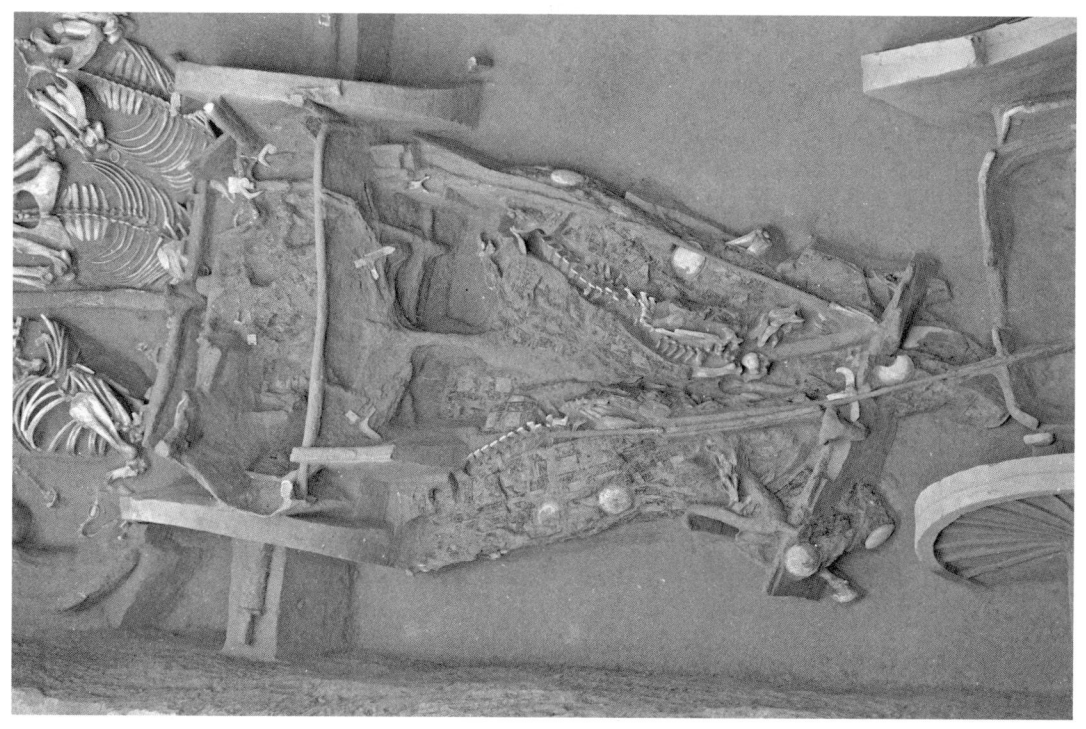

图七　毛家坪K201二号车

　　在皮甲胄的要害部位上缝缀铜泡或饰片，以增强其防护性。马胄顶端的大铜泡相当于当卢。鼻吻前端的铜泡起到了马笼嘴的作用，使战马在行进中无法停下来饮水或食草。面颊甲片上的勾云形铜饰片有效保护了马颊的外侧面。颈甲底排中间甲片上的铜泡有护胸的功能。左、右服马外侧身甲缀有铜泡，而内侧不见，显然有针对性，敌方矢镞戈矛的攻击主要来自外侧。

　　毛家坪马甲上的铜饰件使我们认识到，以前发掘的一些秦人车马坑中，马身上也有皮质甲胄。礼县圆顶山98LDK1是一座殉埋五乘车的大型车马坑，发掘者说："2号～4号车马均为剔骨葬，头、身用漆皮包裹，骨下铺垫草席，在眼、额、身多处放置铜泡"[①]，其实是马甲及甲泡的遗存。孙家南头CMK3的2号车驷马头部各出马面饰1件、铜泡1～4件，颈部各出铜泡1或2件；左、右骖马身腹的外侧各出2件铜泡；均应缀在皮甲胄上，其位置也与毛家坪基本一致。孙家南头的马面饰为薄片状，周缘有钉孔，亦与毛家坪的相同。此外，20世纪30年代发掘的宝鸡斗鸡台3099号车马坑，在两服马的头、颈部及腹外侧各有8个铜泡，郭宝钧先生命名为"铜甲泡"，认为"这应是马甲介的实例，只是皮革未能保存下来罢了"[②]。

---

① 甘肃省文物考古研究所、礼县博物馆：《甘肃礼县圆顶山98LDM2、2000LDM4春秋秦墓》，《文物》2005年第2期。

② 郭宝钧：《殷周车制研究》，文物出版社，1998年，64页。

《秦风·小戎》："俴驷孔群，厹矛鋈錞。"郑笺："俴，浅也，谓以薄金为甲之札。"孔颖达正义："此国人夸兵甲之善。言我有浅薄金甲以披四马，甚调和矣。"黄金质地柔软且富有延展性，不适宜制作铠甲，但可将薄金片装订或粘连在皮甲胄上，以达到装饰效果。20世纪90年代在礼县大堡子山秦公墓地盗掘出一批金箔饰片，流散到法国等地，包括鸥枭形金饰片8件、口唇纹鳞形金饰片26件、云纹圭形金饰片4件、兽面纹盾形金饰片2件、目云纹窃曲形金饰片2件，韩伟先生曾撰文介绍，认为是棺饰[①]。后来秦俑馆也收藏了一批，其中有窄长柄盾形金饰片[②]。近年在韩城梁带村芮国墓地M28出土了R形铜饰片和口唇纹鳞形铜甲片组成的铠甲，张天恩先生认为大堡子山鸥枭形金饰片及梁带村R形铜饰片均为马胄甲片，盾形金饰片可能为金当卢[③]，这个意见是很对的。

　　鸥枭形金饰片高52、宽32厘米，喙形窄端在前，尾形宽端在后，能完整遮护马的一侧面颊；8件两两成对，左右对称，恰好可以装钉在一车驷马的马胄两颊上（图八）。梁带村R形铜饰片的用法亦应如此。80年代在沣西3号车马坑出过类似铜片，位于右服马头部，两件合在一起，有纹饰的一面向外，周边有若干钉孔，钉在皮马胄两侧[④]。盾形和圭形金饰片应钉在马胄的颅顶和鼻梁位置。至于鳞形和窃曲形金饰片，也应主要是马身甲上的饰片。理由是沣西2号车马坑曾出土56件口唇纹鳞形铜饰片（图八），尺寸与大堡子山的接近，分属一号车的4马，位于马腹的两侧[⑤]。沣西3号车马坑曾出土16件窃曲形铜饰片（图八），亦位于左、右服马的腹部两侧。据戴春阳先生介绍，大堡子山秦公大墓南有2座瓦刀形车马坑，其中K1殉4排12车，每车4马，"此车马坑被盗掘时曾出土了许多金饰片"[⑥]。如此看来流散海内外的大堡子山金饰片主要出自车马坑，为皮质马甲胄上的饰件。当然还有一些可能出自墓室，装钉在墓主人的皮甲上。可以想象当时秦公座驾的驷马头贯金胄，身披金甲，辉煌气派，给人以视觉上的强烈冲击。但这种金甲的防护性差，实用性不强，主要起着标榜地位身份的作用，因此在秦公以下级别的墓葬及车马坑中就没有见到。

　　古人驾车远行，路途坎坷，需配备修车和开路工具。《诗经·豳风·破斧》里周公东征时的车兵之歌提到斧、斨、锜、銶。《管子·海王篇》讲到修造各类车辆的工具，"行服连、轺、輂者，必有一斤、一锯、一锥、一凿，若其事立"。《管子·轻

---

① 韩伟：《论甘肃礼县出土的秦金箔饰片》，《文物》1995年第6期。
② 秦始皇帝陵博物院：《秦始皇帝陵博物院藏金箔饰片》，《秦始皇帝陵博物院院刊》（总叁辑），2013年。
③ 张天恩：《礼县秦早期金饰片的再认识》，秦文化论坛演示稿，西安，2010年。
④ 中国科学院考古研究所：《沣西发掘报告》，文物出版社，1963年。
⑤ 中国科学院考古研究所：《沣西发掘报告》，文物出版社，1963年。
⑥ 甘肃省文物考古研究所戴春阳：《礼县大堡子山秦公墓地及有关问题》，《文物》2000年第5期。

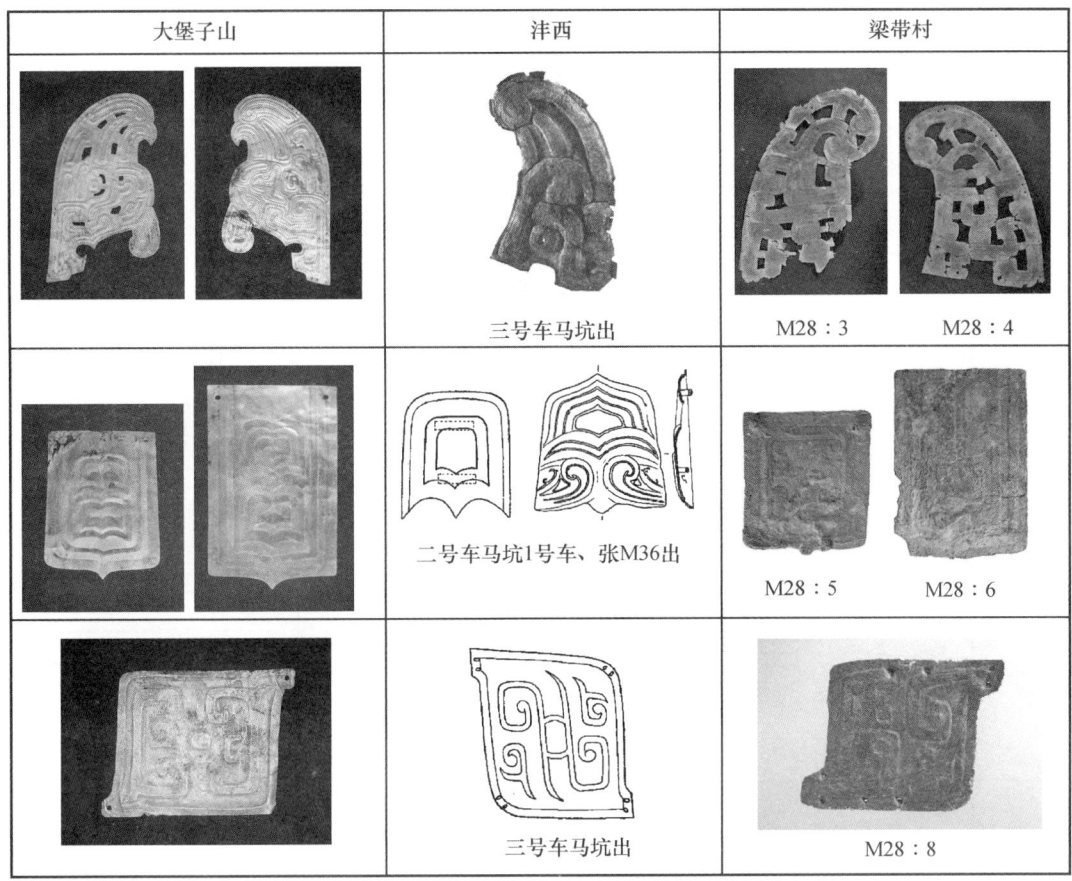

图八 周代马甲饰片对比

重乙篇》也说到车工的必备工具："一车必有一斤、一锯、一釭、一钻、一凿、一鉥、一轲、然后成为车。"《周礼·地官》记载乡师掌管徒役及辎重，郑玄引《司马法》云："辇，一斧、一斤、一凿、一梩、一锄。"林梅村先生曾对此类工具的名称、功能及相应实物做过详尽的考证研究[①]。

在灵台景家庄、甘谷毛家坪、凤翔孙家南头、凤翔西村的秦车马坑中都出土了车载工具，器类有斧、锛、鏇、凿、手钳、钁、铲、削刀、砺石。

斧为伐木工具，空首方銎或椭圆銎，两面开刃。斧柄由两部分组成，手柄曰"柯"，前粗后细；柯与斧之间还有连杆，其下端插入斧銎，上端与柯斜向榫接。斧刃与斧柄平行，纵向安装，以利于劈砍。秦车马坑的斧在近銎处多有一周凸箍（图九，1~3），其下饰阳线纹、变形蟠虺纹或卷云纹；双面往往对穿销孔；侧面常附半环形纽，以便系绳加固。凤翔西村S1还出土了1件铜板斧，为扁平片状，无銎，其

---

① 林梅村：《古道西风——考古新发现所见中西文化交流》，生活·读书·新知三联书店，2000年。

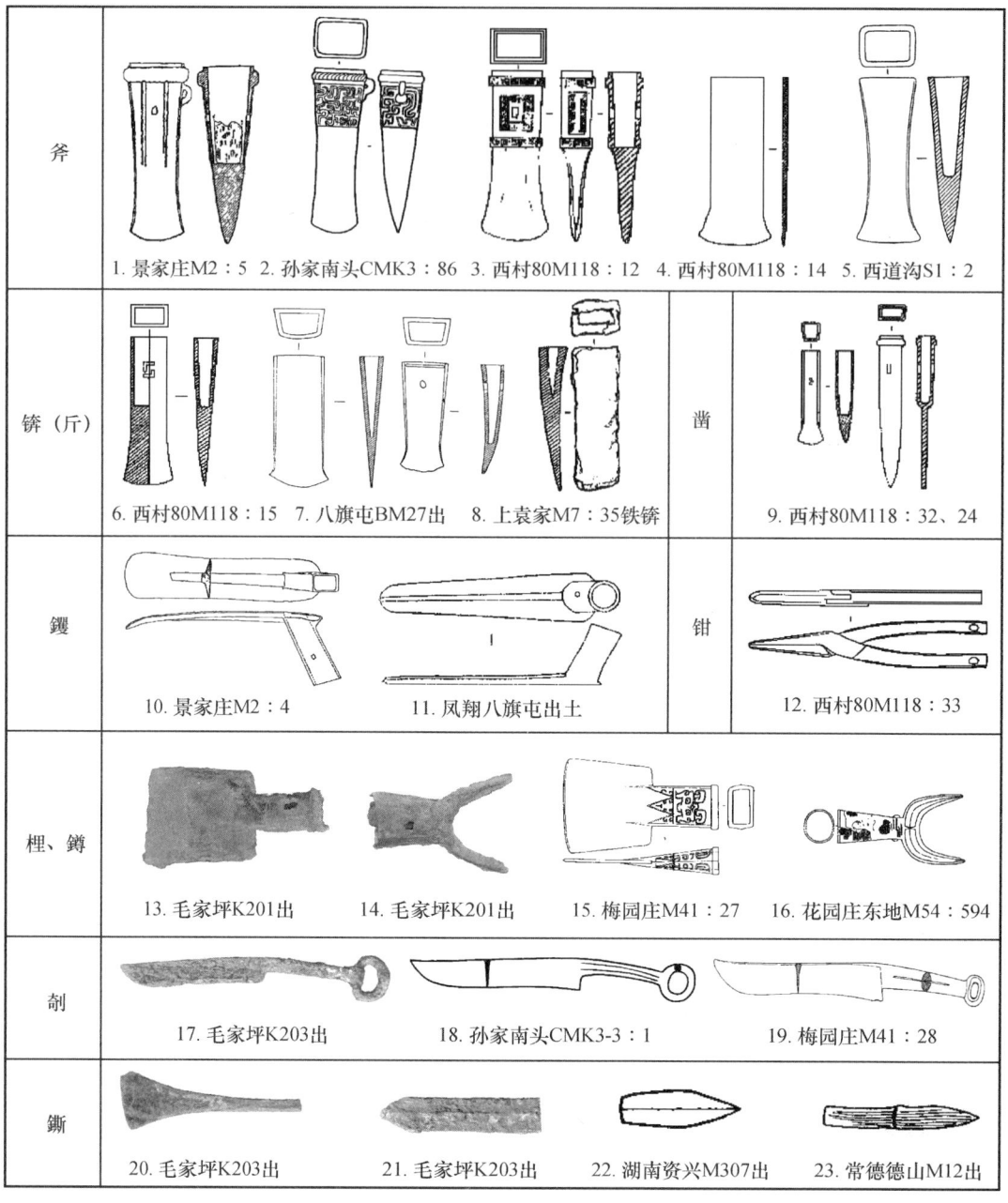

图九　秦车马坑出土工具及对比资料

顶端可直接插入柯前端的卯槽中（图九，4）。上述车斧的刃宽4.2～5.7厘米，只能横断短小的木材；要纵裂大型原木，需沿一条直线多处加楔才能成功。车在途中部件损坏，可以就地伐木取材，以制作配件，斧就派上了用场。此外，先秦时中国北方林木茂密，会有横枝遮路；如齐晋鞌之战，齐师败绩，"骖挂木而止"（《左传·成公二年》）；遇到这种情况，可执斧清障。

锛即斤，用于木材的粗加工，单面开刃，刃横向装在柄上，外形似锄；木工执之可斫平木材上的劈痕（图九，6~8）。凤翔西村S1出土的铜锛有长方形銎，两面各有上下相对的曲尺形孔，刃宽仅3.8厘米（图九，6）。

鐁是一种手工操作的平木工具。据孙机先生的研究，劈过的板材用锛平过后仍然不够光滑，需用鐁进一步刮削。早期的鐁比较短小，长度约20厘米，前端有尖锋，两边有刃，如湖南资兴、常德德山春秋墓所出①（图九，22、23）。甘谷毛家坪车马坑K203二号车的舆内也出有铜鐁，一件前端为扁平扇形刃，后端有细柄（图九，20）；另一件为圭形，三角锋（图九，21）。

凿带銎，用于木材开卯。凤翔西村S1出土了两种凿，一种窄刃，刃宽0.45厘米，近銎处带一周凸棱；另一种宽刃，刃宽1.8厘米（图九，9）。《豳风·破斧》毛传："銶，《韩诗》曰凿属也"，可知凿的形制不止一种。凿与锤配合使用，秦车马坑中未见锤，但在殷墟车马坑中凿与锤已经配套出土，如殷墟西区M43、梅园庄M41舆内的铜凿就与铜锤或石锤共出②。

钁为刨土工具，《说文》："钁，大鉏也。"景家庄车马坑出土的铜钁带长方形銎柄，柄中部有一对钉孔，钁身为牛舌形，尖部稍内弯，正中有一方形长脊（图九，10）。后来在凤翔八旗屯又征集到一件类似的钁③，只是銎柄为圆筩形，钁身为前窄后宽的长条形，带半圆形脊（图九，11），形制更为先进，更易入土，年代较前者稍晚，已至春秋中晚期。这两件钁的銎、身夹角约95°，可知它们或者装有头端弯曲的木柄；或者像斧柯那样，在柄与銎之间还插有连杆，使手柄和钁身的夹角小于90°。钁属锄类，但形制较大且专用于深挖土地。上述钁的身刃长24~22厘米、宽2.8~5厘米，当车轮陷入沟坎中，可持钁将之挖出。

毛家坪K201的铜铲铲身为梯形，平肩、平刃，空首椭圆形銎，径2.1厘米×1.4厘米，銎沿有一周圆箍，箍下有对称钉孔，銎内残存木柲（图九，13）；柲末端有双股叉状镈，扁圆形銎，径3厘米×1.7厘米，上粗下细，两面有三角形钉孔，外附纺织布纹，銎内亦残存木柲；下部双齿外撇，呈扁圆锥形，齿长4.4厘米（图九，14）。该铲东西向置于2号车车舆左侧，铲头及木柲的三分之二在舆内，叉形镈及木柲的三分之一在舆前。殷墟花园庄东地M45曾出过类似的叉形镈④，只是镈銎近圆形，下部双齿直立微外撇（图九，16）。殷墟车马坑亦出铜铲，如梅园庄M41：31，尺寸、形制均与毛家坪的接近，被认为是在行车中平整道路所用。

---

① 孙机：《我国古代的平木工具》，《文物》1987年第10期。
② 中国社会科学院考古研究所安阳工作队：《河南安阳市梅园庄东南的殷代车马坑》，《考古》1998年第10期。
③ 赵丛苍：《陕西凤翔发现春秋战国的青铜器窖藏》，《考古》1986年第4期。
④ 中国社会科学院考古研究所：《安阳殷墟花园庄东地商代墓葬》，科学出版社，2007年。

车马坑所出铜铲应即《司马法》中的"梩",《周礼·地官·乡师》孔颖达疏:"云一梩者,或解以为插也,或解以为锹也,锹、插亦不殊",臿、锹、铲均为翻土平地工具。当然,毛家坪铜铲可一器多用,铲头可挖土,叉形镈可刮去轮牙上附着的泥土;在车停驻下来解去辕马后,亦可倒立使叉形镈向上撑軥。铜铲带柲全长约1.2米,叉形镈双齿间距约6.4厘米,大致可以撑在軥的颈、胡交界处。

凤翔西村S1出土的铜手钳由左右两部件套合而成(图九,12),尖嘴、平口、扁长方形柄把,把端有椭圆形孔,两部件相交处有长方形套口,通长21厘米,构思巧妙,制作精良,与现代手钳已很接近,既可固定待加工板材,又可拔钉扭丝,紧固革带,还能揉制车舆构件,春秋秦车的舆栏很多是用藤条揉制而成的。

《豳风·破斧》中的"刱",一般认为是曲刃削刀,为木工刮削工具,可用于制辐。孙家南头CMK3出土的削刀环首(图九,18),直背、弧形薄刃,尖端微翘,应即"刱",出在3号车御奴的手部。同一位置还出土一件石饰,红褐色砂岩质,圆角方形,上端有对钻的孔,可系绳佩带。毛家坪车马坑亦出土了类似的环首削刀(图九,17)。殷墟车马坑常出环首或兽首刀(图九,19),也应是御者随身携带之物,共出的砺石可用于打磨兵器或工具。

上述工具包括木工和土工两类,主要是为御者及车右配备的。古代御者除了驾车,还得掌握基本的修车技能。殷墟车马坑的工具大多出在舆内,如梅园庄M41的锛、凿、铲、刀、锤与弓形器、策柄一起位于车舆中部,后二者属御者的驭马器。秦人车马坑以凤翔西村S1出土工具最多,也集中在车舆中前部,相当于御者的位置。钁、铲等土工工具,供启行开道之用。车右由力大者担当,如果战车遇到险阻,还要下车排除障碍,如齐晋鞌之战,郤克的车右解张说:"苟有险,余必下车推之"(《左传·成公二年》)。

辽宁东大杖子墓地出土的刻纹铜器及相关问题

白云翔

（中国社会科学院考古研究所）

春秋战国时期的铜器中，有一种在极薄的器壁上用锋利的刀具刻划或錾刻出细线型图案花纹的青铜器，其制作工艺、纹样内容及表现形式等与常见的铸造成型或铸出花纹、或镶嵌、或错出花纹的青铜器迥然有别，具有明显的独特风格，被称之为"刻纹铜器"。20世纪80年代初，有学者对有关的考古发现进行梳理后指出，刻纹铜器的突出特点是器壁极薄，有的厚度不及1毫米；器体均为青铜，一般是热加工后捶打成型，器壁的附耳是单独制成后铆接于器体，花纹大多刻饰于器物的内壁。"刻纹铜器萌芽于春秋晚期，成熟并流行在战国早、中期。它的器形和青铜铸器相仿，初期的图案也抄袭自青铜铸器。科技最早见的是由楔形点连续成线的錾刻法，尔后发展为细如发丝的连续线刻。图案内容摆脱了几何纹的重复图案的格局，写实地反映社会生活和自然景色"[①]。

值得注意的是，20世纪80年代以后，这种刻纹铜器又有不少新的发现。尤其是这种刻纹铜器，以往均发现于长城以南地区，但近年来辽宁建昌县东大杖子墓地的发掘中出土3件刻纹铜器。这是迄今刻纹铜器出土地点位置最北的一处，引人注目。因此，有必要对考古发现的东周刻纹铜器进一步做系统梳理，进而就东大杖子出土刻纹铜器的有关问题进行讨论。

一、20世纪考古发现的东周刻纹铜器

东周刻纹铜器的考古发现，始于1935年河南辉县琉璃阁刻纹铜奁的发现，此后在多处墓地陆续有所出土。据检索，20世纪先后在17处墓地（个别为窖藏）出土刻纹铜器约50件左右[②]。兹按发现地点由南而北简述如下（图一）。

（1）长沙黄泥坑战国墓：1954年，长沙黄泥坑5号战国楚墓出土刻纹铜匜1件

---

① 叶小燕：《东周刻纹铜器》，《考古》1983年第2期。
② 国内外博物馆也收藏有为数不多的刻纹铜器，因出土地点不明，这里不计入。

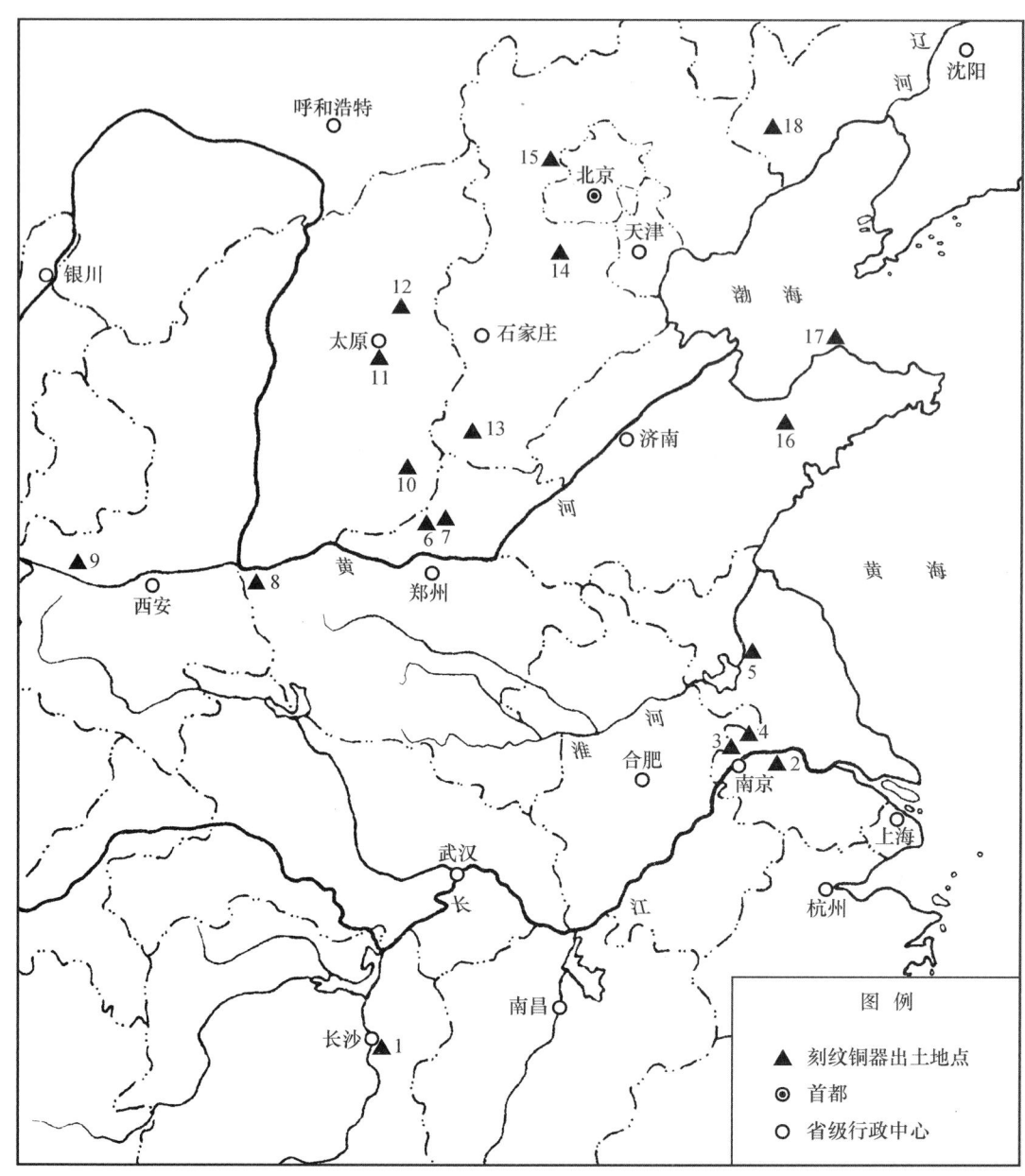

图一 东周刻纹铜器出土地点分布示意图

1.长沙黄泥坑 2.镇江王家山 3.六合程桥 4.六合和仁 5.淮阴高庄 6.辉县琉璃阁 7.辉县赵固村 8.陕县后川 9.凤翔高王寺 10.长治分水岭 11.太原金胜村 12.定襄中霍村 13.邯郸百家村 14.涞水永乐村 15.怀来北辛堡 16.平度东岳石 17.长岛王沟 18.建昌东大杖子

(M5∶2),墓葬年代为战国中期早段①。

---

① 湖南省博物馆：《长沙楚墓》，《考古学报》1959年第1期。又据，湖南省博物馆等：《长沙楚墓》，文物出版社，2000年，159~162页。按：该器在《长沙楚墓》中的编号是M186∶2。

（2）镇江王家山东周墓：1985年，镇江市丹徒县谏壁镇王家山清理一座东周墓，出土铜器中有刻纹铜器3件，即刻纹铜匜1件（采51号）、刻纹铜盘1件（36号）、刻纹铜鉴1件（采52号），均残破，墓葬的年代为春秋末期①。

（3）六合程桥东周墓：1964年，南京六合县程桥东周墓出土刻纹铜器残片5件，似为盘、鉴之类的铜器，墓葬的年代为春秋晚期②。

（4）六合和仁东周墓：1973年，南京六合县和仁东周墓出土刻纹铜匜1件，已残，墓葬年代为春秋末战国初③。

（5）淮阴高庄战国墓：1978年，江苏淮阴市城南乡高庄清理一座战国墓，出土铜器中有刻纹铜器约20余件，即刻纹铜熏盖1件（M1：18）、刻纹铜盘7件（M1：3、27、48、0144～0145）、刻纹铜鉴1件（M1：0149，原称之为"盆"）、刻纹铜匜6件（M1：0137、138等）、刻纹铜算形器4件（M1：114等），均残破，另有刻纹铜器残片3件（M1：0152～0155），墓葬的年代为战国早中期④。

（6）辉县琉璃阁战国墓：1935年，河南辉县琉璃阁1号战国墓出土刻纹铜奁1件（M1：51），墓葬年代为战国中期偏晚⑤。

（7）辉县赵固村战国墓：1951年，河南辉县赵固村1号战国墓出土刻纹铜鉴1件（M1：73），墓葬年代为战国中期⑥。

（8）陕县后川战国墓：1958年，河南陕县后川发掘清理东周墓105座，其中5座墓出土刻纹铜器计6件，即铜匕2件（M2124：50、M2144：8）、铜鉴1件（M2040：76，原称之为"盘"）、铜匜3件（M2041：297、M2042：8、M2144：7），大多残破。这5座墓的年代均为战国早期及稍后⑦。

（9）凤翔高王寺铜匜：1977年，陕西凤翔高王寺村发现一处铜器窖藏，出土铜器12件，其中包括刻纹铜匜1件，窖藏的年代在战国中期以前，或即战国早期⑧。

（10）长治分水岭战国墓：先后出土刻纹铜器5件。1955年发掘的12号墓出土刻纹铜匜残片1件，墓葬年代为战国早期。1964年发掘的79号墓出土刻纹铜匜1件

---

① 镇江博物馆：《江苏镇江谏壁王家山东周墓》，《文物》1987年第12期。
② 江苏省文物管理委员会等：《江苏六合程桥东周墓》，《考古》1965年第3期。
③ 吴山菁：《江苏六合和仁东周墓》，《考古》1977年第5期。
④ 淮阴市博物馆：《淮阴高庄战国墓》，《考古学报》1988年第2期。按：关于高庄战国墓的年代，发掘报告认为是"战国中期前后"，但后来有学者进一步研究后认为，"高庄墓的随葬器物具有春秋晚至战国早期的特点……断代在战国早中期比较合理"，是"越国属下的淮夷人墓葬"（王厚宇：《试谈淮阴高庄墓的时代、国别、族属》，《考古》1991年第8期）。
⑤ 郭宝钧：《山彪镇与琉璃阁》，科学出版社，1959年，62页。
⑥ 中国科学院考古研究所：《辉县发掘报告》，科学出版社，1956年，116页。
⑦ 中国社会科学院考古研究所：《陕县东周秦汉墓》，科学出版社，1994年，57～67页。
⑧ 韩伟、曹明檀：《陕西凤翔高王寺战国铜器窖藏》，《文物》1981年第1期。

（M79：8），已残，墓葬年代为战国早期；84号墓出土刻纹铜匜1件（M84：93）、铜鉴1件（M84：7）以及另一刻纹铜器的残片5件，墓葬年代为战国中期①。

（11）太原金胜村晋国赵卿墓：1988年，在太原市南郊金胜村发掘的251号墓（墓主人为晋国赵卿）出土刻纹铜匜1件（M251：540），墓葬年代为春秋战国之交，即公元前475～前450年②。

（12）定襄中霍村东周墓：1995年，在山西省定襄县中霍村清理5座东周墓，其中，1号墓出土刻纹铜匜1件（M1：14），已残，墓葬的年代为春秋晚期至战国早期③。

（13）邯郸百家村战国墓：1957～1959年，邯郸西郊百家村发掘战国墓49座，其中57号墓出土刻纹铜匜1件（M57：25），已残破，纹样详情不明，墓葬的年代为战国早期；3号墓出土刻纹铜匕1件（M3：75），匕面刻饰点线兽纹，墓葬年代为战国中期④。

（14）涞水永乐村铜匜：1955年，河北涞水县永乐村发现一批铜器，可能是一座被毁坏的墓葬，其中包括一件刻纹铜匜的残片，其年代为战国时期⑤。

（15）怀来北辛堡战国墓：1964年，河北怀来县北辛堡村清理战国墓2座，其中1号墓出土刻纹铜缶2件，器身錾刻有点线几何形花纹，墓葬年代为战国早期⑥。

（16）平度东岳石战国墓：1960年，山东平度东岳石发掘战国墓20座，其中16号墓出土刻纹铜器残片1件（M16：60），器形不明，墓葬的年代为战国早期⑦。

（17）长岛王沟战国墓：1973～1975年，山东长岛王沟发掘清理东周墓19座，其中，2号墓出土鎏金刻纹铜鉴2件（M2：1、M2：2）、鎏金刻纹铜匜1件（M2：3），均已残破，墓葬的年代为战国早期偏早⑧。

上述墓葬或窖藏出土品之外，1998年洛阳还收集到一件战国时期的刻纹铜匜⑨。因出土状况不明，暂不列入本文讨论的范围。

根据对出土实物的观察和分析并结合前人的研究，关于东周时期的刻纹铜器，我

---

① 山西省考古研究所等：《长治分水岭东周墓地》，文物出版社，2010年，235～378页。
② 山西省考古研究所等：《太原晋国赵卿墓》，文物出版社，1996年，66～70页。按：关于该墓的年代，发掘报告表述为"春秋晚期"，而绝对年代为公元前475～前450年。如果按照公元前475年为春秋战国的分界，那么就应当是战国初年。
③ 李有成：《定襄县中霍村东周墓发掘报告》，《文物》1997年第5期。
④ 河北省文化局文物工作队：《河北邯郸百家村战国墓》，《考古》1962年第12期。
⑤ 孟昭林：《河北省涞水县永乐村发现一批战国铜、陶器》，《文物参考资料》1955年第12期。
⑥ 河北省文化局文物工作队：《河北怀来北辛堡战国墓》，《考古》1966年第5期。
⑦ 中国科学院考古研究所山东发掘队：《山东平度东岳石村新石器时代遗址与战国墓》，《考古》1962年第10期。
⑧ 烟台市文物管理委员会：《山东长岛王沟东周墓》，《考古学报》1993年第1期。
⑨ 徐蝉菲、姚智远：《浅释洛阳新获战国铜匜上的刻纹图案》，《中原文物》2007年第1期。

们可以得出如下认识。

刻纹铜器这一概念的提出和这种铜器的界定，主要是基于这种铜器的纹饰的制作方法是刻制而成而不是常见的铸造而成。就其具体的刻制技法而言，有"楔形点连续成线"（錾刻法）和直接"连续线刻"（线刻法）的区别，并且被认为两者之间有年代早晚的承袭发展关系。就其纹饰的内容和构成来看，实际上可以分为两大类：一类是模仿铸纹铜器上的花纹，如北辛堡1号墓铜缶上的绦索纹、三角纹、蟠螭纹以及纹样构成和布局方式，都与同类铸纹铜器的纹饰相同，只不过是刻制而已，并且采用的是楔形点连续成线的刻制技法，为数甚少；另一类是写实性图案花纹，与铸纹铜器迥然有别，并且迄今所见东周刻纹铜器绝大多数属于此类。很显然，后一类刻纹铜器更具有典型性。鉴于这两种刻制技法的铜器在战国早期墓葬中均有出土，如采用錾刻法制作的后川2124号墓和百家村3号墓出土的铜匕、北辛堡铜缶等都出土于战国早期墓，况且后川战国早期墓中还伴出有线刻法制作的刻纹铜器，因此，就两种刻制技法的出现来说，或许錾刻法早于线刻法，但线刻法出现之后，两种技法是长期并行共存的。可见，刻纹铜器刻制技法的异同，并不完全反映其年代的早晚。

东周刻纹铜器的器物类别和器形，迄今所知有匜、盘、鉴、奁、缶、匕、算形器、器盖等八种，其中，最为常见的是匜和盘、鉴之类的盥洗器，占总数的75%以上，其他器类仅有少量发现；匜更是最为常见。就器形来看，匜的形制大致相同，一般是直口，平底，长流，流的对面腹壁外侧有一环纽或铺首衔环，但腹的深浅、流的长短、断面形状、上翘程度等细部多有差异。盘可分为二型：A型，直口稍内敛，浅腹，弧壁，大平底，腹壁有两个衔环耳，如王家山36号盘；B型，直口稍内敛，浅腹，弧壁，大平底，腹壁有四个铺首衔环或衔环耳，如高庄M1:3、M1:27等。鉴可分为二型：A型，直口内敛，深腹，弧壁内收，平底，腹壁有两个环耳或衔环耳，如王家山52号鉴，王沟M2:2等；B型，敞口，斜折沿，折腹，小平底，腹壁两侧有对称的环耳或衔环耳，如赵固村M1:73、后川M204:76、王沟M2:1等。由于大多残破或报告不详，根据刻纹铜器的形制尚难以做出其年代或地域差异的判断。

就刻纹铜器的出土状况来看，主要有四个特点：一是它们均出土于大中型贵族墓葬之中；二是它们均与其他铸纹铜器共存伴出；三是它们与同墓葬所出其他铸纹铜器相比为数甚少；四是它们仅发现于少数甚至是个别墓葬之中。譬如，高庄战国墓出土铜器176件，包括鼎、鉴、盘、匜、罍、盉、甗等青铜礼器以及车马器和兵器；王沟墓地3座战国早期的铜器墓中，只有2号墓出土有刻纹铜器，而与之伴出的还有铜鼎、豆、壶、舟等青铜礼器；后川墓地战国早期的铜器墓计18座，但出土刻纹铜器者只有5座，而这5座墓也均出土有多件铸纹青铜礼器；金胜村赵卿墓出土一件刻纹铜匜，与之伴出的是大量铸纹铜礼器。由此可见，刻纹铜器在当时是属于一种"少见"铜器，可能不具备其他青铜容器的礼器功能，而是贵族日常生活中使用的一种日用器具。由此进一步推论，在东周时期青铜冶铸业逐渐从王室独霸向王室经营和私人经营并存转变的历史背景之下，刻纹铜器或许不是王室手工业的产品，而可能是私人青铜手工业作坊的产品。

图案花纹的写实性，是东周时期刻纹铜器有别于一般铸纹铜器的另一个基本特征，而纹样刻制的灵活性和自由性，则构成刻纹铜器的又一个突出特点。因此，其纹样装饰突出表现出"大同小异"的风格特征，即在风格大致相同之中又充满了鲜明的个性差异。就"大同"来看，在纹样布局上，大都采用分层、分段或花纹带之类的布局方式；在纹样题材和内容上，最常见的是各种人物、陆行和水生动物、禽鸟、神兽、树木、屋宇建筑、车马船只、兵器、家什器具以及由它们构成的各种情景画面，而锯齿形三角纹带、头尾勾连的蛇纹带等更是普遍使用的装饰纹带；在单元纹样的表现和描绘方式上，叶脉状树木纹，尖头、尖尾、身躯粗胖的蛇纹，长须、细长鳍、扇形尾的鱼纹，细波浪线构成的水波纹带，内向锯齿纹构成的三角纹带，三足双耳鼎，躬身直立、身着深衣的人物形象，布张于树木上的箭靶"侯"，编钟和编磬图像等，都表现出相当的一致性。就其"小异"来看，各地出土的刻纹铜器，几乎不见装饰纹样基本相同者，成为刻纹铜器的突出特征之一；有些图案花纹仅见于一地而不见于他地，如后川2124号墓出土铜匕上的飞鸟图案，百家村3号墓铜匕上的动物图像，高庄战国墓出土刻纹铜器上的捕蛇、操蛇、珥蛇、戏蛇等人物形象以及神人怪兽图像，分水岭12号墓出土铜匜上的独角兽、枝叶树，王沟2号墓出土铜鉴上的挑担人物形象等。这种"大同"所反映的是其共性，表明东周时期的刻纹铜器似乎是同一产地或同一工匠集团的产品；而这种"小异"所反映的是其个性，表明不同的刻纹铜器可能是不同时期的制品，或是出自不同工匠之手的作品。

如果说东周时期的刻纹铜器产自同一地方或同一工匠集团的认识符合史实，那么，这就需要进一步讨论其产地或工匠集团的问题。对此，有学者早已注意并认为，"这可能是某国某地区的一种青铜工艺，为专业的工匠所经营"[①]；此后，又有学者进一步提出，"春秋刻纹铜器的产地，可能是位居长江下游地区的吴国"[②]。鉴于镇江王家山、六合和仁及程桥等地发现的刻纹铜器均为春秋晚期，是迄今所见同类器中年代最早者，并且这三个地点在春秋晚期均属吴地，因此，刻纹铜器最初发生于春秋晚期的吴地，当大致无误。但问题在于，公元前473年越王勾践攻破吴国都城姑苏（今苏州市），吴王夫差自杀吴国灭亡，公元前334年越国又被楚国所灭[③]，今江苏镇江和六合一带在战国时期是先属于越、后属于楚。在这样的历史背景之下，刻纹铜器这种

---

① 叶小燕：《东周刻纹铜器》，《考古》1983年第2期。
② 刘建国：《春秋刻纹铜器初论》，《东南文化》1988年第5期。
③ 此据李学勤说（参见李学勤：《东周与秦代文明》，文物出版社，1984年，12页）。一说楚灭越是在公元前306年［参见徐喜辰等：《中国通史》（第三卷），上海人民出版社，1994年，1036页］。

技术和铜器传统尽管最初创始于吴地的工匠，但各地发现的战国时期刻纹铜器则更多的是与越国和楚国有关。如果说长沙黄泥坑铜匜是楚灭越后从越地传入的，那么，中原诸国各地出土的刻纹铜器可以说大多与越国有关，或者与楚灭越之后越地铜器的流散有关。至于中原诸国刻纹铜器的来源，无非有三种可能：一种是刻纹铜器技术的传播，一种是刻纹铜器成品的流传，还有一种是刻纹铜器工匠的迁徙。鉴于各地发现的典型的刻纹铜器在器类器形、纹样和技术等方面表现出的相当的一致性，并且中原地区这种铜器的出土地点相对广阔而又分散，可以认为，北方各地的刻纹铜器并非技术传播的产物，而可能是南方产品向北流传或工匠北上迁徙的结果。目前看来，产品流传的可能性最大，即在南方的越地制成后流传到了中原诸国；但也不排除工匠迁徙的可能，即越地工匠迁徙到中原某地后制作刻纹铜器，其产品在中原诸国流传。无论如何，刻纹铜器的北传或制作工匠的北上，从一个侧面反映出当时中原诸国与南方越、楚之间的联系。

二、东大杖子发现的刻纹铜器

东大杖子村地处辽宁西南部大凌河上游的辽宁省建昌县，1999年发现一处墓地，2000~2012年先后进行了六次发掘，已清理墓葬共47座[1]。其中，2000年第一次发掘的11号墓出土刻纹铜匜1件（M11∶2），已残碎，其器形和残存流部的刻纹均与2003年发掘出土的M45∶40刻纹铜匜基本相同（因残破较甚，本文不具体讨论），墓葬年代为战国早期或稍晚[2]；2003年的第五次发掘清理的45号墓出土有刻纹铜匜和刻纹铜鉴各1件，均放置在木椁的头厢内，并伴出有铜鼎、豆、壶、尊等青铜容器，墓葬的年代为战国中期前后[3]。

刻纹铜匜（M45∶40），瓢形，直口，深腹，平底，口、底均为椭圆形。前端流为半圆筒状并略上扬，后壁外侧有一兽首形铺首衔环。口长径25.2厘米、短径18.5厘米，流长5厘米，底长径15.9厘米、短径10厘米，通高11.9厘米，壁厚0.15~0.31毫米，内壁线刻出纤细的图案花纹（图二）。流的底部的纹样为三条鱼，两条头向外，一条头向内，长须，鱼鳍宽大后扬，三角形尾。流与内壁交界处刻饰一条由短波浪线组成的横向水波纹带。内壁的刻纹局部不清晰，纹样布局是自上而下分为五层。第一层是

---

[1] 辽宁省文物考古研究所等：《辽宁建昌县东大杖子墓地2001年发掘简报》、《辽宁建昌县东大杖子墓地2002年发掘简报》、《辽宁建昌县东大杖子墓地M40的发掘》、《辽宁建昌县东大杖子墓地M47的发掘》，均刊载于《考古》2014年第12期。

[2] 辽宁省文物考古研究所等：《辽宁建昌东大杖子墓地2000年发掘简报》，《文物》2015年第11期，21页图四一。

[3] 辽宁省文物考古研究所等：《辽宁建昌东大杖子墓地2003年发掘简报》，《边疆考古研究》（第18辑），科学出版社，2015年，39~56页。

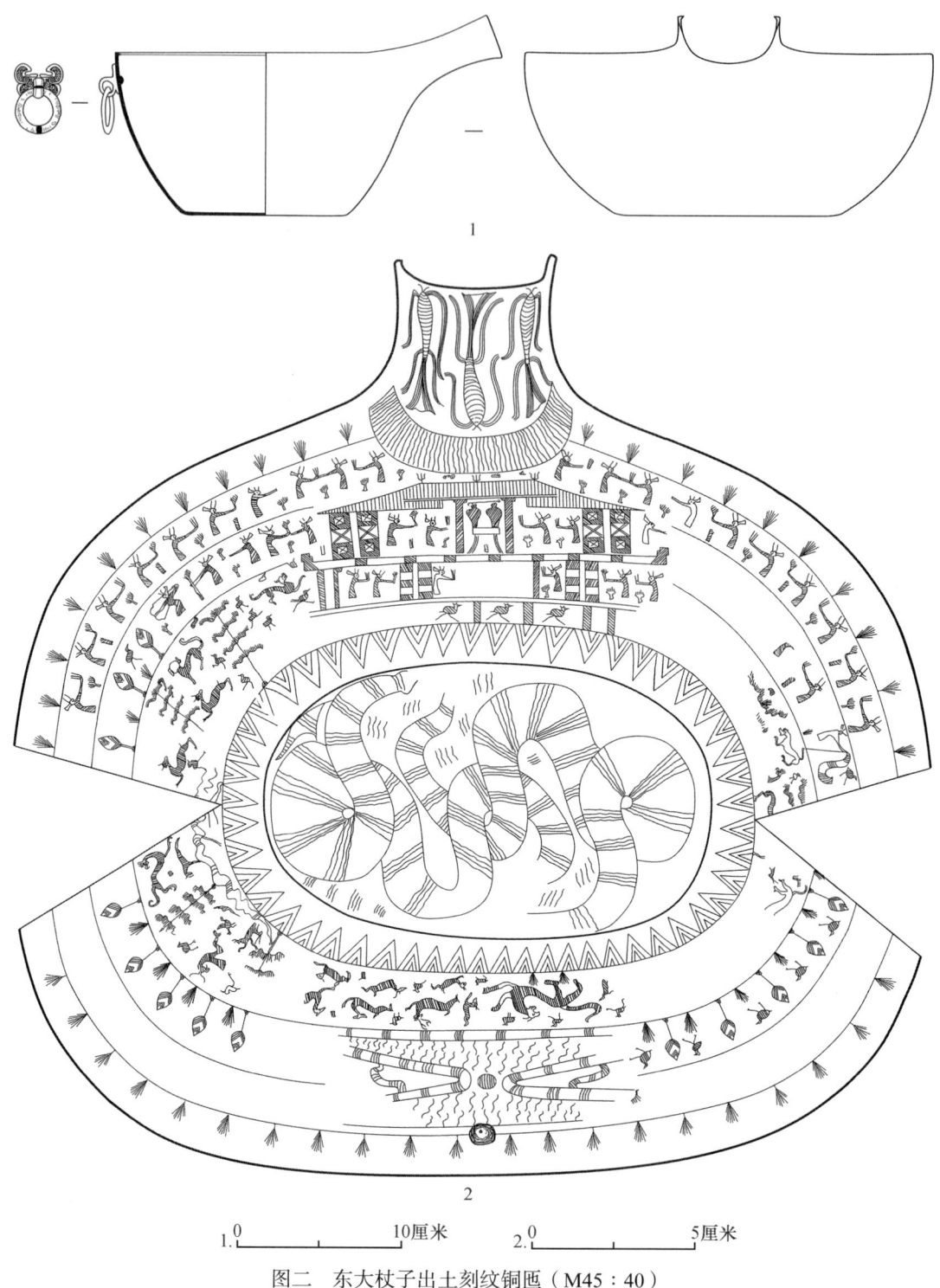

图二 东大杖子出土刻纹铜匜（M45：40）

一周植物纹带。第二层的前半部分为一周人物，均高冠、身着深衣、弓腰，以流口为中线左右对称布列，左右两侧各十人，左侧右数头两人左向做迎宾状，其余八人右向作拜谒状，每人面前有一株植物；右侧人物与左侧相同，只是朝向相反。第三层为射猎图像，由躬身直立人物、挽弓射箭人物、立鸟、树木及其之间的矮株植物等构成。第四层为山林动物图像，树木为横枝松树形，动物均做奔跑状，有鹿、虎、狼以及禽鸟等。第五层为一周由内向锯齿纹组成的三角纹带。流口横向水波纹带下方有一座三层的屋宇建筑，有立柱、门扇、四阿式屋顶，飞檐外挑，柱头以斗拱承托梁架；自下而上，第一层刻有禽鸟；第二层左、右两侧各立三人；第三层中央置一几案，案上摆放两件壶，左右两侧各两人，人物均高冠、着深衣、直立、弓腰、双手捧物前伸。屋宇对面的器壁上，刻有系在树上的"侯"（射箭的靶子），侯上饰波浪纹，正中有一靶心"正"。底部刻饰尾部勾连、躯体盘绕的两条粗蛇，蛇的头、尾已漫漶不清。

刻纹铜鉴（M45：13，原称之为"洗"），敞口，斜折沿，折腹，平底，口沿下方有对称的两个衔环耳。口径52厘米，底径22.6厘米，折沿宽2.4厘米，环耳外径5.2厘米，通高13.3厘米。口沿及内壁线刻有细线图案花纹，自上而下分为五层（图三）。第一层是由树木、巨鼎人物、扬鞭牵马人物、躬身持物人物、射箭图等构成的画面（详后），人物均身着深衣，但鼎旁人物和牵马人物头戴尖顶帽，而射箭人物和躬身人物均头戴高冠。第二层图像不甚清晰，似为拜谒图，图像有跪坐人物、躬身持物人物等，人物图像清晰者均戴高冠、着深衣。第三层由射猎图、划船图各三组以及下方的一周小树构成：射猎图的人物数量不等，人物分别手持弓箭或叉，或骑马或徒步围猎梅花鹿等动物，梅花鹿多刻画成身上中箭、曲颈回望的奔跑形象；划船图为三人一船，船上前面两人划桨、后面一人擂鼓助威，船前高后低，船尾立有一戟，船下有鱼；人物的衣着均为上衣下裤的"襦袴"，头或戴高冠、或戴尖顶帽、或戴斗笠以及未戴冠者。第四层为一周由内向锯齿纹组成的三角纹带。第五层是位于器底四周的蛇纹带，刻饰头尾相互勾连的八条蛇纹，蛇身饰短斜线纹。

从前述各地发现的刻纹铜器及其相关认识看，东大杖子发现的刻纹铜器无疑属于东周时期典型的刻纹铜器，但它们又具有自身的特点，并且跟其他地区的同类器物联系密切。

东大杖子出土的铜鉴和铜匜，都是东周刻纹铜器最常见的器类。从器形看，铜鉴属于折腹、小平底的B型，与赵固村M1：73、后川M204：76、王沟M2：1铜鉴相同。铜匜腹较深，流较长并且断面近乎半圆形，后壁装一铺首衔环，其形制与以往发现的浅腹铜匜（完整器）有较大差别。

据观察，铜鉴和铜匜"除口沿处稍厚外，器壁处极薄，均不足1毫米，最薄处约为0.5毫米"；据分析检测，"均为锡铅青铜热锻加工制成，器物的平均含铅量为

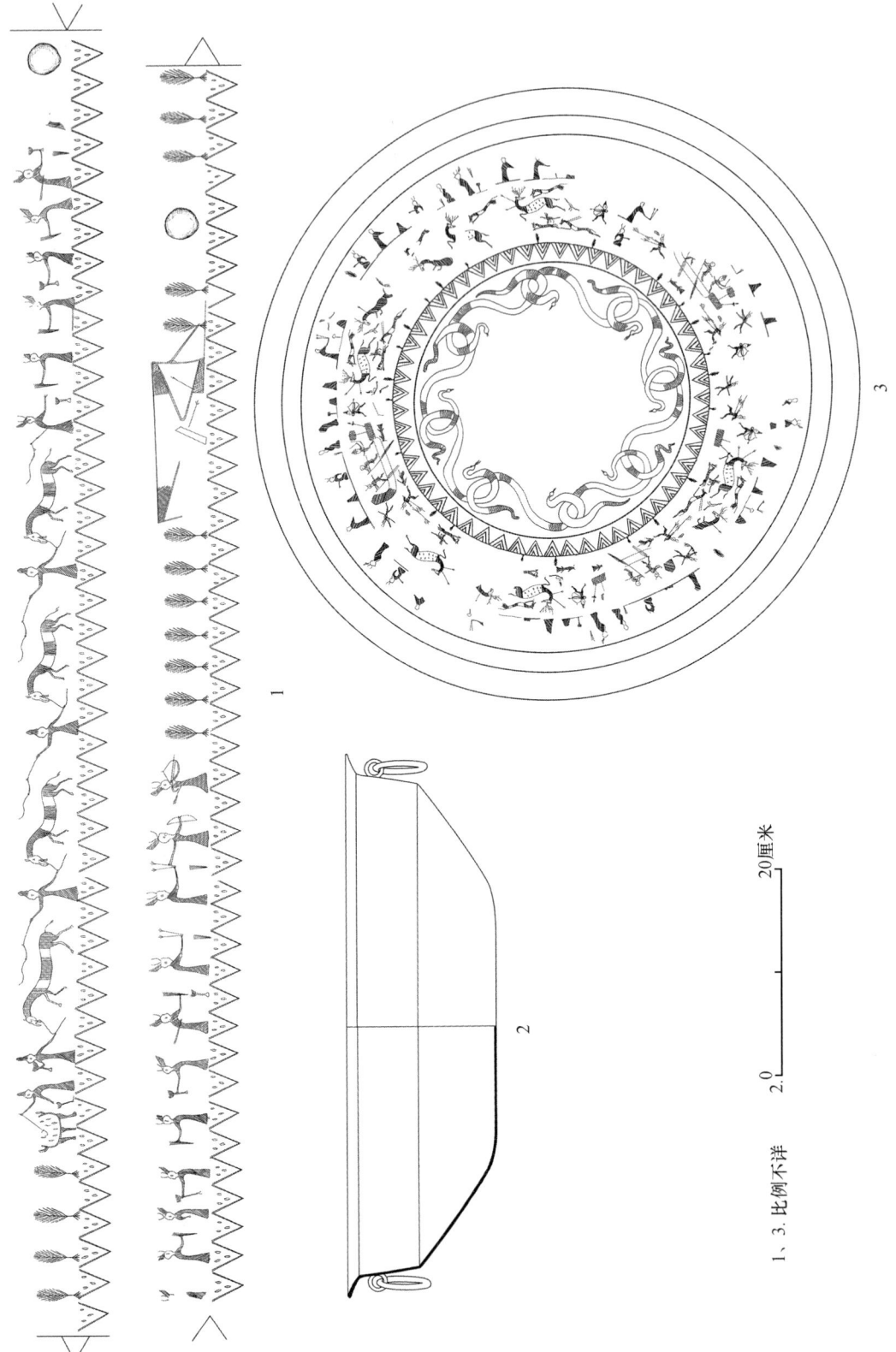

图三 东大杖子出土刻纹铜鉴（M45：13）
1、3. 比例不详

4%~10%，属于低铅青铜合金"①，与淮阴高庄刻纹铜器的金属成分和制作工艺技术基本相同②。

就其纹样装饰来看，纹样的构成和布局、内容和题材及其表现手法等，都与各地出土的同类器相似，但又有自身特点。先看铜鉴，底部四周饰八条首尾相互勾连的细身蛇构成的蛇纹带而底部中央无纹饰的做法，腹壁的两人划桨一人击鼓的翘头船图像，最上层的一手扬鞭一手牵马、头戴尖顶帽的牵马人物图像等，都是以往出土刻纹铜鉴上未曾见到的（高庄M1:48铜盘上也有牵马人物图，但其形态尤其是冠式明显不同）。至于铜匜，流部刻饰三条鱼纹和水波纹带是一种常见的做法，但桃形树冠的树木图像等则为此前所未见；器壁刻饰的横枝松树形树木图像，此前仅见于琉璃阁铜奁和高庄刻纹铜器，尤其在高庄刻纹铜器上更是普遍出现。从纹样内容、布局结构和表现手法等方面看，东大杖子刻纹铜器总体上与陕县后川、长治分水岭战国墓出土刻纹铜器比较接近。

这里需要讨论的是，铜鉴上有关图案花纹的场景内容问题。发掘者认为，第一层的"内容有射箭图、放牧图、野餐图"，"第三层为射猎图及水战图各三组"。对此，需要进一步探讨。

就第一层花纹来看，如果以巨鼎人物为基点，自左向右可依次分为七组：第一组，树木、巨鼎人物图；第二组，为四组扬鞭牵马人物；第三组，躬身右向一人、躬身左向四人构成的人物图；第四组，类似第三组的人物图，局部不清；第五组，五人构成的人物图，与第三组相同；第六组，五人构成，左起一人备箭、一人双手持箭、一人双手递箭、一人右手接箭左手持弓、一人挽弓射箭；第七组，由树木以及系在树上的箭靶"侯"组成。各层画面中的人物，均身着"短毋见肤，长毋被土"的深衣，但鼎旁人物和牵马人物头戴的是尖顶帽，而其他人物头戴是高冠。据此分析，第一组表现的是野外炊煮备餐；第二组的内容并不是放牧，而是驭手为主人牵马；第三组至第五组表现的是恭迎宾客；第六组是射箭；第七组是野外林间置箭靶"侯"。因此，第一层花纹表现的是贵族骑马到野外林间射箭并宴饮的场景。

就第三层花纹来看，由挽弓射箭人物、持叉人物、骑马人物、中箭奔跑的梅花鹿、奔逃的野兽等构成的画面，表现的是射猎场景无疑，但是，由翘头船、划桨人物、击鼓人物以及水中游鱼等构成的画面，似乎不是"水战图"而是"竞舟图"。因为，船上没有持兵的士卒，也没有表现交战的双方，划桨、击鼓人物的衣着均为紧身上衣、短裤的"襦袴"，并且头戴尖顶帽或无冠饰，与射猎图中人物的衣着相同，但与第一层射箭人物以及铜匜射猎图中挽弓射箭人物的高冠、深衣不同，尤其是击鼓划

---

① 王贺等：《辽宁建昌东大杖子墓地出土薄壁铜容器的检测与分析》，《边疆考古研究》（第18辑），科学出版社，2015年，386页。

② 孙淑云等：《淮阴高庄战国墓出土铜器的分析研究》，《考古》2009年第2期。

船与射猎是在同一场景之中表现的。因此，第三层花纹所表现的是山间射猎和游船竞渡的场景。

基于东周刻纹铜器的系统梳理和上述分析可知，东大杖子出土的刻纹铜器是东周时期典型的刻纹铜器，其年代为战国早中期，是从长城以南地区传入的。关于其制作地，最大的可能是长江下游的越国某地。至于其传入的路线则可能有两条：一条是由南方越地沿陆路北上，跨过淮河和黄河进入魏、赵、燕地而传到辽西一带；一条是由南方越地沿黄海西岸北上进入山东半岛的齐地，再经由庙岛群岛跨越渤海而传到辽西一带。如果属于后者，东大杖子刻纹铜器的发现无疑是"环黄海之路"在战国时期走向繁盛的最新考古学证据[①]。无论是哪条线路，都反映出辽西地区在战国前期已经通过中原诸国同南方越地的某种交往或文化联系。正因为如此，东大杖子刻纹铜器的发现，不宜理解为"战国时期东北地区的薄壁铜容器的制作技术符合此时期的技术特征和发展趋势"。

三、结　　语

上述分析表明，刻纹铜器作为东周铜器的一个类别，无论是器物类型、器物形制、器体的制作还是刻纹技术的产生，都与传统的铸纹铜器有着密切的联系，是以后者为基础而产生的。但是，刻纹铜器纹样内容的写实性和多样性、表现形式的自由性和灵活性，使之成为东周青铜器百花园中的一只奇葩；其纹样内容丰富多彩，人物、动物、神兽、车马、树木、景物等都是千姿百态、栩栩如生，完全脱离了传统铸纹青铜器的庄严和神秘，成为青铜器在东周时期从礼乐兵戎之器开始逐渐向日常生活器具演变的一种反映。

东周刻纹铜器的"大同小异"的特征，反映出它们有着同一的产地或出自同一的工匠集团，而其装饰纹样的内容和风格具有浓郁的南方吴越文化特征，其原产地最大可能是在南方的吴越某地。这种铜器由南方传入中原乃至东北以及在中原各地之间流传的方式究竟是交换、是馈赠还是掠夺尽管目前尚不清楚，但它们在东周吴、越、楚、秦、赵、燕、齐地的发现，从一个侧面反映出战国时期列国之间交往和交流的繁盛，而东大杖子刻纹铜器的发现，则显示出当时的辽西同遥远的南方越地已经有了某种直接或间接的联系，对于探讨战国时期南、北方之间以及列国之间的联系和交流无疑具有重要价值。

附记：本文插图的制作，得到了孙莉同志和李淼同志的协助，谨此致谢。

---

① 白云翔：《从韩国上林里铜剑和日本平原村铜镜论中国古代青铜工匠的两次东渡》，《文物》2015年第8期。

莒文化解读

—— 一种文化发展模式的思考

刘延常

（山东省文物考古研究所）

莒文化是周代山东地区极具地方特色的考古学文化，是新世纪开始逐渐被认识与确立起来的，填补了区域考古学文化空白。近些年来，莒文化考古新资料不断涌现，学术研究活动纷呈，考古与研究成果的展示水平日益提高，并逐渐成为惠及民众的公共文化品牌，对研究诸多古国历史、重新认识和深入研究齐鲁文化等具有重要意义。本文通过考古发现进一步解读莒文化，并探讨其对传统文化融合发展的启示，以期为莒文化的深入研究与弘扬添砖加瓦。

一、关于莒文化概念

莒文化一经确立，立即引起了众多考古界、文博界、史学界、文化界学者广泛关注与探讨，纷纷撰写研究文章[①]。但是，关于莒文化的概念与内涵还存在一些不同的认识，如有的认为莒县一带以陵阳河遗址墓葬出土图像文字为代表的大汶口文化遗存为莒文化；有的将莒县一带出土众多周代青铜器与文献记载的莒国联系，把莒国历史文化认为是莒文化；有的将史前文化、周代文化合起来成为莒文化，有的则含糊地合并称为莒地文化；有的则把鲁东南地区商代文化至战国时期的文化均划归为莒文化；有的则将凡莒国历史均划为莒文化。凡以上认识举例等，存在莒文化概念不清、时空关系错位、文化内涵混淆等问题，对相关专业学生学习、深入研究、宣传教育等产生不利影响。

首先要清楚莒文化是一支考古学文化，关于考古学文化的命名在1980年代考古学界就已经形成共识，基本原则是同一时代、一定地域和具有共同特征的文化遗存。史

---

① 中国先秦史学会、政协莒县委员会：《莒文化研究文集》，山东人民出版社，2002年。苏兆庆、刘云涛：《莒文化与中华文明》，中国社会科学出版社，2012年。

前时期的考古学文化一般是以第一次发现的遗址或墓地所在的现代最小村名来命名，如仰韶文化、北辛文化、大汶口文化等；而商周时期的考古学文化则以某族创造及其他族群共同使用的文化来命名，如商文化、周文化等；还有以历史文献记载中该文化区域内势力最强大的国家来命名，如楚文化、晋文化、齐文化等，莒文化则属于后者。

莒文化是分布于鲁东南地区西周中期至战国早期的考古学文化，文化遗存目前主要是墓葬反映的形制结构、丧葬习俗、器物种类与组合、器物形态等比较一致，该区域文献记载的古国包括莒国、向国、鄅国、阳国、郯国、鄟国等，以莒国势力最为强大，结合金文"莒"字等，我们将这支考古学文化称为莒文化[①]。莒文化是周文化与地方文化融合、或土著文化受周文化影响融合形成的地方文化，它不同于周边的齐文化、鲁文化、吴文化、越文化、楚文化，经调查发现鲁东南地区商代考古学文化主要是商文化遗存及少部分珍珠门文化（土著）遗存[②]，不属莒文化范畴。同时，要区分区别莒文化与古国文化遗存的不同，与古国史的不同，也不能将莒文化的渊源或归宿与莒文化混为一谈。

二、莒文化考古发现与研究

1. 既往发现与研究

莒文化的研究可分为两个阶段：20世纪50～90年代，主要是对"莒小子簠"等传世青铜器金文的释读及零星出土青铜器的报道，又有1975年发掘莒南县大店镇老龙腰、花园庄春秋大墓，1978年发掘沂水刘家店子春秋大墓、1981年发掘临沂市凤凰岭春秋大墓等，引起学术界对鲁东南地区周代墓葬的关注，并结合出土莒国铭文青铜器，对莒国史等进行了研究。20世纪80～90年代莒县的考古发现为多，新资料陆续公布[③]，考古学研究文章不断增多[④]。进入新世纪，经常举办莒文化研讨活动（如2000年、2009年在莒县举办两次莒文化研讨会，2012年在济南举办莒文化高峰论坛，2014年在日照举办中华莒文化研讨会等），莒文化研究进入综合研究阶段，主要成果收录

---

① 刘延常：《莒文化探析》，《东南文化》2002年第7期。
② 刘延常等：《鲁东南地区商代考古学文化遗存调查与研究》，《东方考古》（第11集），科学出版社，2014年。
③ 苏兆庆：《莒县文物志》，齐鲁书社，1993年。
④ 政协莒县文史资料委员会：《莒文化研究专辑》（一）（二），《莒县文史资料》（第十辑）（1999年1月）、（第十一辑）（2000年1月）。苏兆庆：《考古发现与莒史新征》，山东省日照市新闻出版局（1999）第1号，2000年10月。

在《莒文化研究文集》和《莒文化与中华文明》两本文集中。

目前，从考古学文化角度对莒文化的考古发现、分布范围、文化特征、分期与年代、文化因素、文化区域内的相关古国、相关金文等进行了基本研究[①]。许多研究文章把莒文化放在鲁东南区域历史发展过程中考察，有些对莒国史以及鲁东南地区地域的相关文化进行研究。2015年8月第22届世界历史科学大会在山东济南召开，以"莒文化与文明起源"作为专题会议进行研讨，2015年12月在莒县召开"青铜器与山东古国"全国性学术会议，以上述专题会议为标志，莒文化逐渐为中国和世界文物考古与历史学界所关注，莒文化已经被纳入山东省文化遗产保护战略框架体系中。因此，解读莒文化，探讨其融合发展模式，对研究阐发齐鲁文化和优秀传统文化具有重要的历史与现实意义。

2. 考古新发现

近十余年来，鲁东南地区又陆续发掘一些墓葬和遗址，以前的资料也相继发表，我们在鲁东南地区工作与学习过程中也注意观察发现一些莒文化特征的青铜器、陶器。新发现与新资料的公布，推动着莒文化研究不断深入。

1987年安丘市郚山镇贾孟村出土西周晚期典型莒文化青铜鼎、鼓肩高弧裆鬲[②]；1994年安丘市柘山镇东古庙村古墓出土一批西周晚期青铜器，有典型的莒文化青铜鼎、鬲、盘、匜、罍、舟等[③]；1983年清理莒南涝坡镇卢范大庄、2004年清理十字路镇中刘山春秋早期中型墓、2011年发掘大店镇后官庄春秋大墓，出土青铜鼎、鬲、盘、匜、壶、舟、陶鬲、鼎、簋、豆、罐、罍和石编磬等[④]；1998年发掘沂南县砖埠镇西岳庄春秋大墓[⑤]；2000年发掘五莲县潮河镇丹土东周中小型墓葬[⑥]；2002年发掘郯城庙山镇大埠村春秋大墓[⑦]；2007年发掘莒南县文疃镇东上涧春秋大墓[⑧]；2012年发掘沂水县

---

① 刘延常：《莒文化探析》，《东南文化》2002年第7期。禚柏红：《莒文化研究》，《东方考古》（第6集），科学出版社，2009年。
② 安丘县博物馆：《山东安丘发现两件青铜器》，《文物》1989年第1期。
③ 安丘市博物馆：《山东安丘柘山镇东古庙村春秋墓》，《文物》2012年第7期。
④ 张文存：《莒南文物志》第十章考古发掘，青岛出版社，2014年。
⑤ 刘延常、高本同：《西岳庄大墓——解读一段东夷小国的历史》，《文物天地》2004年第6期。
⑥ 山东省文物考古研究所：《五莲县丹土大汶口文化、龙山文化城址和东周时期墓葬》，《中国考古学年鉴》（2001），文物出版社，2002年。
⑦ 山东省文物考古研究所等：《郯城县大埠二村遗址发掘报告》，《海岱考古》（第四辑），科学出版社，2011年。
⑧ 刘延常：《莒南县春秋大型墓葬》，《中国考古学年鉴》（2008），文物出版社，2009年。张子晓等：《山东莒南县发掘春秋大型木椁墓葬》，《中国文物报》2008年。

泉庄镇纪王崮春秋大墓[①]。

我们在相关县、区博物馆考察见到的莒文化实物资料有：黄岛区大珠山镇顾家崖头出土春秋早期青铜鼎、鼓肩高弧裆鬲；诸城市皇华镇杨家庄子东河岸出土西周晚期青铜鬲、盘、匜，皇华镇黄沟村出土春秋早期青铜鬲，枳沟镇小埠头村出土春秋早期青铜瓠壶，解留镇新九台村出土西周晚期青铜鬲、鼎；临朐县辛寨镇大峪遗址出土春秋时期鼓肩高弧裆青铜鬲；临沭县临沭镇西朱车村出土春秋早期陶簋、青铜罍；平邑县铜石镇锅泉林场出土西周晚期青铜鼎、鬲，平邑镇蔡庄村出土青铜鬲、盘、匜、簠等；沂南县湖头镇陆家庄出土春秋早期青铜鼎、鬲、盘、匜、舟，界湖镇西明生村出土青铜鬲（图一）。

3. 莒文化遗存的特点

目前发现的莒文化遗存主要是墓葬资料，有以下四种情况：一种是因被破坏而被发现后进行发掘的大型墓葬，如莒南县老龙腰、花园庄、东上涧、后官庄、沂水刘家店子、纪王崮春秋大墓等；一种是配合工程建设发掘的大型墓葬，如临沂凤凰岭、沂南县西岳庄、郯城县大埠春秋大墓；一种是各有关县文物部门抢救清理的残墓，这类情况占较大比例，墓葬形制基本清楚，但随葬品组合、件数不全，如莒县西大庄、天井汪、于家沟等，多为贵族墓，出土数量不等的青铜器；一种是少量经过科学发掘的墓葬，如五莲县丹土小型墓葬、沂源县姑子坪周代墓葬。大型墓葬大多数属早期被盗，目前只有沂水刘家店子、临沂凤凰岭春秋墓葬和纪王崮M1保存较好。

相关县区博物馆所藏有的典型莒文化青铜鬲、陶鬲等资料，多是过去调查清理所得，征集或群众上缴的，一般无出土单位，这类资料占有一定比例。

关于城址和居址的资料比较少。城址只有莒国故城一例，没有做过勘探与正式发掘工作，《莒县文物志》中有对莒国故城城垣、手工业作坊遗址的叙述，从布局和遗物年代分析应是战国时期齐国莒邑和汉代城阳国都城，是否为西周、春秋莒国都城还需要重点勘探与发掘来证明。郯城县大埠遗址发现属于春秋晚期的环壕[②]，面积不足2万平方米，根据壕沟出土陶豆分析，应与大墓年代同时，如此则推测为军事性质的环壕聚落。经过发掘的有沂南县西岳庄遗址，包括西周早中期至春秋初期，前者属比较典型的周文化遗存、后者则为莒文化特点，但仅有部分窑穴和灰坑资料，出土遗物不丰富；沂源县姑子坪遗址发掘，由于资料尚未全部发表，是否有属莒文化的居址资料还不清楚。

---

① 山东省文物考古研究所等：《沂水纪王崮一号春秋墓及车马坑》，《海岱考古》（第六辑），科学出版社，2013年。

② 山东省文物考古研究所等：《郯城县大埠二村遗址发掘报告》，《海岱考古》（第四辑），科学出版社，2011年。

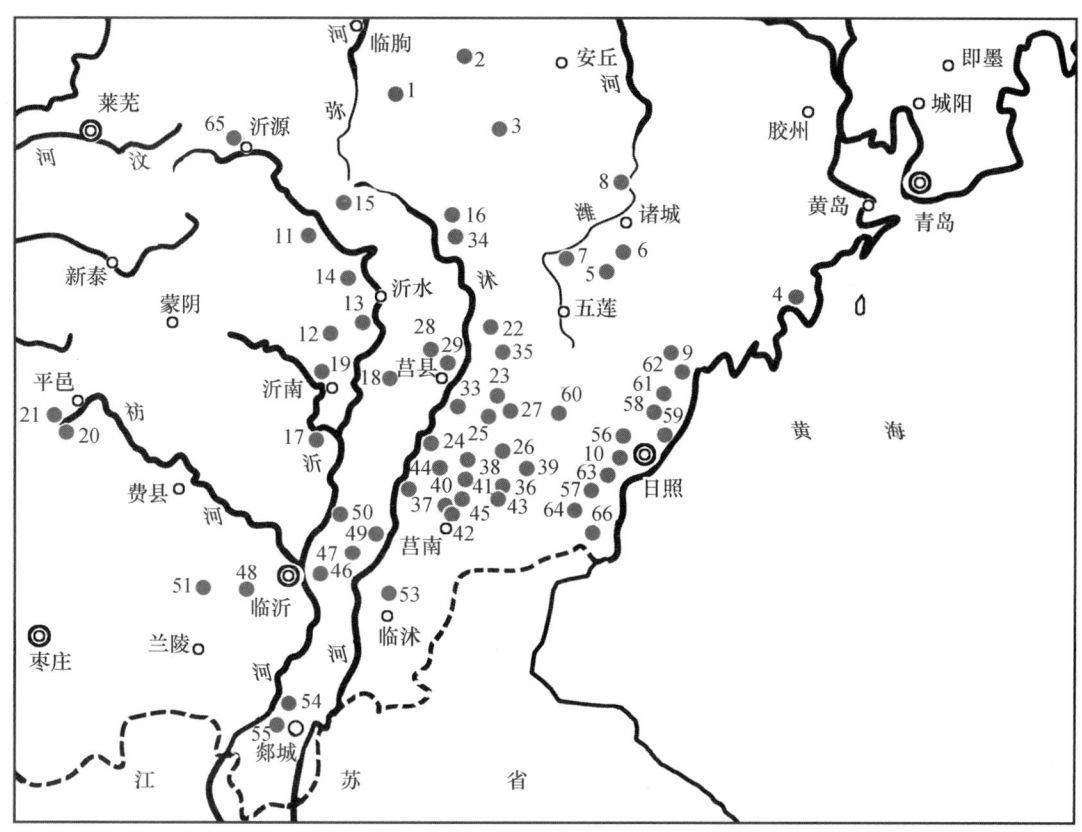

图一 莒文化遗存地点分布示意图

1. 临朐县辛寨镇大峪遗址 2. 安丘市郚山镇贾孟村 3. 安丘市柘山镇东古庙村 4. 黄岛区大珠山镇顾家崖头 5. 诸城市皇华镇杨家庄子东河岸 6. 诸城市皇华镇黄沟村 7. 诸城市枳沟镇小埠头村 8. 诸城市解留镇新九台村 9. 五莲县潮河镇丹土 10. 日照岗河崖 11. 沂水县泉庄镇纪王崮 12. 沂水县院东头镇刘家店子 13. 沂水李家庄 14. 沂水县黄山铺乡东河北村 15. 沂水县诸葛镇略疃村 16. 沂水县杨庄镇李家坡 17. 沂南县砖埠镇西岳庄 18. 沂南县湖头镇路家庄 19. 沂南县界湖镇西明生村 20. 平邑县铜石镇锅泉林场 21. 平邑县平邑镇蔡庄村 22. 莒县果庄乡天井汪 23. 莒县龙山镇王家山 24. 莒县小店镇卢家孟晏 25. 莒县寨里河乡老营村 26. 莒县中楼镇崔家峪 27. 莒县中楼镇于家沟村 28. 莒县二十里堡乡栗林村 29. 莒县城阳镇钱家屯 30. 莒故城刀币铸造遗址 31. 莒县丝绸大酒店 32. 莒县马庄（30~32均位于莒县县城） 33. 莒县陵阳镇杭头 34. 莒县东莞镇大沈刘庄 35. 莒县店子镇西大庄 36. 莒南涝坡镇卢范大庄 37. 莒南十字路镇中刘山 38. 莒南大店镇后官庄 39. 莒南县文疃镇东上涧 40. 莒南县大店镇老龙腰 41. 莒南县大店镇花园村 42. 莒南县十字路镇尤家庄子 43. 莒南县柳沟乡卢范大庄 44. 莒南县陡山乡陡山村 45. 莒南县北园乡虎园村 46. 临沂市相公镇凤凰岭 47. 临沂市汤河乡中恰沟 48. 临沂市罗庄区涧头 49. 临沂市大范庄 50. 临沂太平乡张屯 51. 临沂市兰陵县仲村 52. 临沭县临沭镇西朱车村 53. 郯城庙山镇大埠村 54. 郯城县第二中学 55. 日照揪齐园 56. 日照赵家庄 57. 日照陶家村 58. 日照董家滩 59. 日照邱前村 60. 日照松竹村 61. 日照两城镇 62. 日照尧王城 63. 日照六甲庄 64. 日照小村 65. 沂源姑子坪遗址 66. 日照东灶子村

三、莒文化特征解读

随着新资料的增多和研讨活动的增加，大家对莒文化的认识逐渐深入，归纳总结莒文化的特质十分必要，这将有利于促进莒文化的比较研究、展示与利用，也便于文博工作者更好地把握，读者观众与广大民众更加容易理解。

1. 莒文化分布与年代

从行政区划分析，莒文化分布以莒县、莒南县为中心，北境到达临朐县南部、安丘市南部，东北至诸城市中南部、黄岛区，西北达沂源中部；西境到沂水县西部、沂南县西部，西南部至平邑县中东部；南境至郯城县南部、江苏省连云港市北部，西南至兰陵县西部；东部包括日照市全境。

从自然地理分析，莒文化的分布以沂河、沭河流域为中心，北部基本在沂山山脉以南，西部在蒙山山脉以东，东至黄海，南部至连云港市北部山地、平原交界地区。在西部，莒文化遗存基本沿沂河上游、沂河中游及其支流分布。

从历史地理（包括政治地理、人文地理）分析，莒文化北部与齐文化、莱文化（主要与齐国、纪国、莱国）相邻，西部与鲁文化（主要与鲁国、邾国）相连，南部与徐文化、吴文化、越文化（主要包括徐国、吴国、越国）接壤。

从年代来分析，莒文化西周中晚期形成自己的特点，主要表现在陶器方面，分布于日照市境内；在西周晚期、春秋初期主要分布在鲁东南地区北部，青铜器开始形成自己的特点；在春秋早期、中期分布最广，也是莒国势力最强盛的时期，北部基本是与齐国的分界线，西部基本是与鲁国的分界线，南部至郯城北部；春秋晚期、战国早期，莒文化主要分布在鲁东南地区南部、东南部，战国早期以后基本消亡。

2. 大型墓葬埋葬特点

目前莒文化大墓（包括出土规格高的青铜器地点）主要有沂水县纪王崮、刘家店子、莒县丝绸大酒店、天井汪、于家沟、莒南县东上涧、后官庄、老龙腰、花园庄、中刘山、郯城县大埠、临沂凤凰岭、沂南县西岳庄等10余处，除纪王崮大墓在山顶、丝绸大酒店大墓在平原外，其他均分布在高地。主要埋葬在山前坡地、高地或岭地上（多为山脊或岭脊尾端），地处山地、丘陵与平原交接地带，距离河流不远，土层深厚。地势居高临下，视野开阔。

大墓分布较散，目前发现于沂水、沂南、莒县、莒南、临沂、郯城等县、区境内。大墓往往成双对出现，间隔距离比较近，根据随葬品等分析，应是夫妇异穴合葬墓。

3. 墓葬形制结构

根据临沂凤凰岭大墓的发掘，大型墓葬一般应有封土，但大多数已经被破坏；墓道较宽短、较浅，位于东部，多数因被破坏而无存；大型墓葬规模较大，边长一般都在10米以上，除少部分为方形外，多呈南北长、东西宽的长方形，口大底小、斜壁；绝大部分为熟土二层台。

中小型墓葬近方形，一般设有边箱，与椁室面积基本相同。

4. 葬具与埋葬习俗

大型墓葬棺椁一般三至五重，其中又有灵活变化，如木材保存较好的沂南县西岳庄M1四椁一棺、莒南县东上涧M2三椁一棺，有的为两棺两椁。棺椁构筑细木工工艺精致而复杂。大型墓葬多在椁室北部或南部设器物库（器物库面积大小与椁室往往相同），个别大墓在椁室两侧有对称两个器物箱。

大型墓葬头均向东。殉人比较普遍，少者3~5个殉人（西岳庄殉5人、纪王崮殉3人、东上涧殉5人、大埠殉4人）、有的殉人数量较多（丝绸大酒店殉10人、凤凰岭殉14人，刘家店子殉葬39人，后官庄殉葬49人），殉人多为独木棺且有随葬品，应是生活侍从，其中有些应为杀殉奴隶。棺椁四周往往施青膏泥。车马坑的设置较为灵活，有的在墓葬外部，有的在墓室内，随葬车和马，有的随葬马骨骼。器物库内往往随葬马骨或牛骨，应为随葬马、牛牲肉的体现。多设腰坑，内殉狗。

中小型墓葬头向东，多一椁一棺，施少量青膏泥，个别墓葬随葬1件青铜鼎和剑或戈，陶器组合为鬲、簋（豆形）、豆、罐。

5. 用器制度

大型墓葬随葬青铜器组合与种类比较齐全，包括炊煮器、盛食器、酒器、乐器、兵器、车马器等。礼器主要有鼎、甗、盉、鬲、铺、罍、舟、盘、匜等，乐器有镈于、镈钟、纽钟、甬钟等，兵器有戈、剑、殳、镞等。鼎与鬲往往搭配使用，且往往带盖；青铜鼎包括有镬鼎、升鼎、馐鼎等，鼎多构成列鼎，但是其形制、大小相同，花纹不尽相同，常见平盖鼎，纪王崮大墓5个馐鼎的形制、花纹不完全相同；青铜罐和舟随葬普遍。随葬乐器较多，且成套，如镈于、甬钟、纽钟、镈钟。青铜礼器中鼎、鬲、铺、罍往往7件套，甬钟、纽钟一般为9件套。青铜器在西周晚期形成了莒文化的区域特点，战国早期（含）不见莒文化特点的青铜器。青铜器组合与种类中常见楚文化系统和江淮地区特点的青铜器，除媵器外，应主要为赠赙现象的体现。兵器主要有戈、剑、镞，沂水出土吴王剑和越国鸟篆文戈。车马器主要有车軎、马衔、盖弓帽、车构件等。

陶器组合比较固定，早期为鬲、豆、罐，春秋以后为鬲、簋（豆形）、豆、罐，大型墓葬增加鼎，罐的种类多，包括圆肩、鼓腹、深腹大罐，鼓肩、曲收腹大罐与小罐，圆肩、扁腹罐，折肩罐等。大型墓葬随葬陶鼎、鬲、簋、豆、罐等多为7件套。陶器从西周中晚期开始形成莒文化区域特点，延续至战国早期。早、晚期遗存目前均分布于东南部区域。

大型墓葬常随葬漆器；有的大墓随葬石编磬，有的大墓随葬大量精美玉器。

6. 代表性典型器物

莒文化指征性器物有青铜鬲、陶鬲，鼓肩、高弧裆、瘦袋足及高实足；鼓肩、曲收腹陶罐；深腹，豆形陶簋。青铜罍器形较大，瓦楞纹，耳、盖多兽首，舟也是常见随葬品。裸人足裸人纽方奁，盘、匜的足、耳、把手等部位多兽形装饰；多种多样的窃曲纹是其特点，常见鸟形纹、兽形纹、瓦纹，素面也是其特色之一。陶器多为黑皮陶，常施红色彩绘。青铜投壶与陶质投壶出土数量较多（图二~图六）。

7. 丰富的考古学文化及古国文化因素

莒文化在西周时期继承吸收了周文化而创造形成了自己的特点，春秋时期又吸收了齐文化、鲁文化[①]、楚文化[②]、吴文化[③]、越文化[④]因素，莒文化区域内包括阳国[⑤]、

---

① 刘延常：《颛文化探析》，《东南文化》2002年第7期。
② 刘延常：《山东地区楚文化遗存分析》，《楚文化研究论集》（第7辑），岳麓书社，2007年。
③ 刘延常：《山东地区吴文化遗存分析》，《东南文化》2010年第5期。
④ 刘延常：《山东地区越文化遗存分析》，《东方考古》（第9集），科学出版社，2011年。
⑤ 刘延常、高本同：《西岳庄大墓——解读一段东夷小国的历史》，《文物天地》2004年第6期。

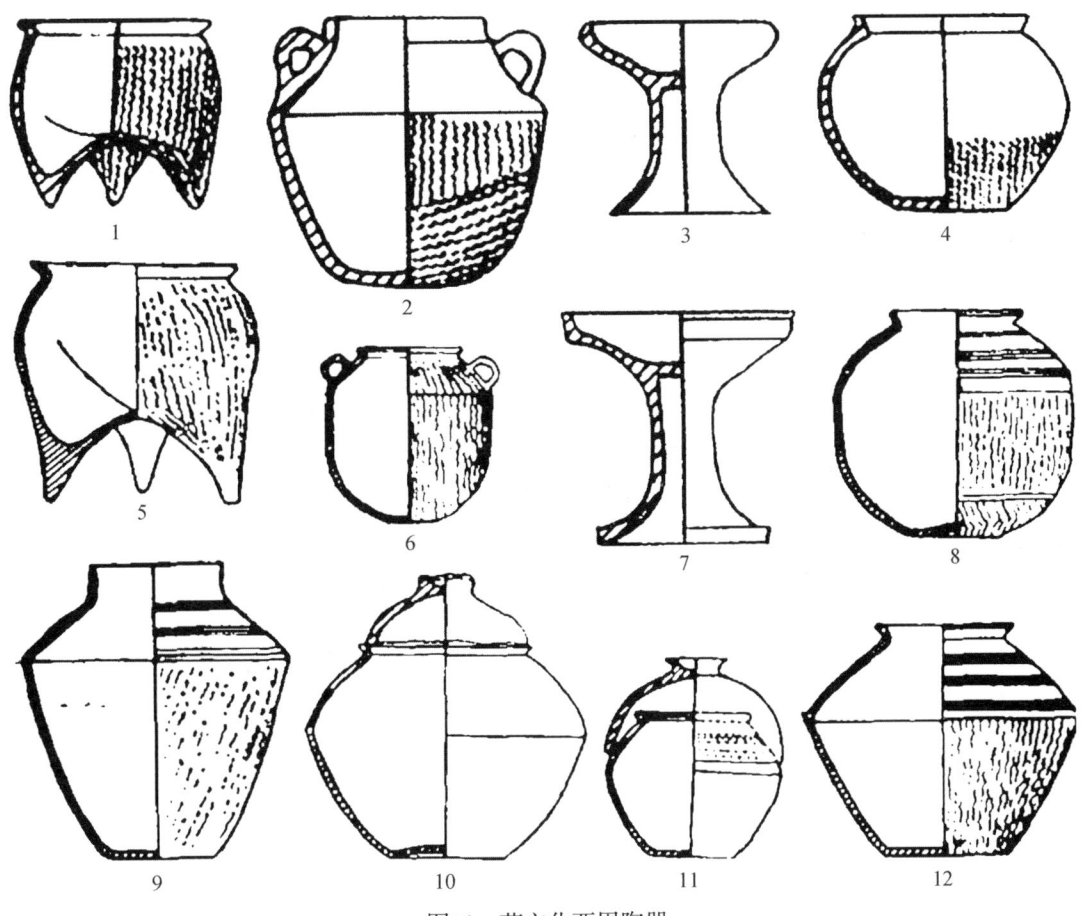

图二　莒文化西周陶器

1、5.鬲　2、4、6、8、9、12.罐　3、7.豆　10、11.罍

（1、2.日照揪家园　3、4、7.日照尧王城，余为莒县杭头）

鄅国[①]、郯国[②]、曾国[③]等文化遗存，还包括齐国（莒县西大庄西周墓葬）、莱国（日

---

① 山东省兖石铁路文物考古工作队：《临沂凤凰岭东周墓》，齐鲁书社，1987年。

② 根据文献记载郯国在今山东省临沂市郯城县，郯国故城为第七批国保单位，先后经过四次解剖，年代主要为战国晚期—汉代。郯城县大埠二村春秋早期偏晚阶段的大中型墓葬，从墓葬形制、结构、葬俗与随葬品分析，属莒文化范畴。《考古》1996年第3期载《山东郯城县二中战国墓的清理》中报道三座中小型墓葬，其中出土青铜器。我们认为郯国应在郯城县为中心的区域，期待更多的考古资料证实。

③ 笔者参考第七批国保单位《鄫国故城》申报材料、兰陵县博物馆2012年关于曾国故城的考古调查资料和临沂市沂州考古研究所2014年鄫国故城考古勘探资料。2014年11月笔者参加由清华大学、北京大学和湖北省博物馆在北京举办的"曾国文化学术研讨会"，介绍"山东地区曾国文化遗存的发现与认识"。根据文献记载和鄫国故城、春秋晚期大墓及费县出土春秋早期曾子鼎等的发现，我们认为山东省兰陵县、费县与平邑一带应存在姒姓的曾国，从鄫国故城大墓的形制结构与葬俗等分析，属莒文化范畴。

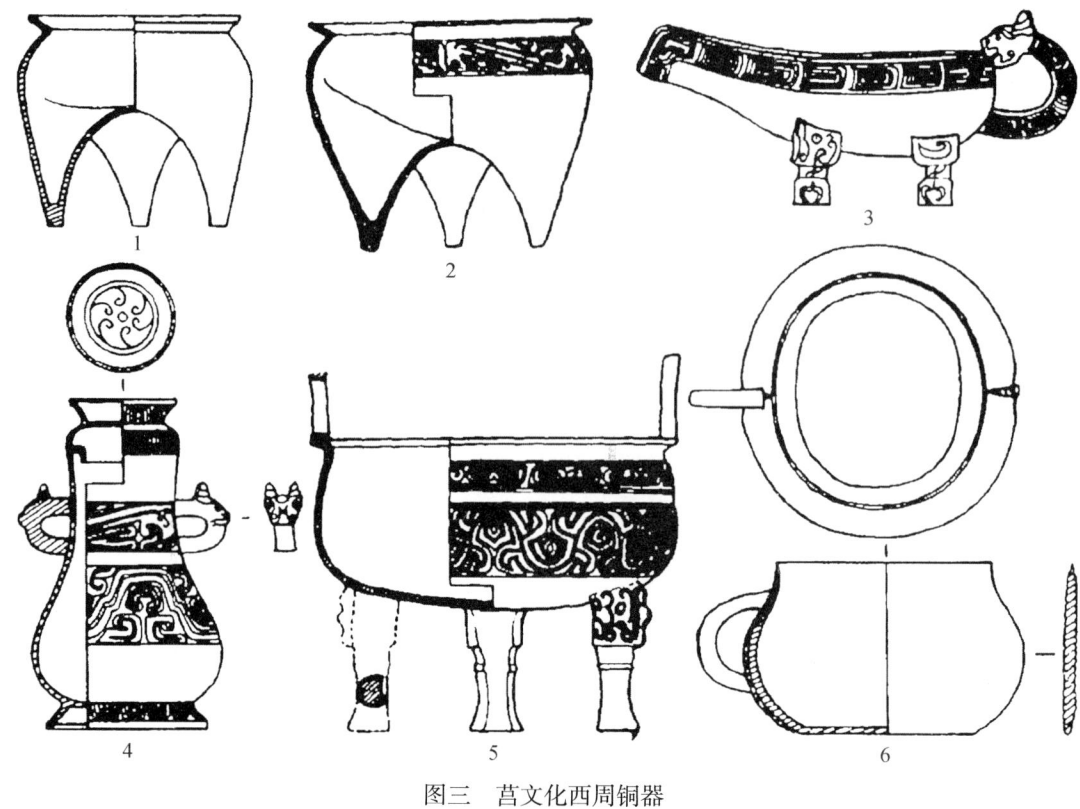

图三　莒文化西周铜器
1、2.鬲　3.匜　4.壶　5.鼎　6.舟
（1、3、4、6.莒县大庄　2、5.安丘贾孟）

照崮河崖西周墓葬）、陈国、黄国（沂水刘家店子春秋墓葬）、江国（沂水纪王崮春秋墓葬）铭文青铜器等，应为媵器、或为赠赙品、或为战利品与赠品。

四、莒文化的形成、发展与消亡

根据莒文化的时空关系、主要特征和文化因素等分析，我们发现与周边的齐文化、鲁文化、吴文化、越文化、楚文化等不同，莒文化具有多种文化因素融合的特点，这与其形成的多元性有关，而其消亡是被齐文化替代所致，区域内小国较多，又与周边众多古国关系密切。

1. 莒文化来源的多元性

（1）西周中晚期在鲁东南地区南部形成莒文化的特点——文化小传统出现

关于文化大传统、小传统的概念与理解引自美国人类学家罗伯特·芮德菲尔德在

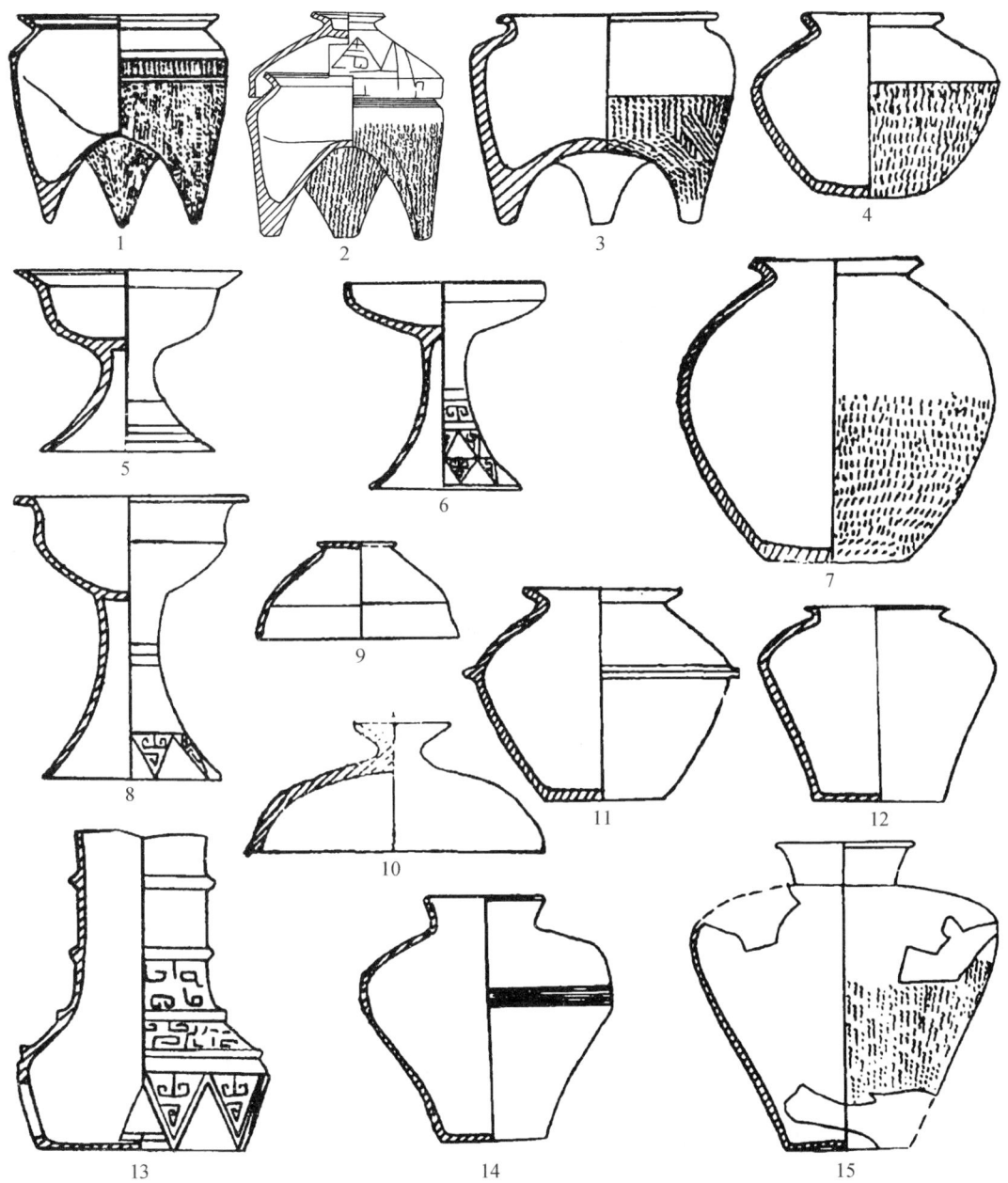

图四 莒文化春秋陶器

1、2、3.鬲 4、7、11、12、14、15.罐 5、8.簋 6.豆 9、10.器盖 13.投壶

（1、5.临沂中洽沟 2.郯城大埠二村 3、12.临沂凤凰岭 4、7、10、11.沂水东河北村 6、8、13.莒南大店 9、14、15.沂南西岳庄）

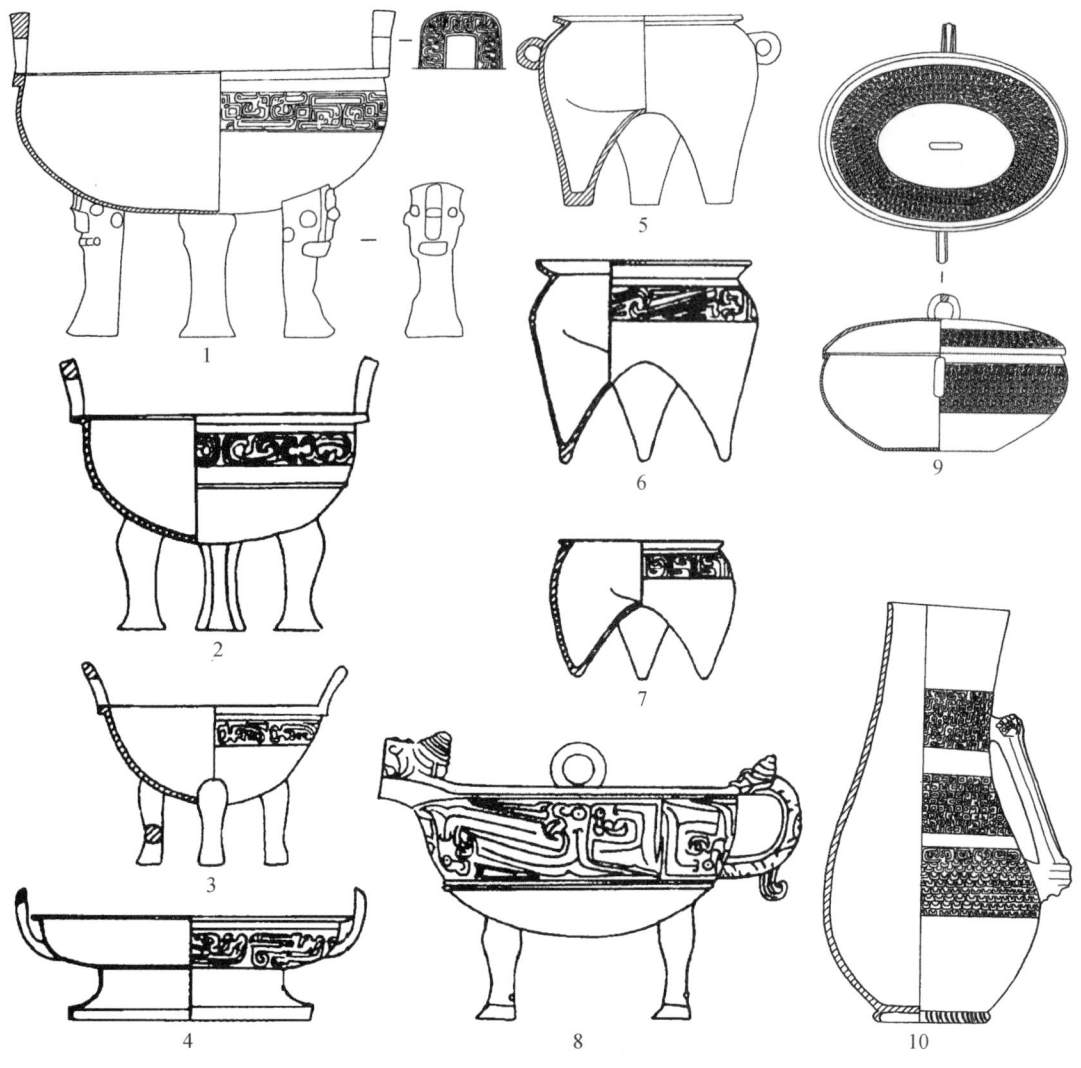

图五　莒文化春秋铜器
1~3. 鼎　4. 盘　5~7. 鬲　8. 牺鼎　9. 舟　10. 瓠壶
（1、5、9、10. 郯城大埠二村　2、4、6、8. 临沂中洽沟　3、7. 沂水东河北村）

《农民社会与文化——人类学对文明的一种诠释》一书中的论述，国内学者也不断探索与引用[①]，联系考古学文化特点，我们赞同文化大传统代表贵族阶层文化、文化小传统代表平民大众阶层文化。考古发现证明商王室对鲁东南地区进行了有效控制，对夷

[①] 徐良高：《中国三代时期的文化大传统与小传统——以神人像类文物所反映的长江流域早期宗教信仰传统为例》，《考古》2014年第9期。

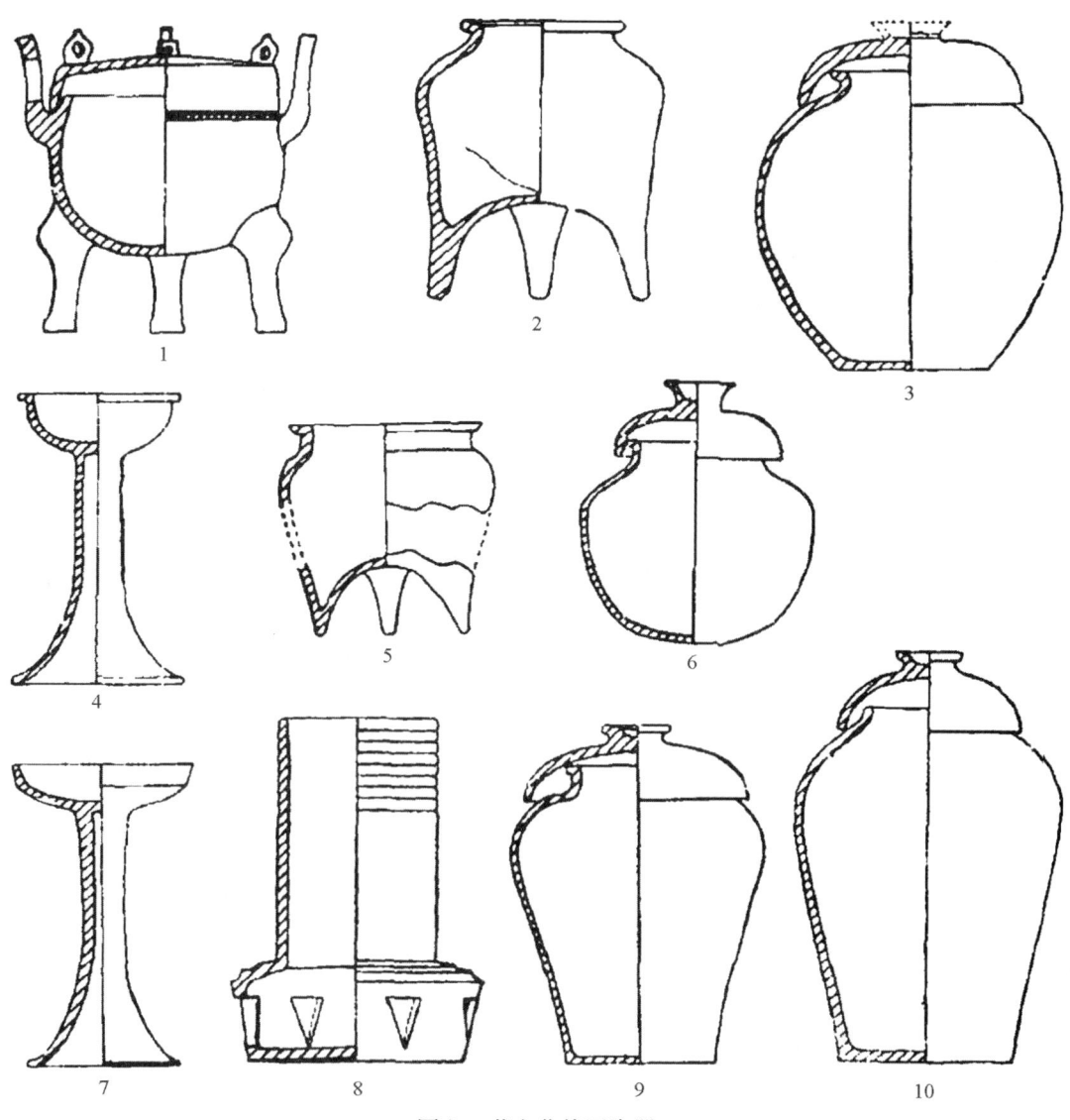

图六 莒文化战国陶器
1.鼎 2、5.鬲 3、6.罍 4.簋 7.豆 8.投壶 9、10.高领罐
（均为郯城二中出土）

人征伐打击力度极大，东夷势力向南迁移，商代晚期夷人文化遗存极少①。沂南西岳庄西周早期周文化遗存的发掘，证明周王朝已经推进至沂河西岸，分封齐国同时经营莱

---

① 刘延常等：《鲁东南地区商代考古学文化遗存调查与研究》，《东方考古》（第11集），科学出版社，2014年。又见刘延常：《从鲁东南地区商文化遗存的发现谈商人东征》，《古都郑州》2015年第3期；参见《夏商周时期的中原与周边——纪念郑州商城发现60周年暨韩维周、安金槐、邹衡先生学术成就学术研讨会文集》，2016年待刊。

国，基本控制了胶东半岛和鲁东南地区，而西周早期在鲁东南地区基本不见夷人文化遗存①，结合西周王朝对淮夷不断的征伐，说明夷人主要势力也已南迁。西周中晚期鲁东南地区南部陶器代表的莒文化特点，应是与苏北地区、皖北地区一般聚落接受周文化融合形成的淮夷文化的组成部分，是陶器为代表的一般聚落的文化小传统，也是莒文化发展的基础要素。

（2）西周晚期贵族墓在周边出现——莒文化大传统形成

以出土典型莒文化青铜器鬲等为特征的贵族墓葬在西周晚期才出现在鲁东南地区，但是比较分散，其级别有大夫、士等。如鲁东南地区东北部的诸城市皇华镇杨家庄子、解留镇新九台村，位于北部的安丘市郚山镇贾孟村、柘山镇东古庙村，位于西北部的沂源县姑子坪，位于中部的莒县西大庄，位于西部的平邑县铜石镇锅泉林场，位于东南部的日照崮河崖等遗址。这些地点都出土了典型的莒文化青铜鬲，青铜器纹样也多窃曲纹等，同时陶器群随之丰富而扩大，证明莒文化区域性基本形成；但是从发掘墓葬规模和青铜器等分析，这些墓葬中青铜器种类、组合和其他青铜器的形态不尽相同。从代表文化大传统的青铜器来分析，这些分布在众多地点的贵族墓葬显然来自不同方向和国家。莒县西大庄墓葬应该为大夫级别，多为比较典型的周文化特点，其中的甗为齐侯作器，应是来自齐国的贵族；西北部的沂源姑子坪遗址自西周中期即比较丰富，西周晚期墓葬出土青铜器具有地方特点；东北部的诸城、东南部的日照（崮河崖出土莱伯鬲）出土青铜器应来自莱国；西部的平邑县青铜器或与鲁国相关。

结合文献记载分析，西周晚期周边贵族向鲁东南地区迁徙应与当时历史背景有关，王室衰微而诸侯独立性增强，王室与诸侯矛盾上升，齐、纪、莱、鲁等国贵族内部亦不断分裂，而鲁东南地区比较空缺的政治军事空间为他们提供了机会。贵族墓、青铜器等为代表的文化大传统在西周晚期陆续四面开花，带动了文化小传统在鲁东南地区的迅速发展，莒文化特征与时空关系基本形成。

（3）"大"莒国与诸多小国并存——松散的政体构成与联合

而沂水刘家店子、莒县于家沟、莒南大店等春秋大墓出土数件莒国国君铭文青铜器，文献记载莒国势力最强大，因此学术界将周代鲁东南地区的周代具有相同文化特征的考古学文化称为莒文化。时代最早的属莒国的刘家店子墓葬为春秋中期偏早时期，之前的莒国在哪里？西周早中期莒国青铜器也有传世品，如"筥小子簋"等，文献记载莒最初被封于计斤（计斤在今胶州一带），后徙莒（今莒县县城一带），从考古发现和周边古文化古国形势分析，我们倾向于早期莒国在胶州湾一带。关于早期莒国的研究，还须期待着新的考古发现。

---

① 据我们调查分析，鲁东南地区龙山文化晚期和岳石文化聚落数量急剧减少，而商代、西周早期珍珠门文化遗存依然很少。这对探讨族群迁徙，军事力量与物质文化的对应关系提出了新的认识线索。

目前发现的春秋莒国国君级别的大墓空间分布比较分散,还发现了比较多的小诸侯国国君大墓,我们认为莒国国君墓葬的分散或存在相同规格但不属执政者,这也是莒国内部矛盾多、不凝聚而导致较早灭亡的原因之一。根据墓葬规模、结构、葬具、用器、殉人等,结合历史地理和文献记载分析,从属莒文化的小国有春秋早期晚段的阳国、郯国,春秋晚期的鄅国、曾国,还有《春秋》经传记载"莒人入向"的向国尚未被考古发现证明,证明莒文化区域内的政治军事形势允许诸多小国存在,换言之——国家间的关系比较松散。

2. 莒文化发展具有融合的特点

(1) 遵循礼制的共性方面

莒文化区域内诸侯国国君墓葬体现出了遵循礼制的特点。如贵族规模比较大,一般长度超过10米。使用多重棺椁(有的符合文献记载共使用五重),使用器物边箱,附设车马坑。用器制度中,首先陶器中夹砂灰陶绳纹鬲为主,绳纹罐、甗、豆数量较多,器物组合数量为七件套、符合诸侯国君等级;青铜器使用列鼎,配用镬鼎、馐鼎,使用甗,盛食器使用铺、敦、舟,盥洗器使用盘和匜,酒器使用瓠壶、罍、鐳,车马器,兵器;随葬多套乐器,如青铜编甬钟、纽钟、镈钟、编石磬。比较普遍殉人,与齐国贵族墓葬俗比较相近。

(2) 融合礼制创新的特点

莒文化在遵循礼制的基础上创新,形成自己的特点。如棺椁使用多重,但是椁的重数多、一棺为主;使用器物库放置随葬品,中小型墓葬边箱与椁室面积相同。陶器黑皮陶多,火候比较低,鼎、鬲搭配较多,鬲、簠(豆形)、豆、罐组合比较稳定,其中罐的类型较多(应与好酒且种类多有关,亦与随葬粮食种类多有关)。青铜列鼎与鬲搭配,少见或不见列簠,列鼎(升鼎)大小一致,有的则花纹不尽相同,包括镬鼎的种类也不尽相同,有搭配成组的主观意图,铺、敦较少,普遍使用舟。青铜乐器一般两套以上,使用錞于比较普遍(好战,具有鸣金功能),投壶礼比较流行(大墓、小墓,青铜、陶质投壶都有出土)。春秋时期殉人较多,各大墓殉人数量不同。

(3) 融合较多的周边古国文化因素

如上文所述,莒文化大传统贵族阶层自形成开始就来自不同方向与国家,春秋时期小国并存,从古国文化遗存因素分析有陈国、黄国、江国、吴国、越国、楚国等,众多贵族墓葬出土青铜器具有浓厚的楚系文化风格,还有相当部分青铜器为江淮地区风格,无论是媵器、赗赙还是赠品或许还有战利品与掠夺品,关系友好密切是其主流,我们认为与同源于史前、商、西周时期的东夷迁徙及其与淮夷关系密切相关。文献记载莒国与齐国、鲁国、曾国、向国等有姻亲关系,包括会盟、战争、人员往来等交流。

3. 莒文化的消亡

莒文化到战国早期消亡，存续时间不长，其消亡的内因是缺乏礼制约束、缺乏文化传统的传承凝聚——导致了分散、分裂，不团结；外因是由于内部形成的内讧、脆弱，而无法抵御外力入侵而导致迅速消亡。

莒文化大墓体现出了诸多小国并存，同时分布较散，其棺椁制度、器用制度、丧葬习俗等也表明礼制约束比较松散。沂水纪王崮春秋晚期大墓墓葬海拔500余米的山崮之上，说明战争的残酷性；沂水刘家店子、莒南县后杨官庄春秋大墓殉葬数十人，证明奴隶制依然发达，文献有莒国好战而草菅人命的记载。春秋晚期晚段势力明显收缩至东南部，联系文献记载，应是来自齐国和鲁国的胁迫压力。

春秋晚期莒国内乱不断，齐国、吴国、越国北南挟削，鲁国在西部逼迫。根据目前报道的资料，以及鲁东南地区各县博物馆文物库房看到的标本中，战国中期偏早至晚期明显是齐文化遗存，如陶鼎、浅盘豆、盖豆、壶、盂等，莒文化的下限定在战国早期是比较准确的，如莒县杭头、五莲丹土、沂水东河北等墓葬为战国中期偏早阶段的齐文化遗存。除莒南县个别遗址见越文化因素外，其他县区比较少见楚文化、越文化遗存。

史记等文献记载莒国在战国早期为楚国所灭，战国策等记载莒国为齐国所灭，综合分析我们倾向于莒国被齐国灭亡。自春秋晚期吴国北上争霸、越国灭吴国后北上争霸，而楚国在战国中晚期才进占鲁东南地区西南部。战国时期齐、魏马陵之战就发生在南部的郯城县，战国晚期乐毅率师伐齐最后的莒邑即春秋时期的莒国都城（今莒县县城一带），这里也是齐国对付越国、楚国、魏国等强国的重要南鄙。

五、莒文化解读的启示——一种文化发展模式的思考

通过分析莒文化特征、来源与形成、消亡及其与周边古文化、古国关系，我们发现莒文化与周边的齐文化、鲁文化、楚文化等完全不同，有自己的发展模式，具有边缘区域文化的特点、文化交界区的特点，体现出了断裂与连续的发展特点、"学在四夷"的特点。这种文化发展模式，是华夏文化融合的途径之一，在解读中国历史发展规律的过程中具有一定的共性启示。

（1）边缘区域与文化交界区的特点

莒文化分布的鲁东南地区地处中国大陆最东缘，东临黄海、北部为东西向的沂山山脉，西部为南北向的蒙山山脉，是一个相对独立封闭的地理边缘区域。边缘区域由于地形地势和交通区位优势的缺陷与限制，经济发展相对缓慢与落后，导致文化发展

与中心区域融合交流较少。

从目前考古发现看，鲁东南地区自新石器时代的后李文化、北辛文化、大汶口文化、龙山文化到岳石文化、商代、周代，文化遗存数量普遍比较少，其中出现两个发展高峰阶段，一是大汶口文化晚期至龙山文化中晚期，另一个就是莒文化，前一个高峰时期体现的是东夷族团与南蛮族团、华夏族团融合的一段历史反映，与苏北、皖北、豫东地区文化融合互动，或成为淮夷文化渊源，或联系密切，或影响深远，以至于春秋时期莒国与这里的诸多国家交好。

商王朝东扩进程中，鲁东南地区体现更多的是与夷人军事力量交战的拉锯战，商文化未能深入至沂河以东区域[1]。在周代，莒文化区的北部是齐国不断扩张形成的齐文化区（地方文化——融合周文化的代表），西部是鲁国以继承与传播周文化为特征的鲁文化区（周文化为主），南部则为徐淮文化（淮夷文化——地方文化为主）。由于莒文化地处东部边缘区域，商王朝、周王朝东扩征伐，东夷与淮夷势力的迁徙与演变，使得鲁东南地区的人文历史是起伏变化的，夷商、夷周文化在这一区域未能连续的融合；周边又处在齐文化、鲁文化、淮夷文化、吴文化的包围圈内，属于文化交界区，莒文化既得不到与商文化、周文化的直接充分融合，而又受周边文化较多的影响。

（2）文化断裂与连续

鲁东南地区在商代与西周早中期，商文化、周文化、夷人文化遗存较少，区域文化基础相对空白，莒文化不可能在当地丰厚文化基础上融合产生，这是莒文化的断裂性特点。这种断裂性特点是莒文化形成的客观基础，于是莒文化小传统在局部地区悄然形成，在周边国家形势变化背景下，莒文化大传统逐渐形成，又在大传统的带动下莒文化迅速繁荣发展。

莒文化发展又体现出了连续性。文化小传统是文化形成发展的基础，以陶器为代表的莒文化小传统在早期应属淮夷文化北部范围，而淮夷文化又是东夷文化迁徙发展形成的，其传统本身又是连续的。春秋时期莒文化区域的古国普遍与楚系文化东北部国家、江淮地区的徐国等来往交流密切，是莒文化的重要特点与组成部分，这也是文化连续性的表现。莒文化消亡后，战国时期齐国的莒邑，秦代的莒，西汉时期的琅琊郡、东海郡的莒等均是鲁东南地区发展的重要区域中心，这体现出了莒文化的传承与延续。

莒文化的断裂与连续是一对辩证发展的关系，相互促进，变异与发展，传承与延续，成为边缘区域和文化交界区文化发展模式的典型案例之一。

---

[1] 刘延常等：《鲁东南地区商代考古学文化遗存调查与研究》，《东方考古》（第11集），科学出版社，2014年。又见刘延常：《从鲁东南地区商文化遗存的发现谈商人东征》，《古都郑州》2015年第3期；参见《夏商周时期的中原与周边——纪念郑州商城发现60周年暨韩维周、安金槐、邹衡先生学术成就学术研讨会文集》，2016年待刊。

六、结　　语

　　莒文化的分布空间相对稳定，形成的过程多源，消亡比较快，文化特征突出，文化因素复杂，既受时代先进性周文化礼制的影响、更多地融合形成了自己的地方特点，与淮夷文化关系密切。莒文化是中原文化与东夷文化（包括淮夷文化的）最后融合阶段的特点，对齐文化、鲁文化的形成产生一定的影响，是齐鲁地域文化的重要组成部分，对研究齐鲁文化的形成具有重要意义。

　　解读莒文化是解剖区域文化演变进程的极好案例，其发展模式应代表了周代"四夷"地区的共性——具有边缘区域和文化交界区文化融合的特点，对探讨华夏文化的形成过程和解读中华优秀传统文化具有很好的启示启发意义。实际上中外诸多学者已经强调"非中心地"的研究，从边缘地区把握历史，在社会体系的边缘存在着明显的、活跃的社会变异的潜力，"变异"正是边缘地带最具特长的历史贡献[1]。纵观中国社会发展的不同历史发展阶段，均存在众多地域性文化，或大或小，或长或短，但都以不同的融合与传承方式成为了统一的中国多民族国家历史文化的一部分。

　　讲清楚莒文化的渊源、历史地位和文化传统，对深入研究齐鲁地域文化，对弘扬中华优秀传统文化具有重要意义。敬请专家与学者多加关注、共同研究。

　　附记：谨以此文纪念尊敬的李伯谦先生八十华诞，祝福李老师身体健康，永葆学术青春！

　　回顾十几年来本人参加的全国商周考古学术会议，总是与李伯谦先生有缘期遇，先生每次的赞许，一直激励着我在商周考古领域探索前行。近年来，李老师数次光临山东考察重要发现、指导我们编纂《中国出土青铜器全集》（山东卷），还命题并合作召开了"青铜器与山东古国"学术研讨会等，为我们创新发展山东地区商周考古与学术研究指明了方向；本人有幸随行左右聆听教诲、渐悟渐觉，信心倍增，决心持续努力做出更多成绩以感谢李伯谦先生！

---

[1] 唐晓峰：《边缘的价值》，《环球人文地理》2015年第7期。

吴越贵族墓葬的等级研究[*]

张 敏

（南京博物院）

一、绪　言

西周时期的吴越都是偏居东南蛮夷之地的蕞尔小邦，春秋时期的吴越都不受周代礼制的羁束而称"王"，春战之际的吴越先后崛起，一跃成为军事强国家而称霸诸侯，在中国历史上谱写了一段华丽的篇章。

由于吴越民族属华夏民族之外的蛮夷，吴越的语言习俗与华夏文明有较大的差异，吴越礼制尤其是越国礼制与中原礼制不属于同一礼制体系，因此吴越文化的研究从东汉至明清始终是一个诱人的课题，研究成果层出不穷；自1936年"吴越史地研究会"成立以来，有关吴越文化的考古与研究已不间断地进行了80年。

吴越文化的研究虽然取得长足的进展，但仍留有许多亟待解决的问题，吴越贵族墓葬的等级研究便是其中之一。

（一）吴越简史

吴国的历史可追溯到"太伯奔吴"。《史记·吴太伯世家》："吴太伯，太伯弟仲雍，皆周太王之子，而王季历之兄也。……太伯之奔荆蛮，自号句吴。荆蛮义之，从而归之千余家，立为吴太伯。"然"太伯奔吴"之说疑窦颇多，殆为春秋时期楚、吴、越等南方蛮夷国家为争当中原霸主、寻求华夏正统而出现的"冒荫现象"。

吴国的历史始于西周早期，终于春战之际。《史记·吴太伯世家》："是时周武王克殷，求太伯、仲雍之后，得周章。周章已君吴，因而封之，……列为诸侯"；《左传》哀公二十二年（前473年）："越灭吴。"

吴国自周章至夫差有完整的世系。《史记·吴太伯世家》："周章卒，子熊遂立。熊遂卒，子柯相立。柯相卒，子强鸠夷立。强鸠夷卒，子余桥疑吾立。余桥疑吾

---

[*] 本文为国家哲学社会科学研究基金项目《吴越文化比较研究》（10BKG005）阶段性成果。

卒，子柯卢立。柯卢卒，子周繇立。周繇卒，子屈羽立。屈羽卒，子夷吾立。夷吾卒，子禽处立。禽处卒，子转立。转卒，子颇高立。颇高卒，子句卑立。……句卑卒，子去齐立。去齐卒，子寿梦立。"

越国的历史可追溯到夏。《史记·越王勾践世家》："越王勾践，其先禹之苗裔，而夏后帝少康之庶子也。封于会稽，以奉守禹之祀。文身断发，披草莱而邑焉。后二十余世，至于允常"；《越绝书·记地传》："昔者越之先君无余，乃禹之世，别封于越，以守禹冢。……无余初封大越……千有余岁而至勾践。……越王夫镡以上至无余，久远，世不可纪也。"

越国自无余至夫镡的世系不见史籍，越国早期的历史和世系十分渺茫。

越国的历史始于西周早期，终于战国中期。《尚书·顾命》："（成）王崩……越玉五重……在西序"；《竹书纪年》："（周成王）二十四年，于越来宾"；《竹书纪年》：周显王"三十六年（公元前333年），楚围齐于徐州，遂伐于越，杀无强"；《史记·越王勾践世家》："楚威王兴兵而伐之，大败越，杀王无强，尽取故吴地至浙江。"

吴越分属不同文化民族，有着不同的文化渊源。吴越文化的发展轨迹异源殊途：吴文化来源于以陶鬲为主要炊器的湖熟文化，越文化来源于以陶鼎为主要炊器的马桥文化，吴民族属东夷民族集团的一支，位于东夷民族文化区的最南端；越民族属百越民族集团的一支，位于百越民族文化区的东北部[①]。

春秋时期的吴国和越国分属不同的政治集团。夏商至西周时期，由于华夏民族集团与东夷民族集团的逐渐融合，主要社会矛盾已转化为华夏东夷联盟的北方集团和苗蛮百越联盟的南方集团；春秋时期，周王室的衰微，众多的诸侯国逐渐分化为以晋国为首的"北方国家集团"和以楚国为首的"南方国家集团"。

晋联吴制楚。吴属晋国为首的北方国家集团，成为长江以南唯一属于北方国家集团的南方国家，成为北方国家集团楔入楚越中心地带的一支重要的政治力量，吴先后灭巢、灭徐，伐楚、伐越，入郢、败越，终为越所灭。

楚联越制吴。越属楚国为首的南方国家集团，随楚伐吴；战国之初，越灭吴后会诸侯于徐州，徙都琅琊，北伐齐鲁，成为南方国家集团征伐北方国家集团的重要先遣力量；战国中期越兴师伐楚，与中国争强，终为楚所灭。

---

① 张敏：《宁镇地区青铜文化研究》，《长江流域青铜文化研究》，科学出版社，2002年。张敏：《殷商时期的长江下游》，《南京博物院集刊（11）——南京博物院建院七十五周年纪念文集》，文物出版社，2009年。李永迪：《"周边"与"中心"：殷墟时期安阳及安阳以外地区的考古发现与研究》，"中央"研究院历史语言研究所，2015年。

（二）吴越贵族墓葬的时空范畴

西周～春秋早期的吴越大致以茅山山脉、天目山山脉、黄山山脉为界，吴越两国"接土邻境，壤交通属"[①]，吴国境内的漳河、青弋江、水阳江、姑孰溪、秦淮河等河流皆属长江水系，自南而北流入长江；越国境内的河流除少量属长江支流黄浦江水系外，多属太湖水系和新安江——钱塘江水系，自西而东流入东海（图一）。

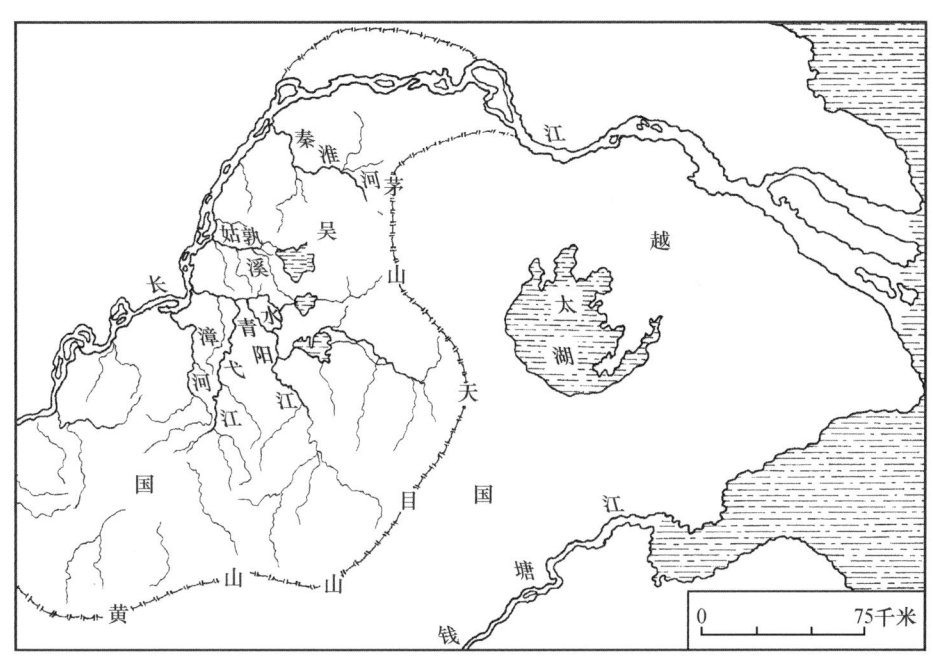

图一　西周～春秋早期吴越地理位置示意图

"吴越为邻，同俗并土，西州大江，东绝大海，两邦同城，相亚门户"[②]。春秋中晚期随着吴越争霸，吴越分野的格局被逐渐打破，吴越疆界"相亚门户"，吴越疆域往返交替，吴越都城多次迁徙，"两邦同城"的姑苏反复易帜，因而吴越贵族墓葬的分布也随着吴越疆域的变更和吴越都城的迁徙而互有交织。

春秋中晚期的吴越疆域呈不断变化的态势：公元前510年，吴"始用师于越"[③]；公元前505年，"吴入郢"[④]后，大举伐越，太湖东部自西而东逐渐为沦吴地；公元前494年吴，"败越于夫椒……遂入越"[⑤]，太湖东部皆属吴；公元前473年，"越灭

---

① 《吕氏春秋·知化》，《吕氏春秋》，岳麓书社，1988年，216页。
② 《越绝书·纪策考》，《越绝书》，上海古籍出版社，1985年，43页。
③ 《左传·昭公三十二年》，《春秋左传注》，中华书局，1981年，1516页。
④ 《左传·定公四年》，《春秋左传注》，中华书局，1981年，1545页。
⑤ 《左传·哀公元年》，《春秋左传注》，中华书局，1981年，1605页。

吴"①后，"越兵横行于江淮东"②，吴地尽属越；公元前333年，楚灭越③，尽取故吴地至浙江④，原先的吴地和越地尽属楚。

《吕氏春秋·长攻》："夫吴之与越，接土邻境，道易人通，仇雠敌战之国也。"春秋战国之际，由于吴越的空间范畴处于不断变化之中，吴越贵族墓葬的分布范围也随之不断地变化：公元前510年之前，宁镇皖南地区和太湖西部的贵族墓葬主要为吴墓，太湖东部和钱塘江流域的贵族墓葬主要为越墓；公元前506年～前473年，太湖东部的贵族墓葬主要为吴墓，钱塘江流域主要为越墓；公元前473年～前333年，越国贵族墓葬的分布范围覆盖了太湖钱塘江流域、宁镇皖南地区和江淮地区。

据历史文献，将吴国贵族墓葬的时间范畴定为西周～春秋时期，越国贵族墓葬的时间范畴定为西周～战国早期。

（三）吴越贵族墓葬的分组

吴国的历史始于武王时期的周章，强盛于春秋中期的寿梦。《史记·吴太伯世家》："寿梦立而吴始益大，称王"，《左传》成公七年（前584年）："巫臣请使于吴，晋侯许之。吴子寿梦说之。乃通吴于晋。……吴始伐楚，伐巢、伐徐，……吴入州来。……蛮夷属于楚者，吴尽取之，是以始大，通吴于上国。"

"寿梦称王"与"通吴于晋"是吴国历史上最重要的转折点，时在春秋中期，而西周～春秋早期与春秋中晚期吴国贵族墓的墓葬形制、随葬器物均呈现出一定的差异，因此将吴国贵族墓葬分为西周～春秋早期墓葬组和春秋中晚期墓葬组，简称"西周组墓葬"和"春秋组墓葬"。

越国的历史始于周成王时期，强盛于春秋晚期的允常。《史记·越王勾践世家》："允常之时，与吴王阖庐战而相怨伐"，《史记正义》引《舆地志》：允常"拓土始大，称王"，《吴越春秋·越王无余外传》："越之兴霸自元常矣。"

长江下游发现的越国贵族墓葬多集中在西周时期和春秋晚期至战国早期⑤，西周时期和春秋战国时期越国贵族墓葬的墓葬形制、随葬器物存在着较大的差异，因此越国贵族墓葬也可分为西周墓葬组和春秋～战国墓葬组，简称"西周组墓葬"和"春战组墓葬"。

---

① 《左传·哀公二十二年》，《春秋左传注》，中华书局，1981年，1719页。
② 《史记·越王勾践世家》，《史记》，中华书局，1959年，1746页。
③ 《竹书纪年》：周显王"三十六年（前333年），楚围齐于徐州，遂伐于越，杀无彊"。
④ 《史记·越王勾践世家》，《史记》，中华书局，1959年，1751页。
⑤ 本研究将战国时期分为早晚两期，战国早期为越灭吴至楚灭越，即公元前473年～前333年；战国晚期为楚灭越至秦灭楚，即公元前333年～前223年。

（四）吴越贵族墓葬等级研究的基本方法

由于吴越文化的相互交织和相互渗透，文化面貌呈现出错综复杂的交织现象，从而导致吴越文化研究中往往出现吴越不分的现象，吴越不分的现象无疑制约着或误导着吴越文化的深入研究。

吴越墓葬中皆有大型墓葬和中小型墓葬，大型墓葬和中小型墓葬即吴越的贵族墓葬和平民墓葬。吴越平民墓葬的分布范围主要反映了吴越疆域的变迁，而吴越贵族墓葬所反映的葬制和葬俗是研究吴越国家性质、社会性质和社会分层最重要的考古学资料。

然吴越贵族墓葬的等级研究至今仍是吴越文化研究中悬而未决的课题，贵族墓葬的等级研究无疑制约着吴越国家性质、社会性质和社会分层的研究，因此吴越贵族墓葬的等级研究愈发显现其重要性和紧迫性。

在进行吴越贵族墓葬的等级研究之前，首先需进行的是吴越贵族墓葬的甄别研究，因为吴越贵族墓葬的甄别研究是吴越贵族墓葬等级研究的基础。

由于吴越贵族墓葬随葬的青铜器铭文甚少，而吴越金文的释读又往往因吴越语言的特殊性对人名、地名、国名的释读产生歧义，因此仅根据铭文判别和确定吴越贵族墓葬的国别实属不易，在尝试了多种研究方法之后，对吴越贵族墓葬的甄别研究采用了"比较研究法"[1]。

根据"比较研究法"的基础理论和基本方法，吴越贵族墓葬的甄别研究首先是根据墓葬的构成划分不同的单元；在不同单元内再分解构成要素和确立基本要素；在对基本要素逐一进行比较后，以基本要素中的"非相同或非共有的基本要素"作为区分吴越贵族墓葬的"指示性要素"，进而对长江下游的两周时期的吴越贵族墓葬进行了甄别研究[2]。

在吴越贵族墓葬甄别研究之后，需进一步进行研究的便是吴越贵族墓葬的等级研究和墓葬等级制度研究。

吴越贵族墓葬等级研究的目的是根据贵族墓葬的等级划分，进而进行吴越的葬制礼仪和吴越社会形态、社会结构的探讨。

由于吴越贵族墓葬的考古资料大多不完整，也缺乏可以判别墓主身份的青铜器铭文，采用传统的考古学研究方法依然存在着诸多困惑和诸多盲区，因此吴越贵族墓葬

---

[1] 林聚仁、刘玉安：《社会科学研究方法》，山东人民出版社，2008年。李志、潘丽霞：《社会科学研究方法导论》，重庆大学出版社，2012年。张敏：《"比较研究法"在吴越贵族墓葬甄别研究中的应用》，《张敏文集》，文物出版社，2013年，797页。

[2] 张敏：《吴越贵族墓葬的甄别研究》，《文物》2010年第1期。

的等级研究仍沿用"比较研究法"的基本理论和基本方法。

有关吴越贵族墓葬出土青铜器的构成研究，则主要应用了"文化因素分析法"的基本理论和基本方法。

（五）非吴国贵族墓葬的甄别

在进行吴越贵族墓葬的等级研究之前，还需进行非吴国墓葬的甄别。

以往认为是吴国贵族墓葬的有仪征破山口西周墓、屯溪西周墓、六合程桥春秋墓和苏州大真山春秋墓，通过吴越贵族墓葬的甄别研究，破山口和屯溪西周墓、程桥和大真山春秋墓等皆非吴墓。

仪征破山口西周墓是1930年由乡民盗挖的，出土青铜礼器40余件，兵器100余件，然多流失国外。现存国内的有青铜器有凸弦纹鼎、凸弦纹鬲、素面独耳鬲、饕餮纹甗、变体鸟纹尊、云纹尊、凤纹盉、方格纹扁腹罍、鱼龙纹盘、四凤盘、卷云纹铲以及"子作父宝尊"铭文鼎残片等10余件[①]（图二）。1959年曾在出土地点进行了清理，证实是一座有土坑的墓葬，出土了青铜戈、矛、斧、钺、镰、镞以及玉饰和陶鬲、罐等残片[②]。根据青铜器和陶器特征分析，破山口墓的年代为西周中期偏晚阶段或晚期偏早阶段。

《管子·小问》："昔者吴干战，未龀不得入军门，国子挝其齿，遂入干国多。"干国的疆域在今扬州一带，《说文·邑部》："邗，国也，今属临淮。从邑，干声。"破山口位于长江以北的仪征新城乡的沿江山地，地处扬州仪征之间，西周时属干国。

春秋之初，吴灭干；西周晚期，干国尚存。根据墓葬规模和随葬青铜器与吴国贵族墓葬的比较研究，破山口西周墓当为干墓而非吴墓，破山口西周墓可能为干王之墓。

六合程桥乡曾先后发掘过3座春秋墓[③]。一号墓出土了青铜鼎、蟠螭纹缶、臧孙编钟以及兵器、车马器和工具等50余件，臧孙钟铭文有"攻敔仲终岁之外孙、坪之子臧孙……自作和钟"（图三）；二号墓出土了青铜鼎、匜、编钟、编镈和兵器、车马器、工具等40余件，编钟铭文有"旨赏……之甬钟"；三号墓出土了青铜鼎、甗、

---

① 王志敏、韩益之：《介绍江苏仪征过去发现的几件西周青铜器》，《文物参考资料》1956年第12期。

② 尹焕章：《仪征破山口探掘出土铜器纪略》，《文物》1960年第4期。

③ 江苏省文物管理委员会、南京博物院：《江苏六合程桥东周墓》，《考古》1965年第3期。南京博物院：《江苏六合程桥二号东周墓》，《考古》1974年第2期。南京市博物馆、六合县文教局：《江苏六合程桥三号东周墓》，《东南文化》1991年第1期。

图二　仪征破山口干国贵族墓出土的部分青铜器

1. 凸弦纹青铜鼎　2. 凸弦纹青铜鬲　3. 素面独耳青铜鬲　4. 饕餮纹青铜甗　5. 变体鸟纹青铜尊　6. 云纹青铜尊
7. 凤纹青铜盉　8. 方格纹青铜扁腹罍　9. 鱼龙纹青铜盘　10. 青铜四凤盘　11. 云纹青铜铲　12. "子作父宝尊"
青铜鼎残片　13. "子作父宝尊"铭文

盘、匜、簠、舟、剑等9件，盘内铭文有"工𢽴大叔……自作行盘"，簠内铭文有"曾子义行自作饮簠"，匜内铭文有"罗儿……吴王之甥……坪之子……自作盥匜。"程桥春秋墓出土青铜器的铭文有"攻敔""工𢽴"，"攻敔""工𢽴"皆为句吴。一号墓主为句吴的外孙，三号墓主为句吴的外甥，一号墓主臧孙与三号墓主罗儿皆为坪之子，当为兄弟，亦同为吴王之甥，可见六合程桥春秋墓与吴国有着十分密切的舅甥关系，但无论是"外孙"还是"外甥"，显然都不是吴人。

图三 六合程桥一号墓春秋墓出土的部分青铜器
1. 蟠螭纹青铜缶 2. 臧孙钟

六合原为楚之棠邑，后属吴。《左传》襄公十四年（前559年）："秋，楚子为庸浦之役故，子囊师于棠以伐吴，吴不出而还。子囊殿，以吴为不能而弗儆。吴人自皋舟之隘要而击之，楚人不能相救。吴人败之，获楚公子宜谷。"是役可能导致棠属吴。

春秋晚期的吴国与齐、楚等大国为敌，因此齐、楚、宋、徐、莒、蔡等国皆有获罪的王公贵族、叛臣为求得庇护而奔吴。

《春秋》襄公二十八年："冬，齐庆封来奔"，《左传》："庆封……奔吴。吴句余予之朱方，聚其族焉而居之，富于其旧"，《史记·吴太伯世家》："齐相庆封有罪，自齐来奔吴。吴予庆封朱方之县，以为奉邑，以女妻之，富于在齐"；《史记·吴太伯世家》："王阖庐元年……楚诛伯州犁，其孙伯嚭亡奔吴，吴以为大夫"；《春秋》昭公元年："莒展舆出奔吴"；《左传》昭公二十年：宋"华向奔陈，华登奔吴"；《左传》哀公四年："蔡公孙辰出奔吴。"

因之，程桥春秋墓的墓主可能为奔吴后得到"以女妻之"待遇的异国王公贵族或亡臣。

由于仪征破山口西周墓和六合程桥春秋墓埋葬时其国尚存，故不将其归入吴国贵族墓葬。

屯溪西周墓和苏州大真山春秋墓皆为越墓而非吴墓，屯溪西周墓和大真山春秋墓将在越国贵族墓葬等级的比较与研究中论及。

二、吴国贵族墓葬等级的比较与研究

（一）西周组墓葬的比较

西周～春秋早期代表性的吴国贵族墓葬有江苏丹徒烟墩山[①]、荞麦山[②]和磨盘墩[③]，丹阳四方山[④]，溧水乌山[⑤]、宽广墩[⑥]、段西村[⑦]，高淳下大路[⑧]，安徽繁昌汤家山[⑨]和孙村[⑩]，铜陵谢垅[⑪]，芜湖韩墩[⑫]，郎溪十字铺[⑬]，宣城正兴村[⑭]，青阳汪村[⑮]等。

西周～春秋早期的贵族墓葬的基本要素有墓地位置、墓坑形制和随葬器物。

---

① 江苏省文管会：《江苏丹徒县烟墩山出土的古代青铜器》，《文物参考资料》1955年第5期。《江苏丹徒烟墩山西周墓及附葬坑出土的小器物补充材料》，《文物参考资料》1956年第1期。
② 镇江博物馆、丹徒县文管会：《江苏丹徒大港母子墩西周墓发掘简报》，《文物》1984年第5期。
③ 南京博物院、丹徒县文管会：《江苏丹徒磨盘墩周墓发掘简报》，《考古》1985年第11期。
④ 杨正宏、肖梦龙：《镇江出土吴国青铜器》，文物出版社，2008年。
⑤ 镇江博物馆、溧水县文化馆：《江苏溧水发现西周墓》，《考古》1976年第4期。镇江博物馆、溧水县文化馆：《江苏溧水乌山2号墓清理报告》，《文物资料丛刊（二）》，文物出版社，1978年。
⑥ 镇江博物馆、溧水文化馆：《江苏溧水宽广墩出土器物》，《文物》1985年第12期。邹厚本：《宁镇地区出土青铜容器的初步认识》，《中国考古学会第四次年会论文集》，文物出版社，1985年。
⑦ 杨正宏、肖梦龙：《镇江出土吴国青铜器》，文物出版社，2008年。
⑧ 杨正宏、肖梦龙：《镇江出土吴国青铜器》，文物出版社，2008年。
⑨ 安徽省文物工作队、繁昌县文化馆：《安徽繁昌出土一批春秋青铜器》，《文物》1982年第12期。
⑩ 安徽大学、安徽省文物考古研究所：《皖南商周青铜器》，文物出版社，2006年。
⑪ 安徽大学、安徽省文物考古研究所：《皖南商周青铜器》，文物出版社，2006年。张爱冰：《铜陵谢垅出土青铜器的年代及其相关问题》，《东南文化》2009年第6期。
⑫ 安徽大学、安徽省文物考古研究所：《皖南商周青铜器》，文物出版社，2006年。
⑬ 安徽大学、安徽省文物考古研究所：《皖南商周青铜器》，文物出版社，2006年。
⑭ 安徽大学、安徽省文物考古研究所：《皖南商周青铜器》，文物出版社，2006年。
⑮ 石谷风：《青阳出土的西周晚期铜器》，《安徽文博》1983年第3辑。安徽大学、安徽省文物考古研究所：《皖南商周青铜器》，文物出版社，2006年。

1. 墓地位置的比较

吴国贵族墓葬位于沿江高山之巅的有烟墩山（海拔51米）、荞麦山（海拔69.5米）、汤家山（海拔约70米）；位于沿江低山顶部的有磨盘墩（海拔15米）；位于海拔5~10米的低山丘陵地带的有四方山、乌山M1、乌山M2、宽广墩、段西村、下大路、十字铺、韩墩、正兴村、谢坨、孙村、汪村。

根据墓葬的地理位置，将吴国贵族墓葬的墓地分为三个等级：第一等级有烟墩山、荞麦山、汤家山，墓葬位于沿江的高山之巅；第二等级有磨盘墩，墓葬位于沿江的低山顶部；第三等级有四方山、乌山、宽广墩、段西村、下大路、韩墩、正兴村、谢坨、孙村、汪村等，墓葬皆位于低山丘陵地带。

墓地位置是区分墓葬等级的基本要素，也是进行吴越贵族墓葬等级研究的指示性的要素之一。不同的埋葬位置反映了墓葬的不同等级，即烟墩山、荞麦山、汤家山为第一等级，磨盘墩为第二等级，四方山、乌山、宽广墩、段西村、下大路、韩墩、正兴村、谢坨、孙村、汪村为第三等级。列表比较如下（表一）：

表一　西周组墓葬葬墓地位置一览表

墓葬＼墓地位置	沿江高山山巅	沿江低山顶部	低山丘陵地带	等级
烟墩山	√			一
荞麦山	√			一
汤家山	√			一
磨盘墩		√		二
汪村			√	三
四方山			√	三
乌山			√	三
宽广墩			√	三
段西村			√	三
下大路			√	三
十字铺			√	三
韩墩			√	三
正兴村			√	三
谢坨			√	三
孙村			√	三

2. 墓葬规模的比较

西周~春秋早期的吴国贵族墓葬由于大多被盗或被挖出青铜器后进行收缴，发表的考古发掘资料多不完整，有关墓葬形制的资料相对匮乏，因而墓葬封土情况大多不明，墓葬规模大多不清，有墓坑资料的仅见于荞麦山、乌山M2和磨盘墩。

荞麦山墓坑情况不明，墓底由30~40厘米见方的石块砌成长方形墓底边框，墓底边框长6.1、宽3.2米。

乌山M2墓坑情况不明，墓底由大小不等的石块砌成长方形"石床"，石床长4.8、宽1.3米。

磨盘墩为长方形墓坑，长4.6、宽1.1米。

根据墓坑、墓底尺寸，有明确资料的墓葬可分为两个等级：第一等级有荞麦山，坑（底）长6米以上，宽3米以上；第二等级有乌山M2、磨盘墩，坑（底）长4~5米，宽1米以上。

墓坑规模虽为吴国贵族墓葬等级研究的基本要素之一，但由于受考古资料的局限，墓坑规模大多不明，缺乏统计学的意义，因此在西周组吴国贵族墓葬等级研究中暂不作为等级划分的基本要素。

3. 随葬器物的比较

吴国贵族墓葬的随葬器物不见玉器，除青铜器之外，还随葬印纹陶器和青瓷器，印纹陶器多为罐、坛、瓮等，青瓷器多为罐、碗、盅、盂等，且与中小型墓葬随葬的同类器物无明显的差异，在吴国贵族墓葬等级的比较研究中缺乏意义，因此以青铜器作为吴国贵族墓葬等级比较的研究对象。

西周~春秋早期随葬青铜礼器的吴国贵族墓葬中，大多是被盗后进行考古清理或被挖出青铜器后进行收缴，虽然青铜礼乐器、兵器、车马器的资料不完整，但仍可进行分类比较。

烟墩山西周墓 丹徒大港烟墩山出土的青铜器有立耳柱足兽面纹鼎、鸟耳素面鼎、虎耳素面鼎、方环耳素面鼎、凸弦纹鬲、"宜侯夨簋"、勾连纹簋、双耳夔龙纹大盘、素面盘、兽首盖纽夔纹盉、羊尊、"角状器""鐏"等18件以及矛、镞等兵器和镳、衔、辔饰等车马器100余件（图四）。

角状青铜器原报告称之为"角形器"，《诗·鲁颂·泮水》："角弓其觩"，郑玄笺："角弓觩然"，"觩"同"觓"，角上方弯曲貌，《诗·小雅·桑扈》《诗·周颂·丝衣》有"兕觥其觩"，据此，"角形器"应名"兕觥"；而器形特殊

图四 烟墩山西周墓随葬的部分青铜器

1. 兽面纹青铜鼎 2. 鸟耳素面青铜鼎 3. 凸弦纹青铜鬲 4. 兽首盖纽夔纹青铜三足盉 5. 青铜羊尊 6. 夔龙纹青铜盘 7. 夔龙纹青铜簋 8. 青铜兕觥 9. 宜侯夨簋 10. 宜侯夨簋铭文拓片 11. 虬杖（青铜杖首与青铜杖镦）

的管状青铜器原报告称之为"镈"，应为"虬杖"的杖首和杖镦①。

烟墩山墓是村民挖出青铜器后进行考古清理的，因此随葬器物可能略有散失。

"宜侯夨簋"为康王器，烟墩山墓的年代应略晚于康王，大致在康、昭之际，因此墓葬的年代为西周早期偏晚阶段②。

荞麦山西周墓 丹徒大港荞麦山出土的青铜器有变体鸟纹鼎、雷纹鼎、雷纹鬲、"伯簋"、兽耳饕餮纹簋、鸭形尊、勾连纹尊、鸟形盖纽连珠纹提梁卣、飞鸟盖双耳勾连纹壶等9件，青铜"叉"、镦1套（图五），兵器有矛、镞120余件，车马器有軎、辖1套，马镳、马衔2套以及车饰、辔饰等。

器形特殊的带镦的叉形器原报告称"青铜叉"，应为"角杖"的杖首，根据杖首与杖镦的出土位置，角杖通长2.28米。

---

① 南京博物院：《南京博物院珍藏系列：青铜器》，上海古籍出版社，1998年。
② 本文所有墓葬的年代均为笔者重新拟定，恕不一一注明。

图五 荞麦山西周墓随葬的部分青铜器
1. 变体鸟纹青铜鼎 2. 雷纹青铜鼎 3. 雷纹青铜鬲 4. 勾连纹青铜尊 5. 飞鸟盖双耳勾连纹青铜壶 6. 鸟形盖纽连珠纹青铜提梁卣 7. 青铜鸭形尊 8. 兽耳饕餮纹青铜簋 9. 伯簋与铭文拓片 10. 角杖（青铜杖首与青铜杖镦）

荞麦山墓是在村民挖出青铜器后进行清理的，考古资料相对完整，随葬器物或有流失。

"伯簋"为昭王器，荞麦山墓的年代应略晚于昭王，因此荞麦山墓的年代可定为西周早期偏晚阶段。

汤家山西周墓 繁昌城关汤家山出土的青铜器有兽面纹瓿、乳丁纹方鼎、窃曲纹鼎、重环纹鼎、窃曲纹小口鼎、龙纽盖盉、蟠螭纹扁腹簋、鱼龙纹盘、甬钟、"鸟形饰"等13件（图六）以及青铜矛2件和青铜车马饰1件。

汤家山墓是村民挖出青铜器之后进行收缴，随葬器物可能散失较多。

图六 汤家山西周墓随葬的部分青铜器

1. 重环纹青铜鼎 2. 窃曲纹青铜鼎 3、4. 乳丁纹青铜方鼎 5. 兽面纹青铜甗 6. 窃曲纹青铜小口鼎 7. 龙纽盖青铜盉 8. 蟠螭纹青铜扁腹簋 9、10. 鱼龙纹青铜盘 11. 青铜甬钟 12、13. 鸠杖（青铜杖首）

汤家山出土的一端有飞鸟的管状青铜器原称之为"鸟形饰"，其銎径与烟墩山"虬杖"、荞麦山"角杖"相似，汤家山土的"杖"应名"鸠杖"，2件"鸟形饰"均为鸠杖的杖首。

汤家山墓的年代原报告定为春秋时期，根据出土青铜器的比较研究，应为西周中期偏晚阶段或西周晚期偏早阶段[①]。

---

① 张爱冰、陆勤毅：《繁昌汤家山出土青铜器的年代及其相关问题》，《文物》2010年第12期。张爱冰：《皖南沿长江地区周代铜器研究》，《考古学报》2013年第4期。

图七　汪村西周墓随葬的部分青铜器
1.窃曲纹青铜鼎　2.窃曲纹青铜小口鼎　3.青铜牺鼎　4.青铜龙耳尊　5.鱼龙纹青铜盘

汪村西周墓　青阳庙前汪村出土的青铜器有窃曲纹鼎、窃曲纹小口罐形鼎、瓦楞纹龙耳尊、牺鼎、鱼龙纹盘、编钟等10件（图七）以及戈、矛等兵器[①]。

汪村墓的青铜器是村民挖出后收缴的，资料当有所散失。

汪村墓原认为是窖藏，但南方土地大多卑湿低下，不宜窖藏青铜器，根据器物组合应为墓葬，墓葬的年代为西周晚期。

四方山西周墓　丹阳访仙四方山出土青铜器有变体夔纹连珠纹盘、变体饕餮纹尊、变体夔纹乳丁纹方彝等3件和素面小銮铃等辔饰（图八）。

四方山墓的青铜器是在出土后收缴的，青铜器或有缺失。

四方山墓的年代为西周中期偏早阶段。

宽广墩西周墓　溧水和凤宽广墩出土的青铜器有细鳞纹簋、勾连纹扁腹簋、夔纹匜，变体夔纹匜等（图九）。

宽广墩墓是村民挖出青铜器后进行收缴和清理的，考古资料不全，青铜器数量不明。

宽广墩墓的年代为西周晚期偏晚阶段。

---

① 宫希成：《皖南商周青铜器的发现与研究》，安徽大学、安徽省文物考古研究所：《皖南商周青铜器》，文物出版社，2006年，1页。张爱冰：《安徽青阳汪村出土青铜器的年代及其相关问题》，《东南文化》2011年第4期。

图八 四方山西周墓随葬的部分青铜器
1.变体夔纹连珠纹青铜盘 2.变体饕餮纹青铜尊 3.变体夔纹乳丁纹青铜方彝

图九 宽广墩西周墓随葬的部分青铜器
1.细鳞纹青铜簋 2.勾连纹青铜扁腹三足簋 3.勾连纹青铜扁腹簋 4.夔纹青铜三足匜 5.变体夔纹青铜三足匜

孙村西周墓 繁昌孙村窑上出土的青铜器有窃曲纹鼎、凸弦纹鼎、窃曲纹匜等4件（图一〇）以及戈、矛等兵器。

孙村墓的青铜器是村民挖出后收缴的，资料应有所散失。

孙村墓的年代为西周晚期。

乌山西周墓 溧水乌山冈沿山清理的2座墓葬，编号为乌山M1和乌山M2。M1出土的青铜器有变体夔纹鼎1件（图一一，1），M2出土的青铜器有云纹方鼎、变体夔纹连珠纹盘、弦纹连珠纹兽首提梁卣等3件（图一一，2~4），戈1件。

乌山2座墓葬的考古资料相对完整。

乌山墓的年代均为西周中期偏晚阶段。

图一〇　孙村西周墓随葬的部分青铜器
1、2.窃曲纹青铜鼎　3.凸弦纹青铜鼎　4.窃曲纹青铜三足匜

图一一　乌山西周墓随葬的青铜器
1.变体夔纹青铜鼎　2.云纹青铜方鼎　3.弦纹连珠纹青铜提梁卣　4.变体夔纹连珠纹青铜盘
（1.M1出土　2～4.M2出土）

韩墩西周墓　芜湖县火龙岗韩墩出土的青铜器有窃曲纹鼎、窃曲纹三足匜各1件（图一二，1、2）。

韩墩墓的青铜器是村民挖出后收缴的，青铜器有所缺失，资料也不完整。

韩墩墓的年代为西周晚期。

十字铺西周墓　郎溪十字铺出土的青铜器有立耳变体夔纹鼎、附耳变体夔纹鼎、镂孔扁腹簋形器各1件（图一二，3～5）。

十字铺西周墓没有相关的发掘资料，出土的青铜器可能有所缺失。

十字铺西周墓的年代为西周晚期至春秋早期。

正兴村西周墓　宣城孙埠正兴村墓出土的青铜器有重环纹青铜鼎、弦纹青铜鼎、圆饼纹青铜鬲、夔龙纹青铜甬钟各1件（图一三）。

正兴村墓的青铜器是收缴的，资料当有所散失，出土的青铜器可能也有所流失。

正兴村墓的年代为西周晚期。

段西村西周墓　溧水白马段西村出土的青铜器有窃曲纹鼎、连珠纹尊各1件（图一四，1、2）。

段西村墓的青铜器是村民挖出后收缴的，资料当有所散失。

段西村墓的年代为西周晚期。

下大路西周墓　高淳顾垅下大路村出土的青铜器有窃曲纹鼎、勾连纹尊各1件（图

图一二　韩墩、十字铺西周墓随葬的部分青铜器

1. 窃曲纹青铜鼎　2. 窃曲纹青铜三足匜　3. 立耳变体夔纹青铜鼎　4. 附耳变体夔纹青铜鼎　5. 镂孔扁腹簋形器

  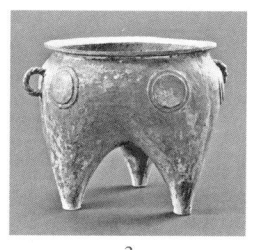 

图一三　正兴村西周墓随葬的部分青铜器

1. 重环纹青铜鼎　2. 弦纹青铜鼎　3. 圆饼纹青铜鬲　4. 夔龙纹青铜甬钟

图一四　段西村、下大路西周墓随葬的部分青铜器

1. 窃曲纹青铜鼎　2. 连珠纹青铜尊　3. 窃曲纹青铜鼎　4. 勾连纹青铜尊

（1、2. 段西村西周墓出土　3、4. 下大路西周墓出土）

图一五　谢垅西周墓随葬的部分青铜器

1. 重环纹青铜鼎　2. 夔纹平盖青铜鼎　3. 凸弦纹青铜甗　4. 青铜曲柄盉　5. 夔纹青铜三足匜

一四，3、4），兵器有戈1件。

下大路墓的青铜器是村民挖出后收缴的，资料也当有所散失。

下大路墓的年代为西周晚期。

谢垅西周墓　铜陵市北郊谢垅出土的青铜器有重环纹球腹鼎、夔纹平盖鼎、凸弦纹甗、曲柄盉、夔纹三足匜5件（图一五）。

谢垅墓的清理者认为是窖藏，根据青铜器组合应为墓葬，谢垅墓的年代为西周晚期至春秋早期。

磨盘墩西周墓　丹徒大港磨盘墩出土的青铜器有云雷纹独耳尊、夔龙纹匜各1件（图一六），马冠、当卢、马衔、马镳等马器和车饰、辔饰等车器100余件。

磨盘墩墓未经盗掘和扰动，是吴国贵族墓葬中考古资料最为完整的，墓葬的年代为西周晚期。

西周组墓葬墓地位置、墓坑形制、随葬器物三个基本要素中，以随葬器物的分类最为细致，青铜器是区分吴国贵族墓葬等级的基本要素，是进行吴国贵族墓葬等级研究具有指示意义的要素，不同组合的青铜器反映了墓葬的不同等级。

根据青铜器的分类与组合，西周组墓葬可分为四个等级：烟墩山、荞麦山、汤

图一六 磨盘墩西周墓随葬的青铜器
1. 云雷纹独耳青铜尊 2. 夔龙纹青铜三足匜

家山为第一等级；汪村、四方山、磨盘墩为第二等级，宽广墩也可列为第二等级；孙村、正兴村、乌山M2、下大路、谢坳为第三等级；十字铺、韩墩、乌山M1、段西村为第四等级。列表二比较如下：

表二 西周组墓葬随葬青铜器一览表

青铜器\墓葬	礼器													杖		乐器	车马器	兵器	等级
	鼎	鬲	簋	瓿	尊	牺尊	卣	壶	盉	盘	匜	彝	咒觥	首	镦				
烟墩山	5	1	2		2				2	2			2	√	√		√	√	一
荞麦山	2	1	2		1	1	1	1						√	√		√	√	一
汤家山	6		1	1				1	1					√		√	√	√	一
汪村	2				2	1				1							√	√	二
四方山						1				1	1						√		二
磨盘墩						1					1						√		二
宽广墩			3								2								二
正兴村	2	1															√		三
孙村	3									1								√	三
乌山M2	2				1					1								√	三
下大路	1				1													√	三
谢坳	2			1					1	1								?	三
十字铺	2		1																四
韩墩	1									1									四
乌山M1	1																		四
段西村	1				1														四

（二）春秋组墓葬的比较

春秋中晚期代表性的贵族墓葬有丹徒北山顶[①]、青龙山[②]、王家山[③]、粮山[④]，苏州千墩坟[⑤]，芜湖柳春园[⑥]等。

1. 墓地位置的比较

春秋中晚期的吴国贵族墓葬位于沿江高山之巅的有北山顶墓（海拔81.6米）、青龙山墓（海拔75.9米），位于沿江低山的有王家山墓（海拔30米）；位于海拔5～10米的低山丘陵地带的有粮山墓M1、千墩坟墓和柳春园墓。

根据墓葬的地理位置，将吴国贵族墓葬的墓地分为三个等级：第一等级有北山顶和青龙山，墓葬位于沿江的高山之巅；第二等级有王家山，墓葬位于沿江的低山顶部；第三等级有粮山M1、千墩坟和柳春园，墓葬位于低山丘陵。

不同的埋葬位置反映了墓葬的不同等级，第一等级有北山顶、青龙山墓；第二等级有王家山；第三等级有粮山M1、柳春园、千墩坟。列表三比较如下：

表三　春秋组墓葬墓地位置一览表

墓葬 \ 墓地位置	沿江高山山巅	沿江低山顶部	低山丘陵地带	等级
北山顶	√			一
青龙山	√			一
王家山		√		二
粮山M1			√	三
千墩坟			√	三
柳春园			√	三

[①] 江苏省丹徒考古队：《江苏丹徒北山顶春秋墓发掘报告》，《东南文化》1988年第3、4合期。

[②] 丹徒考古队：《丹徒青龙山春秋大墓及附葬墓发掘简报》，《东方文明之韵——吴文化国际学术研讨会论文集》，岭南美术出版社，2000年。

[③] 镇江博物馆：《江苏镇江谏壁王家山东周墓》，《文物》1987年第12期。

[④] 镇江博物馆：《江苏丹徒出土东周铜器》，《考古》1981年第11期。刘建国：《江苏丹徒粮山石穴墓——兼谈吴国的葬制及人殉》，《考古与文物》1987年第4期。

[⑤] 苏州博物馆：《苏州虎丘东周墓》，《文物》1981年第11期。苏州博物馆：《苏州博物馆藏出土文物》，文物出版社，2009年。

[⑥] 安徽大学、安徽省文物考古研究所：《皖南商周青铜器》，文物出版社，2006年。

2. 墓葬规模的比较

春秋中晚期的吴国贵族墓葬由于大多被盗或被挖出青铜器后进行收缴，发表的考古发掘资料多不完整，有关墓葬形制的资料相对匮乏，因而墓坑不清，规模不明，有完整考古资料的仅见于北山顶、青龙山、王家山和千墩坟。

北山顶春秋墓　圆形丘状封土，高5.5米，底径30.75～32.25米；墓坑平面呈曲尺形，墓室长5.8、宽4.5米，墓道长5.8、宽2.35米，深1.35～1.45米。

北山顶春秋墓的墓道内有人殉，墓道两侧有男女人祭。

青龙山春秋墓　圆形丘状封土，高5.7米，底径53.5～60米；墓坑平面呈"甲"字形，墓室长12、宽7米，墓道长12.8、宽4.4～5.2，深1.5～5.5米。

青龙山春秋墓的墓道中有男女人殉和马牲。

王家山春秋墓　因施工发现青铜器后进行清理。长方形墓坑已残，宽约3、残长6、深约6米。

千墩坟春秋墓　圆形丘状封土，高3米，是村民发现后进行清理，长方形竖穴土坑，长2.35、宽1.44、深2.8米。

此外，粮山M1、柳春园等墓葬皆为出土青铜器后征集或收缴，墓葬情况不明。

根据墓葬规模，可将春秋中晚期吴国贵族墓葬分为三个等级，第一等级墓葬有北山顶墓和青龙山墓，封土高大，长方形墓坑并有墓道，墓坑总长10米以上，宽5米左右；第二等级墓葬有王家山墓，封土已因施工破坏，长方形墓坑，残长6米，宽3米；第三等级墓葬有千墩坟墓，封土低矮，长方形墓坑，长2～3米左右，宽1～2米左右。

不同规模的墓葬反映了墓葬的不同等级。根据墓葬规模，北山顶墓、青龙山墓为第一等级的墓葬，王家山墓为第二等级，千墩坟墓为第三等级。列表四比较如下：

表四　春秋组墓葬墓葬规模一览表　　　　（单位：米）

墓葬	封土		墓室		墓道		等级
	直径	高	长	宽	长	宽	
北山顶	30.75～32.25	5.5	5.8	4.5	5.8	2.35	一
青龙山	53.5～60	5.7	12	7	12.8	4.4～5.2	一
王家山	?	?	≥6	3			二
千墩坟	?	>3	2.35	1.44			三

3. 随葬器物的比较

春秋中晚期随葬青铜礼器的大型吴国贵族墓葬大多早年被盗，中小型墓葬也多为挖出青铜器后进行的考古清理，因此青铜礼乐器、兵器、车马器的组合情况明，器类数量不清。

北山顶春秋墓、青龙山春秋等墓大型吴国贵族墓葬皆早年被盗，尽管春秋中晚期吴国贵族墓葬随葬器物的资料不完整，但仍可进行分类比较。

北山顶春秋墓 丹徒大港北山顶墓随葬器物皆出土于墓道中。出土的青铜器有云纹鼎、夔纹鼎、"甚六鼎"、勺、蟠螭纹缶、蟠螭纹鉴、"甚六编钟"、虎纽錞于、丁宁（钲）、跪坐人形饰悬鼓环等24件，车器有盖弓帽、盖斗帽、軎辖、带钩方策、合页、厢壁插、大环等40余件，马器有马衔、马镳及小环、节约等辔饰400余件，兵器有菱形暗纹大矛"余眛矛"、戟、矛、镞矢、镦等20余件，工具有斧、斤、削等20余件，石编磬一套12件、石柖头1件。此外还有鸠杖1件，杖已朽，仅存青铜杖首和杖镦，全长229.4厘米（图一七）。

虽然北山顶墓考古资料完整，但由于墓葬早年遭严重盗掘，墓室盗掘一空，因此青铜器的器类和数量不明。

北山顶春秋墓的年代为春秋晚期。

青龙山春秋墓 镇江谏壁青龙山墓由于早年被盗，随葬的青铜器大多不存，仅有青铜云雷纹瓿（图一八，1）、鸠杖首、铎各1件，兵器有菱形暗纹大矛、剑、戈、矛、小矛、钩、镞、矢、镦等60余件，车马器有马衔、马镳、銮铃、泡、合页、鸟尾形车饰10余件，工具有削、斧等。

青龙山与北山顶相邻，位于大港与谏壁之间的沿江山脉，青龙山春秋墓的考古资料完整，但由于盗掘严重，随葬青铜器的器类和数量不明。

青龙山春秋墓的年代为春秋晚期。

王家山春秋墓 镇江谏壁王家山墓由于施工破坏，清理时已为残墓，出土青铜器有炉盘鼎、云雷纹瓿、兽首流蟠螭纹盉、罍、勺、虎子、刻纹匜、刻纹盘、人面纹虎纽錞于、丁宁（钲）等12件（图一八，2-8），戈、矛、剑、镞、镦等兵器，軎、辖、盖弓帽等车器以及锯、镰、锛、凿、削等工具。

王家山墓虽经过考古发掘和清理，但由于是残墓，资料缺乏完整性。

王家山春秋墓的年代为春秋晚期。

粮山春秋墓 镇江谏壁粮山M2位于粮山顶部，凿石为坑，有殉人和马牲，墓葬早年被盗，墓室几乎盗掘一空，随葬的青铜器仅有盉1件，故暂不讨论。

粮山M1位于粮山脚下，为M2的附葬墓，出土的青铜器有蟠螭纹鼎、素面盆形鼎、带流凸弦纹瓿、绳索纹蟠虺纹罍等5件（图一九）。

由于粮山M1是施工时发现青铜器后征集清理，资料缺乏完整性。

粮山M1、M2的年代为春秋晚期。

柳春园春秋墓 芜湖市区柳春园出土的青铜器有牺鼎、曲柄盉各1件（图二〇）。

柳春园墓是柳春园小区建设施工发现后收缴的，缺乏基本的考古资料。

柳春园春秋墓的年代为春秋早期偏晚阶段或春秋中期偏早阶段。

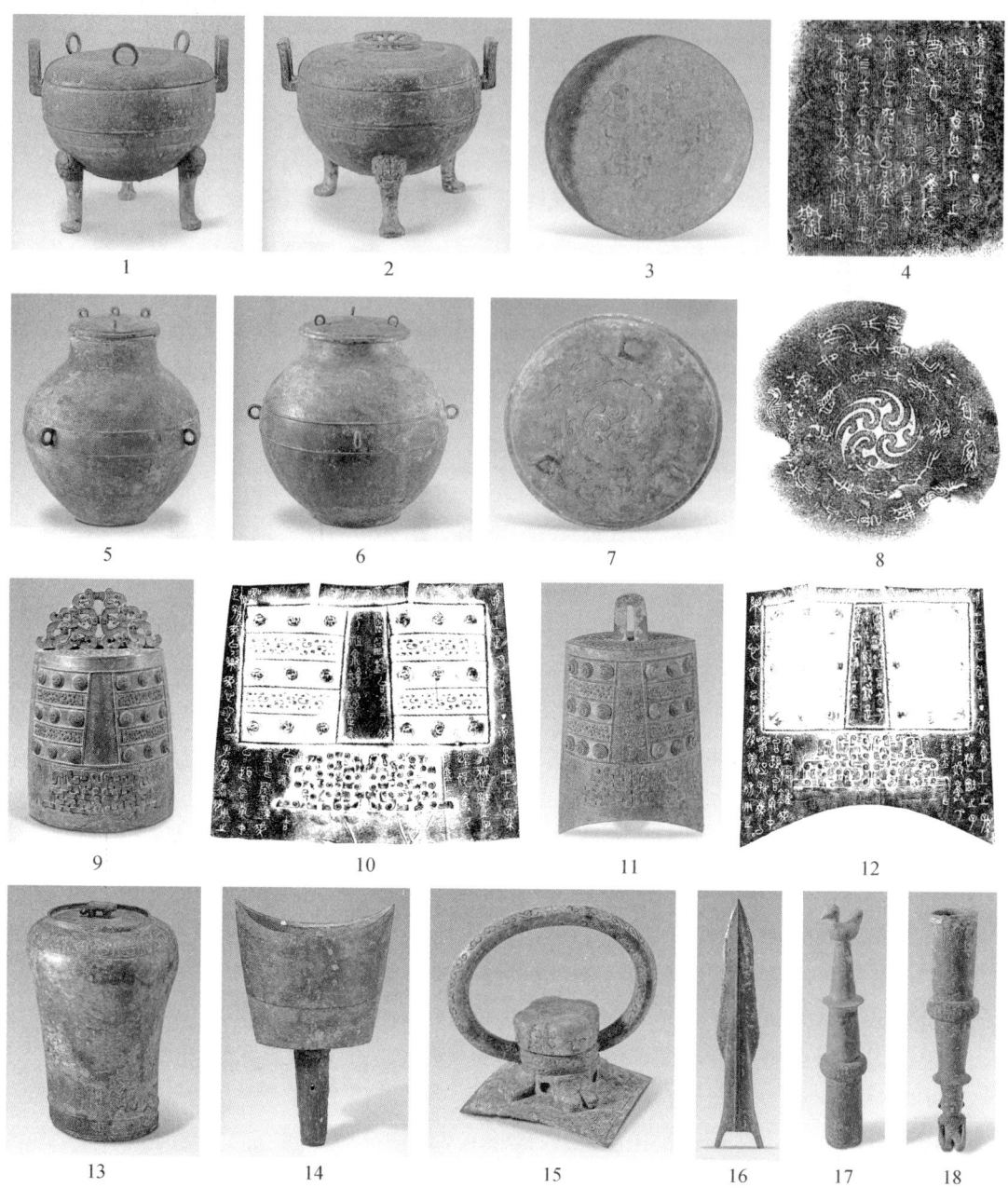

图一七 北山顶春秋墓随葬的部分青铜器

1. 云纹青铜鼎 2. 甚六鼎 3. 甚六鼎盖 4. 甚六鼎盖内铭文拓片 5、6. 蟠螭纹青铜缶 7. 蟠螭纹青铜缶盖 8. 蟠螭纹缶铭文拓片 9. 甚六镈钟 10. 甚六镈钟铭文拓片 11. 甚六纽钟 12. 甚六纽钟铭文拓片 13. 虎纽青铜錞于 14. 青铜丁宁 15. 青铜悬鼓环 16. 菱形暗纹青铜大矛 17. 青铜鸠杖杖首 18. 青铜鸠杖杖镦

图一八 青龙山春秋墓、王家山春秋墓随葬的部分青铜器

1. 云雷纹青铜甗 2. 青铜炉盘鼎 3. 兽首流蟠螭纹青铜提梁盉 4. 青铜虎子 5. 人面纹虎纽青铜錞于
6. 青铜刻纹匜 7. 青铜刻纹盘 8. 青铜刻纹盘内壁

（1. 青龙山春秋墓出土 2~8. 王家山春秋墓出土）

图一九 粮山墓随葬的部分青铜器

1. 蟠螭纹青铜鼎 2. 素面青铜盆形鼎 3. 带流凸弦纹青铜甗 4. 绳索纹蟠虺纹青铜罍

图二〇 柳春园春秋墓随葬的部分青铜器

1. 青铜牺鼎 2. 青铜曲柄盉

图二一　苏州千墩坟春秋墓随葬的青铜器
1、2.蟠螭纹青铜鼎　3.蟠螭纹青铜缶　4.兽首流蟠螭纹青铜盉　5.青铜平底匜　6.青铜鉴　7.青铜盖豆

千墩坟春秋墓　苏州虎丘千墩坟出土的青铜器有蟠螭纹带盖鼎、蟠螭纹缶、兽首流蟠螭纹盉、素面平底匜、素面平底鉴、素面盖豆等7件（图二一）。

千墩坟墓是村民发现后进行清理，考古资料基本完整。

千墩坟春秋墓的年代为春秋末期。

根据青铜器的分类与组合，春秋组墓葬可分为三个等级：北山顶、青龙山为第一等级；王家山为第二等级；粮山M1、柳春园、千墩坟为第三等级。列表比较如下（表五）：

表五　春秋组墓葬随葬青铜器一览表

青铜器 墓葬	鸠杖	大矛	鼎	甑	罍	缶	鉴	盉	盘	匜	炉	虎子	乐器	车器	马器	兵器	等级
北山顶	1	1	3			2	1						√	√	√	√	一
青龙山	1	3	1										√	√	√	√	一
王家山			1	1	1			1	2	1	1	1	√	√		√	二
粮山M1			3	1	1												三
柳春园			1								1						三
千墩坟																	三

（三）吴国贵族墓葬等级的研究

1. 西周组墓葬等级的分析

西周组墓葬的随葬器物不尽完整，考古资料也有缺失，但青铜器的器类与组合具有一定的代表性，根据青铜器的器类与组合可进行分析和比较。

根据随葬青铜器的器类与组合，可将西周组吴国贵族墓葬分为四个等级。

墓葬等级的比较方法是将第一等级的墓葬与第二、第三、第四等级墓葬随葬的青铜器进行比较，以不见于第二、第三、第四等级墓葬的青铜器作为区别于第二、第三、第四等级墓葬的指示性要素；再以第二、第三、第四等级墓葬随葬的青铜器进行比较，以不见于第三、第四等级墓葬的青铜器作为区别于第三、第四等级墓葬的指示性要素；最后以第三等级与第四等级墓葬随葬的青铜器进行比较，以不见于第四等级墓葬的青铜器作为区别于第四等级墓葬的指示性要素。

第一等级的墓葬有烟墩山墓、荞麦山墓和汤家山墓，除随葬有10件左右的青铜礼器、兵器、车马器之外，还随葬虬杖、角杖、鸠杖的青铜杖首和杖镦。

西周～春秋早期的吴国贵族墓葬并未出现严格的用鼎制度，在第一等级墓葬中，烟墩山墓为"五鼎二簋"，荞麦山墓为"二鼎二簋"，汤家山墓为"六鼎一簋"，吴国贵族墓葬随葬的青铜鼎造型各异且大小殊异，因此以"用鼎制度"进行吴国贵族墓葬的等级研究，往往会陷入研究的误区和盲区；至于第二、第三、第四等级墓葬的用鼎制度，似乎更无规律可循。

若以青铜礼器的器类和数量进行比较，虽因考古资料的不完整而出现统计学的误差，但仍以第一等级墓葬的随葬器物最为丰富：烟墩山墓随葬青铜礼器16件，荞麦山墓随葬青铜礼器9件，汤家山墓随葬青铜礼器10件，青铜器的器类除炊器、食器、酒器、水器外，还有一些造型别致、纹饰精美的青铜器，如烟墩山墓随葬的"宜侯夨簋"、羊尊、兽首盖纽夔纹盉和兕觥；荞麦山墓随葬的"伯簋"、鸭形尊、鸟形盖纽提梁卣、飞鸟盖双耳勾连纹壶；汤家山墓随葬窃曲纹小口鼎、龙纽盖盉、鱼龙纹盘等。

第一等级墓葬为西周～春秋早期吴国最高等级的墓葬。在四个等级的墓葬中，青铜杖首和杖镦仅见于第一等级墓葬的随葬器物中，而不见于第二、第三、第四等级的墓葬，因此青铜杖首、杖镦是第一等级墓葬所独有的要素，"杖"为区别于其他墓葬的非共同或非共有的要素，即划分第一等级墓葬的指示性要素。

烟墩山西周墓出土有"宜侯夨簋"，根据"宜侯夨簋"铭文，烟墩山西周墓的墓主可能为吴国第一代国君周章①。

荞麦山西周墓出土的"伯簋"器内底部有铭文"伯作宝尊彝",根据墓葬的年代、吴国贵族墓葬在大港至谏壁沿江山脉愈向东时代愈早、愈向西时代愈晚的排葬规律和"伯簋"铭文,荞麦山西周墓的墓主可能为周章之子,即吴国第二代国君熊遂②。

汤家山西周墓虽未出土带有铭文的青铜器,但青铜器的数量与烟墩山西周墓、荞麦山西周墓近似,青铜器的器类与烟墩山西周墓、荞麦山西周墓相当,而汤家山墓随葬的青铜鸠杖与烟墩山墓随葬的虬杖、荞麦山墓随葬的角杖同属划分吴国第一等级贵族墓葬的具有指示性意义的器物,因此第一等级的烟墩山西周墓、荞麦山西周墓和汤家山西周墓应为吴国最高等级的贵族墓葬,即吴国君王墓葬。

第二等级墓葬有汪村墓、四方山墓、磨盘墩墓,随葬器物除青铜礼器之外,还有青铜器车马器或青铜乐器。

第二等级墓葬也随葬一些不见于第三、第四等级墓葬的造型别致、纹饰精美的青铜器,如汪村墓随葬的青铜双龙耳尊、牺尊,四方山墓随葬的青铜方彝,磨盘墩墓随葬的青铜独耳尊等。

除造型别致的青铜器外,第二等级墓葬随葬的青铜车马器和青铜乐器不见于第三、第四等级墓葬,因此青铜车马器和青铜乐器为第二等级墓葬与第三、第四等级墓葬的非共同或非共有的要素,青铜车马器和青铜乐器为划分第二等级墓葬的指示性要素。

汪村西周墓随葬的青铜器有牺鼎、龙耳尊、鱼龙纹盘,还有编钟和戈、矛等兵器。

四方山西周墓随葬的青铜器有方彝、饕餮纹尊,还有马器小銮铃等辔饰。

磨盘墩西周墓随葬的青铜器有独耳尊、夔龙纹匜,还有马冠、当卢、马衔、马镳等马具和车饰、辔饰等车器。

西周时期的吴国尚未出现严格的职官制度,因此西周组第二等级吴国贵族墓葬的墓主身份似乎难以用吴国的职官表述,但第二等级吴国贵族墓葬的身份低于吴王,或为王室的成员,或为宫廷的文臣或领军的武将,即上等贵族的墓葬。

第三等级的墓葬有孙村墓、乌山M2、下大路墓,除有1~5件的青铜礼器之外,有的还有青铜兵器。

第三等级墓葬与第四等级墓葬比较,青铜戈、矛等兵器不见于第四等级墓葬,因此青铜兵器为第三与第四等级墓葬的非共同或非共有的要素,青铜兵器为划分第三等级墓葬的指示性要素。

---

① 唐兰:《宜侯夨簋考释》,《考古学报》1956年第2期。李学勤:《宜侯夨簋与吴国》,《文物》1985年第7期。

② 《史记·吴太伯世家》:"是时周武王克殷,求太伯、仲雍之后,得周章,周章已君吴,因而封之。……周章卒,子熊遂立。"

谢塘墓的青铜器为出土后收缴，或有缺失，虽不见青铜戈、矛、镞等兵器，但出土青铜器多达5件，因此暂列为第三等级。

西周组第三等级的吴国贵族墓葬墓主的身份应为带兵的武将，即中等贵族的墓葬。

西周组第四等级的吴国贵族墓葬有十字铺西周墓、韩墩西周墓、段西村西周墓和乌山M1，随葬青铜器多为一鼎一尊或一鼎一匜，即随葬1~2件青铜礼器，不见青铜兵器，也不见青铜车马器和乐器，更不见青铜杖首和杖镦。

西周组第四等级的吴国贵族墓葬墓主的身份为低级官吏，即吴国的下等贵族。

2. 西周组墓葬随葬青铜器的构成

西周时期吴国青铜器的构成研究已取得卓有成效的进展，一是将吴国青铜器分为中原型或仿中原型、地方化的中原型、地方型、南方型等四种类型[1]；二是将吴国青铜器分为中原型、融合型、土著型等三个类型[2]。以上研究可谓大同小异、殊途同归，因为都偏重了与中原青铜器的比较而忽略了与周边国家的比较。

西周初期，吴国国君周章受武王的分封，与西周王朝自然有密切的关系。但在西周时期，吴国在长江以南的周边国家有楚国和越国，长江以北有干国、徐国、巢国和群舒等周边国家，吴国与周边国家同样有着密切的关系。

根据对吴国贵族墓葬出土青铜器的梳理，西周时期的楚越对吴国的影响不大，楚越青铜器基本不见。

西周时期的吴国青铜器按不同来源可分为四个部分，即西周时期的吴国贵族墓葬出土的青铜器由四个部分构成，青铜器构成研究的基本方法采用了"文化因素分析法"。

第一构成部分为宗周青铜器，简称"宗周器"。

宗周器为西周王朝予以吴国的分封赏赐之器，如烟墩山西周墓出土的"宜侯夨簋"和荞麦山西周墓出土的"伯簋"；有的虽无铭文，但青铜器的质地、造型、纹饰与宗周器相同，也当视作宗周器，如烟墩山西周墓出土的兽首盖钮夔纹盉和荞麦山西周墓出土的鸭形尊等。

在吴国贵族墓葬中，宗周器出现在武、成、康、昭时期，反映了西周早期周王朝加强对南方吴国的控制，《左传》僖公四年："昭王南征而不复"，昭王之后的吴国几乎不见宗周器，反映了昭王之后的周王朝对南方国家的掌控已逐渐衰微。

宗周器仅出现于第一等级的吴国贵族墓葬。

第二构成部分为吴国青铜器，简称"吴器"。

---

[1] 邹厚本：《宁镇地区出土周代容器的初步认识》，《中国考古学会第四次年会论文集》，文物出版社，1985年。邹厚本：《江苏考古五十年》，南京出版社，2000年，197页。

[2] 肖梦龙：《试论江南吴国青铜器》，《东南文化》1986年第2辑。肖梦龙：《吴国青铜器研究》，《吴国青铜器综合研究》，科学出版社，2004年。

西周时期，吴器为吴国青铜器的主流，不仅数量众多，而且器类复杂。根据吴器的造型、纹饰，又可分为甲、乙、丙三组：

甲组器为吴国特有的青铜器，如烟墩山西周墓出土的觓觥、虬杖的杖首和杖镦，荞麦山西周墓出土的角杖的杖首和杖镦，汤家山西周墓出土的鸠杖的杖首等。

甲组器出现于第一等级的吴国贵族墓葬。

乙组器的器形同中原青铜器，但在纽、耳、銴等附件或青铜器纹饰上融入吴国文化元素，如烟墩山西周墓出土的勾连纹簋、羊尊，荞麦山西周墓出土的飞鸟盖双耳勾连纹壶、鸟形盖纽连珠纹提梁卣、勾连纹尊，汪村西周墓出土的瓦楞纹龙耳尊、十字铺西周墓出土的立耳变体夔纹鼎等。

乙组器多出现于第一等级、第二等级的吴国贵族墓葬。

丙组器的器形虽同中原青铜器，但器形与纹饰都进行了改造，如荞麦山西周墓出土的兽耳饕餮纹簋、汤家山西周墓出土的蟠螭纹扁腹簋、四方山西周墓出土的变体饕餮纹尊、变体夔纹乳丁纹方彝、宽广墩西周墓出土的细鳞纹簋、勾连纹扁腹簋、正兴村西周墓出土的夔龙纹甬钟等。

丙组器在第一至第四等级的吴国贵族墓葬中都有出现。

第三构成部分为干国青铜器或具有干文化因素的青铜器，简称"干器"。

确定干器的标准主要根据仪征破山口西周墓、姜堰天目山干国古城遗址和江淮地区零星出土的青铜器。干国青铜器有素面、凸弦纹、独耳等装饰特征，特殊的器形有凤纹盉、方格纹扁腹罍，特殊纹饰有鱼龙纹等。通过比较，吴国贵族墓葬出土的青铜器中，属干国青铜器或具有干风格的青铜器有汤家山西周墓出土的龙纽盖盉、鱼龙纹盘，孙村西周墓出土的弦纹鼎，磨盘墩西周墓出土的云雷纹独耳尊等。

干器主要出现于第一等级、第二等级的吴国贵族墓葬。

第四构成部分为徐、群舒等江淮国家的青铜器或具有徐舒文化因素的青铜器，简称"徐舒器"。

西周时期的徐国是唯一可以与宗周抗衡的东方大国，《后汉书·东夷传》："后徐夷僭号，乃率九夷以伐宗周，西至河上。"

舒为皋陶之后，史称群舒，《左传》文公十二年："群舒叛楚"。《春秋》僖公三年："徐人取舒"，可知徐、舒已不是一指。群舒包括舒、舒鸠、舒庸、舒龚、舒龙、舒蓼、舒鲍、英、六、蓼、桐、宗、巢等小国。

在江淮地区至今未发现西周时期徐国贵族墓葬，也未发现西周时期群舒贵族墓葬，因此缺乏可资比较的西周时期的徐舒青铜器，确定徐舒器的标准主要根据春秋时期徐舒青铜器特征和徐舒特有的青铜器推定。

吴国贵族墓葬出土的青铜器中，徐舒器有汤家山西周墓出土的窃曲纹小口鼎，汪村西周墓出土的窃曲纹小口鼎、牺鼎，谢坳西周墓出土的曲柄盉、平盖鼎，十字铺西周墓出土的附耳夔纹鼎等。

徐舒器主要出现于第一等级、第二等级、第三等级的吴国贵族墓葬。

西周组吴国贵族墓葬随葬青铜器的构成列表比较如下（表六）：

表六　西周组墓葬的青铜器构成一览表

西周组青铜器构成	宗周器	
	吴器	甲组器
		乙组器
		丙组器
	干器	
	徐舒器	

3. 春秋组墓葬等级的分析

春秋组墓葬大多是早期盗掘或被破坏后进行考古清理，随葬青铜器的组合与数量并不十分甚明了，但青铜器的器类和组合仍具有一定的代表性，通过对青铜器的器形、器类进行分析比较，可将春秋组的吴国贵族墓葬分为三个等级。

第一等级的墓葬有北山顶墓和青龙山墓，除青铜礼器外，还有乐器、兵器和车马器，尤其是鸠杖和菱形暗纹大矛，杖在西周组墓葬的随葬器物中具有指示性意义，属指示性要素，春秋组墓葬中沿袭了吴国的这一传统，而长达30厘米的菱形暗纹大矛则是春秋组墓葬中新出现的具有指示性要素的青铜器。

北山顶春秋墓的墓道有一女性人殉，墓道两侧有男性和女性人祭；北山顶春秋墓出土徐器"甚六鼎"的铭文有"余以铸以饔，以伐四方，以从歔攻王"，根据铭文"以从歔攻王"推出，墓主当为吴王；《国语·吴语》："（吴）王乃秉枹，亲就鸣钟、鼓、丁宁、錞于、振铎，勇怯尽应，三军皆哗，扣以振旅，其声动天地。"北山顶春秋墓随葬有石枹头和青铜錞于、丁宁、悬鼓环、纽钟、镈钟，与《国语》所载吴王所用的一套军乐器基本相符；北山顶春秋墓出土的青铜鸠杖首和杖镦、菱形暗纹大矛"余昧矛"，暗示着墓主可能为吴王余昧。

青龙山春秋墓的墓道两侧有男性和女性人殉，墓道与墓室之间有3匹杀殉的马牲；青龙山春秋墓虽然严重被盗，仍出土可指示墓主身份的青铜鸠杖杖首和3件菱形暗纹大矛。根据墓葬规模、人殉牺牲、鸠杖、菱形暗纹大矛等指示性要素，青龙山春秋墓的墓主当与北山顶春秋墓相当，也应为吴王。根据吴国贵族墓葬在大港至谏壁沿江山脉愈向东时代愈早、愈向西时代愈晚的排葬规律，青龙山春秋墓的墓主可能为吴王僚。

第二等级的墓葬有王家山墓，与第一等级墓葬相比较，除随葬青铜礼器、乐器、兵器之外，不见鸠杖和菱形暗纹大矛，也缺少青铜车马器，但青铜乐器不见于第三等级墓葬，因此青铜乐器可作为区别第二等级、第三等级墓葬的具有指示性要素的青铜器。

王家山春秋墓虽为残墓，仍出土了青铜鼎、甗、盉、罍、刻纹匜、刻纹盘等礼器，以及錞于、丁宁等军乐器，軎、辖等车器和戈、矛、剑、镞等兵器。王家山春秋墓的墓葬规模不及北山顶和青龙山春秋墓，也不见鸠杖和菱形暗纹大矛，根据军乐器、车器、兵器等指示性要素，王家山春秋墓的墓主身份可能为领军的武将。

第三等级的墓葬有柳春园墓、千墩坟墓和粮山M1，仅出土1~2件鼎、尊、匜等青铜礼器而不见乐器、兵器和车马器，更不见杖（青铜杖首、杖镦）和菱形暗纹大矛。

根据墓葬规模、随葬青铜器的要素推测，柳春园墓、千墩坟墓和粮山M1的墓主身份可能为吴国下级官吏。

4. 春秋组墓葬随葬青铜器的构成

春秋中晚期诸侯纷争，礼崩乐坏，吴先后吴伐郯、伐楚、伐巢、伐徐、伐越，灭巢、灭徐，灭州来、灭钟离，并入郢、败越，由于频繁的战争导致吴国贵族墓葬随葬的异国青铜器缤彩纷呈。

春秋组墓葬出土青铜器的构成更加复杂，经过反复比较与甄别，春秋中晚期的吴国青铜器按不同来源可分为六个部分，即春秋中晚期的吴国贵族墓葬出土的青铜器主要由吴器、徐器、舒器、莒器、越器、楚器六个部分构成，徐器、舒器、莒器、越器、楚器反成为春秋中晚期吴国贵族墓葬随葬青铜器的大宗。

第一构成部分为吴国青铜器，简称"吴器"。

吴器已不再是吴国青铜器的大宗，主要有礼器鼎、盥缶、匜（攻歔季生匜）和鸠杖（杖首、杖镦）等，军乐器有錞于、丁宁、悬鼓环，兵器有戈、矛、剑、戟等，制作精良的兵器成为吴器的一大特色。北山顶春秋墓出土的青铜云纹鼎、鸠杖、菱形暗纹大矛、悬鼓环、錞于、丁宁，青龙山春秋墓出土的鸠杖首、青铜器甗等皆为吴器。

第二构成部分为徐国青铜器或具有徐文化因素的青铜器，简称"徐器"。

吴国与徐国关系十分复杂，既联姻，又征伐，最终灭徐。《左传》成公七年："吴始伐楚，伐巢、伐徐"；《左传》昭公四年："徐子，吴出也"；《春秋》昭公五年："楚子……徐人、越人伐吴"；《左传》昭公六年："徐仪楚聘于楚。楚子执之，逃归。惧其叛也，使薳泄伐徐。吴人救之"；《左传》昭公二十七年："吴公子掩余奔徐，公子烛庸奔钟吾"；《春秋》昭公三十年："吴灭徐，徐子章羽奔楚。"有铭文的徐器有北山顶春秋墓出土的青铜"甚六鼎"和"甚六钟"和粮山墓春秋墓出土的绳索纹蟠虺纹罍等。

"甚六鼎""甚六钟"有认为是舒器①，"甚六钟"铭文"徐王之孙"的"徐"，上部作"余"，下部作"口"，"口"当为"邑"省；徐称王，而舒未称王，因此将"甚六鼎""甚六钟"归为徐器②。

第三构成部分为群舒青铜器或具有群舒文化因素的青铜器，简称"舒器"。

吴与群舒的关系也很复杂。《左传》成公七年："吴始伐楚，伐巢、伐徐……蛮夷属于楚者，吴尽取之"；《左传》成公十七年："舒庸人以楚师之败也，道吴人围巢，伐驾，围厘、虺，遂恃吴而不设备。楚公子囊师袭舒庸，灭之"；《左传》襄公二十六年："吴于是伐巢、取驾、克棘、入州来"；《春秋》昭公二十四年："冬，吴灭巢"；《左传》定公二年："桐叛楚。吴子使舒鸠氏诱楚人，……吴军楚师于豫章，败之。遂围巢，克之。"群舒皆亡于春秋，除巢之外，皆为楚所灭。

舒器有柳春园春秋墓出土的青铜牺鼎和曲柄盉等。

第四构成部分为莒国青铜器或具有莒文化因素的青铜器，简称"莒器"③。

莒与吴也有交集，《春秋》襄公十四年："莒人……小邾人会吴于向"；《左传》昭公元年："莒展舆出奔吴"，《左传》昭公元年"莒展舆立，而夺群公子秩。公子召去疾于齐。秋，齐公子鉏纳去疾，展舆奔吴。"

莒器有王家山春秋墓出土的弧顶青铜人面纹錞于和丁宁（钲）等。

第五构成部分为越国青铜器或具有越文化因素的青铜器，简称"越器"。

---

① 曹锦炎：《北山铜器新考》，《东南文化》1988年第6期。曹锦炎：《甚六编钟铭文释议》，《文物》1989年第4期。

② 周晓陆、张敏：《北山四器铭考》，《东南文化》1988年第3、4合期。

③ 莒器主要参考了：山东省博物馆、临沂地区文物组、莒南县文化馆：《莒南大店春秋时期莒国殉人墓》，《考古学报》1978年第3期。山东省文物考古研究所、沂水县文物管理站：《山东沂水刘家店子春秋墓发掘简报》，《文物》1984年第9期。莒县博物馆：《山东莒县西大庄西周墓葬》，《考古》1999年第7期。沂水县博物馆：《山东沂水县发现五座春秋墓》，《考古》1995年第4期。苏兆庆、刘云涛、夏兆礼：《古莒遗珍》，人民美术出版社，2003年。

春秋战国之际，吴王阖闾、吴王夫差与越王允常、越王勾践之间的争霸，导致吴越战事频仍，最终越灭吴。《左传》襄公二十九年："吴人伐越，获俘焉，以为阍，使守舟。吴子余祭观舟，阍以刀弑之"；《春秋》昭公五年："楚子……越人伐吴"；《左传》昭公三十二年："夏，吴伐越，始用师于越也"；《左传》定公十四年："吴伐越。越子句践御之，陈于槜李……灵姑浮以戈击阖庐，阖庐伤将指，取其一屦。还，卒于陉，去槜李七里。……三年，乃报越"；《春秋》哀公十三年："于越入吴"；《左传》哀公十七年："越子伐吴"；《左传》哀公二十年："越围吴"；《左传》哀公二十二年："越灭吴。"

越器有粮山春秋墓出土的青铜鼎、王家山春秋墓出土的青铜兽首流蟠螭纹盉、刻纹匜、刻纹盘、虎子和千墩坟春秋墓出土的素面盆、素面匜等。

第六构成部分为楚国青铜器或具有楚文化因素的青铜器，简称"楚器"。

吴属晋国为首的北方国家集团，从吴王寿梦至吴王阖闾，吴楚战事不断。《左传》成公七年："吴始伐楚"，《左传》襄公三年："楚子重伐吴……吴人伐楚，取驾"；《春秋》襄公十四年："楚公子贞帅师伐吴"；《春秋》襄公二十四年："楚子伐吴"；《春秋》襄公二十五年："吴子遏（诸樊）伐楚"；《左传》昭公四年："楚子以诸侯伐吴。……吴伐楚，入棘、栎、麻"；《春秋》昭公五年："楚子……伐吴"；《春秋》昭公六年："楚薳罢帅师伐吴"；《左传》昭公十七年："吴伐楚"；《春秋》定公二年："楚人伐吴"；《春秋》定公四年："吴入郢"，《谷梁传》定公四年："吴入楚。日入，易无楚也。易无楚者，坏宗庙，徙陈器，挞平王之墓。"

楚器有粮山春秋墓出土的青铜鼎、千墩坟春秋墓出土的青铜鼎、盖豆等。

春秋组吴国贵族墓葬随葬青铜器的构成比较见表七。

5. 吴国贵族墓葬文化背景的分析

根据现有的考古资料并综合墓地位置、墓坑形制和随葬器物等要素的归类分析，将西周组的吴国贵族墓葬分为四个等级，春秋组的吴国贵族墓葬分为三个等级。两组墓葬的第一等级可以相互对应，为吴国国君或吴王墓葬；其余几个等级都无法相互对应，即西周组的第二等级墓葬未必对应春秋组第二等级，西周组的第三等级墓葬未必对应春秋组第三等级。

尽管受考古资料的局限，但通过对吴国贵族墓葬等级研究的分析，西周时期吴国社会分层复杂化和细致化都超过春秋时期似乎是不争的史实。

表七　春秋组墓葬的青铜器构成一览表

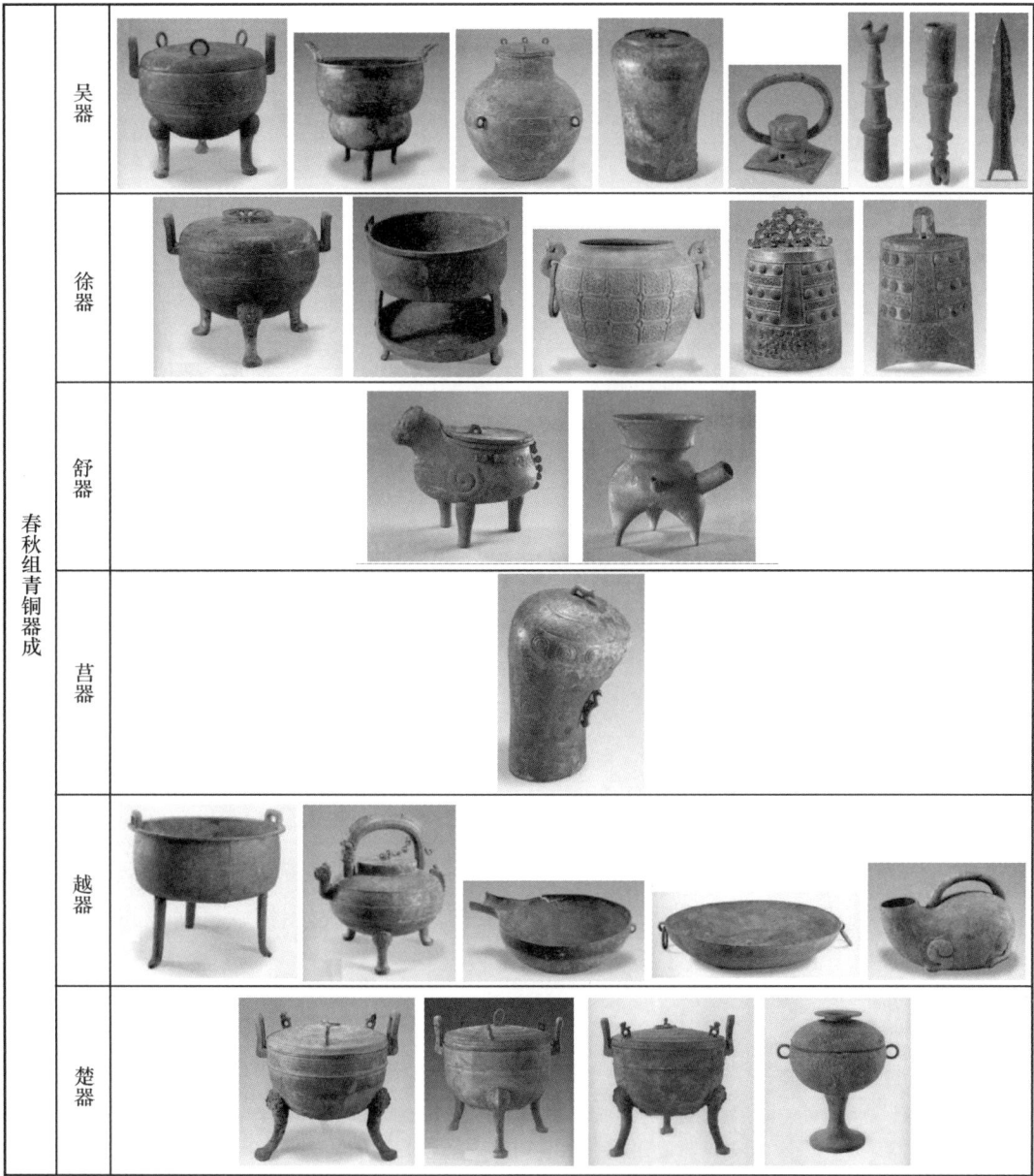

西周～春秋早期的吴国历史，由于先秦两汉文献记载阙如，因此不可妄议，但此时的吴国是一个平和并缓慢发展的奴隶制社会，似无异议。

通过墓葬等级的比较，可见春秋组吴国贵族墓葬的等级不及西周组墓葬复杂，这一现象暗示着春秋时期吴国社会的分层趋于简单化。

春秋中晚期的吴国，是一个充满着野蛮的青春活力的国家，是一个突然崛起又迅速消亡的国家，是一个社会人群组织为军事化二元结构的国家，因此吴国没有完整的职官体系和行政建制：吴国只有中央职官而没有地方职官，吴国只有中央职官所在地的"都"而没有地方职官所在地的"邑"①。

由于春秋中晚期的吴国是军事独裁政权国家，吴国的政体是独裁的军事组织，吴国的国家政治就是不断发动掠夺性战争，与之相适应的是吴国有先进的军事思想和军事理论②，与之相适应的是吴国有先进的兵器制造技术和先进的作战方阵③，与之相适应的是吴国的社会人群组织结构日趋简单化，而在吴国贵族墓葬上反映则是墓葬等级的简单化。

春秋中晚期，吴国对徐、舒、楚、越等国发动的战争具有强烈的复仇性和表现出野蛮的掠夺性，因此徐、舒、莒、越、楚青铜器充斥吴国贵族墓葬随葬，尤其是第二、第三等级的贵族墓葬随葬的青铜器出现徐、舒、莒、越、楚青铜器琳琅满目的现象。

三、越国贵族墓葬等级的比较与研究

（一）西周组墓葬的比较

西周时期的越国贵族墓葬仅有安徽屯溪弈棋村的8座墓葬④。屯溪西周墓以往多认为是吴国贵族墓葬⑤，然屯溪位于黄山山脉以南，属新安江——钱塘江水系，太湖流域和钱塘江流域皆属越国的分布范围，屯溪西周墓当属越国贵族墓葬。

屯溪弈棋村发掘的8座墓葬是目前唯——组西周时期的越国贵族墓葬，为研究西周时期越国贵族墓葬的等级提供了极为珍贵的考古资料。

---

① 张敏：《鸠兹新证——兼论西周春秋时期吴国都城的性质》，《东南文化》2014年第5期。
② 除《孙子兵法》十三篇外，江陵张家山汉墓出土竹简《盖庐》有认为即《伍子胥兵法》，见张家山二四七号汉墓竹简整理小组：《张家山汉墓竹简》，文物出版社，2001年。
③ 《吴越春秋·夫差内传》："吴师皆文犀长楯，扁诸之剑，方阵而行。"
④ 安徽省文物工作队：《安徽屯溪土墩墓发掘报告》，《考古学报》1959年第4期。殷涤非：《安徽屯溪周墓第二次发掘》，《考古》1990年第3期。李国梁：《屯溪土墩墓发掘报告》，安徽人民出版社，2006年。
⑤ 李学勤：《从新出青铜器看长江下游文化的发展》，《文物》1980年第8期。杨宝成：《略论西周时期吴国青铜器》，《东南文化》1991年第3期。肖梦龙、林留根：《皖南吴国青铜器分期研究》，《青铜文化研究》（第1辑），黄山书社，1999年。

1. 墓地位置的比较

屯溪弈棋村的8座墓葬都位于弈棋村岗坡附近，M3位于岗坡南缘，M1位于东南的平地，M5位于M3西北的平地，M4位于M3西北岗坡南端的边缘，M6位于M5南面的平地，M7位于M5西南的平地，M8位于M5西南的平地，M2位于M1东北岗坡的顶端。

屯溪弈棋村墓葬的墓地位置既有位于岗坡的边缘，也有位于平地。

因此，西周时期越国贵族墓葬墓地位置似无埋葬规律可循，也不存在等级比较的意义。

2. 墓葬规模的比较

屯溪发掘的8座西周都有封土，其中屯M2、M6、M7为残墓。

屯溪M1的封土呈圆丘形，直径33.1米，高1.75米；屯溪M3的封土呈椭圆形，东西长33、南北宽26米，高3米；屯溪M4的封土呈椭圆形，长16.5、宽6.4米；屯溪M5的封土呈圆丘形，直径约15米，高2.8米；屯溪M8的封土呈圆丘形，直径约19米。

由于墓葬在考古工作中都没有发现墓坑，因此墓葬的规模仅可依照墓底大小或随葬器物置放的范围进行推测。

屯溪M1的墓底有鹅卵石铺成的石床，石床呈长方形，东西最处长8.8、南北最宽处4.4米；屯溪M3墓底无石床，随葬器物的分布范围东西长约9、南北宽约6米；屯溪M4的墓底残长约6.7、残宽约3.7米；屯溪M5的墓底有鹅卵石铺成的石床，石床呈长方形，东西长8.8、宽4米；屯溪M8的墓底略高，呈长方形，长10.3、宽7.4米。

尽管屯溪8座墓葬的墓底或大小或随葬器物的范围有大小之分，但因为都没有发现墓坑而缺乏科学性，因此屯溪西周墓的墓葬规模也同样缺乏进行等级比较的意义。

3. 随葬器物的比较

在进行屯溪西周墓随葬器物的研究之前，首先需根据《屯溪土墩墓发掘报告》公布的资料，简要地进行文物定名的考证与墓葬年代的分析。

《屯溪土墩墓发掘报告》中随葬器物的定名十分混乱，而且器物的描述令人费解，如"五柱形器2件……按此器，诸家著录未见，用途不明，实为不知名器"等。

在对随葬器物一一进行梳理之后，将屯溪M3随葬的青铜附耳方鼎改称为"炙炉"，龙耳带盖"盒"改称为"带盖簋"，编织纹和斜方格乳丁纹"方鉴"改称为"方簠"，镂空云纹腹壁的"圆盘"改称为"承盘"，饰龙蛇纹的青铜"单柱器"应为插杆后悬挂鼓、錞于一类乐器的非乐器类音乐文物"单柱插座"，而孔径3厘米左右的"可套入圆柱状物"的"车饰"改称为戈、矛等长兵柲端的"镦"，"五柱器"应为木虡柱的青铜底座，故改称"虡座"。

《屯溪土墩墓发掘报告》认为"屯溪八墓的时间先后，大致可按M3→M1→M5→M4→M6→M7→M8→M2的顺序排列……屯溪八墓的时代，我们认为是春秋早期到战国晚期。"

《屯溪土墩墓发掘报告》不仅墓葬的年代有误，而且墓葬年代的排序也有误。根据屯溪8座墓葬随葬的青铜器、印纹硬陶器、青瓷器与吴越青铜器、印纹硬陶器、青瓷器的比较研究，将屯溪西周墓的年代进行了改定：8座墓葬皆为西周墓，其中M1、M3为西周早期，M2、M4、M5、M6为西周中期，M7、M8为西周晚期。

屯溪西周墓中，屯溪M1、M3、M5、M8墓葬保存较完整，考古资料也相对完整；屯溪M2、M4、M6、M7虽为残墓，但也出土了一些随葬器物，因此仍可对屯溪8座西周墓随葬的青铜器进行比较。

屯溪M3　屯溪M3随葬的青铜器有立耳扁柱足涡纹龙纹鼎、立耳素面鼎、立耳凸弦纹小鼎、凤纹方鼎、附耳长方形炙炉、龙耳编织纹扁腹簋、附耳细弦纹扁腹簋、云纹扁腹簋、竖线纹扁腹簋、龙耳瓦楞纹连珠纹变体鸟纹带盖簋、龙耳弦纹带盖簋、编织纹方簋、斜方格乳丁纹方簋、"公卣"、凤鸟纹蝉纹提梁卣、龙纹牺尊、盘龙纽龙形錾夔纹盉、变体凤鸟纹盘、镂空云纹及龙纹承盘、凸弦纹方盘、弦纹壶等26件，龙蛇纹单柱插座2件，身饰云纹、格有镶嵌的青铜剑2件以及饰勾连纹、三角纹的青铜镦等兵器和青铜斧、削等工具（图二二）。

屯溪M1　屯溪M1随葬的青铜器有立耳扁柱足涡纹云纹鼎、立耳扁柱足云纹鼎、立耳撇足夔纹鼎、龙耳素面扁腹簋、龙耳斜方格乳丁纹扁腹簋、"父乙尊"、棘刺勾连纹尊、凤纹提梁卣、棘刺勾连纹提梁卣、变体鸟纹盘、勾连纹侈口钵形浅腹盂等13件、勾连纹虡座2件（图二三）。

屯溪M4　屯溪M4随葬的青铜器有棘刺勾连纹尊1件（图二四，1）以及青铜剑、戈、矛等兵器和青铜斧、削等工具。

屯溪M5　屯溪M5随葬的青铜器有棘刺勾连纹尊1件、竖条纹敛口钵形盂（图二四，2、3）1件以及青铜斧、削等工具。

屯溪M6　屯溪M6随葬的青铜器有连珠纹尊1件（图二四，4）。

屯溪M2　屯溪M2随葬的青铜器有棘刺勾连纹尊、勾连纹簋各1件。

屯溪M7　屯溪M7为残墓，随葬有青铜剑、戈、矛、镞等兵器和青铜斧等工具。

屯溪M8　屯溪M8随葬的青铜器有青铜剑1件。

根据随葬青铜器的器类与组合，可将西周组越国贵族墓葬分为四个等级：屯溪M3为第一等级；屯溪M1为第二等级；屯溪M2、M4、M5、M6为第三等级；屯溪M7、M8为第四等级。列表比较如下（表八）：

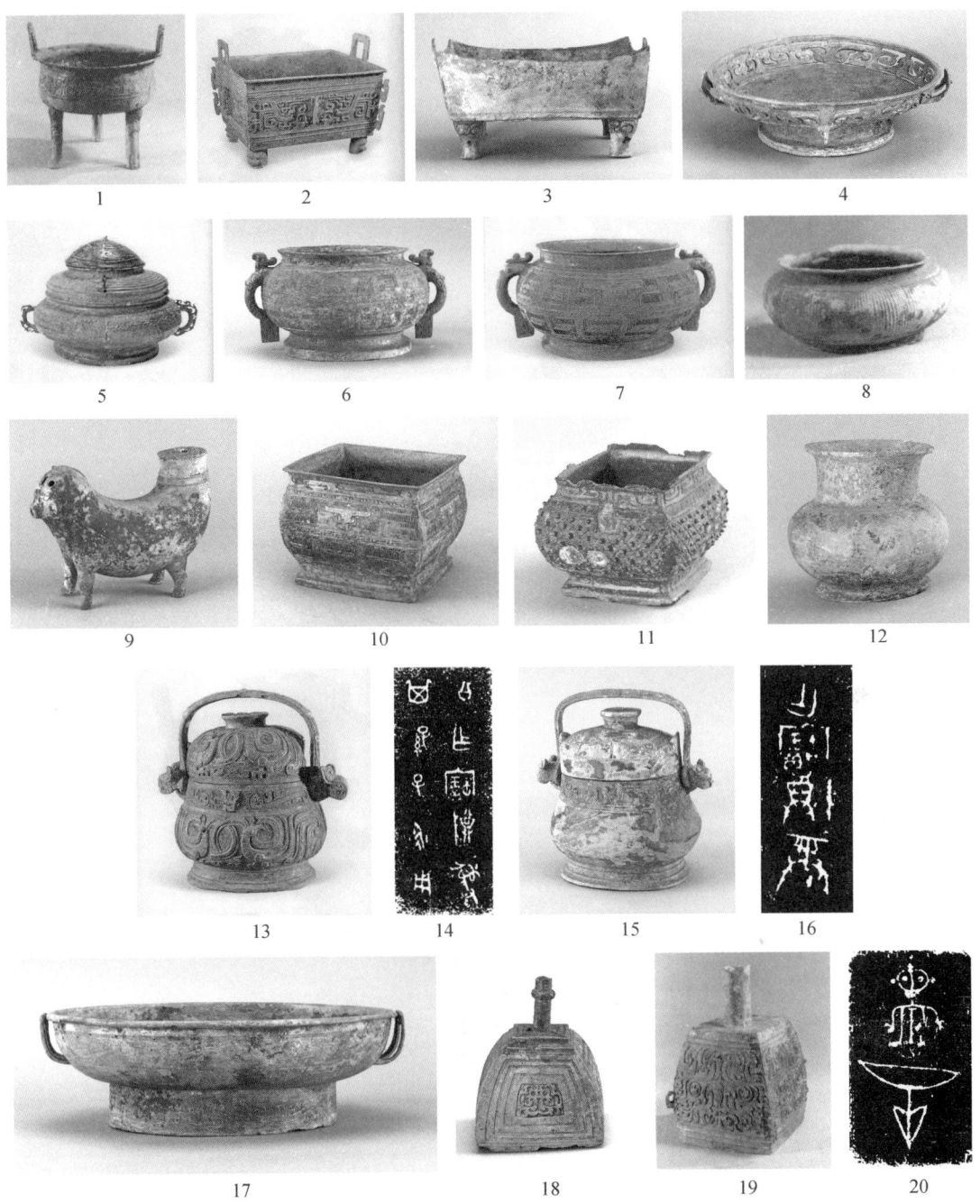

图二二 屯溪M3随葬的部分青铜器

1. 立耳扁柱足涡纹龙纹青铜鼎 2. 凤纹青铜方鼎 3. 附耳长方形青铜炙炉 4. 镂空云纹龙纹青铜承盘 5. 变体鸟纹青铜带盖簋 6、7. 龙耳编织纹青铜扁腹簋 8. 竖线纹青铜扁腹簋 9. 龙纹青铜牺尊 10. 编织纹青铜方簋 11. 斜方格乳丁纹青铜方簋 12. 弦纹青铜壶 13. 夔纹凤纹青铜提梁卣 14. 夔纹凤纹提梁卣铭文拓片 15. 凤鸟纹蝉纹青铜提梁卣 16. 凤鸟纹蝉纹提梁卣铭文拓片 17. 变体凤鸟纹青铜盘 18、19. 龙蛇纹青铜单柱插座 20. 云纹扁腹簋铭文拓片

图二三　屯溪M1随葬的部分青铜器

1. 立耳扁柱足涡纹云纹青铜鼎　2. 立耳撇足夔纹青铜鼎　3. 龙耳斜方格乳丁纹青铜扁腹簋　4. 饕餮纹"父乙尊"
5. 父乙尊铭文拓片　6. 棘刺勾连纹青铜尊　7. 棘刺勾连纹青铜提梁卣　8. 凤纹青铜提梁卣　9. 变体鸟纹青铜盘
10. 勾连纹青铜盂　11. 勾连纹青铜虡柱底座

图二四　屯溪M4、M5、M6随葬的部分青铜器

1. 勾连纹青铜尊　2. 勾连纹青铜尊　3. 竖条纹敛口青铜钵形盂　4. 连珠纹青铜尊
（1. 屯溪M4出土　2、3. 屯溪M5出土　4. 屯溪M6出土）

表八 西周时期越国贵族墓葬随葬青铜器一览表

墓葬\青铜器	礼器											兵器	音乐文物	等级
	鼎	簋	尊	牺尊	卣	盘	盉	盂	壶	炙炉	承盘			
屯溪M3	5	10	1	2	4	1		1	1	1	1	√	√	一
屯溪M1	4	2	2		2	2	1						√	二
屯溪M2		1	1											三
屯溪M4			1									√		三
屯溪M5						1								三
屯溪M6		1												三
屯溪M7												√		四
屯溪M8												√		四

（二）春战组墓葬的比较

吴国有完整的世系，因此西周组与春秋组吴国贵族墓葬的随葬器物有一定的传承性；春秋晚期之前的越国没有完整的世系，因此西周组与春战组越国贵族墓葬的随葬器物没有传承性，不仅出现了文化的断层，而且出现了文化的突变和裂变，在越国贵族墓葬上的反映是西周组越国贵族墓葬与春战组越国贵族墓葬形制不见直接的嬗承关系，在随葬器物上的反映是青铜礼器的突然消失，仿青铜器的陶瓷礼乐明器和玉器的普遍出现。

春战组越国贵族墓葬发现较多，代表性的有浙江绍兴印山[①]、长兴鼻子山[②]、安吉龙山[③]和江苏苏州大真山[④]、无锡鸿山[⑤]等越国贵族墓葬为代表。

昭公三十年（前512年），吴灭徐，徐子章羽奔楚；哀公二十二年（前473年），

---

① 浙江省文物考古研究所、绍兴县文物保护管理局：《印山越王陵》，文物出版社，2002年。
② 浙江省文物考古研究所、长兴县博物馆：《浙江长兴鼻子山越国贵族墓》，《文物》2007年第1期。浙江省文物考古研究所：《浙江越墓》，文物出版社，2009年。
③ 浙江省文物考古研究所、浙江安吉县博物馆：《浙江安吉龙山越国贵族墓》，《南方文物》2008年第3期。浙江省文物考古研究所：《浙江越墓》，文物出版社，2009年。
④ 苏州博物馆：《真山东周墓地——吴楚贵族墓地的发掘与研究》，文物出版社，1999年。
⑤ 南京博物院、江苏省考古研究所、无锡市锡山区文物管理委员会：《无锡鸿山越国贵族墓发掘简报》，《文物》2006年第1期。南京博物院、江苏省考古研究所、无锡市锡山区文物管理委员会：《鸿山越墓发掘报告》，文物出版社，2007年。

越灭吴。在春战组越国贵族墓葬中，绍兴狮子山战国墓[①]和淮阴高庄战国墓[②]为流亡于越国的徐国贵族墓葬，墓主当为徐国的王公遗族。由于战国时期徐已不存，且墓在越国范围之内，故将其归入越国贵族墓葬。

春战组越国贵族墓葬的年代多为春秋晚期至战国早期，即越国最强盛的越王夫镡、允常、句践时期。

1. 墓地位置的比较

考古资料相对完整的墓葬有绍兴印山和狮子山、苏州大真山、无锡鸿山、长兴鼻子山、安吉龙山和淮阴高庄。

春战组越国贵族墓葬多葬于低山丘陵，葬于山顶或山脊的有印山大墓（以下称印山越王陵）、大真山D9M1（以下称大真山春秋墓）、鼻子山M1（以下称鼻子山战国墓）；葬于山麓或平地的有绍兴坡塘狮子山M306（以下称狮子山战国墓）、龙山D141M1（以下称龙山战国墓）；葬于平地高墩的有鸿山DⅠM1～DⅦM1（以下称老虎墩战国墓、老坟墩战国墓、曹家坟战国墓、邹家墩战国墓、杜家坟战国墓、万家坟战国墓、邱承墩战国墓）和淮阴高庄战国墓（以下称高庄战国墓）。

绍兴印山海拔41.7米，相对高度20米，印山越王陵建于印山之巅；苏州大真山海拔76.9米，相对高度约30米，大真山春秋墓位于大真山的山顶；长兴鼻子山相对地面高度10米，鼻子山战国墓位于山脊的顶上；而龙山战国墓位于龙山山麓平地，鸿山7座战国墓均位于平地的高墩。

根据越国贵族墓葬的墓地位置，可将越国贵族墓葬分为两个等级，第一等级有印山越王陵、大真山春秋墓和鼻子山战国墓，墓葬位于山顶或山脊；第二等级有狮子山战国墓、龙山战国墓和鸿山战国墓，墓葬位于山麓坡地或平地高墩。

不同的埋葬位置可能反映了墓葬的不同等级，即印山越王陵、大真山春秋墓、鼻子山战国墓为第一等级，龙山战国墓、邱承墩战国墓、老虎墩战国墓、万家坟战国墓、曹家坟战国墓、杜家坟战国墓、老坟墩战国墓、邹家墩战国墓为第二等级。

狮子山战国墓位于坡塘狮子山南坡，高庄战国墓位于平地，暂列为第二等级。列表比较如下（表九）：

---

① 浙江省文物管理委员会：《绍兴306号墓发掘简报》，《文物》1984年第1期。曹锦炎：《绍兴坡塘出土徐器铭文及其相关问题》，《文物》1984年第1期。
② 淮阴市博物馆：《淮阴高庄战国墓》，《考古学报》1988年第2期。淮安市博物馆：《淮阴高庄战国墓》，文物出版社，2009年。

表九　春战组墓葬墓地位置一览表

墓葬＼墓地位置	山顶或山脊	山坡或平地	等级
印山越王陵	√		一
大真山春秋墓	√		一
鼻子山战国墓	√		一
龙山战国墓		√	二
老虎墩战国墓		√	二
老坟墩战国墓		√	二
曹家坟战国墓		√	二
邹家墩战国墓		√	二
杜家坟战国墓		√	二
万家坟战国墓		√	二
邱承墩战国墓		√	二
狮子山战国墓		√	二
高庄战国墓		√	二

2. 墓葬规模的比较

越国贵族墓葬中或遭破坏，或缺乏完整的考古资料，因此墓葬规模以考古资料相对完整的印山越王陵、大真山春秋墓、鼻子山战国墓、龙山战国墓、老虎墩战国墓、老坟墩战国墓、曹家坟战国墓、邹家墩战国墓、杜家坟战国墓、万家坟战国墓、邱承墩战国墓为例。

印山越王陵　印山越王陵为东西向长方形覆斗状封土，东西长72、南北宽36、高9.8米。墓坑平面呈"甲"字形，墓坑长110米，其中墓室长46、宽19、深12.4米，墓道位于墓室东侧，长54、宽6.5~14、深9.3米。

大真山春秋墓　大真山春秋墓为东西向长方形覆斗状封土，东西长70、南北宽32、高约7米，墓坑平面呈"甲"字形，长17.4米，其中墓室长13.8、宽8、深1.8米；墓道长3.6、宽3米。

鼻子山战国墓　鼻子山战国墓的封土呈东西向长方形覆斗状，封土底径东西长32、南北宽18、高3.7米。墓坑平面呈"甲"字形，长约22米，其中墓室长14.8、宽5.1~5.7、深2.3米，墓道位于墓室东侧，长7、宽2.2~2.6米。

龙山战国墓　龙山战国墓为东西向长方形覆斗状封土，长约50、宽约42、高达8米。墓坑平面呈"甲"字形，墓坑长25米，其中墓室长15.4、宽7.2~7.6、深1~1.5米，墓道位于墓室东侧，墓道残长9.6、宽3.3~3.4米。

狮子山战国墓为残墓，墓坑平面呈"甲"字形，墓室残长5.4、宽8.14、深2.8米；墓道残长1.5、宽3.4米。

高庄战国墓的封土已遭破坏，墓坑平面为东西向长方形，长10.5、宽9、深3.9米。

老坟墩战国墓为东西向覆斗状封土，长24.5、宽15、高2.5米。墓坑平面呈长方形，长4.75、宽3.25、深0.2米。

曹家坟战国墓为东西向覆斗状封土，长35、宽26.9、高3.5米。墓坑平面为长条形，长8.56、宽2.32、深1.95米。

邹家墩战国墓为东西向覆斗状封土，长36.5、宽23.5、高1.7米。墓坑平面为长方形，长3.88、宽2.34、深0.35米。

杜家坟战国墓为东西向覆斗状封土，长42.6、宽35.9、高2.8米。墓坑平面为长条形，长8.05、宽2.44、深1.02米。

老虎墩战国墓遭人为破坏，东西向覆斗状封土残长56、宽43、残高2米。老虎墩墓不设墓坑，墓葬底部为平地铺木，残长8.6、宽6.6米，平地铺木的墓床及其上部和四周经过焚烧。

万家坟战国墓为东西向覆斗状封土，长42.6、宽35.9、高3.8米。万家坟墓不设墓坑，墓葬底部为平地铺木，长16.68、宽5.07米，平地铺木的墓床及其上部和四周经过焚烧。

邱承墩战国墓为东西向长方形覆斗状封土，长78.6、宽50.8、高5.4米。墓葬平面呈"中"字形，墓坑残长56.7米，其中墓道长21.2、宽3.65米；墓室长23.6、宽6.3米；后室长11.9、宽3.2米，坑深3米。

墓葬规律的基本要素中，封土因自然或人为因素变化较大，而墓坑则基本没有变化，因此墓坑长度应为指示性要素；万家坟战国墓和老虎墩战国墓的葬制特殊，因此以其墓葬底铺木的长宽计。

根据墓坑长度可将越国贵族墓葬分为五个等级：第一等级仅有印山越王陵，墓坑长度＞100米；第二等级仅有邱承墩战国墓，墓坑长度＞50米；第三等级有大真山春秋墓和龙山、鼻子山、万家坟、老虎墩战国墓，墓坑（或墓底）长度±20米，根据墓坑的宽度，狮子山战国墓、高庄战国墓与的第三等级的墓葬相当；第四等级有曹家坟、杜家坟战国墓，墓坑长度±10米；第五等级有老坟墩、邹家墩战国墓，墓坑长度±5米。列表比较如下（表一〇）：

表一〇 春战组墓葬墓葬规模一览表 （单位：米）

墓葬	封土形状	封土		墓坑形态	坑长	墓室		墓道		等级
		长	宽			长	宽	长	宽	
印山越王陵	覆斗状	72	36	"甲"字形	110	46	19	54	6.5	一
邱承墩战国墓	覆斗状	78.6	50.8	"中"字形	56.7	35.5	6.3	21.2	3.65	二
大真山春秋墓	覆斗状	70	32	"甲"字形	17.4	13.8	8	3.6	3	三

续表

墓葬	封土形状	封土 长	封土 宽	墓坑形态	坑长	墓室 长	墓室 宽	墓道 长	墓道 宽	等级
鼻子山战国墓	覆斗状	32	18	"甲"字形	>22	14.8	5.7	7	2.6	三
狮子山战国墓	?	?	?	"甲"字形	?	>5.4	8.14	>1.5	3.4	三
高庄战国墓	?	?	?	长方形	10.5	10.5	9			三
龙山战国墓	覆斗状	50	42	"甲"字形	25	15.4	7.6	9.6	3.4	三
万家坟战国墓	覆斗状	42.6	35.9	长条形		16.7	5.07			三
老虎墩战国墓	覆斗状	>56	43	长条形		8.6	6.6			三
曹家坟战国墓	覆斗状	35	26.9	长条形	8.56	8.56	2.32			四
杜家坟战国墓	覆斗状	42.6	35.9	长条形	8.05	8.05	2.44			四
老坟墩战国墓	覆斗状	24.5	15	长方形	4.75	4.75	3.25			五
邹家墩战国墓	覆斗状	36.5	23.5	长方形	3.88	3.88	2.34			五

3. 随葬器物的比较

春秋战国时期越国贵族墓葬中罕见青铜器，主要随葬器物有青瓷器、印纹陶器和玉器，青瓷器和印纹陶器中的仿青铜器的陶瓷礼乐明器和玉器有着明显的等级之分，因此仿青铜器的陶瓷礼乐明器和玉器为越国贵族墓葬等级比较的主要研究对象。

流亡于越国的徐人墓葬的主要随葬器物为青铜器和玉器，因此青铜器和玉器为流亡于越国的徐人墓葬的等级比较的研究对象。

越国贵族墓葬和流亡于越国的徐人贵族墓葬都随葬玉器，因此玉器又可作越国贵族墓葬等级比较的研究对象。

印山越王陵 绍兴印山越王陵几乎盗掘一空，随葬器物大多无存，仅出土了少量残留随葬器物，青铜器有铎1件和青铜斧、凿等；玉器有非乐器类音乐文物龙首玉钩2件、乐器类音乐文物玉悬铃19件，玉石兵器有玉剑1件、玉镞2件、石矛1件，以及长方形玉饰3件玉玦、珠，石环等玉石饰件（图二五）。

印山越王陵的年代为春秋晚期。

大真山春秋墓 苏州大真山春秋墓被盗严重，加之开山炸石，墓葬破坏也严重。大真山春秋墓出土的随葬器物24件，青铜器有残破的青铜盉盖；陶瓷器有碗、盅、罐、瓮等生活用器；玉器有非乐器类音乐文物玉钩3件，虎形玉璜2件、蟠螭纹玉瑗3件以及玉珠、玉管、长方形玉饰等佩玉和饰玉，兵器有玉戈（？）1件（图二六），另有小玉牌以及天然贝和玛瑙、绿松石管、珠、嵌饰等11000余枚。

大真山春秋墓的年代为春秋晚期。

鼻子山战国墓 长兴鼻子山战国墓是在施工发现后进行考古发掘和出土文物收

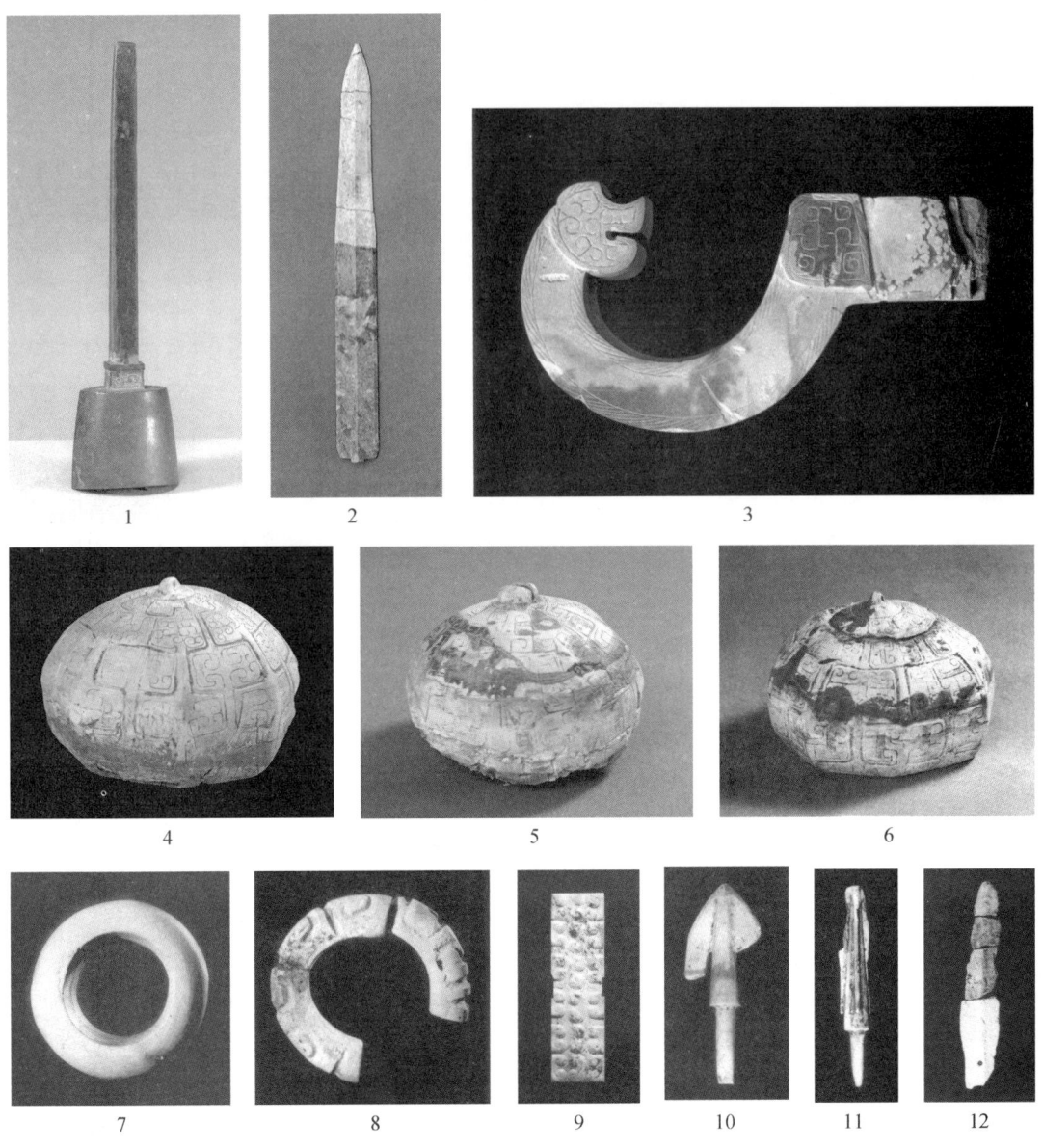

图二五　绍兴印山越王陵的部分随葬器物
1. 青铜铎　2. 玉剑　3. 龙首玉钩　4~6. 玉悬铃　7. 石环　8. 玉玦　9. 长方形玉饰　10、11. 玉镞　12. 石矛

缴，因此随葬器物应有散失。

鼻子山战国墓随葬器物有仿青铜器的陶瓷乐器青瓷甬钟、青瓷镈钟、青瓷句鑃、青瓷錞于、青瓷丁宁（钲）、陶瓷悬铃等34件，仿石磬的青瓷磬13件（图二七）；玉器有云纹玉璜、谷纹小玉璧、云纹玉剑首、玉带钩、玉管以及云纹石璜、云纹石瑗、琉璃环以及琉璃管、琉璃珠等。

鼻子山战国墓的年代为战国早期。

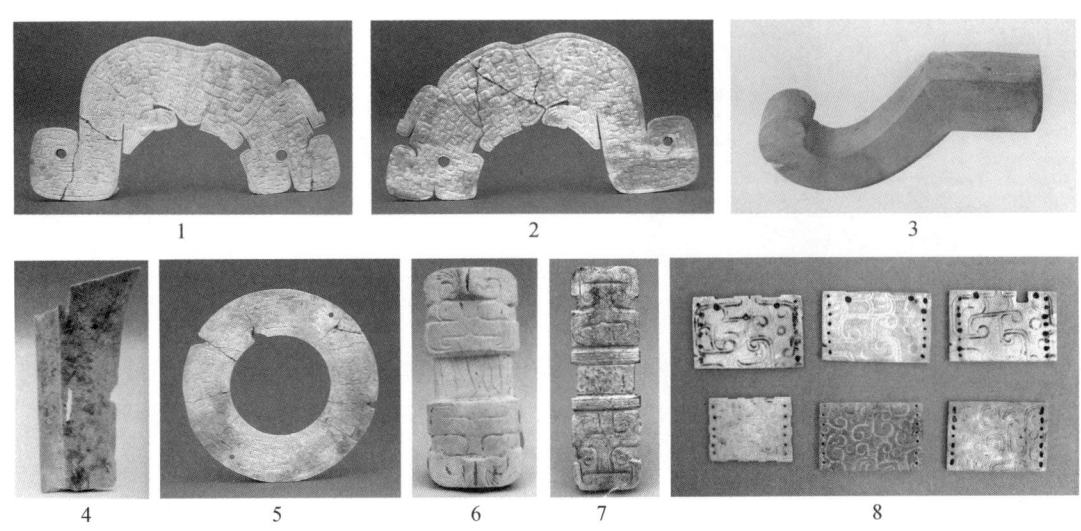

图二六 苏州真山春秋国墓的部分随葬器物
1、2. 虎形玉璜 3. 玉钩 4. 玉戈（？） 5. 蟠虺纹玉瑗 6～8. 长方形玉饰

龙山战国墓 安吉龙山战国墓出土的随葬器物随葬器物267件，有仿青铜器的陶瓷礼乐明器有青瓷牺鼎、青瓷豆、青瓷小豆、青瓷盒、青瓷三足盂、青瓷杯、青瓷平底鉴、青瓷三足鉴、硬陶小罐、硬陶平底盘、硬陶三足盘、硬陶炉盘等以及陶瓷悬铃、角形器和璧形器等；玉器有龙鸟形玉璜、龙形玉璜、绞丝纹玉环、玉韘、绿松石环以及小玉饰等（图二八）。

龙山战国墓是发现盗掘后进行清理的，考古资料虽然完整，但随葬器物应有所缺失。

龙山战国墓的年代为战国早期。

邱承墩战国墓 无锡鸿山邱承墩战国墓出土的仿青铜器的陶瓷礼乐明器有鼎、盖豆、壶、兽首流提梁盉、兽耳罍、兽耳罐、虎子、麻布纹小罐、平底匜、兽面铺首鉴、兽面铺首盘、兽面铺首三足盆、冰酒器、温酒器、璧形器、角形器、甬钟、镈钟、句鑃、錞于、丁宁（钲）、铎、三足缶、悬铃、鼓座，仿石磬的青瓷编磬和蟠螭纹璧形佩、螭凤纹璧形佩、谷纹环形佩、绞丝纹环形佩、出郭龙纹璧形佩、双龙管形佩、龙形璜、龙凤璜、云纹璜、双龙首璜、龙首璜、云纹觿、龙纹覆面、蛇凤纹带钩、盘蛇玲珑球形器等以及陶瓷生活用器等1098件（图二九）。

邱承墩战国墓的年代为战国早期。

老虎墩战国墓 无锡鸿山老虎墩战国墓为破坏后进行清理，随葬器物大多为采集，出土的仿青铜器的陶瓷礼乐明器有鼎、牺鼎、罐形盉、匜、盆、鉴、罍、炉、炙炉、甬钟、镈钟、句鑃、錞于、丁宁（钲）、悬铃和仿石磬的陶瓷编磬以及谷纹玉瑗等367件（图三〇）。

老虎墩战国墓的年代为战国早期。

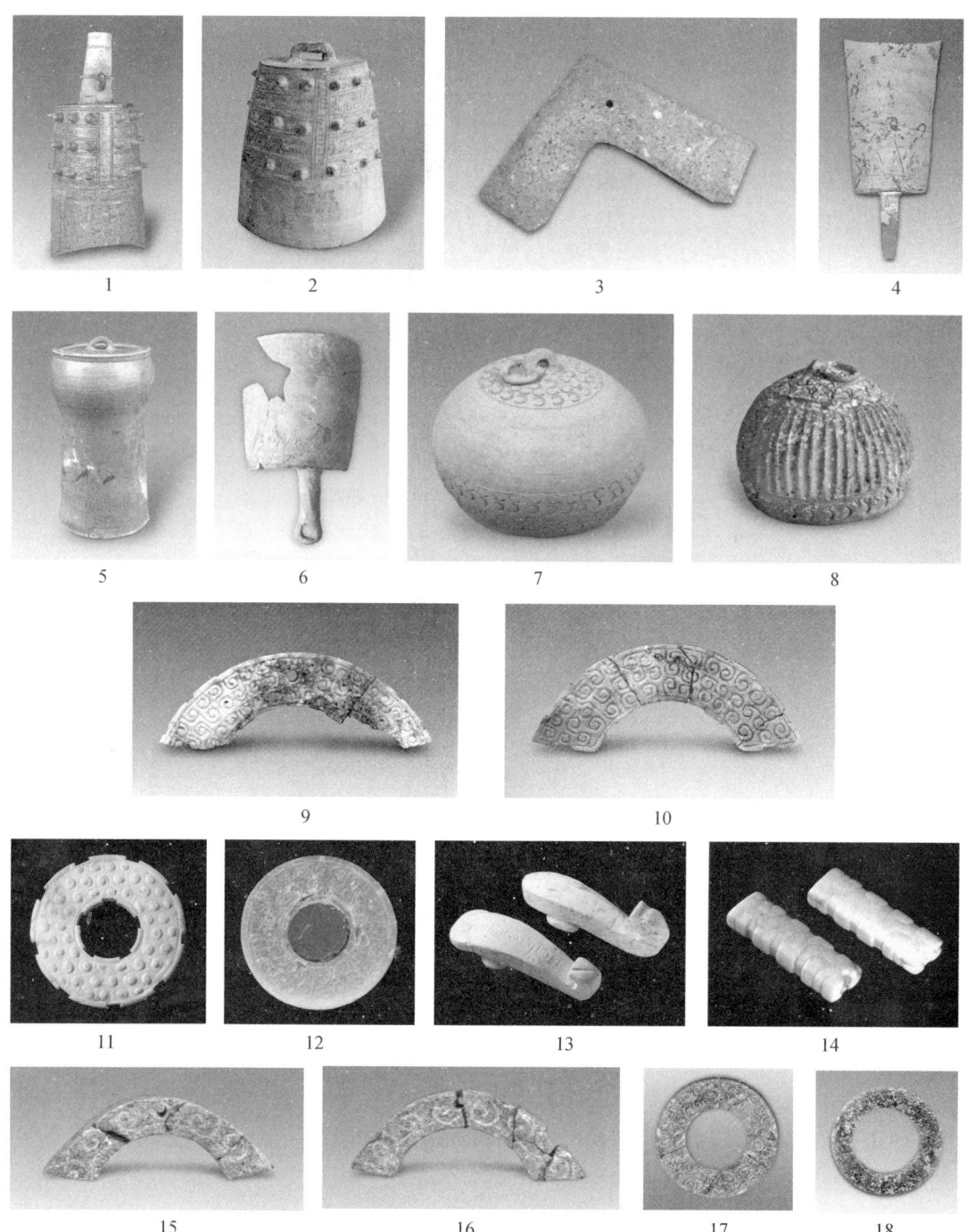

图二七 长兴鼻子山战国墓的部分随葬器物

1. 青瓷甬钟 2. 青瓷镈钟 3. 青瓷磬 4. 青瓷句鑃 5. 青瓷錞于 6. 青瓷丁宁 7. 青瓷悬铃 8. 硬陶悬铃
9、10. 云纹玉璜 11. 云纹小玉璧 12. 云纹玉剑首 13. 玉带钩 14. 玉管 15、16. 云纹石璜 17. 云纹石瑗
18. 琉璃环

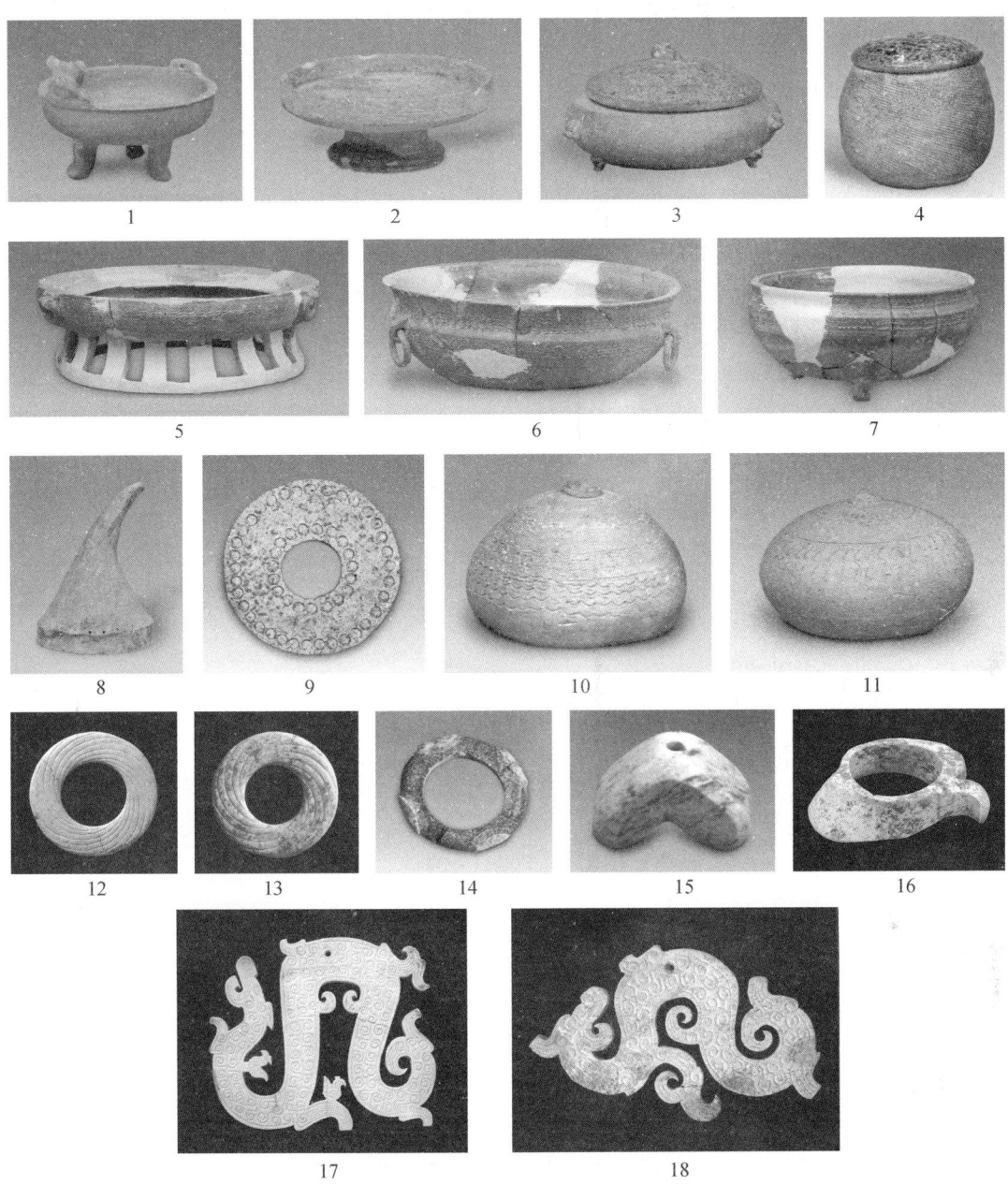

图二八　安吉龙山战国墓的部分随葬器物

1. 青瓷牺鼎　2. 青瓷小豆　3. 青瓷三足盉　4. 硬陶小罐　5. 硬陶炉盘　6. 青瓷平底鉴　7. 青瓷三足鉴　8. 硬陶角形器　9. 青瓷璧形器　10. 硬陶悬铃　11. 青瓷悬铃　12、13. 绞丝纹玉环　14. 绿松石环　15. 小玉饰　16. 玉韘　17. 龙鸟形玉璜　18. 龙形玉璜

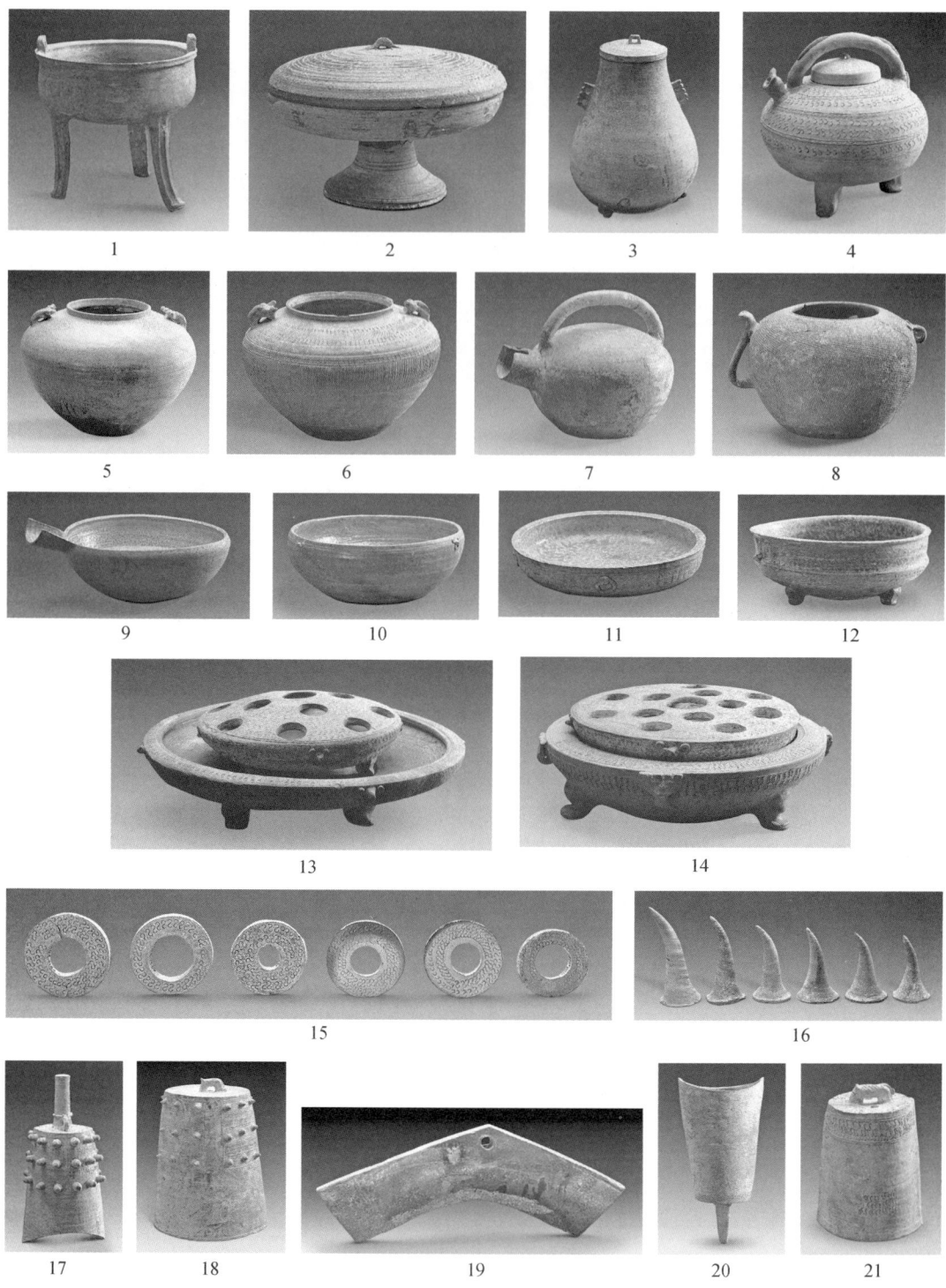

图二九 无锡鸿山邱承墩战国墓的部分随葬器物（一）

1. 青瓷鼎 2. 青瓷盖豆 3. 青瓷壶 4. 青瓷兽首流提梁盉 5. 青瓷兽耳罍 6. 青瓷兽耳罐 7. 青瓷虎子 8. 麻布纹硬陶小罐 9. 青瓷平底匜 10. 青瓷兽面铺首鉴 11. 青瓷兽面铺首盘 12. 青瓷兽面铺首三足盆 13. 青瓷冰酒器 14. 青瓷温酒器 15. 青瓷璧形器 16. 青瓷角形器 17. 青瓷甬钟 18. 青瓷镈钟 19. 青瓷磬 20. 青瓷句鑃 21. 青瓷铎

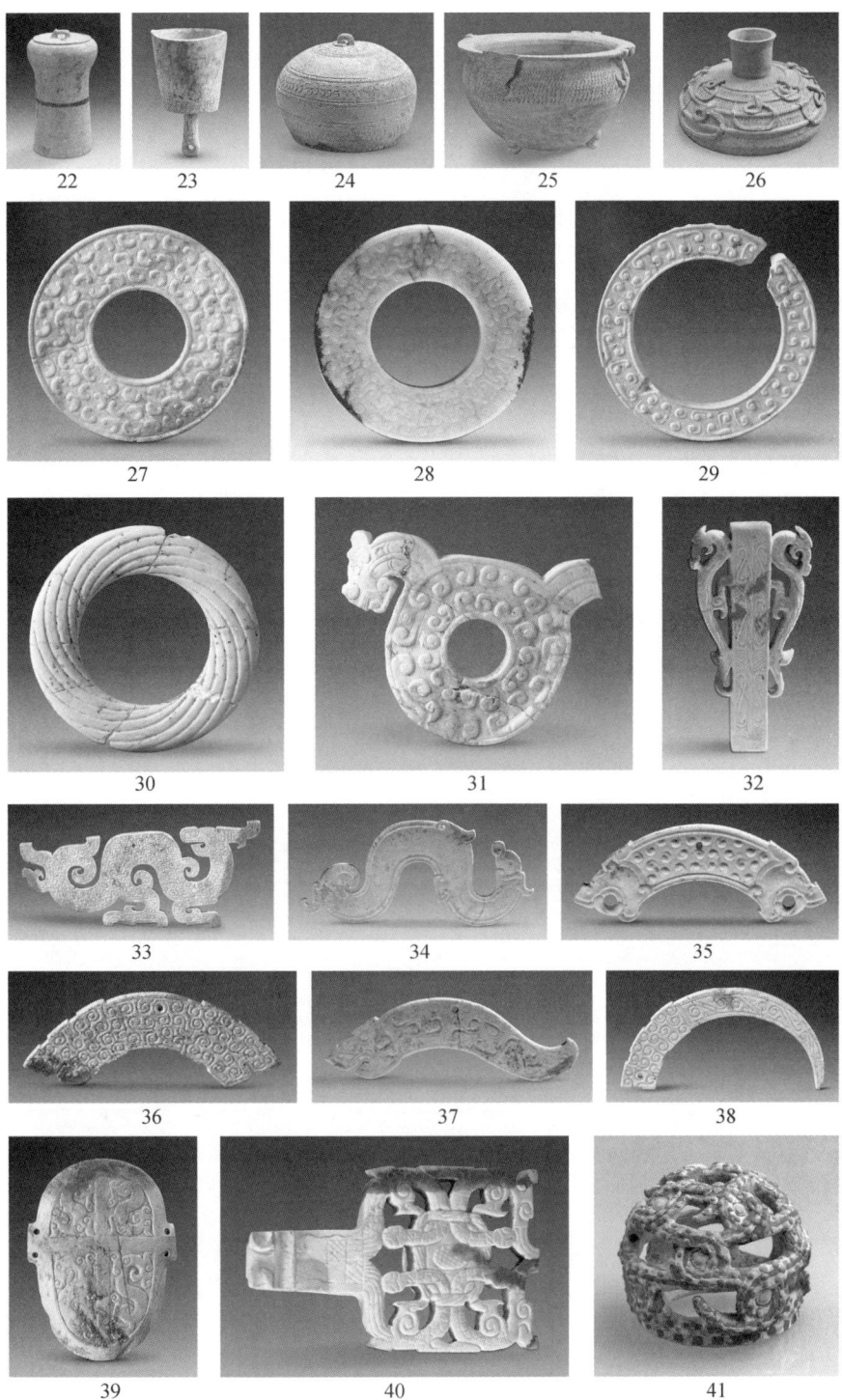

图二九　无锡鸿山邱承墩战国墓的部分随葬器物（二）

22. 青瓷錞于　23. 青瓷丁宁　24. 青瓷悬铃　25. 青瓷三足缶　26. 青瓷盘蛇鼓座　27. 蟠螭纹璧形玉佩　28. 螭凤纹璧形玉佩　29. 谷纹环形玉佩　30. 绞丝纹环形玉佩　31. 出郭龙纹璧形玉佩　32. 双龙管形玉佩　33. 龙形玉璜　34. 龙凤形玉璜　35. 双龙首玉璜　36. 云纹玉璜　37. 龙首玉璜　38. 云纹玉觿　39. 龙纹玉覆面　40. 蛇凤纹玉带钩　41. 盘蛇玲珑球形器

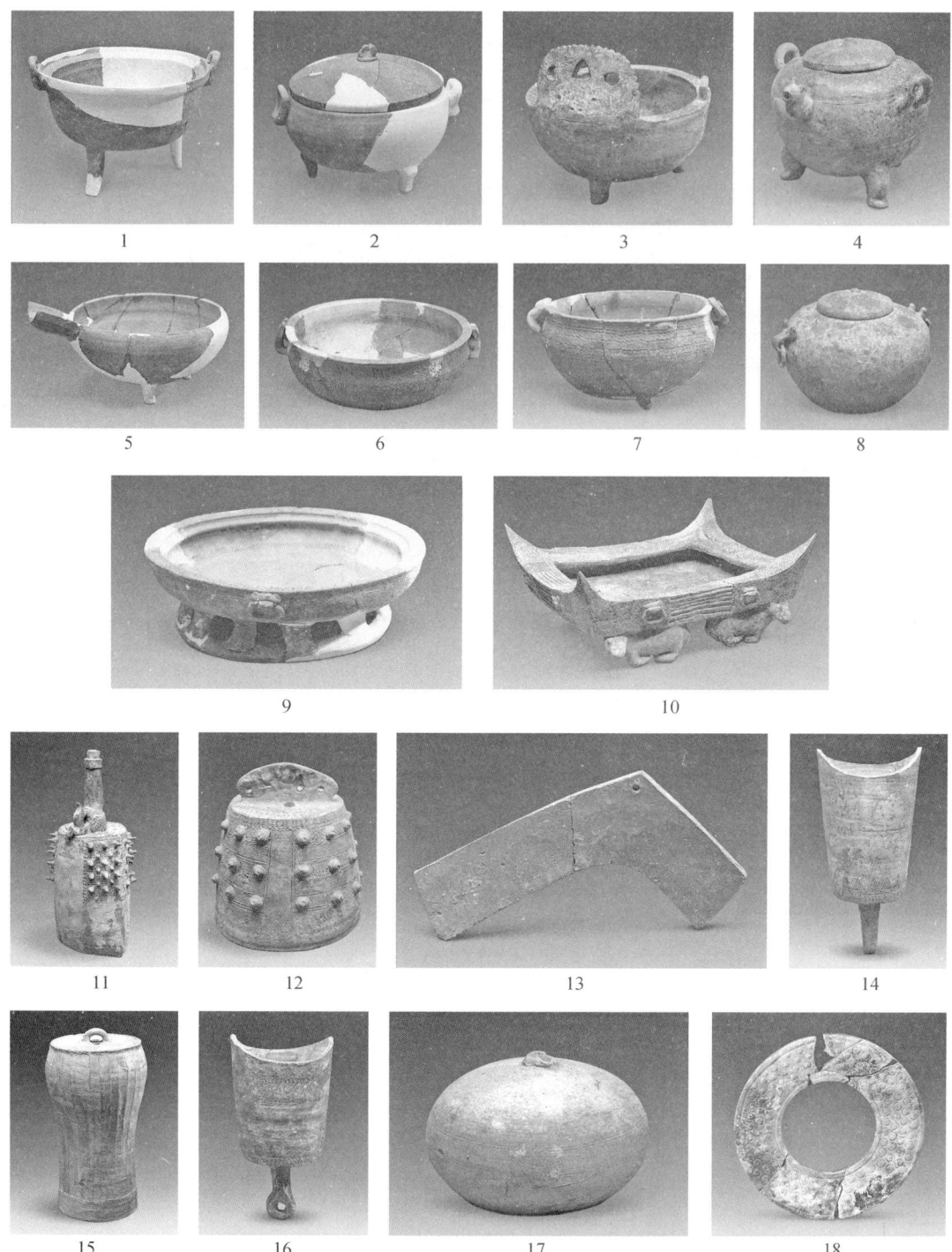

图三〇　无锡鸿山老虎墩战国墓的部分随葬器物

1. 硬陶鼎　2. 硬陶鼎　3. 硬陶牺鼎　4. 硬陶罐形盉　5. 硬陶匜　6. 青瓷盆　7. 青瓷鉴　8. 硬陶罍　9. 硬陶炉盘　10. 硬陶炙炉　11. 硬陶甬钟　12. 硬陶镈钟　13. 硬陶磬　14. 青瓷句鑃　15. 青瓷錞于　16. 青瓷丁宁　17. 青瓷悬铃　18. 谷纹玉瑗

万家坟战国墓 无锡鸿山万家坟战国墓出土的仿青铜器的陶瓷礼乐明器有鼎、提梁盉、提梁罐、匜、盆、盘、璧形器、角形器、炉盘、炙炉、甬钟、镈钟、句鑃、錞于、丁宁（钲）、悬铃、鼓座和仿石磬的陶瓷编磬以及生活用器等519件（图三一）。

万家坟战国墓的年代为战国早期。

曹家坟战国墓 无锡鸿山曹家坟战国墓出土的陶瓷器有盆、璧形器、角形器和云纹璧形玉佩等93件（图三二）。

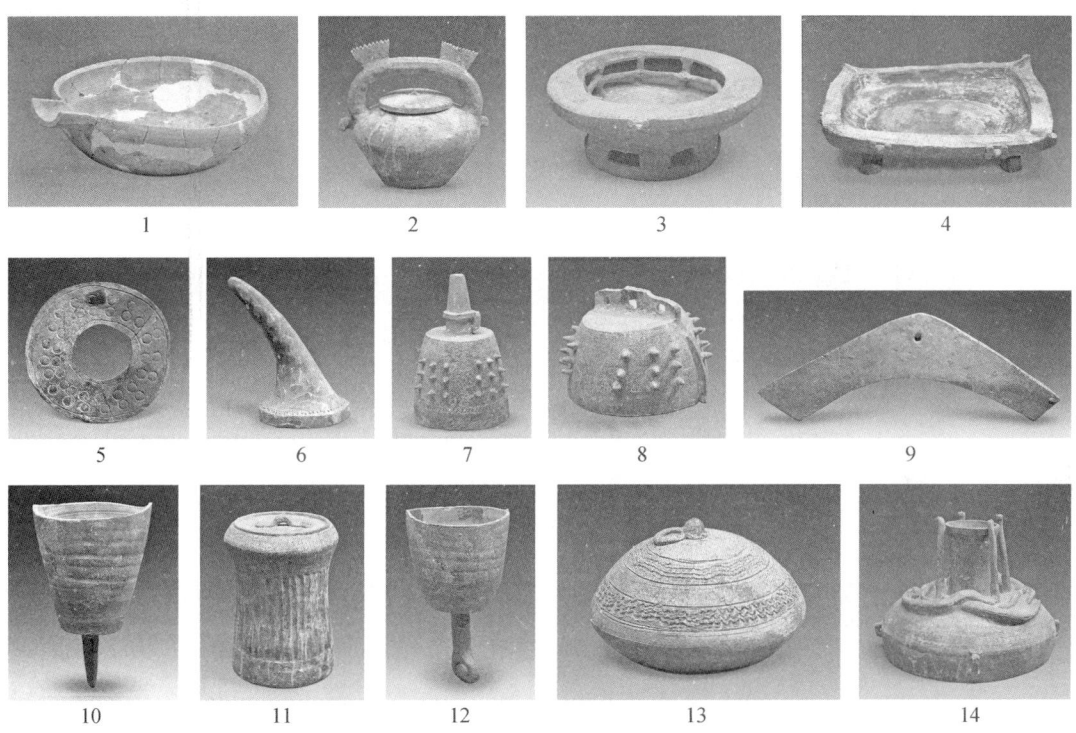

图三一 无锡鸿山万家坟战国墓的部分随葬器物
1.红陶平底匜 2.硬陶提梁罐 3.硬陶炉盘 4.硬陶炙炉 5.硬陶璧形器 6.硬陶角形器 7.硬陶甬钟 8.硬陶镈钟 9.硬陶磬 10.硬陶句鑃 11.硬陶錞于 12.硬陶丁宁 13.硬陶悬铃 14.硬陶鼓座

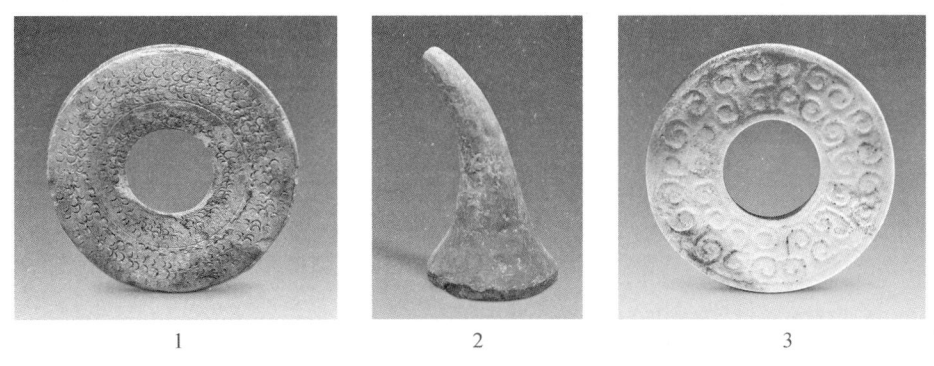

图三二 无锡鸿山曹家坟战国墓的部分随葬器物
1.灰陶璧形器 2.灰陶角形器 3.云纹璧形玉佩

曹家坟战国墓的年代为战国早期。

邹家墩战国墓 无锡鸿山邹家墩战国墓出土陶瓷器有鼎、罐、甑、盆、璧形器、深腹钵和谷纹残玉璜、谷纹璧形玉佩、龙形小玉佩、龟形小玉佩、玉管等46件（图三三）。

图三三 无锡鸿山邹家墩战国墓的部分随葬器物
1. 硬陶深腹钵 2. 硬陶鸟形纽盖三足盉 3. 青瓷带盖盅 4. 谷纹璧形玉佩 5. 谷纹玉璜 6. 龙形小玉佩
7. 龟形小玉佩 8、9. 谷纹玉管

邹家墩战国墓的年代为战国早期。

老坟墩战国墓 无锡鸿山老坟墩战国墓出土的陶瓷器有鼎、釜、甑、盆、盘、盖盉、瓮、悬铃等52件（图三四）。

老坟墩战国墓的年代为战国早期。

狮子山战国墓 绍兴坡塘狮子山战国墓破坏严重，出土的随葬器物235件，当有所散失，其中有带盖立耳涡纹云纹小口鼎、涡纹蟠螭纹附耳鼎、勾连蟠螭纹甗、简化饕

图三四 无锡鸿山老坟墩战国墓的部分随葬器物
1. 灰陶鼎 2. 灰陶平底釜 3. 硬陶鸟形纽盖平底盉 4. 硬陶鸟形纽盖三足盉

饕纹尊、勾连蟠螭纹瓢形盉、兽首提梁盉、勾连云纹罍、伎乐人物铜屋、龙纹蛇纹单柱插座、玉耳金钵和龙形玉璜、虎形玉璜、云纹璧形佩、云纹觿以及云纹条形、方形玉饰等（图三五）。

狮子山战国墓的年代为战国早期。

高庄战国墓 淮阴高庄战国墓出土青铜器176件，有云雷纹浅腹弧盖鼎、蟠螭纹浅腹弧盖鼎、蟠螭纹弧盖小鼎、兽首衔环耳罍、兽首流罐形盉、牺鼎、蟠螭纹甗、兽首流提梁盉、云雷纹盘、刻纹匜、刻纹盘、铺首平底盘、蟠螭纹三足鉴、炉盘、蟠虺纹铎等；青瓷器有双管铜盖熏、竖条纹匜、罐、壶等；硬陶器有小罐、钵等；玉器有龙形璜、出郭龙纹璧形佩、云纹璧形佩、谷纹璧形佩等（图三六）。

高庄战国墓是村民挖出青铜器后进行清理，考古资料不全，随葬器物也有所散失。

高庄战国墓的年代为战国早期偏晚阶段或战国晚期偏早阶段。

根据随葬器物的分类比较，春战组越国贵族墓葬可分为四个等级：印山越王陵为第一等级；邱承墩为第二等级；大真山、鼻子山、龙山、狮子山、高庄、老虎墩、万家坟为第三等级；曹家坟、邹家墩、老坟墩为第四等级。列表一一比较如下：

表一一 春战组墓葬随葬器物一览表

墓葬 \ 随葬器物	青铜礼器	青铜音乐文物	陶瓷礼器	陶瓷音乐文物	玉器	等级
印山越王陵		√			√	一
邱承墩战国墓			√	√	√	二
大真山战国墓	√				√	三
鼻子山战国墓			√	√		三
龙山战国墓			√			三
狮子山战国墓	√	√			√	三
高庄战国墓	√	√	√			三
老虎墩战国墓			√	√		三
万家坟战国墓			√	√		三
曹家坟战国墓			√		√	四
老坟墩战国墓				√		四
邹家墩战国墓			√		√	四

图三五 绍兴狮子山战国墓的部分随葬器物
1. 带盖立耳涡纹云纹青铜小口鼎 2. 涡纹蟠螭纹附耳青铜鼎 3. 勾连蟠螭纹青铜甗 4. 简化饕餮纹青铜尊
5. 勾连蟠螭纹青铜甗形盉 6. 兽首青铜提梁盉 7. 勾连云纹青铜罍 8. 伎乐人物铜屋 9. 龙纹蛇纹青铜单柱插座
10. 条形玉饰 11. 谷纹璧形玉佩 12. 龙形玉璜 13. 虎形玉璜

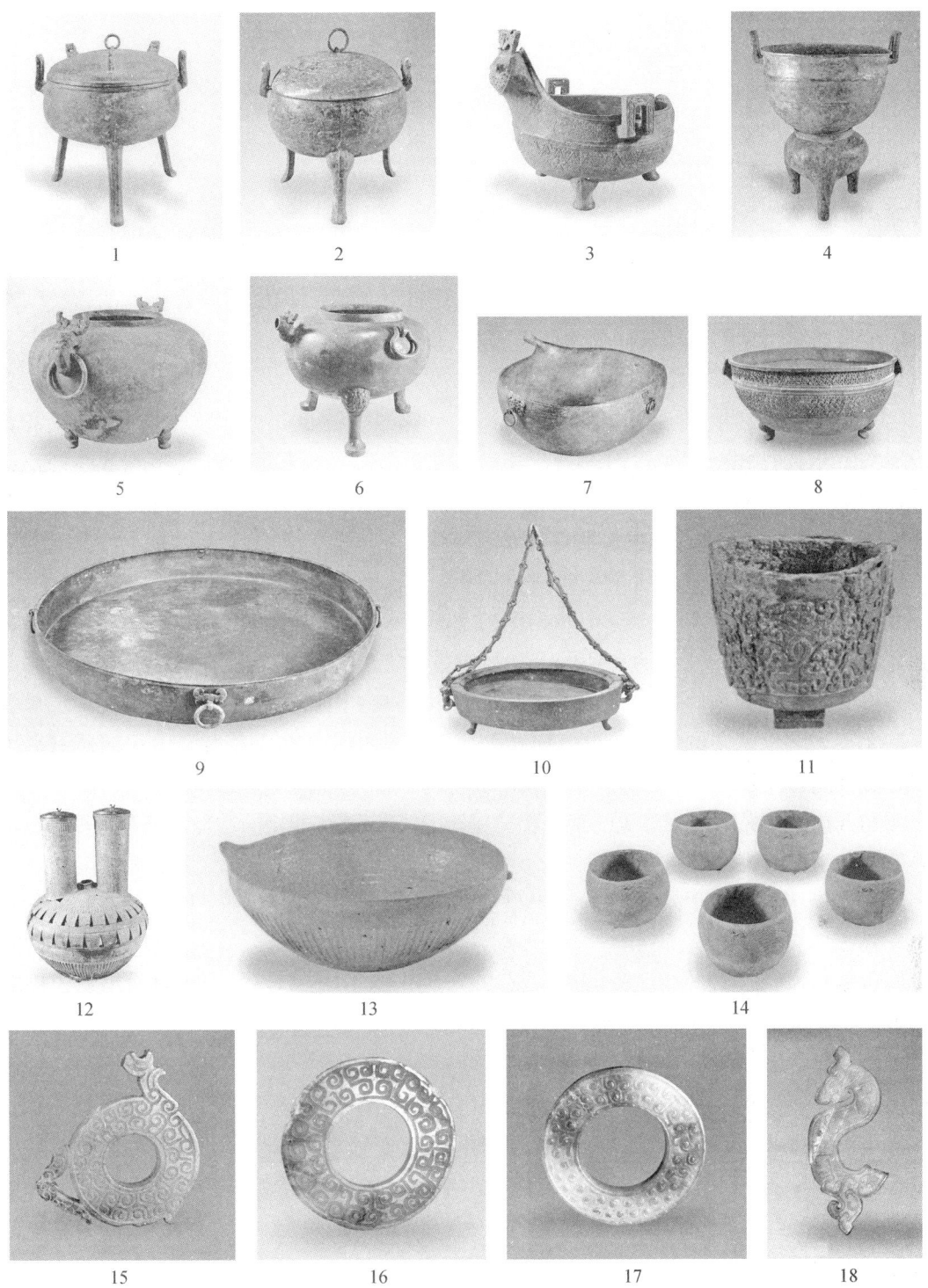

图三六 淮阴高庄战国墓的部分随葬器物

1. 蟠螭纹浅腹弧盖青铜鼎 2. 蟠螭纹弧盖青铜小鼎 3. 青铜牺鼎 4. 蟠螭纹青铜甗 5. 兽首衔环耳青铜罍
6. 兽首流罐形青铜三足盉 7. 青铜平底匜 8. 蟠螭纹青铜三足鉴 9. 铺首衔青铜平底盘 10. 蟠龙蚊青铜三足炉盘
11. 蟠虺纹青铜铎 12. 双管铜盖青瓷熏 13. 竖条纹青瓷匜 14. 麻布纹硬陶小罐 15. 出郭龙纹璧形玉佩
16. 云纹璧形玉佩 17. 谷纹璧形玉佩 18. 龙形玉璜

（三）越国贵族墓葬等级的研究

1. 西周组墓葬等级的分析

西周组墓葬青铜器的器类与组合具有一定的代表性，根据随葬青铜器的器类与组合，可将西周组越国贵族墓葬分为四个等级。

第一等级的墓葬有屯溪M3。

屯溪M3除随葬的青铜礼器有鼎、簋、卣、牺尊、盉、盘、壶等26件外，还随葬非乐器类音乐文物和有云纹青铜剑等，其中不见于第二等级墓葬的造型特殊或纹饰精美的青铜炙炉、镂空云纹承盘、盘龙纽龙形錾夔纹盉、牺尊和云纹青铜剑等均不见于屯溪M1，因此炙炉、承盘、盉、牺尊和青铜剑为区别于第二等级墓葬的指示性要素，屯溪M3应为西周时期第一等级的越国贵族墓葬。

屯溪M3随葬的青铜礼器多达26件，在长江下游西周时期的贵族墓葬中首屈一指，随葬器物中不乏制作精美的青铜器，如凤纹方鼎、斜方格乳丁纹方簋、龙耳变体鸟纹带盖簋、镶嵌青铜剑等，还有一些具有特殊用途的青铜器，如龙纹牺尊、炙炉、承盘等，无不表现出墓主的至高无上，而"公卣"铭文作"公作宝尊彝"，更暗示着墓主的身份可能为"公"。

与西周时期吴国第一等级的墓葬相比较，屯溪M3随葬器物的数量甚至超过烟墩山、荞麦山和汤家山西周墓，吴国第一等级的墓葬可能为吴国国君墓葬，因此第一等级越国贵族墓葬即屯溪M3墓主的身份应为越国国君。

第二等级墓葬有屯溪M1。

屯溪M1随葬的青铜礼器有鼎、簋、尊、卣、盘、盂等13件，屯溪M1虽然也随葬非乐器类音乐文物，但青铜礼器的器类和数量明显少于屯溪M3。屯溪M1随葬的青铜虡座、卣、盘等不见于第三等级墓葬，因此青铜虡座、卣、盘等可视作区别于第三等级墓葬的指示性要素，屯溪M1应为西周时期第二等级的越国贵族墓葬。

屯溪M1除随葬青铜礼器外，还随葬非乐器类音乐文物虡座，此外，随葬的饕餮纹尊有铭文"父乙"和一个"族徽"，但缺少屯溪M3随葬的造型特殊或纹饰精美的青铜炙炉、镂空云纹承盘、盘龙纽龙形錾夔纹盉、牺尊和云纹青铜剑，因此屯溪M1墓主的身份可能为越国国君，也有可能为越国的王室或权臣。

第三等级的墓葬有屯溪M2、M4、M5、M6。

屯溪M2、M4、M5、M6都随葬1件青铜尊，M2、M5还各有1件青铜簋和青铜盂，M4还有3件青铜兵器，但都不见青铜鼎、卣、盘等，更不见非乐器类音乐文物，因此屯溪M2、M4、M5、M6为第三等级的越国贵族墓葬。

屯溪M2、M4、M5、M6，4座墓葬都随葬青铜尊1件，M2和M5还各有1件青铜簋、青铜盂，M4还有青铜剑、戈、矛各1件，因此屯溪M2、M4、M5、M6墓主的身份应为越国下级官吏或中下级将官。

第四等级墓葬有屯溪M7、M8，仅随葬数件青铜兵器，不见青铜礼器，更不见非乐器类音乐文物，因此屯溪M7、M8应为第四等级的越国贵族墓葬，墓主的身份应为越国下级武官。

2. 西周组墓葬随葬青铜器的构成

西周时期越国青铜器即屯溪青铜器的研究主要集中于青铜器合金成分的分析和器形、纹饰的研究，而越国青铜器的构成又多置于吴国青铜器或宁镇地区青铜器的研究之中[①]。

根据对屯溪西周墓出土的越国青铜器梳理和分析，可将西周时期的越国青铜器按不同来源可分为两个部分，即屯溪西周墓出土的越国青铜由两个部分构成。

第一构成部分为宗周青铜器，简称"宗周器"。

宗周器为西周王朝予以越国的分封赏赐之器，如屯溪M3出土的"公卣"和器底有"族徽"云纹扁腹簋，M1出土的"父乙尊"等。

在越国贵族墓葬中，宗周器出现在西周早期，反映了西周早期周王朝加强对南方越国的控制或越与宗周有着密切的关系，亦从一个侧面证实了"（成）王崩"，"于越来宾"并非虚言。

西周中期之后的越国几乎不见宗周器，反映了西周中期之后周王朝对南方国家的掌控逐渐衰微，与吴国贵族墓葬出现宗周器的情形完全一致。

宗周器仅出现于第一、第二等级的越国贵族墓葬。

第二构成部分为越国青铜器，简称"越器"。

越器为越国青铜器的主流，不仅数量众多，而且器类复杂。根据越器的造型、纹饰，可分为甲、乙、丙三组：

甲组器为越国特有的青铜器，如屯溪M1出土的浅盆形三足外撇的"越式鼎"、勾连纹侈口钵形浅腹盂和非乐器类音乐文物五柱形插座等，屯溪M3出土的四角上翘的炙炉、镂空承盘、龙纹牺尊、编织纹方簋、斜方格乳丁纹方簋、越式青铜剑和非乐器类音乐文物单孔插座等。

---

① 肖梦龙：《吴国青铜器研究》，《吴国青铜器综合研究》，科学出版社，2004年。邹厚本：《宁镇地区出土周代容器的初步认识》，《中国考古学会第四次年会论文集》，文物出版社，1985年。邹厚本：《江苏考古五十年》，南京出版社，2000年，197页。

甲组器主要出现于第一、第二等级的越国贵族墓葬。

乙组器的器形同中原青铜器，但在纽、耳、鋬等附件或青铜器纹饰上融入越国文化元素，如屯溪M3出土的立耳扁柱足涡纹龙纹鼎、凤纹方鼎、有"作宝尊彝"铭文的凤鸟纹提梁卣、盘龙纽龙形鋬夔纹盉、变体鸟纹盘和屯溪M1出土的立耳扁柱足涡纹云纹鼎、龙耳斜方格乳丁纹扁腹簋、龙耳素面扁腹簋等。

乙组器出现于第一、第二等级的越国贵族墓葬。

丙组器的器形虽同中原青铜器，但器形与纹饰都进行了改造，如屯溪M3出土的龙耳弦纹带盖簋竖线纹扁腹簋，屯溪M1出土的棘刺勾连纹提梁卣、棘刺勾连纹尊，屯溪M5出土的竖条纹敛口钵形盉等。

西周时期的吴国贵族墓葬随葬青铜器的构成中，不见越器；反观西周时期的越国贵族墓葬随葬青铜器的构成中，也不见吴器，可见在西周时期吴越处于平衡发展阶段，相互之间几乎不存在文化交流，相互之间的影响微乎其微。

西周组越国贵族墓葬随葬青铜器的构成列表比较如下（表一二）：

由于屯溪西周墓的国属和族属以往多有歧义，除上述屯溪西周墓的国属有吴国说和越国说之外，关于墓葬的族属还有越族说[①]、干越说[②]以及吴越不分的吴越说[③]等。

在新石器时代末期，我国已形成了华夏、东夷、苗蛮、百越等民族集团，百越是分布于秦岭淮河以南广大地区古代越人及与之有关族群的总称，"自交趾至会稽七八千里，百越杂处，各有种姓"[④]，因此越族是一个庞大的族群。

西周时期的干国分布于以扬州为中心的江淮东部，吴灭干后，干人向西南迁徙，融入黄山以北皖南地区后，史称"吴干"或"干吴"；融入赣江鄱阳湖地区后，史称"干越"或"赣越"。

见诸文献记载的春秋战国时期的百越有于越、杨越、荆越、蛮越、瓯越、且瓯、东越、西瓯、越区、区吴、闽越、骆越、干越、南越、越章、越常等[⑤]，百越民族中文化最发达的是于越，越国即于越建立的国家。

安徽屯溪与浙江绍兴同处新安江——钱塘江流域，春秋战国时期同属越文化区。越国政治中心的迁徙有自西而东、自南而北的趋势[⑥]，屯溪与绍兴应为越国不同时期的

---

① 刘建国：《论江南周代青铜文化》，《东南文化》1994年第3期。李国梁：《屯溪土墩墓发掘报告》，安徽人民出版社，2006年，107页。

② 刘玉堂：《论屯溪周墓的族属》，《江汉考古》1986年S1期。

③ 马承源：《吴越文化青铜器的研究——兼论大洋洲出土的青铜器》，《吴越地区青铜器研究论文集》，香港两木出版社，1997年。

④ 《汉书·地理志》颜师古注引臣瓒曰。

⑤ 参见《逸周书·王会解》《路史·后记八·疏仡记》。

⑥ 张敏：《越史小考》，《蒋赞初先生八秩华诞颂寿纪念论文集》，学苑出版社，2009年，181页。

表一二　西周组墓葬的青铜器构成一览表

西周组青铜器构成	宗周器	
	越器	甲组器
		乙组器
		丙组器

政治中心。

因此，屯溪西周墓的国属为越国，族属为于越。

3. 春战组墓葬等级的分析

西周时期越国贵族墓葬等级划分的指示性要素是青铜器，春秋战国时期越国贵族墓葬等级的指示性要素并非青铜器，而是玉器。

越国贵族墓葬随葬器物的器类、组合、数量都十分庞杂，通过对越国贵族墓葬随葬器物的反复梳理和对随葬器物的器形、器类进行分析比较，根据器类的组合将春战组越国贵族墓葬分为四个等级。

第一等级的墓葬有印山越王陵。

印山越王陵虽几乎盗掘一空，但残留的随葬器物的器类仍具有指示性意义，按质地可分为青铜器和玉器，青铜器有"以金铎通鼓"的青铜铎，玉器有玉剑、玉镞等"玉兵"和钩、悬铃等"玉乐"。

印山越王陵出土的"玉兵"和"玉乐"见于大真山春秋墓，青铜铎见于安徽青阳庙前龙岗春秋墓①，因此印山越王陵似乎不存在具有指示意义的随葬器物。但印山越王陵的墓葬规模和墓葬结构在越国贵族墓葬中首屈一指，因此列为第一等级。

第二等级的墓葬有邱承墩战国墓。

邱承墩战国墓的随葬器物主要为仿青铜器的陶瓷礼乐明器，器型有鼎、豆、壶、盉、罍、罐、匜、鉴、盆、盘、冰酒器、温酒器、璧形器、角形器、甬钟、镈钟、句鑃、錞于、丁宁、铎、三足缶、悬铃等乐器类音乐文物和非乐器类音乐文物鼓座、盘蛇玲珑球形器，仿石磬的青瓷编磬，此外还有越国贵族佩玉。

邱承墩战国墓出土的贵族佩玉有蟠螭纹璧形佩、螭凤纹璧形佩、谷纹环形佩、绞丝纹环形佩、出郭龙纹璧形佩、双龙管形佩、龙形璜、龙凤璜、云纹璜、双龙首璜、龙首璜、云纹觿组成的"五璜佩"，葬玉有龙纹覆面、蛇凤纹带钩等。

五璧五璜的佩玉组合中的蟠螭纹璧形佩、螭凤纹璧形佩、双龙管形佩、龙形璜、龙凤璜、双龙首璜、龙首璜以及龙蛇纹饰的葬玉等均不见于大真山、鼻子山、龙山、鸿山老虎墩、鸿山万家坟等越国贵族墓葬；仿青铜器的陶瓷音乐文物中的铎、三足缶、鼓座，特殊造型的盘蛇玲珑球形器等也不见于大真山、鼻子山、龙山、鸿山老虎墩、鸿山万家坟等越国贵族墓葬。因此五璧五璜的佩玉组合、龙蛇纹葬玉、音乐文物铎、三足缶、鼓座，特殊造型的盘蛇玲珑球形器等为区别于第三、第四等级越国贵族墓葬的指示性要素。

第三等级的墓葬有大真山春秋墓、鼻子山战国墓、龙山战国墓、狮子山战国墓、

---

① 青阳县文物管理所：《安徽青阳县龙岗春秋墓的发掘》，《考古》1998年第2期。

高庄战国墓、老虎墩战国墓和万家坟战国墓。

第三等级的墓葬还可分为甲、乙、丙三组。

甲组墓葬有苏州大真山春秋墓、长兴鼻子山战国墓和安吉龙山战国墓。

大真山春秋墓出土的青铜器有盉，玉器有玉钩等"玉乐"和虎形玉璜、蟠虺纹玉瑗以及玉珠、玉管、长方形玉饰等。

鼻子山战国墓出土的仿青铜器的陶瓷乐器有甬钟、镈钟、句鑃、錞于、丁宁、悬铃和仿石磬的青瓷磬；玉石器有云纹玉璜、谷纹玉璧、玉剑首、玉带钩、玉管、云纹石璜、云纹石瑗以及琉璃环、琉璃管、琉璃珠等。

龙山战国墓出土的仿青铜器的陶瓷礼乐明器有青瓷牺鼎、青瓷豆、青瓷盒、青瓷三足盉、青瓷杯、青瓷鉴、硬陶小罐、硬陶平盘、硬陶三足盘、硬陶炉盘以及陶瓷悬铃、角形器、璧形器等；玉器有龙鸟形玉璜、龙形玉璜、绞丝纹玉环、玉韘、绿松石环和玉饰件等。

乙组墓葬有绍兴狮子山战国墓和淮阴高庄战国墓。

狮子山战国墓出土的随葬器物有青铜小口鼎、附耳鼎、甗、尊、甗形盉、提梁盉、罍、伎乐人物铜屋、非乐器类音乐文物单柱插座和玉耳金钵、龙形玉璜、虎形玉璜、云纹璧形佩、云纹觿以及片状玉饰等。

高庄战国墓出土随葬器物有青铜浅腹弧盖鼎、罍、罐形盉、牺鼎、甗、提梁盉、刻纹匜、刻纹盘、三足鉴、炉盘、铎等；青瓷双管铜盖熏、匜、罐、壶等；玉器有龙形璜、出郭龙纹璧形佩、云纹璧形佩、谷纹璧形佩等。

丙组墓葬有无锡鸿山老虎墩战国墓和万家坟战国墓。

老虎墩战国墓出土的随葬器物有仿青铜器的陶瓷礼乐明器鼎、牺鼎、罐形盉、匜、盆、鉴、罍、炉、炙炉、甬钟、镈钟、句鑃、錞于、丁宁、悬铃和仿石磬的陶瓷磬以及谷纹玉瑗等。

万家坟战国墓出土的随葬器物有仿青铜器的陶瓷礼乐明器鼎、提梁盉、提梁罐、匜、盆、盘、璧形器、角形器、炉盘、炙炉、甬钟、镈钟、句鑃、錞于、丁宁、悬铃、鼓座和仿石磬的陶瓷磬等。

第三等级甲组墓葬中，大真山春秋墓出土的非乐器类音乐文物玉钩、虎形玉璜、蟠虺纹玉瑗等佩玉不见于第四等级墓葬；鼻子山战国墓出土的陶瓷乐器甬钟、镈钟、句鑃、錞于、丁宁、悬铃、磬和云纹玉璜、谷纹玉璧等佩玉不见于第四等级墓葬；龙山战国墓出土的陶瓷礼乐明器牺鼎、豆、盒、盉、鉴、炉盘和龙鸟形玉璜、龙形玉璜、绞丝纹玉环、玉韘等佩玉也不见于第四等级墓葬。

第三等级乙组墓葬中，狮子山战国墓出土的青铜小口鼎、附耳鼎、甗、尊、甗形盉、提梁盉、罍、伎乐人物铜屋、单柱插座和龙形玉璜、虎形玉璜等不见于第四等级墓葬；高庄战国墓出土的青铜浅腹鼎、罍、罐形盉、牺鼎、甗、提梁盉、刻纹匜、刻纹盘、三足鉴、炉盘、青瓷双管铜盖熏和龙形玉璜、出郭龙纹璧形佩等也不见于第四等级墓葬。

第三等级乙组墓葬为战国早期生活在越国的徐国王公遗族的墓葬，此时徐已灭亡，故列为第三等级的越国贵族墓葬。

第三等级甲组墓和乙组墓共有的、不见于第四等级墓葬的随葬器物为玉璜，玉璜即区别于第三、第四等级墓葬的具有指示性意义的随葬器物，因此龙鸟形、龙形、虎形和云纹玉璜当为区别于第三等级甲、乙两组墓葬与第四等级墓葬的指示性要素。

第三等级丙组墓葬中，老虎墩战国墓出土的陶瓷礼乐明器牺鼎、罐形盉、罍、炉、炙炉、甬钟、镈钟、句鑃、錞于、丁宁、悬铃、磬等不见于第四等级墓葬；万家坟战国墓出土的陶瓷礼乐明器提梁罐、炉盘、炙炉、甬钟、镈钟、句鑃、錞于、丁宁、悬铃、鼓座、磬等也不见于第四等级墓葬。但第三等级丙组墓葬的葬制特殊，随葬器物中的甬钟、镈钟造型怪异，而且都随葬有炉盘和炙炉。造型怪异的陶瓷甬钟、镈钟和炉盘、炙炉等应为区别于第三等级丙组墓与第四等级墓葬的指示性要素。

《吕氏春秋·孝行览·义赏》："氐羌之民……忧其死不焚也"，而百越民族是否施行火葬，不见记载。老虎墩和万家坟战国墓的发现，表明百越民族中有异于于越族的、并施行火葬族群，因此老虎墩和万家坟战国墓的墓主可能为生活在越国境内的、有异于于越的其他族群的贵族墓葬。

第三等级丙组墓葬可能为生活于越国境内的其他越族的贵族墓葬。

春战组第三等级的越国贵族墓葬有大真山春秋墓、鼻子山战国墓、龙山战国墓、狮子山战国墓、高庄战国墓、老虎墩战国和万家坟战国墓。

第四等级墓葬有曹家坟、邹家墩、老坟墩战国墓。

曹家坟战国墓出土的随葬器物有陶璧形器、角形器和云纹璧形玉佩；邹家墩战国墓出土的随葬器物有陶璧形器和谷纹璧形佩、谷纹残玉璜、龙形小玉佩等；老坟墩战国墓出土的随葬器物有陶悬铃等，表明曹家坟、邹家墩、老坟墩战国墓的墓主的身份为越国贵族。

根据春战组墓葬出土的象征身份的佩玉，还可将上述墓葬作进一步的等级划分。由于老虎墩和万家坟战国墓葬俗特殊，随葬器物怪异，而且缺乏随葬玉器，故对其不作等级的研究。

印山越王陵的墓主发掘者根据《越绝书·记地传》中"木客大冢者，句践父允常冢也"的记载，考证为越王允常[①]。

印山越王陵随葬的玉器应为第一等级的越国玉器，即越王用玉。但由于越王陵几乎盗掘一空，因此无法确定越王用玉，也无法利用越王佩玉进行比较。

据《左传》《国语》《越绝书》《吴越春秋》等史书的记载，越国贵族中，仅次

---

① 浙江省文物考古研究所、绍兴县文物保护管理局：《印山越王陵》，文物出版社，2002年，51页。

于越王的是越大夫，见诸史籍的越大夫有文种、范蠡、计倪、扶同、皋如、苦成、诸稽郢等。根据墓葬规模和随葬器物推测，邱承墩战国墓的墓主可能为仅次于越王的越国大夫。

邱承墩战国墓出土的贵族佩玉有大小有序的5件璧形佩和5对璜形佩以及管形、觿形佩组成的"五璜佩"，葬玉有龙纹覆面和蛇凤纹带钩。在越国贵族墓葬随葬的玉器中，最具指示性意义的当属玉璜。邱承墩战国墓出土的龙形、龙凤形玉璜，可视作第二等级越国贵族用玉，即越国大夫用玉。

第三等级越国贵族墓葬有大真山春秋墓、龙山战国墓、鼻子山战国墓、狮子山战国墓、高庄战国墓等，第三等级越国贵族墓葬墓主的身份应为低于越国大夫的上、中等级贵族。

由于大真山、龙山、狮子山、鼻子山、高庄墓葬随葬玉璜存在形态上的差异，因此还可作进一步的等级划分。

安吉龙山战国墓出土了龙鸟形玉璜和龙形玉璜，但缺少龙凤形玉璜，龙山战国墓的等级略低于邱承墩战国墓，为越国上等贵族中的下层贵族墓葬，列为三等1级；

绍兴狮子山战国墓出土了龙形玉璜和虎形玉璜，缺少龙鸟形玉璜，墓葬等级又稍低于龙山战国墓，为越国中等贵族中的上层贵族墓葬，列为三等2级；

淮阴高庄战国墓出土了龙形玉璜，由于考古资料有所缺失，高庄战国墓墓主的等级大致与狮子山战国墓相同，亦可列为三等2级；

苏州大真山春秋墓出土了1对虎形玉璜，不见龙形玉璜，更不见龙凤或龙鸟形玉璜，墓葬等级应低于有龙形玉璜的墓葬，因此大真山春秋墓应为越国中等贵族中的中层贵族墓葬，列为三等3级；

长兴鼻子山战国墓出土了1对云纹玉璜，不见龙形、虎形玉璜，鼻子山战国墓应为越国中等贵族中的下层贵族墓葬，列为三等4级。

第四等级的越国贵族墓葬有鸿山曹家坟、邹家墩战国墓。

曹家坟战国墓出土了云纹璧形玉佩，邹家墩战国墓出土了谷纹璧形玉佩和谷纹玉璜，曹家坟战国墓的墓葬形制和墓葬规模均大于邹家墩战国墓，因此云纹璧形玉佩的等级应高于谷纹璧形玉佩；但邹家墩随葬的谷纹玉璜不见于曹家坟。

曹家坟和邹家墩战国墓的等级为越国下等贵族，对下等贵族进行等级划分已无实际意义，因此曹家坟和邹家墩战国墓统列为四等。

兹将反映贵族墓葬等级的璜形、璧形玉佩列表比较如下（表一三）：

根据越国贵族墓葬随葬的璜形、璧形玉佩，似乎存在明显的玉器的等级和用玉的等级制度。

越国玉器的等级制度大致有以下几点：

（1）随葬玉乐器、玉兵器的墓葬为最高等级的越国墓葬；

表一三　春战组越国贵族墓葬随葬璜形、璧形玉佩比较表

墓葬	玉器	等级
邱承墩战国墓		二
龙山战国墓		三-1
狮子山战国墓		三-2
高庄战国墓		三-2
大真山春秋墓		三-3
鼻子山战国墓		三-4
邹家墩战国墓		四
曹家坟战国墓		四

（2）随葬龙形玉璜、龙凤形玉璜的墓葬等级高于不随葬龙形玉璜、龙凤形玉璜的墓葬；

（3）随葬立鸟龙形玉璜、龙形玉璜的墓葬等级高于随葬龙形玉璜、虎形玉璜的墓葬；

（4）随葬龙形玉璜、虎形玉璜组合的墓葬等级高于随葬虎形玉璜的墓葬；

（5）随葬虎形玉璜的墓葬等级高于随葬云纹玉璜的墓葬；

（6）随葬玉璜的墓葬等级高于不随葬玉璜的墓葬；

（7）随葬云纹玉璜的墓葬等级高于随葬谷纹玉璜的墓葬。

越国玉器的等级划分与越国墓葬的等级尤其是中等贵族等级划分呈现出的复杂现象，反映了偏居江南一隅的越国内部存在着严格的等级制度，尤其是中、上等贵族内部等级的分层已出现细致化和复杂化。

4. 春战组墓葬随葬青铜器、陶瓷礼乐器的构成

在春战组越国贵族墓葬中，主要随葬青铜器的仅见绍兴狮子山、淮阴高庄等战国早期生活在越国的徐国王公遗族墓葬。

在越国贵族墓葬中，徐国王公遗族墓葬出土的青铜器按不同的文化来源可分为两个部分，即春秋战国时期越国贵族墓葬中徐国王公遗族墓葬出土的青铜器由两个部分构成。

第一构成部分为徐舒青铜器或具有徐舒文化因素的青铜器，简称"徐舒器"。

徐舒器有蟠螭纹附耳鼎、涡纹云纹小口鼎、蟠螭纹甗、勾连云纹罍、炉盘、蟠螭纹甗形盉、牺鼎、兽首衔环耳罍、兽首流罐形盉等。

第二构成部分为越国青铜器或具有越文化因素的青铜器，简称"越器"。

越器有浅腹弧盖鼎、兽首流提梁盉、刻纹匜、刻纹盘、素面匜、素面盘、伎乐人物铜屋、龙纹蛇纹单柱插座、蟠虺纹铎等。列表比较如下（表一四）：

硬陶器和青瓷器是越人的伟大发明，以陶瓷仿制青铜器是越人的伟大创举。春战组越国贵族墓葬中，随葬陶瓷礼乐明器的墓葬有无锡鸿山邱承墩、老虎墩、万家坟战国墓，春战组的陶瓷礼乐明器按不同来源可分为三个部分，即春秋战国时期越国贵族墓葬出土的陶瓷礼乐明器由三个部分构成。

第一构成部分为仿中原青铜器，简称"仿中原器"。

仿中原青铜器数量不多，主要为仿铜的钟、镈和仿石的磬等乐器。《越绝书·陈成恒》：越王勾践曰："孤……耳不听钟鼓者，已三年矣"；《吴越春秋·勾践伐吴外传》：越王曰："孤……耳不听雅音，既已三年矣"，"钟鼓"即"雅音"，"雅音"即仿中原的越国宫廷音乐。

第二构成部分为仿越国青铜器，简称"仿越器"。

仿越器的陶瓷礼乐明器有浅腹盆形鼎、盖豆、壶、提梁盉、兽耳罍、兽耳罐、虎

表一四　春战组中徐人墓葬青铜器构成一览表

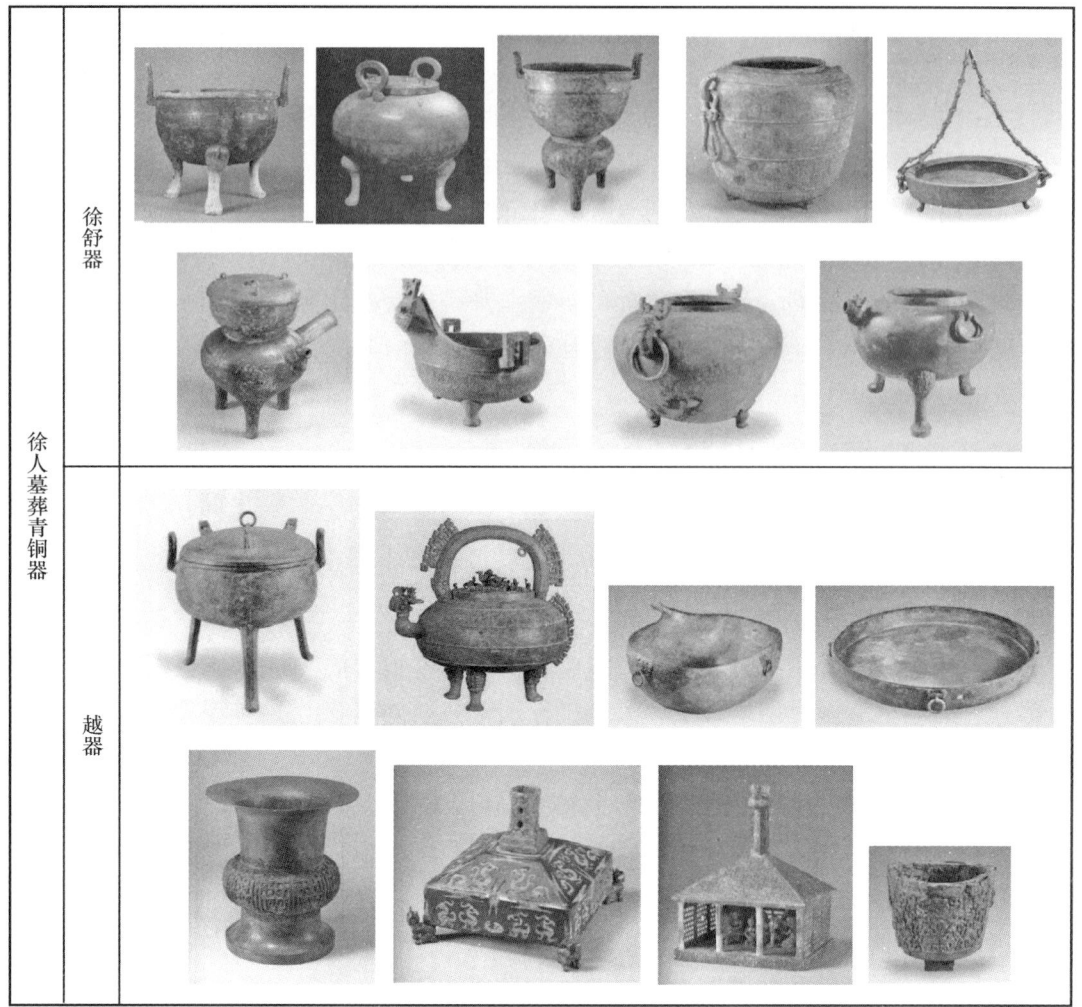

子、句鑃、錞于、丁宁、铎、悬铃、鼓座等。

《吕氏春秋·遇合》："客有吹籁见越王者，羽角宫徵商不谬，越王不善，为野音反善之"，西晋左思《吴都赋》："荆艳楚舞，吴愉越吟。"句鑃、錞于、丁宁、铎、悬铃、鼓座等越国音乐文物不仅反映了越国特有的乐器，而且反映了越国特有的音乐形式——"野音"，即越吟。

第三构成部分为仿徐舒青铜器，简称"仿徐器"。

仿徐器的陶瓷礼乐明器有牺鼎、罐形盉、罍、提梁罐、炉盘、炙炉等。

三个构成部分中，仿越国青铜器为陶瓷礼乐明器的大宗，反映了越国有着自身的习俗礼仪和文化传统。

仿徐器的器类和数量次于仿越器。《春秋》昭公五年（前527年）："楚子……徐人、越人伐吴"，《春秋》昭公三十年（前512年）："吴灭徐，徐子章羽奔楚"。春秋晚期，徐越关系密切，徐、越皆随楚伐吴；吴灭徐后，徐子章羽奔楚，徐国的王公贵族也有可能逃奔越国。仿徐器反映了亡国后徐人与越国的依附关系。

仿中原器虽然仅为钟、镈、磬等乐器，但反映了越国存在着宫廷雅乐。《吴越春秋·勾践伐吴外传》：越王"还于吴，置酒文台，群臣为乐，乃命乐师作伐吴之曲……遂作《章畅》。"越国的宫廷雅乐显然模仿"诗三百"。如"皇天佑助，我王受福。……觞酒二升，万福无极"和"我王贤仁，怀道抱德。灭雠破吴，不忘返国。……觞酒二升，万岁难极"等。列表比较见表一五。

5. 越国贵族墓葬文化背景的分析

根据现有的考古资料并综合墓地位置、墓坑形制和随葬器物等要素的归类分析，将西周组越国贵族墓葬分为四个等级，春战组越国贵族墓葬分为四个等级。

与吴国贵族墓葬不同的是西周组与春战组的越国贵族墓葬之间似乎不存在明显的传承关系。《越绝书·记地传》："越王夫镡以上至无余，久远，世不可纪也"；《吴越春秋·越王无余外传》："少康恐禹祭之绝祀，乃封其庶子于越，号曰无余。……无余传世十余，末君微劣……禹祀断绝。"越国贵族墓葬表现出的文化现象证实了历史文献的记载并非虚言，但两组墓葬的国属同属越国、族属同属于越，当无疑义。

西周组第一、第二等级墓葬的随葬器物主要为越器，但越国高等级墓葬中宗周器的出现反映了西周早期周王朝对南方的控制范围可能已达黄山、天目山以南的广大地区，西周中期以后，周王朝对南方的控制逐渐丧失。

通过屯溪西周墓的年代分析，西周早期的M1、M3随葬的青铜器丰富多彩，而西周中晚期M2、M4、M5、M6和M7、M8随葬青铜器的器类和数量明显减少，这是否暗示着西周时期越国的命运与历史文献的记载一致，即从欣欣向荣突然一蹶不振。西周时期越国突然衰微的个中原因尚待进一步研究。

春战时期的越国是百越民族中突然出现的一个新兴的奴隶制国家，春战组墓葬虽然也分为四个等级，但第三等级墓葬表现出墓葬分层的细致化，可能反映了春战时期越国社会结构的复杂化。

表一五　春战组陶瓷礼乐明器构成一览表

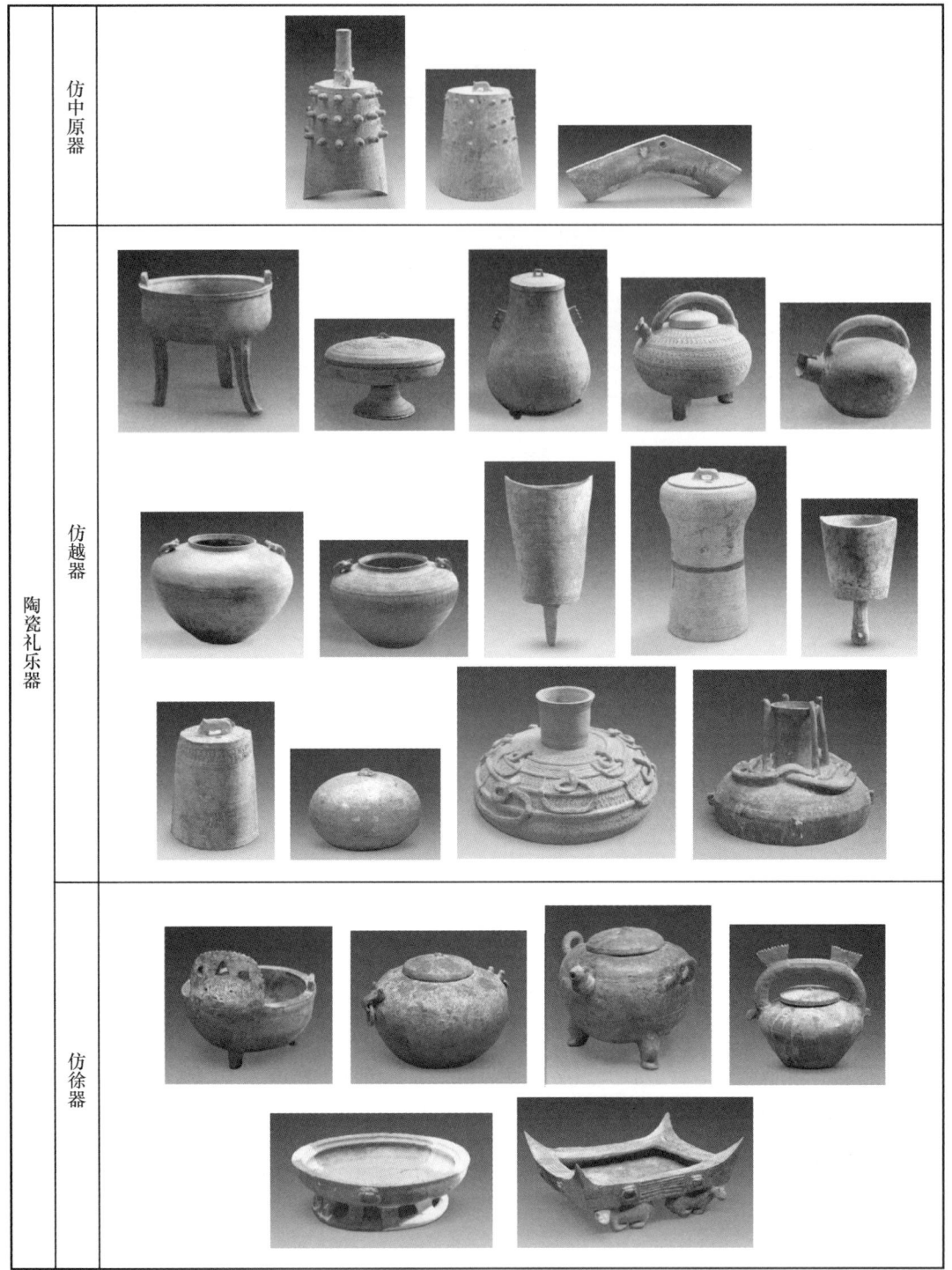

四、结　　语

（一）西周时期吴越墓葬的比较

西周时期的吴越贵族墓葬，有很多相似性。

首先是墓葬的封土多为圆丘形，墓坑或墓底的分布范围皆为长方形。

其次是随葬器物都以青铜器为主，兼有印纹硬陶器和青瓷器，随葬的青铜器都可分为宗周青铜器和吴越青铜器，根据随葬青铜器的分类比较，西周时期的吴越贵族墓葬皆可分为四个等级。

宗周器为西周王朝予以分封或赏赐之器，如"矢簋""伯簋"和"公卣""父乙尊"，与文献中的"是时周武王克殷……周章已君吴，因而封之"和"于越来宾"可相互印证。

吴越青铜器皆可分为甲、乙、丙三组，甲组器为吴越特有的青铜器；乙组器为形同中原青铜器但又融入吴越文化元素的青铜器；丙组器为形同中原青铜器但器形与纹饰都进行改造的青铜器。

第三是西周中期以后都不见宗周青铜器，反映了西周中期以后周王室对南方地区的控制逐渐衰微。

第四是西周时期的吴越青铜器构成中，吴国墓葬中几乎不见越器，越国墓葬中也几乎不见吴器，反映了西周时期的吴和越均处于相对平衡的发展阶段，相互之间几乎不存在文化的交流，相互之间的影响微乎其微。

（二）春战时期吴越墓葬的比较

春战之际的吴越都是在林立的诸侯国中突然崛起的国家，吴越都是充满着青春活力的国家，吴越都是一个社会人群组织为军事化二元结构的国家，吴越都怀有强烈的复仇心理和雪耻心态。《吴越春秋·夫差内传》：（越王）曰："昔者吴王分其民之众以残吾国，杀败吾民，鄙吾百姓，夷吾宗庙，国为墟棘，身为鱼鳖"；《吕氏春秋·知化》："越报吴，残其国，绝其世，灭其社稷，夷其宗庙。"

吴越不同的是，吴国是一个军事独裁政权国家，吴国的政体是独裁的军事组织，《史记·吴太伯世家》："吴王将许之，伍子胥谏曰……吴王不听"；"吴王……乃兴师北伐齐，子胥谏曰……吴王不听"；而越国是一个民主化的军事政权国家，越国实行的是大夫集体议政制，《国语·吴语》："越王句践乃召五大夫（问战）……王曰：'可矣'"；《吴越春秋·句践归国外传》："越王召五大夫而告之"；《吴越春秋·句践伐吴外传》："越王乃请八大夫……王曰：'明哉'"等，反映了吴越政治体制的差异。

吴越不同的是，吴国高等级贵族墓葬中有人殉、人祭和牺牲，而越国贵族墓葬皆不见人殉、人祭和牺牲。《吴越春秋·阖闾内传》："杀生以送死，国人非之"，《尸子·广篇》："夫吴越之国，以臣妾为殉，中国闻而非之。"吴越之国"以臣妾为殉"虽为泛称，而吴王阖闾"杀生以送死"，显然并非虚言。

吴越不同的是，春秋时期的吴国贵族墓葬分为三个等级，春战时期的越国贵族墓葬分为四个等级，第三等级的越国贵族墓葬还可细化为四个层次。吴国贵族墓葬等级的简单化反映了吴国的社会人群组织结构由于征战的原因而日趋简单化；而越国贵族墓葬等级的复杂化反映了越国的社会人群组织结构尤其是中等和上等贵族阶层的分化日趋复杂化。

吴越不同的是，春秋时期吴国贵族墓葬随葬青铜器由吴器、徐器、舒器、莒器、越器、楚器六部分构成，徐器、舒器、莒器、越器、楚器成为春秋中晚期吴国贵族墓葬随葬青铜器的大宗，在不同的墓葬中以杂乱无章的形式出现。这一现象不仅反映了吴国贵族墓葬的随葬器物无埋葬规律可循或无礼仪制度可循，更是吴国不断发动掠夺性战争的直观反映；而春战时期越国贵族墓葬随葬的陶瓷礼乐明器由仿中原青铜器、仿徐国青铜器和仿越国青铜器三部分构成，仿越国青铜器为随葬器物的大宗，春战时期越国贵族墓葬随葬的相对单纯反映了越国始终保持着自身的文化传统，但越国贵族墓葬的随葬器物存在着明显的等级差异，尤其是陶瓷礼乐明器和玉器，反映出越国贵族内部分层的细致化和社会结构的复杂化，同时也从一个侧面反映了越国社会存在着有别于中原的礼制系统——"越礼"。

吴国的民众属东夷民族集团最南的一支，东夷民族是文化发展相对发达的民族集团，但吴国位于东夷民族文化区的最南端，既未能吸收先进的中原文化，又排斥先进的楚文化和有着自身传统的越文化，吴国文化代表了东夷民族文化中最落后的文化；而越国的民众属百越民族集团最北的一支，百越民族虽然是文化发展相对滞后的民族，但越国位于百越民族文化区的最东北，在吸收中原先进文化的同时仍顽强地保留着自身的文化传统，越国文化代表了百越民族中最先进的文化。

春秋战国之际，是我国历史上大动荡、大分化、大改组的重要时期，是由分裂走向统一的重要转折时期，也是社会形态由奴隶社会向封建社会发展的重要转型时期，在江淮流域则表现为吴灭徐、楚灭群舒、越灭吴和楚灭越。

吴越的争霸实质上是文化发展相对发达的东夷民族文化中最落后的文化与文化发展相对滞后的百越民族文化中最先进的文化之间的碰撞，而吴越争霸的结果导致吴国的灭亡，似乎暗示着两种不同文化碰撞的最终结局。

（三）吴越贵族墓葬等级研究的意义

西周至春秋时期的吴国与西周至战国时期的越国有着不同的发展轨迹，有着不同的演进历程，吴越贵族墓葬的变化过程正是吴越不同发展轨迹和不同演进历程的缩影。

受考古资料的局限，吴越贵族墓葬等级研究的结论可能有失偏颇。但通过以上分析，或许从西周时期到春秋战国时期吴越贵族墓葬的等级分化和变化中可窥探到一些深层次的文化背景，或许可从中探究出一些深层次的历史原因。

（安徽省文物考古研究所宫希成先生为本文提供了皖南青铜器的照片，安徽大学历史系张爱冰先生审阅初稿并提出修改意见，谨致谢忱！）

沂水纪王崮与纪侯大去其国

任相宏

(山东大学历史文化学院)

一、问题的提出

坐落在沂河上游、沂蒙山区腹地的沂水纪王崮，因民间传说纪侯去国居此避难而得名，在当地几乎家喻户晓、妇孺皆知，很有名。但只因民间传说，不见任何经传典籍记载，且交通闭塞信息不畅，所以纪王崮不为外界知晓，一直隐匿于深山之中。

然而，2012年上半年山东省文物考古研究所在其山顶上发掘的一号春秋墓葬[1]，不仅规模大、规格高、迹象怪异，而且随葬品丰厚，同时还有大型的车马坑，竟然与民间传说在此避难的纪侯身份趋向一致，从而激发了媒体的高度关注。发掘期间，全国大量的媒体对墓葬做过报道，央视综合、新闻、中文国际、外语频道还进行过现场直播。稍后，央视纪录片频道《发现》、科教频道《大家》，以及凤凰卫视中文台《文化大观园》栏目等也都制作过专题节目进行播出。经过媒体的介入和传播，墓葬不但引起了专家和社会的关注，纪王崮也随之进入了大众的视野之中，不再隐秘。

不过，我们注意到专家对墓葬的年代为春秋意见一致，规格为国君级别也无分歧，但对其国别属性的看法且不一致，或中叚说[2]，或邿国说[3]，或莒国说[4]，等等。

---

[1] 山东省文物考古研究所：《山东沂水纪王崮发现大型春秋墓葬》，《中国文物报》2012年10月12日。山东省文物考古研究所、临沂市文物考古队、沂水县博物馆：《山东沂水纪王崮春秋墓》，《考古》2013年第7期，又《沂水县纪王崮一号春秋墓及车马坑》，《海岱考古》(第六辑)，科学出版社，2013年。

[2] 卞文超：《纪王崮春秋古墓主人猜想》，《大众日报》2012年5月15日。

[3] 严鲁申：《山东沂水纪王崮春秋古墓出土铜器铭文考释及墓主人身份蠡测》，《三江高教》(第8卷第2期)，2012年。

[4] 乔显佳：《沂水春秋墓葬是莒国所留》，《齐鲁晚报》2012年4月17日。《山东沂水春秋古墓墓主锁定莒国国君》，《齐鲁晚报》2012年4月23日。《沂水崮顶春秋墓与莒国文化》，《齐鲁晚报》2012年5月3日。

与专家们的观点不同，在若干的选项中，包括江国在内，笔者一直倾向于纪国说[①]，不敢置若罔闻、轻易地否定民间传说。专家的观点众说纷纭，社会大众也就难辨孰是孰非，被搞得晕头转向。

本期望翌年二号春秋墓葬的发掘能够终结墓葬的性质，可结果令人失望，墓葬空空如也，竟是座半途而废的墓葬[②]。问题非但没有得到解决，反而又带来了新的问题。如此一来，仅仅依靠墓葬自身来解决墓主人的身份问题就变得非常渺茫，已是无望，所以必须调整思路，另辟蹊径。

墓葬并非孤立的遗迹单位，既然选择并开凿于纪王崮上，作为载体，那么其间必然存在着内在的联系。而且，纪王崮也并非与世隔绝，与外界之间也必然存在着密切的关联。因此，墓葬是纪王崮的一部分，而纪王崮又是与外界相关联的一部分，其间是一个密切相关的关联体。如果把纪王崮考察清楚，厘清其间及其与外界的关联，从外围入手，那么墓葬的性质也可迎刃而解。

其实，作为纪王崮的考古工作而言，这也是一项不可或缺的环节。因此，对纪王崮及其外围的考察就显得尤为重要。

事实上，纪王崮的调查始于20世纪第二次全国文物普查之时，但遗憾的是其后再没有后续的工作，只此一次。此次调查，将纪王崮定性为周、汉古遗址和古墓群[③]。

笔者的考察始于2009年国庆节，一直持续至今。因这一工作抽暇进行，时断时续，所以只能算是考察，称不上调查。考察大致分为前后两个阶段：前段，时间从2009年国庆节至2012年一号墓葬发掘结束，工作集中在崮上；后段，时间从2012年一号墓葬发掘结束至今，工作集中在崮下及纪王崮的周边。

因纪王崮已开发为天上王城旅游景区，乘索道或驾车从施工道路上山非常便捷，所以笔者的考察是从崮顶开始的，与平常的路径不同。

二、崮上陵寝与崮宫

纪王崮虽然位置偏僻，但山形奇特，有着得天独厚的资源，从而为人们在上面的生活和文化的创造提供了保障和条件。崮上不只是春秋墓葬和与之有关的山门、石头墙等，还有春秋宫殿建筑基址，遗存较为复杂。

---

① 任相宏：《山东沂水天上王城出土芈孟子鼎、鬻君季幆盉铭考略》，《中国文物报》2012年8月17日。

② 山东省文物考古研究所：《山东沂水纪王崮二号墓发掘取得重要收获，发现一处未完工的大型春秋墓葬》，《中国文物报》2014年1月8日。

③ 国家文物局、山东省文物局：《中国文物地图集·山东分册》，中国地图出版社，2007年。

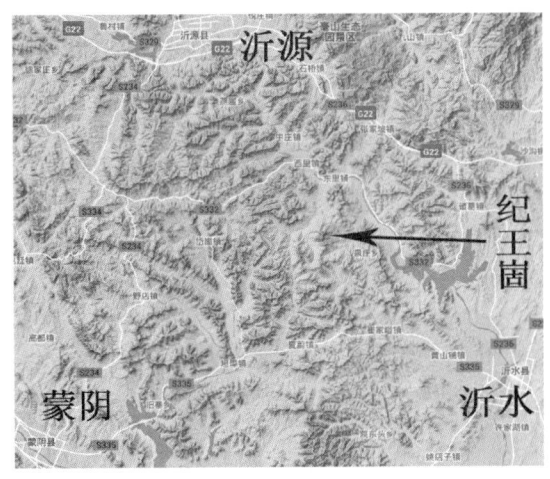

图一 沂水纪王崮位置示意图（谷歌地形图）

纪王崮位于山东沂水、沂源和蒙阴三县交界处，西北、东南距离沂源、沂水县城各30千米（直线，下同），西南距离蒙阴县城45千米。这里地处沂河上游沂蒙山区腹地，山峦起伏，沟壑纵横，交通闭塞，偏僻荒凉（图一）。

纪王崮属于岱崮地貌，与通常所见的山形有所不同。其最突出的特征是，山顶部分拔起，周围是陡峭的悬崖绝壁，顶部却较为平缓，好似山头戴了顶帽子。这种地貌的山体基岩，都是由上部石灰岩和下部页岩两部分构成。由于下部页岩质地较软，风化、侵蚀的速度要比上部的石灰岩快得多，所以山体渐渐地就会形成上凸下凹、头大颈细的奇特地质结构现象。久而久之，上部凸出的石灰岩就会失去下部页岩的支撑断裂坠落，从而形成崖壁，崮也就随之诞生。崮的数量众多，但在我国主要分布在沂蒙山区，且集中在纪王崮一带，形成了密集的崮群。

纪王崮南北长东西窄，由4条较大的山脊组成。崮顶平面大致呈"王"字形，但极不规则，像一截横置的老树根。中心最高处，海拔577.2米。四周悬崖绝壁高度较为一致，平均20多米。崮顶南北最长处为1101米，东西宽112～760米，水平面积25万平方米（图二、四）。

图二 沂水纪王崮全景（由东南向西北拍摄）

当地民间一直流传着纪侯避难去国居此、三代而终的传说，并出于对纪侯的敬重而将崮名名为纪王崮。这一传说，也见于目前仅见的清康熙、道光两个版本的《沂水县志》。康熙十一年《沂水县志》古迹条目下："纪王崮，在县西北八十里，巅平阔可容万人,相传纪侯去国居此。"道光七年《沂水县志》舆地条目下:"纪王崮,县西北八十里,与正北文山直对,旧志谓'纪冈',相传纪子大去其国居此。"

凭借纪王崮特殊的山形地貌和植被等自然景观,并依托这一传说的人文资源,沂水县恒泰纺织品有限公司在此投资兴建旅游景区,随之也将景区的名字创意为天上王城。景区于2006年下半年开建施工,2008年5月1日对外营业。

与其他较为平缓的崮顶不同,纪王崮山顶上为3座小山丘,分别位于北部、中间和南部,即"王"字横竖相交的位置。北部小山丘形状为圆丘形,因土地绕山一周所以当地村民称之为转山。直径111米,高9米左右。中间小山丘形状近橄榄形,因山上松柏较多所以当地村民称之为松山。南北长140米,东西宽60米,高14米左右。这一山丘,即纪王崮的制高点。南部小山丘形状与中间的相近,但明显南边高北边低,所以当地村民称之为斜山。发掘的一、二号春秋墓就位于这座小山丘上,一号墓在北,二号墓位南,南北并穴(图三、四)。

图三 沂水纪王崮一号春秋墓及松山
（由南向北拍摄）

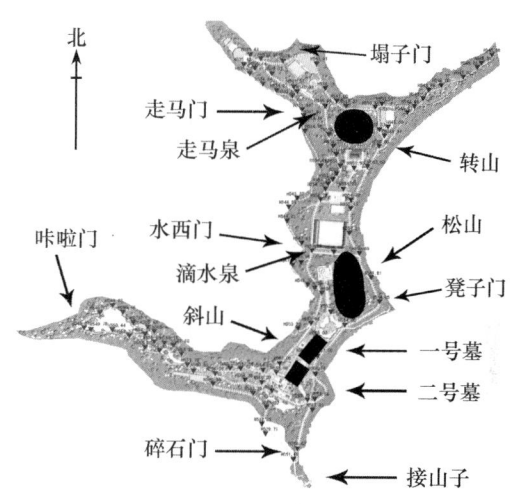

图四 沂水纪王崮崮顶墓葬、山门位置示意图

3座小山丘,即文物普查时确定的周、汉墓群。当地民间传说,北部转山为纪王的"妃子墓",中间松山为"纪王墓",南部斜山为纪王打擂的擂台。

3座小山丘的岩石相同,均为质地较为松软的灰色页岩。这种页岩,既不同于其下20多米深厚质地坚硬的石灰岩,又有别于石灰岩以下更为深厚质地稍硬的红色页岩,甚是独特。正是3座小山丘的存在及其岩性,才呈现给了我们一个别样的纪王崮。

由于山高风大，所以崮上既没有黄土也没有红土，仅有的少量土地都是由3座小山丘的灰色页岩风化而成的。这种土壤见水渍涝，干旱则板结，非常瘠薄。

但是，这种页岩却富于涵养水分。纪王崮西侧二级台地的崖壁处有两个北南并列的山泉：北边的名为走马泉，或称感天泉；南边的名为滴水泉，或称胭粉泉（图四）。泉水都是先从灰色页岩中渗透到东南高、西北低的石灰岩层面上，然后再沿岩面流出。走马泉的泉水主要来自于其东侧上方的转山，而滴水泉的泉水则主要来自于其东侧上方的松山和斜山。由于小山丘的规模不大所以泉水的流量也不大，但页岩富涵水分因而泉水也常年不涸。

正是由于3座页岩小山丘风化的土地和涵养的泉水，尽管土地不肥，泉水也不丰，但却为崮上人们生存提供了最基本的保障，从而也为崮上文化的创造提供了最基本的条件。

据了解，崮上一直有人家居住，景区建设之前还有6户17口人。住宅都是简陋的石头房子，集中在斜山的西南侧。住户都是石姓一家人，据说其祖上是从蒙阴岱崮迁来的，景区开发后都搬迁到了崮下的深门峪村。

崮上建墓无土可用，而大面积坚硬的石灰岩石又难以开采，所以墓葬也正是利用了灰色页岩容易开凿的特性，并借助其自然的山形丘体开凿的。但是，如此一来墓葬的布局就无法照章进行，必然受到极大的局限，从而也就导致出现了墓室与车马坑同穴、两座墓葬方向不一致等许多不同寻常的怪异现象。

崮上山门共6个，分别位于四边的崖壁上，其中东边、北边、南边各1个，西边3个。每边的山门，都与崮下的村庄相连接。东边山门名凳子门，因山门开凿的台阶似凳子故名，下边与杨家洼村相连接。北边山门名塌子门，或谐音塔子门，因借坍塌的岩石裂隙建造而得名，下边与魏家洼村相连接。南边山门名碎石门，因石块众多而得名，因位于南边或又谓朝阳门，下边与崮崖村相连接。西边山门从北到南依次为走马门、水西门和咔啦门。走马门因传说是纪王骑马通行之门故名，其上与东侧的走马泉相对应，下边与深门峪村相连接。水西门据说主要是走水而不是行人的，且又位于纪王崮的西侧而得名，其上与东侧的滴水泉相对应，下边与深门峪村相连接。咔啦门因山门处多石块似土坷垃而讹成，又因山门的形状似当地做饭的廓落而又名廓落门，下边与黄崖村相连接（图四）。

山门都是利用崮体崖壁上的自然裂隙或是崮顶上的二级台地，并经人工开凿或是使用石块垒砌修建的，七分天成三分人工。其中，碎石门处人工垒砌的石墙规模最大，工程也最为艰巨。

石墙位于碎石门的东西两侧，其中西侧的一面保存较好，东侧的一面多有坍塌。西墙南北残长30多米，最高处残存近10米。墙体石块几乎都是细砂岩的条石或是方石，形状较为规整，但表面却不见任何的人工开采或是加工迹象。其中最大者长3米左右，重数吨。垒砌的方法多为错缝叠砌，少量的则是直缝而垒，欠规范。由于墙高体

图五　沂水纪王崮碎石门西侧老石头墙（由西向东拍摄）

重，又历时悠久，所以石块不仅风化严重，而且都已出现裂痕或是断裂（图五）。

细砂岩层只见于石灰岩与其下部红色页岩的交替处，所以可以确定，这些细砂岩石块都来自于山门以下石灰岩崖壁的底部。从山门以下采石再运输上来砌墙，而且石块大，难开采，道难行，墙体规模又大，可想工程是何等之艰巨！

除去碎石门处的石头墙外，但凡在崮体崖壁豁口处都能见到同样或是类似的石头墙。由于是崖壁豁口石头墙，所以墙体几乎都是单面墙。实际上，这些石头墙是对崮体崖壁缺口进行的一种修补，其目的就在于使得崮体更加具备防御能力。

有意的山门、天然的崖壁、修补的石墙有机地串联在一起，似城墙绕纪王崮崮顶一周，于是就构成了一个居高临下、易守难攻的完备防御体系。重要的是，崮上还有耕地和水源，俨然一座崮上崮堡。

石块上不见战国晚期及其以后常见的锲窝、錾道和琢点等采石或是石料加工迹象，所以其年代不会晚于战国晚期，应与春秋墓葬的年代相一致。在山东境内笔者调查过许多山寨，其中就包括纪王崮西侧的团圆崮，但无论是其规模还是规格没有一处能够与之相提并论，之间有着天壤之别[①]。而如此规模艰巨的石墙修补工程与崖壁、山门所构成的防御中心，又正是与之相适配的大型春秋国君墓葬[②]，再也没有与之相适应的其他遗迹，所以两者之间只能是同时并且还是同体的。若此，那么纪王崮崮顶就成了一座名副其实的春秋国君陵寝。一、二号墓为夫妇并穴墓，共拥一座封土。依此，按照调查的结果，那么陵寝就共由3组6座墓葬组成。但是，笔者多次考察虽然在转山的周围发现有小型墓葬，可中心不见大型墓葬迹象，"妃子墓"恐难成立。因此，陵寝极有可能是由2组4座墓葬组成。

这里需要指出的是，调查与我们考察的实际情况之间有些出入。如，墓葬的方位并非在魏家洼村东150米处，而是在村子正南上方的崮上。再如，3座小山丘的形状也

---

① 任相宏、陈勇：《齐鲁古山寨：苍茫中的回望》，《山东画报》2009年第12期。
② 山东省文物考古研究所、临沂市文物考古队、沂水县博物馆：《沂水县纪王崮一号春秋墓及车马坑》，《海岱考古》（第六辑），科学出版社，2013年。

并非全是圆丘状，南边的两座实为近橄榄形。还有，尺寸与实际大小相差甚大，其中最小者也要远远超过15米。不过，调查对一、二号墓葬的判断还是非常到位的。

考察我们还发现，除去大型春秋墓葬之外岗上还有大型的春秋宫殿建筑遗存。我们不赞同将车马坑东侧页岩台上发现的10个柱坑纳入墓葬之中，属于墓葬的一部分。层位关系非常清楚，柱坑都出现在平整、加工墓葬页岩台面而形成的质地较为坚硬的活动层面以下，换言之，墓葬叠压并打破了柱坑。这一关系表明，两者不仅不为同体，而且柱坑的年代还要早于墓葬的年代。

柱坑也见于二号春秋墓葬及其附近，但同样，发掘者作出了与前者一致的推断[①]。二号墓葬清理到最后，在墓室的东北及其外部，发现了柱坑5个（图六）。从其分布情况不难看出，其中的2个已经超出了墓葬的范围，明显不属于墓葬。2014年8月下旬笔者现场考察时，在墓葬以北也发现过一些柱坑，很显然柱坑的分布已远远超出了墓葬的范围。也很难想象，一座已经半途而废的墓葬居然还会继续去艰难地开凿数量那么多的柱坑。因此，这一现象也只能说明墓葬不仅叠压同时也打破了柱坑，情形与一号墓葬一样。

图六　沂水纪王崮二号春秋墓清理完毕迹象（由东北向西南拍摄）

这里的柱坑都是开凿灰色页岩而成的凿岩石坑，其深度都达到石灰岩石层面以增大其负荷力，与通常所见的土质柱坑不同，开凿难度极大。柱坑都是圆形筒状，一号墓葬处的大者直径近1米，小者0.2米左右；二号墓葬处的大者0.6米，小者0.26米，其深度大多在1米以上。所有的柱坑内，中心多少都留有圆形木柱的腐朽物。这些柱坑规格甚高，尽管破坏严重目前尚不能清楚其布局结构，但为宫殿建筑的柱坑无疑，属于宫殿建筑的一部分。

在发掘一号墓葬清理墓室填石的过程中，曾出土筒瓦片3件（图七）。这表明，筒瓦的年代要早于墓葬的年代，与墓葬、柱坑之间叠压、打破关系所反映出来的柱坑的

---

① 山东省文物考古研究所：《山东沂水纪王崮二号墓发掘取得重要收获，发现一处未完工的大型春秋墓葬》，《中国文物报》2014年1月8日。

| 正面 | 背面 |

图七　沂水纪王崮一号墓室填石中出土陶筒瓦

年代相一致，从而将筒瓦和柱坑的年代拉近了。筒瓦陶质细腻，褐色纯正，细绳纹工整，线切分切准确，成型规范，火候高硬度大，制作精工，显系高规格的宫殿建筑材料，与柱坑的规格相匹配。筒瓦之外，崮上至今也没有发现任何年代、规格与柱坑相接近的建筑材料，所以两者之间也只能是同时并且还是同体的。既此，那么两座墓葬建墓之前这里应当就是宫殿基址，墓葬是在废弃的宫殿基址上建造的。

宫殿基址的年代比较清晰，其下限由墓葬、柱坑和筒瓦的关系已经明确，不会晚到发掘简报所说的春秋晚期早段墓葬的年代，而上限由筒瓦的形制、纹饰、特别是线切的工艺来看，可到春秋早期，大致处在春秋早期晚段到中期之间。

与宫殿建筑基址相关的遗物在调查时就已发现，如采集到的"周代夹砂灰陶绳纹罐、甗、泥质灰陶素面盆、豆等残片及铜镞"等，所以当事者才将纪王崮定性为周代遗址。考察期间，我们在纪王崮的最西南角处发现过厚约0.2米左右的文化层堆积，其内也有春秋时期的鬲口沿、鬲足和豆盘等遗物。可见，文化遗存几乎占据了整个崮顶，也并非调查时所确定的5万平方米。

据了解，在转山的南侧也曾发现过类似于一号墓葬处的凿岩柱坑。可见，这一时期的宫殿建筑也不只南部斜山一处，其他地方也有存在。并且，墓葬与建筑基址之间所发生的叠压和打破关系，也排除了其为墓葬祭祀之类享堂建筑的可能性。如此一来，那么崮上就并非单一的春秋陵寝了，又成了一座名副其实的春秋宫城。

陵寝的主人为国君，那么崮堡的主人亦当为国君。目前虽然尚不清楚春秋时期整个崮上的情况，但就斜山而言，先是宫城的一部分后又是陵寝的一部分是肯定的。还有一点可以明确，就是崮体崖壁、石头墙和山门从陵寝或是宫城一开始就承担起了城墙的功能，一直发挥着防御作用，甚至直到晚清民国时期。既此，宫城也不妨称为崮宫。

为了便于管理和游客安全，除朝阳门和凳子门外其他的山门景区均已封堵。朝阳门经过重新修整后是景区的施工道路，平时不对外开放。凳子门是景区的正门，游客服务中心就在其下的杨家注。不过，由于凳子门狭窄险要不便游客通行，且又是文物古迹，所以景区又在其南侧的崖壁上重新修建了一条人行通道，并对凳子门进行了封堵保护。

但是，经过多次考察之后我们突然发现，崮上的正门为走马门而非凳子门，所以纪王崮的方向也就并非今天景区坐西朝东的方向，而是坐东朝西，正好相反。

6个山门当中走马门最宽为15米多，其他山门只有1.6米左右，而且走马门地势也较为平缓容易通行，其他山门则都非常陡峭难行，多数情况下手脚并用才能攀登（图八）。马车的轴距2.6、长4.2米左右，一号墓葬外棺长2.5、宽1.35米，这样大型的马车和棺木只能通过走马门才能到达崮顶。因此，走马门的年代不仅早到春秋时期，而且也是那时唯一的正门。如此一来，那时纪王

图八 沂水纪王崮凳子门（由东向西拍摄）

崮的方向就是坐东朝西。

其他山门大都是清末民国时期崮下村民到山上避难时才开凿修建的，崮上避难的简易石头房子至今还有所保留，上年纪的村民都还有记忆。因此，春秋时期纪王崮的方向为坐东朝西是毫无疑问的。

纪王崮方向的确定，对一、二号墓葬墓主人性别的确证至关重要。基于夫妇并穴关系，且一号墓葬的墓道（长4、宽3.6米）要远比二号墓葬的墓道（长13、宽6.8米）规模小，所以在一号墓葬发掘期间笔者就一直坚持一号墓主为女性、二号墓主为男性的观点，从而不认同一号墓主为莒国国君的观点。但是，这一观点却得不到专家的认可。现在已经清楚，既然方向上二号墓与纪王崮一致、一号墓相反，且规模上二号墓大一号墓小，那么主墓次墓、男女性别就一目了然。

由此可见，墓葬、马车的方向都是以纪王崮的方向为基准规划的，其间是个整体，有着统一的布局。至于一号墓葬方向的不一致，是由于受到斜山可利用页岩资源空间的局限而导致的。

通过考察可以明确，纪王崮不仅为崮上人们的生存提供了保障，还为墓葬开凿、宫殿建筑提供了条件，成就了一座奇特的春秋崮上陵寝和崮宫。

三、崮下山城防御工事

崮上春秋遗存有了个眉目之后，考察随即转移到崮下。结果出乎意料，在走马门的下方不仅发现了一座与崮上相呼应的春秋山城，而且山城只有一座城门，是纪王崮通往外界的唯一通道。

山城由拦马墙、山门、道路、点将台、窑址、山泉等几部分组成。拦马墙因传说是纪王修建用来拦马的，所以又称挡马墙。墙体都是由石块垒砌的石头墙，破坏虽然严重但迹象却历历在目，所以其走向、行径十分清晰。拦马墙北起纪王崮西北角崖壁下的山梁处，然后沿山梁高处西南行，急速下到深门峪村中的谷底处后再南去，沿山脊蜿蜒上行，最终与纪王崮西南角处的崖壁相衔接，为一堵两头高中间低借助自然山形地势而建的呈不规则的弧线形墙体。纪王崮西北角至西南角之间的崖壁又向西伸展呈怀抱之势，两者首尾相接于是就形成了一座近似方形的封闭式的奇特山城。拦马墙，实质上就是一堵山城的城墙。山城南北水平长度平均为690米，东西平均宽度为508米，面积约为35万平方米（图九）。

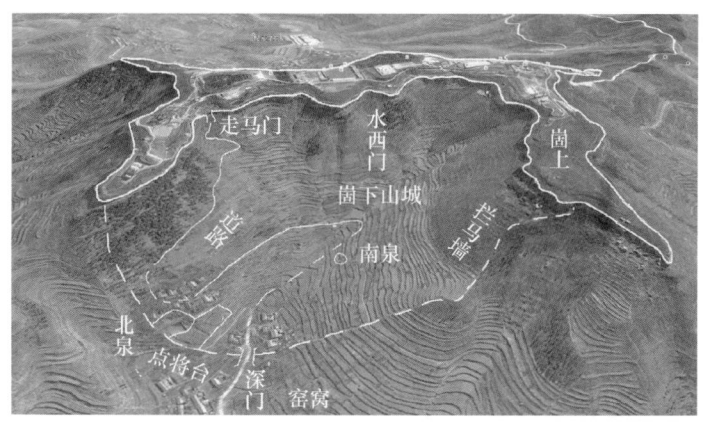

图九　沂水纪王崮崮下山城示意图（西向东）（谷歌）

拦马墙在深门峪村中还有所保留，残存最高处1米多。墙体为双面墙，墙面石为大型石块，内填小石块。村子南部墙宽7米，北部为9米。墙面石多为崮体坍塌下来的石灰岩，还有少量就地开采的页岩。形状多为条石和方石，较为规范。但大小不一，大者长2米多，小者仅0.5米左右。垒砌的方法多为错缝，也有部分为直缝，欠规范。石块表面风化严重，多已出现裂纹或是断裂，不见任何开采或是加工痕迹（图一〇）。

山门共3个，其中西门1个，东门2个。西门为深门，与拦马墙一体，是出入崮下山城和崮上的唯一通道，是纪王崮的大门。东门为走马门和水西门，是崮下山城通往崮顶的通道。

图一〇　深门峪村北部拦马墙（底部）　　　图一一　北泉南部道路西侧石墙（底部）
　　　　（由西向东拍摄）　　　　　　　　　　　　（由西向东拍摄）

　　深门位于拦马墙的北段，即深门峪村中河谷的最低处，是借助天然河道的瓶颈之险建造的，为石块垒砌的石门。从迹象观察，深门南北宽20、东西进深30米左右。深门内侧，特别是内侧的北边，有明显的石头建筑迹象。但由于破坏严重，深门的具体形状、结构等已不详。不过，深门处的谷底及其两岸，山门坍塌的石块却是触目惊心。石块几乎都是纪王崮崮体坍塌下来的石灰岩，但其表面却不见任何的开采或是加工迹象。并且，石块巨大，大者长度都在3米以上。村子正是深处于这山峪的深门处，所以才名为深门峪。

　　意想不到，山城内的道路大部分还有迹可寻，清晰可辨，行径十分清楚。从深门开始，道路沿拦马墙所在的山脊东坡向东南方向上行，过南泉后360°回转，然后沿纪王崮西坡向西北方向上行，至北泉上方后再360°回转，再沿纪王崮北坡向走马门方向上行，最终到达走马门。道路所经之处，都经人工修整。为了平整路面，道路低的一边都使用大型石块加以垒砌，形成单面墙体（图一一）。除北泉上方和南泉下方有所破坏外，其余墙体还都有所保留。这些石块，无论大小、形状还是表面特征，都与拦马墙相一致，只是墙体垒砌得更欠规范。依据具体地形修建的这种"之"字形迂回道路，虽然加长了道路的长度，增加了工程量和难度，但却大大地减少了其坡度，使得道路更便于通行，既科学又富于智慧。大部分路段现在还在使用，部分路段甚至还是机动车道。道路平均宽度4.5米，水平长度1280米。

　　考察没有发现这样的道路通往水西门，所以水西门主要用于走水的说法是可信的。既此，那么山城内的主道就这一条，而重要的山门也就只有其两端的走马门和深门。

　　点将台传说是纪王点将的地方，位于深门内侧北边的山坡上。山坡很陡峭，坡度约在35°。点将台为东西向的梯田形，其西边与拦马墙相连，南边和东边为单面石头墙，北边与山体直接相接。石块的质地与拦马墙、道路石墙相同，但是这里多为大型条石，垒砌得也颇为规范和讲究。南边的石头墙东西长70多米，东边的石头墙南北宽9米左右，最高处残高4米多（图一二）。

石墙上面台地虽然平整但形状却不规则，西边宽东边窄，面积约2500平方米。台地现为苹果园，考察时地表没有发现建筑迹象和遗物。但据了解，20世纪50年代村民在这里挖建温炕育地瓜苗时曾出土过数量较多的筒瓦残片，而且其陶色、纹饰和形状都与崮上一号墓填石中出土的相一致。因此，这里应当是一处建筑基址，而且其规模还较大，规格也甚高。

图一二 沂水纪王崮点将台局部石头墙
（由东向西拍摄）

点将台居高临下，而西边又与宽敞的拦马墙相连接，其上可以通行无阻，所以在这里不仅是深门内外的情况，即是山城内或是崮上西侧的情景也一览无余。因此，与其说点将台是出征点将的地方，倒不如说是山城深门的门卫或是哨所及营地更为贴切。

窑址位于深门外的南部，即深门南部拦马墙的西边（图九）。相传这里曾是烧窑的地方，所以村民一直称呼此地为窑窝地。20世纪农业学大寨整地时，村民在这里发现过数量较多的窑址，据说出土的筒瓦残片与点将台的一样。这预示着，崮上宫殿和点将台建筑所使用的筒瓦均产自这里。崮上、崮下山城内均是页岩风化的岩土，没有烧制陶瓦的黏土，但这里却是既有红土也有黄土，特别是红土发育良好，有充足的原料，并且水源也方便，从而为陶瓦的烧制提供了绝佳的条件。考察时，在万余平方米的地表范围内都能见到红烧土块，偶见春秋时期绳纹筒瓦片，应当是一处烧制陶瓦的手工业作坊。

山城内山泉2个，分别名为北泉和南泉。北泉在点将台的东北角处，为点将台的一部分，故又名点将泉。南泉在山城内的南部（图九）。泉水清澈四季长流，从未干涸过，至今依然是深门峪村民日常饮用和农田灌溉的水源。点将台之所以选址于此，除去地理环境因素之外很大程度上恐怕是与北泉有关。

深门是拦马墙的山门，道路与山门又相连，点将台还与拦马墙相接，而窑窝出土的筒瓦与点将台出土的一致，山泉也在山城之内，所以其间无疑是一体的，均为山城的重要组成部分。拦马墙、山门、道路和点将台石头墙与崮上缺口处的石头墙除去石质略有区别之外，都具备石块大、条石多，且表面风化严重又无任何开采或是加工迹象等共同特点，与后来利用、修补用的碎小石块或是带有錾道的石块截然不同，极易辨别，时代特征鲜明。而窑窝、点将台与崮上一号春秋墓填石中出土的筒瓦又一致，所以崮下山城的年代与崮上春秋遗存应当是同时的。

崮上海拔最高处为577.2米，崮下城门处为365米，之间落差达200多米。但是，道路的一头是深门另一头是走马门，而崮上西边的崖壁不但首尾与拦马墙相接，且既承担着崮下山城东城墙的功能，又发挥着崮上西城墙的作用，同时还承上启下，从而使得上、下一体，互为依存不可分割，形成了一个错落有致、又极具春秋时期大小两城东西并列城址布局特点的奇特山城崮堡。崮上25万平方米，崮下35万平方米，其水平总面积达到了60万平方米。

诚然，貌似春秋城址内涵却不尽相同，其区别不仅在于墓葬占据了本应宫殿独居的崮上"小城"，而且崮下"大城"中也不见该有的手工业作坊，唯一的制瓦窑址还在城外，这样的春秋石头山城可谓史无前例，绝无仅有。整座山城虽然主要是借助天然之利而为之，七分天成三分人工，但就崮上崖壁缺口处人工修补的石头墙，还有崮下拦马墙、山门、道路以及点将台的石头墙，其规模之宏大、工程之艰巨要远超同等规模的平原夯筑之土城，令人叹为观止。

走马门是崮上的正门，而崮下的深门又是山城唯一的山门，且其间还相互连通，所以深门就不再单单是崮下山城的山门，同时也是崮上走马门的首门，成了纪王崮的总大门。深门之处地势最低，是整个纪王崮流域水流的必经之地，所以深门不仅是陆路之门，同时也是水道之门。

崮上防御本来就非常严密，崮下又建一座山城相拱卫，构成上下双城双山门格局，且山城之内地势陡峭道路曲折难行，加上点将台的守护，整个纪王崮俨然一座完备的防御工事。既是陵寝又是崮宫，还有严密的防御工事，纪王崮成了一个奇特的综合体。

山城深门之外，从山城内延伸出来的深门峪山谷继续西去下行，不远便进入到马泉河河谷。马泉河源于纪王崮南侧的板崮北麓，自南向北流淌，先后经过土洼、松连峪、黄崖、马庄和河南村，最终注入沂河，是沂河的一条支流，全长11.3千米。以马庄为界，河流明显分为上下两段。上段高山林立，源头众多，河道迂回曲折，交通闭塞。下段地势开阔，河床平坦且较为通直，自古就是马泉河流域的交通走廊。马泉河入沂处的对岸，就是沂源东安故城。

山城内的道路通过深门后出山城随深门峪山谷下行，不远就到达马庄，与马泉河交通走廊相连接。从深门到东安故城的这一通道，至今还在使用。驾车从东安故城出发，可以顺利到达山城的山门。这一通道，全程9.8千米。

马泉河流域四面环山，从西北的保崮顶、凤凰山开始，向西南经烟台顶、樱桃崮、青草坪、黄草顶，到南侧的猫头崮、透明崮、江家崮，再到东边和东北的塔山和唐山，近30座山头首尾相连，似栅栏又像长城，不规则地围绕着纪王崮一周，构成了一个相对独立的地理单元（图一三）。这一单元唯一的豁口就是马泉河的入沂处，也就是纪王崮通往外界的唯一通道。

唯一通道的一端是纪王崮，另一端是东安故城，从而将两者紧紧地连接在了一起。

图一三 沂水纪王崮、沂源东安故城地形示意图（采自谷歌地图）

四、东安故城与纪国浮来邑

沂源东安故城，因东汉至隋时为东安郡或东安县城而得名，现为省保单位。但是，从未进行较全面和深入的考古调查，发掘更是不曾有过，所以故城的文化内涵、结构布局等一直模糊不清。结合第三次全国文物普查，淄博市文物局、沂源县文化局决定对故城进行一次专题调查。应邀请，笔者有幸参与并主持了这次调查工作。野外调查从2008年10初开始至12月底结束，为期3个月。

通过调查和初步研究我们发现，东安作为城址而言从龙山文化开始断断续续一直持续到隋，且鼎盛时期为春秋、战国和西汉，并非只是东汉至隋。并且，春秋时期为纪国的浮来邑。

东安故城位于沂水纪王崮以北7千米处的沂源县东里镇东安村，沂河与红水河的交汇处，西北距离沂源县城23千米。站在故城西侧隔河南望，纪王崮清晰可见。

沂源于1944年从沂水分离出来建县，1952年行政区划调整东里镇才从沂水划归沂源，所以历史上东安故城与纪王崮一直为同一政区。然而，1990年沂源从临沂划归淄博市所辖，近在咫尺隔河相望的东安故城与纪王崮在行政上就走得越来越远了。

东安故城，就坐落在东安村的村下及其周围（图一四）。由于长期用土和村民建房占压，以及河水的冲切，夯土城墙破坏十分严重，多已不存。但是，上年纪的村民对城墙的位置、走向，甚至是其内出土的遗物等情况都了如指掌。通过走访、钻探，并综合现存部分墙体调查的信息，故城的布局、规模等基本情况已经摸索得比较清晰。

故城由大小两个城址组成，大城在小城的东南，小城在大城的西北。两城都是

图一四 沂源东安故城全景（由南向北拍摄）

长方形，但小城形状不甚规则，而大城则较为规整。西城墙的北段是小城的西城墙，南段是大城的西城墙，而小城的南城墙则同时又是大城北城墙的西段，两城紧密地咬合在一起，呈凹形格局。小城东西280、南北155米，面积4.34万多平方米；大城南北650、东西500米，面积32.5万平方米，共近36.84平方米，计44万多平方米（图一五）。

故城三面绕河，四面环山。南面是沂河，过河为唐山；东面是红水河，过河为保安崮、曹家崮和跑马岭；北面是黄崖子河，过河为窗户顶；西边为凤凰崮和文山。据调查，大城的南城墙大部分已被沂河冲毁，东城墙部分则被红水河冲切。因此，上述数据并非精准，只是概数。

地势小城高起大城低下，之间相差达10米之多。因此，村民一直称小城为老城顶。护城河，小城北城墙及大城北城墙的东段利用的是黄崖子河，大城东城墙、南城墙分别利用的是经水河和沂河，西城墙利用的则是黄崖子河的分支流。可见，城址的选址和规划都充分考虑并利用了这里天然的地理、河流等优势和资源，与纪王崮的山城崮堡可谓有着异曲同工之妙。

小城的东北角处，即黄崖子河南岸的崖壁上有一块面积近2000平方米的土台地，这是目前整个东安故城地面上所能见到的唯一的一块土台子，而且都是由文化层构成，极为珍稀。台子的东边村民用土形成了一个南北向的断面，其内含有大量的遗迹和遗物。断面南北长35.5米，高3.5~3.7米。为了解决城址的年代问题，并了解城内的文化层堆积情况，同时还要保护好这块土台子，所以我们只对断面进行了剖面清理。

清理发现，剖面的北部为夯土城墙，南部为城内文化层堆积。北部耕土层下即为夯土城墙，夯层清楚，夯窝也较为清晰，并且其内还含有少量的陶片。墙体高3米多，

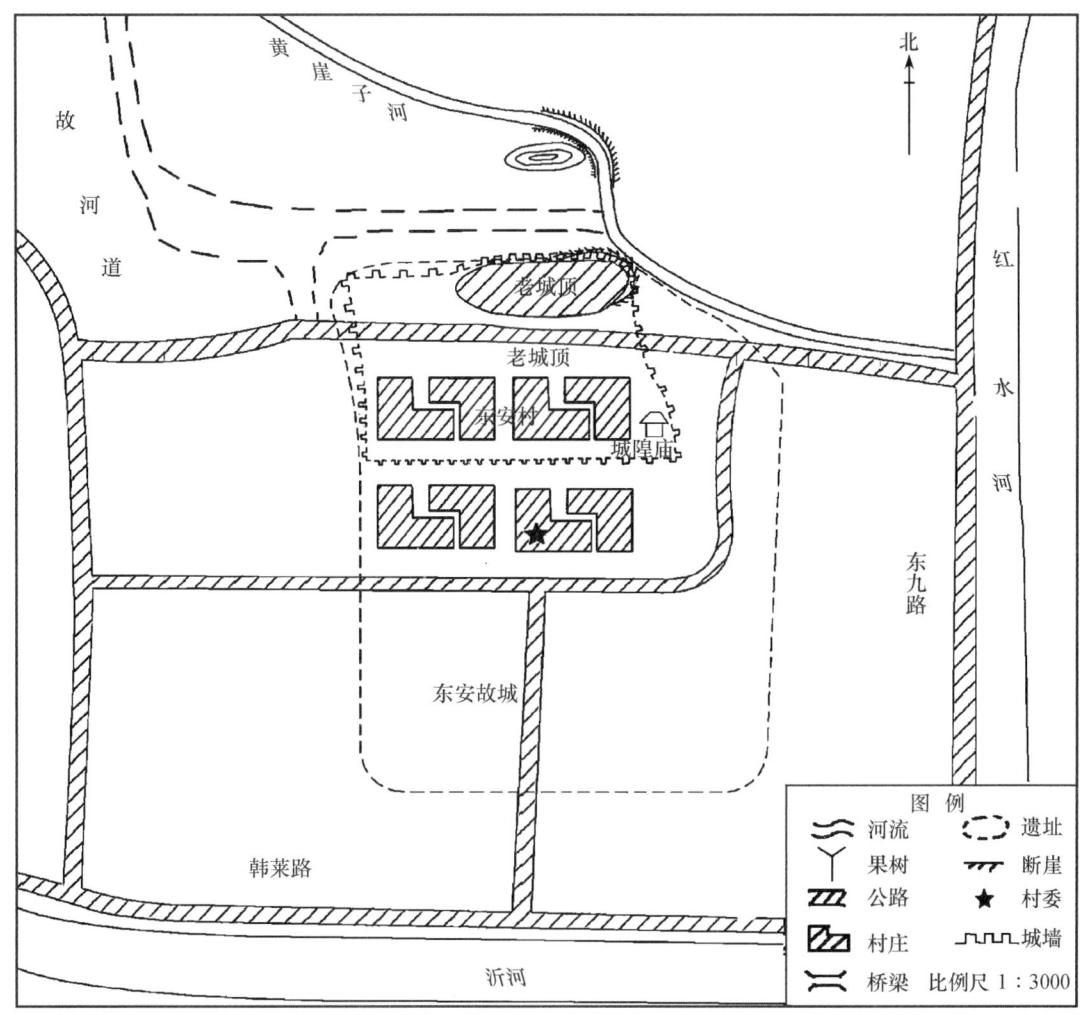

图一五 沂源东安故城平面示意图

南北宽6米多。

整个墙体都是由夯土使用独木棍夯层层夯筑而成的，夯窝的形状也都是圆口凹底，即所谓的馒头夯，有着明显的共同特征。但是，上下夯层的厚度、夯窝的大小却不完全一致，之间也有着鲜明的区别。底部夯层的平均厚度为10厘米，中部为15厘米，上部为20厘米，夯层从下到上由薄变厚。底部夯窝的直径为4.5厘米，中部的为5厘米，上部的为5.5厘米，夯窝从下到上由小变大。据此，我们将此处的城墙自下而上划分为3期（图一六）。

第1期城墙夯土内出土的遗物非常单纯，均为龙山文化陶片。可识器型有鼎、盒、杯等。这些陶片都具有龙山文化较早期的特征，如小铲形鼎足等。依此，我们将这一期城墙的年代推定在龙山文化晚期。第2期城墙夯土内出土的遗物较少，仅见残碎的鬲口沿、鬲足和盆口沿等。但都具有晚商的时代特征，如鬲足较高、盆口沿较卷等。

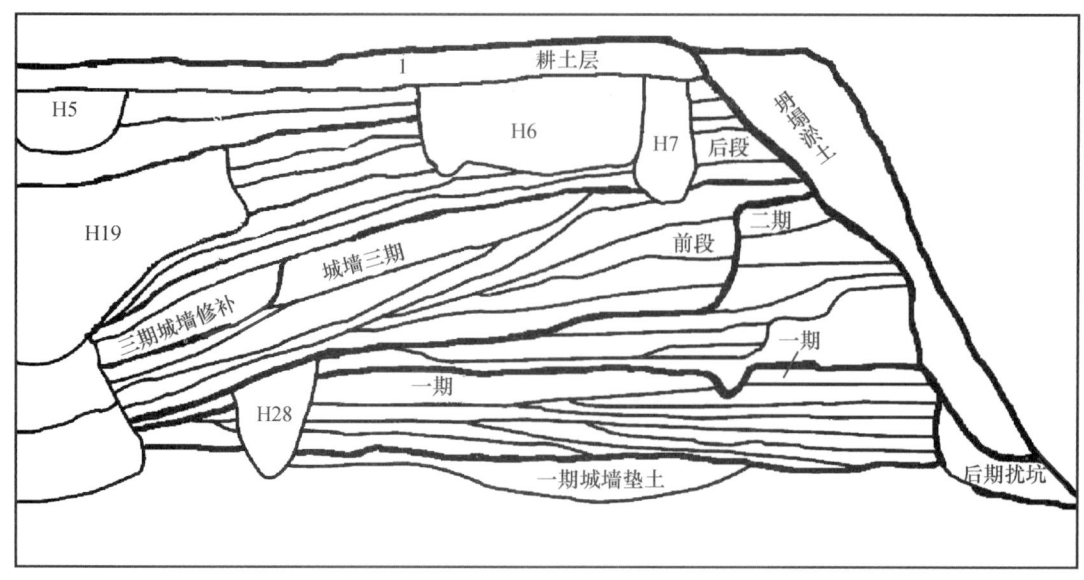

图一六 沂源东安故城小城东北角处城墙剖面示意图

依此，我们将这一期城墙的年代推定在商末周初。第3期城墙夯土内出土的陶片略多，有春秋时期的鬲口沿和战国时期的豆盘等。依此，我们将这一期城墙的年代推定在东周。

调查期间，村民在剖面东侧的地里给果树挖坑施肥时发现了一个窖穴（T2H3），我们随即对其进行了清理。这一地面较西边台子的地面低3.3米，其上部已被取土破坏。窖穴见于耕土层下，打破第1期和第2期城墙。口部已经被破坏，现存窖穴的形状为不规则的椭圆形，直壁平底。坑口1.8～2.08米，深1.23米。坑内出土的遗物多为陶器，修复的器型有鬲、甗、盆和罍等。这些陶器都具有西周早期的一些特征，如罍等都带有三角形的划纹等（图一七）。

打破第3期城墙的灰坑数量比较多，如H6、H7和H19等，而其中的H19则直接打破了城墙。为了保护台地的文化层，以便于今后的工作，我们没有对挂在剖面上的

图一七 沂源东安故城T2H3出土的部分陶器

灰坑向里进行清理。从暴露的遗物观察，H19内遗物较为丰富，除东周时期的鬲口沿、豆盘等外，还有西汉时期的盆口沿和筒瓦、板瓦残片等。由此，这一灰坑的年代当为西汉。

西周早期的T2H3打破了第1期和第2期城墙，而西汉时期的H19又打破了第3期城墙，所以三期城墙不仅客观存在，而且其年代也不会有太大的出入。

城墙内侧的文化层除去上部的汉代层外，其余的都与第3期城墙相对应，没有发现与第1期、第2期城墙相一致的堆积，推测已被后期所破坏。但是，与第3期城墙相对应的地层中，还既有春秋时期的文化层又有战国时期的堆积，并非单一。据此，又考虑到其间夯土城墙曾经修补过前后之间必定有一时段的间歇等因素，所以我们又将第3期城墙划分成了前后两段。前段年代为春秋，后段为战国。

除去夯土城墙外，我们在城内、城外还展开了拉网式的调查。结果出乎意料，不仅在城内发现了数量较多的春秋窖穴和西汉宫殿建筑基址，还在城外发现了大汶口文化的遗址和墓葬，以及大量的战国、汉代墓地和魏晋时期的墓葬等遗迹，并采集到了"万岁""长乐未央""宫官"和莲花瓦当等大量的遗物标本，收获巨丰。这不仅证明了东安郡、东安县城的存在，也证明了三期城墙特别是第3期的前后段也是成立的，还说明城址虽始于龙山但文化却肇始于大汶口。

调查表明，作为城址而言东安从龙山文化开始断断续续一直持续到隋，鼎盛时期为春秋、战国和西汉，而其文化则源自其前的大汶口文化。可以确信，从大汶口文化到隋，东安一直是沂河上游的文化中心。

由于缺乏文献记载，西周及其之前城址的性质尚不明朗，但春秋以降则比较清晰，经历了浮来、盖和东安三个时期。东安时期为东安郡或东安县城已明确，盖时期战国为齐国盖邑、西汉为盖县和盖侯国也比较清楚[①]，但浮来时期为纪国的采邑尚有争议。

《春秋·隐公八年》："九月辛卯，公及莒人盟于浮来。"杜预注："浮来，纪邑。东莞县北有邳乡，邳乡西有公来山，号曰邳来涧。"《左传·隐公八年》："公及莒人盟于浮来，以成纪好也。"杜预注："二年，纪、莒盟于密，为鲁故。今公寻之，故曰以成纪好。"依照杜预的这一注，浮来不仅是纪国的采邑，而且其地点就在东莞县邳乡西的公来山，即今东安故城。

邳乡故城位于沂水县沙沟镇后朱雀村南，沭河上游的北岸，为西汉时期邳乡县治所，现为县级文物保护单位[②]。城墙早年平毁。故城面积约4万平方米。文化堆积距地表深约0.3米。地表散布大量汉代陶器残片。采集有夹砂和泥质灰陶残片，可辨器型有

---

① 任相宏、郑德平、苏琪、杨中华：《沂源东里东台地一号战国墓及相关问题的思考》，《管子学刊》2016年第1期。

② 国家文物局、山东省文物局：《中国文物地图集·山东分册》，中国地图出版社，2007年。

豆、盘、壶、罐、釜、筒瓦等。汉、晋东莞县治所为现在的沂水县城,邳乡在东莞县的北边,而东安故城又在邳乡的西侧,地望明确且与杜注相吻合(图一八)。

杜预的这一注被后来的范晔、郦道元等所尊崇。范晔《后汉书·郡国志》:"东莞有郓亭,有邳乡,有公来山,或曰古浮来。"

郦道元《水经注·沂水》:"沂水又东经盖县故城南,东汇连绵之水,水发连绵山,南流经盖城东,而南入沂。沂水又东经浮来之山,《春秋经》书公及莒人盟于浮来者也,即公来山也,在邳乡西,故号曰邳来之间也。浮来之水注之,其水左控三川,右会甘水,而注于沂。"山谷水道亘古不变,《水经注》所注沂水的道里行径与现在沂河完全契合,可以直接对号入座。据此,盖城就是今天的盖冶村,连绵山即毫山,连绵水为水北河。浮来山即东安故城东侧东寺东边跑马岭的主峰,浮来水即东安故城东侧的红水河,东安故城即为纪国的浮来邑(图一九)。

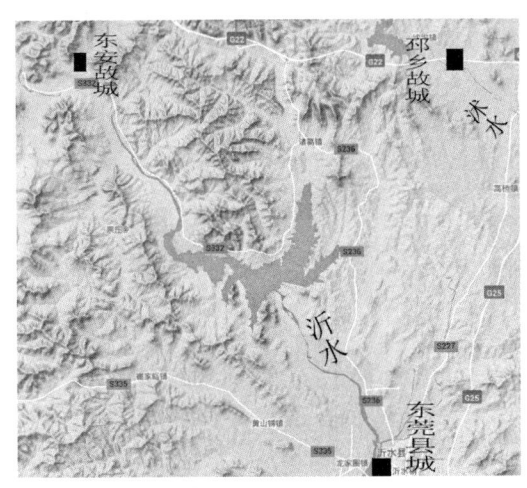 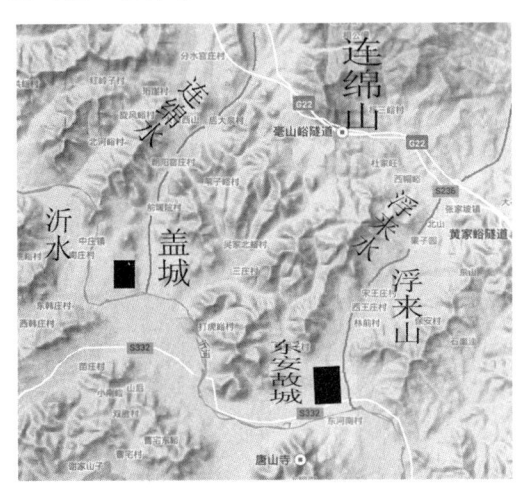

图一八　杜预《春秋注》纪国浮来邑　　　　图一九　郦道元《水经注》浮来山
　　　方位示意图(谷歌)　　　　　　　　　　　　位置示意图(谷歌)

然而,自元代开始却出现了莒县说。首提者就是于钦,他在《齐乘》浮来山条目下云:"莒州西三十里,《春秋》公及莒人盟于浮来,即此也。俗讹作浮丘山,山半有莒子陵。"后来《明史·地理志》《莒州志》《莒县志》《大清一统志》等都遵此说。

不过,这一说法却遭到了清人顾祖禹、刘绍武和叶圭绶等人的极力反驳,仍遵杜预之注说。顾祖禹在其《读史方舆纪要》沂水县浮来山条目下讲:"春秋隐八年,公及莒人盟於浮来。杜预曰,浮来,纪邑。东莞县北有邳乡,乡西有公来山,号曰邳来间。《水经注》沂水东经浮来之山,浮来水注之。志以为在莒州,误。"

刘绍武在清道光《沂水县志·浮来山考》中,有详尽且精辟的三证之考证。他认为,于钦之说不足为据,在莒州西三十里者为浮丘,在沂水西八十里者为浮来。浮来山为杜预所说的公来山，隋时的松山，明清时的闵仲山，即现在东安故城东侧东寺东边跑马岭的主峰。

叶圭绶与刘绍武的观点相同，他在《续山东考古录》沂水县条目下亦云："周，纪浮来邑，一作包来，作邳来。浮来邑在西北八十里，《春秋》隐公八年，公及莒人盟于浮来。杜注，纪邑，东莞县北有邳乡，邳乡西有公来山，号曰邳来间。《公（羊）》、《谷（梁）》作包来……《（沂水）县志》有浮来山，《隋志》名松山，今名闵公山。《齐乘》以莒州南之浮丘山，当之非是。"叶圭绶还在其《续山东考古录·图考·沂州府图》中，将浮来山、闵公山、浮来水，甚至是东安郡城也进行了图标，十分清晰和明确（图二〇）。

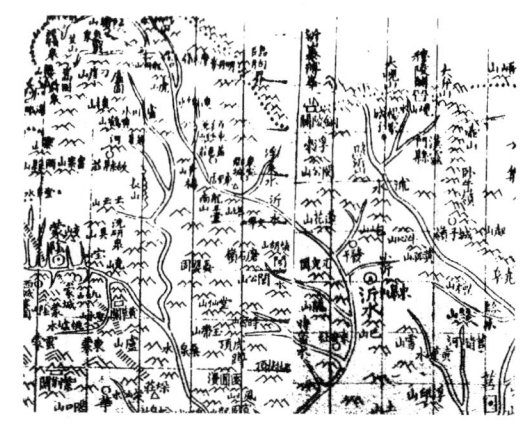

图二〇　叶圭绶《续山东考古录》纪浮来山位置图

沂源县地名委员会对浮来山也作过考证，其观点与顾祖禹、刘绍武和叶圭绶等人相同，秉持了杜预之注[①]。

莒县浮来山位于莒县县城以西6.5千米处，清为定林寺所在地，现为省级文物保护单位，名为"刘勰故居"。从调查资料来看，浮来山及其周围除邢家庄和卢家街2处遗址外，还有新庄墓葬1座[②]。邢家庄遗址位于浮来山的东侧，为岳石文化遗址，年代为夏商时期，显然与春秋无关更与浮来无涉。卢家街遗址位于浮来山的东边，"面积12万平方米，文化层堆积约1.2米，采集有泥质灰陶罐口沿、盆口沿等"。年代虽为东周，面积也较大，但没有夯土城墙，难以确定其为春秋城址，也谈不上浮来邑。

新庄墓葬位于浮来山的东北侧，"现存封土呈方形，边长150米，高15米，《莒县志》说其是东周时期莒国国君莒子墓"[③]。这一说法，显然源自于钦《齐乘》"山半有莒子陵"的观点。如果这一观点成立，那么这里自然就是莒国国君墓地，而又何来的纪国浮来邑？很显然，于钦莒县浮来之说既与文献不合，也得不到考古上的证明。

也很难想象，这里紧邻莒国都城，为其京畿之地，怎么会是纪国的浮来邑？且还是浮来之都邑？其实，《莒县志》对浮来也进行过考证，也认为"盖县故城在今沂水县西北七十里，证以水道所经径，浮来当在县西北四五十里内"。

反观沂源春秋东安故城，不仅文献契合，而且还有城址实物为证，为纪国浮来无

---

① 沂源县地名委员会：《莒鲁会盟之古浮来山考略》，《山东省沂源县地名志》，沂源县地名委员会办公室编制，1988年10月。
② 国家文物局、山东省文物局：《中国文物地图集·山东分册》，中国地图出版社，2007年。
③ 国家文物局、山东省文物局：《中国文物地图集·山东分册》，中国地图出版社，2007年。

疑。莒县浮来，当为莒之浮丘。

为了证实春秋东安故城，在结束专题调查之后的2009年1～9月，我们在东安故城的外围又展开了大规模调查，目标就是与春秋城址规格相一致的墓葬。然而，足迹踏遍了沂源东部故城周围的山山水水却没有任何收获，在不得已的情况下，笔者于2009年国庆节以游客的身份贸然登上了沂水纪王崮，开始了纪王崮的考察。考察一结束，目标锁定，随之我们也就终结了东安故城外围高规格春秋墓葬的调查。

唯一的通道既然将纪王崮和东安故城连接在了一起，且崮上春秋墓葬的年代、规格又与故城的年代、规格相一致，那么春秋纪王崮与春秋东安故城应当就是一体的。既此，纪王崮自然也是纪国浮来邑的一部分，而且还是重要的组成部分。

通过近年的考察，浮来邑的范围也已比较清晰，大致包括了今天沂源东里、西里、张家坡、石桥、悦庄、燕崖、中庄、南麻和沂水诸葛、泉庄等乡镇，为沂河上游区域。这一区域的外围环绕着一周连绵起伏的山峦，为一个相对独立的地理单元。区域内的春秋文化遗存明显丰厚，且也不乏重要遗址，如沂源姑子坪。东安故城、纪王崮，位于这一区域的中心略偏东（图二一）。

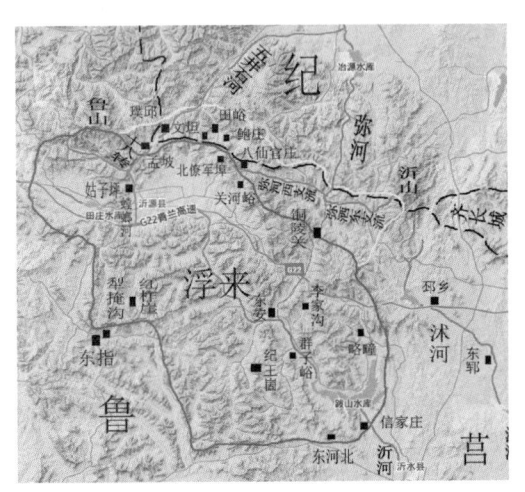

图二一　春秋纪国浮来境域及其地形示意图（谷歌）

浮来邑的北部，即泰沂山脉的东西两端各有一个南北向的通道。东边的通道为铜陵关，即后来齐长城的重要关隘，位于沂山的西侧，为弥河与沂河的分水岭。铜陵关的北侧为弥河东支流的源头，南侧是红水河的源头。通过这一隘口向北可以到达纪国的都城，向南可以到达东安故城。西边的通道为九曲十八转，位于鲁山的东侧，也是弥河与沂河的分水岭。十八转的北侧为弥河西支流的源头，南侧是螳螂河的源头。通过十八转向北可以到达纪国都城，向南可以到达姑子坪遗址。

五、纪侯大去其国与纪王崮

纪侯大去其国是件极其离奇的历史事件，争论了2000多年至今尚无结论。沂水纪王崮春秋墓葬的发掘及其牵扯出来的重要发现，给这一事件的终结无疑带来了线索和希望。

《春秋·庄公四年》："纪侯大去其国。"杜预注："大去者，不反之谓。"依此理解，大去就是一去不复返之意，非常明确。《左传》《穀梁传》和《公羊传》对此也都给出了各自的传，但却是大相径庭。

《左传·庄公四年》："纪侯不能下齐，以与纪季。夏，纪侯大去其国，违齐难也。"杜预注："不能降屈事齐，尽以国与季，明季不叛。"这虽然是对纪侯大去其国缘由的传注，但意思也很明朗。纪侯被齐所迫但又不屈从于齐，所以将社稷托于纪季而自己避难出走，是逼上梁山的无奈之举。

稍前，受齐所迫纪已经一分为二。《春秋·庄公三年》："秋，纪季以酅入于齐。"杜预注："季，纪侯弟。酅，纪邑，在齐国东安平县。齐欲灭纪，故季以邑入齐为齐附庸，先祀不废，社稷有奉，故书字贵之。"酅邑，即淄河东岸今临淄区皇城镇。名义上纪季以酅入齐为附庸，实则名存实亡。

纪是一个东方古老的大国，一直活跃在弥河流域，有着高度发达的文明，1983年寿光古城出土的一批商末青铜器就是证明①。文献记载，春秋时纪都于今寿光的纪台，也是一个重要的诸侯国。势力虽不能与齐抗衡但也并不微弱，也曾欺凌过其东边的夷国，与之为敌。《左传·隐公元年》："八月，纪人伐夷。"杜预注："夷国，在城阳庄武县。"庄武故城位于现在即墨市蓝村古城村一带，大沽河的东岸②。

然而，与鲁、莒关系却甚好，还常以第三者调解人的身份斡旋于两国的事务之中。《左传·隐公二年》："冬，纪子帛、莒子盟于密，鲁故也。"杜预注："莒、鲁有怨，纪侯……使大夫盟莒以和解之。"《左传·隐公八年》："公及莒人盟于浮来，以成纪好也。"杜预注："二年，纪、莒人盟于密，为鲁故。今公寻之，故曰以成纪好也。"

并且，纪、鲁婚配，关系甚笃。《春秋·隐公二年》："九月，纪裂繻来逆女。冬十月，伯姬归于纪。"杜预注："裂繻，纪大夫。传曰，'卿为君逆也'，以别卿自逆也。伯姬，鲁女，裂繻所逆也。"《春秋·隐公七年》："叔姬归于纪。"杜预注曰："叔姬，伯姬之娣也。"

甚至，与周天子通婚。《春秋·桓公八年》："祭公来，遂逆王后于纪。"杜预注："祭公，诸侯为天子三公者。王使鲁主婚，故祭公来，受命而迎也。天子无外，故因称王后。"《左传·桓公八年》："祭公来，遂逆王后于纪，礼也。"杜预注："天子娶于诸侯，使同姓诸侯为之主。祭公来，受命于鲁，故曰礼。"《春秋·桓公九年》："九年春，纪季姜归于京师。"杜预注："季姜，桓王后也。"

看来，纪在当时的社会地位还是颇为显赫的。纪侯不能下齐，宁折不屈，大去其国是有其背景和道理的。

《穀梁传·庄公四年》："大去者，不遗一人之辞也。言民之从者，四年而后毕

---

① 寿光县博物馆：《山东寿光县新发现一批纪国铜器》，《文物》1985年第3期。
② 国家文物局、山东省文物局：《中国文物地图集·山东分册》，中国地图出版社，2007年。

也。纪侯贤而齐侯灭之，不言灭而曰大去其国者，不使小人加乎君子。"这显然是对纪侯大去其国规模和方式的注解，并对纪侯褒奖有加。

但是，《公羊传》的传则截然不同，不仅认为大去是灭，而对齐襄公则是大加褒赞。《公羊传·庄公四年》"大去者何？灭也。孰灭之？齐灭之。曷为不言齐灭之？为襄公讳也。《春秋》为贤者。何贤乎襄公？复仇也。何仇尔？远祖也。哀公亨乎周，纪侯谮之，以襄公之为于此焉者，事祖祢之心尽矣……今纪无罪，此非怒与？曰：非也。古者有明天子，则纪侯必诛，必无纪者。纪侯之不诛，至今有纪者，犹无明天子也。古者诸侯必有会聚之事，相朝聘之道，号辞必称先君以相接。然则齐、纪无说焉，不可以并立乎天下。"

《春秋》一个大去其国，纪侯到底是避难出走还是被灭，在事发之后不久居然成了个谜。

《春秋·庄公十二年》："春王三月，纪叔姬归于酅。"杜预注："纪侯去国而死，叔姬归鲁。纪季自定于齐而后归之。"纪侯大去其国八年之后才死，可见纪侯确为出走而非被灭。历代史学家对纪侯或是齐襄公的评价虽然褒贬不一，但大多都遵从《左传》《穀梁传》的出走说，而非《公羊传》的灭国说。

既然出走，那么去向何方？躲在哪儿避难呢？文献找不到答案，考古也没有任何线索，纪侯去向不明，下落又成了个谜。

王献唐先生就纪侯避难去国的方向、路线及其地点进行过推论，他在《山东古国考》中说："从地理形势看……只有一条路，向东边远处走……而且必然是通过莱国，迁到东莱……不过我只能说他们迁到东莱为止，东莱区域很广，究竟迁往何处，书上没有证据，将来希望在地下得到证据。"①

后来王恩田先生也进行过考证，提出了纪、夷、莱为一国说，并且认为纪侯大去其国之后其"新都有可能就在黄县归城"②。二王观点虽不尽相同，但都认为纪侯去国的方向是东方，地点都在胶东半岛。

不过，有证据表明纪、夷、莱并非一国。《师寰簋》铭："今余肇命汝，率齐师、夷、莱……征淮夷。"莱，即莱。铭文中莱、夷同时出现，说明莱与夷并非一国。烟台上夼出土的夷侯鼎、己华父鼎，大小相近，形制相同，纹饰一致，并且同出一墓，所以其年代也应大致相同。既然器形、年代相同，且又同出一墓，那么与《师寰簋》铭同理，说明夷、己也并非一国③。纪、夷、莱非一国，那么纪侯去向归城之说就难以成立。而在东莱之地，至今也没有发现纪侯避难的遗存，甚至连线索也没有，所

---

① 王献唐：《山东古国考》，齐鲁书社，1983年。
② 王恩田：《纪、夷、莱为一国说》，《齐鲁学刊》1984年第1期。《胶东考古研究文集》，齐鲁书社，2004年。
③ 山东省烟台地区文物管理文员会：《烟台上夼村出土夷国铜器》，《考古》1983年第4期。

以纪侯大去其国远走东方胶东的观点是难以成立的。

在分析纪侯去国方向时，王献唐先生讲有两个可以完全排除，即西方和北方，因为西边是齐北边为海，所以只能是南方和东方，两个选项择其一。这非常合乎逻辑，但先生最终选择了东方否定了南方。其依据是，"南部外围的据点早被齐人拔掉"。

但是，如果稍微观察一下鲁庄公元年齐师迁纪的鄑、郱、郚三邑的地望我们就会发现，齐拔掉的据点不只是纪国南部的郱邑，还有其东北部的鄑邑和东南部的郚邑。其实，这时齐在纪国的外围已经构筑起了一个铁桶般的包围圈。这样一个形势，对纪侯来说只要齐襄公不放过他，就是插翅他也难以飞出去。何况，依照《穀梁传》的说法迁徙人员还众多，四年之后才毕至，持续的时间又是那么漫长。

因此，我们推测这是齐对纪采取的一种策略，围而不攻，给纪侯以强大的威慑力逼其"自愿"走人。毕竟，纪侯还是皇亲国戚，有一定的社会地位，而将报九世之仇作为出师之名也太过于牵强，所以齐对纪侯也不敢大开杀戒，只得用此一策。先是分化瓦解将纪一分为二，后又威逼纪侯出走，名誉不损还尽得其利，谋略缜密，不愧太公后裔。

若此，齐必然给纪侯留出一条通道让其出走。但是，在鄑、郚之间的东边还有一个被纪征伐过的敌对国夷国，即使齐国放此出走，恐怕纪侯也难以逾越此地。因此，纪侯大去其国的方向不会是东方，而只能是南方。

南方的浮来本来就是纪国的采邑，纪侯到此避难理所当然。而且，从自然资源、地缘政治和地理形胜来看，这里也是适宜纪侯避难的。

作为纪国最南部纯山区采邑而言，无法与纪国北部平原地区土质肥沃的酅邑、沿海渔盐之利的鄑邑，甚至是山前地带的郱、郚两邑相提并论，群山林立，土地稀缺贫瘠、资源匮乏。齐迁纪名义上是报九世之仇，实则是夺其土地和渔盐资源①。《左传纪事本末》："襄公鸟兽其行，败伦伤化，忍心害理，彼又岂知有祖宗之仇者，不过假报复之名，以利其土地耳。按《舆地志》，齐都临淄，在今青州。古纪城在今寿光。寿光距青州七十里，则春秋时纪与齐直数十里间，所谓卧榻之地不容他人安枕者也。"高士奇所言，可谓一针见血。对此，纪侯也是心知肚明。舍弃膏腴之地偏居于穷乡僻壤的深山之中，能够换取一定时间和空间上的安宁。

浮来邑的西南部、南部与关系最为密切的鲁国交界，东南一隅与关系友好的莒国接壤，这样一个特殊的地缘政治环境，想必也会给纪侯带来一定程度上的安全感和保障。

浮来邑的外围，特别是其北部，西北是鲁山，东北是沂山，之间是脊峰耸立亘贯东西的泰沂山脉，是一道天然的屏障，后来的齐长城就是借其修建的，且多是以险代墙。纪侯大去其国之后的威胁还是来自于北方的齐，这一屏障对浮来邑来说就是一道天赐的防线。而且，纪王崮也几乎就是一座天成的崮堡，其间还有一道沂河天险，这

---

① 吴伟华：《鲁北地区考古发现与春秋时期齐国灭纪》，《中原文物》2011年第2期。

样的地理形胜是极其适宜纪侯避难的。

从上述几个方面观察，浮来邑对纪侯来说无疑是最为理想的避难之地。所以，纪侯大去其国之后的避难地为浮来邑是可信的。

东安故城本为防御之城，而纪王崮从崮上到崮下又是座防御工事，加上泰沂山脉和沂河，于是就构成了5道防线。如果泰沂山脉出现了问题有东安城池，城池被破还有沂河阻隔，即使过了沂河接下来还有崮下山城和崮上崮堡，从泰沂山脉到纪王崮之间形成了一个完备的防御体系。出现在春秋纪国浮来邑的这一军事防御体系，无疑与纪侯去国避难的历史背景相吻合，所以纪侯避难于浮来邑是可以确信的。

正常情况下采邑的主人是大夫，纪国的浮邑来也不例外。但是，崮上春秋墓葬的规格却为诸侯，显然与之不符。而且，墓葬还是在工程艰巨、环境恶劣、凿墓条件极其有限的崮顶之上，与这一时期诸侯墓葬多在其水深土厚的都城大城里面的葬俗也不相符。这样规格的墓葬出现在这样的环境之中，只能说明诸侯级别的墓主人实力尚存，却遭受着强大的生存安全威胁，实属无奈之举。同在崮上的宫殿建筑，同样也说明了这一点。这样奇特的文化遗存，与纪侯奇特的避难历史更是契合，所以纪侯避难于浮来邑是确信的。

既此，那么崮上的春秋墓不但属于纪，而且墓主人还是大去其国之后在此避难的纪侯。当然，严格意义上来说墓主人并非大去其国的纪侯，而是其继任者。

至于崮上春秋墓葬专家提出的中段说[①]、邴国说[②]和莒国说[③]，虽给了我们很大启发，但稍加推敲之后就会发现这些观点都难以成立。

中段，传世文献和出土文献都查不到这个诸侯国，首见。但从《芈孟子鼎》铭"芈孟子乍中段毕妇中子媵宝鼎"的语序、语法结构来看，芈孟子、中段和中子三者之间的关系非常明确[④]。芈孟子为主语是作器者，中子为宾语是受器者，而中段则是修饰中子的定语，且其后还缀上了一个限制词其妇，显系为中子之夫。如果与墓葬对号入座，那么1号墓墓主为中子，2号墓墓主为中段，其间为并穴夫妇关系。既此，中段为人名而非国名，那么中段国就不能成立。

邴国之说出于《谷梁传》。《谷梁传》庄公元年（前693年）："齐师迁纪、郱、鄑、郚。纪，国也。郱、鄑、郚，国也。或曰：迁纪于郱、鄑、郚。"《左传》

---

① 卞文超：《纪王崮春秋古墓主人猜想》，《大众日报》2012年5月15日。

② 严鲁申：《山东沂水纪王崮春秋古墓出土铜器铭文考释及墓主人身份蠡测》，《三江高教》（第8卷第2期），2012年。

③ 乔显佳：《沂水春秋墓葬是莒国所留》，《齐鲁晚报》2012年4月17日。《山东沂水春秋古墓墓主锁定莒国国君》，《齐鲁晚报》2012年4月23日。《沂水崮顶春秋墓与莒国文化》，《齐鲁晚报》2012年5月3日。

④ 任相宏：《山东沂水天上王城出土芈孟子鼎、鼄君季愇盂铭考略》，《中国文物报》2012年8月17日。

无传,但《公羊传》和晋杜预注均认为为纪邑。杨伯峻先生在其《春秋左传注》中也说,"郱、鄑、郚为纪国邑名,齐欲灭纪,故迁徙其民而夺取其地",也认为为纪邑。历代史学家,如唐孔颖达、清顾栋高等也都认为郱为纪邑,而非国。如此一来,郱国也难以成立,更不可能与纪王崮有涉。

与中叚、郱国说不同,绝大多数专家持莒国说,而且这一观点也被部分媒体所接受。需要澄清的是,莒国说最早指的是一号墓墓主为莒国国君。当二号墓葬发掘完毕之后我们发现,两座墓葬南北并列且共拥一座封土,之间的关系随之明确,为夫妇无疑。并且,依据早期发掘发现的残存的部分封土叠压关系可以确定,一号墓葬的年代早,二号墓葬的年代晚,年代上其间略有先后。我们还发现,一号墓葬的规模不仅小且方向东向,与纪王崮的方向不一致,而二号墓葬的规模不仅大且方向西向,与纪王崮的方向一致。因此,一号墓的墓主必然是女性,二号墓主为男性,性别也随之明确。如此一来,而春秋莒国又无女国君,那么一号墓主为莒国国君之说就不能成立。

当然,这不会改变墓地的性质,亦如在这些问题清楚了之后莒国说依然坚持其说一样。持莒国说的主要依据有两个,一是墓葬位于莒文化的分布范围之内,一是莒国国君墓葬都远离莒国都城。但稍加分析就不难看出,其依据并不充分。

莒文化的分布范围是沂沭河流域[①],沂水纪王崮无疑在其范围之内。在这个圈子里面,高规格的春秋墓葬发掘的数量已经比较多,除去纪王崮外还有沂水刘家店子[②]、莒南老龙腰、莒南花园[③]、莒南东上涧[④]、莒南后官庄[⑤]、沂南西岳庄[⑥]、临沂凤凰岭[⑦]、莒县青年路丝绸公司[⑧]、兰陵鄑城后[⑨]等。这些墓葬的年代都与纪王崮春秋墓葬相去不远,大都处在春秋中晚期。并且,墓葬的规模相近,规格相等,葬俗相同。那么问题就来了,这么多的墓葬不可能都是莒国国君墓。道理很简单,没有那么多的莒国国君。墓葬数量多,莒国国君少,之间数量不但不相等,而且相差悬殊。何况,这只是发掘的,并不包括发现的,还有有待发现的在内。

---

① 刘延常:《莒文化探析》,《东南文化》2002年第7期。
② 山东省文物考古研究所、沂水县文物管理站:《山东沂水刘家店子春秋墓发掘简报》,《文物》1984年第9期。
③ 山东省博物馆:《莒南大店春秋时期莒国殉人墓》,《考古学报》1978年第3期。
④ 张子孝、高军、张文存、刘延常:《山东莒南县发掘春秋大型木椁墓——墓主应为小诸侯国君或是卿大夫级别》,《中国文物报》2008年7月4日。
⑤ 彭圣学、付金伟:《山东一古墓发掘49具尸骨 墓主或为东周诸侯》,《大众日报》2012年4月6日。
⑥ 刘延常:《莒文化探析》,《东南文化》2002年第7期。
⑦ 山东省兖石铁路文物考古工作队:《临沂凤凰岭东周墓》,齐鲁书社,1988年。
⑧ 刘延常:《莒文化探析》,《东南文化》2002年第7期。
⑨ 2012年秋抢救发掘,资料待发表。

其实，在这个圈子里春秋时期也并非只有一个莒，除去鲁地之外至少还有向、阳、鄟、颛臾、郯、鄫等诸侯国。这些墓葬部分是与这些诸侯国有关的，部分是与莒、鲁的采邑有联的。因此，依据莒文化分布范围来确定莒国国君墓是不充分的。

莒国国君墓都远离都城的观点，源于莒南大店老龙腰和花园春秋墓，形成于沂水刘家店子春秋墓。位于沭河支流浔河流域的老龙腰、花园、东上涧和后官庄春秋墓，定性为莒可信，但都确定为国君墓不可信，还是因为墓葬的年代都较为集中，没有那么多的国君。这些墓葬应当都与浔河与沭河交汇处的向国故城有关，当然故城的主人此时应是莒取向后的莒大夫。同理，位于沂河支流时密水北岸的沂水刘家店子春秋墓，也并非莒国国君。墓葬应当与其西北侧的时密山遗址相关[①]。这一遗址，文献记载为春秋密邑。密邑早期为鲁，晚期属莒。墓主人应是密邑大夫。墓葬无法证实为莒国国君墓，那么莒国国君墓葬都远离都城的依据也不充分。

事实上，目前能够确定的莒国国君墓只有一座，并非老龙腰、花园和刘家店子，而是位于莒县县城内青年路丝绸公司院内的那座春秋墓。由此可见，莒国国君墓葬并非都远离都城。也无法想象，莒国国君死后从沭河中游的国都跨越到沂河流域，然后逆水上行60多千米葬到这穷乡僻壤的纪王崮山顶之上。因此，莒国国君说也不能成立。

六、结　　语

经过发掘和考察可以明确，纪王崮崮顶不但有大型的墓葬和宫殿建筑，而且其外围还环绕着由山门、崖壁和石头墙所构成的防御设施，形成了一座居高临下、坐东朝西的奇特崮上春秋陵寝和崮宫。

并且，崮下还有一座春秋山城相拱卫。山城由拦马墙、山门、道路、点将台、窑址、山泉等组成。崮上防御本来就严密，但崮下又建这样一座山城相护卫，于是又构成了上下错落有致、双城双山门的总体格局，从崮上到崮下整个纪王崮俨然一座完备的防御工事。而防御的核心，无疑就是崮上的宫殿和墓葬。严密的防御工事，诸侯级别的宫殿和墓葬聚集在纪王崮，凝结成了一座奇特的高规格的春秋山城崮堡。

宫殿和墓葬之所以选址于此，除去奇特的崮体自身所具备的天然防御因素之外，与崮上三座小山丘的存在密不可分。转山、松山和斜山不仅为崮上人们的生存提供了保障，还为宫殿建筑、墓葬开凿提供了必备条件。特殊的自然地理环境，决定了这里特殊的文化遗存。

纪王崮唯一的通道与沂源东安故城直接相连接，而其春秋时期城址的年代、规格又与崮上春秋墓葬的年代、规格相一致，所以两者是一体的，关系最为密切。文献、

---

① 马玺伦：《山东沂水县时密山春秋遗址调查》，《考古》1991年第8期。

城址都一致表明，东安故城为春秋时期纪国的浮来邑。浮来邑的范围，大致包括了今天沂源县的东部和沂水县的西北部，即沂河上游。在这一范围之内，除去东安故城之外，重要的遗址还有沂源姑子坪。作为东安故城的一部分，且又处在浮来邑的中心处，纪王崮为纪国浮来邑无疑。

《春秋·庄公四年》所载的"纪侯大去其国"，《左传》《穀梁传》和《公羊传》则给出了不同的传，前两者为出走避难，后者却谓之灭。历代学者多遵从前者之说，并且王献唐、王恩田先生还对其出走的方向及避难的地点进行过考证，都认为是走向东方，避难在龙口归城以东。但是，在这一范围之内至今尚未发现任何线索，没有得到证实。

通过考察我们发现，浮来本为纪国采邑，其自然资源、地缘政治和地理形胜适宜纪侯避难，同时纪王崮的年代、规格和遗存所反映出来的奇特的军事防御工事与纪侯避难的奇特历史背景也十分吻合，另外崮上春秋墓葬中段说、邢国说和莒国说也都难以成立，所以我们认为纪侯避难的方向是南方，地点为浮来邑。特殊的文化遗存，必然是特殊历史的反映。

前面提到沂山西侧的铜陵关和鲁山东侧的九曲十八转，应当就是纪侯避难出走的通道。本为纪国的采邑，这里的地理形胜对纪侯来说是十分熟悉的。

既此，我们也就理解了《春秋》"大去其国"的含义。纪侯没有被灭也没有出逃，而是被迫舍弃了纪国的君位和爵位，率领着"四年而后毕"至的"民之从者"以及当地之民，在其偏僻的浮来邑建立起了一个独立王国。

因为不再是正统的诸侯，所以其避难的历史也就不会再见于文献，一片茫然。不过，半途而废的二号墓无疑给这段奇特历史的终结做出了一个明确的诠释。从纪侯大去其国至此，时间一个世纪左右。从东安战国齐国盖邑来看，纪最终还是被齐所灭[1]。

基于上述，那么崮上春秋墓葬不但属于纪，而且主墓的墓主人还是纪侯大去其国之后在此避难的纪侯。当然，严格来说墓主人并非大去其国的纪侯，而是其继任者。

如此一来，一号墓出土青铜钟和匜上的铭文被有意识地打磨掉等一些奇特的现象也就不难理解了。不再是纪侯，当然不能再继续使用标志纪国铭文的纪器。否则，又会受齐以把柄，而且要比九世之仇更甚。江国则不同，与之无涉，所以其青铜器上的铭文得以保留。

并且，当地民间传说也越来越清晰，居然是如此得高度一致，非空穴来风。

---

[1] 任相宏、郑德平、苏琪、杨中华：《沂源东里东台地一号战国墓及相关问题的思考》，《管子学刊》2016年第1期。

晋都新田新认识

田建文
（山西省考古研究所）

1993年春，我写作《新田模式——侯马晋国都城遗址研究》时①，将1952年以来侯马晋国遗址，即晋国最后一个都城"新田"的四十年来考古发现与研究，总结为六个特点。

（1）无郭城，"品"字形宫城内宫殿台基位居制高点，宫城内为晋公直接控制区；

（2）宫城之东有卿营筑的小城，个别小城内有规模小的宫殿台基，小城均由两个更小的城构成；

（3）宫城之南、之东是手工业作坊区，不同性质的手工业作坊分区设置，同一性质的手工业作坊依产品种类又有地点之别；

（4）牛村、平望古城东北角不作直角，不是地势所限当为刻意成之，与防御有关；

（5）有多处祭祀场所，除"左祖右社"外，还有祭"台骀"及郊祀一类场所；

（6）宫城之东南、之西发现的"邦墓"规格不高，晋公陵墓位于远离宫城西南的背山面水的墓茔佳地。

以上六点以三点最为突出，即突出防御、突出手工业作坊、突出祭祀，这是侯马晋国都城遗址的特色，并将其称为"新田模式"。这一模式对战国时期列国都城产生了巨大的影响，如河南新郑"郑韩古城"、河北邯郸"赵王城"、河北平山"三汲古城"、河北易县"燕下都"、山西夏县"禹王城"、山东临淄"齐故城"。"从这点考虑，可视晋都新田为中国城市发展史中的里程碑，它开创了战国一代城市形制的先河。"

转眼间二十多年过去了，《侯马铸铜遗址》②《上马墓地》③《晋都新田》④《侯

---

① 田建文：《新田模式——侯马晋国都城遗址研究》，《山西省考古学会论文集》（二），山西人民出版社，1994年。
② 山西省考古研究所：《侯马铸铜遗址》，文物出版社，1993年。
③ 山西省考古研究所：《上马墓地》，文物出版社，1994年。
④ 山西省考古研究所侯马工作站：《晋都新田》，山西人民出版社，1996年。

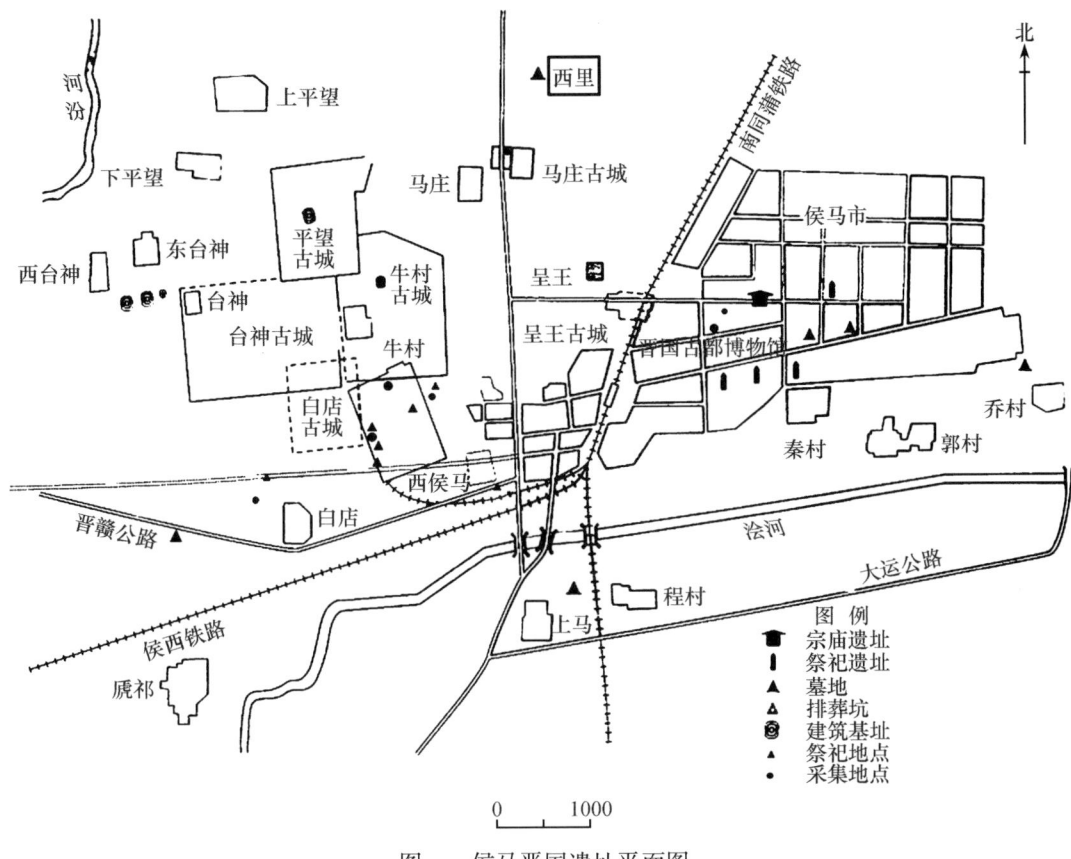

图一 侯马晋国遗址平面图

马乔村墓地1959～1996》相继出版[①]，北郭马古城[②]和虒祁[③]、晋田热电力公司、西高[④]三处祭祀遗址及虒祁、西里、南上官墓地（墓葬）等连续发现，现在已知"晋都新田总面积29.55平方千米，四类遗址35个地点。分别是：古城8座，平望、牛村、台神、马庄、北坞、呈王、北郭马和凤城古城，其中平望、牛村、马庄古城内各有一座宫殿台基，台神古城西城门外西北角有3座；手工业作坊4种，铸铜、制陶、制骨和石圭作坊；祭祀遗址11处，北西庄、牛村古城南、侯马盟誓遗址、煤灰制品厂、省建一公司机运站、呈王路、省地质水文二队、西南张村、虒祁村、晋田热电力公司、西高；墓地10处，柳泉、上马、牛村古城南、下平望、东高、乔村、虒祁、西里、南上官及秦村排葬墓地。"[⑤]（图一）这，还不包括一些零星墓葬。

---

① 山西省考古研究所：《侯马乔村墓地1959～1996》，科学出版社，2004年。
② 王金平：《侯马市北郭马古城》，《中国考古学年鉴》（2001），文物出版社，2002年。
③ 山西省考古研究所侯马工作站：《山西侯马市虒祁墓地的发掘》，《考古》2002年第4期。
④ 王金平等：《故国祭礼——侯马市西高祭祀遗址的发掘与思考》，《发现山西——考古人手记》，山西人民出版社，2007年。
⑤ 田建文：《再看晋都新田》，《炎黄地理》"侯马"专号，2009年第9期。2010年在西贺村西的高铁路基上发现一处祭祀遗址，现已变成12处。

新材料就会产生新的认识，只要我们遵循"让材料牵着鼻子走"的考古学文化研究规律。

一

早在1995年编写《晋都新田》时，我参加了第二章"城址"除"白店古城"外的写作和整理了《新田晋都古城》的报告①，后者是牛村、平望、台神、马庄四座古城勘探、试掘工作的总结。当时就意识到部分古城的废弃时间要早于晋国彻底灭亡前的公元前376年。因为牛村古城1957年在东城墙南端做过小面积的发掘工作，发现随葬陶鬲、盖豆各一件的M1打破城墙（图二），M1年代当时定为"铸铜遗址或侯马晋国遗址分期的中期，约公元前470年左右。"平望古城大型夯土台基，亦即公宫的东南部，1976年发掘了两座南北向土圹竖穴墓，"M1随葬品组合为鬲、盖豆、壶（图三）；M2为鼎、盖豆、壶、鉴、盘（图四）。从相同器类盖豆、壶看，M2略早于M1，M1中的鬲、豆相同或相类于下平望M13，M13被认为是战国早期阶段，在公元前430年左右当无太大误差，M1可作参考。M2略早些，但时代距离不致太大。M2随葬品中不乏精美者，墓主人生前可能属于'下大夫'一级。"所以，2008年我在《晋都新田的两个问题》中指出②，"牛村古城发现的打破城墙的公元前470年左右的墓葬和平望古城城内在春秋晚期偏晚阶段已经有墓葬分布了，说明最迟在"三家灭智氏"的公元前453年之

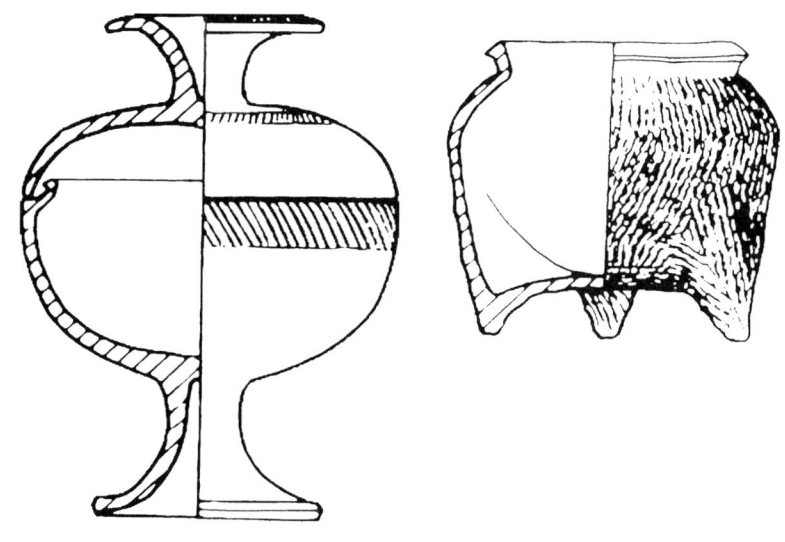

图二　牛村古城57M1陶器

---

① 《新田晋都古城》，《晋都新田》，山西人民出版社，1996年。
② 田建文：《晋都新田的两个问题》，《中国文物报》2008年9月12日7版。

晋都新田新认识

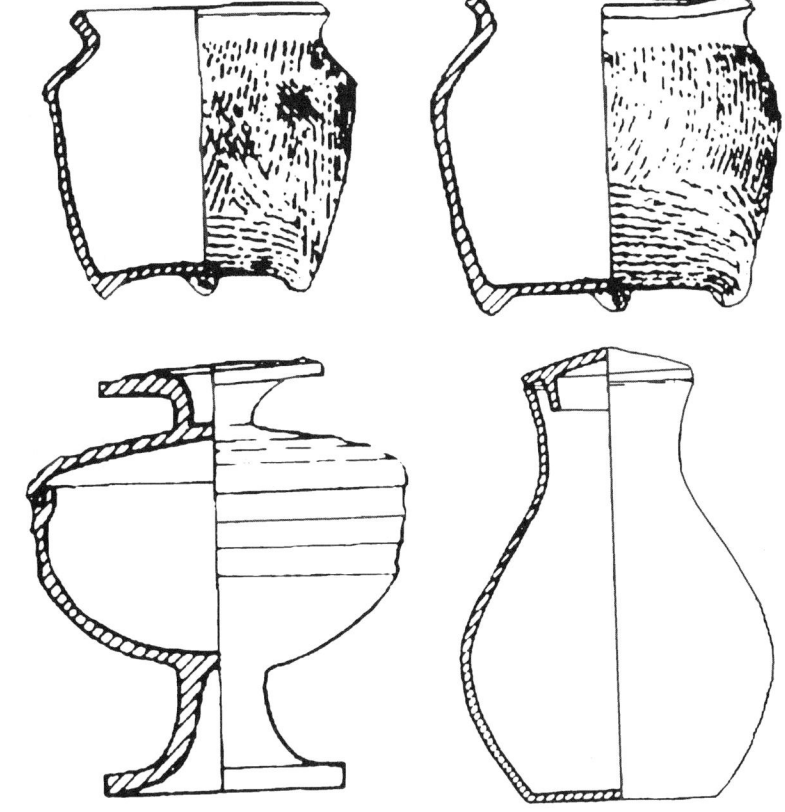

图三 平望古城76M1陶器

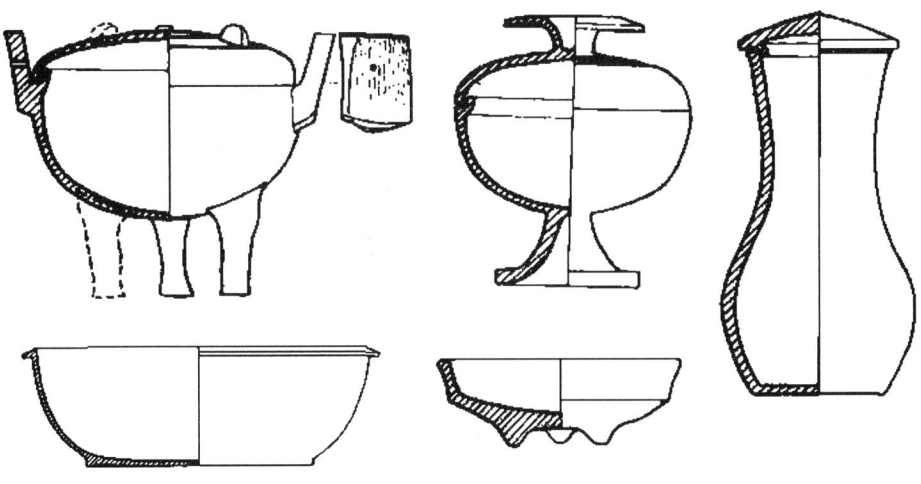

图四 平望古城76M2陶器

后，新田作为晋国都城已开始进入衰落甚至废弃阶段了"。也就意味着公元前453年之后的柳泉墓地四组大型晋公墓葬不属于由平望、牛村、台神三座古城组成的"品"字形宫城，自然就考虑到侯马晋国遗址中最晚的凤城古城了[①]。"凤城古城外城建筑年代，应始于战国初期或更早些……凤城古城内城，包涵遗物多为西汉时期的瓦类。据调查所知，内城应略晚于外城，似为西汉时期的宫城。"

凤城古城北城墙残长3100米，西城墙残长2600米，其外城城圈至少在11千米以上，超过了汉代河东郡临汾县的襄汾赵康古城，也超过了魏都安邑、秦汉及晋的河东郡治的夏县禹王城，至少与它不相上下，更远远超过了稍早的晋都新田"品"字形宫城中的任何一城，就是将"品"字形宫城加起来面积也比不上凤城古城。由于规模相差悬殊和时代稍晚，也可排除类似马庄、呈王、北坞、北郭马古城作为某一晋国卿大夫的"卿城"的可能。规模上考虑只能是晋公才能有此级别，同时期正好发现有柳泉晋公墓地。这样的话，最迟在公元前453年到公元前376年，晋公已经离开了"品"字形宫城搬进了凤城古城，柳泉墓地是这一时期的晋公墓葬。搬进的原因是由于"知伯欲尽并晋"和"晋国政皆决知伯，晋哀公（前457~前440年）不得有所制"。由于二地相距极近，无所谓迁不迁都；再说晋公也不能左右自己了，对这一件小事，文献失载也属正常。这就清楚了自《水经注·浍水》以来，包括明天顺五年（1461年）纂修《大明一统志》和嘉靖三十年（1551年）《嘉靖曲沃县志》都错把凤城古城当做"新田"的真正原因了。

二

晋都新田卿城的出现，有一定的时代背景。公元前558年一代霸主晋悼公死去，年仅十岁的平公即位，便由韩、赵、魏、智、范、中行氏六卿联合执政，晋国政出多门，导致晋国公室无力左右局面，晋国霸业维持了一段，便开始"晋楚共霸"、晋秦言和，晋国也开始一步一步走向衰落，直至灭亡。六卿们在各自的领地里实行改革、设郡立县，弱肉强食，在晋都新田里也要拥有自己的根据地，这就是卿城。

以前发现了呈王、北坞、马庄三座"卿城"，规模不大小但由两座更小的城组成。2000年在北坞古城东北约500米处又发现了北郭马古城，由内外两城组成，"外城平面大致呈长方形，东西长约350、南北宽约250米，面积约9万平方米……内城位于外城内北部，仅在基建范围内钻探发现内城东北角。内城东墙距外城东墙20余米，内城北墙距外城北墙30余米……在外城的外夯土基槽下压有春秋中期偏晚的灰坑，内夯土基槽与外夯土基槽均被汉代灰坑打破，所以，北郭马古城年代范围大致为春秋晚期至

---

① 《1960、1988年凤城古城遗址、墓葬发掘报告》，《晋都新田》，山西人民出版社，1996年。

汉代前战国末。"

我在1993年指出呈王古城是"赵氏之宫",其他卿大夫就可能有"范氏之宫""中行氏之宫"。如果这四座小城为卿城的意见无误的话,可以确定其建造年代也相差无几。在公元前453年,范、中行、智氏相继灭亡,晋公也离开"品"字形宫城搬进凤城古城,卿大夫就剩下韩、赵、魏了,他们没有必要再在新田内设立卿城。所以,公元前453年是这四座卿城的下限,即便是呈王古城论规模远远不及晋阳古城,也不一定非要等到公元前403年周威烈王命赵、韩、魏为诸侯时。但呈王古城使用"时间约相当于公元前500~400年"[①],而"北坞古城分期的Ⅰ~Ⅴ段相当于侯马铸铜遗址的Ⅱ~Ⅵ段。也就是说,北坞古城的始筑较铸铜遗址晚一个阶段,大体稍晚于晋国迁都于新田,即约当公元前550年前后。Ⅴ段后的废弃时间大体稍晚于三家分晋(前403年),即约当公元前380年晋国灭亡前后。"[②]与我们所说的公元前453年还是有几十年的距离,看来这几座古城还得做扎实的分期研究。

三

《侯马铸铜遗址》分早、中、晚三期,每期两段,"早期约当公元前600年至公元前530年前后,中期约当公元前530年至公元前450年前后,晚期约当公元前450年至公元前380年前后。"是根据晋公在新田的起止年代,即迁都公元前585年至晋绝不祀的公元前376年作为参照的。并在"结语"中说:"铸铜遗址早期Ⅰ段遗迹很少,未发现铸铜遗物,Ⅱ段则遗迹较多且发现铸铜遗物,其间的变化可能与迁都有关。中期遗迹、遗物最多,显示出繁荣景象。晚期Ⅵ段呈现突然废弃的迹象,可能正是晋国灭亡的反映。"而《史记·晋世家》"幽公(前433~前416年)之时,晋畏,反朝韩、赵、魏之君。独有绛、曲沃,余皆入三晋"的这条记载,晋国公室已经失去蕴藏有丰富铜矿的中条山了,侯马铸铜遗址如果还属于晋国公室所有,所需要的大量铜矿从何而来?现在已知晋公在公元前453年离开了"品"字形宫城了,正值侯马铸铜遗址的晚期,晋公还有没有能力管理铸铜作坊?显然是不可能的了。联系到凤城古城内发现晋国公室直接管理的战国初期陶范[③],这就需要把侯马铸铜遗址也分为两个时期,晋国公室管理时期和非晋国公室管理时期,约以公元前453年为界。顺便说明,铜器铸造在夏、商、周三代是第一生产力,不光是晋国公室在凤城古城铸造,早于其的北坞古城内,也出土过车軎、带钩、环首刀、环等陶范。

---

① 山西省考古研究所侯马工作站:《山西侯马呈王古城》,《考古》1988年第3期。
② 山西省考古研究所:《侯马北坞古城勘探发掘简报》,《三晋考古》(第一辑),山西人民出版社,1994年。
③ 2006年秋,在林城村村民在村东断崖上发现,我曾去现场调查。

离侯马铸铜遗址不远的白店村2003年发现战国早、中期铸铜遗址[①]，其中H15中"出土成形陶范约700余块，制作精美，很多器形、纹饰、动物、人物造型、印章及较大陶模背面帖有瓦片的制作工艺为铸铜遗址前所未见。出土的10余枚印章模型在侯马是第一次发现。印章文字有'中行''公''繁''少''生''玺'等。"资料还未发表，无从知道H15年代。但公元前420年"魏文侯以兵诛晋乱，立幽公子止，是为烈公"[②]，这一时期魏国强大无比，三家分晋后绛、曲沃全部属魏，如果侯马铸铜遗址存在非晋国公室管理时期的话，就有可能属于魏国。2012年发表《侯马白店铸铜遗址》报告[③]，"结束语"中说"这批陶范的年代相当于春秋晚期后段至战国早中期之际。其中以战国早期和战国早中期之际遗存最为丰富"，时代既定，非魏国莫属。

四

2008年我还指出台神古城城外西北角的三座大型夯土台基就是"虒祁宫"[④]，但我在1993年错误地认为它是祭祀台骀的场所。究其原因，明《嘉靖曲沃县志》东阳呈属"虒祁乡"，而没有"虒祁"村；第四卷"志"有"虒祁宫"，"县西南四十九里东阳呈，晋平公建。《左传》晋城虒祁而诸侯叛即此。今遗址尚存。"东阳呈在浍河南边，与《水经注》所记的"虒祁宫"位置千差万别；更重要的是那里侯马晋国遗址时期的遗存不多，堆积稀薄，更没有发现夯土遗迹。通过这一记载也可说明"虒祁宫"的位置到明朝已经被人们彻底忘掉了。"湾里"改为"虒祁"在清乾隆二十三年（1578年）之前，这一年乾隆版《新修曲沃县志》虒祁与西贺村、张王村、小韩、西阳城五个村子组成"西贺里"，"虒祁"下注："距城四十里，今名湾里村。"说明到了乾隆年间，连"虒祁"和"湾里"一个村子、两个村名的始末都搞不清楚了。以后的几套《曲沃县志》里，"虒祁宫"的记载更是王顾左右而言他了。倒是从明《嘉靖曲沃县志》到乾隆《新修曲沃县志》"湾里"与"虒祁"的变化中，可以推测明朝"虒祁乡"的乡治也许在"湾里"附近；而变化原因可能和《侯马市志》记载的"清沿明制，曲沃县改划六乡为头、二、三、四乡，（侯马）境内为四乡"有关[⑤]。"虒祁乡"没有了，就把乡治所在地的"湾里"正名"虒祁"了。

虒祁宫一经确定，北魏时期郦道元《水经注》卷六《汾水》中的记载就相合了，

---

① 谢尧亭等：《侯马白店东周铸铜遗址》，《中国考古学年鉴（2004）》，文物出版社，2005年。
② 《史记·晋世家》。
③ 山西省考古研究所：《侯马白店铸铜遗址》，科学出版社，2012年。
④ 田建文等：《春秋晋国"虒祁宫"》，《山西日报》2008年10月21日。
⑤ 田建文等：《春秋晋国"虒祁宫"》，《山西日报》2008年10月21日。

"汾水又迳绛县故城北。《竹书纪年》：梁惠成王二十五年，绛中地坼，西绝于汾。汾水西迳虒祁宫北，横水有故梁，截汾水中，凡有三十柱，柱径五尺，裁与水平，盖晋平公之故梁也。物在水，故能持久而不败也。又西迳魏正平郡南……"川流不息的汾水，也没能改变虒祁宫的原来地貌。其实，在唐代都还能看见"虒祁宫"，诗人杜颁在《故绛行》写道："君不见，虒祁宫，几重台榭亦微蒙。"到了宋朝司马光想要访问虒祁宫，乡亲们已经不知道了，他在《故绛城》诗中写道："欲访虒祁处，乡人亦不知。"魏晋至五代时期，侯马一度萧条，从考古发现看没有大规模遗址存在，仅有秦村发掘北魏时期安邑县令李铣墓①，出土墓志为"太和廿三年（499年）十二月廿五日征平郡曲沃县故民李铣……"唐墓也就乔村墓地发现的2座②。而侯马的再度繁荣就到金代了，最有名的是金代的董海墓③和董明墓④。

五

祭祀"台骀"场所应是西高祭祀遗址。

西高祭祀遗址坐落于汾河南岸的台地上，东距台神古城约3000余米，共清理733座。"遗址南北长约300、东西宽约400米，面积约12万平方米……祭祀坑除部分零散分布外，大多成片，密集分布。每片祭祀坑的排列有一定规律，东西成排，南北成行。方向多呈南北向，个别的为东西向。"20余组有打破关系。按规模可分三类,大者约占总数的10%，口长超过1.3、深3~8米，牺牲多为马，次为牛，个别为羊；中者约占总数的60%，口长0.8~1.3、深1~3米，牺牲多为羊，个别为牛，或者无牲；小者约占总数的30%，口长小于0.8、深0.5~1.5米，多无牺牲，少数为羊。出土遗物有玉、石、铜、蚌、骨器等362件，一般每坑一件，部分出土两件或两件以上。有壁龛者皆出于壁龛内，无壁龛则出于坑底北部或中部。以玉器为主，铜器次之，蚌、骨器仅有数件。有大量的龙形玉佩和玉璜、瑗、璧、出郭璧、长条形玉饰、玉环、合叶状玉器、玉剑格及剑珌、玉扳指、玉人、玉带钩、玉片、玉玦等，珠圆玉润，皆为上乘。石筒、石璋、石圭。总之西高祭祀遗址中马、牛牺牲较多，而且出土了大量精美的玉器，显然要高出一个档次。

再看祭祀坑的方向，多呈广义上的南北向。牺牲为马的，J306方向350°，J403方向348°，J406方向357°，J536方向335°；牺牲为牛的，J59方向350°，J645方向333°，J775方向342°；牺牲为羊的，J111方向355°，J433方向0°，J402方向342°，J573方向

---

① 杨富斗：《山西曲沃县秦村发现的北魏墓》，《考古》1959年第1期。
② 山西省考古研究所：《侯马乔村墓地1959~1996》，科学出版社，2004年。
③ 山西省考古研究所侯马工作站：《侯马102号金墓》，《文物季刊》1997年第4期。
④ 山西省文管会侯马工作站：《侯马金代董氏墓介绍》，《文物》1959年第6期。

350°。这11座祭祀坑方向在333°~360°,就是我们通常所说的西北至东南向。西北是汾河流经之处,台骀为汾河之神,祭祀遗址所祭祀的神至此明矣。

祭祀台骀的场所如果有宫殿建筑的话,那就在西高村祭祀遗址的西北方向,或现在还没发现或已被汾河水冲毁了。西台神村北的"台骀庙"在其东北,想必是春秋到明代祭祀台骀庙宇就在这一带建设,但没有沿袭同一地点罢了。我们已经知道这一地区两周、秦汉遗存丰富,而隋、唐、五代人烟稀少,一直到宋、金时期才又恢复了昔日的繁华,西台神的"台骀庙"当是这一时期重建的,势必要改变原址。

六

凤城古城的性质与虒祁宫的位置一经确定,进而再看侯马晋国遗址,就可以发现这个遗址的重心由东、西两组遗迹组成。西组是晋都新田的主要内容,"品"字形宫城、"卿城"、虒祁宫、"左祖右社"、铸铜遗址中的晋国公室管理时期和上马、牛村古城南、下平望、东高墓地等墓地中的绝大多数墓葬及秦村排葬等,主要以公元前585年到公元前453年的遗存为主。这一期是"品"字形宫城建筑和使用期,晋公活动在"品"字形宫城,其他遗存都是服务于宫城的,我们将其称作"品"字形宫城时期。另外,台神村北台神古城城外东北不远处"东沟"1958年发现一座铜器墓,征集回来铜鼎、马衔和陶鬲、罐各一件,据说另有铜盘、匜、马衔等,时代为春秋中期晚段,也就是迁都之际的铜器墓,此墓东侧还有一未清理的墓葬,是成规模的墓地还是零星墓葬,不得而知。

东组是凤城古城和柳泉墓地等,时间为公元前453年到公元前376年。"品"字形宫城已被废弃,晋公离开了那里搬进凤城古城,我们将其称作凤城古城时期。乔村墓地在凤城古城的西侧,两者相始终,1993年因资料较少也没有涉及。现在1038座墓葬报告已经发表,对墓葬形制清楚的998座分类为竖穴墓、正洞室墓、偏洞室墓,一期即战国早期的竖穴墓33座,"墓葬形制承继春秋以来晋文公传统的墓葬形制";随葬陶器的墓葬只有261座分三类,第一类仅16座,属晋文化系统,陶器的基本组合为鼎、豆、壶,分布在Ⅳ区5座,Ⅵ区11座,第一类第一期仅有M420、M4132、M620、M622、M611共5座,为战国早期,报告认为相当于公元前453年到公元前376年。"从墓葬数量上看,因是墓地初创时期,墓与墓间距略疏,不见打破关系",可见未形成墓地;第二、三类分别属秦、汉文化系统,正洞室墓、偏洞室墓很多而竖穴墓很少,才形成了真正的乔村墓地。此外凤城古城北墙外的曲沃机电厂发掘的10座[2],有公元前453年到公元前376年的墓葬,但没有发表墓葬分布图,难以说清有未形成墓地。

---

① 《新田晋都古城》,《晋都新田》,山西人民出版社,1996年。
② 《1960、1988年凤城古城遗址、墓葬发掘报告》,《晋都新田》,山西人民出版社,1996年。

而进行过大面积揭露的上马墓地，"1961年在上马村附近发掘的14座墓葬，其中M1~M4位于上马墓地Ⅳ区西侧，与已发现的墓地西缘间有约40米的空白地带，年代为战国中期，与上马墓地第五期的年代存在着缺环。据调查，在上马村里还分布有战国时期的墓葬，年代与M1~M4相当。因此，1961年发掘的14座不应属于现已发掘的上马墓地。"① 庹祁墓地清理1260座墓葬，"长方形土圹竖穴墓约占墓葬总数的四分之一，时代从春秋晚期到汉初。"已发表的资料中，M2003随葬陶鼎、鬲、豆、壶，报告定为公元前453年到公元前376年的战国早期，下平望墓地1992年在北区发掘了40座②，也有这个时期的墓葬，但不好说两处墓葬都处于一个相对稳定、延续时间较长的传统意义上的"邦墓"之中。牛村古城南发掘了130余座墓葬③，报告已经说清楚了，就是墓葬，不是墓地。

值得注意的是，与牛村古城57M1、平望古城76M1、M2规模和年代相同的还有西侯马村南（515地质队）④、北西庄村南、配件厂、侯马火车站南（北区铁路房建段）、侯马生产资料公司⑤、公共汽车公司、木材公司和未发表资料的新田市场南门东侧和其东300米的祥和小院住宅楼等零星墓葬⑥，"以陶礼器墓为主，未形成大规模墓地，是延续时间较短的小型或单一家庭墓地"⑦。竖穴墓，多一椁一棺，也有少数一椁二棺，随葬的陶器主要是陶鼎、鬲、豆、壶、舟等，也有一些铜带钩、小玉饰件、石圭等，地位较高的有公共汽车公司M1，一椁二棺，面部有简易的玉幎目，随葬有陶鼎、舟各1、豆、壶各2，另有铜带钩1、石圭1和长方形周边有牙、四端有小孔的玉佩饰2（图五），其他墓葬无非是没有玉幎目、玉佩饰罢了。墓主人当是六卿之外晋国的没落贵族，有些地位还不低，甚至是公族墓葬。前引《史记·晋世家》有"幽公之时……独有绛、曲沃，余皆入三晋"，晋公葬于柳泉墓地，其余的贵族除少数陪葬于此外，大多数都零零散散的葬于都城内了。从公元前453年到公元前376年时间不长，晋公管理的地域有限，就不可能形成墓地。随着"晋绝不祀"，晋公变为晋君，这些

---

① 《上马墓地》第四章"墓地的分期与年代"第四节"各期、段绝对年代的推定"。
② 山西省考古研究所侯马工作站：《侯马下平望墓地发掘报告》，《三晋考古》（第一辑），山西人民出版社，1994年。
③ 《侯马牛村古城南墓葬发掘报告》，《晋都新田》，山西人民出版社，1996年。
④ 山西省考古研究所侯马工作站：《侯马几处东周陶器墓》，《文物季刊》1996年第3期。
⑤ 山西省考古研究所侯马工作站：《侯马市东周墓葬、遗址发掘简报》，《文物季刊》1996年第3期。
⑥ 山西省考古研究所侯马工作站2001年发掘资料。
⑦ 《晋都新田》第三章"墓地"。

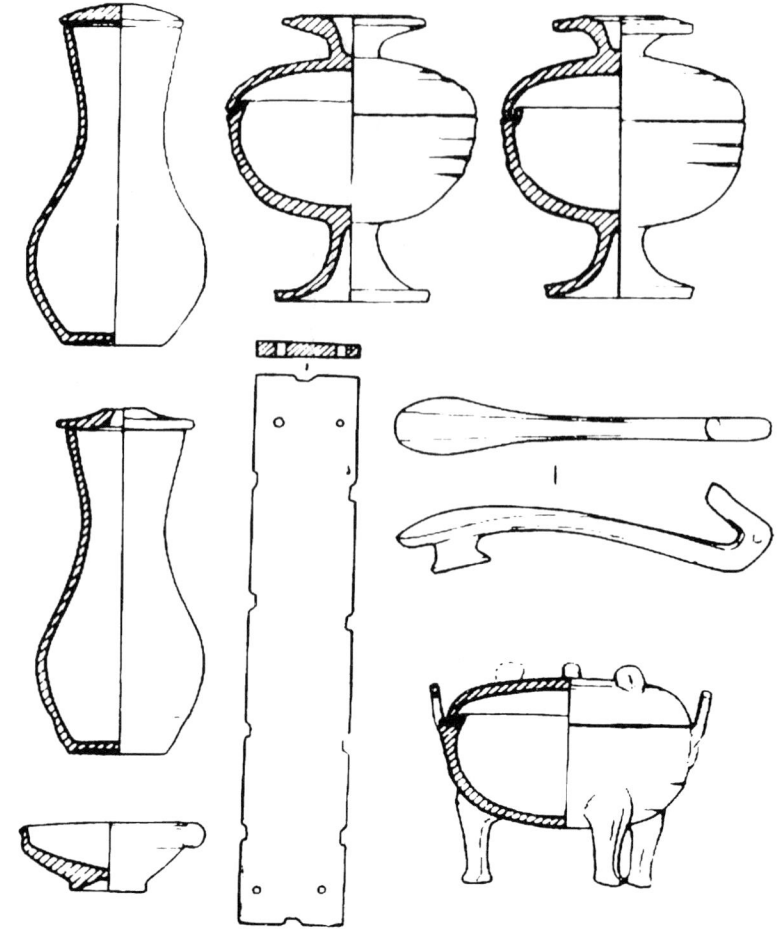

图五　公共汽车公司M1随葬品

人很可能随他到了端氏、屯留了①，长子鲍店M1就是一座晋君大墓②，其北有绛河，该河得名当与晋君居此有关，也再次证明我提出的"晋""绛"是同一个地方、同一个名称，是周语和晋语两种读音③。

西里、南上官④、白店村北也曾发现过墓葬，不知道其规模和时代，暂时就不考虑了。至于说到铸铜遗址中在凤城古城时期为非晋国公室管理，由魏国管理，也可以算作是这一时间段的特例吧。

---

① 《史记·赵世家》：赵成侯"十六年，与韩、魏分晋，封晋君以端氏"，"肃侯元年夺晋君端氏，徙处屯留"。
② 《山西长子县东周大墓》，《1999中国重要考古发现》，文物出版社，2001年。
③ 田建文：《晋国早期都邑探索》，《三晋考古》（一），山西人民出版社，1994年。
④ 南上官墓地2008年秋天被盗。

七

再次着眼侯马晋国遗址，就会发现：

（1）以公元前453年为界，晋都新田分"品"字形宫城时期和凤城古城时期；

（2）"品"字形宫城时期，1993年总结的前五条特点没有改变，新田模式的精髓是宫城和卿城；

（3）凤城古城时期的特点是墓地只有"公墓"和零散墓葬，没有传统意义上的"邦墓"；

（4）从"品"字形宫城到凤城古城的变化，反映了晋国在新田时期繁荣和衰落的过程。

从新田模式到新认识，自我感觉对侯马晋国遗址的研究又深刻了许多，这也是我就同一个问题再次写作的动力，尽管还有若干遗迹年代和历史年代，两相对照应该引起怀疑的地方。

附记：

2008年4月21日下午，我持新作《晋国"虒祁宫"再探寻》，请教前来侯马整理晋侯墓地的李伯谦先生。交谈中，他提示我要注意一下侯马晋国遗址中的"凤城古城"，说：西汉的一个县治没有凤城古城那么大的外城圈，东周时候才有如此规模。凤城古城处于侯马晋国遗址中，侯马晋国遗址没有发现之前认为它是晋都新田。现在可以肯定它不是，但与晋都新田是什么关系？你要好好考虑考虑。1984年秋我大学毕业后他在曲村也给我说过这个问题，虽然长期以来我只是调查过多次，并没有扎实研究过，但李先生对凤城古城关心的口气，使我每当提起就觉得少了点什么。

5月2日我完成《凤城古城及其相关诸问题》，连同《晋国"虒祁宫"再探寻》，6月9日将主要观点写成《晋都新田的两个问题》，发表在2008年9月12日《中国文物报》上，又再接再厉于2010年11月20日写成《晋都新田新认识》，这是我自1993年春写作《新田模式——侯马晋国都城遗址研究》后，对侯马晋国遗址再次全面的新认识，其中有些已经动摇了我曾经自鸣得意的观点，但却心安理得。因为知识积累量与解析考古学文化的深入程度总是息息相关的，而实事求是、透物见人是考古工作者的责任。

感谢李伯谦先生三十多年来对我的培育之恩，祝先生健康长寿，永葆学术青春！

2015年12月20日23：21

四、历史钩沉

略论秦统一中国的物质文化基础
——以长江流域为视角

张昌平　孙　卓
（武汉大学历史学院）

公元前221年，秦始皇灭六国而在政治上宣告统一中国。秦帝国的疆域范围，东至于海，北抵阴山，南越南岭，西及陇西，这是以中原文化为背景的政治势力首次空前的地理大扩张。秦帝国如此广阔的疆域范围，其后又为汉朝所继承，并由此形成较为稳定的、以中原地区为政治文化中心的区域政治空间，最终奠定古代中华帝国的疆域基础。秦始皇、秦帝国在中国历史上往往被置于极为突出的地位，正是因其开创了古代中国政治局面。不过，谈到秦的统一，我们过去往往强调军事的力量，强调从"分裂"到"统一"。但秦统一显然并非是依靠简单的军事征服，秦汉之后相对稳定的政治地理格局，也更应该存在广泛的物质文化基础，而这样的基础，又是在于不断的文化交流与区域互动。本文即以长江流域为视角，观察秦统一之前这一区域文化如何从多元走向一致，并由此理解秦朝政治统一下的文化基础。

一

长江流域与中原地区的文化交流，在不晚于公元前6000年的城背溪文化即已开始。这种跨区域的文化交流与联系，在中原地区史前几次大的文化整合和扩张之后显得愈发强烈。从公元前2000年开始的新石器时代末期，随着中原地区几次大的文化变迁和王朝更替，长江流域先后经历了四波较强的中原文化影响。这四波影响主要发生在龙山晚期至二里岗、西周早期、西周晚期以及春秋晚期至战国等阶段，并最终随着秦王朝对长江流域的统一达到新的高度。

（一）龙山晚期至二里岗阶段

中原文化对长江流域大范围的影响和扩张，在龙山时代晚期即见端倪。其时以王湾三期文化为代表的中原势力楔入江汉地区，并由此造成了该地区文化格局大的变动，形成了所谓的石板巷子一类遗存①。石板巷子一类遗存的代表性器物，如侧装足鼎、广肩高领瓮、细柄的豆等，与煤山文化表现出强烈的一致性。这些器物形制和组合都具有典型的中原文化特征，说明龙山晚期中原与江汉地区不再是简单的文化联系或影响，而是前者文化向南扩张的态势。与此大体同时，长江流域较早阶段兴起的石家河、良渚等文化集团则开始衰落。在这种态势下，特别是随着中原地区文明系统逐步成形，长江流域各区域文化开始伴随着中原的节奏发展。在地理位置靠北的汉水上游地区，龙山时代晚期之后二里头文化时期的聚落继续存在。例如淅川下王岗②、郧县辽瓦店子③、李营④等遗址都发现较为典型的二里头文化遗存，暗示出龙山晚期之后，该地区与中原文化的联系从未中断。汉水上游在地理位置上处于关中地区、河洛地区与江汉地区三个大的文化区域交流与互动的通道要津，这里也是长江流域最早纳入中原文化系统的区域。

约始自二里头文化第三期，中原文化势力开始了对长江流域强力的大范围扩张。在中原文化势力南下首当其冲的江汉地区，出现有多处典型的二里头文化遗址。这些遗址文化遗物多为源自伊洛河流域的扁足鼎、大口尊、深腹罐、花边口沿罐、高柄豆以及袋足的鬹与盉等，基本不见此前本地石家河文化的因素，说明中原文化浪潮覆盖了本地传统文化。上述遗址中的一些地点如黄陂盘龙城⑤、江陵荆南寺等⑥，位置在长江北岸，表明了中原文化所及。本次浪潮的影响，向西穿过峡江地区进入四川盆地，在三星堆文化中可见青铜牌形饰、玉璋形器以及陶器如豆、盉等二里头文化因素⑦。在东部，二里头时期文化多是通过豫东地区传播，向南扩展到江淮地区，在寿县斗鸡

---

① 宜都考古发掘队：《湖北宜都石板巷子新石器时代遗址》，《考古》1985年第11期。白云：《关于"石家河文化"的几个问题》，《江汉考古》1993年第4期。
② 河南省文物研究所、长江流域规划办公室考古队河南分队：《淅川下王冈》，文物出版社，1989年，264～306页。
③ 武汉大学考古系与博物馆学系：《郧县辽瓦店子遗址》，《湖北省南水北调工程重要考古发现Ⅰ》，文物出版社，2007年，116～123页。
④ 武汉大学考古系、郧县博物馆：《湖北郧县李营遗址二里头文化遗存发掘简报》，《江汉考古》2014年第6期。
⑤ 湖北省文物考古研究所：《盘龙城：一九六三～一九九四年考古发掘报告》，文物出版社，2001年。
⑥ 荆州博物馆：《荆州荆南寺》，文物出版社，2009年。
⑦ 四川省文物管理委员会等：《广汉三星堆遗址》，《考古学报》1987年第2期。四川省文物考古研究所三星堆工作站等：《三星堆遗址真武仓包包祭祀坑调查简报》，《四川考古报告集》，文物出版社，1998年，78～90页。四川省文物考古研究所：《三星堆祭祀坑》，文物出版社，1999年。

台①、含山大城墩②、肥东吴大墩③等均可见到典型二里头文化的遗物，在江淮地区东部还与大量岳石文化因素交融。二里头文化元素还进一步向南渗透，部分甚至越过长江，波及环太湖地区的马桥文化④。

二里头文化的南下颠覆性地改变了长江流域文明进程，并在多方面影响到后者的物质文化面貌。一方面，长江流域遗址文化面貌以鼎、深腹罐、鬲、豆等为主，暗示其系中原文化南下的结果。二里头文化因素甚至还在其后越过长江，对长江以南广大地区形成深远影响⑤。另一方面，长江流域部分遗址如盘龙城、肥西开始出现小型青铜器，甚至在铜陵师姑墩、郧县李营遗址可见青铜器生产遗存⑥。长江中游的部分地点出现大型建筑基址，少数遗址还见有印纹硬陶和原始瓷等外来陶器⑦，暗示地区性中心城市的形成以及复杂的社会功能。以上表明这一阶段中原文化向南的扩张，不再是单纯文化上或人口的迁徙，而体现了经济活动的深入，乃至社会、政治局面的改变。

二里岗文化在时间和空间上步二里头文化之后尘，代表中原文化势力继续南下，并在二里岗上层阶段迎来一个高潮，其在规模上更为扩展、文化上更加强势、地理范围上覆盖区域更大。具有二里岗或中商文化特征的遗存在长江流域多个地区进退同步⑧，也说明其势力的中原文化背景。二里头文化时期形成的聚落在这一时期继续保留并有扩充，中心聚落可以盘龙城为例说明。在盘龙城，不仅可见二里岗文化陶器如鬲、甗、盆、罐、豆，可见青铜器如斝、爵、斚、鼎、鬲，更出现了大型的夯土城墙、宫殿基址和多组成套青铜礼器的贵族墓葬。这些最早见于偃师二里头、并在郑州商城逐步定型的建筑、器用等体现社会等级的仪式性符号，在中原地区成为青铜文明的表征。从二里岗下层偏晚开始，这样一套文化符号以关联性的遗迹、遗物集中出现在了长江沿岸的遗址中。中原与长江流域文化特质的类同，暗示出这一阶段中原地区

---

① 北京大学考古系商周组、安徽省文物工作队：《安徽省霍邱、六安、寿县考古调查试掘报告》，《考古学研究（三）》，科学出版社，1997年，240～299页。

② 安徽省文物工作队：《含山大城墩遗址调查试掘简报》，《安徽文博》（第一期），1985年。张敬国：《含山大城墩遗址第四次发掘的主要收获》，《文物研究》（第四期），1988年。安徽省文物考古研究所：《安徽含山大城墩遗址发掘报告》，《考古学集刊》（6），中国社会科学出版社，1989年；安徽省文物考古研究所、含山县文物管理所：《安徽含山大城墩遗址第四次发掘报告》，《考古》1989年第2期。

③ 张敬国、贾庆元：《肥东县古城吴大墩遗址试掘报告》，《文物研究》（第一期），1985年。

④ 黄宣佩、孙维昌：《马桥类型文化分析》，《考古与文物》1983年第3期。

⑤ 向桃初：《二里头文化向南方的传播》，《考古》2011年第10期。

⑥ 王开等：《安徽铜陵县师姑墩遗址出土青铜冶铸遗物的相关问题》，《考古》2013年第7期。张昌平、陈晖：《湖北郧县李营发现的铸铜遗址》，《考古》待刊。

⑦ 湖北省文物考古研究所：《盘龙城：一九六三～一九九四年考古发掘报告》，文物出版社，2001年。

⑧ 盛伟：《盘龙城遗址废弃的年代下限及相关问题》，《江汉考古》2011年第3期。

在盘龙城存在着直接的控制。而通过次一级的中心聚落，中原文化又以盘龙城为中介，进一步扩散到长江沿线。部分文化因素甚至越过长江，在洞庭湖平原、赣江和宁镇地区多有见到。这一阶段受中原文化的影响，长江沿线遗址之间文化上的内在联系进一步加强。一些陶器的独特因素，如印纹硬陶或原始瓷、平裆鬲、红陶缸等，开始广泛分布于受中原文化影响的长江流域诸遗址。

中原文化这一浪潮在长江流域广泛地持续到殷墟文化一期，前后经历300余年。在中原文化扩张的背后，各地方文化因素纷纷消退，影响所及，长江流域文化基本面貌，从此纳入中原文化鬲、盆、豆、罐的基本系统，而青铜器等代表高等级社会层次的因素，也被广泛接受。即便在中原文化向北退缩之后，仍然对长江流域文化持续其影响。比如，中原文化向北退缩之后，青铜铸造技术却逐步扩散到长江沿线地区，并在当地形成独立的青铜铸造工业[①]，新干大洋洲、宁乡炭河里、广汉三星堆等形成具有不同地域色彩的青铜文明中心。上述殷墟文化时期青铜器虽然具有较多的不同于中原文化的地域特征，但显然又都是脱胎于中原文化。一些出土长江流域特征青铜器的地点，还伴出有中原文化背景的青铜器。通过对中原文化的接受、采纳和模仿，长江流域的经济、社会复杂程度日益加深，并使得中原地区的青铜文化在当地得以被认同，而地方青铜用器的礼仪规范也在此基础上与中原地区长时间保持一致。

（二）西周早期

殷墟文化时期开始，随着中原文化向北的收缩，长江流域及其以南区域，地方文化转而兴盛。在赣江、湘江以及长江上游成都平原等区域，都形成了独具地方特色的青铜文化。赣江流域以吴城文化为代表，陶器见有大量的印纹硬陶，铜器则以中原式器物的变体为特征。湘江则以沩水流域的炭河里为代表，青铜器多见装饰夸张的动物形尊、大型酒器如尊、罍或卣。长江上游的成都平原见有三星堆文化，其文化主体是从本地新石器晚期文化演变而来，青铜器多见人像和面具，极具异域风格。这一阶段尽管部分地区的文化因素仍可见有中原文化的影响，然而地方性的文化特征却逐步占据主导地位，形成了南北文化交流之间的一段间隔期。

公元前11世纪周人东进，入主中原地区。中原文化对长江流域形成了第二波扩张浪潮，而这次浪潮也在长江流域有全面的体现。周王朝对南方扩张的主要方向仍然是在江汉地区，由于较商文化位置靠西，关中文化集团在西周初向西沿汉水进入随枣走廊，再沿涢水流域向南推进，并在西周早期即达到长江沿线。周王朝在江汉地区分封

---

① Virginia C Kane. The Independent Bronze Industries in the South of China Contemporary with the Shang and Western Chou Dynasties. *Archives of Asian Art*, vol. 28, 1974-75: 77-107.

诸侯，在随州的羊子山、叶家山，发现有明确属于噩国和曾国诸侯一级的墓地[1]，表明该地区属于周王朝之下诸侯国的直接控制区域。在江陵万城发现有"北子🅇"族诸器[2]，说明这股周人势力向南接近长江。在黄陂鲁台山墓地[3]、蕲春毛家嘴遗址也发现典型的西周墓地和青铜器窖藏[4]，说明周人已控制到江汉地区东部。这些发现，大体展现出西周之初周王朝经营南国的脉络。在长江上游和下游两端，周王朝势力也已经直接进入。位于成都平原西缘的彭县竹瓦街，两次出土有9件青铜罍[5]，其中不少圆罍器形以及扉棱、兽首耳、兽面纹等特征，与前述叶家山墓地M27罍相同。更远至长江下游，宁镇土墩墓所见铜礼器和其铭文，也指向出了早期吴国在该地区活动的迹象[6]。诸侯国在长江流域的设立，表明在政治上，长江流域开始有意识地被纳入中原王朝的统治之中。而在政治统一化的趋势之下，伴随着贵族和平民的迁徙、铜器的赏赐和诸侯的分封，以姬周地区为代表的一套礼仪规范和文化传统也再次迅速传入到长江流域，形成了又一波南北之间深层次的交流和文化认同。

在周文化诸侯国控制的范围之外，受到中原文化向南冲击的影响，中原青铜文化越过长江进一步向南渗透，部分接近南岭山区。在湘江流域，由高砂脊西周早期墓葬可见晚商阶段中原文化特质的二层台、腰坑等葬俗，可知这种形式已融入到当地文化之中[7]。高砂脊墓地墓葬形制和随葬的青铜礼器也都显现出与中原地区许多一致的特征。而向南溯游而上，一直近南岭和湘西山区，中原式的青铜礼器还零星见于今湘潭[8]、衡山[9]、邵阳[10]等地区。中原青铜文化的部分特质，随着中原文化的再次向南的扩张，迅速地融入到当地文化之中，同时也促进了长江以南青铜器的生产和礼器的传

---

[1] 随州市博物馆：《随州出土文物精粹》，文物出版社，2009年。湖北省博物馆、湖北省文物考古研究所等：《随州叶家山西周早期曾国墓地》，文物出版社，2013年。

[2] 李健：《湖北江陵万城出土西周铜器》，《考古》1963年第4期。

[3] 黄陂县文化馆、孝感地区博物馆、湖北省博物馆：《湖北黄陂鲁台山两周遗址与墓葬》，《江汉考古》1982年第2期。

[4] 湖北黄冈市博物馆：《湖北蕲春达城新屋塆西周铜器窖藏》，《文物》1997年第12期。

[5] 王家祐：《记四川彭县竹瓦街出土的铜器》，《文物》1961年第11期。四川省博物馆、彭县文化馆：《四川彭县西周窖藏铜器》，《考古》1981年第6期。罍的图像如《中国青铜器全集·13》图七十五、七十六兽面纹罍，文物出版社，1994年。

[6] 陈梦家：《宜侯夨簋和它的意义》，《文物参考资料》1955年第5期。郭沫若：《夨簋铭考释》，《考古学报》1956年第1期。唐兰：《宜侯夨簋考释》，《考古学报》1956年第2期。

[7] 湖南省文物考古研究所等：《湖南望城县高砂脊商周遗址的发掘》，《考古》2001年第4期。

[8] 袁家荣：《湘潭青山桥出土窖藏商周青铜器》，《湖南考古辑刊》（第一辑），岳麓书社，1982年。

[9] 冯玉辉：《湖南衡阳市郊发现青铜牺尊》，《文物》1978年第7期。

[10] 高志喜：《论中国南方出土的商代青铜器》，《中国考古学会第七次年会论文集》，文物出版社，1992年，76~88页。

播，将早期以长江沿线作为中原与地方文化交界的地带，扩展到了长江以南区域。

随着昭王伐楚，南巡不返等历史事件，中原文化在长江流域的影响，在西周早期迅速扩张之后，至西周中期又再次陷入低潮。噩、曾、长子等周文化下的诸侯国消亡或向西北回撤，地方文化又转而重新兴起。在这一背景下，南北之间的文化联系以及长江流域中原化的进程，又进入到一个停歇的阶段。

（三）西周晚期至春秋早期

经过西周中期的沉寂，西周晚期偏晚阶段开始，周文化势力再度南下，西周诸侯国再次出现在江汉地区，其势力一直延续到春秋早期。关于西周晚期周人经营南国，青铜器铭文、传世文献都有明确的记载，考古材料也有丰富的体现。在京山、枣阳、随州等地点发现有明确属于这一阶段曾侯级别的墓葬，反映出了随枣走廊又一次归入到曾国的控制范围。在今襄阳一带，则发现有两周之际属于邓国、鄀国的铜器及其相关遗存①，同样展现出了姬周系统下的文化特征和用器制度。西周诸侯再次封立于江汉地区，实际是中央政体对该区域一种重新的掌控，也体现出了宣王之际，设立汉阳诸姬，以蕃屏周南土的政治策略。在这一政治、文化背景下，中原文化也得以再次向南部延伸。目前江汉地区西周晚期多个遗址，无论是陶器或是铜器的文化面貌，都反映出了中原文化的影响，甚至是直接的传播。

自西周晚期，江汉西部地区的文化和政治势力呈现出了进一步整合的趋势。以中原文化为基调的楚文化逐步形成，并由此向邻近地区扩张。目前在江陵地区已经发现有带楚字铭文的编钟以及中原式的青铜礼器，表明西周晚期中原礼仪用器已经被楚所接受和使用②。而在文化面貌上，随着楚向外的扩张，以鬲、罐、盆、豆为代表的，源自中原地区的文化因素，迅速取代了之前以鼎、釜为代表的当地土著文化，并由此在襄宜、江汉平原，乃至澧阳平原，展现出了极大的相近性③。通过楚在区域性的整合，中原文化进一步传播到江汉及其以南区域。而楚在礼仪规范上对于周王朝的效仿，也使得源自中原的青铜文化对长江流域产生了深刻的影响，并在之后阶段所见迅速在江汉地区普及开来。

而进一步在外围区域，中原式的青铜用器可见向南传入到了长江下游的宁镇和皖南等地区。以青铜鼎、簋为主的器物组合，是西周中期之后中原地区所形成的一套丧

---

① 湖北省文物考古研究所、襄樊市考古队等：《襄阳王坡东周秦汉墓》，科学出版社，2005年。徐少华：《鄀国铜器及其历史地理研究》，《江汉考古》1987年第3期。
② 湖北省文物考古研究所：《湖北宜城万福垴遗址调查勘探报告》，《江汉考古》2015年第5期。
③ 张昌平：《楚鬲的研究》，《奋发荆楚、探索文明——湖北省文物考古研究论文集》，湖北科学技术出版社，2000年，161~183页。

葬器用规范。这样一套组合规范在两周之际，同时多见于皖南、宁镇地区的土墩墓遗存中[①]，展现出了周文化在长江下游的拓展进程。

西周晚期，通过周文化体系下的各诸侯国，以及可能的其他地区性政治组织，中原文化对于长江流域的文化面貌造成了深刻的影响。同时由于部分区域内的文化和政治整合，区域之间的文化联系进一步加强，不同区域内的文化面貌出现了同质化的现象。随着平王东迁，周王朝对于周边区域控制力的减弱，长江流域各地区在延续西周中、晚期所定型的器用制度和文化习惯之外，逐步摆脱中央王朝的束缚，将所承袭的中原青铜文化进一步扩大。也正因如此，春秋早期，以曾、楚等国为代表，中原文化因素在长江流域的影响得到迅速加强和扩展。至春秋晚期，楚由西向东在长江流域形成了广泛的扩张态势，为之后整个长江流域文化的趋同性，以及南北之间文化的深度交流创造了条件。

（四）春秋晚期至战国晚期

平王东迁之后的东周时期，各诸侯国逐步形成了分立的局面。春秋中期一些诸侯在不同地区兼并和扩张，一方面整合形成了地域文化集团的力量，使得区域文化得到了很大的发展，另一方面又推动了区域之间文化的深度交流，并使黄河、长江流域文化面貌形成趋同性。春秋中期之后由于楚国和楚文化势力的崛起，无论是四川盆地、江汉平原、江淮地区、长江下游，以至长江南岸的湘江、赣江流域，都可以见到大范围文化面貌趋同的现象，并深度表现为对中原文化进一步的继承和吸收。

楚自江汉地区西部逐步兴起，在文化上与中原地区青铜文化有着直接的渊源关系，这一关系在春秋早、中期楚国向北争霸中得到进一步加强。在淅川下寺等地，中原式的丧葬礼仪和器用规范已与当地楚文化相互交融，奠定出楚青铜文化特有的面貌[②]。至战国早、中期，江陵地区逐步成为楚国的核心区域。以中原文化为基调的礼仪规范，也随之兴盛于江汉地区的楚文化。在楚国国力强势发展过程中，楚文化首先与南阳盆地、随枣走廊一带的周文化诸侯国曾、邓、蔡相互交融。约在春秋中、晚期，楚国对长江中、下游形成了扩张态势，并对该区域文化产生了更加广泛的影响。在长江以南，楚青铜文化大约也是在春秋晚期以较强的态势进入到湘江、沅水、资水等流

---

① 安徽省文化局文物工作队：《安徽屯溪西周墓葬发掘报告》，《考古学报》1959年第4期。殷涤非：《安徽屯溪西周墓第二次发掘》，《考古》1990年第3期。李国梁：《屯溪土墩墓发掘报告》，安徽人民出版社，2006年。江苏省文物管理委员会：《江苏丹徒烟墩山出土的古代青铜器》，《文物参考资料》1955年第5期。江苏省文物管理委员会：《江苏丹徒大港母子墩西周铜器墓的发掘》，《文物》1984年第5期。

② 河南省文物考古研究所、河南省丹江库区考古发掘队等：《淅川下寺春秋楚墓》，文物出版社，1991年；河南省文物考古研究所等：《淅川和尚岭与徐家岭楚墓》，大象出版社，2004年。

域，并与该地区原有的越文化因素形成交流①。战国晚期白起拔郢之后，楚国政治中心东迁，楚文化及其所蕴含的中原文化因素又再次向东影响，并强势覆盖淮河中、下游和长江下游②。尽管战国晚期，楚国政治势力已不断式微，然而其政治变动所带来的文化影响，却几乎遍布于整个长江中、下游广大的区域内。

在春秋晚期，长江下游的宁镇地区，及其以南的宁绍平原，交替出现了吴、越等跨区域大国。这两个国家在军事扩张和政治整合的阶段，进一步在文化上吸收了中原文化特有的因素，形成了所谓的"吴越文化圈"。吴越文化贵族的青铜用器，保持了与中原各诸侯国一致的发展脉络。吴越贵族也采纳、吸收中原地区以青铜器为代表的礼仪规范，并促成了当地中原化的进程。而战国中期之后，中原文化在该区域的渗透，又主要体现为通过楚文化所见对吴越地区的强势压迫，逐步与楚青铜文化交融一起。在宁镇、宁绍地区战国晚期墓葬中，已经可见典型的楚文化的因素。墓葬由土墩墓向木椁墓转变，随葬铜器、玉器多见有楚文化的特质③。吴越文化圈通过楚文化对其的影响和更替，由此进一步融入到整个中原文化体系之下。

在长江上游从三峡到成都平原地区，西周及其后主要被政治地理不甚明确的巴、蜀所控制，并在春秋及以前形成以釜、尖底器、长柄豆形器为代表的地域文化。随着秦、楚两国对该地区的开拓，巴蜀文化区也逐步呈现出中原化的态势。在春秋晚期，土坑木椁墓等一类源于中原文化的丧葬形式，已经深入到今成都地区。新都土坑墓所见，多室的棺椁形制，以及鼎、甗、鉴、敦、缶等青铜礼器都显现出了中原文化、特别是楚文化的影响④。而至战国时期，秦文化从汉中南下，从另一个层面施加了中原文化的影响。今成都、重庆部分地区墓葬多见有来自秦地的青铜鍪、钫、釜等器类⑤，指示出秦文化因素通过成都平原沿江下游而影响到峡江地带。秦文化在这一区域的分布状况，展现出了秦人由此向东扩张的线路。随着秦对该区域的经营和统治，巴蜀地区

---

① 湖南省博物馆、湖南省文物考古研究所、长沙市博物馆、长沙市文物考古研究所：《长沙楚墓》，文物出版社，2000年。益阳市文物管理处、益阳市博物馆：《益阳楚墓》，文物出版社2009年。湖南省文物考古研究所：《沅陵木形山战国墓发掘简报》，《湖南考古辑刊》（第6辑），岳麓书社，1994年。湖南省文物考古研究所、沅陵县文管所：《湖南沅陵木马岭战国墓发掘简报》，《考古》1994年第8期。

② 李景聃：《寿县楚墓调查报告》，《田野考古报告》（第一册），1936年。李德文：《李三古堆楚王墓钻探情况》，《安徽省考古学会会刊》（第6辑），安徽省考古学会，1982年。杨旭霞：《长丰战国晚期楚墓》，《文物研究》（第二辑），黄山书社，1986年。安徽省文物考古研究所：《安徽长丰战国晚期楚墓》，《考古》1994年第2期。

③ 中国社会科学院考古研究所：《中国考古学·两周卷》，中国社会科学出版社，2004年，430、405页。

④ 四川省博物馆、新都县文物管理所：《四川新都战国木椁墓》，《文物》1981年第6期。

⑤ 四川省文物管理委员会：《成都羊子山第172号墓发掘报告》，《考古学报》1956年第4期。

在战国晚期至秦、汉阶段，最终纳入到中原文化的体系之中。

进入到铁器时代，各诸侯国生产力水平迅速提高。跨地区文化交流和文化影响的深度和强度都大大超过以往。不仅在长江流域，以秦、楚和吴越为代表，形成了大范围文化整合的态势；同时，中原文化也得此进一步向南深入，影响到岭南和两广地区。目前所见，在战国早期，楚文化已经向南渗透到了湘江上游的衡阳[①]、资兴[②]、永州[③]、郴州[④]等地区。而到战国晚期，南岭以南的漓江、西江和北江等流域也都见有这一时期铜器贵族墓，铜器的类别和随葬的方式大多与吴越地区相近[⑤]。从战国晚期至秦，中原文化的因素，已通过南岭山区，沿河而下，最远至清江、北江下游形成了一定的控制。此外，文化之间的交流、影响，使得西南的滇池地区在战国晚期至秦、汉也开始零星见到中原文化的因素。少数墓葬随葬有青铜容器、如壶、鉴等，多源自以青铜容礼器为代表的中原地区[⑥]。

春秋晚期至战国，长江流域呈现出了大范围内文化面貌的趋同和地方文化相互融合的局面。在此背景下，通过各诸侯国对中原文化的接受和吸收，中原文化深度地融入到长江流域当地文化之中，形成其有机的组成部分，并由此向岭南和滇西等地区渗透。长江流域对中原文化的普遍接受和文化认同，在战国晚期达到一个顶峰。而之后秦、汉对于长江流域的政治统一，实际在文化上可视为对原有南北文化统一趋势的进一步继承。

二

长江流域所见中原文化南下的浪潮，体现在物质文化新面貌的出现。同时，中原

---

① 李正光：《湖南省衡阳苗圃蒋家山发现战国及东周时代墓葬》，《文物参考资料》1954年第4期。《衡阳苗圃蒋家山古墓清理简报》，《文物参考资料》1954年第6期。衡阳市博物馆：《衡阳市苗圃、五马归槽、茅坪古墓发掘简报》，《考古》1984年第10期。

② 湖南省博物馆：《湖南资兴旧市战国墓》，《考古学报》1983年第1期。

③ 零陵地区文物工作队：《永州市鹞子岭战国墓发掘简报》，《湖南考古辑刊》（第4集），岳麓书社，1987年。

④ 郴州地区文物工作队：《湖南郴州东周墓发掘简报》，《文物》1990年第10期。张中一：《湖南郴州市马家坪古墓清理》，《考古》1961年第9期。

⑤ 广西壮族自治区博物馆：《广西恭城县出土的青铜器》，《考古》1973年第1期。广西壮族自治区文物工作队：《平乐银岭山战国墓》，《考古学报》1978年第2期。广东省文物管理委员会：《广东清远发现周代青铜器》，《考古》1963年第2期。广东省文物管理委员会：《广东清远的东周墓葬》，《考古》1964年第3期。广东省博物馆：《广东罗定出土一批战国青铜器》，《考古》1983年第1期。

⑥ 云南省文物考古研究所：《曲靖八塔台与横大路》，科学出版社，2003年。

文化因素不断的影响，各有不同程度地被长江流域所承袭，并促使该地区文化与中原文化的趋同。而不同地区物质文化面貌的同一，还应归因于长江流域地域文化对于中原文化因素及其背景的认同，特别是对于上层建筑，在礼仪活动所赋予的物质形式，并深层次根植于南北相近的生活习惯和经济形态。

（一）青铜礼器的文化圈

在中国青铜时代，以范铸技术生产的青铜容器，可视为贵族日常礼仪和丧葬活动中最突出的物化形式[①]。青铜容器展现出了贵族的宴饮生活，并逐步发展成通过组合搭配和器物套数界定贵族不同的等级和身份。这些的行为方式，也通过中原文化南下的浪潮，为长江流域不同族群所接受，并形成有一个大范围特质近似的青铜文化圈[②]。

二里头文化以青铜爵、斝和陶盉为代表的一套器物组合，成为其时王都地区贵族丧葬用器的范例。稍晚时期，长江流域也开始引入青铜器的生产和青铜容器的使用。在今汉水上游，部分遗址曾发现有二里头文化小件铜器和铸铜等遗物[③]，指示出铜器的生产活动由中原开始向长江流域扩散。至二里头文化晚期，类似中原文化的青铜容器、青铜铃铛进一步出现在江淮地区[④]，表明中原青铜用器和其礼仪规范可能已深入到长江流域。

中原式青铜礼器在长江流域大规模的使用和传播，集中表现在二里岗文化晚期。盘龙城李家嘴M1、M2所见一套青铜礼器的形制和组合都彰显出了中原青铜器使用的特征[⑤]。盘龙城二里岗阶段的青铜礼器，一方面与郑州地区一致，表明其使用无疑与中原处于同一文化规范的控制之下，另一方面在纹饰和制作细节上显现出了若干的地域特点，暗示出青铜器存在本地生产的可能[⑥]，更说明本地对于中原文化自主地接受。在江陵荆南寺这样中原文化边缘地带，二里岗文化墓葬也随葬青铜斝[⑦]。师姑墩遗址发现的

[①] 张昌平：《中西青铜器与世界青铜文明》，《中国社会科学报》2012年8月10日。
[②] 徐良高：《文化因素定性分析与商代"青铜礼器文化圈"研究》，《中国商文化国际学术讨论会论文集》，中国大百科全书出版社，1998年，227~236页。
[③] 张昌平、陈晖：《湖北郧县李营发现的铸铜遗址》，《考古》待刊。
[④] 杨德彪、杨立新：《安徽江淮地区的商周文化》，《中国考古学会第四次年会论文集》，文物出版社，1985年，65~71页。杜金鹏：《安徽出土两件铜斝的年代及其意义》，《中国文物报》1995年9月24日。
[⑤] 湖北省文物考古研究所：《盘龙城：一九六三——一九九四年考古发掘报告》，文物出版社，2001年，161~176页、189~203页。
[⑥] 张昌平：《盘龙城商代青铜容器的初步观察》，《江汉考古》2003年第1期。
[⑦] 荆州博物馆：《荆州荆南寺》，文物出版社，2009年，31页。

铜器生产遗存[①]，反映以范铸法为代表的青铜生产技术在二里岗阶段就可能已经传播到长江流域，并随着铜器的使用在长江流域得到了进一步发展。

长江流域青铜器的生产和使用在二里岗结束之后逐步展现出个性化的倾向。随着中原文化势力的急剧消退，长江流域几大地域性青铜文化开始出现具有自身特征的青铜生产和使用规范。这种青铜器生产和规范，仍是二里岗阶段该地青铜器特征的进一步延续和对殷墟文化影响的接受，仍旧体现出南、北双方密切的交流。例如新干大洋洲铜器群[②]，既表现出强烈的地方特征，同时又保留了中原青铜文化的深刻痕迹。以鼎、簋、鬲等食器为主要的器类组合，少见酒器，是不同于晚商至西周初中原地区的器用规范。然而无论是铜器器类、器形，抑或是主题纹饰单元，多可在中原青铜文化中找到蓝本。在青铜器的制作上，尽管多见分铸铸接工艺，但器体成形技术多不出晚商阶段范铸法的主流。在文化类型上，吴城文化无疑表现出典型的地域特征，然而以新干大洋洲铜器群为代表，其贵族对于铜器的生产和使用，仍体现出了中原青铜文化在当地的深度影响。对中原青铜文化的吸收、借鉴和模仿同样可见于江淮地区和湘江流域。除了中原文化类型的青铜礼器之外，该地区还常见有钟、铙等乐器，其主题装饰多双目凸出，以器物中轴向两侧对称展开，可见中原式兽面纹的影响。在长江流域我们还可以看到跨地域、大范围青铜器交流的现象。在沙市东岳庙[③]、江陵八姑台[④]及枣阳新店[⑤]，发现有尊、罍等体形高大的青铜容器，往往装饰扁体小鸟、C形扉棱纹饰等。类似器形和装饰特征的青铜器，还大范围见于自广汉三星堆至安徽阜南、淮南等地。这些青铜尊与罍多较殷墟同类器高大，但器体较薄，装饰与铸造工艺也与中原地区有所不同，这些青铜器分布于新干大洋洲、广汉三星堆等不同地域色彩的青铜文明中心，但自身高度一致的特征说明其有可能来自相同的产地[⑥]。上述青铜文明中心不仅学习中原地区的技术，同时也在长江流域相互交流与传播。以上长江流域铜器的生产仍是以中原地区铜器为其源流。若工匠本身并非出自中原地区，也暗示出长江流域工匠有着中原地区的文化背景，抑或受到中原工匠的强烈影响。

长江流域青铜用器对于中原礼仪文化的认同和遵循，随着西周早期周文化体系下地方封国的进入而显得愈发明显。上节论及的曾、鄂、长子等诸侯国，其丧葬所见青铜器与西周早期青铜礼器组合的变化保持着同步。到西周晚期，中原地区典型的鼎簋列置的组合关系，也出现在枣阳一带曾侯墓葬和宁镇、皖南地区土墩墓遗存中。

---

① 王开等：《安徽铜陵县师姑墩遗址出土青铜冶铸遗物的相关问题》，《考古》2013年第7期。
② 江西省文物考古研究所等：《新干商代大墓》，文物出版社，1997年。
③ 彭锦华：《沙市近郊出土的商代大型铜尊》，《江汉考古》1987年第12期。
④ 王从礼：《记江陵岑河庙兴八姑台出土商代铜尊》，《文物》1993年第8期。
⑤ 徐正国：《湖北枣阳发现一件商代铜尊》，《文物》1990年第6期。
⑥ 张昌平：《论殷墟时期南方尊与罍》，《考古学集刊》（15），文物出版社，2004年，116~128页。

东周列国随着生产力的迅速发展，青铜器的生产和使用规模也急剧扩大。在长江流域的楚、吴、越等几个地区文化集团中，青铜器随葬之风盛行。各诸侯国在铜器的使用规范上，一方面进一步沿用西周中期以降以鼎、簋为核心的礼仪用器，另一方面以盖鼎、敦、豆等盛实器为代表的新器用组合开始盛行。新旧两套礼仪用器的组合在三晋地区和长江流域的楚地都呈现出了一致化的趋向。除了青铜礼仪用器之外，从战国中期开始，青铜器的生产重心开始转向装饰艺术和生活用器。三晋和洛阳地区贵族墓葬开始见有制作精美的腰带、青铜灯具等。这种铜器的使用偏好在楚系墓葬中也有突出表现，并且部分生活用器往往比礼仪用器装饰意味更加浓厚。

南北之间这一阶段青铜文化所反映的趋同性，更深层次体现在铜器的形制风格和制作工艺。从春秋中期开始，无论中原或长江流域，铜器的装饰开始由西周中、晚期窃曲纹等所形成的庄重、肃穆的风格，日趋向繁复、细密的纹饰转变。春战之际的三晋青铜器上多以细密交错的蟠螭纹或龙纹为单元，铺呈饰满器身幅面。这种风格的抽象动物纹饰中，每个单元的龙形纹样交错缠绕，口尾相连，在三晋之外的广大地区都表现出了极强的近似性。在楚文化体系之下的曾国青铜器中，即见有与侯马陶范作坊构图、形态完全相同的蟠螭纹[1]。也是在这一时期，为了满足大规模的青铜器需求，长江流域和中原地区一样在生产上广泛采用焊接和分铸技术，纹饰多用模印，铜器生产工序分工细化，单个铸件日趋简单[2]。这种技术特征在曾侯乙墓和太原金胜村M251铜器群中都有高度的一致性。装饰纹样和制作工艺的趋同，暗示出这一阶段可能存在一种跨地区的工匠组织，使得技术和装饰风格能够迅速地在不同地区保持同步的演变节奏[3]。

此外，各地区之间的文化交流和传播在铜器本身上有着直接的反映。枣阳九连墩M2就曾见到一组风格特征明显是属于晋系铜器的青铜器组群[4]。这批器物应该就是在三晋地区生产，从中原传播而来。晋、楚之间的交流在传世文献中有诸多记载可资佐证，而在东部从齐鲁到荆楚，同样可见跨区域的技术与青铜器交流。在战国中期，楚地如枣阳九连墩[5]、信阳长台关[6]可见大小相套、带盖的套杯或套盒，在临淄商王村齐墓中也见有这种套器[7]。在楚、齐两国还都见有一种可翻盖与流的提链素面壶，工艺与

---

[1] 张昌平：《曾国青铜器研究》，文物出版社，2009年，371页。
[2] 张昌平：《中国青铜时代青铜器装饰艺术与生产技术的交互影响》，《商周青铜器的陶范技术研究》，文物出版社，2001年，1~22页。
[3] 张昌平：《曾国青铜器研究》，文物出版社，2009年，371页。
[4] 湖北省博物馆：《九连墩：长江中游的楚国贵族大墓》，文物出版社，2007年，53页、62~65页。
[5] 湖北省博物馆：《九连墩：长江中游的楚国贵族大墓》，文物出版社，2007年，48~49页。
[6] 河南省文物考古研究所：《信阳楚墓》，文物出版社，1986年。
[7] 淄博市博物馆：《山东临淄商王村一号战国墓发掘简报》，《文物》1997年第6期。

设计水平俱高。这几类青铜器都属于当时新出现的器形与工艺手段,说明产品或者技术的交流颇为便捷。

在整个商周时期,中原文化圈范围的贵族墓葬不仅是通过青铜器,还通过玉器、原始瓷等"昂贵"材质所制成的器物,标榜身份和地位。比如在玉器的使用上,中原地区敛玉中所见的礼仪性用器或装饰品也在长江流域被大规模的接受和采纳,各类玉器的原型都是源自中原地区。从二里岗阶段盘龙城墓葬所见的玉柄形器、玉戈,到西周初期叶家山曾侯墓地所见大量的动物形佩饰[1],再到东周阶段以楚文化璧、环、璜、圭等礼仪性用器,都与中原地区丧葬敛玉的相关规范保持了同步性。在西南地区的三星堆祭祀坑,所见大量的玉璧、玉圭、玉戈以及璋形器等,见有同样的文化背景[2]。而在更外围的区域,目前所见中原式的玉璋形器,在长江流域有大范围的分布,甚至跨过岭南在现今广东沿海,至越南北部都有零星的发现[3]。而这类器物多被认为源自中原二里头遗址。玉礼仪用器在长江流域的大范围传播,很大程度上是置于当地文化群体中,从一个层面上反映出中原式器物及其礼仪规范在长江流域的广泛接受。

(二)居葬与文字

长江流域地区趋近于中原文化面貌,进一步表现在贵族居住与丧葬的遗存与物质文化,并体现在文字系统的同化之中。从中原文化势力大范围向南扩张之初,这一套精神层面的习俗和规范也在文化传播之下向长江流域输出。

起居之所是人类活动最基本的起点,自新石器时代始,木骨、泥墙是黄河至长江流域广大范围基础的居址建筑形式。在中原地区,高等级建筑自二里头文化时期开始,即以夯土抬高基址,形成带院落的立柱、横排、连间大型建筑的基本范式[4]。夯土高台建筑往往是位于聚落高处、整个建筑群的中心,而在大型建筑周围又通过廊庑等结构围绕,形成较为封闭的单元空间。这种建造技术和布局形式,随着中原文化的强势影响而进入长江流域,最早可明确见于盘龙城遗址。盘龙城城址内的F1、F2,都是台基、横排多开间,并可能与其他建筑形成院落,无论形制还是建造技术都可归为中原系统之下[5]。相似的情况也发生在中原文化圈边缘的广汉三星堆,其大型建筑也做台

---

[1] 湖北省博物馆、湖北省文物考古研究所等:《随州叶家山西周早期曾国墓地》,文物出版社,2013年,48、49页。

[2] 四川省文物考古研究所:《三星堆祭祀坑》,文物出版社,1999年。

[3] 邓聪:《香港大湾出土商代牙璋串饰初论》,《文物》1994年第12期。

[4] 郭明:《商周时期大型单体建筑平面布局浅析》,《文物》2015年第8期。

[5] 湖北省文物考古研究所:《盘龙城:一九六三~一九九四年考古发掘报告》,文物出版社,2001年,42~62页。

基式多开间带回廊①。除了高等级建筑之外，夏商时期长江流域也发现有规模较小的半地穴式建筑基址，这种建筑形式也是来自中原地区。两周时期，关于长江流域的建筑形式和营建技术，还多不甚清楚。但战国时期楚都纪南城城内建筑基址②以及潜江龙湾的大型宫殿类遗迹③，都显现出了这类夯土台基技术的广泛分布。纪南城的城市布局、宫殿建筑建造技术和房屋结构的一致性，显然也是中原式建筑布局对长江流域产生深刻影响的结果。

丧葬是对起居的延续，墓葬也更好地保留了古人对后世起居的观念。新石器时期开始，长江黄河流域墓葬都是以竖穴土坑墓为基本结构，都以陶质饮食类器皿作为主要随葬品，这样的基本特质一直延续到青铜时代，是青铜时代青铜礼器形成的一个背景，也是其时南北葬仪习俗趋同的一个基础。二里岗文化时期长江流域如盘龙城遗址，随葬青铜器的贵族墓葬和郑州地区墓葬一样随葬玉器、原始瓷或印纹硬陶等贵重物品，体现出完全相同的价值观念，而在小型墓葬中，也见有如二层台、腰坑、碎器葬等习俗，其他如南北墓向、殉人等特点，也都与郑州地区一致。二里岗文化时期前后，长江流域更大范围都存在类似于此的埋葬特征，说明中原文化对南方地区远不只是停留在物质文化面貌的影响上。

西周时期的随州叶家山曾国墓地，墓地布局以曾侯为核心进行埋葬，是西周早期中原文化其他诸侯国墓地的一种布局方式④。分封体系下的公墓制，一直延续至两周之际的枣阳郭家庙等地。除此而外，周人车马随葬、墓穴深埋等新的葬俗，也在长江流域扩散。春秋中、晚期开始，随着秦、齐、楚等地域集团势力扩张，新的物质文化以及精神层面的风尚形成，在葬俗上东周列国国君逐步形成单独陵园制度⑤、或者独立的家族墓地，而这一新的风尚在江汉平原的楚地，特别是楚都纪南城也蔚然成风。墓葬大型化、椁内分室、普遍使用墓道与封土等为特征，东周时期整个长江流域埋葬习俗

---

① 李晓东、危兆盖：《三星堆新发现建筑基址群和夯土城墙》，《光明日报》2013年1月17日第1版。重文：《三星堆考古发现最大商代单体建筑基址》，《中国文物报》2014年3月4日第7版。

② 湖北省文物考古研究所：《1988年楚都纪南城松柏区的勘查与发掘》，《江汉考古》1991年第4期。湖北省文物考古研究所：《荆州纪南城遗址松柏区30号台基2011～2012年发掘简报》，《江汉考古》2014年第5期。湖北省文物考古研究所：《2011～2015年楚都纪南城考古工作报告》，《纪南城考古发现》，江汉考古编辑部，2015年，223～280页。

③ 荆州地区博物馆、潜江县博物馆：《湖北潜江龙湾发现楚国大型宫殿基址》，《江汉考古》1987年第3期。湖北省潜江博物馆，湖北省荆州博物馆：《潜江龙湾》，文物出版社，2005年。

④ 方勤：《随州叶家山西周早期曾国墓地的发现与研究》，《随州叶家山西周早期曾国墓地》，文物出版社，2013年，10～15页。张昌平：《叶家山墓地相关问题研究》，《随州叶家山西周早期曾国墓地》，文物出版社，2013年，270～284页。

⑤ 赵化成：《从商周"集中公墓制"到秦汉"独立陵园制"的演化轨迹》，《文物》2006年第6期。

也都与中原文化同步发展。南北不同地区丧葬习俗和规范日趋一致,暗示各地社会观念的近似性。

在早期文明系统中,文字不只是一种信息的传递,更是一种力量的表达。虽然中原地区在殷墟文化时期已出现甲骨文,而长江流域毫无使用文字的征兆,不过我们仍然在商时期长江流域看到大范围类似商文化那样的甲骨占卜方式,甚至在洞庭湖地区出土青铜器上见有"大禾""皿天全"这样与中原文字有直接关联的铭文[①]。西周时期江汉地区在曾、噩等诸侯国青铜器都见各自的、与周文化系统相同的青铜器铭文,虽然我们目前还尚不能确认这些铭文是在当地书写完成。在两周之际前后开始,长江流域各国开始使用周文化系统文字。曾国青铜器如起右盘26字铭文,文字排列错误、字形倒置,说明地方生产青铜器、自制铭文的情况[②]。春秋时期青铜器铭文中常见的套语"用其吉金自作……"或者"用厥吉金自作……"流行区域从汉水上游到长江下游,包括曾、楚诸国到吴越之地[③]。可见在东周时期,尽管各地区诸侯政治割据,各地文字写法、语句都存在一定的差异,然而以楚及其附属国家为例,长江流域的文字使用仍不出中原文字的这一套系统,并体现出了这一时期整个中国东部地区,文字形态由传统的青铜铭文向小篆的变化。文字表现出来的一致性,还体现在文字的载体上。尽管在晚商阶段,以占卜形式出现的甲骨文在长江流域目前暂未发现,然而无论是西周初期长江流域所见的青铜铭文,抑或是在战国阶段发现的简牍,表明南北双方在文字的使用上面也无显著差异。

(三)经济形态与烹饪方式

近期的考古研究还表明,探究南北地区文化上的同一进程,在社会组织和礼仪活动之外,还可以看到更长历史时期积淀下所呈现出来南北趋近的经济形态和烹饪方式。自新石器时代开始,中原地区通过对粟、黍的栽培,逐步形成了以农业为基础的经济形态。而在长江流域,则以对水稻的种植和栽培,同样形成了农业经济的生态景观。随后粟类作物南下而稻类作物北上,南北虽有偏重,但都形成了粟、稻并行的形态。在北方地区,徐水南庄头遗址发现有最早的稻,而舞阳贾湖遗址发现的大量稻和

---

① 高至喜:《商代人面方鼎》,《文物》1960年第10期。张昌平:《关于皿方罍》,《南方文物》2014年第2期。
② 湖北省文物考古研究所:《曾国青铜器》,文物出版社,2007年,246~248页。
③ 张昌平:《"择其吉金"金文辞例与楚文化因素的形成与传播》,《中原文物》2006年第4期。

稻壳则说明了水稻栽培的史实①。同时，在汉淮地区的蒙城尉迟寺遗址发现有粟②。近年来更有工作表明，在新干牛头城遗址至迟不晚于商代粟类就已成为粮食作物，暗示出黄河流域附近以粟为主的饮食方式，对长江流域的饮食结构，甚至是饮食方式产生了影响③。南北相近的经济生产方式，使新石器时期文化就可能存在同质化的社会组织。在这样一个农耕社会中，围绕栽培、种植、收割等生产，以及农田、水利等资源，人群进行生产、社会组织与安排具有更高的近似性。在新石器末期，随着各地区文化交流日益频繁，南北地区在文明化进程上保持着大体同步的节奏。在进入早期国家社会之后，这种相近的经济形态和社会阶段，无疑为长江流域接受中原地区的文化特质和根植于农业经济之上的礼仪规范创造了条件。

在饮食方式上，近似的农作物形态形成了近似的食性方式，南北地区在新石器时代开始在食物制作和摄取方式上也表现出了极大的相近性。在中原地区，新石器早期是以平底深腹罐为主，其后三足的鼎成为主要器类。新石器时代晚期鬶、斝、鬲、甗等空足三足器得到了很大的发展，而碗、盘、豆等圈足器则始终作为主要的盛食器。这样一套以煮与蒸为主体、盛食器乃至酒器分门别类的饮食方式，显现出一个发达的、农业占绝对主导的社会场景。而长江流域也有类似的情况，其在新石器早期以圜底器为主，随后三足的鼎或不加三足的釜成为主要的炊器，碗、盘、豆等圈足器也始终作为主要的盛食器。这样的饮食器用组合，虽是加工水稻为主的食材类别，但同样体现为炊煮的烹饪方式。因此自新石器时代开始，黄河与长江两大流域的广大地区，展现出相当一致的饮食方式与习惯，饮食所用的器具也成为日常生活中的重要财富，因此以陶器为主要的随葬品也成为两个地区相同的埋葬习俗。这是我们所见黄河与长江流域文化融合最为深远的文化基础。

随着公元前2000纪中原文化开始南下，黄河流域的鬶、斝等空三足器传播到长江流域，后者首次在物质文化层面发生较大的变化。二里头文化以及二里岗文化进一步将中原文化器用系统南传，鬲开始成为陶器中的核心器类，鼎、爵、斝、觚等青铜器分离成为标榜身份地位的礼器，长江流域文化开始发生根本性改变。而西周文化的南下，在陶器器类中，鬲、盂、豆、罐成为系统性的日常器类，而鼎、簋的炊食器组合作为青铜礼器的基本搭配，长江流域接受并承袭这样的器用方式直至秦始皇统一，这标志着长江流域在文化上对中原地区的系统接受。如果我们考虑到前述新石器时代的

---

① 张居中等：《舞阳贾湖史前稻作遗存与黄淮地区史前农业》，《农业考古》1994年第1期。
② 王增林：《尉迟寺遗址植物硅酸体分析报告》，《蒙城尉迟寺：皖北新石器时代聚落遗址的发掘与研究》附录三，科学出版社，2001年，442~449页。中国社会科学院考古研究所、安徽省蒙城县文化局：《蒙城尉迟寺（第二部）》，科学出版社，2007年，328~337页。
③ 陈雪香等：《江西新干牛城2006~2008年度浮选植物遗存初步分析》，《江汉考古》2015年第3期。

物质文化背景，中原地区特别是以青铜礼器为代表的一套礼仪规范，正是构建在其自身社会传统的食物烹饪和宴饮之上，因此南北相近的饮食习惯，无疑推进了长江流域对中原青铜礼仪文化的认同，并形成物质文化趋同的基础。

中国早期文明进程，是以中原地区为核心，向外辐射、互动演进的结果[①]。中原文化对长江流域的辐射，在文化上体现为以黄河流域为中心的中原地区对长江流域形成的一次次扩张浪潮。在每一次扩张浪潮之下，长江流域不断吸收、继承中原文化的礼仪规范、器用制度和文化习惯，并在资源等方面对中原文化产生推动。而正因为黄河与长江流域在技术生产、经济形态和生活方式所呈现的一致性，使得南北地区在文化上，能够跨越政治和地域的阻隔，在战国时期形成了以中原为中心的文化统一体，并为秦统一长江流域奠定了物质基础。而这一基础后被秦、汉王朝在长江流域的政治统治所继承，铺垫出之后长达两千年来华夏一统的格局。

---

① 赵辉：《以中原为中心的历史趋势的形成》，《文物》2000年第1期。

汉代工官研究

——以汉长安城遗址出土骨签为例

刘庆柱　李毓芳

（中国社会科学院考古研究所）

一、汉代工官的设置与分布（汉代工官概念）

1. 文献记载汉代工官设置

汉代工官是汉代中央政府在地方郡县设立的官府手工业管理与生产机构，《汉书·地理志》记载了西汉时代工官设置，其载：

"颍川郡……阳翟有工官。"

"南阳郡……县三十六：宛……有工官、铁官。"

"河内郡……县十八：怀，有工官。"

"河南郡……有铁官、工官。"

"济南郡……县十四：东平陵，有工官、铁官。"

"泰山郡……有工官。县二十四：奉高……有工官。"

"广汉郡……有工官。……雒……有工官。"

"蜀郡……县十五：成都……有工官。"

此外，在《史记》《汉书》中也有不少关于"工官"的记载：

《史记·平准书》载元鼎五年：

"南越反，西羌侵边为桀。于是天子为山东不赡，赦天下〔囚〕，因南方楼船卒二十余万人击南越，数万人发三河以西骑击西羌，又属万人渡河筑令居。初置张掖、酒泉郡，而上郡、朔方、西河、河西开田官，斥塞卒六十万人戍田之。中国缮道馈粮，远者三千，近者千余里，皆仰给大农。边兵不足，乃发武库工官兵器以赡之。"

《史记·平准书》又载：

"元封元年，卜式贬秩为太子太傅。而桑弘羊为治粟都尉，领大农，尽代仅莞天下盐铁。弘羊以诸官各自市，相与争，物故腾跃，而天下赋输或不偿其僦费，乃请置大农部丞数十人，分部主郡国，各往往县置均输盐铁官，令远方各以其物贵时商贾所转贩者为赋，而相灌输。置平准于京师，都受天下委输，召工官治车诸器，皆仰给大农。"

《史记·周勃世家》载：

"条侯子为父买工官尚方甲楯五百被可以葬者。取庸苦之，不予钱。庸知其盗买县官器，怨而上变告子，事连污条侯。"

《汉书·贡禹传》载：

"蜀、广汉主金银器，岁各用五百万，三工官官费五千万。"

以上文献记载，虽然均说明汉代工官的存在，但是除了《汉书·贡禹传》所说的"蜀、广汉"属于《汉书·地理志》所记载的工官之外，其他记载均无法究明其工官具体名称。

我们注意到，《汉书·地理志》记载的诸工官，其所在之郡多有铁官，如：河南郡"有铁官、工官"，颍川郡之阳城县"有铁官"，南阳郡之首县——宛县"有工官、铁官"，河内郡之内隆虑县"有铁官"，济南郡之首县——东平陵"有工官、铁官"，泰山郡之"嬴"县"有铁官"，蜀郡之临邛县"有铁官"。值得注意的是，广汉郡虽设置了工官，但其郡无铁官。这可能因广汉郡工官以生产漆器为主[①]，而漆器生产原料与铁没有关系，故广汉郡设置工官并未与铁官"配套"。

2. 考古发现及出土文物上的汉代"工官"刻字或铭文

考古发现与出土文物上的汉代工官为数众多，如汉长安城未央宫第三号建筑遗址[②]、汉长安城武库第四号建筑遗址[③]、汉长安城西南角楼遗址考古发现的骨签[④]，其中有数以几千计骨签之上有"工官"刻字，这些"工官"多以所在郡命名，极少数也有以郡之首县命名。以汉长安城未央宫第三号建筑遗址、武库第四号建筑遗址考古发现的"工官"刻文骨签为例：

未央宫第三号建筑遗址[⑤]：

---

① 《汉书·贡禹传》："蜀、广汉主金银器。"
② 中国社会科学院考古研究所：《汉长安城未央宫（1980～1989年考古发掘报告）》，中国大百科全书出版社，1996年。
③ 中国社会科学院考古研究所：《汉长安城武库》，文物出版社，2005年。
④ 中国社会科学院考古研究所汉城工作队：《西安市汉长安城城墙西南角遗址的钻探与试掘》，《考古》2006年第10期。
⑤ 中国社会科学院考古研究所：《汉长安城未央宫（1980～1989年考古发掘报告）》，中国大百科全书出版社，1996年。

11031:
太初三年河南工官守令武守丞成
作府佐关工尧惠造
08721:
元凤二年南阳工官护工卒史
天守令充国丞欣令史宫
作府啬夫定主佐彭视冗
工办工快世造
甲
13355:
地节四年颍川护工卒史福工官令
湖游丞圣橡广佐贺冗
工当时工清造甲

在武库第四号建筑遗址出土的骨签刻文如：

4：T4③：23：
东平工官六十六[1]

"东平"应为济南郡首县"东平陵"之简称，《汉书·地理志》载："济南郡……东平陵，有工官、铁官。"

4：T4③：27：
五年河内工□
……□

此外还有：

4：T4③：11：
元始二年武威工官……
……橡林主……
……省

"武威工官"《汉书·地理志》未见著录，"威"字不清，故这里列入仅供参考。

在汉长安城未央宫第三号建筑遗址出土的铜弩机各部位多有铭文[2]，如弩机郭身之上铭文如：

3：T9③：16：
"南阳工官第二千一百卅八"

---

[1] 中国社会科学院考古研究所：《汉长安城武库》，文物出版社，2005年。
[2] 中国社会科学院考古研究所：《汉长安城未央宫（1980～1989年考古发掘报告）》，中国大百科全书出版社，1996年。

3：T10③：5：

"南阳工官第二千二百一十四"

弩机牙之上铭文如：

3：T14③：15：

"河内口口二万二"

3：T14③：16：

"南阳工官第一千"

弩机栓塞之上铭文如：

3：T1③：24：

"南阳工官第五百卅八"

3：T1③：25：

"河内工官二万一千"

3：T3③：26：

"河内工官第百十六"

3：T3③：27：

"河口工官第二千二百五十一"

3：T3③：28：

"河内工官第八百八丁"

3：T8③：10：

"河内工官第五十九"

3：T8③：11：

"河内工官第七十九丁"

3：T9③：17：

"河内工官第三百卅八"

3：T13③：5：

"河内工官第三百八十二丙"

在福建武夷山城村汉城遗址发现的铜弩机之上也有"工官"内容的铭文[①]，如：

弩机栓塞T226③：1：

"河内工官二千二百卅二丙"

弩机栓塞T296③：20：

"河内工官千四百五十八丁"

弩机牙T217③：13：

---

① 福建博物院、福建闽越王城博物馆：《武夷山城村汉城遗址发掘报告（1980~1996）》，福建人民出版社，2004年。

"河内工官四千五百卅四甲"

弩机望山T217③：16：

"河内工官四千五百卅四甲"

弩机悬刀T217③：14：

"河内工官四千五百卅四甲"

上面弩机牙、望山、悬刀3件标本属于同一弩机，其铭文"编号"均为"河内工官四千五百卅四甲"，这说明弩机一个个体虽然有多个部件，但是编号只是一个。类似情况在云南江川李家山古代墓葬铜弩机的不同部位编号相同情况也存在①（值得注意：在同一编号的弩机中，其不同部件还分为编序甲、乙、丙、丁的弩机）。

居延出土的箭杆之上有与骨签刻文基本相同的铭文，如其中箭杆铭文：

五年河内工官令僵丞辰武作府

啬夫从佐望冗工疑工子造丙②

敦煌汉简有"南阳工官"文字：

杜充

□刀一完鼻缘刃丽厉不砥神爵

四年

盾一完元康三年南阳工官造③

3. 金石收藏著录中汉代兵器上的"工官"铭文

金石收藏著录中也有一些汉代兵器（弩机）之上"工官"铭文，如：

《汉金文录》之六·二九：

"河内工官六千七百卅六乙"

《贞松堂集古遗文》：

"河内工官千九百九甲"

《小校经阁金文拓本》一四·二四：

"河内工官三千三百□□□十九"

《梦郼草堂吉金图》下三七：

"河内工官六千七百卅六乙"

《簠斋吉金录》六：

"河内工官千六百廿六丙"

---

① 云南省博物馆：《云南江川李家山古墓群发掘报告》，《考古学报》1975年第2期。
② "中研院"史语所：《居延汉简补编》，1998年，173页。
③ 〔法〕沙畹：《斯坦因在东土耳其斯坦沙漠所获中国文书考释》之39号敦煌汉简。

二、汉代工官职能（军工、漆器）

汉代工官主要是以生产兵器为主，尤其是关东诸郡工官更为突出，作为广汉郡与蜀郡工官则以生产漆器与其他有特色的青铜器而闻名。

1. 工官与兵器

历史文献记载汉代工官与兵器生产密切相关，如前引之。《史记·平准书》与《史记·周勃世家》，其中后者所说的"县官"就是指的皇帝、皇室，也就是说条侯买的是"工官"生产的武器"甲楯"，虽然周亚夫认为此属"葬器"，但还是被认定严重违法。

上述历史文献记载工官与兵器的关系，得到考古发现与地下出土文物证实。如在汉长安城遗址考古发现的数以几万计的骨签，其中大量骨签刻文与工官及兵器有关。骨签之上刻文内容属于兵器生产的工官有河南工官、南阳工官、颍川工官、河内工官、东平工官[①]。我们之所以认为这类骨签是生产兵器或军备的原因，因为与其同时、同地出土的骨签中有为数众多的刻文与兵器或军备直接相关的骨签，以汉长安城未央宫第三号建筑遗址出土的骨签为例，其中属于兵器、军备内容的骨签数量之多十分惊人，初步统计：以"服"字开头的骨签有"服二石""服五石""服六石""服力六斛""服力六石""服六石力六石""服八石""服力八石""服弩力八石""服十石"等6575件；以"力"字开头的骨签有"力一石""力二石""力四石""力五石""力五石二钧廿六斤""力六石""力服六石""力六斛""力七石""力八石""力九石""力十石""力十五石""力廿石""力卅石""力卌石"等4363件；以"射"字开头的骨签有"射二百七十九步""射三百步""射三百七步""射三百廿步""射三百六十三步""射三百九十七步""射四百步""射四百卌步"等447件；以"燥"字开头的骨签有"燥六石""燥御六石"等13件；以"御"字开头的骨签有"御六石""御弋十石""御舆十石"等112件；以"乘舆"字开头的骨签有"乘舆八十石""乘舆十石""乘舆御弋十石"等1210件（图一）。

居延遗址出土的兵器箭杆之上有与骨签相似的文字："五年河内工官令僵

---

① 中国社会科学院考古研究所：《汉长安城未央宫（1980~1989年考古发掘报告）》，中国大百科全书出版社，1996年。中国社会科学院考古研究所：《汉长安城武库》，文物出版社，2005年。中国社会科学院考古研究所汉长安城工作队：《西安市汉长安城城墙西南角遗址的钻探与试掘》，《考古》2006年第10期。

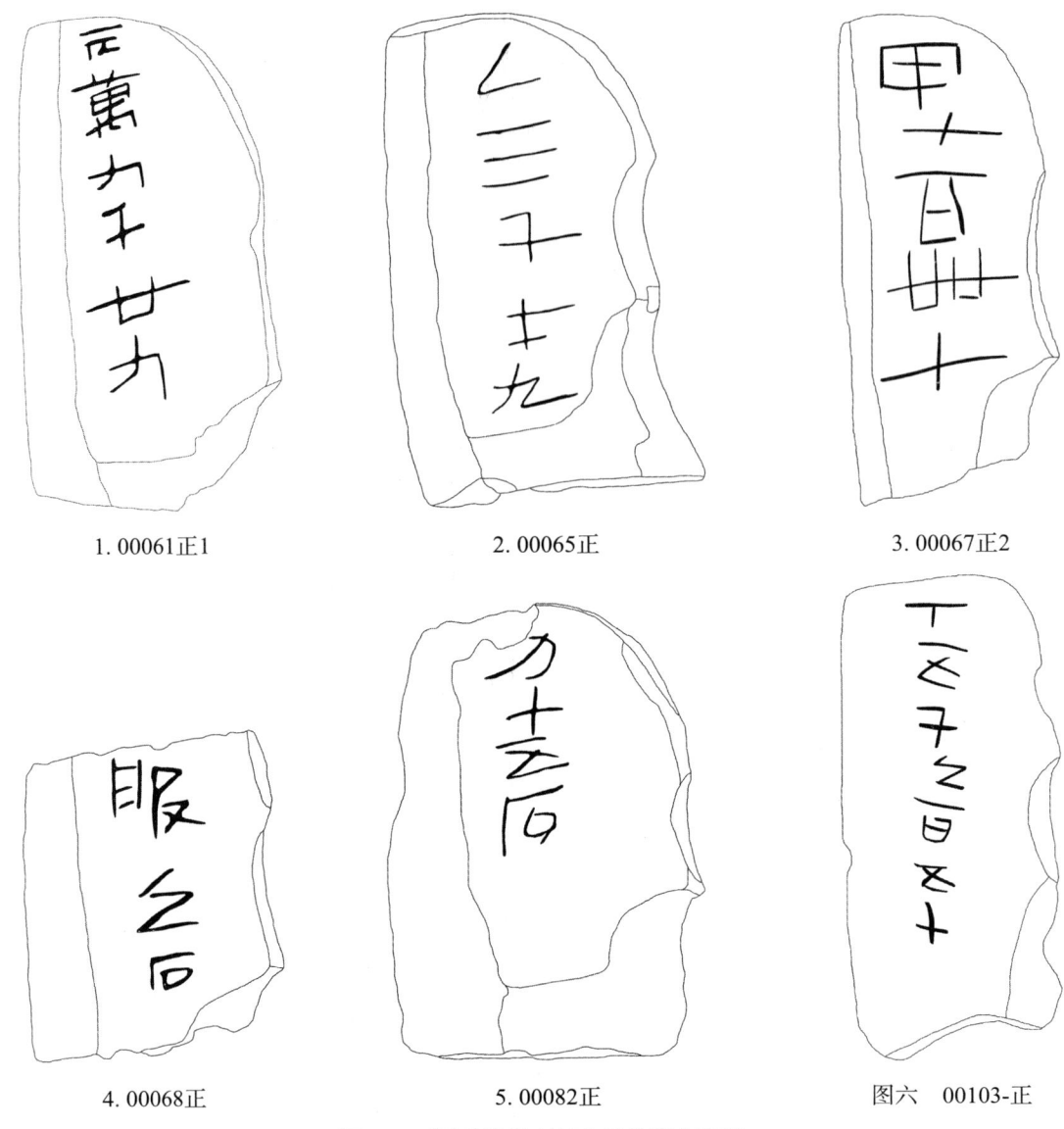

图一 不同兵器类型刻文骨签摹本示例

丞辰武作府嗇夫从佐望冗工疑工子造"①。它们佐证了骨签的"工官"刻文是当时兵器的生产管理者的记录,不过骨签未与其相应兵器在一起。至于骨签之上的"甲""乙""丙""丁""第"编号,它们在考古发现的兵器之上有不少与制造者相连的实例,如前面已经讨论的未央宫第三号建筑遗址出土的铜弩机之上的南阳工官、河内工官与"编号"相连的文字,以及其他出土与收藏的汉代铜兵器之上类似例证(图二)。

---

① "中研院"史语所:《居延汉简补编》,1998年。

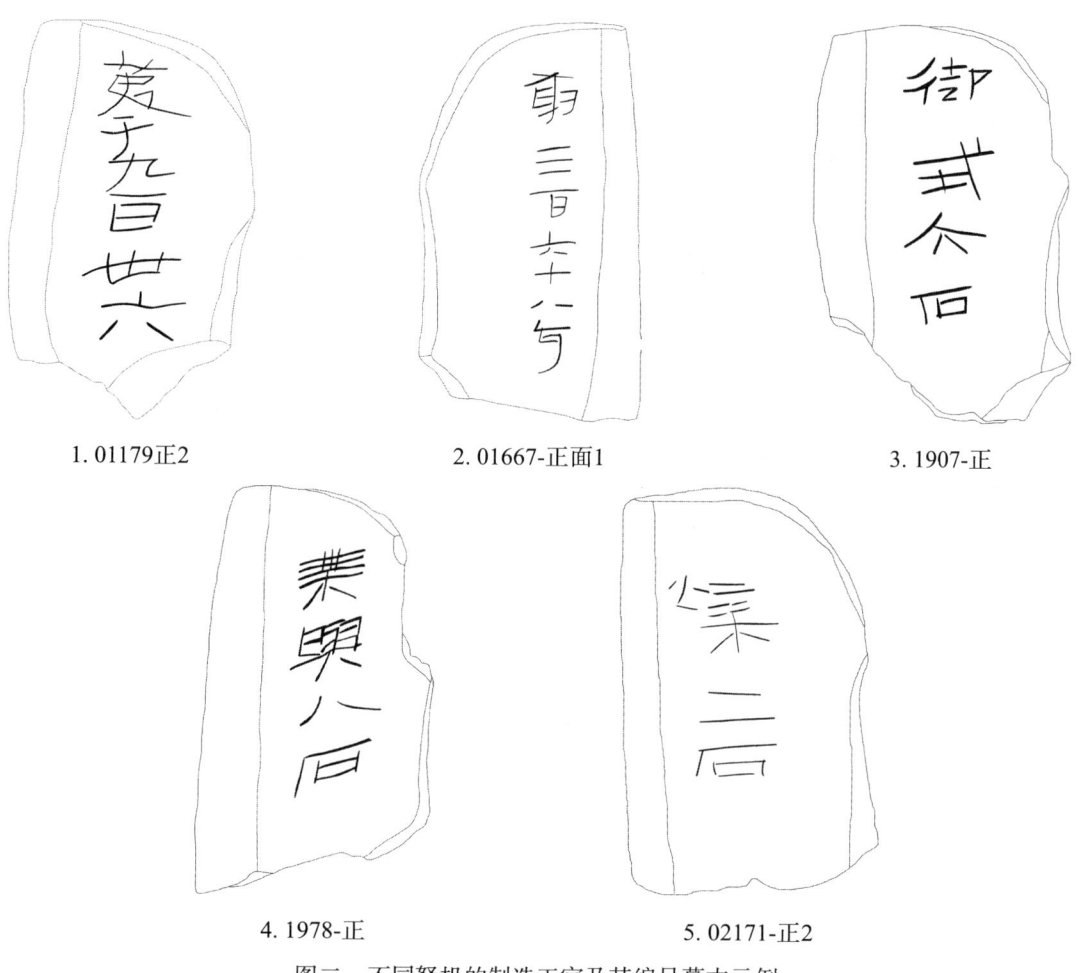

1. 01179正2　　2. 01667-正面1　　3. 1907-正

4. 1978-正　　5. 02171-正2

图二　不同弩机的制造工官及其编号摹本示例

2. 工官与漆器、铜器等

汉代个别工官也生产贵重器物，如漆器、铜器等，广汉郡与蜀郡工官就是突出代表，它们均以漆器产品著称，二者生产规模十分可观，故《汉书·贡禹传》载："蜀、广汉主金银器，岁各用五百万。""广汉工官"或称"广汉郡工官"，贵州清镇县平坝汉墓考古发现的平帝元始三年（3年）M15漆耳杯款识为：

"元始三年广汉郡工官造乘舆髹洀画木

黄耳棓容一升十六籥素工昌髹工

立上工阶铜耳黄涂工常画工方洀

工平清工匡造工忠造护工卒史恽

守长音丞冯掾林守令史谭主"[①]

---

① 贵州博物馆：《贵州清镇平坝汉墓发掘报告》，《考古学报》1959年第1期。

蜀郡、广汉郡工官的汉代漆器，在朝鲜半岛、蒙古等地也多有发现，其中不少漆器之上有"蜀郡""广汉郡"的"工官"铭文①，但蜀郡工官生产的漆器，多称"蜀西工"或"蜀郡西工"，如：石岩里丙坟发现的始元二年3个漆杯，铭文均称"蜀西工"，上述漆器均无"乘舆"铭文。乐浪古坟发现的"河平三年"漆盘、建平四年黄涂釦纻盘、元始三年黄耳杯、元始四年漆盒与黄涂釦纻盘、黄耳杯、建武廿八年夹纻杯均称"蜀郡西工"并有"乘舆"铭文。类似情况在广汉郡也有所存在，如：宝女墩M104发现的元康四年漆盘铭文为"广汉"，而姚庄M102发现的河平二年漆槅、石岩里丙坟发现的阳朔二年金铜釦扁壶、鹞子岭M2发现的元延三年、四年的鎏金铜耳杯与建平五年的鎏金铜釦旋、清镇M17发现的元始三年漆杯、四年漆盘之后均为"广汉郡工官造"铭文，再后均亦为"乘舆"铭文。联系上面所说的"蜀西工"无"乘舆"铭文，而永平十二年漆盘与永平十四年木案铭文无"乘舆"铭文，是否有可能说明"蜀西工"与"蜀郡西工"，"广汉"与"广汉郡工官"有所不同。对此，洪石指出："从蜀郡、广汉郡工官漆器铭文分析，在西汉成帝河平二年（前27年）以前，铭文中无'乘舆'字样，对于'工'的记述也很简略，可能制造的并非'乘舆'漆器，也可能在此时'乘舆'漆器铭文的固定体例还没有形成。"②

蜀郡、广汉郡之"工官"除了以漆器享誉天下，其书刀也是十分重要的特产，在四川成都出土的东汉（光和七年，184年）金错铁刀之上有"光和七年，广汉工官□□□服者尊，长保子孙，宜侯王，□宜□"铭文③。《贞松堂吉金图》刊载有多件这种书刀：

《贞松堂吉金图》下二十六，铭文为：

永元十□年广汉郡工官卅湅书

刀工冯武造

《贞松堂吉金图》下二十七，铭文为：

永元十六年广汉郡工官卅湅书

刀护工卒史成长荆守丞熹主④

方诗铭先生关于蜀郡、广汉郡工官的书刀产品论述颇详，书刀虽然属于一般"文具"，但是它已经成为汉代上流社会所青睐的特色产品。因此书刀铭文必载工官之名。同样作为蜀郡、广汉郡的铜镜，其铭文则不见"工官"之字，这应该是蜀郡、广

---

① 梅原末治：《支那汉代纪年铭漆器图说》，京都桑名文星堂，1944年。又参见洪石：《战国秦汉漆器研究》，文物出版社，2006年，160~168页附表。
② 洪石：《战国秦汉漆器研究》，文物出版社，2006年，187页。
③ 刘志远：《成都天回山崖墓清理记》，《考古学报》1958年第1期。
④ 西安市文物管理委员会：《西安三桥镇高窑村出土的西汉铜器群》，《考古》1963年第2期。

汉郡当地生产，而不是蜀郡工官、广汉郡工官的产品，方诗铭先生认为它们可能是蜀郡、广汉郡工官管理之下的私营作坊产品①。我们认为如果上述推测可以成立的话，它们便反映了国家对民营产品"税收"征收方面的管理。

长期以来有一种误解，即汉代铜器等产品，只要产地设置有工官，一般被认为属于其当地工官制造品。如前述汉长安城上林苑遗址出土的西汉铜鼎铭文为"昆阳乘舆铜鼎一，有盖，容十斗，并重六十六斤。三年，阳翟守令当时、守丞千秋、佐乐、工国造。"有的学者据此认为这是阳翟工官的产品，其理由是"在本器铸造时，阳翟虽未有工官之名，但已有工官之实，阳翟之工官长丞，由阳翟令丞兼理，其下仅有佐、工二名称而已。"②这样的推测显然是不能成立的。"昆阳乘舆铜鼎"是阳翟令奉献皇室的礼品，署名阳翟令丞监制是正常的。而并非颍川工官所制造。

此外，因国家急需，工官也生产一些重要产品，如交通工具车辆，《史记·平准书》载：（前110年）"置平准于京师，都受天下委输，召工官治车诸器，皆仰给大农。"

还有一些工官产品的刻文只有"工官"，没有具体工官名称，如：

茂陵陪葬墓出土的铜鼎有"阳信家铜二斗鼎盖并重十四斤四两四年二月工官得指造第十二函池"铭文③。再如，传世收藏品中也有类似情况，《汉金文录》卷三有"步高宫工官造温"铭文。上述出土与传世青铜器之上的"工官"之具体名称的究明有待进一步研究。

三、骨签所反映的工官时代

20世纪80年代中期，考古发掘了汉长安城未央宫遗址第三号建筑遗址，该遗址东西135.4米、南北71.2米，面积9640.8平方米。这是一座封闭式大型院落建筑，院子四面有夯土墙围绕。在院子东西居中位置，有一南北向排水渠，将大院分为东、西两部分，简称东院和西院。

东院东西57.2米，南北68.8米（以院墙外遗迹的外侧为界，下同）。东院之内有南北两排房屋，二者间距23.3米。两排房屋南面皆有天井与回廊。南排房屋东西并列三座，自东向西依次编号为F1、F2和F3。北排房屋东西并列3座，自西向东，依次编号为F4、F5和F6。此外，在东院东北角，即F6东北还有一座小房子，编号为F7。

西院东西73.2米，南北68.6米。西院之内亦有南北两排房屋，二者间距19.5米。两

---

① 方诗铭：《从出土文物看汉代工官的一些问题》，《上海博物馆集刊》（1982年），上海古籍出版社，1983年。

② 陈直：《关于西安三桥高窑村西汉铜器铭文的几点意见》，《考古》1963年第2期。

③ 咸阳地区文管会、茂陵博物馆：《陕西茂陵一号无名冢一号从葬坑的发掘》，《文物》1982年第9期。

排房屋之间是天井、回廊和亭子。南排房屋与院子南墙之间为天井和回廊。南排房屋东西并列三座，自东向西依次编号为F9、F10和F11。F9东南部有一小房，编号F8，其与西院南门南北相对。北排房屋东西并列四座，自西向东依次编号为F12、F13、F14和F15。

该遗址发现了64305片骨签，其中刻字骨签约57644片，无字骨签6661片。遗址中的骨签大多出土于F2、F3、F4、F5、F6、F9、F10、F11、F12、F13、F14和F15等房屋之中（包括其附近），主要分布于上述房屋墙壁附近，也有一些在房屋墙体之外边。推测这些骨签原来放置于靠墙而立的架子上。

骨签以动物骨骼（主要是牛骨）制作而成。骨签形制基本相同，大小相近。骨签制作过程是先把动物骨骼加工成长条形，一般长5.8～7.2厘米，宽2.1～3.2厘米，厚0.2～0.4厘米。骨签上、下端呈圆弧形，一般下端较尖。背平，背面留有从骨料之上锯取骨片时的锯痕。骨签正面的横截面为圆弧形，弧面微起，有与背面方向一致的竖行锯痕。正面上部的圆弧面经进一步加工，形成一个磨光平面，此平面一般长3.5～4厘米，宽1.5～2厘米。骨签上的文字均刻于平面之上。骨签中腰一侧有一半月形凹槽，凹槽在骨签侧边位置因骨签种类不同而各异，一般是有一行刻字者凹槽在骨签左侧，有两行或两行以上刻字者凹槽在骨签右侧。原来的骨签绝大多数是两个一对，包括了两种类型。每对骨签由半月形凹槽位置相反的两个骨签组成。两个骨签背面相对捆系，捆签的绳子通过半月形凹槽，捆的牢，绳子不滑脱。每对骨签的大小、颜色、形制相同（但半月形凹槽位置相反）。在发掘中，我们还发现一些两个骨签背对背粘在一起的，如3∶00974与3∶00975，3∶12380与3∶12381，3∶12731与3∶12732、3∶12736与3∶12737、3∶12738与3∶12739、3∶12743与3∶12744等，但捆签的绳子已朽没。

从骨签的文字内容来看，大体分为两种。第一种，兵器名称、代号及数量类骨签有"服""力""大黄""射""乘舆""燥""御""甲""乙""丙""丁""第"等文字开头的骨签。这种骨签一般为一行字，字数少者三个字，多者六七个字。此种骨签主要属于弓弩箭镞等兵器和器物编号两大类。第二种，为年代、工官或官署名称、各级官吏或工匠的名字。这种骨签一般有二至四行字，字数少者十余字，多者三四十字不等。

骨签出土于未央宫第三号建筑遗址的第三层（即西汉时代文化层），这是骨签属于西汉时代遗物的确凿考古地层学证据。骨签上的大量有关年代刻文内容，是研究骨签年代的重要资料，骨签年代的研究又直接涉及工官年代学问题。

带有纪年刻文内容的骨签，其中的刻文有的有年号，有的无年号。

关于纪年问题，《汉书·律历志》所载武帝年号先后为"建元""元光""元朔""元狩""元鼎""元封""太初""天汉""太始""征和"，最后为无年号的"后元"。"太初"之前的武帝六组年号，每组为六年。"太初"至"征和"的武帝四个年号，每个年号为四年。"后元"计二年。关于武帝的纪年年号，从中古时代以来，学界就有多种说法。颜师古认为"自古帝王未有年号"，汉武帝的"建元"可谓帝王年号"始起于此。"[1]也有一些学者提出不同观点，杨树达认为武帝年号始于"元狩"[2]；刘攽认为元鼎四年开始有年号，之前的武帝年号均为有司所追命[3]；沈钦韩提出武帝年号始于"元封"[4]。陈直根据传世器物中有"建元""元光""元封"等年号文字，于是提出武帝"太初"之前的六个年号并非"追命""追改"[5]。问题是上述"器物"或"传世"或"征集"，均非考古发掘出土，在没有辨明真伪之前，对于上述资料的使用及推断需要审慎对待。近年辛德勇指出，年号之始应该是太初元年，此前为追记[6]。

还需要指出的是，在武帝之前的汉高祖、汉惠帝、汉文帝、汉景帝的纪年均无年号，汉高祖纪年计12年，汉惠帝纪年计7年。汉文帝纪年共27年，分为"前元"16年与"后元"7年二组；汉景帝纪年共15年，分为"前元"7年、"中元"6年与"后元"2年三组。

汉长安城未央宫第三号建筑遗址考古发现的数以几万计的汉代骨签中，有工官及纪年与年号骨签多达一万多件，它们对于探索、研究汉代工官时代十分重要，这是因为这批骨签资料有准确的出土地层层位，且出土数量巨大，应该说就统计学角度而言其"概率"是很高的，由此研究得出的看法也可以说是较为准确的。

汉长安城未央宫第三号建筑遗址出土骨签中，有年号刻文的骨签，其年代最早者为武帝"太初"年间的骨签，未见汉武帝"太初"之前的"年号"刻文骨签。鉴于未央宫第三号建筑遗址有"工官"刻文骨签中，以"河南工官"刻文骨签数量最多，其占工官类骨签总数的81.1%，本文以此为研究对象，探讨刻文"工官"的时代问题。

骨签年代研究的关键是有"纪年"而无"年号"的骨签具体时代的究明。现将属于河南工官的无年号刻文骨签依照工官令与丞的组合为"单元"，分组归类如下：

第1组（令"定"、丞"缓广"或"广缓"）

03941：

元年河南工官令定丞缓广

作府夫工春造

---

[1] 《汉书·武帝纪》颜师古注。

[2] 杨树达：《汉书窥管》，上海古籍出版社，1984年。

[3] 王先谦：《汉书补注》，中华书局，1983年。

[4] 沈钦韩：《汉书疏证》卷二，浙江书局，光绪二十六年。

[5] 陈直认为："日知录及廿二史劄记，皆以武帝建元、元光两年号为追记者，其实不然。筠清馆金石记卷五，三十九页，有'高阳右军，建元二年'戈。杭州邹氏藏建元元年砖。西安南郊曾出土有'建元四年长安高'陶尊（现藏西北大学历史系文物陈列室）。又小校经阁金文卷十一，一百四页，有元光二年尺，其非追记可知。"陈直：《汉书新证》，天津人民出版社，1979年，26页。

[6] 辛德勇：《建元与改元——西汉新莽年号研究》，中华书局，2013年。

04581：
二年河南工官令定丞缓广
作府夫工孝造
46924：
三年河南工官令定丞缓广/
府贤福冗工毕何工邰德
04587：
四年河南工官令定丞广缓
作府 工光造
02268：
五年河南工官令定丞广
缓作府 工作工止造
01258：
六年河南工官令定丞缓
广作府夫工成造

第2组（令"定"，丞"立广"或"广"）
43786：
元年河南工官令定丞立广
作府思工肩造
01592：
二年河南工官令定丞立广
作府迁攻遂造
02583：
二年河南工官令定
丞立作府迁攻遂造
（附注：01592的"立广"简化为02583的"立"，简化时取第一字）
01337：
三年河南工官令定丞立广
作府思人工曁造
07418：
四年河南工官令定丞立广
作府思人工宛造
34175：
五年河南工官令定丞立

广作府□工□造
02443：
六年河南工官令定丞
立广作府□工左造

第3组（令"定"，丞"广元"）
39730：
元年河南工官令定丞广
元作府满工乐造
09542：
二年河南工官令定丞广
元作府地工甘造
02366：
三年河南工官令定丞广
元作府叁工九造
09180：
四年河南工官令定丞广
元作府 洁工首造
06286：
五年河南工官令定丞广元
作府夫工冬造
11410：
六年河南工官令定丞广
元作府 工重造

第4组（令"定"，丞"文立"或"立文""立"）
02824：
元年河南工官令定丞文
立作府地工易造
20178：
二年河南工官令定丞文
……工伦造
21455：
四年河南工官令定丞文立
令史圣工雠造

35240：
五年河南工官令定丞立作
府廷工乐造
10192：
六年河南工官令定丞立
文□□喜工遂造

第5组（令"中意"，丞"安"或"安通"）
07658：
元年河南工官令中意丞安□作
府圣冗德富工林造
00816：
二年河南工官令中意丞安/
作府阏工□德伯造
38227：
四年河南工官令中意丞安通作府/
□冗工何工惠造
42681：
五年河南工官令中意丞安作府/
啬冗工德何工光造
05294：
六年河南工官令中意丞安作府
□冗工德富工□造

第6组（令"中意"，丞"德"）
39728：
元年河南工官令中意丞德/作府德何工惠造
47639：
六年河南工官令中意丞德 /
冗工……造

第7组（令"霸顾成""霸"，丞"广成""福广成""广果成""法果成"或"广"）
05247：
元年河南工官令霸丞广

成作府渠工惠造
02677：
二年河南工官令霸丞广
成作府渠工岁造
01326：
二年河南工官令霸顾成丞法
果成作府贤工周造
11401：
四年河南工官令霸顾成
丞法果成作府胜工遂
造
01596：
四年河南工官令霸丞
广作府渠工捐造
3：08384
五年河南工官令霸丞广果成
作府胜工□造
07566：
六年河南工官令霸丞广成
作府胜工只造
47154：
六年河南工官令霸顾成丞福/
广成作府啬夫□造

第8组（令"谢"、丞"种定"或"定种"）
02858：
元年河南工官令谢丞种
定作府啬夫辅始工始
昌造
09040：
二年河南工官（令）谢丞种
定作府辅工楚造
03945：
三年河南工官令谢丞种
定啬夫元工国造

02825：
四年河南工官令谢丞定
种作府距工乐造
02066：
五年河南工官令谢丞种/
定作府啬夫辅始工外/
亥河南郡残
12698：
六年河南工官令谢
丞种定作府啬夫
辅始工□造
第9组（令"俞初"或"俞利"，丞"果成法"或"果成"）
06780：
元年河南工官令俞初丞果成法
作府渠□尤工鼠何工亘造
08651：
二年河南工官令俞初丞果成
法作府胜冗工可富工春造
04345：
三年河南工官令俞初丞果成法
作府福贤冗工闰何
工宛造
41359：
四年河南工官令俞利丞果成□
作府胜冗工可……
27086：
五年河南工官令俞初丞果成
作府胜冗工□嘉工延造
10682：
六年河南工官令俞初丞□成法
作府渠□冗工分工有工
捐造

第10组（令"朔"，丞"果成"）
38434：

元年河南工官令朔丞果成
产冗工异何工兹造
16181：
二年河南工官令朔丞果成/
毕元工□造
10834：
三年河南工官令朔丞果成
作府产尢工毕何工土造
05125：
四年河南工官令朔丞果成作府
产冗工章遂工□造
01505：
五年河南工官令□丞果成作府
雀冗工毕何工兹造
11286：
六年河南工官令□丞果作
府圣尢工□工□造

第11组（令"巨令""巨"，丞"成当时""成""年""圣"）
18596：
元年河南工官令巨令丞成当时/
作府啬夫德工胜造
22238：
二年河南工官令巨令丞成
作府啬夫禄工……
10310：
三年河南工官令巨令/
丞年作府嘉工何造
41531：
三年河南工官令巨令守丞/
年作府啬夫禄工胥燥
32821：
四年河南工官令巨令丞当时/
作府啬夫禄工懿造

13050：
四年河南工官令巨守丞成当时作/
府啬夫禄工石造
37772：
五年河南工官令巨守丞/
圣作府尧禄工兑造

第12组（令"曾子醉"或"醉"，丞"尧"；14组与太始、天汉相连）
43206：
元年河南工官令曾子醉丞尧……
39263：
三年河南工官令醉守丞／
作府冗工……
37221：
四年河南工官令曾子醉/
□

第13组（令"石""宽郜石"，丞"尚""尚赐德""福"）
28355：
元年河南工官守令石丞
尚护工卒史尧令史关荼
青夫魏佐□工相造
52644：
三年河南工官守令
石丞赐德尚护工卒史尧
令史关中作府青夫广……
□
55366：
四年河南工官守令石守丞福护工
卒史直作府啬夫□乐成
冗工圣始工德造

第14组（令"也"，丞"福文成""福"）
28434：
元年河南工官守令也守丞／
护工卒史直作府啬夫侍乐……

52880：
二年河南工官守令也守
丞福文成护工卒史直作府
啬夫侍乐成忠伏熹
冗工其异工方造
28484：
二年河南工官令也守丞……
工卒史直作府啬夫侍乐
佐熹冗工尧工□造
49053：
三年河南工官令也守丞/
49057：
四年河南工官守令也守丞/
卒史直作府啬夫关……
42109：
六年河南工官守令也守丞福护/
工卒史直作府啬夫侍乐成忠/
佐嘉□喜工文造

第15组（令"若秦"，丞"千秋""文成德"）
50373：
元年河南工官令若秦守/
文成德护工卒史不害/
作府啬夫/
伏成冗工……/
罢造
40767：
三年河南工官令若秦丞□/
作府啬夫□德冗工/
造
57421：
五年河南工官守令若秦 /
千秋护工卒史不害令史……
49743：
六年河南工官令若秦丞千/

护工卒史安世作府啬夫/
工充昌棣工胜造

第16组（令"捐"，丞"万"或"方"）
8507：
元年河南工官令捐守丞
万护工广作府青夫
甫□长明工
02580：
二年河南工官令捐丞
方护工□作府啬夫南
□□□县浦工
18502：
三年河南工官令捐丞
□护工□作府啬夫
长□造甲

第17组（令"武"，丞"福"）
46384：
二年河南工官守令武守丞福护□
卒史□作府啬夫□成佐德
工禹造
47863：
五年河南工官令武守/
府圣冗工□嘉工

第18组（令"彭沮"，丞"武"）
53106：
元年河南工官令彭沮守丞
武丞成武护工
青夫穷于宽□佐众工直金工世造
50810：
六年河南工官令彭沮/
守丞成安护工凤作/

上述18组无年号河南工官骨签，有以下几点需要说明：

第一，13～18组的骨签刻文均有"护工卒史"，一般说工官之中设置护工卒史比不设置护工卒史者时代相对要晚。

第二，第12组的河南工官骨签时代应该介于汉武帝设立年号之前与太初、天汉、太始年号之间，在太初、天汉、太始年间的河南工官骨签刻文中，发现有与第12组骨签刻文相近的内容，如：

18322：
太初元年河南工官令曾子
丞尧作府克冗工□
广□造

43652：（查属于太初或太始？）
太初三年河南工官令醉守丞广／
成作府□冗工德……造

39256：
天汉四年河南工官令醉／
喜作府佐根工直何

39248：
太始元年河南工官令曾子
醉丞尧猜作府安冗工尧
□□工反造

第三、13组的河南工官骨签刻文中，多与始元年间河南工官骨签刻文内容相近，如：

28355：
元年河南工官守令石丞
尚护工卒史尧令史关蒜
啬夫广佐都冗工乐德福造

21406：
始元三年河南工官守令宽郐石丞尚赐
德护工卒史尧作府啬夫关佐
喜冗工德广工回造

第四、15组的河南工官骨签刻文中，多与始元年间河南工官骨签刻文内容相近，如：

57421：
五年河南工官守令若秦／
千秋护工卒史不害令史……

39077：
始元年河南工官令若秦丞

千秋护工卒史不害……

20506：（又见22372、22412、22428、22442等骨签）

始元三年河南工官令若秦／

工卒史不害令史……

目前可以说，上述18组骨签中，至少1～12组骨签出现时代均应在汉武帝太初之前，而12组骨签的每组年代均包涵了6年。据文献可知，武帝"太初"之前的还有"元封""元鼎""元狩""元朔""元光"和"建元"6个年号，每个年号各有6年。实际上这些年号只有纪年并无年号，再有武帝征和与昭帝始元之间还有武帝的"后元"2年亦无年号。武帝之前的景帝前元有7年、中元6年、后元有3年，文帝前元有16年、后元有7年，惠帝7年，高祖12年，它们均无年号。也就是说武帝至高祖共有14个纪年组无年号，除去已知的武帝后元纪年组之外，实际上只有13个纪年组。虽然在所有纪年骨签中，没有发现6年以上的纪年，但是不能排除已有的刻文1～6年的骨签中，存在汉景帝前元与汉文帝中元、后元期间的骨签，如果这一推测可以成立的话，骨签纪年上限至少在景帝时期，甚或可以早至文帝。

四、关于"三工官"问题

汉代工官中的"三工官"，是汉代以后一千八百多年来争议不断的一个学术问题。"三工官"出于《汉书·贡禹传》记载，其云："方今宫室已定，亡可奈何矣，其余尽可减损，故时齐三服官输物不过十笥，方今齐三服官作工各数千人，一岁费数钜万。蜀广汉主金银器，岁各用五百万。三工官官费五千万，东西织室亦然。厩马食粟将万匹。"

关于"三工官"的解释主要有以下几种意见：

第一，《汉书·贡禹传》如淳"三工官"注："《地理志》河内怀、蜀成都、广汉皆有工官。工官，主作漆器物者也。"如淳的说法是紧扣"三工官"必须由"工官"组成，而不是其他部门。但是《汉书·地理志》记载绝不是只有如淳所说的3个工官。

第二，颜师古在《汉书·贡禹传》"三工官"注中，不同意如淳上述观点，师古曰："如说非也。三工官，谓少府之属官，考工室也、右工室也、东园匠也。上已言蜀汉主金银器，是不入三工之数也。"颜师古的注释与如淳完全不同，他所说的"三工官"已经不是汉代的工官概念。至于颜师古认为如淳把蜀、广汉之工官纳入贡禹所说的"三工官"，显然是不对的，因为贡禹已经把"蜀广汉主金银器"的费用与"三工官官费五千万"分别说明了。颜师古的这一观点是正确的。但是颜师古把"三工官"认定为少府的考工室、右工室、东园匠是不对的。

第三，清代学者钱大昭认为："三工官当谓考工室之一令二丞"①。这里实际上是把"三工官"视为"考工室"机构的三个官员。显然与贡禹所说"三工官"的"官费五千万"毫不相干。

第四，日本学者加藤繁指出："三工官"为考工室、尚方和东园匠②。加藤繁的"工官"与历史文献所记载的工官职能是不一样的，也就是说"考工室、尚方和东园匠"不是"三工官"，因为它们就不是"工官"。

第五，日本大庭修先生认为"三工官"为考工、供工和寺工③。这里大庭修把"考工、供工和寺工"三个机构的"同类项"——"工"提炼出来，简称这三个机构——"考工、供工和寺工"为"三工官"。

第六，有的学者认为"三工官"隶属于京师少府④，这实际上是颜师古早已提出的看法。

第七，陈直指出，"三工官"为考工令、尚方令及上林令中之工官⑤。该说法与第四点大同小异，只是把"东园匠"变成"上林令"。

第八，方诗铭认为"工官"是一个特定的概念，"所谓'工官'，指汉代设立在地方的官府手工业作坊。"据此，方先生提出"三工官"为"蜀郡成都的工官、广汉郡的工官，以及广汉郡雒县的'工官'"⑥。方诗铭的观点又基本上回到如淳的说法，不同的是方诗铭紧扣"金银器"生产的"工官"，正如颜师古所指出的那样，这等于把贡禹所说的蜀广汉金银器开支的"岁各用五百万"与"三工官官费五千万"合而为一。

目前学术界对于汉代"工官"说法颇多，不少学者认为汉代工官遍及中央与地方⑦。至于工官所涉及的部门也相当广泛，凡属与手工业有关的机构似乎都在"工官"之列⑧。也有人说"汉代工官机构，从中央到地方形成了一套完整的体系"，并认为

---

① 《汉书辨伪》，广雅书局丛书。
② 加藤繁：《汉代国家财政和帝室财政的区别以及帝室财政的一斑》，《日本学者研究中国史论著选译》（三），中华书局，1993年，336页。
③ 大庭修：《汉代的啬夫》，《东洋史研究》第一四卷，第一、二号合刊，1955年。
④ 《中国大百科全书·中国历史·秦汉史》，工官条，中国大百科全书出版社，1986年，51页。
⑤ 陈直：《汉书新证》，天津人民出版社，1979年，380页。荣文库：《汉代中央铜器生产工官结构考释》，《辽宁大学学报》1987年第5期。
⑥ 方诗铭：《从出土文物看汉代"工官"的一些问题》，《上海博物馆集刊》（1982年），上海古籍出版社，1983年。
⑦ 《中国大百科全书·中国历史·秦汉史》，工官条，中国大百科全书出版社，1986年，51页。
⑧ 《辞源》，工官条，商务印书馆，1980年，953页。

"汉代工官作坊以中央工官最为集中"①。我们认为文献关于汉代工官记载是明确的②，汉代工官是设在郡的主持手工业生产管理和征集手工业税收及产品的官署。由此看来，把"三工官"解释成少府属官是不成立的。"三工官"应指设在地方的工官。古人如淳和今人方诗铭先生所说"三工官"，虽然均为蜀、广汉郡等地方工官，但正如唐人颜师古所指出的那样，根据《汉书·贡禹传》记载，蜀、广汉"主金银器，是不入三工之数"。根据未央宫第三号建筑遗址考古发现的几万件与工官相关的骨签，以及这些骨签刻文中所涉及的只是河南工官、南阳工官、颍川工官，而且这些工官的年代绝大多数在汉元帝以前，属于元帝、成帝的河南工官、南阳工官、颍川工官骨签极少（其他工官骨签在未央宫第三号建筑遗址未发现），也就是说在贡禹建议压缩"三工官"开支之前，它们都从不同方面说明河南工官、南阳工官、颍川工官就是贡禹所说的"三工官"。

五、工官骨签与第三号建筑遗址性质

考古发现骨签的汉长安城未央宫第三号建筑遗址的性质，可以从该建筑遗址出土骨签及其他相关遗物与建筑遗址布局进行探索。

未央宫第三号建筑遗址出土骨签可以分为12类，即：河南工官、南阳工官、颍川工官、"服"字开头骨签、"力"字开头骨签、"乘舆"开头骨签、"大黄"类骨签、"射"字开头骨签、"燥"字开头骨签、"御"字开头骨签，此外还有属于兵器"编号"类（甲、乙、丙、丁、第）骨签。实际上凡是可以看清骨签文字的，骨签刻文均与兵器名称、类型及产品编号与生产机构相关。

骨签主要出土于未央宫第三号建筑遗址的各个房屋之内，大多分布在房屋四面的墙壁附近，它们原来的放置位置应该在房屋之内四边。我们通过对出土骨签的整理发现，骨签出土情况是：F1出土河南工官、南阳工官骨签；F2、F3、F12出土南阳工官、颍川工官（仅有少量河南工官及"大黄类"骨签）骨签，F4、F5、F9、F15出土河南工官骨签；F1、F2、F3、F4、F5、F6、F9、F12、F15出土完整无字骨签，上述各房屋，除F6之外，各房屋均出土刻字骨签，可否推测绝大多数刻字骨签与无字骨签在同一房屋存在，说明骨签刻字就在存放处。F7、F8、F10、F13、F14未出土骨签，F7、F8属

---

① 荣文库：《汉代中央铜器生产工官结构考释》，《辽宁大学学报》1987年第5期。
② 《史记·平准书》载："南越反，西羌侵边为桀。天子为山东不赡，赦天下，因南方楼船卒二十余万人击南越，发三河以西骑击西羌，又数万人渡河击令居。初置张掖、酒泉郡，而上郡、朔方、西河、河西开田官，斥塞卒六十万人戍田之中国缮道粮，远者三千，近者千余里，皆仰给大农，边兵不足，乃发武库、工官兵器以赡之。"又载："元封元年，卜式贬秩为太子太傅。而桑弘羊为治粟都尉，领大农置平准于京师，都受天下委输，召工官治事诸器，皆仰给大农。"

于"传达室"性质建筑。上述骨签出土情况还反映了当年骨签是按照骨签的不同工官分类存放的,目前来看也存在同一工官的骨签时代早晚放置问题。从未央宫第三号建筑遗址的房屋之内出土遗物来看,骨签是遗物的主要内容,因此可以说未央宫第三号建筑主要是存放骨签的。出土骨签的各个房屋之中,并未发现与骨签刻文所涉及的兵器。

有的学者认为未央宫第三号建筑遗址的性质应为武库[①],对此我们认为只要将已经考古发掘的汉长安城武库遗址与未央宫第三号建筑遗址的建筑布局形制与遗址之中出土遗物进行比较就能够发现二者的建筑性质不同。

未央宫第三号建筑遗址的布局形制与墙体结构、出土兵器分布情况与上述汉长安城武库遗址不同。

未央宫第三号建筑之中南北排房屋排列整齐,除了具有"门房"性质的F1、F7和F8之外,房屋规模较大,最大的房子F3室内面积215.04平方米,最小的房子F5室内面积也有109.2平方米(图三)。

武库大院落东西710、南北322米,面积228620平方米;武库遗址的7座房屋建筑分别为:一号建筑东西196.8、南北24.2米,面积4762.56平方米;二号建筑东西24.1、南北90.4米,面积2178.64平方米;三号建筑东西24.4、南北155.1米,面积3784.44平方

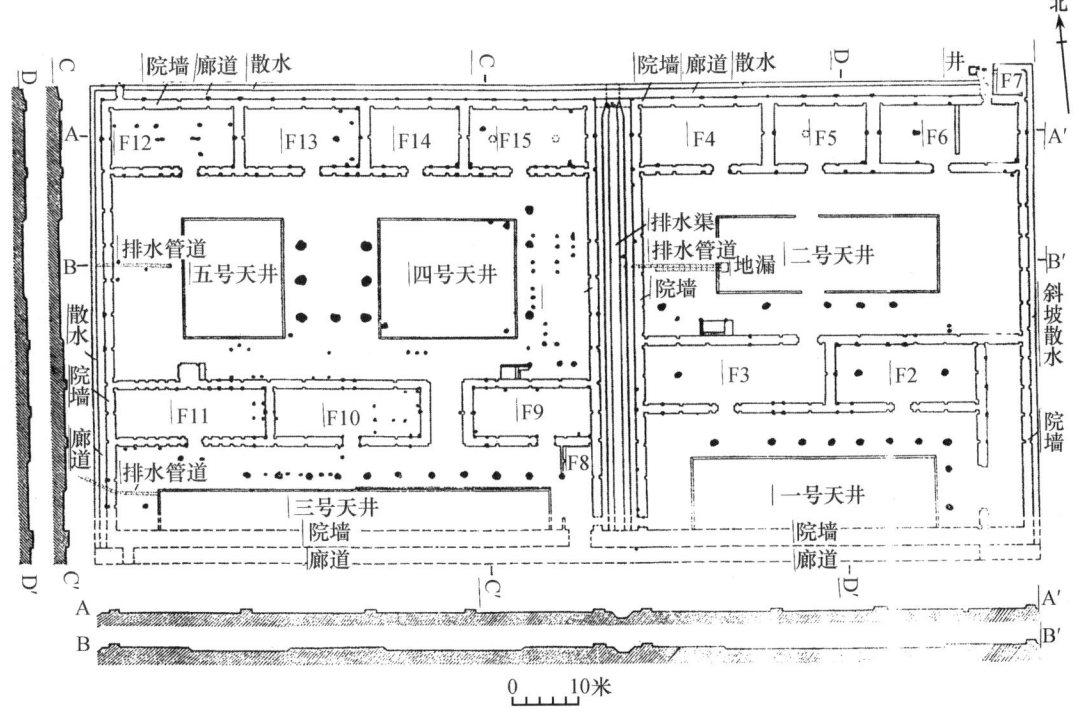

图三 中央官署遗址平面图

---

① 赵化成:《未央宫三号建筑与骨签性质初探》,《中国文物报》1995年5月14日。

米；四号建筑东西24.6、南北202米，面积4969.2平方米；五号建筑东西21、南北122米，面积2562平方米；六号建筑东西21.6、南北130米，面积2808平方米；七号建筑东西234、南北45.7米，面积10693.8平方米（图四）。

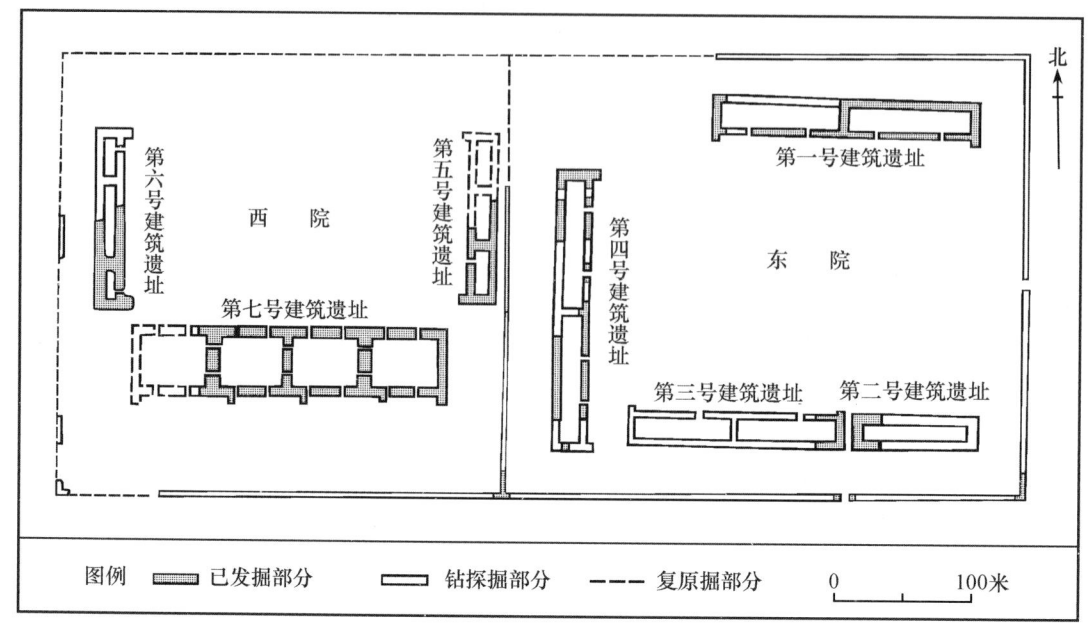

图四 武库遗址平面图

存放兵器与放置骨签的房屋，因为二者"建筑功能"的差异，所以出现了未央宫三号建筑与武库的"总体"与各自每座单体建筑（房屋）的面积相均差很大的现象。

至于未央宫第三号建筑遗址与武库遗址的院子及其中的房屋墙体宽度，二者也有明显差异。未央宫第三号建筑遗址的大院东、西、北墙各宽1.5米，南墙宽2.5米；武库院子墙体宽2.9~3.6米。未央宫第三号建筑遗址从F1至F15，一般墙宽1.5米；武库遗址中的F1（即报告"一号建筑"，下同，均以F为其代号）墙宽3.4~5米、F2墙宽6.9~8.7米、F3墙宽3.6~5米、F4墙宽4.5米、F5墙宽5米、F6墙宽8~6.8米、F7墙宽6.9米。武库库房墙体厚重是与其作为存放兵器重地有关。武库遗址中的建筑房屋之内有的设置了放置兵器的"夯土垛子"，不少房屋之内地面存在大量础石（图五）。这些在未央宫第三号建筑遗址均不存在。

我们对未央宫第三号建筑遗址出土武器类遗物进行了统计，共出土武器类遗物589件，其中出土于房屋之内的仅17件，其他均出土于房屋之外。遗物中共发现铠甲片160件，其中141件出土于西院北墙与南墙之外，仅有19件出土于院子之内，而房屋之内未发现1件。除了铠甲片之外，还出土了一些陶弹丸、石卵、铁蒺藜、铜镞、铁镞、弩机零件等，它们多发现于庭院、明渠、地漏等处。出土于房屋之内的17件兵器类遗物分别是：F9出土弩机栓塞5件，F11出土铜弩机牙2件，F12出土铁弩机1件、铁铤铜镞2

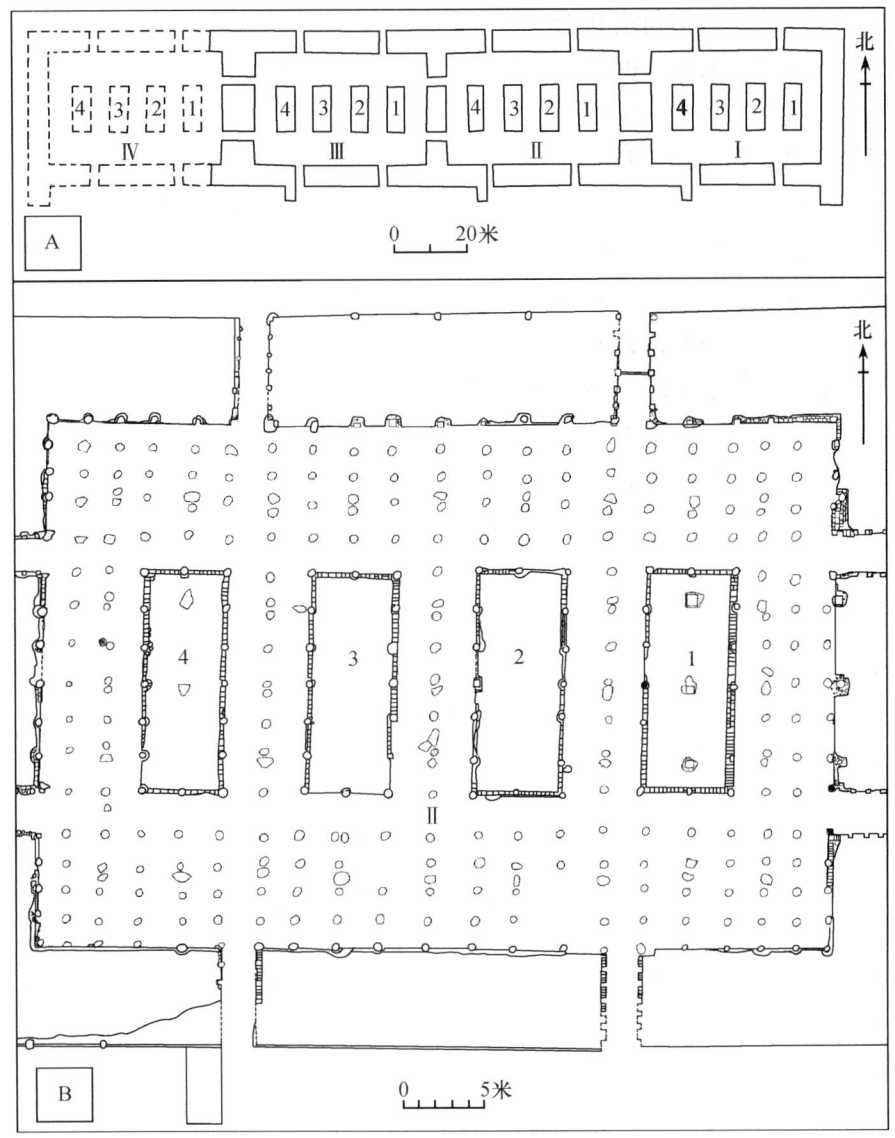

图五 武库7号房址

件、陶弹丸1件，F13出土铁铤铜镞2件，F15出土铁铤铜镞2件、铁弩机栓塞2件。显然上述与武器相关的遗物不是作为未央宫第三号建筑之内"收藏"的兵器，而是当时建筑守卫者正在使用的兵器或军备，建筑中的房屋显然不是作为上述兵器、军备的"仓库"。另一个值得注意的是，出土弩机部件之上的铭文有"南阳工官"与"河内工官"，而骨签中并没有"河内工官"，这说明建筑遗址中出土的骨签与建筑遗址内出土的兵器、军备没有对应关系。把骨签说成是建筑之中兵器的"器物标签"，显然与考古发现兵器内容是不符合的。

未央宫第三号建筑遗址内出土了一些汉代兵器，它们种类繁多，包括有弹丸、镞、戟、弩机、镟等，但每类兵器为数并不多，少者一件，多者百件，但后者又分为若干类型。从这些兵器出土时的情况来看，它们应系卫兵们所使用的。如遗址中的两个铁戟分别出土于F3北门外两侧，应为守门卫士所执。因而说此处不可能是兵器库。

武库第一号建筑遗址（F10出土兵器有铜戈、铜镞、铁铠甲、铁刀、铁矛、铁戟等，其中铁铠甲最多，出土残铠甲4万多片，还有锈蚀在一起的残铠甲块。铠甲片不仅数量多，形制也较全，分大型、中型、小型（鱼鳞甲）等。第三号建筑遗址（F3）是一座储藏兵器的库房。第四号建筑遗址（F4）出土的遗物有铁刀、铁剑、铁镞、铜镞等兵器，另外还有一些铸兵器的铁范。第五号建筑遗址（F5）出土遗物以刀、矛、镞、镟等兵器为主，说明它也是一座储存兵器的库房。第七号建筑遗址（F7）出土的兵器有铜镞、铜剑格、铁刀、铁矛、铁剑、铁戟、铁镞等，其中又以镞为最多，有1000余件。铜兵器有镞、剑格、镟等，其中镞有100余件。武库遗址的"库房"墙体宽厚，库房之内有"兵器架"设施。库房遗址之中出土大量兵器与军备遗物[1]。未央宫第三号建筑遗址与汉长安城武库遗址的出土遗物进行比较，可以看出二者的明显不同。

根据未央宫第三号建筑遗址的发掘资料，此建筑应为西汉王朝中央政府或皇室管辖有关郡国工官的官署[2]。该建筑遗址出土的刻文有"工官"的骨签中，只有"河南工官""南阳工官"和"颍川工官"，未见其他工官。以上三处工官的骨签是各自向中央或皇室上交兵器的档案记录，它们保存在中央官署之内。这里仅见"河南工官""南阳工官"和"颍川工官"不是偶然，它们可能不同于河内、济南、泰山等工官。前者与"三服官""蜀广汉"工官，东西织室和"天子六厩"[3]均为直接服务于中央或皇室的部门。骨签的时代，从西汉前期延续到西汉晚期，前后近二百年。它们被"分门别类"集中放置在未央宫第三号建筑的房屋之内，而房屋之内又没有与骨签名物相同的兵器、军备，它们显然是作为收藏备用的"资料"。由于骨签数量的巨大，所以骨签刻文类似"微雕"，这样可以在很小的空间保存更为大量信息。出土骨签保存、延续时代的长久，"分类"存放，骨签质地的"坚硬"与"个体"的"微小"，都佐证它们的"档案"性质。未央宫第三号建筑实际上是存放这些骨签的"平台"，它们应该属于"档案"性质的建筑，据此国家档案馆馆长刘国能先生认为，汉长安城未央宫第三号建筑遗址应为"我国最早的专门档案馆库"，并且指出这是"中央专门档案库"[4]。

---

[1] 中国社会科学院考古研究所：《汉长安城武库》，文物出版社，2005年。

[2] 中国社会科学院考古研究所汉城工作队：《汉长安城未央宫第三号建筑遗址发掘简报》，《考古》1989年第1期。

[3] 《汉官六种·汉旧仪》："天子六厩，未央厩、承华厩、駧騄厩、路軨、骑马、大厩马皆万匹。"中华书局，1990年。

[4] 刘国能：《中国档案》2007年第7期。

辽宋金元明墓葬制度初步研究

董新林

（中国社会科学院考古研究所）

自古以来，人类就十分重视死亡。中国的丧葬制度从发生、发展到不断完善，主要是与当时人们的意识形态和社会经济文化观念密切相关。

墓葬的形制结构、棺椁制度、壁面图像配置、随葬品多寡和陈列方式等，真实地反映了生者对死者的态度。共性和差异中，体现出不同时代阶层的划分，折射出现实生活中的方方面面。

辽宋金元明时期是多元一体中华民族融合的重要时期。唐亡后，辽金和五代、宋朝形成中国第二次南北朝分治的局面。北方民族渐次由北及南，入主中原，直到统一全国。这一时期的墓葬制度也呈现出不同的风格，各具民族特色。王仲殊先生曾对中国古代墓葬制度进行过专门论述[①]。本文仅对辽宋金元明墓葬制度再做进一步探讨，求教方家。

一、辽金和两宋帝陵

辽代帝陵共有五个陵区，葬有九帝十陵。都是依山为陵的形式。祖陵位于内蒙古巴林左旗；怀陵和庆陵位于内蒙古巴林右旗境内；显陵和乾陵位于辽宁北镇市境内。陵园附近都设有奉陵邑。

祖陵代表辽代早期的陵寝制度。祖陵位于内蒙古巴林左旗石房子嘎查，是辽太祖耶律阿保机及其皇后陵寝之地。辽代祖陵遗址由祖陵陵园、陵园外祭祀建筑遗迹、奉陵邑祖州城、陪葬墓区，以及附属设施等一系列遗存共同构成，可统称为"辽祖陵陵区"。祖陵坐落于一个口袋形山谷中，仅东南方向有一狭窄的"黑龙"门。陵园以自然山脊为陵墙，分内、外陵区。太祖陵玄宫凿山为藏，大体位于内陵区的中央。封土丘南侧置有石像生。太祖玄宫之南侧山岭上和东南平地上各有一组祭祀性的陵寝建

---

① 王仲殊：《中国古代墓葬制度》，《中国大百科全书·考古卷》，中国大百科全书出版社，1986年，665~670页。

筑。外陵区有一号陪葬墓及其享殿遗址（四号建筑基址）等。陵园黑龙门外东、西、南侧，有"太祖纪功碑楼"一类重要的祭祀建筑。周围山谷内还有诸多陪葬墓。祖陵陵园的东南部设有奉陵邑祖州城①。这些认识与《辽史·地理志》所载"太祖陵凿山为殿，曰明殿。殿南岭有膳堂，以备时祭。门曰黑龙。东偏有圣踪殿，立碑述太祖游猎之事。殿东有楼，立碑以纪太祖创业之功"基本相合。

庆陵是辽代中晚期陵寝制度的代表。庆陵位于巴林右旗瓦里乌拉山（辽称庆云山）下，由圣宗耶律隆绪的永庆陵（东陵）、兴宗耶律宗真的永兴陵（中陵）、道宗耶律弘基的永福陵（西陵）组成②。辽庆陵陵区主要也是由陵园、奉陵邑、陵外祭祀建筑和陪葬墓区等遗存共同构成。目前没有发现明确的陵区范围。陵园也是以山脊为陵墙，陵园内西北高，东南低。西北部山峰向东南方向延伸出数道小山岭，三座玄宫位于其中三道小山脊之上，而东南部地势低平。以玄宫为中心，形成三个小陵院，从东南向西北依次排列，彼此相望。均坐西北朝东南。主体构成建筑基本相同，由东南至西北，依次是夯土陵门、神道、以献殿为代表的高台建筑基址群和玄宫等。玄宫都是砖筑的前、中、后三个正殿，前殿和中殿两侧各有一个侧殿（耳室），除前殿外，均为穹隆顶。中陵和西陵前殿为长方形，其余陵殿为八角形。东陵前殿平面为长方形，其余各殿为圆形，各殿之间有长甬道相连。壁画主要有人物、出行图、散乐图、四季山水画和装饰图案等。中殿四壁所绘四季风光山水画再现了辽代皇室"四时捺钵"之所。在东陵和中陵之间的南部，发现了兴宗之皇子耶律弘本墓和耶律弘世墓。综上所述，辽庆陵陵园形制布局，与辽祖陵陵园有着很强的传承性，同时也出现了自己新的特色。

金代早期帝陵，太祖睿陵、太宗恭陵等曾葬于金上京城西北（黑龙江阿城境内）。海陵王迁都中都后，将先祖陵墓迁至今北京周口店大房山。金陵共葬七帝（宣宗葬河南开封；哀宗葬河南汝南）和10位先祖，祔葬20余位后妃和诸王等。金陵分帝陵区、坤厚陵区和诸王兆域几个葬区。帝陵区的九龙山，葬有太祖、太宗、德宗、梁王宗弼和睿宗、世宗等；石门峪葬十位先帝；峨嵋峪葬熙宗思陵。金陵的总体布局尚不明朗。金太祖完颜阿骨打睿陵③是在基岩中凿出长方形圹，圹内安置石椁。睿陵的玄宫制度与辽代不同。

北宋皇陵葬于嵩山少室山之阴，北依伊洛河。陵园坐落在比较平缓的黄土岗上，

---

① 洲杰：《内蒙古昭盟辽太祖陵调查散记》，《考古》1966年第5期。中国社会科学院考古研究所内蒙古第二工作队、内蒙古文物考古研究所：《内蒙古巴林左旗辽代祖陵陵园遗址》，《考古》2009年第7期。《辽代祖陵黑龙门址和四号建筑基址考古发掘》，《考古》2011年第1期。《内蒙古巴林左旗辽代祖陵龟趺山建筑基址》，《考古》2011年第8期。

② 〔日〕田村实造、小林行雄：《庆陵——東モンゴリアにおける 辽代帝王陵とその 壁画に 関する考古学的调查报告》，东京座右宝刊行会，1953年。

③ 北京市文物研究所：《北京金代皇陵》，文物出版社，2006年。

"积土为陵"，中心建筑陵台位于陵区的低凹地。符合《地理新书》的规制。北宋皇陵位于河南巩义市西南部。这里埋葬宣祖（太祖的父亲）、太祖、太宗、真宗、仁宗、英宗、神宗和哲宗的陵墓，通常称为七帝八陵。后来徽宗和钦宗陵也归葬在这里，又称"九帝十陵"。此外还祔葬后陵22座，以及上千座皇室陪葬墓[①]。可分四个区域。北宋诸皇陵陵园的建制大致相同，平面布局整齐划一，都是由兆域、上宫、下宫、祔葬后陵和陪葬墓组成。

兆域，或称茔域。通常包括帝陵、后陵和宗室子孙的陪葬墓。上宫就是陵垣（神墙）以内的部分，包括神道石刻。夯土陵台位于上宫的中心。宋陵诸帝的玄室（或称皇堂）情况不详。上宫为正方形，陵垣（神墙）为夯土，四隅有角阙。四面各开一门，每门有两个阙台，推测上建有三出阙的阙楼。东、西、北三面外各有一对石狮，南正门内有宫人一对，奔狮、武士各一对。南门外为神道。由南到北依次为鹊台、乳台各一对；乳台之北为神道石刻。下宫，即寝宫，是侍奉墓主魂灵日常起居之所和陈设死者衣冠，并进行日常祭祀的场所。北宋的下宫是一组独立的组群式建筑，与前代有所不同。北宋皇陵的下宫均在帝陵西北，合于壬地。各皇陵的西北，在下宫的前后，还祔葬数量不等的后陵；后陵西北还有皇室宗亲的陪葬墓。北宋皇陵还在各个陵区旁设有皇家寺院，豢养僧尼为陵主诵经。寺院均位于陵区西北。宋陵的石雕数目较为固定。帝陵上宫石刻60件，下宫前4件；后陵上宫石刻为30件，陪葬墓神道石刻则为14件。宋陵石刻更接近现实生活中的宫廷仪仗。

南宋帝陵在浙江绍兴宝山的南北侧，葬高宗、孝宗、光宗、宁宗、理宗和度宗，习称"南宋六陵"。还有一些皇后的祔葬陵。南宋陵是权殡，建造"攒宫"，较为简单。攒宫没有陵台和石像生、神墙，只是将棺椁放置在一个大石椁内，称为"石藏子"，讲究密封。石藏子之上直接筑有献殿和龟头建筑。献殿之外有神围。神围外环套内篱寨、外篱寨和封堠，统称上宫。下宫有前后殿和东西廊。元末吴王张士诚仿南宋帝制，埋葬其母曹氏，采用了皇堂石藏子的形制[②]。

二、明代帝陵

元明时期，中国又成为统一的多民族帝国。墓葬制度出现新的变化。

元代皇帝实行秘葬，帝陵情况不详。明代共有五处帝陵。明皇陵、祖陵、显陵，都是追尊先祖而建的陵墓。皇陵（安徽凤阳县），是朱元璋父母（祔葬其兄嫂、侄子）的陵墓。大体沿袭唐宋旧制。孝陵位于今南京钟山之阳的独龙阜，是明太祖朱元

---

① 河南省文物考古研究所：《北宋皇陵》，中州古籍出版社，1997年。蔡全法：《巩义发现北宋石刻》，《中原文物》2003年第5期。

② 苏州市文物保管委员会等：《苏州吴张士诚母曹氏墓清理简报》，《考古》1965年第6期。

璋和马皇后的陵墓①。东有太子朱标墓，西为诸妃陵；钟山之阴为徐达等大臣陪葬区。明孝陵布局和建制有所创新②，孝陵石雕下马坊是入口建筑，之后依次为郭城正门、神道（神道两侧有石像生）、棂星门、文武方门（陵宫门）和长方形陵宫；最北为方城明楼、圆形宝顶及宝城。宝顶下为葬朱元璋夫妇的玄宫。孝陵规模较大，陵区内各种配置较为完备，对明清帝陵的建筑风格产生了重要影响。

明十三陵位于北京昌平的天寿山。因建有明成祖朱棣等13个皇帝③，故称明十三陵。十三陵有整体规划，共用一条神道。昌平西门外的石牌坊和大红门是陵区总入口处。总神道两侧配置有石望柱和石像生（狮、獬豸、骆驼、象、麒麟、马、武将、文臣等），北至棂星门。棂星门北经过多孔桥，分入诸陵神道。诸陵均前有方形陵宫，后有方城明楼（楼上树刻皇帝谥号的石碑）、圆形宝城，宝城下为玄宫。长陵营建于永乐五年（1407年），为太宗朱棣和仁孝皇后的陵园。长陵形制规模居天寿山诸陵之首，其他12陵分别配置于长陵左右，组成陵墓群。长陵右侧有献、裕、茂、泰、康五陵；左侧为景、永、德三陵；右前方有昭、定二陵。这些陵通过各陵主山的主从关系来体现宗法礼制关系。长陵进一步完善了孝陵开创的陵寝制度④。

定陵是明神宗皇帝朱翊钧和孝端皇后、孝靖皇后的合葬陵寝。这是我国迄今唯一科学发掘过的帝陵玄宫⑤。石结构玄宫纵深87.34米，横宽47.28米，由石门、隧道、甬道、前殿、中殿、后殿和左、右配殿构成。后殿为横长方形石室，中部偏西设汉白玉宝床（棺床），床面铺金砖，上置棺椁三具。中为万历皇帝，两侧为皇后。万历帝椁下"金井"，即内填黄土的长方形孔。随葬遗物主要在后殿，有金银器、玉器、瓷器、铜器、锡明器、丝织匹料和服饰，漆木器和木俑、石哀册等2648件。

---

① 中山陵园管理局、南京孝陵博物馆：《明孝陵志新编》，黑龙江人民出版社，2002年。杨之水等：《南京》，中国建筑工业出版社，1989年。

② 孟凡人：《明孝陵陵园形制布局及其相关问题的探讨》，《新世纪的中国考古学——王仲殊先生八十华诞纪念论文集》，科学出版社，2005年。

③ 参阅胡汉生：《明十三陵》，中国青年出版社，1998年。景泰皇帝朱祁钰，景泰八年（1457年）以王礼葬京西金山。该陵不在十三陵之内。

④ 参阅刘毅：《明代帝王陵墓制度研究》，人民出版社，2006年。

⑤ 中国社会科学院考古研究所、定陵博物馆、北京市文物工作队：《定陵》（上、下），文物出版社，1990年。

三、辽宋金时期墓葬

辽宋金时期的墓葬，可分为四种基本形制类型：类屋式墓[①]、类椁式墓[②]、土洞墓和土坑竖穴墓。此外还有个别的双层阁式墓，应是特例。以淮河为界，北方地区主要是类屋式墓、土洞墓；南方地区主要是类椁式墓，偶见双层阁式墓。土坑竖穴墓则在全国各地普遍流行。类椁式墓则从金朝开始，逐渐出现在北方地区。

中原和北方地区的北宋墓，以仿木结构的砖筑类屋式墓最具特色，也见石筑墓。通常多为单室墓，也有双室墓。唐代晚期，冀北地区出现仿木结构砖墓；北宋初年承袭唐制，仿木结构砖雕较简单；北宋中晚期，仿木斗栱和壁面装饰日益复杂；金代此类墓更为成熟，形成区域特色。墓室平面形制由早期方形或圆形，演变为宋代晚期的多角形。仿木斗栱从简单的"一斗三升"托替木或"把头绞项造"，演变为五铺作重栱；直棂窗版门演变为雕花格子门。随葬品很少，属于薄葬。但墓内多用壁画或雕砖作装饰，主要题材有"墓主人夫妇开芳宴""散乐图""杂剧图""二十四孝人物故事图"和"妇人启门图"等，主要是表现墓主人的日常生活场景。墓主人通常都是富裕平民，而非品官。在北宋中原地区发现了几例类椁式墓和双层阁式墓，其主人祖籍都是南方人[③]。反映了民间葬俗的地方特色。

淮河以南地区的宋墓，承袭唐墓传统，以砖筑或石筑的类椁式墓为特色。通常为两个或三个椁室并列，夫妻各葬一室。椁室呈长方形或"腰鼓形"，椁内多有木棺为葬具，明显承继十国时期的地方传统。南方宋墓十分注意密封防腐，采用石灰糯米浆、三合土等浇筑封固椁室，如福州南宋黄升墓等[④]。这些传统习俗为元明墓葬所承继。墓葬随葬品较北方丰富，表现出较强的地方性特色。除陶瓷器外，还有金银器、漆器和铜镜，以及墓仪、明器神煞俑等。川贵地区宋墓流行画像石，颇有特色。漏泽园[⑤]设置于北宋神宗元丰年间，是官办用以集中埋葬贫苦人民和无主尸骨的地方。

辽朝契丹人和汉人的墓葬形制没有差异，以砖筑或石筑类屋式墓最为重要，墓室平面早中期多为圆形或长方形，晚期以多角形为主[⑥]。辽墓形制是宋元明时期各王

---

① "类屋式墓"是指有墓门、高穹隆顶或券顶的砖石建筑墓葬，通常有斜坡式墓道，整体建筑较为高大，内高均超过2米，墓室有明显类似房屋的特征。如白沙1号宋墓。

② "类椁式墓"是指没有严格意义上的墓门、墓顶较低的砖或石建筑墓葬，这种墓通常为土圹竖穴，整体建筑较为低平，内高通常不超过2米，与一般意义上的"椁室墓"一致。

③ 秦大树：《宋元明考古》，文物出版社，2004年，140页。

④ 吴敬：《南方地区宋代墓葬研究》，社会科学文献出版社，2015年。

⑤ 关于设置情况参见《宋无名氏墓砖》，《文物》1966年第1期。

⑥ 董新林：《辽代墓葬形制与分期略论》，《考古》2004年第8期。

朝中最为规范的。辽上京及其附近地区，纵列的正室和两侧耳室的多寡，与墓主人身份地位密切相关。契丹人墓和汉人墓都流行壁画装饰，主要反映了现实生活中的不同习俗。辽南地区还有画像石墓。辽墓流行厚葬，随葬大量金银、铜铁、玉石、陶瓷器等，十分丰富。契丹贵族墓葬常见木质护墙、金属网络和面具，民族特点较为突出。墓葬内早期多随葬实用的成套马具，包括辔、鞍、鞯、衔、当颅、铃铛、镫等；晚期的马具不再成套，只见铃铛、衔、马镫等几个部件。最具契丹民族特色的鸡冠壶已经消失。契丹显贵多随葬从北宋进口的影青瓷等名贵瓷器，一般贵族则流行随葬辽三彩釉陶器。燕云十六州地区的汉人墓葬，随葬品多以陶瓷器为主。

金代墓葬在延续北宋和辽朝当地文化传统的同时，出现新的变化。金代墓葬形制多样，没有身份等级的区分。中原北方地区的金墓仍是以类屋式墓为主，墓主人多为汉人。流行雕砖和壁画，基本沿袭宋墓的题材，内容和形式有自身的特点。雕砖装饰繁缛，开始走向衰落。世宗大定年间以后，中原地区多流行火葬和多人合葬。随葬品多寡不一，以陶瓷器为多。在东北地区，除类屋式墓外，还有较多具有特色的类椁式墓，如石椁墓、砖椁墓和木椁墓，构成了女真人墓葬的民族特色。女真贵族采用特有的石椁、石函作为葬具，颇有特点，为宋墓所不见。随葬品贫富不均，一些墓葬还出土较具民族特色的玉质或水晶的"嘎拉哈"（羊距骨）和桦树皮桶等。

辽宋金时期的贵族墓葬都流行墓仪制度，在墓地前通常树立石刻的神道碑、经幢，以及成组的羊、虎、翁仲等石像生。

四、元明时期墓葬

元明时期官僚和平民墓葬，仍然承袭前朝当地的传统。类屋式墓基本不见于淮河以南地区（明代诸侯王墓例外），但类椁式墓较多地出现在淮河以北地区。

蒙元时期官僚和平民墓葬，多是汉人墓，有些色目人或蒙古人墓。在北方地区，蒙古时期重要墓葬的主人，多与道教有关重要人物，符合成吉思汗重视道教的史实。元朝时期，类屋式墓和类椁式墓并存，墓葬形制没有尊卑之别。早期多一次葬，晚期多火葬。流行薄葬。高级官僚中也见随葬小型陶明器。在陕西和豫西地区一度流行随葬成组的黑陶家具、家畜和俑等。流行墓葬壁饰，以壁画为主，雕砖次之，偶见画像石。壁画题材在金墓基础上，形成了鲜明的时代特征——以类似卷轴画特点的整幅人物故事山水画，如冯道真墓壁饰等。壁画和雕砖装饰在元代晚期明显出现了简化衰落的态势。

南方地区元墓基本沿袭南宋的类椁式墓的形制。多为简单的长方形砖室墓，双椁室或多椁室并列。注重防护棺椁，多用石灰、米汁和木炭等加固墓室，并在墓底铺松香之类，以利于保存尸体。相对北方而言，随葬品较为丰富。主要有金银、玉石珠宝、丝织品、漆木器、瓷器等，一些地区随葬锡明器，以及明器神煞俑等。但墓葬形制和随葬品多寡，已经不代表墓主人的身份和地位。

从考古学发现看，明代诸侯王墓和一般贵族官僚墓葬迥然有别，形成了特殊的形制演变模式。明代亲王墓葬制度早中期和晚期有着明显的变化。在明代初期，明代亲王墓仿皇陵，平面布局如同当时的王府宫殿建筑，多为三正室的类屋式墓，也有二正室者。如永乐八年（1410年）蜀王世子朱悦燫墓。中期，亲王墓目前仅见二正室类屋式墓，且规模明显减小。如正统六年（1441年）梁庄王朱瞻垍墓。到明代晚期，亲王墓形制结构出现了南北差异。淮河以北的北方地区仍然是类屋式墓的模式，与中期变化不大，如潞简王朱翊镠墓，是明代晚期北方的王坟制度的代表。而在淮河以南的南方地区，万历年间以后出现了"类椁式墓"的新形式，是亲王陵墓制度的重要变化。这种变化可能是墓主人接受了当地传统文化习俗的结果。益宣王朱翊鈏夫妇合葬墓为砖筑并列三椁室墓，用石灰糯米浆密封椁室，是南方地区明代晚期亲王墓葬形制的代表[①]。

明代帝王陵墓和官僚平民墓葬都讲究厚葬，重要发现很多。墓葬形制、随葬品出现了南北趋同的现象。仍然注重防腐措施，致使墓中衣冠服饰、书籍、字画、木质家具等易朽物品得以保存良好。大量随葬俑、谷仓模型和日常实用器等，构成明墓的一个特点。墓葬规模和随葬品质量，基本反映了墓主人贫富身份和生前嗜好，有很强的个性化倾向，如江阴夏欢墓随葬外科医疗手术器械[②]、淮安王镇墓随葬元明书画[③]等。但明墓中的丧葬礼制较为模糊。

五、结　　语

中国古代墓葬制度，是中国古代礼制的重要组成部分。古人不仅在现实生活中有以儒家为代表的礼仪制度，而且在幽冥世界里，也形成了一系列繁缛的礼俗。《周礼·大宗伯》记载有吉礼、凶礼、军礼、宾礼和嘉礼五类。其中凶礼最主要的内涵，通常理解就是丧葬礼制。辽宋金元明时期的墓葬制度反映了当时社会的丧葬规制，折射出当时不同阶层人群对生和死两个世界的礼俗的认知。总的说来，辽宋金元明时期的帝陵制度有了阶段性的显著变化；贵族和平民的丧葬礼俗更加世俗化。

---

① 董新林：《明代诸侯王陵墓初步研究》，《中国历史文物》2003年第4期。
② 江阴县文化馆：《江阴县出土的明代医疗器具》，《文物》1977年第2期。
③ 江苏省淮安县博物馆：《淮安县明代王镇夫妇合葬墓清理简报》，《文物》1987年第3期。

从历代帝王庙看统一多民族祭祀体系的形成

郑 彤

（中国社会科学出版社）

历代帝王庙是明清两朝专门祭祀古代帝王的皇家庙宇。明洪武六年（1373年），明太祖朱元璋在南京首建帝王庙，祭祀三皇五帝和历代正统王朝的开国之君。明成祖朱棣迁都北京以后，嘉靖九年（1530年），明世宗朱厚熜在阜成门内的保安寺旧址重新建庙，两年后正式建成。南京的历代帝王庙早已无存，北京的历代帝王庙作为全国唯一的一座历代帝王庙，于2004年正式对外开放。

明太祖朱元璋时期，帝王庙的入祀帝王只有16人，除三皇五帝外，均为历代正统王朝的开国之君。清军入关后，历经顺治、康熙、雍正、乾隆四朝皇帝，入祀帝王逐渐增加到188位，从祀名臣也达到79位，入祀的皇帝和大臣遍及各个朝代和民族。那么，统一多民族的祭祀体系是怎样形成的？它的重要意义是什么？在增加入祀君臣人数的大趋势中，出现过哪些不和谐因素？本文通过回顾历代帝王庙的发展史，试图回答上述问题。

一、明太祖朱元璋时期

南京的历代帝王庙祭祀16位正统王朝的开国之君，还有37个从祀大臣，这是朱元璋在帝王陵寝祭祀的基础上创建的①。洪武六年（1373年），监察御史答禄与权（注：蒙古人）上奏："天下社稷、宗庙、山川之神，得皆享其祭，而躬祀三皇之礼独阙焉。宜于春秋躬行祀事，庶成一代之典。"朱元璋采纳了他的意见，并且降旨："五帝、三王及汉、唐、宋创业之君，俱宜于京师立庙致祭，其余守成贤君，令有司祭于陵庙，皆每岁春、秋祭之。"②

洪武六年（1373年）八月开始在京师建历代帝王庙，次年八月落成③。起初祭祀

---

① 王洁：《明太祖朱元璋：南京历代帝王庙的创建者》，《历代帝王庙史脉》，科学出版社，2015年。

② 《明实录》第一册《明太祖实录》卷八四，线装书局，2005年，401、402页。

③ 据《明实录》记载，洪武六年十一月，"命建历代帝王庙于中立府皇城西。仍命于北平立元世祖庙"。参见《明实录》第一册《明太祖实录》卷八六，线装书局，2005年，409~410页。

帝王18人，包括三皇五帝、夏禹、商汤、周文王、周武王、汉高祖刘邦、汉光武帝刘秀、唐高祖李渊、唐太宗李世民、宋太祖赵匡胤、元世祖忽必烈[①]。但是第二年，入祀帝王的名单就发生了变动。朱元璋认为"周文王终守臣服，唐高祖由太宗得天下，遂寝其祀，增祀隋高祖"。于是，历代帝王庙的入祀帝王调整为17人，增加隋文帝，去掉周文王、唐高祖[②]。由于隋文帝入祀一直存在着争议，加上洪武二十一年（1388年）旧庙失火，因此，在京城西部的鸡鸣山之阳重建帝王庙时，又把隋文帝撤掉了，入祀帝王降至16人[③]。第二年庙成，从此，每年仲秋月（注：农历八月）遣官祭祀[④]。

历代帝王庙初次落成，洪武七年（1374年）八月初一，朱元璋亲临历代帝王庙躬祭。在祝文中讲道："元璋本元之农民……不揆菲德，继承正统，此天命人心所致，非智力所能。……今念历代帝王开基创业、有功德于民者，乃于京师肇新庙宇，列序圣像，每岁祀以春、秋仲月，永为常典。"[⑤]

值得一提的是，朱元璋把元世祖忽必烈纳入帝王庙的祭祀体系，并且给予很高评价："惟神昔自朔土，来主中国，治安之盛，生养之繁，功被人民者矣。夫何传及后世不遵前训，怠政致乱，天下云扰，莫能拯救。"传说朱元璋在帝王庙亲祭时，见到元世祖的塑像面痕如泪，便笑着说："尔失天下，失尔漠北所本无；我取天下，取我中原所本有。复何憾？"元世祖"泪则止"[⑥]。

入祀元世祖忽必烈乃是朱元璋的高明之处，其目的不仅是借此缓和汉蒙民族矛盾，更是对忽必烈所做贡献的充分肯定。朱元璋作为政治家的雄才大略，由此可见一斑。

遵照陵寝祭祀的传统，帝王还应该有名臣从祀。于是洪武二十一年（1388年），历代帝王庙入祀37位名臣：风后、力牧、皋陶、夔、龙、伯夷、伯益、伊尹、傅说、周公旦、召公奭、太公望、召虎、方叔、张良、萧何、曹参、陈平、周勃、邓禹、冯

[①] 据《明实录》记载，洪武六年八月"乙酉，建历代帝王庙于京师。礼部奏定其制：'宜略如宗庙同堂异室，为正殿五间，以为五室。中一室以居三皇，东一室以居五帝，西一室以居夏禹、商汤、周文王，又东一室以居周武王、汉光武、唐太宗，又西一室以居汉高祖、唐高祖、宋太祖、元世祖。'从之。"参见《明实录》第一册《明太祖实录》卷八四，线装书局，2005年，402、403页。

[②] 《明史》卷五十《志二十六 礼四》，中华书局，2007年，1291~1294页。

[③] 据《国朝典汇》卷一一八记载，"二十一年二月定帝王庙制……是年庙火，改建于鸡鸣山之阳。去隋文帝，十六帝为五室。中三室居三皇、五帝、三王如旧。东则汉高祖、光武、唐太宗，西则宋太祖、元世祖。"引自《明代宫廷建筑大事史料长编》卷三《洪武建文朝》，故宫出版社，2012年，793、794页。

[④] 据《明实录》记载，洪武二十二年五月"辛未，改建历代帝王庙成。遣官致祭以奉安神主告。礼部定拟，自今每岁止以仲秋月遣官祭之。从之。"参见《明实录》第一册《明太祖实录》卷一九六，线装书局，2005年，203页。

[⑤] 《明实录》第一册《明太祖实录》卷九二，线装书局，2005年，430、431页。

[⑥] （明）刘侗、于奕正：《帝京景物略》卷四《西城内 帝王庙》，上海古籍出版社，2009年，268~269页。

异、诸葛亮、房玄龄、杜如晦、李靖、郭子仪、李晟、曹彬、潘美、韩世忠、岳飞、张浚、木华黎、博尔忽、博尔术、赤老温、伯颜。他们分别位列东西两庑①。至此，历代帝王庙形成了正殿主祀三皇五帝和历代帝王16人、东西配殿从祀历代名臣37人的格局。

朱元璋首创历代帝王庙，打破了朝代、地域、族属的界限，初步体现了中华统绪的一脉传承，对后世影响极大。

二、明朝嘉靖时期

明成祖朱棣迁都北京以后，对于历代帝王庙，只能"遣南京太常寺官行礼"②。所以，嘉靖九年（1530年），明世宗朱厚熜决定"罢历代帝王南郊从祀。令建历代帝王庙于都城西，岁以仲春秋致祭。后并罢南京庙祭"。新的历代帝王庙建在阜成门内的保安寺旧址。嘉靖十一年（1532年）夏天，历代帝王庙建成，"名曰景德崇圣之殿。殿五室，东西两庑，殿后祭器库，前为景德门。门外神库、神厨、宰牲亭、钟楼。街东西二坊，曰景德街"。与南京帝王庙最大的不同，是16位帝王均没有塑像，而代之以神主（注：牌位）。这年八月，嘉靖皇帝亲自前往祭祀③。

北京帝王庙开庙之初，元世祖忽必烈犹在其中，13年后，元世祖却面临着被逐出的命运。嘉靖二十四年（1545年）二月，"礼科给事中陈斐奏言，胜国（注：亡国）元以夷乱华，不宜庙祀，宜撤忽必烈及其臣木华黎等五人神主"。嘉靖皇帝毫不犹豫地接受大臣的建议，撤去北京帝王庙内元世祖的牌位，"南京亦撤其像祀"④。罢祀元世祖的同时，还罢祀5位元大臣，使得历代帝王庙的主祀帝王降到15人，从祀名臣降到32人⑤。

罢祀元世祖事件看似突然，却有着深刻的历史背景。嘉靖统治时期，退居蒙古高原的蒙元势力与明朝对立，并且对明朝的西北边境造成严重威胁。由于嘉靖拒绝与蒙古互市，还斩杀来使，嘉靖二十九年（1550年），土默特部的首领俺答率军南下，打到北京郊区，掳掠数日，直到朝廷允诺通贡互市，俺答军队方才退去，史称"庚戌之

---

① 《明史》卷五十《志二十六·礼四》，中华书局，1974年，1291~1294页。另见《国朝典汇》卷一一八，引自《明代宫廷建筑大事史料长编》卷三《洪武建文朝》，故宫出版社，2012年，793、794页。

② 《明史》卷五十《志二十六·礼四》，中华书局，1974年，1291~1294页。

③ 《明史》卷五十《志二十六·礼四》，中华书局，1974年，1291~1294页。

④ （明）刘侗、于奕正：《帝京景物略》卷四《西城内 帝王庙》，上海古籍出版社，2009年，268、269页。

⑤ 据《明会典》记载，"（嘉靖）二十四年，罢元世祖及其臣五人。复迁唐太宗与宋太祖同室。凡十五帝。从祀名臣三十二人"。参见万历朝《明会典》卷九一，中华书局，1989年，517页。

变"。历代帝王庙撤祀元世祖忽必烈绝非偶然,它反映出民族矛盾的日益尖锐。有学者评价此事,认为"嘉靖帝再建历代帝王庙是其功,罢祀元世祖忽必烈是其过"①。北方游牧民族与中原农业民族存在着剪不断的经济联系,嘉靖皇帝没有采取积极的措施去化解民族矛盾,只是拿元世祖的牌位出气,实乃其执政生涯的一大败笔。

三、清初顺治时期

清朝初年,在清承明制的背景下,历代帝王庙被继承下来,并且有所发展。顺治时期的历代帝王庙分为两个阶段,即多尔衮摄政时期和顺治亲政时期。

顺治元年(1644年)六月甲申,多尔衮将明太祖朱元璋的牌位迁入历代帝王庙②。作为新晋的北方民族统治者,为了表明自己是仁义之师,多尔衮不但按照帝王之礼为崇祯皇帝发丧,还把明太祖朱元璋的牌位迁入历代帝王庙,从而将导致明亡的祸首转向李自成农民起义军,以此笼络民心。

局势稍微稳定以后,从顺治二年(1645年)开始,多尔衮着手对历代帝王庙的入祀帝王进行调整,增祀6位皇帝、7位名臣,包括辽太祖耶律阿保机及其功臣耶律曷鲁,金太祖完颜阿骨打及其功臣完颜粘没罕(宗翰)、完颜斡离(宗望),金世宗完颜雍,元太祖铁木真及其功臣木华黎,元世祖忽必烈及其功臣伯颜,明太祖朱元璋及其功臣徐达、刘基。至此,历代帝王庙的入祀帝王达到21人,从祀名臣也增加到41人(注:其中张巡、许远为明朝中晚期加入,具体时间有待考订)。引人注目的是,一百年之后,元世祖忽必烈重新回到帝王庙的祭祀殿堂③。

笔者推测,帝王庙增祀辽、金、元的皇帝,主要是出于政治目的。清与辽、金、元同属北方民族建立的政权,将辽、金、元纳入帝王庙的祭祀体系,与原来所谓的"正统"王朝并肩齐坐,其目的就是要把大清扶正。多尔衮增祀辽、金、元、明的帝王,客观上有其积极的一面,但是除明太祖外,多尔衮增祀的均是北方民族的皇帝,这未免失之偏颇。

顺治七年(1650年)十二月,多尔衮行猎时意外受伤,不治身亡。顺治(爱新觉罗·福临)亲政以后,十四年(1657年)亲自来历代帝王庙祭祀,"以抒景仰前徽至

---

① 许伟等:《乾隆皇帝对历代帝王庙的三大贡献》,引自《宫苑·坛庙·王府》,团结出版社,2013年,132页。
② 据《清实录》记载,"(六月)甲申,以故明太祖神牌入历代帝王庙"。详见《清实录》第三册《世祖章皇帝实录》卷五,中华书局,2008年,1557页。另据《清史稿》记载,"迁故明太祖神主于历代帝王庙",参见《清史稿》卷四《世祖本纪一》,中华书局,2003年,87页。
③ 《清实录》第三册《世祖章皇帝实录》卷一五,中华书局,2008年,1623页。

意"①。顺治在制订帝王庙祭祀礼仪方面颇有建树，他对帝王庙的入祀人选也有着自己的考虑。

顺治十七年（1660年）六月，山东道监察御史顾如华上疏，认为入祀帝王庙的二十一帝都是"开创之主"，缺乏"守成贤君"。而在守成之君里也不乏明礼义的国君，例如商代的中宗、高宗，周代的成王、康王，他们的言行事迹都见于诗书史鉴，"诚为守成令主"。另外，汉文帝节俭爱民，在他统治时期，"海内安宁，家给人足"；宋仁宗"恭俭仁恕，忠厚之政"，奠定了大宋三百年的基业；明孝宗"任贤图治，忧勤惕厉，始终不渝"。所以顾如华建议，应将上述帝王一并纳入帝王庙的祭祀体系。至于从祀的功臣，顾如华主张，去除宋臣潘美、张浚。他认为，潘美虽然平南汉有功，但是雍熙三年北伐辽国，他没有制止监军王侁的错误指挥，并且擅离陈家谷口，不去接应杨业，导致杨业父子无援而死。"宋之不能复征契丹，实由此败。"张浚三次被皇帝委以重任，"而一败于富平，关陕沦亡；再败于淮西，郦琼叛命；三败于符离，而中原不可复"。张浚还弹劾主战派李纲，以谋反的罪名杀害抗金将领曲端；并且与岳飞不合，诬蔑岳飞"欲专兵柄"。纵观史书所载，潘美、张浚无法与韩世忠、岳飞相提并论，所以，此二臣都应罢祀②。

顺治接受了顾如华的建议，增加了七位守成之君，即商王太戊、商王武丁、周成王、周康王、汉文帝、宋仁宗、明孝宗。与此同时，罢祀辽太祖、金太祖、元太祖三帝，理由是辽太祖、金太祖、元太祖并未统一天下，而且，"其行事亦不及诸帝王，不宜与祭"。在名臣中，罢祠潘美、张浚。至此，历代帝王庙的入祀帝王增加到25人，陪祀名臣减少至39人③。

顺治在帝王庙加入七位守成之君，开创了后来康熙、乾隆对开国与守成并重、大量增祀守成之君的先河，为完善历代帝王祭祀体系作出了贡献。至于顺治为什么要罢祀辽太祖、金太祖、元太祖，恐怕是他为了发泄对多尔衮多年专权的不满。

顺治十八年（1661年）正月，福临染病去世。死后仅一个月，大学士会同礼部合议，"辽太祖、金太祖、元太祖俱系开创之主，仍宜入庙崇祀。至商中宗、高宗、周成王、康王、汉文帝、宋仁宗、明孝宗守成七帝，应照会典，在各陵庙致祭。宋臣潘美、张浚已经罢祀，无庸议"④。于是，入祀帝王重又恢复到多尔衮摄政时期的21人，

---

① 据《嘉庆朝钦定大清会典事例》卷三五〇《礼部八》，顺治十三年，顺治曰："今历代帝王庙祭典虽已修举，但十三年来俱系遣官致祭。朕今欲于明春亲诣行礼，以抒景仰前徽至意。"资料藏第一历史档案馆。另据《清实录》卷一〇八记载，"丁酉祭历代帝王庙，上亲诣行礼"，详见《清实录》第三册《世祖章皇帝实录》，中华书局，2008年，2334页。
② 《清实录》第三册《世祖章皇帝实录》卷一三六，中华书局，2008年，2542页。
③ 《清实录》第三册《世祖章皇帝实录》卷一三六，中华书局，2008年，2542页。
④ 《清实录》第四册《圣祖仁皇帝实录》卷一，中华书局，2008年，2654、2655页。

从祀名臣则保留了顺治十七年的39人。顺治去世以后，在增减入祀帝王的问题上，满臣权贵最终占据上风。

四、清朝康熙时期

康熙（爱新觉罗·玄烨）8岁登基，是中国历史上在位时间最长的皇帝。康熙自己是满族，生母佟佳氏的祖上是汉军八旗，祖母孝庄太皇太后是蒙古族，他本人从小受到汉族大臣和儒家文化的巨大影响，这些因素汇总在一起，使康熙形成了超越民族、时代界限的大历史观，这就为其改革历代帝王庙的祭祀体系奠定了思想基础。康熙对历代帝王庙的最大贡献，是他下令增加入祀帝王和大臣的人数，并且为帝王庙划定了入祀底线。

康熙之所以要增加入祀人数，是因为他本人对朝代兴替和治理国家有着许多的感悟。五十六年（1717年）冬，康熙把诸皇子和满汉大臣叫到乾清宫东暖阁，对自己的一生做了总结，同时也明确提出要为古代帝王正名。康熙说，我"数十年来殚心竭力有如一日，此岂仅'劳苦'二字所能概括耶？"所以，我要替前代帝王做一剖白。即使是那些"纯全尽美之君"，在作具体决策时也会有瑕疵。前代帝王有的寿命不长，史书就说，那是他们沉湎酒色、淫佚放纵，其实不然。很多帝王短寿，是因为天下事太过繁杂，"不胜劳惫之所致也"。帝王肩负重任，"无可旁诿，岂臣下所可比拟？"大臣想当官就当，想辞官就辞；年老退休后，还可以抱子弄孙、悠闲自在。为君者勤勉一生，了无休息。"尔等有退休之时，朕何地可休息耶？"所以康熙认为，舜虽然自称"无为而治"，但是殁命于苍梧之野；大禹治水时用过四种交通工具，"胼手胝足"，最后死在会稽。他们是在南巡或者东行途中去世的，"鞠躬尽瘁，诚谓此也"[1]。

六十年（1721年）四月，康熙发了一道谕旨，指出帝王庙存在的问题，首次提出入祀底线，并且让大学士从容详议。录文如下：

朕观历代帝王庙所崇祀者，每朝不过一二位，或庙享其子而不及其父，或配享其臣而不及其君，皆因书生妄论而定，甚未允当。……前代帝王既无后裔，后之君天下者，继其统绪，即当崇其祀典。朕君临宇内，不得不为前人言也。朕意以为，凡曾在位除无道、被弑、亡国之主外，应尽入庙崇祀[2]。

康熙的"底线论"既不失标准，又具有包容性，体现了康熙超越民族、时代的帝王祭祀观，也表现出康熙作为一代明君的政治智慧和博大胸怀。

次年四月，礼部呈上奏折，列举从伏羲到明代应该入庙崇祀的帝王以及从祀功

---

[1] 《清实录》第六册《圣祖仁皇帝实录》卷二七五，中华书局，2008年，5638~5640页。
[2] 《清实录》第六册《圣祖仁皇帝实录》卷二九二，中华书局，2008年，5782页。

臣。同时另拟一折，将偏据一方、不入正统、不应崇祀的帝王也一一列出，一并呈奏康熙。康熙对入祀名单总体上是认可的，但他觉得还有必要详细斟酌。例如明末的崇祯皇帝，康熙认为，"有明天下，皆坏于万历、泰昌、天启三朝。愍帝即位，未尝不励精图治，而所值事势无可如何。明之亡，非愍帝之咎也"。另据《清史稿》记载，康熙六十一年谕："有明国事，坏自万历、泰昌、天启三朝，神宗、光宗、熹宗不应崇祀，咎不在愍帝也。"所以，他把崇祯皇帝列入祭祀名单①。

除帝王之外，康熙对配享的功臣名单也提出了自己的意见。他认为，以前所定的从祀名臣以开国元勋居多。例如明初的徐达，"不过一草莽武夫"。又如明初的刘基，原本是元代的进士，"遭遇成功，遂以元勋配享耳"。其他"有治安之世、辅佐太平、有功军国者"，反而没有进入配享之列，"是皆未为允当也"。最后，康熙要求礼部会同九卿，再"详细分别，确议具奏"②。康熙还特别强调，要尽量增加入祀名臣的人数："其历代配飨功臣，有治安之世辅佐有功者，应量加增补。"③

帝王庙的增祀还没有来得及实施，六十一年（1722年）十一月康熙去世。康熙本人虽然没有来得及实施历代帝王庙的改革，但是他提出"入祀底线论"，并且提出增加入祀帝王、名臣的数量，因而对建立一统多元、创守并重的帝王祭祀体系影响深远。

五、清朝雍正时期

雍正（爱新觉罗·胤禛）继位后，迅速落实康熙遗旨，于六十一年（1722年）十二月通过了历代帝王庙的增祀名单。其中，入祀帝王除了原有的21人，又增加了夏、商、周、汉、唐、宋、金、元、明历代皇帝143位，使入祀帝王增加到164位。同时，从祀名臣增加40人，使入祀名臣增加到79人。录文如下：

礼部遵大行皇帝（注：指康熙）谕旨议覆历代帝王庙。原祀伏羲氏、神农氏、轩辕氏、金天氏、高阳氏、高辛氏、陶唐氏、有虞氏、夏禹王、商汤王、周武王、汉高祖、世祖、唐太宗、辽太祖、宋太祖、金太祖、世宗、元太祖、世祖、明太祖二十一位。今拟增夏启、仲康、少康、杼、槐、芒、泄、不降、扃、廑、孔甲、皋、发、商太甲、沃丁、太庚、小甲、雍己、太戊、仲丁、外壬、河亶甲、祖乙、祖辛、沃甲、祖丁、南庚、阳甲、盘庚、小辛、小乙、武丁、祖庚、祖甲、廪辛、庚丁、太丁、帝

---

① 《清实录》第六册《圣祖仁皇帝实录》卷二九七，中华书局，2008年，5822页。《清史稿》卷八四《志五十九》，中华书局，2003年，2526页。
② 《清实录》第六册《圣祖仁皇帝实录》卷二九七，中华书局，2008年，5822页。
③ （清）于敏中等编撰：《日下旧闻考》卷五一《城市》，北京古籍出版社，1983年，第三册809页。

乙、周成王、康王、昭王、穆王、共王、懿王、孝王、夷王、宣王、平王、桓王、庄王、僖王、惠王、襄王、顷王、匡王、定王、简王、灵王、景王、悼王、敬王、元王、贞定王、考王、威烈王、安王、烈王、显王、慎靓王、汉惠帝、文帝、景帝、武帝、昭帝、宣帝、元帝、成帝、哀帝、明帝、章帝、和帝、殇帝、安帝、顺帝、冲帝、桓帝、灵帝、昭烈帝、唐高祖、高宗、睿宗、元宗、肃宗、代宗、德宗、顺宗、穆宗、文宗、武宗、宣宗、懿宗、僖宗、辽太宗、景宗、圣宗、兴宗、道宗、宋太宗、真宗、仁宗、英宗、神宗、哲宗、高宗、孝宗、光宗、宁宗、理宗、度宗、端宗、金太宗、章宗、宣宗、元太宗、定宗、宪宗、成宗、武宗、仁宗、泰定皇帝、文宗、宁宗、明太宗、仁宗、宣宗、英宗、景皇帝、宪宗、孝宗、武宗、世宗、穆宗、愍皇帝，凡一百四十三位。其从祀功臣。原祀黄帝臣风后、力牧、唐虞臣皋陶、夔、龙、伯夷、伯益、商臣伊尹、傅说、周臣周公旦、召公奭、太公望、召虎、方叔、汉臣张良、萧何、曹参、陈平、周勃、邓禹、冯异、诸葛亮、唐臣房元龄、杜如晦、李靖、郭子仪、张巡、许远、李晟、宋臣曹彬、韩世忠、岳飞、金臣斡鲁、粘没喝、斡离不、元臣木华黎、伯颜、明臣徐达、刘基三十九人。今拟增黄帝臣仓颉、商臣仲虺、周臣毕公高、吕侯、仲山甫、尹吉甫、汉臣刘章、魏相、丙吉、耿弇、马援、赵云、唐臣狄仁杰、宋璟、姚崇、李泌、陆贽、裴度、辽臣耶律曷鲁、宋臣吕蒙正、李沆、寇准、王曾、范仲淹、富弼、韩琦、文彦博、司马光、李纲、赵鼎、文天祥、元臣不忽木、脱脱、明臣常遇春、李文忠、杨士奇、杨荣、于谦、李贤、刘大夏，凡四十人①。

仅仅半个月后，康熙六十一年十二月丁丑，在历代帝王庙举行了增设帝王和名臣牌位的祭奠仪式，胤禛派履郡王允祹前往行礼②。

雍正在位13年，深知为君之难。他曾经5次亲祭历代帝王庙③，并且于雍正七年（1729年）下旨，修缮历代帝王庙④。这次大修历时四年，十一年十月竣工。为此，雍正亲自手书《历代帝王庙碑》和帝王牌位，并派诚亲王允秘告祭历代帝王⑤。

在《历代帝王庙碑》的碑文中，雍正首先赞美历朝皇帝，同时也褒奖了从祀名臣："爰及历代名臣，亦皆川岳钟灵，为时辅佐，功在社稷，德协股肱。"由上观之，雍正传承了康熙对历代帝王的看法，他将康熙增祀帝王、名臣的遗愿付诸实施，并且在帝王庙建成二百年后首次大修帝王庙，为帝王祭祀体系走向成熟做出了贡献。

---

① 《清实录》第七册《世宗宪皇帝实录》卷二，中华书局，2008年，5907~5909页。
② 《清实录》第七册《世宗宪皇帝实录》卷二，中华书局，2008年，5918页。
③ 雍正皇帝在位期间，分别于雍正二年、三年、四年、五年、七年5次亲祭历代帝王庙。
④ 据《日下旧闻考》记载，"帝王庙在阜成门大街北，……雍正二年，世宗宪皇帝亲诣行礼，七年重修，有御制碑文。"详见（清）于敏中等编撰：《日下旧闻考》卷五十一《城市》，北京古籍出版社，1983年，第二册808页。
⑤ 《清实录》第八册《世宗宪皇帝实录》卷一四二，中华书局，2008年，7783页。

六、清朝乾隆时期

乾隆是爱新觉罗·弘历的年号，他26岁登基，在位期间曾7次亲祭帝王庙，并且重修殿宇，在庙内留下4座石碑，与历代帝王庙有着不解之缘①。

早在乾隆元年（1736年），乾隆就增加一个人入祀历代帝王庙，那就是明朝建文帝。乾隆追谥建文帝为"恭闵惠皇帝"，并且将其牌位放在明太祖牌位旁边。此时，入祀历代帝王庙的帝王人数增加到165位②。

从二十七年（1762年）开始，乾隆从内务府拨钱，大规模修缮历代帝王庙（图一～图六）。二十九年完工后，乾隆第三次亲祭，并写下《历代帝王庙瞻礼诗》和《重修历代帝王庙碑》，立于帝王庙西南碑亭③。在碑文中，乾隆特别强调"观德"。

图一　历代帝王庙大门

---

① 乾隆的7次亲祭，年代分别是乾隆三年、九年、二十九年、四十年、四十八年、五十年、五十四年，时间跨越半个世纪。

② （清）于敏中等编撰：《日下旧闻考》卷五一《城市》，北京古籍出版社，1983年，第三册811、812页。

③ 《高宗纯皇帝实录》卷七〇六记载，乾隆二十九年三月"癸丑，祭历代帝王庙，以重修工成，上亲诣行礼"。详见《清实录》第17册，中华书局，2008年，17633页。

图二　景德崇圣殿

图三　景德门

图四　东配殿

他认为，"观德"并不是单纯的歌功颂德，而是观察并且引以为戒，要从朝代的兴衰更替中汲取教训，"观法之所存，即知戒之所寓"。

乾隆四十年（1775年）农历二月，65岁的乾隆第四次来帝王庙祭祀，并且写下《躬祭历代帝王庙礼成有述》①。随着年龄增长和阅历的增加，乾隆对古代帝王有了新的认识。他在诗中写道："圣惟吾法庸吾戒，法者实稀戒实多。"相比上次祭祀所提出的"法戒并举"，这次乾隆更加强调"戒"。

四十八年（1783年）农历三月，年逾古稀的乾隆第五次来帝王庙祭祀②。此时乾隆已经暗下决心，要对帝王庙进行改革。四十九年（1784年）乾隆降旨，对入祀帝王庙的帝王做出了较大调整③。乾隆首先肯定了崇祯皇帝。他认为，康熙把崇祯的牌位添进去而不入祀万历、泰昌、天启，实乃"千古大公定论"。基于类似的考虑，乾隆又增加了唐宪宗、金哀宗。他认为，唐宪宗时，藩镇的节度使拥兵自重，宪宗征讨节度使，使藩镇相继归顺朝廷，维护了国家的统一，他"在有唐一代中尚属英王"。宪宗

---

① （清）于敏中等编撰：《日下旧闻考》卷五一《城市》，北京古籍出版社，1983年，第三册821页。

② 《高宗纯皇帝实录》卷一一七六记载，乾隆四十八年三月"甲午祭历代帝王庙，上亲诣行礼"。详见《清实录》第23册，中华书局，2008年，24287页。

③ 《清实录》第24册《高宗纯皇帝实录》卷一二一〇，中华书局，2008年，24730～24732页。

图五 西南碑亭

图六 正东碑亭

晚年被宦官杀害，并非无德，所以应该入祀。至于金哀宗，乾隆认为，金哀宗生不逢时，他继位后也曾进行改革，但是金国大势已去，金哀宗无力回天，自缢殉国。他与崇祯皇帝的命运相似，所以应该入祀帝王庙。

乾隆并非一味地增加，事实上，他还撤出了东汉桓、灵二帝的牌位。汉桓帝崇尚佛道，沉湎女色，致使宦官掌权，酿成"第一次党锢之祸"。之后的汉灵帝更加昏聩，宦官专权达到顶峰，大批的士大夫被处死、囚禁或流放，史称"第二次党锢之祸"。乾隆认为，东汉之亡，亡于桓、灵之手而非汉献帝。桓帝、灵帝这两个"昏暗之君滥叨庙食"，所以，历代帝王庙撤祀桓、灵二帝。

在四十九年谕旨中，乾隆正式提出"中华统绪，不绝如线"。统绪，系统也，这里指帝王的传承世系。乾隆认为，从汉昭烈帝（刘备）到唐高祖的三四百年间，不乏英明之君、节俭之主。到了五代十国，后周世宗柴荣开拓疆土，政治清明，尚不失为贤德君主。另外，北魏雄踞黄河以北，"地广势强"，北魏道武帝拓跋珪、太武帝拓跋焘"勤思政理，讲学兴农，亦可为偏安英主"。乾隆一针见血地指出，中华统绪之所以出现这么多缺环，就是因为议礼大臣抱有南北之别、高低之分的偏见。所以他降旨，增祀东晋、南朝、北魏、五代十国的皇帝，再加上唐宪宗、金哀宗，总计25帝。

乾隆四十九年（1784年）增祀的帝王有晋元帝、晋明帝、晋成帝、晋康帝、晋穆帝、晋哀帝、晋简文帝、宋文帝、宋孝武帝、宋明帝、齐武帝、陈文帝、陈宣帝、北魏道武帝、北魏明元帝、北魏太武帝、北魏文成帝、北魏献文帝、北魏孝文帝、北魏宣武帝、北魏孝明帝、唐宪宗、后唐明宗、后周世宗、金哀宗。至此，历代帝王庙的入祀帝王人数增加到188人，并且一直延续到今天。

相比较康熙提出的"入祀底线论"，乾隆提出的"统绪论"和"法戒论"更加意义深远。在历代帝王庙的正东碑亭内，立有乾隆五十年（1785年）所书、长达1300多字的《祭历代帝王庙礼成恭记》。乾隆在碑文中写道："夫天下者，天下人之天下也，非南北中外所得私"，所以，皇帝不应该有民族和地域的差别。乾隆增加了25位皇帝，从而将上起三皇五帝、下至明末崇祯的中华帝王世系串联成线。历代帝王庙入祀188位帝王和79位名臣，这表明，三皇五帝是中华民族共同的祖先，中华文明五千年来一脉相承，统一多民族的帝王祭祀体系，到乾隆这里正式形成。

对于历代帝王的是非功过，乾隆亦保持着清醒的认识。随着年龄的增长，他对执掌国政越来越心存戒惧。在上述碑文中，乾隆重申"法戒"，效法那些好皇帝，对昏君则要引以为戒。最后他告诫子孙："安不忘危，治不忘乱。"

综上所述，历代帝王庙始建于明太祖朱元璋时期，当时入祀的只有16位帝王，包括三皇五帝和正统王朝的开国之君。从清朝初年开始，历经顺治、康熙、雍正、乾隆几代皇帝，入祀帝王增加到188人。其中，康熙皇帝提出了底线论，并且提出大规模增加入祀帝王的人数；乾隆皇帝更是打破民族、地域的界限，加入东晋、南北朝、五代十国等时期的皇帝，从而完善了统一多民族的帝王祭祀体系，体现了"中华统绪，不绝如线"的传承脉络。历代帝王庙不但具有重要的历史意义，它还有着独特的政治意义，堪称庙宇版的《资治通鉴》，对于研究为政之道具有重要的借鉴作用。

历代帝王庙除了在景德崇圣殿入祀188位帝王，在东、西配殿还有79位功臣名将的牌位。这些入祀官员既有开国名将，也有股肱重臣，他们恪尽职守，忠心报国，造福当代，德誉千秋，是中国传统"德"文化的杰出代表。值得一提的是，在从祀名臣中，不仅有岳飞、韩世忠等大宋的爱国名将，也有辽国、金国的著名将领；不仅有南宋爱国英雄文天祥，也有元朝的开国大将伯颜。这些大臣原本属于不同民族，各为其主，但是在历代帝王庙里，他们齐济一堂，共同接受后人的瞻仰和纪念。从这个角度讲，历代帝王庙做到了对历史的真实还原，对于今天我们从事历史研究仍然具有启迪意义。

最后，笔者用乾隆《祭历代帝王庙礼成恭记》中的一段话作为全文总结："历代帝王胥祀于景德之殿，其有德无德，若南若北，曰中曰外，是一家非一家，章章如，昭昭如，孰可以为法，孰可以为戒，万世之后入庙而祀者，孰不憬然而思，惕然而惧耶！"

附记：本文照片由北京历代帝王庙管理处提供，谨表谢忱！

明清皇宫石雕艺术及其文化象征

宋玲平

（故宫博物院）

明代皇宫紫禁城始建于明永乐四年（1406年），落成于明永乐十八年（1420年）。紫禁城在明代经历了几次大火，大型木构宫殿建筑几经焚毁和多次重建。清代继续沿用紫禁城为其皇宫，陆续重建部分被毁建筑，并进行了大规模扩建和改建。历经近600年的风霜雪雨，如今紫禁城依然巍然屹立。紫禁城是世界上现存最大、最完整的木结构古建筑群，也是中国最高等级的官式建筑群。

综观紫禁城建筑群，木结构和砖墙是其最大的特点，石材通常作为建筑的配角，如宫殿建筑的高台、台基、栏杆、御路，大门和影壁的基座，桥梁的桥身、桥面和栏杆，以及室外陈设的器座等。尽管如此，石雕仍然可以被视为紫禁城建筑群艺术的重要组成部分，蕴含着独特的文化内涵，具有重要的艺术价值和文化价值。

关于明清皇宫紫禁城石雕的研究，单士元、于倬云[①]、楼庆西[②]、白丽娟[③]、林梅村[④]等专家学者的著述都有论及，尤其是白丽娟老师的《石雕与建筑——故宫建筑中的石雕》对紫禁城石雕的使用情况进行了系统梳理与归纳总结，为后人的研究奠定了坚实的基础。因此，本人拟在前辈专家学者研究的基础上，进一步对紫禁城石雕的艺术及其文化内涵进行探讨。

一、明清皇宫石雕的用途

1. 重要宫殿建筑的高台、台基、栏杆、御路、踏跺均有石雕装饰

太和门、太和殿、中和殿、保和殿建筑群，乾清门、乾清宫、交泰殿、坤宁宫建

---

① 于倬云：《中国宫殿建筑论文集》，紫禁城出版社，2002年。
② 楼庆西：《中国古代建筑》，中国国际广播出版社，2009年。楼庆西：《砖雕石刻》，清华大学出版社，2011年。
③ 白丽娟：《石雕与建筑——故宫建筑中的石雕》，中国建筑工业出版社，2011年。
④ 林梅村：《元宫廷石雕艺术源流考》，《紫禁城》第161期、162期，2008年。

图一 太和殿高台

筑群、宁寿门、皇极殿、宁寿宫建筑群，慈宁门、慈宁宫建筑群，文华殿建筑群，武英殿建筑群，奉先殿、钦安殿等均属紫禁城内的重要建筑，其石雕装饰代表了明清官式建筑最高等级的石雕装饰技艺。

紫禁城里重要宫殿建筑的石雕组合基本包括高台、台基、栏杆、御路和踏跺几个部分。太和殿、中和殿、保和殿等三大殿矗立在高大、宽阔的高台之上，高台平面呈"土"字形（坐北朝南）。高台分为三层，每层皆有石雕栏杆、御路和踏跺。宏伟壮观的高台一方面发挥着承托三大殿的实际功用，另一方面也更加衬托了三大殿的唯我独尊和至高无上。三大殿虽建在高台之上，但还有其各自独立的石雕台基。石雕台基、踏跺集实用性与装饰性为一体，而御路的装饰性则更强（图一）。

2. 宫城城门、院落大门和影壁均有石雕基座

紫禁城午门、东华门、西华门、神武门等宫城城门的门洞，以及其他院落大门的基座均为石雕。无论是琉璃影壁还是木制影壁，其基座也都是石雕。这些石雕基座既可以起到承重支撑的作用，还可以发挥石雕基座经久耐用的优势。

3. 桥梁的桥身、桥面均由石头构筑，而且桥上栏杆均用精美的石雕装饰

紫禁城里有一条重要的人工河"金水河"，自宫城西北流入，西下流向西南，再折向东，至东南出宫城，河上自西向东分别架设有武英门桥、断虹桥、金水桥、协和门桥、三座门桥、东华门桥等。断虹桥、金水桥、三座门桥的石雕栏杆各有特色。

4. 室外陈设的器座基本上都是石雕

在紫禁城内，主要的大门、前朝宫殿前都摆放着重要的陈设，如铜狮、铜麒麟、铜龟、铜鹤、日晷、嘉量、江山亭、社稷亭等。后寝重要的寝宫以及花园内也都摆放着一些陈设，如铜凤、铜鹿等。各类陈设均配以石雕器座。

此外，建筑之间的高空通道也有不少采用了石雕桥梁。

5. 柱础

紫禁城建筑的所有柱础均为石柱础，或圆或方，大都素面。

6. 花盆、花坛和树坛

皇家花园以及院落陈设的盆景大多采用石雕的花盆、花坛，树坛也有不少为石雕。

二、明清皇宫石雕艺术

1. 明清皇宫石雕的形制

（1）建筑高台、台基、栏杆、御路、踏跺

紫禁城宫殿建筑的高台，基本形制为须弥式高台。三大殿的丹陛（俗称月台）为三层重叠汉白玉石雕须弥座，每层须弥座均有石雕栏杆，每个望柱之下对应安设一个可供排水的螭首。

重要建筑的台基也采用须弥式。须弥台基的规模不一，层数不等，多者八层，少者五层。

栏杆装饰基本上由华板和望柱构成。

御路平面多呈长方形，有的为正方形，呈坡面构筑。御路与踏跺有机组合为一体，御路居中，两侧为踏跺，当然是御路为主，踏跺为辅，主次分明。

踏跺均为阶梯形台阶，石雕花纹分布在踏跺的上面、正立面以及垂带之上（图二）。

（2）宫城城门、院落大门和影壁的石雕须弥座

图二　太和殿御路

紫禁城的城门、院落大门以及影壁的石雕须弥座，其规模大小因建筑等级而有所不同，但基本形制相差无几。如午门、神武门、东华门、西华门等四个城门的石雕须弥座规格较高，体积庞大。院落大门的石雕须弥座大小不一，门大则大，门小则小。宁寿门前的九龙壁、遵义门内影壁、养性门照壁、太极殿院内影壁的石雕须弥座也是随着影壁的大小而有所不同（图三、图四）。

图三　锡庆门须弥基座

图四　宁寿门须弥基座

（3）桥梁栏杆石雕

与须弥高台和须弥基座的栏杆一样，桥梁栏杆基本上也由华板和望柱构成，华板基本形制为长方形，望柱多数为圆柱体，有的为正方体，有的是狮子，有的形似洋葱。

（4）室外陈设的石雕器座

室外陈设的石雕器座，造型各异，其造型随着陈设物形制的变化而变化，器座造型与陈设物的形制达到大体协调、统一，或高或矮，或圆或方，和谐自然（图五、图六）。

（5）柱础

绝大部分柱础为圆形，或饰有莲瓣，少量柱础为方形。

（6）花盆、花坛和树坛

奇石盆景花盆的形制多样，如钵形、花瓣形、方形、长方形。花坛、树坛多为须弥座形式，平面呈六边形或四边形（图七、图八）。

2. 明清皇宫石雕纹饰

明清皇宫石雕的纹饰丰富多样，有动物、植物、自然景观、器物、几何图形、文字等。

（1）动物类

动物类纹饰包括神化动物和写实动物，以神化动物居多。神化动物有龙、凤、麒麟、天马，写实动物中陆地动物有狮子、鹤、鹿、蝙蝠、猴子、马、牛、羊、兔，水生动物有鱼、鳖、虾、蟹、龟、海马、海象、海牛、海螺、蝙蝠鱼、海龟、海贝等。

图五　太和门铜狮须弥座

图六　太和殿铜龟须弥座

图七　御花园盆景

图八　御花园盆景

（2）植物类

松、竹、梅花、石榴、葡萄、桃、牡丹、菊花、莲花、西番莲、灵芝、卷草等。

（3）自然景观类

云、崖石、海水。

（4）器物类

净瓶、绣球、宝珠。

（5）几何类

菱形、三角形。

（6）文字类

万字纹。

就纹饰主题的分布特点来看，卷草、仰莲瓣、椀花结带、覆莲瓣纹饰主题多见于须弥座高台、台基；栏杆望柱的主题纹饰常见龙凤祥云、狮子、石榴、二十四气、竹节；栏杆华板的主题纹饰海棠纹；御路的主题纹饰大都是飞龙在天，少量有龙凤呈祥、二龙戏珠等。

3.明清皇宫石雕艺术风格

（1）雕刻手法

1）平雕

踏跺上的图案多为减地平雕。栏杆华板上多为线条简单的海棠纹。

2）浮雕（有时高浮雕与浅浮雕结合）

三大殿御路的龙纹、皇极殿御路的中心龙、钦安殿院内幡杆夹石均属高浮雕（图九、图一〇）。

3）透雕

用透雕的手法把栏杆的扶手凿空，中间有净瓶如意云头。

4）圆雕

石狮（武英门前）、望柱的狮子、二十四气、莲瓣、如意、竹节等柱头都采用了圆雕手法。

石狮体现了圆雕、透雕和浮雕等多种雕刻技法的综合应用（图一一、图一二）。

（2）构图理念

特别值得一提的是御路构图。

大型御路如保和殿后面御路的画面构图呈组合式分布，如画面最下面为海水江崖，其上依次为三组龙纹，每组三条龙，呈现出九龙在天的壮观景象。

乾清宫御路的画面构图为中心向外放射式分布，菱花形图案居于中心，内有团龙，外围八个三角形和八个菱形围成两圈图案，三角形和菱形内各有一个动物。画面

图九　皇极殿御路中心龙

图一〇　钦安殿幡杆夹石

图一一　断虹桥石狮望柱

图一二　武英门桥二十四气望柱

四角各有一只飞凤，团龙是中心，飞凤在边角陪衬。

小型御路的龙纹或凤凰通常为两条，有的呈左右分布，有的团身在菱花图案内，但是往往左龙头在上，右龙头在下，构图对称，但又略有变化。

（3）总体风格

综观明清皇宫的各类石雕，无论是造型、纹饰，还是构图、技法，均体现出浓烈的程式化、图案化现象，造型、构图单一，缺乏变化，缺乏生气，纹饰主题比较老套。这大概囿于皇宫建筑装饰的等级规定和皇帝的审美取向，工匠难以自由发挥，不易在雕刻艺术上有大的创新。

三、明清皇宫石雕的文化象征

1. 礼制等级观念

（1）石雕的规模大小体现着建筑的等级

明清时期，须弥基座只许在官式建筑和寺庙建筑中使用，民宅不得使用。石雕须弥座的规模大小体现了等级观念。紫禁城最高等级的石雕须弥座首推三大殿的须弥座，其次是太和门、乾清门、宁寿门、乾清宫、皇极殿、奉先殿、武英殿等建筑的须弥座，再次是其他院落大门。

御路的有无、石材的类别及其规模大小也体现了其主体建筑的等级。如太和门、乾清门、宁寿门、慈宁门以及太和殿、中和殿、保和殿、乾清宫等重要宫殿，御路为汉白玉，体积庞大。东六宫中的景仁宫、承前宫、永和宫、景阳宫各有一块御路，西六宫中的永寿宫、太极殿、翊坤宫、咸福宫也各有一块御路。东、西六宫所见御路基本上为青石，体积很小。

（2）石雕纹样有等级之分

龙是最高等级的纹样，其次是凤。三大殿高台栏杆的望柱均由祥云龙和祥云凤组成。紫禁城御路的主体纹样多为龙，少数为龙凤组合。

金水桥的望柱为二十四气。断虹桥的望柱为狮子。花园建筑栏杆的望柱有莲花、石榴、竹节等。

2. 世俗祥瑞观念

古代中国人对祥瑞的追求，往往通过建筑的室内外装饰来寄托。如建筑彩画、雕刻、室内外陈设等。而且，中国人自古皆喜用一些吉祥图案来表达他们对吉祥、健康、富贵、幸福生活的向往和追求。

"二龙戏珠"：象征着吉祥安泰、平安长寿。有二龙戏珠（景仁宫、景阳宫、翊坤宫、咸福宫），也有中心式二龙戏珠（永寿宫、太极殿）。

"凤穿牡丹"：古人认为，凤为鸟中之王，牡丹为花中之王，凤穿牡丹寓意祥瑞、美好、富贵（承乾宫、永和宫）。

"狮子滚绣球"：随着佛教的传入，古代中国人视狮子为镇宅驱邪之吉祥物，故雌雄狮子形象经常出现在城门、宫门、贵族豪宅以及民间百姓的宅院门口，代表吉庆欢乐祥和。三大殿御路两旁的踏跺上常见狮子滚绣球的纹样，也体现了皇家祈求吉祥的心愿。

"龙凤呈祥"寓意阴阳结合、婚恋美满、求吉祈福。慈宁门御路是龙在左，凤在右，凤在仰望龙。钦安殿御路是纹饰由三组龙凤纹组成，每组纹饰都是二龙在上，一凤在下，显然龙是主角，凤是配角。

"三阳开泰"青玉陈设在宁寿宫花园的遂初堂前的院落，玉石上雕刻着三只羊，寓意"三阳开泰"，国泰民安。巧合的是在院门口蹲着两只小石狮，石狮须弥座锦文的三个角分别雕有马、牛、羊，镇宅驱邪的狮子须弥座上居然出现了世俗生活中的马、牛、羊，充满了生活情趣。

"喜鹊登梅"寓意"喜上眉梢"，是中国传统吉祥图案之一，梅花是春天的使者，喜鹊是好运和福气的象征。延禧宫灵沼轩外墙的石雕纹饰有象征报喜的"喜鹊登梅"，还有象征多子多福的葡萄。

"鹿"音同"禄"，象征着仕途顺利、官运亨通。

"桃""松""灵芝"均象征着健康、长寿。

"牡丹"象征着富贵。

"蝙蝠"音同"福"，象征着幸福。

在养心殿后院水晶石的石座上，依稀可见四幅画面，应为两两一组：一为猴子摘桃、双鹿奔跑、仙凤飞翔场景，一为蝙蝠飞翔、凤衔丹诏从天而降、松下梅花鹿引颈仰望、牡丹灵芝场景，该组图案寓意福禄寿；一为天马行空、祥云普照场景，一为天马、乌龟驮册、二猴展册，该组图案寓意应为科举成名、马上封侯。

如意头望柱、如意云头都象征着祈求吉祥如意的愿望。

上述石雕吉祥图案也常见于清代瓷器、珐琅、漆器、玉器、竹木牙雕、绘画、服饰等。

3. 文人品格观念

（1）竹子

竹子有其特有的品行，如四季常青、挺拔有节、中空虚心、柔韧不折、在中国传统文化中，竹子被赋予了伦理道德品格，成为君子贤人等理想人格的精神化身。竹子四季常青，不畏风霜雨雪，象征着顽强的生命和坚忍不拔的品格。"玉可碎而不可改其白，竹可焚而不可毁其节。"

唐代白居易《养竹记》："竹心空，空以体道，君子见其心，则思应用虚受者。""未出土时便有节，及凌云处尚虚心。"象征着虚怀若谷。

宋代苏轼《于潜僧绿筠轩》曾言："宁可食无肉，不可居无竹。无肉令人瘦，无竹令人俗。人瘦尚可医，士俗不可医。"

清代郑板桥《竹石》诗："咬定青山不放松，立根原在乱岩中，千磨万击还坚劲，任尔东西南北风。"寄托了诗人正直清高，挺拔洒脱的品格。

竹纹在紫禁城的多处石雕中均可见到，可见竹子是明清皇宫比较受欢迎的植物之一。乾隆三十七年（1772年），在乾隆皇帝钟爱的宁寿宫花园里建了禊赏亭，在禊赏亭抱厦内地面凿石为渠，渠长27米，号称"九曲十八弯"，取"曲水流觞"之意。禊赏亭的内外装修均饰以竹纹，木门上的雕花可见竹纹，亭周边的汉白玉栏杆均以竹纹为题，如栏杆的华板布满竹枝、竹叶，望柱的柱身和柱头皆雕以竹节，仿佛由竹竿编制的栏杆。整体营造出王羲之兰亭修禊时"茂林修竹"之意境，也由此寄托了乾隆皇帝崇尚文人雅士生活的情结（图一三）。

图一三　禊赏亭竹纹栏板

（2）梅花

梅花的品格，冰清玉洁，傲霜雪，战严寒，象征着坚忍不拔、不屈不挠。春落梅枝头，所以梅花也被民间作为报春报喜的吉祥象征。古人云，梅具四德，初生为元，开花为亨，结子为利，成熟为贞。又云，梅花五瓣，象征五福：长寿、富贵、康宁、好德、善终。

古人视梅花为"岁寒三友"之一，"花中四君子"之首。梅花是中华民族的精神象征。中国历代文人雅士多爱梅、咏梅、画梅。

宋人王安石《梅》："墙角数枝梅，凌寒独自开。遥知不是雪，为有暗香来。"

宋陆游《卜算子·咏梅》："驿外断桥边，寂寞开无主。已是黄昏独自愁，更著风和雨。无意苦争春，一任群芳妒。零落成泥碾作土，只有香如故。"

古人亦云："宝剑锋从磨砺出，梅花香自苦寒来。"

乾隆三十七年（1772年），在乾隆皇帝宁寿宫花园的符望阁前的叠山之上还修建了碧螺亭。其形制酷似梅花，平面呈梅花形，五瓣形须弥座。亭外的汉白玉栏上雕刻着各种梅花图案。亭内的倒挂楣子、顶棚天花以及上下檐额枋彩画等装饰均以梅花为主题。碧螺亭同样寄托了乾隆皇帝爱梅、赏梅、尚梅的传统文人情结。

对于乾隆皇帝而言，梅花除了体现了他爱梅、赏梅、尚梅的传统文人情结，从《平安春信图》中可以揣测到梅花可能还蕴含着江山社稷的特别意蕴。

（3）松、竹、梅

松树、竹子历经寒冬而不凋零，梅花则迎寒绽放，因此，在中国传统文化中，松、竹、梅被誉为"岁寒三友"，因其在寒冬时节仍能保持顽强的生命力，象征着高尚人格，也比喻忠贞的友谊。

乾隆皇帝在宁寿宫建有三友轩，室内装饰棂窗满饰松、竹、梅主题纹样，而且室外还种植了松、竹、梅，内外呼应，突出三友主题。

清末宣统年间，隆裕皇太后降旨在延禧宫修建灵沼轩，后因故而未完工。从现存中西合璧的灵沼轩来看，外墙的石雕布满了雕刻精美的纹饰，其中以竹纹居多，此外也不乏许多吉祥图案，如象征坚强和友谊的松、竹、梅"岁寒三友"以及象征出污泥而不染高尚品格的莲花等。

4. 宗教观念

（1）有趣的是佛教的八宝图案出现在了保和殿须弥座的下枋雕刻，此外，在太极殿树池的须弥石雕也发现有佛教八宝图案（图一四、图一五）。

图一四　太极殿树池八宝图案——轮、螺　　图一五　太极殿树池八宝图案——花、罐

"佛家八宝"亦称"吉祥八宝"或"八吉祥"或"八瑞相"等，即"轮螺伞盖花罐鱼长"，有一定的寓意，排列顺序为：法轮、法螺、宝伞、白盖、莲花、宝瓶（贯）、金鱼（双鱼）、盘长。

金法轮：梵语"CHAKRA"，象征佛陀教义的传播。古印度时，轮是一种杀伤力强大的武器。后为佛教借用，象征佛法像轮子一样旋转不停，永不停息。

白海螺：梵语"SHANKHA"，象征佛法音闻四方。佛经载，释迦牟尼说法时声震四方，如海螺之音。

宝伞：梵语"CHATTRA"，象征佛陀教诲的权威。古印度时，贵族、皇室成员出行时，以伞蔽阳，后演化为仪仗器具，寓意为至上权威。佛教以伞象征遮蔽魔障，守护佛法。

胜利幢：梵语"DHVAJA"，象征着修成正果的胜利。其为古印度时的一种军旗。佛教用幢寓意烦恼孽根得以解脱，觉悟得正果。

莲花：梵语称"PADMA"，象征出污泥不染的品质及修成正果。莲花出污泥而不染，至清至纯。

宝瓶：梵语"KALASHA"，象征阿弥陀佛也象征灵魂永生。

宝鱼：梵语称"SURVANA MATSYA"，象征自在与解脱，也象征慧眼。鱼行水中，畅通无碍。佛教以其喻示超越世间、自由豁达得解脱的修行者。

吉祥结：梵语"SHRIVATSA"，象征着代表有关宇宙的所有理论和哲学的《梵网经》。吉祥结较为原初的意义象征爱情和献身。按佛教的解释，吉祥结还象征着如若跟随佛陀，就有能力从生存的海洋中打捞起智慧珍珠和觉悟珍宝。

法轮象征大法圆转，万世不息；法螺象征有菩萨意，妙音吉祥；宝伞象征张弛自如，曲覆众生；白盖象征遍覆三千，净一切业；莲花象征出世超凡，无所污染；宝瓶（罐）象征福智圆满，具空无漏；金鱼（双鱼）象征坚固活泼；盘长象征回环贯彻，一切通明。

（2）其次在保和殿须弥座的下枋雕刻还依稀可见铜钱（象征财富、富裕）、磬（音同庆，象征吉庆）、铜铃、阴阳连环等图案。有趣的是这组图案也见于御花园内的四件须弥石雕器座。

（3）钦安殿是紫禁城内唯一的道教建筑，院内幡杆夹石的上部四周分布着四组巨龙，每组升、降二龙，飞龙在天。夹石的下部象征着水下世界，东南角、西南角、西北角、东北角依次分布着鳖、鱼、蟹、虾，东、南、西、北四方依次有海龙（龙头鱼身蝠翼）、神鳖；海象、神蚌；海牛、神龟；海马、神螺。这群神化动物和写实动物营造了一个波涛汹涌的水的世界，以此表明此处不仅有水，而且宛如汪洋大海（图一六、图一七）。其用意为何？

图一六　钦安殿幡杆夹石基座——鱼

图一七　钦安殿幡杆夹石基座——龟

明嘉靖一朝宫中经常发生大火，为防火灾，嘉靖皇帝更是潜心奉玄修道，供奉玄武大帝作为压火的镇物。他还特别在钦安殿垣墙正门上题写"天一之门"，象征天一生水。

钦安殿内供奉道教中的北方神玄天上帝，又称真武大帝。传说玄武为北方神灵，代表28星宿中的北方7宿，为龟蛇状。在阴阳五行中，北方属水，色为黑，守护紫禁城建筑免遭火灾。

因此，钦安殿供奉的真武大帝、"天一之门"匾额以及幡杆夹石的众多水生动物纹样，均象征着护城之水，蕴含着守护紫禁城的深刻含义。

（4）文渊阁是紫禁城中最大的藏书楼，清乾隆时期所建，坐落于文华殿北面，屋顶覆以黑色琉璃瓦，绿色琉璃瓦剪边，比附五行黑色主水，寓意以水克火。文渊阁前凿有两方水池，一座石桥连接两池。池塘四周围有石栏板，栏板上雕满了诸如鱼、龟、蟹、虾、海螺、海马、海象等水生动物纹样和波涛汹涌的图案。文渊阁为清宫藏书宝地，木构建筑和纸质书籍最惧火灾，因此防火是重中之重。水池中的水具有灭火的实际功用，而屋顶的黑瓦以及石栏板上的水生动物纹样和波浪纹样则象征着水，蕴含着镇火和保护文渊阁的深刻寓意（图一八、图一九）。

图一八　文渊阁

图一九　文渊阁前水池石雕栏板

5. 美学审美观念

（1）色彩搭配协调，纹饰繁简相宜

紫禁城建筑群以红墙、黄瓦为典型特征，汉白玉石作为陪衬。紫禁城的总体色彩构以红、黄为主色调，白色为辅，其次有绿、蓝。从建筑本体来看，色彩分布从底部到顶部依次是白色、红色和黄色。

石雕纹饰有繁有简。三大殿的须弥座层层布满花纹，满花装饰，十分华美。除此之外，其他琉璃门的须弥基座，大部分只有束腰饰有椀花结带，上下枋、上下枭均为素面，显得非常简洁、素雅、大方，很好地烘托了琉璃门上色彩艳丽、精致美丽的琉

图二〇　保和殿须弥石雕纹饰　　　　　图二一　顺贞门

璃花纹(图二〇、图二一)。

石雕门座与红墙以及色彩斑斓的琉璃影壁形成了有机的整体。从色彩来看,门上以红色为主色调,配以黄、绿二色,门座为白色,也是辅助色,色彩搭配协调,主次分明。从纹饰来看,门上纹饰繁复,门座纹饰简洁,以简洁的门座纹饰更加凸显了门上的琉璃花纹。

(2)中西合璧建筑,造型虽模仿西方建筑风格,而纹饰则为典型的中国吉祥纹样

建造于晚清宣统时期的延禧宫灵沼轩,整体结构以石材和钢铁为主。其造型模仿西方建筑,但建筑外墙的石雕则布满典型的中国吉祥纹样。如松、竹、梅、葡萄、牡丹、喜鹊登梅等。

通过以上观察和分析可知,明清皇宫紫禁城石雕艺术代表了明清时期石雕艺术的最高水平,虽然程式化、图案化现象十分明显,但也体现了明清皇家文化的特点,反映了明清皇家建筑的等级观念、祥瑞观念、文人品格观念、宗教观念以及审美观念。

五、文字新探

汉字与巫术、王权

江林昌

（山东师范大学齐鲁文化研究院）

过去，学术界研究汉字，往往将关注点集中在其内部有关问题的讨论，如象形、会意、指事、形声的结构，字的形、音、义关系，及其发展演变轨迹等。但是，对汉字的外部功能与作用则重视不够。事实上，从文明史角度看，汉字在民族融合与文明发展中发挥了特殊作用。而这种作用的发挥又与汉字的特殊起源与功能有关。本文试图就此略作探索。时值李伯谦先生八十华诞，谨以此小文向先生表示万分敬重。

一、汉字的发明是为了农耕生产的需要而巫术通神、宗教祭祀

按照西方的语言学理论，文字是口头语言的记录符号。但中国的汉字并非如此。汉字的发明不是为了记录口头语言，而是为了巫术通神、宗教祭祀与社会治理，而这一切都是为了族类的生存发展这一重大的政治主题。

中国处于北半球，北纬20度至50度的亚热带、温带区域，地势西北高、东南低，长江、黄河、辽河等水系大多由西向东流动，为河流两岸提供了充足的水源。这些特殊的气候条件和地理环境，决定了中国各族先民很早就从事农耕生产。严文明先生曾综合新石器时代考古成果，在《黄河与长江：东方文明的摇篮》一文中指出，中国在距今一万多年前就已发明农业。距今9000至7000年之间，长江中下游形成了稻作农业区，黄河中下游及辽河流域出现了粟作农业区。到距今7000年至5000年之间，这两大农业区进一步发展扩大，而有交叉重叠（图一）。约距今5000年左右，在这两大农业区三大流域内，同时出现了六个文明中心[①]（图二）。

万物生长靠太阳，因为农耕生产的需要，中国先民很早就观察并亲近日月天体与山川土地，将其图腾神灵化，并通过巫术手段对其崇拜祭祀。考古发现为我们提供了这方面大量的实物证据。

---

① 严文明：《黄河与长江：东方文明的摇篮》，《中国远古时代》，上海人民出版社，2010年，480~509页。

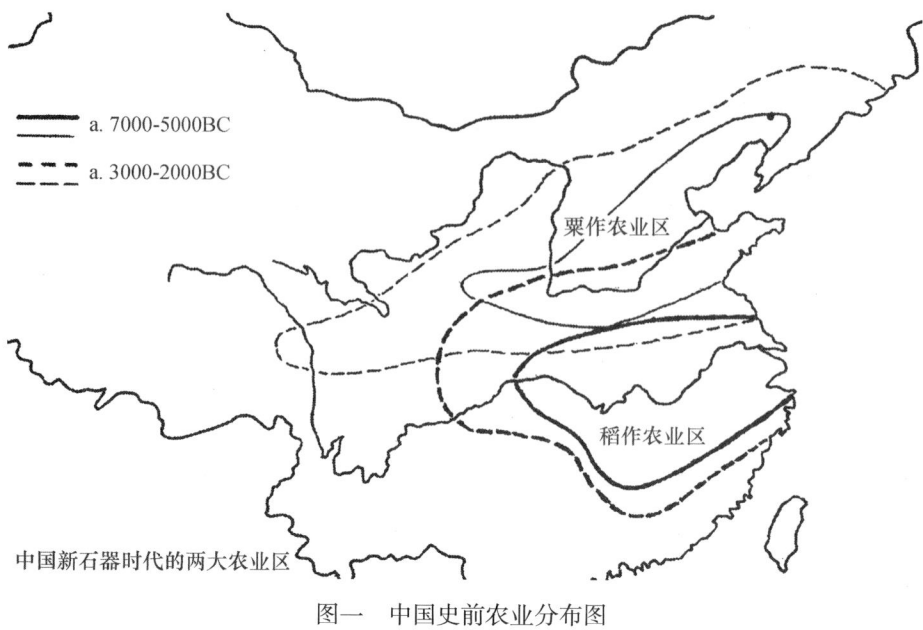

图一 中国史前农业分布图

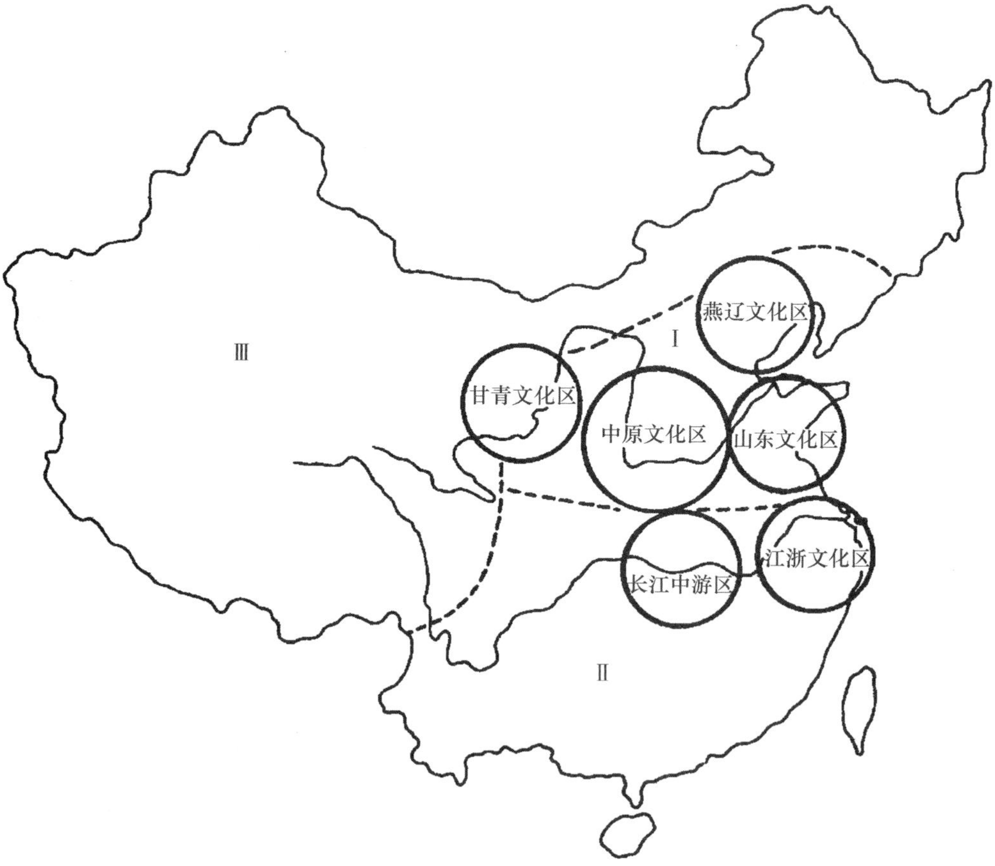

图二 中国新石器时代同时并起的六大文明区

目前，学术界倾向于将汉字的起源追溯到5000年前大汶口文化后期陶器上的刻文[①]。这些刻文主要见于莒县的陵阳河、大朱村、杭头、诸城的前寨、日照的尧王城、安徽蒙城尉迟寺等地。相关标本共有20多件、不同的刻文10多种。其中最典型的是出于莒县陵阳河与大朱村的"日、月、山"刻文，画作五峰山上日月升起的景象（图三）。这应该是初民崇拜日月光明的反映。邵望平先生已指出，陶文都是单刻于大陶尊的腰部正中位置。而这大陶尊又出于贵族墓地，都是用于祭祀的[②]。据此，我们可以推测这陶尊是部落酋长率领族众通神的法器，而刻文则是通神的符号。

值得注意的是，这描绘"日、月、山"的刻文又见于良渚文化的玉璧玉琮上。这其中的"日"还图腾化为"鸟"。"日出东山"作"鸟立东山"的形象。而玉璧玉琮也是用于祭祀天地、沟通神灵的巫术法器（图四）。

图三　山东莒县陵阳河大汶口文化"日月山陶文"

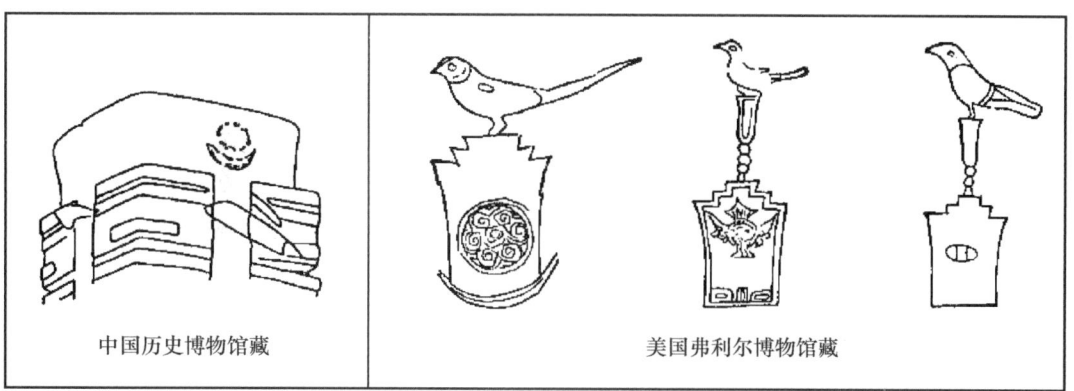

图四　良渚文化玉器上的"日（鸟）月山"刻文

---

① 关于文字的起源问题，学术界有许多讨论，读者可参看李学勤：《论新出大汶口文化陶器符号》，《文物》1987年第12期。裘锡圭：《汉字形成问题的初步探索》，《中国语文》1978年第3期。高明：《论陶符兼谈汉字的起源》，《北京大学学报》1984年第6期。

② 邵望平：《远古文明的火花——陶尊上的文字》，《文物》1978年第9期。

此外，在长江中游的石家河文化陶器上，也发现了"日月山"图像刻文与羽冠"皇"形图像刻文等。只是陶器残缺不全，在此不再详细介绍。

从时间顺序看，大汶口文化后期的年代为公元前3500年至前2600年，大汶口文化之后则是山东龙山文化，其年代为公元前2600年至前2000年，良渚文化的年代为公元前3300年至前2000年，石家河文化的年代为前2500年至前2000年。通过比较可知，良渚文化前期与大汶口文化晚期相当，而良渚文化后期与石家河文化则已在山东龙山文化的范围内了。再从空间布局看，大汶口文化分布于山东全境与豫东、皖北、苏北地区，良渚文化分布于浙、沪全境与苏南、皖南、赣北，石家河文化分布于湖北全境与豫南、陕东、湘北。由时间顺序和空间布局可知，是大汶口文化刻文南下影响良渚文化刻文，然后再由良渚文化西向影响石家河文化刻文。

这些刻文在将近一千五百多年的历史长河中普遍使用于华东、华中广阔的区域间，说明它们已超越时空的局限而具备了汉字的功能。其中"日月山"会意组合的象形刻文，有时省作"日""月"象形。这繁体与简体的同时存在，也是汉字的功能表现①。因此，我们可以相信，大汶口文化刻文就是汉字的最早源头。中国文明起源于五千年之前，不仅有青铜器、玉器、城邑等物质方面的证据，同时还具有文字、宗教等精神方面的证据。

我们从大汶口文化刻文有关天象崇拜与农事崇拜的内容中，以及这些内容用于巫术通神的性质中，认识到汉字的创造，并非为了口头语言的记录，而是为了宗教祭祀。主持祭祀并掌握这些刻文者，则为部落酋长、贵族阶层。而这些特征，正是起源于农耕生产的中国文明的独特性的表现。

汉字起源于因农耕生产需要而崇拜天体并用于巫术通神的特征，直接影响了中国先民的宇宙观、社会观与人生价值观。试以《周易》的形成为例加以说明。

《周易》作为儒家六经之首，正是我国先民对日月循环往复、分开天地昼夜、化生阴阳四季、孕育人间万物等自然现象的概括，并由天道而人道引申出各种社会治理与人生奋斗的哲理感悟。在河北磁县下潘汪出土的一件仰韶文化陶钵上形象地描绘出一个太阳在白天与黑夜循环运转的图像。有趣的是，这样的图像在山东泰安大汶口文化墓地出土的一个象牙梳上端被镂空虚化为太阳八卦图②。象牙梳置于墓主的头部左侧。在古人观念里，头部正是灵魂所在。该墓是一座高规格的贵族墓。因此墓主可能即为巫师兼酋长，而置于头侧的象牙梳所镂的太阳八卦图，正是其灵魂沟通天地的法器。仰韶文化与大汶口文化都距今约五千年以前。古人曾说伏羲氏画八卦。《周易·系辞下》即谓：伏羲氏"仰则观象于天，俯则观法于地……近取诸身，远取诸

---

① 唐兰：《从大汶口文化的陶器文字看我国最早文化的年代》，《光明日报》1977年7月14日。

② 逄振镐：《占卜、巫师与原始八卦》，见其《东夷文化研究》，齐鲁书社，2007年，382~392页。

物,于是始作八卦,以通神明之德,以类万物之情"。这两件考古图像应该就是这一传说的反映。我们有理由相信,这两件考古图像所反映的初民们因太阳循环而化生天地阴阳的认识过程,正是《周易》阴阳辩证观形成的历史文化背景(图五)。

以上仰韶文化陶片与大汶口文化象牙梳上形象化的太阳循环倒置图,到了商代甲骨文中便简化为《周易》的"易"字了(图六):

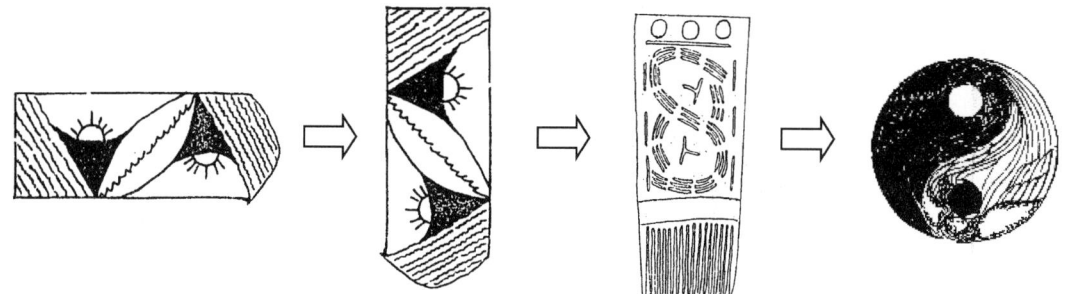

图五 初民太阳循环天地阴阳认识演化示意图

《甲骨文零拾》4.1　　　　　　《殷墟书契前编》7.4.1

图六 甲骨文"易"字示例

其形作日出水面之象,这正是古人关于太阳东升而分开天地阴阳主题的概括。《说文》:"日月为易,像阴阳也。"《周易·系辞传》曰:"日往则月来,月往则日来。日月相推而明生焉。"这就是"易"字的词源义。《周易》"乾坤"两卦的卦义亦由此而来。《系辞上》谓:

> 天尊地卑,乾坤定矣。……在天成象,在地成形,变化见矣。是故刚柔相摩,八卦相荡。鼓之以雷霆,润之以风雨,日月运行,一寒一暑,乾道成男,坤道成女。

《周易》"乾卦"的《象辞》还从太阳白天运行天空这一天道,引申出人道:"天行健,君子以不强不息";其"坤卦"的《象辞》又从太阳夜间在地下默默运行这一天道,而引申出人道:"地势坤,君子以厚德载物。"

在甲骨卜辞中有许多祭祀"出日""入日"的记载。

乙酉卜，又出日入日。（《怀特》1569）

丁巳卜，又出日。丁巳卜，又入日。（《合集》34163+34274）

癸酉卜，侑出日。（《合集》41640）

癸酉……入日……其燎……。（《合集》34164）

出入日，岁卯多牛。（《屯南》2615）

癸未贞，其卯出入日，岁三牛。（《屯南》890）

癸未贞，甲申酚出入日，岁三牛。（《屯南》890）

以上卜辞都是对"出日"与"入日"的祭祀，祭祀名称有"又""侑""燎""卯""酚"等，祭品则有"牛"。这说明商代人对太阳的东升西落十分崇拜，所以祭祀仪式很隆重。这些材料为我们上述论证"易"字的本义提供了有力证据。

甲骨文中祭拜太阳循环、东升西落的宗教仪式，应该是上承五帝虞夏，下启周秦汉魏。在周秦汉所流传的有关文献中，有许多相关记载。最典型的便是《尚书·尧典》"曰若稽古帝尧""历象日月""敬授民时"，而"寅宾出入""寅饯纳日"。这《尧典》所载祭拜太阳的宗教仪式，已为襄汾陶寺遗址天文观象台的发现所证实。其他相关的文献资料则有：

《山海经·海外东经》：

汤谷上有扶桑，十日所浴。

《山海经·大荒东经》：

汤谷上有扶木，一日方至，一日方出，皆载于乌。

《山海经·大荒南经》：

东南海之外，甘水之间，有羲和之国，有女子名曰羲和，方浴日于甘渊。（郭璞注：羲和，盖天地始生，主日月者也。）

《庄子·田子方》：

日出东方，而入于西极，万物莫不比方。

《楚辞·天问》：

（日）出自汤谷，次于蒙汜。自明及晦，所行几里？

《礼记·礼器》：

作大事必顺天时，为朝夕必放于日月。

《淮南子·天文训》：

日出于旸谷，浴于咸池。拂于扶桑，是谓晨明。……至于虞渊，是谓黄昏。

这些材料进一步说明，太阳东升西落、昼夜循环的观念，在中国古代的深远影响。这种观念也自然反映到汉字当中。如"朝""東""杲""旦""昊""旭""昰""昢""早"等，都与"日出东方"有关；而如"莫"（《说文》："日且冥也，从日在草中"），"杳""昃""冝"（《字汇补：日部》："冝，古昏字"），"昔"（甲骨文作从日在水下，表示太阳夜间行于地泉之下，故"昔"的本义为"夜"。《庄子·天运》"通昔不寐"）等词，又与"日落西方"有关。

以上材料表明，汉字的产生正是为了崇拜祭祀日月天地神灵。在原始巫术祭祀活动中，这些图画象形刻文以及以后进一步抽象化了的汉字，都是沟通神灵的媒介，是神权、族权、政权的象征。《周易·系辞上》说：

> 圣人有以见天下之动，而观其会通，以行其典礼，系辞焉以断其吉凶，是故谓之爻。

又说：

> 圣人立象以尽意，设卦以尽伪，系辞焉以尽其言，变而通之以尽利，鼓之舞之以尽神。

所谓"系辞"是在"行其典礼"的祭祀场合的特殊文字，与"鼓之舞之"相配合而"尽神""以断其吉凶"。这些文字系辞都具有宗教含义，是氏族部落祭祀神灵、治理社会的神圣符号。所以《周易·系辞下》说："上古结绳而治，后世圣人易之以书契，百官以治，万民以察。"《说文·叙》："黄帝之史仓颉，……初造书契，百工以乂，万品以察。""盖文字者，经艺之本，王政之始，前人所以垂后，后人所以识古。故曰：本立而道生，知天下之至赜而不可乱也。"说的都是文字与宗教政治的关系。

商周时期的龟甲牛骨与青铜器多是用于占卜祭祀以通神的，都属于"礼器"。而甲骨卜辞与青铜铭文则是通神内容与通神过程的记录。甲骨卜辞所谓"王占曰""宾贞"，青铜铭文所谓"在帝左右""陟降上下""用祈眉寿"等，都是通神时的专门术语。虞夏商周时期，部落酋长与君王正是通过占卜祭祀的仪式团结族众，治理社会；而巫史卜祝之官构成了所谓的"王官之学"。是他们垄断了汉字，进而掌握了神权、族权、政权。这就是中国早期文明的国家机器。

汉字与巫术、王权的特殊关系，一些著名学者已经认识到了。李泽厚先生《中华文化的源头符号》指出：

> 与世界上众多书面语言大不相同，我认为，汉字（书面语言）的重大特点在于它并不是口头声音（语言）的记录或复写，而是来源于和继承了结绳和记事符号的传统。……结绳记事与整个社会的"治理"大有关系。它与对人群社会树立规范，颁布律令有关。也因为此，结绳和文字都具有崇高甚至神圣的地位，其中便有沟通天地鬼神的巫术功能。……汉字的"指事"，不仅记录着群体的记忆、经验的传承，成为历史的载体；而且更代表神灵，告

诫和统领人们的生活和行为。……古人所谓"始作书契,纪纲万物",说的就是这个意思①。

洪涛先生《本原与事变》也指出:

> 最初公共权力是占卜,因而,独霸权力就是对占卜权的独霸。在古代中国文字的权力性创制使得这种独霸成为可能。黄帝创制表意文字,其意图就在于避开俚俗方言,以控制人神交往的媒介②。

由此可见,我们应该改变诸如"文字是记录口头语言的符号""汉字是仓颉的创造发明"等传统观念,重新认识汉字起源的特殊性,重新估价汉字在中国文明起源及其长期发展过程中所发挥的宗教政治作用。

二、汉字在文化传承、民族融合过程中发挥了重要作用

按照摩尔根《古代社会》、恩格斯《家庭、私有制和国家的起源》等西方理论著作所总结,由原始社会过渡到文明社会后,便出现了国家,其具体表现为两个方面。其一是原始社会的血缘管理解构,文明社会的地缘管理产生。过去是一个地区居住着一个血缘氏族或部落,实行血缘管理;现在是一个地区混杂着许多不同的血缘,实行地缘管理。其二是出现了代表地缘管理的共同权力。"这种共同权力在每一个国家里都存在。构成这种权力的,不仅有武装的人,而且还有物质的附属物,如监狱和各种强制机关。这些东西都是以前的氏族社会所没有的。"原始社会的血缘管理,其氏族酋长"站在社会之中",受到氏族成员发自内心的尊敬,而文明社会的地缘管理,其官员则是凌驾于社会之上,"一定要用特别的法律来取得尊敬",这种尊敬不是社会成员自觉自愿的③。

然而,这些理论并不适合中国古代社会。中国古代由原始氏族社会进入到文明社会之后,虽然也出现了阶层分化,出现了由酋长为代表的贵族阶层所掌握的公共权力。但由于氏族社会的血缘管理依然延续下来了,由酋长为代表的贵族阶层与被统治的氏族阶层是同根同祖的血缘团体,因而这公共权力仍"在社会之中",而不像古希

---

① 李泽厚:《中华文化的源头符号》,《明报月刊》2005年第7~9期。
② 洪涛:《本原与事变》,上海人民出版社,2009年,4页。
③ 恩格斯:《家庭、私有制和国家的起源》,《马克思恩格斯选集》第四卷,人民出版社,1992年,167页。

腊雅典社会那样"处于社会之外和社会之上"。

中国古代由氏族社会保持下来的血缘管理组织，从五帝文明起源到虞夏商西周早期文明发展，共计两千多年的历史长河中，一直持续。虽然其间有发展，但血缘管理的基本结构没有改变。在这血缘管理内的"公共权力"，具体表现为神权、族权、政权的三位一体。而汉字在这三位一体的"公共权力"中发挥了特殊的作用。因此，汉字成为中国古代文明的重要标志。

汉字之所以能在"公共权力"中发挥特殊作用，是因为其象形表意，具有"视而可识，察而见意"的特殊功能。就纵向看，汉族统治者可以利用汉字超越时间的功能，将血缘族团的神权、族权、政权世代相承，从而保证了中华文明的绵延发展。从横向看，汉族统治者又利用汉字可以超越空间，在不同语言方言区传播的功能，团结、同化、控制异姓血团组织，逐步完成了将多氏族多部落团结融合为一体的中华文明多元一体大格局。

《史记·五帝本纪》载黄帝时"万国和，而鬼神山川封禅与为多焉"。《尚书·尧典》称尧时"协和万邦"。《左传》哀公七年记"禹会诸侯于涂山，执玉帛者万国"。《逸周书·殷祝》有"汤放桀而复薄，三千诸侯大会"。又据《史记·陈杞世家》可知，到了周代，"周武王时，侯伯尚千余人"。这么众多的氏族侯国，自然是方言各异，语音不通。《礼记·王制》即谓："五方之民，言语不通，嗜欲不同。"《左传》襄公十四年："我诸戎饮食、衣服，不与华同，贽币不通，言语不达。"尽管如此，但黄帝、尧及夏代的"万国"，到商代已融合成了"三千"，到周武王时则进一步融合成"一千"了。这数字虽然不一定确切，但其由多而少的融合趋势则是肯定的。促进这融合的因素自然是多方面的，但汉字在其中所发挥的作用是重要的方面。这就是通过"书同文"以达到"政同一"。《礼记·中庸》引孔子语说："今天下车同轨，书同文，行同伦。"《左传》隐公元年也说："同轨毕至。"《管子·君臣上》有："戈兵一度，书同名，车同轨。"这虽然说的是春秋时代情况，但其规矩实际是从夏商西周承传下来的。这是汉字在横向融合方面发挥作用的情况。

再就纵向方面看。从大汶口文化陶文到襄汾陶寺与登封王城岗龙山文化晚期陶文，再到商周甲骨文、青铜铭文在结构上的一致性，说明汉字从五帝时代到虞夏商周两千多年的时间里是一脉相承的。《论语·为政》孔子说："殷因于夏礼""周因于殷礼"。夏商周三代礼制之所以前后延续，正是依靠汉字超越时间而达到了传承作用。

然而这种现象到战国时代发生了重大变化。由于诸侯国不统于王，各自为政，出现了"田畴异亩，车涂异轨，律令异法，衣冠异制"的政治社会新局面。与这一局面相一致，出现了"言语异声，文字异形"的新情况。这是东汉许慎《说文解字》中的记录。清代段玉裁《说文解字》注指出：所谓"言语异声"，即"各用其方俗语言"；所谓"文字异形"，即"各用其私意省改之文字也"。就考古发现所知，战国时代的文字体系确实已经相当复杂。夏商周三代的文字主要见于甲骨和青铜器等祭祀礼器上，属于"王官之学"。战国时代的文字则见于兵器、刻款、印文、帛书、简书等更广泛的器物上，说明已是"官学下移"，而且文字形体各异。王国维最先指出，战国时西土秦国用籀文，东土六国各用古文。何琳仪《战国文字通论》则将其分为齐系、楚系、燕系、晋系、秦系等类型。这种文字异形的现象正是诸侯政体不同的反映。其结果便是段玉裁所说，夏商周三代的"车同轨、书同文之盛于是乎变矣"。

秦始皇统一天下，一方面设郡县，一法度，同车轨，另一方面就是统一思想，"书同文"。这"书同文"便是将战国时期已经区域化的文字混乱现象，重新归整起来，而且还将商周以来的"古文"简化发展为"小篆"。其意义是深远的。郭沫若谓："秦始皇的'书同文'是废除了区域性的异体字，使文字更进一步整齐简易化了。这是在文化上的一项大功绩。"①

总括以上，由五帝至虞夏商周，汉字在各氏族文化的传承与融合过程中起到了关键作用。春秋战国时期，诸侯力政，而汉字出现形体分歧。至秦始皇统一中国又实行"书同文"。这正一反一正的过程，正说明汉字在融合各氏族部落中的作用不可替代。对此，梁漱溟先生的《中国文化要义》曾有过很好的总结：

（中国古代的文字）经取图像符号为主，文字孳衍乃在形体。语言与文字分别而行。初不以文字依附语言，而语言转为收摄于文字。……今古之间即不甚难通。……而字义寄于字形，异族异地亦不碍相袭。其结果，遂使种族隔阂为之洞穿，语言限制为之超越②。

柳诒徵《中国文化史》也指出：

吾国幅员辽阔，种族复杂，而能团结为一大国家者，即恃文字为工具也③。

秦始皇以后，虽然朝代时有变异，但汉字的官方使用却一直延续不变。历代皇朝都重视汉字的政治化、体系化、圣典化的工作。

西汉有《尔雅》《方言》。所谓《尔雅》，"尔，近也；雅，正也"。正是指将各地方言统一于王官正言。《方言》，其全称为《輶轩使者绝代语释别国方言》。"輶轩使者"指朝廷派往各地采集民间方言的官员。"绝代语"指官方共同语。可见

---

① 郭沫若：《古代文字之辩证的发展》，《考古学报》1972年第1期。
② 梁漱溟：《中国文化要义》，《梁漱溟全集》卷三，山东人民出版社，1990年，298页。
③ 柳诒徵：《中国文化史》（上），东方出版中心，1996年，29页。

《尔雅》《方言》正是以朝廷通行文字统一各地方言俗语。到了东汉，许慎进一步认识到文字在统一思想、治理社会方面的重要意义："盖文字者，经艺之术，王政之始，前人所以垂后，后人所以识古"，于是编《说文解字》："今叙篆文，合以古籀，博采通人，至于小大，信而有证。"临死之前，命其儿子将书献给皇帝，以备治政。

魏晋以后，历代政府都重视汉文字典的编撰与推广。南北朝有《古今字诂》《字林》《古今文字》《玉篇》《广雅》等。唐宋有《干禄字书》《五经文字》《经典释文》《六书古文》《字说》等。明、清有《字汇》《通雅》《雅俗稽言》《恒言录》《正字通》等。尤其是康熙皇帝，为了让满族人接受汉文字，编《康熙字典》。这既是文字事业，更是王政大业。

总之，汉字的象形表意及其与宗教政治的结合等功能，使其在中华文明发展史上具有特别重要的意义。其一，以汉字为纽带，在中华大地上，以中原王朝为中心，逐步形成了一个宏大的多民族统一体和统一的多民族国家；其二，在中华文明发展史上，朝代不断更替，外族亦时有入侵，但以汉字为载体的中华文化却绵延发展，从未中断。这在世界文明史上也是罕见的。

"商"字内涵新论

顾万发

（郑州市文物考古研究院）

甲骨文、金文中早有"商"字。关于此字的造型及含义，历史学、文字学、神话学、考古学等各方面学者都表现出了高度关注，各类观点缤纷迭出，精彩纷呈。有学者认为其上为鸟头，下面是窑口的形状；有学者认为其上为"辛"字首，代表商人祖先帝喾高辛氏，下面为案几；有学者认为其上为"辛"字，下为"高"字，合为"高辛"；有学者称其整体看上去就是鸟；有学者考证"商"字为玄鸟（燕子）产卵的象形和会意字；还有学者认为"商"字是商代城门上的玄鸟；我的老师葛英会先生从"商"字的古形和本意方面，颇有新意地认为"商"字的本意为"刻"。他说"商字下部像袋足器的部分是储水器，其上部乃是带有刻度的木箭，应是古刻漏的象形"[①]；在诸多学者中，郑杰祥先生的观点也较为详细，他在朱芳圃有关"商"字与大火星有关的观点基础上，继续发挥出新，他认为：丙正像一个自然形成或人工筑成的陵阜高台，商人祖先之职有在高台之上观测和祭祀大火星宿的，"商"字本义应像古人于高台之上观测和祭祀大火星宿之形，其中的"辛"就是摹写包括房、心、尾的大辰或大火星的。古人认为"大火"与商星本是一星而异名。商代卜辞称商星为"鹑星"；他并说《人》七○○卜辞中的辛形应该是大火星即商星造型[②]。更早的时候，也有不少著名学者对此问题予以关注，像徐中舒在《殷商史中的几个问题》一文[③]中认为"商"字上端为凤鸟之冠形，代表商人玄鸟信仰，下端为居穴，玄鸟居穴谓之"商"；马叙伦《说文解字六书疏证》（卷五）引钱玄同观点说，从籀文中有的"商"字有双圆看，应是商星之商；马叙伦先生《说文解字六书疏证》（卷五）又引郭沫若观点说，癸尊之商字䴇，其中四圆与籀文中的双圆一样都是表示星的；朱芳圃在《殷周文字释丛》（卷上）曾经提出过"商"字与商人祭祀大火星有关，他认为"商"字上端造型辛为烛薪，象征大火星，或增加双圆以特别提示象征大火星形，以之置于冂即"堤"或俗谓承托盘一类的物件之上以用于祭祀。

---

① 葛英会：《商字形义考》，《古汉字与华夏文明》，上海古籍出版社，2010年。
② 郑杰祥：《释商》，《驻马店师专学报(社会科学版)》1988年第2期。
③ 徐中舒：《殷商史中的几个问题》，《四川大学学报(哲学社会科学版)》1979年第2期。

关于"商"字，笔者早年也曾予以关注，有一些认识未经发表或未予以详论。经过近年来的研究，笔者认为，"商"字造型属于太阳大气光象造型。详言之，从附图看，其与太阳大气光象中太阳22°晕（22°Halo）一部分、22°晕之上切弧（Upper Tangent Arc）、帕瑞弧（Upper Parry Arc）、太阳光柱（Sun Pole）的一部分、菱形真太阳的一部分等的组合造型密切相关（图一）。

我们这样的认识，不仅因为是象形判断，最为主要的论据如下：

（1）太阳大气光象可以说是中国早期艺术史、信仰史中的核心和基本主题，考古学发现，自高庙文化以来，太阳大气光象图像丰富，并且成为诸多神人、神物的形神核心。

（2）商人高度信仰太阳大气光象神，甲骨文祭祀中不仅商王连商王妃都以天干地支中的天干称谓。天干地支中的天干十字都是与太阳大气光象或光气有关的造型。

（3）卜辞中还有一个代表最高神的非常重要的字——"帝"字，其不同的写法都是来自太阳大气光象的造型（图二）。卜辞中有的商王称为帝的现象更有助于证明这一观点。

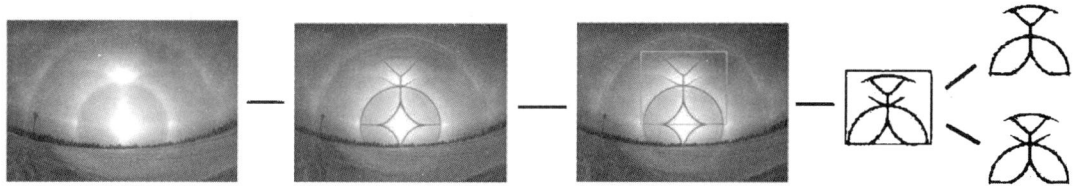

图一 商字太阳大气光象内涵图示

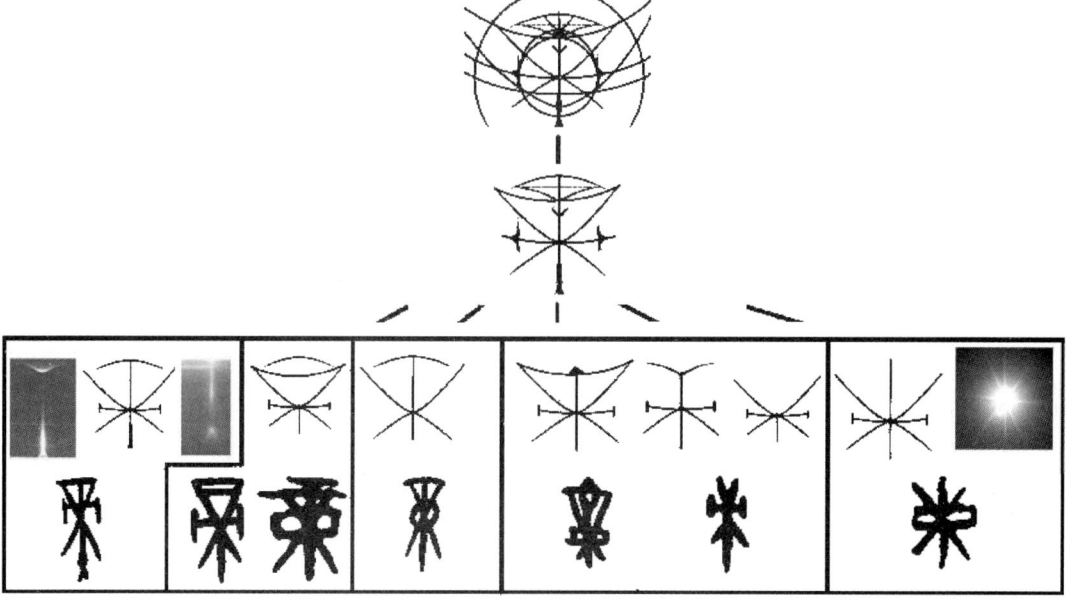

图二 帝字太阳大气光象内涵图示

（4）商王中有一位非常有名的王，名亥。可能有的学者会认为这是以地支称名，实则非也。首先亥有吉利之义。《大戴礼记·夏小正》中记载："丁亥者，吉日也"。庞朴认为古人喜欢用"丁亥"，甚至用虚①。王国维在《齐国差缶詹跋》一文②中说"古人铸器多用丁亥，诸钟铭皆其证也。"清代俞樾在《茶香室经说》卷八《丁亥》条中否定"丁亥吉日"之说，他认为古人只是注重丁日而非亥日。李学勤先生认为，内事以柔日为吉，丁亥大约就是柔日中最吉利的③。杨琳认为，亥与生殖、丰收之义有关，所以有吉利吉祥之义，丁在古代有逢遇的意思，所以丁亥就是有遇上亥的好彩头之义④。郑玄注《仪礼·少牢馈食礼》曰："丁未必亥也，直举一日以言之耳。《禘于大庙礼》曰'日用丁亥'，不得丁亥则己亥、辛亥亦用之，无则苟有亥焉可也。"贾公彦疏："必须亥者，案《月令》云：'乃择元辰，天子乃耕。'注云：'元辰盖郊后之吉亥也。'阴阳式法，亥为天仓，祭祀所以求福，宜稼于田，故先取亥，上旬无亥，乃用余辰也。"

《庄子·大宗师》记载有封豨氏，"豨韦氏得之，以挈天地。伏羲氏得之，以袭气母。"王先谦注："豨韦，即豕韦，盖古帝王也。"庄子认为封豨氏是一位创世神，使得混沌判开，天地以现。太阳出现的结果正可描述为此。

又，旧本题汉班固撰《汉武故事》载，田氏乃夺槐里王姝儿纳太子汉景帝宫，得幸，有娠，梦日入怀。景帝亦梦高祖谓已曰："王美人得子，可名为彘。"及生男，因名焉，是为武帝。年四岁，立为胶东王。胶东王年七岁为皇太子时，汉景帝曰："彘者彻也"，因改曰彻。这一古籍在学术界常被认为是杂史杂传类志怪小说，《钦定四库全书提要》曰："所言亦多与《史记》《汉书》相出入，而杂以妖妄之语。"并说"然如《艺文类聚》《三辅黄图》《太平御览》诸书，所引甲帐珠帘、王母青雀、茂陵玉碗诸事，称出《汉武故事》者，乃皆无之。"可见，我们今天看到的《汉武故事》还有轶本，或有很多类似山海经的其他内容已失载。类似《山海经》的内容有不少可以与新石器时代有关艺术图像相印证，像"有五采之鸟，相向弃沙，惟帝俊下友，帝下两坛，采鸟是司"之记载，就应是当时的作者对弗利尔良渚文化玉璧有关"昆仑式坛台—串圆柱—飞鸟"的最早来自太阳大气光象造型一类图案的解读。

《汉武故事》中这段文献非常重要，从中可以显然看出当时人们认为猪有"通""明"之义，更重要的是这恰与王姝儿梦太阳得子又可密切关联。显然由此也可判断，至少在汉代时，也仍然存在把猪与太阳予以高度关联的奇特信仰。

猪曾经被视为是与太阳有关的神，这似乎是不可思议。然而，考古学材料证

---

① 庞朴：《五月丙午与正月丁亥》，《文物》1979年第6期。
② 赵万里、王国华：《王国维遗书》第三册，上海古籍出版社，1983年。
③ 李学勤：《〈夏小正〉新证》，《农史研究》（第8辑），农业出版社，1989年。
④ 杨琳：《亥为吉日文化之谜的破解》，《青海社会科学》2013年第5期。

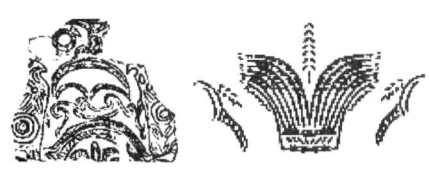  

1. 河姆渡　　　2. 河姆渡　　　3. 河姆渡

 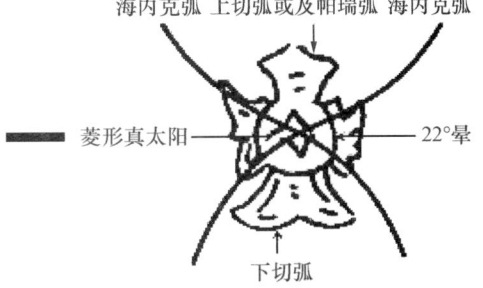

4. 凌家滩　　　5. 法国吉美博物馆

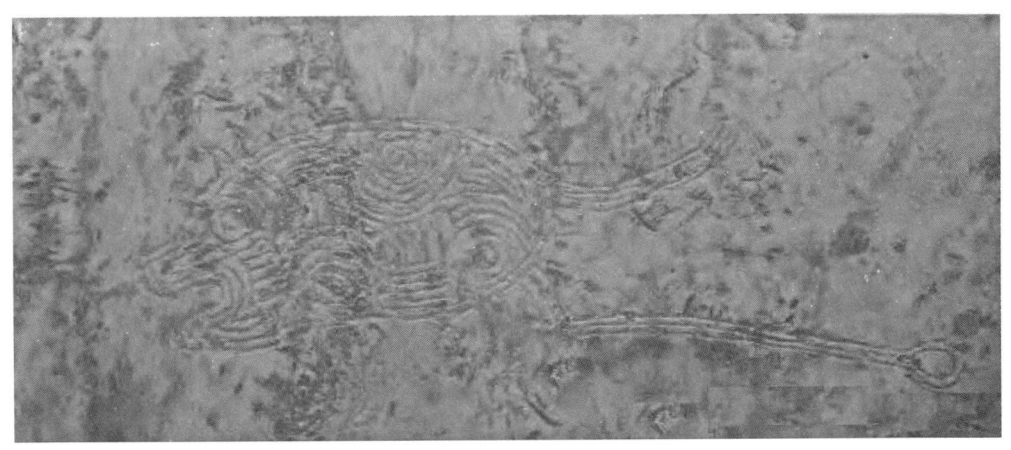

6. 蓝田山房藏玉璧

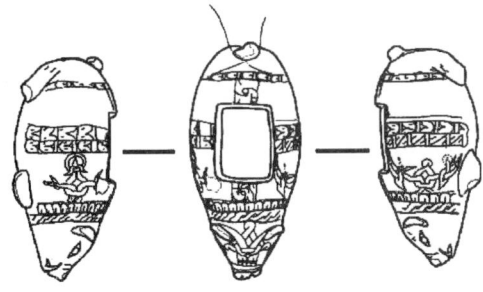 

7. 常州新岗　　　8. 东京国立博物馆

图三　与太阳大气光象有关的猪

明，猪确实很早就与包括真太阳在内的太阳大气光象或太阳22°幻日神密切相关（图三）。图三中的这些图都与太阳大气光象有关，尤其是4、5、7表现得非常明显。其中第7，猪面中间有两个菱形，一个是太阳22°上切弧上端的光块，一个是真太阳常见的自然菱形造型。这类图形与神猪融合一体，面部结构与良渚文化中的诸多神兽面貌特征高度相似，这显然表明了其属于太阳神系的本质，也利于说明三代及其以前神兽—神人、神圣饕餮的与太阳太阳大气光象有关的基本神格。大英博物馆的一件良渚文化玉猪与太阳大气光象对应的情况更利于说明我们的这一认识（图四）。

另，卜辞中王亥之"亥"字，发现首有神鸟的写法，像 、 、 、 、 ，等等。这其中的神鸟与猪的组合正与诸多龙山时代及其前后有关神鸟与神人形或神兽形组合（图五）的太阳大气光象内涵相似。

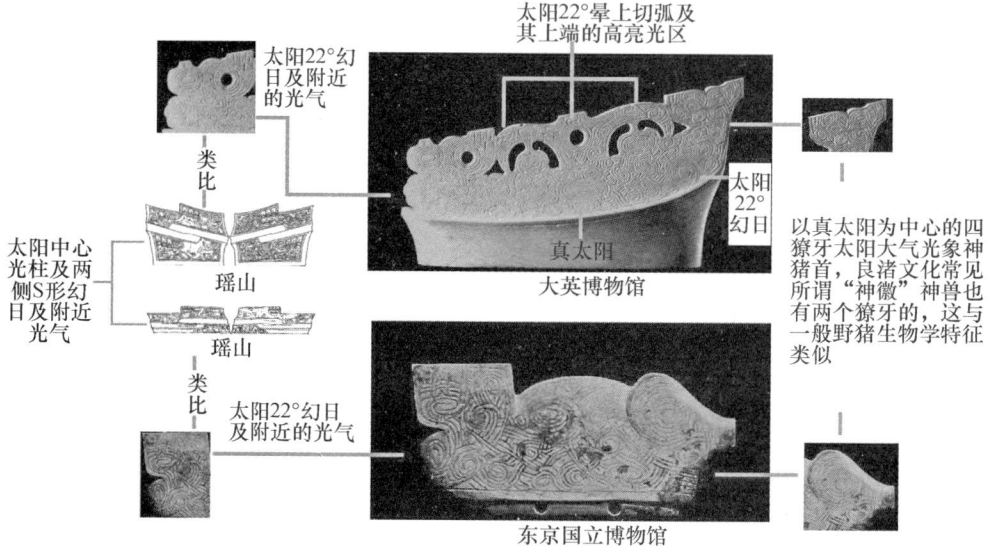

图四　大英博物馆藏玉猪太阳大气光象图解

1. 吉美博物馆　2. 天津市艺术博物馆　3. 台北故宫博物院　4. 济阳刘台子

图五　龙山时代及其前后有关神鸟与神人形或神兽形组合

因此认为亥为吉日,以及王亥名"亥",都是由于亥最根本地含义还是与太阳有关。显然,这与别的商王、商妃嫔名用天干字以表示其与太阳神系有关的情形,从表达内涵的角度看,是非常一致的。

(5)承前文所言,"商"字中的"丙"字形,来自古人从高庙文化就已非常重视并且在崧泽文化、良渚文化太阳大气光象图案和由之拟物的神兽中经常被明显表现的菱形真太阳及其22度晕的一部分,之所以没有采用全部的22°晕和菱形真太阳,从卜辞"宾日"及自然现象看,这是由于古人非常重视早晚的太阳而早晚的太阳只有这一部分可以明显显示的原因。

附记:李先生有教无类,诲人不倦,桃李满天下!吾辈承先生之教化,铭感五内,谨以此为恭祝先生八十寿诞!

殷周金文族徽类型与内涵研究

王长丰
(北京大学震旦古代文明研究中心)

前　　言

　　殷周金文族徽是商周文字研究的重难点之一，由于族徽文字字形特殊、数量庞大、形式多样且相对独立，使用过程中又缺少与之连贯的语言环境，族徽的内涵一度为部分学者意度的话题。夏商周断代工程首席科学家李伯谦教授长期关注于殷周金文族徽研究，并取得卓越成就，令世人仰瞻。在李伯谦教授的关心、指导与帮助下，2015年8月，上海古籍出版社出版了拙作《殷周金文族徽研究》，李伯谦教授为该书作序并题写书名，序中充分肯定了该书的学术贡献。2015年底，李伯谦教授又在百忙中为本人十二五国家出版规划重点项目《殷周金文族徽集成》题写书名，在李教授的关心支持下，也即将出版。2016年1月23日，李伯谦教授命予作文，为时两月始成此篇，一是希望能得到李伯谦教授的指教，二是恭祝李伯谦教授八秩华诞。是为记。

　　殷周金文汉代已有学者关注，汉·许慎《说文解字·序》曰："郡国往往于山川得鼎彝，其铭即前代古文"[①]。殷周金文研究发展至今，已经成为古文字学的一大分支。刘雨先生认为："迄今为止，已著录的先秦有铭铜器约13000件，其中半数左右铭刻极为简短。"[②]吴镇烽先生共收录有铭文的商周青铜器16702件，下限到2012年2月[③]。根据目前收录情况，校删自重、互重、误收、伪膺者[④]，加之失收及近出金文，保守统计殷周有铭铜器共约16000余器，是可信的。我们对铸刻在殷周青铜器上的那些通过一定的方式与其他文字结合，形成有一定秩序的名词或名词之间的非正常语序叙述的缀联形式，这种名词或名词之间的缀联形式可以单独出现，也可与先祖庙号联

---

　　① 汉·许慎：《说文解字》（孙氏重刊宋本），天津市古籍书店，1991年，315页。
　　② 刘雨：《殷周青铜器上的特殊铭刻》，《故宫博物院院刊》1999年第4期，13~18页。
　　③ 吴镇烽：《商周青铜器铭文暨图像集成》（三十五册），上海古籍出版社，2012年。
　　④ 王长丰：《〈近出〉与〈集成〉互重、自重校勘》，《殷周金文族徽研究》，上海古籍出版社，2015年，636~639页；又《中州学刊》2006年第5期，8页。

属，可以置于长篇铭文之后、之首、之中的相对独立的这种文字，我们称之为"族徽"。此类殷周金文族徽大多集中出现于西周中期以前，正在编校中的《殷周金文族徽集成》共收录"族徽"铭文近8000器①，约占殷周有铭铜器全数的50%②，数量相当可观。因此，对于"族徽"铭文的收集、整理，研究其性质、特点、功用及其规律，便成为不容忽视的问题。

一、殷周金文族徽汉字表述原则

1955年，我国发布《第一批异体字整理表》、1986年发布《简化字总表》、1988年发布《现代汉语通用字表》等标准简化字体。这些成为我国通行的汉语标准字。但在国（境）外部分汉语地区，大多则通行繁体字，不论使用简体还是繁体字，研究甲骨、金文等学者大多还是有自己一套表述方式。我们一方面对前辈学者在甲骨、金文等研究中所使用的语言表述的方式方法加以总结，另一方面根据我们研究对象的自身需求，对殷周金文族徽研究中的文字释读、隶定及表述方式加以总结，以利学术研究。

（一）族徽释读隶定原则

（1）殷周甲骨、金文字形采用隶古字形，能隶定的字形则采用隶定字形，不能隶定的或大家对隶定字有疑义的则采用"原形字（隶定字）"形式隶定。

例1. 部分字形与后世文字（隶古字）可以对应，如"宁"释为"宁"，而不隶作"寧"，"册""马"等释作"册""馬"。

例2. 能隶定的字形则采用通常方式隶定，如羑（羑）、裘（裘）等；不能隶定成现代汉字或大家对隶定字有疑义时，采用如"冈（冉）"形式隶定。

例3. 金文中的古文字有隶定形体的，如"簠（葡）"字，在器物定名时用"簠"，不用"簠（葡）"形式，在铭文释文中则作"簠（葡）"形式；同样，在族徽中用"裘（裘）"，在铭文释文中用"裘"形式。

例4. 同一隶定字可对应不同的金文字形，如"中"字有两种字形"中""中"及补充形体"中"，"周"字亦有"周""周"等多种字形。

（2）殷周金文特殊字形内铸（刻）其他族徽或铭文，其内族徽或铭文前后加"〔　〕"。

例1. "亞""▽""弓""宁"等字内铸（刻）其他族徽或铭文，表述如"亞〔保

---

① 王长丰：《殷周金文族徽集成》（十二五国家规划重点项目），黄山书社，2016年。
② 王长丰：《殷周金文族徽研究》，上海古籍出版社，2015年，2页。

酉］""▽［離］""弓［羣（敦）］""宁［戈］"等，区别与正常字序排列的族徽或铭文。

例2.《歸婔進壺》（《集成》①09594）铭文作："亞［歸婔進乍（作）父辛歔，束。］"

（3）有特殊要求的甲骨、金文字形，采用原形字；部分已残字则保持原残字形，或按同字字形加以修正；原形字残损不识者作"□"。

例1. 汉字中有"竝""幵"等，金文字形"𣂱"则用原形字。

例2.《集成》02253按字形修正后隶释为："偁戍（𠭯）册。"

例3.《集成》06805原形字残损不识，隶释为："□己。"

（4）引用殷周甲骨、金文时，参考其他辞例补缀之字、或有多种隶释、或在隶释后附原形字者均放入"（ ）"号内加以区别。

例1. 如"戈止（武）""系（𢇖）""𥫗（筍）""曲（𠚯）"等。

（5）一组数字卦符号按一字计，二组数字卦符号按二字计，以此类推。

例1."𤕦""𤕧""𤕨"等按一字计。

例2."𤕦癸""敢𤕦""𤕦𤕧""𤕨𤕦"等按二字计。

（6）由于甲骨、金文等出土文献与传世文献原文无标点，引用文献时，则均加注标点符号。标点符号的使用以1996年实施的《中华人民共和国国家标准标点符号用法》为准。

（二）铜器定名原则

（1）铜器定名均以隶古字定名，铜器名称（也就是金文题目名）加"《 》"号。

例1. 原称"叔侯父簋""婦妠簋"，今表述如"《弔医父簋》""《帚妠簋》"。

例2. 原称"亞離爵""▽離爵"，今表述如"《亞［離］爵》""《▽［離］爵》"。

（2）殷周铜器定名是按作器者（或族徽等）+先祖称谓（按祭名世次）+器型称谓的方式定名。

例1."何𢦏"族铭文下有一鼎铭："何父癸𢦏"，"何"与"𢦏"均是族氏名，为"盟姻族徽"，现定名为"《何𢦏父癸鼎》"。

例2. 易产生误解的铭文定名如"齊婦，𡎱（𡎱）"，原称《齊婦鬲》，现定名为《𡎱齊婦鬲》。

例3. 原称"父辛𠬝觶"，现定名为"《𠬝父辛觶》"。

例4. 按原祭名先后世次定名，铭文："父癸，𣪘（𣪘），兄戊"，原称"𣪘兄戊父

---

① 中国社会科学院考古研究所：《殷周金文集成》，中华书局，1984~1994年，简称《集成》。

癸鼎",现定名为"《鉴父癸兄戊鼎》"。

例5. 鼎铭:"單,具乍父癸寶尊彝",现定名为"《具鼎》",不称"《單具鼎》"。

例6. 簋铭:"乍(作)父乙寶簋,敖",原称"作父乙簋"或"敖作父乙簋",现定名为"《敖乍父乙簋》"。

（3）铜器盖、器铭文不同时,以先盖铭文、后器铭文秩序定名族徽或器名。

例1. "龠丙(《二编》530)"族一卣盖铭:"龠父辛",器铭"丙父丁",现定名为"《龠父辛丙父丁卣》"。

（4）鼎、彝等器物形制上的方、圆,不在定名上使用,不称"方鼎"和"方彝",均称"鼎"和"彝"。

例1. 原称"田父丁方鼎",现定名为"《田父丁鼎》"。

例2. 原称"卜北單方彝、北單戈方彝",现定名为"《卜北單彝》"。

（5）曾用铜器名放于铜器名后的"（ ）"内。

例1. 现定名《刀鼎》,其后"（ ）"内"戊鼎、鉞鼎"为曾用名,形式如:"《刀鼎》（戊鼎、鉞鼎）"。

（三）族徽分组与排序原则

（1）族徽的统计排列原则上按汉语拼音音序排列,根据字源性特点,同源字或字形相近者相互系联,相继排列；能隶定的则按隶定字音序、不能隶定的则按相近字形音序进行排列。

例1. "敖"及其与"敖"相关族徽后则排列与"敖"字相近的字形"敖"及"邦（敖）敖"。

例2. "戊"与"咸"字形相近,相继排列。

例3. "竹（人）"后有"孤竹亞［散］""孤竹亞［橐］""亞［橐］宫孤竹"等,与"孤"相关的有"子孤"系联。

例4. 在音序排列中如"奚"后列"系",但考虑到字源性,我们先列"系",后则为"奚"字。

例5. 铜器盖、器铭文相同,但排序不同者,释文均按盖铭隶释,如《集成》04961、《集成》04960等释文均按盖铭隶定。

（2）每一类族徽系联单位,按族徽龙头字、族徽龙头字+其他族徽、亞［某族徽龙头字］等顺序依次排列。

例1. 以"保"为族徽龙头字的系联单位排列如下:"保""保癸（ ）""保京（ ）""京保"" 京保""保晉""大保""系保""燹保 保燹友隹""子保""亞［保酉］"。

例2. 以"萬"为族徽龙头字的系联单位排列如下："萬""萬諆""萬口""萬⿰""亞［萬］"。

（3）同一族徽（或可沿袭数代族人使用）列为一类，同一作器者则按时代先后排列。

例1. 同一族器作器者所作器，具有代表性的器物，附于铭中。如"附：《集成》11794"等。

例2. 为了使部分族徽更有系联性，我们附录部分铭文如《北伯鼎》（《集成》01911），是为了说明"北"可能有单独的族徽存在，只是我们目前没有发现。

例3. 部分族徽如"裴"族按时代、作器者、职官等分类排列。

二、殷周金文族徽的类型

殷周金文族徽是一种相对固化的方国（族、氏）文化符号，对族徽的科学分类，不仅有益于深入研究、解释殷周金文族徽的含义和功能，而且还能充分揭示殷周金文族徽所反映的社会、宗教、血缘亲族组织等的变迁。根据已有的研究成果，我们发现殷周金文族徽主要有以下几种形式[①]：

① "戠""枼""昃""禾"。
② "禾丙""禾⿰""禾保""禾束""禾高""周告亞""糸子刀"。
③ "嗇見冊""㭁冊""䎽冊""冊䨺"。
④ "史己""史秦""史見""史農""史犬"。
⑤ "子达""子共""子良""子脊""子⿰萬""子臭"。
⑥ "亞［天］⿰""亞［顴］""亞［魚］""亞［舲］""亞［矣］"。
⑦ "乙丰""弔丁""壬冊""亞［丁］""亞［丁］乩""子乙""子辛䯤（⿰）"。

在这 7 种族徽铭文分类中，①是由一个相对独立的族徽文字组成，它是我们最为常见的一种族徽铭文；②是由两个或两个以上的族徽文字组成的缀联型的族徽铭文；③~⑦是族徽文字与"冊""史""子""亞""干支"[②]等族徽铭文缀联，它们均是由两个或两个以上的族徽文字组成的。其中，带"冊""子""亞"者统计的种类计586 种之多，约占族徽总数的 27.03%。

综上所述，族徽铭文可分为两大类型：一是基本族徽；二是盟姻族徽。基本族徽就是单一方国（族、氏）使用的基本型的徽记形式，如上七类中的①类就是基本族徽，用 A、B、C 分别代表不同的单一族徽类型。盟姻族徽在形式上是由基本族徽通

---

① 王长丰：《殷周金文族徽研究》，上海古籍出版社，2015年，168、169页。
② 王长丰：《殷周金文族徽研究》，上海古籍出版社，2015年，169~226页。

过累加或缀联等形式形成的族徽类型，其本质上是由基本族徽家族通过"同轨""同盟""同位""外姻"等途径形成的"结盟"或"外姻"等关系血亲组织①，如上七类②~⑦中的大部分。初步看来，盟姻族徽的形式就是两种：一是A、B、C之间的组合，其形式如AB、AC、ABC等；二是在"亞"内有基本族徽A、B、C和"亞"内基本族徽A、B、C之间的组合型如亞［A］、亞［B］、亞［C］和A亞［B］、亞［A］B、亞［B］C及亞［AB］、亞［AC］、亞［ABC］等形式。

三、殷周金文基本族徽的内涵

殷周金文族徽内涵的研究自宋代始，学者亦指出族徽应是"氏族"名或为"姓、氏"等②，这是对族徽研究的巨大贡献。近现代学者考说甚多③，但对族徽研究具有开

---

① 王长丰：《殷周金文族徽研究》，上海古籍出版社，2015年，73页。
② 宋·薛尚功：《历代钟鼎彝器款识》，辽宁书社，1985年，68、155页。宋·吕大临：《考古图》（钦定四库全书本）卷四·五十六；宋·吕大临、赵九成：《考古图 续考古图 考古图释文》，中华书局，1987年，92页。
③ 如沈兼士的"文字画（piotography）"（沈兼士：《从古器款识上推寻六书以前之文字画》，《考古学论丛》第1册，东亚考古学会出版。又《沈兼士学术论文集》，中华书局，1986年，68、69页）、容庚的"图像文字"［容庚：《金文编》（第4版），中华书局，1985年，19~31页］、吴其昌、饶宗颐提出的"私名"（日本·林巳奈夫：《殷周时代的图像记号》"以前的研究"，《东方学报》京都第三十九册，1968年）、丁山的"氏族方国"（丁山：《甲骨文所见氏族及其制度·殷商氏族方国志》，中华书局，1988年）、日本人白川静的"特殊集团"（日本·林巳奈夫：《殷周时代的图像记号》"以前的研究"，《东方学报》京都第三十九册，1968年）、林巳奈夫的"旗上之物"（日本·林巳奈夫：《殷周时代的图像记号》"以前的研究"，《东方学报》京都第三十九册，1968年）、唐兰的族徽为"氏族名"（唐兰：《西周青铜器铭文分代史徵》，中华书局，1986年，29页）、林沄的"族徽说"并"驳图画文字说"［林沄：《对早期铜器铭文的几点看法》，《古文字研究》（第5辑），中华书局，1981年，35~48页；又林沄：《林沄学术文集》，中国大百科全书出版社，1998年，60~68页］、张振林的"族氏符号"（张振林：《对族氏符号和短铭的理解》，1990年上海太沧第八届古文字年会论文；又《中山大学学报》1996年第3期，66~74页）、张懋镕的"表现形式不同于一般商周古文字的特殊的古文字"（张懋镕：《试论商周青铜器族徽文字独特的表现形式》，《文物》2000年第2期，46~51页；又《古文字与青铜器论集》，科学出版社，2002年，1~7页）、刘雨的"一件铜器上字数较多的族名金文，一般是可以分出方国、家族、私名等几个层次的""特殊铭刻"［刘雨：《金文研究中的三个难题》，《古文字研究》（第23辑），中华书局、安徽大学出版社，2002年，73~77页；刘雨：《殷周青铜器上的特殊铭刻》，《故宫博物院院刊》1999年第4期，13~18页］、王蕴智的"族徽字"（王蕴智：《"枼"字谱系考——兼说商代的葉族》，《字学论集》，河南美术出版社，2004年，227~242页；又名《商代葉族考》，《华夏考古》2003年第1期，69~76页）等学说。

创性贡献的首推郭沫若、容庚的"族徽"说①。这将殷周金文族徽的研究向前推进了一大步，影响深远。检视已往诸多学者的研究工作②，我们经过全面整理、分类与研究后，认为"族徽主要包含'方国、族、（姓）氏、私名'等方面的内容。'方国、族、（姓）氏、私名'等的内涵有时是合而为一的，而'族、（姓）氏'则多由方国名、私名等演化而来，且具有徽识性质，我们统称为'族徽'"③。传世文献中的族、氏、姓。在先秦文献中，最早记载殷周社会"族""氏"和"姓"的是《周易》《尚书》两书。记载"族""氏"较早且详者，当数《春秋左传·定公四年》记载子渔所说的一段话："昔武王克商，成王定之，选建明德，以蕃屏周。"④子渔所言，我们可以看出：西周武王、成王时期，社会族氏结构的调整，使得原来殷商的社会结构、宗族结构、族氏组织发生了巨大变化。这种变革也使得原殷商社会所反映的族氏关系、血缘关系及地缘关系发生了巨大的变化。这种变化是为了适应西周社会统治的需要。《春秋左传·定公四年》⑤记述"殷民六族"和"殷民七族"如下：

> 殷民六族：条氏、徐氏、萧氏、索氏、长勺氏、尾勺氏
> 殷民七族：陶氏、施氏、繁氏、锜氏、樊氏、饥氏、终葵氏

可以看出，"族"是一个群体称谓，氏表示有一定血缘关系的亲属组织。《礼记·祭统》曰："夫鼎有铭，铭者自名也。……铭者，论譔其先祖之有德善、功烈、勋劳、庆赏、声名，列于天下，而酌之祭器，自成其名焉。以祀其先祖者也。"⑥铸于殷周青铜器上的铭文是为了显扬其先祖的德善、功功、勋劳、庆赏、声名，用以祭祀其先祖之用。至于族、姓、氏是如何形成的及它们之间的关系如何，《春秋左传·隐

---

① 郭沫若：《殷周青铜器铭文研究·殷彝器中图形文字之一解》，科学出版社，1961年，11页。容庚：《商周彝器通考》，哈佛燕京学社，1941年，69、70页；又大通书局，1973年翻印。

② 张亚初、刘雨：《商周族氏铭文考释举例——摘自〈商周青铜器族氏铭文的资料和初步研究〉》，《古文字研究》（第七辑），中华书局，1982年，31～41页。刘雨：《殷周青铜器上的特殊铭刻》，《故宫博物院院刊》1999年第4期，13～18页。李学勤：《试论孤竹》，《社会科学战线》1983年第2期，202～206页、又《当代学者自选文库——李学勤卷》，安徽教育出版社，1999年，121～132页。李学勤：《考古发现与古代姓氏制度》，《考古》1987年第3期，253～257页。裘锡圭：《释无终》，1990年第八届中国古文字年会论文；后收入《裘锡圭学术文化随笔》，中国青年出版社，1999年，65～74页。李伯谦、郑祥杰：《后李商代墓葬族属试析》，《中原文物》1981年第4期，33～35、46页。王长丰：《"令支"方国族氏考》，《东南文化》2007年第2期，69～72页。又《殷周金文族徽研究》，上海古籍出版社，2015年，261～266页。

③ 王长丰：《殷周金文族徽研究》，上海古籍出版社，2015年，3页。

④ 杨伯峻：《春秋左传注》，中华书局，2000年，1536～1540页。

⑤ 杨伯峻：《春秋左传注》，中华书局，2000年，1536～1540页。

⑥ 清·阮元校刻：《十三经注疏·礼记正义》，中华书局，1980年，1606、1607页。

公八年》曰："天子建德，因生以赐姓，胙之土而命之氏。诸侯以字为谥，因以为族。官有世功，则有官族，邑亦如之。"① 清·陈立《白虎通疏证·姓名》："或氏其官，或氏其事，闻其氏即可知其德，所以勉人为善也。"其注曰：

> 盖姓有九，或氏于号，或氏于谥，或氏于爵，或氏于国，或氏于官，或氏于字，或氏于居，或氏于事，或氏于职。

从上文亦可以看出：族、姓、氏是"天子建德，因生以赐姓，胙之土而命之氏。诸侯以字为谥，因以为族。官有世功，则有官族，邑亦如之"②。这是关于族、姓、氏的较早记载，也是族、姓、氏如何产生、形成的较早且较详细的记录。因此，殷周金文族徽反映的是封赐国、邑、地、官、爵、谥等制度下的封国、命姓、授氏等的血缘亲族组织结构。

（一）基本族徽中包含的"姓"

❀（《集成》08622） 《集成》04019有"曹白"、《集成》04593 10144 11120等有"曹公"。《合集》③6942有"贞：❀伐棘（曹）其❀？"吴·韦昭注《国语》说：史伯谓祝融之后八姓，己、董、彭、秃、妘、曹、斟、芈④。清·顾炎武《日知录·姓》亦谓祝融之后有"曹"姓⑤；严军：《〈左传〉姓氏相关问题的探索》认为《左传》中亦有"曹"姓⑥。

❀（《集成》04984） 《集成》04595有"齐陈曼"、《集成》04596有"齐陈曼"。《合集》22"己酉卜，争贞：❀众人呼比曼载王事？五月。"《合集》1031"贞：勿呼以曼人？"《合集》10923"壬戌卜，争贞：乞令曼田于寿侯？十月。"《合集》23685"庚午卜，大贞：曼来惟今日呼祉？"《合集》32765"己亥卜，哉婦井于曼？"曼为族长名、国（族）名、地名。宋·罗泌《路史》曰："初，武丁封季父于河北曼，曰蔓侯。有曼氏、蔓郧氏。"⑦宋·王应麟《姓氏急就篇》："邓氏，曼姓国，其后为氏。一云：殷王武丁封叔父于河北为邓侯，因氏焉。"⑧

---

① 杨伯峻：《春秋左传注》，中华书局，2000年，60～62页。
② 清·陈立：《白虎通疏证》，中华书局，1994年，402、403页。
③ 郭沫若：《甲骨文合集》，中华书局，1980年，简称《合集》。
④ 吴·韦昭注：《国语》：四库全书荟要本，卷十六，4页。
⑤ 清·顾炎武：《日知录·姓》，甘肃民族出版社，1997年，989、990页。
⑥ 严军：《〈左传〉姓氏相关问题的探索》，《浙江学刊》1994年第4期，57、89～92页。
⑦ 宋·罗泌：《路史》，钦定四库全书本，卷十九，19页。
⑧ 宋·王应麟：《姓氏急就篇》，钦定四库全书本，上卷，29、30页。

己（《集成》11791）　《集成》00014、03772、03977、09632有"己侯"、《集成》02025有"己"，《集成》04330有"己公"，《集成》00065-00071、00088-00090有"己伯"，《集成》03977有"己姜"，《集成》10298-10299有"己叔姬"，《集成》09301有"文己"，《西清续鉴乙编》05.51有"戊己"①。郭沫若《殷契粹编》1239"丁亥卜，己贞：子商妾冥不其嘉？"②己为武丁时期的贞人。马飞海《中国历代货币大系》110、111空布文有"己"。己，国名。《世本》："己姓，出自少昊。"③己为夏时侯伯。唐·林宝《元和姓纂》昆吾下曰："《世本》古已姓国，夏时侯伯，祝融氏之后。"④至周时，为周所灭。《元和姓纂》又曰："《国语》祝融后八姓，已董彭秃妘斟曹芊，周灭之矣。"⑤

（二）基本族徽中包含的"氏"

（1）以国为氏。（《集成》03034）　《合集》675正、《合集》816反、《合集》858正，《总集》⑥01724有著录。郭沫若认为此族徽就是文献中所记的"须句"⑦。《左传·僖公二十一年》记子鱼曰："任、宿、须句、颛臾，风姓也。"⑧僖公二十二年须句为邾国所灭，故城在东平须昌县西北。其后世子孙以国为氏，或省称为须氏，或省作句氏，一作须朐氏⑨。唐·林宝撰《元和姓纂》曰："《风俗通》太昊风姓，须之后有须句国；又殷有密须，国为氏；魏有须贾，平陆侯须无绍传封四代。"⑩

（《集成》01450）　《合集》4307反⑪，《总集》01451、01452有著录。《合集》4307"占曰：有祟婥……無終冬𣥛？""应释作"亡冬"，"亡"与"無"通，"邻"与"終"通。裘锡圭先生亦释为"無終"⑫。1986年山西文物工作者在公安部门

---

① 《西清续鉴乙编》二十卷，乾隆年间敕编，民国二十年影印本。
② 郭沫若：《殷契粹编》，科学出版社，1965年。
③ 汉·宋衷注　张澍补注本：《世本》，卷三，6页。
④ 唐·林宝：《元和姓纂》，钦定四库全书本，卷四，21页。
⑤ 唐·林宝：《元和姓纂》，钦定四库全书本，卷十，13页。
⑥ 严一萍：《金文总集》十册，台湾艺文印书馆，1983年，简称《总集》。
⑦ 郭沫若：《金文余释之余·释须句》，后收入《金文丛考》；又《郭沫若全集》第5卷，科学出版社，2002年，451、452页。
⑧ 杨伯峻：《春秋左传注》，中华书局，1990年，391页。
⑨ 明·陈廷炜：《姓氏考略》，《学海类编》本。
⑩ 唐·林宝：《元和姓纂》，钦定四库全书本，卷二，46页。
⑪ 《合集》4307"占曰：有祟婥……無終冬𣥛？"
⑫ 裘锡圭：《释"無終"》，中国古文字学会年会论文，1990年；后收入《裘锡圭学术文化随笔》，中国青年出版社，1999年，65~74页。

文物走私品中发现一枚"亡終"三孔布①，亦其证。清·秦嘉谟辑补《世本》谓："晋悼公大夫有舒鲍無終。"②《姓氏考略》："無終地为今之玉田县，以地为氏。"③宋·李昉撰《太平御览》："汉志曰：無終，属右北平，故無終，子国也。"又"渔阳县，本北無終，子国也。有無終山城。"④

迠𠆢（《集成》09793） 《集成》03137有"竹且丁"、《集成》09810有"父丁孤竹亞［微］"，《合集》902"竹入十。"《小屯》⑤1116"己亥卜，贞：竹来以召方于于大乙束？"《包山楚墓》⑥150"竹邑人"，何琳仪认为："包山简'竹'，地名。"⑦唐·林宝撰《元和姓纂》："孤竹君，姜姓。殷汤封之辽西，至伯夷叔齐子孙以竹为氏。"⑧清·秦嘉谟辑补《世本》曰："竹氏，本姜姓，封为孤竹君。至伯夷叔齐以竹为氏。"⑨"孤竹"省称"竹"。唐·欧阳询撰《艺文类聚》："伯夷、叔齐，孤竹君之子也。父欲立叔齐，及卒，齐乃让伯夷。伯夷曰：父命也。遂逃去。又曰：吴王诸樊元年已除丧，让位季札，季札弃室而耕，乃舍之。"⑩《艺文类聚》又载："列子曰：昔尧舜伪以天下，让许由善卷，而不失天下。伯夷、叔齐实以孤竹让，而终忘其国。"⑪

息（《集成》01225） 《集成》06824有"乙息"、《集成》11695有"冶息敦（挞）斋（剂）"（战国）。甲骨文所载"息"：《合集》3449"……子……何……息……伯……"（残辞）。《合集》20086"乙亥卜，㱃息伯引？十一月。"《合集》2354"戊申寻息示二屯？永。"《侯马盟书》3.12有"息"，为盟者⑫。1979~1980年河南罗山后李商代晚期九座墓葬出土器物有"息"字铭文，《集成》05385、05386铭"息伯赐贝于姜"，今罗山与息县邻，息县为古息国之地望⑬。李伯谦、郑杰祥谓：从

---

① 朱华：《略谈"無終"三孔布》，《中国钱币》1987年第3期，44~46页。
② 汉·宋衷注、清·秦嘉谟等辑：《世本八种》，商务印书馆，1957年，278页。
③ 明·陈廷炜：《姓氏考略》，《学海类编》本。
④ 宋·李昉撰《太平御览》，钦定四库全书本，卷一百六十二，8页。
⑤ 中国社会科学院考古研究所：《小屯南地甲骨》，中华书局，1983年，简称《小屯》。
⑥ 湖北省荆沙铁路考古队：《包山楚墓》，文物出版社，1991年，简称《包》。
⑦ 何琳仪：《战国文字声系》，中华书局，1998年，192页。
⑧ 唐·林宝撰《元和姓纂》，钦定四库全书本，卷十，11页。
⑨ 清·秦嘉谟辑补《世本》，《世本八种》，商务印书馆，1957年，卷七中，189页。
⑩ 唐·欧阳询撰《艺文类聚》，四库全书本，卷二十一，7页。
⑪ 唐·欧阳询撰《艺文类聚》，四库全书本，卷二十一，6页。
⑫ 山西省文物工作委员会：《侯马盟书》，文物出版社，1976年。
⑬ 河南省信阳地区文管会 河南省罗山县文化馆：《罗山天湖商周墓地》，《考古学报》1986年第2期，153~198页。

河南罗山出土的息国铜器来看,殷时的息国在今罗山境内,北距古息城不过30里①。南朝宋·何承天《姓苑》:"息侯之后,子孙以国为氏。"秦嘉谟辑补本《世本》曰:"息氏,息国之后,为楚所灭,以国为氏焉。"②《路史》有"息氏"。《世本·姓氏篇》曰:"息国,姬姓。"③《左传·隐公十一年》:"郑息有违言,息侯伐郑。"郑注:"息国,汝南新息县。"④

〔甲〕(《集成》09220) 《集成》02745、10225有"周娟"、《集成》03920有"周姜"、《集成》08155、08156有"周免",《集成》01497有"周登"(战国),《合集》5663"贞:多犬及周、微?"《合集》6960"壬子卜,王令雀谦伐周?十月。"《合集》5711"贞:令周奈奠?十月。"《包山楚简》45简有"周"姓。⑤唐·林宝撰《元和姓纂》曰:"帝喾生后稷,至太王邑于周,文王以国为氏。"⑥

〔甲〕(《集成》11847A) 《集成》11774有"豐王",《集成》02546有"豐孟娟",《集成》0373有"豐嫧",《总集》2722有"豐姬憝",《集成》05357、05258、05947有"豐姬",《集成》09438有"豐妊",《集成》11014、11572、11573有"豐伯",《集成》02152有"豐公",《集成》04267有"豐人",《合集》2798反"婦豐……来?"《合集》6068正"癸未卜,永贞:旬无咎,七日己丑,微友化呼告曰:呈方征于我奠豐?七月。二告。"《合集》17513"壬寅,婦豐示二屯?岳。"《合集》17514"自宜,己未,婦豐示……屯?叙。"《合集》17515"……申,婦豐示……屯?岳。"《怀》439"……卜……奠豐……"⑦金、甲文均作"豐",《说文》"鄷,周文王所都,在京兆杜陵西南。从邑,豐声。"何琳仪《战国文字声系》引罗福颐《古玺汇编》1884"鄷歇"下曰:"晋玺'鄷',姓氏。"又引高明《古陶文汇编》5.385"取杜才鄷邱"下曰:"秦陶'鄷',地名。《左·僖二十四年》'毕原酆郇,文之昭也。'在今陕西鄠县东。"⑧宋·郑樵《通志·氏族略·以国为氏》曰:"周文王之子酆侯之后,或言第十七子。此文王之旧都也。故城在今永兴鄠县北

---

① 李伯谦、郑杰祥:《后李商代墓葬族属试析》,《中原文物》1981年第4期,33~35、46页。
② 秦嘉谟辑补本《世本》,卷七中,《世本八种》,商务印书馆,1957年,231页。
③ 秦嘉谟辑补本《世本·姓氏篇》,《世本八种》,商务印书馆,1957年,23页。
④ 晋·杜氏注、唐·陆德明音义、孔颖达疏:《春秋左传注疏》,钦定四库全书本,卷三,38页。
⑤ 湖北省荆沙铁路考古队:《包山楚墓》,文物出版社,1991年。许全胜:《包山楚简姓氏谱》,北京大学硕士研究生学位论文,导师葛英会教授,1997年。王恩田:《释罜、窬、界——兼说界、畀》,《古文字研究》(第25辑),中华书局,2004年,29~35页。
⑥ 唐·林宝:《元和姓纂》,钦定四库全书本,卷五,25页。
⑦ 许进雄:《怀特氏等收藏甲骨文集》,皇家安大略博物馆,1979年,简称《怀》。
⑧ 何琳仪:《战国文字声系》,中华书局,1998年,437页。

三十里，其后以国为氏。"①宋·章定《名贤氏族言行类稿》曰："周文王第十七子酆侯之后，以国为姓。《左传》酆舒有二隽才。"②

&（《集成》08562）　《集成》01713有"舟册妇"，《集成》03445、03446有"舟虞"，《集成》05296有"尹舟"，《集成》09097有"舟鬻煇"，《近出》③0489《史密簋》铭："王令师俗、史密曰：'東征，敆南夷、盧、虎，會杞夷、舟夷。'"舟与杞等方国并称，舟应是方国名。《合集》4924"貞：勿令舟比母娴？"《合集》4928"貞：舟齔不其受？"《合集》5684"貞：勿呼伐舟，惟允用？"《合集》7415正"……卯卜，宁貞：舟称册商？若十一月。"《合集》21659"御舟婦？"《怀》1456"……王其省舟……"舟，国名、族长名、族氏名。

&（《集成》01205）　《集成》00571有"□戈母"。在甲骨卜辞中，《合集》33208、《屯》3706辞有"&""&"与"&"互见。《合集》33208"甲子卜，王從東戈&侯&？乙丑卜，王從南戈&侯&？丙寅卜，王從西戈&侯&？丁卯卜，王從北戈&侯&？"《屯》3706"戈弗&夷？"从字形及文例上看，"&""&"非同字。《殷墟甲骨刻辞类纂》"&"与"&"等形分列于不同形体之下，但，"&&&"形下所收前二条卜辞仍释为"戈"字④。殷周金文族徽中亦有"&"（《集成》04704）、"&"（《集成》10489）二字形，旧多释为一字"戈"⑤，实应释为二字。甲骨卜辞亦记载有"戈"方国族氏，如：《合集》14915"戊戌卜，争貞：叀王族令戈？"《屯》991"戊申卜，翌庚戌，令戈歸？"上述卜辞"戈"作族长名或国族名，"戈"是商王朝的方国之一。《合集》8406"……古貞：……于戈？"此辞"戈"是地名或国族名，时代在商王武丁时期。"戈"地在文献中亦有记载，是帝羿有穷氏所封之国。商时"戈"地已不是有穷氏之封邑了，但商晚期之"戈"地封国仍作"戈"，或称"戈方"。《合集》8397"貞：叀黃令戈方？二月。"甲骨卜辞中，对"戈"或"戈方"之人可称为"戈人"。《合集》775正"貞：王&戈人？二告。/貞：王弗&戈人？"《合集》8398正"己丑卜，宁貞：翌庚寅令入戈人？""戈人"，是对"戈"方国族氏之人的统称，此种称谓更加确定了"戈"在殷商甲骨卜辞中是方国族氏名。朱凤瀚认为："戈人"之称"可证戈是氏名，应即殷代金文中所见戈氏。"⑥马飞海《中国历代货币大系》446周空首布有一"戈"字⑦。何琳仪《战国文字声系》谓："周空首布

---

① 宋·郑樵：《通志·氏族略·以国为氏》，钦定四库全书荟要本，卷二十六，13页。
② 宋·章定：《名贤氏族言行类稿》，钦定四库全书本，卷二，18页。
③ 刘雨、卢岩亚：《近出殷周金文集录》四册，中华书局，2002年，简称《近出》。
④ 姚孝遂等：《殷墟甲骨刻辞类纂》，中华书局，1989年，911页。
⑤ 《集成》《集文》《高家堡戈国墓地》（三秦出版社，1995年）等均释为"戈"；姚孝遂等《殷墟甲骨刻辞类纂》（中华书局，1989年，911页）释"&"为"&"或"戈"。
⑥ 朱凤瀚：《商周家族形态研究》，天津古籍出版社，1990年。
⑦ 马飞海：《中国历代货币大系》，上海教育出版社，2004年。

戈，古国名。《左·哀元》'遂灭过、戈。'在今河南中部。"①"戈"方国族氏始封于夏，姒姓，少康灭之，其后以国为氏，商周时期之"戈"地地望在今商丘与新郑之间②。

🐅（《集成》01629）　《集成》00575有"姜虎"、《集成》04587有"姜仲虎"、《集成》11265有"虎姒丘君"、《集成》02751 02752有"虎方"、《近出》0489（图一）有"廬虎"等。殷商甲骨卜辞中亦有虎和虎方的记载，《合集》20463反"己巳卜，王𡆥囚？/乙亥卜，贞：令虎追方？一二。"《合集》21327"壬子卜，令虎𧈢，今夕亡囚？一二。"《合集》14149正"戊申卜，㱿贞：其屮虎？/（戊）申卜，㱿贞：亡其虎？"等。"虎"在句中为族长名、国族名，为宾、自组王卜辞，时代为武丁前后，与虎同出的人有"王""㱿""争""扶""𧗞""我"等，"虎"曾追"方"、征"伐"某地并卜问"帝"祭于"𧈢"等。可见，在武丁前后，"虎"与商王的关系应是相当密切的。《合集》06667"……贞：令望乘眔𤉲途虎方？十一月。/……𤉲其途虎方告于大甲？十一月。/……𤉲其途虎方告于丁？十一月。/……𤉲其途虎方告于祖乙？十一月。"《合集》09273反甲桥刻辞"虎入百"。"虎"在句子中为国族名，时代在武丁时期，李学勤认为："虎方应近于汉水流域"③。西周康王时期的《宜侯夨簋》（《集成》04320）有："遷侯于宜。"④可知虎曾迁"宜"地。昭王时期的《中方鼎》（《集成》02751、02752）有："隹（唯）王令南宫伐反虎方之年"，说明此年，虎方曾反周，周王伐之。穆王卅年的《虎簋盖》（《近出》0491）和恭王元年的《元年师虎簋》（《集成》03416）均有："册令（命）虎。"恭懿时期的《史密簋》（《近出》0489，如下图）记载虎随王师伐东国，曰："王令（命）师俗、史密（密）曰：'東征。敆（敌）南尸（夷）：膚（盧）、虎；會杞尸（夷）、舟尸（夷）。藋（觀），不斨（折），廣伐東或（國）。'"此时的"虎"方国被周王称为"南尸（夷）"。西周时期"虎方的位置大体是西起今寿县安丰，北至淮河南舜耕山南侧，东至今合肥市肥东县境，南至今合肥市肥西县境之防虎山北"的江淮流域——淮水南，此虎方就是《左传·哀公四年》文献记载的夷虎，概即西周时期的虎

---

① 何琳仪：《战国文字声系》，中华书局，1998年。
② 王长丰：《殷周"戈"族铜器整理与"戈"族地望研究》，《中国国家博物馆馆刊》2011年第2期，总第91期，69~73页。
③ 李学勤：《殷代地理简论》，科学出版社，1959年，99页。
④ 江苏省文物管理委员会：《江苏丹徒县烟墩山出土的古代青铜器》，《文物参考资料》1955年第5期，58~62页；《江苏丹徒县烟墩山西周墓及附近葬坑出土的小器物补充材料》，《文物参考资料》1956年第1期，45~46页。

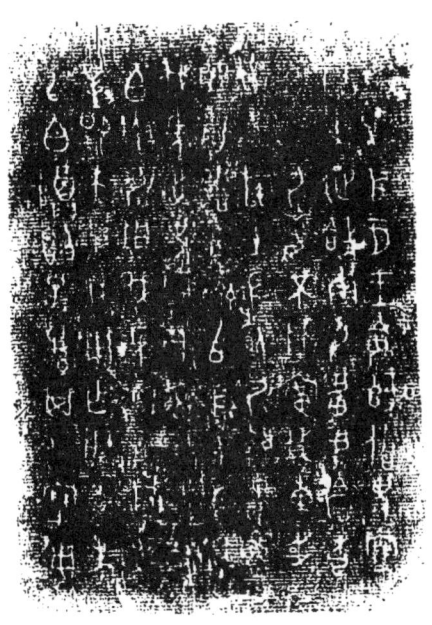

图一 《近出》0489

方[①]，虎方以国为氏[②]。

👤（《集成》07478） "登"，金文、甲骨文作"聋"，为邑名作"鄧"。《集成》04011-04013有"登孟媿"，《近出》0457、0458有"登公"，《集成》03590、03581有"登公牧"。《合集》205有"登获羌？"《合集》376有"贞：呼登飨人人？"《合集》695有"登射三百？"《合集》6093有"癸巳卜，㱿贞：登人……。"《合集》7384有"贞：呼登見䓬？"《合集》9575有"庚寅卜，爭贞：令登暨巍祈呈卫有擒？""登"，族长名、国名、族（氏）名。《包山楚简》[③]15、26、27、38、66、85等有"登某"，"登"为姓（氏）。《包山楚简》140有"登人"，读"邓"，地名。宋·王应麟《姓氏急就篇》注曰："应侯、嘉侯、霸侯、辅侯、文侯、登侯、芭侯、汶侯。"[④]登，读"邓"，古国名。本姓曼，其后称邓氏。唐·林宝《元和姓

---

① 王长丰：《殷周金文族徽研究》，上海古籍出版社，2015年，326页。丁山：《甲骨文所见氏族及其制度·殷商氏族方国志·虎氏 虎方》，中华书局，1988年，149～151页。日本·岛邦南：《殷墟卜辞研究》，日本弘前大学，1958年，414页。郭沫若：《殷周金文大系图录考释·中齋其二》，科学出版社，1958年。谭其骧：《中国历史地图集》（第1册），中国地图出版社，1982年，17、18页。王长丰：《〈静方鼎〉的时代、铭文书写者及其相关联的地理、历史》，《华夏考古》2006年第1期，56～61、72页。

② 王长丰：《"虎"族器整理与研究》，《古文字学论稿》，安徽大学出版社，2008年，278～299页。

③ 湖北省荆沙铁路考古队：《包山楚墓》，文物出版社，1991年。

④ 宋·王应麟：《姓氏急就篇》，钦定四库全书本，上卷，6页。

纂》："邓，曼姓，殷时侯国也。春秋时，邓侯吾离朝。鲁后为楚文王所灭，子孙以国为氏。郑有邓祁。"①

吕（《集成》05318） 《集成》09630有"吕王"、《集成》04341有"吕伯"、《集成》00636有"吕䧹姬"、《集成》03348有"吕姜"、《集成》09610有"吕季姜"、《集成》09611有"吕季姜"。《合集》6567有"丁亥卜，亘貞：呼取吕？上勿呼取吕？王占曰吉，其取？"《包山楚简》75有"邵奇"、82有"邵取"、108有"邵壽君"等。汉·许慎《说文解字》："昔太岳为禹心吕之臣，故封吕侯。"②《元和姓纂》吕下曰："炎帝姜姓之后，虞夏之际封吕，今南阳宛县西吕亭是也。至周失国，子孙氏焉。"③吕，文献又作甫。宋·郑樵《通志·氏族略》吕氏："或言宣王时改吕为甫，然，吕、甫声相近，未必改也，故又有甫氏出焉。"④《通志》又云："吕氏有五，姜姓之后，以国为氏。又晋有吕氏，出于魏氏。又有叱邱氏、副吕氏、叱吕氏，并改为吕。"⑤

（2）以邑为氏。䋌（《集成》01538） 《䋌父乙鼎》（《集成》01538）、《䋌爵》（《集成》07369）铭文有"䋌"字族徽。《合集》4488有"癸酉卜，王䋌丏告。"《合集》4489有"丙寅卜，令䋌比元……。"《合集》20332有"……于立典䋌丙……。"《合集》27887有"𠦪䋌。"《合集》27888有"𠦪䋌令。""䋌"字形甲骨、金文对照如下：

"䋌（令糸）"— "䋌"（《合集》13902）— "䋌"（《集成》07369）
　　　　└"䋌"（《合集》20332）---"䋌"（《集成》01538）

王长丰《"令支"方国族氏考》考证"䋌"就是"令支"的合文⑥。"糸"，属支部字，糸与支同部可通。令支，典籍或作"不令支""泠支"等。《逸周书·王会》作"不令支"，《注》曰："不令支皆东北夷。"⑦《管子·小匡》作"泠支"，曰："北伐山戎，制泠支，斩孤竹，而九夷始聽"；又《轻重戊》作"離枝"⑧。《吕氏春

---

① 唐·林宝：《元和姓纂》，钦定四库全书本，卷九，28页。
② 汉·许慎：《说文解字》，钦定四库全书荟要本，卷七下，9页。
③ 唐·林宝：《元和姓纂》，钦定四库全书本，卷六，24页。
④ 宋·郑樵：《通志·氏族略》，钦定四库全书荟要本，卷二十六，30页。
⑤ 宋·郑樵：《通志·氏族略》，钦定四库全书荟要本，卷三十，4页。
⑥ 王长丰：《"令支"方国族氏考》，《东南文化》2007年第2期，69~72页。
⑦ 晋·孔晁注：《逸周书》，钦定四库全书本，卷七，9页。
⑧ 唐·房玄龄注：《管子》，钦定四库全书荟要本，卷八，18、19页；卷二十四，25、26页。

秋·有始》作"令疵"①,《史记·齐太公世家》作"離枝"②,《路史·国名纪》作"零支"③等。花东甲骨148b有"⿰𤴓令"亦作"命"亦作"令即"④,即此"令支"。《管子》记有令支,曰:"代之所以弱于离枝者,以无金钱也。"⑤宋·罗泌《路史》曰:"成汤之初析之离支是为孤竹"⑥。明·陈士元《论语类考》亦曰:"成汤之初析封离支是为孤竹。"⑦大抵可信。令支为古代九塞之一。《吕氏春秋·有始》:"何谓九塞?大汾、冥阨、荆阮、方城、殽、井陉、令疵、句注、居庸";注:"令疵处则未闻。句注:在鴈门居庸,在上谷沮阳之东,通军都关也。"⑧《路史》曰:"成汤之初析之离支是为孤竹。"注云:"离支、即零支,元年三月丙寅封"⑨。关于令支的地望古籍多有记载:《国语·齐语》载:"遂北伐山戎,刜令支、斩孤竹而南归";韦昭《注》:"二国,山戎之与也。刜,击也;斩,伐也。令支,今圉县属辽西孤竹之城存焉。"⑩此载亦说明战国时期令支尚存。汉·班固《前汉书》有:"令支";唐·颜师古《注》曰:"有孤竹城。莽曰:令氏亭。应劭曰:故伯夷国,今有孤竹城。令音铃。孟康曰:支音祇。师古曰:令又音郎定反。"⑪南朝宋·范晔《后汉书》:"令支有孤竹城";《注》曰:"伯夷、叔齐本国。"⑫清·秦蕙田《五礼通考》:"前汉辽西郡令支县有孤竹城。《括地志》:孤竹古城,卢龙县南十二里。"⑬"令支"国大抵始封于殷商,为伯夷、叔齐封国,今河北省迁安县西有令支县故城⑭。

⿰鱼令《集成》05635 《集成》02526、10118有"虢妃鱼母"。《集成》04169铭:"唯王伐逨、魚,征伐淖、黑,至。燎于宗周,赐……。"杨树达《积微居金文说》认为"逨魚"为一词,"淖黑"为两名词⑮。唐兰《西周青铜器铭文分代史徵》均

---

① 秦·吕不韦撰、汉·高诱注:《吕氏春秋》,乾隆五十三年(灵岩山馆藏版)刊本,卷十三,2页。
② 汉·司马迁撰:《史记·齐太公世家》,中华书局,1959年,1491页。
③ 宋·罗泌撰:《路史》,钦定四库全书本,卷二十九,50页。
④ 朱歧祥:《朱歧祥学术文存》,艺文印书馆,2012年,367页。
⑤ 旧题管子 唐·房玄龄注:《管子》,钦定四库全书荟要本,卷二十四,25页。
⑥ 宋·罗泌撰:《路史》,钦定四库全书本,卷十三,17页。
⑦ 明·陈士元撰:《论语类考》,钦定四库全书本,卷七,30页。
⑧ 秦·吕不韦撰、汉·高诱注:《吕氏春秋》,乾隆五十三年(灵岩山馆藏版)刊本,卷十三,2页。
⑨ 宋·罗泌撰:《路史》,钦定四库全书本,卷十三,18页。
⑩ 吴·韦昭注:《国语》,钦定四库全书荟要(乾隆御览)本,卷六,14页。
⑪ 汉·班固撰、唐·颜师古注:《前汉书》,钦定四库全书荟要本,卷二十八下,12页。
⑫ 南朝宋·范晔撰、梁·刘昭补注:《后汉书》,钦定四库全书荟要本,卷三十三,18页。
⑬ 清·秦蕙田撰:《五礼通考》,钦定四库全书本,卷二百十,49页。
⑭ 王长丰:《殷周金文族徽研究》,上海古籍出版社,2015年,265页。
⑮ 杨树达:《积微居金文说》,科学出版社,1959年版,112、113页。

认为："逨魚、淖（唐释为'朝'）黑均地名，或是氏族国家？"①"逨、魚"是两方国名。于省吾《甲骨文字诂林》2373𢒪字下按："字从'彳'、从'𩵋'，'𩵋'当是'来'之异构。《合集》37517辞云：'……卜，在𣏩……田𩵋……亡𩵋为地名。"②《小屯》1054（H24：355）"乙亥貞：魚亡囚？"并在此片释文下注曰："魚：在卜辞中大多为人名，亦有作地名者，如《甲》2824'□卯卜，何□：自魚□受年？'在此片卜辞中为人名。"《合集》21693"……卜，𠂤貞：启魚人？"《合集》27890"惟小臣妥𠂤不乍自魚？兹用。"《合集》29700"壬子卜，其束司魚？兹用。"《小屯》637"庚寅卜，翌日辛，王兑省魚不遘雨？吉。"《小屯》1054"乙亥貞：魚亡囚？"魚，族长名、地名。金文"魚"字族徽较多如：《集成》00441、01125、01126、01686等。中国社会科学院考古研究所安阳工作队《安阳殷墟西区一七一三号墓的发掘》谓："该墓中出土的五件铜器上有铭文，每件铜器铭文中皆有'亞魚'或'帚魚'二字，这应是墓主人生前的称谓。'魚'为墓主人之族名，亦即氏族的徽号，'帚'可能是墓主人生前担任的职务，'亞'可能是墓主人生前的贵族爵称。"③

我们考证"亞［魚］"为五世而迁，另立新宗者④。罗福颐《古玺汇编》2727有燕玺"魚□"⑤。何琳仪《战国文字声系》谓此玺"魚"为姓氏⑥。

𦮼（《集成》08635） 《集成》11294有"枼工"、《集成》11342有"枼"。《合集》14018"丙午卜，亘貞：妇枼娩嘉？四月。"《合集》21805"辛丑，子卜，其御母枼？"说明"枼"为族氏。《合集》19956"癸酉卜，𠂤于枼次？"《英国》1777"辛巳卜，弜自宋𠂤值枼？若。"《小屯》2691"辛亥卜，𠦪才（在）枼？"《怀》5956"……夕癸于枼東？"《合集》41511"甲申貞：王于□□步枼？"《合集》24136"乙酉卜王，枼令。三 弜枼令？三。""枼（葉）"为地名、族长名。王蕴智《"枼"字谱系考》曰："晚商至西周时期的葉地，可能仅保持为一般的地方族邑聚落形态。"⑦《云梦睡虎地秦墓·日书》图版1075简："母枼見之爲姓"；图版1067简："母枼外死爲姓"⑧。《春秋左传注·昭公十八年》载："葉在楚国，方城外之蔽也。"《成公十五年》："冬十有一月，叔孙侨如会晋士燮、齐高无咎、宋

---

① 唐兰：《西周青铜器铭文分代史徵》，中华书局，1986年，342、343页。
② 于省吾：《甲骨文字诂林》，中华书局，1996年，2303页。
③ 中国社会科学院考古研究所安阳工作队：《安阳殷墟西区一七一三号墓的发掘》，《考古》1986年第8期，708页。
④ 王长丰：《殷周金文族徽研究》，上海古籍出版社，2015年，175～212页。
⑤ 罗福颐：《古玺汇编》，中华书局，1994年。
⑥ 何琳仪：《战国文字声系》，中华书局，1998年，501页。
⑦ 王蕴智：《"枼"字谱系考》，《字学论集》，河南美术出版社，2004年，227～242页。
⑧ 云梦睡虎地秦墓编写组：《云梦睡虎地秦墓·日书》，文物出版社，1981年。

华元、卫孙林父、郑公子鰌、邾人会吴于钟离。许迁于叶。"又曰："许灵公畏逼于郑，请迁于楚。辛丑，楚公子申迁许于叶。"《哀公十六年》："沈诸梁兼二事，国宁，乃使宁为令尹，使宽为司马，而老于叶。"①《战国纵横家书》（158）："秦有葉、昆阳，与舞阳邻。"②汉·司马迁《史记·魏世家》亦曰："秦葉阳、昆阳与舞阳邻。"③魏·郦道元《水经注·汝水注》云："醴水双屈而东南流，迳叶县故城北。"④今在河南平顶山叶县城南14千米澧河南岸。

☗（《集成》07401）　目前所见，"竝"族徽有10器，有明确出土地的有2器。《合集》24412"……祝贞：二示祟王遣竝？十月。"《合集》33065"丁巳卜，贞：王令竝伐商？"此"竝"应该为族长名。《合集》4387"……吉，王永于竝？"《合集》9247"竝入十？"《屯》4054"丁巳卜，贞：王車丁巳令☗伐竝？"《花东》53"戊卜，曹匕庚，在竝？一。"此类"竝"应为国邑名。《英》1948"癸（子）巳卜，祝贞：二示祟王遣竝？二告。/癸（子）巳卜，祝贞：丁辛吉，永于竝？/癸（子）巳卜，祝贞：竝来归隹出示？"此版为同版、同日、同人贞卜之辞，"竝"在不同的卜辞里或为族长名、族氏名或地名。目前所见"竝"族徽器均属商代器物，西周时期不见。关于"竝"族徽，丁山则谓："虽不尽武丁时代所制，谓皆商代竝氏之徽识，则无疑也。"⑤周原卜辞H11：6"咎曰：竝☗克事？"⑥"克"，《尔雅注疏》《疏》曰："克，亦胜也"⑦。西周早期金文《朕簋》（《集成》04131）载"越鼎克昏"，"克"即是战胜之意。疑此即是记载"竝"方国灭于西周的刻辞。东周时期"竝"地地望，我们可以从以下线索进行探讨。《侯马盟书》156.3盟书"竝"字，作"☗"形⑧，为族氏名或人名。《包山楚简》153简曰："□□之田，南與郲君佢疆，東與陵君佢疆，北與鄝易佢疆，西與鄱君佢疆。其邑：笑一邑，郲一邑，竝一邑，郜一邑，夵為一邑，鄆一邑，凡之六邑。"⑨这为我们研究"竝"地地望提供了十分重要的线索。此简与《春秋左传注·隐公十一年》所载"王取邬、刘、蔿、邘之田于郑，而与郑人苏忿生之田温、原、絺、樊、隰郕、攢茅、向、盟、州、陉、隤、怀"⑩同文例

---

① 杨伯峻：《春秋左传注》，中华书局，1990年，872、1400、1704页。
② 马王堆汉墓帛书整理小组：《马王堆汉墓帛书·战国纵横家书》（三），文物出版社，1978年。
③ 汉·司马迁：《史记·魏世家》，中华书局，1959年，1858页。
④ 魏·郦道元：《水经注·汝水注》，钦定四库全书荟要本，卷二十一，12页。
⑤ 丁山：《甲骨文所见氏族及其制度·殷商氏族方国志》，科学出版社，1956年，114、115页。
⑥ 徐锡台：《周原甲骨文综述》，三秦出版社，1991年，18页。
⑦ 晋·郭璞撰、唐·陆德明音义、宋·邢昺疏：《尔雅注疏》，钦定四库全书荟要本，卷一，17页。
⑧ 山西省文物工作委员会：《侯马盟书》，文物出版社，1976年，239页。
⑨ 湖北省荆沙铁路考古队：《包山楚简》，文物出版社，1991年，释文28页、图版70.153简。
⑩ 杨伯峻：《春秋左传注》，中华书局，1990，76~78页。

且均言某田，其后为邑名。故而，《包山楚简》153简两句话所记应为一事，竝邑在六邑之内，东、南、西、北四方范围俱全。陵，读为夌，以水得名。汉·班固《前汉书》载："凌，莽曰：生夌。应劭曰：凌水所出，南入淮。"①南朝宋·范晔《后汉书》又说："凌，故属泗水。"②，鄝地名，或作"蓼"。杨伯峻《春秋左传注·文公五年》："楚公子燮灭蓼"；注曰：此蓼国"与《桓》十一年《传》之蓼同名而异国。……今河南省固始县东北有蓼城岗，盖即古蓼国"③。此说甚是。何琳仪《战国文字声系》亦从此说④。鄱，读若瀋，即沈字，沈君的铜器曾在河南南部信阳地区屡有发现，沈在今河南固始县附近⑤。郯地地望古籍不载。但我们通过南至郯，东至陵，北至鄝，西至鄱，可以大致判断"竝"的位置，而鄝、鄱二地皆在固始境，这样我们可将"竝"地地望划定在下述范围内：北在今河南固始县东北，东至凌水，西至今信阳、固始间，其南境之郯地不确⑥。

（3）以爵为氏。𫊸（《集成》10793）《华夏考古》1992年3期95页有"侯氏"、《集成》03781、03782有"侯氏"，《集成》09657有"侯母"。《怀》1650"丁亥卜，叀侯……婦……"；《小屯》771"癸未卜，侯射？"《侯》⑦200：25"侯□敢不……"，"侯"为姓氏。1986年河南平顶山市薛庄乡滍阳镇西周墓葬（M95.21）出土一鬲铭"侯氏"⑧。宋·郑樵《通志》："缗之子孙适他国，称侯氏，以爵为氏也。或云：夏后氏之裔封于侯，无义未闻有国号侯者也。"⑨

（4）以官为氏。𠂉（《集成》05630）《集成》02827、09728、09731及《盛世吉金》66页均有"尹氏"。《合集》5551"壬午卜，𠂤貞尹其㞢𡆥？"《合集》9472正"令尹乍大田？勿令尹乍大田？""尹"为官名或人名。《包山楚墓》67有"大𠂉尹頵（夏）句浩受期。"⑩"尹"为姓氏。明·凌迪知《万姓统谱》有："少昊之子封尹城，又师尹以官为氏，又望出河间。"⑪元·阴劲弦、阴复春《韵府群玉》："少昊子

---

① 汉·班固撰、唐·颜师古注：《前汉书》，钦定四库全书本，卷二十八下，22页。
② 南朝宋·范晔撰、梁·刘昭补并注：《后汉书》，钦定四库全书荟要本，卷三十一，10页。
③ 杨伯峻：《春秋左传注》，中华书局，1990，540页。
④ 何琳仪：《战国文字声系》上，北京，中华书局1998版，239页。
⑤ 李学勤：《论汉江间的春秋青铜器》，《文物》1980年第1期，54~58页。
⑥ 王长丰：《殷周金文族徽研究》，上海古籍出版社，2015年，295~302页。
⑦ 梁思永未完稿、高去寻辑补：《侯家庄》第五本，1004号大墓，1970年。
⑧ 郝本性：《试论郑州出土商代人头骨饮器》，《华夏考古》1992年第3期，95页。
⑨ 宋·郑樵：《通志》，钦定四库全书本，卷二十八，36页。
⑩ 湖北省荆沙铁路考古队：《包山楚墓》，文物出版社，1991年。
⑪ 明·凌迪知：《万姓统谱》，钦定四库全书本，卷八十，6页。

封尹城因氏，又因师尹之官为姓（氏）。"①

四、殷周金文盟姻族徽的内涵

在我国古代社会，"赗赠"助葬之制由来已久，商周时期亦已形成助葬之制。《荀子》曰："货财曰赙，舆马曰赗，衣服曰襚，玩好曰赠，玉贝曰含。赙赗，所以佐生也。赠襚，所以送死也。"②"这种赗赠助葬制度使得当时不同的助葬人所助葬的器物所表现的族属不同，这种不同即是导致我们所见的殷周墓葬中可能同时出土不同族属的铜器铭文——族徽的根源。"③我们发现在能确定墓主且有族徽铭文出土的商周时期家族墓地所出的同墓异属族徽铭文是我们研究盟姻族徽最具代表性研究对象。

（一）盟姻族徽

（1）河南罗山天湖商周墓地出土有铭青铜器40件，其中，有"息"字铭文者26件，分别出土于M28、M6、M8、M9、M44、M11、M5、M43等墓葬，M27、M15、M23为女性墓葬。墓葬中出土与"息"缀联的盟姻族徽如"辛息""乙息""息己""息母""尊息""息史""庚息""息乙""息斤"等，非"息"族徽有"家戠""贮""亞雔""狀""文丁""尹""戈""涉""天"等。报告认为："不同的族徽只能反映息族与他族联姻的关系"④，"息"缀联的盟姻族徽应该是"息"族成员与他族联姻合铸铜器铭文形式。非"息"族属的族徽铭文出现在"息"国墓地的墓葬中，按西周葬制承袭"殷人用祭器"⑤礼制——"赗赠"助葬之制的原则，"息"国之君或其贵胄死后，其生前的"同轨""同盟""同位""外姻"⑥等即来"赗赠"助葬。这些非"息"族属的族徽铭文即应属于"赗赠"助葬所至⑦。从墓葬出土陪葬制式来看，除M8被盗外，其他如M28、M6、M9、M44、M11、M5、M43

---

① 元·阴劲弦、阴复春：《韵府群玉》，钦定四库全书本，卷十，57页。
② 唐·杨倞注：《荀子》，钦定四库全书荟要本，卷十九，5页。
③ 王长丰：《殷周金文族徽研究》，上海古籍出版社，2015年，35页。
④ 河南省信阳地区文管会、河南省罗山县文化馆（欧潭生）：《罗山天湖商周墓地》，《考古学报》1986年第2期，153~197页。
⑤ 清·阮元校刻：《十三经注疏》（世界书局本），中华书局，1980年，1290页。
⑥ 清·阮元校刻：《十三经注疏·春秋左传正义》（世界书局本），中华书局，1980年，1717页。
⑦ 王长丰：《殷周金文族徽研究》，上海古籍出版社，2015年，55页。

均为按礼制陪葬礼器，且均为大中型墓。同一时期其他墓葬如殷墟西区M613出土有"䵼"（集成07364）族徽1器、"戈䵼"（集成09950）族徽1器①；薛家庄M3出土有"象"（集成06667、近出771）族徽2器、"敆象"（近出220）族徽1器②；藁城前西关出土有"守"（集成01096、集成07437）族徽2器、"心守"（集成09488）族徽1器③；郭家庄M160出土有"亞［址］""亞［橐止］""亞［橐止］中"④等统计如表一。这些墓葬族徽铜器的组合出土均说明：殷墟西区M613中的"䵼"与"戈䵼"、薛家庄M3中的"象"与"敆象"、藁城前西关中的"守"与"心守"、郭家庄M160中的"亞［址］"与"亞［橐止］"和"亞［橐止］中"之间应该是"同轨""同盟""同位""外姻"⑤关系。"䵼""象""守""亞［址］"等族徽为基本族徽，"戈䵼""敆象""心守""亞［橐止］""亞［橐址］""亞［橐止］中"等族徽为盟姻族徽（表一）。另有学者通过对商周家族墓地所见"复合"族徽铜器墓葬的葬制与葬俗、种类与组合关系的研究，也得出了盟姻族徽是"同族分化或不同族氏联姻的反映"⑥，"是族氏分化关系、族氏联姻或联盟关系的表示"⑦。这样看来，盟姻族徽就是由基本族徽家族通过"同轨""同盟""同位""外姻"等途径形成的"结盟"或"外姻"等关系的血亲组织⑧。在"盟姻族徽"中，一种常见的形式如："某族徽+某族徽"⑨，也就是我们说的"AB、AC、ABC"型。

---

① 中国社会科学院考古研究所安阳工作队：《1969～1977年殷墟西区墓葬发掘报告》，《考古学报》1979年第1期，27～146页。
② 中国社会科学院考古研究所安阳工作队：《安阳薛家庄东南殷墓发掘简报》，《考古》1986年第12期，1067～1072页。
③ 石家庄地区文化局文物普查组：《河北省石家庄地区的考古新发现》，《文物资料丛刊》，1977年，149～162页。
④ 中国社会科学院考古研究所：《安阳殷墟郭家庄商代墓葬》，中国大百科全书出版社，1998年，70～126页。
⑤ 清·阮元校刻：《十三经注疏·春秋左传正义》（世界书局本），中华书局，1980年，1717页。
⑥ 雒有仓：《商周家族墓地所见复合族徽铜器墓葬的葬制与葬俗》，《考古与文物》2015年第2期，47～53页。
⑦ 雒有仓：《商周家族墓地所见复合族徽铜器的种类与组合》，《中国国家博物馆馆刊》2015年第5期，56～65页。
⑧ 王长丰：《殷周金文族徽研究》，上海古籍出版社，2015年，73页。
⑨ 王长丰：《殷周金文族徽研究》，上海古籍出版社，2015年，206页。

表一　殷墟郭家庄 M160 出土青铜器铭文[1]

器铭	器铭图例	出土序号
亞［䢔］		鼎：M160.134※[2]、M160.32、M160.62， 角：M160.143、M160.145、M160.146、M160.125、M160.141、M160.142、M160.144、M160.124、M160.151、M160.153， 觚：M160.166、M160.171、M160.170、M160.150、M160.133、M160.114、M160.116、M160.112、M160.113、M160.139， 觯：M160.126， 罍：M160.111、M160.173， 尊：M160.152、M160.118， 卣：M160.172， 罍：M160.140， 盘：M160.97， 盉：M160.74
亞［橐止］		鼎：M160.123※、M160.135、M160.33
亞［橐䢔］		鼎：M160.21 罍：M160.174※
亞［橐止］中		M160.41※

（2）在此类"盟姻族徽"中，还有如上列类型3中均含"冊"、4中均含"史"的盟姻族徽，我们曾统计过，"冊"类族徽占全部族徽总数的5.35%，"史"类族徽占全部族徽总数的0.92%，两者合计起来，占殷周金文族徽总数的6.27%。在殷周金文族徽中，"冊"与"史"类族徽出现的时间均是商代，单独仅"冊"一字族徽有15器，与"冊"字缀联的族徽有："敖冊"、臣辰敖冊、"丙木冊"等116种（其中，仅一"冊"字者1种），从职官性质上说，与"冊"相配的族徽都是以"作冊"为职官—以官为氏—的族属。"史"字族徽铭文有168器，与"史"缀联的族徽有："史

---

[1] 王长丰：《殷周金文族徽研究》，上海古籍出版社，2015年，200、201页。
[2] 带"※"号者为"图例"所举器铭铭文拓片。后同。

癸""史己""倗史""史犬""史""史次""史秦""史見""史冊""史旅"
"史農""史史""史豐""史午（ ）""史乙""史子""史子 ""亞［訇］
史"" （史）亞""矢史"等20种。1973年山东兖州磁山区李宫村东非墓葬出土"刻
（册）"族（氏）铜器两件，一件铭"刻册父癸"（《近出》0581），一件铭"刻父
癸"（《近出》0889）①，也可以说明此问题。另外，在族徽中有"史册"（《集成》
10875、图二）、"史史"（《集成》08193、图三）族徽②。所以，我们认为："册"
与"史"族在族源性质上应该是不同的，与"册"与"史"族徽缀联的"盟姻族徽"
应均属于"AB、AC、ABC"型。

图二 《集成》10875

图三 《集成》08193

（3）在此类"盟姻族徽"中，5是含"子"的盟姻族徽，其中，"子"类较多。
"子"类族徽中，仅一"子"字族徽据我们统计就有100器之多，与"子"缀联的如
"子保""北子"" 北子 ""北子 ""子步"等152种。在殷周金文族徽中，
这种两个或两个以上的族徽缀联形成新的缀联式的族徽，按惯例，"子"类族徽中亦
应有"子"与其他族徽缀联的"盟姻族徽"形式存在。可见"子"即是一个具体的方
国名、族氏名，它不可能都是指"爵称"等③。7是含"干支"的盟姻族徽，在其他与
"干支"缀联的盟姻族徽中，与天干"甲"族徽缀联的形式有8种，与天干"乙"族徽
缀联的形式有44种，与天干"丙"族徽缀联的形式有9种，与天干"丁"族徽缀联的
形式有34种，与天干"戊"族徽缀联的形式有13种，与天干"己"族徽缀联的形式有
37种，与天干"庚"族徽缀联的形式有16种，与天干"辛"族徽缀联的形式有30种，
与天干"壬"族徽缀联的形式有4种，与天干"癸"族徽缀联的形式有37种，再加十
天干本身，粗略统计232种之多，占全部殷周金文族徽总数的11.5%（以上数据为2006
年统计数据）。可见"天干族徽"是一个比较大的类型，我们在这里只能提供"天
干族徽"的缀联形式不一定就是对先祖的天干称谓，其中有一部分是缀联结构的族

---

① 郭克煜、孙华铎等：《索氏器的发现及其重要意义》，《文物》1990年第7期，36～38页。
② 王长丰：《殷周金文族徽研究》，上海古籍出版社，2015年，169～174页。
③ 王长丰：《殷周金文族徽研究》，上海古籍出版社，2015年，174、175页。

徽，即"盟姻族徽"。除十天干与其他族徽缀联的外，"子、丑、寅、卯、辰、巳、午、未、申、酉、戌、亥"中有部分地支与其他族徽铭文缀联，如"子"与其他族徽缀联者较多如上述，与"卯"缀联的如"黍辛卯羊""亞［卯］""隹卯"等，与"辰"缀联的如"臣辰敔""小臣辰敔""臣辰敔冊""辰寑出""戌箙辰吴""廏辰""衛［辰］"等，与"未"缀联的如"冊宁未""宁未口""未疋""又未""丫未""戉未"等，与"申"缀联的如"子申"等，与"酉"缀联的如"北酉""冊丁酉""瑁酉二""戈酉""宁［酉］""山酉""亞［保酉］""亞［酉］""酉肅""配""酉乙"等，与"戌"缀联的如"戌人正""戌宫無壽"等。"寅"单独有1类族徽而无缀联形式，"丑""巳""午""亥"等目前不见族徽形式。在这些地支与其他族徽缀联形成的缀联式族徽铭文中，我们不能排除它们中间有一部分是方国名、族氏名。这类缀联式族徽我们认为也是"盟姻族徽"[①]。

（二）"亞"型族徽

在此类族徽中，6是含"亞"的族徽类型。在殷周金文族徽中，仅一"亞"字族徽1种，"亞［亞］"族徽1种，与"亞"缀联的族徽有"亞［保酉］""亞丙""亞［共肄丙］"等315种，"亞"类族徽占全部族徽总数的14.62%，占相当大的比例，是最大的一个族徽类型[②]。此类族徽在形式上主要有以下几种类型（表二）：①仅一"亞"字形；②"亞"内再缀联一"亞"字形（仅1例）；③"亞"与另外一个或一个以上族徽缀联，"亞"字在其上部；④"亞"与另外一个或一个以上族徽缀联，"亞"字在其下部；⑤"亞"与另外一个或一个以上族徽缀联，"亞"字在其中部；⑥"亞"与另外一个或一个以上族徽缀联，"亞"字在其左部；⑦"亞"与另外一个或一个以上族徽缀联，"亞"字在其右部；⑧"亞"与另外一个或一个以上族徽缀联，它们均在"亞"字内部；⑨"亞"与另外一个或一个以上族徽缀联，"亞"字内部、外部均有；⑩以上缀联类型分别铸于盖、器（或戈之两面）的族徽铭文。在"亞"族徽内涵的认知上，有不少说法，各家说法不一，这里就不再赘述。我们通过整理目前所见全部此类族徽发现，"亞"族徽内涵远非前人所述。

---

① 王长丰：《殷周金文族徽研究》，上海古籍出版社，2015年，212～226页。王晖：《殷商十干氏族研究》，《中国史研究》2003年第3期，25～40页。

② 王长丰：《殷周金文族徽研究》，上海古籍出版社，2015年，176～179页。

表二 "亞"字类族徽铭文

类型	例图	类型	例图
1	01147　　08404	6	10845
2	01144　　05383	7	01740
3	07839　　08782	8	01413　　01741
4	00841　　00844	9	07181　　09234
5	01407　07822　08771	10	盖　　器06356 盖　器耳　器耳09794 盖　　器05011

（1）在殷周金文中，目前所见单独一"亞"字族徽铜器有32器。这一数字我们不应忽视，可见单独的一个"亞"应是族徽，符合我们判断族徽的标准条件①。《集成》08404有"亞父乙"、07290（图四）有"亞乍（作）父乙寶尊彝"、05287（图五）有"敔乍（作）父辛旅彝，亞"、09293（图六）有"旊乍（作）父乙寶尊彝，亞"等亦是明证。此类"亞"字族徽应该是"亞"族的徽记，属基本族徽类型。

图四　07290　　　　图五　05287　　　　图六　09293

---

① 王长丰：《殷周金文族徽研究》，上海古籍出版社，2015年，8~14页。

（2）单独一"亞"字族徽属基本族徽类型，"亞"族徽与其他族徽缀联的亦如"AB、AC、ABC"型，应是盟姻族徽，其内涵亦如前述。

（3）"亞"内再缀联一"亞"字形（仅1例），此类型与"亞［A］、亞［B］、亞［C］"类型一致，我们一起加以研究。在殷周金文中亦有以"亞"称谓先祖的，如恭王时期的《史墙盘》（《集成》10175）有"亞且（祖）且（祖）辛"，懿孝时期的《㝬钟》（《集成》00247、00248、00249、00250）有"高且（祖）、亞且（祖）"，宣王时期的《逨盘》（《考古与文物》2003年第3期图18）有"朕皇亞且（祖）"，西周晚期的《南宫乎钟》（《集成》00181）有"先且（祖）南公、亞且（祖）公仲/朕皇且（祖）南公、亞且（祖）公仲"等。《史墙盘》《㝬钟》等微史家族世系、《逨盘》所记家族世系如下：

帝己—且（祖）丁—父癸（青幽高祖）—微史烈且（祖）向（日丁）—通惠乙且（祖）商（父乙）—粦明亞且（祖）且（祖）辛旂（父辛）—蔼妻文考乙公豐（父乙）—皇考丁公牆（父丁）—㝬—微伯𤔲①

朕皇高且（祖）單公—朕皇高且（祖）公叔—朕皇高且（祖）新室中—朕皇高且（祖）惠中盠父—朕皇高且（祖）零白—朕皇亞且（祖）懿中—朕皇考龏叔—朕皇且（祖）考服②

《礼记·大传》曰："宗其继高祖者，五世则迁者也"③，汉·郑玄《礼记注疏》又补充说"小宗有四：或继高祖、或继曾祖、或继祖、或继祢，皆至五世则迁"④。由上可见：两家族均是继祖或高祖一系，五世之后均称"亞且（祖）"，"粦明亞且（祖）且（祖）辛旂（父辛）"和"朕皇亞且（祖）懿中"均是五世则迁另立宗室者。西周王室一系亦如此，五世则迁。《史记·周本纪》载：文王崩，武王立，"追尊古公为太王，公季为王季，从盖王瑞自太王兴"⑤。唐兰认为："把古公亶父追称为太王，所以周朝的宗庙从太王开始"，从太王至成王，乃五世之宗⑥，即：太王、

---

① 王长丰：《西周微氏家族青铜器群及其世系研究中的一个误区》，《文物研究》（第11辑），黄山书社，1998年，290~293页。王长丰：《商西周金文书法》，安徽教育出版社，2000年，271~275页。
② 王长丰：《殷周金文族徽研究》，上海古籍出版社，2015年，182页。
③ 清·阮元校刻：《十三经注疏·礼记正义》（世界书局本），中华书局，1980年，1508页。
④ 汉·郑玄注、唐·陆德明音义、孔颖达疏：《礼记注疏》，钦定四库全书荟要本，卷三十二，10页。
⑤ 汉·司马迁：《史记》，中华书局，1959年，119页。
⑥ 唐兰：《西周铜器断代中的"康宫"问题》，《考古学报》1962年第1期，15~48页。

王季、文王、武王、成王。康王另立新宗,至厉王为五世,我们从西周金文中可以补充与诸王对应的宫室如下:康王(康宫)、昭王(昭宫)、穆王(穆宫)、夷王(𢕌宫)、厉王(剌宫)①。五世迁宗后的新宗或亦是甲骨卜辞所称的"其乍亞宗"(《合集》30295)的"亞宗","五世而迁、另立新宗之新祖则称为'亞且(祖)'"②。《聑簋》③(《集成》03975)曰"王酓(飲)多亞","亞"字即指宗庙建筑场所。宋人王黼说"亞室者,庙室也"④。

安阳殷墟西区M1713⑤"亞[魚]"墓出土了一组5器商末青铜器铭文(表三),这些铭文均铸刻有墓主人称谓,但在称谓上比较特殊,这为我们研究"亞"字的内涵或有补益。墓中所出《亞[魚]鼎》(《近出》0339)、《帚(寢)魚爵》(《集成》09101)铭文分别为:

> 壬申,王易亞[魚]貝,用乍兄癸尊,在六月,隹(唯)王七祀翌日。
> 辛卯,王易帚(寢)魚貝,用乍父丁彝。(器铭) 亞[魚]。(盖铭)

发掘简报称:"'魚'为墓主人之族名,亦即氏族的徽号,'帚'可能是墓主人生前担任的职务。"⑥这是正确的。器主称"亞[魚]",又称"寢魚","寢"为"魚"的职官名,这已经为学界所认同。在殷周铜器铭文中,还有不少以"寢"为官的如《帚(寢)䁅鼎》(《集成》02710)、《帚(寢)秋簋》(《集成》03941)等。既然"寢"为"魚"的职官名,那么"亞"就不可能是"魚"的职官了,更不可能以"亞""职官"为氏的了。我们曾说明"亞为爵称"不可信⑦。这样看来"亞"为职官、爵称均不可从。前文已经论述"亞"表示宗庙,我们用这种解释就全通了。"亞[魚]"是"魚"族五世而迁,另立新宗的"魚"族后裔。由此,我们可以确信:"亞[A]、亞[B]、亞[C]"形式的殷周金文族徽的内涵即是"亞"内的

---

① 王长丰:《殷周金文族徽研究》,上海古籍出版社,2015年,185页。
② 王长丰:《殷周金文族徽研究》,上海古籍出版社,2015年,188页。
③ 旧称《邐簋》,何琳仪[《听簋小笺》,《古文字研究》(第25辑),中华书局,2004年,178~181页]释"䜩京"为"毫(就)","聑"即王襄(《簠室文字考释》,引自《甲骨文字诂林》,中华书局,1996年,657页)、于省吾(《甲骨文字释林》,中华书局,1979年,83~87页)所释从"耳"从"口",会意,为"聽"字初文。
④ 宋·王黼等撰:《宣和博古图》,泊如斋重修,明万历癸卯(1603年)本,卷一,18页。
⑤ 中国社会科学院考古研究所安阳工作队(杨锡璋、杨宝成):《安阳殷墟西区一七一三号墓的发掘》,《考古》1986年第8期,703~712、725页。
⑥ 中国社会科学院考古研究所安阳工作队(杨锡璋、杨宝成):《安阳殷墟西区一七一三号墓的发掘》,《考古》1986年第8期,703~712、725页。
⑦ 王长丰:《殷周金文族徽研究》,上海古籍出版社,2015年,196~199页。

某族在五世之后另立新宗，成为新的宗庙始祖者的称谓。这个"亞［某族徽］"族徽形式是相对于其先祖在世次上的称谓，表明已历五世，五世后人则更称其祖为"亞［某］"。西周晚期的《䕇鼎》①所记世系有"亞且（祖）師釜（隆）、亞且（祖）師寰、亞且（祖）師僕"，可见，后五世均可称"亞［某］"。

表三　"亞［魚］"墓出土青铜器铭文

器铭名	出土序号	器型	铭文拓片	著录
亞［魚］鼎	M1713.27			《铜全》2.59、《考古》1986.8.708图6.2、《近出》0339
寢魚簋	M1713.33			《考古》1986.8.708图6.1、《铜全》2.98、《近出》0454
亞［魚］父丁爵	M1713.43			《考古》1986.8.708图6.5、《集成》08888
亞［魚］父丁爵	M1713.44			《考古》1986.8.708图6.6、《集成》08889
寢魚爵	M1713.50			《考古》1986.8.708图6.3、4、《铜全》3.16、《集成》09101

通过上述论证，我们可以结论如下："亞［A］、亞［B］、亞［C］"是基本族徽"A、B、C"五世迁宗后的称谓，即"A、B、C"为前五世基本族徽，"亞［A］、亞［B］、亞［C］"为五世迁宗后的基本族徽。

（4）在上述分类中还有如"A亞［B］、亞［A］B、亞［B］C"和"亞［AB］、亞［AC］、亞［ABC］"等形式。我们知道"亞［A］、亞［B］、亞

---

① 王长丰：《殷周金文族徽研究》，上海古籍出版社，2015年，181页，图三。

［C］"是基本族徽"A、B、C"五世迁宗后的基本形式，其族氏的延续性上没有变化，只是在表述或书写形式上放入"亞"内加以区分罢了。可见，"A亞［B］、亞［A］B、亞［B］C"类盟姻族徽在实质上与"AB、AC、ABC"盟姻族徽形式是一样的。我们在《殷周金文族徽研究》列"亞［某族徽］+某族徽（亞［某族徽］）"和"某族徽+某族徽"[①]族徽形式，用简式表述就是"亞［A］+B（亞［C］）"形式（图七~图一○），这种形式族徽一般都是分铸于器物的盖、器或戈的两面，把它们拆分开来就好理解了。这类族徽也是盟姻族徽的一种形式。

图七　07784　　　　　　　　图八　04805

图九　11114　　　　　　　　图一○　《新收》261

（5）在盟姻族徽中有一种特殊族徽略辞形式（图一一~图一三）。在带"亞"字族徽中，亦有"亞"内作多个单独族徽并列者，且"亞"内每一单独族徽均见有其他形式存在。如：《亞［若癸］鼎》（《集成》02400、02401）等器。林沄在《对早期铜器铭文的几点看法》一文中亦例举了不少在铭文中出现的略辞之例[②]，对我们亦有很大帮助。

我们看看下列两组铭文不难发现他们是在"亞"内分别铸"受丁旐乙若癸自乙"和"覃日乙受日辛日甲共"，其形式如五世后盟姻族徽中的"亞［ABC］"。《合

图一一　02400　　　图一二　02401　　　图一三　07309

---

①　王长丰：《殷周金文族徽研究》，上海古籍出版社，2015年，206页。
②　林沄：《对早期铜器铭文的几点看法》，《古文字研究》（第5辑），中华书局，1981年，35~48页。又林沄：《林沄学术文集》，中国大百科全书出版社，1998年，60~68页。

集》28011 "壬午卜,贞:亞旃比受于方?"① 此辞为何组三B类卜辞②。按林沄说,"亞旃比受"之"亞旃"与"受"应是方国联盟③,"亞旃"与"受"在辞中均应是族长名或族氏名。《集成》02400等器铭文"亞［受丁旃乙若癸𠂤乙］"中,"亞"内有"旃""受",而"旃"亦有独立的族徽如《近出》0765等,"受"亦有独立的族徽,如《集成》00374、03030、03031、04737、04738、04958、06041、06602等,"旃""受"亦均应属方国(族氏)名。另外,《合集》7428辞曰"再册,王比上下若受,我又"。"上下若受",以前不得其意,今结合殷周金文族徽铭文"亞［受丁旃乙若癸𠂤乙］",知"若、受"是两个姻亲的方国联盟。这样,除28011辞所载之"亞旃"与"受"是方国联盟外,此一联盟还有"若""𠂤",四方国在一起组成一个较大的联盟,并铸此类器立盟④。《亞［覃］尊》(《集成》05911)等盟姻族徽亦是多族并铸立盟之器。

02400、02401、02402、03713、05937

05938、07308、07309、09886、09887
}:亞［受丁旃乙若癸𠂤乙］。

《总集》7987(拓本不全或伪):　受丁旃乙若癸𠂤乙。

《亞［覃］尊》(《集成》05911)铭文:　　　亞［覃 乙 日辛 甲共受］。
《亞［覃］尊》(《集成》05949)铭文:　　　亞［覃日乙受日辛日甲共］。
《亞［辛共覃乙］残铜片》(《集成》10476)铭文:　亞［辛共覃乙　　　］。

(6)我们在《殷周金文族徽研究》中,把上述论述总结如次⑤:①我们发现"亞"类族徽有如下规律,如:"其"→"亞［其］"→"亞［其］矣"→"亞［其侯］矣""亞［⿰其］""亞［⿰其］乙",另一种形式是"豕"→"亞［豕］"→"亞［豕］馬"→"亞［聿豕］"。这一规律我们可以概括为:某族徽

---

① 李学勤等(《殷墟甲骨分期研究》,上海古籍出版社,1996年)认为此辞是何组三B类卜辞。辞中"比"字,胡厚宣(《甲骨文合集释文》,中国社会科学出版社,1999年)、姚孝遂(《殷墟甲骨刻辞类纂》,中华书局,1989年)等均释为"从",今据林沄《甲骨文中的商代方国联盟》[《古文字研究》(第6辑),中华书局,1981年,67~92页。又林沄:《林沄学术文集》,中国大百科全书出版社,1998年,69~84页]所考,改"从"为"比"。

② 李学勤、彭裕商:《殷墟甲骨分期研究》,上海古籍出版社,1996年。

③ 林沄:《甲骨文中的商代方国联盟》,《古文字研究》(第6辑),中华书局,1981年,67~92页;又林沄:《林沄学术文集》,中国大百科全书出版社,1998年,69~84页。

④ 王长丰:《殷周金文族徽研究》,上海古籍出版社,2015年,211页。

⑤ 王长丰:《殷周金文族徽研究》,上海古籍出版社,2015年,212页。

→亞＋［某族徽］→（某族徽＋）亞＋［某族徽（＋某族徽）］（＋某族徽），或可以简略如：A、B、C→亞［A］、亞［B］、亞［C］→A亞［B］、亞［ABC］。②"亞"为爵称、"亞"是"一般低级服役者"等说不成立。③"多亞""亞旅""徒亞""寡亞""诸侯大亞"等"亞"亦是指宗庙建筑。④单独一"亞"字族徽就是以"亞"为族长名、方国名、地名的方国、族、氏。⑤"亞［某族徽］"族徽形式是相对于其先祖在世次上的称谓，表明已历五世，五世后人则更称其祖为"亞［某族徽］"。同时，"亞［某族徽］"亦为某族另立新宗的标志。⑥"亞［某族徽］+某族徽（亞［某族徽］）"等"盟姻族徽"是由于"同轨""同盟""同位""外姻"等原因形成的，是一种结盟、联姻等社会关系的族属同祭同祀的体现。"某族徽+某族徽"形式的"盟姻族徽"内涵亦同。⑦部分特殊"盟姻族徽"常有略辞出现，这类铭文为"同轨""同盟""同位""外姻"等原因而铸器立盟之辞。

五、结　　语

通过我们对上述殷周金文基本族徽内涵的研究，认识到基本族徽包含姓、氏等家族称谓，这些称谓是代表了以这些姓或氏为国（邑）名或族名称谓的国族姓氏。前述族徽分类中，族徽包括基本族徽和盟姻族徽两类，"亞［A］、亞［B］、亞［C］"类型是在商周宗法制度基础上，五世迁宗后的基本族徽。基本族徽就是单一方国（族、氏）使用的基本型的徽记形式，形式如"A、B、C"或"亞［A］、亞［B］、亞［C］"。盟姻族徽在形式上就是由基本族徽通过累加或缀联等形式形成的族徽类型。这些盟姻族徽本质上就是由国族姓氏之间的以"同轨""同盟""同位""外姻"等途径形成的"结盟"或"外姻"等关系的血亲组织，不同形式的"盟姻族徽"代表着不同的"盟姻组织"。

总体而言，我们发现全部殷周金文族徽按族徽家族类型，我们可以分为如下几类：

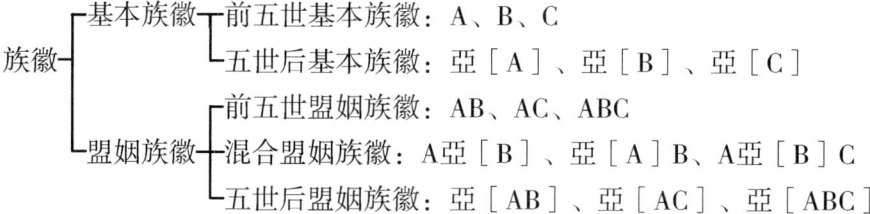

按族徽家族延续性，上述族徽排列可做如下调整：

```
          ┌基本族徽：A、B、C
   ┌前五世─┤
   │       └盟姻族徽：AB、AC、ABC
族徽┼─────混合盟姻族徽：A亞［B］、亞［A］B、A亞［B］C
   │       ┌基本族徽：亞［A］、亞［B］、亞［C］
   └五世后─┤
           └盟姻族徽：亞［AB］、亞［AC］、亞［ABC］
```

《孙子算经》"今有孕妇"题的解说

彭　浩

（荆州博物馆）

中国古算书《孙子算经》卷下最后一题是：

> 今有孕妇行年二十九，难九月，未知所生？答曰：生男。术曰：置四十九，加难月，减行年。所余，以天除一，地除二，人除三，四时除四，五行除五，六律除六，七星除七，八风除八，九州除九。其不尽者，奇则为男，耦则为女①。

该题是已知孕妇年龄和预产月份求所生子性别，是古算书中很少见到的问题。近年出版的著作，有指该题"编造得离奇"，"荒诞不经"②；也有同意清代阮元之说，指此题之"术"与"术数"有关，是"附会医家言"③。这些说法虽有若干合理之处，但皆缺乏具体、深入的分析。

要了解这道算题，需解决两个问题：一是算题的解法；二是它所反映的历史文化背景。算题的"术"，确与数术有关，但各家没有任何解说，也未指出"术"的由来和演算方法，我们试图给予说明。

在出土简牍的"日书"文献中，有可供参考的记载，如天水放马滩秦简"妇有壬（妊）"④：

> 妇有壬（妊）者而欲智（知）其男女，投日、辰、星而参（三）合之，奇者男殹，禺（偶）者女殹。因而参（三）之，即以所中钟数为卜，□乙

---

① 钱宝琮校点：《算经十书》，中华书局，1963年，322页。
② 李迪：《中国数学通史·上古到五代卷》，江苏教育出版社，1997年，227页。
③ 纪志刚：《孙子算经张邱建算经夏侯阳算经导读》，湖北教育出版社，1999年，105页。
④ 甘肃省文物考古研究所：《天水放马滩秦简》，中华书局，2009年，101页。"妇有壬者"，整理者释作"节有壬者"，今从晏昌贵释［参见氏著《天水放马滩秦简乙种〈日书〉分篇释文（稿）》，《简帛》第五辑，上海古籍出版社，2010年，39页］。

简文"投日、辰、星而参（三）合之"指古代的一种式占。简文又云"凡日者天殹，辰者地殹，星者游变殹"①。其中的"日"指天干甲、乙、丙……辛、壬、癸。"辰"指地支子、丑、寅……酉、戌、亥。"星"指二十八宿，即角、亢、氐、房、心、尾、箕、斗、牛、女、虚、危、室、壁、奎、娄、胃、昴、毕、觜、参、井、鬼、柳、星、张、翼、轸。周家台秦简有"二十八宿占"式图，二十八宿分别对应二十八个时称②。在放马滩秦简中，以日、辰、星数为占与以日、辰、时数为占并存，"两者的地位可能是相近甚至是一致的"。"游变"义即"变化"③。简文的日、辰、星（或"时"）各自对应一定的"数"。放马滩秦简记载④：

甲九，木；乙八，木；丙七，火；丁六，火；戊五，土；己九，土；庚八，金；〖辛七，金〗；壬五〈六〉，水；癸五，水。乙180壹-189壹

子九，水；丑八，金；寅七，火；卯六，木；辰五，水；巳四，金；午九，火；〖未八，木〗；申七，水；酉六，金；戌五，火；亥四，木。乙180贰-191贰

平旦九，徵，□；日出八，□□；蚤（早）食七，栩（羽），火；莫食六，角，火；东中五，土；日中五，宫，土；西中九，徵，土；夙市八，商，金；莫（暮）中七，羽，金；夕市六，角，水；日入五，□；昏时九，徵，□。乙179肆-189肆、乙191肆

安（晏）食，大辰（晨）八；蚤（早）食，□□七；人奠（定），中鸣六；夜半，後鸣五；日出，日失（昳）八；食时，市日七；過中，夕时六；日中，〖日〗入五；□□□□；安（晏）食，大晨八；夜半，後鸣五；莫（暮）食，前（？）鸣七。乙179伍-190伍

据上，日数是：甲、己9，乙、庚8，丙、辛7，丁、壬6，戊、癸5。辰数是：子、午9，丑、未8，寅、申7，卯、酉6，辰、戌5，巳、亥4。简文记载的时称有二十五

---

① 《天水放马滩秦简》，107页。此简整理者归入《志怪故事》，曹方向改归《日书》乙种，并改释部分文字（参见氏著《秦简〈志怪故事〉6号简刍议》，简帛网www.bsm.org.cn，2009年11月7日）。
② 湖北省荆州市周梁玉桥遗址博物馆：《关沮秦汉墓简牍》，中华书局，2001年，107页。
③ 程少轩：《放马滩简式占古佚书研究》，复旦大学博士学位论文，指导教师：裘锡圭教授，2011年，52、53、154页。
④ 孙占宇：《天水放马滩秦简集释》，甘肃文化出版社，2013年，190、191、194、195页。

个，据程少轩研究，实际应是二十八个，对应的数分别是9至5①。

再看"妇有壬（妊）者"的"投日、辰、星而参（三）合之"，就很容易明白，"三合之"是指投日、投辰、投星所得之数相加，如是奇数，则生男，如是偶数，则生女。该段简文后半的文字："因而参（三）之，即以所中钟数为卜"。"因而参（三）之"，指乘以三，疑指日、辰、星数各乘以三，可资参考的简文是："入舞投黄钟，投日、投辰、投时而三并之，中丽首者可以见卜。有初凶，复因而三之，……。"②"即以所中钟音数为卜"则指出了日、辰、时数与钟音数的对应关系。至于如何"投日、投辰、投时"，简文未给出具体的说法，或与式盘推演有关。这是推算生男生女的方法之一。

对照以上资料，可以大致明了《孙子算经》"今有孕妇""术曰：置四十九，加难月，减行年"的由来。"置四十九，加难月"很可能类似日、辰、时数的构成。由于该题未给出怀孕的确切时日，因此不可能直接得到日、辰、时和相应的"数"。我们推测，或以怀孕的年、月代替。按难月为九月推算，始孕当在前一年的十二月。依照"钟律式占"推出的放马滩秦简式图③，结合相关简文可知，难月之年岁首对应"亥""应钟"，"数"4；前一年的十二月对应"子""黄钟"，"数"9。两"数"合成49。这就是算题"置四十九"的由来。

"加难月"即加分娩之月九；"减行年"即减去孕妇的年龄二十九，得49+8-29=28。对余数28的处理方法，该题云："所余，以天除一，地除二，人除三，四时除四，五行除五，六律除六，七星除七。八风除八，九州除九。"简文的天一，地二，人三，四时四，五行五，六律六，七星七，八风八，九州九，见于《灵枢·九针论》记载④：

> 岐伯曰：九针者，天地之大数也，始于一而终于九，故曰：一以法天，二以法地，三以法人，四以法时，五以法音，六以法律，七以法星，八以法风，九以法野。

也见于《淮南子·墬形》的相关记载⑤：

> 天一、地二、人三……四主时……五主音……六主律……七主星……八主风。

---

① 参见程少轩：《放马滩简式占古佚书研究》，52~55、58页。
② 《天水放马滩秦简》，99页。
③ 参见程少轩：《放马滩简式占古佚书研究》，189页。
④ 河北医学院：《灵枢经校释》（下），人民卫生出版社，1982年，392页。
⑤ 刘文典：《淮南鸿烈集解·墬形训》，中华书局，1989年，143页。

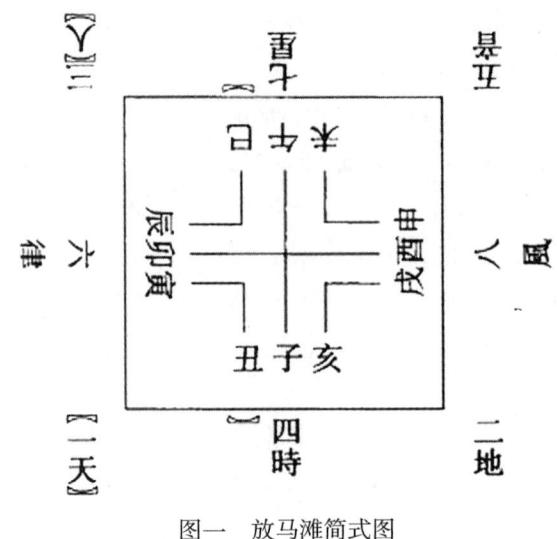

图一 放马滩简式图

"五音"和"九野"简文称"五行"和"九州"。数字一至九分别对应天、地、人、时、音（行）、律、星、风、野（州），分别代表不同的方位，见于数种秦汉时期的式图。放马滩秦简式图（图一）以南下、北上布置，所列方位是：一天，东北；六律，东；三人，东南。二地，西北；八风，西；五音，西南。北，四时；南，七星[①]。

在天水放马滩秦简乙种中用用它来判断"盗"所在的方位[②]：

占盗：投□□□除一到九有除一□上复除九；毋（無）余（餘），盗在中；除（餘）八西八；上至七南七；六東六；五西南五；四北四；三東南三；二西北二；一而東北一。乙342、326

这段文字是说，用"投"得之数，"除一到九"，"有除一□上复除九"，据所得余数可判断"盗"所在的方位。如无余数，"盗"在中央；如有余数，则在与此数对应的方位。余数与方位的对应关系如上图。

由此可知，"今有孕妇"题的"所余，以天除一，地除二，人除三，四时除四，五行除五，六律除六，七星除七。八风除八，九州除九"，是对应"占盗"的"除一到九"。该题给出的条件之一是"其不尽者"。如分别用1~9除以"所余"之数28，即排除能整除之数1、2、4、7，28除以3、5、6、8、9，所得余数分别是4、3、4、4、1，奇数、偶数皆有，显然不是题解。值得注意的是，在"占盗"篇"除一到九"之

---

① 《天水放马滩秦简集释》，192页。
② 释文来源：《天水放马滩秦简》，103、104页；《天水放马滩秦简集释》，221页；《放马滩简式占古佚书研究》，197页。以上各本互有出入，现择善而从。

后，还有"有除一□上复除九"。也就是说，"今有孕妇"题"所余，以天除一，地除二，人除三，四时除四，五行除五，六律除六，七星除七。八风除八，九州除九"之后或有脱文，当还有类似"有除一□上复除九"的文字。如按二十八"复除九"，余数是一，奇数，答案是唯一的，判断生男。

另一种算法见于《医心方》卷二十四[①]：

> 欲知男女算法，先下夫年，次下妇年，仍下胎月，正月胎下算十二月，并取十二月算合数，仍除天一，又除地二，又除人三，又除四时四，又除五行五，又除六律六，又除七星七，又除八风八，又除九章九，单即男，偶即女，万无参差。

这种算法与"今有孕妇"题的原理相似，也是以"合数"除以 1～9，据所得奇数、偶数来作出判断。

放马滩秦简"妇有壬（妊）"和《孙子算经》"今有孕妇"的出现与当时的社会文化背景密切相关。先秦两汉时期，人们对生死、疾病原因的探索，分为对内和对外两个方向。对内主要是对人体脉络的研究，最重要的文献是马王堆帛书《足臂阴阳十一脉灸经》《阴阳十一脉灸经甲本》《脉法》《阴阳脉死候》《五十二病方》和张家山二四七号墓竹简《脉书》[②]。其中的两种"灸经"和《脉书》皆论及人体中经脉走向及所主病症，如张家山汉简《脉书》云：

> 钜阳之脉，系于踵外踝中，出腘裹，上穿臀，出厌中。挟脊，出于项，上头角，下颜，夹頞，系目内廉。是动则病：冲头，目似脱，项似伐，胸痛，腰似折，髀不可运，肢如结，□如裂，此为踵厥，是钜阳之脉主治。其所之病：头痛，耳聋，项痛，濡强，疟，背痛，腰痛，尻痛，痔，肢痛，腨痛，足小指踔，为十二病。

相脉之法见于马王堆汉墓帛书《脉法》和张家山汉简《脉书》[③]：

---

① 〔日〕丹波康赖撰、高文柱校注：《医心方》，华夏出版社，2011年，485页。
② 复旦大学出土文献与古文字研究中心编纂、裘锡圭主编：《长沙马王堆汉墓简帛集成（伍）》，中华书局，2014年，187～308页。张家山二四七号墓竹简整理小组：《张家山汉墓竹简（二四七号墓）》（释文修订本），文物出版社，2006年，113～128页。
③ 马王堆汉墓帛书《脉法》与张家山汉墓竹简《脉书》文本大体相同，因前者残缺过多，引文采用《脉书》。

相脉之道，左□□□□□按之，右手直踝而簟之。它脉盈，此独虚，则主病。它脉滑，此独涩，则主病。它脉静，此独动，则主病。夫脉固有动者，骭之少阴，臂之钜阴、少阴，是主动，疾则病。此所以论有过之脉也，其余谨当视脉之过。

上述文献应当就是《汉书·艺文志》归为方技略的"医经"。《汉书·艺文志》云："医经者，原人血脉经络骨髓阴阳表里，以起百病之本，死生之分。而用度箴石汤火所施、调剂百药齐和之所宜……"，所述符合以上简牍文献的内容。当时对不同的经脉与相关疾病的对应关系已有初步的了解，有实用的诊脉方法，因而能根据脉象的变化来判断人体的一些疾病。不过，当时的医学水平还相当低下，对人体生理的了解非常有限，在医学著作中尚未见到判断胎儿性别的方法。晚至隋代，《诸病源候论》才有根据脉象作出判断胎儿性别的记载①。

对外的探索是以天文和阴阳五行来判断疾病和解释人体生理现象。把人体的各部器官与天、地类比即为一例②。今天看来，这种类比极为牵强、毫无意义，在当时却是一种"人与天地相应"的认知。新近公布的北京大学藏秦简《鲁久次问数于陈起》论及数学作用时，专门谈到"数"对人体疾病判断的作用③：

今夫疾之發於百體（體）之尌（樹）殹（也），自足脌腂（踝）厀（膝）股髀脊族脊背肩膺（膺）手臂肘臑耳目鼻口頸項，苟智（知）其疾發日蚤（早）莫（暮）之時，其瘳與死畢有數，所以有數故可殹（醫）……道頭到足，百體（體）各有笥（司）殹（也），是故百體（體）之痛，其瘳與死各有數。

---

① 《诸病源候论》："左手沉实为男，右手浮大为女；左右俱沉实，生二男；左右俱浮大，生二女。又，尺脉左偏大为男，右偏大为女；左右俱大，产二子。又，左右手尺脉俱浮，为产二男，不尔，女作男生；俱沉，为产二女，不尔，男作女生。又，左手尺中脉浮大者男，右手尺脉沉细者女。又，得太阴脉为男，得太阳脉为女；太阴脉沉，太阳脉浮。"南京中医学院：《诸病源候论校释》（下），人民卫生出版社，1980年，1141、1142页。

② 《灵枢经·邪客》："天圆地方，人头圆足方以应之。天有日月，人有两目；地有九州，人有九窍；天有风雨，人有喜怒；天有雷电，人有声音；天有四时，人有四肢；天有五音，人有五藏；天有六律，人有六府；天有冬夏，人有寒热；天有十日，人有十指；辰有十二，人有足十指，茎垂以应之，女子不足二节，以抱人形；天有阴阳，人有夫妻……地有四时不生草，人有无子。此人与天地相应者也。"《灵枢经校释》（下），270、271页。

③ 韩巍、邹大海：《北大秦简〈鲁久次问数于陈起今译、图版和专家笔谈〉》，《自然科学史研究》第34卷第2期，2015年6月。

其中两次提到"其瘳与死毕有数",即疾病的治愈与不治皆"有数"。"有数"之"数"指计算,即利用式占对疾病的预测和判断是依据计算得出的①。在《天水放马滩秦简》日书乙种中有占病、占疾的内容,皆通过问病、占疾时的日、辰、时数的计算,来做出判断②,如:

> 占病者,以其来问时直(值)日、辰、时,因而三之,即直六结四百五,而以所三□□除焉,令不足除殹,乃□□者曰□昜。如其余□,以九者首殹,八者肩、肘殹,七六者匈(胸)、腹、肠殹,五者股、脐殹,四者膝、足殹。此所以智(知)病疵之所殹③。

如前所述,"日数"的天干甲至戊和己至癸的配数都是九至五。天干与五行相配是:甲乙配木,丙丁配火,戊己配土,庚辛配金,壬癸配水。"辰数"的地支子至巳和午至亥皆配数九至四,依次对应水、金、火、木。"时数"是依次与九至五循环配合,只是东中、日中皆为"五"。这些都说明,利用数术问病、占疾已经有固定的套路。

秦汉时期的日书中,常见生子吉凶、贵贱等预判的记载,如睡虎地秦墓竹简《日书》乙"生"篇,列出六十甲子生子的吉凶、性格、前途、职业等④,十分详细。因此,我们可以明白,放马滩秦简"妇有壬(妊)"和《孙子算经》"今有孕妇"题的出现,是秦汉时期以数术解释人体生理现象的产物,也是对生命的一种原始的认识。

预判生子性别有一定的社会需求,财产继承权的归属是直接的动因。由张家山汉简《二年律令·置后律》得知⑤,当时家庭财产、爵位皆由长子继承。置后分"疾死"

---

① 拙文:《"数"与疾病判断》,《北大秦简〈鲁久次问数于陈起今译、图版和专家笔谈〉》,《自然科学史研究》第34卷第2期,2015年6月。
② 参见《天水放马滩秦简集释》,213、215、216页。
③ 程少轩认为"九者首殹……此所以智(知)病疵之所殹"不与上文相连。参阅氏著复旦大学博士学位论文《放马滩简式占古佚书研究》,165页。笔者倾向孙占宇的看法,这两简文字、内容相连;是以余数占卜(参看程少轩文167页)推测人体患病的部位。
④ 睡虎地秦墓竹简整理小组:《睡虎地秦墓竹简·日书乙种释文注释》,文物出版社,1990年,251~254页。
⑤ "疾死置后者,彻侯后子为彻侯,其毋適子,以孺子□□□子。关内侯后子为关内侯,卿侯〈后〉子为公乘,五大夫后子为公大夫,公乘后子为官大夫,公大夫后子为大夫,官大夫后子为不更,大夫后子为簪袅,不更后子为上造,簪袅后子为公士,其毋適子,以下妻子、偏妻子。""……死事者,令子男袭其爵。""死毋子男代户,令父若母,父母毋令寡,毋寡令女,毋女令孙,毋孙令耳孙,毋耳孙令大父母,毋大父母令同产子代户。同产子代户,必同居数。弃妻子不得与后妻子争后。"张家山二四七号汉墓竹简整理小组:《张家山汉墓竹简(二四七号墓)》(释文修订本),文物出版社,2006年,59、60页。

和"死事"两类,嫡长子都可以继承父辈的全部家产。"疾死"类的嫡长子可以减级获得父辈的爵位,"死事"类的嫡长子可完全继承父辈爵位。"疾死",家中如无子男代户,其继承顺序是:父母、寡(死者配偶)、女、孙、耳孙、大父母、同居兄弟姊妹之子。只有在家庭无子男的情况下,女子才有继承的可能,但次序也在祖父母、母亲之后。因此,在马王堆汉墓帛书《胎产书》出现若干怀子为男的处方[1],也就不难理解了。

---

[1] "怀子未出三月者,呻(吞)爵(雀)瓮二,其子男也。一曰:取鸟瓮中虫青北(背)者三,产(生)呻(吞)之,必产男。万全。一曰:以方苴(咀)时,取蒿、牡、卑(蜱)稍(蛸)三,冶,饮之,必产男。已试。一□曰:遗弱(溺)半升,□随坚而少汁。一曰:取逢(蜂)房中子、狗阴,干而冶之,以饮怀子。怀子产男。"《长沙马王堆汉墓简帛集成(陆)》,中华书局,2014年,96、97页。

益阳兔子山遗址三号井"爰书"简牍一组

张春龙

(湖南省文物考古研究所)

2013年6~9月,湖南省文物考古研究所和益阳市文物处合作发掘兔子山遗址,清理古井十六口,其中十一口出土简牍,简牍时代分别为战国晚期楚、秦、张楚、西汉、东汉、三国吴[①]。

三号井(J3)出土简牍4700多枚,是成捆成束同一时间弃置于废井中,出土位置距井口5.3米。这里选取四枚木牍略作介绍,简文内容为西汉长沙国益阳县衙署档案,是案件审结记录,涉及简牍形制、鞫诊案件的程序、文书格式、承办官吏职位姓名、案件发生的时间地点和经过、犯案者名事爵里、适应的律令、判决结果、郡国县乡职官等方面,有汉哀帝"建平"、汉平帝"元始"等年号,简牍文字为毛笔墨书。这里介绍四枚木牍。

一、释文[②] 和简注

(一)J3∶1

鞫〔二〕(正面)

---

* 欣逢李伯谦老师八十华诞。李老师的指导和关心照顾是受惠的同学们的共同记忆,考古专业有点特殊,学校生活之外,田野实习是极为沉静美好的经历,整整一个学期老师和大家在一起,学习、生活甚至安全都由老师操心。这些记忆中更有我个人珍重者,春雨之中李老师骑车往邮局为我取钱,提供参加2000年新出简帛国际学术讨论会的学习机会,将会议结余的经费资助我的工作……关照多多,不能一一。这些年的工作中,非常幸运地收获了一些简牍资料,今天撷取其中一组呈上。然而见识短乏,这份作业只是自己也无法满意。

① 湖南省文物考古研究所、益阳市文物处《二十年风云激荡 两千年沉寂后显真容——益阳兔子山遗址简牍再现益阳古代历史》,《中国文物报》(2013年12月3日6、7版)。《2013年全国十大考古新发现湖南益阳兔子山遗址》,《中国考古网》2014年4月11日。

② 释文保留原有行序,不能辨识的字以"□"表示。简牍重量是饱水状态下测得。

鞫勋〔三〕不更〔四〕坐为守令史〔五〕署金曹〔六〕，八月丙申为县输元年池加钱〔七〕万三千临湘〔八〕，勋匿不输，即盗以自给。勋主守县官钱，臧〔九〕二百五十

以上。守令史恭〔一〇〕劾，无长吏使者，审。

元始二年〔一一〕十二月辛酉，益阳〔一二〕守长〔一三〕丰〔一四〕、守丞〔一五〕临湘〔一六〕、右尉〔一七〕顾兼〔一八〕、掾〔一九〕勃〔二〇〕、守狱史〔二一〕胜〔二二〕，言：数罪以重爵减〔二三〕，髡钳〔二四〕勋为城旦〔二五〕，衣服如法，驾〔二六〕责如所主守盗，没入臧县官，令及

同居会计备偿〔二七〕少内〔二八〕，收入司空〔二九〕作〔三〇〕。（背面）

规格：长49.3、宽6.55、厚0.35厘米，重218.4克。

〔一〕正背面顶端涂墨，有提示文书重要性的作用。

〔二〕鞫，审讯问罪。《尚书·吕刑》正义："汉世问罪谓之鞫。"《汉书·刑法志》"与郡鞫狱"注"以囚辞决狱事为鞫。"此牍体量宏大，内容为完整的鞫狱文书，文书格式和审理程序记录完整，是目前所见同类文书中年代最早的。

〔三〕勋，与J3：2"张勋"为同一人，文书中监守自盗，贪污池加钱者姓名。

〔四〕不更，据《汉书·百官公卿表》，秦汉时期二十等爵的第四级，最早见于《商君书》及《左传》成公十三年。《汉旧仪》释为"主一车四马"之军职，与此简当事人身份不符。

〔五〕守令史，令史为汉县令属吏的总称。守或者有试守、代理之义。卫宏《汉官旧仪》："更令吏曰令史"。

〔六〕金曹，《后汉书·百官志》太尉掾属"金曹主货币、盐、铁事。"

〔七〕池加钱，赋税的一种，具体内容不详，与J3：2中"加钱"为同一事物。

〔八〕临湘，县名，据《汉书·地理志》为长沙国首县，国都所在。长沙国西汉中晚期为汉景帝之子刘发及其后代的封国。

〔九〕臧，通赃。

〔一〇〕恭，人名。

〔一一〕元始，汉平帝刘衎年号，元始二年为公元二年。

〔一二〕益阳，县名。湖北荆门包山二号楚墓83号简记录有"益阳公"，表明楚国中晚期已有益阳县邑，这是"益阳"一名见诸文字之始，具体地望则文献和考古发现俱指向今天的益阳一带，楚国时在此地设县并行使有效的统治管理。兔子山九号井出土的楚国晚期簿籍文书，明确了益阳县治在兔子山遗址。里耶秦简8-147、8-1497等简记载有"益阳"，是秦苍梧郡的辖县。《汉书·地理志》长沙国辖县有益阳。

〔一三〕守长，试守县长。《汉书·百官公卿表》："县令、长，皆秦官，掌治

其县。万户以上为令，秩千石至六百石。减万户为长，秩五百石至三百石。"后文有"守丞""守狱史"等，守，当是试守之义。

〔一四〕丰，人名。

〔一五〕守丞，《汉书·百官公卿表》县令长之下"皆有丞、尉，秩四百石至二百石，是为长吏。"简文中西汉晚期的益阳县守丞一职有多位。

〔一六〕临湘，人姓名。此处"临"是"顾"字之误，此简为十二月，简贰1-143九月有"益阳丞顾湘"，是同一人无疑。

〔一七〕右尉，县尉之右尉。《汉书·百官公卿表》县令长之下"皆有丞、尉，秩四百石至二百石，是为长吏"，"尉大县二人，主盗贼，凡有贼发，则推寻之"。益阳巨县，分设左、右尉。

〔一八〕顾兼，人姓名。

〔一九〕掾，县衙佐吏。《后汉书·百官志》注引《汉书音义》曰："正曰掾，副曰属。"诸曹主管称掾，此处单称掾者当为廷掾之省，严耕望《秦汉地方行政制度史》（216页）"县令长属吏中有廷掾者，地位为诸吏之冠。"简文中"掾"排位在"右尉"之后，可证严说之正确。

〔二〇〕勃，人名。

〔二一〕守狱史，狱史为决狱的官，"守"可能有试守之义，参〔一五〕"守丞"。《汉书·路温舒传》〔路温舒〕"稍习善，求为狱小吏，因学律令，转为狱史，县中疑事皆问焉。"《汉书·丙吉传》〔丙吉〕"治律令，为鲁狱史"。

〔二二〕胜，人名。

〔二三〕以重爵减，因爵位减少刑期，或说以爵位抵部分刑期。《汉旧仪》："秦制二十爵，男子赐爵一级以上，有罪以减，年五十六免。无爵为士伍，年六十乃免老。"

〔二四〕髡钳，古代刑罚名，谓剃去头发，用铁圈束颈。《史记·季布列传》。"乃髡钳季布"。

〔二五〕城旦，秦汉时刑徒名，男为城旦，女为舂，参看《汉旧仪》："城旦者，治城也；女为舂，舂者，治米也，皆作五岁。完，四岁。"《汉书·惠帝纪》注引应劭云："城旦者，旦起行治城；舂者，妇人不豫外徭，但舂作米，皆四岁刑也。"

〔二六〕驾，通加

〔二七〕同居会计备偿，令一起生活的家人共同偿还赃款和罚款。云梦睡虎地秦简《法律答问》："何为同居？户为同居。"《汉书·惠帝纪》注："同居，谓父母、妻子之外，若兄弟及兄弟之子等，见与同居业者"。

〔二八〕少内，汉大内属官，掌府藏。《史记·孝景本纪》"置左右内官属大内"，唐司马贞索隐"主天子之私财物曰少内。少内，属大内也。"《汉书·丙吉传》："少内啬夫白吉。"颜师古注："少内，掖庭主府藏之官也。"汉末郑玄注

《周礼·职内》："若今之泉所入谓之少内。"这里指县少内，管理钱财，参看《秦律十八种》中的《金布律》："县、都官坐效、计以负偿者。"

〔二九〕司空，官名，掌管工程，因当时工程多用刑徒，后逐渐成为主管刑徒的官名。《汉书·百官公卿表》注引如淳云："律，司空主水及罪人。贾谊曰：'输之司空，编之徒官。'"

〔三〇〕作，劳作。《汉书·司马相如传》："发巴蜀广汉卒，作者数万人，治道二岁。"

（二）J3：2

益阳言守令史张勋
盗所主守〔一〕加钱论决言相府〔二〕（第一栏）
元始二年
计后狱夷（第）一（第二栏）

规格：长23.8、宽2.8、厚0.3厘米，重22.8克

〔一〕盗所主守，即主守自盗，监守自盗，指官员盗窃自己监管的官府财物的犯罪。

〔二〕相府，诸侯王之相国或丞相府邸，这里指长沙国丞相的府邸。相国，汉高祖九年置，惠帝时复称丞相。此时的长沙王是定王发之玄孙缪王鲁人，元始元年已在位四十三年。其丞相姓名则史籍和简文未见记载。湖北荆门包山二号楚墓竹简59号、78号有"长沙"，是楚国南境的县邑，也是"长沙国"得名之由。

（三）贰1-143

益阳贼〔一〕颍川〔二〕颍阳〔三〕安国里〔四〕许顾〔五〕得。（第一栏）
元始二年九月辛卯，益阳丞顾湘〔六〕、右尉顾〔七〕言："都乡
啬夫〔八〕武〔九〕檄言'乃闰月甲子日中时，顾以铍室〔一〇〕、木杖
欧〔一一〕击淮阳〔一二〕苦〔一三〕男子周终〔一四〕头，□〔一五〕左臂，并中左胁，有□各

一所，有□痏〔一六〕，终以辛（辜）〔一七〕七日少半日，二旬内死〔一八〕。顾斗殴杀人，捕得。

发都亭部〔一九〕，时长秦卿〔二〇〕、尉胡张〔二一〕，亭长〔二二〕□□主"。（第二栏）

一发一人

得。（第三栏）

规格：长23.1、宽4.1、厚0.5厘米，重55克。

〔一〕益阳贼，据简文，凡在益阳县境作奸犯科者，不论名籍所在，鞫文书中均记录为"益阳贼"，也许可以理解为"益阳捕获的贼人"。《左传》昭公四年："杀人不忌为贼。"《荀子·修身》："害良曰贼，……窃货曰盗。"《晋书·刑法志》："无变斩击谓之贼，……取非其物谓之盗。"《周礼·朝士》疏："盗贼并言者，盗谓盗取人物，贼谓杀人曰贼。"李悝、商鞅以至汉律，都以"盗""贼"作为不同的篇名。

〔二〕颍川，郡名。《汉书·地理志》有颍川郡。战国秦王政十七年（前230年）置，因颍水得名，治所阳翟县，今河南禹州市（据《中国古今地名大辞典》编纂委员会《中国古今地名大辞典》，上海辞书出版社，2903页）。

〔三〕颍阳，县名，秦置，治所在今天河南省许昌市西南。《史记·高祖本纪》秦二世三年"南攻颍阳，屠之"。

〔四〕安国里，里是当时社会最基层的组织单位，"安国里"是斗殴杀人者许顾户籍所在地。

〔五〕许顾，姓名。

〔六〕顾湘，姓名，J3∶1误作"临湘"。

〔七〕顾，姓，其人当即J3∶1中的顾兼。

〔八〕都乡啬夫，都乡是县治所在之乡。啬夫，《汉书·百官公卿表》："乡有三老、有秩、啬夫、游徼。三老掌教化。啬夫职听讼，收赋税。"

〔九〕武，人名。

〔一〇〕铍室，铍，古书或说是两刃刀，《说文》："剑如刀装者。"《汉书·高惠高后文功臣表》注："长铩，长刃兵也，为刀而剑形，《史记》作长铍，铍亦刀耳。"或说是大矛，《方言》："锬谓之铍。"注："今江东呼大矛为铍。"实际是指同一种器物，即长柄的剑形兵器。室，鞘。

〔一一〕欧，通殴。

〔一二〕淮阳，郡名。《汉书·地理志》王先谦《补注》引全望祖云："故属秦楚郡，楚汉之际属楚国，（汉高祖）六年置淮阳郡，十一年为国。"西汉高祖十一年（前196年），以陈、沛、颍川三郡置，治陈县（今河南淮阳县），为汉初同姓九国之一。惠帝元年淮阳王友徙赵，仍为郡，高后元年复置淮阳国。西汉晚期的元始年间应是淮阳郡。

〔一三〕苦，县名，《汉书·地理志》记载为淮阳郡辖县。春秋时楚国所置，治今河南省鹿邑县东。秦属陈郡，西汉属淮阳国。《史记·老子韩非列传》："老子者，楚苦县厉乡曲仁里人也。"

〔一四〕周终，姓名。

〔一五〕字不识，疑指某种伤情。

〔一六〕痏，《急就篇》颜师古注："殴人皮肤肿起曰疻，殴伤曰痏。"《汉书·薛宣传》"遇人不以义而见疻者，与疻人之罪钧，恶不直也"注引应劭曰："以杖手殴击人，剥其皮肤，肿起青黑而无疮瘢者，律谓疻痏。"

〔一七〕辛，通辠。张家山汉墓竹简《奏谳书》同类文书写作"辠"。

〔一八〕二旬内死，张家山汉墓竹简《二年律令》："斗伤人，而以伤辠二旬中死，为杀人。"伤者二旬内死亡，视同斗殴直接致死，故以斗杀人论罪。《汉书·高惠高后文功臣表》："嗣昌武侯单德，"元朔三年坐伤人二旬内死，弃市"。

〔一九〕都亭部，疑指都乡或邻近都乡之亭部，或者是都亭的别称。《史记·高祖本纪》《集解》引应劭曰："旧亭卒名'弩父'，陈楚谓之'亭父'，或云'亭部'，淮、泗谓之'求盗'也"，其义与简文不合。

〔二〇〕秦卿，县长姓秦名卿。此简事在九月，当年十二月有"守长丰"，见J3∶1。

〔二一〕胡张，县尉姓胡名张。

〔二二〕亭长，《汉书·百官公卿表》："大率十里一亭，亭有长。"

（四）贰2-455

益阳贼汝阳〔一〕男子黄良〔二〕得（第一栏）

元始二年三月丁丑，益阳丞霸〔三〕言：乙亥□亭长前檄言

"乙未日中时，汝阳男子黄良以矛刃刺伤□□左辅右胁〔四〕，厤阳〔五〕何丰〔六〕各〔七〕

臂，并中右胁，痏各一所，□以□□辅二日□死。良斗杀人发□亭

部，时尉胡张、游徼〔八〕□、□乡啬夫黄晏〔九〕、亭长李前〔一〇〕主（第二栏）

一发

一人得

夷（第）四（第三栏）

规格：长23.8、宽3.3、厚0.4厘米，重32.8克。

〔一〕汝阳，县名，西汉置，《汉书·地理志》作"女阳"。治今河南商水县西南，因在汝水之北而得名，属汝南郡。

〔二〕黄良，姓名。

〔三〕霸，人名。

〔四〕辅，脸的两侧。《说文》："人颊车也。"《易·咸》："咸，其辅颊舌。"虞注："耳目之间称辅颊。"胁，《说文》："两膀也"。

〔五〕磿阳，即历阳，古县名。据《汉书·地理志》为九江郡辖县。始设于秦朝，西汉为九江郡都尉治，治今安徽省和县。《太平寰宇记》："南有历水，故曰历阳。"

〔六〕何豐，姓名。

〔七〕各，通胳。

〔八〕游徼，《汉书·百官公卿表》："游徼，徼循禁贼盗。"《后汉书·百官志五》："游徼掌徼循，禁司奸盗。"

〔九〕黄晏，姓名。

〔一〇〕李前，姓名。

二、简文略析

1. 简牍形制

J3：1牍体量宏大，正背面顶端涂墨，有提示文书重要性的作用，内容为完整的鞫狱文书，文书格式和审理程序记录完整，而其规模远较一般简牍大，应当是因为案件的性质影响、上行文书的慎重其事，或者是专为呈报摘录案件概要等原因，而与犯罪人身份关系不大。J3：2是张勋贪赃案件记录送达长沙王相府的标题简，案件编号为元始二年司法文书第一号，出土时与J3：1紧贴在一起，应是检楬类简牍，二者并在一起成为一完整上行文书，可视为文书正本，呈送临湘的长沙相府。我们今天见到的是留在益阳县衙的副本。贰1-143、贰2-455是恶性伤害事件的结案记录。云梦睡虎地秦简《封诊式》"讯狱"条下"凡讯狱，必先尽听其言而书之"，记录审讯的过程和嫌犯口供，"必书曰：爰书"①。《汉书·张汤传》注："爰，换也，以文书代替其口辞也。"王先谦《补注》："传爰书者，传囚辞而著之文书。"简文中的爰书意义较为广泛，包括司法案件的供词、记录、报告书等②。依此，J3：1、贰2-455、贰1-143等简牍是西汉晚期长沙国益阳县的"爰书"。

---

① 睡虎地秦墓竹简整理小组：《睡虎地秦墓竹简》，文物出版社，1978年，246页。
② 睡虎地秦墓竹简整理小组：《睡虎地秦墓竹简》，文物出版社，1978年，246页。

2. 张勋案件的性质和所涉及律令

张勋"为县输元年池加钱万三千临湘，勋匿不输，即盗以自给"，"池加钱"或"加钱"具体指哪些钱赋尚不明晰，但张勋犯"主守盗"罪无疑。"主守盗"因其盗窃对象的特殊性，是一种容易实施的犯罪，而此行为如果泛滥，会极大侵蚀统治体系的功能，因此最高统治者在制定法律时往往给以严厉的惩罚。据《汉书·陈咸传》如淳注："律，主守而盗，直（值）十金弃市。"十金在汉代当值十万钱，汉律规定主官监守自盗价值十金即弃市。张家山汉简《奏谳书》载醴阳令恢监守自盗，该案举劾醴阳①县令恢指使从史石盗取本县已乡的公米263石8斗，并由他的舍人士伍兴、义和石一起出卖，计得金6斤3两、钱15050钱，结果县令恢被逮捕。据简文可知，恢原籍是新丰郪邑，因随卢绾、刘贾的军队攻下临江国，立有军功，爵为左庶长，并在南郡担任醴阳县县令。此案是汉高祖七年八月十二日，由江陵县丞奏谳给南郡。而此例引用《律》"盗臧（赃）直（值）过六百六十钱，黥为城旦。"另《二年律令·盗律》中规定"盗臧（赃）直（值）过六百六十钱，黥为城旦舂"，可看出两条规定基本相同。此外，案情判决还可知道："令吏盗，当刑者刑，毋得以爵减免赎，以此当恢"，即恢虽然拥有高爵，而且是《奏谳书》中被惩处的职位最高的官吏，终因监守自盗，不但受到像普通人犯盗窃罪一样的处罚，而且不能以爵位获得减免或以钱赎罪。根据汉律规定，盗赃超过六百六十钱，当黥为城旦，恢虽是县令，又爵为左庶长，但不得以爵减免赎②。

对于故意犯罪，秦汉政府不能以爵减免的法律规定事例，张家山汉简《奏谳书》中还有一例：安陆丞忠劾狱史平舍匿无名数大男子种一月案，令曰：诸无名数者，皆令自占书名数，令到县道官，盈卅日，不自占书名数，皆耐为隶臣妾、锢，勿令以爵、赏免。恢犯"主守盗"罪，虽然赃物价值不足十金，但已超过六百六十钱，故被黥为城旦。安陆丞忠劾狱史平舍匿无名数大男子种一月案，所引令文是：诸无名数者，皆令自占书名数，令到县道官，盈卅日，不自占书名数，皆耐为隶臣妾、锢，勿令以爵、赏免③。

征诸文献，也有一些关于主守盗的零星记录，如《汉书·冯奉世传》："元帝时，……入为左冯翊。岁余，而池阳令并素行贪污，轻野王外戚年少，治行不改。野

---

① 据湖南省文物考古研究所历年工作，醴阳指今天的湖南澧县、临澧、石门一代，治所是澧水北岸的临澧县新安、合口某古城址。

② 张家山汉墓竹简整理小组：《张家山汉墓竹简（二四七号墓）》，文物出版社，2006年，98页。

③ 张家山汉墓竹简整理小组：《张家山汉墓竹简（二四七号墓）》，文物出版社，2006年，97页。

王部督邮掾役祒赵都案验,得其主守盗十金罪,收捕。"《汉书·翟义传》:宛令刘立"以主守盗十金,贼杀不辜,部掾夏恢等收缚立,传送邓狱"。

以上二则记载有"主守盗十金",史料中还有一些关于"赃十金以上"的记载,证明在汉代特别是在西汉这是量刑的一个重要界限。而《二年律令·盗律》规定:盗臧直过六百六十钱云云,则六百六十在汉初肯定也是一个界限。此文中的"勋主守县官钱,臧二百五十以上",看来是汉末的一个量刑标尺,只是不知道这是由六百六十减刑后的标尺还是西汉中晚期将此标准降低至二百五十钱。若二百五十钱为为调整后的界限,可以爵抵一部分罪也是后来的法律调整,这种标准的降低反映了什么问题呢?

另外一个值得注意的地方是前述汉初官吏的监守自盗,依律令不能以爵位获得减免或以钱赎罪,而到了西汉末年益阳县守令史张勋监守自盗,则"以重爵减",这变化的原因和具体时间,是肇始于文帝的司法改革还是武帝的独尊儒术,尚待探寻。张勋案的法律意义可从与西汉初年开始的同类型案件比较得出,一是监守自盗案件由不能以爵减免到可以爵减轻罪罚,二是惩罚界限的降低。

张勋案文书中一个突出的地方在于出现了大量的守官守吏,犯罪人为守令史,弹劾者也是守令史,参与审判过程的长是守,丞也是守,狱史竟然也是守。而由贰2-455可知,同年三月丞是霸,贰1-143表明同年九月有丞顾湘,而到了十二月称其为守丞,这中间发生了什么?汉制,守一年合格即真,不合格回原任,是顾湘犯有差错被处分还是贰1-143漏了一个守字?似以后者的可能为大。

3. 西汉晚期益阳外来人口问题

贰1-143、贰2-455两例刑事案件中的施暴者和苦主都是外乡人,颍川郡颍阳安国里许顾、淮阳郡苦县男子周终、汝南郡汝阳男子黄良、九江郡历阳男子何豊等,原籍多在黄河中游地区,简文中没有记录他们来长沙国益阳县的原因,如服徭役或参加军事活动,则应当和当时的人口迁徙有关,斗殴发生在外籍人之间而不是与本地居民争斗,也许是争夺田土水源等资源。据葛剑雄等《简明中国移民史》:"西汉时黄河流域的居民向长江中下游地区迁徙,虽然找不到直接记载,却能从部分地区的人口增长率中看出一些迹象。从文帝七年至平帝元始二年这175年间,原长沙国范围内的人口年平均增长率达到9.2‰,超过了全国同期约7‰的平均水平……很明显,原长沙国地区的人口持续高增长绝不是自然增长的结果……所以一个值得考虑的因素是外来人口的移入……南阳、汝南、颍川、河南等郡,都是人口相当稠密的地区……江、汉、沅、湘流域都曾经是楚人长期经营的地区,文化、经济有一定的基础,内部的交通线路及诸津渡和为人们所知,向南移殖并无多大障碍。"[①]

---

① 葛剑雄等:《简明中国移民史》,福建人民出版社,1993年,134、135页。

人口流亡和迁徙的现象，同样见于尹湾汉简，简牍出土于尹湾六号汉墓，其年代一般认为在成帝永始四年至元延三年，即公元前十三年至前十年，与兔子山三号井简牍时间相去十数年，其《集簿》记录有"一年之内流出逃亡之户数与流入占籍之户数约为全郡户数的10.42%……全郡户数约十分之一为流民，此实透露出西汉末年社会经济动荡不安之信息"[①]。

张勋案这种不正常的现象说明了什么？是西汉基层政权统治力的普遍松懈还是少数郡国的偶发事件，限于资料难以确言。结合简贰1-143、贰2-455反映的情况以及尹湾汉简中流民异动，可视作是西汉末年社会动荡不安、山雨欲来的前兆。

---

① 廖伯源：《简牍与制度：尹湾汉简简牍官文书考证》，文津出版社，1998年，209页。

六、文博文保

中国博物馆理事会制度探析

段 勇
(国家文物局博物馆与社会文物司)

一、新任务实为老课题

从2008年1月开始，我国公共博物馆、纪念馆（除古建筑、遗址类外）全面向社会免费开放。截至2015年，全国4510家博物馆中，有3717家（包括国有馆、行业馆和非国有馆）已实现免费开放，其中1804家享受中央财政补助。这是迄今为止世界上规模最大的博物馆免费开放行动，对推动中国博物馆事业的发展、满足民众公共文化需求发挥了重要作用。

2010年1月26日中宣部、财政部、文化部和国家文物局联合发布《关于进一步做好公共博物馆纪念馆免费开放工作的意见》，明确提出："要积极探索完善法人治理结构，逐步实行理事会决策、馆长负责的管理运行机制，形成政府、社会、公众代表相结合的监督管理体系。"

2011年3月16日经全国人大常委会审议公布的《中华人民共和国国民经济和社会发展第十二个五年规划纲要》首次在中央和国家层面提出："加快推进公益性文化事业单位改革，探索建立事业单位法人治理结构，创新公共文化服务运行机制。"

2011年3月23日中共中央、国务院通过《关于分类推进事业单位改革的指导意见》进一步明确："今后5年……从事公益服务事业单位……管办分离、完善治理结构等改革取得较大突破"，"面向社会提供公益服务的事业单位，探索建立理事会、董事会、管委会等多种形式的治理结构，健全决策、执行和监督机制，提高运行效率，确保公益目标实现。"

随后，国务院办公厅印发《关于建立和完善事业单位法人治理结构的意见》："（一）建立健全决策监督机构……理事会作为事业单位的决策和监督机构……负责本单位的发展规划、财务预决算、重大业务、章程拟订和修订等决策事项，按照有关规定履行人事管理方面的职责，并监督本单位的运行。理事会一般由政府有关部门、举办单位、事业单位、服务对象和其他有关方面的代表组成。""（二）明确管理层权责。管理层作为理事会的执行机构，由事业单位行政负责人及其他主要管理人员组成。管理层对理事会负责，按照理事会决议独立自主履行日常业务管理、财务资产管理和一般工作人员管理等职责，定期向理事会报告工作。事业单位行政负责人由理事会任命或提名，并按照人事管理权限报有关部门备案或批准。""（三）制定事业单位章程。事业单位章程是法人治理结构的制度载体和理事会、管理层的运行规则，也是有关部门对事业单位进行监管的重要依据。事业单位章程应当明确理事会和管理层的关系，包括理事会的职责、构成、会议制度，理事的产生方式和任期，管理层的职责和产生方式等。"

2013年11月12日中共十八届三中全会通过了《关于全面深化改革若干重大问题的决定》："加快事业单位分类改革……推动公办事业单位与主管部门理顺关系和去行政化……建立事业单位法人治理结构。"

至此，应该说，在包括博物馆的事业单位领域推行以理事会制度为核心的法人治理结构改革，已成为中国最高权力机关、最高行政机关、最高领导机关的共识。

随后，党政机关开始紧锣密鼓地从两个渠道推进这项工作：一是中编办主抓全国事业单位管理体制改革和事业单位法人治理结构建设试点，挑选了部分学校、医院和博物馆（云南省博、汉阳陵）开展工作。二是中宣部、文化部主抓全国文化体制改革和公共文化机构法人治理结构试点。

其实，理事会制度，对中国博物馆来说，既是新任务，也属老课题。

1868年始建的中国第一家近代博物馆徐家汇（自然）博物院，由法国传教士韩伯禄首创，隶属在华耶稣会"江南科学委员会"管理。

1876年建立的同文馆博物馆，属于总理各国事务衙门下辖的京师同文馆的内设机构，同文馆由恭亲王奕訢总负责（奏请成立，亲自面试外籍教师），海关总税务司英国人赫德任监察官负责筹措资金，美国传教士丁韪良任总教习负责馆务。

1905年张謇建立南通博物苑，曾附属于通州师范学校，而通州师范学校在创办者张謇去世后即成立了董事会接办。

1925年建立的故宫博物院在开放前即成立了"故宫博物院临时董事会"，在建院初期又先后历经"临时理事会""维持会""管理委员会"等机构。1928年，故宫博物院直属国民政府领导，全国政治、军事、文化、教育、财经、宗教等各界头面人物出任故宫博物院理事会成员。其阵容之"豪华"堪称空前绝后。（第一届理事会名单：李煜瀛、易培基、黄郛、鹿钟麟、于右任、蔡元培、汪精卫、江瀚、薛笃弼、庄蕴宽、吴敬恒、谭延闿、李烈钧、张静江、蒋介石、宋子文、冯玉祥、阎锡山、柯劭忞、何应钦、戴传贤、张继、马福祥、胡汉民、班禅九世、恩克巴图、赵戴文、马衡、沈兼士、俞同奎、陈垣、李宗侗、张学良、胡若愚、熊希龄、张璧、王宠惠）

此后的中央博物院（筹备处）亦成立了理事会。

与欧美国家一样，理事会制度成为当时中国博物馆的通行管理模式。

直到1949年以后，博物馆全部转为国有事业单位，管理全面行政化，理事会制度不复存在。

斗转星移，当今在博物馆领域重提建立以理事会为核心的法人治理结构，中国早期博物馆的实践可作参照，国外博物馆的经验亦可资借鉴。

二、他山之石可以攻玉

古代的博物馆雏形如埃及托勒密王朝亚历山大博学园中的缪斯神庙和中国春秋末年的孔子庙堂，是君王意志。

近代的权贵、富商建立的收藏馆如1581年建立的乌菲奇美术馆（意大利）、1655年建立的特拉德斯坎特收藏馆（英国）、1656年建立的施塔尔堡画廊（奥地利），是私人行为。

最早的公共博物馆如1683年建立的阿西莫林博物馆是由阿西莫林将其收藏捐赠给牛津大学建立的，条件是牛津大学为其提供场所并承诺免费对公众开放；1759年建立的不列颠博物院（即大英博物馆）是英国国会拨款购买斯隆的藏品并提供一座建筑建立的，均属于化私为公。

而社会主义国家的博物馆，一般馆舍、藏品、经费均由国家包办，是政府行为。

各国的博物馆管理政策也不一致。

英国实行"一臂之距"政策，政府通过博物馆和美术馆委员会、彩票基金会等中介机构（Quango）来影响和引导博物馆的政策，博物馆与政府部门没有行政隶属关系。

法国采用行政主导模式，在文化部内设博物馆管理局，二战后利用行政力量划分卢浮宫、奥赛、蓬皮杜的收藏时代，划分卢浮宫、吉美的收藏地域，统一管理博物馆的藏品保护，授权法国博物馆协会统一协调博物馆的经营政策。

美国联邦政府内没有负责管理全国博物馆的中央机构；州政府内有的设有"博物馆处"，有的由教育部门负责，其职能与其说是"管理"不如说是"服务"。

在博物馆领域推行理事会和理事会领导下的馆长负责制，是近代以来欧美国家行之有效的经验，其中最普遍、最成熟、最有效的当属美国博物馆。

美国是当今世界第一的博物馆大国，2010年美国博物馆总数约为17000家，其中，超过三分之二为私立博物馆，其次是各级政府办的博物馆（国立、州立、郡立等）和学校、协会办的博物馆（公立）。

私立博物馆不用说，即使是各级政府办的博物馆，也基本是以"私人捐赠藏品，政府或社会提供场所，运作经费主要靠自筹"这种模式建立起来的，几乎不存在藏品、馆舍和经费完全由政府包办的国有博物馆。

在美国，建立和注销一座正规博物馆均须经州政府批准。无论创办主体是联邦政府、地方政府，还是社会组织或企业、私人，美国的博物馆一旦建立并通过认证后，就成为事实上"公有公营"的非营利性公共机构，享有几乎同等的社会权益，并且不能再被创办者随意支配。因而，私立博物馆的藏品是博物馆的法人财产，不再属于创办者私人所有。

这种地位除了得到法律保障，主要就是通过理事会制度来实现。美国博物馆普遍都建有具备社会代表性的理事会或理事会性质的组织，作为博物馆的最高决策机构，全权负责博物馆的宏观管理、资产监督和预算审批。对各级政府和公共机构建立的博物馆来说，理事会是体现博物馆属于"公共财产"的具体象征；对私立博物馆来说，理事会是"化私为公"的手段。博物馆内部普遍实行理事会领导下的馆长负责制，馆长由理事会挑选、任命，全权负责日常事务。

由于各博物馆理事会不同程度地代表着社会公众利益，因此理事会成员一般具有较广泛的社会代表性。

美国唯一的国立（联邦政府建立）博物馆系统史密森尼研究院下辖16家博物馆，拥有一个统一的理事会：史密森尼研究院摄政委员会。这也是美国官方色彩最浓的理事会，主席由联邦最高法院首席大法官担任，成员包括美国现职副总统，以及由参议院议长指定的3名参议员、由众议院议长指定的3名众议员、由参众两院联合批准的其他9名成员（他们的职业为教师、医师、律师、企业家等）。其职责主要是代表美国政府监督史密森尼研究院的资产并负责审批预算，不介入各博物馆的日常管理。下属博物馆虽然有的也设有"理事会"，但只起顾问、咨询和协助筹款作用，不具备决策职能，类似于"博物馆之友"。

纽约的大都会艺术博物馆是美国最著名的私立博物馆，也拥有最典型的理事会结构：理事会由90余人组成，不过其中只有经选举产生的约40名理事有投票权，他们每届任期5年，每年改选五分之一。另有非选举理事10名，包括馆长（全权负责日常行政和业务管理）、总经理（协助馆长负责经营开发）和纽约市政府及市议会官员。其他的则属于荣誉理事。理事会成员的选拔、增补、更替是通过理事会内部的提名委员会协商提名，有投票权的理事投票决定。理事们的背景以商界、财界居多，也有律师、收藏家等，年龄介于50至72岁。

旧金山市政府所属的旧金山亚洲艺术博物馆则是一种特殊体制：一个官方委员会与一个非官方理事会并存，馆长同时对二者负责。由市长任命的18人官方委员会负责管理藏品和建筑，非官方的80人理事会负责管理资金和项目；馆长由官方委员会挑选和任命，但薪水由官方委员会和非官方理事会共同承担。

美国博物馆中最民主的理事会，当属明尼阿波利斯艺术博物馆理事会：除了十余名荣誉理事和官方理事外，37名有投票权的理事是由该博物馆3万多名会员投票选举产生，任期6年，每年改选六分之一。但在博物馆经费紧缺、理事负有保障博物馆正常运营责任的背景下，这种"一人一票"的模式显然不如"一股一票"的模式普遍实用。

美国也有家族色彩很浓的私立博物馆，如号称"美国最好的小博物馆"的金贝尔艺术博物馆，其10名理事会成员中有5名是金贝尔家族成员，这应与其建立时间尚短且完全依赖金贝尔家族基金会有关。

美国绝大多数博物馆的经费主要依靠自行筹款，如，国立的史密森尼研究院年度预算中联邦政府财政拨款和项目经费只占三分之二，私立的大都会艺术博物馆更是年度预算中85%的经费需自筹；而理事会至少在经济上承担着保证博物馆正常运营的义务。因此，各理事会成员多由富人组成，并被一些社会舆论讥为"富人俱乐部"。但毫无疑问的是，理事会制度在推动美国成为世界第一博物馆大国方面居功甚伟。

由于美国私立博物馆与国立博物馆的社会属性一致、法律地位相同，美国私立博物馆也从各级政府或社会获得财政及其他资助。在美国政府和公众眼里，国立博物馆和私立博物馆也几乎没有差别。例如：私立的大都会艺术博物馆通过平等竞争击败国立的史密森尼研究院，赢得埃及政府赠送给美国政府的登督神庙的安置权。

三、中国博物馆的新探索

当前，为了转变政府职能、创新事业单位管理体制和运行机制、实现政事分离和管办分离、激发事业单位活力、规范事业单位的行为、确保公益目标的实现，作为"探索建立事业单位法人治理结构"的组成部分，博物馆理事会制度重新被提上了议事日程，并且开展了试点工作，但由于种种原因，进展并不顺利。

我国当前推行博物馆理事会制度，在实践中遇到的最主要问题是，国有博物馆都有上级主管部门，其职能与理事会应有的职能高度重叠：掌握馆长甚至中层干部的人事任免权，负责为博物馆提供必要的经费。在现有行政、人事和财政管理体制不变的情况下，推行博物馆理事会制度既少压力也缺动力，即使勉强建立也很容易形同虚设，只起顾问、咨询甚至联谊的作用。

作为中编办主抓的全国仅有的两个国家级试点的博物馆之一，云南省博物馆第一届理事会已经在2015年4月29日宣告成立。由一位退休的副省级官员担任名誉理事长，主管的文化厅主要负责人任理事长，政府相关职能部门代表（省文化厅、省编办、省财政厅、省人力资源与社会保障厅人员）、社会服务对象代表（企业或社会教育机构、社会公众人士、文博专家、文化企业或博物馆所在地基层组织机构人员）、省博物馆管理层和职工代表（馆长、党组织负责人、工会主席、博物馆专家代表、博物馆职工代表）各占三分之一。结构差强人意，效果有待观察。其他号称已建立理事会的国有博物馆模式大多更不如意，甚而至于由馆长兼任理事长，失去了现代法人治理结构的核心意义即"管办分离"。

那么，在制度可能允许的情况下，如何将现行管理体制与理事会制度顺利衔接呢？实施路径主要涉及行政与财务两方面。前者需将上级主管部门的相关职能逐步让渡给理事会，例如馆长的任命，可由现行的上级主管部门任命，先过渡为理事会提名并征得上级主管部门同意后任命，再最终真正形成理事会全权领导下的馆长负责制。

另外，当前我国国有博物馆的经费主要来自政府财政拨款，从社会争取经费支持的压力不大，因此理事会成员可由主管部门及教育、财政等相关部门代表和热心博物馆事业的社会贤达组成，尽量避免沦为"富人俱乐部"。对积极支持博物馆的企业和个人，可纳入"博物馆之友"发挥其作用。博物馆从政府获得的财政经费（根据实际需求核定基数并合理增长）需严格按照相关法规和制度管理、使用，但理事会另行争取的社会赞助资金和博物馆的合法经营收入，应允许博物馆自主支配。

迄今为止，上述两个方面都与现行政策存在矛盾冲突，而调整政策（实质是权力让渡）又面临各种强大的现实阻力。这大概也是刚刚公布的第十三个五年规划纲要中不再提及事业单位法人治理结构改革的原因吧，同时可能预示着博物馆的理事会制度改革需要另寻突破口。

除国有博物馆外，我国现有982家非国有博物馆（过去通称"民办博物馆"）是经各省文物局批准注册并报国家文物局备案认可的。由于民政部门只负责其民办非企业法人登记，文物部门只负责其业务指导，因此非国有博物馆没有直接的上级行政主管部门；而且非国有博物馆的运营经费主要来自其创办者或社会资助，非国有博物馆的藏品从私人所有权向法人所有权的过渡（化私为公）也需要体制保障。所以，非国有博物馆才是我国目前推行理事会制度最适合的领域，既很有必要又不会与现行管理体制冲突。正因如此，笔者在2003年即倡议在我国非国有博物馆领域引入美国博物馆的理事会制度。

非国有博物馆在保护和传承历史文化方面具有特殊的作用和贡献：其所关注的民俗文物、民间工艺品、动物标本、家具、老相片、奇石、微雕、票证等一些被国有博物馆长期忽视或无力集中收藏的老物件，既丰富了博物馆藏品的概念，也填补了博物馆类型上的空白。这些藏品在几十年前入不了以文物、历史、考古为重点的国有博物馆的法眼，而随着经济社会快速发展，这些物件消失很快，多亏有一批收藏家和非国有博物馆率先介入这些领域将其纳入收藏和传承体系才不致形成断层。

非国有博物馆也已经成为我国博物馆事业的有机组成部分和新的增长点。非国有博物馆在全国博物馆总数中：2008年占10.7%，2009年微升至10.9%，2010年猛升到13.3%；2011年占比14.9%，2012年达到16.7%，2013年进一步升至19%，2014年超过21.7%，跨过五分之一大关。

从分布来看，非国有博物馆主要集中在经济发达地区、藏品资源丰富的文物大省和文化特色鲜明的少数民族地区，以省为单位，浙江、四川、广东为非国有博物馆数量的前三甲，以市为单位，成都第一、宁波第二。从规模上看，非国有博物馆平均馆舍面积为3382平方米，平均每馆展厅面积为1994平方米，每馆平均从业人员13人，平均每馆藏品数为10630件套。其中有48家非国有馆建筑面积超过10000平方米，有10家非国有馆藏品超过10万件（套）。规模最大的四川建川博物馆，建筑面积达9平方米，其藏品数量亦高达200万件（套），不仅为非国有博物馆之首，而且在全国整个博物馆界也居于前列。

国家对非国有博物馆的发展给予了直接的引导和扶持，比如2010年国家文物局等7部局联合发布了《关于促进民办博物馆发展的意见》，随后宁波、成都、西安、海口、武汉、苏州、上海等城市纷纷出台了专项支持政策，从建馆用地、办馆场所、开办经费、运营补助、考核奖励等方面给予支持。2013年财政部和国家文物局首次从免费开放经费中列支1亿元专门由于奖励免费开放的非国有博物馆。此外还定期举办非国有博物馆馆长培训班、组织国有博物馆对非国有博物馆对口帮扶等。

但是，当前我国非国有博物馆存在的最根本问题，是它们基本上还处于个人、家庭、企业"收藏展示馆"这个阶段，普遍还没发育为真正的博物馆。体现在创办者的私人财产权与博物馆的法人财产权混淆不清。收藏展示馆是国际博物馆发展史上的一个阶段，现在也仍然存在这种形态的机构，它把私有的收藏与公众分享，有一定的公益性，但藏品权属是私有的，这与公共博物馆有本质区别。就此而言，我国还缺少严格符合国际标准和定义的非国有博物馆，比如像美国那些通过非营利机构认证的私立博物馆。

根据我国民办非企业组织管理法规，非国有博物馆均应设立理事会性质的机构，但事实上在已完成法人登记手续的非国有博物馆中尚有60%还没建立理事会，已建成的也大多形同虚设。为推动非国有博物馆可持续健康发展，应当抓住有利时机在非国有博物馆领域大力推广真正的、以理事会为核心的、规范的法人治理结构，可由博物馆创办者或其代表、政府主管部门代表、热心博物馆事业的社会人士组成理事会，代表社会公众全权负责博物馆宏观管理，馆长由理事会任命，负责日常运营。其中具有国有成分的和有试点意愿的非国有博物馆可以先行先试，探索经验，提供借鉴。对建立了比较规范的理事会制度的非国有博物馆，政府应在政策、资金、业务支持等方面给予倾斜，以产生示范、带动效应。取得进展和经验后再推广到对理事会制度存在一定积极性和空间的国有行业博物馆领域，最终覆盖到全体国有博物馆。

理事会制度能增强博物馆社会化管理的广度和深度，起到动员社会力量支持公益事业的作用，扩大博物馆生存和发展的空间，无疑是正确的路经选择。然而，博物馆理事会制度要有效发挥作用，还需有一系列配套措施，共同构成一个完善的体系，才能真正推动和支撑其良好发展。比如，从人事和财政两方面给博物馆"松绑"、让鼓励向博物馆捐赠的税收减免政策真正落地、出台支持博物馆开发公共文化产品的配套措施，以及推行会员（博物馆之友）制、建立义工（志愿者）队伍等。

相信在外部政策和社会各界的支持下，通过全体博物馆人及伙伴的共同努力，我国博物馆一定能进一步扩大自己的生存空间、强化生存能力、提高生存质量，迎来可持续健康发展的光明前景，从而更好地履行自己承担的宗旨与使命。

关于国家考古遗址公园建设的几个问题

杜金鹏

（中国社会科学院考古研究所）

导言： 著名考古学家、北京大学李伯谦教授，是夏商周考古学权威学者，对中国考古学学科建设做出了突出贡献。因专业方向相同缘故，我与李先生有较多接触，对于先生的勤奋、执著、博学、睿智、谦和，以及先生对前辈学者的敬重、对青年后学的提携、对不同学术观点同行的尊重，在我心中印象非常深刻，引以为学习楷模！今欣逢李老师捌秩寿诞，谨奉短篇习作，以表庆贺！

2014年4月，国家文物局发布了《国家考古遗址公园评估导则（试行）》和《关于开展2014年度国家考古遗址公园评估工作的通知》，委托北京清城睿现数字科技研究院作为第三方评估机构，于2014年4～12月间对第一批国家考古遗址公园进行了评估。根据北京清城睿现数字科技研究院提交的《国家考古遗址公园评估总报告（2011～2013年度）》（以下简称《评估报告》），并结合笔者参与本次评估活动、参加有关考古发掘检查、有关遗址保护展示规划或方案评审，以及个人的参观考察所见，就首批国家考古遗址公园建设中存在的问题，谈谈个人浅见。

《评估报告》认为：国家考古遗址公园有效促进了遗址保护、研究和展示，在对古遗址、古墓葬的利用方面进行了积极有益的探索，有效实现了面向社会、服务公众、惠及民生的目标，彰显了遗址价值，是传承与弘扬中华民族传统文化、开展爱国主义教育的重要载体。国家考古遗址公园制度是文物部门和文物行业对当前经济社会发展的有力回应，是对广大民众日益增长的文化消费需求的积极反馈，也是当前形势下积极协调遗址保护与城市发展关系的有效手段，实现了保护与利用的有机结合，这一政策方向应当继续坚持、不断推广和持续完善。

上述评价，总体上是正确的。但是，在国家考古遗址公园的建设中，存在几个突出问题，也不容忽视。

第一，投资型社会资金的负面作用。

《评估报告》指出，在第一批国家考古遗址公园中，有两家尝试了新型管理运营模式：大明宫为BT模式和BOT模式，隋唐洛阳城为TOT模式。所谓BT（Build-Transfer"建设-移交"）模式是指私营部门的合作伙伴被授权在特定的时间内融资、设计、建造和运营基础设施组件（和向用户收费），在期满后，转交给公共部门的合作伙伴；BOT（build-operate-transfer "建设-经营-转让"）模式是指政府通过契约授予私营企业（包括外国企业）以一定期限的特许专营权，许可其融资建设和经营特定的公用基础设施，并准许其通过向用户收取费用或出售产品以清偿贷款，回收投资并赚取利润。特许权期限届满时，无偿移交给政府；TOT（transfer-operate-transfer "移交-经营-移交"）模式是指政府部门或国有企业将建设好的项目的一定期限的产权和经营权，有偿转让给投资人，由其进行运营管理。投资人在一个约定的时间内通过经营收回全部投资和得到合理的回报，并在合约期满之后，再交回给政府部门或原单位的一种融资方式。就此，有媒体指出："从拆迁到建设，大明宫遗址公园耗资120亿元。作为大明宫项目的实际操盘手，曲江集团用自己惯常的'文化地产'模式解决了这笔资金。时任曲江集团董事长段先念，曾前后游说各路地产商人为大明宫投资，帮助大明宫拆迁、建设安置房，政府再回报以周边地皮，最终，靠大明宫旅游拉动周边消费与房价的双重上涨，投资者们由此收回成本。"[①]

可见，在考古遗址公园的建设或运营当中，有的地方（主要是城市型大遗址，即被现代城市所叠压的古代城址）引进了社会资本。这些社会资本是以营利为目的而进入合作框架之内。

我们知道，建设国家考古遗址公园的初衷，是保护遗址，促进考古科研，服务人民群众。很明显，国家考古遗址公园的定性应是公益事业，定位应是全民国有。既然如此，就应该是国有资本投入建设和运营，欢迎社会资金投入，但只能是非营利性的。无论是"国（公）有国（公）营"还是"国（公）有私营"，都应是非营利性的。如果引进了营利性社会资本，必定会有利益交换，无疑会降低甚至抹杀国家考古遗址公园的公益性质，弱化甚至伤害其核心功能。

在第一批国家考古遗址公园中，我们已经看到了房地产商在国家考古遗址公园建设中转翩身影，形成了在国家考古遗址公园建设名义下的大拆大建现象，伴随国家考古遗址公园出现的是大片新建房产。

如何看待、评价伴随国家考古遗址公园建设而来的房地产开发，对当地经济发展的带动与对遗址本体保护和环境保护形成的压力之间的关系？可能，站在不同立场会有不同看法。我认为，这是大局与小局、长期与短期的一个关系。

诚然，在国有资本投入有限的前提下，大规模拆迁、安置和大型保护、展示设施的建设，必然面临资金困局，但以引进营利性社会资本作为解困手段，值得商榷。而纯粹的捐助性社会资金，则应欢迎。

目前隋唐洛阳城"九州池"遗址公园也因社会资本使用而陷入僵局，亟待解

---

① 朱晓佳：《更多遗址在凋零中，隋唐长安城怎么保护？》，《南方周末》2015年5月21日。

困——为积极投入考古遗址公园建设的洛阳市政府解套,为岌岌可危的隋唐洛阳城宫城遗址保护解危。

第二,建设性破坏现象。

国家考古遗址公园的建设目的是保护遗址,但其保护、展示性建设项目对遗址本体或风貌造成程度不同的破坏或影响,却也不容忽视。

据我现场调研所见,大明宫丹凤门遗址保护性建筑、御道广场建设中,为埋设水电管线而挖掘的土沟深达0.5~1米甚至更深,且纵横交错密布如织,栽种的大树需要挖深度、直径超过1米的土坑。凡此,对于遗址本体显然是严重破坏,大面积硬化后,也不利于考古工作的可持续开展。

第三,工程型考古弊端。

田野考古发掘不是土木工程,它是建立在细致的科学研究基础之上的一项学术活动,具有自己的规范和规律。然而,在国家考古遗址公园建设当中的一些考古发掘,往往被纳入到建设工程范畴而给予严苛的时限,影响了它的科学性。

关于这一点,在隋唐长安城大明宫、隋唐洛阳城宫城,情况最为突出。

据亲自参与大明宫考古遗址公园建设中考古工作的考古专家指出:"2008年大明宫建设开始前,我们对大明宫的发掘也有半个多世纪了,都是循序渐进的,总共发掘面积也就那么一点点。考古也需要沉淀、研究,需要花时间。但2008年开始建设,2010年就要开园,两年时间,要发掘的面积是过去同样时间里发掘面积的好几倍。""两年挖了十几年的","整个大明宫遗址的保护模式,对遗址利用而言自然是好的,对城市发展也是好的。对文物保护的宣传也很好。但在一定程度上,它仍然对遗址造成了某些破坏。"[①]这是比较客观、中肯的评价。

隋唐洛阳城宫城中心区保护展示项目于2007年8月启动,占地南北长约330、东西宽约300米,合计约145亩。涉及17家企事业单位、595户居民,拆迁面积达7.8万平方米。该区域位于隋唐洛阳城宫城中心区,宫城正殿明堂和天堂遗址即位于这里。据文献记载,该区域内还有贞观殿、徽猷殿、东廊和西廊等宫殿建筑物。发掘布方10米×10米探方300个,合计发掘面积约3万平方米,发掘工作历时3年(2007年12月~2010年12月),平均每年发掘1万平方米。该处遗址的建筑遗迹现象叠压复杂,这些布满探方的建筑基址,分为四期,涵盖隋、唐至北宋。

以其重要性和复杂性,无论是西安还是洛阳的隋唐都城遗址核心区域的考古发掘,其速度都远远超过正常——年度发掘面积、人均单位时间发掘面积,均大幅超常。

可见,在西安唐大明宫、洛阳隋唐城宫城遗址核心区(包括隋唐洛阳城宫城九州池遗址)考古遗址公园建设期间,其考古发掘均受时间限制,在时间、人力有限的前

---

① 朱晓佳:《更多遗址在凋零中,隋唐长安城怎么保护?》,《南方周末》2015年5月21日。

提下，发掘速度、精度肯定受到很大影响。这种把考古科研当做建设工程来管理和要求的做法，显然违背了考古学的学科规律。考古学讲究按部就班，倚天时就地利，慢工出细活，这是尊重历史遗产、珍惜文化资源、全面探究遗迹遗物，务必做到不遗漏有关现象、尽可能少地破坏地下遗存的前提下，获取最多最详细的科学资料。

可以这样说，被纳入"工程"类管理的考古发掘，虽然成绩很大——往往有重要甚至重大考古发现，保障了考古遗址公园建设的建设工期，但问题也很多——主要是为了赶工期，发掘质量有欠缺，研究难以深透，不能为将来的保护和展示提供最优科学支持。

第四，考古科研可持续发展的破局。

笔者一贯认为：考古遗址公园的核心功能和任务之一，就是服务和促进考古与文保科研。换言之，考古遗址公园建设，不仅要为考古文保科研提供一个当下机会，而且更应为考古文保科研创造未来条件——即考古遗址公园建成之后，保障考古文保科研能够长期有序进行。

《评估报告》说：国家考古遗址公园建设为持续考古和科学研究提供了有利条件。考古工作是遗址保护和展示的基础。除了用地保障外，国家考古遗址公园还积极建设、完善了考古工作站、保护研究实验室、标本库等，较大程度地改变了以往遗址考古工作条件简陋、工作环境恶劣的局面，使考古和科学研究工作可以常态化、持续性开展。评估期内，第一批12家国家考古遗址公园共开展考古调查、勘探、发掘项目15项，投入经费4138万元；开展研究项目76项，投入经费3031.34万元。8家国家考古遗址公园设立了单独的考古工作站，建筑面积合计32719平方米；8家国家考古遗址公园设立了专门的保护研究用房，建筑面积合计14738平方米；11家国家考古遗址公园建立了专门的文物库房，建筑面积合计7279平方米。

确实，总体上看，考古遗址公园建设为考古科研创造了良好条件。如良渚、三星堆、汉阳陵等遗址公园，考古工作均取得不俗成绩。但不容忽视的却是，有的考古遗址公园建成以来，考古科研便陷入停滞甚至终结，至少考古发掘不再具备必要条件。易言之，考古遗址公园建设没有为考古发掘预留空间，或者预留空间极小，或者以影响开放为理由，不欢迎甚至排斥新的考古发掘。如殷墟，《评估报告》统计殷墟有1000万元规模的"刘家庄北地"考古发掘，其实，这些发掘虽然在殷墟遗址范围内却并不在殷墟考古遗址公园范围内，而金沙、高句丽遗址公园则没有任何考古工作。

现实是，有的考古遗址公园的考古科研近乎是一次性的，其可持续发展，未能实现。

第五，科研基础薄弱。

在现有的国家考古遗址公园中，不少遗址缺乏扎实的考古科研基础。发掘面积有限，聚落布局认识不清，文化内涵掌握不全，因此其文化遗产展示缺乏科学基础。尤其应该指出的是，在个别遗址，即便在公园建设前已经有大量新的考古成果，也没能被全面、适当地展示出来。

第六，展示不当。

展示落后于研究。有的遗址公园的展示利用，没有充分依靠和展现已有的研究成果，致使展示内涵不够丰富、扎实、前沿。如据最新研究表明，殷墟遗址宫殿区礼制建筑基址，是以主殿坐北朝南、其余三面有廊庑拱卫的"四合院式"宫院为基本格局，其功能很可能分别属于朝、寝、宗、社等。在宫殿区，还存在一个大型人工景观池苑。这个研究成果，得到了田野考古勘探的有力支持。而今，殷墟考古遗址公园的展示，依然是停留在十年前的研究水平上[①]，没有及时吸收最新科研成果，把它以"四合院式"宫院建筑为主体的宫室基本格局反映出来，也没有将其朝、寝、宗、社不同性质的礼制建筑布局，充分体现出来，严重影响了人们对商代都城格局、宫室制度、建筑水平、社会和意识形态的理解。

在第一批国家考古遗址公园中，也存在展示工程建设不当或过度的现象。尽管在如何展示有关遗迹现象、彰显哪些价值要素方面，学术界见仁见智难能一致，但是探索性的展示工程存有明显缺陷，则是事实。需要指出的是，某些在建的考古遗址公园，这方面的问题更为突出，应该特别引起关注。

针对以上问题，笔者提出关于国家考古遗址公园建设的以下建议，供讨论。

笔者的建议可概括为16字：定性准确，顶层设计，重点投入，控制规模。

"国家考古遗址公园"有四大任务和功能，分别对应四个关键词。

国家——实行全民共有性质的国家层面文化遗产管理。不管考古遗址公园的管理者或主管者是哪一级政府，都是代表国家在管理这份全民族的文化遗产；

考古——保障和促进考古科研和其他科学研究，确保其可持续发展；

遗址——保护遗址资源，保护和改善遗址环境及其风貌；

公园——促进遗产活化利用，让人民群众能够浸润、欣赏优秀的文化遗产。

因此，国家考古遗址公园必然定性为非营利性公益事业。鉴于目前申报的国家考古遗址公园均系全国重点文物保护单位，其建设经费（遗址本体保护展示，甚至包括历史环境恢复），主要应由中央财政负担，而地方政府可根据自身财政情况承担辅助性基础设施建设费用。不应该把主要财务负担压在地方政府头上，也不应该引入社会资本把它商业化。

从目前态势看，国家考古遗址公园将来会有数十家甚至上百家，这是国家重视文化遗产的体现。但，这也必定是一项不菲的财务支出。我国还不是发达国家，国家考古遗址公园全面开花不现实。建议控制数量，突出重点，优先选择古代都城遗址、尤其是地处现代城市的古代都城遗址或被现代城市叠压的古代大型聚落遗址，进行重点保护，重点支持。如果每年在洛阳、西安等城市集中投入，将会保存中华文明的主线

---

① 该展示方案，系殷墟"申遗"前根据当时的考古研究成果由笔者主持编制的，曾经得到国内外专家的赞赏，为殷墟成功申遗做出了贡献。

脉络，把地方政府从财务困境中解脱出来，聚精会神做好遗址公园的规划和方案的落实。国家考古遗址公园应享受中央财政补助免费开放或有条件免费开放，就如博物馆享受中央财政补贴免费开放一样。

简而言之，应从中央财政设立专项，支持重点，压缩战线，项目设计不"摊大饼"，经费分配不"撒胡椒面"，集中力量首先保护好中华文化遗产主干系、主脉络。

布币考证及相关问题研究

王纪洁

（中国钱币博物馆）

春秋战国时期，因为周王朝的统治势力渐弱，列国均各自为政，因此形成了一个百家争鸣、百花齐放的时代。由此列国经济也自成体系，为适应和推进本国经济发展的需要，各国都自行铸造货币，拥有不同形式的货币和货币制度。当时主要使用青铜铸币，按钱形主要分刀币、布币、圜钱、蚁鼻钱等四种，它们有各自不同的流通区域。由于诸侯各自为政，拥有独立的货币制度，货币形制差异巨大，所以造成币制混乱。每个国家的货币不一样，价值也不一样，阻碍了彼此的商业交易和货币的顺畅流通，阻碍了各国之间的经济交流。

一、布币的起源

布币的形制是从商周时期的铲形耕田器——"钱"演变而来。《诗经·周颂·臣工》云："命我众人，庤乃钱镈，奄观铚艾。"其释文是：命令我的农人们，准备好农具，我要去看开镰收割。孔颖达引《说文》曰："钱、铫，古田器。"而《说文解字》对"镈"其中的一个解释也是"田器"。可见，在商周时期钱和镈都是用来耨草的农具。镈像锄头，上部有孔，用于横向安装木柄。钱同铲，上端有銎，用以垂直安装木柄。文献记载："铲之体用即与钱同，钱特铲之别名耳。"[1]这类耕田器在河南郑州紫荆山商代中晚期遗址、河南安阳殷墟5号墓、安阳殷墟苗圃北地、大司空村、洛阳下瑶村等地都有出土。西周和东周时期，则在更多地区有所发现[2]。最早的原始布币应是由农具——"钱"演变而来，基本特征是体大量重，上部肥厚，顶端有銎，中空，延伸到钱身中、上部，下部为薄刃，背部有可以加强承受力的隆起的脊。早期的金属农具由于从金属冶炼到农具制作，凝结了较多的劳动，且铸造数量少，较之牲畜、谷物等物品，便于携带和保存。因而不但具有使用价值，同时也具有较高的劳动附加

---

[1] 王毓瑚校：《王祯农书》，农业出版社，1981年，227页。
[2] 陈振中：《殷周的钱、镈——青铜铲和锄》，《考古》1982年第3期。

值，人们承认它们的交换价值，于是，它被从普通交换物品中分离出来，成为充当一般等价物的一种特殊商品。因这类铲状工具曾经是民间交易的主要媒介，故最早出现的铸币铸造成铲状。

以往人们认为布币由"镈"演变而来，布、镈古音同，可以通假，但从文献记载和考古研究来看，钱、镈是两种造型和用法截然不同的农具，原始的布更接近于钱（铲）而不同于镈。也有研究者认为布币是由另一种农具——"耒耜"发展而成，因为耒有两齿，形状与布币的两足接近，但耒是木制而加装金属的耒头，金属耒头与布币的形状相差较大。原始布币的中空銎，以及刃部平面略内凹，也与耒的形状不一致，不符合原始布的最初形制。

布本为麻布之意，麻布也是人类早期交易的媒介之一。从西周到春秋，布一直是人们广泛通用的主要实物货币。史书不乏记载，如《周礼》："凡宅不毛者有里布。"郑玄注："里布者，布参印书，广二寸，长二尺，以为币，贸易物"①；《礼记·王制》亦说："布帛精麤不中数，幅广狭不中量，不粥于市"；《诗经·卫风·氓》："抱布贸丝"；《左传·昭公二十六年》："百两一布"；《管子·乘马·士农工商》："无金则用其绢，季绢三十三制当一镒，无绢则用其布，经暴布百两当一镒。"这些记载都说明布在当时已经承担交换手段并作为一种支付工具来使用了。当根据农具"钱"演变而来的金属货币出现后，人们受长期习惯的影响，仍然称其为布。又因其形如铲，所以布币又称为"铲布"。

二、铸造年代和行用地区

布币铸造年代，一般都认为起始于春秋而盛行于战国。但有学者引述散见于多种古文献中的历史记载，诸如《周书》："武王克商，发鹿台之钱，散钜桥之粟"，《吕氏春秋》："武王复盘庚之政，发钜桥之粟，赋鹿台之钱，以示民无私"，《史记·殷本纪》："厚赋税以实鹿台之钱，而盈钜桥之粟。"联系商代商业发展的事实，认为商末可能已有布钱②，也有学者认为布币最早出现于西周③。从出土情况看，殷商和西周时期的青铜铲，体大量重，尚未脱离农具的原形。因此这时的青铜铲应基本上还是以实物形态为主，与珠玉、货贝、青铜块等一起，共同作为实物交换媒介来使用。以后，随着社会经济的发展，为了更加适应流通、便于携带的需要，原始布经过演化，体形不断轻薄，分量不断减轻。大概在春秋早期，原始布演变成空首布，虽

---

① （清）阮元校刻：《十三经注疏》，中华书局，1980年，726页。
② 王毓铨：《中国古代货币的起源和发展》，中国社会科学出版社，1990年，53页。
③ 郑家相：《中国古代货币发展史》，生活·读书·新知三联书店，1958年，31页。陈振中：《殷周的钱、镈——青铜铲和锄》，《考古》1982年第3期。

然还留有中空的銎，但已不适宜装柄，而且肩和足凸出较为明显，布体周边出现郭，隆起的脊变成三道带有装饰性的直纹。早期多为无文，其后开始铸有数字、地名等文字。空首布很多种类，最早的空首布，形体特别粗大，只是分量较原始布轻些，这大概是由正式农具演变成货币的一种过渡形态。

到春秋晚期和战国早期，空首布演变为平首布，銎孔消失，銎首扁平与钱身连成一平面，布面文字通常为铸地地名和钱币本身面值。至此，布币完成了从金属农具到金属铸币的进化。这个过程总的发展趋势是，币身不断缩小，重量减轻，以求轻巧、便于携带流通，造型和纹饰也趋向于简单、精整美观。

布币铸行的地区，主要是周朝的京畿之地，春秋的秦和三晋地区，战国的魏、赵、韩、燕等国，大体包括现在陕西、山西、河南、河北和山东、辽宁的一些地方，上述地区出土的布币明显地反映了布币流通的地域性。

古人对布币的发现和形制记载较多，南宋洪遵《泉志》卷九《刀布品》著录有多品平首布；清乾隆年间朱枫所著《古金待问录》卷三录有一品空首布，看币文及形态应是"卢氏"斜肩空首布。由于当时资料缺乏和人们的认知程度有限，有不少著作都把它们列为不可识或定为上古时期三皇五帝所铸，如乾隆时期的《钦定钱录》、嘉庆初年吴文炳的《泉币图说》。其后，随着金石学的不断发展，有古钱学家已指出布币上的地名代表周的列国，从而否定了布币是三皇五帝时期遗物的错误说法。其中以清人初尚龄为代表，他在刊行于嘉庆二十四年（1819年）的《吉金所见录》一书中，不但把平首布归为"周列国部品"，而且确定空首布为钱币，把其归入卷二《铲币品》，称为"铲币"，并明确指出"今细玩其铜质、篆文，似在前诸币（平首布）之先，为春秋以前物"，其前瞻性的论断与以后的考古发掘论证不谋而合。其后，冯云鹏、冯云鹓的《金石索》、戴熙的《古泉丛话》、马昂的《货布文字考》等均有对布币的著录。

三、布币的分类

（一）空　首　布

空首布是中国货币史上极其重要的一种货币形式。"空首布"一词最早出现于同治三年（1864年）李佐贤的《古泉汇》一书。《古泉汇》元集古布类十四卷，其中第十卷为《空首布》。空首布最基本的特征就是首部中空，上端有銎，形体较大。今天我们见到的最早的空首布是形体比较大，形状更接近农具铲。铸造时间大约是在春秋早中期，通长12～15厘米，宽7～10厘米，重15～40克。其正背銎部垂下两条粗筋，裆部有外廓，是原始工具"钱"向空首布币演变过程中的重要物证之一，我们称之为原始空首布。空首布按照形状，可以分为耸肩尖足空首布、平肩弧足空首布、斜肩弧足空首布三大种类。

1. 耸肩尖足空首布

耸肩尖足空首布的基本特征为耸肩、尖足、长柄，方裆或圆裆，体形薄而博大，分大、中、小三型。大型布通高约16厘米，肩宽6厘米左右，厚0.07～0.1厘米，一般重35.3～37克（图一）。中型布通高12～14厘米。大、中型布面背皆有三道平行直纹。小型布形状与大、中型相同，通高11.7～12.5厘米，肩距4.7～5.3、厚约0.05厘米，重25.3～30.7克，多数面无直纹，背平素。大型布无文字，所以旧谱称为"无文大布"。中小型布或素面，或布面有一、二文字，如"一""六""七""玄""甘丹""玄金"等。1959年，在山西侯马市牛村古城南的东周遗址发现了12枚耸肩尖足空首布，其中发现极罕见的五字空首布[①]。对于布币文字，朱活释为"辛晋（新晋）共黄釿"[②]，黄锡全释为"玄盾/黄釿"[③]。此类型的空首布已发现铭文六十余种[④]。

图一　无文耸肩尖足空首布

耸肩尖足空首布，具有明显的地域性特征。此类空首布多出土于今天山西省的侯马、运城、稷山以及河南浚县、汲县等地[⑤]，上述地点应是春秋中晚期至战国早期晋国、卫国统治范围，尤其是侯马（晋时新田）。晋景公十五年（公元前585年）迁都于此，其地成为晋国政治、经济中心，所以我们认为耸肩尖足空首布主要是晋国和卫国所铸，其后三晋中的赵国基本继承了此种空首布的形式，逐渐发展为尖足布。在侯马铸铜遗址出土的布范和总数约在十万件以上的范芯更加说明了这种情况[⑥]，同时也说明当时晋的金属铸币业已具备相当规模，钱币铸造技术高超，生产规模巨大、组织细致。

---

① 山西省文管会侯马工作站：《1959年侯马"牛村古城"南东周遗址发掘简报》，《文物》1960年第8、9期合刊。
② 朱活：《古钱新探》，齐鲁书社，1984年，30页。
③ 黄锡全：《先秦货币研究》，中华书局，2001年，7页。
④ 黄锡全：《先秦货币研究》，中华书局，2001年，59～61页。
⑤ 黄锡全：《先秦货币研究》，中华书局，2001年，61～63页。
⑥ 山西省考古研究所：《侯马铸铜遗址》（上），文物出版社，1993年，102页。

2. 平肩弧足空首布

图二　"安藏"平肩弧足空首布

平肩弧足空首布的基本特征为平肩、弧足，柄较短，布面、背均有三道竖线（竖纹），通高约7~10厘米，分大、中、小三型。大型布通高10厘米左右，重约33克左右；铜质精细，造型规整，系早期所铸。钱面铭文多为单字，有少数为多字。中型布通高8.5厘米左右，重22克左右，铭文一至四字。小型布通高7厘米左右，重15克左右，钱文多为一到二字，制作较粗糙，系晚期所铸。平肩弧足空首布面文字内容为数字、干支、天象及地名等，如"八""公""武""甲""日""安藏"（图二）、"东周"等字，像"少曲市南""少曲市中""少曲市左""少曲丘市中"等布面有四五个字的，均发现极少。据统计已有200多种不同的文字[①]，目前币文多已获释，亦有少数存疑待考者。从考古资料来看，目前此类型的空首布出土地点以洛阳为中心，周边辐射至孟津、新安、伊川、临汝等地区[②]。战国时，周有今河南省孟津、洛阳、偃师、巩、汝阳等县间地，过黄河有今温县的小部分地，国都在成周（今河南洛阳东北）[③]。从出土地点以及布面铭文来看，平肩弧足空首布应是周王畿及周边宋、郑等国使用的货币。

---

① 黄锡全：《先秦货币通论》，紫禁城出版社，2001年，89~92页。
② 余扶危、赵振华：《洛阳发现随葬空首布的东周墓葬》，《考古》1987年第8期。赵振华：《河南洛阳新发现随葬钱币的东周墓葬》，《考古》1991年第6期。李红、岳梅：《洛阳小屯村发现东周空首布》，《文物》1998年第12期。蔡运章、张书良：《洛阳发现的空首布钱范及相关问题》，《中原文物》1998年第3期。洛阳博物馆：《洛阳附近出土的三批空首布》，《考古》1974年第1期。任常中、赵新来：《河南临汝出土一批空首布》，《中原文物》1982年第2期。米士诚、郭凤娥：《河南临汝出土空首布币》，《文物》1990年第7期。
③ 杨宽：《战国史》，上海人民出版社，1980年，264页。

3. 斜肩弧足空首布

斜肩弧足空首布的基本特征为布币的两肩部向外倾斜与币身中线呈现一定的夹角，弧足指布币下端呈弧足状，所以叫"斜肩弧足空首布"，其体型分有大小两种。大型的特征是空首、斜肩、弧足而銎较短，面有二斜纹，文字在二斜纹之间，背有二斜纹中间为一直纹，通高8～9厘米，足距4.6～4.8厘米，厚约0.12厘米，重22～27.1克，面文有"卢氏""三川釿""武"等（图三）。小型的特征是，形状类似大型就是形体略小，长约7厘米，足距4.2～4.4、厚0.1厘米，重18.5～24克，面文有"武""武安""武采""武釿"等。此类空首布多集中出土在洛阳、宜阳一带。黄锡全认为此种空首布是春秋晋国韩氏及战国时期韩国的铸币[①]。特

图三 "武"字斜肩弧足空首布

别是1980年3月，河南省宜阳县柳泉乡花庄村出土窖藏斜肩弧足空首布1789枚[②]，宜阳曾是韩国的都城，在此发现大批斜肩弧足空首布，印证了此种空首布是韩国的货币，我们对此亦持相同观点。

4. 银质空首布

1974年8月，河南扶沟县古城村出土18枚银质布[③]。大小长短不一，可分为短、中、长三型，皆为铲形，圆柄、平肩、平足，柄作圆锥状。其中短型6枚，中型10枚，长型2枚。除有1枚短型为空首外，其余皆为实首。通高7.6～15.7、身宽5.6～6.4厘米，重89.4～210.2克。有学者经过考证，主张此批银质布以短型空首布较早，中、长型银布较晚，铸造时间为春秋中期到战国初期[④]。这些空首布大小、重量不一致，所以它们

---

① 黄锡全：《先秦货币通论》，紫禁城出版社，2001年，99、100页。
② 赵安杰、张怀银：《河南宜阳花庄村出土一批空首布》，《文物》1986年第10期。
③ 河南省博物馆、扶沟县文化馆：《河南扶沟古城村出土的楚金银币》，《文物》1980年第10期。
④ 郝本性：《关于周代使用银币的探索》，《中国钱币论文集》，中国金融出版社，1985年。

与青铜质空首布的用途不一致，故我们认为它们不是具有货币职能的通货，而是一种称量货币或特殊的纪念币，用途有可能为馈赠。如将其视为称量货币，这是继楚国金版之后出土的又一种贵金属称量货币，将我国使用白银作为货币的历史提前到了东周时期，是我国货币史上的一个重大发现。

（二）平 首 布

战国时期，由于工艺改进、简化空首布，逐渐演变为新一代的布币——平首布，布首端不带有銎孔，空首变为扁平且薄的实首。平首布通体小于空首布，重量也较轻，各国和地区在平首布的形制上互有差异，种类很多，按照形制不同，有桥足布、尖足布、方足布、圆足布、锐角布等之分。通过出土资料、文献资料研究，我们可以知道平首布盛行于战国中、晚期，流通区域主要为周王畿与韩、赵、魏、燕、楚等国。布面均有文字，系地名或地名加其他文字，背面无文或有数字。秦统一后，为秦半两钱所代替，布币逐渐退出历史舞台。

1. 桥足布

桥足布因两足间的跨裆与拱形桥孔相似而得名，基本特征为桥足（弧足），平肩或圆肩。币文纪地名兼纪值纪重，主要为"釿布"和"当寽布"两类。

桥足布中的"釿布"因币文带有"釿"字，所以称"釿布"，"釿"是重量单位。同一地名的桥足布有两种或三种不同的面额，一般为半釿、一釿、二釿三种，大小轻重不一，其币值、大小、重量依次递增，以较常见的"安邑"布为例，二釿布通高约6.5厘米，重28克左右；一釿布通高约5.2厘米，重14克左右；半釿布通高约4.2厘米，重7克左右。二釿布相当于2枚一釿布或4枚半釿布，此种明显的分等制，使布币在商品交易过程中，更加便于流通使用，比较符合当时"子母相权"的货币理论，是先秦货币制度上的一大进步。

桥足布中的"当寽布"以币文均有"当寽"而得名，主要有"梁充釿五十当寽""梁充釿百当寽""梁正尚百当寽""梁半尚二百当寽"等四种。"当寽"布币中的"梁"是指战国后期魏国的国都大梁（今河南开封市），是布币的铸造地名。"寽"，既是这种钱币的价格标度，也是商周时期的重量单位。"寽"同"锊"，商代晚期时已经产生，西周金文中屡见有记载，到战国晚期时仍通行于三晋、两周地区[①]。关于一寽的具体重量在文献中说法不一，一共有四种说法：一是十一铢二十五分之十三；二是十二铢；三是六两大半两；四是六两。2006年4月，洛阳市第二文物工

---

① 蔡运章：《寽的重量及相关问题》，《中原文物》1982年第3期。

作队在洛阳市洛南新区王圪垱中石油大学学生公寓考古发掘中，出土的"梁正尚百当孚"4枚。通长5.8～6.3厘米，重量分别为13.3、14.5、14.7、15.3克[①]。

目前发现的桥足布有"梁半釿""梁一釿""梁二釿""安邑半釿"（图四）、"安邑一釿""安邑二釿""京一釿""梁充釿百当孚""梁正尚百当孚"等30多种，大部分为"釿布"。除"安邑一釿""安邑二釿"有背文"安"，"梁充釿五十当孚"偶有背文外，余皆素背。桥足布主要为魏、周流通货币。新中国成立以后，桥足布的出土地点也基本上是魏国故地。如1989年12月中旬，平陆县曾一次出土"釿布"2200余枚，其中"安邑"布占了总数的85%[②]。

2. 尖足布

尖足布的基本特征是耸肩、尖足、方裆，面背具有周郭，分大、小两种，形状和耸肩尖足空首布极为相似，二者应有明显的渊源关系。大者通高8厘米左右，重约12克，上面的地名有"甘丹""晋阳""兹氏""大阴""蔺""榆次"等。小者通高约5厘米左右，重6克左右，上面的地名有"晋阳""兹氏""大阴""蔺""离石""武安""武平""中阳""寿阴""霍人""平州"等（图五）。从大、小尖

图四 "安邑半釿"桥足布

图五 "武安"尖足布

---

① 赵晓军、吴业恒：《洛阳新发现的战国钱币及相关问题》，《中国钱币》2007年第2期。
② 卫斯：《平陆太寨出土大批魏国弧裆釿布》，《文物季刊》1993年第1期。

足布所铸地名来看多为赵地，可知其为赵国铸币无疑。1963年5月山西原平县武彦村曾出土战国货币64千克，经整理其中有完整布币2223枚，除10枚圆足布外，其余均为尖足布（2213枚）。大型尖足布8枚，文字分别为"甘丹""大阴"，余为小型尖足布，币文有"晋阳""兹氏""离石""中阳""晋阳半"等29种[①]。

3. 方足布

方足布的基本特征为平首，肩平或稍耸，方裆，方足，面、背中部均有自首至裆的一条竖线，有周郭，面部竖线两侧为币文，币文多为地名，背部竖线两侧各为一道斜线，除偶见有纪数，多为无文字的素面，因其双足较为平直方正而得名"方足布"。从流传至今及考古发现的实物看，方足布是所有布币中品种数量最多的一种，出土这类布币的地区很广，包括今天的山西、河南、河北、辽宁、内蒙古、吉林等地。

据对出土方足布实物的调查、研究可知，当时铸造方足布的诸侯国较多，铸造数量巨大。方足布钱文地名发现已有百余种，多为三晋地区，还有东周、燕等。因为品种繁多，根据黄锡全《先秦货币通论》统计[②]，以三晋地区为例简单列举如下：

三晋地区方足布以赵地最多，其为韩地、魏地，最少为周。赵地有"蔺""中都""阳邑""祁""平原"等47种，韩地有"屯留"（图六）"平阳""阳城""郘""宅阳"等26种，魏地有"皮氏""梁""蒲子""高都""酸枣"等26种，周的东、西周国计有"东周""寻土""尾寻""北寻""尸氏""鄩""王城"及"渠子"8种，另有"王氏""木子""子邑"等31种待考。上述方足布大多数通长在4.5厘米左右，重5～6克，但也有如赵地"代"、魏地"梁"等个别地区铸造的方足布通长超过5厘米，重量在9～14克的大布。

图六　"屯留"方足布

除三晋外，在方足布中，还有一个特殊的品种，那就是燕国铸造的布币。虽然燕国主要铸造和通行"明"刀，但在战国中晚期，燕国的一些地区也铸有方足布。其

---

① 山西省文物管理工作委员会：《山西省原平县出土的战国货币》，《文物》1965年第1期。
② 黄锡全：《先秦货币通论》，紫禁城出版社，2001年，176～185页。

基本特征是体形略小,中间束腰,裆较深。布面上钱文纪地,布背有光背的,有纪数的,也有铸有"左""右"等文字的。燕国行用方足布有史料记载,就其实物而观,铸造时间较早,流通地区也很广,大多都是出自官炉。目前所发现的文字主要有"宜平""纕平""平阴""阳安""韩刀""右明辟强"等十余种。燕国布币地名除了"纕平"(今辽宁省辽阳市)以外,其余铸地均在燕、赵两国接壤处。

在出土品种众多的方足布中,以"安阳""平阳""宅阳"最为常见,其中"安阳"最多,次为"平阳""宅阳"。安阳在战国时赵国境内,有东、西之分。东安阳在今河北阳原县。西安阳在今内蒙古包头市西。当时两地均铸造了安阳方足布。1958年10月内蒙古包头麻池乡曾出土三件"安阳"方足布铸钱石范[①],说明此地曾是西安阳铸币作坊。平阳在今山西临汾。临汾因地处平水之阳,古称"平阳",相传古代尧帝建都平阳,史称"尧都平阳"。战国时期韩国建都于平阳,后属赵国。宅阳在今河南荥阳县东南。战国时处于韩、魏交接地带。1963年4月间,阳高县长城公社天桥村社员在村东北约0.25千米处,从地下发现了一批战国货币,计重102千克[②]。共有尖足布和方足布13000枚。尖足布只占总数的5%,其余皆为方足布。其中"安阳"布最多为4720枚,次为"宅阳"布1900枚,"平阳"布1320枚。三种布占了出土方足布的近65%。

4. 锐角布

在三晋布币中,有一类平首布形制比较特殊。其基本特征是平肩、方足,首的顶端两侧各有一锐角凸出,形制较为奇特,因名"锐角布",有大、小两种。大型者通高约7厘米,重19克左右。目前,已发现的大型锐角布钱面文字主要有"百涅""亳百涅""舟百涅""卢氏百涅"等几种,其基本特征是布形大、平裆,除"亳百涅"布外(竖线因有字未到裆),其余布面正中由首至裆有一竖线,文字多铸于竖线两侧;布背中间从首至裆亦有一竖线,其两侧各有一从肩至足的斜线;面背皆有郭,铸造工整。小型者通高约4厘米,重9克左右。小型锐角布钱面文字主要有"公""垂"(图七)等两种,其基本特征是裆呈"∧"形,铸造粗糙,或有边郭。"公"字布,面

图七 "垂"字小型锐角布

---

① 李逸友:《包头市窝吐尔亳发现安阳布范》,《文物》1959年第4期。
② 山西省文物管理委员会:《山西阳高天桥出土的战国货币》,《考古》1965年第4期。

之两侧从首至足各有一斜线，斜线中间有一"公"字；其背面与大型布相同。"垂"字布，面无线纹，"垂"字铸于布身中间；其背面两侧各有一从首至足的斜线，中间无竖线。

有关锐角布的国别和年代，主要有两种观点。一是郑家相先生认为，"为春秋末期晋地首改空首为平首之制作。迨入战国，近洮水之平阳，因之而首铸方足小布，于是方足小布遂盛行于各地。故此锐角方足布，可谓空首布与方足小布间之过渡制作也"[1]。二是汪庆正先生认为，"为战国韩国的早期铸币可以肯定"[2]。从锐角布形制和重量上仔细观察和分析，多数学者倾向于其应当是战国早中期的货币。因为锐角布和桥足布币文均有"卢氏"字样，这似乎说明锐角布是晚于桥足布的一种货币。桥足布是梁惠文王迁都大梁以前魏国的铸币，属于战国中期。所以，锐角布也应该可能是在这时候铸行，但要比方足布偏早一些。

我们结合锐角布的币文和出土地点考证，大型锐角布应为韩国铸币，小型锐角布应为魏国铸币。"卢氏"，地名。《水经注·洛水注》中说："《竹书纪年》：晋出公十九年，晋韩龙取卢氏城。"在今河南卢氏县，地处魏、韩、秦三国交壤，春秋属周、晋，战国先后属晋、魏、韩、秦。"舟"字，地名，学者主张与"州"音同相通，故城在沁阳县东南，属韩。"亳"字，地名。古亳地有三：一为南亳，在河南商丘县东南；二为西亳，在河南偃师县西；三为北亳，在河南商丘县北四十里大蒙城。商丘一带，春秋属宋，战国后期属魏。西亳当属周或韩。所以，仅从地名上考虑，大型锐角布可以定为韩，但也可定为魏。黄锡全先生经过仔细考证，认为在郑韩故城出有"百涅"陶范。因此，他暂且倾向于大型锐角布为战国中期前韩国的铸币[3]。锐角布的出土地点主要有今天的郑州、洛阳、陕县、辉县、淇县、新郑等地，这些地方在战国时期均属于韩国范围，这也是锐角布为韩国铸币的重要佐证。战国时期的韩国是一度比较弱小的国家，西临秦，东接魏，北面赵，强敌环伺，早期的韩国统治者也希望变法图强，韩哀侯二年（公元前375年），灭郑国，并将国都迁于郑（今河南新郑），韩国版图得到扩充，变法的条件也进一步成熟，韩昭侯八年（公元前355年），用原郑国京（今河南荥阳东南）人申不害为相，实施变法。申不害为战国中期法家的著名代表人物，据《史记》记载，申不害相韩，"内脩政教，外应诸侯，十五年，终申子之身，国治兵强，无侵韩者"。韩昭侯死后，后继国君均昏聩无能，胸无大志，遂使韩国不断受到各国蚕食，终至于亡。故锐角布铸造年代可能是韩昭侯在位期间（公元前362年~前333年）。

小型锐角布，一般多出在河南北部，即当时魏国的范围内。如在河南淇县一战国

---

[1] 郑家相：《中国古代货币发展史》，生活·读书·新知三联书店，1958年，63页。
[2] 汪庆正：《中国历代货币大系·总论》，上海人民出版社，1988年，23页。
[3] 黄锡全：《先秦货币研究》，中华书局，2001年，78页。

墓中一次出土一批"公"字布，仅完整者就有60枚①。尤其是在鹤壁，一处战国货币窖藏有4870枚，其中"公"字锐角布竟有3537枚，"垂"字布1枚，其余多为魏国货币，如"垣"字圜钱多达1180枚，还有安邑一、梁正币百当布、梁布等②。在河南林县发现有"垂"字布39枚③。如从货币出土的地理位置与共存关系方面考虑，这种小型布应是魏国的货币。"垂"，地名。何琳仪先生结合《路史·后纪》《通典》《战国策》《汉书·地理志》考证，垂地在今天山西晋城南四十五里古"天井关"④。因此，小型锐角布根据其币上地名、出土地点及埋葬年代与共存关系，应是战国后期魏国铸行的货币。

5. 圆足布

圆足布的基本特征为圆首、圆肩、圆足，布面上铸有文字，纪地，主要有"晋阳""兹氏""大阴""隰氏""蔺""离石"，为赵地名，均属赵币。当时铸造量较少，故流传下来的实物不多。其中"离石"和"蔺"字圆足布（图八）有大、中、小三等，形制整齐，背面从肩至足有稍倾斜的竖纹，两竖纹之间有数字，如"一""二""三""四""五""十一""十五""廿""卅六""四十""五十"等。大型布通高8厘米左右，重15克左右；中型布通高6~7厘米，重12克左右；小型布通高5~6厘米，重8克左右。

在赵国所铸货币中，地名带有"蔺"字的，包括尖足布、圆足布、直刀、圜钱等，这说明蔺地在当时占有重要的地位。蔺，古邑名，春秋时晋地，战国时为赵边城，其地在今天山西省离石市西柳林境内。由于蔺地是秦国东进攻赵必争的战略要地，曾多次遭秦攻击，《史记·赵世家》记载：公元前351年"（赵成侯）二十四年，秦攻

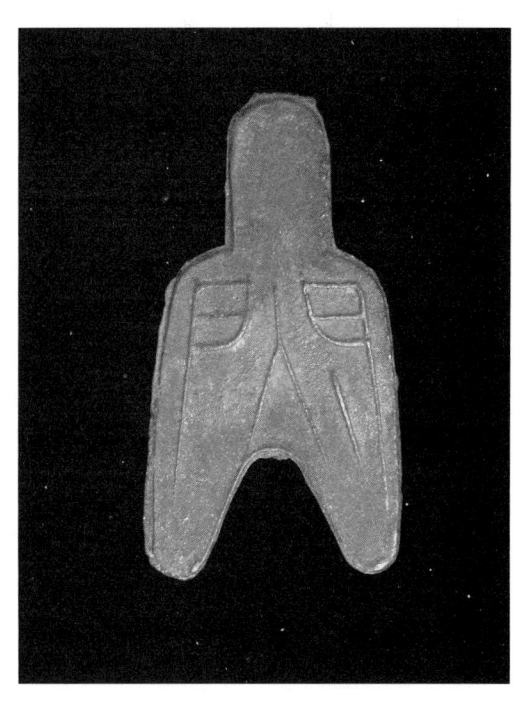

图八　"蔺"字圆足布

---

① 耿青岩、李树长：《河南淇县发现一批战国铜币》，《考古与文物》1985年第1期。
② 刘荷英：《鹤壁出土战国锐角布币》，《中国钱币》1989年第1期。
③ 张增午：《河南林县出土的古钱币》，《中国钱币》1992年第1期。
④ 何琳仪：《锐角布币考》，《中国钱币》1996年第2期。

我蔺"；公元前328年"（赵肃侯）二十二年，张仪相秦。赵疵与秦战，败，秦杀疵河西，取我蔺、离石"。公元前313年"（赵武灵王）十三年，秦拔我蔺，虏将军赵庄"。从这些史料可以看出，秦、赵曾在蔺地进行过多次争夺，虽然其一度被秦所占领，但大部分时间仍属赵国，蔺地最后入秦的时间大致是在赵惠文王十七年（公元前282年），当时秦将白起率军先是攻取了赵国的蔺、祁两城，次年又夺取了与蔺地相邻的离石，对此《史记·周本纪》中有明确记述：公元前281年"（周赧王）三十四年，苏厉谓周君曰：秦破韩、魏，扑师武，北取赵蔺、离石者，皆白起也"。"蔺"字布虽为赵国铸币，但其是在魏、秦货币制度影响下产生的铸币。"蔺"字圆足布和圜钱在内蒙古地区也屡有出土发现。从赵国的地理位置史实资料方面考察，当年赵国疆域广阔，既拥有三晋、冀西大平原，又占据塞北漠南鄂尔多斯大草原部分地区，赵武灵王"胡服骑射"不断向北扩张，当时直达阴山山脉以南，在此沿线屯兵之处甚多，多为军事要地，后来这些地方都变为繁荣的商业城市，如云中城、九原城、延陵城。"蔺"字钱币在内蒙古地区出现，说明赵国由内地向塞北进军和贸易往来。

6. 三孔布

三孔布是布币中非常特殊的一个种类，最早见于清人初尚龄所著的《吉金所见录》，其书中载有一品"南行易"背"十二朱"三孔布，以后的学者把三孔布作为一个类别对其进行了深入的研究。三孔布的基本形制同圆足布相似，但其在首和两足各有一圆孔，故称"三孔布"。有"安阳""上专""宋子""无终""南行易"（图九）等30余种地名。三孔布币值分大小两等，采用"铢两制"纪重，大布的背文为"一两"，小布的背文为"十二朱（铢）"，反映了当时的衡制有所变化，原来的釿为两、铢所取代。"十二朱"中的"朱"是我国古代衡制中的重量单位，朱者，铢也。二十四铢为一两，十二铢为半两。从货币制度的角度出发，三孔布分一两、十二铢两等，相当于以前布币使用的一釿、半釿。由此可知，三孔布在中国古代货币史上占有重要位置，它开创了铢两货币的先河。三孔布的布首与两足为什么各有一孔，一直没有一个公认的答案。有人认为铸造三个孔明显是增加了铸币难度，主要是为了保障新造货币的技术水平，防止民间伪造[①]。三孔布的国属现难以定论。三孔布集中出土于山西、河北二地，关于铸造国别问题，钱币学界存在一定的争议，目前主要有两种说法：一说为赵国铸。持这种说法的学者认为根据三孔布的分布图，这些地名都是战国时期赵国的地名，其分布很广，而且三晋地区也使用铢两制，赵国普通圆足布与三

[①] 王昭迈：《东周货币史》第四章第十八节，河北科技出版社，2011年，310页。

图九 "乇"字三孔布

孔布外形相似，三孔布理应属于赵国[①]。二说为中山国铸。持这种说法的学者认为三孔布地名，绝大部分属于中山国[②]。以上两种说法，从目前资料论证，以认为系战国晚期赵国铸币居多。因为三孔布面文地名均为赵地，三晋亦用"朱""两"为重量标度。

从传世品和出土品的情况来看，三孔布是战国布币中最稀有的一种。从存世实物上看，三孔布的面文多为战国时期古城邑地名。目前比较确定的有"武阳"（今河北易县）、"南行唐"（石家庄唐县）、"牟"（邯郸磁县）、"石邑"（石家庄西郊）、"雁次"（山西代县）、"上専"（衡水市安平县）、"下専"（衡水市深州市）、"上曲阳"（保定曲阳县）、"下曲阳"（石家庄晋州市）、"北九门"（一说为河北蔚县、一说为定州、一说为藁城）、"宋子"（石家庄赵县）、"安阳"（一说为张家口、一说为定襄县）、"安阴"（河北清丰）、"五陉"（石家庄井陉县）、"大于"（保定望都）。据《中国历代货币大系·先秦编》所载，计有三孔布34品，不同地名为28种。黄锡全《先秦货币通论》中所载则多达42品，不同地名者为

---

① 郭若愚：《先秦铸币文字考释和辨伪》，上海书店出版社，2001年，25页。李学勤《战国题铭概述》（中），《文物》1959年第8期。裘锡圭：《战国货币考》（十二篇），《北京大学学报》（哲学社会科学版）1978年第2期。张弛：《三孔布考辨》，《文物春秋》1990年第4期。

② 汪庆正：《三孔布为战国中山国货币考》，《中国钱币论文集》（第二辑），中国金融出版社，1992年。黄锡全：《三孔布奥秘试探》，《先秦货币研究》，中华书局，2001年，179页。

33种。1983年4月，在山西朔县北旺庄平朔露天煤矿生活区基建考古发掘中，曾出土了一枚"宋子"小型三孔布，背文为"十二朱"，通长5.5厘米，重6.8克[①]。宋子是古邑名，战国时属赵地，在今河北赵县东北部。从现存文献资料来看，这枚"宋子"三孔布应是目前唯一有明确考古出土记载的实物，其意义十分重大。《中国钱币》曾介绍过一枚新品三孔布，通高5.5、足宽2.8厘米，重7.16克。面文二字，背文为"十二朱""七"。作者将钱文释读为"建邑"，根据《史记》记载，"襄邑"就是"襄城"等例证，推测"建邑"当指今"河北交河之建成（城）"（今河北交河县已改为泊头市）[②]。据《中国历史地图集》第一册"诸侯称雄形势图（公元前350年）"描述，今河北泊头一带自战国中期以来即属赵国的领土范围。后来赵国又攻占了齐国的麦丘、饶安等地，扩大了在这一地区的领土。三孔布"建邑"的发现，不仅有助于探索战国晚期齐、赵两国的边界问题，也为其国属与铸造地点、铸造时间的讨论提供了可靠的资料。

  春秋战国时期是我国金属铸币的起源和成长时期，这一时期布币主要有以下几个共同特点：一是各地区布币大都有简单文字，主要是纪地、纪重量、纪值。此时的货币文字并未脱离中国文字发展演变的轨迹，其与同时期的玺印、陶文、石刻、盟书、竹简文字一样，具有较浓厚的时代及地域特色；二是有的货币单位已经分成等级。如桥足布，有半釿、一釿、二釿之分；三是货币铸造具有地方区域性和分散性明显。

---

  ① 朱华：《山西省朔县出土"宋子"三孔布》，《中国钱币》1984年第4期。平朔考古队：《山西朔县秦汉墓发掘简报》，《文物》1987年第6期。

  ② 黄锡全：《介绍一枚新品三孔布"建邑"》，《中国钱币》2010年第1期。

七、足迹实绩

李伯谦传记材料

孙庆伟

(北京大学考古文博学院　北京大学中国考古学研究中心)

李伯谦(1937~)，河南郑州荥阳人，考古学家。1956年入北京大学历史系考古专业学习，1961年毕业后留校任教，历任助教、讲师、副教授、教授、博士生导师。先后担任北大考古系副主任、主任，考古文博院院长兼赛克勒考古与艺术博物馆馆长，教育部人文社会科学重点研究基地北京大学中国考古学研究中心主任，北京大学古代文明研究中心主任，兼任中国考古学会常务理事、中国殷商文化学会副会长、全国哲学社会科学研究项目评议委员、中国河洛文化研究会副会长和名誉会长。李伯谦自20世纪60年代初即投身于中国青铜时代考古，参与编写全国高校通用教材《商周考古》，并先后在河南偃师二里头和安阳殷墟、北京昌平雪山和房山琉璃河、江西清江吴城、湖北黄陂盘龙城、山西曲沃曲村等夏商周时期的重要遗址进行考古发掘，所著《中国青铜文化结构体系研究》一书第一次全面系统地阐述了中国青铜文化的谱系和特征，标志着中国青铜时代考古进入一个新阶段。80年代以来长期担任北京大学考古学科负责人，为中国考古学教学体系的建立和文物考古人才的培养作出突出贡献。1996年任国家"九五"重大科技攻关项目"夏商周断代工程"首席科学家，是该"工程"考古领域的总负责人。2000年，主持起草了《关于中国古代文明研究的几点设想》，并出任国家"十五"科技攻关项目"中华文明探源工程预研究"主持人，为深入探索中华文明的起源奠定了坚实基础。他所提出的"文化因素分析"方法、中国古代文明演进的"两种模式"、文明形成的"十项判断标准"和文明进程的"三个阶段"等学术观点具有重大理论价值。

一、成长经历

1937年农历二月初十日，河南省荥阳县东赵村的李合文家添了个孙子，因为这是李家的长孙，就取名为伯谦。

李伯谦的祖父李合文不识字，父亲李德馨上过几年私塾。李家人勤俭持家，一家九口人种着40多亩田地，住着9间瓦房和几间草房，养着两头牲口，日子还算不错。1943年，六岁的李伯谦被送入村中小学读书，家中长辈对他寄予厚望，特别是希望他将来能学医，不仅有一技之长，而且能够照顾家人。青少年时代的李伯谦勤奋好学，尤其是爱好文学，历史和地理也很出色，几乎每次都能考满分，很早就显露出在人文学科中的潜能。

1953年，即将升入高中的李伯谦却险些失学了。新中国成立初期搞土改，李家先是被定为富裕中农，1952年土改复查改定为地主，家境一下子变得紧张起来，父亲就想让他辍学去学门手艺来帮助养家，但充满求知欲望的李伯谦哪里肯放弃学业，好歹劝说父亲同意他继续念书。1953年夏，李伯谦进入荥阳高中，当时荥阳是开封行署所在地，荥阳高中师资力量雄厚，是河南省有名的高中。进入高中后，李伯谦格外珍惜来之不易的学习机会，更加刻苦努力，成绩在学校中名列前茅。

1956年夏，李伯谦以优异的成绩考入北京大学，此时这位农家子弟根本不知道考古是何物，而是满怀着对鲁迅、郭沫若和茅盾等作家的无限崇拜报考了中文系，梦想着将来也能当一名作家。结果是中文系没录上，却由于历史成绩突出而进了北大历史系。这一年的夏天，瘦弱的19岁农家子弟李伯谦带着他母亲亲手缝制的几件粗布衣服只身来到了北京西北郊的燕园——这个他将毕生为之服务的地方，而此时，这一年的冬衣还没有着落——靠着一件从学校申请来的棉大衣，李伯谦在北京大学度过了第一个冬天。

大学校园里充沛的精神食粮让李伯谦对物质上的匮乏毫不在意。当时北大历史系共有中国史、世界史、考古三个专业，第一年不分专业，全体学生合在一起上基础课，张政烺、齐思和、邓广铭、商鸿逵、田余庆、许大龄等名师相继授课，令李伯谦大开眼界，暗自为误打误撞进了历史系而庆幸。可是到了1957年春夏之际，第一学年的学习很快就要结束，每个学生都要选择专业，这可让他犯了难，不知如何决定。这个时候，考古专业教旧石器时代考古的吕遵谔老师对他循循善诱，让李伯谦最终下决心选择了考古专业，从此开始了他一生的志业。而这年暑假，他回到家乡，还带着莫名的兴奋，在自己村南的取土坎上拣了许多古代陶片，为发现了一处遗址而自鸣得意。

1958年的暑假，又是在吕遵谔先生的带领下，李伯谦和同学们来到著名的周口店猿人遗址进行考古发掘实习，这是他入校两年来第一次真正有机会接触到田野考古。虽然在酷暑天进行野外发掘非常辛苦，但在年轻人的热情和强烈的求知欲面前，一切困难似乎都不值一提。特别是发掘期间郭沫若、裴文中、杨钟健和贾兰坡等著名学者到工地上看望大家，更激发了他对考古的热情。在发掘间隙，李伯谦和同学们一起查找资料，访问科学家和老技工，在老师的指导下编写了《中国旧石器考古小史》。经过这次短暂的田野实习，李伯谦渐渐揭开了考古神秘的面纱。

1959年的春天，李伯谦迎来了他大学期间第一次完整的田野考古实习——发掘陕西华县泉护村和元君庙新石器时代遗址。从这年的三月到八月，李伯谦不仅发掘了元君庙仰韶文化早期的墓地，亲手清理出几千年前的氏族社会墓葬，还到了临潼、西安和宝鸡等地的考古遗址和博物馆参观，真真切切地体会到考古工作是研究古代社会的重要手段。这一次实习,坚定了他献身考古事业的决心。

1961年夏,成绩优秀,各方面表现突出的李伯谦被留在北大历史系考古专业任教,从事田野考古和中国青铜时代考古。此后的数十年间,他始终坚持在田野考古的第一线,先后主持和参加考古发掘20多次,开展考古调查50余次,工作区域北至黑龙江肇庆,南至广东揭阳、汕头,西至青海西宁,东至山东泗水。特别是青铜时代的重要遗址如河南偃师二里头和安阳殷墟、北京昌平雪山和房山琉璃河、江西清江吴城、湖北黄陂盘龙城和荆州荆南寺、山西曲沃曲村无不留下了他的身影。

长时期与大范围的田野考古实践为李伯谦打下了坚实的学术基础。1972年参与编写了我国第一部青铜时代考古教材——《商周考古》,随后相继完成了《中国青铜文化结构体系研究》《文明探源与三代考古论集》《感悟考古》三部著作,奠定了他在中国青铜时代考古领域的突出地位。20世纪90年代以来,他长期担任北京大学考古学科的负责人,主导了这一时期北大考古学科的建设和发展,并先后出任国家"九五"重大科技攻关项目"夏商周断代工程"首席科学家、国家"十五"科技攻关项目"中华文明探源工程预研究"主持人,为中国考古学科建设、人才培养和重大学术问题研究作出了卓越贡献。

二、主要研究领域和学术成就

1. 完善商周考古教学模式,构建青铜文化结构体系

1926年考古学家李济发掘了山西夏县西阴村遗址,这是中国学者自己主持的第一次考古发掘工作。1928年,在傅斯年的努力争取下,刚刚组建的中央研究院设立了历史语言研究所,下设考古组,聘请李济担任考古组主任。史语所成立伊始,就选择安阳殷墟遗址开展考古发掘,从此揭开中国国家考古机构进行青铜时代考古研究的序幕。从1928到1937年,史语所考古组在殷墟进行了十五次发掘,获得大量珍贵资料,而这也几乎是新中国建立之前全部的青铜时代考古材料。但随着国民党政府的败退,这批资料以及史语所的主要研究人员都移往台湾,新中国的青铜时代考古几乎是在一片空白上起步的。

1961年10月,在北大历史系考古专业学习了五年的李伯谦因品学兼优被北大考古专业主任、著名考古学家苏秉琦相中留校任教,由于当时考古专业商周考古方向的教员仅有邹衡一人,所以苏秉琦建议李伯谦以商周考古为自己的主攻方向。未等在校园里安顿下来,李伯谦就打起行囊,与邹衡、俞伟超、高明等几位教员一起带领考古专业1958级学生来到北京昌平雪山遗址进行考古发掘。这次发掘,不但发现了相当于夏商时期的雪山三期文化遗存,而且还发现了西周时期遗存和东周时期的燕国墓葬,首次带队发掘就接触到大量青铜时代遗存，这让李伯谦更加坚定了今后从事青铜时代考古研究的志向。

1962年9月，李伯谦又和高明、严文明等同事带领考古专业1959级学生来到安阳殷墟遗址发掘。殷墟堪称是中国考古学的圣地和摇篮，更是每一位从事青铜时代考古研究者的向往之地。在将近5个月的时间里，北大师生们参加了殷墟大司空村商代遗址的发掘和资料整理，并对豫北纱厂和大正集等遗址点进行了调查和试掘。通过这次殷墟发掘，李伯谦获得了对商代晚期考古学文化面貌的总体认识。

1963年9月，李伯谦又带领北大考古专业1960级学生到河南偃师二里头遗址进行考古发掘工作。二里头遗址是著名考古学家徐旭生先生1959年在豫西调查"夏墟"时发现的，遗址规模宏大，文化遗迹丰富，是当时探索夏文化和商汤亳都的重要对象，能够到二里头遗址开展工作，这是夏商周考古工作者梦寐以求的事情。发掘和整理工作一直持续到次年1月，不仅获得丰富的遗迹遗物，而且把二里头文化遗存分为早、中、晚三期。

连续三年间，每年都有将近半年的时间在野外进行发掘和整理，这不仅充分锻炼了他的田野考古能力；更重要的是，这三处遗址在时间上纵贯了夏商周三大历史时期，二里头和殷墟更是夏商两代都邑性遗址，这让李伯谦在最短的时间内建立起完整而又扎实的夏商周考古学基础。

李伯谦的学术生涯刚刚起步，政治形势就开始急转直下，政治运动接踵而来，先是1964年秋季的四清运动，再是1966年春季的半工半读运动，只有1965年秋冬季带领学生在安阳殷墟开展了一个完整的发掘季，发掘了豫北纱厂商代墓葬以及大寒寨、鲍家堂等地的龙山时代遗址。1966年6月，"文化大革命"开始，学术活动被彻底终止，李伯谦一度被安排到北大哲学系学哲学。被迫离开了自己心爱的专业，李伯谦在心理上十分苦闷，但他没有消极，而是利用空闲时间充实自身的专业知识。

1971年，北大考古专业要为次年招收工农兵学员做准备，把李伯谦从哲学系抽调回历史系。回到本专业的首要任务就是协助他的老师邹衡先生为即将入学的第一批工农兵学员编写《商周考古》讲义。从1961年毕业留校到1971年返回本专业，前五年基本上是在考古发掘工地上度过的，后五年则大多耗费在政治运动中，当了十年老师的李伯谦居然还没有一次登台讲课的机会，而突然间却要接受编写专业教材的任务，李伯谦面临的压力是可想而知的。

按照分工，李伯谦负责《商周考古》讲义的序言和商文化这两部分。虽然李伯谦没有授课经验，但他在殷墟两次发掘的宝贵经验发挥了关键作用，田野发掘让他对殷商文化有了最直观的认识，所以很快就写出了高质量的讲义，并于1972年印出了铅印本作为当年入学学生的教材。此时，国内很多高校的考古专业还开不出完整的商周考古课程，所以李伯谦分别于1973和1979年应山东大学和南京大学之邀，为两校新成立的考古专业讲授商周考古课程。

在随后的几年中，北大考古专业还把这份铅印本《商周考古》讲义寄赠全国各有关单位征求意见，最后由邹衡先生执笔修改完成的正式教材《商周考古》一书于1979年由文物出版社出版，这是中国青铜时代考古领域第一本系统教材，一经出版，广获好评，成为全国高校考古专业的通用教材，并于1988年获全国高等学校优秀教材奖；次年，由邹衡、李伯谦和刘绪共同主持的"商周考古课程教学改革与收获"获国家优秀教学成果奖。《商周考古》的出版标志着中国高校考古专业中青铜时代考古教学体系的首次确立，北大"商周考古"课程体系则成为国家模式，为全国各高校所沿用。

在参与编写教材的同时，李伯谦一刻也没有放松田野考古工作，他似乎又回到毕业留校之初的那段时光，年年奔波在考古工地上：1972年发掘北京房山琉璃河西周燕都遗址，1973年带学生赴石家庄、安阳、郑州和洛阳等地参观学习，1974年和江西省博物馆合作发掘清江筑卫城新石器时代遗址和吴城商代遗址，1975年远赴青海乐都柳湾和甘肃永登连城史前遗址发掘，1976年南下湖北发掘黄陂盘龙城商代遗址，1977年出席河南登封告成遗址发掘现场会，1978年在承德整理内蒙古敖汉旗大甸子遗址出土的夏家店下层文化墓葬资料，1979~1980年连续对山西曲沃县的天马-曲村晋国遗址进行调查和发掘，1981年又赴湖北孝感地区调查当地新石器和商周时期遗存，1982年则在安徽六安、霍邱、寿县一带进行考古调查和试掘……

考古学是一门最讲究材料的科学。连续多年的野外发掘，一方面是艰苦的生活和工作条件以及无法照顾家庭的深深歉疚，但同时也让李伯谦极大地拓展了眼界，迅速地丰富了知识结构，并爆发出旺盛的创作力，连续完成了多篇高质量的论文，对夏商周三代考古的若干重大问题均提出了独创性意见。

夏文化探索被誉为中国考古学的"哥德巴赫猜想"。自20世纪50年代以来，广泛分布于晋南和豫西的二里头文化成为探索夏文化的主要对象，1963年李伯谦曾经带领学生在二里头遗址发掘过整整一个学期，对二里头文化并不陌生。当时学术界对于二里头文化与夏文化关系上有多种不同认识，他的老师邹衡教授力主二里头文化一至四期都是夏文化。1981年李伯谦发表《东下冯类型的初步分析》一文，对二里头文化分布在晋南地区的东下冯类型遗存进行详细分析，论定东下冯类型在年代上晚于二里头类型，分析出东下冯类型的主要文化因素来源于二里头类型，同时继承了以陶寺上层为代表的晋南龙山文化的某些因素，并先于二里头类型接受了先商文化的影响，从而得出"夏族与夏文化的发祥地应在二里头类型主要分布区的豫西地区"，"随着夏族势力的扩展，夏文化才跨越黄河北向发展到山西南部"等重要观点。1986年，李伯谦又对二里头文化的核心遗存——二里头类型进行了系统研究，完成《二里头类型的文化性质与族属问题》这篇重要论文，他从二里头类型中显著存在的山东龙山文化因素出发，结合文献记载，得出了二里头类型"既不是夏代晚期的文化，也不是整个夏代的文化，而很有可能是'太康失国''后羿代夏'以后的夏文化"这一创造性观点，并提出"以临汝煤山二期为代表的由王湾三期文化到二里头文化的过渡类型遗存，论时间当已跨入夏代，很可能是夏代初期的文化"的推论。时至今日，上述观点和推论在夏文化探索研究中依然具有广泛的指导意义，并且得到越来越多考古材料的支持。

商代考古中，关于商人的来源问题，也即对先商文化的认定是一个关键问题，因为这不仅涉及商文化编年体系的建立，同时也是辨认夏文化的必由之路。20世纪80年代后期，李伯谦先后发表《先商文化的探索》《论造律台类型》和《夏文化与先商文化关系探讨》等文章，提出分布在豫北冀南地区的下七垣文化是先商文化、分布在豫东和鲁西南地区的河南龙山文化造律台类型不是先商文化而可能是有虞氏文化、夏商文化各有来源与去向等重要观点，极大地推进了先商文化的研究，堪称经典之作。

这一时期，李伯谦最重要的学术贡献是构建中国青铜文化结构体系。连续多年大范围、广时空的考古发掘让李伯谦意识到中原地区以外青铜文化的重要性，他指出：

> 我之所以对中国青铜文化的结构体系课题情有独钟，是因为我很早就形成了一种认识。我认为，中国幅员辽阔，古代文化错综复杂，过去由于历史的原因，大家把中国青铜文化的研究重心放在中原地区的夏、商、周文化固然无可厚非，但随着中原以外各地大量青铜文化遗存的不断涌现，对之仍然不加重视，很可能就要犯"以点代面""以偏概全"的错误了。

因此从20世纪80年代起，李伯谦在密切关注中原地区夏商周考古学文化的同时，开始系统研究周边地区青铜时代遗存，着力探讨中国青铜文化的起源、发展以及不同谱系文化之间的影响、碰撞和融合等问题，以期对中国青铜文化形成一个鸟瞰式的认识。他在这一时期发表了一系列文章，对中国境内不同地区的重要青铜文化逐一进行研究，其中关于北方地区青铜文化最具代表性的论著：《论夏家店下层文化》和《张家园上层类型若干问题研究》两文系统论述了华北北部和东北地区青铜文化的年代谱系，《从灵石旌介商墓的发现看晋陕高原青铜文化的归属》论述黄河两岸晋陕高原地带青铜文化的属性，《内蒙古考古的新课题》对内蒙古中南部青铜时代提出了指导性意见，《北京房山董家林古城址的年代及相关问题》则分析了周文化北上并与燕山地区土著青铜文化融合问题。关于中国南方地区青铜文化的重要论著：《试论吴城文化》为赣江流域青铜文化确立了年代标尺，《我国南方几何形印纹陶遗存的分区、分期及其有关问题》是学术界第一次对中国南方地区青铜文化进行了分区和分期研究，《湖熟文化研究中的若干问题》对长江下游宁镇地区湖熟文化的年代和属性给出了指导性意见，《吴文化及其渊源初探》和《马桥文化的源流》两文则分别对江浙地区吴、越文化的源流进行了详尽分析，《城固铜器群与早期蜀文化》和《对三星堆文化若干问题的认识》着重研究了成都平原青铜文化的形成及其与中原青铜文化的交流。

在上述分区研究的基础上，1990年李伯谦发表了《中国青铜文化的发展阶段与分区系统》一文，文章把中国古代青铜文化发展历程划分为四大阶段，即：初始阶段，相当于历史上的夏代;发展阶段,相当于历史上的商前期;鼎盛阶段,相当于商后期与西周前期;衰落阶段,相当于西周后期至春秋末年。文章同时对上述各阶段中国境内不同区域内青铜文化的年代和特征进行了描述,在学术界第一次完整地阐述了中国青铜文化的结构体系。1998年,李伯谦把上述相关研究以《中国青铜文化结构体系研究》为题结集出版,标志着这一研究体系的最终确立。

2. 确立三代年表,追寻中华文明之源

中华文明以历史悠久、光辉灿烂著称于世界,但中外学者公认的历史年代只能上推到西周晚期的共和元年——公元前841年,这与中华文明悠久的历史很不般配。1996年5月16日,由时任国务委员李铁映和宋健共同倡导的"夏商周断代工程"宣布启动,把制定有充分科学依据的夏商周三代年表作为"工程"的主要目标。"工程"组织了来自历史、考古、天文、测年、古文献等多个学科超过200位专家学者联合开展夏商周三代的年代学研究,聘请李学勤、席泽宗、仇士华和李伯谦等四人为首席科学家,其中李伯谦为"工程"考古领域的总负责人。

作为"夏商周断代工程"的主要参与学科,考古学的关键任务有二:一是为"工程"建立科学和完整的夏商周三代考古学文化序列和分期标尺,二是为"工程"的碳十四测年提供文化属性明确、出土层位确凿的系列测年样品,以获取构建三代年表的必要数据。"工程"设立考古学专题研究15个,组织力量对17处遗址进行了新的发掘,几乎涵盖了夏商周三代全部重要遗址及主要考古学文化,取得了一系列重大成果,为建立科学的三代年表奠定了坚实基础。

作为负责考古领域的首席科学家,在"夏商周断代工程"实施的五年多时间内,李伯谦不但要统一规划课题设置,统筹各关键性遗址的考古发掘,积极协调各课题组以及各相关学科之间的研究计划和研究方法,更需要他对重大学术问题和学术观点作出科学的裁决,这促使他对三代考古和年代学进行了全面深入的思考,由此获得一系列重要研究成果。

在夏代年代学框架中,夏王朝的始年是一个关键问题,它的基础就是必须对夏文化发展历程作出科学的回答。在"夏商周断代工程"实施期间,李伯谦以二里头类型是"少康中兴"之后夏文化这一论断为出发点,结合登封王城岗遗址和新密新砦遗址的新发现,明确提出了夏文化发展的三个阶段,即:以王城岗大城为代表的河南龙山文化晚期遗存、以新密新砦遗址二期为代表的新砦期类遗存、以偃师二里头遗址为代表的二里头文化代表了夏文化的早、中、晚期的发展轨迹,王城岗大城可能是史籍中"禹都阳城"的阳城,新砦期遗存可能是"后羿代夏"时期的夏文化,二里头文化则可能是"少康中兴"以后直至夏桀灭国时期的夏文化。上述论述为"夏商周断代工程"构建夏代的"基本年代框架"提供了考古学依据。

在商代年代学研究中，郑州商城与偃师商城何者可以作为夏商分界的界标是学术界最为瞩目的焦点。针对有学者主张偃师商城是夏商分界唯一的界标，李伯谦在全面梳理郑州商城历年发掘材料的基础上，综合"工程"期间新获资料，撰写了《对郑州商城的再认识》一文，辨认出郑州商城内相当于成汤灭夏前后的多组遗存，从而为郑州商城为夏商分界的界标之一提供了考古学证据。

"夏商周断代工程"要求对西周各王"提出比较准备的年代"。自1992年以来，李伯谦主持了山西曲沃天马—曲村遗址晋侯墓地的发掘，清理了从西周早期到两周之际的9组19座晋侯及晋侯夫人墓葬，这是迄今为止考古发掘的最为完整的西周诸侯墓地，被誉为20世纪最重要的西周考古发现，是构建西周年代序列的极佳材料。作为发掘领队和"夏商周断代工程"的首席科学家，李伯谦针对晋侯墓地发表了系列文章，厘清了该墓地的墓葬序列、墓主考定以及埋葬制度等关键问题，为确定西周列王年代提供了确凿的考古学依据。

2000年10月，"夏商周断代工程"的核心成果"夏商周年表"公布，在国内外和社会各界产生了重大反响。但李伯谦并没有停下脚步，而是把眼光投向了更加深远的领域，主持起草了《关于中国古代文明研究的几点设想》送呈国家领导人，建议国家在"夏商周断代工程"的基础上进一步深入开展中国古代文明的研究，随后"中华文明探源工程预研究"获批为国家"十五"科技攻关项目，李伯谦为主持人之一。

"中华文明探源工程预研究"项目的实施，激发了李伯谦对中国古代文明的起源、形成、发展和特征等重大问题进行深入探索，他这一时期的主要研究成果集中体现在《文明探源与三代考古论集》这部著作当中。这本论著的一个显著特点就是他以一个考古学家的身份，坚持一切问题的探讨从具体考古材料出发，不作空泛的议论，由此获得的若干重大结论极具客观性和说服力。如他从红山、良渚和仰韶文化大型墓葬的对比中总结出中国古代文明演进存在重神权和重王权两种模式，从诸多考古材料中归纳出中国古代文明进程历经酋邦、王国和帝国三阶段，从聚落分化入手提出判断文明形成的十项标准，无不具有新意，发人深省。

受中国考古学奠基人夏鼐先生和苏秉琦先生的影响，李伯谦在他的很多论著中反复强调考古学是历史学的重要组成部分，考古学研究必须要上升到历史学研究的高度。他在"夏商周断代工程"和"中华文明探源工程预研究"中所作出的突出贡献切实地体现了他的上述理念，他以自身的学术实践为中国考古学的学科定位作出了完美的诠释。

3. 重视理论建设，强调研究方法创新

在长期的考古实践中，李伯谦深刻意识到理论方法的重要性，他说：

加强国际交流，大兴理论探讨之风，不断引进、借鉴国外考古学理论方法，在我们自己丰富的考古实践基础上总结提高，提出符合中国考古学发展需要的理论方法，指导我们的考古实践，是促进中国考古学跃升国际一流、持续健康发展的重要保证。

为此，李伯谦多年以来一直坚持给北京大学考古专业的研究生开设"考古学理论与方法"课。但李伯谦和他的学生们不作纯粹的理论探讨，而是从解决具体考古问题出发，由此引导出一系列理论和方法的创新。

田野考古是考古学研究的基础。五十多年来，李伯谦始终坚持在田野工作的第一线，丰富的田野实践让他对考古学的基本方法——地层学有了深刻体会，意识到传统地层学的局限性，于是大力提倡引入埋藏学的方法来研究古代遗迹现象中所包含的人类活动。埋藏学方法的运用使得考古学资料获取的途径与方式取得突破性飞跃。

考古学文化是考古学研究中的基本概念，但考古学文化的组成十分复杂，如何正确认识每个考古学文化的属性是开展考古学研究的核心环节。在大量实践的基础上，特别是在对吴城文化的具体研究中，李伯谦领悟到分辨一个考古学文化中所包含的不同文化因素的重要性，意识到它是继地层学和类型学之后，考古发掘、整理和研究必经的一个环节，随后他又成功地将这一方法运用到对二里头文化和晋陕高原青铜文化的研究中，并于1988年完成了著名的《论文化因素分析方法》一文，系统地阐述了这一研究方法的必要性、作用和操作方法，指出它是由考古学研究过渡到历史学研究的桥梁。现在，文化因素分析方法已经成为中国考古学研究的基本方法。

在对一系列考古学文化研究后李伯谦发现，虽然每一个考古学文化都在不断的变迁之中，但它们变迁的速率是不同的，那么造成这种现象的原因是什么？经过对大量考古材料的分析，他提出了考古学文化变迁中的"渐变"和"突变"模式。不仅如此，他还把考古材料上所见的上述模式与具体史实联系起来，如指出从河南龙山文化晚期到二里头文化之间的"渐变"现象折射出的是夏王朝的建立是发生在部落联盟内部，而夏商之际和殷周之际考古学文化的"突变"则正反映了夏商王朝更替和殷周王朝更替是异族入侵的必然结果。

在对考古学文化研究中李伯谦还对考古学文化之间的互动与传播产生了浓厚兴趣，提出必须注意强势文化与弱势文化之间的差别，分辨文化传播的主体、中介与受体，体会文化传播中的激进与浸润模式，分析弱势文化对强势文化传播因素的抵制与选择，重视文化传播与文化交汇区的形成，关注文化传播中的"文化飞地"与"文化滞后"现象。

李伯谦的学术生涯具有一个鲜明特色，那就是始终牢记考古学研究一定要上升到历史学研究。过去的考古学研究比较重视遗迹、遗物等物质遗存的研究，而比较忽视其蕴含的思想观念等精神领域的研究。李伯谦在自己的研究实践中，认为应该充分重视精神领域的考古，从对物的研究上升到精神文化的研究，这样才能对考古学文化及其反映的问题有一个全面的认识，所以如何把考古学材料转化为历史研究素材是他一直关注的问题。他说：

> 通过考古调查、发掘出来的遗迹、遗物乃至遗迹现象，是人们在生产、生活等各种活动中遗留下来的，而在特定时间、特定地域内发现的具有共同特征的遗迹、遗物的总和即是考古学上所说的考古学文化。作为一名考古工作者，能够通过自己辛劳的工作发掘几处考古遗址，对遗址进行正确的分期，搞出一个考古学文化，无疑是对考古事业的重要贡献，但从考古学研究的整个过程来看，并不能就此止步。考古学是历史科学的有机组成部分，而历史是人的历史，是人类社会发展的历史，历史科学的使命是要研究人类社会发展的规律，考古学研究仅仅满足于遗迹、遗物的研究，见不到制造、使用这些遗迹、遗物的人和由人组成的社会，怎么可以满足、可以止步呢？

作为考古学既要"见物"又要"见人"的具体实践，李伯谦十分注重对考古学文化的族属判断，他在《考古学文化的族属问题》一文中对这项工作的艰巨性和方法的重要性进行了深入探讨，认为判断考古学文化的族属必须首先做文献的可信性研究，再从时代、地域、社会发展阶段、文化特征与文物制度、文化关系与族际关系等多个方面加以考察，才有可能确定某支考古学文化是文献记载中的某族。

2013年，李伯谦完成了近四万言的长文《感悟考古》，他结合自身考古实践，对考古研究中带有普遍意义的十六个问题展开了论述，这既是他对个人学术生涯的一次整体回顾，更是对中国考古学理论与方法的全面反思。

4. 全力打造高水平教育平台，致力考古人才培养

北京大学考古学科与中国考古学共同起步，20世纪20年代，以田野考古为标志的近代考古学刚刚传入中国，得风气之先的北京大学即于1922年在文科研究所下设立了考古研究室，这是中国第一个考古专门研究机构。

新中国成立之后，为适应文物考古事业的大发展，在文化部和中国科学院考古研究所的积极支持下，北京大学历史系考古专业于1952年正式设立，这是中国高校设立的第一个考古专业，为国家的文物考古事业培养了大批优秀人才，是新中国考古学家的摇篮。

李伯谦长期担任北大考古学科的负责人，特别是1992年出任北大考古系主任之后，更是把学科建设放在第一位，全力打造高水平的人才教育平台。1995年，针对当时考古学发展趋势及国内文物考古工作的需要，李伯谦主持对考古系的学科设置与教学内容进行了大幅度的调整与改革，为北大考古学科的大发展奠定了良好基础。1998年，在李伯谦的积极筹划下，北大考古系发展壮大为考古文博院，新增设古代建筑和文物保护两个专业方向，在稳固考古专业的传统优势的同时，着力加重了科技考古方向的力量。同年，北京大学以考古文博院为依托与国家文物局联合成立了"中国文物博物馆学院"，兴建了新的考古教学用楼。这次调整使北京大学考古文博学院成为全国高校同专业中基础设施最完整、学科覆盖面最宽、教研力量最雄厚的院系。

1999年，李伯谦以考古文博院为依托，联合北大相关人文学科，创办北京大学古代文明研究中心并担任主任至今。十余年来，在他的规划与努力下，该中心出版了《古代文明研究通讯》56期，出版古代文明研究丛书20余种，成为中国古代文明研究的重镇。

2000年，在学校领导下，李伯谦又组织以北大考古文博学院为主的力量申报教育部人文社会科学重点研究基地——中国考古学研究中心获得成功，并出任该中心的首任主任。中国考古学研究中心的成立进一步确立了北大考古在中国考古学界的领先地位。

数十年来，李伯谦一直奋斗在教书育人的第一线。作为一名教考古学的老师，他不仅在课堂上循循善诱，更在发掘区的探方里身体力行，真正体现了一名考古学者知行合一的优秀品质。他直接培养的研究生和博士生多达数十人，其中绝大多数活跃在考古工作的第一线，不少人已经是卓有所成的专家。他教过的北大考古专业的学生超过千人，得到他指点的全国各地的文物考古工作者更是不计其数。他对年轻人充满期待，鼓励他们积极创新，超越自己这一代学者。他曾经深情地写到，"青年是早晨八、九点钟的太阳，你们要有雄心壮志，要发扬顾颉刚倡导的'古史辨'运动的疑古精神，敢于向权威挑战，敢于和传统决裂，敢于独树一帜。……在学术发展史上，没有对传统结论的不断挑战，就没有创新，就没有发展。"

2011年，在北大考古专业工作了整整五十年的李伯谦这样写道：

时间过得真快，不知不觉间已进入老年，这是谁也无法抗拒的自然规律。但在精神上，说实在的，我还没有特别明显的感觉，心里常想的还是晋侯墓地发掘报告没有写完，雪山遗址的报告我再不整理可能就真的石沉大海了，而学术上一个又一个新问题又似乎都在向我招手，我还想继续探索。学术研究既枯燥又充满快乐，在你梳理材料、思考问题、寻找证据时，感觉是枯燥的；可一旦问题迎刃而解、豁然开朗，又是无比快乐的。

那就让我们衷心祝愿这位不服老的老人享受着越来越多的快乐吧。

（本文原载钱伟长总主编《20世纪中国知名科学家学术成就概览考古学卷》第二分册，科学出版社，2015年）

后　　记

　　"一日为师，终生为父"，我是怀着对慈父一般的真挚情感，来编辑这部李伯谦先生的祝寿论文集的。李老师从不要求我们这些弟子对他有什么经济利益上的回报，多年来他无私地培育我们，只想让我们在学术的征程上走得更远，攀得更高。我们任何的学术成就，都让老师欣慰，都被老师视为最好的回报。因此我深知这本祝寿文集对于恩师的意义，远胜于一场喧闹的饕餮寿宴，更胜过一场风光一时的纪念大会，目的在于用桃李们的精彩的学术成果，碰撞出一颗启明星，永恒闪耀在学界的天际。于是我十分投入地征稿、联络、沟通、催稿。至2016年3月，收到稿件20余篇，文字30余万字。当时我内心还略有些焦虑，担心稿子偏少，祝寿论文集体量过于轻薄。谁料4至5月，祝寿的来稿出现了井喷，新增至40余篇，60余万字，令我心花怒放。

　　2016年6月，我将基本收齐并编排好的文稿，交给科学出版社的李茜编辑。李茜女士非常重视，加班加点，不辞辛劳，8月中旬便审读完了全部稿件，并编排出了一校样稿。她告诉我两个信息使我感到十分惊讶，一是所有的论文都堪称上乘之作，均无需多改；二是本论文集编排下来130万字，上下两册规模。我这才明白，原来很多作者自2015年元月收到约稿函动手写作之后，一直都在精雕细琢自己的论文，2016年4至5月间才告满意或迫于截稿时间无法再精益求精，集中交稿，足见各位作者对于李伯谦老师祝寿论文集的重视，绝无应景敷衍之作。本部祝寿论文集，论文质量如此之高，体量如此之大，全仰赖李伯谦先生在中国考古界中的人格魅力和感召力。

　　细细想来，李伯谦老师的人格魅力和感召力，缘自他"授人以渔"的教书育人之道，与人为善的交友之道，奖掖后学的为人之道。李伯谦老师除了向我们传授考古知识之外，更注重培养和启发我们分析问题与解决问题的能力，鼓励我们独立思考，创新思维，拓宽视野，勤于笔耕，把我们培养成为在"自然生态下健康成长的栋梁之材"。而我个人还认为，李老师给予我们最大的恩泽是言传身教如何做人，道德文章并重，礼义恭谦并行，树立正确的名利观；教导我们如何尊师重道，严于律己，宽于待人，包容歧见；如何基于求真务实坚持正确的己见，淡定从容面对非议，却勇于公开纠正自己的错误……。这些真正的"授我以渔"，使我们终生受益。也正因为李伯谦先生自己在道德文章方面率先垂范，成为我们影从的楷模，从而赢得了大家对他由衷的敬佩与爱戴。能师从李伯谦先生，学做考古学做人，我们为此而深感三生有幸，无上荣光！当然，我们不论在哪个领域里发展，都不会辜负恩师对我们的培育与期望——李下蹊华，延绵天涯！

后　记

　　本祝寿论文集的付梓，作为主编，我要由衷地鸣谢，科学出版社文物考古分社社长闫向东先生为出版经费尽心尽力；牛世山先生为校样电子版的分解效力不小；编辑李茜的辛劳更难以言表；诸位作者慷慨赐稿与精雕细琢，更是对本论文集最大的贡献。

　　总之，大家都愿意为祝贺李伯谦先生八秩华诞默默地做点滴实事，聊表感恩之心与爱戴之情。虽不至结草衔环，但也要投桃报李。同赞曰：

　　　　凤别荥阳栖博雅，偷光刺股笑艰辛。
　　　　杏坛苦守林苗壮，耄耋勤究考古真。
　　　　海内奇功三断代，斗南大哲独居仁。
　　　　仙桃满苑报眉寿，李下蹊华总是春。

弟子不舍唐人何驽
2016年12月15日谨记